ROBERT K. MASSIE

# DIE SCHALEN DES ZORNS

## Großbritannien, Deutschland und das Heraufziehen des Ersten Weltkrieges

Deutsch von Walter Brumm

Auf historische Richtigkeit
der Begriffe und Zitate durchgesehen
von Andreas Krüger

S. FISCHER

Die deutsche Fassung ist leicht gekürzt
Die amerikanische Originalausgabe erschien 1991
unter dem Titel »Dreadnought. Britain, Germany, and the
Coming of the Great War«
im Verlag Random House, New York

Umschlaggestaltung: Buchholz / Hinsch / Walch
Gesamtherstellung: Clausen & Bosse, Leck
Printed in Germany 1993
ISBN 3-10-048909-8

*Gedruckt auf chlor- und säurefreiem Papier*

Für Kim Massie, Jack May, Charles Davis
und Edmund Keeley
AMICIS A IUVENIBUS

Und für Deborah

INHALT

## III. Teil: Die Marine



## IV. Teil: Großbritannien und Deutschland: Politik und wachsende Spannungen 1906–1910



## V. Teil: Der Weg in den Abgrund



## Anhang

# Trafalgar

*Die Überlegenheit der britischen Kriegsmarine wurde an einem einzigen schrecklichen Nachmittag im Oktober 1805 unauslöschlich in die Geschichte des 19. Jahrhunderts eingegraben. Am 21. Oktober vernichtete eine Flotte von siebenundzwanzig Segel-Linienschiffen unter Admiral Lord Horatio Nelson zwischen Mittag und halb fünf Uhr nachmittags bei leichtem Wind und atlantischer Dünung vor der spanischen Küste eine vereinigte französische und spanische Flotte von dreiunddreißig Linienschiffen unter dem französischen Admiral Pierre Villeneuve. Die Seeschlacht fand auf einem kleinen Flecken Ozean statt, dessen Seitenlänge nicht mehr als zwei Seemeilen in beiden Richtungen betrug und der nur wenige Seemeilen vor der Küste zwischen dem Hafen von Cadiz und dem Westausgang der Straße von Gibraltar lag. Der nächste kartographische Bezugspunkt, eine entlegene Bucht, sollte der Schlacht ihren Namen geben. Die Bucht wurde Trafalgar genannt.*

*Nelsons Sieg an diesem Herbstnachmittag begründete eine Seeherrschaft, die ein Jahrhundert dauerte und den meisten großen Nationen der Welt eine Periode relativer Ruhe schenkte, die als Pax Britannica bekannt wurde. Sowohl die Seeherrschaft als auch der Friede dauerten an, während die Kriegsschiffe sich bis zur Unkenntlichkeit veränderten: hölzerne Rümpfe verwandelten sich in Eisen und Stahl; die Masten verschwanden, als die Segel der Dampfmaschine Platz machten; flaschenförmige Vorderladergeschütze wurden ersetzt durch leistungsfähige, in Drehtürmen montierte Schiffsgeschütze von viel größerer Reichweite und Genauigkeit. Eines aber blieb konstant: all diese Jahre hindurch ging von britischen Seeleuten ein Selbstvertrauen aus, das höher war als Anmaßung, eine Zuversicht, die von den siebzehntausend Männern, welche bei Trafalgar auf Nelsons eichenen Kolossen gedient hatten, geboren und weitergegeben worden war.*

*Die Schlacht von Trafalgar wurde ausgefochten, weil ein mächtiger Kontinentalstaat, beherrscht von einem Eroberer, Napoleon Bonaparte, die Sicherheit und die Interessen Englands bedrohte. Die britische Flotte griff Villeneuves sorgenvolle Kapitäne an diesem Tag mit ruhiger und unerbittlicher Entschlos-*

*senheit an, aber die strategische Rolle der Royal Navy war damals wie zu allen Zeiten defensiv. Die historische Aufgabe der britischen Flotte bestand stets im Schutz der Heimatinseln gegen Invasion und in der Bewachung der Handelsrouten und Kolonien des Empire. Im Sommer 1805 versammelte Kaiser Napoleon eine Armee von 130000 kriegserprobten Soldaten an der Steilküste von Boulogne, um seinen englischen Gegner auf dessen Boden anzugreifen und zu unterwerfen. Der Kaiser benötigte nur eine kurze Zeit der Bewegungsfreiheit auf dem Englischen Kanal, um seine Bataillone über die zweiunddreißig Kilometer breite Meerenge zu transportieren, damit sie London erobern und den Frieden diktieren könnten. Während des Übersetzens benötigten die Hunderte von Prähmen, Leichtern und kleinen Schiffen, die entlang der Küste zum Transport der Armee zusammengezogen worden waren, Schutz vor den Kanonen der britischen Flotte. Dieser Schutz konnte nur gewährt werden, wenn Napoleons eigene französische Flotte, vereint mit den Schiffen Spaniens, des widerwilligen Verbündeten Frankreichs, wenigstens für kurze Zeit die Seeherrschaft über den Kanal zu gewinnen vermochte. Die Pläne des Kaisers zu durchkreuzen und die Invasion ihres Heimatlandes zu verhindern, war die Aufgabe der britischen Kriegsmarine.*

*Diese erfüllte sie durch eine der bemerkenswertesten Leistungen durchgehaltener Seemannschaft in den Annalen der Seefahrt. So überwältigend der Sieg in der Schlacht von Trafalgar war, sie stellte nur den Höhepunkt einer nautischen Leistung ohnegleichen dar. In den zwei Jahren vor Trafalgar war die britische Flotte vor den Küsten Europas ständig auf See geblieben. Napoleons in Geschwader aufgesplitterte Flotte lag verstreut in den Häfen von Brest am Atlantik bis nach Toulon am Mittelmeer. Britanniens Sicherheit verlangte, daß diese Geschwader daran gehindert wurden, sich in hinreichender Zahl zu vereinigen, die Einfahrt in den Kanal zu erzwingen und das Übersetzen der kaiserlichen Armee nach England zu decken. Und so beobachtete und wartete die britische Flotte zwei Jahre lang vor den Häfen Europas, um zu sehen, ob die feindlichen Schiffe Segel setzten und herauskämen, und sie dann zu vernichten. Die Blockade wurde von fünfzig bis sechzig britischen Linienschiffen aufrechterhalten, von denen jedes zwischen sechshundert und neunhundert gelangweilte, einsame, hungrige, mitgenommene Männer an Bord hatte, die bei Nacht in Hängematten über ihren schweigenden, wartenden Kanonen schliefen. Zwei Jahre lang waren die Schiffe auf See gewesen, in der erstickenden Hitze und den glasigen Flauten des Sommers, in den Stürmen, hochgehenden Seen und der bitteren Kälte des Winters. Sie sahen selten Land, berührten es fast nie. Während dieser Zeit der Blockade hatte Nelson zwei Jahre die Decks seines Flaggschiffs, H. M. S.* Victory, *nicht verlassen. Seit zweiundzwanzig Monaten hatte Admiral Lord Cuthbert Collingwood, Nelsons Stellvertreter, den Anker seines Flaggschiffes nicht ins Wasser klatschen hören. Diese Blockade-*

*flotte, die den Kaiser in Boulogne festhielt, meinte Admiral Alfred Thayer Mahan, als er schrieb: »Diese weit entfernten, vom Sturm gepeitschten Schiffe, die der Großen Armee nie zu Gesicht kamen, standen zwischen ihr und der Weltherrschaft.«*

*Nun hatte ein zorniger, ungeduldiger Kaiser seiner Flotte befohlen, auszulaufen und zum Kanal zu segeln. Die Masse der Flotte lag in Cadiz, bewacht von einer englischen Flotte unter dem Befehl des Idols der britischen Marine und des Helden von ganz England. Horatio Nelson war klein, schmächtig und ein Invalide; einen Arm und ein Auge hatte er bereits im Dienst an seinem Vaterland gegeben. Auch andere menschliche Schwächen waren ihm nicht fremd: er hatte seine Frau verlassen und lebte offen mit einer lebenslustigen jungen Frau zusammen, die ihrerseits mit einem älteren Mann verheiratet war; dieser aber hatte Nelson seine uneingeschränkte Freundschaft geschenkt. Nelson mißachtete Befehle der Admiralität, wenn sie ihm nicht paßten, und bei schlechtem Wetter wurde er seekrank. Aber seine Güte und sein Mitgefühl waren bereits Legende, und sein Geschick im Kampf wurde niemals übertroffen. Jeder Mann in der britischen Flotte liebte ihn und war bereit, ihm zu folgen, wohin er ihn führte. Nelsons Tod im Augenblick des Sieges ließ Triumph und Tragödie verschmelzen. Als die Nachricht England erreichte, schwankte die Nation zwischen Jubel und Trauer.*

*Als die beiden Flotten in einer sanften Vormittagsbrise langsam aufeinander zuliefen, gab Nelson seine Instruktionen. Da er wußte, daß spezifische taktische Manöver im Durcheinander der Schlacht kaum durchzuhalten waren, schloß er die Befehlsausgabe an seine Kapitäne mit der Bemerkung: »Kein Kapitän kann viel verkehrt machen, der sein Schiff längsseits an ein feindliches legt.« Unausgesprochen blieb dabei die Annahme, daß jedes britische Schiff jedes feindliche besiegen könne. Nelsons absolutes Vertrauen in britische Seemannschaft, britische Treffsicherheit und britische Tapferkeit war ein weiteres Vermächtnis von Trafalgar.*

*Nelson teilte seine Flotte in zwei Geschwader, die von ihm selbst mit H. M. S.* Victory *und von Collingwood mit H. M. S.* Royal Sovereign *angeführt wurden. An der Spitze seines Geschwaders steuerte Nelson sein Flaggschiff direkt in die Mitte der französischen Linie. Um die Mittagsstunde begannen die Geschütze zu sprechen. Vier Stunden schweren Gemetzels sollten folgen. Der schwache Wind ließ den Pulverrauch der Kanonaden in dichten Schwaden über der See hängen. Aus diesen Schleiern tauchten plötzlich die Umrisse von Schiffen auf, feuerten Breitseiten, kollidierten dann und umfingen einander in höllischer Umarmung. Schwerfällig und langsam trieben sie ineinander verbissen dahin, während die Seesoldaten auf einem Schiff jene auf dem anderen zu töten versuchten. Aus einer Distanz von fünf Schritten donnerten fünfzig Kanonen, und fünfzig schwere Kanonenkugeln schmetterten in Spanten und Inholz des be-*

*nachbarten Schiffes. Mächtige Masten krachten auf die Decks, brachten Segel, Rahen, Spieren und Taue herunter auf beide Schiffe und über die Bordwände, so daß sie durch das Wasser gezogen wurden. Auf den Hauptdecks und in den Resten der Takelage feuerten die Seesoldaten mit Kartätschen und Musketen auf das Deck des Feindes, bis die Gefallenen zuhauf lagen und die Speigatten sich mit Blut füllten. Manchmal, wenn alle Masten unten waren und das Hauptdeck leergefegt, setzten die Geschützbedienungen in den unteren Batteriedecks ungeachtet aller Zerstörungen den Kampf fort, luden ihre Kanonen, rollten sie vor, neigten die Geschützrohre, um durch den Rumpf zu schießen, oder hoben sie, um durch die oberen Decks des längsseits liegenden Gegners zu feuern. Gleichgültig, wie schwer beschädigt ihre Schiffe waren, Nelsons Kapitäne fochten hartnäckig weiter. Einige entmastete britische Schiffe, deren Takelagen zerschossen waren, brachten es fertig, Notmasten und Notsegel zu setzen, um die Manövrierfähigkeit zurückzugewinnen und neue Gegner zu suchen.*

*Als das Feuer ungefähr um halb fünf Uhr eingestellt wurde, hatten achtzehn feindliche Schiffe die Flagge gestrichen, und ein neunzehntes war bis zur Wasserlinie ausgebrannt und dann explodiert. Villeneuve war in Gefangenschaft geraten und beging bald darauf Selbstmord.*

*Trafalgar bedeutete nicht den Sieg über Napoleon; bis zur Schlacht von Waterloo sollten noch zehn weitere Jahre vergehen. Aber Trafalgar beseitigte die Bedrohung des Englischen Kanals durch Napoleon. In diesen folgenden zehn Jahren forderten weder Frankreich noch ein anderes Land Großbritanniens Seeherrschaft heraus. Und dabei blieb es für die nächsten einhundert Jahre.*

EINFÜHRUNG:

# Seemacht

Am Donnerstag war es sehr heiß gewesen. Der Freitag war schlimmer. Die Brise schlief ein, die Luft wurde feucht und drückend. Die Flaggen hingen schlaff, und Dunst breitete sich über die riesige Flotte aus, die im Solent ankerte. Nur wenn die Sonne durchkam, war es vom Ufer aus möglich, die blassen Umrisse dessen zu sehen, was eine ausgedehnte Stadt zu sein schien. Einhundertfünfundsechzig Kriegsschiffe der britischen Marine lagen in diesem geschützten Meeresarm, der von den sandigen Ufern der Hampshire Plain bis zu den bewaldeten Hügeln der Isle of Wight drei Seemeilen breit war. Fünf Reihen schwarzer Schiffsrümpfe zogen sich über dreißig Meilen hin, mit vierzigtausend Mann Besatzung und dreitausend Schiffsgeschützen. Es war die mächtigste Flotte der Weltgeschichte, die hier versammelt war.

Es war Juni 1897. Königin Victoria, achtundsiebzig, hatte Großbritannien und sein Imperium seit sechzig Jahren regiert, und man feierte das Diamantene Herrschaftsjubiläum. Für Samstag, den 26. Juni, war die Flottenparade der Royal Navy vorgesehen, des Bollwerks von Britanniens Sicherheit und des Schildes seiner imperialen Macht. Demgemäß hatte die Admiralität die Kriegsschiffe aus den Heimatstützpunkten kommen lassen, ohne aber ein einziges Schiff von der Schlachtflotte im Mittelmeer oder einem der Geschwader in Auslandsstützpunkten abzuziehen. Zweiundzwanzig ausländische Kriegsmarinen waren eingeladen worden, und vierzehn hatten angenommen und Schiffe entsandt.

Die Stadt Portsmouth am Solent, seit den Zeiten der Tudors Englands wichtigster Marinestützpunkt, war überfüllt von Seeleuten. Hunderte von britischen Seeleuten kamen jeden Tag an Land, dazu ausländische Matrosen von den fremden Kriegsschiffen. Die *Daily Mail* beobachtete »schwarzhaarige kleine Spanier, große, stumpfblickende Russen und schwergliedrige Deutsche« an den Obstständen und in Tabakläden. Zur Unterhaltung der Seeleute organisierte die Marine zusammen mit der Stadt Gartenfeste, Besichtigungen der Schiffswerften, Sportveranstaltungen und ein vom Bürgermeister veranstaltetes Gartenfest für ausländische Matrosen. Die Versorgungsorganisation der Marine geriet, überwältigt von den Zahlen, in Schwierigkeiten. »Das Proviantamt sagt, es könne nicht schnell genug geschlachtet werden, um die Schiffe mit Frischfleisch zu versorgen«, signalisierte ein Admiral an Land den Admirälen auf See. »Schlage vor, daß die Schiffe Pökelfleisch ausgeben.«

Engländer beiderlei Geschlechts strömten nach Portsmouth. Am Donnerstagabend waren alle Dachkammern vermietet, und die Leute schliefen auf Billardtischen und zusammengestellten Stühlen. Es war schwierig, irgendwo einen Platz zu finden und etwas zu essen zu bekommen; jeder Stuhl in jedem Gasthaus wurde von einem Dutzend hungriger Besucher begehrt. »An erster Stelle unter den Ausländern sind die Amerikaner«, bemerkte die *Daily Chronicle*. »Wenn man sie nicht an ihrem Akzent erkennt, dann enthüllen sie ihre Nationalität mit Sicherheit bei den Mahlzeiten, wo sie sich ohne die geringste Scham erheben und einen Toast auf ›Die Königin!‹ ausbringen... Engländer würden sich genieren, dies zu tun, es sei denn bei einem Staatsbankett, aber nicht so unsere Vettern vom anderen Ufer des ›großen Teiches‹.«

Jeden Tag bezahlten Tausende von Leuten einen Shilling, um hinauszufahren und die Flotte zu sehen. Jedes verfügbare Wasserfahrzeug an der Südküste Englands – Ozeandampfer, Vergnügungsdampfer, Schlepper, Dampfbarkassen und Privatjachten, sogar schwerfällige Lastkähne von der Themse – machte an den Kais von Portsmouth fest, um Schaulustige aufzunehmen. Geschmückt mit bunten Wimpeln und vollgestopft mit Passagieren, dampften sie zur Hafeneinfahrt hinaus, vorbei an den massigen steinernen Forts, die die Reede bewachten, und begannen die Vorbeifahrt an den Reihen der Kriegsschiffe.

Was die Besucher in den Reihen schwarzer Rümpfe, weißer Aufbauten und gelber Schornsteine sahen, war britische Seemacht. Von Portsmouth am weitesten draußen lag das Kanalgeschwader: elf Schlachtschiffe Erster Klasse, fünf Kreuzer Erster Klasse und dreizehn Kreuzer Zweiter Klasse. Die Flagge des Oberbefehlshabers Portsmouth wehte vom Mast der H. M. S. *Renown*. Diese Reihe von elf Schlachtschiffen der *Royal Sovereign-* und *Majestic*-Klassen, alle unter sechs Jahre alt, war unerreicht in Feuerkraft, Panzerung und Geschwindigkeit. Die nächste Reihe bestand aus dreißig älteren Schlachtschiffen und Kreuzern, die nächste aus achtunddreißig kleinen Kreuzern und Torpedobooten, und die der Stadt nächste Reihe aus neunundvierzig Schiffen, von denen dreißig neue Torpedobootzerstörer waren.

Die zweite Reihe enthielt historische Schiffe. Hier lag die *Alexandra*, Admiral Sir Geoffrey Hornbys Flaggschiff der Mittelmeerflotte, mit der er 1877 nach Konstantinopel gelaufen war und seine Geschütze auf die russische Armee vor der Stadt gerichtet hatte. Nächste in der Reihe war die *Inflexible*, die vor zwei Jahrzehnten das stärkste Schlachtschiff der Welt gewesen war. Sein erster Kapitän, der berühmte Jacky Fisher, hatte es zur Beschießung Alexandrias benutzt und damit Großbritanniens lange Verstrickung in Ägypten eingeleitet. Die *Inflexible* war kurz zuvor zum Schlachtschiff Zweiter Klasse herabgestuft worden, aber »auch jetzt noch«, bemerkte ein Beobachter, »könnten die grimmig aus ihren Türmen hervorspähenden Mündungen dieser vier Achtzigtonnengeschütze furchtbare Schläge austeilen.« Weiter voraus ankerte *Sans Pareil*, deren einziger Geschützturm zwei gewaltige, einhundertzehn Tonnen schwere Kanonen beherbergte, die schwersten Kaliber der britischen Marine. Ihre Anwesenheit konnte nicht umhin, manche Betrachter an die größte Katastrophe der viktorianischen Marine in Friedenszeiten zu erinnern: drei Jahre zuvor war ihr Schwesterschiff *Victoria*, Flaggschiff der Mittelmeerflotte, während eines Manövers von der *Camperdown* gerammt worden und gesunken.

Jenseits der entferntesten Reihe britischer Schlachtschiffe lagen die ausländischen Kriegsschiffe. Besucher konnten das große graue italienische Schlachtschiff *Lepanto* bestaunen, den in England gebauten japanischen Kreuzer *Fuji*, Norwegens schwarzen Kreuzer *Frithjof* und den modernen französischen Kreuzer *Pothuau*, dessen vorgebauter Bug in eigentümlichem Winkel zum Wasser abfiel. Das Interesse konzentrierte sich auf die russischen und amerikanischen Schiffe, die beide neu waren. Die *Rossija* war das größte jemals in Rußland gebaute Kriegsschiff. Es verdrängte 12 200 Tonnen, hatte drei Schrauben und eine moderne Feuerungsanlage, die wahlweise Kohle oder Öl verbrennen und dem Schiff eine Höchstgeschwindigkeit von neunzehn Knoten verleihen konnte. Die U. S. S. *Brooklyn*, ein Panzerkreuzer von 9200 Tonnen, war der Stolz der amerikanischen Kriegsmarine. Es war auch das auffallendste der ausländischen Schiffe; Rumpf, Geschütztürme, Aufbauten und Schornsteine waren in einem glänzenden Weiß gestrichen. Britische Beobachter mit einem Auge für Ästhetik erklärten, die Höhe der langen, dünnen Schornsteine sei »keineswegs der Ansehnlichkeit der Erscheinung dienlich, weil sie den Rumpf kleiner erscheinen« lasse. Den Amerikanern genügte es, daß die hohen Schornsteine Rauch von den Decks und den Augen der Offiziere und Seeleute fernhielten. Die *Brooklyn* hatte noch andere Qualitäten, die für Fachleute von Interesse waren. Ihre Decks, durch eine besondere Imprägnierung angeblich nicht brennbar, waren schwammig und weich. »Werden sie der Beanspruchung und Abnutzung standhalten?« fragten sich die Briten (britische Decks waren hart und brennbar). Das amerikanische Schiff besaß elektrische Munitionsaufzüge, und auch die Geschütztürme wurden elektrisch geschwenkt. »Wir sind wenigstens sieben oder acht Jahre zurück«, lamentierte die *Chronicle*. »Seine Ausrüstung ist so bewundernswert, daß ich vor Scham erröte, wenn ich daran denke, daß nur eines unserer britischen Kriegsschiffe mit elektrischen Munitionsaufzügen ausgestattet ist.« Das Benehmen der Amerikaner wurde lobend erwähnt: »Die Offiziere der Vereinigten Staaten waren außerordentlich höflich und unterließen es nie, bei Begrüßungen über das Wasser ihre weißen Schirmmützen zu lüften.«

Enttäuschung rief hingegen das nächste Schiff in der Reihe hervor, ein grauer Kreuzer mit zwei roten Streifen um den weißen Schornstein, S. M. S. *König*

*Wilhelm* von der Kaiserlich Deutschen Kriegsmarine. »Deutschland hat uns weder sein neuestes noch sein bestes Schiff geschickt«, beklagte sich die *Daily Mail*. Tatsächlich war das Schiff, 1868 bei den Thames Iron Works in Blackwall als Panzerfregatte noch mit Vollschifftakelung gebaut, hauptsächlich dadurch zu Ruhm gelangt, daß es sein Schwesterschiff *Großer Kurfürst* gerammt und versenkt hatte. Nach einem größeren Umbau wurde es seit Anfang 1897 als Großer Kreuzer klassifiziert. Kaiser Wilhelm II. hatte seinem Bruder, Konteradmiral Prinz Heinrich von Preußen, der an Bord der *König Wilhelm* war, telegrafiert, er bedaure zutiefst, ihm nichts Besseres zur Verfügung stellen zu können. Schuld sei der mangelnde Patriotismus des deutschen Reichstages, der sich dem Bau neuer Schiffe widersetze.

Das britische Weltreich, bewacht von dieser Flotte, war das größte in der Geschichte der Menschheit. 1897 umfaßte das Empire ein Viertel der Landoberfläche der Erde und ein Viertel der Weltbevölkerung: 28,5 Millionen Quadratkilometer, mit 372 Millionen Einwohnern. Es war ein Klischee, daß »im britischen Weltreich die Sonne nicht untergeht«, aber es blieb nichtsdestoweniger wahr. Von Greenwich, dem Nullmeridian, der zugleich Grundlage der Zeitberechnung war, wanderte der Tag westwärts nach Gibraltar, Halifax, Ottawa, Vancouver, Wellington, Canberra, Hongkong, Singapur, Rangun, Kalkutta, Bombay, Aden, Nairobi, Alexandria und Malta. Das Reich umfaßte sich selbst regierende Dominions mit eigenen Parlamenten, Kronkolonien, Protektorate sowie ein einzigartiges Kaiserreich innerhalb des Empire und zugleich das glänzendste Juwel in der Krone, das Indien der Radschas. Das britische Weltreich erstreckte sich über gewaltige, dünn (Kanada, Australien) und dicht (Indien) besiedelte Landmassen, aber auch über winzige Inseln und Inselgruppen in den Weiten der Ozeane: Bermuda im Nordatlantik; St. Helena, Ascension und die Falkland-Inseln im Südatlantik; Pitcairn, Tonga und die Fidschi-Inseln im Pazifik. Das Empire war ein Kaleidoskop der Hautfarben, einer Unzahl von Sprachen, Dialekten, Religionen, Bräuchen und politischen Institutionen.

Dies alles war durch Seemacht gewonnen worden und wurde durch sie zusammengehalten.

Seit dem 16. Jahrhundert, als englische Seefahrer Neufundland annektierten und Englands erste Kolonie schufen, hatte das Empire sich ausgedehnt. Eine einzige bedeutsame Niederlage hatte das gleichmäßige Fortschreiten der Expansion gehemmt: zwischen 1776 und 1781 hatten die nordamerikanischen Kolonien erfolgreich revoltiert und sich vom Mutterland gelöst. England ertrug diesen Schock und schritt weiter voran. Nur wenige Jahre nachdem es die Unabhängigkeit der Vereinigten Staaten im Vertrag von Paris garantiert hatte, begann Großbritannien einen zwei Jahrzehnte dauernden Krieg gegen Napoleon Bonaparte. Nach Abschluß der napoleonischen Kriege, als der frühere französische Kaiser sicher auf St. Helena untergebracht war, machte Großbritannien sich zum Schiedsrichter überseeischer Angelegenheiten. Briten landeten an den Küsten aller Ozeane. Sie erforschten die Kontinente; Berge, Flüsse, Seen und Wasserfälle wurden nach britischen Entdeckern benannt. Eisenbahnen wurden gebaut, Städte entstanden, Regierungen wurden geschaffen, unterstützt oder gestürzt; um 1897 hielt sich eine Vielzahl von Königen, Maharadschas, Nabobs, Nizams, Khediven, Emiren, Paschas, Beys und anderen Häuptlingen nur von Londons Gnaden auf ihren Thronen. Die Briten waren fest davon überzeugt, daß sie von ihrer Macht wohlwollenden Gebrauch machten. Sie hatten den Sklavenhandel beendet, die Ozeane vermessen und sicher gemacht und, da sie an den Freihandel glaubten, alle Nationen zu dem Handel zugelassen, den sie eröffnet hatten.

1890 definierte ein amerikanischer Marineoffizier, der mehr Gelehrter als Seebär war, das intuitive Wissen der Briten um das Verhältnis zwischen Seemacht, Wohlstand und nationaler Größe. In seinem Buch *Der Einfluß der Seemacht auf die Geschichte* verfolgte Alfred Thayer Mahan den Aufstieg und Niedergang seebeherrschender Mächte in der Vergangenheit und legte dar, daß nur der Staat, der Souveränität zu See besitzt, sein eigenes Schicksal bestimmt. Staaten ohne Seeherrschaft waren demnach zur Niederlage oder Zweitrangigkeit verurteilt. Mahan verdeutlichte seine Aussage durch eine bildliche Metapher. Die See, so schrieb er, sei »... eine große Fernstraße, oder vielleicht besser ... eine große Gemeindewiese, über die Menschen in allen Richtungen gehen können, auf der einige gutausgetretene Pfade jedoch zeigen, daß vernünftige Überlegungen die Benutzer veranlaßt haben, bestimmten Wegen den Vorzug zu geben. Diese Wege werden Handelsrouten genannt; und die Gründe, die ihren Verlauf bestimmt haben, sind in der Weltgeschichte zu suchen ... Sowohl das Reisen als auch der Warenverkehr auf dem Seewege sind immer billiger gewesen als auf dem Land.« Aus der Metapher ergab sich eine Notwendigkeit: zur Überwachung der Gemeindewiese wurde ein Polizist benötigt; zum Schutz der Schiffahrt und ihrer Handelsrouten benötigten Seemächte Seestreitkräfte.

Das britische Weltreich war eine Seemacht. Mehr als die Hälfte der Dampfschiffe, die 1897 die Ozeane durchpflügten, führte die britische Handelsflagge. Zur Versorgung dieser gewaltigen Tonnage hatte Großbritannien den Globus mit Handelshäfen und Bunkerstationen umgürtet. Die bedeutendste Handelsroute, die lebenswichtige Verbindung des Weltreiches, erstreckte sich ostwärts durch das Mittelmeer und den Suezkanal nach Indien und China. Andere Seewege führten südwärts nach Kapstadt und westwärts nach Halifax, St. Johns und Montreal. Es gab Festungen zum Schutz der Meerenge von Gibraltar, der Malakkastraße und der vergleichsweise schmalen Durchfahrten bei Malta und Aden, aber erst die Kriegsmarine machte dies alles möglich; sie war die Klammer, die das Weltreich zusammenhielt. Wo immer der Union Jack über Brustwehren und Lagerhäusern flatterte, wo die rote Handelsflagge von den Hecks der Handelsdampfer wehte, da war auch die weiße Kriegsflagge der Royal Navy nicht weit, um zu schützen, zu verteidigen, abzuschrecken oder zu erzwingen.

Ohne seine Kriegsmarine war Großbritannien enorm verwundbar. Die Handelsdampfer konnten gekapert oder von den Meeren vertrieben, die Festungen belagert und eingenommen, die Kolonien – ohne Nachschub und Verstärkungen allein gelassen – geraubt werden. Ohne seine Kriegsmarine konnte das Mutterland selbst, ein kleiner Inselstaat, abhängig von Einfuhren, ohne starke Landstreitkräfte, rasch in Gefahr geraten, ausgehungert oder Opfer einer Invasion zu werden. Napoleon hatte dies verstanden, als er sein Heer auf der Steilküste bei Boulogne zusammenzog. »Gebt mir für sechs Stunden die Kontrolle über die Straße von Dover«, sagte er, »und ich werde die Weltherrschaft erringen.«

Aber im Besitz der Seeherrschaft sah es anders aus. Solange Großbritannien seine Vorherrschaft auf den Weltmeeren bewahren konnte, würde es keiner Kontinentalmacht, mochte ihre Armee noch so groß und gut ausgebildet sein, je gelingen, die Britischen Inseln anzutasten. Die Seeherrschaft verlieh Großbritannien politische Handlungsfreiheit; britische Staatsmänner und Diplomaten konnten es sich leisten, beiseite zu stehen und mit Distanz die Rivalitäten und Streitigkeiten zwischen den Kontinentalstaaten zu beobachten, die einander an Landgrenzen gegenüberstanden und immer wieder ihre Jugend und ihren Wohlstand in kriegerischen Auseinandersetzungen opfern mußten.

Wenige europäische Staatsmänner und Militärs verstanden Großbritannien oder das britische Weltreich. Sie standen vor einem Rätsel, wenn sie ihren Blick auf die kleine Insel mit ihrer vergleichsweise lächerlichen Armee richteten, auf die distanzierte, beinahe herablassende Art ihrer Führungsschicht und deren Anmaßung, über allen Leidenschaften und Konflikten zu stehen, die ihre Zeit beherrschten. Und doch war das Land trotz seiner geringen Größe und scheinbaren Schwäche gelassen und unangreifbar, besaß einen Aktionsradius, der enorm war; es war ein Land, das in der Vergangenheit kontinentale Riesen zu Fall gebracht hatte. Besonders ungläubig waren ausländische Militärs. Mit einer Armee, die nur einen Bruchteil ihrer eigenen ausmachte, beherrschte Großbritannien ein Viertel der Landoberfläche der Erde. Besonders deutschen Offizieren, welche die schlagkräftigste Armee der Welt repräsentierten, schien es unverständlich, daß Großbritannien behaupten konnte, es beherrsche Indiens 300 Millionen Menschen mit einer Armee von siebzigtausend Mann. Und doch dauerte die britische Herrschaft über Indien an.

Wenn die britische Seeherrschaft es dem Inselkönigreich ermöglicht hatte, sich aus dem Geflecht kontinentaler Rivalitäten herauszuhalten, so blieb Großbritannien doch ein europäischer Staat. Politische Ereignisse auf der großen

Landmasse jenseits der fünfunddreißig Kilometer Wasser, die Dover von Calais trennten, waren den Briten wichtiger als etwas, das in Brasilien geschah. Um 1897 war Europa in zwei Bündnissysteme gespalten: Das Deutsche Reich, Österreich-Ungarn und Italien standen Frankreich und Rußland gegenüber. England hatte keine Position bezogen und beabsichtigte unter Lord Salisbury, seinem Premierminister, auch nicht, es zu tun. Diese Politik des Sichfernhaltens hatte Lord Salisbury »Splendid Isolation« genannt.

Seit den Tagen des Mittelalters war Frankreich Englands Hauptfeind gewesen. Die Kriege der Plantagenets, der Hundertjährige Krieg, die Kriege gegen Ludwig XIV., Ludwig XV. und Napoleon hatten dies immer wieder bestätigt. »Frankreich ist und wird immer Großbritanniens größte Gefahr bleiben«, hatte Lord Salisbury 1867 erklärt, und dieser Ansicht blieb er während seiner drei Amtszeiten als Premierminister treu. Frankreich stellte eine mehrfache Bedrohung dar: für die Britischen Inseln durch seine geographisch benachbarte Lage jenseits des Kanals, für die britische Hauptverbindungslinie im westlichen Mittelmeer und an einem Dutzend Reibungspunkten in aller Welt, wo britische und französische Kolonialinteressen einander überschnitten.

Großbritanniens zweiter traditioneller Feind war Rußland. Obwohl die beiden Nationen nur einmal – im Krimkrieg, und dort eher stümperhaft – gegeneinander gefochten hatten, vermittelten die Größe und die expansiven Tendenzen des Russischen Reiches den Eindruck einer Bedrohung. Rußland mochte die Britischen Inseln nicht erreichen können, aber seine ständigen Bestrebungen, durch den Gewinn der Dardanellen freien Zugang zum Mittelmeer zu erhalten, die Befürchtung, daß es durch das Bergland von Afghanistan über den Khaiber-Paß in die Ebenen Indiens oder durch die Mandschurei gegen das Jangtse-Tal und Südchina vorstoßen und dort das britische Handelsmonopol gefährden könnte, ließen die russische Politik bedrohlich erscheinen. Der Leiter des britischen Militärgeheimdienstes warnte 1887: »Die Länder, gegen die wir mit der größten Wahrscheinlichkeit in den Krieg ziehen müssen, sind Frankreich und Rußland, und die schlimmste Kombination, die zu fürchten wir jeden Grund haben, ist ein Bündnis von Frankreich und Rußland.« 1894 wurde ein solches Bündnis unterzeichnet, und die Befürchtung wurde Realität.

Im Juni 1897, dem Monat des Diamantenen Jubiläums und der Flottenparade in England, wurden in Berlin zwei Männer in wichtige Ämter berufen. Bernhard Graf von Bülow, ein ehrgeiziger Karrierediplomat, der zuletzt als deutscher Botschafter in Italien gedient hatte, wurde zum Staatssekretär des Auswärtigen Amtes ernannt, womit er Außenminister des Deutschen Reiches wurde. Eine Woche später wurde Konteradmiral Alfred Tirpitz, zuletzt Stabschef des Oberkommandos der Marine und sicherlich die schöpferischste und willensstärkste Persönlichkeit der deutschen Marine, zum Staatssekretär des Reichsmarineamtes ernannt. Ihre Ernennungen, obschon in verschiedenen Bereichen, wiesen auf einen Zusammenhang. Kaiser Wilhelm II. erstrebte für sein Land, das bereits die stärkste Macht in Europa war, den Aufstieg von der kontinentalen Vormacht zur Weltmacht. Bülow sollte diese Politik auf der diplomatischen Ebene fördern; Tirpitz sollte das Instrument dazu liefern, indem er eine deutsche Kriegsflotte aufbaute. Wilhelms Interesse an der See und an Schiffen mochte zum Teil von seinen englischen Verwandten geweckt worden sein – seine Großmutter war Königin Victoria –, wurde aber durch Mahans Buch mächtig angeregt. »Gegenwärtig lese ich Kapitän Mahans Buch nicht, sondern verschlinge es und versuche es auswendig zu lernen«, schrieb der junge Kaiser einem Freund. »Es ist an Bord all meiner Schiffe und wird von meinen Kapitänen und Offizieren ständig zitiert.«

Da sie die Bedeutung der Seemacht erfaßt hatten und Deutschlands Einfluß über Europa hinaus zu erweitern suchten, sahen sich Wilhelm und seine Berater vor einem Dilemma: entweder akzeptierte Deutschland die britische Vormachtstellung zur See und beschied sich damit, innerhalb dieses Rahmens zu arbeiten, oder es mußte die britische Vorherrschaft herausfordern und eine Flotte bauen, die stark genug war, um im Konfliktfall mit Aussicht auf Erfolg gegen die britische zu bestehen. Die Erfahrung sprach für das erstere. In den Jahren nach 1880 hatte Deutschland Kolonien erworben, deren Fläche das Fünffache des Mutterlandes betrug – und das war wenn nicht mit der Unterstützung, so doch zumeist mit der Duldung Großbritanniens geschehen. Die deutsche Handelsmarine, die zweitgrößte der Welt, war rund um den Erdball auf die Benutzung britisch kontrollierter Häfen und den Schutz der britischen Kriegsmarine angewiesen. Deutsche Marineoffiziere hatten ihre Dienstzeit auf Schiffen begonnen, die von britischen Werften stammten, ihre Schiffe verfeuerten britische Kohle, und sie selbst bedienten sich britischer Techniken und Taktiken. Britische und deutsche Seeoffiziere betrachteten einander als Brüder. Eine Möglichkeit bestand also im Ausbau dieser auf Abhängigkeit beruhenden Beziehung, ihrer Stärkung und Festigung im Hinblick auf den Tag, da das Deutsche Reich und Großbritannien in Europa und der Welt partnerschaftlich würden wirken können, vielleicht sogar in einem Bündnis.

Die Ernennung des Admirals Tirpitz signalisierte, daß die entgegengesetzte Entscheidung getroffen worden war. Warum, so fragten sich Kaiser Wilhelm II. und Millionen seiner Landsleute, sollte England, nur weil es eine Insel war und ein Weltreich besaß, die Seeherrschaft als ein Recht beanspruchen? Jederzeit konnte die britische Kriegsmarine die deutschen Küsten blockieren, deutsche Schiffe in ihren Häfen festsetzen und deutsche Kolonien an sich reißen. Warum sollte das Deutsche Reich unter britischer Duldung existieren? Warum sollte Deutschlands Größe vom Wohlwollen einer anderen Nation abhängen?

Die Geographie diktierte Konfrontation. Deutsche Handelsschiffe, welche die Ostsee oder die Nordseehäfen Hamburg und Bremen verließen, konnten den Atlantik und andere Ozeane der Erde nur erreichen, indem sie durch den Kanal dampften oder Schottland im Norden umfuhren. Eine deutsche Kriegsmarine, die stark genug wäre, die deutsche Handelsschiffahrt in diesen Gewässern zu schützen und ihr ungehinderten Zugang zu den Weltmeeren zu garantieren, bedeutete freilich in letzter Konsequenz eine deutsche Flotte, die imstande sein würde, die britische Kriegsmarine zu besiegen. Dies würde Großbritannien niemals zulassen, bedeutete es doch auch eine deutsche Flotte, die stark genug wäre, eine Invasion Englands zu ermöglichen, die britische Handelsschiffahrt auf den Weltmeeren zu gefährden und Großbritannien seiner Kolonien zu berauben. Mithin war das Ziel der deutschen Marinepolitik – die deutsche Handelsschiffahrt auf den Weltmeeren zu schützen – ganz und gar unvereinbar mit den britischen Sicherheitsinteressen. Was eine Macht verlangte, konnte die andere nicht zugestehen. Die Bedrohung deutscher Sicherheitsinteressen durch die britische Flotte, so argumentierten britische Diplomaten, sei dagegen wesentlich geringer. In den folgenden Jahren bemühten sich britische Staatsmänner und Diplomaten wiederholt, ihrem deutschen Verhandlungspartner dieses Argument nahezubringen; stets lautete die deutsche Antwort, daß deutsche Kriegsschiffe kaum eine Bedrohung Großbritanniens darstellten und daß das Deutsche Reich das gleiche Recht wie Großbritannien habe, an Kriegsschiffen zu bauen, was es für erforderlich halte.

Der Kaiser und seine Minister, überzeugt, daß man einen Nachbarn das Fürchten lehren müsse, wenn man ihn zum Freund gewinnen wollte, hegten über Jahre hin die Hoffnung, daß sie sowohl eine mächtige Flotte aufbauen *als auch* Großbritannien zu einem Bündnis bewegen könnten. Der Kaiser glaubte – und Tirpitz sagte, *er* glaube –, daß Großbritannien, sähe und akzeptierte es erst das Machtinstrument der deutschen Hochseeflotte, Deutschland respektieren und ihm als gleichberechtigtem Partner auf den Weltmeeren die Hand reichen würde. Da Deutschland sich in solch einem Freundschaftsverhältnis womöglich zum dominierenden Partner hätte entwickeln können, erwies sich diese Annahme als eine katastrophale Fehleinschätzung der Psychologie der Briten, denen die Seeherrschaft wichtiger war als jedes kontinentale Bündnis.

Nach der Jahrhundertwende sollte man das Diamantene Jubiläum und seine große Flottenparade als den Höhepunkt der britischen Vorherrschaft zur See sehen. Bald würde sich die Überanstrengung der britischen Macht zeigen. Das Weltreich war zu weit und dünn gespannt; selbst mit der Royal Navy konnte Großbritannien seinen Verpflichtungen nicht nachkommen. Dem deutschen Kriegsschiffbau konnte mit britischem Kriegsschiffbau begegnet werden, aber eine Kursänderung der britischen Politik war notwendig. Großbritannien konnte es sich nicht leisten, allein einer erstarkenden Macht gegenüberzustehen, die in Europa bereits die wirtschaftliche und militärische Vormachtstellung errungen hatte und sich nun anschickte, zur konkurrierenden Seemacht aufzusteigen. Das Gewicht Großbritanniens gegen jede Macht oder Gruppe von Mächten in die Waagschale zu werfen, die das Gleichgewicht der Kräfte in Europa durch ihr Vormachtstreben verschieben und Englands Existenz gefährden könnte, war seit Jahrhunderten der Grundzug britischer Außenpolitik gewesen. Nun, da Großbritannien die deutsche Flotte zu fürchten begann, fürchtete es auch, daß die stärkste Militärmacht Europas nur deshalb den Ehrgeiz entwickelte, zur Seemacht aufzusteigen, weil sie auch zur dominierenden Weltmacht aufsteigen wollte.

Und so begann eine Umorientierung der britischen Politik. Das Prinzip der Splendid Isolation wurde überprüft. Als die Gefahr auf der anderen Seite der Nordsee wuchs, wurden Feindschaften beigelegt, alte Spannungen abgebaut, neue Übereinkünfte erzielt. Großbritannien wurde, wenn nicht gleich zum Verbündeten, so doch durch Annäherung zum Partner seiner vormaligen Feinde Frankreich und Rußland. Die Entfremdung zwischen Großbritannien und Deutschland und die Annäherung zwischen Großbritannien auf der einen, Frankreich und Rußland auf der anderen Seite, waren verursacht durch die Furcht vor der deutschen Flottenrüstung. »Sie schloß die Reihen der Entente«, sagte Winston Churchill. »Mit jeder Niete, die Tirpitz in seine Kriegsschiffe trieb, einte er die britische öffentliche Meinung... Die Hämmer, die in Kiel und Wilhelmshaven ertönten, schmiedeten die Koalition der Nationen, die Deutschland Widerstand leisten und es schließlich zu Fall bringen sollten.«

Der Samstagmorgen dämmerte trüb und grau, und dichter Nebel hing über dem Solent. Gegen vier Uhr ging die Sonne auf, verdunkelt von dichten grauen Wolkenmassen. Die Luft war schwül. Vom Ufer konnte man die Reihen der ankernden Schiffe kaum ausmachen. Um acht Uhr wurde die Flotte deutlicher sichtbar, als auf ein Signal vom Flaggschiff jedes der Schiffe sich mit bunten Wimpeln schmückte, die vom Bug über die Mastspitzen zum Heck gezogen wurden. Um die Mittagszeit besserte sich das Wetter, die Sonne löste Dunst und Nebel auf. Eine frische Brise ließ Flaggen und Wimpel flattern und bedeckte die See mit kleinen Schaumkronen, die mit jedem Wolkenschatten, der über die Wasseroberfläche glitt, Licht und Farbe veränderten.

Während des ganzen Vormittags waren Vergnügungsdampfer und Ausflugsboote durch die Reihen gefahren. Dann, gegen vierzehn Uhr, als die Stunde der Parade näherrückte, wurden alle privaten und kommerziellen Wasserfahrzeuge verscheucht, und die Kolonnen der Kriegsschiffe lagen in Stille. Bis auf die kreisenden und herabstoßenden Möwen, die flatternden Wimpel und Flaggen, den Sonnenschein und die Schatten, die über die Wasserfläche spielten, gab es keine Bewegung; die Flotte wurde zu einer Versammlung geisterhafter Kolosse, zu fünf Wänden aus langen, schwarzen Rümpfen, die majestätisch und schweigend aus dem blaßgrünen Wasser ragten und sich durch den Solent erstreckten, so weit das Auge reichte.

An Land war alles Lärm und Tumult. Die Southwest Railway Company hatte versprochen, zwischen sechs Uhr dreißig und neun Uhr dreißig insgesamt sechsundvierzig Züge vom Londoner Waterloo-Bahnhof nach Portsmouth abzufertigen. Die Züge liefen im Fünf-Minuten-Takt in Portsmouth ein und entleerten ihre mit Ferngläsern, Kameras und Reiseführern beladene menschliche Fracht auf das Kopfsteinpflaster des Bahnhofplatzes. Von dort zogen Menschenströme durch die Stadt zu den Hafenanlagen und Stränden. Jedes Dach und jedes Fenster, das Ausblick auf die See bot, war besetzt; die Hafenkais, der Southsea Beach und jede kleine Anhöhe auf der Hampshire Plain wimmelten von Zuschauern.

Um zwölf Uhr zwanzig traf der erste von zwei königlichen Sonderzügen von Schloß Windsor mit Teilnehmern der Parade am Königlichen Kai im Hafen von Portsmouth ein. Er brachte die Kaiserinwitwe Friedrichs von Deutschland. Nach ihrer Mutter Victoria getauft, war sie das älteste Kind der britischen Königin und die Mutter des deutschen Kaisers Wilhelm II. Ihr jüngerer Bruder Arthur, Herzog von Connaught, der die scharlachrote Uniform eines Obersten der Scots Guards trug, reichte ihr den Arm und führte die Kaiserinwitwe sogleich an Bord der königlichen Jacht *Victoria and Albert*, die am Kai lag. Als sie die Laufplanke betrat, wurde am Hauptmast die schwarzgelbe kaiserlich deutsche Standarte aufgezogen. Vierzig Minuten später lief ein zweiter königlicher Sonderzug ein, und die vertraute rundliche Gestalt Albert Edwards, des Prinzen von Wales und späteren Königs Edward VII. stieg aus. Der Prinz sollte die Flottenparade abnehmen, während seine Mutter, ermüdet von der zehn Kilometer langen Fahrt, die sie am Dienstag durch die Straßen von London geführt hatte, gesäumt von einer Million sich heiser brüllender Briten, den Tag ruhig in Schloß Windsor verbrachte. In Begleitung des Thronerben waren seine Frau, Prinzessin Alexandra, sein Bruder Alfred, Herzog von Sachsen-Coburg-Gotha, und sein Sohn George, der Herzog von York. Der Prinz trug die dunkelblaue und goldene Uniform eines Flottenadmirals, ebenso sein Bruder Alfred, der bis zur Übernahme des Herzogtums der Familie und seiner Übersiedelung nach Deutschland im Jahre 1893 den Titel eines Herzogs von Edinburgh geführt und als Oberbefehlshaber der britischen Mittelmeerflotte gedient hatte. Auch Prinz George war in Blau und Gold; er hatte seine Kapitänsstreifen im aktiven Dienst erworben. Als der Prinz und sein Gefolge an Bord der *Victoria and Albert* gingen, um gemeinsam mit seiner Schwester das Mittagessen einzunehmen, stieg die königliche Standarte Großbritanniens am Hauptmast auf, um neben der kaiserlich deutschen Standarte zu wehen, und die Kanonen von Nelsons *Victory* schossen dröhnend Salut.

Pünktlich um vierzehn Uhr warf die *Victoria and Albert* ihre Leinen los, ihre

Schaufelräder begannen sich zu drehen, und sie legte vom Kai in Portsmouth ab. Als sie aus dem Hafen dampfte, führte die königliche Jacht fünf große Flaggen, jede vom Format eines herrschaftlichen Wandteppichs. Vom Vormast wehte ein dunkelrotes Banner mit einem gelben Anker, dem Abzeichen der Lords der Admiralität. Von der Spitze des Hauptmastes wehte die königliche Standarte Großbritanniens, goldene Löwen und silberne Einhorne auf viergeteilten roten und blauen Feldern, sowie die kaiserlich deutsche Standarte, ein schwarzer Adler auf gelbem Grund. Vom Besanmast flatterte der Union Jack, und vom Heck die weiße englische Marineflagge. Hinter der Jacht folgte eine Prozession großer und kleiner Schiffe mit geladenen Gästen. Unmittelbar achteraus lief der blaßgrüne Dampfer *Carthage* der P&O-Linie, dessen Deck von den farbenprächtigen Uniformen und blitzenden Juwelen ausländischer und britischer Fürsten glänzte. Ihr Reisebegleiter war Kapitän Lord Charles Beresford, ein Held der britischen Marine. Als nächstes folgte die Admiralitätsjacht *Enchantress* mit den Lords der Admiralität und ihren Gästen. Ihr folgte die *Danube*, beladen mit Mitgliedern des Oberhauses. Dann schloß sich die *Wildfire* an, die den Kolonialminister Joseph Chamberlain an Bord hatte, umgeben von den Premierministern und Gouverneuren der Kolonien und Territorien, die das Britische Empire ausmachten. Nahe dem Ende dampfte mit sehr langsamer Fahrt, »um nicht einem von den Kleinen auf die Zehen zu treten«, der mächtige Liniendampfer *Campania* der Cunard-Reederei, das größte und schnellste Schiff der britischen Transatlantiklinie, deren enormer Rumpf sogar die Schlachtschiffe in den Schatten stellte. Sie war von Southampton gekommen, wo sie 1800 Passagiere an Bord genommen hatte – die Mitglieder des Unterhauses und ihre Freunde und Verwandten. Die *Campania* war mit der viel kleineren *Danube*, welche die Lords des Oberhauses beförderte, nach Portsmouth gefahren. Während dieser Fahrt hatte John Burns, ein Abgeordneter der Radikalen Partei, mit einem Lächeln bemerkt, daß viele Verfassungsfragen zwischen Unterhaus und Oberhaus endgültig geregelt werden könnten, wenn der Kapitän der *Campania* die Fahrtgeschwindigkeit erhöhte. Den Schluß bildete die *Eldorado* mit den am Hof von St. James akkreditierten ausländischen Botschaftern.

Die Flotte war bereit. Sobald die Signalkanone der *Victory* verkündete, daß die königliche Jacht unterwegs war, stieg eine Flagge am Signalfall der *Renown* empor: »Bemannt die Rahen!« In den Tagen der Segelschiffe hatte der Befehl ein dramatisches Schauspiel seemännischer Gewandtheit zur Folge gehabt, wenn Schwärme von Matrosen die Wanten enterten und in regelmäßigen Abständen sämtliche Rahen der hochragenden Masten besetzten. Jetzt gab es keine Masten und Rahen mehr, aber das Signal bewirkte noch immer eine denkwürdige Verwandlung. Plötzlich wimmelten die bis dahin wie verlassen liegenden stählernen Kolosse von Matrosen. Innerhalb von Minuten standen sie ausgerichtet und bewegungslos entlang den Decks, auf Geschütztürmen und Kasematten. Da und dort zeigten rote Farbtupfer auf den Brücken und Kommandotürmen, wo Abteilungen von Marinesoldaten stationiert waren.

Als die königliche Jacht in die Reihen der ankernden Kriegsschiffe einfuhr, schoß jedes von ihnen Salut, und bald trieben Wolken weißen Rauches über das grüne Wasser. (Scharfe Augen bemerkten eine Ausnahme beim Salutschießen: der französische Kreuzer *Pothuau* verwendete das neue, rauchlose Pulver.) Die langsam dampfende Jacht kam in bequeme Rufweite der schwarzen Behemoths. Von den Kriegsschiffen war der von seinem Gefolge umgebene Prinz von Wales gut zu erkennen. Sein Bruder und sein Sohn standen neben ihm, und unweit von ihnen der Kronprinz von Japan und Sir Pertab Singh, an dessen seidenem Turban große Edelsteine blitzten. Im Hintergrund stand eine Menge anderer Offiziere in scharlachroten, blauen und grünen Waffenröcken mit goldenen und silbernen Tressen. Die Damen drängten sich um die deutsche Kaiserinwitwe und die Prinzessin von Wales. Die meisten trugen Jachtkostüme in marineblauen, himmelblauen, braunen, blaßgrünen, gelben und rahmfarbenen Tönen. »Niemand sah besser aus als die Gräfin von Warwick in ihrem Kostüm aus dunkelblauer Alpakawolle, dem Ausschnitt aus weißem, besticktem Batist, die ausgezeichnet zu ihrer schönen Gestalt paßten«, beschrieb ein Korrespondent die frühere Geliebte des Prinzen von Wales.

Wenn die königliche Jacht ein Kriegsschiff passierte, nahmen Offiziere und Mannschaften die Mützen ab und brachten drei Hochrufe aus. Wenn das betreffende Schiff eine Kapelle besaß, spielte sie »God Save the Queen«. Beobachter vermerkten mit Befriedigung, daß die amerikanischen Matrosen an Bord der *Brooklyn* die Hochrufe ebenso freudig wie irgendeine britische Schiffsbesatzung ausbrachten und daß die Musikkapelle auf Deck der *König Wilhelm* der Nationalhymne eine Dreingabe von »Rule Britannia« folgen ließ.

Während der Prinz die Flottenparade abnahm, wurden die Wasserwege zwischen den Kriegsschiffen von Marineschleppern und Patrouillenbooten bewacht und von Vergnügungsbooten und Privatjachten freigehalten. Nach der Vorbeifahrt der *Victoria and Albert* aber erschien unvermittelt ein frecher Einzelgänger von einem Dampfboot, um dann in hoher Fahrt durch die Reihen zu brausen, und schlängelte sich mit erstaunlicher Geschwindigkeit und Manövrierfähigkeit zwischen den Schiffen hindurch. Patrouillenboote, die den Eindringling abzufangen oder zu überholen suchten, blieben erfolglos. Dieses seltsame Boot, grau gestrichen, wie ein Torpedo geformt, dreißig Meter lang und drei Meter breit, war *Turbina*, mit einer Höchstgeschwindigkeit von 34 Knoten eines der schnellsten Schiffe der Welt. Mit der Vorführung sollte die Marine überzeugt werden, daß es zweckmäßig sei, die schweren Kolbendampfmaschinen zum Antrieb ihrer Kriegsschiffe aufzugeben und auf die Dampfturbine überzugehen, die der *Turbina* ihre erstaunliche Geschwindigkeit verlieh. Der

Konstrukteur des Bootes, Sir Charles Parsons, stand an Bord hinter dem hohen Schornstein mitschiffs, der eine Flamme von mindestens seiner eigenen Länge ausstieß. Mit ihren gewagten Manövern trotzte *Turbina* der Autorität und durchkreuzte buchstäblich das Protokoll. »Vielleicht kann ihre Zügellosigkeit mit der Neuartigkeit und Bedeutung der Erfindung entschuldigt werden, die sie verkörpert«, murrte die *Times*.

Als sie gegen sechzehn Uhr die Parade abgenommen hatte, stoppte die königliche Jacht querab von der *Renown*, warf den Steuerbordanker und signalisierte allen britischen und ausländischen Flaggoffizieren, zum Empfang durch den Prinzen von Wales an Bord zu kommen. Die Admiräle hatten in Dampfpinassen und Motorbooten gewartet, die längsseits ihrer Flaggschiffe dümpelten, und als das Signal kam, setzte ein Rennen zum Backbordfallreep der königlichen Jacht ein. Das Verhalten des russischen Admirals wurde in diesem Zusammenhang viel bewundert: er verschmähte es, am allgemeinen Wettrennen teilzunehmen, entsagte der Dampfkraft und kam in seinem Galaruderboot, das von sechzehn Matrosen in Weiß gerudert wurde. Während die Gäste noch an Bord waren, flog von der *Victoria and Albert* eine Brieftaube mit einer Botschaft vom Prinzen an seine Mutter in Schloß Windsor auf. »Admiräle soeben vorgestellt. Schöner Tag, Parade uneingeschränkter Erfolg. Das einzige, was zur Vollkommenheit fehlte, war die Anwesenheit der Königin.«

Eine Stunde später wurden die Besucher verabschiedet. Die königliche Jacht hob ihren Anker aus dem Schlick des Solent, die Schaufelräder setzten sich in Bewegung, und sie dampfte in Richtung Portsmouth davon. Von der Flotte wurde sie mit drei weiteren Hochrufen verabschiedet. In diesem Augenblick trat die *Turbina* abermals überraschend in Erscheinung. Sie hatte hinter einem Kreuzer gewartet, und als die königliche Jacht wieder Fahrt aufnahm, schloß *Turbina* sich ihr an. Zuerst folgte sie ihr in mäßiger Geschwindigkeit, aber plötzlich rasten ihre Schrauben los, der Bug hob sich aus dem Wasser, das Heck verschwand in siedender weißer Gischt, und sie jagte auf abweichendem Kurs davon. Als die Flotte achteraus zurückblieb, ließ der Prinz von Wales zum Abschied eine Signalflagge am Fall aufziehen: »Rumration austeilen!«, und der Oberkommandierende befahl allen Schiffen, die ihm unterstellt waren, an jeden Matrosen ein zusätzliches Gläschen Grog auszugeben.

Noch während des Empfangs der Admiräle hatten sich am südlichen Horizont bedrohliche Wolken zusammengezogen. Als der Prinz die Flotte verließ, türmten sich schwarze Kolosse über schwarzem Wasser, eine Gewitterfront. Ehe die *Victoria and Albert* den Hafen von Portsmouth erreichte, war der Himmel grün und schwarz, und die ersten schweren Regentropfen fielen. Als die Jacht am Kai festmachte, peitschten Gewitterböen die Decks mit tropischer Gewalt. Blitze spalteten die Luft mit anhaltenden, gellenden Schlägen, und der Donner rollte wie eine Kanonade. Draußen bei der Flotte zogen sich Regenschleier zwischen die ankernden Schiffe und nahmen jede Sicht; Decks und Geschütztürme verwandelten sich in einen Tumult tanzenden Wassers. An der Küste, wo die Gossen der herabstürzenden Wassermassen nicht Herr werden konnten, bildeten sich riesige Pfützen auf der Esplanade, und die Anlagen des Southsea Common wurden zu einem Morast. Alle Läden waren geschlossen, und Menschenmengen drängten sich unter jedem Dach, das sie finden konnten. Das Gewitter dauerte eine Stunde und war eines der schwersten, die in Südengland je verzeichnet worden waren.

Während des Unwetters hatte es ausgesehen, als müßte die als Attraktion des Abends geplante Illumination der Flotte abgesagt werden. Aber bei Sonnenuntergang hatte der Regen aufgehört, und nur eine dichte Wolkendecke verdunkelte den Sommerabend. Die Zuschauer entlang der Küste sahen die Flotte allmählich im Dunkel verschwimmen. Dann, um neun Uhr fünfzehn, dröhnte eine Signalkanone. Plötzlich traten die Umrisse der *Renown* in glimmernden Lichterketten aus der tiefen Dämmerung hervor, und eine Sekunde später folgten alle ankernden Kriegsschiffe ihrem Beispiel und funkelten im Licht Hunderter elektrischer Birnen vor dem schwarzen Hintergrund des Meeres und des Himmels. Die über die ganze Länge eines jeden Schiffes gezogenen Lichterketten folgten den Umrissen von Rumpf, Brücke, Schornsteinen, Masten und Geschütztürmen und erschienen als »feurige Linien, die in dem leichten Dunst, der nach dem Unwetter noch über dem Wasser hing, die goldene Farbe von Glühwürmchen annahmen.« Die Marinekorrespondenten schilderten es rhapsodisch: Die Lichter waren »eine Myriade brillanter Perlen«, die Schiffe »eine feenhafte Flotte, behängt mit goldenen Girlanden... eingebettet in eine geisterhafte See, die sie mit glänzenden und funkelnden Juwelen umspielte«. Britische Flaggschiffe trugen an ihren Mastspitzen ein großes elektrisches Zeichen: ein rotes Kreuz auf weißem Grund verkündete die Anwesenheit eines Admirals. Ausländische Schiffe warteten mit Spezialeffekten auf. Die *Rossija* trug den kaiserlich russischen Doppeladler in Lichtern, und die *Brooklyn* zeigte entlang ihrer gepanzerten Flanke die aus elektrischen Lichtern zusammengesetzte Inschrift »V. R. [Victoria Regina] 1837–1897«. Ein weiteres Merkmal der *Brooklyn* war die Beleuchtung der von den Mastspitzen wehenden britischen und amerikanischen Flaggen mit starken Scheinwerfern.

Beinahe drei Stunden lang schimmerte dieses einzigartige und phantasievolle technische Schauspiel in der Dunkelheit. Vom Ufer und an Bord der Schiffe beobachteten es ungezählte Menschen. Gegen zehn Uhr verließen der Prinz und die Prinzessin von Wales abermals den Hafen von Portsmouth, diesmal in der kleinen königlichen Jacht *Alberta*, um eine Rundfahrt durch die Flotte zu unternehmen. Die *Alberta* führte wenige Lichter und zog nur geringe offizielle Aufmerksamkeit auf sich, als sie langsam die Reihen der ankernden Schiffe passierte. Um elf Uhr dreißig jedoch, als die Jacht ablief, spielten die Musikkapellen wieder »God Save the Queen«. Dann feuerten alle ankernden Kriegsschiffe in einem letzten Gruß an die Königin und ihren Thronerben einen königlichen Salut. Die Schiffe hüllten sich in Rauchwolken, die von unheimlich rot aufblitzendem Mündungsfeuer der Kanonen erhellt wurden. Es war ein spektakulärer Höhepunkt: Flammenzungen schossen aus Dutzenden von Breitseiten, Rauch wogte in roten Wolken über der Illumination der Lichterketten.

Der Prinz kehrte zurück nach Portsmouth, aber die Illumination dauerte noch an. Erst als die Uhr Mitternacht anzeigte, schaltete das Flaggschiff aus, und gleich darauf lag auch der Rest der Flotte in Dunkelheit getaucht. Ein Beobachter, der das Schauspiel von einem Hotelbalkon verfolgt hatte, schrieb: »Um Schlag zwölf verschwand die goldene Feenflotte. War es ein Traum? Am Himmel waren die Wolken aufgerissen, und die Sterne blinzelten herab. Die schwachen Ankerlichter an den Mastspitzen ungezählter Schiffe wurden sichtbar. Sie war nicht verschwunden. Die Flotte war da.«

I. TEIL

# Die deutsche Herausforderung

## 1. KAPITEL

# Victoria und Bertie

Königin Victoria war fast ganz deutsch. Ihr Vater Edward, Herzog von Kent, vierter Sohn von König George III., war ein Hannoveraner, ein Nachkomme Georg Ludwigs, des Kurfürsten von Hannover, der 1714 als König George I. auf den englischen Thron gelangte, um die protestantische Thronfolge zu gewährleisten. Alle hannoveranischen Vorfahren Königin Victorias – König George II., sein Sohn Frederick, Prinz von Wales, und sein Sohn König George III. – heirateten deutsche Frauen und verstärkten das deutsche Element auch auf ihres Vaters Seite. Queen Victorias Mutter, Prinzessin Viktoria Maria Louise von Sachsen-Coburg, war gleichfalls Deutsche. Victoria selbst verdoppelte dann die deutsche Fraktion in der königlichen Familie, indem sie ihren deutschen Vetter, Prinz Albert von Sachsen-Coburg-Gotha, heiratete, den Sohn des älteren Bruders ihrer Mutter. Die frühe Umgebung der Königin war überwiegend deutsch. Ihre Gouvernante war eine Deutsche; die Wiegenlieder, mit denen sie in den Schlaf gesungen wurde, waren deutsch; sie hörte nichts als deutsch und sprach nur diese Sprache, bis sie drei war. Ihre starke Sympathie für alles Deutsche war auch ihrem Mann zuzuschreiben. »Ich habe ein Empfinden für unser liebes kleines Deutschland, das ich nicht beschreiben kann«, sagte sie, nachdem sie Prinz Alberts Geburtsort besucht hatte.

Die britische Monarchie hatte es in den Jahren vor Victorias Thronbesteigung nicht leicht gehabt. Ihre unmittelbaren Vorgänger auf dem Thron – George III., George IV. und William IV. – sind als »ein Narr, ein Verschwender und ein Hanswurst« beschrieben worden. Victorias Vater, der Herzog von Kent, sah kaum vielversprechender aus. Wegen seiner Vorliebe für harte Disziplin, die in Gibraltar eine Meuterei ausgelöst hatte, aus der britischen Armee ausgeschieden, ständig verschuldet, ein Junggeselle noch mit achtundvierzig, lebte er mit seiner achtundzwanzigjährigen Geliebten, einer Franko-Kanadierin namens Madame de St. Laurent, meistens im Ausland. Dann aber inspirierte ihn das Angebot höherer staatlicher Geldzuwendungen für den Fall, daß er heiraten und ein Kind zeugen würde, und er verabschiedete Madame de St. Laurent und machte der Prinzessin Viktoria von Sachsen-Coburg, einer dreißigjährigen Witwe, einen Heiratsantrag. Sie heirateten, und innerhalb von zehn Monaten, am 24. Mai 1819, wurde eine Tochter geboren. Acht Monate später starb der Herzog von Kent, nachdem er seinen Beitrag zur britischen Geschichte geleistet hatte, an Lungenentzündung.

Die Prinzessin, an zweiter Stelle der britischen Thronfolge, lebte mit ihrer Mutter im praktischen roten Ziegelbau des Kensington-Palastes, von wo sie dann und wann ihren betagten Onkel, König George IV., besuchte. Schon früh wußte sie zu gefallen. Sie kletterte dem ziegenbärtigen, perückentragenden Monarchen auf den Schoß, schenkte ihm ein bezauberndes Lächeln und pflanzte einen hingehauchten Kuß auf seine trockene, rougegefärbte Wange. »Was soll die Kapelle als nächstes spielen?« fragte sie der alte Herr einmal. »Ach, Onkel König, ich möchte, daß sie ›God Save the King‹ spielt«, piepste das Kind. »Sag mir, was dir an deinem Besuch am besten gefallen hat?«, fragte König George, als es Zeit war, daß sie ging. »Die Fahrt mit dir«, schmeichelte die kleine Prinzessin.

Sie begriff frühzeitig, daß sie sich von anderen Kindern unterschied. »Die darfst du nicht anfassen, die gehören mir«, erklärte sie einem Kind, das auf Besuch und im Begriff war, mit ihrem Spielzeug zu spielen. »Und ich darf dich Jane nennen, aber du darfst mich nicht Victoria rufen«, fügte sie zur Betonung hinzu. Ein aufgebrachter Musiklehrer maßte sich einmal an, ihr zu sagen: »Es gibt keinen königlichen Weg zur Musik, Prinzessin. Sie müssen üben wie jeder andere.« Darauf klappte Victoria den Klavierdeckel über die Tastatur. »Da! Sehen Sie? Da gibt es kein *Muß*!« Als sie zehn war, entdeckte sie ein Buch mit den Stammbäumen der Könige und Königinnen von England und begann es zu studieren. Erstaunt wandte sie sich zu ihrer Gouvernante und sagte: »Ich bin dem Thron näher, als ich dachte.« Als ihre Gouvernante nickte, bekam Victoria nasse Augen. Feierlich hob sie den rechten Zeigefinger und gab die berühmte Erklärung ab: »Ich werde gut sein.«

Der Tod ihres »Onkel Königs« im Jahre 1830, als Victoria elf war, brachte die Prinzessin noch näher an den Thron. Der neue König, ihr fünfundsechzigjähriger Onkel William, hatte zwar zehn Kinder gezeugt, aber alle illegitim; demgemäß war Victoria die britische Thronerbin. König William IV. herrschte sieben Jahre, aber am 20. Juni 1837 traf um fünf Uhr früh eine Gruppe von Herren im Kensington-Palast ein. Sie kamen vom Schloß Windsor, wo der König gerade gestorben war. Eine verschlafene junge Frau in einem Morgenmantel, das Haar noch offen auf dem Rücken, empfing sie, und sie knieten nieder und küßten ihr die Hand. Eine Herrschaft von vierundsechzig Jahren hatte begonnen. »Ich bin sehr jung«, schrieb die neue Königin an diesem Abend in ihr Tagebuch, »und vielleicht in vielen, wenn auch nicht in allen Dingen unerfahren, aber ich bin sicher, daß wenige mehr guten Willen und mehr echtes Verlangen haben als ich, zu tun, was geziemend und recht ist.« Die achtzehnjährige Königin, voller jugendlich strahlender Laune, wirkte erfrischend auf das britische Volk, das der törichten alten Männer auf dem Thron überdrüssig war. In politischen Angelegenheiten befolgte Victoria gewissenhaft den Rat ihres Premierministers, Lord Melbourne. Ihre Beziehung war eine Mischung von Tochter und Vater, bewundernder junger Frau und elegantem, weltgewandtem älteren Mann – und von Souverän und Untertan. Die öffentliche Meinung hielt Melbourne für einen Zyniker, aber er bezauberte die Königin mit seiner Kultiviertheit, seinem trokkenen Humor und seiner tiefen Verehrung. Sie erklärte ihn zum »gutherzigsten, freundlichsten und einfühlendsten Mann auf Erden«, als ihr geliebter Spaniel Dash herbeilief, um Lord Melbourne die Hand zu lecken. »Alle Hunde mögen mich«, sagte der Premierminister achselzuckend, aber die Königin wollte es nicht glauben.

Die Unwägbarkeiten der Politik nahmen ihr Lord Melbourne, aber 1839 wählte Victoria selbst den männlichen Berater, der den größten Einfluß auf ihr Leben haben sollte. Ihr Vetter ersten Grades, Prinz Albert von Sachsen-Coburg-Gotha, drei Monate jünger als Victoria, war schon als Kind ernst und zielbewußt gewesen. »Ich will mich zu einem guten und nützlichen Mann bilden«, hatte er mit elf Jahren in sein Tagebuch geschrieben. Victoria war ihrem Vetter zuerst vor der Thronbesteigung begegnet, als sie beide siebzehn waren. »Alberts Schönheit ist auffallend«, vertraute sie ihrem Tagebuch an. »Sein Haar hat ungefähr die gleiche Farbe wie meines. Seine Augen sind groß und blau, und er hat eine schöne Nase und einen sehr süßen Mund mit feinen Zähnen.«

In der Folgezeit notierte sie weitere Einzelheiten: den »zarten Schnurrbart und den sehr leichten Backenbart«, die »schöne Gestalt, breit in den Schultern und mit einer schlanken Taille«. Beide wußten, daß ihre Eltern auf eine Verbindung hofften. Dennoch lag die Wahl bei ihr. Sie war beinahe bereit, diese Wahl zu treffen, nachdem sie ihn im Oktober 1839 in Schloß Windsor die Treppe hatte hinaufsteigen sehen. »Mit einiger Gemütsbewegung erblickte ich Albert – der schön ist«, schrieb sie in ihrem Tagebuch. Ein paar Tage später lud sie ihn in ihr privates Audienzzimmer ein, wo sie sich ihm erklärte. Albert willigte ein und machte sich an die schwierige Aufgabe, Gemahl der Königin von England zu werden. Als er vor der Hochzeit anregte, daß es hübsch wäre, längere Flitterwochen als die von ihr vorgesehenen zwei oder drei Tage zu haben, ermahnte sie ihn: »Du vergißt, mein Liebster, daß ich der Souverän bin, und daß die Geschäfte auf nichts warten können.« Die Trauungszeremonie fand in der St. James Chapel in London statt, die Hochzeitsnacht verbrachten die beiden auf Schloß Windsor. Am folgenden Morgen stürzte die Königin zu ihrem Tagebuch. Albert hatte Klavier gespielt, während sie mit Kopfschmerzen auf dem Sofa lag, aber »krank oder nicht, ich habe NIEMALS NIEMALS solch einen Abend verbracht!!! MEIN LIEBSTER LIEBER Albert saß auf einem Schemel an meiner Seite, und seine übermäßige Liebe und Zärtlichkeit gab mir Gefühle von himmlischer Liebe und Glück, die ich mir früher niemals hätte träumen lassen! – wirklich, wie kann ich jemals dankbar genug sein, solch einen Gatten zu haben!«

In den ersten Monaten ihrer Ehe war Alberts Lage eher mißlich. Victoria betete ihn an und hatte darauf bestanden, daß das Wort »gehorchen« in ihrem Ehegelübde bleibe, aber einer Freundin schrieb sie, er werde »der Gatte sein, nicht der Hausherr«. Seine Position verbesserte sich jedoch, als er neun Monate und elf Tage nach der Hochzeit Vater wurde. Das Kind war eine Tochter, Victoria (von der Familie Vicky genannt), nicht der erhoffte Prinz von Wales, aber diese Enttäuschung war elfeinhalb Monate später vergessen, als am 20. November 1840 Prinz Albert Edward im Buckingham-Palast zur Welt kam. Der Prinz wurde am 25. Januar 1842 in Gegenwart des Herzogs von Wellington und des Königs Friedrich Wilhelm IV. von Preußen, der seinem Patenkind den preußischen Schwarzen-Adler-Orden verlieh, in Schloß Windsor getauft. Nach der Zeremonie schrieb Victoria: »Wir beteten, daß unser kleiner Junge in jeder Hinsicht ein wahrer und tugendhafter Christ werden möge, und *ich* bete, daß er das Abbild seines geliebten Vaters mögen werde.«

Bertie, der schon in der Kinderstube mit einer englischen und einer deutschen Gouvernante versorgt wurde, erfreute sich von Anfang an einer zweisprachigen Erziehung; später bemerkte ein Besucher, daß die königlichen Kinder »Deutsch wie ihre Muttersprache beherrschten«. Berties erste Worte wurden von seiner altklugen älteren Schwester verspottet, und die Königin sorgte sich, daß ihr Sohn »durch das Zusammensein mit der königlichen Prinzessin, die weit über ihr Alter klug ist, verletzt wird. Sie bringt ihn mit einem Wort oder einem Blick zum Schweigen«. Trotz der unvermeidlichen Streitereien aber verstanden sich Bruder und Schwester gut.

In den ersten vier Jahren ihrer Ehe brachte Königin Victoria vier Kinder zur Welt, in den ersten acht Jahren sechs und insgesamt neun. Für die Verhältnisse der damaligen Zeit war es ungewöhnlich, daß alle Kinder das Erwachsenenalter erlebten. Schwangerschaft und Niederkunft bereiteten ihr indessen wenig Freude. »Was Du über den Stolz schreibst, einer unsterblichen Seele das Leben zu schenken, ist sehr schön, Liebes, aber ich gestehe, daß ich mich da nicht hineindenken kann«, äußerte sie achtzehn Jahre später, als Vicky, inzwischen Kronprinzessin von Preußen, verzückt über die Geburt ihres eigenen ersten Kindes Wilhelm schrieb. »Ich denke vielmehr, daß wir in solchen Augenblikken, wenn unsere arme Natur so sehr animalisch und unekstatisch wird, mehr wie eine Kuh oder eine Hündin sind.«

Prinz Albert widmete sich vorrangig der Erziehung der Kinder. Seine beste Schülerin war seine kluge, ihn verehrende Tochter Vicky; sein schwierigster Schüler der muntere, stotternde Prinz von Wales. Albert verordnete, daß Bertie nicht wie andere Jungen aufgezogen werden könne – auch nicht wie andere königliche Söhne. Der Thronfolger dürfe nichts von seiner kostbaren Jugend vergeuden. Jeder Tag, jede Stunde war verplant. Ein Aufgebot von Privatlehrern, sorgfältig ausgewählt und streng überwacht von Prinz Albert, setzten die Lehrpläne um, die Prinz Albert ausgearbeitet hatte. Sechs Wochentage waren vollgestopft mit Latein, Französisch, Deutsch, Algebra, Geometrie und Geschichte. Bertie mußte historische Essays auf deutsch und französisch ebenso wie auf englisch schreiben. Geregelte Essenszeiten (neun Uhr, vierzehn Uhr und neunzehn Uhr) und Speisepläne (»Mittagessen: Fleisch und Gemüse, Pudding am besten zu vermeiden«) wurden eingeführt. Jeden Abend lieferten seine Hauslehrer einen schriftlichen Bericht über seine Arbeit ab. Unglücklicherweise war der erkennbare Erfolg um so geringer, je größer die Bemühungen wurden. Bertie lernte nicht; beinahe schien es, als weigere er sich zu lernen. Das Ergebnis waren verdoppelte Anstrengungen, mehr Lehrpläne, noch stärker belegte Stundenpläne – und ein dichterer Strom besorgter Mitteilungen zwischen Hauslehrern und königlichen Eltern. Schließlich haßte Bertie jedes Buch, das ihm vorgelegt wurde. Es gab keine anderen Jungen zum Spielen. Prinz Albert konnte im Stundenplan seines Sohnes keine Zeit zum Herumtollen erübrigen; außerdem bestand immer die Gefahr, daß er sich von deren Leichtfertigkeit anstecken ließe. Wenn, was sehr selten vorkam, Jungen aus dem Internat Eton über den Fluß ins Schloß Windsor eingeladen wurden, um mit Bertie zu spielen, war Prinz Albert zur Aufsicht immer zugegen.

Mit fünfzehn erhielt Bertie als Taschengeld eine kleine Summe ausgesetzt, von der ihm erlaubt war, seine Krawatten und Hüte selbst zu kaufen. Die Königin nutzte den Anlaß, um einen Vortrag über richtige Kleidung zu halten: »Kleidung ist das äußere Zeichen, nach dem die Leute im allgemeinen über den inneren Zustand des Geistes und der Gefühle einer Person urteilen ... Wir wünschen nicht, deinen eigenen Geschmack und deine Vorlieben zu kontrollieren, im Gegenteil, wir wünschen, daß du ihnen nachgibst und sie entwickelst, aber wir *erwarten*, daß du niemals etwas Extravagantes oder unfein Auffallendes tragen wirst, nicht, weil es uns nicht gefällt, sondern weil es einen Mangel an Selbstachtung beweisen und ein Verstoß gegen den Anstand sein würde, der – wie er es oft in anderen getan hat – zu einer Gleichgültigkeit gegenüber dem führt, was moralisch falsch ist.«

Zwei Jahre später, als Bertie siebzehn wurde und zum Obersten der britischen Armee ernannt wurde, erteilte Prinz Albert weiteren Rat: »Ein Mann von Stand«, sagte er, »gibt sich nicht nachlässiger, faulenzender Bequemlichkeit hin, räkelt sich nicht hingestreckt in Sesseln und auf Sofas, zeigt beim Gehen keine schlaffe, schlottrige Haltung und steht nicht mit den Händen in den Taschen herum.« »Ein satirischer oder herausfordernder Gesichtsausdruck« galt als vulgär, und »ein handgreiflicher Scherz sollte niemals erlaubt sein.« Im Gespräch sollte Bertie in der Lage sein, »die Führung zu übernehmen und ...

außer bloßen Fragen nach der Gesundheit und dem Wetter etwas zu sagen zu finden.« Das höchste Beispiel, das Bertie von der Königin ständig vor Augen geführt wurde, war sein Vater. Immer wieder drängte Königin Victoria ihre Kinder, diesem unvergleichlichen Wesen nachzueifern. »Du kannst mit uns Gott danken, daß er uns allen deinen liebsten, vollkommenen Vater zugesellt hat«, schrieb sie Bertie, als er fünfzehn war. »*Keines* von euch kann *jemals* stolz genug sein, das Kind von *solch* einem Vater zu sein, der auf dieser Welt nicht *seinesgleichen* hat – so wunderbar, so gut, so fehlerlos. Versucht alle, in seine Fußstapfen zu treten, und seid nicht entmutigt, denn *wirklich* in allem wie er zu sein, wird, des bin ich sicher, *keinem* von euch je gelingen. Versucht darum, in *einigen* Punkten wie er zu sein, und ihr werdet *viel erreicht haben.*«

Bertie bemühte sich redlich, die in ihn gesetzten Erwartungen zu erfüllen, enttäuschte aber gewöhnlich. Als er siebzehn war, schrieb Königin Victoria an Vicky, die den Kronprinz Friedrich von Preußen geheiratet hatte: »Ich bin seinetwegen sehr bekümmert. Er ist so träge und schwach.« Nicht viel später beklagte sie sich wieder: »Du liebe Zeit, was würde geschehen, wenn ich nächsten Winter sterben müßte! Man zittert beim Gedanken daran. Es ist eine zu schreckliche Überlegung... Die größte Verbesserung wird ihn nicht für seine Position tauglich machen. Seine einzige Sicherheit – und die des Landes – liegt darin, daß er sich in allem unbedingt auf den liebsten Papa verläßt, diese Vollkommenheit menschlichen Wesens!«

Prinz Albert versuchte die hellere Seite zu sehen, als er Bertie nach Berlin schickte, um Vicky zu besuchen. »Du wirst Bertie erwachsen und vervollkommnet finden«, schrieb er seiner Tochter. »Laß dir keine Gelegenheit entgehen, ihn zu harter Arbeit anzuhalten. Unsere gemeinsamen Anstrengungen müssen auf dieses Ziel gerichtet sein. Unglücklicherweise interessiert er sich für nichts als Kleider und wieder Kleider. Selbst draußen auf der Jagd ist er mehr mit seinen Hosen beschäftigt als mit dem Wild.« Während dieses Besuches schrieb Prinz Albert noch einmal an seine Tochter und schilderte ihr seinen Sohn: »Bertie hat ein bemerkenswertes gesellschaftliches Talent. Er ist lebhaft, von schneller Auffassung und scharfem Verstand, wenn er seinen Sinn auf etwas richtet, was selten der Fall ist... Aber gewöhnlich ist sein Intellekt von nicht mehr Nutzen als eine am Boden eines Koffers verpackte Pistole, wenn man in den von Räubern verseuchten Abruzzen überfallen wird.«

Im Oktober 1859 begann der siebzehnjährige Prinz von Wales das erste von vier Semestern am Christ Church College in Oxford, wo seine Anstrengungen den Vater alsbald seufzen ließen: »Berties Neigung ist unbeschreibliche Faulheit. Ich habe in meinem Leben keinen so vollendeten und durchtriebenen Faulpelz kennengelernt.« Selbst Berties pflichtschuldige Aushändigung seines Tagebuches zur Inspektion trug ihm die väterliche Kritik wegen seines Mangels an analytischer und gedanklicher Durchdringung ein. Bertie entschuldigte sich gelassen: »Es tut mir sehr leid, daß Dir mein Journal nicht gefallen hat, da ich mir Mühe damit gegeben hatte, aber ich sehe die Richtigkeit Deiner Bemerkungen und werde versuchen, Gewinn daraus zu ziehen.«

Berties erster eigenständiger Erfolg kam in Nordamerika. Im Juli 1860 unternahm der Prinz von Wales eine Reise durch das östliche Kanada und die Vereinigten Staaten. An den Niagara-Fällen stand er auf der kanadischen Seite und sah den berühmten französischen Akrobaten Blondin auf einem Drahtseil von der amerikanischen Seite herüberkommen und dabei einen Mann in einem Schubkarren schieben. Nach Entgegennahme der königlichen Gratulation schlug Blondin vor, daß der Prinz sich in den Schubkarren setze und mit ihm zur amerikanischen Seite zurückkehre. Bertie war sofort einverstanden, aber seine Begleiter schritten ein, und Blondin ging auf Stelzen über die Fälle zurück zur anderen Seite. In den Vereinigten Staaten, die damals am Rande des Bürgerkriegs standen, reiste der britische Thronfolger inkognito als »Baron Renfrew«. Das täuschte niemanden, und in Philadelphia, das er zur schönsten amerikanischen Stadt erklärte, die er gesehen habe, stand das Publikum spontan auf und sang »God Save the Queen«. Er berührte auf seiner Reise Detroit, Chicago, St. Louis, Cincinnati, Pittsburgh und Richmond. In Washington wurde er vom Präsidenten Buchanan begrüßt, der ihn zum Nationaldenkmal Mount Vernon begleitete, dem einstigen Wohnsitz George Washingtons. In New York war der Prinz nach einem Festzug den Broadway hinunter Ehrengast bei einem Ball der Musikakademie. Zweitausend nicht geladene Gäste hatten sich gewaltsam Zutritt verschafft, mit dem Ergebnis, daß der Boden des Ballsaales, gerade als Bertie eintraf, um fast einen Meter absackte. Er besuchte Boston, traf mit Longfellow, Emerson und Oliver Wendell Holmes zusammen und fuhr Ende Oktober nach England zurück. Die Königin war stolz auf seinen Erfolg und schrieb an Vicky: »Er war überall ungeheuer populär und verdient wirklich höchstes Lob.«

Um diese neue Reife in die richtigen Bahnen zu lenken, entschieden die Eltern des Prinzen, daß er verheiratet werden sollte. Vicky übernahm eifrig die Aufgabe der kontinentalen Kundschafterin und stellte Listen mit den Namen standesgemäßer, heiratsfähiger protestantischer Prinzessinnen zusammen, die den Anforderungen ihrer Mutter genügten: »Gutes Aussehen, Gesundheit, Bildung, Charakter, Intellekt und eine gute Gemütsart.« Schließlich schlug Vicky eine Kandidatin vor: »Sie ist ein gutes Stück größer als ich, hat eine hübsche, aber sehr schlanke Figur, einen Teint, wie man ihn sich schöner nicht wünschen kann. Sehr feine, weiße, regelmäßige Zähne und sehr schöne große Augen... mit außerordentlich hübsch geschwungenen Augenbrauen... so einfach, natürlich und unaffektiert, wie es nur möglich ist... anmutig... bezaubernd... unbeschreiblich entzückend.« Königin Victoria, beeindruckt von diesem Sturzbach von Adjektiven, erklärte die junge Frau zu »einer Perle, die nicht verloren gehen darf«.

Die Perle war die sechzehnjährige Prinzessin Alexandra von Dänemark, älteste Tochter des Prinzen Christian von Schleswig-Holstein. Ein Vetter des Königs Frederik VII. von Dänemark, verfügte Prinz Christian über keine weiteren Einnahmen als sein Gehalt als Offizier in der dänischen Garde. Er und seine Frau lebten in einem bescheidenen Haus in Kopenhagen, dessen Haustür unmittelbar auf eine kopfsteingepflasterte Straße führte. Nichtsdestoweniger gelang es ihnen trotz bescheidener Umstände, sechs Kinder aufzuziehen, von denen vier auf Thronen sitzen sollten: sein ältester Sohn Frederik als König Frederik VIII. von Dänemark, seine Tochter Alexandra als Königin von England, sein Sohn Wilhelm als König Georg I. von Griechenland und seine Tochter Dagmar als Kaiserin Maria Feodorowna von Rußland. Während ihrer Kindheit waren Alexandra und Dagmar (Alix und Minny genannt), im Alter durch drei Jahre voneinander getrennt, fast immer beisammen. Sie teilten sich ein kleines Schlafzimmer, lernten gemeinsam Englisch, Deutsch und Französisch, und wurden von ihrer Mutter in Musik und von ihrem Vater in Gymnastik unterrichtet. In ihrem Aussehen und Charakter waren die beiden jedoch ganz verschieden. Prinzessin Dagmar war klein, dunkel, klug und schlagfertig, während Prinzessin Alexandra mit ihrem weichen braunen Haar und den tiefblauen Augen herzlich im Umgang, bis zur Schläfrigkeit uninteressiert an Büchern und Politik, und – wie Königin Victoria verkündete, nachdem sie eine Fotografie gesehen hatte – »unerhört schön« war.

Die Verhandlungen zum Erwerb der dänischen Perle begannen, während der künftige Ehemann den Sommer in einem irischen Ausbildungslager mit den Grenadier Guards verbrachte. Während dieser Dienstzeit zauberte eine Gruppe unternehmungslustiger junger Offiziere eine junge Frau namens Nellie Clifden in Berties Bett. Nellie, die schon ein ganzes Regiment von Offizieren gekannt hatte, konnte nicht umhin, mit dieser besonderen Eroberung zu prahlen. Im September reiste der Prinz nach Deutschland und in Vickys Begleitung inkognito zu einer »zufälligen Begegnung« mit Prinzessin Alexandra, während sie eine Kirche besichtigten. Vicky berichtete über das Ereignis nach Schloß Windsor: »Alix hat Eindruck auf Bertie gemacht, wenn er auch in seiner komischen und zurückhaltenden Art reagierte. Er sagte zu mir, daß er noch nie eine junge Dame gesehen habe, die ihm so gut gefiele.« Einstweilen markierte das den Punkt, bis zu dem der Prinz zu gehen bereit war. Sein Vater schrieb streng an seinen Sohn, betonte die Bedeutung einer Heirat und die Vorzüge dieser außerordentlichen Kandidatin. Dennoch hielt sich Bertie zurück. Der wahrscheinliche Grund wurde Mitte November enthüllt, als Gerüchte, die Nellie Clifden betrafen, die Runde in den Londoner Klubs machten und Prinz Albert zu Ohren kamen. Er schrieb an Bertie »schweren Herzens über einen Gegenstand, der mir den größten Schmerz verursacht hat, den ich in diesem Leben bisher verspürt habe«. Der Übeltäter gestand, und sein Vater verzieh ihm, ermutigte ihn,

»einen tapferen Kampf auszufechten« und eine frühzeitige Ehe anzustreben. »Du kannst, du darfst nicht verlorengehen. Die Folgen für dieses Land und für die Welt würden zu schrecklich sein!« Albert reiste nach Cambridge, wo Bertie am Trinity College eingeschrieben war, unternahm einen langen Spaziergang mit seinem Sohn und kehrte erfreut über Berties Zerknirschung, aber körperlich erschöpft zurück. Ein paar Tage später schrieb er seiner Tochter: »Es geht mir sehr schlecht. Viel Sorge und großer Kummer (über den ich dich bitte, keine Fragen zu stellen) haben mich während der letzten zwei Wochen des Schlafes beraubt. In diesem gedrückten Zustand hatte ich einen schweren Katarrh und leide seit vier Tagen an Kopfschmerzen und Gliederschmerzen, die sich zu einem Rheumatismus entwickeln mögen.«

Tatsächlich hatte Prinz Albert Unterleibstyphus, die tödliche Geißel des neunzehnten Jahrhunderts. Die Königin saß in ungläubigem Entsetzen an Alberts Bett, während er zwischen Klarheit und Delirium schwankte. Während seiner lichten Augenblicke flüsterten die beiden auf Deutsch. Am 14. Dezember starb Prinz Albert. Die Königin kniete neben ihm, und der Prinz von Wales stand am Fußende des Bettes. Der Prinzgemahl war zweiundvierzig Jahre alt geworden. Victoria, jetzt allein, war auch zweiundvierzig. »Er war mein Leben«, schluchzte die Königin. »Wie kann ich am Leben sein... ich, die täglich betete, daß wir zusammen sterben und ich ihn niemals überleben würde! Ich, die fühlte, daß uns nichts trennen konnte, wenn ich in den geheiligten Stunden bei Nacht von diesen gesegneten Armen umfangen war – wenn die Welt nur unser zu sein schien! Ich fühlte mich so sehr sicher.«

Die Königin war überzeugt, daß das, was sie »Berties Fall« nannte, zumindest teilweise für Prinz Alberts Tod verantwortlich sei. »Oh, dieser Junge – so sehr ich ihn bedaure, ich kann oder werde ihn niemals ohne ein Schaudern ansehen«, schrieb sie an Vicky. Gleichwohl wurde das Heiratsprojekt nicht aufgegeben, und Königin Victoria bat Vicky, Alexandras Eltern über Nellie Clifden aufzuklären: »... daß gottlose Lumpen unseren armen unschuldigen Jungen in eine peinliche Situation gebracht hatten, die seinem geliebten Vater und mir den tiefsten Schmerz bereitete... daß wir beide ihm aber den *einen traurigen Fehltritt* vergeben hatten... und daß ich sehr zuversichtlich sei, er werde einen zuverlässigen, beständigen Ehemann abgeben...«

Im September traf Bertie in einem Schloß in Belgien mit Alexandra zusammen, und dort machte er ihr während eines Spaziergangs im Garten seinen Antrag. Er schilderte den Augenblick seiner Mutter: »Nach ein paar allgemeinen Bemerkungen... fragte ich sie, wie ihr unser Land gefiele, und ob sie eines Tages nach England kommen und wie lange sie bleiben würde. Sie sagte, sie hoffe, daß es einmal möglich sein würde. Ich sagte, daß ich hoffte, sie würde immer dort bleiben, und bot ihr mein Herz und meine Hand. Sie sagte sofort ja. Aber ich riet ihr, nicht allzu schnell zu antworten, sondern es sich zu überlegen.

Sie sagte, das habe sie längst getan. Dann fragte ich sie, ob sie mich möge. Sie sagte ja. Dann küßte ich ihr die Hand, und sie küßte mich.« Zwei Tage später, als er wieder seiner Mutter schrieb, ließ Bertie seinen Gefühlen freieren Lauf: »Ich bekenne Dir offen, daß ich es nicht für möglich hielt, eine Person so zu lieben, wie ich sie liebe. Sie ist so gut und freundlich.«

Alexandra kam nach England, um die Bekanntschaft der Königin zu machen, während Bertie mit Vicky und ihrem Mann, Kronprinz Friedrich von Preußen, eine Mittelmeerkreuzfahrt unternahm. Bei Tag schrieb die siebzehnjährige Alexandra Briefe an ihren zweiundzwanzigjährigen Verlobten; des Abends saß sie bei Königin Victoria und hörte sich Geschichten über Prinz Albert an. Ihr Charme bezauberte die Königin, die dem Tagebuch ihre Billigung anvertraute: »Wie würde der geliebte Albert sie geliebt haben!« Die Hochzeit fand am 10. März 1863 in Schloß Windsor statt. Am Tag vor der Zeremonie nahm Königin Victoria die Verlobten mit zum Frogmore-Mausoleum, wo Albert bestattet war. Sie legte Alexandras Hand in Berties, nahm beide in die Arme und erklärte: »*Er* gibt euch seinen Segen!« Alexandra war glücklich. Am Morgen des Hochzeitstages sagte sie zu Vicky: »Du magst denken, daß es mir gefällt, Bertie um seiner Position willen zu heiraten; aber wenn er ein Rinderhirte wäre, würde ich ihn genauso lieben und keinen anderen heiraten.«

Zehn Monate nach der Hochzeit stand die Prinzessin von Wales, die ihrem Mann beim Eishockeyspiel zugesehen hatte, plötzlich von ihrem Platz auf, eilte nach Haus und gebar einen Sohn. Dem Wunsch der Königin entsprechend, daß all ihre männlichen Nachkommen auf den Namen Albert und all ihre weiblichen Nachkommen Victoria getauft werden sollten, erhielt das Kind den Taufnamen Albert Victor Christian Edward (in der Familie hieß er Eddy). Die Geburt fiel zusammen mit einem dramatischen und schmerzhaften politischen Ereignis. Am 15. November 1863 hatte Prinzessin Alexandras Vater als König Christian IX. die dänische Thronfolge angetreten. In Verletzung eines klaren Abkommens annektierte er sofort das Herzogtum Schleswig und trennte es von Holstein. Der Deutsche Bund entsandte preußische und österreichische Truppen gegen die Dänen und besiegte sie mit der Erstürmung der Düppeler Schanzen und der Besetzung der Insel Alsen. Es war der erste Sieg des preußischen Ministerpräsidenten Otto von Bismarck in einem offenen Konflikt mit einem anderen Staat. Dieser Krieg spaltete die britische königliche Familie. Die Königin und ihre Tochter Vicky, jetzt Kronprinzessin von Preußen, nahmen Partei für die deutsche Seite; Prinzessin Alexandra, die bitterlich um ihren »armen Papa« weinte, Bertie, die Regierung und der größte Teil der Presse unterstützten energisch Dänemark. Schließlich erzwang die Königin den häuslichen Frieden in Schloß Windsor, indem sie anordnete, daß das Thema Schleswig-Holstein nicht mehr angesprochen werden durfte. Die Annexion beider Herzogtümer durch Preußen zwei Jahre später erzeugte in Alexandra eine bleibende

Verbitterung. Noch viele Jahre später, als Kaiser Wilhelm II. ihren zweiten Sohn, Prinz George, zum Ehrenoberst eines preußischen Regiments ernannte, sprudelte sie hervor: »Also ist mein Georgie ein richtiger, schmutziger deutscher Pickelhaubensoldat im blauen Rock geworden!!! Nun, ich hätte nie gedacht, daß ich das erleben muß!«

1867 erkrankte die zweiundzwanzigjährige Alexandra an rheumatischem Fieber. Die Krankheit begann im Februar, und erst im Juli konnte sie in den Garten gefahren werden. Bertie, zuerst fürsorglich und bekümmert, war bald gelangweilt. »Die Prinzessin hatte eine weitere schlechte Nacht«, schrieb eine indignierte Hofdame, »hauptsächlich, weil der Prinz versprochen hatte, um ein Uhr nach Haus zu kommen, und sie sich ständig sorgte und aus Angst, sie könne schlafen, wenn er käme, ihr Opiat nicht nehmen wollte! Und er kam erst um drei Uhr früh!« Als Folge der Erkrankung behielt Alexandra ein steifes Knie und einen hinkenden Gang. Auch wurde durch das Leiden eine erblich bedingte Taubheit ausgelöst, die sich mit den Jahren verschlimmerte.

Nach Prinz Alberts Tod lebte Königin Victoria auf viele Jahre zurückgezogen und verbrachte ihre Zeit abwechselnd im Schloß Windsor und zwei Häusern, die Albert entworfen hatte, Balmoral im schottischen Hochland und Osborne House auf der Isle of Wight. Wenn ihre Minister sie sprechen wollten oder mußten, reisten sie ihr nach. Sie weigerte sich, die Abwesenheit des Prinzgemahls zu akzeptieren. Seine Räume blieben vierzig Jahre lang so, als lebte er noch und könnte jeden Augenblick hereinkommen. Jeden Abend wurden seine Kleider herausgelegt, wurde warmes Wasser und ein frisches Handtuch gebracht. Seine Mäntel, Röcke und Hosen, die in seinen Schränken hingen, wurden regelmäßig gebürstet und gebügelt. In ihren Schlafzimmern hängte die Königin sein Portrait über das leere Kissen. Beim Einschlafen hielt sie sein Nachthemd an sich gedrückt, und auf ihrem Nachttisch lag ein Abguß seiner Hand, so daß sie jederzeit ihre Hand danach ausstrecken und sie halten konnte. Da Albert im Bewußtsein der Königin fortlebte, war sie die Mittlerin, die seine Wünsche und Anweisungen ausführte. In diesem Punkt war Victoria von grimmiger Entschlossenheit. »Ich lege großen Wert darauf, zu wiederholen... daß es mein *fester, unwiderruflicher* Entschluß ist, *seine* Wünsche – *seine* Pläne – in allem, *seine* Ansichten über alles zu *meinem Gesetz* zu machen. Und *keine Macht der Welt* wird mich von dem abbringen, was er entschied und wünschte! Ich bin auch *entschlossen*, daß keine einzige Person – mag sie noch so gut, noch so ergeben sein... *mich* anzuleiten oder zu lenken oder *mir* zu diktieren hat. Ich weiß, *wie er* es mißbilligen würde.«

Hauptgegenstand dieser unerbittlichen Verfügung war der Prinz von Wales. Später räumte Victoria ein: »Nach 1861 konnte ich den Gedanken, daß jemand mir helfen oder den Platz einnehmen würde, an dem mein Liebster immer gestanden hatte, kaum ertragen.« Bertie, beim Tode seines Vaters zwanzig Jahre alt, konnte an dem großen Werk, Alberts Willen zu erfüllen, nicht teilhaben; tatsächlich war ihr Bertie jetzt eine Bürde. Solange Albert gelebt hatte, war die Aufsicht über die Ausbildung und die Führung des Prinzen von Wales seines Vaters Sorge gewesen. Nun war es die ihre, und sie gelobte sich, über den ungeratenen Sohn die gleiche rigorose Kontrolle auszuüben, wie Albert es getan hatte. Es kam nicht in Frage, den Thronerben an der Verantwortung oder der Macht der Krone teilhaben zu lassen. Bertie war unreif, impulsiv. Während der Schleswig-Holstein-Krise wies sie das Außenministerium an, daß dem Prinzen von Wales »nichts von streng vertraulicher Natur« mitzuteilen sei. Als Bertie Depeschen zu sehen verlangte, untersagte die Königin scharf jede »unabhängige Kommunikation« zwischen der Regierung und ihrem Sohn. »Der Prinz von Wales... hat kein Recht, sich einzumischen, und hat dies bisher niemals getan... Die Königin kann keine private und vertrauliche Kommunikation gestatten... oder alle Vertraulichkeit wird *unmöglich* sein!«

Ausgeschlossen von allen Geschäften bis auf die oberflächlichste, zeremonielle Teilnahme an öffentlichen Angelegenheiten, gelang dem Prinzen von Wales dennoch eine wenigstens teilweise Befreiung von seiner Mutter. Als Ehemann und Vater brauchte er einen eigenen Haushalt und ein eigenes Domizil. In London wurde das Marlborough House in der Pall Mall, von Christopher Wren für den ersten Herzog von Marlborough errichtet, für den Prinzen und die Prinzessin umgebaut, die dort 1862 einzogen. In der Grafschaft Norfolk wurde Sandringham erworben, ein Schloß mit einem Besitz von zwölftausend Morgen Land, der von Fasanen und anderem Wild wimmelte.

Mochte der Prinz auch von der Politik ausgeschlossen sein, das gesellschaftliche Leben war eine andere Sache. Zu einer Zeit, als die Zurückgezogenheit der Queen den königlichen Hof beinahe nichtexistent machte, wurden der junge Prinz und die Prinzessin von Wales zum Mittelpunkt der Gesellschaft und zu Leitfiguren in Modefragen. Königin Victoria und Prinz Albert hatten, Alberts Neigungen folgend, die Londoner Gesellschaft als frivol und dekadent betrachtet und ihren Umgang auf königliche Verwandte und einige wenige Angehörige des ältesten Adels beschränkt. Die Gesellschaft, die Prinz Albert verlacht und Königin Victoria bemitleidet hatte, öffnete jetzt dem jugendlichen Prinzen von Wales und seiner schönen Prinzessin ihre Türen. Besonders Bertie beeilte sich, jede Gelegenheit zu ergreifen. Tag für Tag eilte er von einer Gesellschaft zur nächsten, besuchte Bankette, Bälle, Opern, Varietés, Theater, Gartenfeste und private Diners. Er kam mit wenig Schlaf aus. Manchmal wurden Freunde spät in der Nacht zum Marlborough House gerufen, um ein spätes Abendessen einzunehmen und bis in die frühen Morgenstunden Whist zu spielen. Oder er machte sich mit einer Gesellschaft auf, das Londoner Nachtleben zu erforschen, wobei er sich gemieteter Droschken statt der königlichen Kutschen bediente und nicht selten in öffentlichen Vergnügungsorten wie den Vauxhall Gardens oder in Evans Music Hall in Covent Garden landete, wo er und seine Freunde in einer reservierten Loge zu sitzen pflegten, die durch Sichtblenden gegen Blicke des Publikums abgeschirmt war.

Zum Freundeskreis des Prinzen gehörten Aristokraten, Politiker, Diplomaten, Finanziers, Kaufleute, Ärzte, Entdecker, Schauspieler und Schauspielerinnen. Dieser Freundeskreis wurde bald der »Marlborough House Set« genannt. Seine Mitglieder, denen Berties Abneigung gegen das Alleinsein bewußt war, regelten ihre Angelegenheiten so, daß sie jederzeit kurzfristig zur Verfügung standen. Um seinem Freundeskreis einen festen Rahmen zu geben, gründete der Prinz 1869 den Marlborough Club in der Pall Mall 52, unweit von Marlborough House. Die ursprüngliche Mitgliederzahl umfaßte vierhundert Herren, allesamt Bekanntschaften des Prinzen von Wales, und Bertie wurde der erste Präsident des Klubs. Jüdische Mitglieder waren willkommen, und in den meisten Räumen war Rauchen erlaubt. Auf der Rasenfläche hinter dem Klub gab es eine Kegelbahn, wo Bertie und seine Freunde in Hemdsärmeln dem Kegelsport nachgingen, bis die Nachbarn sich über das Rumpeln der Kugeln beschwerten. Bis zum Tode des Prinzen bedurften alle Bewerber um die Mitgliedschaft seiner Zustimmung.

Bertie schätzte seine Gefährten und erwies ihnen intensive Loyalität, aber dafür wurde ein gewisses Feingefühl verlangt. Er schätzte Geist, Toleranz und Fröhlichkeit; er hatte Spaß an einer lustigen Geschichte, einer guten Anekdote oder an etwas Klatsch, wenn dies in schicklicher Form vorgebracht wurde. Snobs, dünkelhafte Laffen, Langweiler und spröde Pedanten bekamen zu spüren, daß sie unerwünscht waren. Bertie hatte nichts gegen ein gewisses Maß an freundschaftlicher Neckerei, aber es gab Grenzen; er erwartete Respekt und Ehrerbietung vor seinem Rang. Für jene, die ihm nahestanden, kam es darauf an zu wissen, wo die Grenze zwischen freundschaftlichem Spaß und übertriebener Vertraulichkeit lag. Gelegentlich kam es vor, daß Männer seiner Umgebung diese Grenzlinie überschritten, und dann reagierte der Prinz prompt. Hinter seinem Rücken wurde er wegen seiner zunehmenden Leibesfülle »Tum Tum« genannt. Eines Abends benahm sich ein auf Besuch zu Sandringham weilender Baronet im Billardzimmer allzu ausgelassen; der Prinz legte seinem Freund eine Hand auf die Schulter und bemerkte mit einem gutmütigen Lächeln: »Freddy, Freddy, du bist sehr betrunken.« Darauf zeigte Sir Frederick auf die Gürtellinie seines Gastgebers und sagte: »Tum Tum, du bist sehr fett.« Der Prinz machte auf dem Absatz kehrt und winkte einem Bediensteten. Noch vor dem Frühstück am nächsten Morgen hatte Sir Frederick das Haus verlassen.

Der Prinz hatte einen gewaltigen Appetit. Zum Frühstück, bevor er zur Jagd fuhr, aß er Verlorene Eier, Speck, Schellfisch und Hühnchen oder Waldschnepfe. Seine Hauptmahlzeit bestand selten aus weniger als zwölf Gängen, je fetter und raffinierter zubereitet, desto besser. Er schätzte Kaviar zu jeder Stunde, konnte von Flußkrebs in Chablis gekocht nie genug bekommen und war ein besonderer Liebhaber von Wildgeflügel – Moorschneehuhn, Fasan, Rebhuhn, Bekassine oder Waldschnepfe –, entbeint, mit Trüffeln oder Gänseleber gefüllt und in fetter Madeirasoße schwimmend. Am Sonntagmittag nach der Kirche bestand er auf Roastbeef und Fleischpudding in Blätterteig, und gegrillte Austern betrachtete er als das ideale Gericht für ein spätes Abendessen nach dem Theater. Seine Frau beklagte sich, daß er alles esse, zuwenig kaue, es hinunterschlinge. Bertie trank mäßig, gab Champagner den Vorzug vor Wein und nahm nach dem Essen nur ein einziges Glas Brandy. Er rauchte jedoch sehr gern. Im viktorianischen Zeitalter war es für Herren unverzeihlich, in der Gegenwart von Damen zu rauchen, und auch nur nach Tabak zu riechen, galt als vulgär. Königin Victoria gestattete kein Rauchen in den königlichen Palästen, nicht einmal in den Schlafzimmern der Gäste. Graf Paul von Hatzfeld, der deutsche Botschafter, wurde in Schloß Windsor einmal entdeckt, wie er im Schlafanzug auf dem Boden des Schlafzimmers lag, den Kopf im offenen Kamin, wo er Zigarrenrauch in den Schornstein hinaufblies. Auch im Speisezimmer war nach dem Essen Rauchen nicht gestattet, nicht einmal, nachdem die Damen sich zurückgezogen hatten. Die Herren saßen beisammen und tranken Portwein oder Brandy, mieden aber den Tabak, damit das Zimmer nicht vom Geruch beeinträchtigt würde. Erst als die Damen zu Bett gegangen waren, durften die Herren ihre seidenen Raucherjacken anziehen und im Rauchzimmer Zigarren paffen. Der Prinz von Wales war nicht in der Lage, diese Regeln zu ändern, solange seine Mutter auf dem Thron saß. In seinen eigenen Häusern und auch sonst überall rauchte er jedoch gewaltig. Schon vor dem Frühstück begann er mit einer kleinen Zigarre und zwei Zigaretten, und im Laufe des Tages konsumierte er durchschnittlich zwölf große Zigarren und zwanzig Zigaretten.

Bertie suchte Abwechslung auf Reisen. 1866 fuhr der Prinz von Wales nach St. Petersburg, um seine Mutter bei der Hochzeit von Alexandras dänischer Schwester Minny und dem russischen Zarewitsch Alexander (Sascha genannt) zu vertreten. Alix, die liebend gern selbst gekommen wäre, war schwanger und mußte zu Haus bleiben. 1869 aber begleitete sie den Prinzen auf einer sechsmonatigen Reise nach Paris, Kopenhagen, Berlin, Wien, Kairo, Konstantinopel, Sewastopol, Jalta und Athen. In Wien fand er das habsburgische Protokoll beschwerlich – es erforderte, daß er jedem Mitglied von Kaiser Franz Josephs erweiterter Familie einen Höflichkeitsbesuch abstatten mußte: ». . . und da es in Wien gegenwärtig 27 Erzherzöge gibt, ist das harte Arbeit.« In Ägypten trugen sechs blaue und goldene Flußdampfer die königliche Reisegesellschaft fünfhundert Meilen den Nil aufwärts. Auf Lastkähnen, die von den Dampfern geschleppt wurden, führte man die benötigten Vorräte mit, darunter dreitausend Flaschen Champagner, viertausend Flaschen Rotwein, vier französische Köche und einen weißen Esel als Reittier für die Prinzessin. Nach Kairo zurückgekehrt, erstieg Bertie die große Pyramide, und Alix besuchte den Harem des Khediven, wo die Frauen ihr das Gesicht und die Augen bemalten, sie in landesübliche Gewänder und Schleier hüllten und so zurückschickten, um ihren Mann zu überraschen.

Am liebsten aber hielt sich der Prinz von Wales in Frankreich auf, und seine bevorzugte europäische Stadt war Paris. Schon als Vierzehnjähriger, der mit Kaiser Napoleon III. in einer Kutsche durch die französische Hauptstadt fuhr, hatte er erklärt: »Ich wäre gern Ihr Sohn.« Im letzten Jahrzehnt des Zweiten Kaiserreiches (den 1860er Jahren) nutzte Bertie jede Gelegenheit, um Paris zu besuchen und sich im Glanz des kaiserlichen Hofes zu sonnen. In vielen Pariser Kreisen wurde er zu einer vertrauten und beliebten Gestalt: bei den Bourbonenprinzessinnen des Hauses Orléans, den Söhnen des Hauses Rothschild, den adeligen Witwen des Faubourg St.-Germain und den Damen der Halbwelt. Nach dem Untergang des Kaiserreiches 1870 blieb Bertie ein willkommener Gast, nicht nur im aristokratischen französischen Jockey-Club, dessen Mitglied er bis zu seinem Tode blieb, sondern auch bei republikanischen Politikern, die in England ein Gegengewicht zur wachsenden Macht des neuen Deutschen Reiches sahen. In Frankreich reiste der Prinz gewöhnlich inkognito und wurde Baron Renfrew oder, wenn Alexandra bei ihm war, »Herzog und Herzogin von Lancaster« oder sogar »Mr. und Mrs. Williams«. Niemand ließ sich täuschen, aber die Öffentlichkeit verstand, daß er sich seiner Zurückgezogenheit zu erfreuen wünschte.

Jedes Jahr fuhr der Prinz am Ende der Londoner Saison zum Segeln nach Cowes und entschlüpfte anschließend auf den Kontinent, um in einem Kurort abzunehmen. Als ihn dies nach Österreich führte, suchte er den Kaiser auf. Abgesehen vom Protokoll schätzte er Franz Joseph. »Das Wetter ist noch immer ausgezeichnet, und das Reiten bei Manövern genußreich«, schrieb der Kaiser 1888, als er achtundfünfzig und Bertie siebenundvierzig war. »Ich bemühte mich sehr, den Prinzen von Wales durch fortgesetzten scharfen Trab und durch ausdauernden Galopp abzuschütteln. Aber es gelang mir nicht. Dieser rundliche Mann hielt mit. Er zeigte unglaubliche Ausdauer und Lebhaftigkeit, selbst nachdem er ein bißchen steif geworden war. Er wetzte seine rote Husarenhose durch, was ziemlich unangenehm war, da er darunter nichts anhatte.«

Deutschland mochte der Prinz nicht. Bernhard von Bülow, der Diplomat und spätere Reichskanzler, kannte den Prinzen gut und sagte, daß Bertie »sich nie von der Vorstellung freigemacht hat, daß Deutschtum mit spießbürgerlichem Wesen, Moralpredigten, Drill und Zwang identisch sei. Wenn er einen Mann ledern, ungewandt und schwerfällig fand, so sagte er von ihm: ›Er ist so ermüdend und langweilig wie ein deutscher Professor.‹ Wenn eine Dame ihm aller Grazie und jeder Eleganz zu entbehren schien, verglich er sie mit einem German Frauchen.« In seiner Ansicht über Deutschland wurde Bertie von seiner Frau, Prinzessin Alexandra, bestärkt, welche die Deutschen haßte, weil sie Dänemark Schleswig-Holstein abgenommen hatten, aber auch von seiner Schwester, der deutschen Kronprinzessin und späteren Kaiserin, die in Berlin und Deutschland fast alles mit Abneigung betrachtete. Bertie liebte seine Schwester und mochte ihren Mann, den Kronprinzen Friedrich, und wenn eine Reise nach Deutschland mit einem Besuch bei ihnen verbunden war, murrte er weniger darüber. Später, als sein Neffe Wilhelm Kaiser wurde, mied er Deutschland, wann immer es möglich war. Während der drei kurzen Kriege, die Bismarck und Preußen zur nationalen Einigung Deutschlands führten, tat der Prinz seinen Gefühlen keinen Zwang an; den Krieg gegen Dänemark um Schleswig-Holstein bezeichnete er als einen »immerwährenden Schandfleck auf der deutschen Geschichte«; er glaubte, daß Recht und Gerechtigkeit im preußisch-österreichischen Krieg von 1866 auf der Seite Österreichs stünden; und seine Sympathie für Frankreich im Deutsch-Französischen Krieg von 1870–1871 war so ausgeprägt, daß der Premierminister Gladstone und schließlich sogar die Königin gezwungen waren, auf seinem Stillschweigen zu bestehen.

Aber die Auslandsreisen beruhigten den rastlosen Prinzen nicht. Als Mittzwanziger begann er Alexandra untreu zu werden, und dabei blieb es für den Rest seines Lebens. Sobald sie durch Taubheit behindert war, zeigte sich der Prinz zunehmend gelangweilt. Sie versuchte ihre Stellung zu behaupten, gab aber schließlich auf. Er ging aus, blieb lange fort und war überall von anziehenden Damen der Gesellschaft umgeben.

Im viktorianischen England konnten Herren von Stand sich nach Belieben mit »Schauspielerinnen« amüsieren, eine Bezeichnung, die die Gesellschaft auf Straßenmädchen und Prostituierte in Bordellen anwendete. Annäherungen an unverheiratete Mädchen aus guter Familie waren strikt untersagt. Einmal verheiratet, blieb eine junge Dame der Gesellschaft für Annäherungsversuche tabu, bis sie ihrem Mann mehrere Söhne geboren hatte, um den Familiennamen und das Familienerbe weiterzugeben. Die wesentliche, der ganzen Struktur zugrundeliegende Regel war Diskretion; alles mochte bekannt sein, über nichts durfte geredet werden. Die größte Schande war Scheidung, besonders wenn Beschuldigungen und Abfindungen in die Zeitungen gerieten und die Mittel- und Unterklassen darüber informierten, daß die Sitten, die von Königin Victoria und der Kirche von England hochgehalten wurden, von der Aristokratie des Landes gewohnheitsmäßig zum Gespött gemacht wurden.

Der Prinz von Wales hielt sich streng an diese Regeln. Seine Affäre mit Lillie Langtry, der Schönheit, der er in der Folgezeit zu einer erfolgreichen Karriere als Bühnenschauspielerin verhalf, fand mit der stillschweigenden Billigung ihres Ehemannes Edward Langtry statt. Auch von den Ehemännern der Lady Brooke (der späteren Gräfin von Warwick) oder Mrs. George Keppel gab es keine öffentlichen Unerfreulichkeiten. Prinzessin Alexandra schließlich spielte ihre Rolle in diesem königlichen Schlafzimmerdrama zur Vollkommenheit. Die Prinzessin war der Ansicht, daß andere Frauen ihre eigene Beziehung zu »meinem Bertie« nicht bedrohten – tatsächlich sehr wenig damit zu tun hatten. Solange kein öffentlicher Skandal daraus wurde, blieb sie nachsichtig und wohlwollend und sogar – in Maßen – amüsiert. Ein Beispiel ihrer Haltung wird von Georgina Battiscomb erwähnt: »Eines Tages blickte sie [Alexandra] in Sandringham zufällig aus dem Fenster, als ihr Gemahl und seine Geliebte von einer Ausfahrt in einem offenen Wagen zurückkehrten. Die Prinzessin selbst büßte ihre anmutige Schlankheit niemals ein, aber Alice Keppel, die fünfundzwanzig Jahre jünger war als sie, war bereits sehr dick geworden, während der Prinz von Wales seinen respektlosen Spitznamen ›Tum Tum‹ seit langem verdientermaßen trug. Der Anblick dieser beiden beleibten Personen, die würdevoll nebeneinander saßen, war zuviel für ihren Gleichmut; sie rief ihre Hofdame zu sich ans Fenster, um den köstlichen Anblick mit ihr zu genießen, und schüttete sich vor Lachen aus.«

Königin Victorias Herrschaft zog sich in die Länge, und noch immer hatte der Prinz nichts Ernsthaftes zu tun. »Der Prinz von Wales schreibt mir, daß sein weiteres Verbleiben in Cowes nicht viel Sinn habe (obwohl er dazu bereit ist), da er für die Königin nicht vom geringsten Nutzen sei«, schrieb einer von Berties Adjutanten 1892 an einen anderen. »Alles, was er sagt oder vorschlägt, wird geringschätzig abgetan.« Bertie erduldete es. Er verbrachte eine außerordentlich lange Zeit – beinahe vier Jahrzehnte von seiner Volljährigkeit und Eheschließung an gerechnet – mit dem Warten auf ein menschliches und politisches Ereignis, das er gleichermaßen ersehnt und gefürchtet haben muß.

## 2. KAPITEL

# Vicky und Willy

»Oh, Madam, es ist eine Prinzessin«, verkündete der Arzt, der über die Geburt von Königin Victorias erstem Kind gewacht hatte.

»Macht nichts«, erwiderte die einundzwanzigjährige Königin mit ungebrochener Energie, obwohl sie zwölf Stunden Wehen hinter sich hatte. »Das nächste wird ein Prinz sein.«

Bertie wurde elf Monate später geboren. Aber ihr Lieblingskind, und zugleich das ihres »liebsten Albert«, war dieses erste kleine Mädchen, Viktoria Adelheid Marie Luise (in der deutschen Schreibweise), im Familienkreis »Vicky« genannt, der es bestimmt war, Kaiserin des Deutschen Reiches und die Mutter Kaiser Wilhelms II. zu werden.

Albert war bezaubert von diesem intelligenten kleinen Mädchen, das mit seinen Eltern deutsch sprach und Englisch und Französisch beinahe genausogut beherrschte. Vicky hatte eine wache Intelligenz, und die Hauslehrer, die mit dem Prinzen von Wales solche Schwierigkeiten hatten, schrieben begeisterte Berichte über die Fortschritte seiner älteren Schwester. Vicky war auch eigensinnig und leicht erregbar; als Kind versuchte sie einmal zu unterbrechen, als ihre Mutter zu ihren Ministern sprach. Als die Herren sich weigerten, still zu sein, stampfte die Prinzessin mit dem Fuß auf und sagte: »Queen, Queen, mach, daß sie mir gehorchen!« Viktoria tat, was sie konnte, um dieses Benehmen unter Kontrolle zu halten. Mit dreizehn, als sie mit ihrer Mutter in einer offenen Kutsche fuhr, ließ Vicky ihr Taschentuch hinausfallen, um zu beobachten, wie Reitknechte herbeisprangen, es aufzuheben. Die Königin Victoria ließ anhalten und die Trittstufen herunterklappen und sagte: »Viktoria, geh und hol es selbst.« Nichtsdestoweniger verglich die Königin die Eigenschaften ihrer Tochter vorteilhaft nicht nur mit Berties, sondern auch mit ihren eigenen. »Bertie ist meine Karikatur«, schrieb sie Vicky, als ihre Tochter erwachsen war. »... Du bist ganz das Kind Deines guten, geliebten Papas. Du bist so belesen und findest soviel Gefallen an tiefen philosophischen Büchern, daß Du mir ganz über den Kopf gewachsen bist und diesen Geschmack gewiß nicht von mir geerbt hast.«

Prinz Albert plante eine besondere Zukunft für dieses besondere Kind. Albert träumte von einem in Liberalismus, Fortschritt und Frieden geeinten Europa.

Die konstitutionelle Monarchie eines liberalen Großbritanniens sollte eine der zwei tragenden Säulen dieses Bauwerkes sein; ein geeintes Deutschland unter der Führung eines liberalisierten Preußen die andere. Der König von Preußen, König Friedrich Wilhelm IV., und sein Bruder, der als König Wilhelm I. den Thron besteigen sollte, waren streng konservativ, aber bereits alternde Männer. Die Zukunft lag bei Wilhelms Sohn, dem Prinzen Friedrich. Und dieser, wenn auch nicht von blendender Intelligenz, war stattlich, liebenswürdig und pflichtbewußt; ein Mann, glaubte Albert, der von einer zielbewußten Frau mit klarem Verstand gelenkt werden könnte. Einer Frau wie Vicky.

Fritz, wie Friedrich genannt wurde, lernte Vicky bei der Weltausstellung 1851 in London kennen, als er zwanzig und sie zehn Jahre alt war. Vier Jahre später machte der hochgewachsene, blonde preußische Prinz der vierzehnjährigen Prinzessin während eines Spazierganges durch das heidebedeckte Hügelland bei Schloß Balmoral seinen Heiratsantrag. Die Hochzeit wurde aufgeschoben, bis die Braut siebzehn war, und gab der britischen und der preußischen Dynastie Anlaß zu einem Tauziehen. Die Preußen verkündeten, es sei traditioneller Brauch, daß Hohenzollernprinzen in Berlin heirateten. Königin Victoria wies ihren Außenminister an, seinem preußischen Amtskollegen zu sagen, er solle »die Möglichkeit solch einer Regelung gar nicht erst erwägen... Die Königin könnte ihr sowohl aus öffentlichen wie auch aus privaten Gründen niemals zustimmen. Und die Annahme, daß es von einem preußischen Erbprinzen zuviel verlangt sei, herüberzukommen und die Königliche Prinzessin von Großbritannien in England zu heiraten, ist, gelinde gesagt, zu absurd... Was immer die übliche Praxis preußischer Prinzen sein mag, es kommt nicht jeden Tag vor, daß einer die älteste Tochter der Königin von England heiratet. Die Frage muß darum als geregelt und erledigt betrachtet werden.«

Das war das letzte Wort. Am 25. Januar 1858 wurde die Hochzeit in der St. James Chapel gefeiert, und das Brautpaar verließ die Kirche zu den Klängen von Mendelssohns »Hochzeitsmarsch«, der hier erstmals zu einer wirklichen Hochzeit gespielt wurde. Vicky reiste in Tränen nach Deutschland ab. Die Königin weinte, als sie ihre Tochter umarmte. »Armes, liebes Kind!« schrieb sie später. »Ich schloß sie in die Arme und segnete sie und wußte nicht, was ich sagen sollte. Ich küßte den guten Fritz und drückte ihm wieder und wieder die Hand. Er war unfähig zu sprechen, und Tränen standen ihm in den Augen.« In Gravesend jammerte die Braut: »Ich glaube, es wird mich umbringen, den lieben Papa zu verlassen.« Bertie schluchzte, als er mit seinem Vater auf dem Kai stand und dem Schiff nachwinkte, das seine Schwester zum Kontinent trug. Nur Albert bewahrte die Selbstbeherrschung; aber dann eilte er nach Schloß Windsor zurück, um seiner Tochter zu schreiben: »Ich neige von Natur aus nicht zu Überschwenglichkeit, und darum kannst Du kaum wissen, wie lieb Du mir immer gewesen bist...«

Vickys Empfang in Berlin war kühl. Am preußischen Hof und in der Gesellschaft opponierte man so heftig gegen die »englische« Heirat, daß der britische Gesandte, Lord Bloomfield, es sogar vermied, die Tochter seiner Königin aufzusuchen. Konservative Preußen, denen Prinz Alberts Hoffnungen auf ein liberales Deutschland nicht unbekannt waren, argwöhnten, daß er Vickys Heirat zur Förderung seiner Pläne gebrauche. Otto von Bismarck, damals preußischer Gesandter am Bundestag in Frankfurt, schrieb an einen Freund, der ihn nach der englischen Heirat gefragt hatte, das »englisch« darin gefiele ihm nicht, wenn auch die Prinzessin den Ruf einer Dame von Herz und Verstand habe. Sie dürfe aber nicht im geringsten englisch bleiben, wolle sie sich am Hof durchsetzen. Die preußische königliche Familie schien denn auch nicht sonderlich interessiert, der siebzehnjährigen Braut das Gefühl zu geben, willkommen zu sein. Trotz der langen Verlobungszeit hatte man kein eigenes Heim für die Jungverheirateten vorbereitet, die ihren ersten Winter in einer dunklen, kalten Wohnung im weitläufigen Berliner Schloß verbrachten. »Endlose dunkle Korridore verbanden riesige, geheimnisvoll aussehende Räume, behängt mit Bildern längst vergessener königlicher Persönlichkeiten; der Wind pfiff durch die großen Kamine...«, erinnerte sich eine Hofdame, die mit ihnen litt.

Vicky mochte die Stiefel nicht, die die Preußen ständig trugen; sie mißbilligte das Fehlen von Badezimmern, tadelte die dünne Silberplattierung des preußischen Tafelsilbers und beanstandete die Förmlichkeit, Monotonie und Länge des preußischen Hofzeremoniells. All diese Dinge, so erklärte sie, würden in England besser gemacht. 1860, nach drei Jahren in Berlin, begann sie ihrem Gemahl politische Ratschläge zu geben. »Ein Land zu regieren ist kein Geschäft, das zu betreiben nur ein König und ein paar privilegierte Männer berechtigt sind«, schrieb sie während eines Besuches in England an Fritz. »Es ist im Gegenteil das Recht und die geheiligte Pflicht des einzelnen und der ganzen Nation, daran teilzunehmen. Die übliche Ausbildung, die ein Prinz bisher in Preußen erhalten hat, ist nicht in der Lage, den heutigen Erfordernissen gerecht zu werden, obwohl die Deinige dank der liebevollen Fürsorge Deiner Mama weit besser als die der anderen war... Du warst jedoch nicht überzeugt von den alten liberalen und konstitutionellen Ideen, noch in ihnen bewandert, und dies war noch der Fall, als wir heirateten. Welche enormen Fortschritte hast Du in diesen Jahren gemacht!«

Vicky fuhr fort, von England als »Heimat« zu sprechen. Noch 1871, nach dreizehn Jahren in Preußen, schrieb sie einer Freundin: »Du kannst Dir nicht vorstellen, wie gelangweilt und melancholisch und unwohl ich mich fern von Euch allen und meinem geliebten England fühle! Bei jedem Besuch fühle ich meine Zuneigung zu diesem kostbaren Stückchen Erde stärker und stärker werden.«

Wilhelm II. erklärte das Verhalten seiner Mutter so: »Sie kam aus einem Lande, das mit dem Kontinent innerlich nur wenig zu tun hatte, das seit Jahrhunderten ein eigenes Leben geführt und eine eigene Entwicklung gehabt hatte. ... Die Preußen waren keine Engländer. Sie hatten eine andere Geschichte, andere Vergangenheit, andere Überlieferungen, ihr Staat war anders gewachsen und geworden als der englische Staat, sie waren Kontinentale. Sie hatten einen anderen Königsbegriff, die Klassenbegriffe und die Klassenunterschiede waren andere als in England ... Mit Feuereifer ging meine Mutter daran, in der neuen Heimat alles für den Bau eines Volksglückes vorzubereiten, was nach ihrer englischen Erziehung, Überzeugung und Weltanschauung allein das Volksglück ausmachen konnte.«

Am 27. Januar 1859 brachte die achtzehnjährige Prinzessin Viktoria den Sohn zur Welt, der Kaiser Wilhelm II. werden sollte. Vicky erduldete eine lange und schmerzhafte Steißgeburt ohne Anästhesie. Die Extraktion mit der Zange war schwierig, und dabei wurde der linke Arm des Neugeborenen schwer verletzt. Dies wurde erst nach drei Tagen bemerkt, als man entdeckte, daß der Arm gelähmt und die Muskeln zerquetscht waren. Die Untersuchung ergab, daß der Arm während der Geburt beinahe aus dem Gelenk gerissen worden war. Trotz unendlicher Übungen und ständiger Behandlung konnten weder der Arm noch die Hand ganz wiederhergestellt werden. Wilhelm II. litt zeitlebens darunter, daß der Arm nur beschränkt brauchbar und kürzer und schwächer als der rechte war. Die linken Ärmel seiner Jacken und Uniformen waren kürzer geschnitten als die rechten; die kleinere linke Hand stak gewöhnlich in einer sorgfältig plazierten Tasche oder ruhte auf dem Griff eines Säbels oder Zierdolches. Wilhelm II. konnte kein gewöhnliches Eßbesteck benutzen; bei den Mahlzeiten mußte ein Bedienter oder der Tischnachbar das Fleisch für ihn schneiden.

Wilhelm war das erste Enkelkind der Königin von England (die erst neununddreißig war), und auf ihren Wunsch hin erhielt der Neugeborene den Namen Albert. Sein voller Name war Friedrich Wilhelm Viktor Albert, und in der Familie wurde er Wilhelm oder Willy genannt. Königin Victoria war hoch erfreut über ihren Enkel. Sie sah ihn das erste Mal, als er zwanzig Monate alt war. »Unser ... liebes Enkelkind ... kam herein ... in einem kleinen weißen Anzug mit schwarzen Schleifen ... Er ist ein feines dickes Kind mit schöner weißer, weicher Haut, sehr schönen Schultern und Gliedmaßen und einem sehr lieben Gesicht, wie Vicky und Fritz ... Er hat Fritzens Augen und Vickys Mund und sehr blondes, lockiges Haar.«

Mit vier Jahren wurde Wilhelm wieder nach England gebracht, um an der Hochzeit seines Onkels Bertie mit Prinzessin Alexandra teilzunehmen. Wilhelm trug eine Tracht aus dem schottischen Hochland, die er von seiner Großmutter bekommen hatte. Dazu gehörte ein kleiner Spielzeugdolch. Während der Hochzeitsfeierlichkeiten war Wilhelm unruhig. Sein achtzehnjähriger Onkel Alfred, Herzog von Edinburgh, beauftragt, ihn im Auge zu behalten, sagte ihm, er solle still sein, aber Wilhelm zog seinen Dolch und bedrohte Alfred. Als dieser versuchte, den Rebellen mit Gewalt zu bändigen, biß Wilhelm ihn ins Bein. Der Königin entging dieser Zwischenfall; für sie blieb Wilhelm »ein kluges, liebes, gutes kleines Kind, das Ein und Alles meines geliebten Engels [Vicky]«.

Vicky war zutiefst unglücklich über Wilhelms geschädigten Arm. Anfangs versuchte sie die Behinderung und ihre Gefühle zu verbergen; nach und nach sprach sie offen mit ihrer Mutter darüber. »Der schwache Arm hat sich nicht gebessert, und Wilhelm beginnt zu spüren, daß er in jeder körperlichen Übung hinter viel kleineren Jungen zurückbleibt – er kann nicht schnell laufen, weil er kein gutes Gleichgewicht hat, kann nicht reiten, nicht klettern, noch sein Essen auf dem Teller zerteilen... Nichts, was für ihn getan werden kann, wird vernachlässigt, aber es ist kaum etwas zu machen«, schrieb sie im Mai 1870 an Königin Victoria. Sieben Monate später schrieb sie wieder: »Er... würde ein sehr hübscher Junge sein, wäre nicht dieser elende, unglückliche Arm, der immer mehr auffällt, sein Gesicht verdirbt... seine Haltung, den Gang und die Figur, und ihn in all seinen Bewegungen unbeholfen macht und ihm ein Gefühl von Schüchternheit gibt, weil er seine völlige Abhängigkeit fühlt, die ihm verwehrt, irgend etwas selbst zu tun... Für mich bleibt es eine Quelle unaussprechlichen Kummers...«

Wilhelm versuchte wiederholt, die Behinderung zu korrigieren oder zu überwinden. Er machte gymnastische Übungen, lernte Schwimmen, Segeln und Schießen. »Das Schwierigste vor allem aber«, schrieb er in seinen Memoiren, »war für mich, Reiten zu lernen.« Seine Mutter bestand darauf. Der Hauslehrer hob »den weinenden Prinzen auf sein Pferd ohne Bügel und erzwang die Übung der verschiedenen Gangarten, taub gegen alles Bitten und Weinen, erbarmungslos den unaufhörlich hinunterstürzenden Reiter wieder hinaufhebend, bis endlich nach wochenlanger Quälerei das nötige schwer zu erwerbende Gleichgewicht erlangt war.« Im Rückblick auf seine Jugendzeit entschied Kaiser Wilhelm II., daß der Erfolg die Methode rechtfertigte: »Aber bitter hart war der Unterricht, und mein Bruder Heinrich hat oft aufgeheult vor Schmerz, wenn er das Martyrium meiner Jugend mit ansehen mußte.« Wilhelm zweifelte nicht daran, wer letzten Endes für diese kalt-rationale Behandlung verantwortlich war. Hinzpeter [der Hauslehrer, der seine Lektionen überwachte] sei ein guter Kerl gewesen, sagte er später. Ob er der richtige Lehrer für ihn war, wagte er allerdings nicht zu entscheiden. Die ihm auferlegten Qualen, besonders in diesen Reitstunden, schrieb er seiner Mutter zu.

Vicky übernahm auch die Verantwortung für die allgemeine Ausbildung ihres Sohnes. »Seine Ausbildung wird... eine wichtige Aufgabe sein«, schrieb sie an Königin Victoria, als ihr Sohn sechs war. »Ich werde mich bemühen, ihm Stolz auf sein Land nahezubringen, Aufopferung und das Streben, ihm zu dienen... Und vielleicht werde ich in der Lage sein, ihm unser britisches Unabhängigkeitsgefühl einzuflößen, zusammen mit unserer Art von englischem gesundem Menschenverstand, der auf dieser Seite des Wassers so selten ist.« Wilhelm und sein Bruder Heinrich, drei Jahre jünger als er, wurden Georg Hinzpeter übergeben, der sie in Latein, Mathematik, Geschichte und Geographie unterrichtete; dazu kamen Englisch und Französisch unter besonderen Hauslehrern. Wilhelm las Shakespeare, Dickens, Sir Walter Scott, Byron, Macaulay, Tennyson, Defoe und James Fenimore Cooper. Beide Jungen sprachen mit ihrer Mutter regelmäßig englisch und gebrauchten es so mühelos wie das Deutsche; später hieß es, Wilhelm sei sich nicht bewußt, in welcher der beiden Sprachen er sich verständige. Als Wilhelm sieben war, begann der Unterricht um sechs Uhr früh und dauerte mit zwei kurzen Pausen für Mahlzeiten und körperliche Übungen bis achtzehn Uhr. Hinzpeters Pädagogik »war ganz auf harte, nüchterne Pflichterfüllung und auf ›Dienen‹ eingestellt«, schrieb Wilhelm später, »der Charakter muß durch stetes ›Entsagen‹ gestählt werden... die rauhe Erziehung der Spartaner ist das Ideal... [Der] streng durchgeführte Grundsatz, nicht zu loben, war der Ausfluß eines pädagogischen Systems mit ganz bestimmter Zielsetzung: er verlangte vom Schüler das Unmögliche, um ihm wenigstens den nächsten Grad der Vollkommenheit erreichen zu lassen. Da nun das gestellte (unmögliche) Ziel natürlich nie erreicht wurde, konnte logischerweise auch kein Lob als Zeichen der Zufriedenheit verabfolgt werden.«

Vicky schrieb gelegentlich stolz über ihren Sohn. Als er acht war, teilte sie ihrer Mutter mit: »Willy ist ein lieber, interessanter, bezaubernder Junge – klug, amüsant, einnehmend –, und es ist unmöglich, ihn nicht ein bißchen zu verwöhnen – er wird so hübsch, und seine großen Augen haben dann und wann einen nachdenklichen, versonnenen Ausdruck, und dann funkeln sie wieder vor Freude und Vergnügen.« Als Wilhelm zwölf war, schrieb Vicky an Königin Victoria: »Ich bin überzeugt, daß Du mit Wilhelm zufrieden sein würdest, wenn Du ihn sehen könntest – er hat Berties angenehme, liebenswürdige Art und kann sehr gewinnend sein. Er besitzt keine brillanten Fähigkeiten noch besondere Charakterstärke oder Talente, aber er ist ein lieber Junge und wird, wie ich hoffe und vertraue, zu einem nützlichen Mann heranwachsen... Es ist sehr wenig von seinem Papa oder der Familie von Preußen an ihm.« Mutter und Sohn verbrachten angenehme Augenblicke miteinander. Vicky malte Landschaften, Portraits, Stilleben und Blumen in Öl und Wasserfarben, und Wilhelm II. erinnerte sich »noch der schönen Stunden, wenn meine Mutter ... an der Staffelei saß und malte. Ich mußte ihr dabei gewöhnlich vorlesen, meist lustige englische Geschichten, und ich habe es dann oft erlebt, wie sie die Palette hinwarf, um recht herzhaft zu lachen.«

Der Prinz von Wales lobte seine Neffen nach einem Besuch bei seiner Schwester. »Es ist unmöglich, zwei nettere Jungen als Wilhelm und Heinrich zu finden«, schrieb er Königin Victoria.

Eifrig bestrebt, Wilhelm durch ihre Erziehung zu befähigen, sein Land auf den von Prinz Albert gewiesenen liberalen Weg zu führen, tat Vicky ihr möglichstes, um ihn aus der Abgeschlossenheit des preußischen Hofes zu entfernen. Im Jahre 1874 traten Wilhelm und Heinrich, fünfzehn und zwölf Jahre alt, begleitet von Hinzpeter, in ein Internat in Kassel ein, wo sie zweieinhalb Jahre lang mit anderen Jungen aus guten Familien unterrichtet wurden. Im Januar 1877 schloß Wilhelm die Schule mit dem Abitur ab und erhielt an seinem achtzehnten Geburtstag als Geschenk von seiner Großmutter den Hosenbandorden (Königin Victoria hatte ursprünglich beabsichtigt, ihm den geringeren Bath-Orden zu schicken. Vicky drang darauf, daß der höchste Orden verliehen werde. »Willy würde mit dem Bath zufrieden sein, nicht aber die Nation«, schrieb sie ihrer Mutter.) Nach Kassel verbrachte Wilhelm vier Semester an der Universität Bonn, wo er Recht und Politik studierte. Er trat der exklusiven Studentenverbindung Borussia bei, nahm jedoch nicht an den traditionellen Trinkgelagen teil und durfte sich nicht im studentischen Zweikampf mit Säbeln schlagen. Während seiner Jahre in Bonn verbrachte der damals neunzehnjährige Wilhelm viele Wochenenden bei seiner Tante, der Großherzogin Alice von Hessen (Königin Victorias zweiter Tochter), und ihren Kindern in Darmstadt, wo er beinahe ein Mitglied der Familie wurde. Seine Aufmerksamkeit konzentrierte sich auf seine Kusine Elisabeth, die vierzehn war.* Ella, wie sie genannt wurde, fand ihren preußischen Vetter überheblich. Es kam vor, daß er zuerst reiten wollte, dann zu schießen verlangte oder zu rudern oder Tennis zu spielen. War er gelangweilt, so stieg er vom Pferd oder warf den Tennisschläger weg und verkündete, daß alle sich um ihn setzen sollten, während er laut aus der Bibel las. Was er auch tat, immer wollte er Ella bei sich haben. Seine Gefühle wurden allerdings nicht erwidert, und später, als er deutscher Kaiser und sie die Frau des russischen Großfürsten Sergej war, weigerte er sich hartnäckig, sie zu sehen. Als alter Mann gab er zu, daß er einen guten Teil seiner Zeit in Bonn damit verbracht habe, Liebesgedichte an seine Kusine Elisabeth zu schreiben.

Als Wilhelm seine Studien in Bonn abschloß, wünschte seine Mutter, daß er auf Reisen gehe, um Horizont und Erfahrung zu erweitern. Eine Fahrt nach

* Elisabeths jüngere Schwester Irene, 1878 zwölf Jahre alt, heiratete später Wilhelms Bruder Heinrich. Eine weitere Schwester, Alix, die 1878 sechs Jahre alt war, heiratete den Zaren Nikolaus II. und wurde die Kaiserin Alexandra von Rußland.

Paris während der Studienzeit hatte wohl nicht das erwünschte Ergebnis gebracht. Wilhelm besuchte den Louvre, Notre-Dame und die Sainte-Chapelle und unternahm von den Tuilerien aus eine Ballonfahrt. Doch, so sagte er, »die fiebrige Hast und Unruhe des Pariser Lebens stießen mich sehr ab. Ich habe niemals Sehnsucht gehabt, die französische Hauptstadt wieder zu besuchen.« Und obwohl er nach diesem Besuch noch dreiundsechzig Jahre lebte, tat er es auch nie. Als Wilhelm Bonn verließ, ging seine »Sehnsucht dahin, eine große Reise nach dem Orient zu machen, ... besonders nach Ägypten wäre ich gerne gefahren.«

Aber sein Großvater Wilhelm I., König von Preußen und deutscher Kaiser, intervenierte. Prinz Wilhelm stand an zweiter Stelle in der Thronfolge, nach seinem Vater, und nach Ansicht seines Großvaters war es an der Zeit, daß seine preußischen Tugenden eine Betonung und Stärkung erfuhren. Die Jahre, in denen Vicky den stärksten Einfluß auf die Erziehung und Lenkung ihres Sohnes hatte, waren zu Ende.

Als Vicky 1858 nach Berlin kam, war König Friedrich Wilhelm IV. von Preußen geistig erkrankt; sein Bruder Wilhelm war Regent und Thronfolger. 1861 starb Friedrich Wilhelm, und Wilhelm wurde mit dreiundsechzig Jahren König Wilhelm I. Wilhelms Sohn und Schwiegertochter, Fritz, dreißig, und Vicky, zwanzig, wurden Kronprinz und Kronprinzessin mit der Aussicht, in rund einem Jahrzehnt den Thron zu besteigen. Neun Monate später kam es wegen der Heeresreform des Kriegsministers von Roon zum Verfassungskonflikt zwischen dem König und den Liberalen, und Wilhelm I. berief den konservativen Politiker Otto von Bismarck an die Spitze seiner Regierung. Damit begann Bismarcks achtundzwanzigjährige Amtszeit als Ministerpräsident von Preußen und Kanzler des Deutschen Reiches. König Wilhelm I. wurde über neunzig Jahre alt. Bismarck, der im Namen des Königs die Regierungsgeschäfte führte, einte Deutschland und machte seinen königlichen Herrn zum Kaiser, aber das von ihm geschaffene Deutschland war nicht das von Prinz Albert oder von Fritz und Vicky ersehnte liberale Deutschland.

Der unzeitige Tod ihres Vaters traf Vicky schwer, und wie im Falle ihrer Mutter verlieh der Kummer Prinz Alberts Richtlinien auch in ihrem Denken die Weihe eines himmlischen Befehls. Gehorsam machte die junge Engländerin sich daran, den Gang der preußischen Angelegenheiten durch ihren großen, gutmütigen Mann, der seiner Frau treu ergeben war, ihre intellektuelle Überlegenheit zugab und sich bereitwillig von ihren entschiedenen Meinungen leiten ließ, zu beeinflussen. Friedrich, obschon als Soldat ausgebildet, war sowohl ein liberaler als auch ein national denkender Mann. Er erstrebte die Wiedergeburt des mittelalterlichen Heiligen Römischen Reiches Deutscher Nation unter einem Monarchen wie Karl dem Großen oder einem späteren bedeutenden Kaiser.

Sein Sohn Prinz Wilhelm erinnerte sich, daß er als Junge zusammen mit seinem Vater ein Buch mit dem Titel *Deutsche Schätze des Heiligen Römischen Reiches* studiert hatte. »Wegen seines großen Umfanges mußte ich es auf den Fußboden legen, ich konnte mich an den Abbildungen, die mein Vater, neben mir hingehockt, mir zu erklären pflegte, nicht sattsehen.« Der mit den Deutschland betreffenden Plänen und Hoffnungen seines Schwiegervaters Prinz Albert sympathisierende Friedrich war dem Regierungschef seines Vaters, Bismarck, bald entfremdet.

Die Kluft zwischen dem König und Bismarck auf der einen, Fritz und Vicky auf der anderen Seite tat sich nur neun Monate nach Bismarcks Amtsübernahme weit auf. Die meisten preußischen Zeitungen der 1860er Jahre waren liberal, und ihre verlegerische Freiheit war durch die Verfassung garantiert. Sie standen Bismarcks konservativer Politik kritisch gegenüber, ebenso wie der preußische Landtag, wo Liberale und Fortschrittspartei über eine erdrückende Mehrheit verfügten. Im Frühjahr 1863 warnte der Kronprinz seinen Vater, daß Bismarcks Regieren gegen Verfassung und Landtag eine Kluft zwischen der Monarchie und dem Volk aufreiße. Am 1. Juni, bei einem Kronrat, an dem Friedrich wegen einer militärischen Inspektionsreise nicht teilnahm, schlug Bismarck mit der Königlichen Verordnung über die Presse zurück, mit der eine Zensur von Zeitungsartikeln eingeführt wurde, die »das öffentliche Wohl gefährden« könnten. Der Kronprinz protestierte mit Vickys Ermutigung öffentlich am 5. Juni.

»Ich habe von den Anordnungen, die dazu geführt haben, nichts gewußt«, erklärte er bei einem Empfang im Rathaus von Danzig. »Ich war abwesend. Ich habe keinen Teil an den Ratschlägen gehabt, die dazu geführt haben.« König Wilhelm, der die Verordnung ungern unterzeichnet hatte, war erzürnt über die offene Opposition seines Sohnes, die er als militärische Insubordination bezeichnete. Er schrieb »Fritz einen zornigen Brief«, schrieb Vicky ihrer Mutter, »behandelte ihn ganz wie ein kleines Kind und befahl ihm, die Worte, die er in Danzig gesprochen hatte, augenblicklich in den Zeitungen zu widerrufen.« Friedrich weigerte sich, bat aber den Vater um Verzeihung und bot ihm an, seinen Abschied von der Armee zu nehmen, der Politik zu entsagen und in Zurückgezogenheit mit seiner Familie zu leben. Bismarck, der zu vermeiden suchte, daß aus dem Thronfolger ein Märtyrer der Liberalen würde, beruhigte den König, und das drohende Kriegsgerichtsverfahren wurde auf einen militärischen Verweis reduziert.

Fünf Monate später, als die Presseverordnung aufgehoben wurde, erklärte Friedrich in einem Schreiben an Bismarck seine allgemeine Opposition gegen die Politik des Ministerpräsidenten: »Eine loyale Anwendung der Gesetze und der Verfassung, Achtung und Wohlwollen für ein lenksames, intelligentes und tüchtiges Volk – dies sind die Prinzipien, die meiner Meinung nach jede Regierung leiten sollten... Ich werde Ihnen sagen, welche Ergebnisse ich von Ihrer Politik erwarte. Sie werden fortfahren, die Verfassung auf zweifelhafte Weise auszulegen, bis sie in den Augen des Volkes allen Wert verliert... Ich betrachte jene, die Seine Majestät den König, meinen gnädigsten Vater, in solche Bahnen führen, als die gefährlichsten Berater für die Krone und das Land.« Vicky war erfreut, fürchtete aber auch die Folgen. »Fritz... hat zum ersten Mal in seinem Leben in entschiedener Opposition gegen seinen Vater Stellung bezogen«, schrieb sie ihrer Mutter. Aber, so fügte sie hinzu, »wir sind schrecklich allein und haben keine Seele, die wir um Rat bitten können... Gott sei Dank wurde ich in England geboren, wo die Menschen keine Knechte und zu gut sind, um sich als solche behandeln zu lassen.«

Bismarck vergab nicht, und das Duell zwischen dem König und Bismarck und der, wie Bismarck sie abschätzig nannte, »Anglo-Coburg-Partei« zog sich bis Anfang November hin, als der König den Kronprinzen in unmißverständlicher Form zurechtwies. Wenn der Kronprinz und die Kronprinzessin preußische Städte besuchten, wurden sie mit einem Minimum an Zeremoniell empfangen, das an Brüskierung grenzte; Vicky argwöhnte, daß entsprechende Anweisungen von Berlin ergangen seien. Während des Krieges gegen Dänemark verhielt sie sich loyal gegenüber Preußen, und während der Kriege gegen Österreich und Frankreich, in denen Friedrich sich militärisch auszeichnete, geriet sie gar in Begeisterung. »Ich fühle, daß ich jetzt genauso stolz bin, eine Preußin zu sein, wie ich stolz bin, Engländerin zu sein, und das will viel heißen, da du weißt, was für ein John Bull ich bin«, vertraute sie ihrer Mutter an. »Ich muß sagen, daß die Preußen im Hinblick auf Intelligenz und Menschlichkeit, Bildung und Gutherzigkeit eine überlegene Rasse sind.« Aber Vickys Begeisterung erstreckte sich niemals auf Bismarck. »Für uns und viele nachdenkliche Deutsche ist es sehr traurig und scheint sehr hart, zum Gegenstand allgemeinen Mißtrauens und Argwohns gemacht zu werden, was natürlich unser Los ist, solange Fürst Bismarck der einzige und allmächtige Herrscher über unsere Geschicke bleibt. Sein Wille allein ist hier Gesetz«, schrieb sie 1875 an Königin Victoria. »Ich frage mich«, sagte sie 1881, »warum Bismarck nicht geradeheraus sagt: ›Solange ich lebe, sind die Verfassung und die Krone suspendiert‹, denn genau das ist der Stand der Dinge.«

Der deutsche Kaiser Wilhelm I. beobachtete aus der Ferne, wie sein Enkel Prinz Wilhelm, hauptsächlich angeleitet von der Kronprinzessin Viktoria, zum Manne heranwuchs. Bisweilen, wenn seine Eltern nicht in Berlin waren, wurde Prinz Wilhelm von seinem Großvater zum Essen eingeladen, das die beiden zu zweit einnahmen. Die Mahlzeiten wurden auf einem kleinen, wackligen grünen Spieltisch in einem Gesellschaftszimmer des Stadtschlosses Unter den Linden serviert.

»Zum Braten wurde eine Flasche Sekt auf den Tisch gestellt«, so erinnerte sich Prinz Wilhelm, »die der Kaiser selbst entkorkte und aus der er eigenhändig sich und mir je zwei Glas einschenkte. Nach dem zweiten Glas pflegte er die Flasche gegen das Licht zu halten und in der Höhe des Inhalts einen Bleistiftstrich auf das Etikett zu machen; damit wollte er, sparsam wie er war, kontrollieren, ob die Diener die Flasche aufhoben oder etwa seinem Befehl entgegen ihm am nächsten Tage eine frische vorsetzten.«

Der Kaiser entschied, daß sein Enkel die militärische Phase seiner Vorbereitung für den Thron beginnen sollte, und Wilhelm, beinahe einundzwanzig, wurde als Leutnant in das traditionsreiche Erste Garderegiment zu Fuß in Potsdam aufgenommen. Wilhelm lernte das soldatische Leben im Regiment bald schätzen. In der Offiziersmesse wurde er allgemein gelobt. In der Garde, sagte Wilhelm, »fand ich wirklich meine Familie, meine Freunde, meine Interessen – alles, was ich bis dahin hatte entbehren müssen... Vor meinem Eintritt in das Regiment hatte ich so furchtbare Jahre der Nichtachtung meiner Natur durchlebt, der Lächerlichmachung dessen, was mir das Höchste und Heiligste war: Preußen, die Armee und die Pflichterfüllung, die ich zuerst in diesem Offizierskorps antraf und die mir Freude und Glück und Zufriedenheit auf Erden geschenkt haben.« Die Atmosphäre des Regiments beeinflußte Wilhelms Persönlichkeit. Als Junge und als Student war sein Benehmen höflich und liebenswürdig gewesen; als Offizier begann er die straffe Haltung und die knappe, bisweilen schroff wirkende Ausdrucksweise anzunehmen, die er als einem preußischen Offizier angemessen empfand. Wilhelms neue Härte bekümmerte seine Eltern; betrübt beschrieb Kronprinz Friedrich, ein erfolgreicher Soldat, den Wilhelm der 1880er als »mein Sohn, der reine Gardeleutnant«. Wilhelm machte deutlich, daß ihm nicht mehr viel an den Meinungen seiner Eltern lag; er hatte das Garderegiment und seinen Großvater. Der Kaiser, sagte er, sei das einzige Mitglied seiner Familie, das seine tiefen Empfindungen für Preußen und für die Armee zu würdigen wisse.

Während seiner Potsdamer Jahre verstärkte ein weiterer Einfluß seine wachsende Ablehnung der Mutter. Er heiratete. Wilhelm hatte die Prinzessin Auguste Viktoria von Schleswig-Holstein 1868 im Alter von neun Jahren kennengelernt. Das Herzogtum ihres Vaters war zunächst von Dänemark annektiert, dann im Krieg von 1864 von Preußen und Österreichern erobert und nach dem Deutsch-Österreichischen Krieg 1866 von Preußen annektiert worden. Nicht alle Schleswig-Holsteiner waren glücklich über das Aufgehen ihrer Herzogtümer in Preußen, zumal es in Nordschleswig einen starken dänischen Bevölkerungsteil gab. Prinzessin Auguste Viktorias Vater hatte sich den Umständen angepaßt. Wilhelms Werbung um die Hand der Prinzessin (in der Familie wurde sie Dona genannt) war seine eigene Entscheidung; das Haus Schleswig-Holstein-Sonderburg-Augustenburg, dem Auguste Viktoria entstammte, war mit der Annexion Schleswig-Holsteins politisch bedeutungslos geworden. Gleichwohl billigten Vicky, Friedrich und Kaiser Wilhelm I. die Verbindung, und am 27. Februar 1881 fand die Hochzeit im Berliner Stadtschloß statt.

Auguste Viktoria, damals dreiundzwanzig, ein Jahr älter als ihr Mann, war eine große, kräftige junge Frau mit ebenmäßigen Zügen und von rosiger Gesichtsfarbe. Aufgewachsen in den Kreisen des Landadels, teilte sie seine Beschränkungen und Vorurteile. Sie hatte eine durchschnittliche Ausbildung erhalten und wenige intellektuelle Fähigkeiten oder Interessen entwickelt. Sie las weder Zeitungen noch Bücher und hatte ein vereinfachendes Politikverständnis. Ihre Einstellung war traditionsbezogen, ihre Moral puritanisch. Ihre englischen Verwandten betrachteten sie mit Geringschätzung. Der Prinz von Wales sagte einmal, daß ihre einzigen Interessen »Kinder, Kirche, Küche« seien. Eine in Deutschland lebende Engländerin fügte »Kleider« hinzu und beschrieb die zukünftige Kaiserin als »nett, aber einfältig«. »Ich habe nie eine Frau in dieser Position kennengelernt, die so bar jeder individuellen Qualität des Denkens und Beweglichkeit des Geistes war«, sagte ein anderer. »Sie ist einfach wie eine gute, stille, sanfte Kuh, die Kälber hat und Gras frißt und bedächtig wiederkäut. Ich blickte ihr in die Augen, um zu sehen, ob ich etwas dahinter entdecke, sei es Freude oder Trauer, aber sie hätten geradesogut aus Glas sein können.«

Von den gleichen Kreisen wurde die Vermutung geäußert, daß es Auguste Viktorias Zweck sei, kräftiges frisches Blut in die Hohenzollern zu bringen. Auguste Viktoria brachte innerhalb von zehn Jahren (1882–1892) sieben Kinder zur Welt, sechs Söhne und eine Tochter, aber für Wilhelm waren die Qualitäten ihrer Persönlichkeit zweifellos wichtiger als die Vorzüge ihrer robusten Gesundheit. Wilhelm brauchte Zuneigung und menschliche Wärme; Auguste Viktoria stand ihm in bedingungsloser Anbetung zur Seite. Ihre vorbildliche familiäre und charakterliche Haltung, aber auch ihre Fürsorge für die ärmeren Volksschichten verschafften ihr in späteren Jahren hohes Ansehen im Volk. Für Wilhelm mag die mehr oder weniger bewußte Erkenntnis eine Rolle gespielt haben, daß er im Gegensatz zu seiner Mutter stand und die erwählte Frau seiner Mutter ganz und gar unähnlich war. Dazu gehörte, daß Auguste Viktoria entschiedene Ansichten hatte, die mit seinen eigenen weitgehend übereinstimmten: Auguste Viktoria war eine unbeugsame Gegnerin des Liberalismus auf allen Gebieten, und sie haßte England. Den Liberalismus in all seinen politischen, kulturellen und künstlerischen Erscheinungsformen setzte sie gleich mit zersetzender Zügellosigkeit; Engländer, die sie als Liberale erkannte oder verdächtigte, waren Heuchler ohne wahre sittliche Maßstäbe. Nach ihrer Hochzeit behandelte Auguste Viktoria ihre Schwiegermutter mit eisiger Förmlichkeit; Vicky ihrerseits nannte die streng protestantischen Hofdamen ihrer Schwiegertochter verächtlich die »Halleluja-Tanten« oder »einen Haufen von verwünschten Eselinnen«. Wilhelm stand zu seiner Frau und bezeichnete seine Eltern und die drei jüngeren Schwestern, die ihnen nahestanden, als »die englische Kolonie«.

Die Spaltung innerhalb der königlichen Familie war in Berlin weithin bekannt, und Bismarck verstand sie zur Förderung seiner Ziele einzusetzen. Der Kanzler, dessen Macht allein auf dem Mandat beruhte, das ihm von Kaiser Wilhelm I. verliehen worden war, benötigte ein Bollwerk gegen die liberalen Kräfte, die ihre Hoffnungen auf den Kronprinzen setzten. Prinz Wilhelm, der mit seinen Eltern zerfallen war, eignete sich dazu vorzüglich. 1884 ermutigte Bismarck den Kaiser, bestimmte diplomatische Missionen, die dem Kronprinzen verweigert wurden, dem jüngeren Wilhelm zu übertragen. So wurde Wilhelm als offizieller Vertreter des Kaisers zu den Feierlichkeiten anläßlich des Mündigwerdens des sechzehnjährigen Zarewitsch Nikolaus, des künftigen Zaren Nikolaus II., nach St. Petersburg entsandt. Während seines Aufenthaltes dort freundete Wilhelm sich mit Bismarcks Sohn Herbert an, der als Berater an der deutschen Botschaft in der russischen Hauptstadt tätig war. Wilhelm genoß die Aufmerksamkeit, die ihm als Abgesandten seines Großvaters zuteil wurde; nach seiner Rückkehr schrieb er seinem Gastgeber, dem Zaren Alexander III., daß er sich stets für die Wahrung russischer Interessen einsetzen würde, insbesondere gegen die Ränke des Prinzen von Wales, der »einen falschen und intriganten Charakter« habe. Zar Alexander, der Berties Schwager war, empfand Wilhelms Brief als unhöflich und anmaßend. Im August 1886 überging der Kaiser wiederum seinen Sohn und lud seinen Enkel ein, ihn zu einem Treffen mit Kaiser Franz Joseph von Österreich-Ungarn nach Gastein zu begleiten. Dann schickte er Wilhelm nach Rußland, um den Zaren Alexander über die Begegnung zu unterrichten.

Im Herbst 1886 ernannte Bismarck seinen Sohn Herbert zum Staatssekretär des Auswärtigen Amtes, wo er zum vertrautesten Mitarbeiter seines Vaters wurde. Herbert schlug diesem vor, die Verbindung mit Wilhelm durch seine Aufnahme ins Auswärtige Amt zwecks weiterer Ausbildung zu vertiefen. Der Kaiser, der über die ehrerbietige Haltung seines Enkels so erfreut war, wie er sich über die ständige Opposition seines Sohnes ärgerte, stimmte zu. Wilhelm kam zweimal wöchentlich ins Gebäude des Auswärtigen Amtes in der Wilhelmstraße, wo er ein eigenes Büro erhielt und man ihn über die Arbeitsweise des Ministeriums, Deutschlands Verpflichtungen unter den Bestimmungen des Dreibundes und die deutsche Handels- und Kolonialpolitik unterrichtete. Wilhelm wurde auch, wie er schrieb, »schon damals auf unsere Abhängigkeit von England aufmerksam, die ihre Ursache vornehmlich darin hatte, daß uns eine Flotte fehlte und Helgoland sich in englischen Händen befand«.

Kronprinz Friedrich erhob Einwände gegen die »Indoktrination« seines Sohnes in der Wilhelmstraße. »Angesichts der mangelnden Reife sowie der Unerfahrenheit meines ältesten Sohnes, verbunden mit seinem Hang zur Überhebung wie zur Überschätzung, muß ich es geradezu für gefährlich bezeichnen, ihn jetzt schon mit auswärtigen Dingen in Berührung zu bringen«, schrieb er an Bismarck.

Die Proteste stießen auf taube Ohren; der Reichskanzler hatte die Unterstützung des Kaisers; er ignorierte den Kronprinzen. In seinen Memoiren deutete Wilhelm II. das Klima seines frühen Verhältnisses zum Reichskanzler an: »Meine Dienstleistung im Auswärtigen Amte brachte mir außer manchem anderen auch den Vorteil, daß mir Gelegenheit gegeben war, dem begeistert verehrten großen Staatsmann, der als eine fast schon in die Heldensage eingegangene Reckengestalt durch die Tage meiner Jugend ging, endlich näherzutreten. ... In jener Zeit erhielt ich wiederholt Einladungen zur Frühstückstafel beim Fürsten [Bismarck], an der meistens die Fürstin, ihre Tochter, die Gräfin Rantzau nebst Gemahl, Graf Herbert Bismarck und dann und wann Bekannte oder hervorragende fremde Persönlichkeiten teilnahmen. ... Nach dem Essen pflegte er [Bismarck] sich auf eine Chaiselongue niederzulegen und seine lange Pfeife zu rauchen, die ich ihm öfter habe anstecken dürfen.«

Gegen diese Koalition, bestehend aus dem Kaiser, dem Reichskanzler und Prinz Wilhelm, konnte Kronprinz Friedrich nicht ankommen. Friedrich, der in den Kriegen gegen Österreich und Frankreich Armeen befehligt hatte, wollte Preußen, Deutschland und Europa beweisen, daß ein Hohenzollernprinz, der durch Siege auf dem Schlachtfeld eine bedeutende Rolle bei der Einigung Deutschlands gespielt hatte, auch ein liberaler und konstitutioneller Souverän nach englischem Vorbild sein konnte.

1886 erklärte Kronprinzessin Viktoria, daß sich vieles ändern würde, wenn ihr Mann seinem Vater auf den Thron folgte. »Jetzt regiert Bismarck nicht nur das Deutsche Reich, sondern auch den 88jährigen Kaiser«, sagte sie. »Wie wird es aber gehen, wenn Bismarck mal einen wirklichen Kaiser sich gegenüber hat?«

Die drohende Gefahr von Friedrichs Regierungsantritt führte zu wachsender Kritik jener, die durch seine Thronfolge am meisten zu verlieren hatten, an seinem Charakter und seinen Fähigkeiten. Er war seiner Frau ergeben und respektierte in hohem Maße ihre intellektuellen Gaben. »Fragen Sie meine Frau« oder »Haben Sie schon mit der Kronprinzeß gesprochen?« waren häufige, von Friedrich gebrauchte Wendungen.

Seine Gegner zeichneten das Bild eines schwachen, unsicheren Mannes, der von seiner willensstarken englischen Frau abhängig war, sogar von ihr beherrscht wurde. »Absolut ausgeschlossen nach Ansicht aller Eingeweihten, soweit sie aufrichtig sind, ist der Gedanke, daß der Kronprinz jemals unter gleichviel welchen Umständen einen eigenen Willen ihr gegenüber geltend machen könnte«, schrieb Friedrich von Holstein, Vortragender Rat im Auswärtigen Amt, 1885 in sein Tagebuch. Sogar Friedrichs Privatsekretär verachtete die augenscheinliche Unterwürfigkeit seines Herren gegenüber der Kronprinzessin.

»Man muß nur sehen, was sie aus ihm gemacht hat«, erklärte er. »Ohne sie wäre er ein Durchschnittsmensch, sehr hochmütig, gutmütig, mittelmäßig begabt, mit einem Quantum gesundem Menschenverstand. Jetzt aber, jetzt ist er überhaupt kein Mensch mehr, er hat keine eigenen Gedanken, wenn sie ihm dieselben nicht erlaubt. Er ist gar nichts.«

Vicky, die allseits vermutete Ursache seiner Unmännlichkeit, war unbeliebt. In einem Land, wo die Ehefrauen im Hintergrund blieben, hatten ihre taktlosen und bisweilen schrillen Stellungnahmen zu politischen Fragen sowie ihr unbesonnenes Ausposaunen der ihrer Meinung nach überlegenen britischen Tugenden dazu geführt, daß sie von großen Teilen der deutschen Öffentlichkeit abgelehnt wurde. Jede Geschichte, die geeignet war, die Kronprinzessin anzuschwärzen, wie kleinlich sie auch sein mochte, war willkommen. Holstein, der ihre Verschwendungssucht anklagte, nörgelte in seinem Tagebuch, daß ihr Küchenchef, »da sie gern Pfirsich-Kompott ißt, den ganzen Sommer und Herbst hindurch täglich 12 Pfirsiche an[setzt], à 3 Mark das Stück.«

Wilhelm, sicher in der Geborgenheit seines Regiments, der Bewunderung seiner Frau und der Zustimmung der Bismarcks, war seinen Eltern fast vollständig entfremdet. Er opponierte gegen die liberalen Ansichten seines Vaters und glaubte, daß die starken englischen Sympathien seiner Mutter antipreußisch und unpatriotisch seien. Mit Bitterkeit und Geringschätzung sprach er von der Abhängigkeit seines Vaters, wie er sie sah. »Mit meinem Vater, der ein weiches Herz hat und vor Unselbständigkeit sogar im Haushalt geradezu hilflos ist, würde ich mich ... gut vertragen ... wenn die Hetzereien nicht wären«, sagte Wilhelm 1886 zu Herbert von Bismarck. »Jetzt kann ich mit meinem Vater *nie* offen und gemütlich sprechen, denn die Kronprinzeß [Wilhelm bezeichnete in dieser Zeit seine Mutter stets als ›die Kronprinzeß‹] läßt uns nicht fünf Minuten allein, aus Sorge, daß mein Vater schließlich doch erkennt, wie ehrlich ich es meine, und dadurch unter meinen Einfluß kommt.«

Eine mächtige Gestalt, die außer Reichweite Kaiser Wilhelms I. und der Bismarcks blieb, unterstützte das belagerte Kronprinzenpaar: Königin Victoria. Sie konnte sich nicht in die deutsche Politik einmischen, aber sie verstand es, ihre Ansichten bekannt und ihr Gewicht in Familienangelegenheiten fühlbar zu machen. 1885, als Wilhelms Schwester Viktoria den Prinzen Alexander von Battenberg heiraten wollte – eine Verbindung, die vom Kronprinzenpaar unterstützt wurde –, widersetzten sich der Kaiser, die Bismarcks, Wilhelm und Auguste Viktoria mit der Begründung, daß der Bräutigam der außerehelichen Verbindung des Prinzen von Hessen-Darmstadt mit einer polnischen Gräfin entstammte. Königin Victoria fand Wilhelms Opposition besonders unerträglich, da er selbst eine Frau genommen hatte, die in ihren Augen von unbedeutender Herkunft war.

»Die außerordentliche Impertinenz und Anmaßung und, ich muß es hinzufügen, Unfreundlichkeit Willys und der törichten Dona zwingen mich zu sagen, daß ich keinem von ihnen schreiben werde«, schrieb die Königin ihrer Tochter. »Was Dona betrifft, die arme kleine unbedeutende Prinzessin, allein durch deine Güte zu ihrer heutigen Position erhoben – habe ich keine Worte... Was Willy angeht, diesen sehr törichten, pflichtvergessenen und, wie ich hinzufügen muß, gefühllosen Jungen, so habe ich keine Geduld mit ihm und wünschte, er würde eine gute ›Skelping‹ [Tracht Prügel] bekommen, wie die Schotten sagen.« Die Königin fügte hinzu, daß Wilhelm in Windsor nicht willkommen sein und eine Einladung an ihn zurückgezogen würde. Wilhelms erste Reaktion war vehement – er nannte seine Großmutter »das alte Reff« –, dann wurde er reumütig; er bat seine Mutter, sie möge versuchen, die Einladung wiederherzustellen. Vicky schrieb der Königin und versuchte das Verhalten ihres Sohnes zu erklären: »Wilhelm ist immer sehr überrascht, wenn man ihn für unfreundlich oder grob hält... bildet sich ein, daß seine Meinungen unfehlbar und sein Benehmen stets vollkommen sei – und kann die geringfügigste Bemerkung nicht ertragen, obwohl er seine Eltern und Verwandten kritisiert und beschimpft... Dies findet von seiten Auguste Viktorias und seiner Umgebung nur Ermutigung. Ich vertraue darauf, daß die Fehler, die es so schwierig machen, mit ihm auszukommen, sich geben werden, wenn er älter und klüger wird und sich mehr mit Leuten zusammentut, die ihm überlegen sind und über viele seiner törichten Einfälle lachen können.«

Die Beziehung zwischen Mutter und Sohn besserte sich nicht. 1886 klagte Vicky ihrer Mutter: »Er geruhte nicht, sich zu erinnern, daß er mich seit zwei Monaten nicht gesehen hatte, oder daß ich in England gewesen bin... oder daß seine Schwestern die Masern hatten. Er erkundigte sich weder nach ihnen noch nach Dir oder irgendeinem meiner Verwandten in England, so daß ich mich verletzt und enttäuscht fühlte... Er ist ein sonderbares Wesen. Mit ein wenig Höflichkeit und Freundlichkeit kommt man weit, aber von ihm kriege ich sie nie...« Ein Jahr später, 1887, schien Vicky resigniert zu haben: »Der Traum meines Lebens war, einen Sohn zu haben, der etwas von dem sein sollte, was unser geliebter Papa war, ein wirklicher Enkel von ihm in Seele und Intellekt, ein Enkel von Dir... Aber man muß vor dem Fehler auf der Hut sein, sich über die eigenen Kinder zu ärgern, weil sie nicht sind, was man gewünscht und erhofft hatte... Mit der Natur kann man nicht streiten, und ich denke, sie wird es am besten wissen, auch wenn ihr Wirken uns grausam und pervers und im höchsten Maße widrig erscheint.«

Im Januar 1887 wurde Kronprinz Friedrich heiser und hatte Schwierigkeiten, sich zu räuspern. Zuerst führte man dies auf seine häufigen Erkältungen zurück, aber Anfang März, als die Symptome fortbestanden, wurde Dr. Gerhardt gerufen, ein Professor der Medizin an der Berliner Universität. Gerhardt fand am linken Stimmband des Prinzen eine kleine Wucherung, die er zu entfernen suchte, zuerst mit einer Pinzette, dann durch Abbrennen mit einem heißen Draht. Bis zum Mai hatte sich das Gewächs wieder entwickelt, und die durch die Behandlung verursachte Wunde war nicht verheilt. Dr. Gerhardt zog einen weiteren Spezialisten hinzu, den bedeutenden Chirurgen Dr. Ernst von Bergmann. Die beiden Ärzte erwogen die Möglichkeit einer Krebserkrankung; ob das Gewächs bösartig sei oder nicht, sie schlugen die chirurgische Entfernung des erkrankten Bereichs vor. Kaiser Wilhelm I. und Bismarck wurden konsultiert, obwohl Friedrich selbst noch nicht unterrichtet worden war. »Die behandelnden Ärzte«, schrieb Bismarck, »waren Ende Mai 1887 entschlossen, den Kronprinzen bewußtlos zu machen und die Exstirpation des Kehlkopfs auszuführen, ohne ihm ihre Absicht angekündigt zu haben. Ich erhob Einspruch, verlangte, daß nicht ohne die Einwilligung des Patienten vorgegangen und, da es sich um den Thronfolger handle, auch die Zustimmung des Familienhauptes eingeholt werde. Der Kaiser, durch mich unterrichtet, verbot, die Operation ohne Einwilligung seines Sohnes vorzunehmen.«

Drei weitere Ärzte, die hinzugezogen wurden, diagnostizierten Krebs. Sie schlugen die Entfernung nicht des ganzen Kehlkopfes, aber des betroffenen Bereiches der Stimmbänder vor. Wenn erfolgreich, würde die Operation immerwährende Heiserkeit zur Folge haben, dem Kronprinzen aber die Stimme lassen. Bergmann sprach sich zuversichtlich über die Aussichten aus: die Krankheit sei frühzeitig erkannt worden; der Patient befinde sich in gutem Gesundheitszustand; die Operation sollte »nicht gefährlicher als ein gewöhnlicher Luftröhrenschnitt« sein. Der Kronprinz und seine Frau stimmten der Operation zu, obwohl Vicky »bei dem Gedanken, daß ein Messer seine liebe Kehle berührt«, zitterte. Der Eingriff wurde auf den Morgen des 21. Mai festgesetzt.

Vorher sollte jedoch auf einhellige Empfehlung der deutschen Ärzte ein weiterer Kehlkopfspezialist konsultiert werden. Der hervorragendste Laryngologe in Europa, als »größter Spezialist für Krebs« beschrieben, war Dr. Morell Mackenzie, ein Brite. Dr. Mackenzie wurde eilig nach Berlin gerufen, traf dort am Abend des 20. Mai ein und untersuchte den Patienten. Er bestand darauf, daß die Operation abgesagt würde, solange nicht erwiesen sei, daß die Wucherung eine Krebsgeschwulst sei. Seiner Meinung nach handelte es sich nicht um eine Krebserkrankung, »sondern um eine polypöse oder fibromatöse Geschwulst, die durch eine ihm vorzuschreibende Kur ohne Operation in sechs bis acht Wochen zu beheben sei; der Kronprinz müsse sich nur ›wie jeder andere Sterbliche‹ zur Behandlung in seine Klinik begeben.«

Der für den folgenden Morgen geplante chirurgische Eingriff wurde abgesagt. Dr. Mackenzie ersuchte, daß eine Gewebeprobe vom Kehlkopf entfernt und von Dr. Rudolf Virchow, dem führenden Pathologen in Deutschland, Direktor des Pathologischen Instituts der Berliner Universität und Begründer der

Zellularpathologie, analysiert werde. Virchow untersuchte die Gewebeprobe und erklärte das Gewächs für gutartig. Einen Tag später wurde eine zweite, größere Gewebeprobe entnommen. Wieder erklärte Virchow, daß er keinen Hinweis auf Bösartigkeit finden könne. Dr. Gerhardt und Dr. Bergmann protestierten und wiesen darauf hin, daß die Pathologie eine unbewiesene Wissenschaft sei, und bestanden ferner darauf, daß ihre ursprüngliche Diagnose richtig sei. Sie warnten, daß der Tumor sich auf die andere Seite der Kehle ausbreiten und daß wertvolle Zeit verlorengehen würde, sollte sich herausstellen, daß Dr. Mackenzie sich irre. Mackenzie, der sich auf Virchow verließ, blieb fest. Die endgültige Entscheidung war dem Kronprinzen und seiner Frau überlassen. Sie gaben der optimistischen englischen Diagnose den Vorzug vor der pessimistischen deutschen.

Mackenzie untersuchte Friedrich Anfang Juni noch einmal in London und empfahl, daß sein Patient die Isle of Wight aufsuchen solle, deren mildes Klima, wie er sagte, der Heilung der Infektion förderlich sein würde. Die deutschen Ärzte erklärten, daß das Klima keine Auswirkungen auf Anschwellungen des Kehlkopfes habe, ob bösartig oder nicht, und sprachen sich gegen diese Behandlung aus, wurden aber überstimmt. Die Anwesenheit des Kronprinzen in England gestattete ihm, am 21. Juni in der großen Parade anläßlich Königin Victorias Goldenem Jubiläum durch London zu reiten. Niemand in der jubelnden Menge, der die hohe, bärtige Gestalt in der weißen Uniform mit dem silbernen Brustharnisch und dem Adlerhelm sah, hätte vermutet, daß er nur in einem leisen Flüsterton sprechen konnte. Friedrich blieb pflichtbewußt drei Monate in Großbritannien, die er teils auf der Isle of Wight, teils im schottischen Hochland verbrachte. Eine Weile schien sein Zustand sich zu bessern. Königin Victoria gab der Bitte ihrer Tochter statt und erhob Morell Mackenzie in Schloß Balmoral im Beisein des Kronprinzen und seiner Frau in den Adelsstand, weil er ihrem Schwiegersohn das Leben gerettet habe. Im September fuhren der Kronprinz und seine Frau weiter nach Venedig und an den Lago Maggiore, wo seine Stimme Ende Oktober vollständig verstummte. Anfang November brachte Vicky ihn in eine Villa inmitten eines Olivenhaines über dem Mittelmeer bei San Remo.

Die Wucherungen vergrößerten sich stetig. Die Kronprinzessin und der Kronprinz glaubten noch immer an Mackenzies Diagnose, aber in Berlin hatten Kaiser Wilhelm I., Fürst Bismarck und der Sohn des Kranken, Prinz Wilhelm, den Glauben daran verloren. Wilhelm erbat die Erlaubnis seines Großvaters, nach San Remo zu reisen, um sich über den Zustand seines Vaters zu unterrichten. Der Kaiser stimmte zu und beauftragte drei neue Ärzte, zwei Deutsche und einen Österreicher, ihn zu begleiten. Wilhelms plötzliche Ankunft in San Remo führte zu einem Zusammenstoß. »Meine Ankunft«, erinnerte sich Kaiser Wilhelm später, erregte »wenig Freude bei meiner Mutter. Sie fürchtete wohl, daß das Kartenhaus, auf das sie ihre Lebenshoffnung gesetzt hatte, zusammenbrechen könnte. Unten an der Treppe stehend, mußte ich ihre Vorhaltungen über mich ergehen lassen und ihre entschiedene Weigerung vernehmen, mich zum Vater zu lassen ... der Zustand des Vaters sei in keiner Weise besorgniserregend, meinte meine Mutter, aber der steinerne ... Ausdruck ihres Gesichts ... bot keine Bestätigung dessen, was ihr Mund sprach ... Da hörte ich oben auf der Treppe ein Geräusch, sah hinauf und erblickte meinen Vater, der mir entgegenlächelte. Ich stürzte die Treppe hinauf, und mit unendlicher Rührung hielten wir uns umfangen, indes er in leiser Flüstersprache seiner Freude über meinen Besuch Ausdruck gab.«

Vicky schilderte dieselbe Szene ihrer Mutter so: »Du fragst, wie Willy war, als er hier war. Bei seiner Ankunft war er zu mir so grob, unliebenswürdig und unverschämt wie nur möglich, aber ich fiel, fürchte ich, mit beträchtlichem Ungestüm über ihn her... Er fing damit an, daß er sagte, er müsse mit den Ärzten sprechen. Ich sagte, die Ärzte hätten mir Meldung zu machen, und nicht ihm, worauf er sagte, daß er den ›Befehl‹ des Kaisers habe, über seinen Papa... Bericht zu erstatten. Ich sagte, das sei nicht notwendig, da wir selbst immer dem Kaiser Bericht erstatteten ... Ich sagte, ich würde gehen und seinem Vater sagen, wie er sich benehme, und verlangen, daß ihm das Haus verboten werden soll... Willy ist natürlich viel zu jung und unerfahren, um dies zu verstehen. Er war lediglich in Berlin dazu angestiftet worden. Er dachte, er müsse seinen Papa vor meiner falschen Behandlung retten. Wenn er den Kopf nicht mit Unsinn aus Berlin vollgestopft hat, ist er ganz nett und *traitabel*, und dann freuen wir uns, ihn zu haben; aber ich werde nicht zulassen, daß er mir diktiert – der Kopf auf meinen Schultern ist kein bißchen schlechter als seiner.«

Aber Vicky willigte schließlich ein, Fritz noch einmal untersuchen zu lassen. Mackenzie, der anwesend war, stellte seine frühere Diagnose auf den Kopf: der Kronprinz leide an Krebs und würde innerhalb von achtzehn Monaten sterben. Die anderen Ärzte pflichteten dem bei und fügten hinzu, daß jetzt nicht einmal eine völlige Entfernung des Kehlkopfes helfen würde.

»Mein Vater nahm sein Todesurteil – denn das war es – gleich einem Helden entgegen, aufrecht, fest den Ärzten ins Auge schauend«, sagte Wilhelm. Wieder allein, nachdem die Ärzte gegangen waren, weinten Fritz und Vicky und klammerten sich aneinander. »Die Vorstellung, daß ich solch eine schreckliche, widerwärtige Krankheit habe!« stöhnte Fritz. »Daß ich für alle Welt ein Gegenstand des Abscheus und für euch alle eine Last sein soll!« An ihre Mutter schrieb Vicky: »Mein Liebling hat ein Schicksal vor sich, an das ich kaum zu denken wage.«

Das Paar blieb den größten Teil des Winters in San Remo, während bis zu fünfzig Reporter, die sich im Hotel Victoria drängten, eine makabre Wache hielten. Aus Berlin kam die Forderung, daß der Kronprinz zurückkehre. Kaiser

Wilhelm I., dessen einundneunzigster Geburtstag näherrückte, war krank und konnte nicht viel länger leben. Vicky lehnte ab. Das einzige, worauf es ankam, war die Gesundheit ihres Mannes: Berlin war eisig und feucht; wenn Fritz eine Chance haben sollte, dann im warmen, sonnigen Klima des Mittelmeeres. Königin Victoria unterstützte ihre Tochter: »Je hinfälliger der Kaiser wird, desto mehr kommt es darauf an, daß Fritz gesund wird.«

Der Kronprinz, der den ganzen Tag Eiswürfel lutschte und bei Tag und Nacht einen Beutel mit zerstoßenem Eis um die Kehle gebunden hatte, begann unter Erstickungsanfällen zu leiden. Am 9. Februar 1888 wurde ein Luftröhrenschnitt ausgeführt und eine silberne Röhre durch die Kehle in die Luftröhre eingeführt. Am 2. März kehrte Prinz Wilhelm nach San Remo zurück. »Der Anblick meines Vaters war herzzerreißend. Die hohe Siegfriedgestalt zeigte in ihrer starken Abmagerung und der gelben Gesichtsfarbe unverkennbar den schnellen Fortschritt der Krankheit; fortwährend plagte ihn Hustenreiz, und über die Lippen kam kein Wort, sein Mund war bereits für immer verstummt. Schnell hingeworfene Notizen auf kleinen Zetteln mußten die Sprache ersetzen, soweit das nicht durch Gesten und Mimik geschehen konnte.«

Eine Woche später starb Kaiser Wilhelm I. in Berlin. In San Remo versammelte der neue Kaiser, Friedrich III., seinen Haushalt im Salon. Er verlieh seiner Frau die höchste preußische Auszeichnung, den Schwarzen Adlerorden, den nur der Souverän verleihen konnte. Er schrieb eine Notiz auf ein Stück Papier und reichte es Sir Morell Mackenzie: »Ich danke Ihnen, daß Sie mich lange genug am Leben erhalten haben, um den heldenhaften Mut meiner Frau zu belohnen.« Schließlich sandte er Königin Victoria ein Telegramm: »In diesem Augenblick tiefer Gemütsbewegung und Trauer über die Nachricht vom Tode meines Vaters drängt mich mein Empfinden zärtlicher Zuneigung zu Dir, mit der Thronbesteigung meinen ernsten und aufrichtigen Wunsch nach einer engen und dauerhaften Freundschaft zwischen unseren zwei Nationen zu wiederholen. Friedrich.«

Am 11. März kehrte der neue deutsche Kaiser in seine Hauptstadt zurück. Er war zu schwach, um an den Begräbnisfeierlichkeiten für seinen Vater teilzunehmen, und stand weinend an einem Fenster, als die Trauerprozession auf ihrem Weg zum Mausoleum in Charlottenburg vorbeizog. Bei der ersten Sitzung des Kronrates, der er präsidierte, stellte er Fragen und gab Anweisungen, indem er Zettel beschrieb. Er machte klar, daß Bismarck Reichskanzler bleiben und daß er keinen Versuch unternehmen würde, die Politik des Reichskanzlers zu ändern. In seiner ganzen Laufbahn, schrieb Bismarck in seinen Erinnerungen, »war die Führung der Geschäfte niemals so angenehm und reibungslos wie während der neunundneunzig Tage des Kaisers Friedrich.«

Als die lange Regierungszeit Kaiser Wihelms I. zu Ende gegangen war, hatte die britische Königin Vicky ein kurzes Glückwunschschreiben gesandt: »Meine liebe Kaiserin Viktoria, es scheint wirklich wie ein unmöglicher Traum, möge Gott Dich segnen! Du weißt, wie wenig mir an Rang oder Titeln liegt – aber ich kann nicht leugnen, daß ich schließlich und endlich dankbar und stolz bin, daß der liebe Fritz und Du auf den Thron gekommen seid.« Ende April beschloß Königin Victoria, ihren todgeweihten Schwiegersohn zu besuchen. Sie fuhr vom Zug direkt zum Schloß Charlottenburg und ging ins Schlafzimmer des Kronprinzen. Wortlos hob er beide Hände in einer Geste der Freude, dann wandte er sich um und reichte ihr einen Blumenstrauß.

Während des Besuches der Königin brachte Vicky eine Begegnung zwischen Bismarck und ihr zustande. Der Kanzler erwartete seine Audienz mit Unbehagen; wiederholt fragte er den Zeremonienmeister der Königin, wo in dem Raum die Königin sein und ob sie stehen oder sitzen würde. Zu ihrer beiderseitigen Überraschung fanden Victoria und Bismarck Gefallen aneinander. Sie bat ihn, ihrer Tochter zur Seite zu stehen; »er versicherte mir, daß er es tun würde«. »Was für eine Frau!« sagte der Kanzler hinterher. »Man könnte Geschäfte mit ihr machen.« Später schilderte er sie seiner Familie als einen »fidelen kleinen Proppen«. Nach der Audienz sagte die Königin zum britischen Botschafter: »Ich verstehe nicht, warum meine Tochter mit Fürst Bismarck nicht auskommen konnte. Ich finde, er ist ein sehr liebenswürdiger Mann, und unser Gespräch war ganz zauberhaft.«

Der traurige Zweck der Reise geriet jedoch nie in Vergessenheit. Während des dreitägigen Besuches brach Vicky mehrfach zusammen. Als die Stunde der Abreise gekommen war und die Königin bereits ihren Salonwagen bestiegen hatte, folgte Vicky ihr und klammerte sich an ihre Mutter. »Es war schrecklich«, schrieb die Queen in ihr Tagebuch, »sie in Tränen dastehen zu sehen, während der Zug langsam davonfuhr.«

Am 24. Mai erschien der Kaiser zur Hochzeit seines zweiten Sohnes, Prinz Heinrich, mit der Prinzessin Irene von Hessen in der Kapelle von Schloß Charlottenburg. Er trug eine Uniform, deren Kragen hoch genug geschnitten war, um die Röhre in seiner Kehle zu verdecken. Trotz seiner Schwäche und Abmagerung bestand er darauf, aufzustehen und während des Austausches der Ringe stehenzubleiben. Es war für jeden offensichtlich, daß Friedrichs Regierungszeit kurz sein würde und daß vielleicht nur noch wenige Wochen blieben, bis Wilhelm seine Nachfolge als Kaiser antreten würde. Diese Vorstellung quälte Vicky, nicht nur, weil ihr Mann dem Tod geweiht war, sondern weil mit Friedrichs Tod auch Prinz Alberts Traum von einem liberalisierten Deutschland in Partnerschaft mit England sterben würde. Die Kronprinzessin versuchte Friedrich – und, so schien es Wilhelm, die Kaiserkrone – so lange wie möglich für sich zu behalten. »Ich konnte ... sehr bald beobachten, daß man meinen Besuchen bei meinem Vater Schwierigkeiten in den Weg zu legen begann«, schrieb Wilhelm. »Dann erfuhr ich, daß Späher aufgestellt waren, die rechtzeitig meine

Ankunft im Schlosse meldeten, worauf ich entweder nur von meiner Mutter empfangen oder bereits an der Haustür mit dem Bemerken begrüßt wurde, der Kaiser schlafe ... Als es mir endlich einmal mit Hilfe von Kammerdiener Schulze gelang, durch eine Hintertreppe unbemerkt in das Schlafzimmer meines Vaters zu gelangen, zeigte er sich sehr erfreut und ließ sich viel von mir erzählen, vor allem über meine Brigade. Als er mir zu verstehen gab, ich solle ihn doch öfter besuchen, er sähe mich so selten, und ich ihm darauf antwortete, ich sei schon öfters dagewesen, aber nicht vorgelassen worden, war er höchst erstaunt und bezeichnete diese Absperrung als unsinnig; ich sei ihm jederzeit willkommen.«

Oberst Swaine, der britische Militärattaché in Berlin, schrieb an den Prinzen von Wales: »Wir durchleben traurige Zeiten hier in Berlin... Nicht nur traurig, weil wir einen Kaiser an der Pforte des Todes haben, sondern... weil beinahe alle Staatsbeamten... sich in einer Weise benehmen, als ob der letzte Funke von Ehre und treuer Pflichterfüllung erloschen wäre – sie hängen alle ihre Mäntel nach dem Wind. Es scheint mir, als wäre ein Fluch über dieses Land gekommen und hätte nur einen hellen Fleck zurückgelassen, auf dem eine einsame Frau steht und gegen alle Widrigkeiten getreulich und zärtlich ihre Pflicht an der Seite ihres kranken Gemahls erfüllt.«

Friedrichs Krankheit und nahender Tod ließen in Preußen die latent vorhandene Feindseligkeit gegen England an die Oberfläche treten. Schon im September 1887, als der Kronprinz England verließ, um sich in Italien zu erholen, verlieh Friedrich von Holstein, Vortragender Rat im Auswärtigen Amt, dieser Stimmung in scharfer, ja giftiger Form Ausdruck: »Charakteristisch ist das Benehmen der Kronprinzeß. Heiter und sorglos, mit nur einem Gedanken: nicht nach Preußen zurück. Ich bleibe bei meiner Ansicht, die heute auch von anderen geteilt wird: sie hat vom ersten Augenblick an sich mit dem Gedanken an einen schlimmen Ausgang vertraut gemacht. Nach dem vielen, was ich in den letzten Monaten über sie hörte, möchte ich sie als einen versumpften und vereiterten Charakter bezeichnen. Natur und Druck haben da zusammengewirkt. Vor 30 Jahren kam sie hierher als verzogenes Kind ihres Vaters mit dem Gefühl, ein politisches Phänomen zu sein. Weit entfernt, hier Einfluß zu gewinnen, sah sie sich gezwungen, jeder politischen Tätigkeit nach außen hin zu entsagen und dem ihr odiösen hiesigen Hofzwang sich anzupassen. Ihren Mann hat sie von jeher verachtet. Seinen Tod wird sie als die Stunde der Freiheit begrüßen.«

Der neue Kronprinz, Wilhelm, hin und her gerissen zwischen dem Kummer um seinen Vater und der Aussicht, deutscher Kaiser zu werden, hatte wenig Sympathie für »die englische Prinzessin, die meine Mutter ist«, wie er sie zu jener Zeit beschrieb. Sie hatte die Kontrolle über die medizinische Behandlung seines Vaters übernommen; die Folge davon war, daß sein Vater im Sterben lag, und sie versuchte Begegnungen von Vater und Sohn zu verhindern. Zu dieser Zeit – und im Laufe der späteren Jahre noch verstärkt, machte Wilhelm Dr. Mackenzie Vorwürfe. »Es war von den verhängnisvollsten Folgen, daß am Abend vor der angesetzten Operation der Engländer Mackenzie entscheidend eingreifen konnte«, schrieb Wilhelm. Er stellte die Frage, »ob der Engländer seine Diagnose wirklich in gutem Glauben stellte. Ich bin überzeugt, daß dies nicht der Fall war... Er war nicht nur auf Geld aus, sondern auch auf den englischen Adelstitel*... Wenn man bedenkt, daß mein Vater mit größter Wahrscheinlichkeit gerettet worden wäre, wenn der englische Arzt nicht interveniert hätte, wird man verstehen, wie es kam, daß ich jede Gelegenheit ergriff, mich... dieser Vogel-Strauß-Politik zu widersetzen. Daß meine Mutter sich nicht von der Autorität des Engländers freimachen konnte, selbst als die Tatsachen allen anderen klar geworden waren, hatte die denkbar schlechtesten Auswirkungen auf meine Beziehungen zu ihr.« Wilhelm sprach seine Mutter zwar von jeder Schuld an der Entscheidung frei, einen englischen Arzt herbeizurufen, desgleichen an der Wahl Mackenzies; er räumte ein, daß dies die einhellige Entscheidung der Berliner Ärzte gewesen war, aber wenige in Deutschland wußten dies. Es dauerte nicht lange, bis in Deutschland allgemein angenommen wurde, daß die englische Kronprinzessin darauf bestanden habe, einen englischen Arzt herbeizurufen, ferner darauf bestanden habe, seinen inkompetenten Rat gegen die Empfehlungen einer Phalanx von deutschen Ärzten zu befolgen, und daß sie mithin für den unnötigen Tod eines deutschen Kaisers verantwortlich sei.

Anfang Juni wurde Friedrich, der unter einem Abszeß im Bereich des Kehlkopfes und Wechselfieber litt, vom Charlottenburger Schloß zum Neuen Palais in Potsdam gebracht, wo er das Licht der Welt erblickt hatte. Bei herrlichem Wet-

* Wilhelms Anklage war übertrieben, aber Mackenzie benahm sich ausweichend, als immer mehr Indizien dafür sprachen, daß seine Diagnose falsch gewesen war. Im November 1887, nachdem der Kronprinz davon unterrichtet worden war, daß er Krebs hatte, bestand Mackenzie Königin Victorias Arzt gegenüber auf der Darstellung, daß es keine Bösartigkeit gegeben habe, als er im vergangenen Juni eine Operation verhindert hatte. Im Januar 1888, als Friedrich unter Atemnot litt, und kurz vor seinem Luftröhrenschnitt erklärte Mackenzie der Königin im Osborne House, »er glaube zwar fest daran, daß es keine bösartige Geschwulst sei, könne es mit Bestimmtheit aber erst nach Ablauf weiterer sechs Monate sagen«. Den Rest seines Lebens mühte Mackenzie sich damit ab, den Vorwurf der Fehldiagnose in diesem seinem berühmtesten Fall zurückzuweisen. Seine Klage, daß die Ungeschicklichkeit deutscher Ärzte Friedrich unnötiges Leiden verursacht hätte, führte zu seinem Ausschluß aus dem Royal College of Surgeons wegen Verletzung der Vertraulichkeit und unethischen Verhaltens. Mackenzie praktizierte weiter, aber Bitterkeit und Kontroversen zerstörten seine Gesundheit. 1892 starb Mackenzie, vier Jahre nach seinem königlichen Patienten.

ter saß er auf seiner Terrasse und blickte hinaus auf die Gärten von Sanssouci, die in der Blütenpracht des Frühlings lagen. Am Morgen des 13. Juni besuchte ihn sein Freund König Oskar von Schweden. Am folgenden Tag kam Bismarck, sich zu verabschieden. Friedrich ergriff die Hand des Kanzlers und legte sie in die seiner Frau. An diesem Abend konnte Friedrich nicht einmal flüssige Nahrung schlucken. Queen Victoria, die in Balmoral beinahe stündlich Telegramme erhielt, telegrafierte Wilhelm: »Bin in größter Sorge über diese schreckliche Nachricht und so bekümmert um die arme liebe Mama. Tue alles, was Du kannst, wie ich Dich bat, um ihr in dieser schrecklichen Zeit schwerer Prüfung und Trauer zu helfen. Gott helfe uns!« Friedrich III. starb früh am Morgen des 15. Juni.

»Ich bin untröstlich«, telegrafierte Königin Victoria ihrem Enkel. »Hilf und tue alles, was Du kannst, für Deine arme liebe Mutter... Großmama.« An Vicky schrieb sie: »Liebling, Liebling, unglückliches Kind, Du bist viel schwerer geprüft als ich. Ich hatte nicht die Qual, einen anderen den Platz meines engelhaften Mannes einnehmen zu sehen, was ich niemals hätte ertragen können!« Am selben Abend schrieb die Königin in ihr Tagebuch: »Keiner von meinen eigenen Söhnen könnte ein größerer Verlust sein. Er war so gut, so weise, und mochte mich so!« Der Prinz von Wales schrieb seinem Sohn Prinz George (dem späteren König George V.): »Versuche, mein lieber Georgy, niemals Onkel Fritz zu vergessen. Er war einer der feinsten und edelsten Charaktere, die man je gekannt hat. Wenn er einen Fehler hatte, dann den, daß er zu gut für diese Welt war.«

Als erste Amtshandlung ließ Kaiser Wilhelm II. das Neue Palais, wo sein Vater aufgebahrt lag, durch Militär absperren. Niemand durfte das Gebäude ohne Erlaubnis verlassen oder betreten; als Vicky, jetzt verwitwete Kaiserin, aus dem Fenster schaute, sah sie die roten Uniformen der Gardehusaren das Gelände patrouillieren. Wilhelm war überzeugt, daß seine Mutter versuchen würde, seines Vaters private Papiere nach England zu schmuggeln. Offiziere gingen durch die privaten Räume, öffneten Schubladen und Schränke. Nichts wurde gefunden. Zwei Tage später schrieb Königin Victoria in ihr Tagebuch: »Oberst Swaine traf aus Berlin ein... Er hatte einige Papiere gebracht, von denen Fritz gewünscht hatte, daß sie in meine Obhut gegeben werden sollten.«

Der Prinz von Wales eilte zum Begräbnis nach Berlin, wo er seine Schwester aufs äußerste erbost antraf. Auf Wilhelms Anweisung wurde trotz ihrer Bitten eine Autopsie an Friedrichs Leichnam vorgenommen, um den Krebs zu verifizieren und den englischen Arzt – sowie die englische Prinzessin – in Verlegenheit zu bringen. Als Vicky versucht hatte, den Fürsten Bismarck zu sprechen und ihn zu überreden, daß er die Autopsie verhindere, hatte der Reichskanzler Nachricht geschickt, daß er zu beschäftigt sei. Wilhelm machte alle Pläne für das Begräbnis seines Vaters, ohne die Wünsche seiner Mutter zu beachten. Schließlich weigerte sie sich, am Staatsbegräbnis teilzunehmen, und hielt ihren eigenen privaten Trauergottesdienst. Der Name Friedrichskron, den Friedrich in seinen letzten Tagen dem Neuen Palais verliehen hatte, wurde auf Wilhelms Geheiß wieder in Neues Palais geändert.

Königin Victoria spürte die Kälte, die von der neuen Herrschaft ausging, und zahlte mit gleicher Münze zurück. Am 27. Juni traf General Winterfeldt aus Berlin ein, der der Königin einen förmlichen Brief mit der Nachricht von Wilhelms Thronbesteigung überbrachte. Bald beklagte sich der neue Kaiser über die Kühle, mit der sein Abgesandter in Schloß Windsor empfangen worden war. Die Königin schrieb ihrem Privatsekretär: »Die Königin ist sehr erfreut zu hören, daß General Winterfeldt sagt, er sei kalt empfangen worden... denn das war ihre Absicht. Er war ein Verräter an seinem geliebten Herrn und erwähnte nicht einmal seinen Namen, ließ kein Wort des Bedauerns fallen und sprach von der Freude, daß er auserwählt worden sei, die Thronbesteigung seines neuen Herrn bekanntzugeben. Konnte die Königin, zugewandt der lieben Erinnerung an den geliebten und edlen Kaiser Friedrich, an dem, wie auch an ihrer Tochter, General Winterfeldt so verräterisch gehandelt hat, ihn anders empfangen?«

Fünf Tage später versuchte die Königin es mit einer wärmeren Annäherung an ihren Enkel: »Laß Dich bitten, Nachsicht mit der armen Mama zu haben, wenn sie gereizt und erregt ist. Sie meint es nicht so; denk daran, was für Monate der Qual und inneren Anspannung, des hilflosen Zusehens und der unterbrochenen und schlaflosen Nächte sie durchgemacht hat, und mache Dir nichts daraus. Ich bin so besorgt um ein reibungsloses Verhältnis, daß ich in beider Interesse so offen schreibe.« Dann wandte sich die Königin einer weiteren sie beunruhigenden Angelegenheit zu. »Es gibt viele Gerüchte, nach denen Du reisen und Souveränen Besuche abstatten wirst. Ich hoffe, daß Du wenigstens einige Monate verstreichen lassen wirst, bevor etwas von dieser Art stattfindet, da noch keine drei Wochen vergangen sind, seit der gute, geliebte Papa uns genommen wurde, und wir noch immer in so tiefer Trauer um ihn sind.«

Wilhelm erteilte seiner Großmutter eine Abfuhr. Er wollte schon bald mit der Flotte in die Ostsee auslaufen, »wo ich hoffe, den Kaiser von Rußland zu treffen, was von gutem Nutzen für den Frieden in Europa sein wird... Ich hätte einen späteren Zeitpunkt vorgezogen, aber das Staatsinteresse hat gegenüber persönlichen Gefühlen den Vorrang, und das Geschick, welches über den Nationen hängt, wartet nicht, bis der Etikette der Hoftrauer Genüge getan ist... Ich erachte es für notwendig, daß Monarchen einander oft treffen und gemeinsam beraten sollten, um nach Gefahren Ausschau zu halten, die dem monarchischen Prinzip von demokratischen und republikanischen Parteien in allen Teilen der

Welt drohen. Es ist weit besser, daß wir Herrscher fest zusammenhalten.« Queen Victoria war nicht amüsiert. Ihrem Premierminister Lord Salisbury telegrafierte sie: »Erwarte, daß wir in unseren Kommunikationen mit meinem Enkel und Fürst Bismarck, die auf eine Rückkehr zu den ältesten Zeiten der Regierung aus sind, sehr kühl, wenngleich höflich sein werden.«

## 3. KAPITEL

# »Blut und Eisen«

Nach der Schlacht von Waterloo und der Verbannung Napoleon Bonapartes nach St. Helena zeichnete der Wiener Kongreß die Landkarte Deutschlands neu. Die dreihundert deutschen Königreiche, Kurfürstentümer, Großherzog- und Herzogtümer, Fürstentümer, Grafschaften, Bistümer und Freien Städte, die das alte Heilige Römische Reich ausgemacht hatten und formell dem Kaiser in Wien unterstanden, wurden zu einer losen Konföderation von neununddreißig Staaten rekonstituiert. Die meisten blieben klein, einige waren winzig, und es gab fünf souveräne Königreiche: Preußen, Bayern, Sachsen, Hannover und Württemberg. Ein Bundestag, zu dem alle Staaten Vertreter entsandten, wurde in der Freien Stadt Frankfurt am Main gegründet. Sein Zweck war die Beilegung von Streitigkeiten zwischen den deutschen Staaten, vor allem aber die Bewahrung des konservativen Status quo. In Deutschland und im Bundestag blieb Österreich – das, genaugenommen, nur noch bedingt eine deutsche Macht war – vorherrschend. Österreich besaß das Prestige eines kaiserlichen Herrschers, den führenden Staatsmann der postnapoleonischen Zeit, Clemens Fürst von Metternich, und die größte Armee in Mitteleuropa.

Preußen, der größte und stärkste der rein deutschen Staaten, näherte sich dem Großmachtstatus. Marschall Blüchers Preußen hatten Wellingtons erschöpfte Armee entsetzt und bei Waterloo das Blatt gewendet. Der Wiener Kongreß hatte dem Königreich Preußen bedeutende Territorien im Rheinland und Westfalen hinzugefügt, und die schwarzweiße Flagge mit dem preußischen Adler wehte jetzt von Aachen und Koblenz bis Königsberg und Tilsit. Die neuen Länder im Westen, darunter die am dichtesten bevölkerten in Deutschland, waren überwiegend römisch-katholisch und reich an Kohle und industriellem Potential. Einer der neu erworbenen Untertanen des Königs von Preußen war Friedrich Krupp, der 1811 in Essen eine Eisengießerei gegründet hatte. Der preußische Staat, traditionell protestantisch, überwiegend agrarisch, mit seiner spartanischen militärischen Tradition, blieb dem Habsburgerreich freilich in einem wesentlichen Bestandteil nationaler Macht unterlegen: der Bevölkerungszahl. 1815 gab es zehn Millionen Preußen, verglichen mit dreißig Millionen Franzosen und dreißig Millionen Untertanen des Hauses Habsburg.

Während der ersten Hälfte des neunzehnten Jahrhunderts gewann das Streben nach staatlicher Einheit Schwungkraft, beschleunigt vom Wachstum der Industrie und des Eisenbahnnetzes. 1834 senkte der von Preußen angeregte Zollverein die Zollschranken zwischen den einzelnen Staaten; in den 1850er Jahren verdoppelte sich die Länge des deutschen Eisenbahnnetzes und ließ alle deutschen Staaten enger zusammenrücken; sie waren nur noch durch ein paar Stunden Bahnfahrt voneinander getrennt. Vorkommen von Eisenerz und Kohle ließen Industriegebiete an der Saar, an der Ruhr und in Oberschlesien entstehen. Die Häfen von Bremen und Hamburg wickelten den Überseehandel für ganz Deutschland ab. Dennoch blieb es fünfzig Jahre nach dem Wiener Kongreß ein lockerer politischer Bund von neununddreißig Staaten. Österreich, das weiterhin den Bundestag in Frankfurt beherrschte, widersetzte sich jeder Veränderung; Frankreich, das unter einem neuen Kaiser, Napoleon III., wieder zur Vorherrschaft in Europa aufgestiegen war, stützte Österreichs Politik. Der Staatsmann, der dies änderte – der Österreich aus Deutschland verdrängte, Frankreich besiegte und Napoleon III. stürzte, der Deutschland einte, das Deutsche Reich schuf und das Zentrum Kontinentaleuropas von Paris oder Wien nach Berlin verlagerte –, war Otto von Bismarck.

Achtundzwanzig Jahre lang, von 1862 bis 1890, standen Deutschland und Europa im Zeichen der bedeutendsten politischen Gestalt, die Deutschland seit dem Mittelalter hervorgebracht hatte. Schon Bismarcks äußere Erscheinung erzeugte ein Vorstellungsbild von Kraft und Einschüchterung. Über einen Meter achtzig groß, mit breiten Schultern, einer mächtigen Brust und langen Beinen, gab er das Tragen von Zivilkleidung auf, als er Reichskanzler wurde, und erschien hinfort nur noch in einem blauen preußischen Uniformrock und Schirmmütze, bei besonderen Anlässen mit Pickelhaube und langen schwarzen Kavalleriestiefeln, die über die Knie reichten. Sein Scheitel war kahl, bevor er das fünfzigste Jahr erreichte, aber dichtes Haar umgab in einem Kranz den mächtigen Schädel, er hatte buschige Brauen und einen dichten Schnurrbart. Die weit auseinanderstehenden Augen mit schweren Tränensäcken sprühten von Intelligenz und Autorität. Trotz der Ausstrahlung von Macht, die seine hohe Gestalt umgab, gab es Widersprüchlichkeiten: Bismarcks Hände und Füße waren klein, sogar zierlich; seine Taille, bevor er einen Bauch entwickelte, war ungewöhnlich schmal; seine Stimme war nicht der tiefe Baß oder wohltönende Bariton, den man erwarten mochte – sie war ein dünner, hoher, schnarrender, beinahe schriller Tenor.

Bismarcks Charakter war ähnlich komplex und widersprüchlich. Seine größte Gabe war Intelligenz; er war allen deutschen und europäischen Politikern seiner Zeit intellektuell überlegen, und alle – Deutsche und Europäer – erkannten dies an. Er war selbstbewußt, sogar wagemutig bis zur Unbekümmertheit. Er vereinte unbezähmbare Willenskraft und zähe Zielstrebigkeit im Erreichen langfristiger Ziele mit Findigkeit, Geschmeidigkeit und Virtuosität in der Improvisation von Mitteln. Bismarck war bereit, unermüdlich und mit nie erlahmender Energie zu arbeiten, um politische und diplomatische Situationen zu schaffen, aus denen er für sein Land Vorteile ziehen konnte; er war ebenso bereit, eine unerwartete Beute zu ergreifen, die ihm plötzlich geboten wurde. Seine Umgangsformen konnten heiter, freundlich und charmant sein. Untergebene und Feinde sahen öfter Schlauheit, Rücksichtslosigkeit, Skrupellosigkeit bis zur Brutalität. Darunter lagen, was nicht überraschen kann, Rastlosigkeit, Ungeduld, eine Myriade von Verdrießlichkeiten und Übelständen, Eifersucht und auch Kleinlichkeit. Bismarcks Politik und Diplomatie beruhten auf praktischer Erfahrung, und er verachtete Theoretiker und sentimentale Menschen. Gegen Ende seiner Amtszeit war er launenhaft, mißtrauisch und menschenfeindlich, gebeugt vom endlosen, komplizierten Geschäft des Regierens. In Deutschland hatte er keine Freunde oder Kollegen, nur Untergebene. Sein Helfer im Auswärtigen Amt, Friedrich von Holstein, sagte einmal, Bismarck kenne »keine Freunde, nur Werkzeuge, die man wie Messer und Gabel nach jedem Gang wechselt«.

Nicht alle Deutschen billigten Bismarck. Deutsche Liberale hatten für die nationale Einheit gekämpft, aber sie hatten sie in einer demokratischen, parlamentarischen Form erreichen und nicht aus der Hand eines mächtigen konservativen Staatsmannes empfangen wollen, der die Macht eines altmodischen, disziplinierten Militärstaates verkörperte. Bismarck setzte sich nichtsdestoweniger durch. Er war die stärkste Persönlichkeit und die mächtigste politische Kraft, die Europa seit Napoleon I. gekannt hatte. Mit dem Tag im Jahre 1862, als König Wilhelm I. von Preußen den Junker-Diplomaten widerstrebend zu seinem Ministerpräsidenten ernannte, traten Deutschland und Europa in das Zeitalter Bismarcks ein.

Otto von Bismarck wurde am 1. April 1815 in Schönhausen nahe der Elbe westlich von Berlin geboren, zweieinhalb Monate vor der Schlacht von Waterloo. Sein Vater Ferdinand, aus altmärkischem Adelsgeschlecht, war ein typischer Junker, verwurzelt in seinem Landgut mit Rindern, Schafen, Weizenfeldern und Waldbesitz. Der preußische Junker aus alteingesessenem Landadel, der im englischen Landedelmann seine nächste Entsprechung fand, lebte in enger Verbundenheit mit seiner Scholle, betrieb seine eigene Sägemühle, verkaufte seine landwirtschaftlichen Erzeugnisse selbst in der nächsten Kreisstadt und scheute sich nicht, eigenhändig seine Kühe zu melken, wenn Not am Mann war. Obwohl die meisten Junker ihre Landgüter selbst bewirtschafteten, waren sie stolz auf ihre alte Abstammung. Bismarcks Familie war lange vor den Hohenzollern, die 1415 aus Schwaben gekommen waren, in Preußen ansässig gewesen; Preußens Könige, sagte Bismarck einmal, entstammen »einer schwäbischen Familie, die nicht besser ist als meine«. Die meisten Junker waren fromm, streng und sparsam, dem Land, der protestantischen Kirche und ihrem Monarchen ergeben, für dessen Armee sie das Offizierskorps stellten und dessen Regierung sie verwalteten. Der Rest der Welt kümmerte sie nicht, und selbst das übrige Deutschland lag ihnen eher fern; Bismarck selbst betrachtete Süddeutsche oder katholische Deutsche nie als echte Deutsche. Preußische Landjunker waren nicht interessiert an den großen Hauptstädten Europas, Paris, Wien und London. Wenn sie über ihre Dörfer hinausblickten, dann richteten sie ihr Augenmerk auf Berlin, die wachsende Hauptstadt ihres spartanischen Militärstaates.

Ferdinand von Bismarck war ein hausbackener, eher bequemer preußischer Landadeliger, der sein Gut mit mäßigem Erfolg bewirtschaftete. Seine Frau Wilhelmine war eine ganz andere Persönlichkeit. Als Tochter Ludwig Menckens, des vertrauten Beraters Friedrichs des Großen, war sie in Berlin aufgewachsen, wo sie alles, was die Hauptstadt zu bieten hatte, begierig aufgenommen hatte. Ihr Vater starb, als sie neun Jahre alt war, und die königliche Familie nahm Wilhelmine in Dankbarkeit für seine Dienste auf und zog sie mit den Kindern der Hohenzollern groß. Als sie mit sechzehn den schwerfälligen Landedelmann heiratete, der mehr als doppelt so alt war wie sie, wurde das als eine gute Partie betrachtet – sie war eine Bürgerliche –, aber es war ein Fehler. Auf ein Landgut verschlagen, blieb ihr nicht viel übrig, als sich auf ihre Kinder zu konzentrieren, deren Intelligenz, Ehrgeiz und Energie sie förderte, ohne ihnen jedoch viel Zärtlichkeit zu geben. Mit sechs Jahren wurde Otto nach Berlin auf eine Internatsschule geschickt, wo er bis zu seinem sechzehnten Jahr blieb. Er entwickelte sich zu einer seltsamen Mischung aus seinen ungleichen Eltern und war ein großer, athletischer Junge von hoher Intelligenz und stürmischem, romantisch-leidenschaftlichem Temperament, berstend vor Tatendrang und Energie. Er war, um die Worte eines Biographen zu gebrauchen, »der begabte, kluge Sohn einer begabten, klugen Mutter, der sich sein ganzes Leben lang als der schwere, erdverbundene Mann gab, der sein Vater war«.

Mit siebzehn begann Bismarck ein Studium der Rechtswissenschaft an der Universität Göttingen, der berühmtesten liberalen Hochschule in Deutschland. Dort enttäuschte ihn der Umgang mit den zumeist dem Mittelstand entstammenden, national-liberal eingestellten Studenten, er trat einer Burschenschaft bei, trank übermäßig, vernachlässigte seine Studien und schlug, wie manche behaupteten, fünfundzwanzig Mensuren. Er trug unerhört bunte Kleider, verstieß gegen die Universitätsdisziplin und las Schiller, Goethe, Shakespeare und Byron, am liebsten aber Walter Scott, der in seinen Romanen historische Ereignisse spannungsreich verarbeitete. In Göttingen freundete Bismarck sich mit dem künftigen amerikanischen Historiker John Motley an, dessen berühmtes Werk *Aufstieg der Holländischen Republik* ein Monument der Gelehrsamkeit des neunzehnten Jahrhunderts werden sollte. Noch vierzig Jahre später, als Reichskanzler, schrieb Bismarck oft dem »lieben alten John« und unterbrach gern die Amtsgeschäfte, um Motley willkommen zu heißen.

Nach zwei Jahren in Göttingen und einem dritten an der Berliner Universität legte Bismarck die juristischen Staatsexamen ab und diente als Referendar in Aachen. Als er 1836 dort eintraf, hatte sich die katholisch geprägte, einst Freie Reichsstadt noch nicht mit der preußischen Herrschaft abgefunden. Aber ihr Ruf als Heilbad brachte noch immer Kurgäste aus vielen Nationen, besonders aus England in die Stadt. Bismarck, damals einundzwanzig, stürzte sich in diese urbane Gesellschaft, trank, spielte und machte Schulden. Er entdeckte die Reize wohlgeborener junger Engländerinnen und verliebte sich in Isabella Lorraine-Smith, die Tochter eines Pfarrers aus Leicester, der sich mit Vorliebe der Fuchsjagd hingab. Als Isabella und ihre Eltern nach Wiesbaden weiterzogen, nahm Bismarck zwei Wochen Urlaub, um sie zu begleiten. In Wiesbaden veranstaltete er verschwenderische mitternächtliche Champagner-Soupers, und als Isabella in die Schweiz weiterreiste, folgte er ihr. Nach Ablauf von zwei Monaten, als er seinem Vorgesetzten nach Aachen schrieb, daß er zusätzliche Zeit abwesend sein würde, wurde er vom Dienst suspendiert. Dies beunruhigte Bismarck nicht im mindesten. Er »beabsichtige nicht, der Königlichen Regierung über seine persönlichen Angelegenheiten Rede zu stehen«, sagte er. Ein paar Wochen später war er wieder daheim auf dem Gut der Familie. Seine Stellung als Referendar hatte er verloren, seine Affäre mit Isabella war vorüber, aber seine Kenntnis des Englischen hatte sich enorm verbessert.

Bismarck ging nach Berlin und leistete ein Jahr des vorgeschriebenen Wehrdienstes in einem Garderegiment zu Fuß ab. Als er vierundzwanzig war, starb seine Mutter, und er nahm seinen Abschied vom Staatsdienst, um seinem Vater zu helfen, der mit der Verwaltung seiner Landgüter in Pommern wenig Glück hatte. Acht Jahre lang mühten Otto und sein Bruder Bernhard sich ab, die Gutsbetriebe zu sanieren und wieder ertragreich zu machen, und während dieser Zeit war der stürmische junge Mann mit seinem romantischen Naturell an das vergleichsweise einförmige Leben eines pommerschen Landjunkers gekettet. Die Güterbewirtschaftung, die Gespräche mit Bauern und Landarbeitern und die Gesellschaft seiner Gutsnachbarn langweilten ihn, und sein Tatendrang suchte nach Ventilen. Bald waren in der ganzen Gegend abenteuerliche Geschichten über den leichtsinnigen, trinkfesten jungen Gutsbesitzer in Umlauf. Es hieß, er reite mit Hallo durch die Nacht, sei zu jeder Zeit überall und bei jedem Wetter bereit zu schießen, zu jagen oder zu schwimmen, könne ein halbes Dutzend junger Leutnants aus den benachbarten Garnisonen unter den Tisch trinken, wecke seine gelegentlichen Gäste auf, indem er mit seiner Pistole durch ihre Schlafzimmerfenster schieße, habe jedes Bauernmädchen in den umliegenden Dörfern verführt und einen Fuchs im Salon einer Dame freigelassen.

Gleichzeitig las er eifrig, vertiefte sich in Geschichte und verschlang englische Romane wie *Tom Jones* und *Tristram Shandy*. An das Landleben gefesselt, sehnte er sich nach einem edlen und heroischen Lebenszweck. Doch obwohl ihn das Dasein eines Landjunkers nicht befriedigen konnte, gab es eine Seite in seinem Wesen, die eben dieses Leben liebte: den Besitz von Land, das Reiten oder Gehen unter seinen hohen Bäumen. Mit siebenundzwanzig, in der Mitte dieser Jahre, unternahm Bismarck eine dreimonatige Reise nach Großbritannien, die ihn nach Edinburgh, York, Manchester, London und Portsmouth führte. England gefiel ihm, und einen flüchtigen Augenblick spielte er mit dem Gedanken, in die britische Armee in Indien einzutreten. Die Regung verflog. »Was haben mir die Inder zuleide getan?« fragte sich Bismarck und verzichtete. Im Jahre 1844 trieb Bismarcks Frustration ihn mit neunundzwanzig wieder in den preußischen Staatsdienst. Zwei Wochen später gab er mit der Erklärung auf: »Ich habe mit Vorgesetzten nie auskommen können.«

Um zur Ruhe zu kommen, heiratete er Johanna von Puttkamer, die Tochter eines anderen pommerschen Landjunkers aus altem Adelsgeschlecht. Einfach, bescheiden, geduldig, ergeben und bereit, jedes Verhalten des unbeständigen emotionalen Vulkans hinzunehmen, der ihr Mann war, teilte Johanna seine Meinung, daß Frauen ausschließlich in die häusliche Sphäre gehörten. Er »liebe den Pietismus an Frauen und verabscheue weibliche Lichtfreunde«, vertraute er seinem Bruder an. In späteren Jahren las Johanna seine Reden nicht, selbst wenn sie in ganz Deutschland und Europa diskutiert wurden. Ihr Verständnis von Politik war ein persönliches: die Freunde ihres Mannes waren auch ihre Freunde, seine Gegner konnte sie nicht leiden oder haßte sie sogar. Als sie mit dreiundzwanzig heiratete, war Johanna von Puttkamer nicht schön, aber sie besaß fesselnde dunkle Augen und eine Fülle langen, feinen schwarzen Haares. Sie war eine gute Klavierspielerin, und ihre Interpretation von Beethovens »Appassionata«, Bismarcks bevorzugter Sonate, konnte ihren Mann zu Tränen rühren. Bismarck umwarb sie, indem er hauptsächlich von sich selbst sprach. Vor ihrer Verlobung im Februar 1847 schrieb er ihr: »Mir ist der Gedanke ungemein nah in solcher Nacht ... ein Genosse der Luft, ein Teil des Nachtsturms sein zu wollen, auf einem durchgehenden Pferde die Klippen hinab in das Brausen des Rheinfalls zu stürzen, oder ähnlich«. Er hatte jedoch genug Abstand, um trocken hinzuzufügen: »Ein Vergnügen der Art kann man leider nur einmal in diesem Leben sich machen.«

1848 war das Jahr der Revolution. Frankreich erhob sich gegen die wiederhergestellte Monarchie der Bourbonen und vertrieb König Louis Philippe; Metternich, die beherrschende Figur des Wiener Kongresses, floh von Österreich nach England; Tschechen, Ungarn und Italiener erhoben sich gegen die Habsburgische Herrschaft. Als revolutionäre Menschenmassen auch durch die Straßen

Berlins zogen, ersuchten preußische Generäle König Friedrich Wilhelm IV., das Militär einzusetzen. Friedrich Wilhelm weigerte sich, und die Armee zog sich aus der Hauptstadt zurück. Der König stimmte einer Verfassung, einer gewählten Nationalversammlung und der Schaffung einer Bürgermiliz zu, die für Gesetz und Ordnung verantwortlich sein sollte. Bismarck, der sich gerade in Schönhausen aufhielt, war in größter Sorge, der König von Preußen könne in die Hände der aufständischen Menge fallen. Es wurden Pläne diskutiert, mit einer Armee von Bauern nach Berlin zu marschieren und den König zu retten. Schließlich fuhr Bismarck mit einer Abordnung von Bauern in die Hauptstadt und ging zum Schloß, wo ihm der Zutritt verwehrt wurde. Dann machte er Prinz Wilhelm von Preußen, dem Bruder Friedrich Wilhelms, der zeitlebens in der Armee gedient hatte, den Vorschlag, daß er die Nachfolge seines Bruders antrete und die Ordnung wiederherstelle; Wilhelm lehnte ab. Schließlich kehrte die Armee zurück und besetzte Berlin ohne Blutvergießen. »Was uns gehalten hat, war gerade das spezifische Preußentum«, sagte Bismarck. »Es waren die alten preußischen Tugenden von Ehre, Treue, Gehorsam, und die Tapferkeit, welche die Armee, von deren Knochenbau, dem Offizierskorps, ausgehend, bis zu den jüngsten Rekruten durchziehen ... Preußen sind wir und Preußen wollen wir bleiben.« Nichtsdestoweniger behielt die Verfassung ihre Gültigkeit, und ein gewähltes Parlament, der Landtag, wurde zu einer bleibenden Einrichtung.

1851 benötigte Preußen einen Gesandten am neuen deutschen Bundestag in Frankfurt. Niemand kümmerte sich viel darum, als Bismarck ernannt wurde, der von vielen, insbesondere den Liberalen, als ein extravaganter Reaktionär aus der preußischen Provinz betrachtet wurde. In Frankfurt, der Freien Reichsstadt, die seit dem Mittelalter Wahlort der deutschen Kaiser war, gab Österreich den Ton an. Bismarcks Aufgabe war es, den Österreichern und anderen deutschen Staaten klarzumachen, daß Preußen sich in Deutschland gegenüber dem Habsburger Reich als gleichberechtigt betrachtete.

Der österreichische Gesandte, Graf von Thun und Hohenstein, war ein Aristokrat, der andere Mitglieder der Bundesversammlung als gesellschaftlich untergeordnet behandelte. Bismarck fühlte sich von Thuns Verhalten beleidigt. Als er den Grafen zum ersten Mal aufsuchte, empfing ihn der Österreicher in Hemdsärmeln. Bismarck zog rasch die eigene Jacke aus und sagte: »Ja, es ist ein heißer Tag.« Thun war traditionell der einzige Gesandte, der bei Versammlungen rauchte; Bismarck machte dem ein Ende, indem er eine Zigarre hervorzog und Thun um Feuer bat.

Bismarcks acht Jahre in Frankfurt gaben ihm neuen Schliff. In der patrizischen Stadt mit ihren alten Traditionen, dem historischen Reichtum und der kosmopolitischen Atmosphäre wurde er ein ernster Diplomat. Er lebte gut, rauchte Havanna-Zigarren und trank ein »Schwarzer Samt« genanntes Gebräu, eine Mischung von dunklem Bier und Champagner. Im Sommer 1855 besuchte sein amerikanischer Freund Motley den Haushalt der Bismarcks in Frankfurt. »Es ist eines von jenen Häusern«, schrieb Motley seiner Frau, »wo jeder tut, was ihm gefällt... Hier sind jung und alt, Großeltern und Kinder und Hunde alle beisammen. Essen, Trinken, Rauchen, Klavierspielen und Pistolenschießen (im Garten), alles geht gleichzeitig vor sich. Und es ist einer von den Haushalten, wo dir jedes Ding auf Erden, das gegessen und getrunken werden kann, angeboten wird – Sodawasser, Bier, Champagner, Burgunder oder Bordeaux, alles steht jederzeit bereit – und alle rauchen ständig die besten Havannas.« Inmitten dieser chaotischen Bonhomie entwickelte Bismarck eine kühle Interessenpolitik. Sie hatte nichts zu tun mit dynastischen Bündnissen oder ethnischen Zusammenschlüssen; sie kümmerte sich nur um Preußen, seine Sicherheit und sein Wohlergehen; jeder andere Staat war ein potentieller Verbündeter oder Gegner, je nach den Umständen. »Ich habe ... auf die Frage, ob ich russisch oder westmächtlich sei, stets geantwortet, ich bin preußisch«, schrieb er einem Freund in Berlin. »Mein Ideal für auswärtige Politik ist die Vorurteilsfreiheit, die Unabhängigkeit der Entschließungen von den Eindrücken der Abneigung oder der Vorliebe für fremde Staaten und deren Regenten. Ich habe, was das Ausland anbelangt, in meinem Leben nur für England und seine Bewohner Sympathie gehabt und bin stundenweis noch nicht frei davon; aber die Leute wollen sich ja von uns nicht lieben lassen, ich würde, sobald man mir nachweist, daß es im Interesse einer gesunden und wohldurchdachten Politik liegt, unsere Truppen mit derselben Genugtuung auf die französischen, russischen, englischen oder österreichischen feuern sehen.«

Im Jahre 1857 erlitt Friedrich Wilhelm IV. einen schweren Schlaganfall und wurde ein Jahr später hoffnungslos geisteskrank. Sein Bruder, Prinz Wilhelm, trat die Regentschaft für ihn an. Bismarck wurde nach acht Jahren in Frankfurt als preußischer Gesandter nach St. Petersburg geschickt. Er fühlte sich dort von Berlin, Deutschland und Europa isoliert und murrte, man habe ihn »kaltgestellt«. »Bismarck [erfährt] aus Berlin kein Wort«, schrieb ein Angehöriger der Gesandtschaft. »Das heißt, aus der Wilhelmstraße [dem Auswärtigen Amt] wird ihm nichts geschrieben. Also treibt er Politik auf eigene Faust. Ein sogenanntes Haus macht er hier nicht, klagt immer über Teuerung, sieht wenig Menschen, steht 11 oder 11 1/2 Uhr auf, sitzt den ganzen Tag im grünen Schlafrock, macht sich gar keine Bewegung, trinkt desto mehr und – schimpft auf Österreich.« Bismarck diente vier Jahre in der Stadt an der Newa. Obwohl er beim Zaren Alexander II. beliebt war, der ihn mit auf die Bärenjagd nahm, mied er nach Möglichkeit das gesellschaftliche Leben.

Als König Friedrich Wilhelm IV. 1861 kinderlos starb, folgte ihm sein Bruder als König Wilhelm I. auf den Thron. Der neue König war dreiundsechzig, ein hochgewachsener, ehrlicher, anständiger Soldat, dem nur die Armee wirklich am Herzen lag. Der preußische Landtag bestand mit seiner liberalen Mehrheit auf einer Herabsetzung der allgemeinen Wehrpflicht von drei auf zwei Jahre. Wilhelm und sein Kriegsminister, General Albrecht von Roon, lehnten dies ab. Die Krise zog sich über zwei Jahre hin. Roon, der Bismarck kannte und bewunderte, schlug dem König vor, daß der Gesandte nach Hause geholt werde, um vor dem Landtag für den König zu kämpfen. Wilhelm widerstrebte, und als Bismarck die Idee vorgetragen wurde, stimmte er nur unter der Bedingung zu, daß ihm auch die Außenpolitik übertragen werde. Wilhelm lehnte ab. Infolge gegenseitiger Blockade – König gegen Parlament, König gegen Bismarck – kam es zu einem völligen Stillstand. Dreimal, 1860, 1861 und 1862, wurde Bismarck das Amt des Ministerpräsidenten von Preußen ohne die Kontrolle über die Auswärtigen Angelegenheiten angeboten; dreimal lehnte Bismarck ab. Gleichwohl beschloß Wilhelm I., den Widerspenstigen für alle Fälle näher heranzuholen, und im Mai 1862 wurde Bismarck von St. Petersburg nach Paris versetzt. Die verworrenen Zustände in Berlin waren Bismarck wohlbekannt, und er nahm sie mit wohlerwogener Gleichgültigkeit hin. Im Juni fuhr er nach London, dann weiter nach Trouville und Biarritz.

Dort lernte Bismarck Prinzessin Katharina Orlow kennen, die junge Frau des bejahrten russischen Botschafters in Belgien. Getrennt von Johanna, die mit den Kindern in Pommern war, verliebte sich Bismarck. Katharina Orlow war zweiundzwanzig, Bismarck siebenundvierzig; sie wanderten zusammen in den Bergen, veranstalteten Picknicks und badeten in der Brandung des Atlantik; sie spielte Beethoven, Mendelssohn und Schubert, während er bezaubert lauschte. Die intensive Beziehung blieb öffentlich akzeptabel: sie nannte ihn »Onkel«, und ihr Ehemann schien keine Einwände zu erheben. Bismarck schrieb aufrichtig an Johanna: »Unsichtbar für alle Menschen, durch zwei Felsen mit Heidekraut in Blüte sehe ich das Meer grün und weiß in Schaum und Sonne; neben mir die reizendste aller Frauen, die Du sehr lieben wirst, wenn Du sie näher kennst ... lustig, klug und liebenswürdig, hübsch und jung.« Johanna vertraute ihre Gefühle einer Freundin an: »Wenn ich Anlage zu Neid und Eifersucht hätte, könnte ich mich jetzt wahrscheinlich bis in tiefste Abgründe von diesen Leidenschaften tyrannisieren lassen. In meiner Seele ist aber gar kein Stoff dazu vorhanden, ich freue mich nur immer ganz ungeheuer, daß mein lieber Gemahl die reizende Frau dort gefunden, ohne deren Gesellschaft er nimmer so lange Ruhe auf einem Fleck gehabt hätte und dann nicht so gesund geworden wäre, wie er's in jedem Briefe rühmt.« Als die Orlows Biarritz verließen, begleitete Bismarck sie, wie er vor fünfundzwanzig Jahren Isabella Lorraine-Smith begleitet hatte. Die drei reisten über Toulouse nach Avignon. Aber die Orlows wollten nach Genf, und Bismarck hatte einen Ruf nach Berlin erhalten. Am 14. September nahm er Abschied von Katharina. Sie gab ihm ein Onyxmedaillon, das er bis zu seinem Tode an der Uhrkette trug.

In Berlin steckten der König und sein Landtag nach wie vor in einer Sackgasse. Zweimal war das Parlament aufgelöst worden; zweimal hatten Neuwahlen eine noch größere Zahl von Liberalen ins Parlament gebracht, die auf einer zweijährigen Dienstzeit bestanden und Roons Heeresreform zu verhindern suchten. Wilhelm I. war unerbittlich: er war Oberkommandierender der Armee; wenn er nicht die Rahmenbedingungen des Militärdienstes bestimmen konnte, dann war es bedeutungslos, König zu sein, und er war bereit abzudanken. Nur die Weigerung seines Sohnes Friedrich, die Thronfolge anzutreten, hatte ihn bisher daran gehindert. Roon wartete nicht länger. In höchster Not drahtete er Bismarck in Paris: »PERICULUM IN MORA! DÉPÊCHEZ-VOUS» (»Verzögerung ist gefährlich! Beeilen Sie sich!«)

Am 20. September traf Bismarck ohne Wissen des Königs in Berlin ein. Als Wilhelm I. am selben Tag Roon gegenüber einräumte, daß nur Bismarck die nicht verfassungsmäßige Aktion durchführen könne, die sie besprachen, fügte er hinzu: »Aber freilich – er ist auch nicht da.« Roon sah die Gelegenheit, auf die er gewartet hatte. »Er ist hier, er wird Eurer Majestät Ruf bereitwillig folgen.«

Die entscheidende Begegnung zwischen Wilhelm I. und Bismarck kam am 22. September im Schloß Babelsberg an der Havel zustande. Die beiden unternahmen einen Spaziergang im Park. Wilhelm I. sagte, daß er nicht mit Würde regieren könne, wenn der Landtag sein königliches Vorrecht bei Angelegenheiten der Armee mißachte. Bismarck erwiderte, daß er, wenn er die nötigen Machtbefugnisse in inneren und äußeren Angelegenheiten erhalte, eine Regierung bilden und die Forderungen des Königs durchsetzen werde, mit oder ohne Zustimmung des Landtages. Er benötige nur die Unterstützung des Monarchen. Bismarck ging aus dem Treffen als amtierender preußischer Ministerpräsident und designierter Außenminister hervor. Acht Tage später leitete er achtundzwanzig Jahre Regierungsverantwortung mit einer berühmten Rede ein, die seine Philosophie erläuterte und eine Redewendung enthielt, die mehr als jede andere mit Bismarck identifiziert worden ist. Als er dem Haushaltsausschuß des Landtages auseinandersetzte, warum in der preußischen Monarchie dem König erlaubt werden müsse, Entscheidungen über die Armee zu treffen, sagte er: »Nicht auf Preußens Liberalismus sieht Deutschland, sondern auf seine Macht ... Nicht durch Reden und Majoritätsbeschlüsse werden die großen Fragen der Zeit entschieden – das ist der große Fehler von 1848 und 1849 gewesen –, sondern durch Eisen und Blut.«*

Die Abgeordneten des preußischen Landtages votierten mit 251 zu 36 Stimmen gegen die Heeresreform, und Bismarck schickte sie nach Hause. Als sie am 27. Januar 1863 wieder zusammentraten, hielt er ihnen einen Vortrag über die

* Später wurde die Wendung zu dem klangvolleren »Blut und Eisen« umgestellt.

Beziehung der Krone zu einer Abgeordnetenversammlung in Preußen. Wenn die Versammlung sich weigere, für die Bereitstellung der nötigen Mittel zu stimmen, sei die Krone berechtigt, die Regierungsgeschäfte weiterzuführen und unter früheren Gesetzen Steuern einzunehmen. Er, der Ministerpräsident des Königs, sei nicht vom Parlament ernannt worden und könne von ihm nicht entlassen werden. »Das preußische Königtum hat seine Mission noch nicht erfüllt«, sagte er. »Es ist noch nicht reif dazu, einen rein ornamentalen Schmuck Ihres Verfassungsgebäudes zu bilden.« Motley gegenüber brachte er seine Verachtung der Abgeordneten zum Ausdruck. »Während ich Dir schreibe ... bin [ich] genötigt, ungewöhnlich abgeschmackte Reden aus dem Munde ungewöhnlich kindischer und aufgeregter Politiker anzuhören ... Die Schwätzer können Preußen wirklich nicht regieren ... Die Leute sind, einzeln betrachtet, zum Teil recht gescheit, meist unterrichtet, regelrechte deutsche Universitätsbildung, aber von der Politik, über die Kirchtum-Interessen hinaus, wissen sie so wenig, wie wir als Studenten davon wußten.«

Bismarck war es nicht wichtig, ob die preußischen Wehrpflichtigen zwei Jahre in der Armee dienten oder drei, aber dem König war es wichtig, und Bismarck brauchte den König. Bismarck war daran gelegen, freie Hand in der Außenpolitik zu haben. Sein Ziel war es, Preußen anstelle Österreichs zur Vormacht in Deutschland zu machen. Die Ereignisse spielten ihm bald in die Hände. Die Herzogtümer Schleswig und Holstein hatten seit rund vierhundert Jahren als selbständige Herzogtümer der dänischen Krone unterstanden, waren aber auf dem Wiener Kongreß dem Deutschen Bund zugesprochen worden. Die Bevölkerung war in Holstein ganz, in Schleswig überwiegend deutsch; nördlich etwa der Linie Flensburg-Tondern war das dänische Element vorherrschend. 1848, als eine Woge von Nationalgefühl ganz Europa erfaßte, führte die Angliederung ganz Schleswigs an Dänemark zur Erhebung in Schleswig-Holstein. Preußen entsandte mit der Billigung des Frankfurter Bundestages Truppen, um den Schleswig-Holsteinern zu helfen. Das konservative Europa einschließlich Rußlands und Großbritanniens stellte sich auf die Seite Dänemarks und verlangte den Abzug der Preußen. Ein internationales Abkommen, das Londoner Protokoll von 1852, garantierte den Status quo: die beiden selbständigen Herzogtümer blieben in Personalunion mit Dänemark, aber der König von Dänemark würde keinen Versuch unternehmen, sie in sein Königreich einzugliedern. Im März 1863, sechs Monate nach Bismarcks Ernennung zum preußischen Ministerpräsidenten, brach der neue König Christian IX. von Dänemark das Abkommen von London, indem er die beiden Herzogtümer zu einem integralen Bestandteil Dänemarks erklärte. Die Schleswig-Holsteiner weigerten sich, den Treueid abzulegen, und appellierten wieder an den Bundestag in Frankfurt.

Bismarck kam die Krise gelegen. Er hatte kein besonderes Interesse am Nationalgefühl der Schleswig-Holsteiner. »Es ist nicht unsere Sorge, ob die Deutschen Holsteins glücklich sind«, bemerkte er. Sein Interesse war die Ausweitung preußischer Macht. Während die Mehrheit der Deutschen in Schleswig-Holstein und ganz Deutschland nur die wiederhergestellte Unabhängigkeit der Herzogtümer unter einem Fürsten ihrer eigenen Wahl wünschten, war Bismarck von Anfang an darauf aus, die Herzogtümer von Dänemark ganz loszutrennen und Preußen einzugliedern.

Österreich war gezwungen, Preußen zu unterstützen. Nominell war es die erste Macht in Deutschland, und ganz Deutschland verlangte Unterstützung für die Herzogtümer. Untätigkeit hätte den Verlust der Führungsrolle an Preußen bedeutet. Im Januar 1864 bildeten Preußen und Österreich eine Allianz, um das Londoner Protokoll durchzusetzen. Am 16. Januar stellte Bismarck dem Dänenkönig Christian ein Ultimatum zur Räumung Schleswigs innerhalb von vierundzwanzig Stunden. Die Dänen weigerten sich. Holstein wurde ohne Widerstand besetzt. Eine österreichisch-preußische Armee rückte in Schleswig ein, wo sich vierzigtausend Dänen zum Kampf stellten. Großbritannien sympathisierte mit Dänemark, war aber behindert durch Dänemarks unbestreitbaren Bruch des Londoner Protokolls; die britische Regierung beschränkte sich auf die Forderung, daß der österreichisch-preußische Vormarsch an der Grenze des eigentlichen Dänemark haltmache. Nach der Erstürmung der Düppeler Schanzen und Besetzung der Insel Alsen kapitulierte Dänemark am 8. Juli, bildete eine neue Regierung und trat die Herzogtümer ab.

Ende August begleitete Bismarck König Wilhelm I. nach Wien, um die Zukunft der Herzogtümer mit Kaiser Franz Joseph und seinen Ministern zu erörtern. Die österreichische Haltung war unbestimmt, aber Bismarcks Annexionsplan stieß sofort auf den Widerstand seines eigenen Königs. Wilhelm I. wußte, daß er keinen legalen oder historischen Anspruch auf die beiden Herzogtümer hatte. Er weigerte sich kategorisch, sie zu annektieren. Es kam zu keiner Übereinkunft, und beide Herzogtümer blieben einstweilen unter gemeinsamer österreichisch-preußischer Verwaltung. Ein Jahr später, im August 1865, wurde Holstein Österreich, Schleswig Preußen zugesprochen. Zum Zeichen, daß die preußische Regierung Schleswig nun als eigenes Staatsgebiet betrachtete, begann die noch unbedeutende preußische Marine mit dem Ausbau von Kiel zum Hauptstützpunkt der Flotte.

Der Sieg über Dänemark, für den Wilhelm I. Bismarck den Grafentitel verlieh, war der erste außenpolitische Triumph des Ministerpräsidenten. Er hatte Schleswig-Holstein befreit, Österreich in einem entlegenen Randgebiet Deutschlands weit von daheim engagiert und damit den Grundstein zu einer Konfrontation gelegt, die gewinnen zu können er überzeugt war. Im Laufe des Winters und im Frühjahr 1866 provozierte Bismarck wiederholt die österreichische Regierung. Er forderte eine Reform des Deutschen Bundes durch ein gewähltes Parlament, von dem Österreich ausgeschlossen wäre. Als Österreich sich weigerte, sein Primat aufzugeben und Preußen freie Hand zur Organisation eines neuen Bundessystems zu geben, unterzeichnete Bismarck ein Bündnis mit Italien gegen Österreich und ließ Wien wissen, daß es mit Krieg zu rechnen habe. Österreich rief den Bundestag in der schleswig-holsteinischen Frage an. Bismarck beantwortete diesen Bruch des Gasteiner Vertrages aus dem Vorjahr im Mai mit der Ankündigung, daß Preußen ebenso ein Anrecht auf Holstein wie auf Schleswig habe, und am 6. Juni ließ er preußische Truppen in Holstein einmarschieren. Am 15. Juni übergab Preußen den Regierungen der Nachbarstaaten Hannover und Sachsen Ultimaten: Preußische Truppen würden durch ihre Gebiete marschieren, um Österreich anzugreifen; Widerstand würde auch sie in den Krieg hineinziehen.

Als der Krieg zwischen Preußen und Österreich begann, prophezeite ganz Europa Preußen eine überwältigende Niederlage. Österreich-Ungarn hatte eine Bevölkerung von 35 Millionen, Preußen 19 Millionen. Die Königreiche Hannover, Sachsen, Bayern und Württemberg sowie die Großherzogtümer Baden und Hessen – mit einer Gesamtbevölkerung von 14 Millionen – stellten sich mit dem Deutschen Bund auf Österreichs Seite. Am 23. Juni marschierten drei preußische Armeen mit insgesamt 300000 Mann unter Generalstabschef Helmuth von Moltke in Böhmen ein. König Wilhelm I. war bei der Armee, und neben ihm ritt Otto von Bismarck in Majorsuniform mit Pickelhaube und Kavalleriestiefeln. Bei Königgrätz (oder Sadowa, wie es im Ausland genannt wurde) standen die Österreicher. 500000 Mann und 1500 Geschütze waren auf beiden Seiten an der Schlacht beteiligt, die den ganzen Tag andauerte und Österreichern wie Preußen schwere Verluste brachte. Am Nachmittag schien sich der Sieg den Österreichern zuzuneigen, als Kronprinz Friedrich mit einer frischen Armee von 80000 Preußen an der österreichischen Flanke erschien. Am Abend befand sich die österreichische Armee in ungeordnetem Rückzug auf Wien. An einem einzigen Tag war Österreichs Position in Deutschland zerschlagen worden.

In den Tagen nach der Schlacht erhob sich die Streitfrage, was Preußen aus seinem Sieg machen sollte. Moltke wünschte die österreichische Armee zu verfolgen und zu vernichten. König Wilhelm, der widerstrebend in den Krieg gezogen war, und nur, nachdem Bismarck ihn überzeugt hatte, daß Österreich angreifen werde, war jetzt siegestrunken und erfüllt von moralischer Rechtschaffenheit; das böse Österreich mußte bestraft werden, indem es Territorien abtrat und sich einem Triumphmarsch der siegreichen preußischen Armee durch Wien unterwarf. Der weitblickende Bismarck hatte einen schweren Stand, blieb aber unerbittlich: ein völliger Rückzug Österreichs aus Deutschland war ausreichend; in den kommenden Jahren würde er Österreich als Bundesgenossen benötigen, wenn sich in Europa neue Konfrontationen abzeichneten. Preußen würde durch die Annexion österreichischen Territoriums nicht gestärkt, erklärte er dem König. »Österreichs Rivalitätskampf gegen uns ist nicht strafbarer als der unsrige gegen Österreich.« Seiner Frau Johanna schrieb er, er habe »die undankbare Aufgabe, Wasser in den brausenden Wein zu gießen und geltend zu machen, daß wir nicht allein in Europa leben, sondern mit noch drei Mächten, die uns hassen und neiden.«

Eine Weile schien es, daß Bismarck den Kampf um die Mäßigung verlieren und Moltke nach Wien marschieren und dem Habsburgerreich den Todesstoß versetzen würde. Im Schloß Nikolsburg, wohin österreichische Vertreter kamen, um einen Waffenstillstand zu unterzeichnen, gelangte Bismarck zu dem Schluß, daß der König Moltke favorisieren und an seinem Vorhaben, als Sieger mit der Armee in Wien einzuziehen, festhalten würde. Bismarck verließ in Verzweiflung den König und stieg die Treppe zu seinem in vierten Stock gelegenen Zimmer hinauf; dort spielte er mit dem Gedanken, sich aus dem Hoffenster zu stürzen. Doch als er dasaß, den Kopf in die Hände gestützt, spürte er eine Hand auf seiner Schulter. Es war der Kronprinz. »Sie wissen, daß ich gegen den Krieg gewesen bin«, sagte Friedrich. »Sie haben ihn für notwendig gehalten und tragen die Verantwortung dafür. Wenn Sie nun überzeugt sind, daß der Zweck erreicht ist und jetzt Friede geschlossen werden muß, so bin ich bereit, Ihnen beizustehen und Ihre Meinung bei meinem Vater zu vertreten.« Er ging hinunter und kam eine halbe Stunde später zurück. »Es hat sehr schwer gehalten, aber mein Vater hat zugestimmt«, sagte er.

Der Friedensschluß von Prag, am 23. August unterzeichnet, veränderte die Landkarte der deutschen Staaten. Österreich brauchte keine Gebiete abzutreten, zog aber alle Ansprüche auf Einfluß in Deutschland zurück. Die Frankfurter Bundesversammlung wurde aufgelöst. Eine neue politische Einheit, der von Preußen beherrschte Norddeutsche Bund, wurde nördlich des Mains geschaffen. Schleswig und Holstein wurden von Preußen annektiert. Diejenigen deutschen Staaten, die sich an Österreichs Seite gegen Preußen gestellt hatten, traf ein hartes Los. Hannover, der größte Teil Hessens und die Freie Stadt Frankfurt wurden annektiert, der König von Hannover entthront. Der König von Sachsen behielt seine Krone, aber sein Königreich wurde in den Norddeutschen Bund einbezogen. Die vier Staaten südlich der Mainlinie – Bayern, Württemberg, Baden und Hessen-Darmstadt – behielten ihre Unabhängigkeit, mußten aber hohe Kriegsentschädigungen zahlen. Bismarck bestand auch darauf, daß sie geheime militärische Bündnisverträge mit Preußen schlossen, in denen festgelegt war, daß sie ihre Armeen in Kriegszeiten preußischem Befehl unterstellen würden.

Die Erschütterungen, die der Sieg Preußens ausgelöst hatte, gingen durch den ganzen Kontinent. Indem Preußen sich Österreich militärisch überlegen gezeigt hatte, bedrohte es die europäische Vormachtstellung Frankreichs; die französische Hegemonie hatte zum Teil auf dem Gegensatz zwischen Österreich und

Preußen beruht. Der französische Staatsmann Adolphe Thiers verstand, was geschehen war. »Frankreich ist es, das bei Sadowa geschlagen wurde«, sagte er. Napoleon III. entschloß sich zu spät zu einer Intervention und schlug die Abhaltung eines Kongresses vor, der Preußen einige seiner Gewinne wieder abnehmen würde. Bismarck zeigte sofort die Zähne. »Ihr wollt also den Krieg: Ihr sollt ihn haben«, erklärte er dem französischen Gesandten. »Wir werden die ganze deutsche Nation gegen Euch aufrufen; ja, wir werden sofort um jeden Preis mit Österreich Frieden schließen, uns, wenn nötig, den alten Bundestag wieder gefallen lassen und dann, mit Österreich vereint, über Euch herfallen, 800000 Mann stark. Wir sind gerüstet, Ihr seid es nicht.«

In den vier folgenden Jahren war Frankreich Bismarcks Hauptsorge. Die Außenpolitik Frankreichs unter Napoleon III. beruhte auf zwei Annahmen: Frankreich war die stärkste Macht in Europa, und seine Vorherrschaft durfte von einem geeinten Deutschland nicht herausgefordert werden. Der Norddeutsche Bund, das Ergebnis des plötzlichen, erschreckenden Sieges Preußens über Österreich, war das Äußerste, was Frankreich Bismarck gestatten würde; jede Bestrebung weiterer Einigung würde zu einem Krieg Frankreichs gegen Preußen führen. Bismarck wußte dies und war entschlossen, es für seine Pläne zu nutzen. Um Deutschlands Einheit zu fördern, benötigte der Ministerpräsident von Preußen, jetzt auch Bundeskanzler des Norddeutschen Bundes, einen Feind, gegen den alle Deutschen mobilisiert werden konnten. Frankreich, mochte es bourbonisch oder bonapartistisch sein, das seit mehr als zweihundert Jahren die stärkste Militärmacht in Europa gewesen war, stellte den einzigen plausiblen Widersacher dar.

Der Anlaß des Krieges war kein von Bismarck ersonnener Vorwand. Die Regierung von Spanien suchte einen neuen Monarchen, nachdem sie eine ausschweifende Bourbonenkönigin abgesetzt hatte. Im September 1869 wurde die spanische Krone insgeheim dem Prinzen Leopold von Hohenzollern angeboten, der ein entfernter Vetter König Wilhelms I. war. Das Verwandtschaftsverhältnis berechtigte Wilhelm, die Annahme einer ausländischen Krone durch einen Hohenzollern zu billigen oder zu mißbilligen. Wilhelm, der nur an Preußen interessiert war, verhielt sich ablehnend. Dementsprechend schlug Prinz Leopold, ein Katholik, der damals als Offizier in der preußischen Armee diente, die Krone aus und nannte als Begründung die wirren inneren Verhältnisse Spaniens. Die Spanier machten Zusicherungen und erneuerten ihre Anfrage. Diesmal drängte Bismarck, der die Annahme der Krone durch den Hohenzollern favorisierte, seinen König, bis Wilhelm »schweren, sehr schweren Herzens« zustimmte. Niemand – weder die Spanier noch die Preußen – unterrichtete die Franzosen; man war sich im klaren, daß Frankreich im Kriegsfalle nicht von Hohenzollern umringt sein wollte und darum erbitterten Widerstand gegen die Kandidatur des Erbprinzen Leopold leisten würde.

Als die französische Regierung und die Öffentlichkeit am 3. Juli 1870 die Neuigkeit erfuhren, kam es zu einem Ausbruch von Bestürzung, Unruhe und Feindseligkeit. »Die Ehre und die Interessen Frankreichs sind jetzt in Gefahr«, erklärte der Duc de Gramont, der Außenminister Napoleons III. »Wir werden nicht dulden, daß eine ausländische Macht einen ihrer Prinzen auf den [spanischen] Thron setzt und damit das Gleichgewicht der Macht stört.« König Wilhelm von Preußen, eifrig bemüht, die Krise zu entschärfen, ermunterte Prinz Leopold wieder, der spanischen Krone zu entsagen, was dieser mit Freuden tat. Bismarck, dessen Politik scheinbar in Scherben lag, drohte mit dem Rücktritt. Und dann gingen Gramont und Frankreich, nachdem sie einen öffentlichen diplomatischen Triumph errungen hatten, zu weit. Gramont sandte den französischen Botschafter zu König Wilhelm I., der zur Kur in Bad Ems weilte. Frankreich bestehe darauf, wurde Wilhelm eröffnet, daß der König von Preußen nicht nur seine formale Bestätigung des Thronverzichts abgebe, sondern darüber hinaus »eine Versicherung, daß er eine Erneuerung der Kandidatur niemals billigen werde«. Wilhelm las diese Forderung, lehnte kühl ab und ließ den Botschafter stehen. Dann telegrafierte er Bismarck, um ihn von dem Vorfall zu verständigen. Bismarck kürzte den Wortlaut des Telegrammes, strich mäßigende Sätze und Wendungen, so daß die Worte des preußischen Königs für Frankreich beleidigend klingen mußten. Er ließ das Telegramm in verändertem Wortlaut an alle Gesandtschaften und an die Presse geben. Am folgenden Tag verlangten Pariser Zeitungen den Krieg, und Pariser Menschenmengen riefen: »À Berlin!« Ganz Deutschland bekannte sich zu Preußen, die Armeen wurden mobilisiert, und vier Tage später erfolgte die französische Kriegserklärung.

Diesmal, sagte sich Europa, war Preußen verloren. Die französische Armee galt als die beste der Welt. Marschall Edmond Lebœuf hatte Kaiser Napoleon versichert, daß seine Armee bereit sei »bis zum letzten Gamaschenknopf«. Moltke begann sofort eine sorgfältig vorbereitete Offensive mit 400000 Mann – Bayern, Württembergern, Hessen, Sachsen und Hannoveranern ebenso wie Preußen. König Wilhelm I., vierundsiebzig, hatte den Oberbefehl; ihm zur Seite stand Generalmajor Otto von Bismarck, wieder in blauer preußischer Uniform. Die Offensive wurde zu einem durchschlagenden Erfolg. Am 1. September kapitulierte der mit einer Armee von 104000 Mann in Sedan eingeschlossene Napoleon III. persönlich; am 4. September floh Kaiserin Eugénie aus Paris, um den Rest ihres Lebens in englischem Exil zu verbringen; am 5. September wurde in Frankreich die Republik ausgerufen. Bismarck empfahl, daß die deutschen Armeen haltmachen und in ihrer gegenwärtigen Position im Osten Frankreichs eine Verteidigungslinie aufbauen sollten, aber diesmal setzten Moltke und der König sich durch; das Heer rückte gegen Paris vor, schloß die Stadt ein, wo inzwischen der Aufstand der Pariser Kommune ausgebrochen war, und begann nach einer Verzögerung durch verfrühte Friedensverhandlungen eine Beschießung, die vier Monate dauern sollte.

Wieder stellte sich Bismarck gegen die Generäle. Er strebte, wie im Krieg gegen Österreich, einen schnellen Sieg an, gefolgt von Versöhnung. Sein Ziel war politisch, nicht militärisch: Errichtung eines geeinten Deutschen Reiches durch Umwandlung der Militärbündnisse, die Süddeutschland an Preußen banden, in eine wirkliche politische Einheit. Moltkes Ziele waren rein militärischer Art: er wünschte genug französisches Territorium zu besetzen, um Deutschland vor künftigen Angriffen aus dem Westen durch eine Pufferzone zu schützen; er verlangte die Stadt Straßburg, die Festung Metz und die Provinzen Elsaß und Lothringen. Bismarck war kompromißbereit: Straßburg und das Elsaß hatten eine deutsche Bevölkerung und waren immer deutsch gewesen, bis Ludwig XIV. sie vor zweihundert Jahren dem damals schwachen und uneinigen Deutschland entrissen hatte. Weniger begierig war er, Metz und Lothringen zu erwerben, die beide einen sehr viel stärkeren französischen Bevölkerungsanteil aufwiesen und auch kulturell französischer waren als das Elsaß. »Ich mag gar nicht so viele Franzosen in unserem Hause, die nicht darin sein wollen«, sagte er. Der König aber entschied zugunsten von Moltke, und beide Provinzen wurden als Reichslande dem siegreichen Deutschland angegliedert. Diese Entscheidung veränderte die internationale Betrachtungsweise des Krieges. Man hatte gesehen, daß Frankreich ihn begonnen hatte, aber nun ergab sich die Gelegenheit, ihn als Aggression und deutschen Eroberungskrieg darzustellen. »Wir werden nicht mehr als die unschuldigen Opfer eines Unrechts betrachtet, sondern vielmehr als arrogante Sieger«, sorgte sich Kronprinz Friedrich. Europa werde Deutschland »diese Nation von Denkern und Philosophen, Dichtern und Künstlern, Idealisten und Begeisterten... als eine Nation von Eroberern und Zerstörern betrachten«.

Während der Beschießung von Paris war das deutsche Armeehauptquartier in Versailles untergebracht. Weil der König und Bismarck im Hauptquartier blieben, drängten sich im Schloß und in der Stadt die Regierungen Preußens und des Norddeutschen Bundes, der Preußische Hof und die Höfe von zwanzig deutschen Fürsten. Bismarck verkündete, sein Ziel sei die Schaffung eines neuen Deutschen Reiches, mit Preußen als Zentrum und dem preußischen König als dem neuen Kaiser. Die Fürsten der deutschen Staaten, bereits in Versailles versammelt, waren einverstanden. Das Hindernis war König Wilhelm. Der König schätzte seinen ererbten Titel eines Königs von Preußen höher ein als den neuen kaiserlichen Titel, den Bismarck ihm zugedacht hatte; er hatte keine hohe Meinung von den süddeutschen Staaten und sorgte sich um die Verwässerung der strengen Tugenden Pflichttreue, Gemeinschaftssinn, Sparsamkeit und Disziplin, die Preußen auf diesen Gipfel seiner Macht geführt hatten. Wenn er einen neuen Titel annehmen sollte, dann, so wünschte er, mußte es ein bedeutsamer Titel sein: »Kaiser von Deutschland« oder »Kaiser der Deutschen«. Bismarck wußte, daß die Süddeutschen solch einem umfassenden Titel nicht zustimmen würden, und bot nur »deutscher Kaiser« an, was praktisch eine bloße Präsidentschaft des Reiches darstellte. Die Lösung kam in einer dramatischen Szene im Spiegelsaal des Schlosses von Versailles am 18. Januar 1871, während die Fensterscheiben im Kanonendonner der Beschießung von Paris klirrten. Wilhelm, der Bismarcks Plan während der Zeremonie zu durchkreuzen hoffte, bat den Großherzog von Baden, ein Hoch auf den »Kaiser von Deutschland« auszubringen. Bismarck fing den Großherzog auf den Stufen ab und überredete ihn, sich mit »Kaiser Wilhelm« zufriedenzugeben. Als das Hoch ausgebracht wurde, war der soeben zum Kaiser proklamierte Wilhelm I. so indigniert, daß er, als er das Podium verließ, um seinen Fürsten und Generälen die Hände zu schütteln, an Bismarck vorbeiging, ihn nicht ansehen wollte und seine ausgestreckte Hand ignorierte.

Am 28. Januar kapitulierte Paris, ein Waffenstillstand folgte, und der Vorfriede von Versailles wurde unterzeichnet. Elsaß-Lothringen fiel an Deutschland, und Frankreich hatte eine Kriegsentschädigung von fünf Milliarden Mark zu zahlen. Am 6. März verließ Bismarck Versailles, um nie wieder nach Frankreich zu kommen; tatsächlich verließ er Deutschland bis an sein Lebensende nicht mehr. Am 21. März erhob der neue Kaiser Wilhelm I. den Grafen Bismarck in den Rang eines Fürsten und schenkte ihm den Besitz Friedrichsruh in der Nähe von Hamburg. Bismarck erhielt auch das Großkreuz des Hohenzollernordens mit Diamanten. »Ein Faß Rheinwein oder ein gutes Pferd wäre mir lieber gewesen«, knurrte er.

Am 16. Juni 1871 führten Bismarck, Moltke und Roon, die zu dritt nebeneinander ritten, unter einem wolkenlosen Himmel die Siegesparade durch Berlin. Hinter diesem Trio ritt allein Kaiser Wilhelm I., gefolgt von einer Schwadron deutscher Fürsten, 81 erbeuteten französischen Regimentsadlern und Flaggen und 42000 Soldaten der verschiedenen Waffengattungen und Bundesländer. Die Menschenmengen, die sich entlang den Prachtstraßen und um die Triumphbogen drängten, jubelten und winkten und weinten. Die deutsche Einheit, ein Traum seit dem Mittelalter, war in einem ruhmvollen neuen Reich Wirklichkeit geworden, das nun die stärkste Militärmacht in Europa war. In den folgenden Tagen gab es freilich auch besorgte Stimmen: Der Sieg war nicht, wie die Liberalen es wünschten, vom deutschen Volk errungen worden, das durch repräsentative parlamentarische Organe handelte, nicht einmal durch den freien Willen der deutschen Fürsten, sondern durch die preußische Militärmacht, die Deutschland ebenso niedergeworfen hatte wie Dänemark, Österreich und Frankreich. Manche wußten, daß der König von Preußen diese Einheit und das neugeschaffene Reich nicht gewollt hatte. Alle Deutschen be-

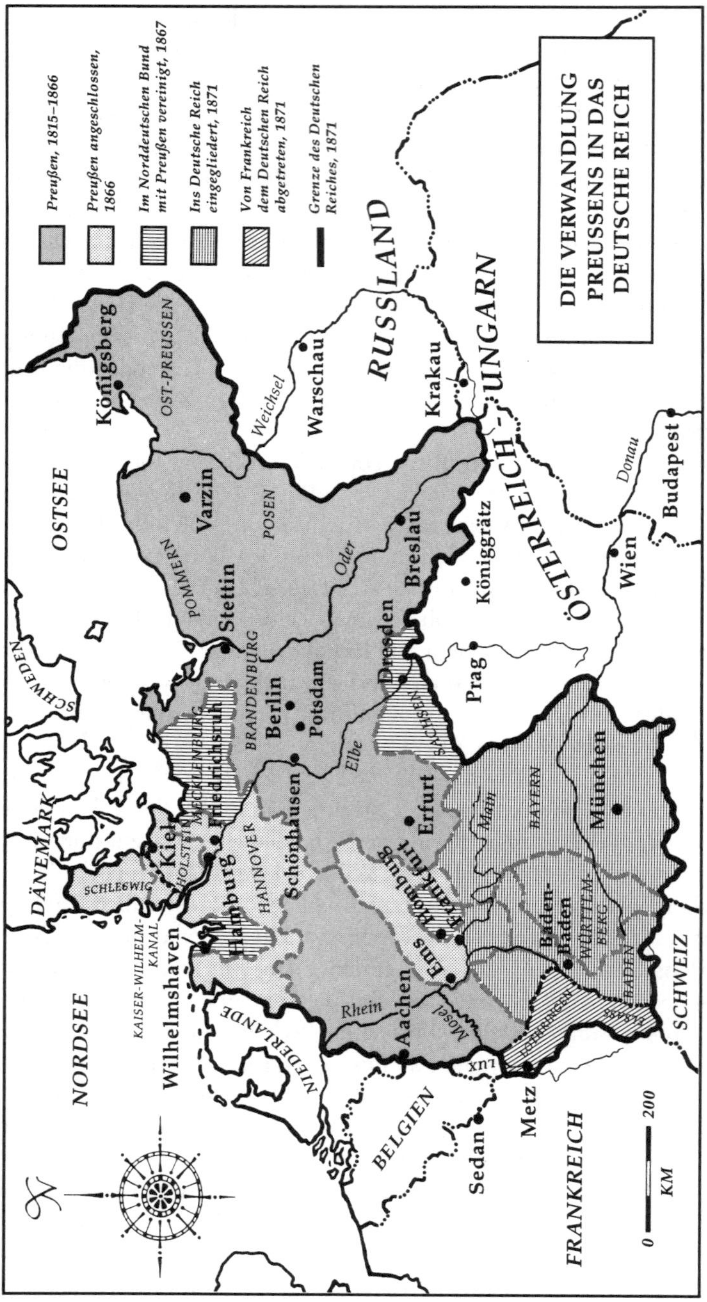

DIE VERWANDLUNG PREUSSENS IN DAS DEUTSCHE REICH
Preußen, 1815–1866
Preußen angeschlossen, 1866
Im Norddeutschen Bund mit Preußen vereinigt, 1867
Ins Deutsche Reich eingegliedert, 1871
Von Frankreich dem Deutschen Reich abgetreten, 1871
Grenze des Deutschen Reiches, 1871
OSTSEE
NORDSEE
DÄNEMARK
SCHWEDEN
NIEDERLANDE
BELGIEN
LUX
FRANKREICH
SCHWEIZ
RUSSLAND
ÖSTERREICH-UNGARN
Königsberg
OST-PREUSSEN
Weichsel
Warschau
Krakau
Varzin
POSEN
POMMERN
Stettin
Oder
Breslau
Königgrätz
Donau
Budapest
Wien
Prag
Dresden
SACHSEN
BRANDENBURG
Berlin
Potsdam
MECKLENBURG
Friedrichsruh
Kiel
HOLSTEIN
SCHLESWIG
KAISER-WILHELM-KANAL
Wilhelmshaven
Hamburg
HANNOVER
Schönhausen
Elbe
Erfurt
Homburg
Frankfurt
Ems
Aachen
Rhein
Mosel
Main
BAYERN
München
Baden-Baden
WÜRTTEM-BERG
BADEN
LOTHRINGEN
ELSASS
Metz
Sedan
0
200
KM

griffen, daß die Schaffung, die Struktur und die künftige Richtung des neuen Kaiserreiches das Werk eines Mannes gewesen war und sein würde: Otto von Bismarck.

Einstweilen aber traten die Sorgen in den Hintergrund; alles war Ruhm. Bismarck, auf dem Höhepunkt seiner Laufbahn, war der Held Deutschlands und der Schiedsrichter Europas. Seine Gegenwart, seine Handlungen, seine Sprache waren »umgeben vom eisernen Strahlenkranz einer Million Bajonette«. »Seine Worte flößen Respekt ein, sein Stillschweigen Furcht«, sagte Lord Odo Russell, der britische Botschafter.

Das Gefüge des neuen Reiches verkörperte Bismarcks Lösung des Problems, wie Deutschland zu regieren war. Es war weder rein autokratisch noch eine konstitutionelle Monarchie, obwohl ihm Elemente von beidem innewohnten. Das neue Deutsche Reich war ein Bundesstaat wie die Vereinigten Staaten; beim Entwurf der Verfassung von 1866 für den Norddeutschen Bund, der Vorläuferin der Reichsverfassung, hatte Bismarck sich an der amerikanischen Verfassung orientiert. Wie die amerikanische Union am Ende des achtzehnten Jahrhunderts durch souveräne Einzelstaaten geschaffen worden war, so war auch das Deutsche Reich ein Zusammenschluß souveräner Königreiche, Herzogtümer und Freier Städte. Die Unterschiede waren natürlich bedeutsamer als die Ähnlichkeiten. Die amerikanischen Bundesstaaten hatten sich freiwillig zur Vereinigung entschlossen und die Struktur ihrer neuen Regierung nach langen Debatten in Versammlungen ausgearbeitet; die deutschen Staaten waren von der preußischen Armee in die Vereinigung getrieben worden und hatten eine von Bismarck geschriebene Verfassung überreicht bekommen. Kein Einzelstaat der amerikanischen Union besaß die überwältigende Dominanz Preußens, das zum Deutschen Reich zwei Drittel der Fläche, zwei Drittel der Bevölkerung und praktisch die gesamte Industrie beitrug. Achtzehn der einundzwanzig deutschen Armeekorps waren preußisch. So war es nicht nur natürlich, daß Berlin zur Hauptstadt des neuen Reiches und daß der Ministerpräsident von Preußen der neue Reichskanzler wurde – eine andere Regelung wäre undenkbar gewesen.

Bismarcks Verfassung schuf drei verschiedene Zweige der Regierung: das Präsidium (immer im Besitz des Königs von Preußen als Deutscher Kaiser), den Bundesrat und das Parlament, den Reichstag. Der Bundesrat war Bismarcks Verbeugung vor dem Föderalismus und den deutschen Fürsten. Nominell bestand das Reich noch immer aus fünfundzwanzig monarchisch verfaßten Staaten, deren jeder von seiner eigenen Regierung verwaltet wurde; unter den Fittichen des Kaiserreiches tauschten einige der deutschen Staaten noch immer Botschafter miteinander und sogar mit ausländischen Mächten aus. Verfassungsmäßig gesehen, schuldeten die Bürger dieser Staaten Kaiser Wilhelm I. keine Untertanenpflicht. »Der Kaiser ist nicht mein Monarch«, sagte ein Politiker aus Württemberg. »Er ist nur der Befehlshaber meiner Föderation. Mein Monarch ist in Stuttgart.« Die Fürsten waren nicht dem Kaiser untertan, sondern durch den Bundesrat dem Reich. Jeder deutsche Staat entsandte eine Abordnung in diese Körperschaft; jede Abordnung hatte geschlossen als ein Block abzustimmen. Von den achtundfünfzig Mitgliedern des Bundesrates kamen siebzehn aus Preußen, sechs aus Bayern, jeweils vier aus Sachsen und Württemberg. Da die Verfassung nicht geändert werden konnte, wenn eine Sperrminorität von vierzehn Abgeordneten dagegen war, konnten die siebzehn preußischen Abgeordneten, die stets *en bloc* stimmten, dafür sorgen, daß die Verfassung des Reiches unverändert blieb.

Der Reichstag, der demokratische Zweig der kaiserlichen Regierung, wurde nach dem allgemeinen, gleichen und geheimen Wahlrecht gewählt, einer demokratischen Errungenschaft, die kein anderer europäischer Staat, nicht einmal Großbritannien, bis dahin aufweisen konnte. Den Verhältnissen der Zeit entsprechend, waren allerdings nur männliche Staatsbürger über fünfundzwanzig wahlberechtigt. Der Anschein einer fortschrittlichen demokratischen Verfassung täuschte jedoch; der Sozialdemokrat Wilhelm Liebknecht nannte den Reichstag geringschätzig »das Feigenblatt des Absolutismus«. Obwohl der Reichstag über den Haushalt des Reiches abstimmte und seine Zustimmung zu allen gesetzgeberischen Maßnahmen erforderlich war, waren ihm lähmende Beschränkungen auferlegt: er konnte keine eigenen Gesetzentwürfe einbringen und beschließen; er hatte kein Mitspracherecht bei der Ernennung oder Entlassung des Reichskanzlers oder kaiserlicher Minister, und der Kaiser (oder, in der Praxis, der Reichskanzler) konnte mit Zustimmung des Bundesrates jederzeit den Reichstag auflösen.

Die Stellung des Monarchen, der über dieser Regierung stand, war verfassungsmäßig eigentümlich. Der Deutsche Kaiser war kein Souverän mit den alten Vorrechten eines absolutistischen Herrschers; er hatte nur die ihm durch die Verfassung garantierten Vollmachten. Artikel XI der Reichsverfassung stellte fest: »Das Präsidium des Bundes steht dem Könige von Preußen zu, welcher den Namen Deutscher Kaiser führt.« Gleichwohl besaß der Kaiser mehrere entscheidende Machtbefugnisse: er war persönlicher Oberbefehlshaber der Streitkräfte und nahm alle Ernennungen und Beförderungen in Armee und Marine vor. Und er ernannte (und entließ) alle Reichsminister einschließlich des Reichskanzlers.

Noch ungewöhnlicher war das Amt des Reichskanzlers, das Bismarck sorgfältig auf sich selbst zugeschnitten hatte. Der Reichskanzler wurde vom Kaiser ernannt, war vollständig unabhängig von Bundesrat und Reichstag. Seine Amtsdauer hing ganz vom Willen – oder der Laune – des Kaisers ab. Die Verantwortlichkeit für Außenpolitik und Krieg und Frieden war gespalten; der Kanzler, nicht der Kaiser, war für die deutsche Außenpolitik verantwortlich, aber die Streitkräfte unterstanden unmittelbar dem Kaiser, und Befehle, die an Armee und Kriegsmarine ergingen, einschließlich der Befehle, einen Krieg zu beginnen, bedurften nicht der sonst obligatorischen Gegenzeichnung durch den Kanzler. Die Kabinettsmitglieder (die Staatssekretäre für Auswärtige Angelegenheiten, das Schatzamt, die Marine, das Innere sowie Ausbildung und Erziehung) waren Untergebene des Reichskanzlers und wurden von ihm mit der Zustimmung des Kaisers ernannt und entlassen. Sie waren keine Kabinettsminister im britischen oder amerikanischen Sinne; es gab keine kollektive Verantwortung wie in England, keine regelmäßigen, gemeinsamen Kabinettssitzungen wie in den Vereinigten Staaten. Der große Fehler in der Verfassung des Deutschen Reiches lag darin, daß sie zu sehr auf die Erfordernisse und Talente bestimmter Persönlichkeiten zugeschnitten war. Sie war den Qualitäten Bismarcks und Kaiser Wilhelms I. vorzüglich angepaßt und machte den Kanzler zum mächtigsten Mann des Reiches. Verfassungsgemäß aber bedurfte der Kanzler der absoluten Unterstützung des Kaisers. In anderen Zeiten, mit anderen Männern – einem rastlosen, ehrgeizigen Kaiser, einem schwachen, unsicheren Kanzler – bestand die große Gefahr, daß die Position des Kanzlers auf fatale Weise untergraben werden konnte.

Politisch gesehen war es für Bismarck ein außerordentliches Glück, daß Wilhelm I. so lange auf dem Thron blieb. Prinz Wilhelm von Hohenzollern war 1862, als er König von Preußen wurde, fünfundsechzig und 1871, als er den kaiserlichen Titel annahm, vierundsiebzig; weder er noch Bismarck konnten geglaubt haben, daß er weitere siebzehn Jahre als Kaiser herrschen würde. Während dieser Zeitspanne regierte Bismarck das Reich und dominierte in ganz Europa, ohne daß es je ein öffentliches Zeichen von Mißbilligung seitens des Kaisers gegeben hätte. Unter vier Augen gab es Augenblicke, in denen der Souverän rebellierte und drohte, aus seiner Rolle als Galionsfigur herauszutreten; Bismarck reagierte auf solche Störungen gewöhnlich mit einer Rücktrittsdrohung. Tatsächlich fand der Kanzler, der Wilhelm in der Öffentlichkeit zu verehren vorgab, den Kaiser im Privaten oftmals trocken und einfältig und sein Beharren auf getreuer Pflichterfüllung verdrießlich. Der Alte Herr, wie Bismarck ihn nannte, wollte stets lückenlos informiert werden, und dann wünschte er alle Entscheidungen und Handlungen des Kanzlers zu diskutieren und im einzelnen zu billigen. Wilhelm I. bestand darauf, alle diplomatischen Depeschen zu sehen und dann seine Bemerkungen und Fragen an den Rand zu schreiben, die zu Bismarcks Ärger Antworten verlangten. Trotzdem suchte Bismarck dem Monarchen Informationen nach Möglichkeit vorzuenthalten, nicht weil er Zweifel gehabt hätte, Bedenken des Kaisers zu zerstreuen, sondern einfach weil er den damit verbundenen Zeitaufwand scheute.

Die beiden Männer irritierten einander sogar in Kleinigkeiten. So kam es vor, daß der von Schlaflosigkeit geplagte Bismarck mit dem Vorsatz ins Schloß kam, seine durchwachte Nacht zu beschreiben. Der Kaiser eröffnete dann das Gespräch mit der unschuldigen Bemerkung, daß er schlecht geschlafen habe. Wilhelm widerstrebten die Konfrontationen, denen Bismarck ihn oft aussetzte; nicht selten ließ er daher ein Ersuchen Bismarcks um eine Audienz mit der Begründung ablehnen, er sei zu erschöpft. Eines Tages, als er spazieren ging, sah der Kaiser Bismarck herankommen. »Ist denn hier nicht in der Nähe eine Seitengasse, in die wir einbiegen können, denn da kommt uns ja der Bismarck entgegen, ich fürchte, der ist imstande und grüßt mich heute nicht.« Es gab keine Seitenstraße; Bismarck kam näher, nahm den Hut ab und fragte: »Darf ich alleruntertänigst fragen, ob Eure Majestät heute noch Befehle für mich haben?« Wilhelm erwiderte pflichtschuldig: »Nein, mein lieber Bismarck, aber es würde mich unendlich freuen, wenn Sie mich zu Ihrer Lieblingsbank oberhalb der Schwemme begleiten würden, damit wir dort gemeinsam den herrlichen Blick ins Tal genießen können.« Und die beiden gingen, um sich nebeneinanderzusetzen, obwohl keiner die Gesellschaft des anderen wünschte. Bismarck drückte sein Empfinden dieser Bürde aus, als er sagte: »Mit welchem großen Fonds royalistischer Empfindungen und Ehrfurcht für den König bin ich in mein Amt eingetreten, und wie traurig mußte ich diesen Fonds mehr und mehr abnehmen sehen.« Der Kaiser sagte einfach: »Es ist nicht leicht, unter einem solchen Reichskanzler Kaiser zu sein.«

Die Jahre nach 1871 verliefen äußerlich ruhiger als die vorausgegangenen. Die Augenblicke gewagter Berechnung, dramatischer Siege, die der wahrscheinlichen Katastrophe entrissen wurden, waren vorüber. Innenpolitisch hatte Bismarck keine Pläne, die über das politische Überleben hinausgingen. Mit der Zeit verblaßte die Aureole des nationalen Triumphes, und jede der im Reichstag vertretenen Parteien murrte, daß ihre Interessen vernachlässigt würden. Die Kriege waren von der preußischen Armee gewonnen worden, der militärischen Verkörperung der preußischen Junkeraristokratie, und die Oberschicht des feudalen Landadels verlangte auch weiterhin die Vorherrschaft in der Regierung des Reiches. Die Liberalen, in denen der bürgerliche Mittelstand seine Vertretung sah, und die neuen Industriellen gerieten oft in Interessenkonflikte mit der konservativen Regierung, und der Reichstag wurde zu einem offenen Schlachtfeld. Das rapide Wachstum der deutschen Industrie ließ auch ein neues Industrieproletariat entstehen, dessen Ziele und Ambitionen jenen der Großagrarier und des aufstrebenden Mittelstandes diametral entgegengesetzt waren. Bismarck mußte zwischen diesen Fraktionen einen Ausgleich finden, um seine Gesetzgebung durch den Reichstag zu bringen.

Bismarcks Entscheidungen fielen nach langen Perioden einsamen Grübelns, nicht nach lebhaften Diskussionen mit anderen. Bismarck tauschte nie Gedanken aus; er gab Anweisungen. Außerhalb des Reichstages war er nahezu unangefochten. Doch konnten weder Macht noch Erfolg oder Ruhm seiner Einsamkeit und Rastlosigkeit abhelfen. Wo immer er war, er fühlte sich fehl am Platz. »Ich habe das unglückliche Naturell, daß mir jede Lage, in der ich sein könnte, wünschenswert erscheint,« sagte er, »und lästig und langweilig, sobald ich darin bin.« Bismarck war sich bewußt, daß er kompliziert war: »Faust klagt über die zwei Seelen in seiner Brust«, sagte der Reichskanzler. »Ich beherberge aber eine ganze Menge, die sich zanken. Es geht da zu wie in einer Republik.« Gefragt, ob er sich wirklich wie der ›Eiserne Kanzler‹ fühle, antwortete er: »Im Gegenteil. Ich bin ganz Nerven.«

Er bekannte sich zu seinem ungestümen Temperament. »Bisweilen«, so sagte er einmal, »fühle ich ein Bedürfnis nach Ärger. Bringt das Geschäft keinen mit sich, so bin ich imstande, mich über einen Baum zu ärgern, und lasse den abhauen.« Mit Beleidigungen war er schnell bei der Hand; als ein Minister, Baron Patow, sich als unfähig erwiesen hatte, nannte ihn jemand in Bismarcks Gegenwart einen Ochsen. »Das«, sagte der Fürst, »finde ich unhöflich gegen die Tiere. Ich bin überzeugt, wenn die Ochsen sich schimpfen, nennen sie sich untereinander ›Patow‹«.

Er hatte wenige Freunde. »Ach, es dauert nur immer nicht lange«, sagte Johanna bekümmert zu Holstein, denn »sie werden ihm bald über«. Holstein notierte in sein Tagebuch: »Zum Teil kam das von der Gewohnheit des Fürsten, immer selber zu reden ... Abgesehen von ... Ausnahmefällen führte er die Unterhaltung stets allein. Ihm waren daher Leute lieber, die seine Geschichten noch nicht kannten.«

In Berlin war Bismarck entweder im Reichstag, in seinem Büro oder zu Hause anzutreffen. Er hatte kein Interesse an der Gesellschaft, nahm niemals an Banketten, Bällen, Hochzeiten und Begräbnissen teil und empfing das Diplomatische Korps nur einmal im Jahr. Zwar gab er vor, den Reichstag zu verachten, tatsächlich aber verbrachte er dort während der Sitzungsperioden viele Stunden. Er betrat das Gebäude durch einen privaten Nebeneingang, nahm seinen Platz auf der Regierungsbank ein und begann in Akten zu blättern und Papiere zu unterzeichnen, als ob er in seinem Büro oder zu Hause in seinem Arbeitszimmer wäre. Wurde er von einem Abgeordneten persönlich angegriffen, hörte er auf zu schreiben und begann sich den Schnurrbart zu streichen. Wenn der Sprecher geendet hatte, stand Bismarck sofort auf, um seine Erwiderung vorzubringen, ohne den Parlamentspräsidenten um die Erteilung des Wortes zu bitten. Er sprach mit seiner hohen, dünnen Stimme, meditierte laut, rang nach Worten, trat von einem Bein aufs andere, zog am Schnurrbart, betrachtete seine Fingernägel, drehte einen Bleistift zwischen den Fingern, unterbrach seine Rede, um aus einem Glas mit Weinbrand und Wasser zu trinken, und blieb manchmal mehrere Minuten lang still. Wenn die Abgeordneten das Interesse verloren und untereinander zu reden und zu lachen begannen, schüttelte Bismarck die Faust und rief ihnen zu: »Ich bin kein Redner... ich bin... Staatsmann, und es würde mich beleidigen, wenn man mich einen Redner nennen würde.«

Bismarcks Büro und Wohnung lagen in der Wilhelmstraße, einer eleganten und belebten Straße, die von Unter den Linden abzweigte und eine Anzahl alter Adelspaläste beherbergte, die in Ministerien umgewandelt worden waren. Die Reichskanzlei in der Nr. 76 war ein wenig eindrucksvolles zweistöckiges, stuckverziertes Gebäude mit einem steilen roten Ziegeldach. Die Autorität, die von ihm ausging, war unauffällig: die Farbe blätterte ab, die Tür wurde nicht von einem Soldaten oder Polizisten bewacht, sondern von einem unlivrierten Portier, der weder einen Amtsstab noch ein Abzeichen trug. Bismarcks Büro, ein Eckzimmer im Erdgeschoß, links vom Eingang, verfügte über zwei Fenster, einen enormen Mahagonischreibtisch, einen geschnitzten Lehnstuhl und eine lederbezogene Couch, auf die sich der Kanzler gern legte, wenn er Akten las. Ferner gab es Sammlungen von Meerschaumpfeifen, Säbeln, Wildlederhandschuhen und Militärmützen, aber keine Bücher. Ein über dem Schreibtisch hängender Klingelzug diente zum Herbeirufen von Sekretären, und ein Loch in der Wand verband das Büro mit einem Nebenraum, der einen Telegrafenapparat enthielt und den Fürsten über die Ereignisse im Reichstag auf dem Laufenden hielt. Während der Sitzungsperioden des Reichstages wurde alle zehn Minuten ein Papierstreifen durch die Wandöffnung geschoben. Bismarck nahm ihn, las ihn und warf ihn in den Papierkorb. Während der Kanzler arbeitete, lag sein riesiger Hund, Tiras, auf dem Teppich und blickte unverwandt auf seinen Herrn. Tiras, der als »der Reichshund« bekannt war, terrorisierte das Personal der Reichskanzlei, und Besuchern, die mit Bismarck sprachen, wurde empfohlen, keine hastigen und ungewöhnlichen Gesten zu machen, die Tiras als Bedrohung deuten könnte. Fürst Alexander Gortschakow, der schon betagte russische Außenminister, hob einmal den Arm, um einen Punkt seiner Rede zu unterstreichen, und fand sich gleich darauf rücklings am Boden wieder, in Tiras' gebleckte Zähne blickend.

Bis 1878 war das Gebäude der Reichskanzlei in der Wilhelmstraße 76 zugleich der Wohnsitz des Kanzlers gewesen. In diesem Jahr, als der Berliner Kongreß zusammentreten sollte, erwarb die Reichsregierung, mit Rücksicht auf die Meinung des Auslands, eine separate Residenz für den Kanzler. Das Palais Radziwill, neben Nr. 76, war ein elegantes Gebäude des achtzehnten Jahrhunderts, das drei Seiten eines gepflasterten Hofes umschloß. Hier konnte Bismarck sich im Kreise seiner Familie entspannen. Das Mittagessen wurde um siebzehn Uhr serviert, das Abendessen um einundzwanzig Uhr. Wenn der Kanzler fertig war, war auch die Mahlzeit beendet. Er signalisierte es, indem er von seinem Platz aufstand und sich an einen kleinen Tisch im Salon setzte. Hier stopfte er seine Porzellanpfeife und wartete auf den Kaffee. Er erzählte Geschichten, schilderte, was im Reichstag geschehen war, scherzte mit seinen Enkeln und brachte die Frauen zum Lachen.

Bei den seltenen Gelegenheiten, wenn Bismarck als Gastgeber auftrat, waren seine Gäste verblüfft über die verschwenderisch gedeckte Tafel der Fürstin und die Höflichkeit und Wärme, die der Fürst an den Tag legte. Wenn die Besucher um zehn Uhr abends eintrafen, erwarteten sie Braunschweiger Würste, Westfälischer Schinken, Elbaale, Sardinen, Anchovis, geräucherte Heringe, Kaviar (gewöhnlich ein Geschenk aus St. Petersburg), Lachs, hartgekochte Eier, verschiedene Sorten Käse und dunkles bayerisches Bier in Flaschen. Bismarck erschien um elf. »Ich habe Bismarck nie in das Zimmer treten sehen, ohne die Empfindung, daß ich einen Großen, einen ganz Großen vor mir sähe, den größten Menschen, den ich erblickt hätte und je erblicken würde«, sagte Bernhard von Bülow, der zukünftige Reichskanzler. Jeder männliche Gast wurde mit Handschlag begrüßt, jede Dame mit einer leichten Verbeugung und einem Handkuß. In späteren Jahren, als die Gicht ihn zwang, auf einem Sofa zu ruhen, bat er die Damen um Vergebung, daß er sie in dieser Lage empfing. Immer beherrschte Bismarck die Konversation; dabei sprach er manchmal so leise, daß seine Gäste sich anstrengen mußten, die Worte aufzufangen. Wenn er schwieg, blieb auch die Gesellschaft still, denn keiner wollte seine Gedanken stören oder wollte unterbrochen werden, wenn Bismarck wieder zu reden begann.

Wenn der Reichskanzler nicht in Berlin war, befand er sich auf einem seiner großen Landgüter in Varzin oder Friedrichsruh. Der Besitz im pommerschen Varzin war über fünfzehntausend Morgen groß und umfaßte sieben Dörfer. Es wurde mit Hilfe einer Schenkung erworben, der der preußische Landtag nach der Schlacht von Königgrätz zugestimmt hatte. Das Landgut war entlegen – fünf Bahnstunden von Berlin, gefolgt von sechzig Kilometern auf schlechten Straßen. Johanna bezeichnete das Haus als »verwohntes altes Ungetüm«; Bismarck fand es ideal. Der Wald bestand aus mächtigen Eichen, Buchen und Kiefern; es gab Hirsche, Wildschweine – und wenige Nachbarn. Im Jahre 1871, nach der Proklamation des Kaiserreiches, belohnte Wilhelm I. den neuernannten Fürsten Bismarck mit Friedrichsruh, einem noch größeren Besitz von siebzehntausend Morgen in der Nähe von Hamburg. Dort gab es den gleichen majestätischen Wald, reiche Wildbestände und dasselbe Gefühl von Abgeschiedenheit. Bismarck konnte den ganzen Tag mit der Flinte oder immer häufiger nur mit einem Feldstecher bewaffnet den Wald durchstreifen. Das Haus in Friedrichsruh, ursprünglich ein Hotel für Wochenendausflügler aus Hamburg, erschien Johanna noch weniger wohnlich als das in Varzin. Bismarck installierte seine Familie, ohne sich die Mühe zu machen, die Nummern von den Zimmertüren zu entfernen, weigerte sich, Elektrizität einzuführen, und gestattete nur Öllampen zur Beleuchtung. Bald war der Keller angefüllt mit Tausenden von Büchern, die er bekommen hatte, aber niemals lesen würde. Bülow, der ihn in Friedrichsruh besuchte, bemühte sich, den primitiven Zustand des Schlosses zu beschreiben: »Ich war ergriffen von der Einfachheit der Möbel, der völligen Schmucklosigkeit ..., kein schönes Bild, ... von einer größeren Bibliothek war nichts zu sehen ... Das ganze Haus ... schien die Mahnung zu wiederholen, die das Orakel von Delphi einst den nach ihrer Zukunft fragenden Spartanern erteilt hatte: ›Reichtum wahrlich allein, sonst nichts kann Sparta verderben.‹«

Bismarck klagte ständig über seine schlechte Gesundheit, tat aber nichts zu ihrer Besserung. Er rauchte vierzehn Zigarren am Tag, trank nachmittags Bier, hatte bei den Mahlzeiten zwei große Pokale in Griffweite, einen mit Champagner, den anderen mit Portwein, und suchte nachts Schlaf zu finden, indem er eine Flasche Champagner trank. Die Fürstin Bismarck glaubte, daß das Wohlbefinden ihres Mannes vom Appetit abhänge. »Sie essen hier ständig, bis die Wände platzen«, berichtete ein Mitarbeiter der Reichskanzlei, der Varzin besuchte. Wenn der Fürst über Magenbeschwerden klagte, beruhigte Johanna ihn mit Gänseleberpastete. Wenn die Pâté auf den Tisch gebracht wurde, berichtete der Besucher, nahm Bismarck sich zuerst eine große Portion, dann folgte er der Schale mit einem so intensiven Blick um den Tisch, daß niemand mehr als eine kleine Schnitte zu nehmen wagte. Als die Schale zu ihm zurückkam, sicherte Bismarck sich den Rest. Nachts schlief er schlecht oder überhaupt nicht. Oft lag er bis sieben Uhr früh wach und schlief dann bis vierzehn Uhr. Im Bett grübelte er über Mißstände. »Ich habe die ganze Nacht gehaßt«, sagte er einmal. Wenn sich kein unmittelbarer Gegenstand des Hasses anbot, durchstöberte er sein Gedächtnis nach Unrecht, das ihm vor Jahren zugefügt worden war. Er litt und klagte ständig. »Dieser Druck auf mein Gehirn läßt alles, was hinter meinen Augen liegt, wie eine klebrige Masse scheinen«, schrieb er dem Kaiser 1872. »[Ich habe] unerträgliches Magendrücken mit unaussprechlichen Schmerzen.« Zwischen 1873 und 1883 litt er unter Migräne, Gicht, Hämorrhoiden, Neuralgie, Rheumatismus, Gallensteinen, Krampfadern und Verstopfung. Seine Zähne peinigten ihn, aber er weigerte sich, einen Zahnarzt aufzusuchen; schließlich begann seine Wange vor Schmerzen zu zucken. Er ertrug das Zukken fünf Jahre lang und ließ sich einen Bart wachsen, um es zu verbergen. 1882, als die Zähne gezogen wurden, hörte das Zucken auf, aber der Schmerz in der Wange blieb.

Bismarcks Erscheinung erschreckte diejenigen, die ihn sahen. Sein Bart war weiß geworden, sein Gesicht gerötet und wie der ganze Körper aufgedunsen. Sein Gewicht war auf 100 Kilo gestiegen. Holstein notierte 1884, daß der Kanzler »seit Jahr und Tag einen Ruck ins Alter hinein gemacht hat. Seine Arbeitskraft ist geringer, seine Energie hat abgenommen, sogar sein Zorn, obzwar leicht erregbar, verfliegt schneller als in den kräftigen Zeiten«.

Als die Ärzte Johanna mitteilten, daß ihr Mann Krebs habe, war sie erschreckt genug, um einen neuen Arzt nach Friedrichsruh zu holen, einen jungen Berliner Mediziner namens Ernst Schweninger. Schweninger begegnete seinem Patienten von Anfang an selbstsicher und energisch. Bei ihrer ersten

Zusammenkunft sagte der Kanzler barsch: »Ich schätze es nicht, daß man mir Fragen stellt.« »Dann holen Sie sich einen Tierarzt«, erwiderte Schweninger. »Der fragt seine Patienten nicht.« Bismarck gab sofort nach. Schweninger wurde zu einem Mitglied des Bismarckschen Haushaltes und gab dem Kanzler Befehle, als ob er ein Schuljunge wäre. Er verschrieb ihm eine Fischdiät, die hauptsächlich aus Hering bestand, zwang Bismarck, vor dem Schlafengehen Milch statt Bier oder Champagner zu trinken, und beschränkte seinen Alkoholgenuß zu anderen Zeiten. Innerhalb von sechs Monaten sank das Gewicht des Kanzlers, sein Blick wurde klar, seine Haut frisch, und er begann nachts ruhig zu schlafen. 1884 rasierte er sich den Bart ab. Schweninger verließ den Haushalt, kehrte aber oft zurück, um die Diät des Kanzlers zu überwachen. Dies war notwendig, berichtet Holstein, weil Bismarcks »Neigung zu Ausschreitungen noch durch die Fürstin unterstützt wird, die nie vergnügter ist, als wenn sie ihn alles durcheinander essen sieht«.

Bismarcks Liebe zu seinen drei Kindern Marie, Herbert und Wilhelm war ungestüm, beschützend und eifersüchtig. Auf dem Höhepunkt des Krieges mit Frankreich wurde Bismarck, der sich mit dem König im Feldhauptquartier befand, die Nachricht überbracht, daß Herbert gefallen und Wilhelm verwundet sei. Er ritt die ganze Nacht hindurch, um Herbert mit einem Schenkeldurchschuß, aber außer Gefahr, und Wilhelm mit einer bereits abklingenden Gehirnerschütterung anzutreffen, die er sich bei einem Sturz vom Pferd zugezogen hatte. Der 1849 geborene Herbert war seines Vaters Liebling; niemand stand Bismarck näher. Als Junge war Herbert hübsch, klug und verwöhnt. Als er älter wurde, hatten die Macht und Ehrerbietung, die seinen Vater und die Familie umgaben, eine eher nachteilige Wirkung auf den leicht zu beeindruckenden Sohn. In dem Versuch, seinen Vater zu kopieren, übertrieb Herbert. Wo Otto überlegen, selbstsicher und ironisch war, wurde Herbert arrogant, flamboyant und sarkastisch.

Nach Herberts Eintritt in das Auswärtige Amt sorgte der Kanzler für Sonderaufgaben und rasche Beförderung, während er gleichzeitig die Eigenständigkeit seines Sohnes rücksichtslos unterdrückte. Herbert hatte seit langem ein Verhältnis mit einer verheirateten Frau, der Prinzessin Elisabeth Carolath. Im Frühjahr 1881, als Herbert zweiunddreißig war, ließ Elisabeth sich von ihrem Mann scheiden und erwartete, daß Herbert sie ehelichte. Die Zeitungen spekulierten offen und ohne Häme über die Heirat. Anders als in Großbritannien, wo Scheidung undenkbar war, bedeutete sie im kaiserlichen Deutschland keinen Makel. Aber Herberts Entscheidung stieß auf den erregten Widerspruch seines Vaters. Elisabeth Carolath war eng verwandt mit einem alten Feind des Kanzlers. Wichtiger aber war, daß Bismarck befürchtete, die elegante und kosmopolitische Elisabeth würde Herberts Ergebenheit ihm gegenüber schwächen. Bismarck drohte Herbert, ihn aus dem Auswärtigen Amt zu entlassen, wenn er

Elisabeth heiratete; er überredete den Kaiser, zu verordnen, daß die Güter Varzin und Friedrichsruh an niemanden vererbt werden konnten, der eine geschiedene Frau heiratete; er schluchzte, daß er sich umbringen würde, wenn die Heirat stattfände. Unter diesem Druck, hin und her gerissen zwischen Liebe und Sohnespflicht, bedroht mit Entehrung, Enterbung und Armut, tappte Herbert hilflos umher. Schließlich sagte Elisabeth voller Verachtung die Hochzeit ab.

Zerrüttet und niedergeschlagen, ertränkte Herbert seine Enttäuschung im Alkohol. Bülow erinnerte sich, wie er ganze Nächte mit ihm in Pariser Cafés verbrachte, wo Herbert flaschenweise Romanée-Conti oder Champagner trank; dann erschien Herbert am nächsten Tag zum Mittagessen und genehmigte sich eine Flasche Portwein. Geheimrat von Holstein, der die Familie Bismarck sehr gut kannte, bemerkte: »Herbert ist ungleichmäßig entwickelt. Neben hervorragenden Eigenschaften hat er andere, die seine Leistungen in dem Gebiete der Mittelmäßigkeit festhalten ... Seine Fehler sind Heftigkeit, Hochmut und Eitelkeit ... Ich meinerseits habe auch schon konstatieren können, daß der Vater vor der Heftigkeit seines Sohnes Scheu hat. Während unserer Kolonialstreitigkeiten mit England schrieb Herbert eines Tages einen Erlaß an Münster [den Gesandten in London], der gewandt redigiert, aber im Tone einfach ein Ultimatum war. Der Vater legte das Schriftstück beiseite mit dem Bemerken, für diesen Ton sei es noch zu früh.«

Im Jahre 1885 entschied Bismarck, seinen Sohn in eines der höchsten Staatsämter zu katapultieren und ihn zum Staatssekretär für Auswärtige Angelegenheiten zu machen. Graf Paul von Hatzfeldt, Herberts Vorgänger in diesem Amt, war charmant, aber schwach; Herbert füllte bereits viele Funktionen des Amtes aus. »Schon jetzt gehen die Botschafter lieber zu Herbert als zu Hatzfeldt, weil letzterer vorsichtig, ersterer aufgeknöpft und mitteilsam ist und sie durch ihn mehr erfahren, als für uns gut ist«, schrieb Holstein in sein Tagebuch. »Die Art, Herbert zum Reden zu bringen, ist, daß man ihn zum Frühstück oder Mittag einlädt und feine Weine auffahren läßt.« Am 16. Mai bemerkte Holstein: »Zunächst verfolgen Vater und Sohn das Ziel, den Sohn zum Staatssekretär zu machen, d. h. jetzt gleich wohl noch nicht, aber möglichst bald.« Am 28. Juni schrieb er vom Eifer des Kanzlers, »Hatzfeldt hier weg und Herbert an dessen Stelle zu bringen ... Daß Hatzfeldt herauskommen wird, vermute ich, denn der Entschluß steht fest, daß der Staatssekretärposten unter allen Umständen freigemacht werden sollte ... Ein Botschafterrevirement, bei dem Hatzfeldt anständig untergebracht wird, das ist es, worauf es ankommt!« Im Herbst fand die Umbesetzung statt. Hatzfeldt wurde Botschafter in England. Und Herbert ersetzte mit sechsunddreißig Jahren Hatzfeldt als Staatssekretär.

Herbert von Bismarcks Rolle als Staatssekretär wurde in ihrer Bedeutung durch das Vertrauen des Vaters noch gestärkt; mit der Zeit wurde er beinahe als des Kanzlers Alter ego betrachtet. Trotz der engen Familienbande blieben die offiziellen Beziehungen zwischen Vater und Sohn förmlich: In der amtlichen Korrespondenz redete Herbert seinen Vater mit »Euer Hoheit« an. Auch bildete er sich nicht ein, daß der Kanzler ihm eine Nachlässigkeit der Dienstauffassung verzeihen würde. Als er plante, einen Tag von seinem Posten freizunehmen, schrieb er an seinen Schwager in Varzin: »Sage hiervon aber bitte ... nichts, denn Papa könnte es ›undienstlich‹ finden.« Als Herbert 1886 ernstlich krank wurde und dem Kanzler gesagt wurde, daß der verschlechterte Gesundheitszustand seines Sohnes auf die Anforderungen seines Amtes zurückzuführen sei, erwiderte Bismarck: »In jedem großen Staat muß es Leute geben, die sich überarbeiten.«

Wieder fand Herbert Trost im Trinken. Abends war der Staatssekretär gewöhnlich in einem Zustand alkoholischer Bewußtseinstrübung; morgens litt er unter schwächendem Katzenjammer. In Restaurants war er mürrisch und gab den Kellnern mit bellender Stimme Befehle. Wenige Wochen nach seiner Ernennung zum Staatssekretär wankte er mit einem Gewehr in den Hof des Auswärtigen Amtes und begann auf die Fenster von Beamten zu schießen. Vom französischen Botschafter nach Paris eingeladen, höhnte er: »Ich gehe niemals nach Paris, außer in Kriegszeiten.« Als Kaiser Friedrich III. an Kehlkopfkrebs erkrankt war, sagte Herbert zum Prinzen von Wales, dem Schwager des Kaisers, daß »ein Kaiser, der nicht reden, auch nicht regieren könne«. Hätte ihm nicht so viel an den guten Beziehungen zwischen Deutschland und England gelegen, so der Prinz, hätte er Herbert aus dem Zimmer geworfen.

Herberts Aufstieg zu einer Schlüsselposition in der kaiserlichen Regierung schien ihn als den politischen Erben des Kanzlers auszuweisen. Herbert selbst, der an vielen wichtigen Entscheidungen mitgewirkt hatte, empfand seine Nachfolge als selbstverständlich. Zugleich aber wußte er um die Schwäche seiner Position: ungeachtet seiner Talente würde es heißen, er sei nur wegen seines Vaters nachgerückt. Aber es war der Kaiser, der Bismarcks Nachfolger ernennen würde. Zumindest unter Kaiser Wilhelm I., der die Ernennung Herbert von Bismarcks zum Staatssekretär nur widerstrebend gebilligt hatte, würde es keine weitere Beförderung geben. In der Folge bereute der alte Kaiser seine Entscheidung: »Die Vorträge des jungen Bismarck sind für mich immer so ermüdend«, sagte er. »Er ist so stürmisch, noch vielmehr als der Vater. Er hat gar keinen Takt.« Am Ende seines Lebens sagte Wilhelm I. zu seinem Militäradjutanten: »Neuerdings kommt es mir beinahe so vor, als ob der Fürst möchte, daß Herbert einmal an seine Stelle tritt. Das ist ja ganz unmöglich. Solange ich lebe, werde ich mich nie vom Fürsten trennen, der mich wahrscheinlich und hoffentlich überleben wird. Er ist achtzehn Jahre jünger als ich. Aber auch meine Nachfolger werden das Kanzleramt nicht erblich machen wollen. Das geht ja gar nicht.«

Bismarck hatte trotz seiner Hoffnungen für Herberts Zukunft keine Illusionen über seinen Sohn: »Herbert ist mit noch nicht vierzig Jahren unbelehrbarer und eingebildeter, als ich es mit über siebzig Jahren und nach einigen Erfolgen bin.« Einem Beamten, der Herberts Fleiß als Staatssekretär lobte, sagte Bismarck: »Sie brauchen ihn mir gar nicht zu loben. Ich würde ihn auch zum Staatssekretär gemacht haben, wenn er alle jene Eigenschaften, die Sie an ihm preisen, gar nicht besäße, denn ich will neben mir einen Mann haben, auf den ich mich absolut verlassen kann und der mir ganz bequem ist. In meinem hohen Alter und nachdem ich mich im königlichen Dienst verbraucht und verzehrt habe, darf ich das wohl beanspruchen.«

## 4. KAPITEL

# Bismarcks großer Entwurf

Trotz des schroff militaristischen Bildes, das Europa von ihm hatte, beabsichtigte Bismarck keineswegs, sein neu geschaffenes Reich in einen weiteren Krieg zu führen. Nach 1871 setzte der aggressive Staatsmann, der in acht Jahren die europäische Politik auf den Kopf gestellt, zwei Kaiser besiegt und einen dritten geschaffen hatte, seine Energie für die Erhaltung des Status quo ein. Der Krieg barg mehr Risiken als vorteilhafte Gelegenheiten; was so rasch und brillant gewonnen worden war, mochte ebenso plötzlich verlorengehen. »Wir sind saturiert«, erklärte Bismarck nach dem Krieg gegen Frankreich. Diese Ablehnung des Krieges beruhte nicht auf dem Wunsch, menschliches Leid zu verhindern. Vielmehr betrachtete er den Krieg als eine grobschlächtige Art, internationale Streitfragen zu regeln, als die Ultima ratio. Der Krieg nahm ihm die Kontrolle über die Staatsangelegenheiten aus der Hand und legte sie in die Hände der Generäle, denen er mißtraute. Man wisse, wo ein Krieg beginne, sagte er, aber nie, wo er ende. Die spätere unruhige, expansionistische Politik, die das Deutsche Reich unter Wilhelm II. kennzeichnete, hatte in Bismarcks Entwurf keinen Platz. Sobald er sein Ziel der deutschen Einheit erreicht hatte, wurde der Eiserne Kanzler ein Mann des Friedens. Und er war auch darin erfolgreich: während der neunzehn Jahre, die Bismarck als Reichskanzler diente, gab es keine Kriege unter den Großmächten Europas.

Bismarcks Werkzeug war aggressive, rücksichtslose Diplomatie. Er spielte ein listenreiches Spiel, änderte ständig die Taktik, arbeitete bald mit Drohungen, bald mit Schmeicheleien, um sein zweifaches Ziel kontinentalen Friedens und deutscher Vormachtstellung zu erreichen. Seine Technik der Friedenssicherung unterschied sich nicht sehr von den Mitteln, die er zur Vorbereitung von Kriegen eingesetzt hatte: Mißtrauen und Zwietracht unter anderen Nationen säen, Besorgnisse wecken, Mächte als potentielle Feinde gegeneinander ausspielen und dann einer oder der anderen – oder auch beiden – deutsche Unterstützung anbieten. Sein Ruf erleichterte ihm die Arbeit: Seine Leistung in der Schaffung des Deutschen Reiches war so außergewöhnlich gewesen, daß andere Staatsmänner annahmen, er besitze besondere Kräfte, sogar besondere Weisheit.

Bismarck hatte jeden seiner Gegner – Dänemark, Österreich, Frankreich – einzeln geschlagen, doch war ihm klar, daß ein mächtiges und geeintes Deutsches Reich nicht erwarten konnte, einen weiteren sorgfältig isolierten Krieg zu führen. Zwischen 1871 und 1890 existierten fünf Großmächte in Europa – Deutschland, Frankreich, Österreich-Ungarn, Rußland und Großbritannien * –, und die Ausrichtung dieser fünf diktierte das Grundmuster der europäischen Diplomatie.

Großbritannien hielt sich aus freien Stücken in Friedenszeiten aus europäischen Bündnissen heraus; Frankreich, gedemütigt und verbittert durch die Niederlage, war ebenfalls isoliert, wenn auch nicht freiwillig. Damit blieben drei Großmächte: die Kaiserreiche Deutschland, Österreich-Ungarn und Rußland. Bismarcks Diplomatie bezweckte die Beeinflussung und Lenkung der Politik aller drei Reiche im Interesse Deutschlands. »Sie vergessen die Bedeutung, eine Partei von dreien auf dem europäischen Schachbrett zu sein«, erklärte der Reichskanzler dem russischen Botschafter. »Das ist das Ziel aller Regierungen und vor allem meiner. Niemand wünscht in einer Minderheit zu sein. Alle Politik läßt sich auf diese Formel reduzieren: versuche in einer Welt, die von fünf Mächten beherrscht wird, *à trois* zu sein.«

Deutschland hatte nichts mit Großbritanniens Abwesenheit vom europäischen Schachbrett zu tun; aber es trug eine Mitverantwortung an der unversöhnlichen Feindschaft Frankreichs. Wilhelm I. hatte die Chance gehabt, mit dem besiegten Frankreich einen ähnlich großzügigen Frieden zu schließen, wie er ihn mit Österreich geschlossen hatte; doch diesmal hatte er Bismarcks Rat verworfen. Das französische Volk war Jahrhunderte militärischen Ruhmes gewöhnt. Von diesem hohen Sockel gestürzt, konnte es weder vergessen noch vergeben. Die Wahl des Spiegelsaales in Versailles zum Schauplatz der Kaiserproklamation war eine zusätzliche unnötige Beleidigung. Die hohe Kriegsentschädigung, die Frankreich zu leisten hatte, erregte weiteren Groll. In den folgenden Jahren hofften Bismarck und seine Nachfolger immer wieder, daß Frankreich mit seinen Verlusten versöhnt und in die diplomatische Umlaufbahn des Deutschen Reiches gelockt werden könnte. Alle derartigen Versuche der Deutschen wurden zurückgewiesen. »Wir vergessen nicht, daß sie in Elsaß-Lothringen auf uns warten«, sagte General Georges Boulanger, der in den 1880er Jahren eine populäre politische Figur und französischer Kriegsminister war.

Die Gefahr eines erneuerten, mächtigen und rachsüchtigen Frankreichs im Bündnis mit einer anderen Macht beunruhigte Bismarck. Frankreich isoliert zu halten, es von Bündnisverträgen mit anderen Mächten fernzuhalten und zum Paria Europas zu machen, wurde zum Eckstein der Bismarckschen Außenpolitik. 1873, als deutsche Besatzungsstreitkräfte noch auf französischem Boden

* Italien näherte sich dem Status einer Großmacht, erreichte ihn aber niemals ganz.

standen, schuf Bismarck seine erste antifranzösische Koalition, den Dreikaiserbund. Es war ein loser Zusammenschluß von Europas drei kaiserlichen Herrschern, Wilhelm I. von Deutschland, Franz Joseph von Österreich-Ungarn und Alexander II. von Rußland. Es war kein förmliches Bündnis, nur ein Abkommen, das gegenseitige Konsultationen vorsah, wenn die Umstände es erforderten. Der Dreikaiserbund war eher ideologisch als militärisch, aber in Bismarcks Denken galt er als ein Gelöbnis konservativer, monarchischer Solidarität gegen die unberechenbaren Ambitionen des instabilen republikanischen Frankreichs.

Bismarck ließ Frankreich nicht aus den Augen. Wenn die französische Politik ihm mißfiel, griff er zu Drohung und Einschüchterung. »Denken Sie daran, wir verbieten Ihnen, Tunis zu nehmen«, erklärte ein deutscher Botschafter dem französischen Außenminister. »Ja, wir verbieten es.« Gleichwohl erholte sich Frankreich rasch von der Niederlage. Bismarck hatte erwartet, daß die Last der Kriegsentschädigung von fünf Milliarden Mark Frankreich noch viele Jahre niederdrücken würde. Statt dessen hatte Frankreich die Schulden in zwei Jahren getilgt, und Ende 1873 war der letzte Soldat der deutschen Besatzungsarmee in Übereinstimmung mit den Bedingungen des Friedensvertrags abgezogen. Die Franzosen hatten sich auch an den Wiederaufbau ihrer Armee gemacht.

Die Wahrscheinlichkeit eines französischen Angriffs auf Deutschland blieb einstweilen gering, aber die Anzeichen französischer Vitalität verdrossen Bismarck. Moltke sprach unaufhörlich von den schlimmen Folgen der französischen Aufrüstung und den Vorzügen eines Präventivkrieges. Dem britischen Botschafter erklärte er seine Theorie der Verantwortung für einen Krieg: Nicht die Nation, argumentierte er, die einem Angriff auf sich selbst zuvorkomme, verletze den Frieden; der Staat, der durch Aufrüstung und Angriffsvorbereitungen die Notwendigkeit schnellen Handelns provoziere, sei der Schuldige. Bismarcks Politik war eine Gratwanderung zwischen Krieg und Frieden. Er dachte niemals daran, einen Krieg vom Zaun zu brechen, aber er versuchte Frankreich einzuschüchtern, indem er ihm vor Augen führte, daß es angesichts der deutschen Stärke isoliert und hilflos sei.

Als Rußland 1877 der Türkei den Krieg erklärte und gegen Konstantinopel marschierte, verbündeten sich Österreich-Ungarn und Großbritannien, um Rußland mit Krieg zu drohen, wenn es sich nicht zurückzöge. Graf Gyuala Andrassy, der österreichische Außenminister, schlug eine internationale Konferenz vor, aber Rußland war mißtrauisch. »Wenn Wien oder London gewählt wird, werden wir nicht teilnehmen«, verkündete Fürst Alexander Gortschakow, fügte jedoch hinzu, daß Rußland »keine Einwände gegen Berlin« habe. Bismarck, der bestrebt war, einen Krieg zwischen Österreich und Rußland, in den auch das Reich verstrickt werden könnte, unter allen Umständen zu vermeiden, betrachtete die Konferenz als eine Fassade, hinter der die Russen das Gesicht wahren konnten, und bot seine Dienste als »ehrlicher Makler« an. Zar Alexander II. verließ sich auf seine engen persönlichen Bande mit Kaiser Wilhelm I. und brachte sein völliges Vertrauen in Bismarcks Vermittlertätigkeit zum Ausdruck. Am Ende des Berliner Kongresses, an dem alle europäischen Großmächte teilnahmen, mußte Rußland viele der Gewinne, die es auf Kosten der Türkei gemacht hatte, wieder aufgeben, und der Zar, vor allem aber die Panslawisten in St. Petersburg waren verbittert. Sie fühlten sich von Bismarck betrogen.

Die russische Bitterkeit war Bismarck ein Jahr später sehr bewußt, als er das erste Militärbündnis des Deutschen Reiches in die Wege leitete. Seine Wahl Österreich-Ungarns als Partner schien zuerst widersprüchlich. Bismarck hatte sich früher einem Bündnis mit Österreich energisch widersetzt; 1854 hatte er dagegen protestiert, die schmucke preußische Fregatte an Österreichs wurmzerfressene alte Galeone zu binden. Auch 1876, als Österreich sich Rußland auf dem Balkan entgegenstellte, hatte Bismarck festgestellt, Deutschland habe kein Interesse im Orient, »welches auch nur die gesunden Knochen eines einzigen pommerschen Musketiers wert« sei. Der Grund seiner Sinnesänderung lag im zweiten Grundsatz der kaiserlichen Außenpolitik des Kanzlers. Der erste war die diplomatische Isolierung Frankreichs; der zweite war die Erhaltung des Friedens zwischen den beiden östlichen Nachbarn des Reiches, Österreich und Rußland. Dies war der Zweck des Dreikaiserbundes gewesen, aber in der Krise, die der russisch-türkische Krieg ausgelöst hatte, war dieser Bund zerfallen. Als der Berliner Kongreß zu Ende gegangen war, erkannte Bismarck, daß die Rivalität zwischen Österreich-Ungarn und Rußland in der Balkanfrage kaum zu überwinden war. Seine eigenen Bemühungen, zwischen beiden zu vermitteln, hatten kein gutes Ende genommen; er hatte das Murren gehört und die wachsende Entfremdung von St. Petersburg zu spüren bekommen. So war es besser, mit etwas Solidem zu beginnen: einem Verteidigungsbündnis mit Österreich. Dies konnte auf zweierlei Weise gebraucht werden: es würde im Falle eines Krieges mit Rußland Deutschlands südliche Flanke decken, und es konnte geeignet sein, den Russen die Vorzüge einer engeren Beziehung zu Deutschland vor Augen zu führen.

Die Wahl Österreichs als Bundesgenossen wurde erleichtert durch die großzügigen Friedensbedingungen von 1866. Es gab keine »verlorenen Provinzen« wie Elsaß-Lothringen, die in Wien hätten Verbitterung nähren können. Auch ethnische Gründe begünstigten das Abkommen: die Österreicher deutscher Zunge hatten sich immer als Teil der deutschen Nation und des deutschen Kulturkreises gefühlt. Im Notfall konnte das Bündnis angesichts des Panslawismus auf das Leitmotiv Germanen gegen Slawen eingestimmt werden. Bismarcks weitergehendes Ziel war die Beeinflussung der Beziehungen zwischen Wien und St. Petersburg, um eine gefährliche Kollision auf dem Balkan zu verhindern. Dazu benötigte er einen Verbündeten, den er dominieren konnte. Österreich bot die besseren Aussichten; Rußland war zu groß, zu entlegen, zu sehr außerhalb seiner Reichweite. Wenn er vor der Wahl stehe, sagte er, würde er sich für Österreich entscheiden, das ein konstitutionell regierter Staat sei, friedfertig und unter Deutschlands Einfluß, während man an Rußland nicht herankomme. Dennoch blieb Rußland ein Teil von Bismarcks Gleichung. Mit Österreich-Ungarn als festem Bundesgenossen konnte er Rußland die Hand hinstrecken und ihm eine Stabilität anbieten, deren Garant seine eiserne Hand in Berlin sein würde.

Hauptgegner des von Bismarck vorbereiteten deutsch-österreichischen Zweibundes von 1879 war Kaiser Wilhelm I. Er sah keinen Grund zu einem Bündnis mit Österreich, seinem früheren Gegner, gegen Rußland, das bisher Preußens einziger beständiger Freund gewesen war. Die Freundschaft zwischen Hohenzollern und Romanows war Wilhelm ein heiliges Vermächtnis, das von seinen Eltern aus den Tagen der napoleonischen Kriege auf ihn gekommen war. Zar Alexander II. war sein Neffe und sein engster Freund unter den europäischen Monarchen. Rußland hatte Preußen während der drei Einigungskriege beigestanden; aus Versailles hatte der neue Kaiser Wilhelm I. an Alexander telegrafiert: »Niemals wird Preußen vergessen, daß es Dir zu verdanken ist, daß der Krieg nicht um sich griff.« Wenn das Reich sich jetzt gegen Rußland wende, sagte der Kaiser, komme das einem Verrat gleich. Um Wilhelm I. zu beeinflussen, sagte Bismarck, daß russische Truppen an die deutsche Grenze verlegt würden; er argumentierte, daß ein Brief des Zaren aggressiv formuliert sei, und gab vor, einen Angriff aus dem Osten zu befürchten. Darauf beeilte sich Wilhelm I., in der Grenzstadt Alexandrowno mit Alexander II. zusammenzutreffen. Dort versicherte er den Zaren seiner persönlichen Zuneigung und gelobte, daß Deutschland treu zu einer Politik der Freundschaft stehen werde. Bismarck reiste unterdessen nach Wien und setzte, als ob der Kaiser nicht existierte, einen Bündnisvertrag mit dem österreichischen Außenminister, Graf Andrassy, auf.

Als Wilhelm I. nach Berlin zurückkehrte und dort ein Telegramm von Bismarck vorfand, daß seine Zustimmung zum Zweibund mit Österreich verlangte, war er zuerst ungläubig, dann zornig. »Der Fürst Bismarck sagt selbst in seinem Schreiben, daß es mir wohl schwer werden würde, einen [solchen] Vertrag zu ratifizieren«, erklärte er. »Nicht nur schwer, sondern unmöglich ist es für mich, denn das liefe gegen mein Gewissen, gegen meinen Charakter, gegen meine Ehre, hinter dem Rücken meines persönlichen, verwandtschaftlichen und politischen Freundes eine Allianz gegen ihn zu schließen!« Wilhelm I. wehrte sich hartnäckig. Er zitierte die historische Freundschaft zwischen Hohenzollern und Romanows, die Dienste, die Alexander Preußen erwiesen hatte, die Gefahr, daß man Rußland in die Arme Frankreichs treiben würde, wenn man es zu isolieren suche. Er sagte, daß er lieber abdanken als ein Bündnis gegen Rußland unterzeichnen würde. Bismarck konterte mit der Drohung seines Rücktritts für den Fall, daß der Kaiser die Unterzeichnung verweigere. Wilhelm gab nach. Seine Drohung abzudanken war bedeutungslos: im Falle seines Rücktritts würde der Kronprinz, der das österreichische Bündnis begünstigte, Kaiser werden und den Bündnisvertrag unterzeichnen. Bismarck sei notwendiger als er, sagte Wilhelm, fügte aber hinzu, daß seine ganze moralische Kraft gebrochen sei. Bei der Unterzeichnung des Vertrages schrieb er an den Rand: »Die, welche mich zu diesem Schritt veranlaßt haben, werden es dereinst dortoben zu verantworten haben.«

Der Vertrag, im wesentlichen eine deutsche Beistandsgarantie für den Fall eines russischen Angriffs auf Österreich, wurde zum Grundstein der Außenpolitik des Deutschen Reiches. Er blieb fünfunddreißig Jahre bis zum Ausbruch des Ersten Weltkrieges 1914 in Kraft. Durch die Unterzeichnung gewann Deutschland ein vitales Interesse am Überleben der österreichisch-ungarischen Doppelmonarchie. Um dieses Bündnis aufrechtzuerhalten, sollte es mehr als einmal gezwungen sein, bis an den Rand des Krieges zu gehen. Solange Bismarck in Berlin war, konnte er die Österreicher unter Kontrolle halten und die Russen einschüchtern. Nach seinem Abtreten von der politischen Bühne sollten sich neue Strukturen bilden, sollten neue Spiele gespielt werden.

Österreich war für Bismarck ein Bindeglied, eine Sekundärmacht, eine nützliche Ergänzung deutscher Stärke. Die Schlüssel zu Bismarcks Diplomatie waren Frankreich und Rußland. Der Kanzler wußte, wo er mit Frankreich stand, und konnte entsprechend planen. Rußland war ein Rätsel. Bismarck dachte nie daran, gegen Rußland zu kämpfen. Trotz gelegentlichen Drängens von Seiten Moltkes, daß die Zeit reif sei, Rußland zu zerschlagen, glaubte Bismarck nicht, daß ein solcher Sieg möglich oder auch nur weise wäre. Was sollten Deutschlands Ziele in solch einem Krieg sein? fragte er. Nicht territoriale Gewinne; eine deutsche Expansion nach Osten konnte nur auf Kosten der russischen Polen erfolgen, und Deutschland, sagte er, habe bereits zu viele Polen. Außerdem, erklärte er dem deutschen Botschafter in Wien 1888, könne man die Russen nicht wirklich besiegen: »Selbst der günstigste Ausgang des Krieges würde niemals die Zersetzung der Hauptmacht Rußlands zur Folge haben, welche auf den Millionen eigentlicher Russen griechischer Konfession beruht. Diese würden, auch wenn durch Verträge getrennt, immer sich ebenso schnell wieder zusammenfinden wie die Teile eines zerschnittenen Quecksilberkörpers. Dieses unzerstörbare Reich russischer Nation, stark durch sein Klima, seine Wüsten und seine Bedürfnislosigkeit, wie durch den Vorteil, nur eine schutzbedürftige Grenze zu haben, würde nach seiner Niederlage unser geborener und revanchebedürftiger Gegner bleiben, genau wie das heutige Frankreich es im Westen ist.«

Da er schon nicht wünschte, nur gegen die Russen anzutreten, wollte Bismarck auf gar keinen Fall in einen Krieg mit den Russen geraten, wenn sie im Bündnis mit den Franzosen waren. Noch wünschte er, daß Österreicher und

Russen in kriegerische Verwicklungen gerieten, welche die deutsche Beistandsverpflichtung nach dem Zweibundvertrag abrufbar machen würden. Aus all diesen Gründen beeilte sich Bismarck nach Abschluß des Vertrages mit Österreich, die Russen in sein europäisches System einzubeziehen. Mitte 1881 informierte er das russische Außenministerium von der allgemeinen Natur des Bündnisvertrages mit Österreich und betonte dabei dessen defensiven Charakter. Er lud die Russen ein, sich einem umfassenderen Defensivabkommen anzuschließen; die Folge war eine Erneuerung des Dreikaiser-Bundes. Die drei kamen überein, daß, wenn einer von ihnen von einer vierten Macht angegriffen werde, die anderen zwei wohlwollende Neutralität wahren würden. Mithin würden Österreich und Rußland neutral bleiben, sollte Deutschland von Frankreich angegriffen werden. In gleicher Weise würden Deutschland und Österreich neutral bleiben, sollten die Briten Rußland angreifen.

Damit gab Bismarck sich nicht zufrieden: der Bund mit Rußland war noch zu schwach. Auf dem Balkan wuchsen die Spannungen, und dort standen Russen und Österreicher einander unversöhnlich gegenüber. Der 1884 erneuerte Dreikaiser-Bund lief 1887 aus. Darauf handelte Bismarck sein letztes diplomatisches Meisterstück aus: einen geheimen Vertrag mit Rußland gegen seinen Verbündeten Österreich-Ungarn. Dieser sogenannte Rückversicherungs-Vertrag war defensiv und versprach nur Neutralität, nicht militärischen Beistand, wenn eine der vertragschließenden Parteien angegriffen würde (deutsche Neutralität, wenn Österreich Rußland angriff, russische Neutralität, wenn Frankreich Deutschland angriff). Trotz dieser Einschränkung verletzte der Vertrag, wie Bismarck sehr wohl wußte, den Geist, wenn nicht den Wortlaut des Zweibundvertrages mit Österreich. Offensichtlich bestand Bismarck aus diesem Grund auf Geheimhaltung. Der neue Zar Alexander III. war nicht weniger interessiert, die Existenz des Rückversicherungs-Vertrages zu verheimlichen. Selbst ein Anhänger des Panslawismus, konnte er die Reaktion anderer Panslawisten voraussagen. Alexander unterzeichnete den Vertrag nur, weil er ihm die Gewißheit deutscher Neutralität für den Fall versprach, daß Österreich einen Krieg mit Rußland provozierte. Rußland wünschte keinen Krieg mit Deutschland, und ganz gewiß war die russische Armee nicht darauf vorbereitet, es mit Deutschland und Österreich zusammen aufzunehmen.

Das Bündnissystem Bismarcks war nun vollendet, ein Netz ineinandergreifender Allianzen, sorgfältig ausbalanciert und in Ordnung gehalten von dem Meisterdiplomaten in Berlin. Holstein verglich Bismarck mit einem virtuosen Rangiermeister: »Unsere Politik mit ihren durcheinander laufenden Engagements ... ähnelt dem Schienengewirr auf einem großen Bahnhof«, schrieb er 1887. Bismarck »glaubt alles richtig schieben zu können und hofft namentlich auch, um so unersetzlicher zu sein, je bunter die Dinge liegen.«

Großbritannien, die fünfte der europäischen Großmächte, stand außerhalb des Bismarckschen kontinentalen Systems. Das störte den Kanzler nicht; er hatte keine Befürchtungen, daß England sich an einem kontinentalen Bündnis beteiligen würde, das sein Vertragssystem *à trois* ins Wanken bringen könnte. Er war überzeugt, daß Großbritannien niemals ein Bündnis mit Rußland eingehen würde, und die Wahrscheinlichkeit, daß es sich mit Frankreich zusammenschließen würde, war fast ebenso gering. Nichtsdestoweniger dachte Bismarck vor der Unterzeichnung des Zweibundvertrages von 1879 daran, Großbritannien ein Bündnis anzubieten. Einen entsprechenden Vorschlag machte er Benjamin Disraeli, dem Earl of Beaconsfield und britischem Premierminister, während des Berliner Kongresses eines Abends nach dem Essen. Der überraschte Disraeli sagte, daß er dem Plan gewogen sei, aber Zeit benötige, um das Parlament und die britische öffentliche Meinung vorzubereiten. Nach seiner Rückkehr nach London diskutierte Disraeli die Angelegenheit mit dem Grafen Münster, dem deutschen Botschafter, der daraufhin an Bismarck schrieb: »Ich bin überzeugt, daß er aufrichtig ist.«

Als Disraelis konservative Regierung im März 1880 von einem liberalen Kabinett unter W. E. Gladstone ersetzt wurde, versiegten die Bündnisgespräche. Bismarck verabscheute Gladstone. Der Reichskanzler mißtraute stets der Art und Weise, wie die Briten Diplomatie betrieben; ihre Abhängigkeit von der öffentlichen Meinung erschien ihm absurd. Wenn Disraeli und Salisbury an der Macht waren, war er weniger nervös; sie waren praktische, konservative Männer, die Mittel und Wege fanden, einem vernünftigen Realismus zum Durchbruch zu verhelfen. Aber Gladstone, ein Held der deutschen Liberalen, war ein Moralist, der zu predigen pflegte, daß dem Gewissen eine Rolle in der Innenpolitik und internationalen Angelegenheiten zukomme. Der Reichskanzler bezeichnete den Premierminister als »Professor Gladstone« und »den großen utopischen Schwätzer«. Bismarck glaubte, daß die Ethik Gladstonescher Prägung, auf die Diplomatie übertragen, zu Verschwommenheit, Fehleinschätzungen und Pfuscherei führe, wie Großbritanniens Konfusion während der Regierungszeit Gladstones zeige, als man sich nicht klar werden konnte, ob der Feind im Osten Rußland oder die Türkei war. Um die Türkei zu verteidigen, war Großbritannien 1877 und beim Berliner Kongreß gegen Rußland aufgetreten. Aber im Wahlkampf 1880 hatte Gladstone die Türken wegen ihrer an den bulgarischen Christen verübten Greueltaten leidenschaftlich angeklagt. Die Türken, so hatte Gladstone gedonnert, seien »jene unmenschliche Ausnahme von der menschlichen Rasse«. Großbritanniens Schaukelpolitik in Fragen wie dieser erschwerte Bismarck die Aufrechterhaltung seines fein ausbalancierten europäischen Systems.

Außerdem hielt der Reichskanzler Gladstones Regierung in der Überseepolitik, die Großbritannien in den frühen 1880er Jahren am meisten beschäftigte, für entscheidungsschwach und unfähig. Stein des Anstoßes war die Besetzung Ägyptens. Frankreich, zu dessen Geschichte Napoleons katastrophaler Feldzug am Nil ebenso gehörte wie Ferdinand de Lesseps' bewundernswerter Bau des Suezkanals, weigerte sich trotz der britischen Besetzung, seine Ansprüche in Ägypten aufzugeben. Die daraus entstehende Situation, die England in einen kolonialen Konflikt mit Frankreich verwickelte, war genau die Art von Konfrontation, auf der Bismarcks europäisches Bündnissystem beruhte: England und Frankreich im Streit miteinander, jeder ohne Verbündeten auf sich gestellt. Im Ernstfall würden sich einer oder beide um Unterstützung an Deutschland wenden.

Im September 1882 traf Herbert von Bismarck in London ein, um Kontakte mit prominenten liberalen Politikern zu knüpfen und festzustellen, welche Ziele Großbritannien in Ägypten verfolgte. Er wurde von britischen Ministern und von der Londoner Gesellschaft freundlich empfangen; der Prinz von Wales tat ein übriges, um sich dem Sohn des Reichskanzlers freundschaftlich zu zeigen, und schlug ihn zum Ehrenmitglied des Marlborough Clubs vor. Herbert wurde von Lord Granville, dem liberalen Außenminister, nach Walmer Castle eingeladen, Granvilles Landsitz, wo der Besucher mehrere »sehr angenehme Tage« mit der Diskussion über Ägypten verbrachte. Obwohl Herbert erklärte, daß die Annexion Ägyptens durch Großbritannien »mit deutschen Interessen vereinbar wäre«, erwiderte Granville, daß England nicht den Wunsch habe, Ägypten zu besitzen, und daß noch keine Entscheidung gefallen sei, was mit dem Land geschehen solle. Als das Gespräch auf Bündnisse kam, sagte Granville: »England braucht kein Bündnis mit einer europäischen Macht, und wir verfolgen keine Bündnispolitik. Selbst gänzlich andere Umstände als die gegenwärtigen würden mich niemals dazu verleiten, ein Bündnis mit einer europäischen Macht zu schließen.« Wohin er auch kam, erntete Herbert Dank für die deutsche Unterstützung des ägyptischen Engagements. Sir William Harcourt, der liberale Innenminister, sagte zu Herbert: »Wir sind dem Fürsten Bismarck ungewöhnlich dankbar. Daß wir in Ägypten freie Hand behalten haben, verdanken wir... Deutschlands gutem Willen. Wir sind uns alle darüber im klaren, daß Fürst Bismarck in einem bestimmten Augenblick den Wagen hätte umwerfen können, wenn er es gewollt hätte.«

Ermutigt durch die Gespräche mit Herbert von Bismarck, war das Kabinett Gladstone gänzlich überrascht von der nächsten Wendung in den englisch-deutschen Beziehungen. Das Deutsche Reich von 1883 hatte keine Kolonien. Die meisten begehrenswerten Regionen der Erde waren bereits von anderen Staaten in Besitz genommen worden, bevor das Reich gegründet wurde. Jetzt waren nur noch Randgebiete übrig, in den unzugänglichen oder öden Regionen Afrikas und in der Südsee.

In der Überzeugung, daß die Sicherheit Deutschlands im Gleichgewicht der

Kräfte in Europa liege, hatte Bismarck bis dahin alle Argumente für den Erwerb von Kolonien zurückgewiesen. Fürchtend, daß ein deutscher Drang nach Kolonien sein sorgfältig austariertes Gleichgewicht gefährden könnte, hatte er sogar den französischen Kolonialismus begünstigt, um Frankreichs Aufmerksamkeit von Elsaß-Lothringen abzulenken. Wenn Deutschland mit Frankreich um Kolonien konkurrierte, konnte dies zu einem Wiederaufflackern französischer Feindseligkeit gegen das Reich führen. Auch hatte Bismarck kein Verlangen, im kolonialen Bereich mit England in Wettbewerb zu treten. Das britische Weltreich und das Deutsche Reich waren fundamental verschiedene politische Organismen. Das eine war ein Staatenbund in Mitteleuropa, zusammengeschweißt zu einem mächtigen kontinentalen Reich. Das andere war eine weltweite Ansammlung von Völkern und Territorien, zusammengehalten durch Handel und Seemacht, in Friedenszeiten von begrenztem Einfluß auf den Kontinent Europa, aber unanfechtbar auf den Weltmeeren. Der deutsche Überseehandel florierte unter dem Schutz der britischen Flotte; führte kolonialer Wettbewerb zu einem Krieg mit England, würde jede deutsche Kolonie in den ersten Wochen geschluckt.

Im Sommer 1884 änderte Bismarck plötzlich den Kurs und sorgte damit für Verwirrung bei den britischen Staatsmännern. Für kurze Zeit, weniger als zwei Jahre, gewannen Kolonien Bedeutung, und der Kanzler setzte die ganze einschüchternde Macht deutscher Diplomatie gegen England ein. Kolonien waren das übliche Symbol internationalen Prestiges: Großbritannien, Frankreich und Rußland – alle in Europa schwächer als Deutschland – hatten Kolonialreiche. Sogar europäische Kleinstaaten wie Portugal, die Niederlande und Belgien hatten es verstanden, sich zum Teil riesigen Kolonialbesitz zu sichern. Auch in Deutschland mehrte sich die Zahl jener, die in Kolonien nicht nur eine Sache des Nationalprestiges sahen. Deutsche Kaufleute, Bankiers und Unternehmer suchten Anlagemöglichkeiten für ihr Kapital, Zugang zu Bodenschätzen und Absatzmärkte außerhalb Europas; Reedereien und Handelsunternehmen in Hamburg und Bremen standen naturgemäß in vorderster Front, als es darum ging, überseeische Rohstoffquellen und Absatzmärkte für Fertigwaren zu gewinnen. Doch wohin sie auch blickten, fanden sie eine französische oder britische Flagge. 1882 wurde der deutsche Kolonialverein gebildet, um durch Mobilisierung der Presse und der öffentlichen Meinung den Erwerb deutscher Kolonien zu fördern. Zeitungsverleger, Professoren, Industrielle und eine Mehrheit des Volkes unterstützten begeistert die neue Bewegung. Der Ruf nach Kolonien erscholl immer lauter im Reichstag, und der Kanzler gab nach, nicht weil er anderen Sinnes geworden wäre, sondern weil er eine Gelegenheit sah, den Kolonialverein und all jene, die auch für Deutschland forderten, was andere Mächte hatten, zufriedenzustellen, indem er Großbritanniens Schwäche in Ägypten nutzte. Und so wurde im Sommer 1884 der Preis genannt:

Die deutsche Unterstützung des britischen Engagements in Ägypten war mit britischer Einwilligung in eine koloniale Expansion des Deutschen Reiches zu bezahlen.

Im Frühjahr 1883 errichtete der Bremer Kaufmann F. A. E. Lüderitz eine kleine Faktorei und einen Handelsposten in Angra Pequena, einer Meeresbucht ungefähr zweihundertfünfzig Kilometer nördlich des Oranje, der die nördliche Grenze der britischen Kapkolonie markierte. Da weit und breit keine Europäer zu sehen waren, hißte Lüderitz die deutsche Flagge und informierte Berlin. Die Reichsregierung verhielt sich vorsichtig. Im November wurde Graf Münster, der deutsche Botschafter in London, angewiesen, sich zu erkundigen, ob Großbritannien in dieser Region Souveränitätsrechte beanspruche. Wenn die Antwort ja sei, würde Großbritannien die Verantwortung für den Schutz des Lebens und des Eigentums deutscher Untertanen in dem Gebiet übernehmen und dadurch die Reichsregierung von dieser Verpflichtung befreien? Die britische Regierung ließ die deutsche Anfrage sechs Monate unbeantwortet, was Bismarck zuerst irritierte, dann erzürnte.

Die Ursache der Verzögerung in London lag in Verfahrensfragen und Persönlichkeiten. Die deutsche Anfrage, eine offizielle Kommunikation von einem europäischen Staat zu einem anderen, war richtig an das Außenministerium gerichtet, wo sie auf den Schreibtisch des Außenministers Lord Granville gelangte. George Leveson-Gower, zweiter Earl Granville, war ein Edelmann, der niemanden kränken wollte. Obwohl er neben seinem Amt als Außenminister Führer der Liberalen Partei im Oberhaus war, hatte er 1884 die Blüte seiner Jahre längst hinter sich. Beinahe siebzig, litt er schwer unter Gicht, klagte häufig, daß er zu viel zu tun habe, und machte auf seine Umgebung den Eindruck, daß sein Gedächtnis nachlasse. Mithin war Granville kein Mann schneller Entschlüsse. Überdies hatte die britische Regierung keine Ahnung, daß Bismarck ernstlich am Erwerb von Kolonien interessiert war, und betrachteten die Note lediglich als eine Bitte um den Schutz deutscher Siedler. Der deutsche Reichskanzler hatte sich in früheren Jahren öffentlich gegen deutsche Kolonien ausgesprochen; seither war in London nichts bekannt geworden, was auf eine Sinnesänderung hätte schließen lassen können.

Sobald Granville sich erst einmal mit der Angelegenheit beschäftigte, wünschte er Graf Münster gefällig zu sein, aber die Bürokratie legte ihm Steine in den Weg. Innerhalb des britischen Kabinetts wurden Angelegenheiten der Kolonien im Kolonialministerium entschieden. Darum mußte Granville Lord Derby konsultieren, den Kolonialminister. Derby selbst war nicht befugt, eine Entscheidung zu treffen, denn er war seinerseits gehalten, die unter Selbstverwaltung stehende Kapkolonie in Südafrika zu konsultieren. London mochte keine Einwände gegen eine deutsche Niederlassung an der südwestafrikanischen Küste haben, doch konnte man in Kapstadt anders darüber denken. Tatsächlich hatte eine Delegation aus Südafrika ihren Standpunkt bereits Lord Salisbury dargelegt: »My Lord, es heißt, die Deutschen seien gute Nachbarn, aber wir ziehen es vor, überhaupt keine Nachbarn zu haben.« Granville erklärte Münster diese Komplikationen und drückte sein »aufrichtiges Bedauern« aus. Bismarck, ungeduldig geworden, schickte Herbert zum britischen Außenminister. Wieder hob Granville die Hände, erklärte seinen guten Willen und bat um Zeit: »Weder meine Kollegen noch ich haben die Absicht, Deutschlands koloniale Bestrebungen zu durchkreuzen, und ich bitte Sie, das dem Fürsten Bismarck zu sagen... Wenn Deutschland Kolonialpolitik treibt und barbarische Länder der Zivilisation und dem Handel erschließt, wir würden uns darüber gewiß freuen... Die einzige Vorhaltung, die Sie uns machen können, ist der langsame Fortgang der Verhandlungen; dies liegt an der unabhängigen Stellung unserer Kolonien, die wir beim besten Willen nicht übergehen können.« Granville murrte über die zusätzliche Arbeitsbelastung durch diese Angelegenheit. »Es ist für mich... sehr hart, denn ich habe soviel zu tun, daß ich mich in diese Kolonialfragen nur schwer hineinarbeiten kann.« Eine Lösung für Herbert wäre, die Diskussion über Angra Pequena »in meiner Gegenwart mit Lord Derby zu führen, da Derby neu im kolonialen Ministerium ist. Ich werde auch seinen Vorgänger, Lord Kimberley, mit einbeziehen.« Herbert, entsetzt über diese konfuse und beiläufige Art der Amtsführung, schrieb an seinen Vater: »Ich erwiderte dem edlen Lord, daß ich nicht einer Ministerkonferenz beiwohnen könne.«

Bismarck hatte Graf Münster bereits beauftragt, von Lord Granville Anwort auf die Frage zu verlangen, »weshalb das Recht zu kolonisieren, welches England in weitestem Maße ausübt, uns versagt sein sollte.« Nun erschienen die Vorwände für die Verzögerung unerträglich. Londons Behauptung, die Kapkolonie habe, weil sie innere Selbstverwaltung besaß, ein Mitspracherecht über Gebiete außerhalb ihrer Grenzen, erschien unverständlich. Schließlich unterstand sie auch nach britischem Eingeständnis dem Kolonialministerium. »Das Versteckspielen mit dem Kolonialamt und die Berufung auf die Selbständigkeit der englischen Kolonien sind nichts als Winkelzüge, solange die letzteren unter dem Zepter der Königin stehen.« Der Kanzler befahl Münster und Herbert, mit Derby überhaupt nicht über das Thema zu sprechen, sondern ihre Gespräche auf Granville zu beschränken. Er begann Druck auszuüben. »Unsere Freundschaft kann der englischen Politik von hohem Nutzen sein«, erinnerte er Münster, auf Ägypten anspielend. »Es ist für dieselbe nicht gleichgültig, ob die Macht des Deutschen Reiches ihr wohlwollend und förderlich zur Seite steht oder sich kühl zurückhält. Wenn wir dieses Recht nicht energisch vertreten, laufen wir Gefahr, durch Verdunkelung desselben in eine inferiore Stellung zu England zu geraten und die anmaßliche Überhebung zu bestärken, mit welcher

England und seine Kolonialregierungen gegen uns auftreten. Wir könnten dadurch schließlich vor die Eventualität eines vollen Bruchs getrieben werden.«

Auf die Warnung, daß er riskiere, Großbritannien zu weit zu treiben, spottete er: »Was die Engländer angeht, so haben sie überhaupt keinen Grund, uns anzugreifen, wenn sie auch anfangen, neidisch auf unser industrielles Wachstum und unsere kommerziellen Fortschritte zu werden. Der Engländer ist wie der Hund in der bekannten Fabel, der es nicht vertragen konnte, daß ein anderer Hund auch ein paar Knochen vor sich hat, obwohl er selbst, der fette Köter, vor einer ganz vollen Schüssel sitzt. An einen englischen Angriff ist nur zu denken, wenn wir uns sowohl mit Rußland wie mit Frankreich im Kriege befänden oder irgendeinen kompletten Blödsinn machen würden, wie Holland oder Belgien zu überfallen oder die Ostsee zu schließen durch Okkupation des Sundes, oder einen sonstigen Blödsinn, mit dem nicht zu rechnen ist.«

Im März 1885 wurde Herbert auf Anweisung seines Vaters energischer. Die liberale Regierung Großbritanniens war gespalten und wankte, denn ihr Versagen, Gordon in Khartum zu retten, hatte ihr Prestige ruiniert. Demgemäß fühlte Herbert sich zu unverblümter Sprache ermächtigt, als er Granville aufsuchte. Man habe in Deutschland den Eindruck, sagte er ihm, daß England vorsätzlich Unruhe unter seinen kolonialen Nachbarn schüre und vielleicht sogar einen Krieg unter diesen anzetteln würde, während es selbst »unterdes seinem Handel nachginge«. Diese Worte, berichtete Herbert vergnügt seinem Vater, riefen »lebhafte Gebärden und starke, mit heftigen Protesten verbundene Entrüstungsrufe bei Lord Granville hervor.« Herbert war zu weit gegangen. Sir Charles Dilke, ein jüngerer Minister der Liberalen, der Granville kritisch, dem jüngeren Bismarck aber noch kritischer gegenüberstand, schrieb über den Besuch: »Herbert von Bismarck ist wieder herübergekommen. Er wollte, daß wir Lord Granville und Lord Derby entlassen ... [eine] grobe und ungerechtfertigte Einmischung in unsere Innenpolitik, von durch und durch Bismarckscher Art.«

Schließlich fand Großbritannien sich mit Deutschlands kolonialen Erwerbungen ab, nicht wegen Herberts diplomatischer Geschicklichkeit, sondern weil Gladstone Streit vermeiden wollte. Im Laufe eines zwanzigminütigen Gesprächs mit Herbert, das nach einem Abendessen im Landhaus Lord Roseberys stattfand, sagte Gladstone, er sei bereit, alles daran zu setzen, um Deutschlands legitimen Ansprüchen entgegenzukommen. Er ging noch weiter. »Wenn Sie nicht koloniale Bestrebungen hätten, so würde ich Sie bitten, in dieser Linie vorzugehen. Mich freuen Ihre zivilisatorischen Bestrebungen.« Soviel Einfalt und Idealismus waren beinahe zuviel für Herbert; sein Bericht an seinen Vater war voller Geringschätzung: »Mit Mr. Gladstone sich auf das Wesen der auswärtigen Politik eines großen Landes einzulassen ist zwecklos, weil ihm einfach das Verständnis dafür abgeht.« Gladstone versicherte vor dem Unterhaus, daß

Großbritannien »die Ausdehnung Deutschlands auf diese Wüstengegenden mit Freude begrüßt«. Nichtsdestoweniger machte das plumpe Vorgehen der Bismarcks, Vater und Sohn, einen ungünstigen Eindruck auf Gladstone und seine Kollegen. Als Gladstone ein Jahr später zu einer kurzen dritten Amtszeit als Premierminister zurückkehrte, warnte sein Außenminister Lord Rosebery den deutschen Botschafter, daß »Sie in Berlin auf Ihren Kommunikationsstil achten müssen, der Gefahr läuft, entschieden nach Drohung zu riechen«.

Am 8. Juni 1885 trat die zweite Regierung Gladstone zurück, und Lord Salisbury bildete eine neue konservative Regierung. Die britische Politik war wieder in den Händen eines Mannes, dem Bismarck vertraute. Die beiden Staatsmänner tauschten freundliche Botschaften aus. Salisbury schrieb von seiner »lebhaften... Erinnerung an die Freundlichkeit, die Eure Hoheit mir in den Jahren 1876 und 1878 in Berlin zeigten«. In seiner Antwort beschrieb Bismarck seine Freude und Genugtuung, »an Ihren eigenen Worten zu sehen, daß unser früherer persönlicher Umgang, den zu erneuern ich mich freue, in uns beiden die gleiche wohlwollende Erinnerung hinterlassen hat«. Bismarck tat seine Zustimmung öffentlich kund. »Die Freundschaft Lord Salisburys ist mir mehr wert als zwanzig Sumpfkolonien in Afrika«, sagte er.

Die neuerliche Ablehnung des Kolonialismus durch den Reichskanzler kam so schnell und unbedingt wie ein Jahr zuvor sein energischer Einsatz dafür. »Hier liegt Rußland und hier liegt Frankreich, und wir sind in der Mitte«, sagte er zu einem Afrikaforscher. »Das ist meine Karte von Afrika.« In einer seiner letzten Reichstagsreden rief er aus: »Ich bin kein Kolonialmensch.«

Hinter Bismarcks atypischem Ausflug in den Kolonialismus stand – neben den Erfordernissen deutschen Nationalstolzes und dem Streben nach überseeischen Rohstoffquellen und Absatzmärkten – ein innenpolitisches Motiv: Er wollte die Autorität des Kronprinzen angreifen und neutralisieren, bevor Friedrich die Thronfolge antreten würde. Der Thronwechsel konnte nicht mehr lange auf sich warten lassen; 1884 war Kaiser Wilhelm I. sechsundachtzig Jahre alt. Einmal auf dem Thron, würden der liberale Friedrich und seine englische Frau ihre Minister mit Sicherheit aus dem liberalen Lager des Reichstags wählen und Deutschland geben, was der Kanzler verächtlich ein »Gladstone-Kabinett« nannte. Die Kolonialpolitik war eine Verteidigungsstrategie. Sie stärkte den Patriotismus und brachte Stimmen; sie schuf einen Gegner, den die Deutschen für die Ärmlichkeit ihrer überseeischen Besitzungen verantwortlich machen konnten. Das beste aber war, daß die Entfachung antibritischer Gefühle in Deutschland die Liberalen im Reichstag schwächte und die Position des Kronprinzen unterminierte. Als Kaiser würde Friedrich schwerlich imstande sein, eine probritische Politik zu verfolgen, wenn der größte Teil seines Volkes England wegen der kolonialen Konfrontation mißtrauisch bis feindlich gegenüberstand. Im vertraulichen Gespräch räumte Bismarck diese Strategie ein. Im

Herbst 1884, als der Kolonialstreit seinen Höhepunkt erreichte, vertraute Bismarck dem Zaren Alexander III. an, es sei »das einzige Ziel der deutschen Kolonialpolitik, einen Keil zwischen den Kronprinzen und England zu treiben«. Um 1890, nach Bismarcks Entlassung, wurde Herbert von Bismarck gefragt, wie sein Vater so weit von seinen antikolonialistischen Ansichten hatte abweichen können. Herbert antwortete: »Als wir in die Kolonialpolitik hineingingen, mußten wir auf eine lange Regierungszeit des Kronprinzen gefaßt sein, während welcher der englische Einfluß dominieren würde. Um diesem vorzubeugen, mußte die Kolonialpolitik eingeleitet werden, welche volkstümlich ist und jeden Augenblick Konflikte mit England herbeiführen kann.«

In der schieren Ausdehnung des Territoriums erbrachte Bismarcks kurzes koloniales Abenteuer aufsehenerregende Resultate: in wenig mehr als einem Jahr erwarb das Reich Gebiete von der fünffachen Ausdehnung des Mutterlandes. Deutsch-Südwestafrika (jetzt Namibia), Deutsch-Ostafrika (jetzt Tansania), Togo und Kamerun in Westafrika, ein Drittel von Neuguinea, der nordwestliche Teil der Salomon-Inseln (in Bismarck-Archipel umbenannt), die Marshall-Inseln im Pazifik und ein Großteil der Samoa-Inseln kamen unter die deutsche Flagge. Durch Ankauf von Spanien kamen 1898 noch die Inselgruppen der Karolinen, der Marianen und der Palau-Inseln hinzu, ferner durch Pachtvertrag mit China Kiautschou. Aber in jeder anderen Hinsicht war das neue deutsche Kolonialreich eine Enttäuschung. Die Erschließung und Schaffung einer Infrastruktur durch Straßen- und Eisenbahnbau verschlang bis 1914 hohe Summen, denen nur geringer wirtschaftlicher Nutzen gegenüberstand. Die Entdeckung und Ausbeutung der reichen Bodenschätze besonders in Südwestafrika kam Deutschland nicht mehr zugute. Als einzige Kolonie konnte vor 1914 Togo Überschüsse erwirtschaften. Zu dieser Zeit lebten in allen deutschen Kolonien weniger als 25 000 deutsche Staatsbürger, einschließlich der Soldaten und des Personals der Marinestützpunkte. Wegen der hohen Erschließungskosten versuchte Bismarck 1889 sogar die britische Regierung zu überreden, daß sie die Souveränität über Südwestafrika übernehme, das dann aber in den folgenden Jahrzehnten mehr deutsche Siedler aufnahm als alle anderen Kolonien zusammen. An der enormen Ausweitung des deutschen Überseehandels hatten die Kolonien nur geringen Anteil. In den fünfundzwanzig Jahren vor dem Ausbruch des Ersten Weltkrieges wanderten Millionen von Deutschen aus, aber es zog sie nicht in die deutschen Kolonien, sondern nach Milwaukee, Minneapolis und andere Städte und Ortschaften im amerikanischen Mittelwesten.

In seinen letzten zwei Jahren an der Macht regte Bismarck noch einmal ein deutsch-englisches Bündnis an. Im November 1887, bald nach dem Abschluß des geheimen Rückversicherungs-Vertrages mit Rußland, richtete der Reichskanzler ein persönliches Schreiben an Lord Salisbury. Er schilderte Großbritannien, Deutschland und Österreich-Ungarn als saturierte Staaten; die Gefahr für den Frieden, sagte er, gehe von Rußland und Frankreich aus. Wenn Großbritannien sich mit Deutschland und Österreich-Ungarn zu einem Defensivbündnis zusammenschlösse, würde der Friede auf Dauer gesichert sein. Holstein war von Bismarcks Initiative überrascht und beeindruckt. »Daß Fürst Bismarck auf der Höhe seiner Macht diesen ganz ungewöhnlichen Schritt tat – mir ist kein anderer im Gedächtnis, wo er sich an einen fremden Premierminister in dieser direkten Form gewandt hätte –, beweist, welche entscheidende Bedeutung er der Rückäußerung von Lord Salisbury beilegte«, schrieb er an Eckardstein. Salisbury lehnte höflich ab. Im Januar 1889 entsandte Bismarck abermals Herbert nach London, um ein Defensivbündnis zwischen Deutschland, Österreich-Ungarn und England vorzuschlagen. Salisbury, der verstanden hatte, daß das Bündnis sich hauptsächlich gegen Frankreich richtete und daß Großbritannien gezwungen sein würde, Österreich-Ungarn im Falle eines Krieges mit Rußland zu unterstützen, lehnte wiederum ab. Künftige Parlamente würden nicht an die Beschlüsse gegenwärtiger Parlamente gebunden sein, sagte er Herbert, und darum trete Großbritannien in Friedenszeiten keinen Bündnissen bei. »Einstweilen«, sagte er, um die Ablehnung abzuschwächen, »lassen wir den Vorschlag auf dem Tisch, ohne ja oder nein zu sagen. Es ist unglücklicherweise alles, was ich gegenwärtig tun kann.«

Am 6. Februar 1888 brachte der Kanzler im Reichstag eine neue Militärvorlage ein. Indem die Altersgrenze für Reservisten von zweiunddreißig auf neununddreißig Jahre heraufgesetzt wurde, würde die Gesetzesvorlage die Kriegsstärke des deutschen Heeres um 750000 Mann erhöhen. Bismarck hielt vor dem vollen Abgeordnetenhaus eine emotionale, patriotische Rede, der als Zuhörer auch ausländische Botschafter und Besucher beiwohnten. Deutschland müsse sich trotz seiner Bündnisse letzten Endes auf sich selbst verlassen. »Wir bitten nicht länger um Liebe, weder von Frankreich noch von Rußland. Wir laufen niemandem nach. Wir Deutschen fürchten Gott und sonst nichts auf der Welt!« Der Reichstag brach in Hochrufe aus, Moltke war in Tränen. Prinz Wilhelm von Hohenzollern, der bald als Wilhelm II. den Thron besteigen sollte, saß mit seiner Frau auf der Galerie und applaudierte heftig. Vier Wochen später, am 3. März, trat Bismarck wieder an das Rednerpult des Reichstags und verkündete den Tod Kaiser Wilhelms I. Als er von dem Souverän sprach, den er zu dem mächtigsten Monarchen Europas gemacht hatte, dem »Alten Herrn«, dem er fünfundzwanzig Jahre gedient hatte, verlor der Reichskanzler die Fassung. Er versuchte in seiner Rede fortzufahren, vermochte es nicht und nahm seinen Platz ein. Für die Anwesenden war der von Trauer und Schmerz überwältigte Bismarck ein eindrucksvollerer Tribut an den toten Kaiser als alles, was er hätte sagen können.

Trotz der Tränen, die er beim Tod des alten Kaisers vergoß, erfreute sich Bismarck 1888 der reichen Früchte seines arbeitsreichen Lebens. Mit einer Sozialgesetzgebung, wie sie kein anderes Land besaß, hatte er seine größte innenpolitische Leistung abgeschlossen. Seine Gesundheit war besser, als sie seit Jahren gewesen war. Herbert war zu seiner rechten Hand geworden und erfüllte fähig die Aufgaben seines hohen Amtes.

Dem Reichskanzler selbst war es endlich gelungen, seine gegensätzlichen Wünsche – unangefochtene Macht im Staat und das Leben eines Landedelmannes – miteinander zu vereinbaren. Nach Kaiser Wilhelms II. Thronbesteigung verließ Bismarck Berlin im Juli und kehrte erst im Januar dorthin zurück. In Varzin schlief er lange, stand auf und trank zwei rohe Eier, brach dann zu einem Spaziergang auf. In seinem langen schwarzen Rock und dem breitkrempigen Hut ähnelte er einem ehrwürdigen Geistlichen. Nach dem Mittagsmahl beschäftigte er sich – wenn er dazu geneigt war – mit Staatspapieren, die ihm von Berlin zugeschickt wurden. Alles mußte auf die Zustimmung des Kanzlers warten, wann immer er sie zu geben geruhte. Aber warum eilen? Alles – Deutschland, Europa, der junge Kaiser – war eingebaut in einen großen Entwurf, in einen großen Mechanismus, der sich mit majestätischer Präzision in den ausbalancierten Bahnen bewegte, die er selbst vor langer Zeit festgelegt hatte. Ein Leben voll Arbeit und Überlegung steckte in der Konstruktion dieses Systems.

Vierundvierzig Jahre Altersunterschied trennten den alten Reichskanzler und den neuen Kaiser: Wilhelm II. war 1888 neunundzwanzig, Bismarck dreiundsiebzig. Dem Reichskanzler, der es gewohnt war, hinter einem Vorhang von ehrerbietigen Empfehlungen an einen passiven Souverän zu regieren, kam die Möglichkeit, daß er Schwierigkeiten mit einem Mann bekommen könnte, der beinahe jung genug war, sein Enkel zu sein, niemals in den Sinn. Wilhelm II. würde wie Wilhelm I. eine verehrte Galionsfigur werden. Bismarck hatte den jungen Kaiser sein Leben lang gekannt. Er war sich des impulsiven Selbstbewußtseins, der stürmischen Energie und der Schwäche für Schmeichelei und Applaus, die Wilhelm ausmachten, wohl bewußt. Damit konnte man leben. Er wußte auch, daß Wilhelm eine hohe Meinung von seiner eigenen Position im Leben hatte und zur Überschätzung der eigenen Qualitäten neigte. Diese Eigenschaften, das hatte Bismarck frühzeitig erkannt, konnten nicht nur toleriert, sondern ausgenutzt werden. Während der Herrschaft Wilhelms I. hatte der Kanzler angenommen, daß die Bedrohung seiner Machtstellung von Friedrich ausgehen würde. Darauf war er vorbereitet gewesen. Noch vor wenigen Jahren hatte er dem Kronprinzen erklärt, daß er unter zwei Bedingungen bereit sei, unter einem Kaiser Friedrich im Amt zu bleiben: daß die Macht des Reichstages begrenzt bleiben und daß es keinen englischen Einfluß auf die Außenpolitik geben würde. Friedrich hatte eingewilligt. Um seine Position zu stärken, hatte Bismarck die Kluft zwischen Prinz Wilhelm und seinen Eltern absichtlich erweitert. Wilhelm hatte sich frühzeitig gegen die liberalen Vorstellungen seiner Eltern gestellt und für die autoritär-konservative Tradition des preußischen Hofes entschieden. Die Bismarcks, Vater und Sohn, hatten den Prinzen in ihren konservativen Kreis gezogen, Wilhelms Widerspenstigkeit ermutigt und versucht, den Gegensatz zwischen dem unruhigen, ehrgeizigen Sohn und seinen liberalen Eltern zu verschärfen, nicht abzumildern. Als Friedrich unerwartet starb, hatten die Bismarcks es mit einer Persönlichkeit zu tun, für die sie teilweise selbst verantwortlich waren.

Während des ersten Jahres der neuen Herrschaft blieben der junge Kaiser und der alte Kanzler auf gutem Fuße. Wilhelm war vollauf beschäftigt mit den zeremoniellen Freuden seines neuen Ranges. Bismarcks erste Beschwerden waren geringfügig und betrafen nicht Eingriffe seines Herren in die Staatsgeschäfte, sondern im Gegenteil den Umstand, daß Wilhelm ernster und ausdauernder Arbeit aus dem Weg ging. Im Februar 1889 hörte man den Kanzler murren, daß der Kaiser lieber an einem Regimentsessen in Potsdam teilnahm als an einer Sitzung mit seinen Ministern. General Alfred Graf von Waldersee, Moltkes Nachfolger als Chef des Generalstabes, notierte in sein Tagebuch, daß Wilhelm II., wenn er gezwungen war, stillzusitzen und mündlichen Berichten seiner Generäle oder Minister zu lauschen, seine Langeweile nicht verbergen konnte und manchmal offen gähnte. Wilhelm begann sofort zu reisen: in alle Teile Deutschlands, nach St. Petersburg, Wien, London, Konstantinopel und Athen. Bismarck mißbilligte diese Reisen und sorgte sich, daß der ungestüme junge Herrscher seine sorgsam austarierten diplomatischen Arrangements stören würde. »Der Kaiser ist wie ein Ballon«, sagte er einmal. »Wenn man ihn nicht fest am Strick hielte, ginge er wer weiß wohin.«

Wilhelm seinerseits ließ wissen, daß er auf diesen Reisen »zuviel von dem Kanzler« hatte sprechen hören und daß manche das Deutsche Reich gar als die »Firma Bismarck und Sohn« bezeichneten.

Allmählich wurde dem Kanzler klar, daß der neue Herrscher nicht mehr der sich einschmeichelnde junge Prinz war, der ihm die Pfeife angezündet und sich über seine Eltern beklagt hatte. Wilhelm war ein vielseitiger, ehrgeiziger, komplizierter Mann von beträchtlicher Unsicherheit. Dies erforderte eine Beziehung zwischen Kaiser und Kanzler, die sich sehr von jener unterschied, die zwischen Wilhelm I. und Bismarck bestanden hatte. Wilhelm II. war noch immer erfüllt von dem, was Bismarck ihn in seiner Jugend gelehrt hatte: daß das Deutsche Reich zwar ein Verfassungsstaat sei, der Kaiser aber auch König von Preußen sei, und daß ihm diese Würde – und die des Deutschen Kaisers – von Gottes Gnaden zukomme. Wenn Gott ihn auf diesen Platz gestellt hatte, sollte ihm kein Sterblicher im Weg stehen, nicht einmal der Gründer des Reiches. Seine Erziehung hatte betont, daß die letzten politischen Entscheidungen – die

Entscheidung für Krieg oder Frieden, die Wahl eines Kanzlers und die Bestellung von Ministern – beim Kaiser lag. In seiner Überzeugung war Wilhelm II. durch eine wachsende Hohenzollern-Verehrung bestärkt worden, die in Tausenden von Schulen gelehrt und von Hunderten von Universitätslehrstühlen im ganzen Reich verbreitet wurde. Auch Bismarck hatte Wilhelm ermutigt, an seinen eigenen besonderen Genius und seine göttliche Mission zu glauben.

Wilhelm war kein Dummkopf; er hatte verstanden, daß er im Spiel des Kanzlers benutzt worden war, als sein Vater noch gelebt hatte. Er wiederum hatte Bismarck benutzt und den Kanzler über die Maßen gelobt, wenn er mit seinen Eltern Zerwürfnisse gehabt hatte. Aber sobald er auf den Thron gelangt war und nachdem er sein anfängliches Vergnügen an prachtvollen Uniformen, schmeichlerischen Ansprachen, Truppeninspektionen und Paraden genossen hatte, begann er mehr Teilhabe an der eigentlichen Macht zu wünschen. Er hatte nicht die Absicht, sich mit der passiven Rolle zu begnügen, die sein Großvater gespielt hatte. Nicht lange, und all jene, die in Opposition zum Kanzler standen, fanden den Weg zum Ohr des Kaisers. Sogar Bismarcks Untergebene, vor allen anderen Holstein, ließen Informationen durchsickern, um die Politik des Kanzlers oder seine Stellung beim Kaiser zu sabotieren. Jahrelang gehegter Groll wurde zu giftigen Bemerkungen destilliert. Wilhelm würde niemals ein wahrer Herrscher sein, sagte man ihm, solange er nur ein Werkzeug in den Händen des Reichskanzlers sei. Graf Waldersee, der kein Freund Bismarcks war, sagte pointiert, daß »Friedrich der Große, wenn er solch einen Kanzler gehabt hätte, nicht Friedrich der Große gewesen sein würde«.

Früher oder später war ein Wandel unausweichlich. Da Bismarck kein Verlangen nach Veränderung hatte, mußte die Initiative vom Kaiser ausgehen. Der Fürst wäre gern bis zu seinem Tode im Amt geblieben; er liebte die Macht und glaubte wirklich, daß Deutschland ohne ihn verloren wäre. Es gab immer noch Herbert, aber dieser war noch jung und unfertig. Und Kaiser Wilhelm II., zehn Jahre jünger als Herbert, hatte überhaupt keine Erfahrung. Tatsächlich spürte Wilhelm seine eigene Unerfahrenheit und hatte nicht die Absicht, Bismarck sofort zu entlassen. Vielmehr wollte er in dem Maße, wie der Kanzler alterte, mehr und mehr von Bismarcks Aufgaben übernehmen.

Wilhelms relativ geringes Interesse an politischen Fragen während des ersten Jahres seiner Regierung verleitete den Kanzler dazu, seinen früheren Schützling zu unterschätzen. Statt seine Kräfte zur Festigung seiner Herrschaft über Regierung und Reichstag zu sammeln, kehrte Bismarck der Hauptstadt in übermäßiger Zuversicht den Rücken und überließ Herbert den Umgang mit dem Kaiser. Der Kanzler führte die Regierungsgeschäfte von Friedrichsruh oder Varzin aus, ohne den Kaiser in seine Überlegungen einzubeziehen. Wenn Wilhelm eine Frage stellte oder einen Vorschlag machte, antwortete Bismarck kurz angebunden, gewöhnlich um zu bemerken, wie unklug oder gefährlich die Vorschläge des Kaisers seien.

Wilhelm II., obgleich aufgebracht über die langen Abwesenheiten des Kanzlers und seine gönnerhaften Botschaften, forderte Bismarcks Politik erst im Mai 1889 heraus. Die erste Meinungsverschiedenheit entstand aus der Arbeitsgesetzgebung. In seinem Bestreben, den sozialen Rückwirkungen der raschen Industrialisierung Deutschlands die Schärfe zu nehmen und den erstarkenden Sozialdemokraten den Wind aus den Segeln zu nehmen, hatte Bismarck den arbeitenden Menschen in Deutschland bereits mit obligatorischer Kranken-, Unfall- und Altersversicherung die fortschrittlichste Sozialgesetzgebung der Welt beschert. Aber er sperrte sich gegen Gesetze zum Schutz jugendlicher und weiblicher Arbeitnehmer und war gegen die Begrenzung der Arbeitszeit; einem arbeitenden Menschen zu verbieten, »seine und der Seinigen Arbeitskräfte nach eigenem Ermessen zu verwerten«, sei ein »Eingriff in die persönliche Freiheit«, sagte Bismarck. Wilhelm hatte persönliche Gründe, der Ansicht des Kanzlers zu widersprechen. Obschon in der Tradition des Absolutismus erzogen, erstrebte der junge Kaiser am Anfang seiner Regierungszeit jene Beliebtheit, der sich sein Vater und sein Großvater erfreut hatten. Um dies zu erreichen, wollte er zeigen, daß er der Kaiser aller Deutschen war. Er gedachte die Arbeiter durch eine aufgeklärte, soziale Arbeitsgesetzgebung an die Krone zu binden; in diesem Sinne würden Gesetze zum Schutz von Frauen und Kindern vor Überarbeitung und Bestimmungen über Arbeitszeit und Arbeitsbedingungen besonders populär und nützlich sein.

Der Zusammenstoß zwischen diesen gegensätzlichen Meinungen wurde ausgelöst durch einen Streik von 170000 westfälischen Bergleuten im Mai 1889. Wilhelm empfing gegen den Rat des Kanzlers eine Abordnung der streikenden Bergleute und erschien unerwartet in einer Kabinettssitzung, um zu verkünden (in Bismarcks Worten): »Die Aktionäre und Unternehmer müßten nachgeben, die Arbeiter seien seine Unterthanen, für die er zu sorgen habe; wollten ihm die industriellen Millionäre nicht zu Willen sein, so würde er seine Truppen zurückziehen; wenn dann die Villen der reichen Besitzer und Direktoren in Brand gesteckt, ihre Gärten zertreten würden, so würden sie schon klein werden.«

Bismarck argumentierte, daß auch die Bergwerksbesitzer Untertanen seien, die ein Recht auf den Schutz ihres Souveräns hätten. Der Streit schwelte weiter und wurde Teil einer größeren Krise. 1889 war der vierundsiebzigjährige Kanzler nicht geneigt, Konzessionen an Bergleute, Fabrikarbeiter oder sozialdemokratische Reichstagsabgeordnete zu machen. Er glaubte, daß die Zeit gekommen sei, energisch gegen Streiks, Unruhen und parlamentarische Umwälzungen vorzugehen. Wenn die Sozialisten Unruhe stifteten, würde das Militär sie unterdrücken; wenn der Reichstag Schwierigkeiten machte, würde er ihn einfach auflösen und die Abgeordneten auf die Straße setzen. Jenen, die sagten, daß ein solcher Staatsstreich nicht verfassungsmäßig sei, würde er antworten, daß er die Verfassung geschaffen habe und eine andere ausarbeiten könne. Niemand solle vergessen, daß er seine lange Amtszeit im Dienste der preußischen Krone damit begonnen habe, daß er vier Jahre lang ohne den preußischen Landtag regierte.

Im Januar 1890 waren alle im Reichstag vertretenen Parteien für eine Gesetzgebung zur Beschränkung von Kinderarbeit, Frauenarbeit und Sonntagsarbeit. Bismarck weigerte sich nachzugeben, und Wilhelm II. entschloß sich zum Handeln. Am 23. Januar wurden der Reichskanzler und sämtliche preußischen Minister informiert, daß der Kaiser für den folgenden Tag um 18 Uhr den Kronrat einberufen habe. (Der Kronrat war eine Sitzung des gesamten Kabinetts unter dem Vorsitz des Monarchen.) Herbert, der von seinem Vater beauftragt worden war, den Zweck der Sitzung zu erfahren, ging zu Wilhelm II. und erfuhr, daß der Kaiser beabsichtigte, seinen Plan zur Arbeitsgesetzgebung den Ministern vorzulegen. Bismarck verließ Friedrichsruh, traf um 14 Uhr in Berlin ein und bestellte alle preußischen Minister für 15 Uhr in sein Büro. Dort erklärte er ihnen, was er von den Absichten des Kaisers wußte, und bat sie, den Plan weder zu akzeptieren noch zurückzuweisen, sondern um Bedenkzeit zu bitten. Die Minister stimmten ohne Ausnahme zu.

Um 18 Uhr versammelte sich der Kronrat. Wilhelm, dem die vorausgegangene Zusammenkunft nicht bekannt war, erläuterte seine Vorschläge. Statt die Sozialisten zu unterdrücken, wolle er sie für sich gewinnen. Er habe keine Überspanntheiten im Sinn; lediglich Begrenzungen der Arbeitszeit, Arbeitsbeschränkungen für Frauen und Kinder, Fabrikinspektionen zur Überprüfung der Arbeitsbedingungen. Er beklagte, daß deutsche Unternehmer ihre Arbeiter wie Zitronen ausquetschten und alte Leute auf den Misthaufen warfen. Wenn nichts geschehe, sagte er, würde er zum König der Bettler. Wilhelm wies darauf hin, daß der Tag des Kronrates, der 24. Januar, der Geburtstag Friedrichs des Großen sei; drei Tage später, am 27. Januar, folge sein eigener Geburtstag. Wenn die Minister rasch zustimmten, könne er die Erlasse in einer Geburtstagsproklamation veröffentlichen. Bismarck hörte zu und tadelte die Ausführungen des Kaisers später »wegen der praktischen Ziellosigkeit des Elaborats und wegen des Anspruchs auf Schwunghaftigkeit«. In der Sitzung des Kronrates warnte er vor den Folgen der geplanten Maßnahmen: »Die Steigerung der Erwartungen und der niemals zu befriedigenden Begehrlichkeit der sozialistischen Klassen werde das Königtum und die Regierungsgewalt auf abschüssige Bahn treiben. Seine Majestät und der Reichstag sprächen von Arbeiterschutz, es handele sich aber in der Tat um Arbeiterzwang, um den Zwang, weniger zu arbeiten.« Die Minister sprachen nacheinander. Wie sie es dem Kanzler versprochen hatten, sagten sie alle, daß die Vorschläge des Kaisers mehr Zeit zur Überlegung bedürften.

Darauf wandte sich der Kronrat der Erneuerung des noch im selben Jahr auslaufenden repressiven Sozialistengesetzes zu. Wilhelm wünschte es durch die Streichung der staatlichen Befugnis zur Ausweisung aufrührerischer Elemente zu mildern. Bismarck widersprach dem Kaiser. Je eher die Regierung eine feste Haltung zeige, desto geringer würde das Blutvergießen sein, sagte er, doch würden diese sozialen Fragen letzten Endes durch Gewalt entschieden werden müssen. Wenn der Reichstag das Sozialistengesetz ablehne, wünsche er zu seinen Anfängen zurückzukehren und Gewalt einzusetzen. Er würde die Verfassung zerreißen, den Reichstag auflösen und das allgemeine Wahlrecht abschaffen. Er sprach zuversichtlich von Unruhen in der Industrie, Streik und Bürgerkrieg. Die Wogen würden hochgehen, prophezeite er; dann würden wieder »Blut und Eisen« herrschen.

Wilhelm protestierte, daß er seine Regierung nicht damit beginnen wolle, seine Untertanen zu erschießen. Er appellierte an die Minister, aber diese wagten Bismarck in dessen Anwesenheit nicht herauszufordern und unterstützten kleinmütig den Kanzler. Was der junge Kaiser tun würde, wenn sie sich ihm entgegenstellten, wußten sie nicht. Was Bismarck tun würde, wenn sie sich ihm widersetzten, wußten sie genau: er würde sie hinauswerfen. Wilhelm konnte nicht viel ausrichten und verließ den Kronrat enttäuscht und verärgert. »Das sind ja gar nicht meine Minister«, rief er aus, »das sind die Minister des Fürsten Bismarck.«

Bismarck hatte einen Pyrrhussieg errungen. Zwischen Kaiser und Kanzler, Jugend und Alter, verhärteten sich die Fronten. Der Kaiser war gedemütigt worden; der alte Mann hatte seine Herrschaft allzu augenfällig zur Schau gestellt. Bismarck spürte es selbst; am folgenden Tag fand ihn ein Beamter des Kanzleramtes in Tränen auf seinem Bürosofa. In den nächsten Tagen versuchte er zu vermitteln. Als der Kronrat wieder zusammentrat, stimmte er zu, daß der Kaiser eine Proklamation herausgeben solle, in der er sein Interesse an der Wohlfahrt der arbeitenden Bevölkerung erkläre. Wilhelm wurde auch gestattet, die europäischen Mächte zu einer internationalen Konferenz über soziale Probleme und Fragen der Arbeitsgesetzgebung nach Berlin einzuladen.

Wilhelm, nur teilweise besänftigt, versuchte die Minister einzeln für sich zu gewinnen, indem er jeden von ihnen einmal wöchentlich empfing und sich Bericht erstatten ließ. Diese Taktik alarmierte Bismarck, der darauf mit dem Versuch reagierte, die Kontakte zwischen dem Kaiser und den Ministern schärfer als bisher zu kontrollieren. Er ließ ein altes Dekret aus dem Jahre 1852 hervorkramen, das preußischen Ministern untersagte, mit dem König zu sprechen, es sei denn, in der Gegenwart des Ministerpräsidenten. Am 18. Februar 1890 erneuerte Bismarck diese Bestimmung. Die Minister wurden angewiesen, »sich ... eines direkten Geschäftsverkehrs mit Seiner Majestät dem Kaiser beziehungsweise mit dem Bundesrat und dem Reichstag enthalten und die betreffenden Entwürfe mir zur Genehmigung vorlegen lassen zu wollen. Desgleichen werden mündliche Erklärungen an den Bundestag oder Reichstag ... ohne vorgängige Feststellung meines Einverständnisses nicht abgegeben werden können«. In seinem Argwohn mutete der Kanzler sich selbst eine übermenschliche Aufgabe zu. Mit fünfundsiebzig würde er jeden Tag die Tagesordnung des Bundesrates billigen, allen Bundesratssitzungen präsidieren, persönlich jede Anweisung und jede Gesetzesvorlage unterzeichnen und jede Erklärung von Regierungsbeamten genehmigen müssen. Bismarck weigerte sich auch, seine Unterschrift unter die Proklamation des Kaisers zum geplanten Arbeitsschutzgesetz zu setzen. Außerdem versuchte der Kanzler insgeheim, Wilhelms Lieblingsplan, die in Berlin abzuhaltende internationale Konferenz über soziale Fragen, zu torpedieren. Er erschien uneingeladen in der französischen Botschaft und schlug dem Botschafter vor, daß Frankreich die Konferenz meiden solle. »Der Kanzler hat unzweideutig Stellung gegen seinen Souverän genommen«, berichtete der Botschafter eilig nach Paris.

Am 20. Februar erlitt Bismarcks Koalition schwere Verluste in den Reichstagswahlen. Unter normalen Umständen hätte Bismarck dieses Ergebnis ignoriert; solange er das Vertrauen des Kaisers besaß, konnte er weiterhin regieren. Nun, da er wußte, daß er dieses Vertrauen verloren hatte, sah er sich in Schwierigkeiten. Er machte sich daran, neue Verbindungen im Reichstag herzustellen, und seine Position dort zu festigen. Einmal erschien er vor dem Ministerrat und drohte, als Ministerpräsident von Preußen zurückzutreten und nur als Reichskanzler im Amt zu bleiben. Zu seiner Bestürzung stimmten die Minister alle zu, und einer, Karl von Bötticher, der Innenminister, hielt eine eloquente Abschiedsrede. Bismarck war ergrimmt, als der Kaiser am 9. März Bötticher empfing und ihm den Schwarzen Adlerorden verlieh, Preußens höchste Auszeichnung, die gewöhnlich Personen von königlichem Geblüt vorbehalten war. Wilhelm wiederum geriet in Zorn, als er erfuhr, daß Bismarck versucht hatte, Ludwig Windthorst, den Führer der katholischen Zentrumspartei, in eine neue Bismarcksche Koalition zu ziehen, ohne den Kaiser zu konsultieren oder auch nur zu unterrichten. Windthorst war ein alter Gegner des Kanzlers; das Gespräch vom 12. März ließ den Grad von Bismarcks Verzweiflung erkennen. Windthorst wußte es; als er nach eineinhalbstündiger Unterredung das Büro des Kanzlers verließ, sagte er: »Ich komme vom Sterbebett eines großen Mannes.«

Am 14. März sandte Wilhelm dem Kanzler eine Botschaft, daß er ihn am folgenden Morgen in der Residenz des Außenministers aufsuchen wolle. Die kaiserliche Botschaft erreichte den Kanzler nicht mehr vor dem Schlafengehen. Am 15., es war ein Samstag, wurde Bismarck um neun Uhr mit der Nachricht geweckt, daß der Kaiser in Herberts Villa auf ihn warte. Bismarck, der gewohnt war, lange zu schlafen, dann eine Tasse Tee zu trinken, ein warmes Bad zu nehmen und sich massieren zu lassen, um auf den Tag vorbereitet zu sein, stand eilig auf, zog sich an und ging in einem kalten Regen durch den Garten des Kanzlerpalais zu Herberts Villa. Beide Männer waren in schlechter Stimmung; Wilhelm II. hatte fünfundzwanzig Minuten auf das Erscheinen des Kanzlers gewartet; Bismarck beklagte sich, daß er nichts von dem Gespräch gewußt habe, bis er vor fünfundzwanzig Minuten geweckt worden sei.

»So –«, sagte der Kaiser, »ich habe die Bestellung gestern Nachmittag hinausgegeben.« Bismarck berichtete dem Kaiser, was dieser bereits wußte: Windthorst sei »aus dem Bau gekommen«. »Nun, Sie haben ihn doch natürlich zur Tür hinauswerfen lassen?« fuhr Wilhelm auf. Wie konnte der Kanzler es wagen, ohne Wissen des Kaisers geheime Absprachen mit einem Oppositionsführer zu versuchen? Bismarck erwiderte, daß er als Kanzler die Freiheit haben müsse, mit den Parteiführern zusammenzutreffen, und daß er darin ebensowenig einer Kontrolle unterliegen könne wie ein Hausherr, der seine Freunde empfange. »Auch nicht, wenn Ihr Souverän es empfiehlt?« verlangte Wilhelm zu wissen. »Die Macht meines Souveräns endet an der Tür zum Salon meiner Frau«, versetzte Bismarck, nun so zornig, daß »er sich nur mit Mühe enthalten konnte, mir ein Tintenfaß an den Kopf zu werfen«, wie Wilhelm später schrieb. Er verlangte die Rücknahme des erneuerten Dekrets von 1852, das den Ministern in der Abwesenheit des Kanzlers den Zugang zu ihm selbst verwehrte. »Wie soll ich ohne Verhandlungen mit den Ressortministern regieren, wenn Sie einen großen Teil des Jahres in Friedrichsruh sitzen?« fragte er.

Das Gespräch kam auf Rußland. Wilhelm hatte vorher seine Absicht erklärt, Zar Alexander III. bald wieder zu besuchen; Bismarck sprach sich jetzt dagegen aus, weil er, wie er sagte, Meldungen erhalten habe, die bewiesen, daß der Zar dem jungen Kaiser nicht wohlgesinnt sei. Hier spielte Bismarck einen Trick aus. Er nahm seine Aktentasche auf, suchte zwischen Papieren herum, schien sich eines Besseren zu besinnen und steckte sie wieder zurück. Wilhelm verlangte die Papiere zu sehen. Bismarck gab nach, sagte aber, es wäre besser, wenn er es nicht täte. Wilhelm bestand darauf und nahm die Papiere selbst aus der Aktentasche des Kanzlers. Dann las er eine vertrauliche Nachricht aus St. Petersburg, aus der hervorging, daß der Zar den deutschen Kaiser als »un garçon mal élevé et de mauvaise foi« bezeichnet hatte (»einen schlechterzogenen jungen Mann von schlechter Gesinnung«). Bismarck sah unerbittlich zu, wie Wilhelm das Papier las, es gedemütigt zurückgab und zu seiner Kutsche hinausging.

Es war das Ende, und beide waren sich darüber im klaren. Dreimal sandte der Kaiser Emissäre zu Bismarck und verlangte entweder die Annullierung des Dekrets von 1852 oder den Rücktritt des Kanzlers. Bismarck weigerte sich und trat nicht zurück. Am 17. März sandte Wilhelm auf dem offenen Dienstweg eine Note, in der er sich bei Bismarck beschwerte, daß er nicht über bestimmte russische Truppenbewegungen informiert worden sei: »Ich [muß] es sehr bedauern, daß ich so wenig von den Berichten erhalten habe. Sie hätten mich schon längst auf die furchtbar drohende Gefahr aufmerksam machen können!« Bismarck hatte jetzt den Vorwand, den er suchte: der Kaiser mischte sich in die Außenpolitik ein und sprach von Krieg mit Rußland. Am 18. März reichte er sein Rücktrittsgesuch ein. Zwei Tage später veröffentlichte das Amtsblatt den Abschied des Kaisers: »Mit tiefer Bewegung habe Ich aus Ihrem Gesuche vom 18. dieses Monats ersehen, daß Sie entschlossen sind, von den Ämtern zurückzutreten, welche Sie seit langen Jahren mit unvergleichlichem Erfolge geführt haben. Ich hatte gehofft, dem Gedanken, Mich von Ihnen zu trennen, bei unseren Lebzeiten nicht nähertreten zu müssen... Als Zeichen dieses Dankes verleihe Ich Ihnen die Würde eines Herzogs von Lauenburg. Auch werde Ich Ihnen Mein lebensgroßes Bildnis zugehen lassen... Ich ernenne Sie zum Generalobersten der Kavallerie mit dem Range eines Generalfeldmarschalls...«

Bismarck nahm diese Ehrungen mit zynischem Humor auf. Der Kaiser hatte als Grund für den Rücktritt den schlechten Gesundheitszustand des Kanzlers angegeben. Bismarck antwortete darauf bei seinem Abschiedsbesuch am 26. März, seine Gesundheit sei in den letzten Jahren selten so gut gewesen wie in dem vergangenen Winter. Wilhelm gewährte ihm eine Dotation in Geld; Bismarck verglich sie mit dem Umschlag, den man dem Briefträger zu Weihnachten gibt. Was die neue Herzogswürde betraf, so meinte er: »Man soll mir gefälligst den Namen Bismarck lassen, den Herzogstitel werde ich höchsten führen, wenn ich einmal inkognito reisen will.« Auch die ausländischen Botschafter wurden informiert, daß der Rücktritt durch den schlechten Gesundheitszustand des Reichskanzlers begründet sei*. An Hinzpeter telegrafierte Wilhelm: »Mir ist so weh, als hätte ich noch einmal meinen Großvater verloren... Das Amt des wachhabenden Offiziers auf dem Staatsschiff ist mir zugefallen. Der Kurs bleibt der alte. Volldampf voraus!«**

* Wilhelm telegrafierte seiner Großmutter in Schloß Windsor: »Ich bedaure tief, Dir mitzuteilen, daß Fürst Bismarck mir sein Rücktrittsgesuch überreicht hat – seine Nerven und seine Kräfte haben nachgelassen – und auf Erhaltung und Wiederherstellung hofft.«

** Wilhelms nautische Sprache war vermutlich die Inspiration für eine der berühmtesten politischen Karikaturen, die je gezeichnet wurden. Sie erschien am 29. März im *Punch* und trug die Unterschrift »DER LOTSE VERLÄSST DAS SCHIFF«. Sie zeigt Bismarck, der in Seemannskleidung das Fallreep eines Schiffes zum wartenden Ruderboot hinabsteigt, während sich oben der Kaiser mit Krone und Epauletten vergnügt über die Reling beugt und zusieht.

Bismarck verließ Berlin, so rasch er konnte. Er füllte dreihundert Packkisten mit Staatspapieren und verfrachtete dreizehntausend Flaschen Wein aus dem Keller der Reichskanzlei nach Friedrichsruh. Er stattete seiner alten Feindin, der Kaiserinwitwe Friedrich, einen letzten Besuch ab. Sie fragte, ob sie etwas für ihn tun könne. »Ich bitte nur um etwas Mitgefühl«, antwortete Bismarck. Am 28. März suchte er das königliche Mausoleum in Charlottenburg auf, um Rosen auf das Grab Wilhelms I. zu legen. »Ich habe mich bei meinem alten Herrn abgemeldet«, sagte er. Die Rosen entstammten den überreichen floralen Abschiedsgaben, die seine Bewunderer ihm geschickt hatten. Am 29. März verließ Bismarck die Hauptstadt. Menschenmengen säumten die Straßen zum Bahnhof; er wurde von einer Ehrengarde, bestehend aus kaiserlichen und preußischen Ministern, Generälen und Botschaftern verabschiedet. Nur der Kaiser fehlte. Als sein Zug aus dem Bahnhof rollte, lehnte Bismarck sich in die Polster zurück und sagte: »Ein Leichenbegräbnis erster Klasse.«

Bismarck kehrte zurück nach Varzin, wo er seine Tagebücher mit den Worten »gelangweilt« und »müde« füllte. Vor ihm lagen noch acht Lebensjahre. Nach vierzig Jahren im Staatsdienst und achtundzwanzig Jahren auf dem Gipfel der Macht fiel es ihm schwer zu glauben, daß dies das Ende war. Das Deutsche Reich war sein Werk; er hatte es geschaffen und während seines ganzen Bestehens verwaltet. Daß es ohne ihn funktionieren könnte, war ihm unvorstellbar. Lange Zeit träumte er davon, zurückgerufen zu werden und eine triumphale Rückkehr zu halten. Er sprach von denen, die er entlassen würde, wenn er wieder in seine Ämter eingesetzt wäre. Seine Rückkehr würde nicht das Ergebnis einer Wandlung der öffentlichen Meinung sein, sondern eines Appells des Kaisers; dies war der einzige nach der von ihm geschriebenen Verfassung mögliche Weg. Aber der Kaiser hatte keine derartigen Absichten und blieb distanziert. Im Juni 1892 erzählte Fürst Hohenlohe, der Statthalter von Elsaß-Lothringen, dem Kaiser, daß die Leute fürchteten, Bismarck werde zurückkehren. Wilhelm lachte. Die Leute könnten sich beruhigen, sagte er. »Er wird nicht zurückkommen.«

Von der Macht verdrängt, blieb Bismarck gleichwohl ein Faktor in der deutschen Politik. Er sprach freimütig über die Unerfahrenheit und Sprunghaftigkeit des Kaisers. Eine Zeitlang legte Bismarck, wenn er zahlte, die Münzen stets so auf den Tisch, daß das Konterfei des Kaisers unten war – damit er »das falsche Gesicht« nicht zu sehen brauche. 1891 wurde er von einem Hannoverschen Wahlbezirk in den Reichstag gewählt. Er nahm seinen Platz als Abgeordneter jedoch niemals ein und erklärte es damit, daß er in Berlin kein Haus besitze und zu alt sei, in einem Hotel zu leben. Nach einiger Zeit verschaffte er sich ein Sprachrohr für seine Ansichten, indem er unsignierte Artikel, die aber seine unverkennbare Handschrift trugen, an Hamburger Zeitungen sandte. Diese Artikel, die weite Verbreitung fanden und oft sehr indiskret waren, beschäftigten sich hauptsächlich mit der Torheit des Kaisers und den Fehlern seiner Nachfolger. Er arbeitete angestrengt an seiner Autobiographie, in der er immer wieder Änderungen vornahm, bis sein Assistent, der Bismarcks Worte pflichtschuldig niederschrieb, keine Ahnung mehr hatte, wo die Wahrheit lag.

Im Mai 1892 verlobte sich Herbert von Bismarck mit einer österreich-ungarischen Adligen, der Gräfin Hoyos. Kaiser Wilhelm gratulierte telegrafisch, und Bismarck beschloß, der Hochzeit in Wien beizuwohnen. Er erbat eine Audienz bei Kaiser Franz Joseph. Der neue deutsche Reichskanzler sorgte sich jedoch wegen der möglichen Komplikationen, die Bismarcks Auftreten in Wien nach sich ziehen könnte, und untersagte dem deutschen Botschafter die Teilnahme an der Hochzeit. »Wir haben nicht einen Augenblick daran gezweifelt, daß man dem Fürsten in Wien Ovationen bereiten wird«, schrieb Caprivi. »Wir können das nicht verhindern, aber wir müssen die Teilnahme der deutschen Botschaft an Festlichkeiten vermeiden, die von Demonstrationen begleitet sein werden, wo man nicht zu sagen vermag, ob sie für Bismarck oder gegen Kaiser Wilhelm gedacht sind.« Der Kaiser selbst ging noch weiter. In einem persönlichen Brief an Franz Joseph schrieb er: »Als Hauptnummer seines Programms ... hat er sich eine Audienz bei Dir ausgedacht. Unter ungezogenster Ignorierung meines Hofes und der Kaiserin begibt er sich nach Dresden und Wien, um dort sich sofort vorzustellen und den alten treuen Mann herauszubeißen ... Ich möchte Dich daher in meinem und meiner Regierung Interesse als treuen Freund bitten, mir nicht die Lage im Lande zu erschweren, indem Du den ungehorsamen Untertan empfängst, ehe er sich nicht mir genähert und peccavi gesagt hat.« Wilhelms Brief machte es Franz Joseph unmöglich, Bismarck zu empfangen, und während seines Aufenthalts in Wien wurde der frühere Kanzler von der Wiener Gesellschaft ignoriert. Keine Vertreter des österreichischen Hofes oder des diplomatischen Korps wohnten Herberts Hochzeit bei. Bismarck war entrüstet. Auf der Rückfahrt von Wien wurde er von Menschenmengen bejubelt. In Bad Kissingen und Jena hielt er Reden und erklärte, daß er beim Aufsetzen der Reichsverfassung den Fehler gemacht habe, der Krone zuviel Macht zu geben.

1893 erkrankte der achtundsiebzigjährige Bismarck ernstlich an Grippe und Gürtelrose. Der Kaiser sandte ihm ein mitfühlendes Telegramm und schickte Graf Kuno von Moltke aus seinem Stab mit einem persönlichen Brief und einer Flasche des feinsten Rheinweines aus den kaiserlichen Kellern nach Varzin. Während er dort weilte, lud Moltke den früheren Kanzler auch ein, zum Geburtstag des Kaisers nach Berlin zu kommen. Die Nachricht von Bismarcks Annahme weckte in vielen Ministerien Befürchtungen, daß der frühere Kanzler wieder an die Macht kommen könnte. Am 22. Januar 1894 kehrte der gefallene Titan um die Mittagszeit triumphal in die Hauptstadt zurück. Prinz Heinrich von Preußen erwartete ihn am Bahnhof und umarmte und küßte ihn. Eine Schwadron Gardekürassiere eskortierte ihn durch Straßen, die von jubelnden Mengen gesäumt waren, unter Balkonen, auf denen sich nervöse Regierungsbeamte drängten. Vor dem Berliner Stadtschloß angelangt, erstieg er, auf Herberts Arm gestützt, die Stufen. Während der Kaiser ihn empfing, sangen draußen die Menschenmengen immer wieder »Die Wacht am Rhein« und »Deutschland, Deutschland über alles«.

Bismarck war in der Hoffnung nach Berlin gekommen, daß dies der Beginn seiner Rückkehr an die Macht sei, oder zumindest mit der Erwartung, in politischen Angelegenheiten konsultiert zu werden. Nichts dergleichen geschah. Bismarck bekam den Reichskanzler Caprivi, seinen Nachfolger, nicht zu sehen; auch Marschall, der Staatssekretär im Auswärtigen Amt, und Holstein, Vortragender Rat im Auswärtigen Amt, hielten sich fern. Beim abendlichen Festbankett saß Bismarck neben dem Kaiser, aber Wilhelm hielt das Gespräch konsequent bei Belanglosigkeiten. Bismarck, so wurde hinterher gesagt, wurde wie ein königlicher Besucher behandelt, nicht wie ein erfahrener Politiker, dessen Rat man suchte. Am 19. Februar erwiderte der Kaiser den Besuch, indem er nach Friedrichsruh kam. Wieder wurde nicht über Politik gesprochen.

Ende 1894 starb Johanna in Varzin. Bismarck verließ den Besitz und zog für den Rest seines Lebens nach Friedrichsruh. Im April 1895 kam der Kaiser, um Bismarcks achtzigsten Geburtstag zu feiern, ein Besuch, der ein denkwürdiges Foto von Bismarck zeitigte, der wegen seiner Gelenkschmerzen auf den Stock gestützt stand und noch immer den jugendlichen Kaiser überragte, während einer der riesigen Hunde des früheren Kanzlers wachsam in der Nähe saß. Zu seinem Geburtstag erhielt Bismarck zahlreiche Glückwünsche, aber der deutsche Reichstag weigerte sich, in den Chor der Gratulanten einzustimmen. Diese mürrische Undankbarkeit veranlaßte den französischen Botschafter – welcher eine Nation vertrat, die wenig Ursache hatte, Bismarck zu ehren – zu dem Ausspruch: »Die Deutschen können sagen und tun, was sie wollen, sie werden nie ein großes Volk werden.«

Der Streit zwischen Bismarck und dem Kaiser flammte 1896 wieder auf, als der frühere Kanzler in einer Hamburger Zeitung die Existenz des geheimen Rückversicherungs-Vertrages mit Rußland enthüllte und Wilhelm angriff, weil er sich geweigert hatte, ihn 1890 zu erneuern. Wilhelm II. war so erzürnt, daß er seine Absicht erklärte, Bismarck wegen Verrats ins Spandauer Gefängnis zu stecken. Fürst Hohenlohe, zu der Zeit Kanzler, redete es dem Kaiser mit dem Hinweis aus, daß die Mindeststrafe für Verrat zwei Jahre Zwangsarbeit sei, die den einundachtzigjährigen Bismarck mit Sicherheit umbringen würden. Dann würde sich die Frage der Beerdigung stellen. Der Kaiser würde dieses Ereignis sicherlich gebührend vorbereiten und selbst am Begräbnis teilnehmen wollen.

»Wäre es eines so großen Monarchen würdig, in einer Festung zweiten Ranges den Leichenkondukt seines ersten und berühmtesten Kanzlers vor sich gehen zu lassen?« Wilhelm verzichtete auf weitere Drohungen.

Im Dezember 1897 kam der Kaiser ein letztes Mal nach Friedrichsruh, um »zu sehen, wie lange es der alte Mann noch machen wird«. Wilhelm traf seinen früheren Kanzler in einem Rollstuhl an. Als Gastgeber versuchte Bismarck wiederholt, ein ernsthaftes Gespräch in Gang zu bringen. Wilhelm wich jedem politischen Thema aus, hörte geistesabwesend zu, antwortete mit alten Kasernenwitzen aus seinen Regimentstagen in Potsdam. Während des Winters und Frühjahrs 1898 verfiel Bismarck rasch, verließ kaum noch den Rollstuhl und hatte Atemschwierigkeiten. Er starb am Abend des 30. Juli 1898. Wilhelm, der an Bord der kaiserlichen Jacht *Hohenzollern* auf der Nordsee kreuzte, eilte zurück, um am Begräbnis teilzunehmen. Bismarck hatte ein Staatsbegräbnis in Berlin verweigert und wurde in Friedrichsruh beerdigt. Herbert, der beim Tode seines Vaters den Fürstentitel erbte, erwartete den Kaiser am Bahnhof. Sie küßten einander auf die Wange, aber bei der Beerdigung standen Wilhelm und sein Gefolge auf einer Seite des Grabes, die Familie auf der anderen. Am 16. Juni 1901 wurde in Berlin ein Bismarckdenkmal enthüllt. Bülow, inzwischen Kanzler, überbrachte dem Kaiser die Nachricht. Wilhelm sagte, er würde nicht kommen. Als Bülow darauf bestand, daß diese Beleidigung zu groß wäre, willigte der Kaiser widerstrebend ein. »Wenn Sie es durchaus wollen, werde ich kommen«, sagte er. »Aber nur in kleiner Uniform.«

## 5. KAPITEL

# Der neue Kurs: Wilhelm II., Caprivi und Hohenlohe

Wer den neuen deutschen Kaiser betrachtete, sah einen knapp mittelgroßen jungen Mann mit rastlosen, strahlend blauen Augen und lockigem hellbraunen Haar. Sein auffallendstes Merkmal war ein buschiger Schnurrbart mit aufgebogenen Spitzen, die Kreation eines geschickten Barbiers, der jeden Morgen mit einer Dose Wachs im Schloß erschien. »[Der Kaiser] hält sich gut... [Er] betritt den Raum mit dem festen Schritt eines preußischen Soldaten«, notierte der englische Staatsmann John Morley. »Wenn er lacht«, schrieb ein anderer englischer Beobachter, »was er oft und gern tut, dann lacht er mit völliger Hingabe, wirft den Kopf zurück, öffnet den Mund so weit wie möglich, schüttelt sich am ganzen Körper und stampft mit einem Fuß auf, um sein übermäßiges Vergnügen an einem Scherz zu zeigen... Er schüttelt ständig den Zeigefinger seiner rechten Hand vor dem Gesicht dessen, den er überzeugen möchte, oder wiegt sich langsam auf Fersen und Zehen vor und zurück.«

Wilhelm II. war der erste deutsche Kaiser der Neuzeit, der die Neigung und die Gelegenheit hatte, auf seine Rolle stolz zu sein. Wilhelm I. hatte die Erhebung zum deutschen Kaiser widerstrebend hingenommen, da er vorzog, was er als den ehrlichen Titel eines Königs von Preußen betrachtete; Friedrich III. hatte keine Zeit, seinen Traum, den deutschen Kaisern des Mittelalters nachzueifern, zu verwirklichen. Wilhelm II., mit neunundzwanzig Jahren auf den Thron gelangt, von Bismarck mit Vorstellungen von monarchischem Hoheitsrecht indoktriniert, war entschlossen, das kaiserliche Amt mit höchster Macht und glänzendem Ansehen auszustatten. Er machte von Anfang an deutlich, daß sein Land, das Deutsche Reich, eine Militärmacht sein sollte; Wilhelm II. wünschte die Zustimmung und Zuneigung seines Volkes, sehnte sich sogar danach, aber die höchste Macht lag für ihn nicht beim Volk oder seinen Vertretern im Reichstag, sondern beim Monarchen, der loyal von der Armee unterstützt wurde. Wilhelms erste Proklamation, am Todestag seines Vaters herausgegeben, war an die Armee gerichtet: »So gehören wir zusammen – Ich und die Armee –, so sind wir füreinander geboren, und so wollen wir unauflöslich fest zusammenhalten, möge nach Gottes Willen Friede oder Sturm sein.« Dieses Thema unterstrich er wiederholt. Im November 1891 richtete er das Wort an frisch vereidigte Wehrpflichtige in Potsdam: »Rekruten! … Ihr habt Mir Treue geschworen, das – Kinder meiner Garde – heißt, Ihr seid jetzt Meine Soldaten, Ihr habt Euch Mir mit Leib und Seele ergeben, es gibt für Euch nur einen Feind, und der ist Mein Feind. Bei den jetzigen sozialistischen Umtrieben kann es vorkommen, daß Ich Euch befehle, Eure eigenen Verwandten, Brüder, ja Eltern niederzuschießen – was ja Gott verhüten möge –, aber auch dann müßt Ihr Meinem Befehle ohne Murren folgen.« Zeit seiner Herrschaft betonte Wilhelm seine einzigartige Stellung. »Einer nur ist Herr im Reiche, und das bin Ich, keinen anderen dulde Ich«, verkündete er 1891.

Der Souverän, so erklärte er 1897 bei einem Bankett mit hohen Militärs, stehe »mit seiner furchtbaren Verantwortung vor dem Schöpfer allein, von der kein Mensch, kein Minister, kein Abgeordnetenhaus, kein Volk den Fürsten entbinden kann.« Den Reichstag schätzte er demgemäß gering; Sozialdemokraten waren die »Pest, die ausgerottet werden müßte bis auf den letzten Stumpf«. 1903 sagte er zu Bülow, daß die Stärke der verschiedenen Parteien im Parlament ihn nicht interessiere; ihm sei »vollständig gleichgültig, ob in dem Reichstagskäfig rote, schwarze oder gelbe Affen herumspringen«. Als ihm auf einer Kolonialausstellung die Hütte eines Eingeborenenhäuptlings gezeigt wurde, der die Schädel seiner erschlagenen Feinde auf Pfähle gespießt hatte, rief Wilhelm aus: »Wenn ich doch den Reichstag so aufgereiht sehen könnte!«

Wilhelms Einstellung zu England blieb zwiespältig. Er schwankte zwischen Bewunderung – er liebe England leidenschaftlich, sagte er 1911 zu Theodore Roosevelt – und einem gereizten Groll, der nicht weit von Haß entfernt war. Er wünschte, als ein englischer Gentleman verstanden und akzeptiert und gleichzeitig als preußischer Kriegsherr gefürchtet zu werden. Er bemühte sich sehr um britischen Respekt, und seine häufigen Mißerfolge bereiteten ihm Verlegenheit und Erbitterung. »Nicht einer von Ihren Ministern kann mir sagen, wie viele Linienschiffe Sie in Ihrer Kriegsmarine haben«, sagte er zu einem englischen Besucher. »Ich kann es ihm sagen – er kann es mir nicht sagen.« Ein Teil des Problems lag in der Intensität seiner Bemühungen. Engländer zogen die bewußte Abschwächung von Aussagen vor; der deutsche Kaiser schien flamboyant, opernhaft, unverläßlich oder – größter Tadel des gebildeten Engländers – »tiresome«, lästig, auf die Nerven gehend.

Wilhelms Einstellung zu England konzentrierte sich auf die britische königliche Familie, der er sich zugehörig fühlte – ebenso ein Angehöriger des Hauses Windsor wie des Hauses Hohenzollern. Wenn er sich über seine britischen Verwandten ärgerte, beschrieb er sie als »die verfluchte family«. Sein größter Respekt galt seiner Großmutter; gegenüber seiner Mutter und seinem Onkel Bertie hatte er gemischte Gefühle. Mit der Thronbesteigung konnte Wilhelm den Streit mit seiner Mutter vergessen; auf Vickys Meinung kam es nicht mehr an. Aber seinen Onkel, den Prinzen von Wales, konnte er nicht so leicht beiseite schieben. Er war der britische Thronerbe, trotz seiner Fehler einer der kommenden Herrscher Europas und obendrein ein Onkel, der achtzehn Jahre älter war als er. Wilhelm bewunderte seinen Onkel und war eifersüchtig auf ihn. Bertie gelang es anscheinend mühelos, zu gefallen; wenn es ihm nicht gelang, machte es ihm nichts aus. Wilhelm, dem sehr viel daran lag, bemühte sich zu sehr. Bertie sah auf Wilhelm und Deutschland herab; für ihn waren beide aufdringliche und parvenühafte Emporkömmlinge, und Wilhelm war diese Einstellung seines Onkels nicht unbekannt. Im privaten Kreis machte jeder von ihnen schneidende Bemerkungen über den anderen: »Wilhelm der Große muß noch lernen, daß er am Ende des 19. Jahrhunderts lebt und nicht im Mittelalter«, sagte Bertie bei einer Gelegenheit. »Willy ist ein Bully *, und die meisten Bullies sind Feiglinge, wenn sie angegriffen werden«, sagte er ein anderes Mal. Sein Neffe, verkündete er oft, sei »der brillanteste Versager der Geschichte«. Wilhelm zahlte mit gleicher Münze heim. Sein Onkel, sagte er, sei »ein alter Pfau«. »Er ist ein Satan«, erzählte er seinem Stab. »Sie glauben nicht, was für ein Satan er ist.« Wie nicht anders zu erwarten, wurden diese Worte auf beiden Seiten weit herumgetragen.

Schon am Anfang seiner Regierungszeit führte Wilhelms Entscheidung, keine lange Zeit der Trauer für seinen Vater vorzusehen und schon im Sommer 1888 eine Reihe von Besuchen in europäischen Hauptstädten zu machen, im weiteren Verlauf zu einer flagranten Brüskierung des Prinzen von Wales. Nachdem der neue Kaiser St. Petersburg besucht hatte, lud er sich als nächstes in Wien ein. Zufällig war der Prinz von Wales dort für denselben Zeitraum eingeladen. Als Bertie von Wilhelms Plänen hörte, schrieb er seinem Neffen, daß er sich freue, ihn in Wien zu sehen, und den kaiserlichen Sonderzug am Bahnhof in preußischer Uniform erwarten werde. Wilhelm antwortete nicht. Bei seiner Ankunft in Wien wurde dem Prinzen von Wales von einem verlegenen Kaiser Franz Joseph mitgeteilt, Wilhelm II. habe darauf bestanden, daß während seines Aufenthalts kein anderer königlicher Gast in Wien anwesend sei; daraufhin zog sich der Prinz von Wales während der acht Tage des kaiserlichen Besuches nach Rumänien zurück, um einen Tag nach der Abreise seines Neffen nach Wien zurückzukehren und seinen Besuch abzuschließen.

Die Demütigung des Prinzen erregte in ganz Europa Aufsehen. Lord Salisbury bestellte den Grafen Hatzfeldt, den deutschen Botschafter in London, zu sich. Der Botschafter führte zur Erklärung an, daß die Anwesenheit des Prinzen von Wales zur Zeit des kaiserlichen Besuches die Russen hätte mißtrauisch machen können. Hatzfeldt deutete auch an, daß der Kaiser besorgt gewesen sei,

* Ein Grobian, jemand, der andere einschüchtern will. A. d. Ü.

der Prinz würde ihn »wie ein Onkel seinen Neffen« behandeln, »statt anzuerkennen, daß er ein regierender Herrscher ist«. Salisbury, bemüht, den Vorfall nicht überzubewerten, regte an, daß »Diskussionen dieser Art über persönliche Fragen, ganz gleich, wie wir zu ihnen stehen mögen, die allgemeine Politik der beiden Nationen nicht beeinflussen sollten.« Hatzfeld stimmte dem zu.

Königin Victoria war entrüstet über das Verhalten ihres Enkels. »Was die Annahme betrifft, der Prinz werde seinen Neffen nicht als regierenden Herrscher behandeln, so ist das nicht nur unwahr, sondern wirklich zu vulgär und zu absurd, als daß man es glauben möchte«, schrieb sie an Lord Salisbury. »Wir sind mit unserem Enkel und Neffen immer sehr intim gewesen, und der Anspruch, daß er im privaten Kreis ebenso wie in der Öffentlichkeit als ›Seine kaiserliche Majestät‹ zu behandeln sei, ist vollkommene Verrücktheit! Er ist genauso behandelt worden, wie wir seinen geliebten Vater behandelt hätten... Wenn er solche Vorstellungen hat, sollte er besser niemals hierher kommen. Die Königin wird diesen Affront nicht hinunterschlucken... Wilhelm... sagte auch..., daß, wenn sein Onkel ihm einen sehr lieben Brief schriebe, er ihn vielleicht beantworten würde!! Dies alles zeigt einen sehr ungesunden und unnatürlichen Geisteszustand; und er muß zu spüren bekommen, daß seine Großmutter und sein Onkel solche Unverschämtheit nicht dulden werden. Der Prinz von Wales darf nicht solcher Behandlung unterworfen werden. Was die politischen Beziehungen der beiden Regierungen betrifft, so ist die Königin ganz damit einverstanden, daß sie (wenn möglich) nicht durch diese elenden persönlichen Streitigkeiten beeinflußt werden sollten; aber die Königin fürchtet sehr, daß dies mit solch einem hitzköpfigen, eingebildeten und verschrobenen jungen Mann, der bar aller Empfindung ist, in JEDEM Augenblick unmöglich werden mag.«

In seiner neuen Rolle als Kaiser war Wilhelm II. sehr an einem Besuch in Großbritannien gelegen. Salisbury warnte Hatzfeldt, daß keine Einladung erfolgen würde, solange die Wiener Episode nicht beigelegt wäre. Um den Frieden zu erleichtern, bat der Prinz von Wales seinen Schwager, Prinz Christian von Dänemark, Wilhelm einzuladen und dabei sein (Berties) schriftliches Bedauern auszudrücken, so daß der Besuch in England geplant werden könne. »Ich hoffe aufrichtig«, schrieb Bertie an Lord Salisbury, »daß der junge Kaiser den Olivenzweig annehmen wird, den ich ihm biete.« Der Kaiser lehnte ab. Die Königin, jetzt bestrebt, Harmonie zu erreichen, fragte Wilhelm, »wie dieser Fehler entstanden sein konnte«. »Die ganze Affäre ist absolut erfunden«, erwiderte Wilhelm, »da kein Atom eines Grundes zu finden ist. Die ganze Sache... entstand entweder in Onkel Berties Phantasie oder in der eines anderen. Wer setzte es ihm in den Kopf?« Die Königin entschied nichtsdestoweniger, den Streit zu beenden, und schrieb Wilhelm, daß er nach England kommen könne, aber versuchen müsse, seinen Onkel nicht wieder zu kränken. Wilhelm erwiderte sanft:

»Ich bin glücklich, zu sehen, daß Du die Wiener Affäre als abgeschlossen betrachtest, womit ich freudig übereinstimme; ich werde glücklich sein, Onkel Bertie in Osborne House zu treffen.«

Im Zuge der Vorbereitungen für den ersten Besuch ihres Enkels als Staatsoberhaupt und in Kenntnis seines Interesses an der Royal Navy beschloß Königin Victoria, ihn zu einem Admiral der Flotte ehrenhalber zu ernennen. Wilhelm nahm die Nachricht mit Freude auf. »Der Gedanke, die gleiche Uniform wie St. Vincent und Nelson zu tragen«, sagte er dem britischen Botschafter in Berlin. »Es ist genug, einen schwindlig zu machen.« Die Ernennung, die im August 1889 an Bord der königlichen Jacht *Victoria and Albert* vorgenommen wurde, stellte die Bewunderung des Kaisers für England wieder her, und er kehrte mit warmen Empfindungen für das Land seiner Großmutter und seiner englischen Verwandten nach Deutschland zurück. »Ich bin jetzt imstande, ein Interesse für Deine Flotte zu empfinden, als ob es meine eigene wäre«, schrieb er der Königin. »Und mit größter Sympathie werde ich jede Phase ihrer weiteren Entwicklung beobachten, weil ich weiß, daß die britischen Panzerschiffe, zusammen mit meinen und meiner Armee, die stärkste Friedensgarantie sind... Sollte der Wille der Vorsehung uns jedoch die schwere Bürde auferlegen, für unsere Familien und Geschicke kämpfen zu müssen, dann möge die britische Flotte Seite an Seite mit der deutschen an der Spitze gesehen werden; und der ›Rotrock‹ mit dem ›Pommerschen Grenadier‹ zum Sieg marschieren!!«

Vicky, mit siebenundvierzig nun Kaiserinwitwe, hatte jeden Einfluß auf ihren Sohn verloren. Bei einem Besuch in München schrieb der Kaiser in das Gästebuch der Stadt: »Suprema lex regis voluntas« (Des Königs Wille ist oberstes Gesetz). Seine Mutter war entsetzt und schrieb eilends an Königin Victoria: »Ein Zar, ein unfehlbarer Papst – die Bourbonen – unser armer Charles I. – hätten solch einen Satz schreiben können, aber ein konstitutioneller Monarch im 19. Jahrhundert!!! Ein so junger Mann – der Sohn seines Vaters – und Dein Enkel – ganz zu schweigen davon, daß er mein Kind ist –, hätte niemals solch eine Maxime haben oder ausdrücken sollen!« Sie fühlte sich isoliert und unbeachtet. »Wilhelm kommt nie, und ich finde keine Aufmerksamkeit«, schrieb sie im Sommer 1888, bald nach dem Tode ihres Mannes. »Natürlich würde es weit besser für mich sein, von Berlin fortzugehen und nicht zurückzukehren, aber ich kann nicht von dem Ort verbannt sein, wo mein geliebter Mann und zwei süße Kinder begraben liegen, noch endgültig das Haus und alles verlassen, wo wir so viele Jahre zusammen verbracht haben und wo jetzt jeder Winkel und jede Ritze voll von Erinnerungen steckt... Außerdem würde es aussehen, als ob ich sie fürchtete – Wilhelm und Dona –, wenn ich meine Rechte aufgäbe.«

Im Herbst übergab Vicky das Neue Palais an Wilhelm und reiste ab, zuerst nach England, wo sie drei Monate mit Königin Victoria verbrachte, dann nach

Kronberg im Taunus, wo sie einen kleinen Besitz erwarb und ein Privathaus im Stil eines englischen Landsitzes erbaute. Sie nannte es Friedrichshof und ließ an der Fassade die Inschrift FRIEDRICH MEMORIAE anbringen. Aus der Ferne fuhr sie fort, ihren Sohn zu mißbilligen. »Wilhelm ist so blind und unerfahren, querköpfig und heftig in der Politik, wie es nur möglich ist«, schrieb sie nach England. »Er ist ein großes Kind... Ich wünschte, ich könnte ihm zu allen Anlässen, wo öffentliche Reden gehalten werden, ein Vorhangschloß an den Mund machen.« Wilhelm nahm nun, da er Kaiser war, eine entspanntere Haltung gegenüber seiner Mutter und ihrer scharfen Kritik ein. »Meine Mutter und ich haben den gleichen Charakter«, sagte er liebenswürdig zum britischen Botschafter. »Ich habe ihren geerbt. Dieses gute, eigensinnige englische Blut, das nicht nachgibt, fließt in unser beider Adern. Die Folge davon ist, daß die Situation schwierig wird, wenn wir nicht zufällig übereinstimmen.«

Vicky überlebte ihren Mann um dreizehn Jahre. Im November 1899, mit neunundfünfzig, begann die Kaiserinwitwe sich über »diesen schrecklichen Hexenschuß... die ständigen Schmerzen« zu beklagen. Es war Krebs. Ihr Bruder Alfred, Herzog von Sachsen-Coburg-Gotha, früherer Herzog von Edinburgh, starb im Juli 1900 an Krebs; Vicky folgte ihm im August 1901. Als sich das Ende abzeichnete, kam ihr Bruder Bertie, jetzt König Edward VII. mit englischen Ärzten zu Besuch, die zur Schmerzlinderung höhere Dosen Morphin empfahlen. Die deutschen Ärzte sprachen sich dagegen aus, und wieder gab es eine Konfrontation zwischen Medizinern über einem Krankenbett. Als seine Mutter starb, wiederholte Wilhelm das beim Tode seines Vaters angewandte Verfahren: das Haus wurde abgeriegelt und die Räume nach den Papieren der Verstorbenen durchsucht. Wieder hatte Vicky ihn überlistet. Ihre gesamten Briefe und Papiere waren im Gepäck von Sir Frederick Ponsonby, Edwards Privatsekretär, heimlich nach England gebracht worden. Am Morgen nach ihrem Tode teilte der Kaiser bei einem Spaziergang im Garten seinem Kanzler Bülow mit, daß seine Mutter gewünscht habe, in England begraben zu werden, er könne aber diese Ehrverletzung Deutschlands nicht gestatten. Er gewährte ihr jedoch den anderen letzten Wunsch, und ihr Körper wurde, bevor man ihn in den Sarg legte, unbekleidet in die englische Fahne gehüllt.

Am 18. März 1890 rief der Kaiser seine führenden Generäle zusammen und gab den Namen von Bismarcks Nachfolger bekannt. Der neue Reichskanzler und Ministerpräsident von Preußen sollte General der Infanterie Georg Leo von Caprivi sein, früherer Chef der Admiralität, der gegenwärtig als Kommandierender General des X. Armeekorps in Hannover diente. Caprivi, neunundfünfzig, war das Musterbeispiel eines preußischen Offiziers. Er führte ein spartanisches Leben, hatte nie geheiratet, rauchte nicht, hatte wenig enge Freunde und wenige Feinde. Er las Geschichte und sprach fließend englisch und französisch.

Seine Bewegungen waren ruhig, sein Benehmen offen und freundlich, seine Ausdrucksweise verständig. Mit seinem großen runden Kopf, der hohen, von weißem Haar umrahmten Stirn und dem buschigen Schnurrbart war er, wie die *Times* ihren Lesern berichtete, »ein typischer Teutone des riesigsten und eindruckvollsten Typs. Er könnte sehr gut als ein Bruder oder sogar ein Double von Fürst Bismarck selbst durchgehen.«

Caprivi, wenngleich von adliger Geburt, besaß nicht einen Morgen Land und war stolz darauf, vierzig Jahre lang mit seinem Offizierssold ausgekommen zu sein. Er war 1831 geboren und entstammte einer Familie, in der sich preußisches Blut mit italienischem, ungarischem und slawischem vermischte. Sie hatte den Adelstitel erst vor kurzer Zeit erworben. 1849, mit achtzehn Jahren, trat er in die Armee ein. Trotz mancher Schwierigkeiten und Härten, mit denen er als mittelloser junger Gardeoffizier fertig werden mußte, machte er Karriere und erwarb sich einen Ruf als Verwaltungsfachmann. 1882 wurde er als Nachfolger des Generals Albrecht von Stosch an die Spitze der kaiserlichen Kriegsmarine gestellt. Caprivi hatte sich bis dahin nicht für Marineangelegenheiten interessiert und kannte weder die Namen seiner Offiziere noch die Rangabzeichen an den Marineuniformen, aber er fand sich ungewöhnlich rasch mit den Problemen der Marine zurecht und blieb sechs Jahre in diesem Amt. Überzeugt, daß mit einem Zweifrontenkrieg gegen Rußland und Frankreich gerechnet werden müsse (Bismarck hatte sich nie die Mühe gemacht, seinen Marineminister von dem geheimen Rückversicherungsvertrag mit Rußland zu unterrichten), wählte Caprivi das Torpedoboot als die beste und am wenigsten kostspielige Waffe zur Abwehr der russischen und französischen Flotten. Kaiser Wilhelm II. schätzte Torpedoboote nicht; er mochte nicht an der Spitze eines Geschwaders kleiner Torpedoboote in Cowes zwischen den mächtigen Schlachtschiffen seiner Großmutter erscheinen. Unmittelbar nach seiner Thronbesteigung begann er in Flottenfragen einzugreifen. Im Juli 1888 trat Caprivi aus Protest zurück und ging wieder in den Heeresdienst.

Bismarcks Entlassung signalisierte, daß der neue Kaiser nicht bereit war, irgendeine Machtkonzentration in anderen Händen als denen des Monarchen zu dulden. Warum entschied sich Wilhelm II., der sein eigener Kanzler sein wollte, dann für einen General, der für seinen Querkopf und sein unabhängiges Denken bekannt war? Und warum nahm Caprivi, der bereits die Marineleitung abgegeben hatte, weil er die Einmischungen des Kaisers nicht schätzte, die Ernennung an? Die Gründe des Kaisers waren pragmatisch: Er benötigte Zeit, um den Staat zu stabilisieren, und einen ehrenhaften Kanzler ohne persönlichen Ehrgeiz zur Verwaltung der Regierungsgeschäfte. Da die Armee die stärkste Kraft im Reiche war, sollte der neue Kanzler ein Mann aus ihren Reihen sein. Caprivi war der General, der bereits als Staatssekretär für die Kriegsmarine am meisten politische Erfahrung gesammelt und im Reichstag eine gute

Figur gemacht hatte. Er war hartnäckig, doch auch absolut loyal. Niemand erwartete, daß der neue Kanzler lange im Amt bleiben würde. Alfred von Waldersee, der neue Chef des Generalstabes, der selbst den Ehrgeiz hatte, Reichskanzler zu werden, beneidete Caprivi nicht. »Es muß erst mindestens ein Nachfolger Bismarcks abgewirtschaftet haben«, vertraute er einem Freund an. »Dann läßt sich vielleicht darüber reden.« Caprivis Grund, Kanzler zu werden, war einfach: Sein Monarch, der König von Preußen, hatte es ihm befohlen. Er hegte keine Illusionen, was es bedeuten würde, Bismarcks Nachfolge anzutreten. Caprivi verließ die Armee widerstrebend. Am Abschiedsabend in Hannover sagte er im Kreis seiner Stabsoffiziere und Divisionskommandeure: »Ich weiß, daß ich mit Schmutz beworfen, daß ich unrühmlich fallen werde.« Sein Trost, so meinte er, sei sein Glaube, daß seine Kameraden in der Armee sich seiner immer als eines anständigen Kerls erinnern würden.

Als Caprivi das Amt übernahm, schien jedermann erfreut. Sogar Bismarck äußerte sich bedingt anerkennend, sagte Caprivi am Tag seines Auszuges aus der Wilhelmstraße, dieser Nachfolger erleichtere ihm den Abschied. »Wir kommen mit Caprivi gut voran«, schrieb Wilhelm II. am Weihnachtstag 1890 an Königin Victoria. »Er wird bereits von Freunden angehimmelt und von der Opposition verehrt. Ich glaube, er ist einer der besten Charaktere, die Deutschland je hervorgebracht hat.« Dem Kaiser Franz Joseph schrieb Wilhelm II., sein neuer Kanzler sei nach Bismarck der größte Deutsche, den das Land besitze.

Caprivis Intention und Stil in der Verwaltung der Regierung unterschieden sich von der Bismarcks. Sein Ziel war es, »die Nation nach der vorangegangenen Epoche großer Männer und Taten in ein Alltagsdasein zurückzuführen.« In Bismarcks Reich hatten sich alle ungleichen, widerstreitenden Elemente des Staates um das Amt und die Persönlichkeit des Eisernen Kanzlers gedreht. Mit den Jahren hatte Bismarck einen Apparat von preußischen Ministern, kaiserlichen Staatssekretären und Diplomaten geschaffen, die seinen autokratischen Launen unterworfen waren, Instrumente zur Ausführung seines Willens. Nun brachte sein plötzliches Abtreten diese ausgeglichene Maschinerie in Unordnung. Bei seinem ersten Besuch in der Hauptstadt nach Bismarcks Sturz bemerkte Fürst Hohenlohe, Statthalter des Elsaß: »Während früher unter dem vorwiegenden Einflusse des Fürsten Bismarck die Individuen eingeschrumpft und gedrückt waren, sind sie jetzt alle aufgegangen wie Schwämme, die man ins Wasser gelegt hat.«

Caprivi gehörte keiner politischen Partei an. Als Staatssekretär für die Kriegsmarine hatte er ein gutes Verhältnis zu allen Parteien im Reichstag entwickelt, und nun, da er Kanzler war, zeigte er sich gemäßigt und versöhnlich. Er verschmähte Bismarcks Politik, die Abgeordneten in »Freunde des Reiches« und »Feinde des Reiches« aufzuteilen. Caprivi versprach den Abgeordneten, er werde »das Gute nehmen, von wo und durch wen es auch kommt.« Der neue Kanzler machte Bismarcks Wiederbelebung der Kabinettsorder von 1852 rückgängig, die jeden direkten Kontakt, sei er persönlich oder schriftlich, zwischen den einzelnen Ministern und dem Monarchen untersagte. Als Kanzler nahm Caprivi nicht mehr das Recht in Anspruch, bei jeder Zusammenkunft zwischen dem Kaiser und anderen Ministern anwesend zu sein. Ferner wünschte Caprivi, daß sowohl die kaiserlichen Staatssekretäre wie auch die preußischen Minister regelmäßig zu Sitzungen zusammentrafen und gemeinsame Kabinettsbeschlüsse faßten, wie es in den Kabinetten westlicher Staaten üblich war.

Caprivis vorsätzliche Erosion des Kanzleramtes beunruhigte viele Regierungsbeamte. Sie waren Bismarcks Raffinesse gewohnt; Caprivis Bemühen, Offenheit und Einfachheit einzuführen, schien naiv. Seine harmlose Einfalt fand vielfache Erwähnung: bei der Amtsübernahme hatte er das Auswärtige Amt angewiesen, ihn nach 17 Uhr nur in wirklich dringenden Fällen zu stören; ein paar Monate später, als er erklärte, daß er in Zukunft regelmäßig bis 22 Uhr arbeiten würde, lächelten erfahrene Beamte wissend. Caprivis Unvertrautheit mit der traditionellen Arbeitsweise der Reichsregierung erstreckte sich auch auf ernstere Dinge als die Arbeitsstunden. Er wußte wenig von den Beziehungen des Deutschen Reiches mit anderen Mächten, und er sprach nicht die kunstvolle Sprache der Berufsdiplomatie. Der General der Infanterie Caprivi, aufrichtig und unverblümt, wollte alles klar vor Augen haben. Die Beamten des Auswärtigen Amtes spotteten über ihn. »Caprivi ist von einer absolut törichten Unwissenheit in nichtmilitärischen Angelegenheiten«, erklärte ein deutscher Diplomat. »Man könnte geradesogut jeden ordentlichen Bataillonskommandeur zum Kanzler machen.« Alfred von Kiderlen-Wächter von der Politischen Abteilung des Auswärtigen Amtes bemerkte etwas freundlicher: »Ein Pferd, das seine Sache im Freien gut gemacht hat, soll man nicht in den Stall stellen.«

Innerhalb einer Woche nach seiner Ernennung zum Kanzler traf Caprivi die bedeutsamste außenpolitische Entscheidung seiner Amtszeit. Grundstein der kontinentalen Diplomatie Bismarcks war die Isolierung Frankreichs gewesen. Um Frankreich diesen Status des Ausgestoßenen aufzuzwingen und die widerstreitenden russischen und österreichisch-ungarischen Ambitionen auf dem Balkan zu kontrollieren, hatte Bismarck der Unterzeichnung seines öffentlichen Bündnisvertrages mit Österreich im Jahre 1887 den Abschluß des geheimen Rückversicherungsvertrages mit Rußland folgen lassen. Am 18. Juni 1890 sollte der auf drei Jahre befristete Rückversicherungsvertrag auslaufen. Rußland hatte gewarnt, daß es nicht zulassen würde, wie Frankreich isoliert zu werden. Wenn Deutschland das Bündnis nicht zu verlängern wünsche, warnte

Nikolai Giers, der russische Außenminister, würde der Zar gegen seine eigenen Überzeugungen gezwungen sein, sich mit der Französischen Republik zu verbünden.

Verhandlungen über die Erneuerung hatten im Februar 1890 mit Bismarck begonnen. Als der russische Botschafter in Deutschland, Graf Paul Schuwalow, am 17. März von St. Petersburg nach Berlin zurückkehrte, kam er dort mitten in die entscheidende Krise um Bismarcks Ausscheiden aus dem Amt. In der Nacht des 20. März wurde Graf Schuwalow aus dem Bett geholt und benachrichtigt, daß der Kaiser ihn früh am nächsten Morgen zu sprechen wünsche. Bei dieser Audienz versicherte Wilhelm II. dem Botschafter, daß Bismarcks Ausscheiden keine Veränderung der deutschen Politik bedeute, und daß er, der Kaiser, die Erneuerung des Rückversicherungsvertrages garantiere. »Ich bitte Sie, Seiner Majestät [dem Zaren] zu sagen, daß ich meinerseits durchaus geneigt bin, unser Abkommen zu erneuern, und daß meine Außenpolitik die gleiche bleiben wird, wie sie es in den Zeiten meines Großvaters war«, sagte er. Schuwalow kabelte die Nachricht erfreut nach St. Petersburg, wo Alexander III. an den Rand der Meldung seines Botschafters schrieb: »Nichts Befriedigenderes konnte erwartet werden... Ganz und gar beruhigend.«

Unterdessen trat General Caprivi, der weder vom geheimen Rückversicherungsvertrag noch von den Versicherungen des Kaisers gegenüber Schuwalow wußte, sein Amt als Reichskanzler an. Caprivi hatte bereits eingeräumt, daß er sich in Fragen der Außenpolitik wie jemand vorkomme, der ein dunkles Zimmer betreten habe. Kein Nachfolger Bismarcks würde jemals die gleiche Mischung von Furcht und Vertrauen erzeugen können, mit der Deutschland und Europa dem Eisernen Kanzler begegnet waren. Seine Politik werde darum eine Politik der Offenheit sein, und er würde sich in praktischen Einzelheiten von seinem Außenministerium leiten lassen.

Auch dieses Amt war jedoch in neuen Händen. Drei Tage nach Otto von Bismarcks Rücktritt war Herbert von Bismarck als Staatssekretär für Auswärtige Angelegenheiten zurückgetreten. Der Kaiser und der neue Reichskanzler benötigten dringend einen Nachfolger. Holstein war vorgeschlagen worden; er hatte das Angebot ausgeschlagen, aber die Gelegenheit benutzt, seinen Kandidaten, Baron Adolf Marschall von Bieberstein, den Botschafter des Großherzogtums Baden in Berlin, vorzuschlagen. Marschall, massig und gebeugt, das Gesicht zerhauen von Schmissen aus seiner Studentenzeit, ein Rechtsanwalt, der keine diplomatische Erfahrung besaß, die über die Vertretung seines Großherzogs in der kaiserlichen Hauptstadt hinausging, wurde ernannt.

Weil Marschall neu war, erschien Holstein bei Caprivi und legte ihm ein Dokument vor, das zu lesen er den neuen Kanzler dringend bat. Es war der Rückversicherungsvertrag. Der russische Botschafter, erläuterte Holstein, warte auf den Beginn von Verhandlungen. Caprivi erkundigte sich nach Holsteins Meinung. Bismarck hatte seine Ratschläge, Rußland betreffend, immer ignoriert. Erfreut, konsultiert zu werden, sprach sich Holstein entschieden gegen eine Verlängerung aus. Rußland, ob im Gegensatz zu Deutschland oder im Bündnis mit ihm, erklärte er, stelle eine dauernde Gefahr da. Um dieser Gefahr zu begegnen, müsse Deutschland die Unterstützung Österreich-Ungarns haben. Und wenn Österreich vom Rückversicherungsvertrag erfahre, würde das deutsch-österreichische Bündnis unterminiert. Auf der anderen Seite bestehe eine Möglichkeit, daß Deutschland durch sein Bündnis mit Rußland in einen Krieg zwischen Rußland und England hineingezogen werden könnte. Marschall, von Holstein beeindruckt, stimmte ihm zu. Der deutsche Botschafter in Rußland, Hans Lothar von Schweinitz, der sich zufällig auch in Berlin aufhielt, wurde ebenfalls konsultiert. Er unterstützte Holstein und hob die Notwendigkeit hervor, Mißverständnisse mit Österreich-Ungarn zu vermeiden. Wenn die Existenz des Rückversicherungsvertrages durchsickere, sagte Schweinitz, würde das Bündnis mit Wien nicht überleben. »Wäre Bismarck noch am Ruder«, sagte Schweinitz unumwunden, »würde ich zur Erneuerung des Vertrages raten. Unter den veränderten Umständen wäre es gefährlich, solch eine zwiespältige Politik zu verfolgen.« Caprivi war durch diese Erklärung nicht gekränkt; sie entsprach genau seiner Ansicht. »Bismarck war im Stande mit drei Kugeln zu jonglieren, ich kann aber nur mit zwei Kugeln spielen«, sagte er.

Am selben Nachmittag gingen Caprivi und Schweinitz zum Kaiser. Caprivi beschrieb die am Morgen stattgefundene Diskussion und erklärte, daß er sich außerstande sehe, den Rückversicherungsvertrag mit dem Bündnisvertrag mit Österreich-Ungarn zu vereinbaren. Wilhelm II. fragte den Botschafter nach seiner Meinung. Schweinitz unterstützte den Kanzler und meinte, ein so edler Herrscher wie Wilhelm II. würde nicht wünschen, vor seinem verehrungswürdigen Kollegen, dem Kaiser Franz Joseph, als untreu bloßgestellt zu werden. Wilhelm hörte schweigend zu und gab dann seine Einwilligung. Er sagte nichts von seiner Schuwalow gegebenen persönlichen Garantie, daß der Vertrag erneuert würde.

Am folgenden Tag suchte Schweinitz Schuwalow auf, der über das Versprechen des Kaisers noch immer euphorisch war, und erklärte ihm, daß die Entscheidung rückgängig gemacht worden sei. Darauf beschrieb der völlig verblüffte Schuwalow seine frühere Begegnung mit Wilhelm II. Schweinitz, nun seinerseits überrascht, kehrte eilig zu Caprivi zurück, der eine sofortige Audienz beim Kaiser erbat. Wilhelm II. sah sich einem unglücklichen Kanzler gegenüber; er hatte eine Krise in der Krise geschaffen. Wenig mehr als eine Woche, nachdem er sich Bismarcks entledigt hatte, frei war zu herrschen und zu regieren, hatte er bereits eine unmögliche Situation heraufbeschworen. Entweder mußte er Schuwalow, Giers und dem Zaren eine Abfuhr erteilen und das Bündnis mit Deutschlands östlichem Nachbarn auflösen, oder er mußte seinen neuen Kanzler nach einer Woche entlassen. Wilhelm entschied sich für Caprivi und gegen Rußland.

Schweinitz wurde nach St. Petersburg entstandt, um die Russen zu beschwichtigen. Seine Aufgabe war schwierig. Schuwalow konnte das Versprechen des Kaisers nicht vergessen: »Eins wurde gesagt und etwas anderes getan«, beklagte er sich. Des einzigen Bündnisses beraubt, das Rußland hatte, machte sich das russische Außenministerium daran, ein anderes zu suchen. Die Ereignisse, die Bismarck und Giers vorausgesagt hatten, ließen nicht lange auf sich warten. Am 23. Juli 1890, nur vier Monate nach Deutschlands Weigerung, den Rückversicherungsvertrag zu erneuern, besuchte ein französischer Flottenverband die russische Marinebasis Kronstadt an der Ostsee.

Zar Alexander III. gab zu Ehren des Kommandeurs des französischen Geschwaders ein Essen in Schloß Peterhof und stand barhäuptig, als eine Kapelle die Marseillaise spielte, die revolutionäre Hymne, die innerhalb der Grenzen des Russischen Reiches verboten gewesen war. Von Peterhof reiste Admiral Gervais, der französische Kommandeur, nach Moskau, wo er sein Glas hob und sagte: »Ich trinke auf das heilige Moskau, das große russische Volk und seinen erhabenen Zaren.«

Caprivi wußte von Anfang an, daß das Verhältnis zum jungen Kaiser der Schlüssel zu seiner Kanzlerschaft sein würde. Die Leute sprächen »von den Schwierigkeiten meiner Lage... zu Hause und im Ausland«, sagte er zu einem Bekannten, »aber das Problem, von dem man am wenigsten spricht und das zugleich das schrecklichste – um nicht zu sagen, unüberwindlichste – ist das, welches von oben kommt.« Anfangs gelang es Caprivi, den Kaiser zufriedenzustellen. Wie Wilhelm befürchtet hatte, übte der verärgerte Bismarck Vergeltung, indem er Interviews gab und Artikel schrieb, in denen er leugnete, daß er freiwillig zurückgetreten sei, und die Kompetenz des Kaisers in Zweifel zog. Der neue Kanzler betrachtete es als seine Pflicht, den Monarchen zu verteidigen. Caprivi, der daran glaubte, daß der Kaiser mit Bismarcks Entlassung vollständig im Rahmen seiner Rechte gehandelt hatte, betrachtete Bismarcks Proteste als ungehörig und unwürdig.

Als Prellbock wie als Administrator machte Caprivi sich zeitweilig unentbehrlich. Selbst wenn der unnachgiebige alte General ihn irritierte, beherrschte sich der Kaiser; er konnte es sich nicht leisten, so bald nach Bismarcks Sturz einen zweiten Kanzler zu entlassen. Gleichwohl waren Reibungen zwischen den beiden unvermeidlich. 1891 arbeitete Wilhelm, ohne den Kanzler zu konsultieren, eine Heeresvorlage aus, die im Reichstag eingebracht werden sollte. Caprivi, den dieser Mangel an Vertrauen kränkte, schrieb sofort sein Rücktrittsgesuch. Wilhelm zog die Vorlage zurück, beklagte sich aber über seine begrenzte Macht. Im privaten Kreis begannen Wilhelm und seine Vertrauten, Philipp zu Eulenburg und Bernhard von Bülow, über die Notwendigkeit eines Staatsstreiches zu sprechen, der den Reichstag seiner Macht berauben würde. (Kiderlen, der den Kaiser 1891 auf seiner Sommerkreuzfahrt nach Norwegen begleitete, fragte sich, wieviel vom Bombast seines Herrn dem neuen kaiserlichen Bart zugeschrieben werden müsse. »Mit so einem Bart«, hörte Kiderlen den Kaiser an Bord der Hohenzollern sagen, »kann man auf den Tisch schlagen, daß die Minister nur so umfallen vor Schreck und auf dem Bauche liegen.«)

Caprivi war nicht beeindruckt. Im März 1892 erklärte er wiederum seinen Rücktritt und beklagte sich, daß die Eingriffe des Kaisers seine Arbeit als Kanzler unmöglich machten. Es war dabei nicht Caprivis Ziel, Wilhelm II. zur Änderung seines Verhaltens zu zwingen; der Kanzler wollte das Amt wirklich aufgeben. Als Wilhelm dies spürte, wich er zurück. »Nein. Fällt mir gar nicht im Traum ein«, schrieb er auf das Rücktrittsgesuch des Kanzlers. »Erst die Karre in den Dreck fahren und dann den Kaiser sitzenlassen, ist nicht schön.« Privat beklagte Wilhelm sich bei seinen Freunden, daß Caprivi »ein empfindlicher alter Dickkopf« werde.

Wilhelm erlaubte sich beharrlich Eingriffe in Caprivis Amtsgeschäfte. 1893 erschien eines Tages ein Armeehauptmann, Natzmer, im Büro des Kanzlers und verkündete, daß er der neuernannte Gouverneur der deutschen Kolonie Kamerun sei. Caprivi nahm an, daß der Mann verwirrrt sei, und versuchte ihn zu beruhigen. Doch als der Offizier die Ereignisse bei einem Empfang schilderte, der am Abend zuvor im Neuen Palais stattgefunden hatte und in seiner Ernennung durch den Kaiser gegipfelt hatte (der Posten des Gouverneurs von Kamerun war gerade vakant), wurde deutlich, daß er durchaus bei Sinnen war. Caprivi und Marschall fuhren zusammen nach Potsdam, wo der Kanzler abermals die Frage seiner verfassungsmäßigen Verantwortung als Regierungschef zur Sprache brachte. Wilhelm kapitulierte, und von Hauptmann Natzmer hörte man nichts mehr.

Episoden dieser Art ermüdeten Caprivi, und er war immer mehr bestrebt, dem Amt zu entkommen. Bei jeder Meinungsverschiedenheit bot er seinen Rücktritt an (während seiner viereinhalb Jahre als Kanzler erklärte Caprivi zehnmal seinen Rücktritt oder drohte damit). Anfang 1894 suchten Eulenburg und Bülow aktiv nach einer neuen Lösung. In Berlin wußte jeder, daß Caprivis Tage gezählt waren. Holstein blieb dem Kanzler bis zuletzt treu, aber die meisten Politiker ignorierten Caprivi. Bei einem Essen beleidigte der neue preußische Kriegsminister, General Walter Bronsart von Schellendorf, der ohne Caprivis Zustimmung ernannt worden war, öffentlich den Reichskanzler und kehrte ihm dann den Rücken. Caprivi verstand. »Die Sache ist ziemlich unerträglich ... nach der Allerhöchsten Seite geworden«, vertraute er seinem Bruder an. »Du ahnst nicht, wie leicht mir sein wird, wenn ich hier heraus bin.«

Am 26. Oktober 1894 trat er zurück. An diesem Abend verbrannte er all seine privaten Papiere im offenen Kamin der Reichskanzlei, und am nächsten Tag reiste er nach Montreux am Genfer See, wo er viele Monate in Zurückgezogenheit verbrachte. Im Frühjahr kehrte er nach Deutschland zurück und lebte bei einem Neffen in der Nähe von Frankfurt an der Oder. Dort, inmitten eines tiefen Kiefernwaldes, umringt von Großnichten und Großneffen, verweigerte er sich standhaft allen Fragen und Aufforderungen, über seine Karriere oder sein Verhältnis zu Bismarck und Wilhelm II. zu sprechen oder zu schreiben. Das könne nur Schaden anrichten, meinte er. »Wenn aus [dieser Entscheidung] ungünstige Meinungen von mir erwachsen... muß ich es ertragen.« Caprivi starb 1899.

Zu seinem Nachfolger werde er einen jüngeren Mann machen, hatte der Kaiser verkündet, als er daran dachte, den dreiundsechzigjährigen General Georg Leo Graf von Caprivi zu ersetzen. Wie sich herausstellte, war aber der dritte Kanzler des Deutschen Reiches, der im Oktober 1894 sein Amt antrat, Fürst Chlodwig zu Hohenlohe-Schillingsfürst, bereits fünfundsiebzig. Hohenlohe war nicht des Kaisers erste Wahl. Wilhelm hatte an einen Mann wie Bernhard von Bülow gedacht, den ehrgeizigen, fünfundvierzigjährigen Botschafter in Rumänien, den Philipp zu Eulenburg ihm enthusiastisch empfohlen hatte. Bülow war bestrebt, genau das zu sein, was der Kaiser wollte – jemand, der ihm näher stehe, der allein ihm gehöre – aber Eulenburg, Wilhelm und sogar Bülow selbst waren sich darin einig, daß die Zeit noch nicht reif war. Um eine Fassade von Reife und Achtbarkeit zu präsentieren, würde vorläufig ein älterer Mann notwendig sein. Der enttäuschte Kaiser hatte Eulenburg um Vorschläge gebeten, und dieser hatte Hohenlohe empfohlen, einen römisch-katholischen Bayern, der Bismarck getreulich als Diplomat gedient hatte und nun Statthalter der Reichslande Elsaß-Lothringen war. »Hohenlohe«, so Eulenburg, »ist katholisch, aber durchaus nicht ultramontan. Eher liberal als konservativ. Caprivi kennt die Süddeutschen nicht, Hohenlohe nicht die Norddeutschen.« »Dafür bin ich ja da«, unterbrach ihn der Kaiser. Eulenburg stimmte zu: »Die Menschen lieben Abwechslung...« Kurz, Hohenlohe war ein vorzeigbarer Lückenbüßer, der keinen Konflikt heraufbeschwören würde.

Hohenlohe gehörte zur Crème der deutschen Aristokratie. Sein Bruder Gustav Adolf, ein Kardinal, übte von seinem Posten im Vatikan großen Einfluß aus. Hohenlohes Frau, eine Russin, hatte immense Landgüter besessen, die sie hatte verkaufen müssen, als sie mit Hohenlohe einen Ausländer geheiratet hatte. Er war über das Haus Sachsen-Coburg-Gotha mit der königlichen Familie Englands verwandt, ebenso mit dem Haus Schleswig-Holstein und dadurch mit Auguste Viktoria, der Gemahlin Wilhelms II. Der Kaiser nannte den neuen Kanzler stets »Onkel« und redete ihn mit dem vertrauten Du an.

Vor der Proklamation des Reiches war Hohenlohe Ministerpräsident von Bayern gewesen. 1874, im Anschluß an den Krieg gegen Frankreich, hatte Bismarck ihn mit dem Auftrag, alles zu tun, um die Beziehungen zu der besiegten Nation zu verbessern, als Botschafter nach Paris entsandt. Hohenlohe wurde seinen Aufgaben elf Jahre lang gerecht, und seine Abberufung ging auf Herbert von Bismarcks Ehrgeiz zurück, Staatssekretär des Auswärtigen Amtes zu werden. Um an der Spitze für Herbert Platz zu schaffen, mußten einige Botschafterposten umbesetzt werden. »Seit einem Jahr schon rede ich auf meinen Vater ein, er soll den elenden Trottel Hohenlohe aus Paris abberufen«, hatte der angeheiterte Herbert im April 1885 zu Holstein gesagt. Bismarck, schließlich von seinem Sohn überredet, schlug Kaiser Wilhelm I. vor, daß Hohenlohe nach Straßburg gehen könnte, um Statthalter von Elsaß-Lothringen zu werden. Der Kaiser stimmte zu und fand, Hohenlohe sei »ein ruhiger Mann, der nichts verdirbt.« Holsteins Meinung von Hohenlohes Fähigkeiten war nicht hoch. »Hohenlohe [fühlt sich] sichtlich gehoben ... durch die Aussicht auf seine große organisatorische Mission in Straßburg. Wenn er wüßte, wie alles zusammenhängt, und daß er genommen ist, weil eine Null gebraucht wurde!«

Trotz dieser wenig schmeichelhaften Einschätzungen hatte Hohenlohe in Straßburg neun Jahre gedient. Als Kaiser Wilhelm II. ihn bat, Reichskanzler zu werden, war Hohenlohe entschieden abgeneigt und legte schriftlich die Gründe nieder, die ihn ungeeignet machten: »1. Alter und Gedächtnisschwäche, Krankheit. 2. Mangelnde Redegabe. 3. Mangelnde Kenntnis der preußischen Gesetze und Verhältnisse. 4. Nichtmilitär. 5. Mangel an den nötigen Mitteln. Ich kann wohl ohne das Statthaltergehalt leben, aber nicht in Berlin. Ruin. Russische Verhältnisse. Nun arbeite ich bald 30 Jahre, bin 75 Jahre alt und möchte nichts anfangen, was ich nicht bewältigen kann.«

Diese Einwände blieben unberücksichtigt. Fürst Hohenlohe wurde in das Amt eingeführt und diente von 1894 bis 1900 als Reichskanzler.

Hohenlohes Einschätzung seines Rednertalents wurde vom Reichstag geteilt. Mancher Abgeordnete war erschrocken, als er zum ersten Mal seine in sich zusammengesunkene Figur »mit schief geneigtem Haupte« sah. Der Gegensatz zu den ersten beiden Kanzlern, die beide hochgewachsene, eindrucksvolle Männer gewesen waren, hätte nicht auffallender sein können. Seine Reden trug er schüchtern vor. Mußte er einen Angriff parieren, las er stammelnd ein paar Worte von einem Blatt Papier ab, das ihm von einem Untergebenen gereicht wurde. Hohenlohe selbst störten solche Momente wenig. »Ja sehen Sie, er empfand eine solche innerliche Mißachtung für diese parlamentarischen Seifensieder, daß deren Schelten und Schimpfen ihn so wenig beeindruckte wie der Dreckwurf eines Buben auf der Straße. Er kam aus der Kammer immer in vergnügter, jedenfalls gleichmütiger Stimmung nach Hause«, sagte ein Freund. Ebenso ruhig und unauffällig entledigte er sich der Amtsgeschäfte. Unter Caprivi war die Macht der Reichskanzlerschaft zurückgegangen; Hohenlohe unternahm keinen Versuch, sie in ihrem früheren Umfang wiederherzustellen. Er vermied Streit mit dem Kaiser, mit Ministern, Staatssekretären oder Abteilungen, und niemals drohte er mit Rücktritt. Es war Ehrensache für ihn, daß er, obschon kein Soldat wie sein Vorgänger Caprivi, anders als dieser dem Kaiser nicht wegen jeder kleinen Meinungsverschiedenheit mit Rücktritt drohte.

Dies erklärt, warum Hohenlohe so lange im Amt blieb. Nachdem Wilhelm II. Bismarck gestürzt und Caprivi abgeschüttelt hatte, fühlte er sich nun, mit fünfunddreißig, bereit zu herrschen. Eulenburg, der den Kaiser ermutigt hatte, schrieb im Dezember 1894 an Holstein: »Ich glaube an eine Absicht der Vorsehung, die in jenem elementaren Charakterzug des Kaisers, das Königtum durch sich selbst zu bestätigen, liegt. Ob sie uns verderben will oder helfen, das weiß ich nicht.«

Obwohl Wilhelm den alten Kanzler in der Öffentlichkeit weiterhin mit Respekt behandelte, begann er sich in einem Umfang in Fragen der Innen- und Außenpolitik einzumischen, der zu Caprivis Zeit unbekannt gewesen war. Hohenlohes Gleichgültigkeit gegen diesen erniedrigten Status, seine beinahe zynische Hinnahme, verstärkten des Kaisers Geringschätzung, und es begann ein Kreislauf der Demütigungen. 1895 besuchte der Kaiser den Altkanzler Bismarck in Friedrichsruh, ein Ereignis von politischer Bedeutung: der Kanzler erfuhr davon aus der Presse. Hohenlohe hatte auf Holsteins Drängen Marschall als Staatssekretär für Auswärtige Angelegenheiten behalten. Der Kaiser verachtete Marschall und behandelte ihn noch rücksichtsloser als den Kanzler. Im Dezember 1895 sagte der Kaiser dem britischen Militärattaché in Berlin, Oberst Swaine, daß er argwöhne, Großbritannien und Rußland könnten sich hinter seinem Rücken auf ein anglo-russisches Kondominium über Konstantinopel und das Türkische Reich einigen; dann telegrafierte er an alle deutschen Botschafter, nach entsprechenden Hinweisen Ausschau zu halten. Marschall und das Auswärtige Amt erfuhren von diesem Gespräch und den Telegrammen nur durch Zufall von dem Verschlüsselungsbeamten, der die Nachricht hinausschickte. Marschall traf das schwer. »Die Dinge mit S. M. gehen schlecht«, schrieb er in sein Tagebuch. »Er greift fortwährend in die äußere Politik ein. Ein Monarch muß das letzte Wort sprechen, S. M. will aber stets das erste Wort haben, dies ist ein Kardinalfehler.«

Holstein verstand den Zusammenhang zwischen den absolutistischen Überzeugungen des Kaisers und seinem impulsiven Verhalten in der Innenpolitik auf der einen und seinen außenpolitischen Interventionen auf der anderen Seite. »Die innere Politik macht mehr Geräusch«, schrieb er an Marschall, »aber die äußere ist viel gefährlicher. Daß S. M. da jetzt vom Tabakkollegium aus hineingreift, kann Folgen haben, über die er ... sich wundern wird.« Getragen von der Hoffnung, die Eingriffe des Kaisers blockieren oder wenigstens mäßigen zu können, saß Holstein in seinem Büro und schrieb Briefe. Er schrieb an Hohenlohe und ersuchte den Kanzler, übertriebenen Forderungen des Monarchen entschlossen, auch unter Androhung des Rücktritts, entgegenzutreten. Er schrieb an Eulenburg und Bülow, daß er besorgt sei, des Kaisers Griff nach der absoluten Macht, unbehindert durch den Reichstag und ohne Lenkung durch den warnenden Rat eines geachteten Kanzlers, werde Deutschland ins Unheil führen. Anfangs glaubte er, daß er Eulenburg für sich einspannen könne. »Hohenlohes große Nachgiebigkeit hat für den Kaiser die ungeheure Gefahr, den Herrn in seiner Eigenmächtigkeit noch zu bestärken«, schrieb Holstein an Eulenburg. »Wenn Sie mit Hohenlohe verhandeln, müssen Sie einen neuen Menschen anziehen. Sie müssen ihm raten, bei gewissen unvermeidlichen Anlässen dem Kaiser gegenüber den Reichskanzler herauszukehren. In Wirklichkeit geriert sich der alte Herr jetzt so, als wäre er der zweite Oberstkämmerer der Familie.« Am Weihnachtstag 1895 appellierte Holstein abermals an Eulenburg. Der Kanzler müsse »jetzt einen letzten energischen Versuch machen, Wandel zu schaffen«, er müsse mit Rücktritt drohen, wenn sich der Kaiser weiterhin in die Außenpolitik einmische. »Bedenken Sie, daß ohne diese bittere Medizin der Kaiser und das Vaterland, beide, in ernste Zustände kommen ... ›Der Kaiser sein eigener Reichskanzler‹ würde unter allen Umständen bedenklich sein, nun aber gar bei diesem impulsiven und leider ganz oberflächlichen Herrn, der keine Ahnung von Staatsrecht, von politischen Vorgängen, von diplomatischer Geschichte und – von Menschenbehandlung hat.« Nach Erhalt dieser Briefe bemerkte Eulenburg über ihren Verfasser: »Der Holstein von 1888 mit seiner altpreußischen Königstreue ist 1896 gewiß nicht etwa ein Antimonarchist, aber ein Parlamentarier geworden.«

Holsteins Briefe hatten wenig Wirkung; Hohenlohe wurde stetig schwächer. Bisweilen versuchte er mäßigend auf den Kaiser einzuwirken. Im März 1897 schrieb er Wilhelm II., daß die Ernennung eines Ausschusses, den der Kaiser sich in den Kopf gesetzt hatte, eine Schwächung des verfassungsmäßigen Amtes des Reichskanzlers bedeutete. »Ich kenne keine Verfassung«, rief Wilhelm. »Ich kenne nur das, was ich will!« Hohenlohe widersprach ausnahmsweise. Er hielt es als »oberster Ratgeber« für seine »Amtspflicht«, dem Kaiser seine Ansichten »freimütig auszusprechen«, schrieb er dem Kaiser. In der Vorbereitung für seine nächste Audienz beschloß Hohenlohe zu sagen: »Sollte das Wort verfassungsmäßig verletzt haben, so bedaure ich, daß E. M. nicht Kaiser von Rußland sind. Ich habe die Verfassung nicht gemacht, muß sie aber halten.«

Wilhelm II. begann von einem Staatsstreich gegen das Parlament zu sprechen. Graf Waldersee, der frühere Generalstabschef des Heeres, wurde vorgeladen und instruiert, sich für die Übernahme der Kanzlerschaft von Hohenlohe bereitzuhalten. »Ich weiß, wenn es zum Schießen kommen muß, so werden Sie es gründlich tun«, sagte Wilhelm zu Waldersee. Hohenlohe verstand seine Lage. »Wenn der Kaiser sein eigener Reichskanzler sein will, so muß er sich eine Strohpuppe nehmen. Die will ich nicht sein«, schrieb er. »Wenn ich das beim Kaiser nicht durchsetze, was ich für nötig halte, so habe ich keine Autorität ... Gegen den Kaiser und die Öffentlichkeit regieren heißt in der Luft schweben. Das geht nicht.«

Gleichwohl blieb Hohenlohe im Amt. In den folgenden drei Jahren, 1897–1900, erfreute Wilhelm sich der persönlichen Herrschaft, die er immer angestrebt hatte. Er diktierte die Politik und überwachte die Vorbereitung gesetzgeberischer Maßnahmen, setzte manchmal sogar persönlich Gesetzentwürfe auf. Hohenlohe, der nicht informiert und unbeteiligt war, wurde nur ersucht, seine Unterschrift auf Staatsdokumente zu setzen. 1898 beschrieb Bülow den Kanzler als beinahe achtzig Jahre alt, müde, krank, absolut gleichgültig und völlig passiv.

## 6. KAPITEL

# »Das Ungeheuer des Labyrinths«

Sechzehn Jahre lang, vom Sturz Bismarcks im Jahre 1890 bis zu seiner eigenen erzwungenen Versetzung in den Ruhestand 1906, spielte Friedrich von Holstein eine wesentliche Rolle in der Gestaltung deutscher Außenpolitik. Er arbeitete unter der Oberfläche in der Wilhelmstraße und war bekannt als die »Graue Eminenz«, der »Jesuit des Reiches« und das »Ungeheuer des Labyrinths«. Holstein bevorzugte diese Zurückgezogenheit. Zweimal lehnte er die Beförderung zum Staatssekretär ab; es hätte Zeitvergeudung für den Reichstag, beim Empfang ausländischer Botschafter und im Umgang mit Männern bedeutet, welche die Verschlungenheit und Schönheit des diplomatischen Netzes, an dem er ständig mit Besessenheit spann, nicht begreifen konnten. In all seinen Jahren als Vortragender Rat im Auswärtigen Amt traf Friedrich von Holstein nur zweimal mit seinem Souverän Kaiser Wilhelm II. zusammen.

Holstein hatte eine melancholische Kindheit verbracht. 1837 in Pommern geboren, war er der Sohn eines preußischen Edelmannes und verabschiedeten Offiziers, der in eine reiche Familie eingeheiratet und seine Frau verloren, dann die ältere Schwester seiner toten Gemahlin geheiratet hatte. Diese zweite Frau brachte im Alter von sechsundvierzig Jahren Friedrich zur Welt, ihr einziges Kind. Friedrichs Mutter war bis zum Verfolgungswahn um seine Sicherheit besorgt. Während des Revolutionsjahres 1848 brachte sie ihn aus Deutschland fort, um ihn zu schützen. Er reiste mit ihr und einem Privatlehrer nach Frankreich, in die Schweiz und Italien, vervollkommnete seine Beherrschung des Französischen und Italienischen. Mit fünfzehn immatrikulierte er sich an der Berliner Universität, um Jura zu studieren. Nach dem Abschluß seines Studiums bewarb er sich beim Heer um ein Offizierspatent. Er wurde wegen einer »schwachen Brust und allgemeiner körperlicher Schwäche« abgelehnt. Der gedemütigte Holstein ging in den preußischen Verwaltungsdienst.

1859 bewarb er sich unter Hinweis auf seine Sprachkenntnisse um eine Versetzung vom Verwaltungsdienst zum preußischen diplomatischen Dienst. Bismarck, der seinen Vater gekannt hatte, setzte sich für ihn ein und erreichte, daß

Holstein zum Attaché an der preußischen Gesandtschaft in St. Petersburg ernannt wurde, wo Bismarck selbst Gesandter war. Holstein fuhr im Dezember 1860 mit dem Zug von Berlin ab und ertrug drei Tage in einem Schlitten, als der Zug im Schnee steckenblieb. In der eingefrorenen Hauptstadt an der Newa erwartete ihn Bismarck, »groß und grade, ohne zu lächeln... kahl, blond, mit grauer Schattierung, ohne merkliche Korpulenz; gelbe Gesichtsfarbe.« Er streckte ihm die Hand hin und sagte: »Sie sind willkommen.«

Johanna von Bismarck nahm den schüchternen, unbeholfenen jungen Mann sofort in ihre Familie auf, und Holstein hatte Gelegenheit, seinen Gönner aus der Nähe zu beobachten. Obwohl Bismarck einfach lebte, den Hof, die Gesellschaft und seine Diplomatenkollegen scheute, benahm er sich immer als ein Mann von Bedeutung. Bei der Rückkehr vom außerhalb gelegenen Zarenschloß Peterhof kamen Bismarck und Holstein eines Tages am Bahnhof an, als der Zug schon abfahren wollte. Als er die beiden sah, rief der Zugbegleiter: »Beeilung!«, und Holstein lief instinktiv los. Als er die Tür des Waggons erreichte, blickte er sich um und sah Bismarck, noch immer ein gutes Stück entfernt, mit langsamem und würdevollem Schritt näherkommen. Der Zug wartete. Als er einstieg, sagte Bismarck: »Ich komme lieber zehnmal zu spät, als daß ich einmal laufe.«

Holstein war nicht glücklich in St. Petersburg. Linkisch, stolz und feinfühlig, hatte er niemals die Kameradschaft des Regimentslebens kennengelernt, die den meisten deutschen, russischen und anderen Diplomaten vertraut war. Er hatte wenig Interesse an Frauen und leichter Konversation und fügte sich nicht in die Gesellschaft. Er entwickelte eine Abneigung gegen Russen, und seine Erfahrungen in der Hauptstadt des Zaren hinterließen eine lebenslange Antipathie gegen Rußland. Nach St. Petersburg wurde er auf diplomatische Posten versetzt, die ihm besser gefielen: Rio de Janeiro (im Urlaub wanderte er in den Urwäldern am Amazonas), Washington (von wo er nach Westen reiste und auf den Prärien Büffel jagte), Florenz und Kopenhagen. 1871 war er wieder in Bismarcks Stab, diesmal in Versailles, während deutsche Artillerie Paris beschoß und der Kanzler den Friedensschluß mit Frankreich und die Proklamation des Deutschen Reiches vorbereitete. Als der Friede kam, blieb Holstein wegen seiner Vertrautheit mit den Bestimmungen des Friedensvertrages und seines makellosen Französisch als Zweiter Sekretär der deutschen Botschaft in Paris.

Hier wurde er in einen Skandal verwickelt, der seine Laufbahn beeinflußte. Bismarck war eifersüchtig auf die Fähigkeiten und die Beliebtheit des Grafen Harry von Arnim, der damals deutscher Botschafter in Paris war. In der Befürchtung, daß Arnim eines Tages nach Berlin zurückgerufen werden könnte, um ihn als Reichskanzler zu ersetzen, beschloß Bismarck, diesen potentiellen Rivalen auszuschalten. Insgeheim beauftragte er Holstein, nach Beweisen dienstlicher Vergehen Arnims zu suchen. Holstein fand die Unterschrift seines Botschafters auf einem Zahlungsbeleg über Gelder, die an eine Zeitung gegangen waren, damit diese Artikel gegen Bismarck veröffentlichte. Er entdeckte auch, daß Arnim vorschriftswidrig eine Anzahl Staatsdokumente aus der Botschaft entfernt hatte. Bei einem Besuch in Berlin wurde Arnim verhaftet. In dem anschließenden Gerichtsverfahren gegen Arnim mußte Holstein gegen seinen früheren Vorgesetzten aussagen. Arnim verteidigte sich energisch, unterstützt von vielen Angehörigen des preußischen Adels. Schuldig gesprochen und zu einem Jahr Gefängnis verurteilt, floh Arnim in die Schweiz, um von dort bösartige Angriffe auf Bismarck und Holstein zu führen. Die Berliner Gesellschaft, außerstande, ihren Gefühlen gegen den Kanzler Ausdruck zu verleihen, ließ Holstein ihre Verachtung spüren und schloß ihn vom eleganten Leben aus. Holstein zog sich für immer und vollständig in seine Arbeit zurück. 1876 kehrte er aus Paris zurück und fand seinen Platz an einem Schreibtisch in der Wilhelmstraße 76.

Holsteins Arbeitsfähigkeit war selbst nach preußischen Maßstäben außerordentlich. Von acht Uhr früh bis spät in die Nacht saß er an seinem Schreibtisch, las unermüdlich Akten und eingehende Memoranden, erinnerte sich an alles, brachte seine Gedanken in Analysen, Vorschläge und Berichtigungen zu Papier, ohne dabei bösartigen Klatsch zu verschmähen.

Er blieb Bismarcks Mann. Bismarck hatte ihm den Weg in den diplomatischen Dienst geebnet, Bismarck hatte ihn in der Affäre Arnim benutzt, Bismarck brachte ihn 1876 nach Berlin zurück, und nun machte Bismarck Holstein zu seinem persönlichen Horchposten und Drahtzieher hinter den Kulissen des Auswärtigen Amtes. Holstein verrichtete diesen Dienst mit Eifer. Er war dem Kanzler ergeben, den er in seinen Tagebüchern »den Chef« nannte. Bei ausgedehnten Besuchen auf den Landsitzen des Kanzlers diente er auch als Bismarcks Privatsekretär und nahm seinen St. Petersburger Platz in der Familie als »getreuer Fritz« wieder ein. Er gehörte zu den wenigen Männern, die den Kanzler nie langweilten. Holstein wußte, wann er zu sprechen und wann er zu schweigen hatte. Wenn er sprach, bediente er sich einer anregenden, kernigen Ausdrucksweise. Wenn er wollte, konnte er auf einen boshaften Humor zurückgreifen, der Bismarck gefiel. Bei diesen Besuchen erneuerte Holstein seine Bekanntschaft mit den Söhnen des Kanzlers, Herbert und Wilhelm, die er als Halbwüchsige in St. Petersburg kennengelernt hatte und die nun mit Holstein als Privatsekretäre ihres Vaters abwechselten. Seine Freundschaft mit Herbert wurde besonders eng.

Holsteins Position als Bismarcks Vertrauter war im Auswärtigen Amt ein offenes Geheimnis, obwohl das Ausmaß des Vertrauens, das Bismarck in ihn setzte, sowie die Art und Weise, auf die er sich weiteres Vertrauen verdiente, sich erst allmählich enthüllten. In den frühen 1880er Jahren beginnend, autorisierte Bismarck ihn, eine umfangreiche private Korrespondenz direkt mit Botschaftern, Gesandten und anderem Botschaftspersonal in aller Welt zu führen, was ihn in die Lage versetzte, den Kanzler (und sich selbst) mit politischen und persönlichen Informationen zu versorgen, die ihren Weg nicht in offizielle diplomatische Mitteilungen fanden. Jahr für Jahr gingen seine privaten Briefe und Telegramme – klug, analytisch, sondierend – an die deutschen Botschaften in London, Paris, St. Petersburg, Wien und Konstantinopel. Die Antworten hielten Holstein auf dem laufenden über die Talente und Unzulänglichkeiten jedes Angehörigen des diplomatischen Korps, von Botschafter-Veteranen bis zu jungen Attachés. Holstein lenkte eingehende Informationen sorgfältig zu Punkten, wo sie ihm am nützlichsten erschienen.

Seine besondere Stellung blieb unbeeinflußt vom vorgesetzten Amt des Staatssekretärs. 1881 wurde Holsteins Freund Paul von Hatzfeld, den Holstein als »geistig ungeheuer bedeutend, aber ohne jedes Hinterteil, eine Giraffe, für den Löwenritt geschaffen«, beschrieb, zum Staatssekretär ernannt. Holstein wurde sein wichtigster Berater. Allerdings gestalteten in jenen Jahren weder Hatzfeldt noch Holstein die deutsche Außenpolitik; das war Bismarcks Vorrecht, ob er im Kanzlerpalais in Berlin saß oder in Varzin unter seinen Eichen wanderte. Als Bismarcks Gesundheit sich nach 1883 verschlechterte und seine Landaufenthalte länger wurden, nahm Holsteins Macht zu. Weil Bismarck das Haus Wilhelmstraße 76 selten betrat, war die Rolle Holsteins, der mißtrauisch jede Bewegung beobachtete, um so wertvoller. Als sich ein wichtiger deutscher Diplomat darüber beklagte, daß er mit Holstein verhandeln müsse, beschied ihn Fürst Bismarck kühl: »Ja, da kann ich Ihnen nicht helfen. Ich muß einen haben, auf den ich mich ganz verlassen kann, das ist Holstein.«

Herbert von Bismarck teilte die Wertschätzung, die sein Vater dem »getreuen Fritz« entgegenbrachte. Wilhelm von Bismarck, des Kanzlers jüngerer Sohn, war skeptischer. »Was ich von Holstein halte, wollen Sie wissen?« antwortete er einmal auf eine Frage des jüngeren Bernhard von Bülows. »Ja, das ist eine ziemlich komplizierte Chose. Holstein steht uns seit Jahren sehr nahe. Vater hält ihn für ungewöhnlich brauchbar und baut Häuser auf ihn. Mutter verzieht ihn und schiebt ihm bei Tisch die besten Stücke zu. Was mich angeht, so leugne ich nicht die große Begabung von Holstein, weder sein brillantes Französisch und Englisch noch seinen Scharf- und Spürsinn ... Es sind aber zwei Dinge, die mir an ihm nicht gefallen. Er leidet an einer fast pathologischen Verfolgungsmanie. Da er sehr empfindlich ist und überaus mißtrauisch, findet diese Manie immer Nahrung. So hetzt er bei meinem nun einmal reizbaren und selbst reichlich argwöhnischen Vater immer wieder gegen andere, heute gegen Hinz und morgen gegen Kunz.«

Als Herbert von Bismarck 1885 Staatssekretär im Auswärtigen Amt wurde, änderte sich nichts an Holsteins Sonderstatus und seiner freundschaftlichen Beziehung zu den Bismarcks, Vater und Sohn. Er hatte weiterhin sein Büro neben dem des Staatssekretärs, watete durch ein Meer von Berichten und Meldungen von Botschaften und Legationen, schrieb seine eigenen Memoranden und erschien ungebeten nach seinem eigenen Dafürhalten durch eine private, unverschlossene Tür in Herberts Arbeitszimmer. Im Laufe der Zeit weckten die täglichen Kontakte mit Herbert in zunehmendem Maße Holsteins Kritik am arroganten, groben Benehmen seines alten Freundes.

Holsteins Abwehr gegen jene, mit denen er sich unbehaglich fühlte, war der Rückzug. Nach dem Zwischenfall mit Herberts Schießübungen im Garten der Reichskanzlei schrieb Holstein an einen Vetter: »Ich habe diese Szene beschrieben, weil sie Dir ... manches erklärt, was Dir vielleicht bis dahin von mir unklar war. Mit rohen Menschen wie Herbert und den Seinigen gibt es nur ein Mittel, um die Alternative zwischen Entwürdigung und Konflikt zu vermeiden: daß man von selber weiter abrückt. Das habe ich getan und habe mir damit sogar anfangs einen ziemlichen Ruck gegeben. Wenn ich aber sehe, wie andere behandelt werden, freut es mich, daß ich einen Abschnitt machte. Ich glaube nicht, daß man *mir* durchs Fenster schießen würde.«

Nach und nach begann der Vortragende Rat sich gegen die Führung der Außenpolitik durch den Kanzler zu wenden. Bismarcks Politik zielte auf ein gutes Einvernehmen mit Rußland; Herbert förderte diese Beziehung in einem Ausmaß, das Holstein für gefährlich hielt. Seit seinen Tagen in St. Petersburg mochte er die Russen nicht. Nun war er überzeugt, daß russische Macht und russisches Ansehen nicht weiter gesteigert werden durften. Er drängte auf ein Höchstmaß an Unterstützung für Österreich-Ungarn. Durch Hatzfeldt, der nach London versetzt worden war, versuchte er Feindschaft zwischen Briten und Russen zu säen. Zuerst wollte Holstein nicht einmal sich selbst eingestehen, daß er versuchte, die Politik des Kanzlers zu durchkreuzen. Seine Erklärung war, daß er lediglich ein Gegengewicht zu Herberts übertriebener Russenfreundlichkeit schaffe und daß er, nicht Herbert, die mit den wirklichen Absichten des Kanzlers übereinstimmende Politik betreibe. »Ich bin manchmal über die Absichten des großen Capo hinausgegangen, habe auch manchmal für die Erreichung seiner Ziele meine Wege gewählt«, vertraute er einem Freund an. Aber Anfang 1886, als Herbert bereits Staatssekretär war, zeigte sich Holstein alarmiert. »Zum ersten Mal seit 25 Jahren habe ich Mißtrauen gegen die Bismarcksche auswärtige Politik«, schrieb er am 13. Januar 1886. »Der Sohn führt den Alten, und den Sohn führt die Eitelkeit und die russische Botschaft.«

Holstein opponierte energisch gegen den geheimen Rückversicherungsvertrag von 1887, der hinter dem Rücken des österreichischen Kaisers, des deutschen Reichstags und der Beamtenschaft des Auswärtigen Amtes mit Zar Alexander III. geschlossen worden war. In Holsteins Augen war dieses Geflecht ineinandergreifender Bündnisse hauptsächlich das Ergebnis der Vorliebe eines alten Mannes für Intrigen. Holsteins Opposition blieb keinem der beiden Bismarcks verborgen, aber Vater und Sohn glaubten, daß der »getreue Fritz« persönlich weiterhin loyal bleiben würde. Als der jüngere Bülow einmal die Frage an Herbert richtete, wie er Holsteins antirussisches Vorurteil dulden könne, lächelte Herbert und sagte: »Holstein hat ein für allemal Narrenfreiheit.«

Holstein sah den bevorstehenden Zusammenstoß zwischen dem rastlosen jungen Kaiser Wilhlem II. und dem alternden Kanzler voraus. Vorsorglich begann der Vortragende Rat seine Korrespondenz mit Philipp Eulenburg, dem Freund des Kaisers, zu intensivieren. Durch Eulenburg stand er auch in Verbindung mit dem jungen Bernhard von Bülow, dem Sohn des Staatssekretärs der 1870er Jahre. Als Bismarck stürzte, hatte Holstein seine eigenen Vorkehrungen getroffen. Man bot ihm das Staatssekretariat an, und er lehnte es ab und schlug Marschall vor. Es gab Einwände, daß die deutsche Außenpolitik mit einem neuen und unerfahrenen Reichskanzler und einem neuen und unerfahrenen Staatssekretär im Auswärtigen Amt gefährdet sei. Holstein versicherte allen besorgten Gemütern, daß die Außenpolitik des Reiches in sicheren und erfahrenen Händen sei. Er meinte die eigenen.

Weder Caprivi noch Marschall kamen aus dem diplomatischen Dienst. Caprivi war aufrecht und eigensinnig, und Marschall gewann allmählich Selbstvertrauen, aber noch zwei Jahre später, 1892, erklärte der österreichische Botschafter, daß weder der Kanzler noch der Außenminister ohne Holsteins Zustimmung irgend etwas unternehmen würden.

Die Entscheidung zur Nichterneuerung des Rückversicherungsvertrages, dieses Schlußsteines im mächtigen Gewölbe der Bismarckschen Außenpolitik, brachte den Altkanzler in Rage. Damit, so prophezeite er zutreffend, würde man ein isoliertes Rußland einem isolierten Frankreich in die Arme treiben. Holsteins Umorientierung und sein Anteil an der Nichterneuerung des Bündnisses wurden ihm nie vergeben. Besonders Herbert betrachtete den »getreuen Fritz« als Verräter. In der Woche nach dem Rücktritt beider Bismarcks, als Holstein Caprivi den geheimen Bündnisvertrag überbracht hatte, geriet Herbert, der noch dabei war, seine Habseligkeiten aus dem Haus zu schaffen, in helle Wut. Er ließ Holstein kommen. »Sie haben etwas getan, was ich unter den früheren Verhältnissen hätte auf das strengste ahnden müssen. Wie die Dinge heute liegen, kann ich nur sagen, daß Sie mich zu früh zum alten Eisen geworfen haben.«

Als er kurz darauf Holstein auf der Treppe begegnete, ging er mit einer wortlosen Verbeugung an ihm vorbei. Nach Herberts Abreise wuchs die Spannung zwischen den beiden Männern und wurde zu einer tiefen Feindschaft. Noch viele Jahre nach Bismarcks Entlassung, als Berlin in eine Hofpartei und die Bismarckpartei gespalten war, blieb Holstein für die letztere eine Zielscheibe des Hasses, ohne sich mit der ersteren zu identifizieren. Bis zu Fürst Bismarcks Tod im Jahre 1897 war Holsteins Interesse darauf gerichtet, jede Versöhnung zwischen dem Kaiser und den Bismarcks zu verhindern. Er wußte nur zu gut, daß, sollte es je zu einer Bismarck-Restauration kommen, sein Kopf als erster rollen würde.

Otto und Herbert von Bismarck kehrten nicht zurück. Jahr für Jahr saß Friedrich von Holstein am Schreibtisch seines kleinen Büros im Erdgeschoß der Wilhelmstraße 76. Am Morgen sperrte er die Tür selbst auf, nahm seinen Platz ein und begann einen Tag, der mindestens zwölf Stunden dauern würde. Er arbeitete langsam und überlegt, in späteren Jahren behindert durch den Grauen Star. Er wurde nur von Boten gestört, die leise anklopften, mit einer Verbeugung eintraten, Dokumente brachten oder aufnahmen und geräuschlos hinausgingen. Die Zeit verging, aber sein Tagesablauf änderte sich nie. Er saß an seinem Schreibtisch und sah Reichskanzler kommen und gehen, Staatssekretäre einander ablösen, Minister und Botschafter vorüberziehen. Er allein blieb. Fast unsichtbar, wurde er zur Legende. Kanzler und Staatssekretäre waren abhängig von ihm. Er tat alles für sie, setzte ihre Berichte an den Kaiser auf, schrieb ihre Reden, versandte ihre Depeschen, bereitete Denkschriften vor und führte seine geheime Korrespondenz weiter, zu der Bismarck ihn vor Jahren autorisiert hatte und in die er niemanden einweihte. Sein Gedächtnis verblüffte und erschreckte die Beamten im Auswärtigen Amt; er wußte, was jedes Dokument enthielt, was unternommen worden und wo jedes Stück Papier abgelegt war.

Mittags legte Holstein eine halbstündige Pause ein, in der er eine leichte Mahlzeit zu sich nahm, die vom Hôtel du Rome herübergeschickt wurde. Um einundzwanzig Uhr schaltete er seine Schreibtischlampe aus, die zum Schutz seiner Augen einen schweren roten Schirm hatte, schloß die Tür ab und ging zu einem Seiteneingang des Restaurants Borchardt in der Französischen Straße 48. Hier war ein Nebenzimmer für ihn reserviert. Holstein war ein Feinschmecker und Liebhaber guter Weine. Seine Anweisungen für die Küche waren so sorgfältig und genau wie jene, die er Diplomaten und Untergebenen erteilte; Chefkoch und Oberkellner erschienen vor ihm mit der gleichen Beklommenheit wie die Bürodiener in der Wilhelmstraße. Gegen Mitternacht bestellte er eine Droschke. Andere Gäste wurden zurückgehalten, um ihm die Möglichkeit zu geben, allein durch den Korridor und auf die Straße zu gehen.

Mit den Jahren brach der gesellschaftliche Boykott Holsteins zusammen.

Einladungen mit geprägten Wappen begannen einzutreffen, aber Holstein hatte längst mit einem eigenen Boykott der Gesellschaft geantwortet. Er lebte allein in drei kleinen Zimmern in der Grossbeerenstraße, und wenn er Gäste hatte, lud er zum Essen in Borchardts Restaurant ein. Wer sich seiner besonderen Gunst erfreute, wurde eingeladen, ihn auf einer seiner bevorzugten langen Wanderungen durch das Land um Berlin zu begleiten. Der Kaiser und der Hof waren in Holsteins Boykott eingeschlossen. Am Geburtstag des Kaisers versammelten sich alle Würdenträger der Regierung und alle ausländischen Botschafter zu einem großen Empfang im Berliner Schloß. Natürlich wurde auch der Vortragende Rat Baron von Holstein eingeladen. Die Antwort war immer die gleiche: »Der Geheimrat v. Holstein läßt sich entschuldigen; er ist nicht im Besitz eines Gala-Anzuges.« So zurückgezogen lebte Holstein, daß Wilhelm II. ihn 1893, als er bereits fünf Jahre auf dem Thron gewesen war, noch nicht getroffen hatte. »Ich höre, daß ich im Auswärtigen Amt einen ausgezeichneten Beamten habe, Herrn von Holstein«, sagte der Kaiser eines Tages zum österreichischen Botschafter. »Unglücklicherweise ist es mir noch nicht gelungen, seine Bekanntschaft zu machen.« Holstein wünschte diese Distanz zu wahren. Als er einmal hörte, daß der Kaiser ins Auswärtige Amt komme, lud Holstein in aller Eile Baron Hermann von Eckardstein, einen deutschen Diplomaten, der an der Londoner Botschaft arbeitete und sich zeitweilig in Berlin aufhielt, zum Mittagessen ein. Über der Mahlzeit redete Holstein drei Stunden lang, dann schlenderte er mit seinem Gast zu Unter den Linden und fragte einen Polizisten, ob der Kaiser vorbeigefahren sei. Auf die verneinende Antwort des Polizisten hin setzte Holstein seinen Spaziergang mit Eckardstein eine weitere Stunde fort, dann schickte er den jüngeren Mann voraus zum Auswärtigen Amt, damit der sich vergewissere, ob die Luft rein sei. Im November 1904 endlich – Wilhelm II. war mittlerweile seit sechzehn Jahren Kaiser – kam es zu einer Zusammenkunft. Bülow, inzwischen Kanzler geworden, hatte ein gemeinsames Abendessen arrangiert. Bei der Begegnung sprach Wilhelm über die Entenjagd.

In dieser Weise regierte die »Graue Eminenz« und der »Jesuit des Reiches« sein heimliches Reich. Der Arbeit zugetan, ein Verehrer der Macht, war er verstohlen, grillenhaft und mißtrauisch. Er hatte einen scharfen Verstand und neigte zur Rechthaberei. Je natürlicher und offensichtlicher etwas war, desto argwöhnischer wurde Holstein. In seinen Memoiren erinnerte sich Eckardstein: »Wie oft habe ich es erlebt, daß bei wichtigen Verhandlungen mit fremden Staatsmännern, die ich auf Veranlassung Holsteins eingefädelt hatte, und deren Abschluß er gar nicht schnell genug erwarten konnte, die Instruktion zum Abbruch der Aktion kam, sobald es sich zeigte, daß die andere Partei bereit war, auf seine Wünsche einzugehen. Man könnte es mit Recht als Regel aufstellen, daß Holstein immer nur so lange wollte, als die anderen nicht wollten.« Holsteins Netz umfaßte die gesamte deutsche Diplomatie. Er weitete sein privates Spionagesystem aus, indem er karrierebewußte Beamte ermunterte, ihn mit der Art von persönlichen Informationen über ihre Vorgesetzten und Kollegen zu versorgen, die Holstein schätzte und verwenden konnte. Er war ein Meister maliziöser Klatschgeschichten und machte sich mit Vergnügen zum Zwischenträger versteckter Anspielungen und Sticheleien. Er selbst hingegen war leicht gekränkt. Wenn er sich beleidigt fühlte, vermied er es, anderen in die Augen zu blicken und öffnete und schloß die Finger der rechten Hand in krampfhafter Erregung. Zurücksetzungen oder Beleidigungen vergab er nie. »Der Mann hat mich gestern nicht gegrüßt«, beklagte er sich etwa, und weigerte sich, die Entschuldigung zu akzeptieren, daß der Missetäter auf der anderen Straßenseite gewesen, kurzsichtig sei und in die andere Richtung geschaut habe.

Einmal gekränkt, war er unnachgiebig und nachtragend. »Wenn ich merke, daß Ihr Eingreifen eine für das Auswärtige Amt und für mich ungünstige Wirkung hat«, so warnte er einmal Philipp Eulenburg, »so werde ich zu irgendeinem Gewaltakt genötigt sein!« Selbst der Kaiser war von Holsteins Forderung nach absoluter Loyalität nicht ausgenommen. »Wenn Seine Majestät nichts gegen... [einen Beamten des Auswärtigen Amtes, den Holstein nicht mochte] tut, tritt er damit auf die Seite meiner Feinde.« Wie weit Holstein gehen konnte, illustriert seine Behandlung des deutschen Diplomaten Johann Maria von Radowitz, der als deutscher Botschafter in der Türkei und Spanien diente. Holstein vergab es Radowitz nie, daß dieser einen Bruststern mit Schulterband auf derselben Ehrenliste angenommen hatte, die Holstein nur eine geringere Ordensklasse in Gestalt eines um den Hals getragenen Kreuzes zugebilligt hatte. Seitdem verfolgte er dessen Laufbahn mit pathologischem Haß. »Seine Erregung war um so sinnloser«, bemerkte Bülow, »als er seit dem Arnim-Prozeß nicht mehr in Gesellschaft ging, nie einen Orden anlegte und nicht einmal einen Frack besaß.«

Holsteins Einfluß auf die Außenpolitik blieb bis zu seinem Sturz im Jahre 1906 außerordentlich. Philipp Eulenburg räumte ein: »Weder Caprivi, noch Hohenlohe, noch Bülow haben jemals einen auch nur im geringsten bedeutsamen politischen Erlaß von sich gegeben, ohne daß Holstein seinen Senf dazu gegeben hätte, wenn er ihn nicht selbst verfaßte.«

Bülow, der neun Jahre als Staatssekretär im Auswärtigen Amt und als Kanzler eng mit Holstein zusammenarbeitete, behandelte den Vortragenden Rat mit mißtrauischer Vorsicht. »Erschwert wurde mir ... die kritische Lage [in der Wilhelmstraße] durch die Quertreibereien von Holstein«, seufzte er, »der nun einmal bei ungewöhnlicher Begabung ein unverbesserlicher, weil von pathologischem Mißtrauen getriebener Ränkeschmied war.« Holstein gleiche »dem Wachhund, der wohl das Haus gegen Diebe und Einbrecher schützt, bei dem

*Queen Victoria, ein Porträt zum Diamantenen Jubiläum, 1897*

Der Prinz von Wales (Bertie) mit 27 im Jahre 1869

*König Edward VII. und Königin Alexandra an Bord der Jacht* Victoria and Albert *vor Cowes, 1909. Der König ist 67, die Königin 64*

*Kaiserin Viktoria (Vicky)*

*Kaiser Friedrich III. (Fritz)*

*Wilhelms Eltern*

*Prinz Wilhelm und seine Mutter*

*Kaiser Wilhelm und seine Frau Kaiserin Augusta Viktoria (Dona)*

*Der Kaiser 1909 in Kiel*

*Der Kaiser und sein Onkel Edward VII. 1909 in Berlin*

*Bismarck und der junge Kaiser*

*Die berühmte Karikatur: Der Lotse verläßt das Schiff.*

*tto von Bismarck*

*Holstein*

*Caprivi*

Eulenburg

Hohenlohe

*Bernhard von Bülow*

*Theobald von Bethmann Hollweg*

*Alfred von Tirpitz*

man aber nie sicher ist, ob er nicht auch seinen Herrn gelegentlich in die Beine beißen wird.« An anderer Stelle wählte Bülow ein noch wilderes Tier, um Holstein zu beschreiben: »In seiner blinden und dabei doch so kleinlichen Gehässigkeit erschien mir der alte Geheimrat von Holstein, der dem großen Fürsten Bismarck während über dreißig Jahren nähergestanden hatte als die meisten anderen, wie ein tückischer Wolf, der hinter das Gitter gehört, nicht ins Freie.« Eulenburgs Beschreibung war die grausamste: »Bülow und ich nannten ihn oft ›den Marder‹: denn dieser gibt nicht eher Ruhe, bis er den ganzen Hühnerstall abgewürgt hat.«

Holstein glaubte an eine Politik vorsichtiger Freundlichkeit gegenüber Großbritannien. Er teilte die Ansicht seines alten Präzeptors Bismarck, daß Deutschland, zwischen Frankreich und Rußland gelegen, sich um das Machtgleichgewicht zwischen dem Dreibund aus Deutschland, Österreich-Ungarn und Italien und der sich entwickelnden antideutschen Allianz von Frankreich und Rußland sorgen müsse. Eines Tages mochte es möglich sein, Großbritannien zum Beitritt in den Dreibund zu bewegen. Einstweilen genügte es den Briten, in ihrer *Splendid Isolation* zu verharren. Holstein zog die Möglichkeit, daß Großbritannien sich Deutschlands Feinden zugesellen könne, nicht in Betracht; die Gegensätze zwischen Großbritannien und Frankreich, aber auch zwischen Großbritannien und Rußland waren so tief, daß der Geheimrat sich nicht vorstellen konnte, sie ließen sich jemals überbrücken.

Das Arrangement mit Großbritannien sicherte die Vorherrschaft des Deutschen Reiches in Europa, forderte aber auch die Mäßigung deutscher Ambitionen in Übersee. Deutschland durfte Großbritannien nicht durch eine aggressive Kolonialpolitik oder durch eine übertriebene Verstärkung der deutschen Kriegsflotte alarmieren und provozieren. In den 1870er und 1880er Jahren hatte Großbritannien beim Aufbau der kleinen deutschen Flotte Ausbildungshilfe geleistet; in den 1880er Jahren hatte es Bismarcks kurzen Ausflug in den Kolonialismus hingenommen. Im Überseehandel genossen deutsche Schiffe und Händler den Schutz der britischen Marine und hatten Zugang zu britischen Kolonialmärkten. Holstein sah keine Notwendigkeit, auf mehr zu drängen.

Es geschah auf Holsteins Rat, daß Caprivi bald nach seiner Ernennung zum Reichskanzler ein freundschaftliches persönliches Schreiben an Salisbury richtete, in dem er seine Hoffnung auf gute Beziehungen und enge Zusammenarbeit mit dem britischen Premierminister zum Ausdruck brachte. Die deutsche Reichsregierung, auf der Hut vor einer Rückkehr Gladstones und der Liberalen an die Macht, wünschte »der Notwendigkeit gewärtig zu sein, Lord Salisburys Aufgabe zu erleichtern und sein Verbleiben im Amt zu ermöglichen«, schrieb Caprivi zur gleichen Zeit an Hatzfeldt in London. Hohenlohes Kanzlerschaft beeinflußte weder die deutsche Politik gegenüber England noch Holsteins Machtstellung in der Wilhelmstraße. Vor 1897 geschah nichts, was geeignet gewesen wäre, seine Überzeugung zu ändern, daß Großbritannien sich niemals auf Frankreichs und Rußlands Seite schlagen würde; der britische Antagonismus gegenüber diesen Mächten blieb zu stark.

## 7. KAPITEL

# Bülow und die Weltmacht

In den ersten zwanzig Jahren nach der Ausrufung des Reiches wuchsen die Bevölkerung und die wirtschaftliche Stärke Deutschlands stetig. Dann plötzlich explodierten, beginnend in den 1890er Jahren, Bevölkerungszahl und Wirtschaftswachstum. 1871 betrug die Bevölkerung Großbritanniens einschließlich Irlands 31 Millionen; das neugegründete Deutsche Reich hatte 41 Millionen Einwohner. Zwanzig Jahre später, 1891 war die britische Bevölkerung auf 38 Millionen angewachsen, die deutsche auf 49 Millionen. Dann veränderten sich die Wachstumsraten. Die Zahl der Briten stieg bis 1901 auf 41 Millionen, und 1911 auf 45 Millionen. Aber die deutsche Bevölkerung erreichte 1900 bereits 56 Millionen und 1910 65 Millionen. Der Vergleich mit Frankreich ist noch krasser: zwischen 1891 und 1910, während die Bevölkerung des Reiches von 49 auf 65 Millionen anschwoll, wuchs die französische Bevölkerung nur von 37 auf 39 Millionen.

Die Entwicklung bei Kohle und Stahl war ebenso dramatisch. 1871 beherrschte britische Kohle mit einer Jahreserzeugung von 112 Millionen Tonnen die Weltmärkte; Deutschland, der zweitgrößte Kohleproduzent der Welt, schürfte 34 Millionen Tonnen. Um 1890 betrug die deutsche Kohleförderung die Hälfte der britischen; um 1913 hatte sie den Gleichstand erreicht. Die Stahlproduktion, ein wesentlicher Bestandteil der Schwer- und Rüstungsindustrie, zeigte ein noch eindrucksvolleres Bild. 1890 erzeugte Großbritannien 3,6 Millionen Tonnen Stahl im Jahr, Deutschland ungefähr zwei Drittel davon. 1896 übertraf die deutsche Stahlproduktion erstmals die britische. Und 1914 erzeugte Deutschland mit 14 Millionen Tonnen mehr als doppelt soviel Stahl wie Großbritannien (6,5 Millionen Tonnen).

Genauso verhielt es sich in beinahe jeder Kategorie und Statistik, nach denen wirtschaftliche Stärke gemessen wird. Der Abbau von Zollschranken, das Anwachsen des Eisenbahnnetzes, rasche Verstädterung, Entwicklung der chemischen und Elektroindustrien, der Aufstieg der zweitgrößten Handelsflotte der Erde, ein enorm wachsender Überseehandel, umfangreiche Auslandsinvestitionen – dazu ein massives Heer von einzigartiger Schlagkraft – schufen einen Staat, der den europäischen Kontinent dominierte. Mit zunehmender Stärke entstand ein Gefühl nationaler Sendung. Jung, selbstbewußt und ehrgeizig, schickte sich das Deutsche Reich an, den Weg zu gehen, den andere mächtige Staaten eingeschlagen hatten.* Wachstum wurde zu einer Prestigeangelegenheit und einem Maßstab des Wohlstandes. 1897 waren sich die führenden Persönlichkeiten in der Regierung, der Industrie und der Presse darin einig, daß Deutschlands Bevölkerungsexplosion und Wirtschaftswachstum Kolonien als Rohstoffquellen und Märkte für Fertigerzeugnisse verlangten. Wenn das Reich nicht Handelshäfen, Marinestützpunkte und Bunkerstationen rund um die Welt erwarb, wie Großbritannien und, in geringerem Umfang, Frankreich es getan hatten, würde seine Wirtschaft verkümmern und seine Größe schwinden. So wurde die Weltmachtpolitik geboren. Bernhard von Bülow, zusammen mit Admiral Alfred Tirpitz ein Architekt des Weltmachtstrebens, erläuterte den Sachverhalt in einfachen Begriffen. »Die Frage ist nicht, ob wir kolonisieren wollen oder nicht, sondern daß wir kolonisieren müssen, ob wir wollen oder nicht. Zu sagen, Deutschland solle seine Weltpolitik aufgeben, wäre dem Vater gleich, der seinem Sohn sagt: ›Wenn du nur aufhören würdest zu wachsen, du lästiger Junge, dann würde ich dir keine langen Hosen kaufen müssen.‹« Tirpitz war unverblümter: Die Expansion Deutschlands nach Übersee, sagte er, sei »so unwiderstehlich wie ein Naturgesetz«.

Es gab Einwände. Die Führer der sozialdemokratischen Partei Deutschlands, Wilhelm Liebknecht und August Bebel, argumentierten, daß Deutschlands Zukunft auf der Lösung sozialer Probleme zu Hause ruhen solle, statt auf der Expansion in Übersee. Ihre Einwände konnten einem an Wachstumsraten und internationalem Wettbewerb orientierten Denken nur zusätzlicher Anreiz sein: die aggressive Außenpolitik war wenigstens zum Teil darauf abgestellt, die Aufmerksamkeit der Öffentlichkeit und der Arbeiterklasse von sozialen und politischen Problemen daheim abzulenken.

Überall in Deutschland proklamierten Professoren den Ruhm der Hohenzollernmonarchie, die Notwendigkeit patriotischen Gehorsams, die historische Unvermeidbarkeit deutscher Expansion. Keine akademische Persönlichkeit war einflußreicher als Heinrich von Treitschke, Professor für Geschichte an der Universität Berlin. In seinem fünfbändigen Werk *Deutsche Geschichte im*

* Die Vereinigten Staaten, deren Bevölkerung in den zwanzig Jahren zwischen 1880 und 1900 von 50 Millionen auf 75 Millionen angewachsen war, befanden sich ebenfalls auf diesem Weg. Die Amerikaner hatten einen Kontinent erobert, die größte industrielle Wirtschaftsmacht der Welt geschaffen und waren im Begriff, nach Übersee auszugreifen. 1898, ein Jahr nachdem der Status einer Weltmacht zur erklärten Politik des Deutschen Reiches geworden war, besiegten die Vereinigten Staaten Spanien und schluckten die Philippinen und Puerto Rico.

*Neunzehnten Jahrhundert* und in seinen Vorlesungen der 1880er und 1890er Jahre predigte Treitschke die Ideologie der Macht und das Supremat des Staates. Ein Abkömmling sächsischen Adels, wegen Taubheit außerstande, eine militärische Laufbahn einzuschlagen, betrachtete er Krieg als das Instrument der Göttlichen Idee. »In ... der Geschichte ist unter allen Gewalten, die wir kennen, der Krieg der mächtigste und tüchtigste Völkerbildner. Nur im Kriege wird ein Volk zum Volke«, erklärte er. »Der Krieg ist für krankende Völker das einzige Heilmittel. In den Augenblicken, wo der Staat ruft: Jetzt gilt es mir und meinem Dasein! muß die soziale Selbstsucht zurücktreten und jeder Parteihaß schweigen. Der Einzelne ... soll erkennen, wie nichtig sein Leben gegenüber dem Wohl des Ganzen ist.« Die höchste Pflicht des Staates, sagte Treitschke, sei die Entwicklung und Ausübung von Macht. »Der Staat«, rief er in seinen Vorlesungssaal, »ist keine Kunstakademie. Er ist Macht!« Diese Worte, mit einer fast fieberhaften Eindringlichkeit in den Hörsaal geschleudert, provozierten brüllenden Applaus, Zurufe und begeistertes Getrampel. Treitschkes Rhetorik, rauschend und berauschend, hüllte die neue Politik des Deutschen Reiches in eine philosophische Bestimmung.

1896 übersetzte Admiral Georg von Müller, Chef des kaiserlichen Marinekabinetts, Treitschkes Philosophie in praktische, zeitgenössische Begriffe. In einem Memorandum für Prinz Heinrich, den Bruder des Kaisers, schrieb Müller: »Der General von Caprivi hat an die Möglichkeit einer Weltmachtstellung für Deutschland überhaupt nicht geglaubt, und die an seinen Namen geknüpfte Politik hat nur die Behauptung der Machtstellung auf dem europäischen Kontinent im Auge gehabt. Sie verfuhr deshalb ganz folgerichtig, indem sie im Inneren auf die Stärkung der Armee hinarbeitete, die Marine auf die Rolle der Küstenverteidigung im engeren Sinne beschränkend, und indem sie gute Beziehungen zu England, dem natürlichen Verbündeten gegen das die europäische Machtstellung Deutschlands gefährdende Rußland suchte.«

Im Jahre 1896 sei diese Politik längst diskreditiert, da sich »das deutsche Volk ... zu einer ganz anderen Auffassung seiner Expansionsfähigkeit und Expansionspflicht aufschwänge ... Auch hier heißt es ganz oder gar nicht. Mit der ganzen Kraft der Nation einsetzen, rücksichtslos, auch den großen Krieg nicht scheuend, oder aber Beschränkung auf die Kontinentalmacht.« Letzteres, meinte Müller, würde »der gegenwärtigen Nation zwar bequeme Tage bringen«, schließlich aber unausweichlich zu wirtschaftlicher Abschnürung, Verfall und Rückständigkeit führen. Die Weltgeschichte, so Müller, stehe »jetzt im Zeichen des wirtschaftlichen Kampfes«, Mitteleuropa werde »zu eng«, die freie Ausdehnung der hier lebenden Völker sei »vor allem infolge der Weltherrschaft Englands beschränkt ... Der Krieg, der aus diesem Kampfzustand entstehen kann, und, wie viele behaupten, entstehen muß, hat nach einer bei uns landläufigen Ansicht das Ziel des Brechens der englischen

Weltherrschaft und damit das Freilegen des notwendigen Kolonialbesitzes für die ausdehnungsbedürftigen mitteleuropäischen Staaten.« Müller riet zur Vorsicht gegenüber jeder übereilten Herausforderung Englands – die deutsche Kriegsmarine war noch unbedeutend – und meinte, Deutschland solle zunächst im Bündnis mit Großbritannien eigene koloniale Besitzungen erwerben. Doch es bestehe die Gefahr, »daß das Ende vom Liede zwei germanische Weltreiche sein würden, die früher oder später einmal mit zwingender Notwendigkeit die Entscheidung der Waffen darüber suchen würden, welches von beiden die Vormacht sein soll.«

Über den Philosophen und Historikern, den Ministern und Diplomaten, den Stahlindustriellen, Bankiers und Reedern stand der führende Advokat der Weltmacht, Kaiser Wilhelm II. Wilhelm sah seine Rolle sowohl in mystischen als auch in politischen Begriffen: Weltmacht wurde eine Erweiterung seiner auf Gottesgnadentum beruhenden Herrschaft. Wilhelm I. und sein Diener Bismarck hatten ein Deutsches Reich und einen deutschen Kaiser geschaffen, jetzt würden Wilhelm II. und *seine* Diener das Deutsche Reich in ein Weltreich umwandeln. Deutschland, sagte Wilhelm II. dem österreichischen Botschafter 1808, »hat außerhalb der engen Grenzen des alten Europas große Aufgaben zu erfüllen«. Am 18. Januar 1896, anläßlich einer Feier zum fünfundzwanzigjährigen Bestehen des Deutschen Reiches, hatte Wilhelm II. verkündet: »Das Deutsche Reich ist ein Weltreich geworden.«

Im Dezember 1901 schrieb Wilhelm seinem Onkel, nun König Edward VII.: »Ich bin der einzige Herr und Lenker der deutschen Außenpolitik, und die Regierung und das Land müssen mir folgen ... Möge Deine Regierung das niemals vergessen ....« Das war weder ganz richtig noch völlig übertrieben. Die deutsche Verfassung übertrug dem Herrscher die alleinige Verantwortung für die Wahl des Kanzlers; der Kanzler, unterstützt vom Außenminister, war verantwortlich für die Außenpolitik. Ein Kaiser, der mit einer bestimmten Außenpolitik unzufrieden war, konnte jederzeit einen Kanzler entlassen und einen anderen ernennen. Wilhelms persönliche Meinung war, daß die Außenpolitik am besten unmittelbar zwischen den Souveränen abgehandelt würde. »Ich verstehe mich am besten direkt mit meinen Kollegen«, sagte er und meinte die Oberhäupter der anderen herrschenden Häuser Europas. Nichtsdestoweniger akzeptierte Wilhelm, daß selbst die begabtesten Souveräne für die alltäglichen Regierungsgeschäfte der Assistenz von Kanzlern, Premierministern, Außenministern und Diplomaten bedurften. Er wollte einen Mann als Kanzler, der seine eigenen Ideen und Inspirationen in arbeitsfähige Politik umsetzte – einen fähigen Vollstrecker und getreuen Diener seines kaiserlichen Willens. Der dickschädelige Caprivi und der alte Hohenlohe hatten ihn enttäuscht. Nun hatte er mit der Hilfe Philipp Eulenburgs den richtigen Mann gefunden. »Bülow soll mein Bismarck werden«, sagte Wilhelm. Bülow tat alles, um diese Prophezeiung Wirklichkeit werden zu lassen. Im Falle seiner Ernennung, schrieb er Eulenburg 1896, würde er sich lediglich als ein ausführendes Instrument betrachten, einen administrativen Assistenten des Monarchen.

Von Bernhard von Bülow sagte man, daß er jede Eigenschaft außer Größe besitze. Neun Jahre lang Kanzler des Deutschen Reiches, davor drei Jahre Staatssekretär für Auswärtige Angelegenheiten, war er die eleganteste und weltläufigste politische Gestalt, die das kaiserliche Deutschland unter Wilhelm II. hervorbrachte. Bülow war ein vollendeter Diplomat, verfeinert und geschliffen, ein kultivierter, hochgebildeter Mann, der mehrere Sprachen fehlerlos beherrschte und sich mühelos in internationaler Gesellschaft bewegte. Als Politiker blendete er sogar seine Gegner mit einem endlosen Feuerwerk von klassischen Zitaten, diskreten Scherzen und charmanter Schlagfertigkeit. Er war ein deutscher Patriot, der Paris liebte und Italien den meisten Gegenden Deutschlands vorzog, besonders Berlin. »Bülow«, wurde geschrieben, »schien mehr südländisch als deutsch, wie ein wundersamer vielfarbiger Vogel im preußischen Vogelhaus... ständig neue Freunde gewinnend, niemandes Feind, fesselnd, anmutig...«

Die Fassade war glänzend. Dahinter lagen die Antriebskräfte von Bülows Leben: Eitelkeit und Ehrgeiz. Die charakteristischen Eigenschaften seiner Arbeit waren Trägheit und Zynismus. Er kämpfte rücksichtslos um die Macht, doch sobald sie in seinem Besitz war, vernachlässigte er seine Pflichten, verabscheute Einzelheiten und überließ es seinen Untergebenen, die Details zu regeln. Ein brillanter Debattenredner, der im Reichstag strahlende Triumphe errang, konnte er hinterher mit gleicher Geringschätzung von denen sprechen, die ihn unterstützt hatten, wie von jenen, die seine Gegner gewesen waren. Er praktizierte Schmeichelei als hohe Kunst, aber sobald er jemandem den Rücken kehrte, ließ er seiner boshaften Zunge freien Lauf. Kurzfristig konnte Bülow seinen Willen meistens durchsetzen; wie ein Beobachter bemerkte, gelang es ihm, viele Mäuse zu fangen, indem er für jede ihren Lieblingskäse auslegte. Zwölf Jahre lang lag die deutsche Außenpolitik in den Händen eines Mannes, dem es an Zielbewußtsein, Gewissen, Mut und Phantasie mangelte. Macht, die in die Hände von Männern fällt, die wissen, was sie wollen, zerrann Bülow zwischen den Fingern. Sie wurde von Holstein geübt, vom Kaiser und von Alfred Tirpitz.

Menschen, die Bülow nahestanden und seinen Lebensweg beobachteten, waren fasziniert und abgestoßen von dem, was sie sahen. Alfred von Kiderlen-Wächter, der in der Politischen Abteilung des Auswärtigen Amtes arbeitete, nannte Bülow einen »Aal«. Holstein sagte, Bülow habe mehr Machiavelli gelesen als er verdauen könne. Ein anderer Zeitgenosse erklärte, daß »unter der glänzenden Farbe nichts als Gips« sei. Sogar Bülows Verwandte gestanden

Bernhards Fehler ein. »Er würde ein großartiger Kerl sein, wenn sein Charakter nur die Höhe seiner Persönlichkeit erreichen könnte«, sagte sein jüngerer Bruder Adolf. Bülows aristokratische italienische Schwiegermutter machte sich über seine absurd übertriebenen Vertraulichkeiten lustig. »Bernhard macht aus allem ein Geheimnis«, erklärte sie. »Er nimmt dich beim Arm, führt dich zum Fenster und sagt: ›Sag keinem was davon, aber da unten ist ein kleiner Hund, der pinkelt.‹« Die ganze Skala seiner Eigenschaften, die guten wie die schlechten, offenbarte sich in seinen Memoiren. In vier Bänden, deren Veröffentlichung er mit Bedacht bis nach seinem Tode zurückgestellt hatte, versuchte er seinen Ruf für immer zu erhöhen, indem er den aller anderen ruinierte. Statt dessen schädigten diese von Eitelkeit und Bosheit wie von brillant dargestellten Szenen und funkelnden Dialogen überfließenden Seiten irreparabel Bülows eigenen Ruf. Kaiser Wilhelm II., selbst Gegenstand von Bülows öffentlicher Schmeichelei und Zielscheibe seiner privaten Gehässigkeit, machte eine seiner wenigen geistreichen Bemerkungen, als er erklärte, Bülow sei der einzige ihm bekannte Fall eines Mannes, der zuerst gestorben sei und dann Selbstmord begangen habe.

Von Anfang an schien diesem schlanken jungen Mann mit dem freundlichen runden Gesicht, den lächelnden blauen Augen und dem sorgfältig gestutzten Schnurrbart ein Leben auf der Sonnenseite des kaiserlichen Deutschland bestimmt zu sein. Er wurde am 3. Mai 1849 in Klein-Flottbek unweit von Altona an der Elbe geboren. Seine Mutter war Hamburgerin, sein Vater ein mecklenburgischer Edelmann, der in den dänischen diplomatischen Dienst gegangen war und die Herzogtümer Holstein und Lauenburg im Frankfurter Bundestag repräsentierte. Zur gleichen Zeit vertrat Bismarck in Frankfurt den König von Preußen. Im Alter von sieben Jahren spielte Bernhard von Bülow mit Bismarcks Söhnen. Im Rückblick schrieb Bülow, Herbert sei wohl der Freund gewesen, den er im Leben »am meisten geliebt« habe. Bülows Schilderung Herbert von Bismarcks ist typisch. Im selben Atemzug, in dem er schreibt, er habe Herbert wohl »am meisten geliebt«, erzählt er eine unerfreuliche kleine Geschichte: »Meine erste Erinnerung an Herbert ist, daß ich in dem hübschen Garten unseres Frankfurter Hauses in der Mainzer Gasse mit Herbert, seinem Bruder Bill und unserer gemeinsamen Freundin, der damaligen kleinen Christa Eisendecher, der späteren Gräfin Eickstedt-Peterswald, spielte. Herbert und Bill wollten die kleine Christa zwingen, eine dicke Kröte zu küssen. Ein Zug germanischer Roheit war beiden Brüdern eigen.«

Als Kind besuchte Bernhard auch Schloß Rumpenheim bei Frankfurt, wo sich der dänische Prinz Christian mit seiner Familie aufhielt. Dort spielte er mit Prinzessin Alexandra, die später den Prinzen von Wales heiratete und Königin von England wurde. Sie war, erinnerte sich Bülow, »ein schönes, schlankes Mädchen. Sie hat ihre wunderbare Taille und ihren leichten, schwebenden

Gang bis ins hohe Alter bewahrt.« Als sie einander als Erwachsene begegneten, erinnerte sich die Prinzessin seiner Besuche und daß er sie bei ihren Spielen geknufft und gekratzt hatte.

Als Bernhard dreizehn war, gab sein Vater den Posten in Frankfurt auf und verließ den dänischen Dienst, um Chefminister des Großherzogs von Mecklenburg-Strelitz zu werden. Die Familie zog nach Neustrelitz. Bernhard, der dank seinen Gouvernanten fließend Französisch und Englisch sprach, ging auf das örtliche Gymnasium und besuchte anschließend die Universitäten in Lausanne, Leipzig und Berlin. Am deutsch-französischen Krieg nahm er als Freiwilliger teil und zog den blauen Uniformrock, die ledernen Reithosen und gelben Stiefel eines Gefreiten im königlichen Husarenregiment an. Im Dezember 1870 griff seine Schwadron in der Nähe von Amiens fünfzig französische Schützen an. Bülow streckte einen französischen Soldaten mit einem Säbelhieb auf den Kopf nieder: »Er schwankte und wankte, taumelte, brach zusammen, röchelnd, tot.« Bei Kriegsende war Bülow Leutnant, hatte aber den Vorschlag seines Obersten abgelehnt, die militärische Laufbahn einzuschlagen. Größere Möglichkeiten winkten.

1873 berief Bismarck seinen früheren Frankfurter Kollegen Bernhard von Bülow den Älteren als Staatssekretär in das Amt für Auswärtige Angelegenheiten. Diesen Posten behielt Bülow sechs Jahre bis zu seinem Tode im Amt 1879, Bülow *père* war streng, pünktlich und ein unermüdlicher Arbeiter. Bismarck schätzte seine Loyalität und sein klares Bewußtsein dafür, daß er und das Auswärtige Amt lediglich ausführende Organe des Kanzlerwillens waren.

Im selben Jahr, in dem sein Vater Staatssekretär wurde, trat der junge Bernhard von Bülow ins diplomatische Korps ein. Natürlich standen dem charmanten jungen Mann, der im Krieg tapfer gekämpft hatte und dessen Vater Außenminister des Reiches war, bei Hofe, in der Gesellschaft und den ausländischen Botschaften in Berlin alle Türen offen. Bülows erste Stationen waren kurz. Er ging nach Rom, in das er sich verliebte, St. Petersburg, Wien und Athen. 1876 begann er seine sechsjährige Tätigkeit in Paris als Zweiter und dann Erster Sekretär an der deutschen Botschaft. 1884 hoffte er auf eine Versetzung nach London, wurde aber statt dessen zu seinem Verdruß ein zweites Mal nach St. Petersburg geschickt. Bevor er Deutschland verließ, wurde er von den Bismarcks nach Varzin eingeladen, wo er zwei Tage verbrachte. Er saß am Tisch, den er als den eines deutschen Bauern beschrieb, während die Fürstin Bismarck ihn mit Delikatessen traktierte und drängte, mehr vom starken Kulmbacher Bier des Fürsten zu trinken. Nach dem Abendessen saß die Familie um den Tisch und erzählte sich unerfreuliche Klatschgeschichten über Persönlichkeiten in Berlin.

Am folgenden Morgen kam der Kanzler, um Bülow wegen seiner Tätigkeit in St. Petersburg zu sprechen. »Als ich am nächsten Morgen in meinem Zimmer bei meinem sehr reichhaltigen ersten Frühstück saß, trat der Fürst ein. Er setzte sich mir gegenüber mit den Worten: ›Lassen Sie sich in Ihrem Vergnügen nicht stören, sondern essen Sie ruhig Ihre Eier. Hoffentlich sind sie richtig gekocht.‹« Bismarck sagte, er verstehe Bülows Enttäuschung, in die russische Hauptstadt statt nach London geschickt zu werden. »Der Pivot unserer Stellung und damit unserer Politik, der Punkt, auf den es am meisten ankommt, ist unser Verhältnis zu Rußland ... Petersburg ist jetzt für uns der wichtigste diplomatische Posten. Darum habe ich Sie dorthin gesetzt.« Bülow hörte aufmerksam zu, unterbrach aber nicht sein Frühstück aus gekochten Eiern, Toast und geräuchertem Hering. Am selben Nachmittag ging Bülow mit Wilhelm von Bismarck spazieren, der ihm erzählte: »Es wird Sie freuen, daß mein Vater sich freundlich über Sie ausgesprochen hat. Namentlich hat ihm gefallen, daß Sie ruhig Ihre Eier weiteraßen. ›Er hat gute Nerven‹, meinte er, ›er gefällt mir überhaupt.‹«

Im Laufe seines glatten Aufstiegs begann sich um Bernhard von Bülow ein zweiter Ruf zu bilden. Hinter der Fassade wurden Ehrgeiz und Karrierismus sichtbar. In privaten Schreiben an einflußreiche Leute nahm Bülow allzu oft das Verdienst an den Erfolgen seiner Vorgesetzten für sich in Anspruch und distanzierte sich von ihren Fehlschlägen. Aus St. Petersburg, wo er Erster Sekretär und Rat unter General von Schweinitz war, sandte Bülow eine Litanei von Beschwerden an das Auswärtige Amt. Botschafter Schweinitz wurde darin als empfindlich, egoistisch und zugleich arglos in seiner Analyse russischer Politik denunziert. Unglücklicherweise für Bülow wurde Schweinitz sowohl von Kaiser Wilhelm I. wie auch von Bismarck geschätzt. In der Wilhelmstraße beobachtete man Bülows Fortschritte und Taktiken von Anfang an mit besonders scharfen und argwöhnischen Blicken: »Bernhard Bülow ist bartlos und teigig, mit unaufrichtigem Blick und meistens lächelnd«, notierte Friedrich von Holstein. »Geistig eher glatt als scharf. Hat keineswegs Gedanken in Vorrat für alle vorkommenden Fälle, eignet sich aber die Gedanken anderer an und gibt sie mit Gewandtheit wieder ohne Nennung des Autors.« Selbst ein Meister der Intrige, rechnet Holstein ihm seine Technik als Verdienst an: »Wenn Bülow einen gegen den anderen hetzen will, sagt er mit einschmeichelndem Lächeln: ›Der mag Sie nicht.‹ Das Mittel ist einfach und fast unfehlbar in der Wirkung.«

Holstein bemerkte eine weitere Taktik. »Vor einigen Tagen schickte mir Bernhard Bülow ... einen Brief an Herbert, offen, ich sollte ihn aber geschlossen an Herbert übergeben.« 1885 intrigierte Bülow für die Ablösung Fürst Hohenlohes als Botschafter in Frankreich, um selbst den Posten zu bekommen. Mit zynischer Bewunderung bemerkte Holstein, dennoch stehe Bülow mit Hohenlohe »fortgesetzt in freundschaftlicher Korrespondenz; das ist das Schönste«.

Im Jahre 1886, während er in St. Petersburg stationiert war, heiratete Bülow. Im Gegensatz zu seinen zahlreichen leidenschaftlichen Affären, die in seinen Memoiren ausführlich beschrieben werden, war die Hochzeit des Sechsunddreißigjährigen eine Sache der Karriere. Seine Braut war eine gebürtige Prinzessin Maria Camporeale, die Tochter von Donna Laura Minghetti, der *grande dame* der römischen Gesellschaft. Sie hatte als junges Mädchen einen älteren deutschen Diplomaten geheiratet, Graf Karl Dönhoff, mit dem sie drei Kinder hatte. Bülow hatte sie 1875 in Florenz kennengelernt, dann in Wien wiedergesehen. Er bewunderte »ihre wundervollen Augen …, schwarze Augen, aus denen Geist, aus denen vor allem Güte und Gemüt sprachen«, und ihre Kenntnis deutscher Literatur – »in meinen Lieblingsphilosophen, in Schopenhauer war sie tief eingedrungen.« 1885 ließ sie sich von ihrem Mann scheiden und heiratete 1886 Bülow.

»Übrigens ist auch Bülow einmal in seinem Leben einem geschickteren Intriganten, als er selber ist, begegnet«, belustigte sich Holstein. »Das ist die kleine Dönhoff-Camporeale, die sich vor Jahr und Tag nach 16jähriger Ehe, wo zwei oder drei Kinder sind, von ihrem Mann hat scheiden lassen, um Bülow zu heiraten … Bülow ist überzeugt, daß die kleine Gräfin nie an einen anderen als ihn gedacht hat.« Dann schrieb er eine Liste ihrer früheren Liebhaber nieder.

Die neue Maria von Bülow griff in die Laufbahn ihres Mannes ein. 1888 fragte Herbert von Bismarck ihn, ob er es vorziehen würde, als Botschafter nach Bukarest oder nach Washington zu gehen. Frau Bülow störte der Gedanke, einen kalten und stürmischen Ozean zwischen sich und ihrer Mutter und ihren Kindern zu wissen, also ging Bülow für die nächsten fünf Jahre nach Bukarest. Dort machte er unermüdlich für eine weitere Beförderung Propaganda. Er hatte Rom im Visier, wo er durch seine Frau ausgezeichnete Verbindungen hatte. Sein Stiefschwiegervater beherrschte die römische Gesellschaft. König Umberto wurde überredet, Kaiser Wilhelm II. zu sagen, daß er erfreut wäre, wenn der brillante und charmante Bernhard von Bülow deutscher Botschafter in Rom würde.

Am Montagmorgen, dem 21. Juni 1897, dem Beginn einer Woche, während der die römischen Zeitungen voll von Schilderungen der Feierlichkeiten anläßlich des Diamantenen Jubiläums der alten *regina inglesa* waren, fand Bernhard von Bülow auf seinem Schreibtisch im Palazzo Caffarelli ein Telegramm vor. Die Nachricht war ein Befehl, sich so bald wie möglich dem Kaiser an Bord der Jacht *Hohenzollern* in Kiel vorzustellen. Bülow verließ Rom am nächsten Tag. In Frankfurt stieg er um, und während er eineinhalb Stunden auf den Zug nach Berlin wartete, führte er ein Gespräch mit Philipp Eulenburg, der von einem seiner Güter im Rheinland herübergekommen war. Die beiden Männer verließen den Bahnhof und setzten sich neben einen Springbrunnen. Bülow erinnerte sich, wie er eine mit Efeu überwachsene Bacchusstatue anstarrte. Eulenburgs Botschaft war einfach und dringend: sein Freund müsse das Angebot annehmen und Staatssekretär für Auswärtige Angelegenheiten werden. In der Annahme, daß Bülow zustimmen würde, fügte Eulenburg einen Rat für den Umgang mit dem Kaiser zu. »Nur wenn du den Kaiser psychologisch richtig nimmst, kannst du dem Land nützen, du bist aber die letzte Karte des Kaisers Wilhelm II. ... Wilhelm II. nimmt alles persönlich. ... Er will andere belehren, läßt sich aber ungern belehren ... Er ist ruhmliebend, ehrgeizig und eifersüchtig. Um einen Gedanken bei ihm durchzusetzen, muß man tun, als ob der Gedanke von ihm käme. Man muß Wilhelm II. alles bequem machen. Er ermutigt andere gern zu forschem Vorgehen, läßt sie aber im Graben liegen, wenn sie dabei hereinfallen. Vergiß niemals, daß S. M. ein Lob hin und wieder braucht ... Er ist dankbar dafür wie ein gutes, kluges Kind.«

Während eines Zwischenaufenthaltes in Berlin ging Bülow ins Hotel Kaiserhof, um sich das Haar waschen und schneiden zu lassen, dann machte er eine Reihe von Besuchen. Holstein, den Bülow als ersten aufsuchte, hätte es vorgezogen, wenn Marschall Staatssekretär geblieben wäre, weil dieser leicht zu handhaben war. Aber Holstein wußte, daß Wilhelm II. entschlossen war, sich Marschalls zu entledigen, und der schlaue Vortragende Rat zog Bülow anderen möglichen Nachfolgern vor. Holsteins Befürchtung war, daß der Kaiser Herbert von Bismarck berufen könne, »der ihm seit seinem Abfall vom Hause Bismarck in schlaflosen Nächten als Schreckgespenst erschien mit dem zornigen Riesenvater hinter sich.«

Demgemäß bat Holstein Bülow, das Amt anzunehmen. Als nächstes ging Bülow zu Marschall, den er mißgelaunt antraf. Marschall war nicht ärgerlich über Bülow, sondern wütend auf diejenigen, die er verdächtigte, seine Position beim Kaiser untergraben zu haben. Wie Holstein erklärte er sich erfreut, daß der Botschafter in Rom sein Nachfolger sein würde. Wenn möglich, sagte er, würde er gern selbst als Botschafter nach Konstantinopel oder Rom gehen. Bülow versprach zu tun, was in seiner Macht stehe.

Darauf suchte Bülow den Reichskanzler auf. Er fand Fürst Hohenlohe, mit achtundsiebzig »in sich versunken, mit gebeugtem Kopfe« in einem tiefen Lehnstuhl ruhend. »Ein gelber hübscher Teckel schmiegte sich an ihn und ließ sich von dem Kanzler streicheln, dessen Greisenhand mit den im hohen Alter stark hervortretenden bläulichen Adern das niedliche Tierchen liebkoste.« »Hier steh' ich, ein entlaubter Stamm«, begrüßte der Kanzler Bülow mit flüsternder Stimme. Er machte seinen eigenen Wunsch deutlich, das Kanzleramt so bald wie möglich niederzulegen, und erwähnte, daß er annehme, Bülow würde einmal sein Nachfolger. Bülow erwiderte, wenn dies wahr sei, so würde er dankbar für jeden Tag sein, den der Fürst im Amt bliebe, während er sich darauf vorbereite. Tatsächlich hielt Hohenlohe weitere drei Jahre aus.

Am Samstag, dem 26. Juni, als in England die Flottenparade zum Diamantenen Jubiläum stattfand, traf Bülow in Kiel ein und ging an Bord der Kaiserjacht *Hohenzollern*. Er fand den Kaiser allein auf dem Oberdeck hin und hergehend. »Mein lieber Bernhard«, sagte Wilhelm, und streckte ihm zum Gruß die Hand hin, »es tut mir leid für Sie ... aber Sie müssen an die Front. Der Badenser [Marschall] hat mich verraten!«

Wilhelm beschuldigte Marschall, hinter seinem Rücken mit Oppositionsparteien im Reichstag zu intrigieren und zu versuchen, kaiserliche Vorrechte zu schmälern. Die Arbeit des nächsten Staatssekretärs sei, darin stimmte Bülow mit dem Kaiser überein, »für unsere Sicherheit eine Flotte zu bauen, ohne durch den Bau dieser Flotte in Krieg mit England zu geraten.« Das sei »nicht ganz einfach«, erkannte Bülow und bat um fünf Wochen Bedenkzeit. »Nanu!« rief der Kaiser überrascht aus, »ich meinte, von jetzt ab sollten wir uns gar nicht mehr trennen!« Er gewährte Bülow Urlaub.

Am 3. August meldete Bülow sich wieder beim Kaiser in Kiel und nahm das Amt an. Wilhelm war in gehobener Stimmung. »Nun, wie wird's mit meinen Schiffen?« fragte er, und die beiden gingen an Land, um die Frage bei einem langen Strandspaziergang zu erörtern. Bülow erklärte, er verstehe, daß die gegenwärtige Entwicklung der deutschen Industrie, des Handels und der Hochseeschiffahrt beschützt werden müßten. »Sei das möglich, ohne mit England aneinanderzukommen? Ganz leicht würde das nicht sein, wie dies die Politik Englands in früheren Zeiten gegenüber seinen wirtschaftlichen Konkurrenten und namentlich seefahrenden Konkurrenten zeige. Die Voraussetzung des Erfolgs sei für uns eine ruhige, vorsichtige und, wenn ich mich so ausdrücken dürfte, eine elastische Politik von unserer Seite.« »Nun, dafür sind Sie ja da!« rief der Kaiser.

Mit unaufrichtigen Klagen über sein Opfer, Rom verlassen zu müssen, nahm Bülow den Posten an, den er seit Jahren angestrebt hatte. Er brachte den französischen Küchenchef des Palazzo Caffarelli nach Berlin und pries die bemerkenswerte Loyalität des Mannes. »Wenn man gute Tage mit seinen Herren geteilt hat«, zitierte Bülow die angeblichen Worte des Küchenchefs, »verläßt man sie nicht in ihrem Elend.« Bülows Übergang in sein neues Amt verlief glatt. Er war liebenswürdig, charmant, immer lächelnd, ein ausgezeichneter Gastgeber, ein talentierter Erzähler. Seine Frau war ebenso charmant, elegant und eine gute Freundin der Kaiserinwitwe. Bülow schien keine Feinde zu haben. Es war ihm gelungen, den Bismarcks ebenso nahe zu bleiben wie dem Hof. Er hatte ein ausgezeichnetes Verhältnis zu Hohenlohe. Der Kaiser schwärmte in raschem Lob: »Bernhard hat sich vorzüglich gemacht, und adoriere ich ihn!« Am 20. August, nur zwei Wochen, nachdem Bülow in der Wilhelmstraße Einzug gehalten hatte, schrieb Wilhelm an Eulenburg: »Mein Gott! Welch ein Unterschied mit dem süddeutschen Hochverräter [Marschall]!«

Zwei Tage später teilte Bülow Eulenburg seine ersten Eindrücke von seinem neuen Herrn mit: »Als Mensch ist Seine Majestät charmant, rührend, bezaubernd bis zum Punkt der Verehrung. Als Herrscher ist er bedroht durch Temperament, Mangel an Differenzierung... durch ein Vorherrschen des Willens... gegenüber ruhiger, klarer Überlegung... es sei denn, er ist umgeben von weisen und insbesondere von völlig loyalen und vertrauenswürdigen Dienern.« Sechs Monate später schrieb Bülow Eulenburg begeistert: »Er ist so bedeutend!! Er ist mit dem großen König und dem großen Kurfürsten weitaus der bedeutendste Hohenzoller, der je gelebt hat. Er verbindet in einer Weise, wie ich es nie gesehen habe, ... echte und ursprüngliche Genialität mit dem klarsten bon sens. Er besitzt eine Phantasie, die mich mit Adlerschwingen über alle Kleinigkeiten emporhebt, und dabei den nüchternen Blick für das mögliche und erreichbare. Und dabei welche Tatkraft! Welches Gedächtnis! Welche Schnelligkeit und Sicherheit der Auffassung!«

Wilhelm und Bülow hatten einander gefunden. Der Meister hatte den Diener gefunden, der ihm seine Theatralik erlaubte, seine beiläufige Einstellung zur Arbeit übersah, seine Liebe zu Anekdote und Klatsch teilte und ihn auf der Woge des Lobes dahintrug, die für sein Wohlbefinden so wesentlich war. Der Diener hatte einen Herrn gefunden, den er manipulieren konnte, ohne jemals eine unpopuläre Position beziehen oder aufstehen und nein sagen zu müssen. Bei seinen Mitarbeitern wurde er als »Bernhard der Gefällige« bekannt. Bülow bestritt das nicht; er glaubte, daß es besser sei, durch Geschmeidigkeit zu verhüten, als durch Festigkeit zu verlieren. Oft tat er, was er für richtig hielt, selbst wenn der Kaiser nein gesagt hatte, denn er wußte, daß Wilhelm oft seine Meinung änderte und häufig vergaß, was er vorher gesagt hatte.

Bülows Verhältnis zu Hohenlohe blieb ungetrübt, teils wegen Bülows Charme, aber vor allem weil der Kanzler alt, krank, träge und passiv war und gern übersah, daß er ignoriert wurde. Nun war es Bülow, den der Kaiser jeden Morgen rief, während der Kanzler nur gelegentlich bemüht wurde. Früher waren die Staatssekretäre für Auswärtige Angelegenheiten nur Funktionäre gewesen; die Außenpolitik war vom Kanzler und dem Monarchen bestimmt worden. Nun übernahm Bülow die Kontrolle und machte Politik mit Holstein und Wilhelm, schickte Instruktionen an Botschafter, besetzte diplomatische Posten – alles ohne Fürst Hohenlohe zu konsultieren. Der Kanzler, berichtete der österreichische Botschafter 1899, führe jetzt »eine kontemplative Existenz«.

Innerhalb des Auswärtigen Amtes wurde Bülow willkommen geheißen. Er war der erste Berufsdiplomat seit Bismarck, der die Zügel in die Hände nahm. Er gab der Wilhelmstraße ein Gefühl von Professionalität und Energie, das dem Amt unter Marschall gefehlt hatte. Die Schlüsselfigur war Holstein. Bülow und Holstein kannten einander schon ein Vierteljahrhundert, seit der dreiundzwanzigjährige Bernhard in den diplomatischen Dienst eingetreten war. Holstein hatte den jungen Mann im Auge behalten, weil ihm klar gewesen war, daß der Sohn eines Staatssekretärs nützlich sein konnte. Bülow war sich immer über Holsteins Macht im klaren gewesen und gab sich Mühe, mit ihm auszukommen. Jeder verstand, daß der andere ein mächtiger Verbündeter sein konnte; keiner vertraute dem anderen jedoch völlig.

Anfang Oktober 1900 rief der Kaiser Bülow nach Hubertusstock, seinem Jagdschloß. Bei einem Spaziergang an den Ufern des Werbellinsees brachte Wilhelm das Gespräch auf Fürst Hohenlohes Gesundheitszustand. Die Probleme des Kanzlers mit dem Herzen verschlimmerten sich; innerhalb eines Monats hatte er zwei schwere Anfälle erlitten; Hohenlohe betrachtete sich selbst als absolut unfähig, im Amt zu bleiben, und bat um seine Entlassung. Der Kaiser wandte sich zu Bülow und fragte ihn geradeheraus: »Würden Sie die Nachfolge annehmen?« Der große Augenblick in Bülows Leben war gekommen, aber da er wußte, daß die Beute sein war, gab er sich zurückhaltend. Hatte Seine Majestät andere Kandidaten in Erwägung gezogen? »Offen gesagt, wäre mir persönlich Phil Eulenburg durchaus der sympathischste Nachfolger«, erwiderte Wilhelm. »Er ist mein bester Freund. Ich bin sein höchstes. Ich weiß nur nicht, ob er die Sache machen kann. Er hat mir erst kürzlich gesagt, daß er weder die Kenntnisse noch die Arbeitskraft besitze, um ein großes Ressort leiten zu können. Auch habe er seine Nerven in meinem Dienst zu sehr verbraucht, um vor Reichstag und Landtag treten zu können.« Als Bülow sich verabschiedete, gab die Kaiserin ihm die Hand und sagte leise: »Bitte, nehmen Sie an.« Es stand außer Frage, daß Bülow annehmen würde. Kurz danach, am 16. Oktober 1910, wurde Bülow in Berlin ans Telefon gerufen.

»Hier Staatssekretär Bülow.«

»Hier Kaiser Wilhelm. Hohenlohe hat mir erklärt, daß er es nicht länger machen kann und will. Kommen Sie nach Homburg.«

Bülow reiste sofort ab, und der Kaiser gab ihm die Ehre, ihn auf dem Bahnsteig zu erwarten. Nach einem kurzen Gespräch drückte Wilhelm ihm herzlich die Hand und erklärte überschwenglich: »Mein verehrter Herr Kanzler, auf Wiedersehen beim Frühstück.« Glückwünsche brachen über ihn herein. Die Kaiserin drückte ihm wieder die Hand und dankte ihm herzlich. Herbert von Bismarck schrieb und drückte Befriedigung aus, »daß die alte Mumie Chlodwig endlich beseitigt und Sie Kanzler geworden sind.«

Als Kanzler ging Bülow sofort daran, seine Kontrolle über die deutsche Außenpolitik zu festigen. »Unter dem Fürsten Hohenlohe hatte ich die auswärtigen Geschäfte ziemlich selbständig geführt«, schrieb er. Nach seiner Ernennung zum Kanzler beabsichtigte er nicht, diese wichtige Rolle in die Hände eines neuen Staatssekretärs im Auswärtigen Amt fallen zu lassen. Ein Ersatz für ihn selbst als Staatssekretär war jedoch erforderlich; zuerst wurde die Position der Form halber Holstein angeboten, der, wie Bülow zuversichtlich erwartet hatte, ablehnte. Dann machte Holstein Personalvorschläge, die Bülow irritierten. »Holstein hatte mir ... einige ganz unfähige Kandidaten vorgeschlagen, in der Hoffnung, unter einem unzulänglichen Staatssekretär für alle Seitensprünge und Intrigen freiere Hand zu haben.« Bülow machte dies zunichte, indem er den Kaiser überredete, seinen eigenen gleichmütigen Unterstaatssekretär Baron von Richthofen zu befördern, einen »traditionellen preußischen Beamten«, der bekannt war für »seine Nüchternheit, seine Sachlichkeit, seinen Bienenfleiß, seine Gewissenhaftigkeit und strenge Pflichttreue.« Richthofen war genau die Art von einem Staatsbeamten, den anzuhören der Kaiser nicht ertragen konnte, aber Bülow hatte auch nicht vor, dem Staatssekretär Umgang mit dem Kaiser zu gestatten. Wie zu Bismarcks Zeiten würde der Kanzler wieder der Gestalter deutscher Außenpolitik sein; der Staatssekretär würde in die Rolle eines Instruments in der Hand des Kanzlers zurückkehren.

Als Kanzler gab Bülow Tabak, Kaffee, Bier und den Schnaps nach dem Essen auf und beschränkte sich auf eine halbe Flasche Rotwein zum Abendessen. Jeden Morgen unterzog er sich unerbittlich fünfunddreißig Minuten Freiübungen, einschließlich fünfundzwanzig Kniebeugen. Bei gutem Wetter unternahm er einen täglichen Ausritt durch den Tiergarten, und jeden Sonntagnachmittag wanderte er mehrere Stunden durch die Wälder außerhalb Berlins. Bülow, der sehr stolz auf seine Reitkunst war, berichtete von einem seiner schönsten Tage, als er 1905 im Alter von sechsundfünfzig Jahren sein altes Husarenregiment bei einer vom Kaiser abgenommenen Parade anführen durfte, zuerst im Trab, dann im gestrecktem Galopp.* Am Ende dieser Übung verlieh der Kaiser ihm den Titularrang eines Generalmajors.

Bülow verließ sich nicht nur auf seinen Charme, wenn er einen guten Eindruck machen wollte. Die Presseabteilung des Auswärtigen Amtes war beauftragt, ihn mit Kurzbiographien der Leute zu versehen, mit denen er zusammentreffen sollte. In einem solchen Fall speiste der Kanzler mit einem wichtigen Zeitungsverleger, dessen Vater in den Ereignissen von 1848 eine Rolle gespielt hatte. Der gut vorbereitete Bülow begrüßte den Sohn, indem er sein Bedauern erklärte, daß »Jahrzehnte vergehen mußten, bis ich den Sohn eines Mannes kennenlerne, den ich als großen Patrioten seit meiner Jugend so hoch verehrt habe.« Nach dieser Begegnung stellten sich der Verleger und seine Zeitung entschieden hinter den Kanzler. Unterdessen gestand Bülow lachend seinem Stab, daß er nie zuvor von dem Zeitungsverleger oder seinem Vater gehört habe.

* Die Unmöglichkeit, sich vorzustellen, daß Salisbury, Balfour, Campbell-Bannerman oder Asquith Uniform anlegten, ein Pferd bestiegen und vor den Augen des Souveräns ein Regiment zur Kavallerieattacke führten, macht die Unterschiede zwischen London und Berlin sehr deutlich.

In seiner Tageseinteilung gab Bülow zwei Dingen Priorität: seinem Umgang mit dem Kaiser und seiner eigenen Bequemlichkeit. Papierarbeit und Besprechungen mit seinem Stab waren auf die Stunde zwischen 12 und 13 Uhr beschränkt und kurzfristig vereinbarte Besuche ausländischer Botschafter und anderer Würdenträger auf die Stunde zwischen 18 und 19 Uhr. Der Vormittag wurde für den Kaiser freigehalten, der, wenn er in Berlin war, dem Kanzler täglich um neun einen Besuch abstattete, um im Garten des Kanzlerpalais spazierenzugehen. Bülow ermutigte Wilhelm II., ihn aufzusuchen und alle seine Gedanken mitzuteilen. Wilhelm fand diese Einladung unwiderstehlich, und an bestimmten Tagen ging der Kaiser am Vormittag mit Bülow spazieren, traf ihn wieder zum Mittagessen und speiste mit ihm zu Abend. Wo es nicht den Kaiser betraf, rührte sich der Kanzler weniger energisch. Nichts durfte seine Mittagsstunde unterbrechen, sein Abendprogramm, seine Nachtruhe oder seinen Urlaub.

Bülows Sykophantentum wurde sogar im Gefolge des Kaisers als bemerkenswert empfunden. Wenn dem Kanzler »dann doch einmal die Unvorsichtigkeit passiert, eine diametral entgegengesetzte Ansicht auszusprechen«, dann schweige er »dies bemerkend, nur einen kurzen Augenblick, um sofort das gerade Gegenteil seiner früheren Auffassung mit den Worten einzuleiten: ›Wie Eure Majestät so treffend bemerkten, verhält sich die Angelegenheit...‹« Graf Robert von Zedlitz-Trützschler war auch an dem Tag an Bord der »Hohenzollern«, als Wilhelm II. sich bei Bülow beklagte: »Sie verderben mit Ihren hellen Hosen noch die besten Wetteraussichten.« Der Kanzler zog sich sofort in seine Kabine zurück und legte eine dunkle Hose an. Wilhelm aber vertraute Bülows Urteil und übertrug ihm nach und nach mehr Macht. »Seit ich Bülow habe, kann ich friedlich schlafen«, sagte Wilhelm 1901 zu Eulenburg. »Ich überlasse ihm die Dinge und weiß, daß alles in Ordnung ist.«

## 8. KAPITEL

# »Meine eigenen Schiffe«

»Ich [hatte] von jeher eine Leidenschaft für das große wunderbare Meer und für alles, was darauf und darinnen war«, berichtete Wilhelm II. in seinen Lebenserinnerungen und fügte hinzu: »Sie entsprang in nicht geringem Maße meinem englischen Blut...« Wilhelms Interesse an Schiffen und der See begann während seiner häufigen Kindheitsbesuche in Osborne House, Königin Victorias Landsitz auf der Isle of Wight. »Die frühesten Erinnerungen, die ich mir noch heute deutlich zurückrufen kann, verknüpfen sich mit dem Schlosse Osborne«, schrieb Wilhelm. Es war ein glücklicher Ort für Kinder. Prinz Albert hatte für seine eigenen Sprößlinge ein Schweizer Chalet mit eigenem Garten und Küche bauen lassen, so daß sie ihr eigenes Gemüse anbauen, ihre Kleider selbst waschen und bügeln und ihre Eltern zum Tee einladen konnten. Für die Jungen gab es ein Modellfort. Die nächste Generation machte sich diese Einrichtungen zwanglos zu eigen. »Ich habe an denselben Plätzen und mit demselben Spielzeug spielen dürfen wie einstmals meine englischen Onkel und Tanten, als sie im selben Alter waren«, sagte Wilhelm. Besonders gerne hatte er das Fort von Osborne, denn »dort durfte ich mit alten eisernen Kanonen auf einer Modellschanze spielen, die früher meinen Onkeln ... zum Spielplatz gedient hatte«.

Der anziehendste Aspekt des Aufenthalts in Osborne war für Wilhelm die Nähe zur See. Am Fuße der Hügel am Solent lag das kleine Dorf Cowes, Heimat der Royal Yacht Squadron, des ersten Segelklubs im Vereinigten Königreich. Jenseits des Solent lag der Marinestützpunkt von Portsmouth. »Öfter [fuhr ich] nach dem gegenüberliegenden großen Kriegshafen Portsmouth und sah dort die Schiffe alter und neuerer Konstruktion nebst den Werften und Werkstätten. Ich war auch auf dem Linienschiff ›Victory‹, welches der große Seeheld Nelson in der Schlacht von Trafalgar kommandierte und auf welchem er den rühmlichen Tod fürs Vaterland starb«. »Auf dem Dreidecker ›St. Vincent‹ ... fand gerade ein Geschützexerzieren statt ... Ich durfte an demselbem teilnehmen, wurde als Kanonier Nr. 1 an ein Geschütz gestellt und mußte die Abzugsschnur ziehen. Ich war nicht wenig stolz, zu dem betäubenden Donner der Breitseite mit meinem Geschütz erheblich beigetragen zu haben.«

Mit zehn Jahren besichtigte Wilhelm sein erstes deutsches Kriegsschiff, die

Panzerfregatte *König Wilhelm*. »Schwer ruhte der gepanzerte Leib dieses Kolosses, aus dessen Batterie-Pforten eine Reihe von 21 cm Kanonen drohend blickte, aus dem Wasser«, schrieb er. »Als wir neben ihm geankert hatten, bestaunte ich sprachlos dieses gewaltige, uns weit überragende Schiff. Plötzlich ertönten schrille Pfiffe von ihm herüber, und augenblicks enterten Hunderte von Matrosen die himmelanstrebende Takelage empor ... Drei Hurras grüßten meinen Vater ... Der Rundgang auf dem Schiff ... enthüllte mir eine ganz neue Welt. Nächst der gewaltigen Takelage imponierte mir am meisten die lange Batterie mit den schweren, sauber geputzten Geschützen. In seiner schönen großen Achterkajüte gab uns Admiral Jachman Tee und allerhand köstlichen Kuchen.«

Noch als Junge sammelte Wilhelm weitere Erfahrungen mit der Marine: mit dreizehn lernte er nach einem Kompaß zu steuern und Signalflaggen zu hissen, und besonders gern besuchte er den Maschinenraum und beobachtete die schweren Pleuelstangen in ihrer Bewegung. Mit vierzehn war er beim Stapellauf des ersten ganz in Deutschland gebauten Panzerschiffes, der bereits mit Geschütztürmen ausgerüsteten *Preußen*, die von seiner Mutter, der Kronprinzessin, bei der A. G. Vulcan in Stettin getauft wurde. 1880, mit neunzehn Jahren, war er wieder in Portsmouth und besichtigte das neue britische Schlachtschiff *Inflexible*, damals das stärkste Schiff der britischen Kriegsmarine, das im Begriff war, unter seinem ersten Kapitän, John Arbuthnot Fisher, in See zu stechen. Im folgenden Jahr vertrat Wilhelm seinen Großvater, Kaiser Wilhelm I., während des Besuches eines englischen Geschwaders von acht gepanzerten Schiffen in Kiel.

Wilhelm vergaß nie den Eindruck, den England und die Royal Navy auf ihn gemacht hatten. Im Juni 1904 gelang es ihm, König Edward VII. nach Kiel zu locken, wo alle größeren Schiffe der deutschen Kriegsmarine ankerten. Bei einem Bankett an Bord der *Hohenzollern* schrieb der Kaiser den Bau dieser deutschen Flotte seinen frühen Eindrücken von der britischen Marine zu. »An der Hand gütiger Tanten und freundlicher Admirale durfte ich als kleiner Junge Portsmouth und Plymouth besuchen und in diesen beiden herrlichen Häfen die stolzen englischen Schiffe bewundern. Da entstand in mir der Wunsch, auch solche Schiffe zu bauen, und der Plan, auch einmal eine so schöne Flotte wie die englische zu besitzen.«

In Cowes und auf den Wassern des Solent nahm die Rivalität zwischen Wilhelm und Edward eine neue Form an. Der Prinz von Wales hatte erst spät Geschmack am Regattasegeln gefunden. Er war fünfundzwanzig, als er seine erste Segeljacht kaufte, ein 37-t-Boot, das er nach seiner dänischen Schwägerin auf den Namen *Dagmar* taufte. Erst zehn Jahre später, 1876, nahm er an Rennen teil und gewann mit dem Schoner *Hildegarde* den Queen's Cup in Cowes, wiederholte diesen Erfolg dann mit der Rennjacht *Formosa*. Beide Boote waren von anderen Seglern angekauft worden; erst 1892 ließ der Prinz, inzwischen einundfünfzig, eine Rennjacht für sich bauen. Dies war die 122 Fuß lange *Britannia* (221 t, entworfen vom damals führenden britischen Jachtbauer, dem Schotten George Lennox Watson). *Britannias* Mast ragte fünfzig Meter über das Deck (ein späterer Mast sogar dreiundfünfzig Meter), und wenn alle Segel gesetzt waren, kam sie auf eine Segelfläche von 1580 $m^2$. Die *Britannia* war breit gebaut und hatte unter Deck mehrere bequeme Kabinen für ihren Eigentümer und seine Gäste. Sie wurde von einem Skipper und fünfunddreißig Mann Besatzung gesegelt und kostete den Prinzen achttausend Pfund, Besegelung und Inneneinrichtung eingeschlossen.

Der Prinz war an Bord, als die *Britannia* zum erstenmal am 25. Mai 1893 bei der königlichen Themseregatta mitsegelte. Von da an nahm er während der Saison beinahe täglich an den Segelregatten in Cowes teil, während seine Mutter ihn vom Balkon des Osborne House in ihrem Rollstuhl beobachtete, ein Fernrohr am Auge. Da er gern bei Sonnenschein Regatten segelte, überführte er die *Britannia* ins Mittelmeer, segelte an der Riviera Regatten und lebte an Bord. Eines Tages saß er in einem Klappstuhl an Deck, während die *Britannia* zur Startlinie des Rennens manövrierte. Sie begann zu kränken, bekam starke Schlagseite, und der Prinz geriet ins Rutschen. Im letzten Augenblick streckte er die Hand aus und hielt sich an der Reling fest, während sein Stuhl und die Zeitung über Bord gingen. Ruhig bat er darum, die Zeitung herauszufischen, er wolle sie gerne zu Ende lesen. Die *Britannia* ging in den Wind, ein Dingi wurde zu Wasser gelassen, die schwimmenden Gegenstände geborgen und die Zeitung unter Deck gebracht, um getrocknet zu werden.

Während ihrer ersten Saison zwischen Mai und September 1893 nahm die *Britannia* an dreiundvierzig Regatten teil und gewann vierundzwanzig erste Preise. In ihrer fünfjährigen Karriere als Rennjacht, 1893–1897, gewann sie einhundertsiebenundvierzig Preise in zweihundertneunzehn Rennen. Als die *Britannia* am 3. Juli 1895 Lord Dunravens *Valkyrie* III. und Barclay Walkers *Ailsa* besiegte, schrieb der Prinz glücklich an seinen Sohn Prinz George: »Der heutige Sieg macht die *Britannia* wahrhaft zur ersten Rennjacht auf den Meeren.«

Wenn die *Britannia*, zumindest für eine Weile, die erste Jacht auf den Meeren war, so war ihr Eigentümer unbestreitbar der erste Segler an Land. 1863 war der Prinz zum Schutzherrn der Royal Yacht Squadron geworden, dem 1815 gegründeten königlichen Jachtklub, dem König George IV. das Recht zugebilligt hatte, die weiße Flagge der britischen Kriegsmarine zu führen. 1882 wurde Bertie Commodore und behielt das Amt neunzehn Jahre, bis er die Thronfolge antrat. Klubhaus war das Schloß in West Cowes, ein mit Türmen besetztes graues Steingebäude von bescheidener Größe im Stil eines französischen Châteaus unmittelbar am Ufer. Neunzehn Salutkanonen aus Messing standen aufgereiht auf der Esplanade vor dem Klubhaus. Dieses war ein maskuliner Zufluchtsort, der sich eines ausgezeichneten Weinkellers, eines gefeierten Küchenchefs und einer mit französischen Romanen wohlversehenen Bibliothek rühmen konnte. Erst in den 1920er Jahren wurden Damentoiletten installiert.

Die Regattasaison im Solent dauerte von Mai bis Ende September, aber im vollen Glanz erstrahlten Cowes und die Royal Yacht Squadron während der Regattawoche im August. Aus allen Teilen der britischen Inseln, vom Kontinent und sogar aus Amerika trafen dann Hunderte von großen Segeljachten ein. Wenn sie vor der Esplanade ankerten, schimmerte der Wald ihrer lackierten Masten im Sonnenschein und zog sich weit in den Dunst des Sommermorgens hinaus. Während der sieben Tage der Regattawoche drängte sich Englands vornehme Welt in den Gassen der kleinen Ortschaft auf der Isle of Wight. Winzige Schlafkammern und Dachstuben wurden zu exorbitanten Preisen vermietet. Zuschauer drängten sich an Bord von Dampfern, Fährschiffen und sogar Schleppern, um die Hochseeregatten zu sehen. Das Ziel jedes Besuchers – adliger Ausländer, junger Erbinnen und ihrer Mütter, reicher Amerikaner – war die kleine Rasenfläche hinter dem Klubhaus. Hier, auf diesem sanft ansteigenden Gelände, stritten Klubmitglieder in kurzen blauen Seglerjacken und weißen Flanellhosen über die Handicaps und Taktiken in den Rennen des Tages. Fürstinnen saßen in kleinen Korbstühlen, aßen Erdbeeren und löffelten Speiseeis. So viele berühmte Namen waren anwesend, daß ein Spaßvogel den Rasen des Klubhauses als ein »marines Wachsfigurenkabinett« bezeichnete.

Die zentrale Gestalt in diesem bunten Schauspiel, der königliche Gönner, der ihm Glanz verlieh, war der Prinz von Wales. Wenn der Prinz an Bord seiner Jacht war, verbreitete sich Lustlosigkeit auf dem Klubhausrasen; wenn er an Land kam, wurde es lebendig. Die letzten Schönheiten drängten sich nach vorn in der Hoffnung, bemerkt zu werden, ergraute Regattasegler rückten an ihren Krawatten und lächelten. »Ich erinnere mich an die beleibte Gestalt des Prinzen, wie sie über den grünen Rasen des Klubhauses schlenderte«, schrieb einer der Privilegierten. »Er trug eine weiße Seglermütze, rauchte eine große Zigarre und trug stets einen Spazierstock aus Ebenholz. Seine vorstehenden Augen waren porzellanblau und freundlich ... Stets war er begleitet von einem Gefolge enger Freunde ... die schöne Mrs. George Keppel, die berüchtigte Mrs. Langtry, und manchmal seine Frau, Prinzessin Alexandra, die mir die Schönste der Damen zu sein schien.«

Obwohl der Prinz in der Regattawoche den Klubhausrasen beherrschte, übte er kein autokratisches Regiment über die Klubregeln aus. Die Mitgliedschaft in dieser Bastion britischer Aristokratie war exklusiv; man sagte, es sei weitaus einfacher, ins Oberhaus zu kommen, als Mitglied der Royal Yacht Squadron zu werden. Eine anonyme Gegenstimme reichte aus, die Aufnahme eines Bewerbers zu verhindern, und Sir Thomas Lipton, der fünf große *Shamrocks* baute, um den America's Cup zu gewinnen und vom Prinzen selbst für den Klub vorgeschlagen worden war, fand erst im letzten Jahr seines Lebens Aufnahme. Als Commodore versuchte der Prinz im Jahre 1900 den Aufnahmeregeln ein wenig von ihrer Strenge zu nehmen. Er wies darauf hin, daß im Laufe der vorausgegangenen zwölf Jahre fünfundneunzig Bewerbungen durch anonyme Gegenstimmen vereitelt worden seien. Die Mitglieder, von denen viele bereits ungehalten über das Gedränge auf dem Klubhausrasen waren, überstimmten ihn.

Allerdings war der Prinz selbst verantwortlich für die Aufnahme des Mitglieds, das ihm den Spaß am gründlichsten verderben sollte. 1889 besuchte der junge Kaiser Wilhelm II. die Regatta in Cowes und drückte sein Interesse am Regattasegeln aus. Gastfreundlich schlug der Prinz den Kaiser und dessen Bruder, Prinz Heinrich, vor. Sie wurden dann auch rasch gewählt. Wilhelm kaufte eine englische Jacht namens *Thistle* von einem Mitbewerber um den America's Cup, taufte sie in *Meteor* um und nahm mit einem englischen Skipper und einer englischen Mannschaft an Regatten teil. Sein Erfolg mit dieser ersten *Meteor* veranlaßte den Prinzen von Wales, 1892 die *Britannia* zu bestellen.

Vier Sommer hintereinander, von 1892 bis 1895, erschien Wilhelm zur Regattawoche in Cowes, wo er die Teilnahme an den Hochseeregatten mit Familienbesuchen bei seiner Großmutter im Osborne House verband. Ab 1893 wohnte er an Bord seiner neuen weißen und goldenen Dampfjacht *Hohenzollern.* Gäste wurden oft zum Frühstück eingeladen, es gab Lachs, Schollenfilets, gepfefferte und geröstete Nieren, Schinken und pochierte Eier (eine Lieblingsspeise des Kaisers) und große Mengen Obst. So gestärkt, machte sich die Gesellschaft auf zur Regatta. Immer gab es während der Regattawoche wenigstens ein Bankett im Osborne House, das im sogenannten Durbar Room veranstaltet wurde. Das Hosenbandporzellan, mit den Insignien des Ordens in Tiefblau und Gold blasoniert, wurde aufgedeckt, und das Menü war mit Rücksicht auf die Anglophilie des Kaisers so englisch wie der Küchenchef der Königin es nur machen konnte: Enten, Lammbraten mit Pfefferminzsoße, Lachs mit Gurke und Salzkartoffeln. Zuerst trank Wilhelm nur süße Weine und Champagner, bis seine englischen Onkel, die Herzöge von Edinburgh und Connaught, ihn die delikaten Verlockungen trockener Weine schätzen lehrten.

Die Bürde der jährlichen Besuche des Kaisers fiel auf Bertie, der von seiner Mutter beauftragt war, sich um ihren kaiserlichen Enkel zu kümmern. Für den Prinzen war es eine schwere Belastung, denn Wilhelm sah im Regattasegeln bald mehr als einen Sport. Er war besessen vom Gedanken des Wettbewerbs mit seinem Onkel und entschlossen, um jeden Preis zu gewinnen. Er machte endlose Schwierigkeiten wegen der Handicaps und Regeln, ließ durchblicken, daß der Ausschuß den Prinzen von Wales und jeden anderen Teilnehmer ihm gegenüber begünstige. 1893 gerieten beide Jachten bei der Regatta um die Isle of Wight in eine Flaute. Der Prinz von Wales, an Bord der *Britannia,* begann sich um das Festbankett zu sorgen, das die Queen an diesem Abend zu Wilhelms Ehren geben wollte. Von seiner Jacht signalisierte er zur *Meteor*: »Schlage dir vor, Race aufzugeben, in Sandown zu landen und mit Eisenbahn nach Cowes zurückzukehren, um pünktlich in Osborne zum Dinner zu sein.« Der Kaiser antwortete: »Bin dagegen, Race muß ausgefochten werden, gleichviel wann wir in Cowes ankommen.« Schließlich frischte der Wind auf, aber es war 21 Uhr, als die Jachten in Cowes festmachten, und 22 Uhr, bevor die königlichen Segler Osborne House erreichten. Die Königin hatte bereits gespeist. Der Kaiser eilte zu ihr, küßte ihr die Hände und entschuldigte sich. Die Königin schenkte ihm ein dünnes Lächeln. Ein paar Minuten später traf der Prinz von Wales ein, ging kurz hinter einer Säule in Deckung, um sich den Schweiß von der Stirn zu wischen. Dann trat er vor seine Mutter und verbeugte sich. Die Queen bedachte ihn mit einem steifen Nicken.

1895 war das letzte Jahr, in dem der Kaiser und der Prinz von Wales persönlich im Wettstreit miteinander lagen. Als die *Britannia* wieder über die *Meteor* triumphierte, beklagte sich Wilhelm laut. Kurz vor dem Beginn des Rennens um den Queen's Cup verkündete der Kaiser, daß er mit den Handicaps unzufrieden sei, und zog die *Meteor* zurück. Im folgenden Winter sandte Wilhelm II. sein berühmtes Telegramm an den Präsidenten der Burenrepublik Transvaal, Paul Krüger, eine Handlung, die den Kaiser in England zur Persona non grata machte. Die nächsten vier Jahre kehrte er nicht ins Land seiner Großmutter zurück, und nie wieder segelte er persönlich vor Cowes.

Die Abreise des Neffen war eine gute Nachricht für den Onkel. Cowes brachte Wilhelms schlechteste Eigenschaften zum Vorschein. Der Kaiser ließ den Prinzen von Wales und dessen Gefolge nie vergessen, daß der ältere Mann nur Thronerbe, er selbst aber ein gekrönter Souverän war. Wilhelm bestand auf dem Protokoll des Ranges und verdrängte damit wirkungsvoll seinen Onkel als den prominentesten Teilnehmer an der Regatta. Im privaten Kreis wie auch an der Öffentlichkeit tat der Kaiser seinen Gefühlen keinen Zwang an. In Cowes geschah es, an Bord der *Hohenzollern*, daß Wilhelm den Prinzen von Wales einen »alten Pfau« nannte. Es machte ihm nichts aus, den älteren Mann öffentlich zu verspotten. Eines Abends, als sie gemeinsam an Bord der *Hohenzollern* tafelten, hörte Wilhelm, daß die Beziehungen zwischen Großbritannien und Rußland einen gefährlichen Punkt erreicht hatten. Lachend schlug er seinem Onkel auf den Rücken und sagte: »So, dann wirst du bald nach Indien marschieren, um zu sehen, ob du zum Soldaten taugst.« Bei Eckardstein beklagte sich der Prinz: »Früher war die Regattawoche in Cowes ein Vergnügen und eine Erholung für mich, jetzt, seitdem der Kaiser das Kommando übernimmt, ist sie für mich nur noch eine Plage.« Wilhelm, so erklärte er, benehme sich nicht wie ein Gast, sondern wie der »Boss von Cowes«.

Der Kaiser selbst war im Sommer 1896 abwesend, aber seine Jacht blieb da, um dem Prinzen von Wales Verdruß zu bereiten. Nachdem er zugesehen hatte, wie seine *Meteor I* vier Jahre lang von der *Britannia* geschlagen worden war, hatte Wilhelm beschlossen, eine neue Jacht bauen zu lassen. Bevor er am Ende der Regatta 1895 den Solent verließ, bestellte er G. L. Watson zu sich, der die *Britannia* entworfen hatte, und orderte ein neues Schiff, das nach den gleichen Gesichtspunkten wie die Jacht seines Onkels konstruiert, aber größer und schneller sein sollte – tatsächlich war ihr einziger Auftrag, die *Britannia* zu schlagen. Die Neukonstruktion, *Meteor II,* trat 1896 bei der Regatta von Cowes an, segelte unter der Leitung des Earl of Lonsdale, der ein Freund des Kaisers war, und unter dem bekannten englischen Skipper Bobby Gomes. Die *Meteor II* war eine hervorragende Rennmaschine, die erheblich mehr Segelfläche trug als *Britannia,* aber ebenso wie diese bequeme Kabinen unter Deck für den Eigner und seine Gäste hatte. (Besucher waren überrascht, nicht nur einen englischen Skipper und eine englische Besatzung an Bord zu finden, sondern auch einen englischen Chef, und auf den Tischen des Salons englische Romane, Zeitschriften und Zeitungen.)

In den Regatten des Sommers 1896 bewies die *Meteor II,* daß die *Britannia* veraltet war. Gekränkt und wenig geneigt, entweder den Spott seines siegreichen Neffen zu ertragen, oder die Kosten eines neuen und schnelleren Bootes auf sich zu nehmen, zog sich der Prinz 1897 vom Regattasegeln zurück und verkaufte seine geliebte *Britannia.* Zwei Jahre später kaufte er sie zurück. 1900 verkaufte er sie abermals, und 1902 kaufte er sie als König wiederum zurück. Er segelte bis an sein Lebensende, entweder mit seiner Familie an Bord der *Britannia* oder später als Gast seines Freundes »Tommy« Lipton an Bord eines der riesigen *Shamrocks* (gleichfalls von G. L. Watson gebaut) des Teemagnaten. Und jedes Jahr nahm er, unbeeinträchtigt durch weitere Aufdringlichkeiten seines kaiserlichen Neffen, als Gast an der Regattawoche in Cowes teil.

Der Kaiser segelte weiter Hochseeregatten. Insgesamt besaß er vier *Meteore,* jede größer und schneller als ihre Vorgängerin. 1902 ersetzte er die in Großbritannien gebaute Jacht durch eine amerikanische Konstruktion. Jedes Jahr nahm die Zahl deutscher Seeleute in der Besatzung zu, bis 1909 die *Meteor IV,* nach deutschem Entwurf in Deutschland gebaut, mit einer rein deutschen Besatzung in See ging.

Unterdessen beschloß Wilhelm II., im Juni eine Regattawoche in Kiel zu veranstalten, um der im August stattfindenden Regattawoche in Cowes Konkurrenz zu machen und sie schließlich in den Schatten zu stellen. Die Kieler Woche wurde zu einem persönlichen Unternehmen, dem der Kaiser seine ganze Fürsorge angedeihen ließ und auf die er ungemein stolz war. Er wählte einen großartigen Schauplatz. Die Kieler Förde, inzwischen östlicher Endpunkt des 1895 fertiggestellten Kaiser-Wilhelm-Kanals, war gesäumt von Steilküsten, dunkelgrünen Wäldern und hier und da Wiesenhängen mit Bauerngehöften. Hier, an Bord der weißen Kaiserjacht *Hohenzollern*, die im funkelnden blauen Wasser der Förde ankerte, fühlte sich Wilhelm vollkommen entspannt und auf der Höhe seiner Macht. Oft rief er seine Minister von Berlin nach Kiel und genoß es, auf dem Deck der kaiserlichen Jacht auf und ab spazierend, über die Weltpolitik zu diskutieren.

Die Leidenschaft des Kaisers zog andere in den Bannkreis des Sports. Mit der wachsenden gesellschaftlichen Bedeutung der Kieler Woche war die Hotelkapazität der Stadt und ihrer Umgebung bald erschöpft, und die Hamburg-Amerika-Linie sandte alljährlich einen ihrer großen Transatlantik-Passagierdampfer nach Kiel, wo er als schwimmendes Hotel diente. Gleichwohl war der Enthusiasmus der deutschen Adligen und Industriellen, die mit Segelbooten und Hochseejachten zur Kieler Woche kamen, nicht ganz zweckfrei. Der Bruder des Kaisers, Prinz Heinrich, selbst ein Marineoffizier und ausgezeichneter Segler, stellte unumwunden fest: »Es besteht kein Zweifel daran, unsere Leute kaufen Jachten und segeln Regatten nur, um meinem Bruder zu gefallen... Die Hälfte von ihnen hat die See nie gesehen. Aber wenn sie an die Küste kommen und über die Hochseejacht des Kaisers lesen... und wenn die reichen Kaufleute, die nichts von der See verstehen, Regattasegler werden, um dem Kaiser zu gefallen, dann erweckt es Interesse, und wir können Geld für die Marine bekommen.«

Bei all seinem Eifer erreichte Wilhelm sein Ziel nie ganz. Die Deutschen mochten lernen, Rennjachten zu bauen und sie zu führen, aber es gelang der Kieler Woche nie, die gesellschaftliche Ausstrahlung zu erreichen, die von Cowes ausging. Die deutsche Regattawoche war zu förmlich, zu beladen mit höfischem Zeremoniell. Es gab zu viele glänzende Empfänge und Banketts mit Paradeuniformen, Generälen und Admirälen, zu viele Trompeten, Blaskapellen, Militärmärsche und Soldaten. Es war jenseits der Macht des Kaisers, die beiläufige Gartenfest-Atmosphäre von Cowes nachzuahmen, wo die einzige Musik von einem Streichorchester kam, das Kaffeehausmusik spielte, und wo die blauen Blazer und weißen Flanellhosen der Mitglieder des königlichen Jachtklubs das einzige waren, was an eine Uniform erinnerte. Noch war es Wilhelm gegeben, die von seinem Onkel kreierte Rolle des jovialen Lebemannes und Grandseigneurs zu spielen. Nach und nach begriff der enttäuschte Kaiser, daß die schönen Engländerinnen, die in Cowes wie Schmetterlinge um die joviale Gestalt des Prinzen von Wales flatterten, niemals über die Nordsee reisen würden, um der Kieler Woche internationales Flair zu verleihen. Mit reichen Amerikanern hatte er allerdings mehr Glück. Wilhelm war von großem Reichtum fasziniert, besonders wenn es selbstgeschaffener war, und amerikanische Multimillionäre wie J. P. Morgan, Cornelius Vanderbilt und Andrew Carnegie, die ebenfalls Hochseeregatten segelten, waren geschmeichelt, zur Kieler Woche eingeladen zu werden.

Selbst in Kiel gelang es dem Kaiser nie, die absolute Überlegenheit zu gewinnen, die er für seine *Meteore* wünschte. Seine britischen Skipper suchten Regatten zu gewinnen, aber ihre Siegeschancen sanken, sobald der kaiserliche Eigner selbst das Ruder übernahm. Der Kaiser beschwatzte sie, schlug ihnen in guter Kameradschaft auf die Schultern und bot ihnen Zigaretten aus seinem juwelenbesetzten Zigarettenetui an. »Steuerte der Kaiser selbst, so stießen wir regelmäßig an die Boje«, erinnerte sich Bülow.

1904 war der neue amerikanische Schoner *Ingomar* die schnellste Jacht. Sie gehörte dem Millionär Morton F. Plant und wurde von Charlie Barr geführt, dem besten amerikanischen Jachtkapitän jener Tage. Auf Wunsch des Eigentümers hatte Kapitän Charles F. Robinson, zweiter Commodore des New York Yacht Club, die Verantwortung für die Jacht übernommen, wenn sie Regatten segelte. Während der Kieler Woche 1904 lag die *Ingomar* täglich im Wettstreit mit der *Meteor III*, aber kein Rennen war dramatischer und bezeichnender als das erste. Fünfzehn große Jachten verließen an diesem Morgen im frischen Ostseewind ihre Ankerplätze im Hafen. Kurz nach dem Start begann *Ingomar* die kaiserliche Jacht – Wilhelm II. war an Bord – zu überholen. Die amerikanische Jacht lag auf Steuerbordbug, was ihr unbestreitbar Vorfahrt gab.

»Trotzdem machte die *Meteor*«, schrieb Anthony Heckstall-Smith, ein britischer Segelfachmann, der an Bord der *Ingomar* war, »keine Anstalten, auszuweichen, als wir uns näherten! Auf unserem Boot wurde kein Wort gesprochen; die Besatzung lag flach auf dem Wetterdeck. Morton F. Plant stand auf den Stufen der Kajütentreppe, den Kopf gerade über der Schiebeluke, die Ellbogen auf der Süll, eine Zigarre im Mund, den Panamahut über ein Auge gezogen... Charlie Robinson saß in seinem makellosen Flanellanzug über die Gillung zurückgelehnt, zeigte seine seidenen Socken und mahlte Kaugummi... Kapitän Barr stand am Rad... Ich kauerte leewärts, den Blick auf die *Meteor* geheftet... Der junge Baron von Kotwitz, ein deutscher Marineleutnant, der vom Kaiser als Lotse an Bord geschickt worden war, starrte mit halboffenem Mund herüber... fragte sich, ob wir alle vollkommen verrückt geworden seien... und seinen allerhöchsten Kaiser wirklich auf den Meeresgrund schicken wollten... Unser langer Bugspriet aus Oregonfichte zeigte auf den Bug der *Meteor*... Wir würden sie ziemlich genau mittschiffs treffen... Es herrschte eine gute Brise; wir hatten alle Segel gesetzt, einschließlich des Klüver-Toppsegels... Es war ein stummer, gespannter und schrecklicher Augenblick. Dann rief Barr mir zu: ›Mr. Smith, Regel!‹ Es war meine Pflicht, in einer kritischen Lage die Regel auszurufen; Barr kannte sie so gut wie ich, aber es war eine feste Abmachung zwischen uns, daß die Verantwortung bei mir lag. ›*Ingomar* hat Vorrecht!‹ erwiderte ich sofort. ›Mr. Robinson, was soll ich tun?‹ rief Barr. ›Kurs halten!‹ kam Charlies augenblickliche Entscheidung... Ich war auf alles gefaßt. Der alte Morton F. Plant rief seinem Freund, der ihn vertrat, zu: ›Bei Gott, Charlie, du bist mein Junge! Ich weiche vor keinem Mann zurück!‹

In diesem Augenblick wurde das Ruder der *Meteor* herumgeworfen. Auch unser Ruder wurde in Hartlage gelegt, so schnell das Rad sich drehen ließ. Beide Jachten gingen Seite an Seite, als sie in den Wind schossen...

Als wir wieder in Kiel waren, kam ein Admiral mit einer Botschaft vom Kaiser längsseits, die besagte, daß Seine Majestät die Schuld trage und den Zwischenfall bedaure... Aber wir alle dachten, daß, wenn wir uns an diesem ersten Tag vom Kaiser hätten bluffen lassen und ihm gewichen wären, obwohl wir im Recht waren, er uns nur noch mehr ausgenutzt und geblufft hätte.«

Während der Kieler Woche dieses Sommers schlug die *Ingomar* die *Meteor III* bei jeder Regatta.

## 9. KAPITEL

# Tirpitz und die Flottengesetze

Die deutsche Marine erschien – ebenso wie das Deutsche Reich – spät in der Geschichte Europas. Im ausgehenden Mittelalter beherrschte die Hanse zeitweilig Nord- und Ostsee; einmal entsandte sie eine Kriegsflotte von 260 Schiffen gegen Skandinavien. Aber der Dreißigjährige Krieg, der fast die Hälfte der Bevölkerung Deutschlands das Leben kostete, schwächte die Macht der großen Hansestädte Hamburg, Bremen, Lübeck und Rostock, und zweihundert Jahre lang gab es keine deutschen Kriegsschiffe. 1848–49 stellte der Deutsche Bund, der durch den Wiener Kongreß entstandene lose Verband selbständiger Staaten, unter der Leitung des Bremer Senators Duckwitz eine kleine Reichsflotte auf, die dem Kommando des Fregattenkapitäns und späteren Konteradmirals Brommy unterstellt wurde. Drei dieser Schiffe verwickelten bei Helgoland ein dänisches Blockadefahrzeug in ein Gefecht, bis Warnschüsse von der damals britischen Insel die Kriegführenden darauf aufmerksam machten, daß sie sich in britischen Gewässern befanden. Großbritannien weigerte sich, das Recht des Deutschen Bundes auf eine Kriegsflotte anzuerkennen; Lord Palmerston, der britische Außenminister, ordnete an, daß Schiffe unter deutscher Flagge als Piratenschiffe behandelt werden sollten.

Preußen, das stärkste der deutschen Königreiche und Fürstentümer, hatte aufgrund seiner geopolitischen Lage wenig Interesse an der See und konzentrierte seine Begeisterung auf die Landstreitkräfte. Dann beugte sich König Friedrich Wilhelm IV. 1853 den Appellen seines Vetters, des Prinzen Adalbert, und willigte in die Schaffung einer preußischen Admiralität ein. Adalbert, dessen Eifer von Besuchen britischer Kriegsschiffe in England und im Mittelmeer herrührte, erhielt den Titel eines Admirals der Preußischen Küsten, nachdem der König ihm den Rang eines Flottenadmirals verweigert hatte, »weil wir keine Flotte haben«. Adalbert begann ohne Schiffe, ohne Offiziere, Seeleute und Marinestützpunkte, und – an der Nordsee – Zugang zum Meer. Dieser letztere Mangel wurde 1854 behoben, als Preußen den Großherzog von Oldenburg überredete, ein acht Quadratkilometer großes Grundstück am Jadebusen zu verkaufen, wo im Laufe der nächsten fünfzehn Jahre die Marinebasis Wilhelmshaven errichtet wurde. 1865, nachdem Dänemark besiegt war, übernahm

Preußen die Verwaltung des Herzogtums Schleswig, das ein Jahr später zusammen mit Holstein annektiert wurde. Prinz Adalberts Marine besaß jetzt zwei designierte »Kriegshäfen«: Wilhelmshaven an der Nordsee und Kiel an der Ostsee.

Adalbert begann Schiffe einzukaufen. Er plante eine Flotte von zwanzig gepanzerten Schiffen. Ein kleineres Programm wurde genehmigt; die Schiffe mußten, da Preußen keine Marineschiffswerften besaß, im Ausland erworben werden. 1864 lief Preußens erste Panzerfregatte, *Arminius*, in England vom Stapel. Drei Jahre später wurde in Frankreich die Panzerfregatte *Friedrich Karl*, ein Batterieschiff zweiten Ranges, in Toulon gebaut. 1869 erwarb Prinz Adalberts Kriegsmarine die dritte Panzerfregatte, ein 9700 t verdrängendes Batterieschiff ersten Ranges, das auf den Namen *König Wilhelm* getauft wurde. Dieses Schiff, zur damaligen Zeit eines der größten Kriegsschiffe der Welt, wurde in England gebaut und blieb fünfundzwanzig Jahre lang Deutschlands stärkstes Schiff.

Adalbert brauchte Offiziere zur See. Er verpflichtete Männer, die in den Kriegsmarinen Englands, Hollands, Dänemarks, Schwedens und der Vereinigten Staaten gedient hatten oder die er der deutschen Handelsmarine abspenstig machen konnte. Andere wurden, oftmals gegen ihren Willen, von der preußischen Armee zur Marine versetzt. Für die Zukunft wünschte Adalbert jedoch preußische Marineoffiziere, die schon als Jungen zu Seekadetten ausgebildet wurden. Er richtete eine Marineschule an Bord der Korvette *Amazone* ein, stieß aber auf Schwierigkeiten bei der Anwerbung Freiwilliger. Die meisten adligen Junkerfamilien sahen wenig Nutzen in einer Marine und schickten ihre Söhne lieber zum Heer. Prinz Adalberts Aufgabe wurde noch schwieriger, als das Kadettenschulschiff *Amazone* in einem Sturm verlorenging und die meisten Kadetten an Bord ums Leben kamen; im folgenden Jahr meldeten sich nur drei Kandidaten für die Seeoffizierslaufbahn.

Bis zum Sommer 1870 hatte Prinz Adalbert ein Geschwader von vier Panzerfregatten versammelt, das in Wilhelmshaven stationiert war. Seine Schwierigkeiten waren noch nicht zu Ende. Der Deutsch-Französische Krieg, der mit einem überwältigenden Sieg endete und den verbündeten deutschen Armeen, vor allem aber dem preußischem Heer, höchstens militärischen Ruhm eintrug, brachte der preußischen Marine keine Siegeslorbeeren. Als der Krieg begann, war das Zweite Französische Kaiserreich nach Großbritannien die stärkste Seemacht der Welt. Französische Geschwader blockierten die deutschen Nordsee- und Ostseeküsten und brachten vierzig deutsche Handelsschiffe auf. Die preußischen Panzerschiffe blieben vor Anker, denn es war ihnen untersagt, gegen die überwältigende Übermacht zu kämpfen, es sei denn, die Franzosen versuchten die Einfahrt in Elbe oder Weser zu erzwingen, um Hamburg oder Bremen anzugreifen. Abgesehen von kleineren Gefechten, in denen die Schraubenkorvette *Nymphe* mit Erfolg das Eindringen eines französischen Geschwaders nach Danzig verhinderte und das Kanonenboot *Meteor* vor der Küste Kubas ein französisches Aviso abwehrte, kam es zu keiner Bewährungsprobe. Die größte Kriegsgefahr für das passive Geschwader in Wilhelmshaven bestand darin, daß eigene Minen aus dem Sperrgürtel vor der Jademündung sich losreißen und zwischen die ankernden Schiffe treiben konnten.

Die passive Rolle der Kriegsmarine während des Krieges trug ihr die Verachtung der preußischen Armee ein. Dem deutschen Marinepersonal wurde die Erlaubnis verweigert, ihre Dienstzeit während des Deutsch-Französischen Krieges in ihren Personalunterlagen als »Kriegsdienst« zu zählen. Die Admiralität fand es sogar schwierig, eine Kriegsmarine überhaupt zu rechtfertigen. Frankreich, das bis 1870 als die stärkste Militär- und Seemacht auf dem Kontinent gegolten hatte, war vom deutschen Heer rasch und vernichtend geschlagen worden, doch hatte die preußische Kriegsmarine kaum einen Beitrag dazu geleistet. Wenn die französische Überlegenheit zur See Frankreichs Niederlage nicht hatte verhindern können, was hatte es dann für einen Sinn, wenn Deutschland, jetzt die erste Militärmacht in Europa, eine Kriegsflotte aufbaute? Bismarcks Interesse an Schiffen war begrenzt; einmal erwähnte er sogar zustimmend die Entscheidung König Friedrich Wilhelms I., der sein letztes Kriegsschiff verkaufte, um ein weiteres Bataillon aufzustellen.

Es sprach für das geringe Ansehen der Marine, daß sie nach Prinz Adalberts Pensionierung 1872 für die nächsten sechzehn Jahre von Infanteriegenerälen befehligt wurde. Der erste, General der Infanterie Albrecht von Stosch, mit einem Charakter, »scharf wie gehacktes Eisen«, verwaltete die Marine wie ein Armeekorps und unterzog die Mannschaften dem harten Exerzierplatzdrill eines Potsdamer Garderegiments. Nachdem er seine Inspektion eines Kriegsschiffes beendet hatte, verkündete er mit lauter Stimme: »Vom Kommandanten bis zum letzten Schiffsjungen die reine Wassersuppe!« Er bestand darauf, daß zu allen Zeiten vollständige Uniform getragen werde, bis ein Offizier, der in den Tropen Waffenrock und Leibbinde tragen mußte, auf der Brücke eines Kriegsschiffes ohnmächtig wurde.

Stosch sah die Aufgabe der Kriegsmarine in der Küstenwache. Da Frankreich und Rußland während seiner elfjährigen Dienstzeit (1872–1883) die angenommenen Feinde waren, bildete er seine Matrosen als Seesoldaten aus, die eine französische oder russische Landung an deutschen Küsten zurückzuschlagen hatten. In Übereinstimmung mit dieser Strategie wurden Panzerschiffe als schwimmende Forts entlang der Küste verteilt. Für den Kampf in Küstengewässern konstruiert, hatten diese Schiffe geringen Tiefgang, was sie für den Kampf auf hoher See ungeeignet machte, wo sie in hoher Dünung gefährlich rollten. Stosch überzeugte Bismarck und den Reichstag von der Notwendigkeit eines zehnjährigen Bauprogramms von acht in Deutschland konstruierten, hochseetüchtigen Panzerschiffen, die für plötzliche Ausfälle gegen eine feindliche Blokkadeflotte verwendet werden konnten. (Die Bereitstellung der erforderlichen Mittel war weniger schwierig als sonst, weil ein Viertel davon aus der Kriegsentschädigung kam, die dem besiegten Frankreich auferlegt worden war.)

Stosch wurde 1883 von General von Caprivi abgelöst, dem zukünftigen Kanzler. Caprivi, der von der Möglichkeit eines Zweifrontenkrieges gegen Frankreich und Rußland besessen war, wollte »jeden Mann und jeden Pfennig« in Vorbereitungen für die große Landschlacht stecken. In Caprivis Vorstellung empfahlen sich daher als ideale Kampfschiffe kleine, relativ billige Torpedoboote, die nur achtzig oder neunzig Tonnen verdrängten und mit drei Torpedorohren bewaffnet waren; solche Boote sollten mit hoher Fahrt die angreifenden feindlichen Kriegsschiffe und Truppentransporter aus kurzer Distanz mit ihren Torpedos vernichten. Kaiser Wilhelm II., der im Juni 1888 den Thron bestieg, war an einer Kriegsmarine aus Torpedobooten nicht interessiert. Er war empört, daß in den fünf Jahren unter Caprivi keine großen Schiffe gebaut worden waren, und empfand es als peinlich, daß Deutschland 1888 weniger Geld für seine Kriegsmarine ausgab als jede andere europäische Großmacht mit Ausnahme Österreich-Ungarns. So nahm er Caprivis Rücktritt drei Wochen nach seiner Thronbesteigung an und ernannte einen Marineoffizier, Admiral Alexander von Monts, zu seinem Nachfolger. Innerhalb von sechs Monaten ließ Monts ein modernes Panzerschiff entwerfen, das 10000 Tonnen verdrängte und von dem vier Einheiten gebaut werden sollten – *Brandenburg, Kurfürst Friedrich Wilhelm, Wörth* und *Weißenburg*. Der Reichstag bewilligte die Mittel, und die vier Schiffe liefen 1891–92 vom Stapel. Sie blieben während Wilhelms erster zehn Jahre als Kaiser die einzigen modernen Kriegsschiffe der deutschen Marine.

Wilhelm mochte proklamieren – wie er es 1891 in Stettin tat: »Unsere Zukunft liegt auf dem Wasser«, aber nicht viele Deutsche stimmten ihm darin zu. Dies rührte zum Teil von der traditionellen preußischen Ansicht her, daß Geldmittel, die für die Verteidigung ausgegeben wurden, dem Heer zugute kommen sollten. Es lag auch am Widerstreben des Reichstages, die grandiosen Pläne des Monarchen zu unterstützen, insbesondere solche, die seine persönliche Herrschaft zu stützen schienen und die bereits eingeschränkten verfassungsmäßigen Vorrechte des Parlaments zu schmälern geeignet waren. Aber der Hauptgrund für den mäßigen Erfolg der deutschen Kriegsmarine während Wilhelms erster zehn Regierungsjahre war die Ungewißheit des Kaisers und seiner Marineleitung über die zweckmäßigste Form der Verwaltung und die strategische Zielsetzung der neuen Marine.

1888, als Wilhelm II. den Thron bestieg, wurde die Kriegsmarine von einem einzigen Amt verwaltet, der Admiralität. Ein Jahr später, als Admiral Monts plötzlich starb, schaffte Wilhelm die Admiralität ab und verteilte ihre Funktionen auf zwei Ämter: das Oberkommando, das für die Strategie und den tatsächlichen Befehl über die Flotte zuständig war, und das Reichsmarineamt, dem Entwurf und Bau von Kriegsschiffen und die Beschaffung der Mittel für diesen Zweck oblagen. Admiral Eduard von Knorr, Chef des Oberkommandos in den 1890er Jahren, war unmittelbar dem Kaiser als Oberstem Kriegsherrn verantwortlich; Admiral Friedrich von Hollmann, der Staatssekretär des Reichsmarineamtes während dieser Jahre, war ein Minister der kaiserlichen Regierung und als solcher dem Reichskanzler verantwortlich. Diese Konstruktion führte unvermeidlich zu Problemen und Frustrationen: Der Staatssekretär des Reichsmarineamtes entschied, was für Schiffe gebaut wurden, ohne das Oberkommando zu fragen, welche Schiffe es benötigte, um seine Strategie durchzusetzen.

Wie um diese administrative Pattsituation noch zu komplizieren, schuf Wilhelm zur gleichen Zeit einen dritten wichtigen Posten: den des Marineadjutanten in seinem persönlichen Stab, der den Titel Chef des Marinekabinetts erhielt. Dieser Offizier, Admiral Gustav von Senden-Bibran, wurde zwangsläufig zum Ansprechpartner unzufriedener Offiziere, die des Kaisers Ohr zu erreichen wünschten. Das Ergebnis war ein ständiger bürokratischer Kleinkrieg, der den Kaiser erzürnte und den Reichstag verwirrte.

Das Problem war konzeptioneller und administrativer Art: der Kaiser und die Admiräle konnten sich über den Zweck einer deutschen Kriegsflotte nicht einigen. Wilhelms Ambitionen waren global. Er wünschte eine Flotte, die weltweiten Respekt einflößen, die deutschen Kolonien verteidigen und deutsche Handelsschiffe auf den Weltmeeren schützen sollte; zu diesem Zweck schien eine große Flotte von Kreuzern, die für den Auslandsdienst ausgerüstet waren, nützlicher als Geschwader von Kriegsschiffen, die in Kiel und Wilhelmshaven vor Anker lagen. Hollmanns Strategie beruhte auf Küstenverteidigung und Handelskrieg: er wollte ebenfalls Kreuzer. Senden glaubte an Schlachtschiffe. Er schloß sich Mahans These an, daß ohne eine Schlachtflotte als dem harten Kern nationaler Seemacht selbst Schwärme von Kreuzern schließlich von feindlichen Großkampfschiffen vernichtet würden. Knorr schwankte zwischen beiden. Er war vor allem enttäuscht, daß es Hollmann war, der administrativ entschied, welche Schiffe gebaut werden sollten. Die eigentliche Opposition gegen Hollmann und die Kreuzer aber kam von einem Marinekapitän, der im Oberkommando diente und sich als der wahre intellektuelle Befürworter von Schlachtschiffen und einer mächtigen Schlachtflotte erwies. Sein Name war Alfred Tirpitz.

Später, als die mächtige Gestalt des Großadmirals Tirpitz mit seinem kahlen Kopf, dem berühmten Gabelbart, seinem Ruf als Vater der Hochseeflotte, in ganz Deutschland und der Welt bekannt war, erinnerte sich niemand mehr daran, daß Tirpitz während seiner ersten dreißig Jahre in der deutschen Kriegsmarine ein Einzelgänger gewesen war. Auf der Höhe seiner Macht war Tirpitz – nach Bismarck – der fähigste, beständigste, einflußreichste und tüchtigste Minister im kaiserlichen Deutschland. Er wurde als aggressiv, rücksichtslos, despotisch und besessen bezeichnet. Sein Lieblingsgetränk, so hieß es, sei »Nordseeschaum«. Da er lange gebraucht hatte, um sich zur Spitze hinaufzuarbeiten, konnte er mit jungen Aristokraten wenig anfangen, die mit der Erwartung zur Marine kamen, aufgrund ihres Namens Karriere zu machen. Einmal, als ein Parkett-Seemann den Admiral nach seinen Beförderungsaussichten fragte, erwiderte Tirpitz: »Sie haben sehr weiße Hände für einen Mann, der einen Kreuzer befehligen möchte.« Es gab ständig Beschwerden über Tirpitz. »Sie werden mit ihm auskommen müssen«, sagte der Kaiser jedesmal. »Das muß ich auch.«

Tirpitz hatte die Leiter Schritt für Schritt erklimmen müssen. Er hatte während des Deutsch-Französischen Krieges an Bord eines Segelschiffes und eines gepanzerten Kreuzers gedient, hatte eine Torpedobootflottille in der Ostsee kommandiert, einen Kreuzer im Mittelmeer und ein Kreuzergeschwader im Fernen Osten. Da mochte es wie eine Ironie des Schicksals erscheinen, daß Tirpitz in seinen einundfünfzig Jahren Dienstzeit in der Marine niemals an einem Seegefecht teilgenommen hatte. Nichtsdestoweniger verbrachte er sein Leben in ständigem Kampf. Er kämpfte nicht in den Stürmen der Nordsee, sondern an Schreibtischen in Kiel und Berlin, vor dem Reichstag, im Audienzzimmer des Kaisers im Neuen Palais oder im kaiserlichen Jagdhaus auf der Romintener Heide. Er war ein Besessener in seinem Glauben an die deutsche Seemacht und in seinem Verlangen, eine starke Schlachtflotte zu schaffen. Er dachte nur an die Kriegsmarine. Er hatte keine politischen oder religiösen Prinzipien; er war bereit, die Mittel zum Bau von Kriegsschiffen aus den Händen von Konservativen, Katholiken oder Sozialdemokraten anzunehmen. In einer Diskussion mit dem Außenministerium sagte er: »Politik ist Ihre Angelegenheit. Ich baue Schiffe.« Wenn die Weisheit oder die Richtung seiner Schiffbauprogramme von anderen in Zweifel gezogen wurde, selbst wenn es ein Reichskanzler war, verlangte und erhielt Tirpitz die Unterstützung des Kaisers und überstimmte den Kanzler.

Das Bild, das die öffentliche Meinung seiner Zeit von Tirpitz zeichnete – und das später zur Legende wurde –, zeigt einen bärbeißigen Klotz von einem Mann, der grimmig entschlossen ist, seinen Willen durchzusetzen. Aber es gab eine andere Seite. Er konnte lächelnd, weltgewandt und liebenswürdig sein. In den Berliner Salons, mit einem Glas hervorragenden Weins oder einer guten Zigarre in der Hand, spielte Tirpitz den vollendeten Weltmann. Alljährlich gaben er und seine Frau einen Empfang für alle Offiziere und Zivilbeamten im Marineministerium. Im Laufe des Abends wanderte Tirpitz dann von Tisch zu Tisch, setzte sich zu den Leuten und plauderte liebenswürdig mit den Gästen. Vor der Außenwelt verborgen, gab es eine noch tiefere Schicht. Tirpitz war ein sehr emotionaler Mann; sein Sekretär berichtete, daß er, wenn er von einer schwierigen Sitzung im Reichstag in sein Büro zurückkehrte, an seinem Schreibtisch saß und weinte. Er litt unter wechselnden Stimmungen, die zwischen Begeisterung und tiefer Niedergeschlagenheit schwankten. Er war hypochondrisch und von Schlaflosigkeit geplagt. Seine Kraft fand er im Kreis der Familie, der er sich hingebungsvoll widmete. Um Ruhe und Entspannung zu finden, kaufte er ein Haus in St. Blasien im Schwarzwald, weit von Preußen, weit von der See. Wenn er hier auf der Terrasse saß und über ein waldiges Tal blickte, konnte er die frische Bergluft atmen und seine Gedanken von den Spannungen befreien, die sie in Berlin bedrängten. Als ihm schien, daß sogar St. Blasien den Schauplätzen seiner aufreibenden Arbeit zu nahe war, kaufte er ein kleines Haus auf Sardinien.

Alfred Tirpitz wurde zehn Jahre vor Kaiser Wilhelm II. am 19. März 1849 in eine preußische Familie der Mittelschicht geboren. Sein Vater war Anwalt und wurde später Richter; seine Mutter war die Tochter eines Arztes. (Der Adelstitel wurde Tirpitz mit einundfünfzig als ein Zeichen kaiserlicher Gunst verliehen.) Tirpitz' Eintritt in die Marine war nicht die Folge jungenhafter Begeisterung. »Ich war als Schüler sehr schwankend«, gestand er später, »zu Weihnachten 1864 die Zensur mäßig.« Als ein Freund die Absicht bekundete, »zur Marine zu gehen ... fiel mir ein, daß es eine gewisse Milderung für die Eltern bedeuten könnte, wenn ich den Gedanken mit aufnähme«. Sein Vater war einverstanden, und im Frühjahr 1865 wurde Tirpitz mit sechzehn Kadett in Prinz Adalberts preußischer Marine. Kaum ein Jahr später stand Preußen im Krieg mit Österreich-Ungarn, und Tirpitz befand sich an Bord eines Segelschiffes im Englischen Kanal, wo er auf Gefechtsstation den Kampf gegen eine feindliche Dampfkorvette erwartete. Seine Aufgabe war es, Kanonenkugeln in die Mündung einer Vorderladerkanone zu stecken und im übrigen mit seiner Pike bereitzustehen, um enternde Feinde abzuwehren. Bevor Schüsse abgefeuert wurden, stellte sich heraus, daß das herannahende »österreichische« Schiff ein Norweger war. Vier Jahre später, als Unterleutnant an Bord des Flaggschiffs *König Wilhelm*, hatte Tirpitz teil an der Demütigung der preußischen Kriegsmarine, als sein Schiff den Deutsch-Französischen Krieg vor Anker verbrachte.

Tirpitz respektierte England ebenso wie Wilhelm II., und wie dieser bewunderte er die Royal Navy. Während seiner Jahre als Seekadett behandelten britische Marineoffiziere die kaum flügge gewordene preußische Marine als einen schwächlichen kleinen Sprößling, der besonderer Pflege bedurfte. »Unseren eigentlichen Ausrüstungshafen bildete zwischen 1864 und 1870 Plymouth, wo noch in langen Reihen flußaufwärts die Dreidecker Nelsons und die großen Holzlinienschiffe des Krimkrieges lagen«, schrieb Tirpitz. Dort fühlten »wir uns fast mehr zu Hause ... als im idyllisch-friedlichen, nur gegen Preußen noch mürrischen Kiel ... Im Navy-Hotel zu Plymouth wurden wir wie britische midshipmen behandelt ... Unser winziges Seeoffizierskorps sah bewundernd zur britischen Marine auf ... Wir rankten uns sozusagen an der britischen Marine empor. Man beschaffte lieber in England. Wenn eine Maschine sicher und ohne Störung arbeitete, ein Tau oder eine Kette nicht riß, dann war es bestimmt kein heimisches Werkstück, sondern ein Fabrikat aus englischen Werkstätten, ein Tau mit dem berühmten roten Faden der britischen Marine ... Wir konnten uns damals nicht vorstellen, daß deutsche Geschütze den englischen gleichwertig sein könnten«.

Tirpitz' Wertschätzung der englischen Marine erstreckte sich in gleicher Weise auf die englische Ausbildung und die englische Sprache. Er sprach fließend Englisch, las englische Zeitungen und Romane, machte sich englische Philologie zum Steckenpferd und brachte seine beiden Töchter im Ladies' College in Cheltenham unter. Hingegen verdroß ihn die gönnerhafte Herablassung, die manche Briten gegen Deutschland und die deutsche Marine zeigten. Als junger Offizier der *Friedrich Karl* hörte er bei Gibraltar eine Engländerin erstaunt über seine Mannschaft sagen: »Sie sehen ja genau wie Matrosen aus!« Und als Tirpitz fragte, wie sie denn sonst aussehen sollten, erwiderte sie entschlossen: »Aber Ihr seid keine seefahrende Nation!« Mit der Zeit teilte Tirpitz die Ansicht Bismarcks: »Ich habe, was das Ausland anbelangt, in meinem ganzen Leben nur für England Sympathie gehabt und bin stundenweise noch nicht frei davon. Aber die Leute wollen sich ja nicht lieben lassen.«

Tirpitz verbrachte seine Jahre als Offizier zur See an Bord der *König Wilhelm* und *Friedrich Karl* im Mittelmeer, der Karibik und dem Pazifik, wo sie in Häfen Flagge zeigten, die noch nie ein deutsches Kriegsschiff gesehen hatten. 1877 wurde Tirpitz beauftragt, das Torpedozentrum in Fiume zu besuchen, wo der österreichische Marineoffizier J. B. Luppis neun Jahre zuvor den selbstlaufenden Torpedo entwickelt hatte und R. Whitehead den »Fisch-Torpedo« erprobte. Nach Deutschland zurückgekehrt, wurde er mit der Entwicklung von Torpedos für die deutsche Kriegsmarine beauftragt. Er »arbeitete zum Teil als Klempner mit eigener Hand«. 1879 besuchten Kaiser Wilhelm I. und Kronprinz Friedrich die Versuchsstation, und Tirpitz arrangierte eine Vorführung seiner Torpedos. Es war »trotz vielwöchigen Vorbereitungen noch immer die reine Lotterie, ob sie bei der Vorführung einigermaßen ans Ziel kämen oder wilde Sprünge machten«, bekannte er hinterher.

Von der Waffenentwicklung und -erprobung schritt Tirpitz fort zur Entwicklung der Boote, welche die Torpedos abfeuerten, und schließlich zu den Taktiken, die solchen Booten angemessen sein würden. Dies brachte ihn in Verbindung mit dem Marinestaatssekretär Caprivi, der zufällig ein entfernter Verwandter von ihm war. »Was uns besonders fehlt, ist irgend ein taktisches

Verständnis; wir wissen nicht, wie wir schlagen sollen«, gestand Tirpitz dem Staatssekretär, und Caprivi wies den Leutnant an, Gefechtstaktiken auszuarbeiten. Obwohl Caprivi die Rolle der Kriegsmarine defensiv sah, überzeugte Tirpitz ihn, daß er im Kriegsfalle – Frankreich wurde als Hauptgegner angenommen – sein Torpedobootgeschwader in einem Überraschungsangriff in den Hafen von Cherbourg führen und alle französischen Kriegsschiffe in Reichweite torpedieren sollte. Was Deutschland an Panzerschiffen besaß, würde den Torpedobooten folgen und beschießen, was von der französischen Nördlichen Flotte übrig bliebe. Tirpitz bezeichnete seine Dienstzeit bei den »Schwarzen Gesellen« der Torpedobootflottille als »die elf schönsten Jahre meines Lebens«. 1887 lernte er den achtundzwanzigjährigen Kronprinzen Wilhelm kennen, als seine Torpedoboote den künftigen Kaiser über die Nordsee zu Königin Victorias Jubiläum eskortierten.

Als Monts 1888 Caprivi als Marineminister ablöste, fielen die Torpedoboote in Ungnade, und Tirpitz bat um seine Versetzung. Er erhielt nacheinander das Kommando der Kreuzer *Preußen* und *Württemberg*. 1890 wurde er zum Stabschef des Ostseegeschwaders ernannt. Eines Abends saß er nach dem Essen mit dem Kaiser, General von Moltke und einer Anzahl von Generälen und Admirälen beisammen, als Wilhelm um Vorschläge für die Entwicklung der Kriegsmarine bat. Tirpitz, noch im Rang eines Kapitäns, blieb still, während verschiedene Theorien erörtert wurden. Schließlich sagte der Kaiser: »Jetzt habe ich euch zugehört, wie ihr stundenlang räsoniert habt nach dem Prinzip, die Schweinerei muß aufhören, und doch hat kein einziger einen wirklich positiven Vorschlag gemacht.« Admiral von Senden-Bibran stieß Tirpitz an, und Tirpitz erklärte, daß Deutschland Schlachtschiffe brauche. Neun Monate später wurde er als Stabschef des Oberkommandos nach Berlin gerufen und vom Kaiser persönlich beauftragt, eine Strategie für eine Hochseeflotte zu entwickeln.

Tirpitz umgab sich mit früheren Kameraden von den »Schwarzen Gesellen« und machte sich an die Arbeit. Er änderte den jährlichen Übungszyklus der Marine und beendete das von der Armee übernommene System, Schiffe nur für die Sommermanöver in Dienst zu stellen und sie im Herbst in die Häfen und die Besatzungen an Land zu schicken. In Kriegszeiten, sagte Tirpitz, würde dieses System dazu führen, daß Deutschland »einen Haufen von Schiffen mit Menschen darauf« besitze, »aber keine Flotte«. Er entwarf taktische Übungen für Operationen einer Schlachtflotte auf hoher See. Zu diesem Zeitpunkt war die Schiffskonstruktion der Marinetaktik voraus; große Panzerschiffe konnten gebaut werden, aber niemand wußte, wie sie im Kampf einzusetzen waren; einige Marineoffiziere hingen noch der Rammtaktik an und meinten, sie würden mit einem Schlachtschiff wie in Nelsons Tagen auf den Feind zufahren und versuchen, ihn zu rammen und zu entern. Tirpitz wollte nicht warten, bis Monts' neue Schlachtschiffe in Dienst gestellt wurden, sondern sammelte, was er an Schiffen finden konnte – sogar Übungsfahrzeuge und Minensucher –, und setzte sie stellvertretend für größere Schiffe ein. Auf diese Weise stellte er fest, daß eine Linie von acht Schiffen die wirkungsvollste taktische Einheit war; standen mehr Schiffe zur Verfügung, so konnte eine zweite Linie von acht Schiffen gebildet werden, um im Einklang mit oder unabhängig von den ersten acht zu manövrieren.

Am 1. Dezember 1892 legte Tirpitz dem Kaiser sein Buch über taktische Seekriegsübungen vor; dies führte zu seiner ersten ernsten Konfrontation mit Marinestaatssekretär Hollmann. Admiral von Hollmann, schrieb Tirpitz in seinen Memoiren, war »ein vornehm denkender Mann, der aber nicht zur Klarheit über Weg und Ziel kam«. Über die Marine »brach jetzt eine Zeit der grundsatzlosen Augenblicksverfügungen herein. Man war in dieser Epoche geneigt, im Reichstag anzufordern nicht so sehr nach der Notwendigkeit als nach der Wahrscheinlichkeit, es bewilligt zu erhalten. Diese Ziellosigkeit ... schuf eine chronische Krise. Das Durcheinander der Ansichten drückte sich z. B. aus in einem unorganisch zusammengewürfelten Schiffsbestand, mit dem gemeinsam zu operieren für den Kriegsfall kein Vertrauen erwecken konnte«.

Tirpitz' Übungen gingen vom späteren Vorhandensein einer Flotte relativ homogener Schiffe aus, welche die gleichen Eigenschaften und vergleichbare Kampfkraft besaßen und zusammen operieren konnten. Hollmann, dessen Amt sowohl für die Konstruktion von Schiffen als auch für die Beschaffung der zum Bau benötigten Mittel im Reichstag verantwortlich war, betrachtete Tirpitz' Theorien als eine Bedrohung und verlangte vom Kaiser das Recht, das Übungsbuch für die Seekriegstaktik zu verwerfen oder zu ergänzen. Tirpitz wehrte sich.

Im Zentrum stand die Streitfrage, ob Schlachtschiffe oder Kreuzer gebaut werden sollten. Wilhelm II. wußte nicht, für welche Lösung er sich entscheiden sollte. Einmal wurde eine Anzahl von Reichstagsabgeordneten zu einer Konferenz über Marinefragen in das Neue Palais eingeladen. Tirpitz, der den Kaiser am Tag zuvor sprach, entdeckte, daß Wilhelm beabsichtigte, sich zugunsten von Kreuzern auszusprechen. Tirpitz erhob Einwände und wies abermals auf die Vorteile einer Schlachtflotte hin. Wilhelm, beunruhigt, fragte ihn: »Warum hat denn Nelson immer nach Fregatten gerufen?« »Weil er eine Schlachtflotte *hatte*«, erwiderte Tirpitz. Daraufhin änderte Wilhelm am folgenden Tag seine Ansprache an die Abgeordneten, verlangte sowohl Kreuzer als auch Schlachtschiffe und hörte sich, nach den Worten eines Beobachters, »wie eine Schallplattenaufnahme an, die zwei Melodien zugleich spielte«.

Im Herbst 1895 bat der frustrierte Tirpitz, vom Dienst im Oberkommando entbunden zu werden. Wilhelm, der die Dienste dieses energischen, klardenkenden Offiziers nicht verlieren wollte, parierte, indem er Tirpitz bat, einen Kommentar zu einer kürzlich erhaltenen Empfehlung des Oberkommandos über den künftigen Kriegsschiffsbau zu schreiben. Tirpitz (der für die Denkschrift des Oberkommandos weitgehend verantwortlich gewesen war) tat wie geheißen.

Am 3. Januar 1896 übergab er dem Kaiser ein Memorandum, das zwei Geschwader von jeweils acht Schlachtschiffen für erforderlich hielt, dazu ein Flaggschiff. Einen Monat später verließ der zum Konteradmiral beförderte Tirpitz Berlin, um den Befehl über das deutsche Kreuzergeschwader im Fernen Osten zu übernehmen.

Tirpitz' wichtigster Auftrag im Fernen Osten war die Auffindung eines geeigneten Ortes an der chinesischen Küste, wo Deutschland einen Militär- und Handelsstützpunkt errichten könnte. Bei seiner Ankunft fand er das deutsche Kreuzergeschwader in der britischen Kronkolonie Hongkong stationiert, wo ein Platz im Trockendock für deutsche Kriegsschiffe neun Monate im voraus bestellt werden mußte. Tirpitz und seine Schiffe kreuzten die chinesische Küste entlang und inspizierten Häfen, um schließlich Tsingtao am Gelben Meer auszuwählen. Als das Schutzgebiet Kiautschou im Herbst 1897 von China gepachtet und der Hafen von Tsingtao von deutschen Marinesoldaten in Besitz genommen wurde, war Tirpitz bereits nach Berlin zurückgekehrt.

Im März hatte der Kaiser ihn heimgerufen und zum Marineminister ernannt. »Ich schied mit schwerem Herzen aus der Front«, schrieb Tirpitz in seinen Memoiren. Trotzdem folgte er dem Ruf des Kaisers, kehrte aber über den Pazifik, Amerika und den Atlantik nach Europa zurück. In Salt Lake City hielt er eine kurze Pressekonferenz; als er nach kritischen Kommentaren zu seiner Ernennung in der deutschen Presse gefragt wurde, lächelte er nur.

Am 6. Juni 1897 traf Tirpitz in Berlin ein. Großes wurde von ihm erwartet, aber weder der Kaiser noch der Kanzler, der Reichstag oder die Marine waren auf die rasche Abfolge von Ereignissen vorbereitet, die nun folgen sollten. Auf seinem Schreibtisch fand Tirpitz eine von Hollmann ausgearbeitete Gesetzesvorlage, die mehr Schiffe für die Kreuzerflotte im Auslands- und Kolonialdienst forderte. Er verwarf sie. Am 15. Juni, nur neun Tage nach seiner Amtsübernahme, suchte Tirpitz den Kaiser in Potsdam auf und übergab ihm eine 2500 Worte umfassende und als »streng geheim« gekennzeichnete Denkschrift mit dem Titel »Allgemeine Überlegungen zur Zusammensetzung unserer Flotte nach Schiffsklassen und Konstruktion«. Hinter dieser technischen Sprache verbarg sich ein Dokument, das die deutsche und europäische Geschichte verändern sollte. Klar, logisch, unnachgiebig wie Hammerschläge hatte Tirpitz seine Sätze formuliert:

»Für Deutschland ist zur Zeit der gefährlichste Gegner zur See England.«

»Unsere Flotte muß demnach so eingerichtet werden, daß sie ihre höchste Kriegsleistung zwischen Helgoland und der Themse entfalten kann.«

»Die militärische Situation gegen England erfordert Linienschiffe in so hoher Zahl wie möglich.«

»Nur der Hauptkriegsplatz ist entscheidend.«

»Kreuzerkrieg und transozeanischer Krieg gegen England ist wegen Mangels an Stützpunkten unsererseits und des Überflusses Englands an solchen so aussichtslos, daß planmäßig von dieser Kriegsart gegen England bei Feststellung unserer Flottenart abgesehen werden muß.«

Eine deutsche Flotte, »die gegen England aufgebaut ist«, benötige demnach »1 Flottenflaggschiff, 2 Geschwader zu je 8 Linienschiffen, 2 Schiffen als Reservematerial« also insgesamt 19 Linienschiffe, dazu ein Geschwader zu acht Küstenpanzerschiffen und sechs große und 18 kleine Kreuzer.

»Die Flotte läßt sich in ihrer Hauptsache bereits 1905 fertigstellen. Die Ausgaben für Schiffsbau einschließlich Artillerie und Torpedoarmierung betragen 408 Millionen Mark oder jährlich 58 Millionen Mark, außerdem über 1904–5 hinausreichende Restraten von 72 Millionen Mark.«

Alle bisherigen deutschen Marinestrategien wurden beiseite gefegt. Der Kreuzerkrieg auf den Weltmeeren würde allenfalls eine Nebenrolle spielen. Die Klagen des Reichstages über »grenzenlose Flottenbauprogramme« würden zum Schweigen gebracht. Eine Schlachtflotte sollte für eine auf das Jahr umgerechnet nicht höhere Summe als Admiral Hollmanns reduziertes Budget für 1896 von 58 Millionen Mark gebaut werden. Die Kriegsmarine, bisher ein Gegenstand der Geringschätzung, sollte zu einer mächtigen Waffe in den Händen deutscher Admiräle und einem wirkungsvollen Instrument der deutschen Diplomatie werden. Die internationalen Implikationen der Denkschrift waren noch weitreichender. Um den Bau von Schlachtschiffen zu rechtfertigen, war ein neuer Feind – das zum damaligen Zeitpunkt befreundete England – ins Auge gefaßt worden. Um Frankreich und Rußland zu bekämpfen, war eine mächtige deutsche Schlachtflotte nicht vonnöten; das deutsche Feldheer würde diesen Krieg gewinnen oder verlieren, was immer auf See geschehen mochte. Um Englands Vorherrschaft zur See zu brechen und der deutschen Weltpolitik freie Hand zu geben, waren allerdings Schlachtschiffe notwendig. Nachdem Tirpitz diese Prämisse aufgestellt hatte, kehrte er das Argument einfach um: um den Bau von Schlachtschiffen zu rechtfertigen, mußte England der Feind sein.

Radikal war die Denkschrift auch hinsichtlich des parlamentarischen Vorgehens, da der Reichstag aufgefordert werden sollte, sich auf den Bau einer bestimmten Zahl von Kriegsschiffen über eine Reihe von Jahren hin festzulegen; diese Verpflichtung würde bindend und unabänderlich sein; für die Dauer von sieben Jahren würden weder die gegenwärtigen noch künftige Abgeordnete die Macht haben, den einmal gefaßten Beschluß umzustoßen oder zu überstimmen. Das war revolutionär: Admiral Hollmann hatte niemals Einwände dagegen erhoben, jährlich mit den Anforderungen des Fiskaljahres vor den

Reichstag zu treten. Tirpitz war ganz anderer Meinung. »Die Deutsche Marine«, schrieb er, »war, als ich das Staatssekretariat antrat, eine Modellsammlung, wenn auch keine so bunte wie die russische Flotte unter Nikolaus dem Zweiten. Auch die englische Flotte ist es bis zu einem gewissen Grad; aber dort spielt Geld keine Rolle; hatte man eine Serie falsch gebaut, so warf man sie in die Ecke und baute eine neue. Das durften wir uns nicht erlauben.« Tirpitz »brauchte ein Gesetz, um die Stetigkeit des Flottenbaus ... zu schützen ..., der Reichstag [sollte] sich dadurch selber die Versuchung abschneiden ..., alljährlich neu in technische Einzelheiten einzugreifen«.

Wilhelm II. billigte Tirpitz' Denkschrift, und der Staatssekretär beeilte sich, einen neuen Gesetzentwurf vorzulegen. Er delegierte alle administrativen Routineaufgaben an einen Stellvertreter und zog sich zurück, zuerst nach Bad Ems, dann nach St. Blasien, um ungestört nachzudenken und zu arbeiten. Er brachte eine Gruppe von Kameraden und Spezialisten aus allen Bereichen der Marine in den Schwarzwald. Die Diskussionen waren offen und unreglementiert; Tirpitz warf Ideen auf und lehnte sich dann zurück, *Primus inter pares*, um zuzuhören. Nichts war unantastbar: »In St. Blasien wurde jedes Wort des Gesetzenwurfs in Gemeinschaft wohl zwölfmal umgeworfen«, sagte er. Zuletzt »kamen wir fast immer zu einer gemeinsamen Entscheidung«.

Der Zeitplan war rigoros. Jedes Dokument war mit Instruktionen versehen: »Sofort«, »Sehr dringend«, »Heute erledigen«. Am 19. Juni bat Tirpitz seine Kollegen, innerhalb von sechs Tagen alle Haushaltszahlen für das Fiskaljahr 1898 im Lichte des neuen Planes zu revidieren. Am 2. Juli erhielt er einen vorläufigen Entwurf des Flottengesetzes. Wiederholt betonte Tirpitz seinen Mitarbeitern gegenüber, daß die Prämisse ihrer Überlegungen sein müsse, daß England der Feind sei. Ein wirkungsvolles Stimulans lieferte die Flottenschau anläßlich des Diamantenen Jubiläums von Königin Victoria am 26. Juni.

Ende Juli drangen Berichte von ungewöhnlicher Aktivität am Leipziger Platz bis in Regierungskreise. Um Befürchtungen im Oberkommando der Marine zu zerstreuen, suchte Tirpitz Admiral Knorr auf. Die beiden kamen überein, einen gemeinsamen Ausschuß zu bilden. Tirpitz sorgte dafür, daß der Ausschuß keine Information erhielt und nichts zu tun hatte. Sechs Monate später, als Knorr direkt gegen Tirpitz Front machte, war es zu spät. Das Flottengesetz lag dem Reichstag bereits vor; Tirpitz ging zum Kaiser und ersuchte ihn, ein für allemal die Verantwortlichkeit des Marineministeriums für Schiffstypen und Schiffbau festzulegen. Wilhelm tat es, und Knorr war zum Schweigen gebracht. Eine ähnliche Taktik wandte Tirpitz an, als der Finanzstaatssekretär Besorgnisse wegen der geschätzten Kosten der neuen Flotte zum Ausdruck brachte. Tirpitz suchte den Staatssekretär auf und versprach ehrerbietig die Bildung eines gemeinsamen Ausschusses. Unterdessen verdoppelte er seine Anstrengungen, den Kaiser und den Kanzler für sich zu gewinnen.

Ende August, als der Gesetzentwurf beinahe fertiggestellt war, machte Tirpitz eine Reihe von Besuchen bei führenden Persönlichkeiten, um ihre Unterstützung zu gewinnen. Am 24. August fuhr er sogar zu Bismarck, der seit seiner Entlassung vor sieben Jahren noch nie von einem Minister der kaiserlichen Regierung aufgesucht worden war. Um den Weg zu bereiten, hatte Tirpitz den Kaiser überredet, das nächste große Kriegsschiff, das vom Stapel laufen sollte, einen 10000-Tonnen-Panzerkreuzer, *Fürst Bismarck* zu taufen. Wilhelm hatte widerstrebend zugestimmt, und Tirpitz hatte nach Friedrichsruh geschrieben und eine Audienz erbeten. Der Brief war mit der Nachricht zurückgekommen, daß der Fürst keine Briefumschläge öffne, auf denen der Name des Absenders nicht deutlich geschrieben sei. Tirpitz schrieb einen zweiten Brief mit lesbarem Absender und wurde aufgefordert zu kommen.

Er traf am 24. August zur Mittagszeit ein und fand die Familie bereits beim Essen. Bismarck, am Kopfende des Tisches, erhob sich ein wenig von seinem Stuhl, als der Gast eintrat, und forderte ihn auf, sich zu setzen. Der frühere Kanzler, von Neuralgie gepeinigt, aß mit Schwierigkeiten, hielt sich eine Wärmflasche an die Wange und stocherte zögernd in einem Teller mit Hackfleisch. Er füllte sein Glas immer wieder auf, bis er eineinhalb Flaschen Champagner getrunken hatte. Nach dem Essen zündete Wilhelm von Bismarcks Frau ihrem Schwiegervater die lange Pfeife an, und die Frauen zogen sich zurück. Die Atmosphäre war gespannt. Der zweiundachtzigjährige Bismarck interessierte sich nicht für Weltmacht, Seemacht oder Schlachtschiffe. Tirpitz, achtundvierzig, hoffte nicht auf ernstliche Unterstützung seiner Pläne, sondern nur auf ein Verstummen der Opposition. Plötzlich begann Bismarck zu sprechen: Seine Unterstützung für eine Flotte könne nicht durch Schmeichelei gekauft werden, nicht einmal durch das Kompliment, ein Kriegsschiff *Fürst Bismarck* zu taufen. Außerdem könne er seine Uniform nicht anziehen und nach Kiel kommen, um das neue Schiff zu taufen; er wünsche nicht, als eine Ruine in der Öffentlichkeit zu erscheinen. Tirpitz schlug vor, daß eine seiner Schwiegertöchter die Zeremonie vollziehen könnte. Diese Entscheidung, meinte Bismarck, würde bei ihnen liegen. Tirpitz kam auf sein eigentliches Anliegen zu sprechen: Deutschland benötige aus politischen Gründen eine stärkere Seemacht, und moderne Seemacht werde von Schlachtschiffen verkörpert. Der Fürst erwiderte, daß er einen Schwarm kleiner Schiffe vorziehen würde, die »wie Hornissen« angreifen. Dann kam er auf alte Verdrießlichkeiten zu sprechen, Caprivi (»ein hölzerner Ladestock«), die Unterlassung, den Rückversicherungsvertrag mit Rußland zu erneuern (»ein schreckliches Unglück«). Als Tirpitz argumentierte, eine Flotte werde Englands Interesse an einem Bündnis mit Deutschland wecken, antwortete Bismarck, daß die Engländer als Individuen zwar ehrenwert seien, daß die Nation aber eine »Händlerpolitik« treibe. Englands militärisches Potential sei gering einzuschätzen;

wenn sie nach Deutschland kämen, sagte er, sollten die Deutschen sie mit den Gewehrkolben erschlagen.

Nach zwei Stunden am Mittagstisch lud Bismarck seinen Gast zu einer Kutschfahrt durch den Sachsenwald ein. Zwei große Bierflaschen wurden in den Wagen gelegt, eine auf jeder Seite des früheren Kanzlers. Während der Fahrt trank er beide aus. Damit der Kutscher nichts verstand, sprach Bismarck englisch. Er begann mit Reminiszenzen an seine Laufbahn, ließ kein gutes Haar an Wilhelm II., sprach von seiner verstorbenen Frau und sagte von der britischen Kriegsmarine, daß »er im allgemeinen die Seeleute gern gehabt hätte, uns, die blaue Couleur, aber nicht die Marinegeneräle«. Er habe die Jagd aufgegeben, sagte er, weil er es nicht mehr über sich bringe, einem »schönen Tier ein Loch in das glänzende Fell zu schießen«. Er ignorierte einen Regenschauer, rauchte seine Pfeife und schien seine Neuralgie vergessen zu haben. Im Anschluß an die Kutschfahrt lud er Tirpitz ein, zum Abendessen zu bleiben. Als Tirpitz Friedrichsruh verließ, hatte er einen Brief bei sich, in dem Bismarck eine gemäßigte Vergrößerung der Kriegsmarine unterstützte. Ein paar Tage später brachte die zu Bismarck neigende Presse Artikel in diesem Sinne.

Tirpitz wiederholte diesen Erfolg bei Besuchen, die er dem König von Sachsen, dem Prinzregenten von Bayern, den Großherzögen von Baden und Oldenburg und den Stadträten der Hansestädte abstattete. Am 15. September war der Staatssekretär bereit, mit dem Kanzler zu sprechen und darauf zu dringen, daß die Vorlage sobald wie möglich im Reichstag eingebracht werde. Hohenlohe willigte ein, und am 19. Oktober wurde der endgültige Gesetzentwurf an die Reichsdruckerei gegeben – mit der Anweisung, sie als Staatsgeheimnis zu behandeln.

In seinen Vorbereitungen, den Reichstag zu überzeugen, erwies sich der Seekriegsstratege Tirpitz als ein Meister der Politik. Im kaiserlichen Deutschland war es schon zur Tradition geworden, daß Kanzler, Minister und Bürokraten aller Ebenen die Mitglieder des vom Volk gewählten Parlaments mißachteten. Bismarck hatte für das von ihm selbst geschaffene Parlament die Verachtung eines Olympiers gezeigt; Hohenlohes Distanz war schüchtern und spröde; Bülows Haltung sollte oberflächlich, ironisch und boshaft sein. Bisweilen trieb die Kontrolle des Reichstages über die nationale Geldbörse frustrierte Minister zu Wutausbrüchen; Hollmann war als Marineminister manchmal so erbittert über die wiederholten Kürzungen seines Budgets, daß er mit den Fäusten auf das Rednerpult trommelte.

Tirpitz näherte sich dem Reichstag auf andere Weise. Im Besitz der Fakten, schien er anzudeuten, würden die Abgeordneten natürlich zu den richtigen Schlußfolgerungen gelangen. Er widmete sich der Aufgabe, sie zu beeinflussen. Er war höflich, geduldig und gutmütig, immer bereit, einen Gedankengang für einen Abgeordneten, der nicht zugehört oder verstanden hatte, zu wiederholen. Er schmeichelte sowohl Parteiführern als auch gewöhnlichen Abgeordneten. Gruppen von ihnen wurden zu vertraulichen Gesprächen ins Büro des Marineministers am Leipziger Platz eingeladen. Dort saßen sie um einen großen Tisch und fanden den Admiral strahlend von Freundlichkeit und guten Willen, bereit, Fragen zu beantworten und auf Meinungen einzugehen. Führungen durch Marineschiffswerften und Besuche auf Kriegsschiffen wurden angeboten. Aber hinter seiner lächelnden Urbanität und seinem ehrerbietigen Charme hielt Tirpitz unerschütterlich an seinem Programm fest, von dem er keinen Abstrich erlaubte. Seine Taktik erinnerte einen Beobachter an das Schauspiel von Rostand, in dem eine Dame gefragt wird, wie sie es fertiggebracht habe, an den strengen Posten vorbeizukommen, die eine Festung bewachten. »Ich habe ihnen zugelächelt«, sagte sie.

In seiner Rede vor dem Reichstag betonte Tirpitz die Grenzen des Programms. Der Marineminister brachte den Brief zum Vorschein, den Bismarck geschrieben hatte und las ihn laut vor. Er betonte die administrativen und politischen Vorteile eines festen gesetzlichen Rahmens, der über Jahre hinaus eine systematische Förderung der Kriegsmarine und ihres jährlichen Bauprogrammes gestatte. Im Reichstag werde es keine weitere Unruhe über uferlose Flottenpläne geben, und mit den spaltenden parlamentarischen Debatten über die Zahl von Schiffen und ihre Typen werde es ein Ende haben. Der Schiffbau werde auf eine solide Basis gestellt, die Werften könnten ihre Auslastung besser vorausplanen, da sie wissen würden, mit welchen Aufträgen zu rechnen sei, und die Kosten würden kontrolliert. Vor allem aber werde eine Flotte gebaut; Tirpitz erinnerte seine Zuhörer, daß der Reichstag von 1873 eine Kriegsmarine von vierzehn gepanzerten Schiffen gebilligt habe, dann aber einundzwanzig Jahre vergangen seien, bis spätere Reichstage die Mittel für den Bau freigegeben hätten.

Die langfristig bindende Natur des Gesetzes und die darin enthaltene Beschränkung der Rechte des Reichstags zur Kontrolle und Genehmigung jährlicher Budgets bereitete den Abgeordneten Sorgen. Den meisten war es gleich, ob die Marine Schlachtschiffe oder Kreuzer baute; die von Tirpitz vorgeschlagenen Summen schienen vernünftig. Aber die Aussicht, sich auf so lange Zeit festzulegen, war alarmierend. Die Presse heizte solche Befürchtungen an. »Wenn die Volksversammlung zuläßt, daß ihr ein Teil ihrer jährlichen Budgetrechte abgehandelt wird«, warnte das *Berliner Tageblatt*, »wird sie den Ast absägen, auf dem sie sitzt.« Die *Frankfurter Zeitung* schrieb: »Vom gegenwärtigen Reichstag wird tatsächlich erwartet, daß er seinen Nachfolgern einen Teil ihrer Rechte raubt.«

Das Zentrum, streng katholisch und süddeutsch, neigte zur Unterstützung des Gesetzentwurfes; Opposition kam von der konservativen Rechten, die es vorzog, Geld für das Heer auszugeben, und von der sozialdemokratischen Linken, die überhaupt kein Geld für Rüstungszwecke ausgeben wollte. Tirpitz appellierte an alle Parteien. Im Reichstag wurde ein Weißbuch »Die Seeinteressen des Deutschen Reiches« verteilt. Es enthielt Statistiken über Bevölkerungswachstum, Auswanderung, Handel, Schiffahrt, Handelsschiffbau und Hafenerweiterung, Entwicklung der Kolonien, überseeische Investitionen und einen Vergleich der Kriegsflotten Deutschlands, Englands, Frankreichs, Rußlands, Italiens, Japans und der Vereinigten Staaten. Diese Zahlen bewiesen, daß Deutschland nach den meisten Maßstäben nationaler Machtentfaltung seit der Reichsgründung ein deutliches Wachstum zu verzeichnen hatte. Nur die Bilanz der Kriegsmarine war kläglich. Zwischen 1883 und 1897 war die kaiserliche Marine im internationalen Vergleich vom vierten auf den fünften oder sechsten Rang zurückgefallen. 1897, so erläuterte das Weißbuch, besaß Großbritannien zweiundsechzig gepanzerte Schiffe über 5000 Tonnen, Frankreich sechsunddreißig, Rußland achtzehn, Deutschland hingegen nur zwölf.

Um die Wirkung seiner persönlichen Beeinflussung zu ergänzen und zu verbreitern, schuf Tirpitz ein Pressebüro innerhalb des Marineministeriums. Ich habe »es für mein Recht und meine Pflicht gehalten«, erklärte er, »den breiten Schichten begreiflich zu machen, welche Interessen hier auf dem Spiel standen«. Das Büro, besetzt mit begeisterten jungen Marineoffizieren, wandte sich gezielt an Journalisten und bediente sie mit Informationen und Vorschlägen; ungünstige Vergleiche mit der Größe ausländischer Flotten wurden besonders hervorgehoben. Jeder Artikel oder Brief, der eine feindliche Einstellung gegenüber dem Flottengesetz verriet, wurde beantwortet und höflich, aber entschieden widerlegt. Für kleine Zeitungen, die keine eigenen Korrespondenten für Marinefragen hatten, wurden hilfreiche Artikel geschrieben und zur Verfügung gestellt. Besondere Aufmerksamkeit wurde Zeitungen in Süddeutschland gewidmet. Tirpitz' Offiziere besuchten Universitäten und sprachen mit Professoren, insbesondere Wirtschaftswissenschaftlern, die sich für das Flottengesetz aussprechen und den Wert einer Flotte zum Schutz der deutschen Industrie und des deutschen Außenhandels hervorheben sollten. Professoren und ihre Studenten wurden zu Besuchen nach Kiel und Wilhelmshaven eingeladen, wo sie von eifrigen und zuvorkommenden Marineoffizieren und Bordkapellen empfangen und durch die Marinewerften geführt wurden.

Im Juni 1898 wurde der Deutsche Flottenverein gegründet, um die Themen Weltmacht, Seemacht und eine größere Kriegsmarine zu propagieren. Friedrich Krupp, dessen großes Stahlwerk in Essen Schiffsgeschütze und Panzerplatten herstellte, war ein bedeutender Förderer; andere Industrielle, die begierig auf Titel, Auszeichnungen oder kaiserliche Gunst waren, taten es ihm nach. Die Botschaft des Flottenvereins lief darauf hinaus, daß Kolonien und Flotten wesentlich für nationale Größe, Bewahrung der Unabhängigkeit und Wohlstand seien; die logische Ergänzung dazu war, daß Großbritannien, eifersüchtig auf eine erstarkende deutsche Seemacht, alles in seinen Kräften Stehende tun würde, um Deutschland den »Platz an der Sonne« zu verwehren. Die Mitgliederzahl des Flottenvereins stieg rapide, von 78000 im Jahre 1898 auf 600000 im Jahre 1901 und auf 1,1 Millionen 1914. Der Verein brachte eine Zeitung *Die Flotte* heraus, außerdem Zeitschriften und Bücher, in denen die Marinegeschichte verherrlicht und Anglophobie verbreitet wurde. Ein hübsch illustriertes, jährliches Marinealbum, das gleichfalls diesen Themen gewidmet war, erschien jedes Jahr zu Weihnachten; der Kaiser kaufte regelmäßig sechshundert Exemplare, die er als Preise in deutschen Schulen verteilen ließ.

Als die Gesetzesvorlage vom Reichstag an den Haushaltsausschuß überwiesen wurde, widmeten Tirpitz und sein Stab den Ausschußmitgliedern ihre besondere Aufmerksamkeit. Interessen und Verbindungen wurden analysiert, um zu sehen, wo Einfluß geltend gemacht werden könnte. Friedrich Krupp und Albert Ballin von der Hamburg-Amerika-Linie sprachen sich für das Gesetz aus. Der Deutsche Industriellenverband und die Präsidenten von achtundsiebzig Handelskammern verlangten eine Flotte. Erstaunliche Stellungnahmen kamen von unerwarteter Seite. »Alle Völker, die in der Entwicklung der Menschheit eine führende und schöpferische Rolle gespielt haben, sind große Seemächte gewesen«, ließ sich ein bedeutender Bankier vernehmen.

Die deutsche Nation, und mit ihr der Reichstag, begann zu reagieren. Als am 23. März 1898 die dritte Lesung der Vorlage auf der Tagesordnung stand, wußte jeder, daß das Gesetz auch diese letzte Hürde passieren würde. Eugen Richter von der liberalen Radikalen Union, die gegen die Vorlage opponierte, prophezeite: »Wenn es wahr ist, daß ... der Dreizack in unsere Faust gehört, dann ist für das große Deutsche Reich mit seiner großen Faust eine kleine Flotte ungenügend. Dann genügt nicht nur *eine* Schlachtflotte ... Darauf können sie sich verlassen: Volldampf voraus! wird es bald heißen in dieser Richtung.« August Bebel, Patriarch der Sozialdemokraten, sagte den Feind voraus, gegen den die Flotte gebaut würde: »Es gibt, namentlich auf der rechten Seite des Hauses, eine große Anzahl fanatischer Englandhasser, die lieber heute als morgen mit England anbinden möchten – aber zu glauben, daß wir mit unserer Flotte, sei sie auch bis zum letzten Schiffe fertig, wie es jetzt gefordert wird, den Kampf mit England aufnehmen könnten, das grenzt an Wahnsinn, und diejenigen, die das forderten, gehörten nicht in den Reichstag, sondern in das Irrenhaus.« Der Reichstag lachte.

Am 26. März 1898 wurde das Gesetz mit 212 gegen 139 Stimmen verabschiedet. Tirpitz und Bülow unterrichteten Wilhelm II. vom Ausgang der Abstimmung, und Bülow fügte seiner Botschaft die Worte »Lang lebe der Kaiser!« hinzu. Aus Hongkong, wo er beim deutschen Ostasiengeschwader diente, telegrafierte Prinz Heinrich, Wilhelms Bruder: »DEUTSCHER KAISER, BERLIN. HURRA! HEINRICH.«

Das hervorstechendste Merkmal des ersten Flottengesetzes – eine bestimmte Zahl von Schlachtschiffen, die keinen Veränderungen durch jährliche Abstimmungen des Reichstages unterworfen war – hatte weitreichende Implikationen, aber der unmittelbare militärische Effekt war gering. Auch nach dem Bau der durch das Gesetz finanzierten sieben Schlachtschiffe würde die deutsche Kriegsmarine weit schwächer sein als die britische oder französische Flotte. Weder in ihrer Stärke noch in der Organisation würde die deutsche Flotte zu einer ernstzunehmenden Offensivwaffe, obgleich sie in einem Krieg gegen Rußland die Ostsee beherrschen könnte. Gleichwohl erklärte sich der Marinestaatssekretär ein Jahr nach seinem Sieg im Reichstag zufrieden mit dem Flottengesetz von 1898. Der Reichstag, so sagte er, habe die Mittel für eine Flotte bereitgestellt, die den Bedürfnissen des Reiches Rechnung trage.

1900 folgte dem ersten Flottengesetz ein zweites, das die Größe der deutschen Kriegsflotte verdoppelte. Der Burenkrieg machte dies möglich. Als er im Oktober 1899 ausbrach, sympathisierten die meisten Kontinentaleuropäer mit den Buren. Deutsche, die sich rassisch und kulturell den größtenteils von Niederländern abstammenden Buren verwandt fühlten, waren besonders empört über die gegen das »tapfere kleine Volk der Buren« gerichtete britische Aggression. Die deutsche Empörung fand jedoch kein Ventil, weil die britische Kriegsmarine die sechstausend Seemeilen Ozean beherrschte, die Europa von Südafrika trennten. Die deutsche Frustration wurde durch eine Demütigung verstärkt, als im Januar 1900 patrouillierende britische Kreuzer drei deutsche Postdampfer vor der afrikanischen Küste stoppten und nach Konterbande für die Buren durchsuchten. Großbritannien entschuldigte sich, aber der Schaden war angerichtet. Deutschland bebte vor Zorn, und Tirpitz ergriff prompt die Gelegenheit, um ein neues Flottengesetz auszuarbeiten. Die Vorlage schwamm auf einer Woge des Patriotismus durch den Reichstag und wurde am 20. Juni 1900 Gesetz.

Das zweite Flottengesetz verstärkte die künftige deutsche Kriegsflotte von neunzehn Schlachtschiffen auf achtunddreißig. Es sollte zwei Flaggschiffe und vier Geschwader zu je acht Schlachtschiffen geben, mit einer Reserve von vier Schlachtschiffen. Das Bauprogramm sah einen Zeitraum von siebzehn Jahren vor, von 1901 bis 1917; die Flotte sollte 1920 ihre volle Stärke erreichen, wenn das letzte der genehmigten Schiffe in Dienst gestellt würde. Dies war keine Flotte zur Küstenverteidigung oder zu Ausfällen gegen die Blockade einer fremden Seemacht mehr; dies war eine Flotte, die ihr Schwergewicht in der Nordsee haben und Deutschland in den Rang der zweiten Seemacht der Welt katapultieren würde. Von gleicher Bedeutung war, daß das Gesetz zum erstenmal öffentlich zum Ausdruck brachte, gegen wen die Flotte eingesetzt werden sollte. Obwohl die Worte »England« und »Großbritannien« in seinem Text nicht erschienen, war die Präambel zum zweiten Flottengesetz gespickt mit Hinweisen auf

»eine große Seemacht«, »eine beträchtlich überlegene Seemacht«, »einen Feind, der zur See mächtiger ist« und, ganz unverhüllt, »die größte Seemacht«.

Tirpitz' berühmte Risikotheorie besagte: Da die größere britische Kriegsmarine über die ganze Welt verstreut sein mußte, würde eine kleinere, konzentrierte deutsche Flotte eine gute Siegeschance in der Nordsee haben. Aber sobald die neue deutsche Flotte gebaut wäre, würde Großbritannien kaum einen Krieg riskieren, selbst wenn die Royal Navy die deutsche Marine in der Schlacht besiegen könnte, denn sie würde dabei so schwere Verluste erleiden, daß England daraufhin Frankreich oder Rußland preisgegeben wäre. Das Element des Risikos lag indessen nicht nur bei Großbritannien. Mit dem britischen Risiko offensiver Aktion und unannehmbarer Verluste durch die deutsche Flotte ging für Deutschland das Risiko einher, daß Großbritannien aus Furcht vor der wachsenden Bedrohung durch die deutsche Seemacht nicht warten würde, bis die deutsche Flotte fertiggestellt wäre, sondern vorher einen Offensivschlag führte. Die Geschichte bot Präzedenzfälle für ein derartiges Verhalten. Weil die britische Admiralität 1801 befürchtet hatte, Frankreich könne sich die neutrale dänische Kriegsmarine aneignen, schickte sie Nelson kurzerhand mit einer Flotte nach Kopenhagen, um dort die vor Anker liegende dänische Flotte zu vernichten. Wenn Deutschland eine mächtige Flotte so nahe bei den britischen Inseln aufbaute, führte es Großbritannien in Versuchung, einen ähnlichen Schritt zu wagen und die bestehende Flotte vorsorglich zu zerstören.

So wuchs das Risiko nicht nur für England, sondern auch für Deutschland. Tirpitz verstand und akzeptierte dies. Er berechnete den Zeitraum, den Deutschland würde hinter sich bringen müssen, bis es für einen englischen Angriff zu stark sein würde. Er nannte diesen Zeitraum die Gefahrenzone und legte ihr Ende um 1900 auf die Jahre 1904 oder 1905 fest. Doch als England auf die deutsche Herausforderung reagierte, indem es selbst eine größere Zahl von Schlachtschiffen auf Kiel legte, dehnte sich die Gefahrenzone immer weiter aus, und ihr Endpunkt verlor sich in der Zukunft. Um 1909 mußte Tirpitz zugeben, daß Deutschland vor 1915 nicht aus der Gefahrenzone heraus sein würde.

Die Ratifizierung des zweiten Flottengesetzes erfreute den Kaiser, der seinen Marinestaatssekretär zur Belohnung in den preußischen Erbadel erhob: Alfred Tirpitz wurde Alfred von Tirpitz*. Bald wurde der neue Edelmann in die Romintener Heide eingeladen. Tirpitz nutzte diese Besuche stets zu Arbeitszwekken. In jedem Sommer zog er sich mit seinen vertrauten Mitarbeitern nach St. Blasien zurück, um Einzelheiten für zukünftige Schiffskonstruktionen auszuarbeiten. Dann, im September, trug Tirpitz seine peinlich genau vorberei-

* Im Jahre 1903 wurde Tirpitz vom Konteradmiral zum Admiral befördert. 1911 wurde er der erste und einzige Großadmiral der kaiserlichen Marine.

teten Unterlagen nach Rominten, um sie mit dem Kaiser durchzusprechen. Tirpitz mochte den Aufenthalt dort, »es gab Hausmannskost an laubgeschmückter Tafel. Abends wurde oft gemeinsam vorgelesen«. Nichtsdestoweniger blieb das Verhältnis zwischen dem Kaiser und dem Admiral förmlich. Beide wußten, daß sie einander brauchten: Bevor Tirpitz das Amt übernahm, hatte Wilhelm neun Jahre lang versucht, eine Flotte aufzubauen, und war gescheitert; Tirpitz benötigte die kaiserliche Autorität, um die Opposition in der Regierung, im Reichstag und innerhalb der Marine zu überwinden. Aber Tirpitz konnte sich des Kaisers niemals sicher sein.

»Bei seiner schnellen Auffassungsweise, seiner durch Einzeleindrücke leicht ablenkbaren Phantasie und seinem Selbstbewußtsein lag die Gefahr nahe, daß unverantwortliche Einflüsse Impulse auslösten, die auszuführen unmöglich oder doch nicht im Einklang mit dem Gesamtvorhaben gewesen wären«, schrieb der Admiral über den Kaiser. Tirpitz zog es vor, ihn in Rominten zu konsultieren: »Waldluft und verhältnismäßige Ungestörtheit bekamen dem Kaiser gut. Er war dort ruhiger und gesammelter ... In Rominten fand ich beim Kaiser Anhören und Erwägen aller Gründe, kein Ausbrechen in plötzliche Erregung, wie es sonst wohl vorkam und sich in einer gewissen Unruhe der Augen ankündigte.«

Während seiner gesamten Regierungszeit sprudelte Wilhelm II. vor Ideen und technischen Vorschlägen für die Marine über. Er zeichnete Skizzen von Schiffen und ließ sie vervielfältigen, im Reichstag verteilen und an Tirpitz weiterleiten. Für Tirpitz schufen diese Einmischungen Schwierigkeiten. »Ich wußte aber auch in keiner ... Weise das häufige Eingreifen des Kaisers aufzuhalten, dessen auf Schiffsbau eingestellte Phantasie von allen möglichen Eindrücken und Personen gespeist wurde«, schrieb er. »Wünsche und Vorschläge sind in der Marine billig und wechseln wie im Kaleidoskop; wenn der Kaiser mit irgendeinem Kapitänleutnant gesprochen oder im Ausland etwas gesehen hatte, war er voll neuer Forderungen, konstruierte, warf mir Rückständigkeit vor ...« »In den letzten Jahren vor dem Krieg war dem Kaiser beispielsweise bekanntgeworden, in wie hohem Grade die verbesserte Schießleistung auf See und die großen Schießweiten moderner Geschütze es den Torpedobooten erschwerten, in der Tagschlacht an den Feind heranzukommen. Er begeisterte sich nun für ein Idealschiff, welches schwer gepanzert, schnell und mit vielen Torpedorohren armiert wäre, um den Torpedobooten ihre Aufgabe abzunehmen. Abgesehen davon, daß Schnelligkeit und schwere Panzerung bei einem großen Schiff in starkem Wettbeweb stehen, hätte die unter Wasser anzulegende Torpedoarmierung die Maschinen und Kesselräume größtenteils weggenommen ... Wir machten uns aber dem erhaltenen Befehl gemäß an die Arbeit, und bei der Unmöglichkeit eines brauchbaren Ergebnisses entstand in der Behörde für dieses Objekt der Name Homunculus. Als ich dann in Rominten Gelegenheit hatte, die Entwürfe ... zu erläutern, verzichtete der Kaiser auf seine Gedanken ... Ich erhielt zur Belohnung die Erlaubnis, einen Hirsch zu schießen, so daß ich die Klärung der Atmosphäre meinem sorgenvoll in Berlin sitzenden Chef der Zentralabteilung mit den Worten melden konnte: ›Hirsch und Homunculus tot‹.«

Das zweite Flottengesetz von 1900 lieferte den Rahmen für die kaiserliche Marinegesetzgebung, aber 1906, 1908 und 1912 folgten drei ergänzende Gesetzesnovellen. In jedem Falle manipulierte Tirpitz deutsche Sorgen und Ängste, um die Verabschiedung zu sichern. Die Gesetzesnovelle vom Juni 1906 folgte auf den Fehlschlag der deutschen Intervention in Marokko und fügte der deutschen Flotte sechs Große Kreuzer hinzu. Die Gesetzesnovelle vom April 1908 wurde durch die weitverbreitete Furcht vor einer britischen Einkreisungspolitik gegen das Reich vorangetrieben. Diese Gesetzesnovelle reduzierte das Alter, in dem Schlachtschiffe und Kreuzer zu ersetzen waren, von fünfundzwanzig auf zwanzig Jahre; das erhöhte das Tempo der jährlichen Neubauten und machte die Flotte moderner und wirksamer. Die Novelle vom Juni 1912 wurde ausgelöst durch Deutschlands Rückzug in der zweiten Marokkokrise; wieder nutzte Tirpitz die in der Öffentlichkeit verbreiteten Gefühle von Demütigung und Empörung, um zusätzliche Bewilligungen durch den Reichstag zu bringen. Den früheren Programmen wurden drei zusätzliche Schlachtschiffe hinzugefügt. Die Gesamtstärke der deutschen Schlachtflotte wurde auf einundvierzig Einheiten erhöht.

Großbritannien reagierte zunächst langsam auf diese Neubauprogramme. Als Tirpitz 1898 das erste Flottengesetz durchbrachte, waren Großbritanniens potentielle Gegner noch Frankreich und Rußland. Im März 1898 war das britische Kabinett so besorgt über den russischen Druck auf Nordchina, daß ein Ultimatum an St. Petersburg ausgearbeitet wurde. Später im selben Jahr brachte das Auftreten einer französischen Expedition am oberen Nil England an den Rand eines Krieges mit Frankreich. Deutschland schien in dieser Zeit eher ein potentieller Verbündeter Großbritanniens denn ein potentieller Gegner zu sein. Der Naval Denfence Act von 1889 hatte für die Stärke der britischen Marine einen sogenannten Zweimächtestandard eingeführt: demnach sollte die Royal Navy stets den kombinierten Flotten der beiden nächststärksten Seemächte überlegen sein, und dies waren damals Frankreich und Rußland. Die Aussicht, daß eine dritte Kontinentalmacht ihre Seestreitkräfte verstärkte, wurde zunächst nicht als eine Drohung an sich gesehen; Großbritanniens Sorge war, wie sie das Machtgleichgewicht auf See beeinflussen würde.

Die Zahl der geplanten neuen deutschen Schiffe verursachte keine Besorgnis. Während der 1890er Jahre baute Großbritannien selbst in großem Umfang Schlachtschiffe. Innerhalb von dreizehn Monaten, zwischen Dezember 1893 und März 1895, waren neun Schlachtschiffe der *Majestic*-Klasse von

15000 Tonnen auf Kiel gelegt worden. Zwischen Dezember 1896 und März 1901 wurde der Bau weiterer zwanzig Schlachtschiffe – verbesserter *Majestic* – in Angriff genommen. Und in Antwort auf das zweite deutsche Flottengesetz bestellte die Admiralität acht Schlachtschiffe der *King Edward VII.*-Klasse mit 16300 Tonnen.

Das zweite Flottengesetz aber und die rasche, effiziente Vergrößerung der deutschen Schlachtflotte – fünf Schiffe der *Wittelsbach*-Klasse wurden 1899 und 1900 aufgelegt, fünf Schiffe der *Braunschweig*-Klasse 1901 und 1902 und fünf der *Deutschland*-Klasse 1903 bis 1905 – lösten in der britischen Admiralität ernste Besorgnis aus. Am 15. November 1901 unterrichtete Lord Selborne, der Erste Lord der Admiralität, den Premierminister Lord Salisbury und das Kabinett: »Die Marinepolitik Deutschlands ist entschieden und beharrlich. Der Kaiser scheint entschlossen, daß die Macht Deutschlands überall auf der Welt eingesetzt werden sollte, um den deutschen Handel, die deutschen Besitzungen und Interessen zu fördern. Daraus folgt notwendigerweise, daß die deutsche Seemacht so weit gestärkt werden muß, daß sie sich vorteilhafter als bisher mit der unsrigen vergleichen läßt. Das Ergebnis dieser Politik wird sein, daß Deutschland eine beherrschende Position einnehmen kann, wenn wir uns jemals im Krieg mit Frankreich und Rußland befinden... Marineoffiziere, die in letzter Zeit Gelegenheit hatten, Einblick in die deutsche Marine zu gewinnen, sind sich darin einig, daß sie von bester Qualität ist.«

Selbornes Sorge in diesem Memorandum galt dem Gleichgewicht der Seestreitkräfte. Ein Jahr später, im Oktober 1902, sprach er in einem Kabinettspapier die Bedrohung Englands durch die deutsche Kriegsmarine direkt an: »Je mehr die Zusammensetzung der neuen deutschen Flotte untersucht wird, desto deutlicher zeigt sich, daß sie für einen möglichen Konflikt mit der britischen Flotte gedacht ist. Sie kann nicht zu dem Zweck gebaut worden sein, eine führende Rolle in einem künftigen Krieg zwischen Deutschland auf der einen und Frankreich und Rußland auf der anderen Seite zu spielen. Solch ein Krieg kann nur von Landstreitkräften entschieden werden, und die hohen Marineausgaben, die Deutschland sich auferlegt hat, bringen eine Verringerung der militärischen Stärke mit sich, die Deutschland andernfalls im Verhältnis zu Frankreich und Rußland erreichen könnte.« Ein paar Wochen später wurde Selborne noch deutlicher: »Die Admiralität hat Beweise«, sagte er dem Kabinett, »daß die deutsche Kriegsmarine unter dem Gesichtspunkt aufgebaut wurde, in der Lage zu sein, die britische Marine zu bekämpfen: beschränkte Reichweite, enge Mannschaftsquartiere etc. bedeuten, daß die deutschen Schlachtschiffe für die Nordsee entwickelt wurden und für praktisch nichts anderes.«

Innerhalb weniger Jahre erzwang die Entscheidung der stärksten Militärmacht der Welt, eine große Kriegsflotte zu bauen, die sie zur zweiten Seemacht machen würde, fundamentale Veränderungen in der britischen Seekriegsstrategie und Diplomatie. Je mehr deutsche Kriegsschiffe vom Stapel liefen, desto mehr britische Kriegsschiffe wurden in Auftrag gegeben. Mit einer gefährlich starken deutschen Flotte, die nur wenige Stunden von Englands Nordseeküste entfernt konzentriert war, sah sich die britische Admiralität genötigt, Schiffe aus allen Teilen der Welt in die Heimat zurückzubeordern. Und in dem Maße, wie die Entschlossenheit Admiral Tirpitz', seine »Kriegsmarine gegen England« zu bauen, ins Bewußtsein der Briten drang, bereitete sich die britische Regierung darauf vor, die Außenpolitik zu ändern, die England seit Trafalgar gedient hatte. Der Bau der deutschen Flotte beendete das Jahrhundert der *Splendid Isolation*.

# II. TEIL

# Das Ende der »Splendid Isolation«

# 10. KAPITEL

# Lord Salisbury

Vier bedeutende Staatsmänner der viktorianischen Ära versammelten sich am Montag, dem 24. Juni 1895, zur Mittagszeit. Am vorausgegangenen Freitag hatte Lord Roseberys liberale Regierung eine Abstimmung über eine unbedeutende Angelegenheit überraschend verloren. Am Sonntag hatte Königin Victoria Lord Salisbury, den Gastgeber der Zusammenkunft in der Arlington Street, zu sich gebeten und mit der Regierungsbildung beauftragt. Salisbury hatte den Auftrag angenommen, und jetzt, am Montag, waren er und seine drei Gäste zusammengekommen, um zu entscheiden, wer welches Ministerium übernehmen solle.

Es war ein seltsames Quartett, gesellschaftlich wie politisch. Der Marquess von Salisbury und der Herzog von Devonshire waren adelige Pairs; Arthur Balfour und Joseph Chamberlain waren Bürgerliche. Salisbury und Balfour gehörten beide der bekannten, weitverzweigten Familie der Cecils an, deren Vorfahren Königin Elizabeth I. gedient hatten. Die modernen Cecils, Onkel und Neffe, waren die Führer der Konservativen Partei, die eine herausragende Rolle in der neuen Regierung spielen sollte. Devonshire und Chamberlain waren Liberale, die über der quälenden Frage der Selbstregierung für Irland von der Führung der Liberalen Partei zurückgetreten waren. Lord Salisbury wünschte ihre Unterstützung und die der beträchtlichen Zahl anderer unzufriedener Liberaler im Parlament. Er hatte diese Unterstützung erhalten, solange die Konservativen in der Opposition gewesen waren; jetzt zur Regierungsbildung aufgerufen, wünschte er ihr in einer Koalition gegen die Selbstregierung Irlands feste Form zu geben. Die neue Partei und die neue Regierung sollten einen neuen Namen erhalten: Unionisten.

Lord Salisbury würde natürlich Premierminister werden. Das war die Entscheidung der Königin, und keiner der Männer in Salisburys Salon stellte die Wahl Ihrer Majestät in Frage. Lord Salisbury war der unangefochtene Führer der Konservativen Partei und die letzte große politische Gestalt im England des ausgehenden 19. Jahrhunderts. Er war vor neunundzwanzig Jahren zum erstenmal ins Kabinett eingetreten. Seither hatte er neun Jahre als Außenminister und sieben als Premierminister gedient. Nun, mit fünfundsechzig, war er einsdreiundneunzig groß, mit massigen runden Schultern und von gewaltiger, ungehemmter Leibesfülle. Sein Kopf war riesig, mit einer mächtigen kahlen Wölbung, einem dichten, graugekräuselten Bart und kleinen, beinahe schlitzartigen Augen, die mit einem Ausdruck in die Welt spähten, der für Mißtrauen gehalten werden konnte; in Wirklichkeit war es starke Kurzsichtigkeit. Bei all seiner Massigkeit war Lord Salisbury nicht gesund. Er wußte, daß er in dem Bemühen, seine angeschlagene Gesundheit zu erhalten, trotz der neuerlichen Übernahme der Regierungsverantwortung viel Zeit in seiner Villa in Südfrankreich würde verbringen müssen.

Der andere Pair im Salon in der Arlington Street, Spencer Compton Cavendish, achter Herzog von Devonshire, hätte es vorgezogen, anderswo zu sein. Devonshire war mit zweiundsechzig ein hochgewachsener, schmalgesichtiger, bärtiger Mann mit einer vorspringenden Hakennase. Er hatte den größten Teil seines Lebens im Regierungsdienst verbracht, während er viel lieber seine Pferde hätte rennen sehen. Als Lord Hartington Erbe der Herzogswürde und Sproß einer der großen liberalen Familien Englands, war er vierunddreißig Jahre Abgeordneter im Unterhaus gewesen. Unter Lord Palmerston, Lord John Russell und Gladstone hatte er als Kriegsminister, Generalpostmeister und Staatssekretär für Indien in liberalen Kabinetten gedient. Zweimal war ihm das Amt des Premiers angeboten worden, und zweimal hatte er es abgelehnt. Seine Trennung von der Führung der Liberalen Partei 1886 war ein schwerer Schlag für Gladstone gewesen; nun saß Devonshire als Herzog im Oberhaus und war beinahe zu einer nationalen Institution geworden. Königin Victoria behandelte ihn in diesem Sinne, als sie ihm 1892 schrieb: »Die Königin kann diesen Brief nicht schließen, ohne dem Herzog zum Ausdruck zu bringen... wie sehr sie sich darauf verläßt, daß er helfen werde, die Sicherheit und Ehre ihres großen Imperiums zu erhalten. Alle müssen an dieser notwendigen Arbeit teilhaben.« Das war ein Auftrag, den Devonshire, von welcher Art seine privaten Wünsche auch sein mochten, nicht unbeachtet lassen konnte.

Arthur Balfour, mit siebenundvierzig der jüngste unter Lord Salisburys Gästen, war der politische Erbe seines Onkels. Diese Nachfolge hätte noch wenige Jahre zuvor unwahrscheinlich angemutet, sogar undenkbar. Von seinem Onkel in die Politik gedrängt, hatte Balfour langsam angefangen. Lang und drahtig, mit großen blauen Augen, welligem braunem Haar und einem üppigen Schnurrbart, die Verkörperung landbesitzenden Reichtums und lässigen Charmes, schien er schlecht geeignet für die rauhen, hemdsärmeligen Debatten im Unterhaus. Bis Mitte dreißig schien Balfour nichts ernst zu nehmen. Seine Reden waren sorglos, frivol und anscheinend unvorbereitet. »Auch seine bittersten Verleumder konnten nie behaupten, daß Mr. Balfours Reden nach der Lampe des Gelehrten rochen«, sagte ein aristokratischer Bewunderer, der seine blaublütige Gleichgültigkeit schätzte. Aber 1886, als Balfour neununddreißig war, wurde er von seinem Onkel beauftragt, Irland zu regieren, wo er alle Erwartungen übertraf. Dieser Erfolg trug ihm die Führung der Konservativen Partei im Unterhaus ein. (Salisbury, ein Pair, war auf das Oberhaus beschränkt.) Balfours Verhalten im Unterhaus war trügerisch. Er räkelte sich auf der Regierungsbank und ließ sich dabei tiefer und tiefer rutschen, »als wollte er feststellen, ob er auf den Schulterblättern sitzen könne«, bemerkte ein Beobachter auf der Galerie. Aus dieser nahezu horizontalen Haltung konnte er sich plötzlich aufrichten und in die Debatte eingreifen. So groß war Balfours Charme und so verzwickt die Dialektik seiner Argumente, daß die meisten Mitglieder des Unterhauses, auch die der Opposition, ihre Freude an ihm hatten. »Balfour«, sagte einer von ihnen, »war einer der seltenen Männer, die das öffentliche Leben erträglich und sogar achtbar machten.«

Balfour war an diesem Junitag als Botschafter im Haus seines Onkels. Die fremde Macht, bei der er Lord Salisbury, die Mehrheit des neuen Kabinetts und die Konservative Partei vertreten sollte, war der vierte Anwesende, Joseph Chamberlain. Lord Salisbury mag 1895 der bedeutendste Staatsmann in England gewesen sein, aber er war nicht der beliebteste. Das war Chamberlain. Hätte er nicht wegen der Selbstregierung für Irland mit Gladstone gebrochen, so wäre Chamberlain zum Führer der Liberalen Partei aufgestiegen und schließlich wohl auch Premierminister geworden. Dieses Amt blieb ihm nun für immer verwehrt. Dennoch besaß er als Führer der Unionisten im Unterhaus und im Lande die Macht, Koalitionen einzugehen oder aufzulösen. Das Bündnis würde bestenfalls unbequem sein. Zwei politische Gestalten, die einander in Hintergrund, Charakter und Temperament unähnlicher waren als Lord Salisbury und Chamberlain, ließen sich kaum denken. Aus diesem Grund wurde Balfours gewitzter diplomatischer Charme benötigt.

Joseph Chamberlain war 1895 neunundfünfzig Jahre alt. Er hatte weder die Universität Oxford noch die von Cambridge oder eine der bekannten Internatsschulen besucht. Er war mit sechzehn arbeiten gegangen und hatte mit vierunddreißig genug Geld gemacht, um sich aus dem Geschäftsleben zurückzuziehen und als radikaler Liberaler in die Politik zu gehen. Vier Jahre nach seinem Einzug ins Parlament saß er in Gladstones zweitem Kabinett. Im Unterhaus gab er mit seinem schwarzen, sorgfältig über den kleinen Kopf zurückgekämmten Haar eine kühle und elegante Erscheinung ab. Im Parlament und auf den Rednerbühnen war er die Stimme der Ladenbesitzer, der Mittelschicht und der Nonkonformisten. Nun saß er mit einem Marquess, einem Herzog und Arthur Balfour zusammen, weil seine Leidenschaft und Beredsamkeit ihm die Anhängerschaft von Dutzenden Parlamentsmitgliedern und Hunderttausenden britischer Wähler eingetragen hatten. Salisbury blieb keine andere Wahl, als Chamberlain in sein Kabinett einzuladen – die liberalen Unionisten bildeten das Zünglein an der Waage und mußten ihm die Mehrheit über die Liberalen und die Iren sichern – aber allen vier Männern waren sehr deutlich die Unterschiede bewußt, die sie trennten. Chamberlain war die Zukunft; sie waren die Vergangenheit. Er war Energie und Vorwärtsdrängen; sie standen für Unerschütterlichkeit, Gleichmut, Nüchternheit und Vorsicht. Chamberlain ging Risiken ein, zerbrach Schablonen, war eifrig bestrebt, eine neue Gesellschaft und eine neue Form des Empires aufzubauen. Indem er Gladstone in der Frage der irischen »Home Rule« herausgefordert hatte, hatte er eine der beiden großen politischen Parteien Englands aufgesplittert und zerbrochen. Später sollte er die andere Partei in der Frage des Freihandels zerstören.

Salisbury eröffnete das Gespräch in der Arlington Street mit der Erklärung, daß die Kabinettsposten allesamt offen seien, abgesehen von der Position des Premierministers und der Führung im Unterhaus. Er bot Devonshire das Außenministerium an. Der Herzog lehnte ab und wurde Vorsitzender des Staatsrates. Salisbury übernahm das Außenamt ebenso wie das Amt des Premierministers, eine Doppelrolle, die er auch in seinen ersten beiden Kabinetten ausgefüllt hatte. Er fragte Chamberlain nach seinen Wünschen. Chamberlain sagte, er wolle das Kolonialministerium. Salisbury, überrascht, schlug eines der prestigeträchtigeren Ämter vor, das Innenministerium oder das Finanzministerium. Chamberlain wiederholte, daß er es vorziehen würde, Kolonialminister zu sein. So wurde es verabredet. Die anderen Kabinettsposten wurden vergeben. Ein weiterer liberaler Unionist, der Marquess of Lansdowne, wurde Kriegsminister. Dem Veteranen George Goschen wurde das Finanzministerium angeboten, aber er nahm die Admiralität. Sir Michael Hicks-Beach wurde Finanzminister. Am Ende bildete Lord Salisbury eines der stärksten Kabinette, die im Vereinigten Königreich jemals im Amt gewesen waren. Vier Kabinettsmitglieder außer dem Premierminister, erklärte der *Spectator*, hatten das Zeug dazu, selbst Premierminister zu werden. Devonshire, Chamberlain, Balfour und Goschen. Nach Ansicht H. H. Asquiths, der im liberalen Rosebery-Kabinett Innenminister gewesen war, stellte Lord Salisburys neue Regierung »eine beinahe peinliche Fülle von Talent und Fähigkeit dar«.

Sobald er im Amt war, schrieb der Premierminister allgemeine Wahlen aus. Das Ergebnis war ein glänzender Sieg der Unionisten: 340 Konservative und 71 liberale Unionisten wurden ins Unterhaus gewählt, zusammen mit 177 Liberalen und 82 irischen Mitgliedern. Die Mehrheit von Salisburys Koalition betrug 152 Sitze. Dies war die Regierung, die Großbritannien zehneinhalb Jahre regieren sollte.

Salisbury war bereits 1885 sowohl Premier als auch Außenminister gewesen.* Das Amt des ersteren war nicht, was er begehrte, obwohl er es dreimal für insgesamt dreizehneinhalb Jahre innehatte. Er hegte eine Abneigung gegen Partei- und und parlamentarische Politik und trug mit keiner einzigen Maßnahme zur innenpolitischen Gesetzgebung bei. Er akzeptierte das Amt des Premierministers nur, weil es mittlerweile niemanden in der Partei gab, der seine Autorität herausforderte; ein Kabinett mit Lord Salisbury, aber einem anderen an der Spitze, hätte lächerlich unausgeglichen gewirkt. Zwar lehnte Lord Salisbury das Amt des Premierministers niemals rundweg ab, doch versuchte er mehrmals, es auf andere Schultern abzuwälzen. Zweimal bot er es seinem neuen Verbündeten, dem liberalen Unionisten Lord Hartington, an, aber der Ehrgeiz beflügelte Hartington noch weniger als Salisbury, und zweimal lehnte der künftige Herzog von Devonshire ab.

Als Regierungschef unterschied sich Salisbury in seiner Amtsführung von den beiden anderen großen Premierministern seiner Zeit, Gladstone und Disraeli. Diese waren beide Parteimänner, die ihre Kabinettskollegen am kurzen Zügel führten. Lord Salisbury hingegen, der das Außenamt gern ungestört führte, nahm an, daß seine Kollegen geradeso über ihre Ministerien dachten, und ließ sie in Ruhe. Für ihn war der Premierminister *Primus inter pares*; Minister waren Kabinettsmitglieder, nicht Gefolgsleute des Premierministers. Im Außenministerium war Salisburys Macht nahezu absolut. Da er die Ämter des Premiers und des Außenministers in seiner Person vereinte und sich für seine Kabinettskollegen nur vage verantwortlich fühlte, konnte er die britische Außenpolitik über viele Jahre hinweg allein gestalten. Diese Politik, wie er sie sah und führte, war einfach und klar umschrieben. »Frankreich«, sagte er 1888, »ist und muß immer Englands größte Gefahr bleiben.« Die Deutschen waren für ihn ein Volk, mit dem die Briten »durch Sympathie, durch Interesse und durch Abstammung« freundschaftlich verbunden waren. Freilich wünschte er nie ein Bündnis mit einer der beiden Mächte und sagte dem deutschen Botschafter bei einer Gelegenheit: »*Nous sommes des poissons*« (Wir sind Fische), und »das Meer und die englischen Kreidefelsen [sind] für England die besten Alliierten.« Er verstand die Vorteile wie die Schwächen einer Seemacht und erinnerte Königin Victoria (die von ihm verlangte, daß er etwas gegen die türkischen Greuel in Armenien unternehme) einmal: »Englands Stärke liegt in seinen Schiffen, und Schiffe können nur an der Küste oder auf See operieren. England allein kann nichts tun, um eine Tyrannei im Inland zu beseitigen.« Er beschrieb seine Politik als »Splendid Isolation« und »das Supremat britischer Inter-

* Weil Salisbury (als letzter britischer Premierminister) im Oberhaus saß, blieb ihm die Bürde erspart, seine Partei in den kontroversen Unterhausdebatten zu führen. Dies gab ihm Zeit, die Ämter des Premierministers und Außenministers zu vereinen.

essen«. Mit der für ihn typischen Neigung zum Understatement nahm er seine Aufgabe auf die leichte Schulter. »Britische Außenpolitik«, sagte er einmal, »heißt, träge den Strom hinabzugleiten, wobei man gelegentlich einen Bootshaken hinaushält, um eine Kollision zu vermeiden.« In Wirklichkeit aber arbeitete er mit einer Hingabe, die im Auswärtigen Amt bis dahin selten gewesen war.

Nicht, daß der Außenminister selbst regelmäßig im Amt gesehen wurde. Lord Salisbury weigerte sich, seine Lebensweise den Konventionen des Bürodienstes anzupassen. Als Premierminister lehnte er es ab, in der Downing Street Nr. 10 zu leben, und er benutzte seine Räume im Außenministerium gegenüber nur gelegentlich. Er zog es vor, in seinem eigenen Londoner Stadthaus in der Arlington Street oder, noch besser, in Hatfield zu arbeiten, wo er meistens völlig allein und ungestört sein konnte. Sein Arbeitszimmer war mit dicken und weit voneinander entfernten Doppeltüren ausgestattet, und wenn beide Türen geschlossen waren, konnte kein Klopfen oder Hämmern an die äußere Tür den einsamen Arbeiter drinnen stören. Er schrieb viele Regierungspapiere und viel Korrespondenz des Auswärtigen Amtes eigenhändig; er erklärte, daß er, wenn er mehr Zeit hätte, die Arbeit delegieren würde, da er aber unter Zeitdruck stehe, müsse er sie selbst tun. Irrtümer seiner Untergebenen korrigierte er nicht; das nächste Mal machte er die Arbeit einfach selbst. Er beantwortete alle an ihn gerichtete Post, auch wenn sie vom einfachsten Absender kam. Stunde um Stunde produzierte er bis spät in die Nacht lange, handgeschriebene Seiten über eine verwirrende Vielfalt von Gegenständen. »Ein großer Schläfer«, sagte seine Tochter von ihm. »Er fand acht Stunden notwendig und war glücklicher, wenn er neun bekommen konnte.«

Am Vormittag fuhr Lord Salisbury nach einem kalten Bad in seiner Papierarbeit fort. Wenn er das Außenministerium aufsuchte, traf er dort nach dem Mittagessen ein und widmete seine Nachmittage Gesprächen mit ausländischen Botschaftern, von denen viele nur kamen, um Krumen zu sammeln, die sie in ihre Wochenberichte einfügen konnten. »Nur ein Gegenstand beschäftigt jetzt meine Gedanken«, schrieb er 1887 an einen Freund. »Und das ist, wie ich es fertigbringen soll, meine Gespräche mit den Botschaftern abzusitzen, ohne einzuschlafen?« Seine Lösung war ein scharfkantiger hölzerner Brieföffner, den er unter dem Tisch in der Hand hielt. Wenn das Gespräch langweilig und seine Augenlider schwer wurden, stieß er sich die Spitze des Brieföffners in den Schenkel.

Im Ministerium praktizierte Lord Salisbury den gleichen distanzierten Verwaltungsstil, den er im Umgang mit seinen Ministerkollegen im Kabinett pflegte. Er wählte die britischen Botschafter im Ausland sorgfältig aus und behandelte sie dann als Kollegen, nicht als Untergebene. Die Korrespondenz zwischen dem Außenministerium und seinen Botschaftern hatte die Natur eines intellektuellen Dialogs und einer gemeinsamen Suche nach einer wirkungsvollen Politik; der einschüchternde Befehlston, der Holsteins von der Wilhelmstraße verschickte Instruktionen auszeichnete, war Salisbury fremd. Ob sie altgedient oder jung waren, von britischen Diplomaten wurde erwartet, daß sie allen Situationen gewachsen waren. Als ein junger Konsul in Sansibar von einer Palastrevolution berichtete, von Pöbel auf den Straßen und einer gefährdeten weißen Kolonie, und um Instruktionen telegrafierte, kabelte Salisbury zurück: »Tun Sie, was Sie für richtig halten. Was immer Sie tun, wird gebilligt – aber geben Sie acht, daß Sie nichts unternehmen, was Sie nicht zu Ende führen können.« Britische Untertanen, die auf der Suche nach Profit den Busch durchstreiften, mußten für sich selbst sorgen. Ein aggressiver Händler, der sich auf einen Streit mit einem lokalen Potentaten eingelassen hatte, verlangte eine Intervention des Auswärtigen Amtes, um den unverschämten Eingeborenen zu bestrafen. Mit der roten Tinte, die den Kommentaren des Außenministers vorbehalten war, schrieb Salisbury auf dieses Papier: »Freibeuter müssen mit Härten rechnen.«

Wenn Lord Salisbury seinen Landsitz in Hatfield bewohnte, mußten seine Arbeit und seine Gespräche im Auswärtigen Amt notwendigerweise so abgeschlossen werden, daß er den Zug erreichte, der um 19 Uhr vom Bahnhof King's Cross fuhr. Sein täglicher Dienstschluß stand an durchorganisierter Effizienz kaum dem Alarm in einer Feuerwache nach, wenn die Feuerwehrmänner die Stange hinunterrutschen: ein Lakai stand vor seiner Tür und hielt ihm den Mantel, ein zweiter wartete am Fuß der Treppe, bereit, die Tür des wartenden Einspänners aufzureißen. Um von der Downing Street zum Bahnhof King's Cross zu gelangen – Whitehall hinauf, über den Trafalgar Square, Charing Cross entlang und durch die Bloomsbury Street –, waren genau siebzehn Minuten erforderlich, die Seine Lordschaft auf der Taschenuhr nachprüfte. Wenn er dann in die Polster seines Privatabteils sank, schlief er unweigerlich für die Dauer der Bahnfahrt ein.

Der Premierminister schätzte Zurückgezogenheit und scheute Sicherheitsmaßnahmen, und so schien er seinen Freunden überaus gefährdet. Einmal kam es tatsächlich vor, daß ein harmloser Geistesgestörter sein Zugabteil betrat. Lord Salisbury, kurz vor dem Einnicken, bemühte sich vage, den Namen dieses freundlichen, aber unerkannten Mitreisenden zu erinnern. Als sein neuer Gefährte im Bahnhof Hatfield ebenfalls ausstieg und dann in Lord Salisburys kleine Kutsche kletterte, verstärkte sich die Sorge des Eigentümers: irgendwie mußte er nicht nur den Namen vergessen, sondern auch eine Einladung ausgesprochen haben. Erst während der Fahrt zu seinem Landhaus kam Lord Salisbury auf die Wahrheit: der Mann war sowohl geistesgestört als auch harmlos. Zu Hause angelangt, war niemand in der Nähe, also entschuldigte sich der unfreiwillige Gastgeber und ging an seine Arbeit. Einige Zeit später, als ein Bedienter den Premierminister über seine Papiere gebeugt antraf, blickte Lord Salisbury auf und bemerkte, daß er »einen Verrückten in der Eingangshalle gelassen« habe.

Niemand vermochte je zu sagen, ob Lord Salisburys berühmtberüchtigte Unfähigkeit, Freunde und Kollegen zu erkennen – einmal erkannte er nicht einmal seinen eigenen Sohn, als er ihm im Park von Hatfield begegnete –, auf Geistesabwesenheit oder einen Sehfehler zurückging. Einmal beugte er sich bei einem Frühstück zu seinem Tischnachbarn und fragte mit halblauter Stimme, wer der Herr sei, der seinem Gastgeber gegenüber sitze. Der Fremde, erfuhr er, war W. H. Smith, seit vielen Jahren Lord Salisburys Freund und gegenwärtig sein Finanzminister. Lord Salisburys erklärte dies damit, daß Smith ihm bei den Kabinettssitzungen immer gegenübersitze und daß er ihn darum nie im Profil gesehen habe. Seine Vergeßlichkeit machte ihn als Quelle von Klatschgeschichten unbrauchbar. Es kam des öfteren vor, daß er, von London nach Hatfield zurückgekehrt, zur Verzweiflung seiner Frau und seiner Töchter sagte: »Ich sollte ja nicht vergessen zu sagen...«, worauf er verstummte, weil er vergessen hatte, wer heiratete, sich hatte scheiden lassen und wer bankrott gegangen war.

Hatfield war eines der ersten Privathäuser in England, das mit Telefon und elektrischem Licht ausgestattet war; beide Installationen hatte der Eigentümer selbst improvisiert. Bald nachdem die ersten Telefone erschienen waren, zog Salisbury Drähte über die Böden in Hatfield und brachte unachtsame Gäste oftmals zu Fall. Die Stimmenwiedergabe war unvollkommen, und nur einfache, leicht kenntliche Sätze konnten verstanden werden. Hatfields Elektrifizierung begann mit einer primitiven Bogenlampe, die grell von der Decke des Speisezimmers schien. Diese wurde abgelöst von den neuen Edisonschen Glühstrumpflampen, die weniger grelles Licht verbreiteten, aber nicht viel verläßlicher waren. Die Stromzufuhr kam von einer Sägemühle am Flußufer, die bei Tag Holz sägte und bei Nacht das Herrenhaus illuminierte – je nach dem Wasserstand des Flusses heller oder trüber. Die Elektrizität wurde durch Drähte geleitet, die zwei Kilometer weit durch den Park gezogen waren und oft Ursache von Unterbrechungen waren, wenn Äste und Zweige vom Winde gebeugt wurden. Es gab keine Sicherungen, und das Problem der Schwingungen war noch nicht gelöst. »Es gab Abende«, erinnerte sich ein Mitglied der Familie, »da der Haushalt im Halbdunkel herumtappen mußte, weil die Lampen nur ein trübes rotes Glimmen von sich gaben, wie es von einem halberloschenen Feuer kommt; es gab andere Abende, wo eine gefährliche Helligkeit in Miniaturblitzen kulminierte und schließlich zum völligen Zusammenbruch führte. Eine Gruppe von Lampen nach der anderen flammte in rascher Folge auf und erlosch wieder, bis die Räume in pechschwarzer Finsternis lagen.«

Salisbury war Vater von zehn Kindern. Er behandelte sie wie kleine ausländische Mächte: nicht oft bemerkt, aber wenn erkannt, dann mit nie erlahmender Höflichkeit behandelt. »Mein Vater behandelt mich immer, als ob ich ein Botschafter wäre«, sagte ein halbwüchsiger Sohn, »und es gefällt mir.« Die Schulstunden für die kleineren Kinder wurden per Dekret von fünf Stunden täglich auf vier herabgesetzt – mit der paradox scheinenden Begründung, daß die kürzere Spanne mehr intellektuelle Früchte tragen würde. Lord Salisburys erzieherische Philosophie beruhte auf der Einsicht, daß höhere Autorität bestenfalls eine marginale Wirkung erzielen könne; wahrer Lerneifer müsse von innen kommen. »N. ließ es sich sauer werden, etwas zu tun«, schrieb er über einen Sohn, der ein paar Tage allein mit ihm in Hatfield gewesen war. »Nachdem er alle Waffen im Gewehrschrank nacheinander ausprobiert hatte – einige in der Reithalle und andere, wie er mir erzählt, in seinem eigenen Zimmer –, und nachdem es ihm nicht gelungen war, sich die Finger wegzuschießen, hat er sich gedrängt gefühlt, Sydney Smiths Essays zu lesen und Hogarths Bilder zu betrachten.« Lady Salisbury teilte die Pädagogik ihres Mannes nicht. »Er mag in der Lage sein, das Land zu regieren«, sagte sie, »aber er ist ganz ungeeignet, seine Kinder zu beaufsichtigen.«

Die einzige Person in England, der Lord Salisbury sich bereitwillig beugte, war die Monarchin. Als Salisbury zum ersten Mal Außenminister wurde, entschied Königin Victoria, daß dieser energische Verfechter von Britanniens Größe ihr Vertrauen verdiene. Und sie schenkte es ihm uneingeschränkt für den Rest ihres Lebens. 1885 war er nur kurze Zeit Premierminister gewesen, da er gezwungen war, zugunsten von Gladstone zurückzutreten. »Welch eine schreckliche Sache, solch einen Mann zu verlieren, für das Land, die Welt, und *mich!*« lamentierte die Königin. Und dankbar beglückwünschte sie ihn zu dem »triumphalen Erfolg seiner Außenpolitik, durch die er Großbritannien in sieben Monaten zu der Position emporgehoben hat, die ihm in der Welt zukommt.« Auf der Stelle bot sie ihm einen Herzogtitel an. Salisbury lehnte mit der Begründung ab, daß »sein Vermögen solch einer Würde nicht angemessen sei.« Aber, sagte er, »die freundlichen Worte, mit denen Eure Majestät seine Amtsführung gebilligt haben, sind ihm weitaus wertvoller als irgendein Titel.«

Zehn Jahre später waren Dankbarkeit und Vertrauen der Königin unvermindert groß. »Jeden Tag empfinde ich es als einen Segen, die Regierung in so sicheren und starken Händen wie den Ihren zu wissen«, schrieb sie. Er habe, erklärte sie einem Bischof, »wenn nicht den höchsten, so doch einen gleichen Rang wie die Höchsten unter meinen Ministern«, einschließlich Lord Melbourne und Disraeli. Als er alterte und beleibt wurde, begannen Salisburys Beine ihm den Dienst zu versagen. Die Königin bat ihn, sich in ihrer Gegenwart zu setzen.

Der Souverän war für Salisbury die Verkörperung der Nation und der Brennpunkt des Patriotismus, die Krone unentbehrlich für das Funktionieren des Reiches, ihr fortdauerndes Ansehen die einzige Garantie der Stabilität des Landes und der Nation. Gleichwohl gingen seine Empfindungen für Königin Victoria als Frau tiefer. Er war der erste ihrer Premierminister, der jünger war als sie, und er behandelte sie mit Ritterlichkeit und persönlicher Verehrung. Die höfische Anmut und blumenreiche Sprache, mit der Disraeli seine Märchenkönigin umschmeichelt hatte, waren ihm nicht gegeben, aber er glich diesen Mangel mit der eisernen Entschlossenheit aus, daß sie beschützt und daß ihr gehorcht werden müsse. »Ich werde nicht dulden, daß die Königin sich sorgt«, pflegte er zu Kollegen zu sagen, die der Monarchin diese oder jene Entscheidung aufdrängen wollten. Am meisten bewunderte er Königin Victorias Loyalität, ihr unermüdliches Pflichtgefühl und ihre Aufrichtigkeit. »Sagen Sie der Königin immer die Wahrheit«, war sein einziger Rat an jene, die ihr das erste Mal gegenübertraten. Ihre eigene Freimütigkeit war vollkommen; das einzige Vergehen, das sie anderen nicht verzeihen konnte, war ein Versuch, sie zu täuschen oder etwas vor ihr zu verbergen. Salisburys Frau hatte den Eindruck, daß ihr Mann der Königin »alles« erzählte.

Ihre Korrespondenz war förmlich; beide schrieben in der dritten Person. Lord Salisburys Briefe begannen stets mit der Wendung: »Lord Salisbury, in seiner demütigen Pflicht gegenüber Eurer Majestät...« In Telegrammen wurde dies auf ein knappes »demütige Pflicht« verkürzt. Tatsächlich war seine Ehrerbietung unwandelbar. Obwohl unter ihr sein stählerner Wille lag: »Lord Salisbury macht diesen Vorschlag mit viel Zögern und ist durchaus bereit, anzuerkennen, daß es Einwendungen dagegen gibt, die ihm im Augenblick nicht offenbar sind.«

Die Königin schrieb ebenso förmlich zurück, obwohl sie, wenn sie aufgeregt war, oft in der ersten Person telegrafierte: »Ich bin über dieses monströse, schreckliche Urteil über den armen Märtyrer Dreyfus zu entsetzt, um Worte zu finden«, telegrafierte sie im September 1899 aus Balmoral. »Wenn Europa nur seinen Abscheu und seine Empörung ausdrücken würde! Ich vertraue darauf, daß es eine ernste Vergeltung geben wird!« Vergeltung war jenseits von Salisburys Macht, aber er konnte zustimmen und tat es: »Lord Salisbury teilt Eurer Majestät brennende Empörung über die grobe und monströse Ungerechtigkeit, die in Frankreich verübt worden ist, von ganzem Herzen...« Manchmal, wenn die Königin in starke Erregung geriet, war nichts zu machen. Nach dem Tode Kaiser Friedrichs III. wünschte die Königin, daß ihre verwitwete Tochter Vicky zu einem langen Besuch nach England käme. Der Prinz von Wales und Lord Salisbury besprachen die Idee und entschieden, daß die Kaiserinwitwe aus politischen Gründen nicht kommen sollte. Ein Telegramm aus Balmoral an Lord Salisbury macht die Empfehlung zunichte:

»Brief erhalten. Absicht zweifellos wohlgemeint, aber es würde unmöglich herzlos und grausam sein, meine arme Tochter mit ihrem gebrochenen Herzen zu hindern, ihre Mutter aufzusuchen, um Frieden, Schutz und Trost zu finden. Sie hat nichts, wohin sie sich wenden könnte; alle erwarten, daß sie kommt, und fragen sich, warum sie noch nicht gekommen ist. Es wäre zwecklos, den Besuch aufzuschieben, und würde nur den Kaiser [Wilhelm II.] und die Bismarcks noch mehr gegen uns ermutigen. Ihr alle scheint sie zu fürchten, was kein Weg ist, sie besser zu machen. Sagen Sie dies dem Prinzen von Wales und daß seine verfolgte und verleumdete Schwester sich seit Monaten auf diese Zeit der Stille gefreut hat. Bitte lassen Sie niemanden dies wieder erwähnen. Es wäre fatal und und darf nicht sein.«

Lord Salisbury wußte, wann eine Meinungsverschiedenheit beendet war und schrieb dem Prinzen von Wales:

»Sir:
in der Folge des Gesprächs, das ich mit Eurer Königlichen Hoheit am Montag hatte, schrieb ich am selben Abend der Königin und nannte Gründe, warum ich und Eure Königliche Hoheit dachten, es sei klüger, den Besuch der Kaiserin Friedrich vorläufig zurückzustellen.
Ich habe heute die beigefügte Antwort von Ihrer Majestät erhalten.
Ich habe die Ehre, Euer Königlicher Hoheit gehorsamer, ergebener Diener zu sein,

SALISBURY

Salisburys Respekt vor dem Urteil der Königin beruhte nicht allein auf ihrem Rang. Nach ihrem Tode sagte er vor dem Oberhaus: »Sie hatte ein außerordentliches Gespür dafür, was ihr Volk denken würde – außerordentlich, weil es nicht aus persönlichem Umgang gekommen sein konnte... Wenn ich wußte, was die Königin dachte, hatte ich stets das Gefühl, mit ziemlich großer Sicherheit auch zu wissen, welche Ansicht ihre Untertanen vertreten würden, und vor allem die Mittelschicht ihrer Untertanen.«

Lord Salisbury, der jedem Schein und Bombast abgeneigt war, wußte mit dem ältesten Enkel der Königin wenig anzufangen. Seine erste Beurteilung der Qualitäten des künftigen deutschen Kaisers stammte aus der kurzen Regierungszeit Friedrichs III. Königin Victoria war im Begriff, ihrem Schwiegersohn einen letzten Besuch abzustatten. In Berlin sorgte man sich, daß die Großmutter etwas sagen könnte, was Prinz Wilhelm irritieren würde, ihren empfindlichen Enkel, der bald Kaiser sein würde. Graf Hatzfeldt teilte diese Sorgen Salisbury mit, der sie an die Königin weiterleitete:

»Es scheint, daß seine [Kronprinz Wilhelms] Position ihm den Kopf verdreht hat, und die Hoffnung ging offensichtlich dahin, daß Eure Majestät veranlaßt werden konnte, seine Position besonders in Betracht zu ziehen... Zwar war die Ausdrucksweise des Grafen Hatzfeldt äußerst vorsichtig, aber anscheinend befürchtet man, daß der Kronprinz, sollte irgendein dorniger Gegenstand zur Sprache kommen, etwas sagen könnte, was ihm nicht zur Ehre gereichen würde; und daß er sich in diesem Fall die Mißbilligung Eurer Majestät zuziehen und übelnehmen könnte, und daß ein Groll in ihm weiterfressen und die guten Beziehungen zwischen den beiden Nationen behindern würde... Gleichwohl trifft es – unglücklicherweise – zu, daß Kronprinz Wilhelms Impulse, so unvernünftig oder tadelnswert sie auch sein mögen, in Zukunft politische Ursachen von enormem Potential sein werden; und die beiden Nationen sind einander so notwendig, daß alles, was zu ihm gesagt wird, sehr sorgfältig abgewogen werden muß.«

Als Bismarck im März 1890 entlassen wurde, nannte Salisbury das »ein großes Unheil, dessen Auswirkungen sich in allen Teilen Europas bemerkbar machen werden«. Die Art der Entlassung des Kanzlers, bemerkte Salisbury der Königin gegenüber, entbehre nicht einer gewissen Gerechtigkeit: »Es ist eine merkwürdige Vergeltung an Bismarck. Eben die Eigenschaften, die er im Kaiser [Wilhelm II.] förderte, um seine eigene Position zu stärken, wenn Kaiser Friedrich auf den Thron kommen sollte, sind die Eigenschaften gewesen, durch die er gestürzt worden ist.« Wie auch immer, der Mann, der das sorgfältig ausbalancierte, ineinandergreifende Bündnissystem geschaffen und beherrscht hatte, war abgetreten; Europa würden die Einschüchterungen und Geheimverträge erspart bleiben, aber Bismarcks Politik war Friedenspolitk gewesen. Die Politik des jungen Kaisers und seiner neuen Minister war noch unbekannt.

Die ersten Zeichen waren hoffnungsvoll. Der neue deutsche Kanzler, Graf von Caprivi, schrieb einen freundlichen persönlichen Brief an Lord Salisbury und appellierte an die engen Beziehungen, die beide Länder in der Vergangenheit verbunden hatten. Salisbury antwortete in gleicher Weise, und im Sommer 1890 kam es zu einer Vereinbarung zwischen dem Deutschen Reich und Großbritannien über den Austausch von Kolonialterritorien. Das Abkommen, welches Salisburys Unterstützung hatte und den Kaiser erfreute, wurde jedoch von den meisten Deutschen und Engländern abgelehnt, die jeweils dachten, ihr Land sei bei dem Handel übervorteilt worden.

Nach diesem Vertrag erhielt das Deutsche Reich das von friesischen Fischern bewohnte, rund 2 $km^2$ große Helgoland im Austausch gegen die ostafrikanische Gewürzinsel Sansibar sowie Uganda mit einer Gesamtfläche von 237000 $km^2$. Helgoland, ein Felsen aus Buntsandstein, rund 65 km vor den Mündungen von Elbe und Weser in der Nordsee, war während der Napoleonischen Kriege von

Großbritannien den Dänen abgenommen worden. Obwohl es die Schiffahrtswege nach Hamburg und Bremen, Deutschlands wichtigste Häfen, durch seine geostrategische Lage beherrschte, hatte Bismarck, der an der See, an Kolonien und Seestreitkräften uninteressiert war, es unbeachtet gelassen. Auch Großbritannien kümmerte sich kaum um Helgoland – Lord Derby nannte es als Außenminister »diesen völlig nutzlosen Felsen« – und dachte nie daran, die Insel in größerem Umfang zu befestigen; dies wäre der unnötigen Provokation einer Macht gleichgekommen, mit der England keinen Streit suchte. Mit dem 1887 noch unter Bismarck begonnenen Bau des Kanals zwischen Nord- und Ostsee durch Schleswig-Holstein begann die deutsche Einschätzung der Bedeutung Helgolands zu steigen. Wilhelm II. entschied, daß der »Besitz von Helgoland von höchster Bedeutung für Deutschland« sei. In deutschem Besitz würde die Insel der Eckstein der Seeverteidigung des Reiches werden, ein Schutzschild der Nordseeküste und ein Absprungpunkt für künftige Seeoffensiven gegen Blokkadeversuche potentieller Gegner (unter denen man damals vor allem Frankreich und Rußland verstand). Demgemäß schlug das Auswärtige Amt vor, daß Großbritannien Helgoland an Deutschland abtrete. Als Gegenleistung werde das Deutsche Reich ein exklusives britisches Protektorat über die Insel Sansibar, zwanzig Meilen vor der Küste Deutsch-Ostafrikas, anerkennen und überdies die deutschen Besitzansprüche auf Uganda abtreten.

Salisbury sah keine Verwendung für Helgoland, erkannte aber sehr wohl den Wert der reichen Gewürzinsel Sansibar, die außerdem noch die nordsüdlich verlaufenden Handelsrouten an Ostafrikas Küste beherrschte. Königin Victoria war abgeneigt, Lord Salisbury drängte sie, und die Königin gab nach: »Die Bedingungen, die Sie aufzählen, sind vernünftig, und das Bündnis mit Deutschland wertvoll; daß aber eine meiner Besitzungen auf diese Weise vertauscht werden sollte, verursacht mir großes Unbehagen, und ich kann nur zustimmen, wenn ich von Ihnen eine positive Zusicherung erhalte, daß die gegenwärtige Regelung keinen Präzedenzfall darstellt.« Der Premierminister telegrafierte seine Zusicherung.

Wilhelm II. war erfreut über den Tauschhandel. Während Salisburys Amtszeit als Premierminister (bis 1892) waren die Beziehungen zwischen dem Kaiser und Großbritannien freundschaftlich. Wilhelm war stolz auf seinen Rang in der Royal Navy und bombardierte die Admiralität mit Ratschlägen. 1891 übersandte er ein Schriftstück mit einer detaillierten Liste von Veränderungen, die er in der Verwaltung der britischen Kriegsmarine empfahl. Salisbury ersuchte Lord George Hamilton, den Ersten Lord der Admiralität, eine höfliche Antwort vorzubereiten: »Es ist weise, eine liebenswürdige Antwort zurückzusenden. Bitte schicken Sie mir eine höfliche, argumentative Erwiderung, die zeigt, daß wir in einzelnen Punkten auf seine Empfehlungen eingehen... und daß wir seinen wertvollen Vorschlägen unsere beste Überlegung und Aufmerksamkeit zuwenden werden. Es hat für mich ein wenig den Anschein, als ob er nicht ›ganz da‹ wäre.« Wilhelm II. seinerseits war in diesen Jahren an Lord Salisburys guter Meinung stark interessiert. Als er im Juli 1891 einen Staatsbesuch in England machte, bat er um eine Einladung, die ihm erlauben würde, in Hatfield zu nächtigen, und nach seiner Rückkehr nach Berlin sandte er Salisbury ein lebensgroßes Portrait seiner selbst in der Uniform eines britischen Admirals als Erinnerung an seinen Besuch.

Die Aufmerksamkeit des Kaisers bereitete Salisbury Unbehagen, und er hoffte, daß die Ratschläge aus Berlin aufhören würden. Am 14. April 1892 schrieb er an die Königin: »Lord Salisbury lenkt Euer Majestät Aufmerksamkeit auf die gemeldete Konversation mit Kaiser Wilhelm. Er scheint seltsam erregt; und es würde sehr gut sein, wenn Euer Majestät ihn sehen und beruhigen würden.« Eine Woche später schrieb er noch einmal: »Lord Salisbury hofft, daß eine Gelegenheit eintreten möge, welche Euer Majestät in die Lage versetzen wird, dem Kaiser Gemütsruhe zu empfehlen, sowohl in seiner Politik wie auch in den Reden, die er zu oft hält.«

Bald nach Salisburys Rückkehr ins Amt im Juni 1895 kam es zu einer dauernden Verstimmung des Kaisers ihm gegenüber. Stets empfindlich gegen britische Meinungen oder Verhaltensweisen, glaubte Wilhem II., daß der Premierminister ihm während der Regattawoche im August 1895 nicht nur einen, sondern zwei vorsätzliche Affronts habe zuteil werden lassen.

Der Kaiser war in Cowes, wo er an Bord der Kaiserjacht *Hohenzollern* lebte. Er war mit großem Aufgebot gekommen und hatte eine Flottenabordnung der deutschen Kriegsmarine mitgebracht, darunter die neuen Linienschiffe der *Brandenburg*-Klasse. Die Anwesenheit dieses Linienschiffsgeschwaders, das der Kaiser dem Prinzen von Wales vorführen wollte, hatte bereits viele Nerven wundgerieben. »Seine Majestät bereitete den Engändern eine besondere Freude, indem er eine Flotte von vier Linienschiffen und einem Aviso mitbrachte«, schrieb Alfred von Kiderlen-Wächter, der vom Auswärtigen Amt dem Gefolge des Kaisers zugeordnet worden war, ironisch an Holstein. »Sie blockieren die Regattabahn, alle paar Augenblicke bekommen sie einen Anfall von *Salutirium*, die Matrosen überschwemmen Cowes, die Königin muß die Kommandeure einladen, etc.«

Zur gleichen Zeit besuchte Lord Salisbury Osborne House zu einer Audienz bei der Königin. Sie schlug vor, daß er ihren Enkel aufsuchen solle, um die Frage der Zukunft des Osmanischen Reiches zu diskutieren. Salisbury bat um eine Audienz. Das Gespräch sollte an Bord der *Hohenzollern* stattfinden. Die vereinbarte Stunde kam, aber der Premierminister erschien nicht. Wilhelm II. hatte mit wachsender Ungeduld eine Stunde gewartet, als ein Dampfboot längsseits kam. Lord Salisbury eilte das Fallreep hinauf und entschuldigte sich wortreich für seine Säumigkeit. Er erklärte, daß die Barkasse, die ihn vom Kai in East

Cowes übersetzen sollte, wegen eines Defekts nicht habe auslaufen können, so daß er auf ein anderes Boot habe warten müssen. Der Kaiser, statt die Sache zu übergehen, blieb während des Gesprächs verdrießlich, und Salisburys Vorschlag – daß England und Deutschland sich gemeinsam auf eine Behandlung der türkischen Frage einigen sollten –, wurde unter seinem Groll begraben.

Der unbeabsichtigte Affront wurde am folgenden Tag verstärkt. Der Kaiser hatte darum gebeten, Salisbury an diesem Nachmittag wiederzusehen und ihn eingeladen, um 16 Uhr an Bord der *Hohenzollern* zu kommen. Diesmal wartete Wilhelm II. zwei Stunden, und Salisbury erschien nicht. Die Erklärung war, daß der Premierminister bei der Königin war, als die Einladung des Kaisers eintraf. Die telefonische Botschaft wurde von einem Bediensteten im Billardzimmer angenommen und erst um 15:45 Uhr übermittelt. Salisbury entschied, daß es zu spät sei, den Kaiser anzurufen, dessen Einladung zweifellos nur eine Höflichkeit gewesen sei, da sie telefonisch übermittelt worden war, kehrte mit dem Schiff nach Portsmouth zurück und nahm den Zug nach London. Am nächsten Tag erhielt er eine Botschaft von der Königin: »Wilhelm ist ein wenig verdrießlich, daß Sie nicht gekommen sind, ihn zu besuchen, nachdem er einige Stunden auf Sie gewartet und angenommen hatte, Sie würden nach Ihrem Besuch bei mir zu ihm kommen ... Ich denke, Sie sollten dem Grafen Hatzfeldt ein paar Zeilen des Bedauerns schreiben.« Salisbury entschuldigte sich, aber der Kaiser fuhr fort, vom »beleidigenden Verhalten« des Premiers zu sprechen. Schließlich wurde Lord Salisbury der fortgesetzten deutschen Hinweise auf seinen Irrtum müde und bemerkte zu Eckardstein: »Ihr Kaiser scheint ganz zu vergessen, daß ich kein Minister du Roi de Prusse bin, sondern der Premierminister von England.«

Wilhelm II. kehrte nach Berlin zurück und brütete über seiner, wie er meinte, rüden Behandlung in England. Fünf Monate später, Anfang Januar 1896 lieferte die politische Entwicklung in Südafrika den Funken, und Wilhelms Verärgerung explodierte. Holstein gab sowohl dem Kaiser als auch Lord Salisbury die Schuld: »Um seinem Groll Luft zu machen, ergriff er [der Kaiser] die erste Gelegenheit, die sich bot, nämlich den Einfall von Jameson und den Burensieg bei Krügersdorp«, schrieb er in seinen Memoiren.

## 11. KAPITEL

# Der Jameson-Einfall und das Krüger-Telegramm

»Ich würde die Planeten annektieren, wenn ich könnte«, hatte Cecil Rhodes eines Abends, zum Himmel aufblickend, ausgerufen. Im Jahre 1895 war Rhodes, der Inbegriff des britischen Imperialismus und die wohl dynamischste Gestalt auf dem afrikanischen Kontinent, auf dem Höhepunkt seiner Macht. Er war Premierminister der Kapkolonie Südafrikas, hatte dem britischen Weltreich Gebiete von der Größe Westeuropas hinzugefügt und war im Diamantengeschäft zu einem der reichsten Männer der Welt geworden. Mit zweiundvierzig wurde er »der Koloß« genannt.

Rhodes wurde 1853 als sechstes von neun Kindern eines strengen Vikars und seiner Frau in Hertfordshire geboren. Cecil war von ihren sieben Söhnen der Liebling seiner Mutter; sie nannte nur ihn »mein Liebling«. Mit siebzehn verließ er England, um sich seinem älteren Bruder Herbert anzuschließen, der in Natal Baumwolle anbaute. Als in Kimberley am Nordrand der Kapkolonie Diamanten entdeckt wurden, beeilten sich Rhodes und sein Bruder, Besitzansprüche anzumelden und sich Rechtstitel zu besorgen. 1873 kehrte Cecil mit zwanzig Jahren – und bereits mit einem Jahreseinkommen von 10000 Pfund – nach England zurück, um auf eigene Kosten am Oriel College in Oxford zu studieren. Die nächsten acht Jahre waren für Rhodes ein Oszillieren zwischen zwei Leben. Er studierte ein oder zwei Semester am College, dann ging er, sein griechisches Wörterbuch im Gepäck, wieder nach Südafrika, um nach Diamanten zu graben. In Oxford spielte Rhodes, groß und schlank, mit welligem, hellbraunem Haar und blaßblauen Augen, Polo und war Mitglied verschiedener Klubs, die den Bedürfnissen der Dandies entgegenkamen. Er bezahlte seine Rechnungen, indem er die ungeschliffenen Diamanten verkaufte, welche er in einer kleinen Schachtel in seiner Westentasche bei sich trug. »Einmal«, erinnerte sich ein Mitstudent, »als er sich herbeiließ, einer Vorlesung beizuwohnen, die er jedoch uninteressant fand, zog er seine Schachtel hervor und zeigte die Edelsteine seinen Freunden. Dabei fielen sie ihm herunter. Der Professor blickte auf und erkundigte sich nach dem Grund der Störung, worauf ihm die Antwort zuteil wurde: ›Es ist bloß Rhodes mit seinen Diamanten.‹«

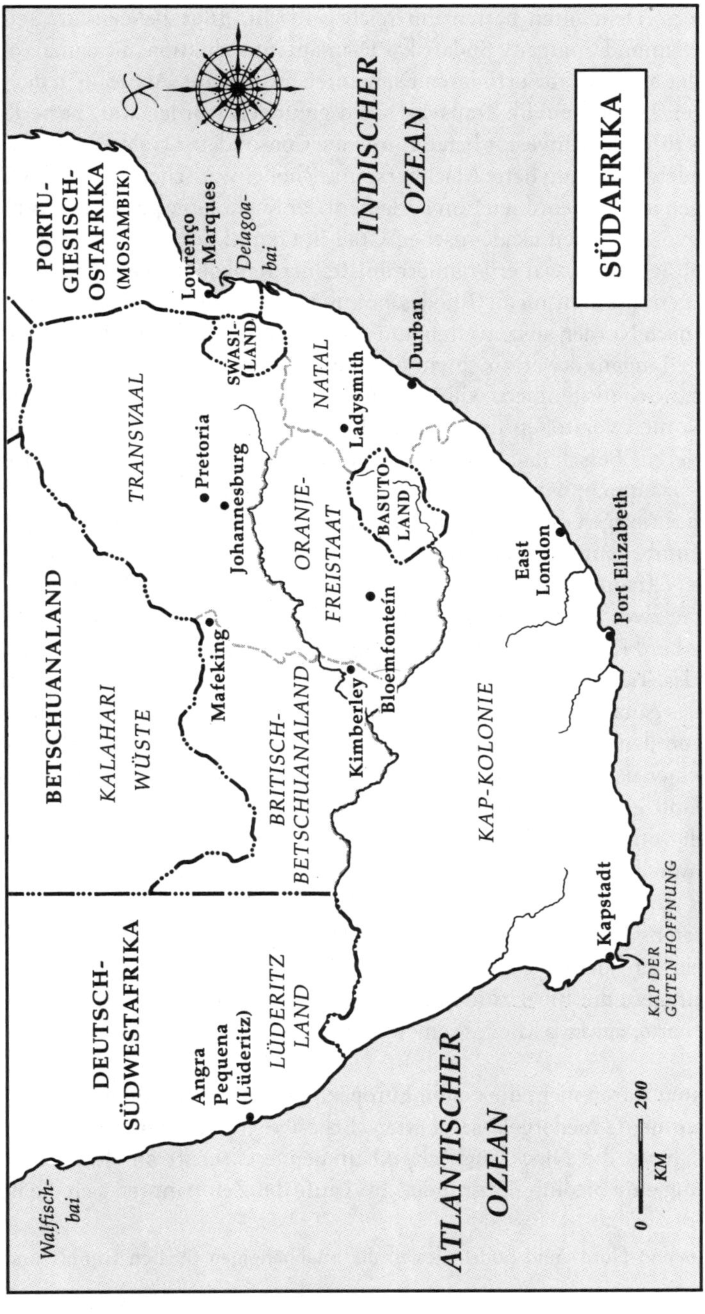
SÜDAFRIKA
INDISCHER OZEAN
ATLANTISCHER OZEAN
PORTUGIESISCH-OSTAFRIKA (MOSAMBIK)
Lourenço Marques
Delagoa-bai
SWASI-LAND
TRANSVAAL
Pretoria
Johannesburg
NATAL
Ladysmith
Durban
BASUTO-LAND
ORANJE-FREISTAAT
Bloemfontein
East London
Port Elizabeth
BETSCHUANALAND
KALAHARI WÜSTE
Mafeking
BRITISCH-BETSCHUANALAND
Kimberley
KAP-KOLONIE
Kapstadt
KAP DER GUTEN HOFFNUNG
DEUTSCH-SÜDWESTAFRIKA
Angra Pequena (Lüderitz)
LÜDERITZ LAND
Walfisch-bai
0 KM 200

Rhodes' Diamanten hatten ihn reich gemacht. 1891 beherrschte seine De Beers Diamond Company Südafrikas Diamantenproduktion, die damals 90 Prozent aller auf der Erde erzeugten Diamanten ausmachte. Als 1896 in der unabhängigen Burenrepublik Transvaal Gold gefunden worden war, hatte Rhodes sich als führender Investor betätigt und die Consolidated Gold Fields Company gegründet. Reichtum hatte Macht erkauft. Rhodes war schon 1878 in die Politik gegangen und Abgeordneter im Parlament der Kapkolonie geworden, zehn Monate bevor er seinen akademischen Grad in Oxford erhielt. 1890, mit siebenunddreißig Jahren, war er Premierminister der Kapkolonie geworden.

Das genügte ihm nicht. Rhodes brannte darauf, das britische Weltreich in Afrika nach Norden auszuweiten, um das gesamte südliche Afrika von Kapstadt bis zum Tanganyikasee zu einem einzigen Dominion der Britischen Krone zu machen. Großbritanniens »jüngere und feurigere Söhne«, sagte er, würden nach Norden vorstoßen und das Land erobern. Die Krone würde folgen und annektieren. Betschuanaland, ein Gebiet von der Größe Englands und Frankreichs zusammen, wurde auf diese Art und Weise in Besitz genommen; darauf folgte das riesige Gebiet namens Matabeleland, das Rhodes bescheiden in Rhodesien umbenannte.* »Was haben Sie gemacht, seit ich Sie zuletzt sah, Mr. Rhodes?« fragte Königin Victoria ihn 1894. »Ich habe den Dominions Eurer Majestät zwei Provinzen hinzugefügt«, antwortete Rhodes. Im selben Jahr machte Lord Rosebery, der Premierminister, Rhodes zum Geheimrat.

Rhodes' Träume gingen über Südafrika hinaus. Er wollte eine Eisenbahnlinie durch das ganze östliche Afrika »vom Kap bis Kairo« bauen und hatte die Vision einer von den Angelsachsen und Amerikanern beherrschten friedlichen Welt unter einer dauerhaften Pax Britannica. Rhodes bemerkte einmal: »Wenn es einen Gott gibt, glaube ich, daß er mir den Auftrag geben würde, so viel wie möglich von der Landkarte Afrikas britisch einzufärben und zu tun, was ich kann, um den Einfluß der englischsprechenden Rasse auszudehnen.« Was Rhodes störte, waren die Burenrepubliken Transvaal und der Oranjefreistaat, auf deren Boden obendrein gewaltige Goldvorkommen entdeckt worden waren. Daß hier ein kleiner Haufen burischer Farmer stand, angeführt von einem starrsinnigen, die Bibel zitierenden alten Mann, der anscheinend eine eigene Vision hatte, verdarb Rhodes seinen Traum.

Die Briten waren nicht die ersten Europäer, die sich an der Südspitze des riesigen Kontinents niedergelassen hatten. Schon 1650, zweieinhalb Jahrhunderte vorher, hatte die Niederländische Ostindiengesellschaft am Kap der Guten Hoffnung eine Siedlung gegründet. Im Laufe der Zeit nannten sich die hollän-

* Heute sind Nord- und Südrhodesien die unabhängigen Staaten Sambia und Simbabwe.

dischen Siedler Afrikaners und sprachen eine Abwandlung des Holländischen, Afrikaans. Während der Napoleonischen Kriege nahm die britische Kriegsmarine die Kapkolonie schnell in Besitz, aber das Afrikaans sprechende burische Element stellte nach wie vor die Mehrzahl der Weißen. 1834 setzte das britische Parlament ein Sklavereiverbot im gesamten britischen Weltreich durch. Ein Teil der sklavenbesitzenden Kap-Buren weigerte sich, diese Enteignung ihres menschlichen Besitzes zu akzeptieren und brach nach Norden auf, um der Reichweite britischer Gesetze zu entgehen. In den Jahren 1836 und 1837 zogen fünftausend Buren im »Großen Treck« mit ihren gedeckten Planwagen, Rindern, Schafen und schwarzen Sklaven nordwärts. Der Große Treck zog über 1600 Kilometer durch das Veldt und gelangte schließlich in fruchtbares Hügelland jenseits der Flüsse Vaal und Oranje. Hier stiegen die Buren von ihren Fuhrwerken, spannten ihre Ochsen vor den Pflug und begannen das Feld zu bestellen. Zwei kleine unabhängige Burenrepubliken, Transvaal und der Oranjefreistaat, wurden ausgerufen und 1854 von der britischen Regierung anerkannt. 1877 aber widerrief Großbritannien unter Disraeli seine Entscheidung und annektierte kurzerhand Transvaal. Britische Truppen drangen in Pretoria ein und hißten den Union Jack. Drei Jahre später revoltierten die Buren gegen die Besatzungsmacht und schlugen im Februar 1881 eine britische Truppe bei Majuba Hill. Unterdessen war mit Gladstone ein Mann britischer Premierminister geworden, der imperialistischer Abenteuer überdrüssig war. Er schloß einen Kompromiß und bot den Buren innere Selbstverwaltung an, eine Form der Autonomie, welche die Außenpolitik der Republik jedoch britischer Kontrolle unterwarf. Diese Vereinbarung wurde in der Konvention von London 1881 unterzeichnet.

Die wichtigste Unterschrift der Buren auf der Konventionsakte war diejenige Paul Krügers, des Präsidenten der Republik Transvaal. Krügers Leben war eine Parallele zur Geschichte seines Landes. Als Zehnjähriger hatte er den Großen Treck mitgemacht. Er wurde Farmer und Jäger; einmal, als ein Unfall die Amputation seines Daumens erforderlich machte, zog Krüger sein Jagdmesser und nahm die Operation selbst vor. Er trug ständig seine Bibel bei sich; wenn er aus einem Zug stieg, mußten die Menschen, die ihn auf dem Bahnsteig erwarteten, sich gedulden, bis er die Lektüre beendete und die Bibel schloß. Krügers breites, blasses Gesicht war von einem Kinn- und Backenbart umrahmt, und immer trug er Frack und Zylinder. Seine Augen waren klein und dunkel, und er hatte die Gewohnheit, ständig auszuspucken. Mit siebzig war er der Patriarch der Republik; sein Volk nannte ihn Ohm Paul (Onkel Paul).

Keine der beiden Parteien hatte die Londoner Konvention mit Begeisterung unterschrieben. Krüger setzte seinen Namen mit großem Widerstreben unter das Dokument und machte im Laufe der Zeit deutlich, daß er sein möglichstes tun werde, um das britische Joch abzuschütteln. Viele Briten, besonders Armeeoffiziere, betrachteten die Buren und den Transvaal als »unerledigtes Geschäft«. In ihren Augen hatte Gladstone den Kompromiß zu rasch geschlossen – bevor die Armee Gelegenheit gehabt hatte, ihre Ehre wiederherzustellen.

Dann wurden 1886 gewaltige Vorkommen goldhaltiger Erze, fünfundvierzig Kilometer lang und fünfhundert Meter tief, im Witwatersrand entdeckt, einige Kilometer südlich von Johannesburg. Fast über Nacht entstand eine Zeltstadt von fünfzigtausend Goldsuchern – Briten, Amerikaner, Deutsche und Skandinavier –, die größte Konzentration von Weißen auf dem afrikanischen Kontinent. Die Goldgräbersiedlung breitete sich aus; aus Zelten wurden Hütten, dann Baracken, dann Häuser. Schornsteine und Schlackenhalden wuchsen neben den Erzverhüttungsanlagen. Der Witwatersrand war auf dem besten Wege, zur größten Goldquelle der Welt zu werden und die gemeinsame Produktion Amerikas, Rußlands und Australiens zu übertreffen.

Das Gold erschütterte die kleine Republik bibellesender Farmer. Fremde Goldsucher, Uitlanders (Ausländer) genannt, drohten den Staat durch das schiere Gewicht des Geldes und der Zahl zu ersticken. Krüger und die Mitglieder des Exekutivrates – wie er in Zylinder, Fräcke und braune Stiefel gekleidet –, die in ihrer sauberen kleinen Hauptstadt Pretoria residierten, wo Bäume, Sträucher und Blumen die Straßen säumten, waren unglücklich und besorgt über diese rauhe Goldgräbergesellschaft. Uitlanders, glaubten sie, seien gottlos, gesetzlos, schmutzig und gewalttätig; Krüger bezeichnete sie öffentlich als »Diebe und Mörder«. Um die politische Herrschaft der Buren zu erhalten, machte Krüger das Bürgerrecht und die Teilnahme an Wahlen von einem fünfjährigen Aufenthalt im Lande abhängig; dann dehnte er die Frist auf vierzehn Jahre aus. Diskriminierende Steuern wurden den Goldgräbern auferlegt; ihre Kinder wurden in burischen Schulen in Afrikaans unterrichtet.

Unter den Goldgräbern wurde andererseits für einen bewaffneten Aufstand gegen die Burenregierung Propaganda gemacht. In diesen aufrührerischen Reden fiel oft der Name Cecil Rhodes. Für Rhodes waren Paul Krüger und die Regierung von Transvaal Hindernisse, die aus dem Weg geräumt werden mußten. Im Frühjahr 1895 begann Rhodes Umsturzpläne gegen die Burenregierung von Transvaal zu schmieden. Viertausend Gewehre, drei Maschinengewehre und mehr als 200 000 Schuß Munition wurden unter Kohlenladungen oder in Öltanks, deren falsche Böden Zapfhähne hatten, die ein wenig tropften, wenn Zollbeamte daran drehten, nach Johannesburg geschmuggelt. Vier Führer der Uitlanders kamen nach Kapstadt, berieten in Korbstühlen auf der Veranda des Premierministers und blickten hinaus zum Tafelberg, während sie gegen Präsident Krüger konspirierten. Der Aufstand sollte mit einem Angriff bewaffneter Uitlanders auf das Arsenal der Buren in Pretoria beginnen. Die Angreifer sollten mit Ochsenkarren kommen, um die im Arsenal vorrätigen Waffen abzutransportieren, so daß sie zugleich sich selbst be- und die Buren entwaffneten. Rhodes verlangte nicht, daß die Uitlanders den Aufstand ohne Hilfe von außen durchführten. Britische Truppen konnten nicht eingesetzt werden, aber Rhodes hatte eine Privatarmee von Männern, die für den Dienst der Britischen Südafrikagesellschaft, deren Vorsitzender Rhodes war, rekrutiert worden waren. Diese paramilitärische Streitmacht hatte Rhodes' Willen bereits den Eingeborenen im Matabeleland aufgezwungen. Diese Männer, erklärte Rhodes den Führern der Uitlanders, würden an der Grenze der Republik Transvaal stationiert werden; sollte der Aufstand auf Schwierigkeiten stoßen, würden sie eingreifen. Kommandeur dieser Truppen würde Rhodes' bester Freund und Gefolgsmann Dr. Leander Starr Jameson sein.

»Doctor Jim«, wie er in Südafrika und später im ganzen Empire bekannt werden sollte, war ein elisabethanischer Freibeuter wie Cecil Rhodes selbst. Stämmig und klein, von beginnender Kahlheit gezeichnet, inspirierte Jameson zu Vergleichen mit treuen Tieren – die, von Engländern angestellt, höchste Empfehlung bedeuten können. »Die Nüstern eines Rennpferdes«, erklärte George Wyndham. Seine weit auseinanderstehenden braunen Augen gemahnten Lord Rosebery an »die Augen eines anhänglichen Hundes... es kann schwerlich ein höheres Lob geben.« Einem seiner Offiziere kam Jamesons Ausdruck begieriger Erwartung wie der »eines sprungbereiten Scotchterriers« vor. Jameson war ein elftes und letztes Kind aus schottischer Familie, hatte eine Ausbildung als Chirurg abgeschlossen und war nach Afrika gekommen, um in Kimberley zu praktizieren, wo seine gutmütige Art und sein jungenhaftes Lachen ihn rasch beliebt machten. Schon an seinem ersten Tag in Kimberley lernte er Rhodes kennen, und die beiden fühlten sich sofort zueinander gezogen, wie Jameson sagte. Rhodes zog in Jamesons einstöckigen Wellblech-Bungalow, wo die beiden lebenslangen Junggesellen zwei unordentliche Schlafzimmer und ein Wohnzimmer miteinander teilten. »Wir gingen und ritten miteinander«, fuhr Jameson fort. »Teilten unsere Mahlzeiten, tauschten unsere Ansichten über Menschen und Dinge aus und besprachen seine großen Pläne.« »Alle Ideen sind von Rhodes«, sollte Jameson ein andermal sagen, und auf Rhodes' Bitte legte »Doctor Jim« sein Skalpell beiseite und ritt mit ihm, ein Imperium zu erobern. An der Spitze von Rhodes' Privatarmee hatte Jameson König Lobengula von Matabeleland besiegt (und dann die Gicht des gefangenen Königs behandelt).

Mitte Oktober 1895 begann Jameson auf Rhodes' Anweisung Männer an der Westgrenze von Transvaal zu sammeln, ungefähr 270 Kilometer von Johannesburg entfernt. Er hatte 494 Mann, sechs Maschinengewehre und drei Feldgeschütze. Drei Obristen der britischen Armee, zweckdienlich auf längere Zeit vom Dienst beurlaubt, standen zu seiner Unterstützung bereit. Er hatte Anweisung, auf die Nachricht vom Aufstand der Uitlanders zu warten und dann, wenn er gerufen würde, über das Veldt nach Johannesburg vorzustoßen. Jamesons Männer begannen sich zu langweilen und unruhig zu werden. Die Tage des Wartens dehnten sich zu Wochen, und noch immer stellten sich die Uitlanders in Johannesburg Fragen: Würde der Aufstand gelingen? Wenn ja, wie würden die Beziehungen ihres neuen, multinationalen Gemeinwesens zur Kapkolonie sein? Zum britischen Empire? Jameson beobachtete dieses Zaudern mit Ungeduld und Zorn. Die Zeit verging; bald würde Krüger die ganze Verschwörung aufdecken. »Jeder könnte mit einem halben Dutzend Revolvern den Transvaal erobern«, erklärte er. Als der Aufstand auf den 28. Dezember festgesetzt und dann auf unbestimmte Zeit vertagt wurde, hörte Jameson sich die Nachricht an und verließ dann sein Zelt, um auf und ab zu gehen. Zwanzig Minuten später kam er wieder herein und verkündete: »Ich marschiere.« Am folgenden Abend ritten seine Freischärler im hellen Mondschein einer Mittsommernacht der südlichen Hemisphäre über die Grenze nach Transvaal hinein.

Es war ein Fiasko. Nach vier Tagen waren Jamesons Männer bis auf zweiundzwanzig Kilometer an die hohen Schornsteine der Erzverhüttungsanlagen um Johannesburg herangekommen. Aber sie hatten sich gegen wachsenden Widerstand durchkämpfen müssen, waren nicht zur Ruhe gekommen, und je tiefer sie in den Transvaal eindrangen, desto mehr Buren strömten zusammen, ihnen den Weg zu verlegen. Am Morgen des 2. Januar 1896 sah er sich mit seiner Truppe von einer Übermacht eingeschlossen, verzeichnete siebzehn Tote, fünfundfünfzig Verwundete und fünfunddreißig Vermißte und mußte sich eingestehen, daß seine Mission gescheitert war. Er zog die weiße Fahne auf. Seine Männer wurden entwaffnet und sofort freigelassen. Jameson selbst und fünf Offiziere, darunter die drei britischen Obristen, wurden an der Grenze zu Natal der Regierung der Kapkolonie übergeben. Von dort wurden sie nach England zurückgeschickt, um vor Gericht gestellt zu werden.

Fünf Jahre später, als Großbritannien die Burenrepubliken Transvaal und Oranjefreistaat zu unterwerfen versuchte, benötigte es drei Jahre und fast eine halbe Million Soldaten.

In England hörte die Öffentlichkeit zuerst am Morgen des Neujahrstages vom Jameson-Raid. In der *Times* las sich das so: »KRISE IN TRANSVAAL: HILFEERSUCHEN VON UITLANDERS. DR. JAMESON ÜBERSCHREITET MIT 700 MANN DIE GRENZE.« Auf den Innenseiten war der Text eines Appells von fünf prominenten Johannesburger Uitlanders abgedruckt, die Jameson um Hilfe baten. »Die Lage von Tausenden von Engländern und anderen wird rasch unerträglich«, erklärte der auf den 28. Dezember datierte Brief. »Unbewaffnete Männer, Frauen und Kinder unserer Rasse werden wohlbewaffneten Buren ausgeliefert sein, während Eigentum von ungeheurem Wert in größte Gefahr geraten wird.« Spätere Nachforschungen ergaben, daß der Brief schon im

November geschrieben und von Jameson zurückgehalten worden war. Als es keinen Aufstand der Uitlanders gab und Jameson sich auch ohne Hilferuf zum Angriff entschloß, ließ er den als »Frauen-und-Kinder-Brief« bekannt gewordenen Hilferuf veröffentlichen.

Die britische Regierung leugnete jede Komplizenschaft mit Jameson. Der Kolonialminister, Joseph Camberlain, hatte sich in seinem Haus in Birmingham für einen Ball angekleidet, als ein Bote ihm die Nachricht überbrachte. Sofort nahm Chamberlain einen Zug nach London, wo er am 31. Dezember vor Tagesanbruch eintraf. Ein Strom von Telegrammen, der an diesem Tag das Kolonialministerium verließ, nannte den Jameson-Einfall »eine Kriegshandlung«, verlangte, daß die Freischärler zurückgerufen würden und boten Präsident Krüger die Zusammenarbeit der britischen Regierung bei einer »friedlichen Regelung... welche durch Konzessionen, die zu machen Sie sicherlich bereit sein werden, gefördert würde.« Chamberlain sorgte sich am meisten über die deutschen Reaktionen auf den Überfall. »Falls er [der Einfall] von uns unterstützt sein sollte«, sagte er zu Lord Salisbury, »würde es die Anschuldigungen Deutschlands und anderer Mächte rechtfertigen, daß wir, nachdem wir zuerst vergeblich versuchten, in einem befreundeten Staat einen Aufstand anzuzetteln, dann einem Akt offener Aggression zustimmten.«

Chamberlains Sorgen waren wohlbegründet. Die Republik Transvaal war immer ein Favorit des deutschen Volkes gewesen. »Das deutsche Volk empörte sich über diesen Versuch der Vergewaltigung einer kleinen Nation, deren Ursprung niederländisch, also auch niedersächsisch-deutsch ist, und die aus völkisch-verwandtschaftlichen Gründen Sympathie bei uns genoß«, erklärte der Kaiser in seinen Memoiren. 1884 war Paul Krüger im Anschluß an seinen Besuch in London, wo er die Konvention unterzeichnet hatte, die seinem Land den Abschluß von Verträgen mit dritten Staaten ohne britische Zustimmung untersagte, nach Berlin gekommen und hatte bei Bismarck vorgesprochen. »Wenn das Kind krank ist«, sagte Krüger, »sieht es sich nach Hilfe um. Dieses Kind bittet den Kaiser, den Buren zu helfen, sollten sie jemals krank sein.« Bismarck, dem die Bedingungen der Londoner Konvention bekannt waren, legte sich nicht fest.

Der deutsche Einfluß in den Burenrepubliken wuchs rasch. Nach Entdeckung der Goldvorkommen 1886 strömten fünfzehntausend Deutsche nach Transvaal; deutsche Geschäftsleute gründeten Tochterunternehmen in Pretoria, und der energische deutsche Konsul von Herff ließ keine Gelegenheit aus, die Bindungen zwischen Deutschland und dem Transvaal hervorzuheben. Eine Eisenbahnlinie von Pretoria zur Küste durch die portugiesische Kolonie Mozambique wurde mit deutscher Kapitalhilfe gebaut (und machte das Land gänzlich unabhängig von den Verkehrsverbindungen zur britischen Kapkolonie). Der portugiesische Hafen Lourenço Marques an der Delagoa-Bucht, wo die neue Bahnlinie den Indischen Ozean erreichte, wurde ein Anlaufhafen für den Norddeutschen Lloyd und die Hamburg-Amerika-Linie.

Von Zeit zu Zeit erinnerten britische Diplomaten, besorgt über die Ermutigung burischer Unabhängigkeitsbestrebungen, ihre deutschen Kollegen an die Londoner Konvention von 1884. Dies kränkte den Kaiser. »Auch das noch!« höhnte er im Oktober 1895. »Drohen, wo sie uns in Europa so nötig haben!« Im selben Jahr hatte das deutsche Verhalten nämlich britischen Argwohn erregt. Am 27. Januar, dem Geburtstag des Kaisers, hatte der Deutsche Klub in Pretoria Präsident Krüger eingeladen. Konsul von Herff versicherte Krüger, daß das Schicksal des Burenstaates Deutschland nicht gleichgültig sei. Und Krüger verglich sein Land wieder mit der Rolle eines Kindes. »Unsere kleine Republik kriecht unter den Großmächten nur herum«, sagte er, »aber wir glauben, daß, wenn einer von ihnen auf uns herumzutrampeln wünscht, der andere versuchen wird, das zu verhindern.« Deutschland, so verkündete er, »ist eine ausgewachsene Macht, die England daran hindern würde, die junge Republik zu treten.« Sir Edward Malet, der britische Botschafter in Berlin, wurde wegen dieser Äußerungen bei Marschall von Bieberstein vorstellig, dem Staatssekretär für Auswärtige Angelegenheiten. Marschall hörte sich Malets Beschwerden an und versetzte, daß die Schwierigkeiten in Afrika nicht von den Buren verursacht würden, sondern vom aggressiven Verhalten der Kapkolonie unter Cecil Rhodes. Im Juli 1895 wurde die Eisenbahnverbindung zwischen Pretoria und dem Indischen Ozean eröffnet. Wilhelm II. telegrafierte seine Glückwünsche, und drei deutsche Kreuzer ankerten in der Delagoa-Bucht.

Im Herbst 1895 erreichten Gerüchte über einen bevorstehenden Aufstand der Uitlanders Europa. Botschafter Malet, im Begriff, in den Ruhestand zu treten, nutzte seinen Abschiedsbesuch bei Marschall, um vor der Gefahr weiterer Ermutigung burischer Bestrebungen zu warnen. Marschall erwiderte, daß zumindest der Status quo erhalten bleiben müsse; jeder Versuch zur Verwirklichung von Rhodes' Traum, die Republik Transvaal wirtschaftlich oder politisch in Britisch-Südafrika aufgehen zu lassen, würde »deutschem Interesse entgegengesetzt« sein. Die britische und deutsche Presse wurden kriegerisch. »Der Status [der Republik Transvaal gegenüber Großbritannien] ist der eines Vasallen zum Souverän«, verkündete die *Times*. »Wir werden unsere schmutzige Wäsche zu Hause ohne die Hilfe deutscher Wäscherinnen waschen«, grollte der *Daily Telegraph*. Deutschland »benötigt keine Unterweisung, was den Umfang seiner Interessen im südlichen Afrika betrifft«, erklärte die *Vossische Zeitung*. »Transvaal hat ein Recht darauf, sich um Unterstützung an Deutschland zu wenden. Die Republik ist in keinem Sinne ein englischer Vasall.« Als Wilhelm II. Marschalls Bericht über sein Gespräch mit Botschafter Malet erhielt, fuhr er zornig auf. Bei einem diplomatischen Empfang nahm er den britischen Militärattaché beiseite und beklagte sich, daß Malet »so weit gegangen [sei], das unglaubliche Wort ›war‹ [Krieg] in den Mund zu nehmen; mithin wegen ein paar Quadratmeilen voll Neger und Palmbäume habe England seinem einzigen wirklichen Freund, dem Deutschen Kaiser, Enkel Seiner Majestät der Königin von Großbritannien und Irland, mit Krieg gedroht.«

Dann telegrafierte von Herff am 30. Dezember der Wilhelmstraße, daß der Einfall begonnen habe. Er drängte darauf, daß eine Abteilung Marinesoldaten von den Schiffen in der Delagoa-Bucht per Bahn nach Johannesburg gebracht werde, um deutsche Staatsbürger und deutsches Eigentum zu schützen. Am 31. Dezember wurde Hatzfeldt angewiesen, offiziell anzufragen, ob die britische Regierung den Einfall Jamesons billige. Wenn die Antwort ja sei, solle er seinen Paß verlangen und die diplomatischen Beziehungen abbrechen. Als Hatzfeldt bei Salisbury vorstellig wurde, wurde ihm versichert, daß die Regierung nichts mit dem Einfall zu tun habe, alles mögliche tue, um ihn zu unterdrücken und die Gefahren erkenne, die den Interessen anderer europäischer Mächte in Transvaal durch dieses Vorgehen drohten. Hatzfeldt kehrte in seine Botschaft zurück und kabelte nach Berlin, daß die britische Regierung für den Jameson-Einfall nicht verantwortlich sei, sondern daß er sie in große Verlegenheit versetzt habe. In Berlin überreichte Sir Frank Lascelles, der neue britische Botschafter, die gleiche Botschaft und erklärte, daß die Freischärler »Rebellen« seien und daß Jameson den strengen Befehl erhalten habe, sich zurückzuziehen.

Unterdessen war der Kaiser in einem Zustand hochgradiger Erregung. Der Jameson-Einfall im Gefolge dessen, was er im vorausgegangenen Sommer als Lord Salisburys Unhöflichkeit wahrgenommen hatte, schien ein weiteres Indiz für eine vorsätzliche britische Politik, deutsche Interessen und den deutschen Kaiser mit Mißachtung zu behandeln. Am 1. Januar beschrieb General von Schweinitz seinen kaiserlichen Herren als »absolut zornentbrannt und bereit, gegen England zu kämpfen.« Am folgenden Tag führte der preußische Kriegsminister, General von Schellendorf, ein Gespräch mit dem Kaiser, in dessen Verlauf Wilhelm II. so erregt und heftig wurde, daß der Kriegsminister hinterher Fürst Hohenlohe erzählte, er hätte, wenn es jemand anders gewesen wäre, »den Säbel gezogen«.

Später am Abend erreichte die Nachricht von Jamesons Kapitulation Berlin. Wilhelm, erleichtert und erfreut, war gleichwohl entschlossen, England eins auszuwischen. Um zehn Uhr am Vormittag des 3. Januar traf der Kaiser in Begleitung der Admiräle Senden, Hollmann und Knorr in der Reichskanzlei in der Wilhelmstraße ein. Hohenlohe, der sechsundsiebzigjährige Kanzler, und Marschall von Bieberstein, der Staatssekretär des Auswärtigen Amtes, waren zum Empfang angetreten. Holstein und Kayser, Direktor der Kolonialabteilung, warteten in einem benachbarten Raum.

Der Kaiser, erfuhr Holstein später, entwickelte einige erstaunliche und eigenartige Pläne: Protektorat über die Republik Transvaal, Mobilisierung der Marineinfanterie, Entsendung von Truppen nach Transvaal. Der Reichskanzler warnte, dies bedeute Krieg mit Großbritannien. »Nur auf dem Land«, antwortete der Kaiser. Die Admiräle bezweifelten, daß Großbritannien eine Auseinandersetzung auf Südafrika beschränken und auf hoher See Frieden bewahren würde. Die Diskussion schweifte ab. Jemand machte den Vorschlag, »Oberst Schele, der Gouverneur von Deutsch-Ostafrika, [solle sich] in der Verkleidung eines Löwenjägers ... zum Präsidenten Krüger begeben und sich diesem als Generalstabschef zur Verfügung stellen.«

Endlich machte Marschall, der die Reaktion abmildern wollte, den Vorschlag, daß der Kaiser ein Glückwunschtelegramm an Präsident Krüger sende. Wilhelm II. war einverstanden, und Marschall verließ den Raum, um die Botschaft zu entwerfen. Holstein spürte, daß Gefahr im Verzug war, und drückte Befürchtungen aus, aber Marschall brachte ihn rasch zum Schweigen: »Ach lassen Sie doch; Sie wissen ja gar nicht, was da drin alles vorgeschlagen wird, dies ist noch das wenigst Schlimme.«

Ein von Kayser aufgesetztes Telegramm wurde hineingeschickt und fand die allerhöchste Billigung. Als persönliche Botschaft des deutschen Kaisers an den Burenpräsidenten abgefaßt, hatte es folgenden Wortlaut: »Ich spreche Ihnen meinen aufrichtigen Glückwunsch aus, daß es Ihnen, ohne an die Hilfe befreundeter Mächte zu appellieren, mit Ihrem Volke gelungen ist, in eigener Tatkraft gegenüber den bewaffneten Scharen, welche als Friedensstörer in Ihr Land eingebrochen sind, den Frieden wiederherzustellen und die Unabhängigkeit des Landes gegen Angriffe von außen zu wahren.« Wilhelm hatte die Sprache zusätzlich verschärft: die Beglückwünschung des Präsidenten zur Sicherung »des Prestiges des Landes« wurde verändert zu »die Unabhängigkeit« des Landes. Krüger schrieb zurück: »Ich drücke Eurer Majestät tiefste Dankbarkeit für die Glückwünsche Eurer Majestät aus. Mit Gottes Hilfe hoffen wir weiterhin alles Mögliche für das Fortbestehen der Republik zu tun.«

In Deutschland wurde die Krüger-Depesche mit allgemeiner Zustimmung aufgenommen. »Nichts, was die Regierung seit Jahren getan hat, hat so vollständige Befriedigung verschafft«, erklärte die *Allgemeine Zeitung*. Marschall war begeistert: »Die Freude über die Niederlage der Engländer ist allgemein ... Unsere Presse ist vorzüglich. Alle Parteien einig, sogar die Tante Voss [die liberale *Vossische Zeitung*] will kämpfen.« Die Euphorie war kurzlebig. Bismarck verurteilte das Telegramm als »intempestiv«, Bülow fand es »vehement« und »abrupt«. Hatzfeld »rang vor Verzweiflung über den ›unverständlichen Irrsinn‹, wie er sich ausdrückte, ›welcher die Wilhelmstraße befallen‹ habe, die Hände und war nahe daran, seinen Posten in London niederzulegen.« Holstein schrieb 1907, nachdem er in Ruhestand getreten war, er habe keinen Zweifel daran, »daß das reiche und träge England zu seiner heutigen gereizten Abwehrstellung Deutschland gegenüber durch fortgesetzte Drohungen und Kränkungen von deutscher Seite gebracht worden ist. Den Anfang machte das Krügertelegramm.«

Die Engländer wollten sofort wissen, ob das Telegramm bloß eine impulsive Botschaft des Kaisers oder eine offizielle Erklärung der Regierung sei. Am 4. Januar, bereits einen Tag nach der Absendung des Telegramms, stellte die Kaiserinwitwe Friedrich diese Frage Hohenlohe beim Mittagessen. Der Reichskanzler »antwortete, daß es sicherlich im Einklang mit der öffentlichen Meinung in Deutschland zu diesem Zeitpunkt stehe. Woraus«, schrieb die Kaiserinwitwe an ihre Mutter und ihren Bruder in England, »ich entnehme, daß das Telegramm gebilligt wurde.« Auf dieselbe Frage antwortete Marschall etwas später dem Berliner Korrespondenten der *Times*, daß das Telegramm »eine Staatsaktion« gewesen sei.

In den folgenden Jahren war jeder der Teilnehmer an der Besprechung vom 3. Januar zu zeigen bemüht, daß die Aktion ihm gegen sein besseres Urteil aufgezwungen worden sei. Holstein unterstützte Marschall und beschrieb das Telegramm als einen »Ausdruck kaiserlicher Gereiztheit ..., die Folge von Mißhelligkeiten persönlicher Art, die sich einige Monate zuvor bei der englischen Reise des Kaisers zwischen ihm und Lord Salisbury herausgebildet hatten.«

Die Version des Kaisers veränderte sich mit der Zeit. Als das Telegramm veröffentlicht war und ganz Deutschland ihm applaudierte, sprach und handelte Wilhelm, als sei er der alleinige Urheber gewesen. Später, in seinen Memoiren, versuchte er die Verantwortung zu verlagern: »Der Jameson-Einfall hatte in Deutschland eine große, sich steigernde Erregung ausgelöst. ... Als ich mich eines Tages zu einer Besprechung bei meinem Oheim dem Reichskanzler befand, bei der der Staatssekretär des Reichsmarineamtes Admiral Hollmann zugegen war, erschien plötzlich in erregter Stimmung der Staatssekretär Freiherr Marschall mit einem Blatt Papier in der Hand. Er erklärte, die Erregung im Volke, ja auch im Reichstag sei so gewachsen, daß es unumgänglich nötig sei, ihr nach außen hin Ausdruck zu geben. Das geschehe am besten durch ein Telegramm an Krüger, zu dem er den Entwurf in der Hand hielt. Ich sprach mich dagegen aus und wurde darin von Admiral Hollmann unterstützt. Der Reichskanzler verhielt sich bei dieser Debatte zunächst passiv. Da ich die Unkenntnis der englischen Volkspsyche seitens des Auswärtigen Amtes und des Freiherrn Marschall kannte, versuchte ich, diesem die Folgen, die ein solcher Schritt im englischen Volk auslösen werde, klar zu machen; auch hierbei sekundierte mir Admiral Hollmann. Marschall war aber nicht zu überzeugen.

Da endlich ergriff der Reichskanzler das Wort und bemerkte, daß ich mich als konstitutioneller Herrscher nicht in Gegensatz zum Volksbewußtsein und zu meinen verfassungsmäßigen Ratgebern stellen dürfe. Sonst drohe die Gefahr, daß die sehr erregte Stimmung des in seinem Gerechtigkeitsgefühl – auch in seinem Mitgefühl für die Niederlande – stark getroffenen deutschen Volkes über die Ufer schlagen und sich auch gegen mich persönlich wenden werde. Schon jetzt seien Bemerkungen im Volke im Umlauf: Der Kaiser sei ja doch ein halber Engländer und habe heimliche englische Sympathien, er stehe ganz unter dem Einfluß seiner Großmutter, der Königin Victoria, die ›Onkelei‹ aus England müsse endlich aufhören ... Daher müsse er, der Reichskanzler, wenn er auch die Berechtigung meiner Einwürfe nicht verkenne, aus allgemeinem politischen Interesse, meines Verhältnisses zu meinem Volk, darauf bestehen, daß ich das Telegramm unterzeichne. Er wie Herr von Marschall als meine verfassungsmäßigen Berater übernähmen für das Telegramm und seine Konsequenzen die volle Verantwortung. ... Ich unterschrieb.

... Nach der Veröffentlichung der Krügerdepesche ging der Sturm in England los, wie ich es vorausgesagt hatte. Ich erhielt aus allen Kreisen Englands, zumal aus aristokratischen, auch von mir unbekannten Damen aus der Gesellschaft, eine wahre Flut von Briefen mit allen denkbaren Vorwürfen, die sogar vor persönlichen Schmähungen und Verlautbarungen nicht halt machten.«

Englands Reaktion auf die Krüger-Depesche war zuerst Verblüffung, dann überwältigende Feindseligkeit. Der Kaiser hatte die Unabhängigkeit Transvaals implizit unterstrichen. Und dadurch, daß er Krüger beglückwünschte, den Einfall »ohne die Hilfe befreundeter Mächte« zurückgeschlagen zu haben, hatte er den Eindruck erweckt, daß solche Hilfe erhältlich gewesen wäre oder in Zukunft erhältlich sein könnte. »Die Nation wird dieses Telegramm niemals vergessen«, wetterte die *Morning Post*. »England wird unter Drohungen nichts zugestehen und sich keine Beleidigung gefallen lassen«, verkündete die *Times*. Schaufensterscheiben deutscher Geschäfte wurden eingeschlagen, deutsche Matrosen im Hafen angegriffen. Das 1. Königliche Dragonerregiment, dessen Ehrenoberst der Kaiser war, drehte das kaiserliche Portrait um, so daß es mit dem Gesicht zur Wand hing. Satirische und zotige Lieder über den deutschen Kaiser beherrschten die Londoner Varietés.

Die königliche Familie war uneins, wie sie auf »diesen höchst unberechtigten unfreundlichen Akt«, wie der Prinz von Wales das Telegramm seiner Mutter beschrieb, reagieren sollte. »Der Prinz würde gern wissen, was den Kaiser überhaupt berechtigte, eine Botschaft zu schicken. Die südafrikanische Republik ist kein unabhängiger Staat... sie untersteht der Souveränität der Königin.« Als Abhilfe empfahl der Prinz seiner Mutter »einen kräftigen Rüffel« des Kaisers. Die Königin wählte einen anderen Weg und beschloß, den Kaiser wie einen ungezogenen Enkel zu behandeln. Am 5. Januar schrieb sie einen großmütterlichen Brief:

»Mein lieber Wilhelm... Ich muß jetzt ein Thema berühren, das mir viel Schmerz und Verwunderung verursacht. Es ist das Telegramm, das Du Präsident Krüger gesandt hast und welches als sehr unfreundlich gegen dieses Land betrachtet wird, nicht, daß Du es so gemeint hättest, dessen bin ich sicher – aber ich muß zu meinem Kummer sagen, daß es hier einen höchst unglücklichen Eindruck gemacht hat. Die Handlungsweise Dr. Jamesons war natürlich sehr falsch und völlig ungerechtfertigt, aber in Anbetracht der sehr eigentümlichen Stellung Transvaals zu Großbritannien denke ich, daß es weit besser gewesen wäre, nichts zu sagen.«

Lord Salisbury, der eine Kopie des Briefes der Königin erhielt, meinte, daß der Brief »in Lord Salisburys Urteil dem Anlaß in jeder Weise angemessen ist und zu der Hoffnung berechtigt, daß er einen wertvollen Effekt haben wird.«

Wilhems Antwortbrief vom 8. Januar war eine Mischung aus Ehrerbietung und Ausflucht:

> Innigst geliebte Großmama:
> Niemals war das Telegramm als ein Schritt gegen England oder Deine Regierung beabsichtigt... Wir wußten, daß Deine Regierung alles in ihrer Macht Stehende getan hat, um die Freibeuter zurückzuhalten, daß diese aber rundweg den Gehorsam verweigert hatten und in einer beispiellosen Art und Weise im tiefen Frieden ein benachbartes Land überraschten... Die Gründe für das Telegramm waren dreifach. Erstens im Namen des Friedens, der plötzlich verletzt worden war und den ich immer, Deinem ruhmreichen Beispiel folgend, überall aufrechtzuerhalten suche. Diese Handlungsweise hat bisher sehr oft Deine so wertvolle Billigung gefunden. Zweitens für unsere Deutschen in Transvaal und unsere Obligationsinhaber zu Hause mit unserem investierten Kapital von 250–300 Millionen, die für den Fall, daß in den Städten Kämpfe ausgebrochen wären, in Gefahr gewesen wären. Drittens waren die Männer Rebellen, da Deine Regierung und ihr Botschafter beide deutlich gemacht hatten, daß sie in offenem Ungehorsam gegen ihre Befehle handelten. Ich dachte natürlich, daß es sich um einen rasch zusammengewürfelten Haufen von Goldgräbern handelte, die allgemein dafür bekannt sind, daß sie mit dem Abschaum aller Nationen durchmischt sind, und ahnte nicht, daß es wirkliche englische Gentlemen und Offiziere unter ihnen gab.
>
> Nun, für mich sind Rebellen gegen den Willen der allergnädigsten Majestät der Königin die abscheulichsten Wesen auf Erden, und ich war so entflammt über die Vorstellung, daß Deine Befehle mißachtet worden waren und dadurch auch der Friede und die Sicherheit meiner Landsleute in Gefahr geraten waren, daß ich es für nötig hielt, dies öffentlich zu zeigen. Es ist, und ich bedaure, das sagen zu müssen, von der britischen Presse völlig mißverstanden worden. Ich war für Gesetzlichkeit, Ordnung und Gehorsam gegen einen Souverän aufgetreten, den ich verehre und liebe... Dies waren meine Motive, und ich fordere jeden auf, der ein Gentleman ist, mir nachzuweisen, wo darin etwas Feindliches gegen England ist...

> Ich hoffe und vertraue darauf, daß dies bald vorübergehen wird, da es einfach unsinnig ist, daß zwei große Nationen, in Verwandtschaft und Religion eng verbunden, beiseite stehen und einander schief ansehen sollten, während der Rest Europas zuschaut. Was würden der Herzog von Wellington und der alte Blücher * sagen, wenn sie dies sähen?

Salisbury sprach sich dafür aus, den Zwischenfall auf sich beruhen zu lassen und riet der Königin, Wilhelms Erklärungen zu akzeptieren »ohne sie allzu genau auf ihren Wahrheitsgehalt zu prüfen«. Aus der Perspektive der britischen Politik hatte der Kaiser dem Kabinett Salisbury einen Gefallen erwiesen. Jamesons Abenteuer hatte die Regierung in Mißkredit gebracht; viele glaubten, der Kolonialminister Chamberlain sei persönlich in die Angelegenheit verstrickt gewesen. Indem er inmitten dieses Dramas auf die Bühne stürzte, lenkte der deutsche Kaiser die Aufmerksamkeit auf sich. Ausgerechnet Rhodes selbst sollte dies dem Kaiser erklären. Als er 1899 im Zusammenhang mit der Verlegung einer Telegrafenleitung durch Deutsch-Ostafrika Berlin besuchte, wurde er zum Mittagessen ins Schloß eingeladen. (Die Kaiserin hatte vorher an Bülow geschrieben: »Ich würde gern von Ihnen hören, wie ich diesen Abend Cecil Rhodes behandeln soll, ob etwas kühl, oder ob man ihm besonders freundlich entgegenkommen soll. Ich würde nach meinem Geschmack ersteres wählen.« Wilhelm II., beeindruckt von dem großen *Conquistador*, hörte großmütig zu, als Rhodes ihm schilderte, daß die Krüger-Depesche ihn gerettet hatte. »Sehen Sie, ich war ein böser Junge, und Sie wollten mir eine Tracht Prügel verpassen. Nun waren meine Leute auch bereit, mich für meine Unartigkeit zu verprügeln, aber sobald Sie's taten, sagten sie: ›Nein, wenn das jemandes Sache ist, dann ist es unsere.‹ Das Ergebnis war, daß Eure Majestät von den Engländern sehr mißbilligt wurde und ich überhaupt nicht verprügelt wurde!«

In Wirklichkeit kamen aber weder er noch Jameson ganz ungeschoren davon. Jameson und seine fünf höchsten Offiziere wurden nach London gebracht und vor Gericht gestellt. In den Monaten vor dem Verfahren und selbst während des neuntägigen Prozesses im Juli 1896 bleiben die Angeklagten auf freiem Fuß, und Jameson war der gefeierte Held der Hauptstadt. Arthur Balfour, der Sprecher der Regierungspartei im Unterhaus, erklärte öffentlich, daß er »wahrscheinlich mit Jameson gegangen wäre, hätte er dort gelebt«. Margot Tennant Asquith, die Frau des späteren liberalen Premierministers H. H. Asquith, seufzte: »Dr. Jim hatte persönlichen Magnetismus und konnte mit meinem Geschlecht tun, was er wollte.« Obwohl die *Times* meinte, Jamesons Sünde sei nur ein »Übermaß an Eifer« gewesen, wurde er schuldig gesprochen und zu fünf-

* Die Befehlshaber der verbündeten britischen und preußischen Armeen bei Waterloo.

zehn Monaten verurteilt. (Die Offiziere erhielten kürzere Haftstrafen und wurden aus der Armee entlassen.) Jameson kam in ein relativ komfortables Gefängnis, aber er wurde schwermütig, sein Gesundheitszustand verschlechterte sich, und nach nur vier Monaten wurde er von der Königin begnadigt und entlassen. Acht Jahre später, 1904, wurde er Premiermininster der Kapkolonie. 1911 verlieh König Georg V. ihm einen Adelstitel, und im folgenden Jahr kehrte Sir Leander Starr Jameson endgültig nach England zurück. Er lebte fünf Jahre bei seinem Bruder und starb 1917 mit vierundsechzig Jahren. Von seiner Verurteilung bis zu seinem Tode weigerte er sich beharrlich, über den Einfall zu sprechen.

Die Spannungen zwischen den Regierungen Großbritanniens und Deutschlands ließen rasch nach, obwohl Lord Salisbury die potentielle Gefahr, die sich in der Situation andeutete, sehr wohl erkannte. »Der Jameson-Einfall war sicherlich ein törichter Streich«, sagte er zu Eckardstein. »Aber noch törichter war, jedenfalls vom Standpunkt der deutschen Interessen, das Krüger-Telegramm. ... Hätte der erste deutsche Soldat das Gebiet der südafrikanischen Republik betreten, so war der Krieg unvermeidlich. Keine Regierung in England hätte dann dem Druck der öffentlichen Meinung widerstehen können. Wäre es zum Kriege zwischen uns gekommen, so hätte sich daraus ein allgemeiner europäischer, vielleicht sogar ein Weltkrieg entwickelt.«

Auch so aber veränderten der Einfall und das Telegramm die Beziehungen zwischen Großbritannien und dem kaiserlichen Deutschland. In der öffentlichen Meinung Englands war der Jameson-Raid ein gewagter Versuch, legitime britische Interessen zu schützen. Die Handlungsweise des Kaisers hatte die britische Bevölkerung vollkommen überrascht. Bis zur Veröffentlichung des Telegrammes hatten die Briten Frankreich als den traditionellen und potentiellen Feind betrachtet. Das Deutsche Reich, vom Enkel der Königin regiert, galt als Englands Freund. Das Telegramm ließ eine unvermutete Feindseligkeit erkennen. Die aufgeputschten Gefühle legten sich mit der Zeit, aber ein Rückstand von Argwohn blieb. Die Prinzessin von Wales erklärte: »In seinem Telegramm an den Präsidenten Krüger hat mein Neffe Willy uns gezeigt, daß er uns innerlich feindlich gesinnt ist, wenn er sich auch bei jeder Begegnung mit uns in Kajolerien, Komplimenten und Versicherung seiner Liebe und Anhänglichkeit überbietet.«

In Rom warnte Sir Francis Clare Ford, der britische Botschafter, seinen deutschen Kollegen Bernhard von Bülow: »Diese Ohrfeige von Seiten Ihres Kaisers wird England nicht vergessen«. Als Bülow an die vielen Bande zwischen den beiden Ländern erinnerte, erklärte Sir Clare, »gerade wegen dieser vielen und intimen Beziehungen wird das englische Volk Ihrem Kaiser diesen Affront nicht verzeihen. Der Engländer hat die Empfindung, die ein Gentleman haben würde, dem im Klub ein anderer Gentleman, sein Vetter, mit dem er viele Jahre friedlich Whist gespielt und Brandy und Soda getrunken hat, plötzlich eine Maulschelle appliziert.«

Die Explosion britischen Zornes, über den die deutsche Presse ausführlich berichtete, erzeugte in Deutschland ihre eigene Rückwirkung. Ein Nutznießer davon war Tirpitz, der das Telegramm angesichts Deutschlands Ohnmacht zur See abgelehnt hatte. Was hätte Deutschland tun können, fragte er, wenn Hatzfeldt seinen Paß genommen hätte? Was konnten fünfzig oder hundert oder tausend deutsche Marineinfanteristen oder Soldaten in Afrika ausrichten, solange Großbritannien die See beherrschte? Mahans These, daß Weltmacht Seemacht erforderte, fand ihre grelle Bestätigung.

»Dieser Vorfall kann dennoch sein Gutes haben«, schrieb Tirpitz an General von Stosch, seinen Vorgesetzten als Marineminister, »und ich würde, um unserem Parlament die Augen zu öffnen, eine etwas größere Blamage für uns in diesem Sinne sogar für nützlich halten.« Jahre später folgerte der Großadmiral in seinen Memoiren, daß »der englische Ausbruch von Haß, Neid und Wut gegen Deutschland, welchen die Krüger-Depesche auslöste, ... mehr als irgend etwas anderes dazu beigetragen [hat], breiteren Schichten des deutschen Volkes über unsere wirtschaftliche Lage und die Notwendigkeit des Flottenbaus die Augen zu öffnen.«

# 12. KAPITEL

## »Joe«

Lord Salisbury und Joseph Chamberlain arbeiteten während der Krise des Jameson-Einfalls und der Krüger-Depesche zusammen, doch war das Verhältnis zwischen den beiden nicht immer freundschaftlich gewesen. Als junger Mann hatte Chamberlain mit dem Republikanertum geliebäugelt. »Die Republik muß kommen, und bei dem Tempo, mit dem wir voranschreiten, wird sie in unserer Generation kommen! Ich empfinde keinen großen Schrecken bei der Vorstellung«, hatte er gesagt. Als junger Minister in Gladstones dritter Regierung hatte Chamberlain das Oberhaus angegriffen. »Das Gottesgnadentum von Königen – das war eine gefährliche Täuschung«, hatte Chamberlain erklärt, »aber das Gottesgnadentum von Pairs ist ein lächerliches Hirngespinst. Wir dürfen doch nicht die einzige Rasse in der zivilisierten Welt sein, die sich den unverschämten Anmaßungen einer Erbkaste unterwirft.« Chamberlain gab seinem Angriff sogar eine persönliche Wendung: »Lord Salisbury macht sich zum Sprecher... der Klasse, zu der er selbst gehört, die nicht arbeitet und nicht spinnt, deren große Vermögen, wie in diesem Fall, in vergangenen Zeiten durch Besitzübertragungen von Königen an ihre Höflinge entstanden sind.«

»Die nicht arbeitet und nicht spinnt« – die Redewendung fand Widerhall im ganzen Land. Lord Salisbury bezeichnete den jungen Radikalliberalen aus Birmingham als »einen sizilianischen Banditen«. Als Chamberlain mit einem Marsch auf London von Zehntausenden seiner Anhänger aus Birmingham drohte, um gegen die Macht des Oberhauses zu protestieren, schlug Lord Salisbury vor, daß Mr. Chamberlain selbst an der Spitze des Zuges marschieren solle. »Mein Eindruck ist«, erklärte Salisbury grimmig, »daß jene, die ihn werden empfangen müssen, in der Lage sein werden, damit fertig zu werden... und daß Mr. Chamberlain von seinem Abenteuer mit einer Beule am Kopf zurückkehren wird, wenn nicht mit Schlimmerem.« Chamberlain nahm die Herausforderung an schlug vor, daß Lord Salisbury die Kämpfer der Tories anführen solle. »In diesem Falle wird mein Kopf, sollte er eine Beule davontragen, in sehr guter Gesellschaft sein.« Er fügte eine weitere Herausforderung hinzu: »Ich würde ihm [Lord Salisbury] raten, ein anderes Experiment zu versuchen... Er hat Picknicks in Hatfield und auf der Hälfte der adligen Herrensitze im Land veranstaltet. Nun soll er doch einmal versuchen, ein Picknick im Hyde Park zu veranstalten. Ich verspreche ihm, daß er ein größeres Publikum haben wird, als er je angesprochen hat, und daß es ganz unnötig sein wird, sich die Ausgaben für ein Feuerwerk aufzubürden.«

Dieser Unruhestifter saß jetzt mit Salisbury am Kabinettstisch. Joseph Chamberlain wurde am 8. Juli 1836 in eine Familie der Mittelschicht südlich der Themse in London geboren. In der Schule bekam er Auszeichnungen in Mathematik und Französisch, aber als er sechzehn war, bestand sein Vater darauf, daß er seine Schulausbildung beende und in das Familiengeschäft eintrete, das in der Herstellung feiner Schuhe und Stiefel aus Saffianleder bestand. Zwei Jahre später ging Joseph, wieder auf Betreiben seines Vaters, nach Birmingham, um in einer neuen Schraubenfabrik zu helfen, die seinem Vater und einem Onkel gemeinsam gehörte. Achtzehn Jahre lang stellte Chamberlain Schrauben her; als er sich 1872 aus dem Geschäft zurückzog, erzeugte seine Fabrik zwei Drittel aller in England hergestellten Stahlschrauben. Mit sechsunddreißig ein wohlhabender Mann, war Joseph Chamberlain in der Lage, sich auf andere Dinge zu konzentrieren.

Bekümmert über seine abgebrochene Ausbildung, hatte er ein lebenslanges Interesse an höherer Bildung. Als John Morley ihn zu einem Besuch nach Oxford brachte und sie »auf den Gartenwegen, durch alte Tore und viele Zeugnisse alter Pracht gegangen waren«, wandte sich Chamberlain zu Morley und sagte: »Ach, wie sehr wünschte ich, daß ich hier ausgebildet worden wäre.« Doch sagte Morley, Chamberlain sei belesener gewesen als die meisten im öffentlichen Leben stehenden Männer. Seine besondere Sorge galt der Kindeserziehung. Um 1870 besuchten 2 Millionen von insgesamt 4,3 Millionen Kindern im Schulalter niemals eine Schule, und eine weitere Million nahm nur unregelmäßig und aufs Geratewohl am Schulunterricht teil. In Birmingham liefen verwahrloste Kinder barfuß, zerlumpt und wild durch die Straßen. Chamberlain wurde zum Fürsprecher der Schulpflicht und einer kostenlosen Schulausbildung. Während er noch Schrauben herstellte, wurde er zum Vorsitzenden des Ausschusses für das Schulwesen der Stadt Birmingham gewählt. Und 1870 hatte er als privater Geschäftsmann Downing Street Nr. 10 besucht, wo er als Sprecher einer Delegation der Nationalen Erziehungsliga aufgetreten war.

Innerhalb eines Jahres nach seinem Rückzug aus der Privatwirtschaft war Joseph Chamberlain Bürgermeister von Birmingham. Obwohl er das Amt nur drei Jahre bekleidete, entwickelte er eine absolute politische Kontrolle über die Stadt, die er für den Rest seines Lebens aufrechterhielt. Dies gab ihm einen Vorteil gegenüber anderen Politikern, deren Anhängerschaft über ganz Britannien verstreut war, während Chamberlains Anhang auf die Mittelschicht und das städtische Proletariat Birminghams und der Midlands konzentriert war. Hier blieb seine Führerschaft unangefochten; auch wenn er von einer politischen Meinung zu einer anderen wechselte – sogar von einer Partei zu einer anderen –, seine Anhänger folgten ihm blind.

Seine Gefolgschaft blieb Chamberlain treu, obwohl er kaum wie ein Sozialreformer oder ein Freund der arbeitenden Klasse aussah. Von mittlerer Größe, mit einem blassen, glattrasierten Gesicht, war Chamberlain in seiner äußeren Erscheinung wie im politischen Leben eine Eigenschöpfung. Er trug elegante Überröcke mit abgerundeten Schößen, eine rote Krawatte, die durch einen goldenen Ring gezogen war, und steckte jeden Tag eine frische Orchidee ins Knopfloch. Ein goldgerandetes Monokel an einem schwarzen Band vervollständigte seine Erscheinung. Einmal erschien er in Birmingham zu einer Stadtratssitzung in einem maßgeschneiderten Mantel aus Seehundfell. Seine Mitbürger nannten ihn bewundernd einen »Swell«; weithin war er als »der König von Birmingham« bekannt. 1874 begrüßte Bürgermeister Chamberlain den Prinzen und die Prinzessin von Wales als Besucher in seiner Stadt. Trotz mancher Spekulation in der konservativen Presse, daß der »radikale Demagoge« dem Thronfolger seine Mißachtung ausdrücken würde, unterhielt Chamberlain das königliche Paar mit einer Parade, einem Empfang und einem Mittagessen im Rathaus. In einem Toast auf den Prinzen erklärte der Bürgermeister: »Hier in England ist der Thron als das Symbol aller verfassungsmäßigen Autorität und geregelten Regierung anerkannt und geachtet.« Nicht viel später wurde Chamberlain zum Essen ins Marlborough House eingeladen.

Chamberlains Leben, gesegnet mit frühen geschäftlichen und politischen Erfolgen, war überschattet von persönlicher Tragödie. Er hatte mit fünfundzwanzig und noch einmal mit dreißig geheiratet. Seine beiden jungen Frauen – beide Cousinen ersten Grades – waren im Kindbett bei der Geburt von Söhnen gestorben.* Diese Todesfälle hatten Chamberlain so schwer getroffen, daß ihm das Weiterleben »beinahe unmöglich« schien. Bald nach dem Tode seiner zweiten Frau ging in Birmingham das Gerücht um, er sei bei einem Verkehrsunfall getötet worden. »Unglücklicherweise«, bemerkte er, »war es nicht wahr, und die Freunde, die herbeieilten, meine Überreste zu sehen, fanden mich als Vorsitzenden eines Stadtratsauschusses für die Gasversorgung.«

Im Sommer 1876, mit vierzig Jahren, wurde Chamberlain ins Unterhaus gewählt. Während des Wahlkampfes überschüttete er den konservativen Premierminister Benjamin Disraeli (Lord Beaconsfield) mit Schmähungen. Disraeli, sagte Chamberlain, sei »ein Mann, der niemals die Wahrheit sagt, außer

* Austen, 1863 geboren, war von 1903–1905 und 1919–1921 Finanzminister und von 1924–1929 Außenminister. Neville, 1869 geboren, war 1923–1924 und 1931–1937 Finanzminister. Von 1937 bis Mai 1940 war er Premierminister.

durch Zufall; ein Mann, der ins Unterhaus geht und dem britischen Parlament die erstbeste Lüge hinwirft, die ihm in den Sinn kommt.« Später entschuldigte Chamberlain sich schriftlich für die Entgleisung. Als Abgeordneter des radikalen Flügels der Liberalen Partei ins Unterhaus gewählt, konnte Chamberlain im Gegensatz zu den meisten Parlamentsabgeordneten auf Erfahrungen in der Verwaltung einer Großstadt zurückblicken. Er verstand die Probleme des Wohnungsbaues, des Schulwesens und des Gesundheitswesens, die besonders das Leben der armen Stadtbevölkrung bedrückten, und er brachte diese Probleme im Parlament zur Sprache. Seine Zuhörer, die einen flammenden radikalen Demagogen erwartet hatten, waren überrascht von seinem durchdringenden Sachverstand.

Als die Liberalen 1880 an die Macht zurückkehrten, entdeckte Gladstone, daß Chamberlain, der erst vier Jahre Parlamentsmitglied war, mit einem Kabinettsposten rechnete. Nach Verhandlungen, zu denen auch eine Drohung Chamberlains gehörte, eine radikale Splitterpartei zu bilden, wenn er nicht ins Kabinett aufgenommen würde, machte Gladstone ihn zum Handelsminister. Die Regierung war liberal, aber das Kabinettsmitglied aus Birmingham sah sich mit Männern an einem Kabinettstisch, die sich sehr von ihm unterschieden. Die Hälfte seiner Kollegen waren Pairs; drei Viertel standen seinen Vorschlägen zur Sozialreform feindlich gegenüber. Dennoch klappte die Zusammenarbeit überraschend gut. Wenn Chamberlain sich ein wenig zu rauh ausdrückte oder zu weit vorpreschte, schrieb ihm der Premierminister eine väterliche Mahnung und wies auf die Notwendigkeit hin, Mäßigung und Kompromißbereitschaft zu zeigen.

1886 beschloß Gladstone seine lange politische Karriere zu krönen, indem er Irland die Selbstregierung zugestand. Ein separates und unabhängiges Parlament sollte in Dublin einberufen werden und uneingeschränkte Autorität über die Steuergesetzgebung und die Ernennung von Magistrats- und anderen Beamten ausüben. Das britische Parlament in London, seiner irischen Mitglieder entledigt, würde die Kontrolle über Verteidigung und auswärtige Angelegenheiten behalten. Als Chamberlain von Gladstones Vorschlag hörte, war er bestürzt. Zwar meinte auch er, daß »das irische Volk ein Recht auf das größte Maß an Selbstregierung hat, die mit der fortgesetzten Integrität des Empire zu vereinbaren ist«, aber Gladstone, so meinte er, sei zu weit gegangen. »Es war verantwortungslos oder schlimmer«, sagte Chamberlain, »von der Erhaltung der Einheit des Empire zu sprechen und gleichzeitig die Selbstregierung zu gewähren.« Als Gladstone sich nicht beirren ließ, erklärte Chamberlain am 26. März 1886 seinen Rücktritt, und als das Unterhaus am 8. Juni über die »Home Rule« für Irland abstimmte, führte Chamberlain sechsundvierzig Liberale Imperialisten in die Opposition. Die Gesetzesvorlage scheiterte. Die Regierung stürzte, und die Liberale Partei war gespalten.

Chamberlains Handlungsweise hatte schlimme Folgen für ihn selbst wie für seine Partei. Er war nach Gladstone der populärste liberale Politiker in Großbritannien. Hätte er Gladstone in der Frage der Selbstregierung unterstützt, so wäre er als Nachfolger des Premierministers Parteiführer und eines Tages Premier geworden. Als Führer einer abgesplitterten Fraktion, die oft mit den Konservativen stimmte, warf er diese Chance weg. Chamberlain versuchte jedoch nie, die Einheit der Liberalen Partei wiederherzustellen. Im Gegenteil richtete er das ganze Feuer seiner Rhetorik zur Bestürzung und Entrüstung seiner früheren Freunde gegen Gladstone und die Liberalen. Das trug ihm bittere Feindschaft ein. Irische Unterhausmitglieder starrten auf sein Monokel und auf die unvermeidliche Orchidee in seinem Knopfloch und schrien »Verräter!« und »Judas!« wann immer er aufstand, um zu sprechen. Einmal, als Chamberlain direkt über Gladstone herzog, sprangen erbitterte Iren von ihren Abgeordnetensitzen auf und griffen ihn körperlich an. Fäuste flogen, aber Chamberlain blieb unbewegt. Für ihn war Politik eine Art Krieg; Überzeugungen mußten immer leidenschaftlich sein; es durfte »kein Fraternisieren in den Gräben und kein Herumwandern im Niemandsland« geben.

Chamberlain blieb fast zehn Jahre ohne ein Amt, von 1885 bis 1895. Da das Amt des Premierministers jenseits seiner Reichweite war, versuchte er, zumindest Teile seines Programms durchzubringen. 1891 verabschiedete Lord Salisburys Regierung ein Gesetz, das eines von Chamberlains lebenslangen Zielen gewesen war: kostenlose Schulausbildung für alle Kinder im Vereinigten Königreich. Im selben Jahre brachte Chamberlain zum erstenmal im britischen Parlament einen Gesetzentwurf ein, der die Einführung von Altersrenten vorsah.

Während seiner Jahre politischer Einsamkeit fand Chamberlains private Einsamkeit ein Ende, ein Umstand, für den Lord Salisbury indirekt verantwortlich war. Im August 1887 ersuchte der Premierminister Chamberlain, eine britische Delegation nach Washington zu führen, um einen Fischereistreit beizulegen, der durch die Aufbringung und Beschlagnahme amerikanischer Fischerboote in kanadischen Hoheitsgewässern entstanden war. Chamberlain, düster und ruhelos, war sofort einverstanden. Er verbrachte drei Monate in der US-Hauptstadt, wo er ein Favorit der Gesellschaft wurde, häufig mit Präsident Cleveland speiste und einen Vertrag abschloß, der alle zufriedenstellte. Eines Abends, auf einem Empfang, der ihm zu Ehren von der britischen Botschaft gegeben wurde, lernte er Mary Endicott kennen, die Tochter von Clevelands Kriegsminister. Sobald die formelle Vorstellung beendet war, ließ er alle anderen stehen und verbrachte den Abend ausschließlich im Gespräch mit Miss Endicott. Anschließend saß er stundenlang am offenen Fenster seines Hotelzimmers und rauchte seine Zigarre. Mary Endicott war dreiundzwanzig, er war einundfünfzig. Er gelangte zu einer Entscheidung. Miss Endicott nahm seinen Antrag an. Als er nach England zurückfuhr, trug Chamberlain eine rote Rose statt einer Orchidee im Knopfloch.

Die Stadt Birmingham begrüßte die junge amerikanische Braut: »Liebe Lady, willkommen daheim.« Nach ihrem ersten Zusammentreffen schrieb Königin Victoria in ihr Tagebuch: »Mrs. Chamberlain ist sehr hübsch und jung aussehend und sehr damenhaft, von netter, offener, freimütiger Art.« (Ein paar Jahre später schrieb die Königin: »Mrs. Chamberlain sah reizend aus und war so bezaubernd wie immer.«) Lord Salisbury war, so sein Biograph, »immer bereit, mit Mrs. Chamberlain über Politik zu diskutieren«. Wichtiger aber war, daß die jugendliche Stiefmutter die Zuneigung von Chamberlains Kindern gewann. »Sie schloß sein Herz auf, und wir konnten eintreten wie nie zuvor«, sagte einer seiner Söhne später. »Sie brachte mir meine Kinder näher«, bestätigte Chamberlain selbst.

1892 wurde Chamberlains Sohn Austen mit neunundzwanzig Jahren ins Unterhaus gewählt. Ein Jahr später hielt er dort seine Jungfernrede, wie sein Vater mit einem Monokel im Auge. Gladstone, damals zum letzten Mal Premier, stand auf, den Sohn seines früheren Gefolgsmannes und gegenwärtigen bitteren Feindes zu beglückwünschen, und bemerkte, daß die Rede und ihr vollendeter Vortrag »teuer und erfrischend für ein Vaterherz« gewesen sein müsse. Chamberlain verbeugte sich tief vor dem alten Mann, und die in seiner Nähe Sitzenden sagten, sie hätten Joseph Chamberlain noch nie so bewegt gesehen.

Chamberlains Interesse an der Außenpolitik hatte sich in dem Maße entwickelt, wie seine Rolle in der Regierung an Bedeutung gewann. Im Jahre 1878, nach nur zwei Jahren im Unterhaus, warnte er seine Landsleute vor der schweren Bürde der »Splendid Isolation«. »Schon wankt der erschöpfte Titan unter der zu schweren Last seines Geschickes.« 1883 bat er Morley um Unterstützung bei der Definition einer radikalliberalen Position in Angelegenheiten wie der Nationalen Verteidigung, der Nahostfrage und Belgiens. 1884 suchte Chamberlain, damals Handelsminister, Herbert von Bismarck in London auf, um seinen Dank für die deutsche Unterstützung der britischen Rolle in Ägypten auszudrücken. »Fürst Bismarck«, sagte er zu Herbert, »hat uns so große Dienste erwiesen, daß ich nur wünsche, er könne überzeugt sein, daß wir zu keiner Macht so gern freundschaftliche Beziehungen unterhalten wie zu Deutschland. Ohne Deutschlands Haltung wären wir in große Schwierigkeiten geraten.« Als er seinem Vater diese Botschaft übermittelte, schilderte Herbert seinen Gesprächspartner Chamberlain diese als »Inkarnation der kommerziellen Klasse der Freihändler«, der gegenwärtig »der einflußreichste britische Minister« sei.

Chamberlains Entscheidung, nach dem Wahlsieg der Unionisten im Juli 1895 das Kolonialministerium zu übernehmen, war eine Überraschung; es schien seinen Talenten ebensowenig gerecht zu werden wie seinem Ehrgeiz, aber

Chamberlain dachte anders darüber. Er hatte seiner Frau schon 1887 gesagt, daß er gern das Kolonialministerium übernehmen würde, wenn sich eine Gelegenheit ergäbe, obwohl er vielleicht nie wieder ein Regierungsamt bekleiden würde. Im Kolonialministerium gebe es viel zu tun. In seinem neuen Amt wurde er verantwortlich für mehr als 25 Millionen Quadratkilometer – ein Fünftel der Landoberfläche der Erde –, die von Hunderten Millionen Menschen bewohnt wurden. Chamberlains Absicht war es, all diese weiten Räume und unterschiedlichen Völker enger an die Krone zu binden. Er meinte, ein guter Anfang sei gemacht – »Ich glaube, daß die britische Rasse die größte der herrschenden Rassen ist, die die Welt je gesehen hat« –, daß es aber noch viel mehr zu tun gebe: »Es ist nicht genug, große Teile der Erdoberfläche zu besetzen, solange man nicht das Beste daraus machen kann. Es ist die Pflicht eines Gutsherrn, seinen Besitz zu entwickeln.«

In den ersten sechs Monaten seiner Amtszeit wurden die imperialen Träume des neuen Kolonialministers von der rauhen Wirklichkeit internationaler Ereignisse eingeholt. Als Leander Starr Jameson seinen donquichottischen Einfall in Transvaal startete und der Kaiser kurz darauf dem Präsidenten der Burenrepublik seine Glückwünsche zur erfolgreichen Abwehr der Aggression telegrafierte, war der Kolonialminister empört. Er forderte, daß Großbritannien, von allen Seiten bedrängt, sich entschlossen behaupte. »Mein lieber Salisbury«, schrieb er vier Tage, nachdem Krüger das Telegramm erhalten hatte. »Ich meine, daß ein tatkräftiges Eingreifen vonnöten ist, um den verwundeten Stolz der Nation zu lindern. Es kommt nicht so sehr darauf an, welchen unserer zahlreichen Feinde wir herausfordern, aber wir sollten jemanden herausfordern.« Chamberlain schlug vor, daß Deutschland mit einem »energisch formulierten Telegramm« geantwortet werde, welches unzweideutig erkläre, »daß wir keine Einmischung in Transvaal dulden werden«; außerdem forderte er »eine ostentative Order, weitere Kriegsschiffe in Auftrag zu geben.«

Als diese Krisen vorüber waren, zog Chamberlain eine besorgte Bilanz: Großbritannien hatte in der Stunde der Herausforderung keine Freunde gehabt. Von Frankreich und Rußland war keine Hilfe erwartet worden. Aber die Transvaal-Affäre hatte die Konfrontation mit einer Macht gebracht, die Großbritannien für befreundet gehalten hatte: Deutschland. In einer Rede, die er im März 1896 vor dem Canada Club hielt, sagte Chamberlain seinen Zuhörern: »Der Schatten des Krieges verdunkelte wirklich den Horizont.« Die Ursache, sagte er, sei die »Isolation des Vereinigten Königreiches.«

Britische Kolonialminster sprachen normalerweise in der Außenpolitik nicht maßgebend mit. Zwei Faktoren machten es in diesem Fall möglich: die zunehmende Überlappung der Verantwortlichkeit zwischen Außenministerium und Kolonialministerium und Lord Salisburys Bereitwilligkeit, in bestimmten Bereichen Macht an seinen eigenwilligen und energischen Kollegen Joseph Chamberlain abzutreten. Nach der historischen Aufgabenverteilung war es Sache des Außenministers, Großbritanniens Beziehungen zu den ausländischen Mächten zu gestalten, während es die Pflicht des Kolonialministers war, Großbritanniens Empire zu verwalten. Nun gab es ressortübergreifende Diskussionen, die hauptsächlich aus der fehlenden Bereitschaft vieler Briten erwuchsen, Transvaals Unabhängigkeit anzuerkennen, sowie der Neigung, dieses Land als aufsässige Kolonie zu behandeln. Mit der deutschen Stellungnahme war danach eine Situation entstanden, die beide Ministerien beschäftigte.

Schon Anfang Mai 1897 berichtete Graf Hatzfeldt an Reichskanzler Hohenlohe, daß »Chamberlain Lord Salisbury über den Kopf gewachsen« sei. Einige Zeit später nahm der Kaiser Bezug auf die »doppelköpfige Regierung« in Großbritannien und meinte: »Chamberlain hat Salisbury völlig in der Tasche«. Das traf indessen nicht zu; die letzte Entscheidung lag immer beim Premierminister. Chamberlains Briefe an Salisbury waren eindringlich und oft ungestüm, aber immer respektvoll. Salisburys Antworten erkannten die Kraft von Chamberlains Argumenten an, bezweifelten aber, daß dessen gute Ideen sich verwirklichen ließen.

In den Wochen nach dem Jameson-Einfall und der Krüger-Depesche erklärte Chamberlain, der nicht mehr daran glaubte, daß Großbritannien allein überleben könne, seine energische Opposition gegen die Isolationspolitik. Salisbury, der die Risiken jedweder Verstrickung fürchtete, hielt ihm entgegen, England habe keine Tradition militärischer Bündnisse in Friedenszeiten, und bestand auf Isolation. Die meisten Briten stimmten mit Lord Salisbury überein, und die Festlichkeiten zum Diamantenen Jubiläum 1897 schienen diesen Standpunkt zu bekräftigen. In London versammelten sich die Premiers der Dominions und die Fürsten, Prinzen, Nabobs und Sultane der Kolonialvölker, und in Portsmouth drängten sich die Menschenmengen, um die Reihen der ankernden Kriegsschiffe zu sehen, die sich im Dunst des Solent bis zum Horizont erstreckten, und diese prächtigen Schaustellungen weltumspannender Macht ließen das Empire unverwundbar erscheinen. Erst im Herbst dieses Jahres gaben neue Ereignisse dem Argument Chamberlains und der Befürchtung der Königin, daß Isolation gefährlich sei, frische Nahrung.

Diese Ereignisse fanden in China statt, wo das Mandschu-Reich zunehmend verfiel. Seit der Mitte des 19. Jahrhunderts hatte Großbritannien Hongkong und den Handel Südchinas und des Jangtsetales beherrscht. Frankreich hatte Indochina an sich gerissen. Portugal war seit drei Jahrhunderten mit einer Handelsstation in Macao präsent, die es in eine Überseebesitzung umgewandelt hatte. Ende 1897 verlor China weitere Territorien. Als Vergeltung für die Ermordung zweier Missionare besetzte ein deutsches Marinegeschwader Tsingtao und erwarb im Jahr darauf durch einen Pachtvertrag die Schantung-Halbinsel.

Drei Wochen nach dem deutschen Zugriff auf Tsingtao erschien ein russisches Geschwader vor Dairen (Port Arthur) auf der anderen Seite des Gelben Meeres. Zweitausend russische Marinesoldaten landeten und hißten die kaiserlich russische Flagge. Der russische Druck auf Peking nahm zu. Im März 1898 verkündete die Regierung von St. Petersburg, daß sie einen Pachtvertrag mit fünfundzwanzig Jahren Laufzeit über die Halbinsel von Dairen mit Stadt und Hafen abgeschlossen und das Recht erworben habe, eine Eisenbahnstrecke durch die Mandschurei zum Pazifik zu bauen.

Chamberlain beobachtete diese Entwicklungen mit Besorgnis. Das russische Vordringen in Nordchina bedrohte Großbritanniens wirtschaftliche Interessen in der Mitte und im Süden des Riesenreiches, und daß es so bald nach dem Triumph des Diamantenen Jubiläums kam, schien ihm eine besondere Demütigung zu sein. Chamberlain schrieb an Salisbury, daß die »öffentliche Meinung irgendeine sensationelle Aktion von uns erwarten wird.« Salisbury antwortete: »Ich stimme Ihnen darin zu, daß ›die Öffentlichkeit‹ irgendeinen territorialen oder kartographischen Trost in China verlangen wird. Es wird nicht nützlich und nur kostspielig sein, aber da es hier allein um Gefühle geht, werden wir es tun müssen.« Wie Chamberlain vorausgesagt und Salisbury eingeräumt hatte, verlangte die englische Öffentlichkeit – am geräuschvollsten die Boulevardpresse – energisches Handeln: der russischen Bedrohung Chinas müsse entgegengetreten werden, warum tat die Regierung nichts?

Tatsächlich wußte das Kabinett, als es Ende März 1898 zur Beratung zusammentraf, noch nicht, was zu tun sei. Lord Salisbury war krank und erholte sich in seiner Villa an der Rivieria. Arthur Balfour, der seinen Onkel im Außenministerium vertrat, erledigte die laufenden Geschäfte, war aber nicht auf die Einleitung neuer politischer Aktionen vorbereitet. Chamberlain, entschlossen, die Russen zum Stehen zu bringen, nutzte das Machtvakuum aus. »Es geht nicht um einen einzelnen Hafen in China – das ist eine geringfügige Angelegenheit«, erklärte er auf einer öffentlichen Versammlung. »Es geht auch nicht um eine einzelne Provinz. Es geht um das Schicksal des gesamten chinesischen Reiches, und unsere Interessen in China sind so groß, unser Anteil am Außenhandel des Landes so enorm..., daß nach meiner Überzeugung keine lebenswichtigere Frage jemals der Entscheidung einer Regierung anheim gegeben worden ist... Wenn die Politik der Isolation, die bisher die Politik dieses Landes gewesen ist, in Zukunft beibehalten werden soll, dann wird von nun an wahrscheinlich ohne Rücksicht auf unsere Wünsche... über das Schicksal des Chinesischen Reiches entschieden werden.« Die britische Seemacht allein, argumentierte er, könne die russische Expansion in Asien nicht aufhalten. Gemeinsames Handeln mit anderen Mächten sei erforderlich. Wenn dies nicht zu erreichen sei, müsse man sich mit einem einzigen mächtigen Alliierten verbünden. Nach Chamberlains Ansicht war dieser Verbündete Deutschland, welches in Europa eine gemeinsame Grenze mit Rußland hatte und Druck ausüben konnte. Tatsächlich sei dies die einzige andere Macht, die die Russen fürchteten. In diesem Monat März, während das Kabinett mit dem Problem des russischen Vordringens in China rang, beschloß der Kolonialminister, die Möglichkeit eines Bündnisses mit dem Deutschen Reich zu erkunden.

Chamberlains Bemühungen, die seine Kabinettskollegen nicht mittrugen, wurden von einem Verbündeten in der deutschen Botschaft in London ermutigt. Baron Hermann von Eckardstein, einsfünfundneunzig groß, war eine eindrucksvolle Erscheinung. Bei zeremoniellen Anlässen, wenn er die weiße Uniform und den Flügelhelm eines preußischen Kürassiers anlegte, glich er einem germanischen Gott. Eckardstein hatte seine Laufbahn im wahrsten Sinne des Wortes mit einem Luftsprung begonnen. Als Leutnant war er bei der deutschen Botschaft in Washington stationiert und erregte die Aufmerksamkeit des Grafen Herbert von Bismarck, als dieser zu einem Besuch in der Botschaft weilte. Bei einem gemeinsamen Abendessen in einem Washingtoner Restaurant, an dem auch der Sohn des Reichskanzlers teilnahm, wettete Eckardstein mit anderen Tischgästen, daß er schneller als sie die Straße erreichen könne. Auf das verabredete Zeichen sprangen sie von ihren Stühlen auf und rannten die Treppe hinunter. Eckardstein sprang seelenruhig aus einem offenen Fenster. Er verstauchte sich den Knöchel, gewann aber die Wette. Es war die Art von Geste, mit der man einen Bismarck beeindrucken konnte, und der junge Offizier wurde schon bald nach London versetzt. Dort heiratete er die Tochter Sir John Blundell Maples, eines konservativen Unterhausabgeordneten, der zugleich der reichste Möbelfabrikant Englands war. Ein paar Jahre später machte Sir John, der keine Söhne hatte, seinen deutschen Schwiegersohn zum Erben seines Vermögens von zweieinhalb Millionen Pfund. Bülow, beeindruckt von Eckardsteins Position in der englischen Gesellschaft, beförderte den Baron zum Botschaftsrat. Eckardstein war eifrig bemüht, die Freundschaft zwischen seinem Vaterland und dem Land seiner Frau zu fördern.

Eckardstein und Chamberlain hatten einander 1889 in Newport, Rhode Island, nach Chamberlains Heirat mit Mary Endicott kennengelernt. Im Laufe der Jahre hatte Eckardstein Chamberlains Aufstieg verfolgt und 1895 nach Berlin gemeldet, daß der Kolonialminister »zweifellos die am meisten energische und tatkräftige Persönlichkeit« der Regierung Salisbury sei. Dann, im März 1898, vermittelte Eckardstein eine Begegnung zwischen Chamberlain und dem Grafen Hatzfeldt, dem deutschen Botschafter. Hatzfeldt begegnete dem früheren Schraubenfabrikanten aus Birmingham mit Zurückhaltung; er zog es vor, diplomatische Kontakte mit Aristokraten vom Schlage Lord Salisburys zu pflegen. Immerhin hatte dieser ihm erzählt, daß Chamberlain in Kolonialfragen das letzte Wort hatte.

Botschafter Hatzfeldt sah sich einer schwierigen Aufgabe gegenüber. In Berlin lag Tirpitz' erstes Flottengesetz dem Reichstag vor. Seine Verabschiedung war Kaiser Wilhelms dringendster politischer Wunsch. Bis diese Verabschiedung gesichert war, mußten die Beziehungen mit England so gehandhabt werden, daß Großbritannien weiterhin als eine Bedrohung dargestellt werden konnte. Auf der anderen Seite schien es angesichts der überwältigenden Überlegenheit der Royal Navy politisch unklug, der britischen Annäherung die kalte Schulter zu zeigen. »Die britische Flotte«, schrieb Bülow an Hatzfeldt, »ist nach einhelliger Einschätzung unserer Marinebehörden – ich nenne vor allen anderen Admiral Tirpitz – nicht nur den vereinigten Flotten der nächststärksten Großmächte gewachsen, sondern ihnen überlegen.« Tirpitz' Planung zum Aufbau der deutschen Flotte warnte vor Jahren des Risikos angesichts dieser überlegenen Streitmacht. Daher empfahl es sich, vorsichtig und klug mit England umzugehen, die Wurst der deutschen Freundschaft vor Chamberlains Nase baumeln zu lassen und im kolonialen Bereich die Vorteile wahrzunehmen, die sich boten. Hatzfeldt verstand diese Strategie und versicherte Berlin, daß er Chamberlain bedeuten würde, der Kolonialminister »müsse sich in bestimmten kolonialen Fragen zugänglich zeigen«, bevor über eine deutsch-englische Annäherung nachgedacht werden könne.

Chamberlain und der deutsche Botschafter trafen am 29. März zusammen. Chamberlain betonte, und Hatzfeldt pflichtete ihm bei, daß ihr Gespräch strikt inoffiziell sein müsse. Natürlich werde er Mr. Balfour auf dem laufenden halten, und schließlich könne kein konkreter Schritt ohne die Zustimmung Lord Salisburys unternommen werden. Nachdem dies gesagt war, erklärte der Kolonialminister dem Grafen Hatzfeldt, daß er ein Verteidigungsbündnis zwischen Großbritannien und Deutschland favorisiere. In allen großen internationalen Fragen, so argumentierte er, seien die britischen und die deutschen Interessen nahezu identisch. Der Jameson-Einfall und das Krüger-Telegramm seien Verirrungen gewesen. Großbritannien, bekannte er, brauche Freunde. »Ich gab zu, daß die Politik dieses Landes seit vielen Jahren die der Isolation gewesen sei... daß sich dies aber ändern könne.« Wenn Deutschland jetzt im Fernen Osten England zur Seite stehe, sagte Chamberlain, könne es im Falle eines Angriffs auf Großbritanniens Hilfe zählen. Hatzfeldt hörte aufmerksam zu und beschränkte seine Antwort auf die Frage, »ob ich glaube, daß das Parlament und die Bevölkerung die Idee eines Bündnisses akzeptieren würden?«

Hatzfeldt hatte von Lord Salisbury oft genug gehört, daß Großbritanniens Sicherheit in der Isolation liege und daß das Parlament niemals in Friedenszeiten einem Bündnis zustimmen werde. Als Bülow Hatzfeldts Bericht über das erste Gespräch gelesen hatte, stellte er die gleiche Frage. Unter dem britischen parlamentarischen System konnte jedes neue Kabinett die Politik seines Vorgängers umkehren. Darum könne Großbritannien unmöglich ein verläßlicher Verbündeter sein. Bei seinem nächsten Gespräch mit dem deutschen Botschafter bemühte sich Chamberlain, dieses Problem auszuräumen. Es treffe zu, sagte er, daß ein Vertrag vom Unterhaus gebilligt werden müsse. Aber wenn Hatzfeldt auf die britische Geschichte zurückblicke, werde er keinen solchen Fall finden. Diese Art von Umkehrung, deutete er an, sei eher in Ländern zu erwarten, wo die Persönlichkeit des Monarchen der Schlüssel sei; im kaiserlichen Rußland zum Beispiel.

In Berlin waren Bülow und Holstein gegen ein Bündnis mit England, wollten Joseph Chamberlain aber nicht vor den Kopf stoßen; also versorgten sie Hatzfeldt mit Fragen und Einwänden, die er benutzen konnte, um den einflußreichen britischen Minister hinzuhalten. Der Kaiser las Hatzfeldts Berichte und genoß die Vorstellung, den Engländern den Köder eines Bündnisses vor den Nasen baumeln zu lassen, aber immer knapp außer Reichweite zu halten. Es war befriedigend, einen wichtigen Minister der britischen Regierung Englands Schwäche eingestehen zu hören. »Der Jubiläumsschwindel ist vorbei!« schrieb Wilhelm II. an den Rand einer von Hatzfeldts Depeschen. Am 10. April erinnerte der Kaiser die Wilhelmstraße daran, daß er kein deutsch-englisches Bündnis wünsche. Unterdessen benutzte Wilhelm den wohlmeinenden Eckardstein als Lockvogel. Als der Baron von Chamberlain hörte, daß die Gespräche mit Hatzfeldt in deutscher Zögerlichkeit steckengeblieben seien, eilte er nach Berlin. Am 9. April hatte er ein Gespräch mit dem Kaiser. Nach dem Abendessen gingen Eckardstein und Wilhelm II. eine Stunde lang auf einer Terrasse auf und ab. Wilhelm ermutigte die Träume seines anglophilen Diplomaten, und Eckardstein eilte zurück nach London, um Chamberlain zu berichten. Der Kaiser »sagte mir in Homburg, daß ein Bündnis mit England die beste Sache der Welt wäre. Es würde den Frieden auf fünfzig Jahre sichern.«

Während seines dritten und letzten Gespräches mit Hatzfeldt am 25. April hörte Chamberlain nichts von dieser kaiserlichen Vision, sondern nur eine Wiederholung der Punkte, die einem Bündnis im Wege ständen. Vielleicht ließen sich eines Tages, wenn die Empfindungen in Deutschland gegenüber England wärmer wären, engere Beziehungen herstellen. In der Zwischenzeit, regte der Botschafter an, würde nichts geeigneter sein als britische koloniale Zugeständnisse, um diesen Stimmungsumschwung herbeizuführen. Aber Chamberlain war Geschäftsmann und für Vorleistungen irgendwelcher Art nicht zu haben. Ein künftiges Bündnis mit Deutschland durch die Preisgabe britischer Territorien zu erkaufen, kam für ihn nicht in Frage. Statt dessen drehte der Kolonialminister den Spieß um. Hatzfeldts Bericht über dieses Gespräch enthielt überraschende Neuigkeiten: »Mr. Chamberlain sagte, daß es für England nicht unmöglich sein würde, zu einem Einvernehmen mit Rußland oder Frankreich zu kommen, wenn seine Idee eines Zusammengehens mit Deutschland abgeschrieben werden müsse... Mr. Chamberlain bedeutete mir..., daß England, soweit er Einfluß darauf habe, im Falle einer definitiven Ablehnung von unserer Seite auf eine Verständigung mit Rußland oder Frankreich hinarbeiten werde.« An den Rand der Depesche schrieb der Kaiser neben diesen Satz: »Unmöglich!«

Das war das Ende von Joseph Chamberlains erstem Versuch, ein englisch-deutsches Bündnis zustande zu bringen. Als Lord Salisbury Ende April aus Beaulieu zurückkehrte, berichtete Chamberlain ausführlich, was stattgefunden hatte. Der Premierminister, weder überrascht noch sonderlich bekümmert, tröstete seinen Kollegen: »Ich stimme Ihnen durchaus darin zu, daß unter den Umständen ein engeres Verhältnis mit Deutschland sehr wünschenswert wäre. Aber wie können wir das erreichen?« Chamberlain war enttäuscht. Sein erster Versuch war gescheitert; außer Eckardstein hatte ihn niemand in Großbritannien oder Deutschland unterstützt. Am 13. Mai 1898 sagte er im Rathaus von Birmingham: »Seit den Tagen des Krimkrieges vor annähernd fünfzig Jahren ist die Politik dieses Landes eine Politik strikter Isolation gewesen. Wir haben keine Verbündeten gehabt. Ich fürchte, wir haben keine Freunde gehabt... Wir stehen allein.«

## 13. KAPITEL

# Faschoda

Lord Salisbury ließ sich von der fernöstlichen Krise, die Joseph Chamberlains erste Bemühungen um ein britisch-deutsches Bündnis ausgelöst hatte, nicht aus der Ruhe bringen. Der Premierminister wußte so gut wie sein Kolonialminister, daß Großbritannien allein nicht die Kraft besaß, Rußland aus Nordchina herauszuhalten. Doch während Chamberlains Reaktion die Suche nach einem Verbündeten war, beschränkte sich Salisbury darauf, vor einer Konfrontation zurückzuweichen. Bevor er neue Verpflichtungen einging, prüfte Salisbury stets die Ressourcen Großbritanniens; hier glaubte er sein Land zu schwach. Im April erfuhren einige Kabinettskollegen, die gekommen waren, auf energisches Handeln gegen Rußland zu dringen, etwas über seine Gedankengänge.

Die Delegation suchte ihn in der Arlington Street auf, wo er, an Grippe erkrankt, das Bett hütete. »Seine Temperatur war hoch, und der Arzt hatte jede Besprechung streng untersagt«, berichtete seine Tochter, die anwesend war. »Darum schrieben seine Kollegen einen kurzen Entwurf der Botschaft, die sie Rußland übermitteln wollten, und ich wurde gebeten, sie ihm zur Billigung oder Ablehnung vorzulegen. Er las sie durch, bemerkte, daß die Übergabe solch einer Note wahrscheinlich Krieg bedeuten würde, und sagte dann, nach einer kurzen Pause: ›Natürlich haben die Russen sich abscheulich benommen, und wenn es meine Kollegen zufriedenstellt, hätte ich nichts dagegen, gegen die Russen ins Feld zu ziehen. Aber ich glaube nicht, daß wir genug Kanonen haben, um sie und die Franzosen zusammen zu schlagen.‹«

»Ich drückte mein Unverständnis aus«, fuhr Salisburys Tochter fort, »was die Franzosen mit der Sache zu tun hätten. Er blickte mich überrascht an... ›Was die Franzosen damit zu tun haben? Vergaß ich zu sagen, daß Lord Kitchener auf dem Marsch nach Khartum ist? In sechs Monaten‹, sagte er, ›werden wir am Rande eines Krieges mit Frankreich stehen; ich kann mir jetzt keinen Streit mit Rußland leisten.‹«

Diese Botschaft, zu den wartenden Ministern hinuntergebracht, führte zu einer abgemilderten Depesche nach St. Petersburg. Und sechs Monate später stand Großbritannien, wie der Premierminister vorausgesagt hatte, am Rand eines Krieges mit Frankreich. In dieser Konfrontation übernahm Salisbury

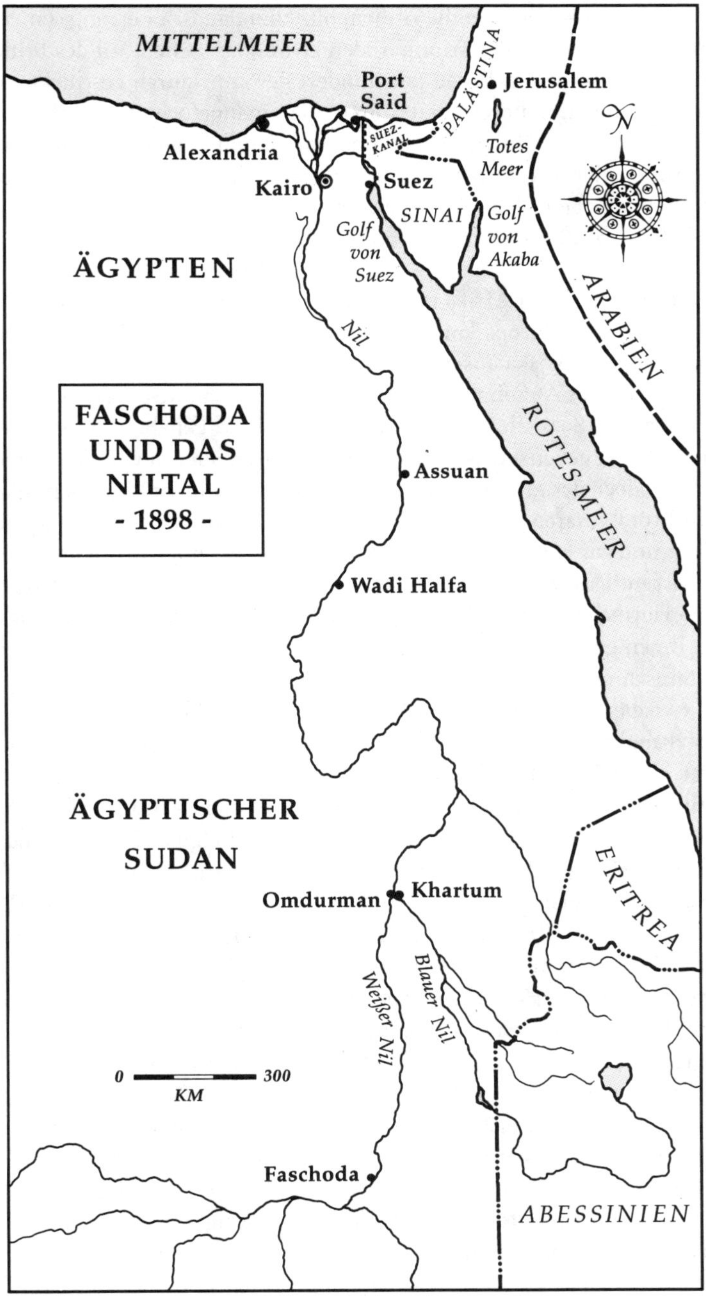
MITTELMEER
Port Said
Jerusalem
PALÄSTINA
Alexandria
SUEZ-KANAL
Totes Meer
Kairo
Suez
SINAI
Golf von Suez
Golf von Akaba
ÄGYPTEN
ARABIEN
Nil
FASCHODA UND DAS NILTAL - 1898 -
ROTES MEER
Assuan
Wadi Halfa
ÄGYPTISCHER SUDAN
ERITREA
Omdurman
Khartum
Weißer Nil
Blauer Nil
0 300 KM
Faschoda
ABESSINIEN

allein die Verantwortung für die Außenpolitik Englands. Er errang seinen letzten großen diplomatischen Triumph, den er im klassischen Stil des britischen Imperialismus im neunzehnten Jahrhundert gewann: durch geschickte, unabhängige Diplomatie, unterstützt durch die unangefochtene Seehoheit der Flotte. Der Krieg wurde abgewendet, und weil Königin und Premierminister ein Gespür für den leicht verletzbaren Stolz eines Gegners hatten, blieb der französischen Republik eine Demütigung erspart. Die Krise konzentrierte sich auf ein bröckelndes Lehmfort namens Faschoda.

Lord Salisbury hatte für Afrika nicht viel übrig. Seine Diplomatie war wie diejenige Bismarcks auf Europa konzentriert, und die wachsende Zahl von Schwierigkeiten, die von Afrika ausgingen, brachte ihm nur Verdruß. »Afrika wurde geschaffen, um das Außenministerium zu plagen«, seufzte er. Zuerst – sagte er dem Oberhaus 1890 – hatte es nicht den Anschein gehabt, daß es in Afrika Schwierigkeiten geben würde: »Bis vor zehn Jahren blieben wir die Herren von Afrika oder doch des größten Teils davon, ohne uns mit den Unannehmlichkeiten von Protektoraten oder dergleichen plagen zu müssen. Wir beherrschten das Meer, und wir hatten beträchtliche Erfahrung im Umgang mit den eingeborenen Rassen. Das war so sehr der Fall, daß wir weite Küstenstriche den einheimischen Herrschern überließen und darauf vertrauten, daß sie allmählich ihre eigene, ihnen gemäße Zivilisation annehmen würden, ohne daß wir uns allzusehr einmischten.«

Daß es dabei nicht bleiben würde, zeichnete sich frühzeitig ab. 1869 wurde der Suezkanal eröffnet, und in den 1870er und 1880er Jahren begann ein Prozeß, der als »Wettlauf nach Afrika« bekannt wurde. Großbritannien, das in Südafrika und Westafrika bereits Territorien erworben hatte, vergrößerte seinen Besitz, und Frankreich, Deutschland, Italien, Belgien, Portugal und Spanien suchten sich gleichfalls ihre mehr oder minder großen Anteile zu sichern. Um 1890 hatte England Ägypten, Kenia und Uganda geschluckt, und die Briten teilten Cecil Rhodes' Traum von einer Eisenbahn, die vom Kap der Guten Hoffnung bis Kairo führen sollte. Voraussetzung zur Verwirklichung dieses Traumes war die britische Herrschaft über das sechstausend Kilometer lange Niltal. Kairo und Ägypten waren seit 1882 in britischer Hand, aber der Versuch, südwärts in das riesenhafte, zweieinhalb Millionen Quadratkilometer große Gebiet des ägyptischen Sudan vorzudringen, war gescheitert. 1884 hatte das Kabinett Gladstone beschlossen, britische und ägyptische Garnisonen zurückzuziehen, die voreilig im Sudan stationiert worden waren. Zur Überwachung des Rückzuges etablierte sich General Charles Gordon in Khartum, der Hauptstadt des Sudan. Zum Entsetzen der Regierung in London weigerte sich Gordon, diesen Posten zu verlassen, und im Januar 1885 wurde er nach neunmonatiger Belagerung von den Truppen des »Mahdi« Mohammed Achmed überwältigt und enthauptet, zwei Tage bevor eine Entsatzarmee eintraf. Die nationale Demütigung Großbritanniens und der Zorn der britischen Wähler brachten das zweite Kabinett Gladstone zu Fall und bereiteten Lord Salisburys erster Regierung den Weg.

Zehn Jahre später hatte das Verlangen, Gordon zu rächen, sich mit dem Wunsch vermischt, die Eisenbahn zu bauen. Im September 1896 schrieb die Königin nach Gesprächen mit Lord Salisbury in ihr Tagebuch: »Die Frage, nach Khartum vorzudringen, ist eine reine Geldfrage. Ägyptisches Geld steht nicht zur Verfügung. Wenn es getan werden muß, dann mit britischem Geld.« Britisches Geld wurde verfügbar gemacht. General Sir Horatio Herbert Kitchener, groß und breitschultrig, mit tiefliegenden Augen und einem buschigen Schnurrbart, wurde von Salisbury ausgewählt und erhielt den Titel eines »Sirdar« oder Oberkommandierenden der ägyptischen Armee. Drei Jahre plante Kitchener seinen Feldzug in den Sudan. Flußkanonenboote für den Nil wurden gebaut; eine Eisenbahn zum Transport und zur Versorgung der Armee wurde südwärts in die Wüste auf Khartum vorgetrieben. Am Morgen des 2. September 1898 schlug Kitcheners Armee von 17000 Ägyptern und 8000 Briten das 35000 Mann starke, aber schlecht bewaffnete Heer der Mahdisten, das vom Kalifen Abdullah angeführt wurde. Zwei Tage später zog Kitchener in Khartum ein und hißte die britische und die ägyptische Flagge über Gordons zerstörtem Palast.

Der Sirdar hatte keine Zeit, die Reste des historischen Gebäudes zu studieren. Am Vortag hatte er kurz nach der gewonnenen Schlacht eine versiegelte Order geöffnet, die ihm in London übergeben worden war, um sie zu lesen, sobald Khartum in britischer Hand sei. Die Order instruierte ihn, sofort flußaufwärts gegen das alte ägyptische Fort Faschoda vorzustoßen, um einer möglichen französischen Annexion des oberen Niltales zuvorzukommen.

Das Problem war, daß die Franzosen bereits dort waren.

Frankreich hatte sich die 1882 getroffene Entscheidung, nicht an der britischen Besetzung Ägyptens teilzunehmen, nie verziehen. Während der 1880er Jahre war es eines der Hauptziele französischer Außenpolitik gewesen, Englands Rückzug aus Ägypten zu erzwingen. Ein französischer Diplomat vertraute einmal einem englischen Kollegen an, daß »die französische Botschaft in London wenig Reiz« für ihn besitze, »da vom französischen Botschafter erwartet wird, die Engländer aus Ägypten herauszubekommen, und das ist nicht zu machen.« Frankreich hatte nichtsdestoweniger riesige Besitzungen und große Ambitionen auf dem afrikanischen Kontinent. Es besaß unübersehbare Territorien im westlichen Nordafrika, Kolonien an den Mündungen des Kongo und am Niger, an der Elfenbeinküste und an der Ostküste des Kontinents bei Djibouti in Somaliland. Die französische Achse auf dem Kontinent verlief ostwestlich, vom Indischen Ozean zum Atlantik, während die britische Achse nordsüdlich verlief, von Kairo zum Kap. Die beiden Achsen lagen im Wettstreit miteinander. Früher oder später mußte es zur Kollision kommen.

1894 autorisierte der französische Außenminister Gabriel Hanotaux einen kühnen Eroberungszug. Der Sudan und die Gebiete um den Oberen Nil waren seit Gordons Tod von keiner europäischen Macht besetzt. Seit zehn Jahren hatten die in Ägypten und am Unteren Nil sitzenden Engländer keine Schritte zur Wiedergewinnung des Sudan unternommen. Vom französischen Stützpunkt Brazzaville am Kongo konnte eine nach Osten durch Zentralafrika vorstoßende Expedition den Oberen Nil erreichen und in Besitz nehmen; sobald Frankreich die Region annektiert hätte, würde die Ostwestachse nahezu vollständig sein. Aber Gerüchte über Hanotaux' Plan erreichten London. Im März 1895 erklärte Sir Edward Grey, parlamentarischer Unterstaatssekretär im Außenministerium unter Lord Rosebery vor dem Unterhaus: »Das Vordringen einer französischen Expedition in ein Territorium, auf das wir seit langem unsere Ansprüche geltend gemacht haben, würde nicht nur ein unerwarteter und widersinniger, sondern auch ein unfreundlicher Akt sein, und es sollte der französischen Regierung völlig klar sein, daß England dies so sehen würde.« Die Durchsetzung dieser britischen Ansprüche war ein zusätzlicher Grund gewesen, Sir Herbert Kitchener in den Sudan zu entsenden. Natürlich hatten die Nachrichten von Kitcheners Vorbereitungen die französischen Vorbereitungen in Brazzaville beschleunigt. Der Wettlauf nach Faschoda hatte begonnen.

Im Sommer 1896 brach Hauptmann Jean-Baptiste Marchand von der französischen Marineinfanterie mit elf französischen Offizieren und 150 senegalesischen Soldaten zur Durchquerung des Kontinents auf. Sie marschierten vierundzwanzig Monate und legten über 5000 Kilometer zurück. Keine Armee des Mahdi stand ihnen im Weg; statt dessen kämpften sie gegen Sümpfe, Flußpferde, Krokodile, Skorpione, Stechmücken, Flöhe und Fieber. Nach ungeheuren Strapazen erreichte die französische Expedition am 10. Juli 1898 das alte Fort von Faschoda, das die Ägypter 1870 zur Bekämpfung der arabischen Sklavenhändler erbaut hatten. Marchand hißte die Trikolore und nahm als »Sendbote der Zivilisation« das Gebiet des Oberen Nils in Besitz. Großbritannien weigerte sich, irgendwelche französischen Besitzansprüche anzuerkennen. Während Marchands Expedition unterwegs war, warnte Lord Salisbury die französische Regierung, daß Faschoda unbestreitbar ein Teil des Sudan und darum Eigentum des Khediven von Ägypten sei.

Innerhalb einer Woche, nachdem er seine versiegelte Order geöffnet hatte, fuhr Sir Herbert Kitchener (jetzt durch Erlaß der dankbaren Königin Lord Kitchener) mit fünf Kanonenbooten, die zwölf Leichter im Schlepptau hatten, flußaufwärts. An Bord dieser Flottille befanden sich 100 Mann eines schottischen Jägerbataillons, 2500 ägyptische Soldaten sowie Maschinengewehre und

Feldartillerie. Zu Kitcheners Offizierskorps gehörten Lord Edward Cecil und – als Kommandant eines der Kanonenboote – Leutnant David Beatty, der achtzehn Jahre später die britische Heimatflotte befehligen sollte. Die achthundert Kilometer lange Flußfahrt dauerte eine Woche. Am 19. September stieß Kitcheners Flaggschiff, das nur die ägyptische Flagge führte, auf ein Ruderboot, von dessen Heck eine große französische Trikolore wehte. Ein französischer Feldwebel übergab Lord Kitchener eine Botschaft von Marchand: »Ich bemerke Ihre Absicht, Faschoda zu besuchen, wo ich Sie mit Vergnügen im Namen Frankreichs begrüßen werde.« Die britische Flottille fuhr weiter stromauf, folgte einer Flußbiegung und erblickte am Westufer ein bereits halb verfallenes, von Palmen umstandenes Fort. Vor diesem war eine Ehrenwache französischer Senegalesen mit roten Fesen auf den Köpfen angetreten. Vor den Soldaten stand die kleine, bärtige Gestalt Marchands.

Herbert Kitchener war frankophil und sprach gut französisch. Er bewunderte Marchands Leistung, den unwegsamen Kontinent zu durchqueren. Marchands Achtung vor Kitchener, der die Mahdisten besiegt und damit eine Bedrohung seiner Expedition eliminiert hatte, war ebenso groß. Sie sprachen französisch.

»Ich bin gekommen, die Herrschaftsgebiete des Khediven wieder in Besitz zu nehmen«, sagte Kitchener. »Ich stelle Ihnen ein Boot zur Rückkehr nach Europa zur Verfügung.«

»Mon Général, ich, Marchand, bin hier im Auftrag der französischen Regierung. Ich danke Ihnen für Ihr Angebot der Beförderung nach Europa, aber ich muß hier auf Instruktionen warten.«

»Ich muß hier die ägyptische Flagge hissen«, sagte Kitchener.

»Nun, ich selbst werde Ihnen dabei behilflich sein, sie zu hissen – über dem Dorf.«

»Über dem Fort.«

»Nein, dem werde ich mich widersetzen.«

»Wissen Sie, Hauptmann, daß diese Affäre England und Frankreich in einen Krieg verstricken kann?«

Marchand verbeugte sich, ohne zu antworten.

»Sie haben eine bemerkenswerte Leistung erbracht, sehr bemerkenswert, aber Sie wissen, daß die französische Regierung Sie nicht unterstützen wird.«

Marchand erwiderte, daß er in jedem Falle auf Instruktionen seiner Regierung warten werde. Einstweilen, erklärte er, wolle er lieber sterben als die Flagge Frankreichs einzuholen.

Kitchener wandte sich um und überblickte seine eigene Expedition von Tausenden von Offizieren und Mannschaften, die völlig siegesgewiß waren. »Wir sind die Stärkeren«, bemerkte er. Marchand verbeugte sich wieder. Sie erreichten einen Kompromiß: die ägyptische Flagge wurde über einem außenliegenden Teil des Forts aufgezogen, und die französische Flagge blieb, wo sie war.

Kitchener versah Faschoda mit einer starken Garnison und fuhr zurück nach Khartum, weiter nach Kairo und schließlich nach Europa. Marchand blieb zurück und wartete auf Anweisungen. Oberst Reginald Wingate, der Kitchener nach Faschoda begleitet hatte, berichtete einem Vorgesetzten: »Hier ist Marchand in einer völlig unhaltbaren Position, die Verhältnisse des Landes machen einen Rückzug unmöglich, er ist durch Tausende von Kilometern unwegsamen Geländes von seinen Versorgungsdepots abgeschnitten, knapp an Munition und Proviant und in Reichweite einer riesigen Mahdistenarmee... Kurzum, unsere Expedition hat die französische Expedition gerettet, und sie alle wissen das auch... Ich hoffe, die Instruktionen für Marchands Rückruf werden nicht lange auf sich warten lassen... um der armen Männer willen, die sich nach allem, was sie durchgemacht haben, erholen und herausfüttern müssen.«

Auf dem Spiel stand nicht ein Lehmfort, auf dem Spiel standen zwei Visionen von Afrikas Zukunft und die Interessen zweier Kolonialreiche. Lord Salisbury instruierte Sir Edmund Monson, den britischen Botschafter in Paris, Théophile Delcassé, der Hanotaux als Außenminister abgelöst hatte, zu sagen, daß »kein Besitztitel durch eine geheime Expedition Monsieur Marchands und einer schwachen Eskorte durch unbekannte und unerforschte Wildnisse geschaffen werden kann.« Alle Territorien, die früher dem Khediven untertan gewesen und zeitweilig vom Kalifen gehalten worden seien, fielen kraft früherer Besitzrechte und Wiedereroberung an die ägyptische Regierung zurück. Dieses Recht, erklärte Salisbury, sei nicht diskussionsfähig. Tatsächlich sei es der britischen Regierung nicht möglich, in territoriale Diskussionen einzutreten, »solange die französische Fahne« über Faschoda wehe. Von dieser Position ging der Premierminister nicht ab.

Die Bevölkerung, die Presse und die Opposition, alle stellten sich geschlossen hinter Lord Salisbury. Lord Rosebery, der letzte liberale Premierminister erklärte in Epsom: »Großbritannien ist in jüngster Vergangenheit zu sehr als das behandelt worden, was die Franzosen eine *quantité négligeable* nennen... Wenn die Nationen der Welt den Eindruck haben, der alte Geist Großbritanniens sei tot oder seine Ressourcen seien geschwächt oder seine Bevölkerung weniger entschlossen als in früheren Zeiten, die Rechte und die Ehre seiner Fahne aufrechtzuerhalten, dann begehen sie einen Fehler, der nur in einer verhängnisvollen Feuerbrunst enden kann.« Die Admiralität mobilisierte ein starkes Reservegeschwader im Ärmelkanal. Manche Zeitungen sprachen von einem Präventivkrieg. »Faschoda ist der Tropfen, der das Faß zum Überlaufen bringt«, verkündete der *Sheffield Daily Telegraph*. »Ein Krieg gegen Frankreich würde eine ganze Menge Gordischer Knoten in der Diplomatie durchhauen... und wenn er zu Ende wäre, könnten wir eine neue Seite aufschlagen.«

Die Königin sorgte sich jedoch um die Folgen eines Krieges. »Die Sache scheint an einem toten Punkt angelangt zu sein«, telegrafierte sie Lord Salisbury am 2. Oktober. »Die französische Regierung weist Marchand nicht an, daß er Faschoda verlassen soll, und er wird wegen Mangels an Wasser und Lebensmitteln nicht bleiben können. Könnten wir nicht warten, bis die französische Regierung seinen Bericht erhält, der, wie ich glaube, nur durch uns kommen kann?« Der Premierminister, entschlossen, seine Politik durchzusetzen, tat, was er konnte, um die Monarchin zu beruhigen: »Ich sympathisiere ganz und gar mit Euer Majestät Unzufriedenheit über den gegenwärtigen toten Punkt. Wir unternehmen jedoch nichts, sondern warten nur und können nichts anderes tun. Die öffentliche Meinung würde hier kein Angebot territorialer Zugeständnisse von unserer Seite ertragen.« Königin Victoria beschloß, Salisbury zu vertrauen. »Ihr verschlüsseltes Telegramm erhalten. Ganz einverstanden. Wir können nicht nachgeben... Wenn wir warten, wird die Kraft der Umstände die Franzosen zur Besinnung bringen.«

Auf der anderen Seite des Kanals sahen die Franzosen die Dinge anders. Aufgrund des Heldenmutes Marchands hatte Frankreich ein höheres Recht auf Faschoda und die Gebiete des Oberen Nils. Marchand hatte einen epischen Marsch überlebt; er war zuerst eingetroffen; er hatte die Flagge der französischen Republik gehißt, wo noch nie weiße Männer gewesen waren; er war ein Nationalheld. Diese Argumente brachten Delcassé in eine unmögliche Lage. Er konnte nicht von Marchand abrücken, ohne nationale Schande und politische Entehrung auf sich zu laden. Aber der Weg nach Faschoda führte durch Ägypten, und Ägypten war in britischer Hand. Marchand saß isoliert im Herzen Afrikas, mit einer kleinen Gruppe tapferer Männer, abhängig von der britischen Armee, die sie mit Lebensmitteln versorgte. »Wir haben da unten nur Argumente, und sie haben Soldaten«, bemerkte Delcassé traurig. Großbritannien war offensichtlich bereit, wegen Faschoda in den Krieg zu ziehen; Frankreich, dessen öffentliche Meinung über die Wiederaufnahme des Falles Dreyfus tief gespalten war, war es nicht. Die britische Kriegsmarine konnte die französische Flotte vernichten, alle Seeverbindungen abschneiden und Frankreichs Kolonien in allen Teilen der Welt eine nach der anderen an sich bringen. Rußland war ganz dagegen, wegen eines winzigen kolonialen Vorpostens in der Mitte Afrikas in den Krieg zu ziehen, erklärte, daß das französisch-russische Bündnis nur für Europa gelte, und verweigerte jede Hilfe. So sah sich Delcassé konfrontiert mit der Aussicht auf einen Krieg mit England, den Verlust des französischen Kolonialreiches, die Neutralität Rußlands und ein starkes, kriegerisches Deutsches Reich an Frankreichs Ostgrenze.

Während Delcassé sich mit der Lösung dieses Dilemmas herumschlug, bestand die Königin von England auf Frieden. »Nichts sollte unversucht gelassen werden, um einen Krieg zu verhindern«, instruierte sie Lord Salisbury am 25. Oktober, »denn ich fühle, welch eine schreckliche Verantwortung vor Gott und den Menschen es sein würde, wenn wir in den Krieg ziehen und Tausende von Menschenleben opfern müßten.« Auch Salisbury war an einer friedlichen Lösung interessiert, vorausgesetzt, Frankreich wich zurück. Er verstand, daß Delcassé auf der französischen Seite der geeignetste Mann war, diese Lösung zu erreichen. Der französische Außenminister hatte seinen britischen Gegenspielern deutlich gemacht, daß er, wenn ihm nicht erlaubt werde, einen Fetzen von Selbstachtung zu behalten, zurücktreten und seinen Posten jemandem übergeben werde, der weniger empfindsam auf die Kriegsgefahr reagieren würde. Salisbury und Monson suchten Delcassé zu überzeugen, daß »es keine Demütigung sein würde, eine Expedition zurückzurufen, der er niemals ausdrücklich einen offiziellen Charakter verliehen hatte und die von der französischen Regierung nicht zum Nil beordert worden war. Seine [Delcassés] Position«, meldete Monson seinem Chef, »ist die, daß er entweder eine Demütigung hinnehmen oder in den Krieg ziehen müsse. Sein Patriotismus weist die eine Lösung zurück; seine Überzeugung von den unheilvollen Konsequenzen für beide Länder und ganz Europa die andere.« Lord Salisbury tat, was er konnte, um ihm aus der Zwickmühle zu helfen, indem er Hauptmann Marchand als »einen französischen Forscher« beschrieb, »der sich in einer schwierigen Lage am Oberen Nil befindet«. Die Königin setzte ihn weiterhin unter Druck. »Ich glaube, ein Krieg wegen eines so elenden und geringen Objekts würde etwas sein, dem zuzustimmen ich mich schwerlich bereitfinden könnte«, telegrafierte sie dem Premierminister am 30. Oktober aus Balmoral. »Wir müssen versuchen, Frankreich eine *Demütigung* zu ersparen.«

Zu dem Zeitpunkt war die Krise beinahe schon vorüber. Am 28. Oktober traf Marchand nach einer Flußreise auf einem britischen Kanonenboot in Kairo ein. Delcassé war wütend, daß Marchand Faschoda ohne Anweisungen verlassen hatte, und befahl ihn augenblicklich zurück. Unterdessen war Kitchener am 27. in Dover gelandet. Am 3. November saß er bei einem Abendessen in Schloß Windsor neben der Königin – »sehr angenehm, voll von Informationen«, notierte die Königin über ihren Gast. Am folgenden Abend, dem 4. November, war der Sirdar Ehrengast bei einem Bankett im Londoner Rathaus. Lord Salisbury war anwesend, und als die Reihe an ihm war, eine Rede zu halten, stand er auf und verkündete: »Heute nachmittag habe ich vom französischen Botschafter die Information erhalten, daß die französische Regierung zu dem Schluß gelangt ist, die Besetzung von Faschoda sei für die französische Republik in keiner Weise wertvoll.« Am 11. Dezember verließ Marchand Faschoda zum zweitenmal und nahm seine Männer mit sich. Einen Monat später eröffnete Salisbury Verhandlungen mit Paul Cambon, einem neuen französischen Botschafter, den Delcassé nach London entsandt hatte, um eine Einigung mit England auszuarbeiten. Am 21. März 1899 telegrafierte der Premierminister der Königin, daß er mit Cambon zu einer Übereinkunft gekommen sei, welche »die Franzosen ganz aus dem Tal des Oberen Nil heraushält«. Die Wasserscheide der beiden großen afrikanischen Ströme Nil und Kongo sollte die Trennungslinie zwischen den britischen und französischen Einflußsphären sein; Großbritannien würde sich von den Nilquellen nicht weiter westwärts ausdehnen; alles von dort bis zum Atlantik sollte Frankreich gehören.

Die Beilegung des Streites enttäuschte den Kaiser. Von seiner im Mittelmeer kreuzenden Jacht hatte er dem Zaren am 28. Oktober 1898 telegrafiert: »Ich habe Nachrichten aus London und Paris, daß beide Länder ihre Flotten mobilisieren... Im Falle eines Zusammenstoßes zwischen den beiden Ländern würde Deine Position gegenüber ihnen von dem größten Wert für mich sein. Wie schätzt Du die Lage ein?« Nikolaus II. erwiderte, daß er »keine Kenntnis von einem bevorstehenden Konflikt zwischen England und Frankreich« habe, und fügte hinzu, man würde gut daran tun, »die Ereignisse abzuwarten, bevor man zu einer Entscheidung gelangt, um so mehr als es immer peinlich ist, sich ungefragt in anderer Leute Geschäfte einzumischen.« Der Kaiser widmete der Faschoda-Krise noch eine letzte Bemerkung: »Armes Frankreich: Es gibt sich geschlagen, ohne daß ein Schuß abgefeuert worden wäre. Das ist Abdankung zur See. Sie haben Mahan nicht gelesen.«

## 14. KAPITEL

# Samoa und Wilhelms Besuch in Windsor

Joseph Chamberlains zweiter Versuch, ein britisch-deutsches Bündnis zu erreichen, wurde verzögert durch einen Streit um eine Inselgruppe im Südpazifik und die Aufregung um eine Geburtstagsfeier. Die Samoa-Inseln, ein vulkanischer Archipel ungefähr auf einer Linie zwischen der Nordspitze Neuseelands und den Hawaii-Inseln, war 1878 von britischen, deutschen und amerikanischen Handelshäusern kolonisiert worden. Zehn Jahre später wurde durch ein Abkommen ein Protektorat über die Inseln errichtet, das die drei Nationen sich teilten. Im Frühjahr 1899 starb der König von Samoa. Die Thronfolge war umstritten, es kam zu Unruhen, und britische und amerikanische Kriegsschiffe beschossen Gebäude, darunter irrtümlich das deutsche Konsulat. Die deutsche Regierung akzeptierte eine amerikanische Entschuldigung, schlug aber Großbritannien prompt vor, daß es gemeinsam mit Deutschland den Rückzug Amerikas von Samoa fordern solle. Lord Salisbury lehnte ab. »Sie verlangen von mir, daß ich die Hand in ein Wespennest stecke«, sagte er. Darauf schlug Deutschland vor, daß Großbritannien seinen Anspruch auf Samoa gegen eine Entschädigung anderswo aufgebe. Chamberlain, noch verärgert über die Ablehnung seines Bündnisvorschlages vom Jahr zuvor, wies den deutschen Vorschlag zurück. »Letztes Jahr haben wir Ihnen alles angeboten. Jetzt ist es zu spät«, sagte er zu Eckardstein. Die Temperamente gerieten wieder in Wallung. Auf einmal erschienen die entfernten Inseln auf den Titelseiten der Zeitungen in London, Berlin und Washington. »Statt entgegenkommend zu sein, hat England uns barsche und offene Feindseligkeit gezeigt«, beklagte sich Bülow.

Der Kaiser war empört, nicht nur wegen der durchkreuzten deutschen Ambitionen in Samoa, sondern weil er nicht zum achtzigsten Geburtstag der Königin Victoria am 24. Mai eingeladen worden war. »Ich vermute, daß ein guter Teil der schlechten Laune Seiner Majestät auf den Umstand zurückzuführen ist, daß ihm die Ausführung seines Lieblingsplanes, der Königin anläßlich ihres achtzigsten Geburtstages seine jüngeren Kinder vorzustellen, versagt geblieben ist«, schrieb Frank Lascelles, der britische Botschafter in Berlin, an Lord Salisbury. Lascelles hatte diesen Verdacht auch Bülow gegenüber erwähnt, der – wie der Botschafter Salisbury meldete – »sagte, daß es nicht seine Sache sei, die

Sprache seines Souveräns zu kritisieren, aber ich, der ich den Kaiser so gut kenne, müsse wissen, daß Seiner Majestät Ungestüm bisweilen zu Übertreibungen des Ausdrucks führe... Seine Majestät sei tatsächlich mehr als zur Hälfte Engländer und außerordentlich empfindlich gegen alles, was er als eine Zurücksetzung seitens der Königlichen Familie oder Ihrer Majestät Regierung ansehen könne.«

Der Kaiser glaubte, daß sowohl seine Schwierigkeiten in Samoa als auch sein Ausschluß von Windsor auf eine Quelle zurückgingen: seinen alten Feind, Lord Salisbury. Am 27. Mai, drei Tage nach dem Geburtstag der Königin, schrieb der Kaiser:

Liebste Großmama:
... Ich halte es für meine Pflicht, darauf hinzuweisen, daß die öffentliche Meinung [in Deutschland] sehr beunruhigt und zutiefst erregt über die höchst unglückliche Art und Weise ist, in der Lord Salisbury Deutschland in der Samoafrage behandelt hat... Eine Art und Weise, die völlig unvereinbar mit den Manieren ist, die die Beziehungen zwischen Großmächten nach europäischen Höflichkeitsregeln ordnen... Diese Art, deutsche Interessen und Empfindungen zu behandeln, hat die Bevölkerung wie ein elektrischer Schlag getroffen und den Eindruck erweckt, daß Lord Salisbury uns nicht mehr Interesse entgegenbringt als Portugal, Chile oder den Patagoniern... Wenn geduldet wird, daß diese anmaßende Behandlung deutscher Angelegenheiten durch Lord Salisburys Regierung fortgesetzt wird, dann fürchte ich, daß es eine ständige Quelle von Mißverständnissen und Vorwürfen zwischen den beiden Nationen geben wird, die schließlich zu bösem Blut führen mag.

Ich habe natürlich darüber geschwiegen, was ich in diesen letzten sechs Monaten *persönlich* durchgemacht habe, und wie mein Herz geblutet hat, wenn ich zu meiner Verzweiflung zusehen mußte, wie das mühsame Werk von Jahren, Verständnis und Respekt zwischen den beiden Nationen und für ihre Bestrebungen und Wünsche zu wecken, durch die anmaßende und geringschätzige Behandlung von Ministern mit einem Schlag zerstört wurde... Nun wirst Du verstehen, liebe Großmama, warum ich so innig gehofft hatte, in der Lage zu sein, zu Deinem Geburtstag hinüberzukommen. Dieser Besuch wäre hier vollkommen verstanden worden, als die Pflicht des Enkels zu seiner Großmutter, ganz abgesehen von ›Kaiser‹ etc... Aber eine Vergnügungsreise nach Cowes, nach allem, was geschehen ist, und mit Rücksicht auf die Temperatur unserer öffentlichen Meinung hier, ist jetzt völlig ausgeschlossen... Ich kann Dir versichern, daß niemand tiefer bekümmert und unglücklicher ist, als ich es bin! Und alles wegen einer dummen Insel, die für England eine Haarnadel ist, verglichen mit den Tausenden von

Quadratmeilen, die es jedes Jahr unwidersprochen rechts und links annektiert... Lebe wohl, innigstgeliebte Großmama.

Mit viel Liebe und Respekt, glaube mir, immer Dein gehorsamer und ergebener Enkel,
Wilhelm I. R.

Bevor sie antwortete, schickte die Königin diesen persönlichen Brief des Kaisers Lord Salisbury. Der Premierminister widerlegte Punkt für Punkt die Anschuldigungen des Kaisers, die ihm Anmaßung und Geringschätzung im Umgang mit Deutschland vorwarfen. Er sandte das Memorandum der Königin und schrieb dazu: »Er [Lord Salisbury] stimmt Eurer Majestät ganz darin zu, daß es für einen Souverän durchaus neu ist, in einem privaten Brief den Minister eines anderen Souveräns anzugreifen; insbesondere eines Souveräns, mit dem er so eng verwandt ist. Es ist keine wünschenswerte Neuerung und könnte einige Verwirrung stiften.«

Die Antwort der Königin war der zornigste Brief, den Victoria je an ihren Enkel geschrieben hatte. Sie putzte den deutschen Kaiser herunter, als ob er ein kleiner Junge in kurzen Hosen wäre, der vor einer entrüsteten Großmutter steht:

Lieber Wilhelm:
Dein... Brief, muß ich sagen, hat mich sehr in Erstaunen gesetzt. Den Ton, in dem Du über Lord Salisbury schreibst, kann ich nur einer vorübergehenden Gereiztheit Deinerseits zuschreiben, weil ich nicht glaube, Du würdest sonst in solch einer Art geschrieben haben, und ich bezweifle, daß je ein Souverän einem anderen, und sei dieser seine eigene Großmutter, in solcher Form über ihren Premierminister geschrieben hat. Ich würde so etwas niemals tun, und ich habe den Fürsten Bismarck, obwohl ich gut wußte, welch ein bitterer Feind Englands er war, und all den Schaden kannte, den er anrichtete, niemals persönlich angegriffen oder mich über ihn beklagt... Was Deinen Besuch in *Osborne, nicht in Cowes* angeht..., kann ich nur wiederholen, daß ich, wenn Du kommen kannst, mich freuen werde, Dich Ende Juli oder August zu empfangen. Ich kann Dich und zwei Deiner Söhne und zwei weitere Herren im Haus in Osborne unterbringen, und Du würdest den Rest Deines Gefolges an Bord Deiner Jacht lassen.

Glaube mir, immer Deine sehr liebevolle Großmutter,

V. R. I.

Die Queen ließ es damit bewenden, nicht aber Lord Salisbury. Der Premierminister zahlte es seinem Angreifer mit jeder Verzögerung heim, die er in seiner diplomatischen Schublade hatte. Wochenlang hielt er die Wilhelmstraße und den Kaiser im Ungewissen sowohl über Samoa als auch den gewünschten Besuch des Kaisers in England. Eckardstein, der auf eine Antwort drängte, erklärte er, »er ließe sich von Berlin keine Politik mit der Uhr in der Hand vorschreiben.« Holstein, zornig über die Verzögerungstaktik, wies Hatzfeldt an, in London durchblicken zu lassen, daß der deutsche Botschafter um seinen Paß würde bitten müssen, wenn nicht rasch eine für Deutschland günstige Regelung der Samoafrage erreicht würde. Lord Salisbury reagierte mit ironischer Gleichgültigkeit. »Ich warte täglich auf das mir von Berlin aus angedrohte Ultimatum wegen Samoa«, erzählte er dem Herzog von Devonshire. »Leider ist es aber bis jetzt immer noch nicht eingetroffen. Deutschland würde ja, wenn es das Ultimatum nicht stellen sollte, eine glänzende Gelegenheit verpassen, nicht nur seinen Anteil an Samoa, sondern auch seinen ganzen übrigen Kolonialbesitz, der ihm zu viel Geld zu kosten scheint, auf anständige Weise los zu werden. Wir aber würden dann in der Lage sein, uns durch genügende koloniale Kompensationsobjekte mit Frankreich dauernd einigen zu können.«

Je länger Salisbury mit ihnen spielte, desto zorniger wurden die Deutschen. Chamberlain, der noch immer auf eine Verbesserung der Beziehungen zwischen den beiden Ländern hoffte, hatte vorgeschlagen, daß der Streit geregelt würde, indem Deutschland seine Ansprüche auf Samoa aufgebe, wofür es in Westafrika an der Grenze zur deutschen Kolonie Togo entschädigt werden könnte. Rein kommerziell gesehen, war dieses Angebot für Deutschland vielleicht nicht ungünstig, aber das deutsche Interesse war, nicht zuletzt aus geostrategischen Erwägungen, auf Samoa gerichtet. Für den Kaiser war es zu einer Frage der persönlichen Ehre geworden, und Tirpitz, der an überseeische Marinestützpunkte für die zukünftige deutsche Flotte dachte, forderte in einer Eingabe an den Kaiser auf das nachdrücklichste den Erwerb Samoas. Holstein bezeichnete dieses Schreiben als »ein von blutigen Tränen triefendes, auf die Psyche des Kaisers berechnetes Dokument von Schaumschlägerei in der höchsten Potenz.«

Der deutsche Nationalstolz war berührt. Eckardstein bemerkte ironisch, daß zwar »die große Mehrzahl der durch die Presse des Herrn von Tirpitz wie anderer Kolonial- und Marinefanatiker aufgepeitschten deutschen Stammtisch- und Bierbankpolitiker« gar nicht wisse, »ob Samoa einen Fisch-, einen Vogel- oder einen Mädchennamen bedeute, aber je weniger man davon wußte, mit um so lauterer Stimme rief man der Regierung zu, daß dieses Ding Samoa deutsch sei und für ewige Zeiten deutsch bleiben müsse.« Bülow stellte den Zusammenhang mit dem Lieblingsprojekt seines Kaisers her: »Der Vorfall auf Samoa ist ein neuer Beweis dafür, daß sich überseeische Politik nur mit einer ausreichenden Flottenmacht durchführen läßt«, teilte er dem Kaiser mit, und dieser schrieb zustimmend an den Rand: »Was ich seit zehn Jahren den Ochsen von Reichstagsabgeordneten alle Tage gepredigt habe.« Wilhelm erklärte, daß er vielleicht nie wieder den Fuß auf englischen Boden setzen werde.

Die Drohungen der Deutschen, von Lord Salisbury den Sommer über mit Geringschätzung behandelt, wurden unangenehm für Joseph Chamberlain, als es Herbst wurde. Im Laufe dieser Wochen hatte sich die Situation in Südafrika verschlechtert, wo Großbritannien mit Truppenentsendungen den Krieg gegen die Burenrepubliken vorbereitete. Wie lange die Buren dem Aufmarsch tatenlos zusehen würden, stand dahin, doch schien ein Krieg angesichts der britischen Entschlossenheit, die Burenrepubliken ihrem südafrikanischen Territorium anzugliedern, kaum noch zu vermeiden. In dieser Situation konnte Großbritannien jedoch nicht auf Sympathien des Auslands zählen; es »stand allein«, wie der Kolonialminister einräumte. Ein Sicherheitsfaktor ließe sich einbauen, wenn die deutsche Neutralität in Südafrika erreicht und öffentlich proklamiert werden könnte. Nichts würde ein deutlicheres Signal sein als ein Besuch Wilhelms II. in England, und Chamberlain scheute keine Mühe, diesen Besuch herbeizuführen.

Der Kolonialminister setzte sich durch, zum Teil, weil Lord Salisbury und Graf von Hatzfeldt, die den Wert eines kaiserlichen Besuches eher skeptisch beurteilten, krank waren. Im Juli 1899 hatte Lady Salisbury einen Schlaganfall erlitten. Lord Salisbury, der viel Zeit an ihrem Krankenlager verbrachte, war des Kaisers überdrüssig und wollte nicht einmal mehr den Grafen Hatzfeldt empfangen. Der deutsche Botschafter wiederum, dessen Emphysem sich verschlimmert hatte, war den Anforderungen des täglichen Bombardements von Nachfragen und Beschwerden aus Berlin, die an das Außenministerium weitergeleitet werden mußten, nicht mehr gewachsen. Auf dem Höhepunkt der Samoakrise wurde der Botschafter wochenlang nicht vom Premierminister empfangen. Die Verhandlungen führten Eckardstein und Chamberlain. In Berlin bereitete die Spaltung in der britischen Regierung dem Kaiser weiteren Verdruß. »Ihre Regierung in England scheint zwei Köpfe zu haben, Lord Salisbury und Mr. Chamberlain, und der eine will nicht tun, was der andere will«, hielt er dem britischen Botschafter Lascelles vor. »Mit Mr. Chamberlain verlaufen die Verhandlungen zufriedenstellend, aber womit er sich einverstanden erklärt, das weigert sich Lord Salisbury zu sanktionieren, und so wird die Angelegenheit Monate und Monate verschleppt. Ich bin nicht der König von Portugal, und diese Behandlung des Gegenstandes beweist sehr schlechte diplomatische Manieren... Ich habe den Wunsch, freundschaftliche Beziehungen mit England zu erhalten, aber ich habe meine Pflichten als deutscher Kaiser zu bedenken, und ich kann nicht ewig auf dem Sicherheitsventil sitzen bleiben.«

In dem am 14. November 1899 endlich abgeschlossenen Samoavertrag einigte man sich. Deutschland wurde die Inselgruppe Westsamoa mit der Flottenbasis in Apia zugesprochen, die Vereinigten Staaten behielten die kleineren Inseln Ostsamoas mit ihrem Marinestützpunkt Pago Pago. Großbritannien zog sich ganz von Samoa zurück und erhielt dafür die Schutzherrschaft über das

Königreich der Tonga-Inseln und einen Teil der deutschen Salomon-Inseln (einschließlich Guadalcanal). Deutsche Ansprüche auf britische Territorien in Westafrika wurden fallengelassen. Alle schienen mit dem Ergebnis zufrieden. Eckardstein schrieb Chamberlain, das Samoa-Abkommen beseitige »jeden kolonialen Gegensatz zwischen den beiden Ländern«. Wilhelm kabelte seiner Großmutter, daß er mit der Regelung zufrieden sei, und sie antwortete: »Ich bin ebenso erfreut.« An Bülow telegrafierte der Kaiser: »Bravo! Bin hocherfreut und beglückt. Sie sind der reine Zauberer, den mir ganz unverdienterweise der Himmel in seiner Güte bescherte.« Der Weg für Wilhelms Besuch in England war frei.

Es sollte der erste Besuch des Kaisers im Land seiner Großmutter sein, seit er im August 1895 in Cowes an Bord der *Hohenzollern* vergeblich auf Lord Salisbury gewartet hatte. Obwohl die *Meteor* jeden Sommer in Cowes an den Regatten teilgenommen hatte, war ihr kaiserlicher Eigner die letzten vier Jahre nicht nach England gekommen. Das störte Wilhelm, der im Frühjahr 1899 den Grafen Hatzfeld instruierte, bei der britischen Regierung auszuloten, wie es um eine Einladung zum achtzigsten Geburtstag der Königin Ende Mai stehe. Gesellschaftlich war der Prinz von Wales das größte Hindernis. Hatzfeld beauftragte Eckardstein, den gegenwärtigen Stand der Gefühle des Prinzen zum »Boss of Cowes« in Erfahrung zu bringen. Eckardstein traf im Marlborough Club mit dem Prinzen zusammen und lenkte das Gespräch auf Segelregatten. »Ja, die letzten Jahre war es in Cowes wieder zum Aushalten«, meinte der Prinz. »Da gab es wenigstens nicht mehr dieses fortwährende Salutschießen, Hurrageschrei und andere noch lästigere Störungen.« Als Eckardstein sein Anliegen vorbrachte, lenkte der Prinz ein. »Meinetwegen mag er kommen ... nur soll er sich davor hüten, wieder bombastische Reden zu halten, was die Öffentlichkeit in England unter keinen Umständen vertragen würde.«

Der Besuch wurde für den August verabredet. Am 20. Juli brach sich die Kaiserin Auguste Viktoria das Bein, als ihr Pferd einen Wassergraben übersprang und sie abwarf. »Ich bin untröstlich«, telegrafierte der Kaiser und fragte, ob sie später im Jahr kommen könnten. Der neue Besuchstermin wurde auf Mitte November festgesetzt.

Im Besitz der Einladung, schien Wilhelm zu vergessen, daß er es war, der den Besuch gewünscht hatte. Im August gewann *Meteor* in der Abwesenheit des Kaisers wieder den Queen's Cup in Cowes, und der Prinz von Wales erhob sich beim Bankett der Royal Yacht Squadron, um seinen Neffen zu beglückwünschen. Am folgenden Morgen wurde am Schwarzen Brett ein Telegramm des Kaisers angeschlagen. An den Regatta-Ausschuß adressiert, erhob es Beschwerde gegen die Durchführung des Rennens und die erschwerenden Bestimmungen: »Eure Handikaps sind einfach entsetzlich.« Der Prinz, der sich an

Bord seiner Jacht aufhielt, ließ Eckardstein kommen, der eine Villa in Cowes bewohnte. »Es ist wirklich zum Verzweifeln. Nun gebe ich mir die größte Mühe, den Kaiser nach alledem, was in den letzten Jahren vorgefallen ist, bei der Öffentlichkeit Englands wieder einigermaßen zu rehabilitieren, und da fängt er sofort wieder an, uns mit Schmutz zu bewerfen. ... Sie wissen ja selbst ganz genau, welche Wirkung solche Vorwürfe ... auf die in allen Sportangelegenheiten so überaus empfindliche und auf ihr ›Fair-dealing‹ so stolze Öffentlichkeit bei uns haben muß. ... Ich weiß gar nicht, was der Kaiser überhaupt will. Der beste Beweis, daß unsere Handikaps fair waren, ist doch die Tatsache, daß er mit seinem Meteor gestern den Queen's Cup gewonnen hat.« Er schüttelte den Kopf und sagte mitfühlend zu dem Diplomaten: »Auch Sie beneide ich nicht um die Sisyphusarbeit, die Sie mit dem Kaiser haben.«

Der bevorstehende kaiserliche Besuch war in Deutschland unpopulär. In der Presse und im Reichstag wurde es als skandalös empfunden, daß der Kaiser zu einem Zeitpunkt England besuchte, da das britische »Plutokratentum versuchte, das tapfere kleine Volk der Buren zu erdrosseln«. Die Kaiserin, deren Bein inzwischen geheilt war, drängte Bülow, etwas zu unternehmen, um die Reise zu verhindern: »Ich hatte ... gehofft, daß England nun ins Wasser fiele. Wir können doch wirklich nicht hin. ... Ich fürchte, es wird dem Kaiser kolossal im Lande schaden, wenn wir wirklich reisen. England will uns doch nur benutzen.«

Holstein, der den Besuchswunsch des Kaisers klarsichtig dessen ebenso labilem wie heftigem Verlangen nach der Zuneigung seiner englischen Verwandten zuschrieb, sorgte sich, was Wilhelm sagen könnte, sobald er in England wäre. Am Vorabend der Abreise des Kaisers überreichte Holstein ihm eine diplomatische Niederschrift, die, gepolstert durch Schmeichelei, empfahl, daß sein kaiserlicher Herr nichts sage: »Eure Majestät sind zweifellos begabter als Ihre ganze Verwandtschaft, männlich und weiblich. Eure Majestät flößen aber Ihrer Verwandtschaft nicht den Respekt ein, der Ihrer hervorragenden Persönlichkeit – auch abgesehen von der Machtstellung des Deutschen Kaisers – entsprechen würde. Dies kommt davon, daß Ihre Majestät Ihren Verwandten stets offen und ehrlich entgegengekommen sind, sie in Ihre Pläne und Hoffnungen eingeweiht und dadurch zur Durchkreuzung dieser letzteren die Möglichkeit geboten haben. Denn auch der geschickteste Hieb kann, wenn vorher angesagt, durch einen schwächeren Fechter leicht pariert werden. Die bevorstehende englische Reise bietet Eurer Majestät die Gelegenheit, diese verschobene Lage zurechtzurücken und Eurer Majestät mit einem Schlag diejenige Autorität zu verschaffen, auf welche Allerhöchstdieselben als geistiger und als Machtfaktor Anspruch haben. Dazu brauchen Eure Majestät gar nichts weiter zu tun, als daß Sie allen politischen Unterhaltungen ausweichen. Diese Zurückhaltung empfiehlt sich in erster Linie Lord Salisbury gegenüber. ... Um so größeren Eindruck wird es ihm machen, wenn eure Majestät ... ihn bei gelegentlicher Begegnung in Windsor oder Osborne mit unanfechtbarer Höflichkeit, aber mit alltäglichen Redensarten, Erkundigungen nach dem Befinden seiner Frau und dergleichen in ziemlich kurz bemessener Frist abspeisen. ... Dieselbe Zurückhaltung bei größter Liebenswürdigkeit in der Form empfiehlt sich Herrn Chamberlain gegenüber. ... Wenn Eure Majestät Herrn Chamberlain, falls er nicht zu dämpfen ist, höflich anhören und ihm dann erwidern, daß die Anregung ernste Erwägung verdient und Eure Majestät ihr give your full attention werden, zweifle ich nicht, daß die Gegenleistungen, mit welchen Herr Chamberlain die diplomatische Mitwirkung Deutschlands und sogar schon dessen feste Neutralität zu bezahlen bereit ist, in demselben Maße sich steigern werden, wie Eure Majestät ruhigen Gleichmut und Mangel an Empressement erkennen lassen.«

Am 20. November 1899 machte die *Hohenzollern* am Königlichen Kai in Portsmouth fest, wo ein Sonderzug wartete, den Kaiser und sein Gefolge nach Windsor zu bringen. Auf dem Bahnsteig in Windsor begrüßte der Prinz von Wales in scharlachroter Uniform seinen Neffen im Namen der Königin. Am folgenden Abend gab Königin Victoria ein Festbankett für 143 Gäste in der St. George Hall. »Das gesamte Tafelservice war Gold«, berichtete Chamberlain, der unter den Anwesenden war. »Alle Kerzenhalter und Tafelaufsätze waren aus Gold, und drei große samtgedeckte Anrichten waren bedeckt mit Tellern, Platten und allem nur denkbaren Geschirr aus Gold.« Der Kolonialminister schätzte den Wert des Schatzes auf 2 Millionen Pfund und beschrieb das Bankett als eines der großartigen Schauspiele seines Lebens.

Als ihre Gäste im Saal versammelt waren, erschien die Königin, von vier Hindus mit Turbanen in einer Sänfte getragen. Wilhelm II. schritt neben der Sänfte und bezeigte seiner Großmutter Zuneigung und Ehrerbietung. Als die Königin sich gesetzt hatte, nahm Wilhelm seinen Platz ihr gegenüber ein. Bülow, der in der Nähe saß, fühlte sich merkwürdig berührt von der »Beherrscherin eines Weltreiches«, die ihn an »ein gutes Mütterchen in Hannover, Hamburg oder Holstein« erinnerte, »die mit der Gabel sorgsam sich auf dem Teller die weichsten Kartoffeln aussucht oder mit dem Messer den Hühnerflügel schneidet.«

Nach dem Dinner reichte die Königin jedem Gast die Hand zum Kuß und zog sich dann zurück. Die Tischgäste versammelten sich in Gruppen zum Gespräch. Wilhelm ließ Holsteins Rat außer acht und ging sofort auf Chamberlain zu. Die beiden sprachen eine Stunde miteinander. Der Kolonialminister wiederholte seine Hoffnung auf ein Einvernehmen zwischen Deutschland und Großbritannien. Der Kaiser parierte mit der Bemerkung, daß Deutschland seine ausgezeichneten Beziehungen zu Rußland nicht zu stören wünsche, und erinnerte Chamberlain, daß Lord Salisburys Großbritannien keine Tradition formeller

Bündnisse in Friedenszeiten habe. Dessen ungeachtet sprudelte der Kaiser vor Leutseligkeit über: die jüngste Vereinbarung über Samoa sei hilfreich gewesen, und weitere britische Zugeständnisse würden sogar größere Teile der öffentlichen Meinung in Deutschland umstimmen können. Der durchschnittliche Deutsche, erläuterte der Kaiser, sei empfindlich, rechthaberisch und gefühlvoll. Am besten komme man mit ihm zurecht, wenn man es vermeide, seine Geduld auf die Probe zu stellen, und ihm viel guten Willen zeige. Am Ende ihres Gesprächs, bevor er zu Bett ging, klopfte der Kaiser Chamberlain jovial auf den Rücken.

Der Kaiser wurde in Schloß Windsor warm aufgenommen, und in seiner impulsiven Art reagierte er in gleicher Weise. Ungemein stolz auf seine englische Familie, führte er Mitglieder seines Gefolges durch das Schloß und bestand darauf, daß sie die massiven Brustwehren bewunderten, den Luxus der Einrichtung, die Schönheit der Gemälde, die in Gängen und Räumen hingen, den Reiz der Gärten, die Weite des Großen Parkes. »Von diesem Turm aus«, erklärte er seinem Gefolge und zeigte auf den Großen Turm, »wird die Welt regiert.« Reichskanzler Bülow vertraute er an: »Dies ist der schönste Einzug und der erhebendste Eindruck meines Lebens. Hier, wo ich als Kind an der Hand meiner Mutter bescheiden und scheu die Herrlichkeiten anstaunte, weile ich heute als Kaiser und König.«

An einem Nachmittag besuchte Wilhelm die Queen. Unter vier Augen führten die beiden – Kaiser und Königin, Enkel und Großmutter – ihr letztes Gespräch; vierzehn Monate später war Königin Victoria tot. Victoria schilderte das Gespräch:

»Wilhelm kam nach dem Tee zur mir... Wir sprachen... über den schokkierenden Ton der deutschen Presse und die schändlichen Entstellungen und Lügen über den Krieg, die er sehr beklagt. Aber er sagt, es liege an dem ›Gift‹, das Bismarck ›dem Volk in die Ohren geträufelt‹ habe, welches darum England hassen gelernt habe und ein Bündnis mit Rußland wünsche. Wenn er ihn nicht fortgeschickt hätte, wisse er nicht, was geschehen wäre, und in seinen Schmähungen sei er später noch schlimmer geworden, und sein Sohn [Herbert] setze sie fort. Wilhelm selbst wünscht ein besseres Einvernehmen mit uns.«

Es gab bemerkenswerte Abwesenheiten: während der gesamten Dauer des Kaiserbesuches blieb Lord Salisbury in Hatfield. Lady Salisbury war einige Stunden nach der Ankunft der Gäste in Windsor gestorben. Graf Hatzfeld blieb auf Anweisung seines Arztes in Brighton. Während seines Besuches verließ Wilhelm sich auf Bülow, wenn er diplomatischen Rat benötigte. Mitte September hatte Salisbury der Königin mitgeteilt, daß Hatzfeld dreimal gefragt habe, ob der Staatssekretär eingeladen werden könne. »Lord Salisbury hat nur Gutes über Herrn von Bülow gehört«, sagte der Premierminister zur

Königin, »und der deutsche Botschafter hat so ernstlich darauf gedrungen, daß er eingeladen werden sollte, daß die Sache wahrscheinlich von einiger Bedeutung ist.« Bülow kam, und seine Befriedigung über die Einladung verstärkte sich, als er am vierten Tag des Besuches nach dem Tee von der Königin in ihrem privaten kleinen Salon empfangen wurde. Die Königin sprach ihn auf deutsch an, forderte ihn auf, sich neben sie zu setzen, und erzählte ihm, Freundschaft zwischen England und Deutschland sei immer ihr besonderes Anliegen gewesen. Sie bat Bülow, etwas zu tun, um die Angriffe auf England in der deutschen Presse zu mildern. Der Engländer, erklärte sie ihm, »sei langsam und indolent, wenn er aber, namentlich von der Presse seines deutschen Vetters, zu sehr und, wie er glaube, zu ungerecht getadelt würde, könnte er schließlich die Geduld verlieren.« Bülow schob die Verantwortung auf »den ungeheuren Schaden, den Bismarck anrichtete, indem er seinen ganzen Einfluß dazu benutzte, eine schlechte Stimmung gegenüber England zu fördern.«

Das wichtigste politische Gespräch des Besuches fand zwischen Chamberlain und Bülow in dessen Gästezimmer auf Schloß Windsor statt. Bülow hatte erfahren, daß er Lord Salisbury nicht treffen würde, und einen Brief des Premierministers erhalten, in welchem dieser ihn bat, statt seiner mit Chamberlain vorlieb zu nehmen. Salisbury betonte darin aber auch, daß die Ansichten, die der Kolonialminister zum Ausdruck bringen würde, nicht seine eigenen und für den Premierminister oder das Kabinett nicht bindend sein würden. Als Chamberlain in sein Zimmer kam, war Bülow überrascht von seiner Erscheinung; »Joseph Chamberlain war damals dreiundsechzig Jahre alt, ich würde ihm aber nicht mehr als fünfzig gegeben haben«. Der Kolonialminister machte auf Bülow »den Eindruck eines klugen, energischen, listigen, unter Umständen rücksichtslosen Geschäftsmannes«.

Chamberlain kam gleich zur Sache: England, Deutschland und die Vereinigten Staaten sollten zusammenarbeiten; dadurch könnten sie Rußlands Expansionismus in Schach halten, das »turbulente» Frankreich ruhigstellen und den Weltfrieden garantieren. Bülow wiederholte, was Chamberlain bereits vom Kaiser gehört hatte: durch ein formales Bündnis mit England würde Deutschland sich Rußland zum Gegner machen, mit dem es eine lange Grenze hatte. Was würde die britische Kriegsmarine nützen, wenn der Zar auf Königsberg und Berlin marschierte? Wenn es schließlich zu einem Bündnis kommen sollte, dann würde es jedenfalls spezifische, genau beschriebene Garantien enthalten müssen, die vom Parlament gebilligt wurden. Chamberlain bat, wie zuvor schon die Königin, daß die antibritischen Ausfälle in der deutschen Presse gemildert würden. Bülow erwiderte, daß Kaiser und Regierung keinen Einfluß auf die öffentliche Meinung in Deutschland hätten. Chamberlain konterte mit dem Hinweis, daß Wilhelm, als der Prinz von Wales ihm gedankt hatte, daß er trotz antibritischer Gefühle in Deutschland nach England gekommen war, stolz erklärt hatte: »Ich bin der alleinige Herr deutscher Politik, und mein Land muß mir folgen, wohin ich gehe.«

Am Ende glaubte Chamberlain, daß ihm ein Durchbruch gelungen sei. Er meinte, grünes Licht erhalten zu haben, öffentlich für ein deutsch-englisches Bündnis einzutreten, und daß Bülow ihn im Reichstag unterstützen werde. Bülow behauptete hingegen, daß er zwar die Gedanken Chamberlains anerkannt, aber auch auf die Schwierigkeiten hingewiesen habe, die einer probritischen Politik der deutschen Regierung im Weg stehen würden, von einer förmlichen Allianz ganz zu schweigen. Und er bestritt entschieden, Chamberlain Zusicherungen gemacht zu haben, daß er vor dem Reichstag eine Bündnispolitik vertreten würde.

Die deutschen Besucher verließen Windsor und reisten nach Sandringham, wo der Prinz von Wales darauf wartete, seinen Neffen zu empfangen. Bülow war angetan von dem, was er sah, und pries England als das Land der schönen Anwesen »par excellence«. Sandringhams »herrlicher Park mit seinen prächtigen Eichen und Buchen, seinem unvergleichlich schönen Rasen, den Rhododendronbüschen, den sauberen Kieswegen und lebendigen Hecken ... dem schönen Marstall, ... herrlichen Treibhäusern ... machten jeden Spaziergang zu einem Genuß«. Bülow war erstaunt über die völlige Bewegungsfreiheit, der sich die Gäste erfreuten und die sich sehr von der Reglementierung unterschied, die den Gästen des Kaisers auferlegt wurde. »Gewiß mußte man sich morgens zum ersten Frühstück einfinden und dort Bacon with Eggs, Porridge und Jams essen und Sonntags dem Divine Service beiwohnen, aber im übrigen konnte jeder Gast machen, was er wollte.« Bülows Überschwang verließ ihn jedoch, als er den Prinzen von Wales im Gespräch mit seinem eigenen Souverän beobachtete: »Wenn der Onkel mit dem Neffen über Politik sprach, hatte ich die Empfindung, daß ein dicker und boshafter Kater mit einer Spitzmaus spielt.«

Noch während seines Aufenthalts in England schrieb Bülow seine Eindrücke von Land und Leuten nieder und schickte sie Hohenlohe und Holstein: »Die englischen Politiker kennen wenig den Kontinent. Manche von ihnen wissen von kontinentalen Zuständen nicht viel mehr als wir von den Verhältnissen in Peru oder Siam. ... Das Land atmet Reichtum, Behäbigkeit, Zufriedenheit und Vertrauen in die eigene Kraft und Zukunft. Man merkt, daß die Leute nie den Feind im Lande gesehen haben und gar nicht glauben können, daß es je wirklich schief gehen könnte, weder im Innern noch nach außen. Mit Ausnahme von wenigen ›leading men‹ arbeiten sie wenig und lassen sich zu allem Zeit. Es ist ein physisch und moralisch sehr gesundes Land.«

Wilhelm II. war bei seiner Abreise erfreut über den Empfang, den man ihm bereitet hatte. »Der Besuch ... ist in jeder Beziehung vortrefflich verlaufen«, telegrafierte er dem preußischen Botschafter in Hamburg, »die Folgen werden für die Zukunft nach menschlichem Ermessen sehr erfreulich und günstig sein.«

Am 30. November, dem Tag nach der Abreise des Kaisers und Bülows, erhob sich der unter einer schweren Erkältung leidende Joseph Chamberlain bei einem Mittagessen der Unionisten in Leicester, um seine britische Version des deutsch-englischen Bemühens um ein besseres Verständnis vorzutragen. »Jeder weitblickende Staatsmann muß schon lange den Wunsch gehabt haben, daß wir nicht in ständiger Isolierung vom europäischen Kontinent bleiben«, erklärte er. »Es muß jedem offensichtlich erscheinen, daß das große Deutsche Reich unser natürlicher Bündnispartner ist.« In Erweiterung seiner Vision sprach der Kolonialminister von einer »neuen Dreierallianz zwischen der germanischen Rasse und den beiden großen transatlantischen Zweigen der angelsächsischen Rasse, die einen machtvollen Einfluß auf die Zukunft der Welt nehmen könnte.« Chamberlains Rede trug ihm Glückwünsche von Eckardstein ein. Der Kaiser, der sich noch im Glanz von Windsor und Sandringham sonnte, drahtete seine Grüße. Holstein attackierte die Rede als »einen unbegreiflichen Fehler«. Bülow, überrascht, daß Chamberlain seinen Vorschlag so rasch an die Öffentlichkeit getragen hatte, bezeichnete die Rede als »eine Ungeschicklichkeit, wie ich glaube, eine ungewollte Ungeschicklichkeit, aber jedenfalls eine Ungeschicklichkeit.« Die *Times* tadelte den Kolonialminister in eisigem Ton, weil er das Wort »Allianz« gebraucht hatte, und stellte die Frage, warum Mr. Chamberlain in Angelegenheiten eingreife, die in Lord Salisburys Zuständigkeitsbereich gehörten. Der Premierminister schwieg.

Chamberlain erwartete zuversichtlich, daß der deutsche Kanzler in seiner Reichstagsrede am 11. Dezember seinen Teil des Handels einlösen würde, den er in Windsor glaubte abgeschlossen zu haben. Am Tag nach seiner Rede in Leicester schrieb er optimistisch an Eckardstein: »Graf von Bülow, dessen Bekanntschaft zu machen ich mich sehr gefreut habe, ... drückte den Wunsch aus, ich möchte öffentlich etwas über die gemeinsamen Interessen sagen, welche die Vereinigten Staaten mit einem Einvernehmen zwischen Deutschland und England eng verknüpfen. Daraufhin meine gestrige Rede, welche ihm hoffentlich nicht zur Unzufriedenheit gereichen wird.«

Als Bülow im Reichstag das Wort ergriff, geschah es, um Tirpitz' zweites Flottengesetz zu unterstützen. Die Zukunft des Reiches, so erklärte er, sei abhängig von einem Verbund starker See- und Landstreitkräfte. Deutschland müsse einsehen, daß es »ohne Macht, ohne ein starkes Heer und eine starke Flotte keine Wohlfahrt gibt.« Dann prägte er eine eingängige Wendung: »In dem kommenden Jahrhundert wird das deutsche Volk Hammer oder Amboß sein.«

Eine Allianz oder auch nur eine Verständigung mit Großbritannien kam in Bülows Rede nicht vor. Im Gegenteil, obwohl der Reichskanzler warme Worte für Rußland, die Vereinigten Staaten und sogar für Frankreich fand, waren seine Hinweise auf England kühl. England wurde als eine Nation im Niedergang dargestellt, eifersüchtig auf die wachsende Macht des kaiserlichen Deutschlands, sogar unbestimmt feindselig; ein Staat, der sich Deutschlands rechtmäßigem Geschick entgegenstellen würde, wenn der Reichstag nicht Geld für eine Flotte bewilligte, die gebührenden Respekt einflößte.

Chamberlain las Bülows Rede mit Verblüffung. »Es tut mir wirklich aufrichtig leid«, schrieb er Eckardstein, »daß alle Ihre so ernsthaften und langwierigen Bemühungen jetzt als umsonst gewesen erscheinen. Aber auch ich selbst tue mir leid. Alles lief doch so gut, und auch Lord Salisbury war bereits wieder ganz freundlich gestimmt und ganz einig mit uns in Bezug auf die künftige Gestaltung der deutsch-englischen Beziehungen. Aber leider, es sollte nicht sein.«

Bülow ignorierte sein Gespräch mit Chamberlain in Windsor nicht ganz. Durch Eckardstein versuchte er den Schaden zu mildern, indem er ihn bat, den Prinzen von Wales und Chamberlain auf »die außerordentlich schwierige« Lage hinzuweisen, in welcher sich Graf Bülow dem Reichstag gegenüber befinde. »Die Waffe, deren sich die Gegner der Regierung bei uns vor allem bedienten, sei die fortgesetzte Insinuation, daß sie geheime politische Abmachungen mit England verfolge und zu Gunsten derselben wirkliche deutsche Interessen opfere. Dieser Ansturm sei auch im Reichstag ein so starker gewesen, daß Graf Bülow eine gewisse Rücksicht darauf habe nehmen und seine Sprache danach einrichten müssen. Wir lebten nicht mehr in der Zeit, wo Fürst Bismarck in der auswärtigen Politik allmächtig war und nichts zu fürchten hatte, auch wenn er in der auswärtigen Politik auf die öffentliche Meinung keine Rücksicht nahm. Dies könne der jetzige Reichskanzler [Hohenlohe] nicht und noch weniger Graf Bülow.«

Hatzfeld blieb die Aufgabe, für die Wilhelmstraße das Denken der britischen Regierung nach Windsor und insbesondere das undurchsichtige Verhältnis zwischen dem mächtigen Kolonialminister und dem leidenden Premierminister zu entziffern und zu klären. Man glaube in England zu wissen, »daß Chamberlain und Arthur Balfour bei uns als die eigentlichen Träger einer deutschfreundlichen Politik angesehen werden, während man Lord Salisbury in dieser Beziehung, wenn nicht eine negative, so doch mindestens eine passive Rolle zuerkenne«, schrieb der Botschafter. Hatzfeld ließ Spekulationen seiner Regierung nicht gelten, daß Chamberlains Bündnisvorschlag ein gegen Salisbury gerichtetes politisches Manöver gewesen sein mochte, das den Zweck verfolgt habe, den Premierminister zu kompromittieren oder gar zu stürzen. Hatzfeld meinte, daß Lord Salisbury »noch keineswegs als ein politisch fertiger Mann« zu betrachten sei. Er sei »durchaus nicht abgeneigt anzunehmen, daß Mr. Chamberlain, als er seine Rede über die Allianz hielt, die prinzipielle Zustimmung Lord Salisburys dazu bereits in der Tasche hatte oder aber von der Überzeugung ausging, daß es ihm – wie in der Samoa-Frage – mit Hilfe der Majorität seiner Kollegen gelingen würde, den Premierminister zum Eingehen auf seine Wünsche zu bestimmen.« Von welcher Art Chamberlains Motivation auch gewesen sein mochte und trotz seiner Irritation über Bülows Verhalten, schloß der Botschafter, sei das Interesse des Kolonialministers an einem Bündnis mit Deutschland nicht tot. Die richtige deutsche Politik sei darum diejenige, die Holstein und Bülow gewählt hätten: Großbritannien zu dem Glauben zu ermutigen, daß ein Bündnis mit Deutschland eines Tages kommen würde, aber nur, wenn England fortfahre, »uns in den voraussichtlich noch auftauchenden kolonialen Fragen Entgegenkommen [zu] zeigen«.

15. KAPITEL

# Burenkrieg und Boxeraufstand

Während der Kaiser sich noch in Windsor und Sandringham aufhielt, wurde Großbritanniens Wert als Bündnispartner von den Ereignissen in Südafrika untergraben. Schon 1897 war deutlich geworden, daß die Burenrepublik Transvaal sich auf einen erneuerten und diesmal schwerwiegenden britischen Angriff vorbereitete. Präsident Krüger unterzeichnete ein Offensiv-Defensiv-Bündnis mit der Schwesterrepublik Oranjefreistaat. Aus Steuereinnahmen, die er auch von nichtburischen Uitlanders kassierte, kaufte er in Deutschland Feldgeschütze und Maschinengewehre. In Verhandlungen mit Joseph Chamberlain und den Vertretern des Kolonialministers in Südafrika verlangte Krüger Entschädigungen für den Jameson-Einfall: 677938 Pfund für materielle Schäden, 1 Million Pfund für »moralische und seelische Schäden«. Er wies den Vorschlag zurück, daß Briten und andere Uitlanders nach fünfjährigem Aufenthalt in Transvaal die vollen Bürgerrechte erhalten sollten; die Frist müsse vierzehn Jahre betragen. Krüger wies auch darauf hin, daß das Londoner Abkommen von 1882 ausgelaufen sei, und daß Großbritannien keine Rechte über die Außen- und Verteidigungspolitik der Burenrepubliken habe.

Lord Salisbury, der die Führung der Verhandlungen Chamberlain anvertraut hatte, scheute eine Konfrontation in Südafrika. »Ein Krieg mit Transvaal wird eine Reaktion auf die europäische Politik haben, die schädlich sein mag«, schrieb er Chamberlain. Der war anderer Meinung und argumentierte, daß »Krüger nie in eine Kanonenmündung geblickt« habe. Er überredete das Kabinett zum gewaltsamen Eingreifen und warnte die Burenregierung Ende August, daß »nicht mehr viel Sand im Stundenglas« sei. Krüger wies in seiner Antwort noch einmal alle Ansprüche britischer Souveränität über Transvaal zurück. Die britische Regierung verstärkte die Streitkräfte in der Kapkolonie und in Natal um eine weitere Kavalleriebrigade, ein Infanterieregiment und zwei Batterien Artillerie. Krüger verlangte, daß britische Truppenkonzentrationen an den Grenzen von Transvaal zurückgezogen und daß alle britischen Verstärkungen, die seit dem 1. Juni in Südafrika eingetroffen seien, wieder abgezogen werden müßten. Diese ultimativ vorgebrachten Forderungen wurden von Großbritannien abgelehnt. Am 11. Oktober erklärten die Buren den Krieg und stießen mit Kavallerie in die Kapkolonie, nach Natal und Betschuanaland vor. Die grenznahen Städte Kimberley, Mafeking und Ladysmith wurden belagert. Am 15. Dezember wurde eine britische Armeeabteilung unter General Sir Redvers Buller, die gegen Ladysmith marschierte, um die Stadt zu entsetzen, bei Colenso geschlagen, wobei sie elfhundert Mann an Toten, Verwundeten und Vermißten verlor. In derselben Woche wurden andere britische Streitkräfte bei Stormberg und Magersfontein zurückgeworfen. In England wurden diese Tage später die »Schwarze Woche« genannt. Königin Victoria ließ sich von der nationalen Niedergeschlagenheit nicht anstecken. »Ich will Ihnen eins sagen«, sagte sie zu Arthur Balfour, der nach Windsor gekommen war, um ihr Bericht zu erstatten. »Ich werde in meinem Haus keine Niedergeschlagenheit dulden. Wir sind an den Möglichkeiten einer Niederlage nicht interessiert.« Lord Salisbury sprach unter Freunden bekümmert über »Joes Krieg«, obwohl er in der Öffentlichkeit den Kolonialminister entschieden unterstützte.

Europa war erfreut über die britischen Niederlagen. Die Mehrzahl der deutschen Militärexperten glaube, daß der südafrikanische Krieg mit einer Niederlage der Engländer enden werde, schrieb Bülow am 26. Dezember 1899 an Hatzfeldt. Herbert von Bismarck machte seinem Herzen Luft: »Die sich immer mehr zuspitzende südafrikanische Frage wird meiner Ansicht nach dem britischen Weltreich den Todesstoß geben, denn ich glaube, daß England im Begriff steht, in seinem Fett zu ersticken, und einer Kraftanstrengung nicht mehr fähig ist.« Aus Paris schrieb der britische Botschafter von der »infamen Sprache und schamlosen Verlogenheit der französischen Presse«. Aus St. Petersburg kam die Nachricht, daß die Feindseligkeit der russischen Gesellschaft und der Zeitungen »erstaunlich« sei.

Ganz anders der Kaiser. In seinem Weihnachtsgruß an den Herzog von Windsor wurde er in seiner Wehklage geradezu lyrisch: »Was für Tage trauriger Nachrichten und Sorgen ... Viele tapfere Offiziere und Männer sind gefallen oder verwundet, nachdem sie Schneid und entschlossene Tapferkeit gezeigt hatten! In wievielen Häusern wird dieses Jahr Trauer herrschen, und wie viele Verwundete werden in diesen Tagen des heiligen Friedens und der Freude unter körperlichen und seelischen Schmerzen leiden! Wieviel Blutvergießen hat es gegeben und wird in den nächsten Monaten noch zu erwarten sein ... Eure Verluste, die allmählich bekannt werden, sind ganz erschreckend ... besonders die Verluste der schottischen Hochländer ... die von meinen Soldaten hier sehr bewundert werden ... Der Anblick weißer Männer, die einander töten, ist für die Schwarzen auf die Dauer nicht gut; der bloße Gedanke, daß sie es praktisch finden könnten, über die Weißen im allgemeinen herzufallen, reicht hin, einem das Blut gerinnen zu machen.«

Ein paar Wochen später drängte Wilhelm seinen Onkel, sich mit dem Gedanken abzufinden, daß eine Niederlage in Südafrika keine Schande bedeute. »Letztes Jahr«, schrieb er, »in dem großen Cricketspiel England gegen Australien nahmen die Ersteren den Sieg der Letzteren ruhig hin, mit ritterlicher Anerkennung ihres Gegners.« Die Antwort des Prinzen fiel steif aus: »Ich fürchte, ich bin nicht in der Lage, Deine Ansichten zu teilen... in denen Du unseren Konflikt mit den Buren mit unseren Cricketspielen gegen die Australier vergleichst, in deren letztem die Australier siegreich waren und wir unsere Niederlage hinnahmen. Das Britische Weltreich kämpft jetzt um seine Existenz, wie Du gut weißt, und für unsere Überlegenheit in Südafrika. Darum dürfen wir keine Anstrengung scheuen, um am Ende siegreich zu sein.«

Der Kaiser verteidigte seinen Vergleich in einem weiteren Brief an seinen Onkel: »Mein letzter Absatz scheint Anstoß bei Dir erregt zu haben. Aber ich denke, ich kann Deine Zweifel daran leicht zerstreuen. Die Anspielung auf Fußball und Cricketspiele sollte zeigen, daß ich nicht zu den Leuten gehöre, die, wenn die britische Armee Rückschläge erleidet oder zu einem gegebenen Zeitpunkt unfähig ist, den Feind zu überwinden, sofort aufschreien, daß britisches Prestige in Gefahr oder verloren sei. Wahrlich, Großbritannien hat tapfer um Nordamerika gekämpft und es am Ende gegen Frankreich und die Rebellen verloren, und doch ist es zur größten Macht der Welt geworden! Weil seine Flotte unversehrt blieb, und mit ihr die Seeherrschaft! Solange Ihr Eure Flotte in guter Kampfbereitschaft erhaltet, und solange sie als die erste angesehen und als unbesiegbar gefürchtet wird, kümmern mich nicht ein paar verlorene Gefechte in Afrika. Aber die Flotte muß in Geschützen und Offizieren und Mannschaften auf dem neuesten Stand sein, und auf dem ›Qui vive‹, und sollte es jemals notwendig sein, auf sie zurückzugreifen, möge ihr ein zweites Trafalgar zufallen! Ich werde der erste sein, der ihr Glück und Lebewohl wünscht!«

Mitte Januar 1900 wurden drei deutsche Dampfer, *Bundesrat, Herzog* und *General* unter dem Verdacht, Gewehre und Kanonen für die Buren zu befördern, von britischen Kriegsschiffen vor der ostafrikanischen Küste aufgebracht. Nach einer Durchsuchung auf See durften zwei Schiffe ihre Fahrt fortsetzen, aber die *Bundesrat* wurde nach Durban gebracht, um sie dort einer gründlicheren Prüfung zu unterziehen. Keine Waffen wurden gefunden. Als die Nachricht Deutschland erreichte, ging ein Aufschrei durch die deutsche Presse, gefolgt von Protesten und Forderungen nach Entschuldigung, Entschädigung und Garantien gegen Wiederholungsfälle. Tirpitz ergriff die günstige Gelegenheit und erklärte, daß nur eine starke Flotte derartige nationale Demütigungen verhüten könne; die Antwort müsse eine Verdoppelung des Bauprogrammes von 1898 sein. Lord Salisbury nahm die deutschen Proteste gleichmütig hin. Holstein telegrafierte an Eckardstein (der in Abwesenheit Hatzfelds wieder die deutsche Botschaft leitete): »Der Kaiser erwägt, ob nicht sofort Persönlichkeit von hier binnen 48 Stunden geschickt wird, um bis Donnerstag durch bestimmte Anfrage festzustellen, ob wir Aussicht haben, uns mit England zu verständigen.« Die Drohung war der Abbruch der diplomatischen Beziehungen. Eckardstein warnte, daß es nicht viel nützen werde. »Wie bei früheren Gelegenheiten«, sagte er »bei denen er sich durch den diktatorischen und beleidigenden Ton Wilhelms II. und seiner Diplomatie verletzt fühlte«, verhalte sich Lord Salisbury »vollständig reserviert, ja ... geradezu unnahbar.«

Wenn man Eckardstein Glauben schenken darf, wurde die Krise durch seinen eigenen prompten Besuch beim Premierminister im Außenministerium entschärft, wo er den Fall von achtzehn Kisten Schweizer Käse, die an Bord eines deutschen Schiffes vor Südafrika beschlagnahmt worden waren, zu einem Scherz wendete. Lord Salisbury begann zu lachen, und eine friedliche Beilegung der durch das ungerechtfertigte Aufbringen der deutschen Dampfer hervorgerufenen schweren diplomatischen Krise folgte rasch.

Bis zum Frühjahr 1900 hatte sich die militärische Lage in Südafrika zugunsten der Briten gewendet. Lord Roberts, der Held von Indien, und Lord Kitchener, der Held des Sudan, hatten Sir Redvers Buller erhebliche Verstärkungen gebracht. Die britische Armee in Südafrika war im Laufe der Zeit von der ursprünglichen Garnisonsstärke von 25000 Mann auf über 250000 Mann angewachsen. Diese Übermacht hatte die Buren zurückgeworfen, und Entsatzkolonnen näherten sich den belagerten Städten Ladysmith und Mafeking. Johannesburg fiel am 31. Mai und Pretoria am 5. Juni. Präsident Krüger nahm die Eisenbahn nach Lourenço Marques, wo er an Bord eines Schiffes nach Europa ging und seine invalide Frau und Südafrika für immer verließ.

Der Krieg schien vorbei. Im August proklamierte die Königin: »Meine Armeen haben die Eindringlinge über die Grenzen zurückgeschlagen, die sie überquert hatten, und haben die beiden Hauptstädte des Feindes und große Teile seines Territoriums besetzt.« Im September annektierte Großbritannien Transvaal und den Oranjefreistaat. Lord Roberts kehrte nach England zurück, um Generalstabschef der britischen Armee zu werden, und überließ Kitchener die Säuberung der eroberten Gebiete.

Am 6. Juni 1900 war die Nachricht vom Fall Pretorias der Königin nach Balmoral telegrafiert worden. Glocken wurden geläutet, die Ehrengarde feuerte Salut, und der Union Jack wurde neben der königlichen Standarte aufgezogen. Am Abend marschierte eine Abteilung eines schottischen Hochlandregiments mit jaulenden Dudelsäcken zur Kuppe des Craig Gowan Height über dem Schloß und entzündete ein riesiges Freudenfeuer. Die Königin, die das Schauspiel von der Rasenfläche vor dem Schloß beobachtete, hatte auf den Erfolg der britischen Armee getrunken und sah weiter zu, als die Hochländer herabmarschierten und auf der Rasenfläche schottische Volkstänze vorführten. Die Feier endete damit, daß alle »God Save the Queen« sangen.

Am selben Tag hatte die *Times* unter der kleinen Überschrift »DIE UNRUHEN IN CHINA« berichtet, daß zwei britische Missionare von einem religiösen chinesischen Geheimbund, der sich »Faust-Rebellen« nannte und dessen Mitglieder im Abendland als Boxer bezeichnet wurden, ermordet worden waren.

Im Laufe von sechs Jahrzehnten hatten die westlichen Mächte China Pachtverträge und Konzessionen abgerungen, Gebiete abgetrennt und das riesige Land in Einflußsphären aufgeteilt. Die Mandschu-Regierung, die das Reich nominell vom nördlichen Peking aus regierte, schien machtlos und außerstande, diesen Zerfall aufzuhalten. Von Korruption gelähmt, fehlte es dem Kaiserlichen Hof am Willen und an der Macht, das politische Geschick von Chinas 350 Millionen Menschen in die Hände zu nehmen und zu lenken. Das Heer besaß weder moderne Waffen noch eine zentrale Kommandostruktur, und es sah keinen Grund zu kämpfen. Seit die Mandschus im sechzehnten Jahrhundert aus dem Norden eingedrungen waren und die Ming-Dynastie gestürzt hatten, war das Himmlische Königreich nicht so hilflos gewesen.

Dann, im Frühjahr und Sommer des Jahres 1900, nahmen Chinas Bauern im nördlichen Teil des Reiches ihre Angelegenheiten in die eigenen Hände. Rasch entstand eine Volksbewegung, deren Ziel es war, China von den Ausländern zu befreien. Die bis dahin als gesetzestreu und duldsam bekannten Bauern umwanden ihre Köpfe, Handgelenke, Knöchel und Hüften mit roten Bändern, bewaffneten sich mit Schwertern, Speeren und alten Musketen und verließen die Felder, die ihre Vorfahren seit Jahrtausenden bestellt hatten. Sie entwickelten geheime Riten, die sie gegen die Kugeln von Ausländern vermeintlich unverwundbar machten. Ihr Schlachtruf war »Sha! Sha!« (»Tötet! Tötet!«). Ihr Geheimbund wurde 1900 als I-ho-t'uan (Gesellschaft für Rechtlichkeit und Eintracht) von der kaiserlich-chinesischen Regierung anerkannt.

Diese »Boxer« erhoben sich gegen den spirituellen und weltlichen Verfall des Reiches und seine Verseuchung durch abendländisches Gedankengut. Ausländische Eisenbahnen durchzogen das Land, enteigneten die Felder der betroffenen Bauern und verletzten geheiligte Begräbnisplätze. Züge beförderten Passagiere und Frachten und machten Tausende von Schiffern und Trägern arbeitslos. Telegrafenleitungen begleiteten die Eisenbahnstrecken, sangen im Wind und beleidigten die Geister der Luft. Noch schlimmer waren die christlichen Missionare mit ihren inbrünstigen Hymnen, ihrer Bekehrungsbesessenheit und ihrem mangelnden Verständnis für traditionelle chinesische Glaubenssätze, die sie lächerlich machten. Und schlimmer noch als die ausländischen Barbaren waren die chinesischen Christen, die ihre Landsleute verrieten, indem sie diesen Glauben annahmen.

Den vielleicht entscheidenden Anstoß zur Gründung der Geheimgesellschaft gab die Besitzergreifung des Gebietes von Kiautschou und der Stadt Tsingtao in der Provinz Schantung am Gelben Meer durch Deutschland. Nachdem man sich

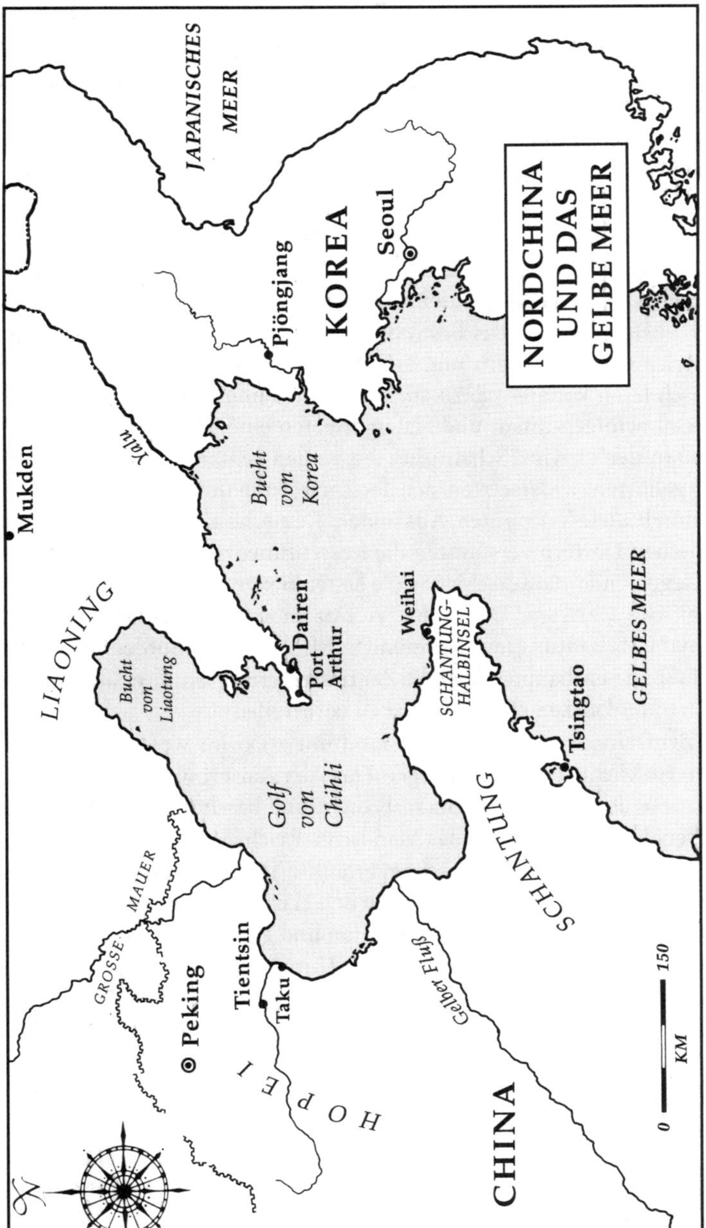
NORDCHINA UND DAS GELBE MEER
JAPANISCHES MEER
KOREA
Seoul
Pjöngjang
Mukden
Yalu
Bucht von Korea
LIAONING
Bucht von Liaotung
Dairen
Port Arthur
Weihai
SCHANTUNG-HALBINSEL
GELBES MEER
Tsingtao
Golf von Chihli
GROSSE MAUER
Tientsin
Taku
Peking
HOPEI
SCHANTUNG
Gelber Fluß
CHINA
0
150
KM
N

an der chinesischen Küste nach einem geeigneten Ort für eine Marinestation und einen Handelshafen umgesehen hatte und nach der Ermordung zweier deutscher Missionare im November 1897 wurde Kiautschou schon vierzehn Tage später durch ein deutsches Marinegeschwader kampflos besetzt und 1898 nach dem Muster ähnlicher Vereinbarungen Chinas mit Rußland, England und Frankreich in einem Vertrag auf 99 Jahre von Deutschland gepachtet. Dazu kamen deutsche Bergwerks- und Eisenbahnkonzessionen auf der Schantung-Halbinsel. Mit preußischer Gründlichkeit begannen deutsche Verwaltungsbeamte das Gebiet in eine deutsche Insel in Asien umzuwandeln. Tsingtao wurde eine Stadt mit deutscher Architektur, sauberen, ordentlichen Straßen und einer deutschen Brauerei, die das beste Bier in Asien erzeugte. Deutsche Hinweisschilder leiteten die Bauern und Fischer (von denen die meisten nicht einmal chinesisch lesen konnten) dazu an, die Gesetze und Bestimmungen der neuen Herren zu befolgen. Stadt und Hafen erlebten eine wirtschaftliche Blüte, aber die Bauern der Provinz Schantung, die zu den regsamsten und tatkräftigsten Chinas gehörten, widersetzten sich der Zerstörung ihrer traditionellen Lebensweise durch diese effizienten Ausländer. Deutsche Strafexpeditionen zu aufrührerischen Dörfern verstärkten die Ressentiments der bäuerlichen Bevölkerung. Gegen Ende 1898 erschienen die ersten Boxer. Zunächst waren ihre Opfer einheimische Christen. Dann, am 31. Dezember 1899, wurde ein englischer Missionar in Schantung, der Reverend S. M. Brooks, ermordet. Die Täter wurden gefaßt und enthauptet, aber die Zentralregierung lehnte es ab, den Geheimbund zu unterdrücken oder auch nur zu verurteilen.

Die Zentralregierung Chinas bestand um 1900 im wesentlichen aus einer kleinen, rücksichtslosen, ehrgeizigen Frau, der Kaiserinwitwe Tz'u-hsi. Hinter den Mauern der Verbotenen Stadt, bedient und beschützt von Dutzenden von Eunuchen, herrschte sie über das Mandschu-Reich. 1836 als Tochter eines Offiziers der kaiserlichen Garde geboren, erblühte Tz'u-hsi zu einer Schönheit und wurde als Konkubine Dritten Grades in den Harem des Kaisers Hsien-feng aufgenommen. Sie wurde seine Lieblingsfrau und gebar ihm einen Sohn, der dem Vater nach dem Tode des Kaisers auf den Thron folgte. Tz'u-hsi, mit sechsundzwanzig Regentin, ging erbarmungslos gegen ihre Gegner vor. Einer, ein mächtiger Hofbeamter namens Su Shun, wurde Opfer eines kaiserlichen Dekrets: »Was Su Shun betrifft, so hat er durchaus die Strafe der Zerstückelung und Aufschlitzung verdient. Aber Wir können uns nicht entschließen, ihm diese extreme Strafe aufzuerlegen und verurteilen ihn darum in Unserer Milde zu sofortiger Enthauptung.« Als ihr Sohn alt genug war, die Regierungsgeschäfte zu übernehmen, verleitete Tz'u-hsi ihn zu Ausschweifungen, die sein Leben verkürzten. Ihm folgte ein weiterer junger Mann, Tz'u-hsis Neffe, für den sie gleichfalls als Regentin herrschte. 1898, nicht lange nach seiner Volljährigkeit, stürzte die Kaiserinwitwe diesen jungen Herrscher durch einen Staatsstreich.

Er wurde praktisch ihr Gefangener, während sie die Regierungsgeschäfte wieder aufnahm. Im Jahre 1900 war Tz'u-hsi vierundsechzig, obwohl europäische Frauen, die sie bei zeremoniellen Anlässen zu Gesicht bekamen, übereinstimmend sagten, daß sie zwanzig Jahre jünger aussehe.

Tz'u-hsi hatte keine Ursache, die Ausländer und das zu schätzen, was sie China angetan hatten. Während der vier Jahrzehnte ihrer Herrschaft hatte sie machtlos zusehen müssen, wie sie ihrem Reich Häfen weggenommen, nachteilige Verträge aufgezwungen, den Handel beherrscht und den Drachenthron gedemütigt hatten. Die reguläre chinesische Armee, seit langem vernachlässigt und völlig veraltet, schien unfähig, dieser schmählichen Behandlung durch die Ausländer ein Ende zu machen. Nun sah sie, daß die Boxer all den Mut und die Hingabe zeigten, an denen es ihren eigenen Soldaten so jämmerlich gebrach. Vielleicht konnten die Boxer, die behaupteten, bis zu 8 Millionen »Geistersoldaten« mobilisieren zu können, tatsächlich westliche Armeen und Flotten besiegen. Mitgerissen von dieser Hoffnung, befahl die Kaiserinwitwe ihren kaiserlichen Truppen zunächst, die Aufstände in den Provinzen nicht zu unterdrücken. Später, als die Boxer in Peking auftraten, beschloß Tz'u-hsi, den Tiger zu reiten und befahl ihren Truppen, sich ihnen anzuschließen. Sie wollte alle Ausländer und alle christlichen Chinesen austilgen. Auf dem Höhepunkt der Belagerung des Pekinger Gesandtschaftsviertels, sagte sie von den umzingelten Europäern: »Die Ausländer sind wie Fische in einer Schmorpfanne.«

Zentrum des ausländischen Einflusses im Mandschureich war das Gesandtschaftsviertel in Peking. Nahe dem Herzen der großen Stadt mit ihrem endlosen Netz rechteckig angelegter Straßen, kleiner, grauer, ebenerdiger Häuser, Läden und Märkte nahm das Viertel eine Fläche von knapp zwei Quadratkilometern ein. Im Inneren dieser kleinen, unbefestigten Zone lebten die diplomatischen Vertreter von neun europäischen Ländern, den Vereinigten Staaten und Japan. Es gab interne Spannungen – Briten und Japaner mißtrauten den Russen, die bereit schienen, ganz Nordchina zu annektieren; niemand mochte die Amerikaner und ihre lauten Beteuerungen, daß sie kein Interesse daran hätten, chinesisches Territorium zu erwerben –, aber gegenüber dem Hof der Mandschu-Dynastie stellten die Ausländer sich als eine geeinte Gruppe dar. Gemeinsame Dokumente, an die chinesische Regierung gerichtet, wurden einfach mit »Le Corps Diplomatique« unterzeichnet.

Im Frühjahr 1900 schien es in China nur schlechte Nachrichten zu geben. Die Natur tat das ihre zum Ausbruch der Anarchie in Nordchina. Zwei Mißernten hatten zu verbreiteter Hungersnot geführt. Im Frühjahr gab es eine Überschwemmung des Gelben Flusses; dann, als die Wasser zurückgingen, fiel kein Regen. Die hungrige und verzweifelte Landbevölkerung hörte auf die Parolen der Boxer. In Peking trafen Meldungen über brennende Dörfer, massakrierte chinesische Christen und ermordete ausländische Missionare ein. Im Mai kehrten verängstigte Missionare, aber auch Ingenieure und Facharbeiter, die in Bergbaukonzessionen und bei Eisenbahnprojekten gearbeitet hatten, aus ländlichen Gebieten nach Peking und Tientsin zurück.

Am 24. Mai wurden anläßlich des einundachtzigsten Geburtstages der Königin Victoria sechzig Gäste in die britische Gesandtschaft geladen. Sie schlürften Champagner und tanzten im Licht von Papierlampions, die von Ästen hingen, auf dem Tennisplatz der Gesandtschaft Walzer. Es war ein letzter Abend unbekümmerter Geselligkeit. Vier Tage später entschied der Gastgeber, Sir Claude MacDonald, der britische Gesandte, daß die europäischen Gesandtschaften in Gefahr seien. Er bat darum, daß eine alliierte Flotte von siebzehn Kriegsschiffen, die vor der Mündung des Flusses Pei-ho in 170 Kilometern Entfernung ankerte, den Schutz des Gesandtschaftsviertels übernehme. Am 31. Mai gingen 337 europäische Seeleute und Marinesoldaten an Land, bestiegen einen Zug und erreichten Peking um acht Uhr abends. Ein paar Tage später stießen weitere 89 deutsche und österreichische Marinesoldaten zu ihnen.

Die Ankunft des Kontingents vermochte das Gefühl drohender Gefahr nicht zu zerstreuen. Am 9. Juni wurde die Tribüne der Pekinger Rennbahn, ein Symbol europäischer Exklusivität, in Brand gesteckt und eingeäschert; ein chinesischer Christ wurde in der Glut geröstet. Zwei Tage später kam der japanische Botschaftskanzler Sugijama in Frack und Bowler vom Bahnhof, als seine kleine Kutsche von einer Gruppe von Boxern angehalten wurde. Vor den Augen einer begeisterten Menge wurde er auf die Straße gezerrt und enthauptet. Die Boxer schnitten ihm das Herz heraus. Angriffe auf einheimische Christen häuften sich. Der Korrespondent der *Times* berichtete von »schrecklichen Anblicken, Frauen und Kinder in Stücke gehackt, Männer wie Geflügel gestopft, die Nasen und Ohren abgeschnitten und Augen ausgestochen.« Am 20. Juni fuhr Baron Klemens von Ketteler, der deutsche Botschafter, allein in einem offenen Wagen zum chinesischen Außenministerium. Ein Regierungssoldat – kein Boxer – trat vom Gehsteig auf die Straße, legte das Gewehr an und tötete den Baron durch einen Kopfschuß. An diesem Nachmittag begann die fünfundfünfzigtägige Belagerung des Gesandtschaftsviertels.

Etwa 3000 Menschen befanden sich innerhalb des Ausländerviertels. Mehr als 2000 waren chinesische Katholiken und Methodisten, denen man Zuflucht gewährt hatte. Unter dem ausländischen Personal der Gesandtschaften gab es 400 männliche Zivilisten, 147 Frauen und Kinder. Sie wurden von 409 Soldaten, Seeleuten und Marineinfanteristen verteidigt, die neben ihren Gewehren und Pistolen über drei Maschinengewehre und vier kleine Kanonen verfügten. Es gab genug Wasser, allein auf dem Gelände der britischen Gesandtschaft waren fünf Süßwasserquellen. Die Vorräte an Weizen, Reis und anderen Hauptnahrungsmitteln waren ausreichend, und 150 Pferde, die für die Rennsaison in die Ställe gebracht worden waren, wurden der Fleischversorgung geopfert. Sir Claude MacDonald übernahm den Oberbefehl über die militärische Garnison und die Zivilbevölkerung, und jeder Botschafter befehligte zumindest nominell die Truppen seiner eigenen Nationalität. Nachrichten zwischen den separaten Gesandtschaften, die jeweils über ihr eigenes eingezäuntes Gelände verfügten, wurden weiterhin in diplomatischer Sprache abgefaßt: »*Veuillez agréer, M. le Ministre, l'assurance de ma très haute considération.*«

Der chinesische Ansturm bestand aus ständigen, schlecht koordinierten Angriffen auf die Mauern und Barrikaden, die den äußeren Verteidigungsring des Gesandtschaftsviertels bildeten, sowie andauernder Beschießung durch zwei moderne Krupp-Kanonen, die nicht lange vor dem Ausbruch der Unruhen geliefert worden waren. (Nach der Belagerung entdeckten Einsatztruppen Dutzende von zusätzlichen Krupp-Kanonen in chinesischen Lagerhäusern. Sie waren noch in ihren Versandkisten verpackt. Wären sie eingesetzt worden, hätten die provisorischen Verteidigungsanlagen des Gesandtschaftsviertels dem Beschuß nicht lange standhalten können.) Als die Belagerung andauerte, wurden die Boxer mit ihren roten Bändern von regulären chinesischen Truppen abgelöst. Im Gesandtschaftsviertel wurde die Munition knapp, und die Lebensbedingungen verschlechterten sich. Die Hitze stieg auf über vierzig Grad. Der Gestank toter Menschen und Tiere hing schwer und stickig in der Luft. Ein europäischer Professor, ein Mann, der die Chinesen kannte und liebte, hatte in den ersten Tagen der Belagerung die Linien überquert. Nachdem er gefoltert worden war, wurde er geköpft. Sein Kopf wurde auf eine Stange gesteckt, damit die Europäer auf ihren Barrikaden ihn gut sehen konnten. »Das Gesicht«, bemerkte ein Augenzeuge, »zeigt einen entsetzlichen Ausdruck.«

Sie waren von der Außenwelt abgeschnitten. Am 10. Juni, nach der Ermordung des Kanzlers Sugijama, war Vizeadmiral Sir Edward Hobart Seymour, Oberkommandierender der alliierten Flotte in Taku, mit einer Entsatztruppe britischer Marineinfanterie und anderen ausländischen Truppen von Tientsin abmarschiert.* Seymours Expedition von zweitausend Mann, verteilt auf fünf Eisenbahnzüge, brachte ungefähr die Hälfte der 140 Kilometer zwischen Tientsin und Peking hinter sich, bevor Angriffe auf die Züge und Gleisschäden ihn zum Halten zwangen. Angriffswellen von Boxern stürmten mit Todesverachtung in das Feuer der Gewehre, Maschinengewehre und der Feldartillerie von

* Kapitän John Jellicoe und Fregattenkapitän David Beatty, später nacheinander Oberbefehlshaber der britischen Heimatflotte im Ersten Weltkrieg, nahmen an Seymours Expedition teil. Beide wurden verwundet, Jellicoe so schwer, daß man seine Verletzung für tödlich hielt.

Seymours Truppen. Seymour wurde klar, daß ein Entsatz des Gesandtschaftsviertels ausgeschlossen war; nur mit Glück würde es ihm gelingen, seine eigene Truppe zu retten. Er begann sich kämpfend nach Tientsin zurückzuziehen, das inzwischen von 20000 Chinesen belagert wurde.

Beinahe acht Wochen blieb die Außenwelt in Unkenntnis dessen, was in Peking geschah. Alle Telegrafenleitungen waren zerstört. Ende Juni hatte Seymours Kolonne sich nach Tientsin zurückgekämpft, und andere alliierte Truppen hatten die Taku-Forts gestürmt und die Belagerung dieser Stadt durchbrochen. Aber seit dem 13. Juni hatte man nichts von den Eingeschlossenen in Peking gehört. Am 29. Juni kam ein Bote mit schlechter Nachricht durch: »Lage verzweifelt. Beeilt euch.« In England hatte die Sorge um die Landsleute in China den Burenkrieg aus den Schlagzeilen verdrängt, obwohl es wenig Neuigkeiten gab. Um so stärker schossen die Gerüchte ins Kraut. Am 16. Juli meldete der Shanghaier Korrespondent der *Daily Mail* unter der Schlagzeile DAS PEKING-MASSAKER den Tod aller Ausländer in Peking. In der Nacht zum 6. Juli, erklärte der Verfasser, habe ein Massenansturm die Verteidiger, deren Munition zur Neige gegangen war, überwältigt. Alle Überlebenden habe man auf die abscheulichste Art und Weise »über die Klinge springen lassen«, außer in Fällen, wo es den Männern gelungen sei, ihre eigenen Frauen und Kinder zu erschießen, bevor die Chinesen eingedrungen seien. Zwei Wochen lang blieb die Geschichte unbestritten; Lord Salisbury schrieb der Königin, daß es unmöglich sei, »die Schrecken der Nachricht aus Peking zu übertreiben«. Dann wurde man argwöhnisch, und ein Trauergottesdienst in der St.-Pauls-Kathedrale wurde abgesagt, bis man eine Bestätigung der Nachricht bekam.

In Peking überlebten die Belagerten mit Reis und Pferdefleisch. Die italienische Kanone hatte noch vierzehn Granaten. Unterdessen hatten die Chinesen zehn Geschütze in Stellung gebracht. Aus allen Teilen der Welt liefen Truppentransporter auf das Gelbe Meer zu. Ende Juli waren 25000 Mann aus acht Nationen in Tientsin versammelt, der russische General Linewitsch wurde zum Oberkommandierenden ernannt. Am 5. August brach die neue Entsatztruppe nach Peking auf. Sie brauchte neun Tage, aber am 14. August drangen britische und japanische Truppen in die Stadt ein, erreichten das Gesandtschaftsviertel und sprengten den Belagerungsring. 66 Ausländer waren gefallen, 150 verwundet. Die Kaiserinwitwe und ihr Hof flohen nach Westchina, die Boxer und die kaiserliche Armee schmolzen dahin und verliefen sich, und drei Viertel der Stadtbevölkerung verschwanden in die umliegenden Landstriche. In der leeren Stadt wurde das Plündern zur Hauptbeschäftigung der verbliebenen Bevölkerung, der Entsatztruppen und sogar der befreiten Gesandtschaftsangehörigen. »Lady MacDonald [die Ehefrau des britischen Botschafters] war in Peking unterwegs und widmete sich höchst ernsthaft der

Plünderung«, berichtete ein britischer Offizier der Entsatzstreitmacht in einem Brief.

Wilhelm II. glühte von Empörung. Peking müsse gestürmt und dem Erdboden gleichgemacht werden, sagte er zu Bülow. Er sonnte sich in seiner neuen Rolle als Racheengel und Säule der Christenheit gegen die Gelbe Gefahr. »Jetzt ist es eine Lust zu leben«, erklärte er Bülow, der später schrieb: »Ich habe Kaiser Wilhelm ... niemals in einer solchen Erregung gesehen wie während der ersten Phase der chinesischen Wirren.« Während einer Ansprache am 2. Juli 1900 in Wilhelmshaven sprach er von dem in seiner »Frechheit unerhörten, durch seine Grausamkeit Schauer erregenden Verbrechen der Chinesen« und verlangte »exemplarische Bestrafung und Rache«. Ohne den Reichskanzler oder die Wilhelmstraße zu konsultieren, ordnete der Kaiser an, daß eine Expeditionsstreitmacht von 30 000 Mann auf schnellstem Weg nach China entsandt werde. Von Anfang an machte er klar, daß diese militärische Operation unter seine kaiserliche Prärogative falle. Die China-Expedition würde keine Angelegenheit des Auswärtigen Amtes sein, sondern »aus dem Sattel« geleitet werden.

Am 27. Juli erschien er in Bremerhaven, um das erste Kontingent deutscher Marineinfanterie zu verabschieden, das nach China verschifft wurde. Vor der angetretenen Gruppe hielt er, so Bülow »die schlimmste Rede jener Zeit und vielleicht die schädlichste, die Wilhelm II. je gehalten hat«. »Pardon wird nicht gegeben, Gefangene werden nicht gemacht! Wie vor tausend Jahren die Hunnen unter König Etzel sich einen Namen gemacht haben, der sie noch jetzt in Überlieferung und Märchen gewaltig erscheinen läßt, so möge der Name Deutscher in China auf tausend Jahre durch Euch in einer Weise bestätigt werden, daß niemals wieder ein Chinese es wagt, einen Deutschen auch nur scheel anzusehen!«

Hohenlohe und Bülow waren in Bremerhaven anwesend, und als der Kanzler diese Worte hörte, wurde sein altes Gesicht traurig. Er wandte sich zu Bülow und sagte: »Das kann ich unmöglich im Reichstag vertreten, das müssen Sie versuchen.« Obwohl Bülow sein möglichstes tat, die Rede zu unterdrücken, und eine gereinigte Fassung an die Presse gab, bekam ein Reporter den Originaltext in die Hände, und bald gingen die Worte des Kaisers um die Welt. Als er erfuhr, was Bülow versucht hatte, beklagte sich Wilhelm, er habe die besten Teile herausgestrichen. Bülow ersuchte den Kaiser, sich um mehr Selbstbeherrschung zu bemühen, Reden wie diese, erklärte er ihm, würden von Deutschlands Feinden benutzt, um zu demonstrieren, daß Deutschland ein Land von Barbaren sei. Wilhelm akzeptierte die Kritik und ergriff Bülows Hände: »Ich weiß, das Sie nur mein Bestes wollen«, sagte er, »aber ich bin nun einmal wie ich bin, und ich kann mich nicht ändern.«

Der Kaiser hatte einen Lieblingswunsch: ein deutscher Offizier sollte die internationale Expeditionsstreitmacht befehligen. Anfang August waren Tausende von alliierten Truppen in China oder unterwegs dorthin, und es lag auf der Hand, daß ein Oberkommandierender vonnöten war, um ihre militärischen Einsätze zu koordinieren. Ohne Wissen des Kaisers hatte Vizeadmiral Sir Edward Seymour den ersten Entsatzversuch befehligt und war gescheitert; ohne Wilhelms Zustimmung war an Ort und Stelle General Linewitsch zum Befehlshaber der Streitkräfte ernannt worden, die den Belagerungsring schließlich sprengten. Trotzdem verlangte Wilhelm Priorität. Da der ermordete deutsche Botschafter in China den höchsten Rang aller zu Schaden gekommenen ausländischen Diplomaten innegehabt hatte, argumentierte der Kaiser, sei Deutschlands Forderung auf Vergeltung und Schadenersatz als vorrangig zu betrachten. Hatzfeldt teilte den Anspruch auf deutschen Oberbefehl Salisbury mit, der darauf erwiderte, es sei ein britischer Charakterzug, wie unvernünftig er auch sein möge, »den Befehl eines Ausländers nicht zu ertragen«.

Der Kaiser ließ nicht locker, und die Wilhelmstraße instruierte Eckardstein, einen zweiten Versuch zu machen. Diesmal willigte Salisbury widerstrebend ein. Großbritannien war noch in den Burenkrieg verstrickt und wollte den Posten nicht unbedingt für einen britischen Offizier beanspruchen. Salisbury erklärte, er verstehe nicht, warum der deutsche Kaiser den Posten wolle, aber da es so sei, werde er die britische Unterstützung bekommen. Als nächstes telegrafierte Wilhelm dem Zaren. »Die stärksten Korps und die einzigen, die wirklich nennenswert sind, werden das russische, das deutsche und das japanische sein. Ist es Ihr besonderer Wunsch, daß ein Russe Oberkommandierender sein soll? Oder würden Sie eventuell einen von meinen Generälen wünschen? In diesem Fall stelle ich Ihnen Feldmarschall Graf Waldersee zur Verfügung.« Nikolaus II. war klar, worauf Wilhelms Angebot abzielte. »Ich stimme der Nominierung des Grafen Waldersee uneingeschränkt zu«, antwortete er. »Ich kenne ihn gut; er ist gewiß einer Ihrer fähigsten und erfahrensten Generäle, und sein Name genießt in der russischen Armee einen guten Ruf. Mit vollem Vertrauen unterstelle ich meine Truppen ... seinem Kommando.« Am 7. August telegrafierte der Kaiser General Graf Alfred von Waldersee, daß er ernannt worden sei.

Waldersee war ein politischer General mit einer Nase für Macht und einer ungestümen amerikanischen Frau. Beide Waldersees hatten sich früh dem jungen Prinzen Wilhelm angeschlossen. Die Gräfin, ausgesprochen religiös, predigte energisch gegen Zigarren, vulgäre Sprache und Unzüchtigkeit in der Kunst. Als der Graf erfuhr, daß Wilhelms Vater, Kronprinz Friedrich, an Krebs erkrankt war, bemerkte er kaltblütig: »Wie wunderbar macht sich alles: überall sieht man hoffnungsvoll auf den Kronprinzen.« Drei Monate nach Wilhelms Thronbesteigung wurde Waldersee zum Chef des Generalstabs ernannt und somit Nachfolger Helmuth von Moltkes, des Helden der drei unter Bismarck geführten Kriege, der nun, mit siebenundsiebzig, nicht mehr auf einem Pferd sitzen konnte. Waldersee nutzte seine neue Position, um sein Verhältnis zum neuen Kaiser zu untermauern, indem er Wilhelm den Rang eines Feldmarschalls der Armee antrug. Wilhelm willigte ein und trug bei Militärparaden und Truppenschauen mit Vergnügen seinen schönen, mit Gold eingelegten Marschallstab.

Des Kaisers Wunsch, bei Manövern nicht nur Zuschauer zu sein, sondern selber Truppenteile zu befehligen, brachte Waldersee in Schwierigkeiten. Im Gegensatz zu seinem Vater hatte der Kaiser selbst keine unmittelbare Kriegserfahrung. In Manövern bevorzugte er spektakuläre Infanterie-Sturmangriffe und massierte Kavallerieattacken, die in Kriegszeiten angesichts der modernen Waffenentwicklung selbstmörderisch gewesen wären. »Der Kaiser ist außerordentlich unruhig, jagt hin und her, ist viel zu weit vorn in der Gefechtslinie, greift in die Führung der Generale ein, gibt zahllose, sich oft widersprechende Befehle und hört kaum auf seine Ratgeber«, bemerkte Waldersee über den einunddreißigjährigen Kaiser bei den 1890 in Schlesien abgehaltenen Manövern. »Er wünscht immer zu siegen und nimmt daher eine gegen ihn ausfallende Entscheidung des Schiedsrichters übel.«

Unglücklicherweise war es Waldersees Pflicht als Chef des Generalstabs, die abschließende Manöverkritik zu üben, einschließlich einer Bewertung der Leistungen seines Souveräns. Waldersee versuchte sich dieser Aufgabe taktvoll zu entledigen, konnte aber nicht umhin, vor einem größeren Publikum auf die Fehler des Kaisers hinzuweisen. Wilhelm blickte erstaunt, dann wurde er ernst. Er »versuchte dann aber, sich hinauszureden, und war leider recht schwach in seinen Ausführungen«, sagte Waldersee. Ein paar Tage später wurde Waldersee als Chef des Generalstabs abgelöst und zum Kommandierenden General des IX. Armeekorps in Altona ernannt. Sein Nachfolger war General Alfred von Schlieffen. Eine Weile blieb Waldersee in kaiserlicher Ungnade; Bülow fand das Wort »Verräter« mit Bleistift von Wilhelms Hand auf einem Papier neben Waldersees Namen. Aber um 1898, als er im Ruhestand in Hannover lebte, hatte Waldersee die Gunst des Kaisers so weit wiedererlangt, daß er zu einer sommerlichen Kreuzfahrt an Bord der *Hohenzollern* eingeladen wurde. Und als Wilhelm 1900 einen Feldmarschall benötigte, der eine Rolle bewältigen konnte, die eher diplomatisch als militärisch war, rehabilitierte er ihn vollständig. Nachdem der Zar und Salisbury einem deutschen Oberkommandierenden im Fernen Osten zugestimmt hatten, ernannte der Kaiser den Grafen Waldersee, ohne Hohenlohe oder Bülow auch nur zu konsultieren. Die deutsche Presse verlieh Waldersee stolz den Titel eines »Weltmarschalls«. Waldersee war nicht sicher, was außer dem Aufsprengen des Belagerungsringes in Peking und der Niederschlagung des Boxeraufstandes von seiner Mission erwartet wurde. Er sprach darüber mit Holstein, der ihm nicht helfen konnte. »Dabei wurde mir klar«, schrieb der ›Weltmarschall‹, »daß unsere Politik, abgesehen von der Bestrafung der Chinesen, bestimmte Ziele nicht verfolgte. Wohl hat der Kaiser vage Ideen über die ›Aufteilung Chinas‹ gehabt. Die Hauptsache war doch wohl das Bedürfnis, eine Rolle in der ›Weltpolitik‹ zu spielen, ohne Klarheit über die Konsequenzen dieser Haltung.«

Am 18. August empfing der Kaiser Waldersee und seinen Stab, um ihn zu verabschieden. Ein paar Tage später traf in Deutschland die Nachricht ein, daß die alliierten Streitkräfte in China Peking erreicht hatten und daß die Boxer und der Mandschu-Hof geflohen waren. »Natürlich war dies zunächst für den Kaiser eine große Enttäuschung«, schrieb Waldersee später. »Er hatte sich fest in den Kopf gesetzt, die Gesandten mitsamt ihrem Personal seien längst ermordet; nach meiner Ankunft sollte der gemeinsame Vormarsch auf Peking ... unter meinem Oberbefehl beginnen und mir der Ruhm zuteil werden, Peking erobert zu haben.« Im privaten Kreis zeigte der Kaiser seinen Zorn und erklärte, daß Großbritannien und Rußland, indem sie zu früh zum Entsatz der Gesandtschaften gegen Peking vorgestoßen seien, ihn vorsätzlich »verraten« hätten. Gleichwohl bestand Wilhelm darauf, daß die internationale Expedition planmäßig durchgeführt werde, und instruierte Waldersee, »eine möglichst hohe Kriegsentschädigung seitens der Chinesen durchzusetzen, die er dringend für die Flotte brauche«.

Waldersee fuhr mit dem Dampfer *Sachsen* des Norddeutschen Lloyd über Neapel, Suez, Colombo, Singapur, Hongkong und Shanghai. Die meisten dieser Häfen waren britisch, und die Hafenbehörden erfreuten den ›Weltmarschall‹, indem sie alle Schiffe und Küstenbatterien instruierten, ihn mit neunzehn Schuß Salut zu begrüßen. Im Hafen von Singapur traf er zwei französische Truppentransporter mit Soldaten, die nach China unterwegs waren. Die Kommandeure, so berichtete er dem Kaiser, »zeigten sich außerordentlich höflich und brachten offen zum Ausdruck, daß es ihnen zu großer Ehre und Freude gereichen würde, unter meinem Befehle zu fechten ... Als ich mit der ›Sachsen‹ beim Verlassen des Hafens kaum 30 Meter an beiden französischen Schiffen langsam vorbeifuhr, war die ganze Mannschaft, also wohl über 2000 Köpfe, nach oben befohlen, die Musik spielte den Präsentiermarsch und dann ›Heil Dir im Siegerkranz‹, die Offiziere standen geschlossen auf der Kommandobrücke, mich begrüßend. Als ich die Marseillaise spielen ließ, brachen alle in ein lang anhaltendes Hurra aus, und schwenkten die Offiziere, auch sichtlich auf Kommando, ihre Tropenhelme.«

Waldersee kam Mitte Oktober in Peking an und hielt einen Einzug, den andere Ausländer als »possenhaft« empfanden. Die Soldaten marschierten im Stechschritt und trugen breitkrempige Hüte, wie sie bei den deutschen Schutztruppen in den Kolonien üblich waren. Waldersee trug überall seinen Schwarzen Adlerorden und seinen Marschallsstab. Er bezog den Palast der geflüchteten Kaiserinwitwe; dieser brannte jedoch bald darauf aus ungeklärter Ursache nieder, wobei sein deutscher Stabschef ums Leben kam. Sein Verhältnis zu den Franzosen blieb gut. »Verschiedene Stabsoffiziere, mit denen ich in Verkehr getreten bin, unter anderen der durch den Faschodazug in Frankreich berühmt gewordene Oberstleutnant Marchand, haben sich mir in großer Offenheit als deutschfreundlich und als Bewunderer unserer Armee-Einrichtungen bekannt«, schrieb er dem Kaiser. Wilhelm war erfreut. »Besonders freut es mich, daß die Franzosen und unsere Leute so nett miteinander auskommen«, erwiderte er dem Feldmarschall. »Gemeinsam durchlebte Kampagnen sind ein guter Kitt und ›Blut ist ein ganz besonderer Saft‹, sagt schon Mephisto! Gegenseitiges sich kennen und schätzen lernen, besonders unserer Leute und Offiziere in ihren Leistungen seitens der anderen Nationen, wird bei diesen die Überlegenheit unseres Systems erkennen lassen und dadurch den Wunsch, uns kriegerisch gegenüberzustehen, abschwächen.«

Mit dem Eintreffen der starken internationalen Streitmacht unter Waldersee kam es zu einem Wiederaufleben der Plünderungen und Ausschreitungen, die in der Zwischenzeit nachgelassen hatten. Ein britischer Offizier war über das bisweilen zügellose Benehmen der Truppen nicht überrascht. »Sie sagen, der Kaiser habe den Männern in seiner Abschiedsansprache gesagt, sie sollten sich so verhalten. Sie befolgen nur seinen Befehl.« Tatsächlich verlor Waldersee Wilhelms Forderung, den Chinesen eine Lektion zu erteilen, an die sie noch lange denken würden, nicht aus den Augen. Entschlossen, allen Widerstand zu brechen und die Chinesen für die Ermordung Kettelers zahlen zu lassen, organisierte der Feldmarschall Strafexpeditionen. Es gab kaum Gefechte, aber viel Blutvergießen. Waldersee, so berichtete ein Angehöriger seines Stabes, wollte »alle Vorsteher sämtlicher Dörfer im Umkreis von Hunderten von Kilometern um Peking erschießen lassen«. Nicht lange, und ganz Nordchina zitterte beim Anblick der europäischen Uniformen. Waldersee behauptete, daß seine Männer »einen moralischen Einfluß von weitreichender Bedeutung ausübten«, und sandte begeisterte Berichte über die Leistungsfähigkeit seiner Feldartillerie nach Berlin. Der Kaiser war erfreut. Weniger erfreut war er allerdings über die Treffsicherheit deutscher Kanonen, wenn sie in den Händen chinesischer Kanoniere waren. Als er hörte, daß ein deutsches Kanonenboot, den Jangtse flußaufwärts entsandt, um chinesische Forts zu beschießen*, selbst siebzehn Treffer von Granaten aus Krupp-Kanonen davongetragen hatte, sandte er ein ärgerliches Telegramm an Friedrich Krupp: »Es passt sich nicht, im Moment, wo ich

* Die deutsche Admiralität erklärte dem Außenministerium die Beschießung mit den Worten: »Es sei doch der kaiserlichen deutschen Marine unwürdig, wochenlang vor Shanghai zu liegen, ohne etwas Ernstliches zu unternehmen.«

meine Soldaten ausrücken lasse zum Kampf gegen die gelben Bestien, aus der ernsten Situation auch noch Geld herausschlagen zu wollen.«

Während ausländische Soldaten der internationalen Armee Dörfer niederbrannten und Vorsteher erschossen, stritten europäische Diplomaten mit chinesischen Beamten über die Höhe der Entschädigungen, die für die Greuel des Boxeraufstandes zu bezahlen waren. Die Summe wurde schließlich auf 67 500 000 Pfund * festgesetzt, die innerhalb von neununddreißig Jahren zu bezahlen China sich bereit erklärte. Die Amerikaner meinten, daß die Summe zu hoch sei; Amerika, bemerkte Waldersee verstimmt, scheine zu wünschen, daß niemand etwas aus China herausholen solle. Nach der Unterzeichnung des Abkommens kehrte die Kaiserinwitwe Tz'u-hsi nach Peking zurück, und die alliierten Soldaten begannen an die Heimkehr zu denken. Das russische Außenministerium sandte eine Note an alle beteiligten Mächte und schlug einen Zeitplan für den Rückzug vor. Der Kaiser zögerte. Mit viel Aufhebens hatte er 30 000 Mann in den Fernen Osten entsandt; sie waren zu spät gekommen, um Ruhm zu ernten, und hatten China praktisch nur durch ihre Anwesenheit zum Nachgeben gezwungen. Zusätzliche Territorien gab es nicht zu erwerben, und nun sollten sie mit nicht mehr als einem Anteil an einer über neununddreißig Jahre verteilten Entschädigung heimkehren. Die Russen, bemerkte er, würden sich lediglich in ihre fernöstlichen Provinzen und nach Port Arthur zurückziehen, von wo sie weiterhin starken Einfluß auf den Drachenthron ausüben könnten. Die Franzosen würden ihre russischen Verbündeten unterstützen. Die Amerikaner, verstrickt in Eingeborenenunruhen auf den Philippinen, wünschten China so rasch wie möglich zu verlassen. Nur die Briten, die den russischen Einfluß in Nordchina einzudämmen wünschten, hatten Gründe, den Rückzug hinauszuschieben. Um eine Demütigung zu vermeiden, war es auch für Berlin wichtig, den Abzug zu verlangsamen. Auf Wunsch des Kaisers war ein starkes Expeditionskorps nach Ostasien entsandt worden; nun würde ein schneller, sang- und klangloser Abzug das ganze Unternehmen womöglich der Lächerlichkeit preisgeben. Doch wenn alle anderen ihre Truppen abzögen, konnte das deutsche Expeditionskorps nicht bleiben. Sein Prestige hing also von Großbritannien ab. »Versuchen Sie die Engländer unter allen Umständen in Peking festzuhalten«, telegrafierte Holstein an Eckardstein.

Im Juni 1901 verließ Waldersee Peking und trat die Heimreise an. Er tat es mit Bedauern. Es war ihm nicht gelungen, den Ruhm zu gewinnen, den der Kaiser so sehr begehrt hatte. Überdies ließ der ›Weltmarschall‹ in Peking eine Geliebte zurück, die Frau eines früheren chinesischen Diplomaten, der in Berlin gedient hatte. Und er brachte aus China eine Darmkrankheit mit zurück, die ihn drei Jahre später im Alter von zweiundsiebzig das Leben kostete.

* Ungefähr $ 335 000 000 zum Kurswert von 1900.

16. KAPITEL

# Die »Khaki-Wahl« und der Tod Königin Victorias

Im September 1900 setzte die Regierung, um die Woge der Begeisterung über einige Siege in Südafrika zu nutzen, Neuwahlen an. Als Salisbury der Königin seine Pläne erläuterte, hob er nicht hervor, daß die Regierung beabsichtigte, die durch den Krieg erzeugten Emotionen für sich auszunutzen. Statt dessen wies er darauf hin, daß »das Parlament in seinem sechsten Jahr ist und Präzedenzfälle für eine Auflösung des Parlaments im sechsten Jahr einer Legislaturperiode sprechen... Im Südafrikanischen Krieg ist ein kritischer Zeitpunkt erreicht, und die Regierung wird wirkungsvoller arbeiten können, wenn sie mit den Ansichten des Wahlvolkes vertraut ist und sich seiner Unterstützung sicher weiß.« Die Königin war gern mit jeder Maßnahme einverstanden, die geeignet war, Salisbury im Amt zu halten.

Die Auflösung des Parlaments wurde am 18. September bekanntgegeben. Von Anfang an war es Chamberlains Wahlkampf. (Salisburys Gesundheitszustand war schlecht; am Anfang des Wahlkampfes kehrte er von vier Wochen Ruhe und Gebirgsluft in den Vogesen zurück; er hielt keine Wahlkampfveranstaltungen.) Chamberlain zog durch das Land und hämmerte den Wählern ein einziges Thema ein: der Krieg. Sein Ziel war es, die Wähler davon zu überzeugen, daß ein Sieg der Liberalen die politische Niederlage der britischen Waffen in Südafrika bedeuten würde. »Eine Stimme für die Liberalen ist eine Stimme für die Buren!« wurde zu seinem Schlagwort. Diese Anklage wurde von Rednertribünen gerufen und in Anzeigen und auf Plakatwänden proklamiert. Plakate zeigten prominente Liberale auf den Knien vor Präsident Krüger, wie sie ihm halfen, den Union Jack einzuholen, ihn sogar drängten, britische Soldaten zu erschießen. Ein liberaler Abgeordneter, der in dieser Weise angegriffen wurde, hatte zwei Söhne im Krieg verloren und besuchte ihre Gräber in Südafrika, als die Wahlen abgehalten wurden.

Das Ergebnis der »Khaki-Wahl« stand von vornherein fest. Am 6. Oktober schrieb die Königin in ihr Tagebuch: »Die Wahlen sind wundervoll gut verlaufen.« Die Regierung kehrte mit einer Mehrheit von 134 Sitzen ins Unterhaus zurück. Salisbury und Chamberlain hatten das Mandat, die Geschicke des Landes für weitere sieben Jahre zu leiten. Auf die Wahl folgte als erstes eine Kabinettsumbildung. Goschen trat als Erster Lord der Admiralität zurück und wurde durch Lord Selborne ersetzt, den Schwiegersohn des Premierministers. Andere Minister packten ihre Sachen in einem Büro und gingen über die Straße in ein anderes. Sir Henry Campbell-Bannerman, der Führer der Liberalen, schilderte die Veränderungen: »Der Stall bleibt derselbe, aber jedes Pferd ist in einer neuen Box.« Das Triumvirat an der Spitze blieb: Lord Salisbury Premierminister, Arthur Balfour Führer im Unterhaus und Joseph Chamberlain Kolonialminister.

Es gab eine bedeutsame Veränderung: Salisbury gab das Außenministerium ab. Der Premierminister alterte sichtlich. Obschon erst siebzig, war er körperlich nie sehr kräftig gewesen, und nun verschlechterte sich sein Augenlicht, sein Leibesumfang wurde beängstigend, und seine Bronchitis, verschärft durch den Rauch und Dunst des industriellen London, trieb ihn oft in das mildere Klima und die frischere Luft der Riviera oder der Vogesen. Seine Kollegen fragten sich, wie lange er noch durchhalten würde.

In der Erkenntnis, daß er seine Aufgaben einschränken mußte, schnitt Salisbury eine Woche nach der Wahl die Frage seines Rückzugs aus dem Außenministerium an. Der neue Außenminister sollte Lord Lansdowne sein, der fünf Jahre lang Kriegsminister gewesen war. Am 23. Oktober nahm die Königin mit Bedauern Salisburys Rücktritt als Außenminister an – aber nur unter einer Bedingung. »Lord Salisbury meinte, die einzige Person, die geeignet sei, das Außenministerium zu übernehmen, sei Lord Lansdowne«, schrieb sie an diesem Abend in ihr Tagebuch. »Aber ich sagte, es müsse unter der strikten Bedingung sein, daß die Amtsführung unter seiner persönlichen Aufsicht bleibe... und daß kein Telegramm und keine Depesche hinausgehen sollte, ohne ihm zuerst vorgelegt zu werden.«

Salisburys Rückzug aus dem Außenministerium führte zwangsläufig zu einer weiteren Stärkung der Position Joseph Chamberlains. Winston Churchill, in der Khaki-Wahl erstmals ins Unterhaus gewählt, erinnerte sich später seiner damaligen Meinung über den Kolonialminister: »Zu der Zeit, als ich aus der Wiege meines Regiments hinausschaute und von der Politik ergriffen wurde, war Mr. Chamberlain fraglos die lebendigste, schillerndste, aufrührerischste Gestalt in britischen Angelegenheiten. Über ihm herrschte im Oberhaus der ehrwürdige, erhabene Lord Salisbury, Premierminister seit weiß Gott wann. Neben ihm auf der Regierungsbank saß Arthur Balfour dem Unterhaus vor, weise, vorsichtig, höflich, verständnisvoll, von sorgloser Unerschrockenheit. Aber ›Joe‹ war derjenige, der das Wetter machte. Er war der Mann, den die Massen kannten. Er war es, der Lösungen für soziale Probleme hatte; der bereit war, gegen die Feinde Britanniens vorzugehen, mit dem Schwert in der Hand, wenn es sein mußte; und dessen Worte allen jungen Leuten des Reiches in den Ohren klangen und vielen von ihnen aus dem Herzen sprachen«.

Lansdowne war jetzt Außenminister, aber Chamberlain nahm die Erneuerung des Bündnisangebotes an Deutschland in die Hand. Wieder wandte er sich zuerst an Eckardstein. Der deutsche Diplomat hatte in Louise, der Herzogin von Devonshire, eine mächtige Verbündete in der Londoner Gesellschaft. Die Herzogin war Deutsche, eine geborene Gräfin Alten aus Hannover. Devonshire war bereits ihr zweiter englischer Herzog; zuerst war sie als die Braut des Herzogs von Manchester nach England gekommen und noch als junge Frau die Geliebte des zukünftigen Herzogs von Devonshire geworden, der damals den Titel eines Lord Hartington trug. Die diskrete Verbindung dauerte vierundzwanzig Jahre an, bis Manchester starb und Louise frei war, Devonshire zu heiraten. London taufte sie prompt die »doppelte Herzogin«. Sowohl ihrem Vaterland als auch dem Land ihrer Ehen zugetan, tat sie, was sie konnte, um Eckardstein im Umgang mit Chamberlain und dem Kabinett zu helfen. Am 9. Januar 1901 erhielten Eckardstein und seine Frau eine Einladung zu einer Gesellschaft in Schloß Chatsworth. »Kommen Sie, bitte, auf jeden Fall, denn der Herzog möchte mit Ihnen einige dringende politische Fragen besprechen«, schrieb die Herzogin. »Auch Jos. Chamberlain werden Sie bei uns treffen. Da eine große Gesellschaft von ungefähr fünfzig Logiergästen ... versammelt sein wird, so werden Sie Gelegenheit haben, ganz unauffällig sich mit dem Herzog und Jos. aussprechen zu können. Zwar werden auch Asquith [Henry Herbert Asquith, der Führer der Liberalen] und vielleicht einige andere führende Mitglieder der Opposition bei uns sein. Das schadet aber nichts, denn im Schloß sind doch mehr als genug Räume, wo Sie allein mit Jos. sprechen können, was kein Mensch merken würde.«

Als Eckardstein in Chatsworth eintraf, war die Feriensaison der Londoner Gesellschaft auf ihrem Höhepunkt. Der Prinz von Wales und Arthur Balfour waren verreist, aber Mrs. Keppel war noch da, und jeden Abend gab es Theatervorstellungen mit Amateurschauspielern. Das Gespräch zwischen Chamberlain, Eckardstein und dem Herzog von Devonshire fand am 16. Januar nach dem Abendessen in der Bibliothek des Herzogs statt. Eckardstein kehrte am nächsten Tag nach London zurück und setzte zusammen mit dem Grafen Hatzfeldt ein Telegramm nach Berlin auf: Trotz seiner früheren Enttäuschung bleibe Chamberlains langfristiges Ziel der Beitritt Großbritanniens zum Dreibund. »Der Kolonialminister ... und seine Freunde sind sich jetzt darüber klar, daß für England die Zeit einer Politik der ›splendid isolation‹ vorüber ist«, hieß es im Telegramm. »England müsse sich für die Zukunft nach Bundesgenossen umsehen. Die Wahl sei zwischen Rußland, Frankreich und dem Dreibund. ... Er selbst ... sei der Überzeugung, daß ein Zusammengehen mit Deutschland sowie Anschluß an den Dreibund vorzuziehen sei. ... Er rate dazu, die Sache aufzunehmen, sobald Lord Salisbury sich nach dem Süden begeben habe, und die Einzelheiten mit Lord Lansdowne und ihm zu verhandeln. Solange er, Mr. Chamberlain, die Überzeugung habe, daß ein dauerndes Zusammengehen mit Deutschland möglich sei, werde er sich jeder Idee eines Ausgleiches mit Rußland auf das Entschiedenste widersetzen. Sollte es sich jedoch herausstellen, daß ein permanenter Anschluß an Deutschland nicht durchführbar sei, so werde auch er ein Zusammengehen mit Rußland trotz des voraussichtlich von England zu zahlenden abnormen Preises ... befürworten.«

Später am selben Tag sandte Hatzfeldt eine private Botschaft an Holstein, in der er seinen und Eckardsteins Eindruck erläuterte, daß wichtige Mitglieder des britischen Kabinetts jetzt bereit seien, den Premierminister vorsätzlich zu umgehen. »Sehr bemerkenswert ist dabei die von Chamberlain beinahe unverhüllt an den Tag gelegte Hoffnung, Salisbury bald los zu werden und dann Herr der Situation zu bleiben. Zunächst scheint es ziemlich festzustehen, daß Salisbury demnächst auf mehrere Monate nach dem Süden gehen und daß dann Chamberlain mit seinen Freunden, zu welchen vor allen Dingen Lansdowne gehört, hier den Ausschlag geben wird.«

Chamberlains neue Avancen wurden in Berlin mit einer Mischung von Befriedigung und Vorsicht aufgenommen. Er sei mit Holstein in vollkommener Übereinstimmung, daß die Idee eines Bündnisses voreilig sei, hatte Hatzfeld seine Botschaft an Holstein begonnen, da er wußte, wie Chamberlains Ideen in der Wilhelmstraße betrachtet wurden. Die deutsche Ansicht war weiterhin, daß Deutschland es sich leisten könne abzuwarten; solange Salisbury Premierminister war, blieb eine Realisierung jedenfalls fraglich, und mit der Zeit, wenn Großbritanniens Schwierigkeiten anwuchsen, würde es bereit sein, die Sicherheit eines Bündnisses mit Deutschland höher zu honorieren. Es sei besser, abzuwarten und die Initiative den Engländern zu überlassen, telegrafierte Bülow am 20. Januar an Hatzfeldt. Deutschland habe es nicht eilig. An ein Übereinkommen zwischen England und dem Zweibund sei erst zu denken, wenn England alle Hoffnung... auf deutsche Unterstützung verloren habe.

So standen die Dinge, als die Diplomatie für eine Weile zum Stillstand kam. Am Nachmittag des 18. Januar, nachdem er Hatzfeld geholfen hatte, das Telegramm mit Chamberlains Vorschlägen nach Berlin aufzusetzen, fuhr Eckardstein zu seinem Londoner Klub. Dort traf er zufällig einen Hofbeamten, der ihm vertraulich mitteilte, daß die Queen in Osborne House im Sterben liege.

Königin Victoria begann das Jahr 1900, das letzte volle Jahr ihres Lebens, mit Nachrichten über britische Niederlagen in Südafrika und dem Überfliegen langer Verlustlisten, immer in der Sorge, vertraute Namen zu lesen. Sie sandte Briefe und Telegramme an Minister und Offiziere im Feld. In ihrem Rollstuhl nahm sie Paraden ab, verabschiedete Regimenter, die an die Front gingen, und besuchte verwundete Soldaten in Krankenhäusern. »Ich wurde an die Betten der Verwundeten gefahren, sprach zu ihnen und gab ihnen Blumen. Sie schienen so gerührt, und viele hatten Tränen in den Augen. Es waren viele irische Soldaten darunter, hauptsächlich von den Füsilieren aus Dublin, Jäger aus Inniskillen und Connaught...«

Ein paar Tage später änderte die Königin ihre Pläne für ihre gewohnten Frühjahrsferien: statt an die Riviera zu reisen, die sie seit vielen Jahren alljährlich besucht hatte, entschied sie sich für einen Besuch Irlands, wo sie seit vierzig Jahren nicht gewesen war. Ihre Minister waren besorgt über die Heftigkeit, mit der die Königin, der Prinz von Wales und England in der kontinentalen Presse angegriffen wurden. Zeitungskioske in Paris zeigten Plakate mit vulgären, beinahe obszönen Karikaturen der Königin. Prominente Engländer, die in Europa reisten, mußten sich den Ruf »Vive les Boers!« anhören. Am 4. April, als der Prinz und die Prinzessin von Wales in einem Zug saßen, der den Gare du Nord in Brüssel verließ, sprang ein fünfzehnjähriger Belgier namens Sipido auf das Trittbrett vor ihrem Abteil und feuerte aus zwei Metern Entfernung vier Schüsse auf sie ab. Weder der Prinz noch die Prinzessin wurden getroffen. Sipido und vier ältere Gefährten wurden festgenommen und erwiesen sich als Angehörige einer anarchistischen Gruppe mit antibritischen, proburischen Neigungen. Sipido erklärte, daß er den Prinzen töten wollte, weil er »ein Komplize Chamberlains im Vernichtungskampf gegen die Buren« sei. Niemand in England wünschte in solch einem Klima das Leben der Königin zu riskieren.

Außerdem hatte Victoria selbst bereits beschlossen, nach Irland zu gehen. Sie war dankbar für die große Zahl irischer Freiwilliger, die sich für Südafrika gemeldet hatten, und für ihre Tapferkeit im Kampf. Sie verordnete, daß die irischen Soldaten am St. Patrickstag Abzeichen mit dem irischen Kleeblatt tragen sollten und genehmigte die Aufstellung eines neuen Garderegiments, der Irish Guards. Ihr Besuch in Dublin, der beinahe den ganzen April in Anspruch nahm, wurde zu einem persönlichen Triumph. Gegen den Wunsch ihrer Berater fuhr sie ohne bewaffnete Eskorte durch die Straßen, und die Stadt, die sich sechzehn Jahre später im Osteraufstand gegen England erheben sollte, bejubelte die Königin, wo immer sie auftrat.

Während des Frühjahrs 1900 wendete sich das Kriegsglück in Südafrika. Am 28. Februar wurde Ladysmith nach einer Belagerung von 118 Tagen entsetzt. Am 19. Mai, fünf Tage vor ihrem Geburtstag, wurde der Belagerungsring um Mafeking aufgebrochen. Am 24. Mai, ihrem Geburtstag, schrieb die Königin in ihr Tagebuch: »Mein alter Geburtstag kehrt wieder, mein 81.! Gott ist sehr gnädig gewesen und hat mir geholfen, aber meine Prüfungen und Sorgen sind vielfältig gewesen, und ich fühle mich müde und beunruhigt von allem, was ich in diesem Winter und Frühjahr durchgemacht habe.«

Ihr Gesundheitszustand verschlechterte sich. Rheumatische Versteifung ihrer Gelenke hatte zuerst einen Stock erforderlich gemacht, dann einen Rollstuhl. 1898 hatte sich der graue Star bemerkbar gemacht. Seit 1877 hatte sie in der Zurückgezogenheit ihrer Wohnung Lesebrillen getragen; jetzt war sie gezwungen, sie in der Öffentlichkeit zu tragen. Für die vertraulichen Briefe, die Lord Salisbury ihr schickte, verlangte sie immer größere Buchstaben und schwärzere Tinte. Alles andere wurde ihr laut von Prinzessin Beatrice vorgelesen. Im Sommer 1900 begann ihr berühmtes Gedächtnis nachzulassen, und sie hatte Mühe, im Gespräch die richtigen Worte zu finden. Auch begann sie abzunehmen und klagte über Rückenschmerzen und Schlaflosigkeit. Die Ärzte empfahlen kurze Schlummerpausen. »Ich ruhe jetzt täglich kurze Zeit nach dem Mittagessen, was mir gut tun soll, aber einen Zeitverlust bedeutet«, klagte sie in ihrem Tagebuch.

Ende Juli erlitt Königin Victoria einen persönlichen Schlag. Der Krebs hatte ihr bereits den Schwiegersohn Kaiser Friedrich genommen. Ihre Tochter Vicky, die Kaiserinwitwe von Deutschland, lag krank in Homburg, von der gleichen Krankheit befallen. Nun erreichte sie die Nachricht, daß ihr zweiter Sohn, Alfred (in der Familie »Affie«), der frühere Herzog von Edinburgh und ein Marineoffizier, der Oberkommandierender der Mittelmeerflotte gewesen war, von derselben erbarmungslosen Krankheit getroffen war. Am 25. Juli verzeichnete die Königin die schreckliche Nachricht: »Die Krankheit scheint unheilbar, und leider kann man ihre Natur nur zu gut erraten. Affie selbst ist in Unkenntnis der Gefahr, in der er sich befindet, und seine Ärzte wünschen, daß er auf keinen Fall informiert werde.« Nur sechs Tage später erfuhr die Königin von der Frau des Herzogs, daß er friedlich im Schlaf gestorben war, »nachdem er am Nachmittag noch mit uns im Garten gewesen ist«. Die Königin konnte ihren persönlichen Kummer nicht unterdrücken: »O Gott! Mein armer Liebling Affie auch tot! Mein drittes erwachsenes Kind*, außerdem drei Schwiegersöhne, es ist hart mit einundachtzig... ich bete zu Gott um Hilfe und habe Vertrauen in Ihn, der mich nie verlassen hat.«

Die Königin behielt ihren Gram zumeist für sich und vertraute ihn nur ihrer Familie und ihrem Tagebuch an. Ein seltener Fall von halböffentlicher Klage ereignete sich während eines Briefwechsels mit ihrem alten Freund George Goschen, einem Mitglied des Unionistenkabinetts, der ihr schrieb, daß er sich für die Wiederwahl im Herbst nicht aufstellen lassen würde. »Er ist jetzt mehr als

* Mit Alfreds Tod hatte die Königin zwei ihrer fünf Söhne und eine ihrer vier Töchter verloren. Prinzessin Alice, die den Großherzog von Hessen geheiratet hatte, starb 1878 an Diphtherie. Prinz Leopold, Herzog von Albany, war ein Bluter und starb 1884 an dieser Krankheit. Nun kam Prinz Alfred im Jahre 1900. Und ihre älteste Tochter, die Kaiserinwitwe Friedrich würde ihr 1901 folgen, sieben Monate nach der Mutter.

siebenunddreißig Jahre im Unterhaus gewesen und steht in seinem siebzigsten Jahr, so glaubt er mit Recht Erleichterung von seinen beanspruchenden Pflichten erwarten zu dürfen«, schrieb Goschen an die Königin. »Die letzten fünf Jahre, in denen er Erster Lord der Admiralität gewesen ist, sind eine Periode großer und dauernder Anspannung gewesen, und die überwältigenden Verantwortlichkeiten des Postens... haben dazu beigetragen, in ihm den Wunsch nach etwas Ruhe zu wecken.« Die Königin las den Brief mit gemischten Gefühlen: Goschen hatte sicherlich seinen Ruhestand verdient; aber sie haßte es, mit neuen Leuten umgehen zu müssen, und wenn die Admiralität eine »überwältigende Verantwortlichkeit« war, wie verhielt es sich dann mit der Krone? »Die Königin meint, daß sein Wunsch nach Ruhe durchaus gerechtfertigt ist«, schrieb sie schließlich. »Sie wünscht, sie könnte das gleiche haben, und wenn auch nur für kurze Zeit; denn sie braucht die Ruhe und deren beständige Abwesenheit ist mit einundachtzig sehr ermüdend und anstrengend.« Goschen fühlte mit der alten Monarchin: »Eure Majestät sprechen ergreifend von dem Wunsch nach Ruhe, den Eure Majestät oft verspüren«, schrieb er ihr. »Die Nation weiß von der Selbstaufopferung und dem Mut, mit dem Eure Majestät in Eurem zweiundachtzigsten Jahr unablässig die anstrengendsten Pflichten auf sich nehmen, und bemüht sich, sie mit der größten Ehrerbietung und Zuneigung zu entgelten, die jemals einem Souverän erwiesen wurden.«

Im September reiste die Königin nach Balmoral. Ein Begleiter aus ihrem Gefolge, Lord James of Hereford, schilderte ihren Verfall. »Im Mai war die Königin noch ganz die alte – sehr heiter und mit Vergnügen an jeder Anekdote oder klugen Unterhaltung... Als ich im Oktober zurückkehrte, fand ich, daß die größte Veränderung stattgefunden hatte. Die Königin war so geschrumpft, daß sie nur die Hälfte der Person zu sein schien, die sie gewesen war.« Queen Victoria merkte selbst, was mit ihr geschah. Balmoral war »trübe und dunkel«; sie fühlte sich »sehr schlecht und elend... Mein Appetit ist völlig vergangen, und ich habe Mühe, irgend etwas zu essen.« Am 7. November war sie wieder in Windsor, fühlte sich aber nicht besser:

9. November: »Habe immer noch Abneigung gegen jede Nahrung.«
11. November: »Schockierende Nacht, und keine Arznei konnte mir Schlaf verschaffen, da der Schmerz mich wachhielt. Sehr müde und unwohl.«
28. November: »Schlechte, unruhige Nacht. Ziemlich starke Schmerzen.«
2. Dezember: »Konnte Zimmer nicht verlassen. Mein Ekel vor Essen war groß.«
3. Dezember: »Sehr schläfrig, schlief vor dem Mittagessen.«
16. Dezember: »Hatte eine sehr schlechte Nacht und stand erst spät auf. Schlief den größten Teil des Nachmittags.«

Am 18. Dezember verließ sie Windsor zum letzten Mal. Sie schlief eine Stunde im Zug nach Portsmouth, ging um vierzehn Uhr an Bord der *Alberta* und war um fünfzehn Uhr dreißig in Osborne House. Selbst das »magische Osborne« konnte nicht aufhalten, was geschah:

> 22. Dezember: »Schlief bis viertel vor zwölf, worüber ich sehr verdrießlich war.«
> 27. Dezember: »Der Wind störte mich. Trank etwas Milch, schlief gegen Morgen ein, so daß ich erst gegen eins aufstand.«

Sie tat weiterhin ihre Pflicht. Am 2. Januar 1901 traf Lord Roberts aus Südafrika ein, um der Königin über den Fortgang des Krieges zu berichten. Die Königin nahm seinen Bericht entgegen und verlieh ihm den Hosenbandorden und die Earlswürde. Am 10. Januar kam Joseph Chamberlain, der letzte Kabinettsminister, der sie lebend sah, mit den neuesten Nachrichten aus Südafrika. Er blieb zwanzig Minuten und erinnerte sich später: »Sie war dünner und machte einen zerbrechlichen Eindruck, zeigte aber nicht das geringste Anzeichen versagender Intelligenz... [Sie] sprach über den Krieg, bedauerte seine Verlängerung und die Verluste an Menschenleben, sagte aber in ernstem Ton: ›Ich bin nicht besorgt um das Ergebnis.‹« Am 13. Januar machte sie die letzte Eintragung in ihr Tagebuch: »Hatte eine angenehme Nacht, war aber etwas unruhig.« Ihre letzten Worte waren ein Zeugnis der Pflichterfüllung: »Ruhte wieder danach, leistete dann einige Unterschriften und diktierte Lenchen.« Am folgenden Tag, dem 14. Januar, gab es keinen Eintrag; es war das erste Mal seit fast siebzig Jahren, daß Victoria nichts in ihr Tagebuch geschrieben hatte. Am 17. schien ihr Verstand getrübt, und sie hatte Schwierigkeiten zu reden. Ihre Kinder wurden gerufen.

Der älteste Enkel der Königin wurde nicht gerufen, erschien aber nichtsdestoweniger. Am 18. Januar, am Tag nach seiner Rückkehr aus Chatsworth, eilte Eckardstein, nachdem er vom Zustand der Königin gehört hatte, vom Klub zurück zur Botschaft, um nach Berlin zu telegrafieren. Der Kaiser war inmitten der Feierlichkeiten anläßlich der Zweihundertjahrfeier der Proklamation des Königreichs Preußen, und hatte gerade seine Entschlossenheit erklärt, die deutsche Kriegsmarine zu einem »so mächtigen Instrument« wie das Heer zu machen. Er brach die Feier ab, ließ alle Verabredungen absagen und verkündete, daß er sofort nach England abreisen werde. Bülow wußte, daß der Besuch in Deutschland äußerst unpopulär sein würde, und schlug vor, daß der Kaiser warten solle, um zu sehen, wie sich die Krankheit entwickle. Wilhelm versetzte ungeduldig, daß keine anderen Erwägungen in Betracht gezogen werden könnten, wenn es um das Leben seiner lieben Großmutter gehe; tatsächlich hatte er bereits Kabinen in der Postfähre nach Dover für die gleiche Nacht reservieren lassen. »Ich habe pflichtschuldig den Prinzen von Wales informiert und ihn gleichzeitig gebeten, daß von mir in meiner Eigenschaft als Kaiser *keine Notiz* genommen werden soll, und daß ich als Enkel komme... Ich nehme an, die Unterröcke (die drei Töchter der Königin, Prinzessin Helena – Lenchen –, Louise und Beatrice), welche die arme Großmama von der Welt absperren – und von mir, fürchte ich oft –, werden Skandal machen, wenn sie von meinem Kommen hören. Aber das ist mir gleich, denn was ich tue, ist meine Pflicht, um so mehr als es diese Großmama ohnegleichen ist, wie keine andere je zuvor existiert hat.«

Obwohl er als Enkel kam, konnte der deutsche Kaiser nicht ignoriert werden, und der Prinz von Wales eilte von Osborne House zurück, um die Uniform der Ersten Preußischen Gardedragoner anzulegen und Wilhelm an der Victoria-Station zu empfangen. Am Morgen des 20. Januar begleitete der Neffe seinen Onkel zurück nach Osborne House. Die Königin erkannte Wilhelm kaum, verwechselte ihn mit seinem Vater, dem Kaiser Friedrich. Wilhelm verhielt sich außerordentlich diskret. Er wartete taktvoll in einem anderen Zimmer und erklärte, daß er zwar den Wunsch habe, Großmama vor ihrem Tode so oft wie möglich zu sehen, es aber durchaus verstehen könne, wenn das nicht möglich sei. Seine Haltung trug ihm die Bewunderung der Familie ein, und er wurde eingeladen, sich der kleinen Gesellschaft um das Sterbebett zuzugesellen.

Am Sonntag, dem 22. Januar, während die Queen im Sterben lag, gingen von überallher Botschaften ein. Eine kam vom Burenpräsidenten Krüger, der ihr baldige Genesung wünschte. Als am Nachmittag um vier der winterliche Himmel zu dunkeln begann, scharte sich die Familie enger um das Bett. Der Prinz von Wales kniete neben seiner Mutter, während Prinz Arthur, der andere überlebende Sohn der Königin, und der Kaiser sie in ihren Armen mit Kissen stützten. »Die letzten Augenblicke waren wie das Sinken eines großen Dreideckers«, berichtete der Bischof von Winchester, ein alter Freund, der unter den Anwesenden war. Sie kam wieder zu Kräften und rang keuchend nach Luft, erkannte die Umstehenden, nannte ihre Namen, dann schloß sie die Augen und glitt zurück in Bewußtlosigkeit. Ihr letztes Wort war »Bertie«. »Dann kam eine große Veränderung des Ausdrucks und völlige Ruhe«, bemerkte der Bischof. Sie starb um halb sieben.

Wilhelms Würde und echte Trauer hatten ihm die Zuneigung seiner Verwandten gewonnen. Zusammen hoben er und sein Onkel, der neue König, die Tote aus ihrem Bett und legten sie in den Sarg. »Sie war so klein – und so leicht«, bemerkte der Kaiser hinterher. Als der neue König, der bekanntgab, daß er sich König Edward VII. nennen würde, nach London abreiste, um die Förmlichkeiten der Krönung vorzubereiten, bat er seinen Neffen, in Osborne House die Dinge in die Hand zu nehmen. Bewegt von dieser neuen Wärme, entschied

Wilhelm, bis zur Bestattung in England zu bleiben, obwohl sie erst in knapp zwei Wochen stattfinden sollte. Während der zehn Tage, die die Königin aufgebahrt in Osborne House lag, blieb Wilhelm dort und lebte mit der Familie, obwohl inzwischen die *Hohenzollern* in Cowes eingetroffen war. König Edward verlieh Wilhelms Sohn, dem neunzehnjährigen Kronprinzen Wilhelm, den Hosenbandorden und machte den Kaiser zum Feldmarschall der britischen Armee. Wilhelm beantwortete die Geste impulsiv mit der Verleihung des preußischen Schwarzen-Adler-Ordens an Lord Roberts, der von den proburisch eingestellten Deutschen verabscheut wurde. Des Kaisers Benehmen war so neu und bemerkenswert, daß sogar sein Onkel nur Gutes über ihn sagen konnte. »Wilhelm war die Freundlichkeit selbst, und rührend in seiner Ehrerbietung, ohne eine Spur von Schroffheit oder Egozentrik«, schrieb er seiner Schwester, die zu krank gewesen war, um von Deutschland anzureisen. Eine Woche später schrieb er ihr wieder: »Wilhelms rührende und einfache Haltung bis zuletzt wird von mir und allen anderen nie vergessen werden.« Auch der Kaiser spürte die Nähe. Im Februar 1906, als Großbritannien und Deutschland einander während der Algeciras-Konferenz in verschiedenen Lagern gegenüberstanden, schrieb Wilhelm an seinen Onkel: »Laß uns lieber der stillen Stunde gedenken, als wir an ihrem Sterbebett wachten und beteten und dann der Geist dieser großen Frau entschwand, als sie in meinen Armen ihren letzten Atemzug tat.«

Königin Victoria hatte beinahe vierundsechzig Jahre regiert*, und nur Untertanen, die über die Siebzig hinaus waren, konnten sich an einen anderen Monarchen erinnern. Sie war mehr als ein Souverän, sie war eine Institution, und die meisten Engländer sahen sie als eine Dauereinrichtung wie das Parlament oder die Bank von England. »Sie war die größte Engländerin, denn sie fügte den höchsten männlichen Eigenschaften die persönliche Zartheit einer Frau hinzu«, sagte Joseph Chamberlain. Das Gefühl des Verlustes hatte viele Seiten: Verlust der Kontinuität, Verlust der Autorität, Verlust der Gewißheit.

Auf niemanden – nicht einmal auf ihren Thronerben – übte dieser Verlust eine stärkere Wirkung aus als auf den Kaiser. Trotz aller Mißhelligkeiten war die emotionale Bindung zwischen ihnen niemals zerbrochen. Er war ihr ältester Enkel, sie war seine erhabene, aber auch warmherzige Großmama. Die glücklichsten Tage seiner Jugend hatte er in der relativ zwanglosen Atmosphäre von Osborne House und Windsor verbracht, einer Atmosphäre, die von der Persönlichkeit der Königin beherrscht wurde. Auch als die Jahre vergingen, brachte er seiner alternden Großmutter zärtliche Anhänglichkeit und der Königin seinen

* Nur zwei europäische Monarchen saßen länger als Königin Victoria auf dem Thron: Ludwig XIV., der einundsiebzig Jahre regierte (1644–1715), und Kaiser Franz Joseph von Österreich, der achtundsechzig Jahre regierte (1848–1916).

Respekt entgegen. Sie tadelte ihn, aber sie erwies ihm auch Zuneigung und Verständnis. Sie kritisierte ihn vor ihren Ministern, aber sie stand auch für ihn ein und erteilte Salisbury und anderen Ratschläge, wie sie mit ihm umzugehen hätten. In vielerlei Hinsicht war sie wie er: beide waren gefühlsbetont, gleich stark in ihren Vorlieben wie in ihren Abneigungen, fähig zu Überschwenglichkeit wie zu aufbrausendem Zorn. Weil die Königin Albert und eine Anzahl unabhängiger Premierminister gehabt hatte, hatte sie anders als Wilhelm gelernt, ihre Gefühle und ihre Sprache zu disziplinieren. Solange sie lebte, stellte sie für Wilhelm ein Beispiel dar, wie ein kaiserlicher Souverän sich benehmen sollte. Als sie starb, gab es dieses Vorbild nicht mehr. Sein Onkel, König Edward, konnte sie nicht ersetzen; zu lange war Bertie in Wilhelms Augen der leichtlebige, frivole Prinz von Wales gewesen. Und so mußte der Kaiser mit zweiundvierzig seinen eigenen Weg weitergehen, der Zuneigung, des Rates und der Gegenwart des einzigen Menschen beraubt, den er sowohl bewundert als auch geliebt hatte. Am 1. Februar wurde der Leichnam der Königin an Bord der *Alberta* nach Portsmouth überführt. König Edward folgte auf der größeren *Victoria and Albert*. Als die beiden königlichen Jachten zwischen den Reihen der Kriegsschiffe dahinfuhren, bemerkte der König, daß die königliche Standarte über seinem Kopf auf Halbmast wehte. Er fragte den Kapitän nach dem Grund. »Die Königin ist tot, Sir«, war die Antwort. »Der König von England lebt!« erklärte der König, und die Standarte stieg am Mast empor.

Ein Sonderzug brachte den Sarg nach London, vorbei an Menschenmengen, die auf den Bahnsteigen knieten, an Kreuzungen und auf den Feldern entlang der Strecke. Bisweilen schien der Zug unbekümmert schnell zu fahren; wieder machte sich der neue König geltend. Der Zug hatte Portsmouth mit neun Minuten Verspätung verlassen, und dem Lokomotivführer war gesagt worden, er solle zusehen, daß er die Verspätung einhole, da der König Leute, die sich verspäten, nicht ertragen könne. In London säumten dichte Menschenmengen den Weg von der Victoria Station und Paddington, als die Lafette mit dem Sarg vorüberrollte, gefolgt von drei Reitern in roten Umhängen: dem König, dem Kaiser zu seiner Rechten und Prinz Arthur, Herzog von Connaught, zu seiner Linken. In Windsor bockten die Zugpferde der Lafette in ihren Zuggeschirren; sie wurden ausgespannt und durch einen Trupp Matrosen ersetzt, die ihre königliche Herrin vom Bahnhof den Hügel hinaufzogen. Der Trauergottesdienst fand in der St.-Georgs-Kapelle statt. Dann wurde Victoria ins Frogmore-Mausoleum gebracht, wo sie nach zweiundvierzig Jahren an Alberts Seite ihre Ruhe fand.

Wilhelms Privatbesuch in England erregte in Deutschland viel Unbehagen. Die Kaiserin hatte sich von Anfang an gegen die Reise ausgesprochen und wollte, daß er rasch wieder nach Haus käme. »Ich hoffe, Sie werden es noch möglich machen, den Kaiser zu überreden, die Beisetzung aufzugeben«, schrieb sie nach dem Tod der Queen an Bülow. Ihr Gemahl solle »sich damit ... begnügen, den Kronprinzen und vielleicht Prinz Heinrich, der darauf brennt, hinzuschicken«. Wilhelm selbst telegrafierte seiner Frau am 23. Januar die Gründe für sein weiteres Verbleiben in Osborne: »Die Tanten [sind] vollkommen allein hier, und ich muß ihnen beistehen in vielen Dingen, wo Rat nötig. Sie sind so lieb und gut zu mir, daß ich von ihnen als Bruder und Freund, nicht als Neffe behandelt werde. ... Es war eine furchtbar schwere und aufregende Zeit.« Als sie seine Botschaft erhielt, sorgte sich die Kaiserin nur noch mehr: Sie erkenne, schrieb die Kaiserin an Bülow, »daß der Kaiser wieder sehr nervös, abgespannt ist. Aber das trifft, wie Sie wissen, leicht ein beim Kaiser und ist natürlich, da er sich einer Sache immer ganz hingibt. Aber besonders gefährlich ist meiner Ansicht nach, daß man jetzt versucht, besonders die Damen, auf seine warme, freundliche Natur einzustürmen, ihm so schönzutun (jede will ihn natürlich nur für ihre Zwecke gewinnen), daß der Kaiser den Eindruck gewinnt, absolut nötig zu sein.«

Am 26. hatte sie neue Nachricht von englischer Arglist: »Als Krone von allem hat der neue König den deutschen Kaiser zum englischen Feldmarschall gemacht. Wenn das nicht eine Ironie im jetzigen Augenblick [d. h. dem Burenkrieg] ist, dann weiß ich es nicht. Es soll wohl eine Liebenswürdigkeit sein, ich halte es für eine Taktlosigkeit. Natürlich muß der Kaiser ein liebenswürdiges Gesicht machen.« Darin stimmte Eulenburg der Kaiserin zu. »Mir wird bange, wenn ich an den geliebten Herrn in Osborne denke«, schrieb er seinem Kollegen Bülow aus Wien. »Was wird er alles reden! – Wie ein Kind zwischen diesen trotz aller Trauer rohen Naturen wandelnd. In ihrer Mitte verliert er auch alle seine sonstige ›Gerissenheit‹. Eine Art treuherzige Verlegenheit tritt ein, und es wäre dem ersten besten leicht, ihm alle seine Seelengeheimnisse (und unsere Staatsgeheimnisse) zu entreißen. Dabei überall im Wege! Die Familie schimpft hinter seinem Rücken, und die eigenen Adjutanten ringen die Hände und wollen nach Hause. Mich macht ... der Gedanke lächeln, wie er die tote Großmutter ›ausschlachtet‹ um sich eine Zeitlang vor ›Muttern‹ zu drücken.«

Des Kaisers Besuch und sein Aufgehen in der englischen Familie bereiteten auch Bülow und Holstein Sorgen. Chamberlain hatte gerade seinen neuen Bündnisvorschlag in Chatsworth gemacht; nun, befürchteten sie, sei der Kaiser gerade in dem Augenblick, da seine emotionale Betroffenheit ihn unachtsam mache, den Ränken und Einflüsterungen der Engländer ausgesetzt. Um diese Gefahr abzuwenden, war Eckardstein instruiert worden, den Kaiser bei seiner Landung in England zu empfangen und in seinem privaten Salonwagen mit ihm nach London zu fahren. Unterwegs informierte Eckardstein Wilhelm von seinen Gesprächen mit Chamberlain und Devonshire in Chatsworth. Der Kaiser reagierte, wie er es Eckardstein gegenüber immer tat, und sagte, er sei erfreut und befürworte ein britisch-deutsches Bündnis, das die beiderseitigen Interessen schützen und dem Weltfrieden dienen würde. Eckardstein aber war gezwungen, zur Vorsicht zu raten. Bevor er London verlassen hatte, waren ihm dringende Instruktionen von Holstein zugegangen: Er dürfe nicht zulassen, daß der Kaiser während dieser privaten Reise mit britischen Ministern über ein Bündnis oder irgendwelche anderen politischen Fragen spreche. »Infolgedessen sagte ich dem Kaiser, es erschiene noch verfrüht, wenn er selbst die Bündnisfrage bei etwaigen Begegnungen mit englischen Ministern anschneide, und es sei vielleicht am ratsamsten, wenn er so täte, als wisse er noch gar nichts«, schrieb Eckardstein. »Er erwiderte, daß er dies vollständig einsehe«.

Die gemeinsame Totenwache in Osborne House hatte die Herzen aller Teilnehmer gewärmt. Nachdem er dem deutschen Kronprinzen den Hosenbandorden verliehen hatte, hatte der neue König Edward von den engen Familienbanden zwischen ihm selbst und dem Haus Hohenzollern gesprochen und die Hoffnung ausgedrückt, daß das gute Verhältnis sich auf die Völker beider Länder erweitern möge. Indem er ans Sterbebett seiner Großmutter geeilt sei, erklärte der König, habe der Kaiser ein tiefes Gefühl von Dankbarkeit erregt, nicht nur innerhalb der Familie, sondern im ganzen britischen Volk. Wilhelm selbst war bewegt von der Ausstrahlung guten Willens, die er innerhalb der Familie und von den stillen Menschenmengen zu beiden Seiten der Straße spürte. Er war geneigt, Bülow und Holstein zu übergehen und die Hand zu ergreifen, die Chamberlain bot.

»Baron von Eckardstein erzählt mir von Chamberlains vertraulicher Andeutung, daß es mit der ›Splendid Isolation‹ vorbei sei«, telegrafierte er Bülow. »Großbritannien muß zwischen dem Dreibund und Frankreich-Rußland wählen. Er [Chamberlain] ist ganz für den ersteren... Nur wenn wir nicht bereit sind, ist an ein Umschwenken zum Zweibund gedacht... Also ›kommen sie‹, wie es scheint. Das ist, worauf *wir* gewartet haben.«

Das Telegramm des Kaisers rief in der Wilhelmstraße Bestürzung hervor. Holstein telegrafierte dringend an Wolff-Metternich, den ranghöchsten Diplomaten im Gefolge des Kaisers, und wies ihn an, kaltes Wasser auf den Enthusiasmus des Kaisers zu gießen. Chamberlains angedrohte Verständigung mit Frankreich und Rußland sei ein offenkundiger Schwindel, behauptete er... Deutschland könne warten. Wie er es sehe, werde eine vernünftige Übereinkunft mit England erst dann in Reichweite kommen, wenn England stärker unter Druck geriete. Bülow mit seinem besonderen Talent zur Schmeichelei fiel die Aufgabe zu, die Philosophie der Wilhelmstraße dem Kaiser nahe zu bringen.

Der Kaiser habe ganz recht mit dem Gefühl, daß die Engländer auf Deutschland zukommen müßten, schrieb der neue Reichskanzler am 21. Januar. Südafrika sei sie teuer zu stehen gekommen. Amerika zeige sich unsicher; Japan unverläßlich; Frankreich haßerfüllt; Rußland treulos; die öffentliche Meinung in allen Ländern sei feindselig. Zum Diamantenen Jubiläum habe die englische Selbsttäuschung ihren Höhepunkt erreicht. Der britische Pfau habe sein stolzestes Rad geschlagen, sich seiner Splendid Isolation gerühmt. Jetzt beginne den Engländern allmählich zu dämmern, daß sie mit eigener Kraft allein nicht in der Lage seien, ihr Weltreich gegen so viele Gegner zu behaupten... Der Kaiser solle in London unverbindlich bleiben.

Der Kaiser befolgte den Rat und tat sein Bestes, die eigenen Gefühle zu unterdrücken. Als Lord Lansdowne, der neue Außenminister, ihn in Osborne House zu einem allgemeinen Gespräch über außenpolitische Angelegenheiten aufsuchte, wurde eine britisch-deutsche Allianz nicht erwähnt. Statt dessen belehrte der Kaiser Lansdowne über die Perfidie der Russen und erklärte, daß »der russische Kaiser nur geeignet sei, in einem Landhaus zu leben und Rüben anzubauen«, und daß jeder »russische Großfürst eine Vorliebe für Paris und ein Mädchen auf jedem Knie« habe. Rußland, so fuhr er fort, »ist wirklich asiatisch«, während Britannien europäisch sei und ein allgemeines Einverständnis mit Deutschland und Frankreich suchen solle. »Als Lansdowne das traditionelle Machtgleichgewicht in Europa erwähnte und andeutete, daß es noch immer bei Großbritannien und der britischen Flotte liege, versetzte der Kaiser energisch: »Nicht die englische Flotte, sondern seine zweiundzwanzig deutschen Armeekorps seien die ›Balance of Power‹«.

Während seines zweiwöchigen Besuches war Wilhelm von seinen gespaltenen Impulsen hin und her gerissen. Von seinen Beratern gedrängt, unterließ er es, ein Gespräch mit Chamberlain zu suchen. Gleichwohl dankte der Kaiser bei einem Mittagessen, das der König am Tag seiner Abreise ihm zu Ehren im Marlborough House gab, allen Anwesenden für seinen »großartigen« Empfang in England und ließ sie dann an seiner Zukunftsvision teilhaben:

»Ich glaube, es gibt eine Vorsehung, die bestimmt hat, daß zwei Nationen, die solche Männer wie Shakespeare, Schiller, Luther und Goethe hervorgebracht haben, eine große Zukunft vor sich haben müssen; ich glaube, daß die beiden germanischen Nationen einander Stück für Stück besser kennenlernen werden, und daß sie zusammenstehen werden, wenn es gilt, den Weltfrieden zu erhalten. Wir sollten ein britisch-deutsches Bündnis bilden, Sie, um die Meere zu beherrschen, während wir für das Land verantwortlich sein würden; mit solch einem Bündnis könnte sich ohne unsere Erlaubnis keine Maus in Europa regen, und die Nationen würden mit der Zeit die Notwendigkeit zur Verringerung ihrer Rüstungen einsehen.«

In dieser Hochstimmung kehrte Wilhelm nach Deutschland zurück. Bülow traf ihn am Krankenbett seiner Mutter in Homburg »noch ganz im Banne seiner englischen Eindrücke. Während er sich sonst nicht genug tun konnte im Wechseln militärischer Uniformen, zeigte er sich jetzt nur in Zivil, wie er sich in

England gekleidet hatte. Dazu trug er eine Krawattennadel mit der Chiffre seiner verewigten Großmutter. Die aus dem nahen Frankfurt zur Mittags- oder Abendtafel befohlenen Militärs waren sehr erstaunt, ihren obersten Kriegsherrn im bürgerlichen Kleide zu erblicken. Sie schienen nicht angenehm berührt durch die immer wieder kehrenden enthusiastischen Kundgebungen für England und alles Englische, ›das hoch über Art und Sitte stünde‹.«

## 17. KAPITEL

# Das Ende der britisch-deutschen Bündnisverhandlungen

Im Frühjahr 1901 führten Deutschland und Großbritannien Bündnisgespräche. Salisbury nahm nicht daran teil und wurde ignoriert, sogar von der Wilhelmstraße, die ihn mit geringschätzigen Bemerkungen bedachte. »Alles, was in den letzten vierundzwanzig Stunden von London gekommen ist ..., macht mir einen beinahe hoffnungslosen schlappen Eindruck, so als Lord Salisburys Geist das Ganze durchwehe«, schrieb Holstein am 9. März an Eckardstein. Chamberlain hielt sich zurück. Als Eckardstein ihn am 18. März aufsuchte, bekräftigte der Kolonialminister seine Meinung vom Wert eines deutsch-englischen Bündnisses, wie er sie sechzehn Monate zuvor in Leicester ausgedrückt hatte, wollte »sich aber nicht wieder die Finger verbrennen«. So war es Lansdowne als neuer Außenminister, dem Eckardstein und – als er wieder gesund war – Hatzfeldt eine Anzahl von Botschaften aus Berlin überbrachten.

Zuerst kam ein von Bülow ausgehender Vorschlag für ein deutsch-englisches Defensivbündnis, das fünf Jahre gelten und vom Unterhaus und dem Reichstag ratifiziert werden sollte. Danach würde sich jede der beiden Mächte zu wohlwollender Neutralität verpflichten, wenn die andere von einem Drittstaat angegriffen würde; würde sie aber von zwei Staaten angegriffen, so sollte der Bündnispartner eingreifen. Auf diese Weise könnte Großbritannien entweder Krieg gegen Frankreich oder gegen Rußland führen, ohne Deutschland hineinzuziehen, während auch Deutschland gegen jeden der beiden Nachbarn Krieg führen konnte, ohne britische Hilfe zu verlangen.

»Die Bündnisfrage«, schrieb Eckardstein am 23. Mai an Holstein, komme »jetzt in Fluß. Lansdowne, Devonshire und Chamberlain sind fest entschlossen ... Salisbury, welcher übrigens nicht mehr dieselbe Animosität gegen uns wie bisher besitzt, macht nach gewohnter Art hier und da noch einige kleine Einwände, er ist sich aber jetzt ... klar darüber, daß die englische Politik der ›splendid isolation‹ nicht so weitergehen kann ... Im übrigen halten die genannten Minister an ihrem Standpunkt so fest, daß Salisbury sowieso schon gar nicht umhin kann, mitzumachen. Lansdowne scheint Salisbury überhaupt sehr geschickt zu behandeln.«

Auf deutscher Seite herrschte eine gewisse Verwirrung. Bülow faßte den Entschluß, die Verhandlungsführung »aus der Hand des nicht genügend zuverlässigen, jedenfalls von englischen Gedankengängen beherrschten und insbesondere von England finanziell abhängigen Eckardstein« zu nehmen. Dementsprechend wurde Eckardstein von Holstein unterrichtet, daß ein dienstälterer Diplomat aus Berlin entsandt werde, um die Verhandlungen zu führen. Eckardstein reichte prompt seinen Abschied ein. Obwohl Holstein ihn zunächst nicht annahm, spürten die Briten, daß seine Position geschwächt war; Lansdowne begann von ihm als »dieser Person« zu sprechen. Der Kaiser mischte sich mit einer unglücklichen Redewendung ein. In einem Gespräch mit Sir Frank Lascelles nannte er die Minister der britischen Regierung »unmitigated noodles« (in Eckardsteins Übersetzung: ›Erzschafsköpfe‹). Dann wiederholte er die Wendung in einem Brief an König Edward. Der König rief Eckardstein in sein privates Arbeitszimmer, las des Kaisers Brief vor und fragte: »Nun, was sagen Sie dazu?« Eckardstein überlegte einen Augenblick und erwiderte: »Wäre es nicht am besten, wenn Eure Majestät die ganze Affäre als einen Witz betrachteten?« Der König lachte auf und sagte: »Ja, Sie haben ganz recht, ich werde die Sache als einen Witz betrachten, aber leider habe ich von seiten des Kaisers schon sehr viele und sicherlich noch schlimmere Witze erlebt, und viele andere werden noch folgen.«

Als Hatzfeldt einigermaßen wiederhergestellt war, übernahm er die Verantwortung für die Bündnisverhandlungen. Zu Lansdownes Überraschung brachte der Botschafter einen weiteren deutschen Vorschlag ins Gespräch. Das Angebot eines einfachen Defensivbündnisses zwischen den beiden Ländern wurde erweitert zu einer deutschen Einladung an Großbritannien, sich dem Dreibund von Deutschland, Österreich-Ungarn und Italien anzuschließen. Berlins Überlegung, erläuterte Hatzfeldt, gehe dahin, daß der Dreibund als ein Ganzes behandelt werden solle, wenn das britische Empire mit Indien, Kanada und Südafrika als eine Einheit zu betrachten sei. Wenn Deutschland beispielsweise verpflichtet sein würde, wegen eines russischen Angriffs auf Indien gegen Rußland zu marschieren, dann müsse Großbritannien auch gegen Rußland mobilmachen, wenn die Russen Österreich angriffen.

Als die Nachricht von diesem Angebot Lord Salisbury erreichte, verfaßte der Premierminister eine Denkschrift, die so entschieden negativ war, daß sie den Charakter eines Vetos gegen jeglichen Vertrag hatte. Salisbury stellte darin abermals fest, daß er »entschieden abgeneigt« sei, »dieses Land in Bündnisse mit europäischen Mächten zu verstricken«. Er wies darauf hin, daß von Großbritannien verlangt würde, sich dem Dreibund als eine Art Juniorpartner anzuschließen, der Deutschland untergeordnet sei; als ein Partner, der die Interessen und Grenzen aller drei gegenwärtigen Mitglieder des Dreibundes – Deutschland, Österreich-Ungarn und Italien – gegen jede Bedrohung durch Rußland oder Frankreich zu garantieren hätte. Salisbury war insbesondere gegen jede Bündnisverpflichtung zugunsten der wankenden Habsburger Monarchie, »da die Wahrscheinlichkeit, die deutschen und österreichischen Grenzen gegen Rußland verteidigen zu müssen, weit größer als jene ist, die Britischen Inseln gegen Frankreich verteidigen zu müssen.«

Ferner bemerkte er, daß ein Bündnis mit Deutschland mit Sicherheit die bittere Feindschaft Frankreichs nach sich ziehen würde, selbst wenn es Großbritannien irgendwie gelänge, einer deutschen Forderung auszuweichen, daß Großbritannien die deutschen Besitzrechte auf Elsaß-Lothringen garantiere. Jede friedliche Lösung der kolonialen Streitigkeiten zwischen Großbritannien und Frankreich, insbesondere der Zwist über Ägypten, würde dadurch unmöglich gemacht. Schließlich würde das Kabinett solch einen Vertrag schwerlich dem Parlament zur Ratifizierung empfehlen können; und das Unterhaus würde selbst dann, wenn das Kabinett sich dazu bereitfände, den Vertrag kaum billigen.

Salisburys Denkschrift machte jede Art von Bündnis unwahrscheinlich. Im Juni schrieb Alfred Rothschild, ein Freund Chamberlains und Devonshires, an Eckardstein: »Niemand hier in England hat noch irgendwelche Verwendung für Bülows schöne Redewendungen. Joe, der mit mir zu Abend speiste, ist ganz entmutigt. Er will mit den Leuten in Berlin nichts mehr zu tun haben. Wenn sie so kurzsichtig sind, sagt er, nicht zu erkennen, daß das ganze neue Weltsystem davon abhängt, dann ist ihnen nicht zu helfen.« Es dauerte Monate, sogar Jahre, bis Bülow und Holstein begriffen, daß die Bündnisverhandlungen endgültig gescheitert waren. »Wir sollten weder Unbehagen noch ängstliche Hast zeigen«, bemerkte Bülow im Oktober 1901 zu Holstein. »Wir müssen einfach den Hoffnungsschimmer am Horizont lassen.«

Chamberlains Verhältnis zu Bülow endete schließlich in persönlicher Verstimmung. Ihr letzter Streit hatte nichts mit dem moribunden Bündnisvorschlag zu tun. In Edinburgh verteidigte Chamberlain am 25. Oktober 1901 als der für die Kriegführung in Südafrika verantwortliche Minister die Taktik der britischen Armee im Kleinkrieg gegen die Kommandotrupps der Buren. Diese taktischen Methoden – Brechen des Widerstandswillens der Buren durch Niederbrennen der Farmen, Vernichtung der Viehherden und die Zwangseinweisung der Frauen und Kinder in Konzentrationslager – hatten nicht nur in England einen Proteststurm ausgelöst. Chamberlain erkannte an, daß die ausländische Presse ebenso wie englische Zeitungen diese Methoden kritisiert hatte; er meinte, daß die Methoden möglicherweise noch härter werden könnten; zur Rechtfertigung wies er auf die Praktiken der Armeen anderer Länder im Kampf gegen irreguläre Truppen hin. Die Verurteilung Englands durch »Nationen, die jetzt unser ›Barbarentum‹ und unsere ›Grausamkeit‹ kritisieren, aber deren

Vorgehen in Polen, im Kaukasus, in Algerien, in Tongking, in Bosnien und im Deutsch-Französischen Krieg nicht minder hart gewesen ist«, sei »unannehmbar«. In dieser Liste waren unausgesprochene Anklagen gegen Rußland, Frankreich, Österreich und Deutschland enthalten, aber allein aus Deutschland war ein Aufschrei der Empörung zu vernehmen. Deutsche Zeitungen schmähten Chamberlain als »den Bluthund von Transvaal«, weil er es wage, das maßvolle Vorgehen der deutschen Truppen gegen französische Francti-reurs im deutsch-französischen Krieg mit Kitcheners »Schlächtern« in Südafrika zu vergleichen.

Bülow verlangte eine Entschuldigung von Chamberlain. Paul Wolff-Metternich, im Begriff, Hatzfeldt als deutscher Botschafter in London zu ersetzen, wurde angewiesen, im Außenministerium formellen Protest einzulegen. Wolff-Metternich tat sein möglichstes, um Bülow davon abzubringen, und bemerkte, daß Chamberlain bislang Deutschlands bester Freund im britischen Kabinett gewesen sei, aber Bülow bestand auf einer Forderung. Wolff-Metternich wurde bei Lord Lansdowne vorstellig. Der Außenminister sah keine Aussicht auf eine Entschuldigung »wegen einer Rede, die unserer Meinung nach keiner Entschuldigung bedarf«. Wolff-Metternich, von Berlin unter Druck gesetzt, wurde abermals vorstellig, um wenigstens einen Ausdruck des Bedauerns zu erreichen, den Bülow vor dem Reichstag geltend machen könne. Wieder lehnte Lansdowne ab. Chamberlain erklärte dem österreichischen Botschafter, daß »es keinen wärmeren Fürsprecher als ihn zugunsten eines britischen Beitritts zum Dreibund gegeben« habe. Nun, sagte er, sei er seit »drei Wochen maßlosen Angriffen und Schmähungen ausgesetzt« gewesen... »Da keine Beleidigung beabsichtigt gewesen sei, würde keine Entschuldigung erfolgen.«

Bülow ließ die Angelegenheit nicht auf sich beruhen. Am 8. Januar 1902 trat er vor den Reichstag: Das deutsche Heer »stehe aber zu hoch, und sein Waffenschild sei zu blank, als das es durch ungerechtfertigte Angriffe berührt werden könne. Hier gelte das Wort Friedrichs des Großen, der in einem ähnlichen Fall einmal gesagt habe: ›Laßt den Mann gewähren und regt euch nicht auf, er beißt auf Granit.‹« Der Reichstag spendete donnernden Applaus, und Chamberlain war der deutschen Sache für immer entfremdet. Drei Tage später rief er in einer Rede in Birmingham aus: »Was ich gesagt habe, habe ich gesagt. Ich nehme nichts zurück, ich schränke nichts ein, ich verteidige nichts. Ich will einem Außenminister keine Lektionen erteilen, und ich will keine von ihm entgegennehmen. Ich bin nur meinem Souverän und meinen Landsleuten verantwortlich.«

Chamberlain wurde in London wie in Birmingham auf offener Straße mit Beifall bedacht. »Mr. Chamberlain«, schrieb die *Times*, »ist gegenwärtig der populärste und vertrauenswürdigste Mann in England.« »Es würde dich interessieren, die Wirkung zu sehen, die unsere Behandlung durch Deutschland hier in England erzeugt hat«, schrieb ein Beamter des Außenministeriums ein paar Wochen später einem Freund. »Die Veränderung ist außerordentlich. Im Außenministerium spricht jeder, als hätten wir nur einen Feind auf Erden und das sei Deutschland. Es nützt nichts, uns inoffiziell oder offiziell zu versichern, die Deutschen seien in Wirklichkeit unsere Freunde. Niemand glaubt es jetzt.«

Schon am 19. Dezember 1901, vor Bülows Rede, hatte die britische Regierung formelle Schritte zur Beendigung der Bündnisverhandlungen eingeleitet. Lansdowne eröffnete Wolff-Metternich, daß »die Stimmung in den beiden Ländern nicht in einem besonders günstigen Zustand« sei, und daß »wir den Vorschlag zwar nicht mit unfreundlichen oder kritischen Augen betrachten, andererseits aber auch nicht glauben, daß wir ihn zur Zeit aufgreifen können.«

Chamberlains Traum eines britisch-deutschen Bündnisses war zu Ende, aber an seiner Überzeugung, daß Großbritannien es sich nicht mehr leisten könne, allein zu stehen, hatte sich nichts geändert. Am 30. Januar 1902 berichtete Wolff-Metternich nach Berlin: »Ich höre streng vertraulich, daß seit zehn Tagen Verhandlungen zwischen Chamberlain und dem französischen Botschafter stattfinden, um die Beilegung aller kolonialen Streitfragen zwischen den beiden Mächten zu erreichen...« Bald folgten weitere Hinweise. Am 8. Februar lud König Edward Minister der Krone und alle ausländischen Botschafter ins Marlborough House ein, wo er weiterhin wohnte, während der Buckingham-Palast renoviert wurde. Eckardstein vertrat Deutschland. Nach dem Abendessen, während die Gesellschaft Kaffee trank und Zigarren rauchte, sah Eckardstein, wie Chamberlain und Paul Cambon, der französische Botschafter, zusammen ins Billardzimmer gingen. Eckardstein hielt sich eine Weile beim Durchgang auf, um zu lauschen, konnte aber nur zwei Worte auffangen: »Marokko« und »Ägypten«. Sobald Cambon gegangen war, suchte Eckardstein Chamberlains Gesellschaft. Der Kolonialminister beklagte sich über die Rede des Kanzlers vor dem Reichstag und über die deutsche Presse. »Schon früher einmal hat mich Graf Bülow im Reichstage blamiert, jetzt habe ich genug von solcher Behandlung, und von einem Zusammengehen Deutschlands und Englands kann keine Rede mehr sein.«

Als Eckardstein das Marlborough House verließ, trat ein Bediensteter auf ihn zu und sagte ihm, daß König Edward gern mit ihm sprechen wolle, nachdem die anderen gegangen seien. Eckardstein ging ins private Arbeitszimmer des Königs. Fünfzehn Minuten später, nachdem er weniger förmliche Kleidung angelegt hatte, kam der König herein, gab ihm die Hand und bot Eckardstein eine Zigarre von 1888 und einen Whiskey-Soda an. Er sprach offen über die britische Verärgerung nach der Beschimpfung Chamberlains und Englands in der deutschen Presse. »Zum mindesten auf lange Zeit«, sagte er, könne »von einem

Zusammengehen Englands und Deutschlands, gleichviel in welchen Fragen, keine Rede mehr sein ... Mehr als je werden wir jetzt von Frankreich dazu gedrängt, uns in allen kolonialen Differenzen mit ihm zu einigen, und es wird schließlich wohl auch das beste sein, wenn wir zu einem Ausgleich gelangen, denn England wünscht weiter nichts, als Ruhe zu haben und mit seinen Nachbarn auf freundschaftlichem Fuß zu leben.«

18. KAPITEL

# Arthur Balfour

Im Frühjahr 1902 schien es Lord Salisbury, daß er endlich die Bürde niederlegen könnte, die er vierundzwanzig Jahre getragen hatte. Er war einsam, müde und stark gealtert. Immer häufiger kam es vor, daß seine Minister ein langsames, gleichmäßiges Atmen am Kabinettstisch vernahmen, zum Platz ihres Vorsitzenden blickten und sahen, daß der Premierminister eingenickt war.

Salisbury wäre eher aus dem Amt geschieden, wenn der Krieg in Südafrika sich nicht länger als erwartet hingezogen hätte. Solange die Kämpfe andauerten, hielt der Premier aus. Endlich wurde am 31. Mai 1902 in Pretoria ein Friedensvertrag unterzeichnet, der die beiden geschlagenen Burenrepubliken in Südafrika und damit im britischen Empire aufgehen ließ. Die Krönung Edwards sollte in sechs Wochen stattfinden, und Salisbury wollte bis dahin im Amt bleiben. Als eine plötzliche Blinddarmentzündung Edwards eine Verschiebung der Zeremonie auf unbestimmte Zeit erzwang, sah er keinen Grund, noch länger zu warten. Am 11. Juli 1902 ging Lord Salisbury zum Buckingham-Palast und erklärte seinen Rücktritt, ohne seine Ministerkollegen zu konsultieren oder auch nur zu verständigen. Sein Arzt hatte ihm sofortige Luftveränderung empfohlen, und er befolgte den Rat, aber seine Gesundheit war ruiniert. Als er am 22. August 1903 in Hatfield starb, war er vorbereitet. »Man könnte geradesogut Angst vor dem Einschlafen haben«, hatte er früher bemerkt.

Vier Tage vor Salisburys Rücktritt hatte Joseph Chamberlain einen ernsten Unfall erlitten. Am Morgen des 7. Juli 1902 war er in den Hof des Kolonialministeriums gegangen, um die Front eines Bataillons westafrikanischer Soldaten abzuschreiten, das anläßlich der Krönungsfeierlichkeiten nach London verlegt worden war. Nachdem er den Soldaten für ihre Treue gedankt hatte, deutete er an, daß einige von ihnen das Glück haben könnten, »das Gesicht des Königs zu sehen, bevor ihr nach Hause zurückkehrt«. Am Nachmittag hatte Chamberlain eine zweirädrige Kutsche genommen, um zu seinem Club zu fahren. Der Tag war heiß, und die Frontscheibe der Droschke, durch einen Ledergurt gesichert, war gegen das Dach hochgeklappt. Um den Staub zu binden, war das Straßenpflaster gesprengt worden, und die Pflastersteine waren schlüpfrig. Am Trafalgar Square scheute das Pferd, glitt aus und stürzte. Dabei wurde die Droschke heftig vorwärtsgekippt. Chamberlain flog aus seinem Sitz, und die schwere Glasscheibe zerriß ihren Ledergurt und schlug auf den Kopf des Kolonialministers. Der Schädel wurde durch eine fünfeinhalb Zentimeter lange Schnittwunde, die bis auf den Knochen ging, von der Mitte der Stirn bis über die rechte Schläfe offengelegt. Halb ohnmächtig, mit blutüberströmten Gesicht, wurde er ins Krankenhaus Charing Cross gebracht. Trotz des Schocks und Blutverlustes schien Chamberlain sich jedoch rasch zu erholen; als seine Frau ins Krankenhaus eilte, fand sie ihren Mann eingehüllt in eine Rauchwolke einer seiner Zigarren. Er mußte jedoch mehrere Tage im Krankenhaus bleiben und fuhr dann in sein Haus in Prince's Gardens, um auszuruhen. Die Verletzung war schwerer, als es anfangs den Anschein gehabt hatte. »Joe Chamberlain wäre... beinahe umgekommen«, schrieb Lord Esher. »Der Schädel wurde an einer sehr dünnen Stelle geprellt, und seit seinem Unfall ist er nicht in der Lage gewesen, zu lesen oder nachzudenken.«

Chamberlain lag zu Hause im Bett, als Salisbury zurücktrat. Noch am Nachmittag des 11. Juli schickte der König nach Arthur Balfour und bat ihn, die Führung der Regierungsgeschäfte zu übernehmen. Balfour empfing den Boten des Königs im Unterhaus, und bevor er zum Palast ging, den Auftrag anzunehmen, fuhr er zu Prince's Gardens, um Chamberlain zu konsultieren. Der Kranke schlief, und sein Arzt hatte Anweisung gegeben, daß er nicht gestört werden dürfe. Mrs. Chamberlain war jedoch bereit, ihren Mann zu wecken, und Chamberlain versprach Balfourt seine rückhaltlose Unterstützung. Dann fuhr Balfour zum König.

König Edwards Wahl kam nicht unerwartet. Nur zwei andere Kandidaten wären denkbar gewesen, Devonshire und Chamberlain, und beide waren nicht qualifiziert, weil sie von dem kleineren liberalen Flügel der Unionisten-Koalition kamen. Nichtsdestoweniger kam Chamberlains Position in der neuen Regierung vielen Leuten mißlich vor; manche sagten offen, daß ein Kabinett, in dem Chamberlain unter Balfour diene, auf dem Kopf stehe. Chamberlain hatte in vielen Tagesfragen für Großbritannien gesprochen. Er hatte die Partei in der Khaki-Wahl zum Sieg geführt. Auf dem Lande war er Englands populärster Politiker, und obwohl die aristokratischen Cecils, Onkel und Neffe, in Whitehall und Westminster regiert hatten, glaubte niemand, daß einer von ihnen ohne Joseph Chamberlains Unterstützung hätte regieren können. Seit der Khaki-Wahl hatten sich Balfour und Chamberlain tatsächlich die Macht geteilt: Chamberlain hatte den Krieg in Südafrika und die Angelegenheiten des Weltreiches geleitet, während Balfour alles übrige übernommen hatte. Chamberlain wußte, daß, wenn es darum ging, sich an die Wählerschaft zu wenden und im rauhen Klima des Wahlkampfes zu bestehen, er derjenige war, der die Koalition an der Macht hielt.

Dennoch beklagte er sich nicht, als Balfour zum Premierminister ernannt wurde. Schon während Salisburys Niedergang war über die Nachfolge entschieden worden. Im Februar 1902, vier Monate vor Salisburys Rücktritt, hatte Chamberlain Balfours Privatsekretär aufgesucht und betont – wie der Privatsekretär berichtete –, »ich müsse verstehen, daß er kein Kandidat für dieses Amt sei. ›Ich habe meine eigene Arbeit zu tun, und sie ist noch nicht getan; und so bin ich ganz zufrieden, zu bleiben, wo ich bin ... Ich werde durchaus bereit sein, unter Balfour zu dienen‹.«

Die Zukunft der Unionisten-Regierung und der Partei hing von enger Zusammenarbeit zwischen dem neuen Premierminister und seinem berühmteren Untergebenen ab. Im Temperament wie in der Ideologie hatten die beiden Männer wenig gemeinsam. Chamberlain war ein Neuerer, Balfour wie sein Onkel ein Bewahrer. »Das Land ist voll von einem unbestimmten Verlangen nach Veränderung, nach großer Veränderung«, erklärte eine Halbmonatsschrift, »aber Mr. Balfour wird zum Premierminister gemacht, weil es der Wunsch der herrschenden Familien ist, daß nur ein Minimum an Veränderung zugelassen werde.« Chamberlain beschrieb ihren Unterschied einmal so: »Arthur haßt Schwierigkeiten. Ich liebe sie.« Balfour stritt es nicht ab. »Der Unterschied zwischen Joe und mir«, erklärte er, »ist der Unterschied zwischen Jugend und Alter. Ich bin das Alter.« (Im Jahre 1902 war Balfour vierundfünfzig, Chamberlain fünfundsechzig.) Nichtsdestoweniger war jedem der beiden die eigenen Schwächen und die Stärken des anderen bewußt, und so begannen sie die Partnerschaft in der Entschlossenheit, sie arbeitsfähig zu machen.

Der neue Premierminister erschien vielen seiner Zeitgenossen als eine Verkörperung des aristotelischen Philosophen-Königs. Blaues Blut, Reichtum und Charme, geleitet von dem, wie Austen Chamberlain sagte, »glänzendsten Verstand, der sich in unserer Zeit der Politik zugewandt hat«, machten Arthur Balfours Qualitäten aus. Beobachtern, die sich bemühten, diese Qualitäten des neuen Premiers zu beschreiben, fielen Worte ein, die gewöhnlich auf Kunstgegenstände angewendet werden: »Brillant«, »blendend«, »strahlend«, »glänzend«. Und tatsächlich charakterisierte John Maynard Keynes Arthur Balfour als »das außerordentlichste Kunstwerk, das unser Jahrhundert hervorgebracht hat«.

Arthur Balfour wurde am 25. Juli 1848 in Whittingehame House geboren, einem weißen klassizistischen Herrenhaus inmitten eines zehntausend Morgen großen Besitzes im Distrikt East Lothian in Schottland. Sein Großvater väterlicherseits war im achtzehnten Jahrhundert nach Indien gegangen, mit der britischen Ostindiengesellschaft zu Wohlstand gelangt und in die Heimat zurückgekehrt, um die Tochter eines Earls zu heiraten. Balfours Vater heiratete die Tochter eines Marquess, Lady Blanche Cecil, eine von Lord Salisburys älteren

Schwestern. Mit achtzehn begann die neue Lady Balfour Kinder zur Welt zu bringen, insgesamt neun in elf Jahren, bevor ihr Mann mit fünfunddreißig an Tuberkulose starb. Der Älteste ihrer Söhne, nach seinem Taufpaten, dem Herzog von Wellington Arthur genannt, war sieben, als sein Vater starb.

Früh verwitwet und vor der Aufgabe, ihre Kinder allein großzuziehen, deckte Lady Blanche Schonbezüge über das französische Mobiliar der mit gelbem Seidendamast tapezierten Salons in Whittingehame House und lenkte ihre Aufmerksamkeit auf die Kinderzimmer. Sie brachte ihren Kindern das Lesen und Schreiben bei, hörte ihre Abendgebete und pflegte sie durch Diphtherie, Typhus und Keuchhusten. Noch vor dem Tode ihres Mannes schilderte eine Freundin Lady Blanches ungewöhnlichen Charakter: »Kennt man sie nur flüchtig, so hält man sie für eine gesund denkende, verständige und glückliche Ehefrau, eine fürsorgliche Mutter ihrer Kinder, die alles Gute tut, dessen sie fähig ist... Niemals würde man die starken Gefühle vermuten, feurig und ungestüm, überfließend und schmelzend, die sie manchmal in Stücke zu reißen drohten. Und sie sieht so still und rein und beinahe kalt aus, ja, kalt.« Immerhin schien ihr Sohn Arthur stets zu wissen, wie er sie zu nehmen hatte. Als kleiner Junge kletterte er seiner Mutter auf den Schoß, legte ihr die Arme um den Hals und fragte: »Kannst du mir sagen, warum ich dich so lieb habe?«

Mit elf kam Arthur in ein Internat, wo ihn seine Lehrer als ein zartes Kind mit einer »schönen Reinheit des Geistes« in Erinnerung behielten. Er war leicht erschöpft und mußte sich nachmittags auf Anweisung des Arztes niederlegen. Er ruhte gern in einem Raum über der Kapelle, wo er hören konnte, wie unter ihm die Orgel gespielt wurde. In Eton war er ein Einzelgänger. Brillen waren in Eton nicht zugelassen, und Balfour, der kurzsichtig war, konnte nicht an Cricket und anderen Ballspielen teilnehmen. Die Jungen machten sich über ihn lustig, aber »wenn er ausgelacht wurde, stimmte er in das Gelächter ein, und oft brachte er den Angreifer mit einer schlagfertigen Antwort zum Verstummen«, erinnerte sich ein Lehrer.

Mit achtzehn ging Balfour zum Trinity College in Cambridge. Er zeigte kein Interesse an Politik und ging der Cambridge Union aus dem Weg; statt dessen besuchte er Konzerte und Vorträge und entwickelte eine Vorliebe für Händel. Er schmückte seine Zimmer mit einer Sammlung blauen Porzellans, und hier empfing er an Sonntagabenden Gäste und präsidierte Gesprächen, die sich mit Büchern und Philosophie beschäftigten. Einige seiner Kommilitonen hielten ihn für affektiert und verzärtelt. In Hatfield House in Hertfordshire, wo Lord Salisbury versuchte, seiner verwitweten Schwester bei der Erziehung ihrer Kinder behilflich zu sein, erfuhr Arthur eine andere Art von Ausbildung. Da er nur achtzehn Jahre jünger war als sein Onkel, erleichterte ihm der nicht zu große Altersabstand das Verständnis für den Onkel und dessen Erfolg, ohne daß er von Ehrfurcht überwältigt wurde. Salisbury pflegte dieses Verständnis, indem er zu seinem Neffen immer von Mann zu Mann und nicht vom Mann zum Jungen sprach. So entwickelte sich eine auf beiderseitigem Respekt und familiärer Zuneigung beruhende Freundschaft.

1872 starb Lady Blanche, geschwächt durch eine fortschreitende Herzerkrankung, mit siebenundvierzig. Ein paar Jahre vorher war Arthur volljährig geworden und hatte den auf vier Millionen Pfund geschätzten Besitz seines Vaters geerbt. 1874 schlug Salisbury vor, daß Balfour sich um ein Abgeordnetenmandat im Parlament bemühe und suchte ihm einen sicheren Wahlkreis in Hertfordshire. Balfour, dessen Interesse an der Politik noch immer begrenzt war, tat während der ersten zweieinhalb Jahre als Unterhausabgeordneter kaum den Mund auf; als er sich endlich zu Wort meldete, geschah es während der Mittagsstunde und zum Thema der Silberdeckung der indischen Währung. »Unter diesen Umständen«, erinnerte sich Balfour, »erfreute ich mich im vollen Umfang der Vorteile einer in Stille und freundlicher Einsamkeit gehaltenen Rede.«

1878 nahm Salisbury, der gerade Außenminister geworden war, Balfour als seinen Parlamentarischen Privatsekretär mit zum Berliner Kongreß. Die stärksten Eindrücke empfing der junge Mann offenbar bei Banketten, Bällen und Gesellschaften, aber er beobachtete Bismarck, Disraeli, Salisbury und Andrassy, als sie den Fürsten Gortschakow drängten, das meiste von dem aufzugeben, was Rußland der Türkei zuvor abgenommen hatte. Als Bismarck Balfours Namen hörte, fragte er ihn, ob er mit einer gleichnamigen Figur in einem von Walter Scotts Romanen verwandt sei. Balfour mußte verneinen und drückte seine Überraschung aus, daß der Reichskanzler Scotts Romane kenne. »Ach«, sagte Bismarck, »als wir jung waren, mußten wir alle Sir Walter lesen.«

Als blendend aussehender junger Mann, gebildet und charmant, reich und unverheiratet, hatte er keine großen Schwierigkeiten, sich in der Londoner Gesellschaft zurechtzufinden. Frauen brachten Arthur Balfour sein Leben lang größtes Interesse entgegen. Seine tiefste Bindung kam mit zweiundzwanzig, als er sich in Gladstones zwanzigjährige Nichte, May Lyttelton, verliebte. Balfours Werbung aber blieb zögernd und unentschlossen, und schließlich gab Miss Lyttelton auf und erklärte sich bereit, einen anderen zu heiraten. Selbst nachdem dieser Rivale entgegenkommenderweise verstarb, zögerte Balfour. Und dann, als er sich ihr endlich erklärt hatte, starb May Lyttelton plötzlich an Typhus. Balfour wanderte benommen durch die Straßen Londons. Vor der Beerdigung sandte er den Eltern einen Smaragdring, der seiner Mutter gehört hatte und den er ihr als Trauring hatte geben wollen, mit der Bitte, ihn in Mays Sarg zu legen. Beim Trauergottesdienst brach Balfour zusammen. Seine tiefe Niedergeschlagenheit dauerte während einer sechsmonatigen Weltreise an, die er mit ihrem Bruder unternahm. »Die meiste Zeit komatös«, berichtet Spencer Lytteltons Tagebuch über den Zustand seines Reisegefährten.

May Lytteltons Tod beraubte Balfour der Frau, die er am meisten liebte, aber es gab andere Frauen. Die dauerhafteste dieser diskreten Affären war die mit Mary Wyndham, die später Lady Elcho wurde, und dann, als ihr Ehemann ein Earldom erlangte, Gräfin von Wemyss. Dieses Verhältnis, das über zwölf Jahre andauerte, wurde mit dem Wissen des Ehemannes Lord Elcho gepflegt, der zumindest nominell einer von Balfours Freunden war. Balfour hatte Mary Wyndham schon umworben, als sie noch unverheiratet gewesen war, eine von drei schönen Wyndham-Schwestern, die das Landhaus ihres Vaters in Clouds zu einem literarischen Versammlungsort gemacht hatten. Im Gegensatz zu Lord Elcho konnte Balfour sich nie entschließen, Mary Wyndham einen Heiratsantrag zu machen, aber die gegenseitige Anziehung machte sich bald wieder geltend. Das Verhältnis lief im viktorianischen Stil ab: Wochenendgesellschaften in labyrinthischen Landhäusern, sonnige Nachmittage auf makellosen grünen Rasenflächen, winzige Lächeln während des Abendessens, benachbarte Schlafzimmer.

Wo immer er erschien, war Balfour der Mittelpunkt der Gesellschaft. Gewöhnlich war seine Konversation freundlich und frei von dem Bestreben, sich in den Vordergrund zu stellen, stets bereit, auf andere einzugehen und sie zu Wort kommen zu lassen. »Nach einem Abend in seiner Gesellschaft«, schrieb ein Freund, »ging man mit dem Gefühl, daß man in Hochform gewesen sei und wirklich gut gesprochen habe.« Gelegentlich konnte Balfour bissig sein, wie einmal, als er von einem Kollegen sagte: »Wenn er etwas mehr Verstand hätte, wäre er ein Halbidiot.« Ganz selten wurde er vernichtend: Nach dem Abendessen in einem Landhaus erzählte ein anderer Gast einen zotigen Witz. Die Frauen hatten den Tisch verlassen, aber zwei Schüler aus Eton waren bei den Herren geblieben. Balfours Stimme wurde zu Eis. »Wer, sagten Sie, war der Held dieser einzigartig widerlichen Geschichte?« fragte er.

Diese zornigen Aufwallungen, in der Gesellschaft selten enthüllt, zeigten eine andere Seite Arthur Balfours, die das Land und das Unterhaus erst zu bemerken begannen, als er in seinem vierzigsten Jahr war. Unter seinem Charme lag Härte, sogar Unbarmherzigkeit, die eingesetzt werden konnte, wenn die Situation es verlangte. Freundlichkeit konnte sich verflüchtigen, Freundschaft konnte beiseitegeschoben und Freunde konnten geopfert werden, wenn es um das ging, was er als höhere Pflicht betrachtete.

Balfour diente in Lord Salisburys dritter Regierung sieben Jahre als Führer des Unterhauses, von 1895 bis 1902. Weil sein Onkel es vorzog, in seinem eigenen Haus in Arlington Street zu wohnen, zog Balfour als Finanzminister in die Downing Street Nr. 10. Das Verhältnis zwischen Onkel und Neffen, beruhend auf familiärer Zuneigung und beiderseitigem Respekt und Verständnis, war harmonisch. Gefragt, ob es einen Unterschied zwischen seinem Onkel und ihm gebe, erwiderte Balfour: »Es gibt einen Unterschied. Mein Onkel ist ein Tory –

und ich bin ein Liberaler.« Balfour folgte dem Beispiel des Premierministers und gab Joseph Chamberlain im Kolonialministerium freie Hand für die Bewältigung der wachsenden Krise in Südafrika. »Mein lieber Onkel Robert«, schrieb er im Frühjahr 1897 an Lord Salisbury, »Du hast, nehme ich an, inzwischen von Joe über seinen erneuerten Vorschlag gehört, unsere Streitkräfte in Südafrika zu verstärken. Seine Lieblingsmethode in der Behandlung der südafrikanischen Wunden ist die freizügige Anwendung von Reizmitteln... [Aber] ich kann es nicht weise finden, ihm zu erlauben, daß er die Buren durch öffentliche Reden aufreizt, und ihm die Mittel zur Abwehr burischer Angriffe zu verweigern... es ist eine hübsche Streitfrage, ob die Entsendung von 3000 Mann sich als ein Beruhigungsmittel oder als ein Stimulans erweisen wird.« Balfour beurteilte die Folgen von Chamberlains Politik falsch. »Sie fragen mich nach Südafrika«, schrieb er an Lady Elcho, kurz bevor es zum Ausbruch der Kämpfe kam. »Ich glaube schon, daß ein Krieg vermieden werden kann.« Als der Krieg ausgebrochen war, begann Salisbury bereits körperlich zu verfallen. Während des Crescendos militärischer Mißerfolge, die in der Schwarzen Woche gipfelten, versuchte Balfour seinen alternden Onkel abzuschirmen. »Jeden Abend gehe ich zwischen elf und zwölf hinunter zum Kriegsministerium und steige alle Treppen hinauf... und nie gibt es irgendwelche anderen Nachrichten als Niederlagen.« Es wurde offensichtlich, daß Sir Redvers Buller würde ersetzt werden müssen. Balfour suchte seinen Onkel auf, und nach anfänglichen Einwänden des Premierministers wurde die Entscheidung getroffen, Lord Roberts nach Südafrika zu schicken.

Im neuen Kabinett, das nach der Khaki-Wahl gebildet wurde, gab Lord Salisbury das Außenministerium endlich ab und ernannte Lord Lansdowne zum Außenminister; aber die Zahl der Verwandten des Premierministers im Kabinett provozierte noch immer den Spitznamen »Hotel Cecil«. Außer Arthur Balfour gab es noch Arthurs Bruder Gerald, der Handelsminister wurde, und Salisburys Schwiegersohn Selborne, der als Erster Lord der Admiralität Marineminister wurde. Im Unterhaus deswegen angegriffen, erwiderte Balfour geschickt, es sei ein innerer Widerspruch zu behaupten, daß »diese unglückliche und verfolgte Familie« das Kabinett beherrsche, und gleichzeitig zu sagen, »dieses Kabinett sitze einfach da, um die Verfügungen eines zu mächtigen Ministers zu registrieren, während dieser allzu mächtige Minister nicht der von seiner Familie unterstützte Premier ist, sondern mein verehrter Freund, der Kolonialminister... Das sind zwei ganz entgegengesetzte Ansichten – nicht nur entgegengesetzt, sondern unvereinbar –, beide in gleicher Weise die Schöpfung einer uninformierten Phantasie.«

Als Balfour Premierminister wurde, blieb er sehr selektiv im Einsatz seiner Energie. Ging es aber um etwas, was er als wesentlich für die Verteidigung oder die Zukunft des Empires betrachtete – die Schaffung eines Verteidigungsausschusses, die Neuausstattung und Neuaufstellung von Marineeinheiten, die Förderung von Ausbildung, Wissenschaft und Technologie – wurde er hartnäckig. Dann konnte er Tag und Nacht arbeiten, die Schärfe des Verstandes und der Zunge einsetzen, Kollegen drängen und die Sache vorantreiben, bis er sein Ziel erreichte. Seine politische Philosophie war konservativ. Zwar war er kein geschworener Gegner von sozialen Reformen – im Jahre 1902 brachte er das Schulgesetz gegen starken Widerstand beider Parteien durch –, doch fürchtete er Maßnahmen, die geeignet waren, Besitzstände zu verändern. »Es ist vielleicht besser, daß unser Schiff nirgendwohin fährt, als daß es auf falschen Kurs gerät, besser, daß es an Ort und Stelle bleibt, als daß es auf die Felsen läuft«, sagte er. Wie Salisbury hatte auch Balfour nur begrenztes Interesse an Parteiorganisation und Wahlkämpfen. Er war nicht in der Lage, den herzhaften Schulterklopfer und Händeschüttler zu spielen. Balfours Haltung war Höflichkeit und Distanz; bisweilen war die Höflichkeit so vollkommen und die Distanz so groß, daß sie anderen Unbehagen bereiteten. Sogar König Edward VII. beklagte sich über Mr. Balfours herablassendes Benehmen ihm gegenüber.

Balfours Leben bestand aus Gegensätzen, die beide wesentlich waren, weil sie einander ausglichen: die heitere Ruhe der Philosophie und die Wortgefechte der parlamentarischen Debatte, der Trubel der Gesellschaft und die Stille der Einsamkeit. »Wenn ich in der Politik arbeite, sehne ich mich nach der Literatur, und umgekehrt«, erzählte er John Morley. Er bereitete anderen Männern oft Unbehagen. Seine Fähigkeit, beide Seiten von Streitfragen zu sehen, störte politische Freunde und Gegner, die ihn manchmal des Zynismus beschuldigten. »Kein schlechter Kerl«, pflegte Balfour von einem Gegner zu sagen. »Hat merkwürdige Ansichten. Nicht uninteressant.« Als Minister für Irland wurde er einmal beschuldigt, sechs Parlamentsabgeordnete der irischen Nationalisten in der Hoffnung ins Gefängnis gebracht zu haben, daß sie dort sterben würden. Balfour tat die Beschuldigung als »lächerlich« und »grotesk« ab und fuhr fort: »Ich möchte hierzu sagen, daß ich die dauernde Abwesenheit jedes der ehrenwerten Männer, welche die Partei Parnells führen, tief bedauern würde... Wenn Sie jeden Tag einem Mann gegenübersitzen und damit beschäftigt sind, ihn zu bekämpfen, können Sie nicht umhin, eine Sympathie für ihn zu entwickeln, ob er sie verdient oder nicht.« Von seiner Philosophie wie von seinem Temperament her weigerte sich Balfour, das Leben in absoluten Begriffen zu sehen. Dies war wichtig, jenes war wichtiger, keines von beiden war *wirklich* wichtig, schien er zu sagen. Margot Asquith meinte, das Geheimnis der Unerschütterlichkeit ihres Freundes sei, daß er »nicht wirklich glaubte, daß das Glück der Menschheit davon abhänge, wie sich die Ereignisse entwickelten«.

Hinter dieser gelassenen Einstellung zum Leben lag ein nüchterner Pessimismus. An der Oberfläche war Balfour religiös, ein konventioneller Anglikaner, der zum Sonntagsgottesdienst ging und sonntagabends seinen Gästen und Dienern am Eßtisch Gebete vorlas. Auf einer anderen Ebene hatte Balfour durch die Wissenschaft gelernt, daß der Mensch, gegen die Unermeßlichkeit der Zeit gesetzt, ein unbedeutendes, vergängliches Geschöpf ist. Seine Sicht des letztendlichen Schicksals der Menschheit war düster: »Unvergängliche Monumente und unsterbliche Taten, der Tod und die Liebe, die stärker als der Tod ist, werden sein, als wären sie nie gewesen. Die Energien unseres Sonnensystems werden verfallen, die Pracht der Sonne wird getrübt sein, und die Erde, ohne Gezeiten und leblos, wird die Rasse nicht länger dulden, die für einen Augenblick ihre Einsamkeit gestört hat. Der Mensch wird in die Grube sinken, und all seine Gedanken werden untergehen. Der unruhige Geist, der in diesem obskuren Winkel für kurze Zeit das zufriedene Schweigen des Universums gebrochen hat, wird zur Ruhe kommen.«

Arthur Balfours Zufluchtsort war Whittingehame, das Haus seiner Kindheit. Hausherrin dort war seine unverheiratete Schwester Alice. Zu den anderen Bewohnern, die meist nur im Sommer dort lebten, gehörten zwei Brüder und ihre Familien mit insgesamt drei Neffen und acht Nichten. Balfour präsidierte in heiterer Gelassenheit über dieser »Familie« und spielte den Helden für eine eifrige Leibwache kichernder Nichten. Jede wollte beim Picknick am Strand neben ihm sitzen, alle taten sich zusammen, um in sein Wohnzimmer einzudringen, wo sie ihm einmal einen nach indianischem Rezept in Lehm gebackenen Spatz auf einem Teller präsentierten, in der Hoffnung, daß er ihn tatsächlich aß.

Inmitten dieses Trubels bewahrte er eine heitere Ruhe. Er frühstückte im Bett und blieb bis zur Mittagszeit in seinen Räumen, wo er Briefe diktierte. Weil er niemals Zeitung las, wetteiferte die Familie beim Mittagessen, ihm die Neuigkeiten zu erzählen. Nachmittags spielte er manchmal Tennis auf seinem eigenen Grasplatz (er spielte bis in seine Siebziger) oder fuhr mit seinem Rad (der Lernprozeß forderte seinen Tribut und zwang den Führer des Unterhauses einmal, mit einem Arm in der Schlinge und einem Fuß im Hausschuh vor das Parlament zu treten). Seine Lieblingsbeschäftigung war Golf. Jedes Jahr widmete Balfour einen ganzen Monat (gewöhnlich den August) diesem neuen Sport. Konservative Aristokraten und Landedelmänner schnaubten geringschätzig über die Mittelschicht-Freizeitbeschäftigungen ihres Spitzenmannes; Männer, die Wildvögel schossen und hinter der Meute ritten, hatten Mühe, einen Mann zu verstehen, der auf dem Fahrrad durch die Gegend holperte und »dieses verdammte schottische Krocket« spielte. Aber sie erinnerten sich, daß Balfour ein Cecil war, und daß Lord Salisbury, der größte Cecil jener Tage, alle Sportarten verschmähte und nicht einmal das Haus verließ, außer um die Flora zu studieren.

Musik umgab Balfour immer. Zwei Konzertflügel standen in seinem Londoner Salon in Carleton Gardens. Sogar in Schottland folgte die Musik oft auf das Abendessen, wenn ein Gast oder ein eingeladener Solist Händel, Bach oder Beethoven auf der – Ziehharmonika spielte. Bücher waren noch wichtiger als Musik. Seine Bibliothek und sein Wohnzimmer waren vom Boden bis zur Decke mit Bücherregalen eingefaßt. Zwischen der Teestunde und dem Abendessen, und wieder für eine oder zwei Stunden, bevor er sich zur Ruhe begab, las Balfour. Es kam vor, daß ein neues Buch über ein wissenschaftliches Thema aufgeschlagen auf dem Kaminsims seines Schlafzimmers stand, so daß er beim Ankleiden darin lesen konnte; seine Schwägerin verdächtigte ihn, »aus seinem Schwamm ein Floß zu machen«, um beim Baden einen französischen Roman über Wasser zu halten.

19. KAPITEL

# Joseph Chamberlain und die imperiale Präferenz

Joseph Chamberlain glaubte an den Imperialismus. Sein Entwurf für das Britische Empire war das einer weltumspannenden Familie von Nationen, verschieden, aber gesichert und blühend – und eng an das Vereinigte Königreich gebunden. Um diesen Entwurf zu fördern, hatte er 1895 das Kolonialministerium übernommen; um ihn zu verwirklichen, hatte er auf den Burenkrieg und die Khaki-Wahl hingearbeitet. Bis zum Sommer 1902 war das Ziel noch immer nicht erreicht. Großbritanniens größte Dominien, Kanada und Australien, waren gesichert und blühend, aber sie steuerten die Unabhängigkeit an. Ihre Bewohner sahen sich noch immer als Untertanen der britischen Krone, aber als australische oder kanadische Untertanen, nicht als britische. »Kolonien«, schrieb Robert Jacques Turgot, der französische Nationalökonom und Finanzminister, »sind wie Früchte, die sich nur am Baum halten, bis sie reifen.« Chamberlain folgerte, daß die Kolonien Anreize brauchten, um dem britischen Weltreich verbunden zu bleiben, und daß die wahrscheinlich wirkungsvollsten Anreize wirtschaftlicher Art sein würden. Darum schlug er einen Schutzwall von Einfuhrzöllen vor, der das ganze Empire umgeben sollte. Alle konkurrierenden Erzeugnisse und Rohstoffe aus Fremdstaaten, die in irgendeinen Teil des Empires eingeführt wurden, sollten mit Einfuhrzöllen belegt und dadurch verteuert werden. Dies würde Landwirte und Hersteller im gesamten Empire begünstigen und sie enger an das Mutterland binden. Des weiteren erwartete der Kolonialminister, daß die Einkünfte aus Einfuhrzöllen der Regierung die Mittel für die von ihm befürworteten sozialen Reformen verschaffen würden. Chamberlain nannte seinen Plan »Imperiale Präferenz«.

Chamberlain glaubte, das Land sei reif für seinen Vorschlag: unter dem Banner des Imperialismus hatte Großbritannien den südafrikanischen Krieg gewonnen; mit einem imperialistischen Programm hatte die Partei der Unionisten die Khaki-Wahl gewonnen. Imperiale Präferenz, so meinte er, würde auf der gleichen Woge weltumspannender Hoffnungen zum Ziel getragen. Andere Faktoren schienen günstig. Lord Salisbury, der Chamberlain und seinen Plänen immer zweifelnd gegenübergestanden hatte, war zurückgetreten und durch Arthur Balfour ersetzt. Im August 1902 war in London die Vierte Kolonialkonferenz zusammengetreten, und obwohl sie Chamberlains Vorschlag zurückgewiesen hatte, daß ein Rat des Empires gebildet werde, hatte sie eine Resolution zugunsten der imperialen Präferenz verabschiedet. Die britische Regierung wurde darin respektvoll aufgefordert, den landwirtschaftlichen und industriellen Erzeugnissen der Kolonien eine Vorzugsbehandlung zu gewähren, »entweder durch Befreiung oder die Ermäßigung von Zöllen, die jetzt oder in Zukunft auferlegt« würden. Tatsächlich war Großbritanniens historisches Festhalten am Freihandel bereits durchbrochen worden. Im Haushaltsplan für 1902 hatte der konservative Finanzminister Sir Michael Hicks-Beach einen geringen Einfuhrzoll (einen Shilling pro Tonne) für ausländischen, in das Vereinigte Königreich eingeführten Weizen beantragt und durchgesetzt. Zweck der Maßnahme war eine Erhöhung der Staatseinnahmen zur Finanzierung des Burenkrieges, aber Chamberlain sah ihre Annahme durch Kabinett und Unterhaus als einen Ausgangspunkt, von dem er weiter fortschreiten konnte. Wenn die Shilling-Steuer auf ausländischen Weizen beibehalten wurde, während der innerhalb des Empires angebaute Weizen davon ausgenommen blieb, war dies der Beginn der imperialen Präferenz.

Chamberlains Idee fand sofort Anhänger in einer Fraktion der Unionisten: der Schutz der britischen Industrie war seit langem eine Forderung der Geschäftsleute nicht nur der Konservativen Partei. Andererseits aber blieb der Freihandel ein Glaubenssatz vieler Tories und der meisten Liberalen. Tatsächlich war Großbritanniens Festhalten am Freihandel von keinem bedeutenden Politiker mehr angegriffen worden, seit Peel 1848 die Kornzollgesetze aufgehoben hatte. Hicks-Beachs kleiner Einfuhrzoll auf Weizen wurde als eine reine Kriegssteuer erklärt und akzeptiert, die wieder aufgehoben werden sollte, sobald das Ende des Krieges und die Entlastung des Haushalts zusätzliche Einnahmen unnötig machten. Für viele im Parlament und im ganzen Land war die Erhebung dieses zeitweiligen Einfuhrzolles als erster Schritt auf dem Wege zur Errichtung dauernder Zollschranken jedoch ein Bruch früher gegebener Versprechen und ein Verstoß gegen Großbritanniens Freihandelstradition. Daher war Joseph Chamberlains Kreuzzug zugunsten der imperialen Präferenz eine Herausforderung der Geschichte und brachte die Ausrichtung der Partei durcheinander. Bevor die Auseinandersetzung zu Ende war, sollte er die Partei der Unionisten in der Freihandelsfrage genauso dramatisch spalten, wie er zwanzig Jahre vorher die Liberale Partei in der Frage der Selbstregierung für Irland gespalten hatte.

Imperiale Präferenz war nicht das einzige Thema, das Joseph Chamberlain im Sommer 1902 beschäftigte. »Joes Krieg« war im Mai endlich zu Ende gegangen, und der Kolonialminister beabsichtigte einen Besuch in Südafrika, um persönlich an Ort und Stelle die Probleme zu untersuchen, die mit der Integration der Burenrepubliken in das Empire verbunden waren. Während seines Aufenthalts dort wollte er außerdem die wohlhabenden Uitlanders in Transvaal überreden, 30 Millionen Pfund zu den Kriegskosten beizutragen. Er beabsichtigte, vier Monate dort zu bleiben, England im November zu verlassen, während des südafrikanischen Sommers Transvaal und den früheren Oranjefreistaat zu bereisen und im März in die Heimat zurückzukehren. Vor seiner Abreise wollte er dem Kabinett seinen Plan der imperialen Präferenz vorlegen, wenigstens in dem Umfang, daß über die Beibehaltung der von Hicks-Beach eingeführten Weizenzölle entschieden würde. Das Kabinett kam am 21. Oktober zusammen und diskutierte den Weizenzoll, aber Chamberlains Vorschlag, daß er der erste Schritt auf dem Weg zur Einführung eines breiteren Programmes imperialer Präferenz sein solle, wurde vom neuen Finanzminister David Ritchie entschieden abgelehnt. Balfours Bericht an den König war in vorsichtigen Formulierungen abgefaßt. »Es wurde vorgeschlagen«, schrieb der Premierminister, »daß, während die Shillingsteuer auf eingeführten Auslandsweizen beibehalten werden sollte, unseren Kolonien erlaubt sein würde, ihn abgabenfrei zu importieren. Es läßt sich vieles zugunsten dieses Vorschlages sagen, aber er wirft in der Tat sehr bedeutende Fragen auf... Insgesamt neigt Mr. Balfour dazu, aber wir müssen behutsam vorgehen...«

Das Kabinett kam am 19. November wieder zusammen, eine Woche vor Chamberlains geplanter Abreise. Ritchie wiederholte seinen Protest und übergab seinen Kollegen eine vertrauliche Denkschrift gegen Chamberlains Entwurf: »Machen wir uns zunächst einmal klar, was eine Präferenz bedeutet. Sie beinhaltet eine Belastung der Steuerzahler im Vereinigten Königreich, um unseren Verwandten und Bekannten jenseits des Ozeans Wohltaten zu erweisen. Geben wir uns keiner Täuschung darüber hin...« Balfour, der der Sitzung präsidierte, hielt sich aus dem Streit heraus. Die anderen Minister wandten ihre Köpfe zuerst zu Chamberlain, dann zu Ritchie, und blieben stumm. Chamberlain verließ die Sitzung in der Überzeugung, daß er die Mehrheit hatte, und daß er mit der Zeit sogar Ritchie für sich würde gewinnen können. Jedenfalls kam man überein, daß die Frage während seiner Abwesenheit in der Schwebe bleiben und eine endgültige Entscheidung erst getroffen werden sollte, wenn im kommenden Frühjahr der Haushalt für das nächste Jahr im Unterhaus eingebracht würde. Der Eindruck des Kolonialministers, daß er im Prinzip einen Sieg davongetragen habe, findet seine Bestätigung in dem Bericht, den der Premierminister am selben Abend dem König erstattete: »Das Kabinett beschloß endlich, daß die Weizensteuer aufrechterhalten bleiben, aber ein Präferenzerlaß zugunsten des Empires eingeführt werden soll.«

In den vier Monaten der Abwesenheit des Kolonialministers arbeitete Ritchie fieberhaft, um den Kabinettsentschluß umzustoßen und den Shillingzoll für

Auslandsweizen im neuen Haushaltsentwurf abzuschaffen. Bewaffnet mit Statistiken des Finanzministeriums, bedrängte er seine Kabinettskollegen, ihre Ansichten noch einmal zu überprüfen. Anfang März, vor Chamberlains Rückkehr nach England, ersuchte der Finanzminister Balfour um die Festsetzung eines Termins für eine Kabinettssitzung, um den Haushalt zu diskutieren. Der Premierminister, bekümmert, daß sein Finanzminister und sein Kolonialminister noch immer auf Kollisionskurs lagen, lehnte Ritchies Ersuchen ab und warnte den Kolonialminister, der sich an Bord eines Schiffes befand, das in Madeira erwartet wurde, durch Chamberlains Sohn Austen. Chamberlain betrachtete seine Südafrikareise als Erfolg. Er hatte das Land bereist, Durban, Pretoria, Johannesburg und Kapstadt besucht, Reden gehalten und mit Führern aller Parteien gesprochen; sein einziger Rückschlag war das Mißlingen seines Vorhabens gewesen, 30 Millionen Pfund von den Uitlanders zu kassieren. Am 14. März 1903 traf er in Southampton ein.

Bei der drei Tage später, am 17. März stattfindenden Kabinettssitzung verlangte Ritchie die Abschaffung der Weizensteuer. Chamberlain, vorgewarnt, war nicht überrascht. Was ihn aber überraschte, war die Entdeckung, daß eine Mehrheit der Kabinettsmitglieder jetzt die Ansicht des Finanzministers zu teilen schien. Balfour vermied es wiederum, Partei zu ergreifen. Er entschied nicht gegen Ritchie, weil er einen Rücktritt seines neuen Finanzministers am Vorabend der Haushaltsvorlage im Parlament vermeiden wollte. Statt dessen spielte er auf Zeit, konzentrierte sich darauf, Chamberlain zu besänftigen und versprach, daß der Sommer genutzt würde, um die Angelegenheit weiter zu untersuchen. Chamberlain beugte sich und räumte ein, daß »keine Zeit mehr war, die Frage im Kabinett auszufechten, bevor das Budget eingebracht werden muß«. Dieses Budget, von Ritchie am 23. April dem Unterhaus vorgelegt, war ein reines Freihandelsbudget, und der Finanzminister verteidigte es mit einem vollblütigen Freihandelsargument: »Weizen ist in höherem Maße eine Lebensnotwendigkeit als jeder andere Artikel ... er ist das Hauptnahrungsmittel unseres Volkes, das Futter unserer Pferde und unseres Viehs ...«

Während Ritchie sprach, verhielt sich Chamberlain ruhig. Er bewahrte sein Stillschweigen auch danach noch drei Wochen. Dann, am 15. Mai, vor einer Rede im Rathaus von Birmingham, wandte er sich an den Organisator und sagte grimmig: »Sie können Ihre Flugblätter verbrennen. Wir werden über etwas anderes sprechen.« Er begann mit der Entschuldigung, daß, während er in Südafrika die Geschäfte des Empires besorgte, seine »Parteiwaffen ein wenig eingerostet« seien. »In der Ruhe, die in der Einsamkeit des grenzenlosen Veldt über einen kommt«, habe er sich selbst gefunden und den Blick über die kleinlichen Streitfragen des Tages hinaus gerichtet. Er bat sein Publikum, die glorreiche Zukunft des britischen Empires zu betrachten: heute gebe es vierzig Millionen Untertanen im Vereinigten Königreich; in Übersee zehn Millionen. Eines Tages würden diese zehn Millionen vierzig Millionen sein. Wünschte sein Publikum, daß diese Millionen weiterhin in »enger, intimer, herzlicher« Verbindung mit dem Mutterland blieben oder sich loslösten und unabhängige Nationen würden? Um den Zerfall des Empires zu verhüten, sei »die Frage des Handels von größter Bedeutung«. Und um die verheißene Herrlichkeit des Empires zu erreichen, müsse Großbritannien seine Kolonien durch eine Politik imperialer Präferenz begünstigen. Diese Frage, so verkündete er, müsse ein Thema bei den nächsten allgemeinen Wahlen sein.

Balfour und das Kabinett waren verblüfft. Am selben Tag, als Chamberlain in Birmingham sprach, versicherte der Premierminister in London einer Delegation von Protektionisten, daß es nicht der geeignete Zeitpunkt sei, die imperiale Präferenz einzuführen. Doch erholte er sich schnell genug, um der Presse zu erklären, daß Chamberlains Ansprache »eine große Rede eines großen Mannes« gewesen sei. Am 28. Mai wiederholte Chamberlain seine Herausforderung im Unterhaus. Er wurde von vielen Hinterbänklern der Unionisten bejubelt und von den Liberalen ausgebuht, während seine Kollegen auf der Regierungsbank still blieben. Außerhalb des Unterhauses bezogen andere Führer der Unionisten jetzt Stellung gegen den Kolonialminister, unter ihnen der Herzog von Devonshire, Vorsitzender des Staatsrates, der sich achtzehn Jahre zuvor Chamberlain angeschlossen und die Liberale Partei wegen der Selbstregierung für Irland verlassen hatte. Die Fronten zwischen Freihandel und Protektionismus waren gezogen. »Von da an bis zu den allgemeinen Wahlen von 1906«, sagte H. H. Asquith, »wurde dies zur beherrschenden Streitfrage der britischen Politik.«

Der Premierminister, der in der Mitte stand, plädierte für Ruhe. »Chamberlains Ansichten ... legen niemanden fest als ihn selbst. Ganz gewiß verpflichten sie nicht mich«, schrieb er am 4. Juni dem Herzog von Devonshire. Er schlug seinen Kabinettskollegen vor, daß »wir uns einstweilen darauf verständigen, daß die Frage offen ist und daß irgendwelche Erklärungen von anderer Seite niemanden verpflichten.« Seine erste Unterhausrede zu dem Thema, gehalten am 10. Juni, folgte dieser unverbindlichen Taktik. Er erklärte, daß er sich selbst noch keine feste Meinung gebildet habe und darum weigere, in der Streitfrage Freihandel oder imperiale Präferenz Stellung zu beziehen. Zur Verblüffung des Hauses begründete Balfour seine Unschlüssigkeit – offensichtlich eine Bemühung, beide Flügel seiner Partei zusammenzuhalten, indem er keinen von ihnen kritisierte – mit moralischer Rechtschaffenheit und politischer Weisheit: »Ich sollte meinen, daß ich meine Pflicht vernachlässigte – ich will nicht sagen, gegen meine Partei, aber gegen dieses Haus und das Land –, wenn ich mich zu einer festen Überzeugung bekennen würde, wo keine feste Überzeugung existiert.« Die Liberalen johlten und spotteten. Sir Henry Campbell-Bannerman, der Führer der Liberalen, erklärte, es sei unerträglich, daß ein britischer Premierminister zu einer fundamentalen Streitfrage britischer Politik keine eigene feste Überzeugung habe.

Nach der Sommerpause des Parlaments aber ließ sich eine Entscheidung nicht länger aufschieben. Am 9. September sandte Chamberlain dem Premierminister einen dramatischen Brief mit der Erklärung, daß er zurückzutreten und als freier Mann hinauszugehen wünsche, um für die imperiale Präferenz durch das Land zu ziehen. Balfour, der während der Parlamentsferien in Whittingehame Golf spielte, antwortete nicht schriftlich. Statt dessen berief er das Kabinett für Montag, den 14. September, zu einer Sitzung ein. Eine Stunde vor Sitzungsbeginn trafen sich Balfour und Chamberlain in einer Privatwohnung. Der Kolonialminister wiederholte entschlossen sein Argument: in seiner gegenwärtigen Zusammensetzung würde das Kabinett die imperiale Präferenz nicht akzeptieren, da Ritchie und andere Freihändler unerbittlich dagegen seien. Er stimme mit dem Premierminister darin überein, daß die öffentliche Meinung noch nicht für eine Gesetzgebung bereit sei, die eine Besteuerung von Nahrungsmitteln beinhalte. Zuvor würde viel Überzeugungsarbeit geleistet werden müssen, und dies zu tun, sei er bereit, sogar mit Freuden. Balfour akzeptierte Chamberlains Überlegung, nahm seinen Rücktritt jedoch nicht an.

Die Kabinettssitzung dauerte drei Stunden. In ihr zeigte der liebenswürdige Balfour, zu welcher Härte er fähig war. Er sagte nichts von seinem vorausgegangenen Gespräch mit dem Kolonialminister, sondern erklärte, daß er entschlossen sei, der Uneinigkeit ein Ende zu setzen, zumindest innerhalb seines eigenen Kabinetts. Er sagte, daß irgendeine Form des Einfuhrzolls die Politik der Regierung sein solle, und daß Minister, die dieser Politik ablehnend gegenüberstünden, nicht im Kabinett bleiben könnten. Ritchie und ein weiterer Freihändler erklärten prompt ihren Rücktritt. Der verblüffte Herzog von Devonshire schrieb an einen Freund: »Eigentlich traten Ritchie und ... [der andere Freihändler] nicht wirklich zurück, sondern es wurde ihnen bedeutet, daß sie gehen müßten.« Einem anderen Freund sagte er: »Ich habe nie etwas Summarischeres und Entschiedeneres gehört als die Entlassung der beiden Minister.« Am folgenden Tag, dem zweiten der Kabinettssitzung, erklärten zwei weitere Minister, darunter auch der Herzog selbst, ihren Rücktritt. Erst als sie gegangen waren, am 16. September, nahm der Premierminister Chamberlains Rücktrittsgesuch an – was er von Anfang an beabsichtigt hatte. Als der Herzog sah, daß Chamberlain seinerseits das Kabinett verließ, zog er sein eigenes Rücktrittsgesuch zurück und reagierte damit so, wie Balfour kalkuliert hatte. Am selben Tag, dem 16. September, veröffentlichte der Premierminister eine Verlautbarung unter dem Titel »Anmerkungen zum britischen Freihandel«, in der er Englands gefährlich isolierte Position als Freihandelsinsel in einem Meer des Protektionismus darstellte. Devonshire, der sich getäuscht fühlte, erklärte am 6. Oktober ein zweites Mal seinen Rücktritt.

Der einzige Verlust, den Balfour bedauerte, war der des Herzogs. »Der Herzog, dessen geistige Prozesse nicht sehr rasch verliefen«, schrieb ein liberaler Journalist, »war anscheinend getäuscht von der Dialektik in Mr. Balfours Verlautbarung und geblendet von der Schnelligkeit und Subtilität der darauf folgenden Transaktionen. Vierzehn Tage später erwachte er mit einem Schock.« Balfours eigener Eindruck war ähnlich. »Der Herzog hatte sie [Balfours Verlautbarung] nie gelesen, wissen Sie. Ich erinnere mich, gehört zu haben, daß er jemandem gestand, er habe es versucht, aber nicht verstehen können. Der liebe Devonshire! Natürlich hatte er sie nicht verstanden. Er sagte mir einmal, er sei es zufrieden, sein finanzielles Gewissen in den Händen Mr. Gladstones zu lassen. Aber es war alles ein Durcheinander. Er manövrierte sich in eine Lage, in der er sich jemandem gegenüber schlecht benehmen mußte – und so kam es! Aber es tat meiner Zuneigung zu ihm niemals den geringsten Abbruch.«

Balfours Trennung von Chamberlain war weniger brutal als seine Entlassung Ritchies und der Freihändler, weil Chamberlain seinen Rücktritt selbst angeregt hatte. Die Trennung war sogar noch freundlicher, weil Balfour und Chamberlain zuvor noch einen Handel abgeschlossen hatten. Der Premierminister wollte nicht vollständig mit dem früheren Kolonialminister brechen, dessen Popularität größer war als seine eigene. Eine Verbindung sollte in der Person von Chamberlains ältestem Sohn Austen aufrechterhalten bleiben, der als Generalpostmeister bereits dem Kabinett angehörte. Austen Chamberlain, damals vierzig, sollte Ritchies Posten als Finanzminister erhalten, nominell das zweitwichtigste Amt im Kabinett und ein traditionelles Sprungbrett zum Amt des Premiers. Balfour drängte Chamberlain, Austen zur Annahme zu überreden. Chamberlain tat es, und Austen akzeptierte.

Mit dem Handel hatte es aber noch mehr auf sich. Chamberlain verließ nicht einfach das Kabinett, um nach Haus zu seinen Orchideen zu gehen oder um die Karriere seines Sohnes zu beschleunigen. Trotz Differenzen gab es ein Gebiet der Übereinstimmung zwischen Balfour und Chamberlain, auf dem beide sich trafen. Balfour stimmte zu, daß größere imperiale Einheit wünschenswert sei, und daß die imperiale Präferenz ein Weg sein könnte, sie zu erreichen. Als Parteiführer fürchtete er jedoch die politischen Kosten im Inland, wenn die Öffentlichkeit die Einführung von Außenhandelszöllen als eine Lebensmittelsteuer verstand. Chamberlain war mit Balfour darin einig, daß die plötzliche und umfassende Natur seines Vorschlags das Land in Unruhe versetzt hatte und daß vor der Einführung einer entsprechenden Gesetzgebung (und auf jeden Fall bevor die Öffentlichkeit aufgefordert wurde, in der nächsten Wahl zu entscheiden) sehr viel mehr Aufklärungs- und Überzeugungsarbeit geleistet werden mußte. Dies wollte Chamberlain selbst übernehmen. Dementsprechend kamen Balfour und Chamberlain überein, daß der frühere Kolonialminister, jetzt ein freier Mann, durch das Land ziehen und für die imperiale

Präferenz Propaganda machen würde. Sobald die öffentliche Meinung für die Sache gewonnen wäre, würde der Premierminister die Partei auf diesen wahltechnisch sicheren neuen Boden führen. Gleichzeitig würde Balfour mit einem Minimalprogramm nachstoßen, das dem Freihandel eine Absage erteilte, aber nur selektive Außenhandelszölle nach dem Vergeltungsprinzip fordern würde, unter Vermeidung aller Maßnahmen, die nach einer Besteuerung von Lebensmitteln schmeckten.

Anfang Oktober machte Chamberlain sich als Missionar der imperialen Präferenz und der Schutzzollpolitik an die Arbeit. Er war noch immer der populärste Politiker im Lande und erwartete Erfolg mit dem Predigen dieses neuen Evangeliums.

Aber Chamberlains Feldzug durchs ganze Land und Balfours Zweideutigkeit lösten in der Partei Verwirrung und Überdruß aus. In 37 Nachwahlen für das Unterhaus, die 1904 und 1905 abgehalten wurden, verloren die Unionisten 28 Sitze und gewannen nur neun. Balfours Mehrheit, die 134 Mandate betragen hatte, als Lord Salisbury und Joseph Chamberlain die Khaki-Wahl von 1900 gewonnen hatten, schrumpfte bei manchen Abstimmungen auf nur noch 50. Ein gefeiertes Parteimitglied ging am 31. Mai 1904 verloren, als Winston Churchill inmitten von Rufen wie »Ratte von Blenheim« und »blaublütiger Verräter« von den Bänken der Unionisten zu den Liberalen überlief. Churchill war ein absoluter Freihandelsverfechter wie sein Vater, Lord Randolph Churchill, es gewesen war, wie Lord Salisbury es gewesen war, und wie Arthur Balfour es – Churchill zufolge – im Carleton-Klub geschworen hatte, als er Salisbury ins Amt des Premiers gefolgt war. Nun verfocht Chamberlain, ein, wie Churchill es sah, abtrünniger Liberaler, den Protektionismus, und Balfour, der Wächter konservativer Traditionen, rettete sich, wenn er ihn schon nicht ganz und gar unterstützte, in eine blamable Unentschiedenheit.

»Einige von uns wurden in die Tory-Partei hineingeboren«, wütete Churchill, »und wir werden nicht zulassen, daß irgendwelche Fremden uns hinausdrängen.« Seine Unterhausattacken gegen den Premierminister wurden leidenschaftlich: »Es gibt kein Prinzip, das aufzugeben die Regierung nicht bereit wäre, und keine Quantität von Staub und Schmutz, die zu essen sie nicht bereit wäre, um sich ein paar Wochen oder Monate länger im Amt zu halten«, rief er aus. »Die Würde eines Premierministers ist, wie die Tugend einer Dame, nicht einer teilweisen Verkleinerung zugänglich.« Balfour, normalerweise von höflicher Immunität gegen widerhakenbesetzte Pfeile aus dem Plenum des Unterhauses, war verletzt von Churchills Bosheit. Er erhob sich, um das Enfant terrible zurechtzuweisen: »Es ist, alles in allem, nicht wünschenswert, in dieses Haus mit Beschimpfungen zu kommen, die sowohl vorbereitet als auch gewalttätig sind. Das Haus duldet zu Recht nahezu alles innerhalb der Ordnungsregeln, was offensichtlich echter Empörung entspringt, die durch den Zusammenstoß in der Debatte erregt wurde. Aber mit diesen vorbereiteten Phrasen hierher zu kommen, ist gewöhnlich nicht erfolgreich, und in jedem Fall glaube ich nicht, daß es beim vorliegenden Anlaß sehr erfolgreich war. Wenn schon Vorbereitung, dann sollte es mehr Schliff haben, und wenn schon soviel Gewaltsamkeit, dann sollte ganz gewiß mehr Wahrhaftigkeit des Gefühls dahinterstehen.«

Irgendwie überlebte Balfour. Was schiere politische Wendigkeit anbelangt, können wenige parlamentarische Leistungen es mit seiner Fähigkeit aufnehmen, die Regierung noch länger als zwei Jahre nach Chamberlains Ausscheiden im Amt zu halten. Er ertrug die ständige Erosion der Nachwahlen, den ständigen Kleinkrieg im Unterhaus und den anwachsenden Chor von Presseprophezeiungen, daß die Regierung den jeweils kommenden Monat nicht überleben werde. Was alle Welt verblüffte – einige erfreute, andere in Wut versetzte – war der Umstand, daß Balfour seinen Spaß daran hatte. Eine Regierung mit einer großen Mehrheit zu führen, in der jeder Wunsch des Premierministers unterwürfig in die Gesetzgebung einging, bot keine Herausforderung. Balfour, der gleichsam auf Abruf regierte, mobilisierte all seine Talente und manövrierte seine Regierung von einer Unterhaussitzung zur nächsten. Freilich sorgte Arthur Balfour durch die künstliche Verlängerung der Unionistenherrschaft dafür, daß der Sturz, als er kam, abgrundtief und katastrophal war*.

* Die Kampagne für die imperiale Präferenz war Joseph Chamberlains letztes politisches Gefecht. Am 1. Juni 1905 erlitt er den ersten einer Serie von Schlaganfällen, die seine Fähigkeit zu sprechen beeinträchtigten und ihn weitgehend an den Rollstuhl fesselten. Balfour, der ihn 1910 besuchte, fand ihn »sehr unverständlich«. Chamberlain starb am 6. Juli 1914, drei Wochen vor dem Ausbruch des Ersten Weltkrieges.

## 20. KAPITEL

# Lord Lansdowne und die britisch-französische Entente

Als Lord Salisbury im Jahre 1900 das Außenministerium abgab, folgte ihm ein Mann ins Amt, den ein Bewunderer, Pair, wie er selbst, als den »vielleicht größten Gentleman seiner Zeit« bezeichnete. Was den Marquess von Lansdowne so auszeichnete, waren nicht sein uralter Adelstitel, seine ausgedehnten Besitzungen noch sein großer Reichtum, sondern seine Eleganz, sein Fluidum heiterer Gelassenheit und sein Widerwille, andere zu verletzen. Ein kleiner Mann mit schmalem Gesicht und einem buschigen Schnurrbart, war Lord Lansdowne stets makellos gekleidet, ob er einen grauen Frack und Zylinder im Oberhaus trug oder einen Tweedanzug und Panamahut, wenn er Lachse angelte. Adliger zu sein, bedeutete für Lansdowne, Verpflichtungen zu haben, denen man sich nicht entziehen durfte. Er selbst diente England nicht aus Ehrgeiz oder zum Vergnügen, sondern aus Pflichtgefühl. In gleicher Weise war die Nation verpflichtet, ihm den Dienst zu gestatten. »Je länger ich lebe«, schrieb er seiner Schwester, »desto fester glaube ich an Blut und Erziehung.« Lord Lansdownes bitterster Kampf, ausgefochten, nachdem er das Außenministerium verlassen hatte, war sein Versuch, eine liberale Regierung daran zu hindern, die alten Vorrechte des Oberhauses abzuschaffen.

Von der Seite seines Vaters stammte Henry Charles Keith Petty-Fitzmaurice, Fünfter Marquess von Lansdowne, von den Normannen ab. Der Erste Marquess war unter George III. Premierminister gewesen; der Dritte Marquess lehnte unter George IV. das Amt des Premierministers und den Titel eines Herzogs ab. Die Familie besaß in der Grafschaft Kerry in Irland 120000 Morgen Land. Lansdowne House am Berkeley Square in London war ein majestätischer Privatpalast, in dessen Galerien zweihundert Gemälde hingen, darunter Rembrandts, Reynolds', Gainsboroughs, Hogarths und Romneys. Von seiner Mutter hatte Lansdowne einen etwas exotischeren Einschlag: sein Großvater mütterlicherseits war General Graf Flahaut de la Billarderie, ein illegitimer Sohn Talleyrands und Adjutant Napoleons in der Schlacht von Borodino.

Als Junge war Lansdowne, damals Viscount Clanwilliam (der Spitzname »Clan« blieb sein Leben lang an ihm hängen) Arthur Balfours Fuchsmajor in

Eton. Am Balliol-College wurde er ein enger Freund des jungen Lord Rosebery. 1866, als sein Vater starb und er Titel und Besitz erbte, war er einundzwanzig. Die Familie war liberal, und der junge Marquess trat 1872 beinahe durch Erbfolgerecht in Gladstones Regierung ein. 1883 wurde Lansdowne, damals achtunddreißig, als Generalgouverneur nach Kanada entsandt, wo er fünf Jahre verbrachte. Seine Amtsdauer war gekennzeichnet durch einen Rekord als Lachsangler: in vier Sommern gelang es ihm und seinen Freunden, die mit Fliegen angelten, 1245 Fische aus kanadischen Flüssen zu ziehen. Der durchschnittliche Lachs wog vierundzwanzig Pfund.

Während Lansdowne in Kanada war, folgte Lord Salisbury 1885 Gladstone ins Amt. Gladstones Haltung zur Selbstregierung Irlands und Lansdownes Eigenschaft als Großgrundbesitzer in Irland hatten den Marquess bereits dahin gebracht, daß er sich als ein Konservativer verstand. Salisbury war bereit, jeden Köder zu benutzen, der erforderlich war, um diesen Fang einzuholen; er bot Lansdowne das Kriegsministerium, das Kolonialministerium und das Vizekönigtum von Indien an. Lansdowne akzeptierte Indien. Sein Dienst in Neu Delhi war so wenig bemerkenswert wie sein Dienst in Kanada. (In Indien machte er sich unbeliebt, indem er das Heiratsalter für Mädchen von zehn auf zwölf Jahre heraufsetzte.) Als er von Neu Delhi zurückkehrte, belohnte die Königin ihn nichtsdestoweniger mit dem Hosenbandorden und einer Herzogswürde. Lansdowne nahm den ersteren an und lehnte die letztere ab. Die Regierung bot ihm den Posten eines Botschafters in St. Petersburg an; Lansdowne hatte mittlerweile zehn Jahre an den Grenzen des Empires verbracht und zog es nun vor, in England zu bleiben. Er nahm das Kriegsministerium an, ohne auf den Gedanken zu kommen, daß er in die Lage kommen könnte, mit einem Krieg fertig werden zu müssen. Als der Burenkrieg begann, war Lansdownes Arbeit behindert durch die Vornehmheit seiner Gesinnung. Gezwungen, Sir Redvers Buller des Kommandos in Südafrika zu entheben, schrieb er an Buller: »[Lord] Roberts' Ernennung muß, fürchte ich, sehr verdrießlich für Sie gewesen sein... Es schmerzte mich, zu tun, was Ihnen, wie mir bewußt ist, sehr unangenehm gewesen sein muß.« Dem König schrieb Lansdowne über seine eigene Leistung als Kriegsminister, er müsse »die Erwartungen Eurer Majestät oft nicht erfüllt haben«.

Obwohl Lansdowne sich selbst als einen Versager sah, hielt Lord Salisbury große Stücke auf ihn und meinte, daß ein Mann mit ausländischem Blut und Übersee-Erfahrung sich im Außenministerium bewähren würde. Lansdowne sollte Salisburys Zuversicht rechtfertigen, obwohl seine Diplomatie die grundlegende Politik Salisburys umstieß. Lansdownes erste bedeutsame Leistung war die formelle Beendigung der Splendid Isolation.

Ein Militärbündnis zwischen England und Japan, zwei durch dreizehntausend Kilometer voneinander getrennten Inselstaaten, schien ein ungewöhnliches diplomatisches Arrangement. Aber Großbritannien brauchte einen Verbündeten im Fernen Osten, um dem russischen Expansionismus entgegenzuwirken; als Bülow und Holstein auf Chamberlains Vorschläge hinhaltend reagierten, hielt man in England nach anderen Bündnispartnern Ausschau. Und Japan, alarmiert durch die russische Besetzung der Mandschurei und das Vordringen der Russen zum Gelben Meer, war nicht bereit, eine russische Durchdringung der Halbinsel Korea zuzulassen, die wie »ein Dolch« auf die japanischen Heimatinseln gerichtet war. Im April 1901 sagte Baron Tadasu Hayashi, der japanische Botschafter in London, Lord Lansdowne, daß sein Land mit Sicherheit kämpfen werde, um eine russische Annexion Koreas zu verhüten. Es gab eine Verhandlungsbasis.

Gespräche zwischen Lord Lansdowne und Baron Hayashi begannen noch im Frühjahr 1901 in London und dauerten den Sommer und Herbst über an. Salisbury, noch immer Premierminister, hatte für ein Bündnis gleich welcher Art wenig übrig; Chamberlain, erfreut, daß Lansdowne die Notwendigkeit eines Bündnisses erkannte, und selbst mit Südafrika beschäftigt, unterstützte den Außenminister, ohne sich jedoch einzumischen. Als die Gespräche ihren Fortgang nahmen, merkte Lansdowne, daß die japanische Diplomatie zweigleisig betrieben wurde. Während er in London mit Baron Hayashi ein gegen Rußland gerichtetes Militärbündnis aushandelte, war Hirobumi Ito, ein hochrangiger japanischer Diplomat, in St. Petersburg, um einen alternativen Vertrag mit den Russen auszuhandeln. Die Japaner erklärten, daß Japan sich mit Rußland würde einigen müssen, wenn die Gespräche mit England zu keinem Ergebnis führten. So oder so, Rußland müsse aus Korea herausgehalten werden.

Die Londoner Gespräche waren erfolgreich. Am 30. Januar 1902 unterzeichneten Großbritannien und Japan ein Militärbündnis zum Schutz ihrer beiderseitigen Interessen im Fernen Osten. Die Integrität Koreas wurde garantiert. Die Laufzeit des Vertrages war auf fünf Jahre begrenzt. Wenn einer der beiden Vertragschließenden von nur einer Macht angegriffen würde, sollte der Bündnispartner wohlwollende Neutralität bewahren. Wurde einer der Verbündeten jedoch von zwei Staaten angegriffen, so war der andere Bündnispartner verpflichtet, zur Unterstützung in den Krieg einzutreten. Oberflächlich gesehen schien der Vertrag Japan zu begünstigen: er isolierte Rußland im Fernen Osten (Frankreich hatte in Nordostasien keine bedeutenden Interessen oder militärischen Streitkräfte; Deutschland würde in einem asiatischen Krieg nicht auf der Seite Rußlands gegen England antreten). Japanische Heeres- und Marineoffiziere begannen den Schlag zu planen, der 1904 gegen Port Arthur geführt werden sollte. Aber der Vertrag hatte auch Vorteile für England. Sollte es in einen europäischen Krieg gegen Frankreich und Rußland verstrickt werden, konnte es darauf zählen, daß Japan dem Zaren in den Rücken fallen und ihn so ablenken würde. Wichtiger noch war, daß Großbritannien mit entschiedener Unterstützung seiner Eindämmungspolitik gegen den russischen Expansionismus in Asien rechnen konnte. Die Unterstützung, die Chamberlain zum Schutz britischer Interessen und Märkte in China beim deutschen Kaiser gesucht hatte, war Lansdowne jetzt vom Mikado versprochen worden.

Deutschland reagierte wohlwollend auf das neue Bündnis. Da es eindeutig gegen Rußland gerichtet war, erwartete man in der Wilhelmstraße, daß Rußland im Fernen Osten jetzt auf mehr Widerstand stoßen und dadurch der russische Druck auf Deutschlands Ostgrenze nachlassen würde. Als günstig für die deutschen Interessen wurde auch angesehen, daß der antirussische Charakter des Bündnisses die Kluft zwischen Großbritannien und den Bündnispartnern Frankreich und Rußland vertiefen würde und mithin eine Verständigung zwischen Großbritannien und Frankreich weniger wahrscheinlich machte. »Ich beglückwünsche Dich zum Abschluß des neuen Bündnisses, das wir alle als Friedensgarantie im Osten betrachten«, schrieb der Kaiser am 26. Februar 1902 an König Edward. Als er bei einem Gartenfest in Berlin Sir Frank Lascelles sah, meinte Wilhelm II. zu dem Bündnisvertrag: »Endlich scheinen die Dussel einen lichten Augenblick gehabt zu haben.«

Die französische Reaktion auf den britisch-japanischen Vertrag war zwiespältig. Außenminister Théophile Delcassé verstand, daß der Vertrag gegen Frankreichs russischen Verbündeten und dadurch indirekt auch gegen Frankreich gerichtet war. Es bestand die Gefahr, daß im Falle eines Kriegsausbruches zwischen den Hauptkontrahenten Japan und Rußland die jeweiligen Bündnispartner Großbritannien und Frankreich gegeneinander würden antreten müssen. Aber der neue Vertrag enthielt ein Element, das Delcassé Hoffnung gab. Joseph Chamberlains Politik hatte endlich Früchte getragen; Großbritannien gab die Splendid Isolation auf. Obwohl die Verpflichtung aus dem Vertrag begrenzt war und die Möglichkeit europäischer Verwicklungen gering schien und obwohl Lord Salisbury noch immer Premierminister war, hatte die Inselnation sich durch eine Allianz formell an eine ausländische Macht gebunden.

Als ein britisch-deutsches Bündnis diskutiert wurde, schätzte die deutsche Diplomatie die Grundlage und Richtung britischer Politik beharrlich falsch ein. Holstein und Bülow glaubten, daß die Entscheidung bei Deutschland liege – daß es nur abzuwarten brauche und England dann mit der Zeit zu deutschen Bedingungen in ein Bündnis eintreten werde. Die Möglichkeit einer diplomatischen Verständigung zwischen Großbritannien und Frankreich war in Holsteins Augen zu unwahrscheinlich, um ernste Besorgnis zu erregen. Als Eckardstein warnte, daß Chamberlain gedroht habe, sich anderswo nach Bündnispartnern umzusehen, wenn Deutschland sich seinen Vorstellungen verschließe, tat Holstein diese Warnung als »naiv« ab.

Holsteins Ansicht war historisch wohlbegründet. Der Gegensatz zwischen England und Frankreich ging bis ins Mittelalter zurück; Englands längste Kriege waren gegen die Franzosen ausgefochten worden. Während des ganzen gerade abgelaufenen Jahrhunderts hatte die Royal Navy sich bereitgehalten, die Flotte eines einzigen Feindes niederzukämpfen: die Frankreichs. Noch 1898, als Chamberlains Plan eines Bündnisses mit Deutschland Eingang in die politische Diskussion fand, hatten Großbritannien und Frankreich wegen des Faschoda-Zwischenfalles am Rande eines Krieges gestanden. Der Wettlauf um Kolonien brachte es mit sich, daß der imperialistische Ehrgeiz beider Staaten sich an einem Dutzend Stellen rund um den Erdball gefährlich aneinander rieb.

Das Frankreich der Dritten Republik war unzufrieden. Von Deutschland geschlagen, dann – kräftig ermutigt von Bismarck – bestrebt, den verlorenen Stolz durch ferne koloniale Abenteuer wiederzugewinnen, war Frankreich unruhig, erregbar und unbeständig. Keine französische Regierung während dieser Jahre erfreute sich nennenswerter Autorität oder Langlebigkeit. Zwischen 1873 und 1898 hatte das britische Außenministerium mit vierundzwanzig französischen Außenministern und zwölf französischen Botschaftern in London verhandelt. Die Jahre 1881–1886 sahen den Aufstieg und Fall von zehn französischen Regierungen. Obwohl in den Jahren zwischen 1898 und 1905 weitere sechs französische Regierungen kamen und gingen, blieb das Außenministerium in den Händen eines Mannes: Théophile Delcassé. Er war als junger Provinzanwalt nach Paris gekommen, wo er das Recht bald dem Journalismus opferte und zu einer festen Größe in den Räumen der Deputiertenversammlung wurde. Mit fünfunddreißig heiratete er eine reiche Witwe und bewarb sich, frei von finanziellen Sorgen, um ein Abgeordnetenmandat. 1889 wurde er ins Parlament gewählt und schon 1894 zum Kolonialminister ernannt. Vier Jahre später, mit fünfundvierzig, war er Außenminister. Frankreich benötigte Verbündete, um das Machtgleichgewicht mit Deutschland wiederherzustellen und eines Tages vielleicht Elsaß-Lothringen zurückzugewinnen. Delcassé hatte das 1894 mit Rußland geschlossene französische Bündnis entschieden unterstützt. Als er vier Jahre darauf seine Amtsräume am Quai d'Orsay bezog, hatte er ein persönliches Ziel. »Ich möchte diesen Schreibtisch nicht verlassen«, verriet er einem Freund, »ohne ein Bündnis mit England abgeschlossen zu haben«.

Als Delcassé dies sagte, stand Kitchener Marchand in Faschoda gegenüber, und Delcassé mußte seine ersten Wochen im Amt mit dem Aushandeln des für Frankreich demütigenden Rückzuges vom oberen Nil verbringen. Die französische Öffentlichkeit vergaß nicht leicht. Mehrere Jahre lang blieb sie so heftig antibritisch, daß sogar die Erinnerung an Elsaß-Lothringen ausgelöscht schien. Während des Burenkrieges stellte die Pariser Presse in ihrer Kritik an England sogar die deutschen Zeitungen in den Schatten. »Das Gefühl aller Schichten dieses Landes uns gegenüber ist geprägt von bitterer und unbedingter Abneigung«, berichtete der britische Botschafter. Delcassé ignorierte diese Gefühle und steuerte beharrlich seinen Kurs der Verständigung. Schlüssel dazu war der Abbau kolonialer Gegensätze und Spannungen. Sofort nachdem er das Abkommen zur Räumung Faschodas unterzeichnet hatte, setzte Delcassé seine revolutionäre Politik ins Werk. Er entsandte mit Paul Cambon einen klugen, weitblickenden Berufsdiplomaten als französischen Botschafter nach London und instruierte ihn, alles in seinen Kräften Stehende zu tun, um auf eine Verständigung hinzuwirken.

Am 9. Dezember 1898 – Marchand war noch in Faschoda – saß Cambon beim Dinner im Schloß Windsor neben Königin Victoria. Die Queen, die während der gesamten Dauer der Krise Lord Salisbury mit Bitten bombardiert hatte, daß ein Krieg abgewendet und Frankreich eine Demütigung erspart bleiben möge, fand M. Cambon »sehr angenehm und gut informiert. Er erzählte mir viel über Konstantinopel« (Cambons früheren Posten). Im Winter und Frühjahr 1899 traf Cambon des öfteren mit Lord Salisbury zusammen, um die Grenzen der beiden Kolonialreiche in Zentralafrika zu bestimmen. Sobald Übereinkunft erzielt war, schlug Cambon – auf Instruktionen Delcassés – vor, daß andere Angelegenheiten in ebenso freundschaftlichem Geist gelöst werden könnten. Lord Salisbury lächelte und schüttelte den Kopf. »Ich habe das größte Vertrauen zu M. Delcassé und auch zu Ihrer gegenwärtigen Regierung«, sagte er. »Aber in ein paar Monaten werden sie wahrscheinlich gestürzt sein, und ihre Nachfolger werden es sich angelegen sein lassen, genau das Gegenteil dessen zu tun, was ihre Vorgänger taten. Nein, wir müssen noch eine Weile warten.«

Delcassé und Cambon warteten. Im Oktober 1899, am Vorabend des Burenkrieges, berichtete Cambon nach Paris: »Alles ist hier schwierig für uns. Der Begeisterungstaumel des Imperialismus verdreht alle Köpfe, und ich blicke nicht ohne Beunruhigung in die Zukunft.« 1900, als Lord Salisbury das Außenministerium abgab, hoffte Delcassé, daß die Chancen für eine Annäherung sich wegen des neuen Außenministers Lord Lansdowne, der eine französische Mutter hatte, gebessert hätten. Aber zu der Zeit war Joseph Chamberlain und nicht Lansdowne die dominierende Gestalt im britischen Kabinett, und Chamberlain suchte noch immer ein Bündnis mit Deutschland. Geduldig warteten die Franzosen. Im Frühjahr 1901, als die britisch-deutschen Bündnisverhandlungen durch Salisburys Memorandum beendet wurden, sahen Delcassé und Cambon eine Möglichkeit. Der Glanz der Splendid Isolation verblaßte; Großbritannien verhandelte bereits über ein Militärbündnis mit Japan, hatte in Europa aber noch immer keinen Bündnispartner. Cambon regte bei Lansdowne an, daß die Ursachen der Reibungen im kolonialen Bereich untersucht und wenn möglich eliminiert werden sollten. Lansdowne gab diese Anregung sofort an Chamberlain weiter. Der Kolonialminister zögerte noch, da er trotz Salisburys Absage noch immer hoffte, mit Berlin ins Geschäft zu kommen.

Dann, im Dezember 1901, hielt Bülow seine berühmte Rede vor dem Reichstag, und Chamberlain mußte erkennen, daß ein Bündnis mit Deutschland nicht mehr zu erreichen war. Nach der Unterzeichnung des britisch-japanischen Bündnisses im Januar 1902 verfolgten Delcassé und Cambon ihr Ziel mit erneuerter Energie. Im Juli 1902 trat Salisbury als Premierminister zurück und wurde von Arthur Balfour ersetzt, aber es war Chamberlain, wie Eckardstein an Bülow schrieb, der noch immer »unerbittlich« den beherrschenden Einfluß auf die britische Politik ausübe. Nun aber war Chamberlain an einer Versöhnung mit Frankreich interessiert. Als er im November 1902 auf dem Weg nach Südafrika durch Ägypten reiste, bat der Kolonialminister Lord Cromer, durch den französischen Gesandten in Kairo seine Hoffnung auf eine Verständigung mit Frankreich zu übermitteln. »Delcassé... scheint viel getan zu haben, um eine *Entente Cordiale* mit Frankreich möglich zu machen, die mir jetzt wünschenswert erscheint. Ich frage mich, ob Lansdowne je die Möglichkeit erwogen hat, daß der König den Präsidenten Frankreichs dieses Jahr nach England einlädt.«

Im Frühjahr 1903 war der Burenkrieg vorüber, und die erbitterten französischen Angriffe auf England hatten nachgelassen. König Edward VII. plante eine Mittelmeerkreuzfahrt mit Aufenthalten in Lissabon und Rom. Auf eigene Initiative beschloß er, auch Paris einen Besuch abzustatten. Sir Edmund Monson, der britische Botschafter in Frankreich, wurde angewiesen, dem französischen Präsidenten Emile Loubet zu sagen, daß es dem König großes Vergnügen bereiten würde, den Präsidenten der Republik im Anschluß an seine Mittelmeerkreuzfahrt auf französischem Boden zu besuchen. Präsident Loubet, der die Hoffnungen Delcassés und Cambons teilte, antwortete mit Enthusiasmus, daß »ein Besuch des Königs... eine Menge Gutes bewirken würde, was in England wahrscheinlich nicht erkannt wird... In dieser Hauptstadt hat Seine Majestät als Prinz von Wales eine außergewöhnliche persönliche Popularität gewonnen.«

König Edwards Begeisterung für den Besuch überraschte seine eigene Regierung. Lansdowne sorgte sich, daß der König beleidigt oder in Gefahr gebracht werden könnte, solange der französische Zorn über Südafrika noch nicht vollkommen abgeklungen war. Außerdem waren er und Balfour gekränkt, weil der König ihnen einen Großteil der Vorbereitungen aus den Händen genommen hatte; nach der Verfassung war Außenpolitik Sache der Regierung, nicht des Souveräns. Darum erwähnte Lansdowne gegenüber Cambon, daß der Besuch eine »ganz zwanglose Angelegenheit« sein solle. Der König ging darüber hinweg und sagte Monson und Cambon, daß er »so offiziell wie möglich« empfangen zu werden wünsche, und »je mehr Ehrungen ihm zuteil würden, desto besser«. Cambon, der Stichworte lieber vom König als vom Außenminister aufnahm, eilte nach Paris, um alle Vorkehrungen zu treffen.

Am 1. Mai entstieg König Edward in der scharlachroten Uniform und dem federgeschmückten Zweispitz eines britischen Feldmarschalls seinem privaten Salonwagen im Bahnhof Bois de Boulogne. Er und sein Adjutant nahmen neben Präsident Loubet in einer Karosse Platz. Als diese, umgeben von einer Eskorte von Kürassieren in versilberten Brustharnischen, zum Arc de Triomphe und dann die Champs-Elysées hinunterrollte, blieb die Menschenmenge stumm – es gab nur ein paar Rufe wie »Vivent les Boers!«, »Vive Marchand!« und sogar »Vive Jeanne d'Arc!« Der König benahm sich, als ob er auf der Pall Mall wäre, wandte sich von einer Seite zur anderen, beantwortete die Salute französischer Offiziere mit Gesten seines Marschallsstabes und lächelte breit, wann immer er einen leisen Hochruf hörte. Der Rest des königlichen Gefolges, das in anderen Kutschen folgte, wurde ausgebuht. »Die Franzosen mögen uns nicht«, flüsterte der besorgte Adjutant dem König zu. »Warum sollten sie?« erwiderte der König und fuhr fort zu lächeln und den Kopf nach beiden Seiten zu neigen.

König Edwards erste Ansprache war diplomatisch: »Eine göttliche Vorsehung hat es so gefügt, daß Frankreich unser nächster Nachbar sein sollte, und, wie ich hoffe, immer ein guter Freund...« Am ersten Abend ging er mit Präsident und Madame Loubet ins Theater. Das Haus war bis auf den letzten Platz gefüllt, aller Blicke waren auf ihn gerichtet, und die Atmosphäre war gespannt. In der Pause verließ der König seine Loge und begab sich in die Menge. Zufällig erspähte er im Foyer Mlle. Jeanne Granier, eine französische Schauspielerin, die er in England auf der Bühne gesehen hatte. Er ging mit ausgestreckter Hand auf sie zu und sagte: »Oh, Mademoiselle, ich erinnere mich, wie ich Ihnen in London applaudierte. Sie personifizierten dort allen Anmut und Geist Frankreichs.« Seine Worte machten rasch die Runde. Am nächsten Morgen, unterwegs zu einer Militärparade in Vincennes, fuhr der König fort zu lächeln und salutierte mit Bedacht jeder französischen Flagge und jedem französischen Offizier in Sicht. Bei der Rückkehr ins Rathaus erklärte er dem Bürgermeister, wie sehr er sich freue, wieder in Paris zu sein, »wo ich genauso behandelt werde, als ob ich zu Hause wäre«. Seine Worte gingen durch die Stadt. Er besuchte das Pferderennen in Longchamps, einen Ball in der Opéra und ein Staatsbankett im Elysée-Palast. Als er am 4. Mai abreiste, säumten begeisterte Mengen die Straßen und »Vivent les Boers!« war ersetzt durch »Vive le Roi!« und »Vive le bon Edouard!«

Die deutsche Reaktion auf den Erfolg des Königs war unaufgeregt. »Der Besuch König Edwards in Paris ist eine höchst sonderbare Angelegenheit gewesen und, wie ich aus sicherer Quelle weiß, das Ergebnis seiner eigenen Initiative«, meldete Wolff-Metternich seinem Kanzler Bülow. »Ich bin weit davon entfernt, anzunehmen, daß König Edward durch diesen Besuch Deutschland einen Schlag versetzen wollte.« Für Holsteins Reaktion war charakteristisch, daß er jede politische Bedeutung des Besuchs negierte. Für ihn war Großbritanniens

Rivalität mit Rußland so stark, daß ernsthafte Bindungen mit Rußlands Verbündetem, Frankreich, nicht vorstellbar waren. Des weiteren glaubte er nicht an die Rolle der Persönlichkeit: »Obwohl also der Besuch in Paris nicht als ein sehr freundlicher Akt gegenüber Deutschland betrachtet werden kann, wird er wahrscheinlich nicht die Gruppierung der Mächte verändern, die unter dem Zwang von Umständen erfolgt und nicht durch den persönlichen Beitrag von Staatsmännern.« Die deutsche Presse pflichtete ihm bei. »Eine wirkliche britisch-französische Entente ist auf lange Sicht unmöglich, weil es in der kolonialen Sphäre unausweichlich zu Differenzen kommen wird«, versicherte die *Berliner Post* ihren Lesern. »Tatsächlich werden sie sehr bald wieder in den Vordergrund treten und diese künstlich gesponnenen Fäden mit einem Ruck durchtrennen.« Am 10. Mai warnte Eckardstein abermals, daß ein Dreierbündnis von Rußland, Frankreich und Großbritannien eine Möglichkeit sei. Bülow erbat dazu Kommentare von führenden deutschen Diplomaten; alle überhäuften Eckardstein mit Spott. »Viel zu weitreichend«, sagte Wolff-Metternich aus London. »Zukunftsmusik«, erklärte Fürst Radolin aus Paris. Bülow berichtete dem Kaiser, daß Eckardstein mit seiner düsteren Prophezeiung einer erweiterten antideutschen Entente allein stehe. »Ein Verdikt, das auf gesundem Menschenverstand beruht«, notierte Wilhelm II. auf dem Rand.

Anfang Juli erwiderte Präsident Loubet den Staatsbesuch in Großbritannien, begleitet von M. Delcassé. König Edwards Gastfreundschaft war geradezu ausschweifend. Nach einem Besuch in Schloß Windsor nahm der französische Präsident eine Truppenparade in Aldershot ab. Dort spielte eine Militärkapelle auf spezifische Anweisung des Königs die gesamte Marseillaise, statt nach den ersten vier Takten abzubrechen, wie es bis dahin üblich gewesen war. Nachdem die Staatsoberhäupter solchermaßen den Boden bereitet hatten, machten sich die Diplomaten an die Arbeit. Am 7. Juli stattete M. Delcassé Lord Lansdowne im Außenministerium einen Besuch ab. Als Delcassé nach Paris zurückkehrte, war Cambon beauftragt, die Gespräche mit Lansdowne fortzuführen.

Diese Gespräche dauerten neun Monate. Ihre Themen lagen außerhalb Europas: Ägypten, Marokko, Fischereirechte vor Neufundland, Grenzveränderungen in Gambia und Nigeria und Probleme, die mit Siam, Madagaskar und den Neuen Hebriden zu tun hatten. Sie hatten nichts von dem ausgreifenden, panoramahaften Rahmen und der hochtönenden Sprache, die Chamberlain in seinem Vorschlag eines britisch-deutschen Bündnisses beschworen hatte. Einige der Verhandlungen waren geradezu trivial, zum Beispiel die Meinungsverschiedenheiten über die Fischereirechte vor Neufundland. Ägypten und Marokko dagegen waren ernste Themen. Frankreich wollte freie Hand, um die Angelegenheiten des zerfallenden marokkanischen Sultanates zu »reorganisieren«, während England ebenso interessiert war, die französische Opposition gegen seine zwanzigjährige Besetzung Ägyptens zu beenden. Eine Übereinkunft erforderte Konzessionen auf beiden Seiten. Frankreich wünschte dringend, die Herrschaft über Marokko zu gewinnen, und Delcassé machte diese Priorität schon bei seinem ersten Besuch bei Lord Lansdowne am 7. Juli deutlich. Lansdowne wußte, daß die französische Politik von dem strategischen Traum inspiriert war, ihre nordafrikanischen mit ihren westafrikanischen Territorien zu verbinden; Marokko lag in der Mitte. Er war sich auch darüber im klaren, daß der britische Handel mit Marokko den doppelten Umfang des französischen hatte. Andererseits lag ihm die Empfehlung eines der talentiertesten britischen Diplomaten vor, Sir Arthur Nicolson, der neun Jahre lang, von 1891 bis 1900, britischer Botschafter in Marokko gewesen war. Nicolson sagte darin, daß die innenpolitischen Verhältnisse des Landes so chaotisch seien, daß Großbritannien eine Menge Ärger und Arbeit erspart bliebe, wenn Frankreich intervenierte und der Unordnung im Land ein Ende machte. Demgemäß sagte Lansdowne zu Delcassé, es sei unwahrscheinlich, daß Großbritannien sich einer französischen Intervention in Marokko entgegenstellen würde, daß aber auch die Situation in Ägypten diskutiert werden müsse.

Die historischen Bestrebungen Frankreichs am Nil gingen auf Napoleon zurück und auf den Bau des Suezkanals durch Ferdinand de Lesseps. Diesem historischen Erbe zu entsagen, schien ein sicherer Weg, eine ohnedies wacklige französische Regierung stürzen zu lassen. Wenn er aber Marokko erwerben könnte, argumentierte Delcassé, würde der Verzicht auf Ägypten zu rechtfertigen sein, insbesondere weil nur ein Anspruch aufgegeben würde, keine Präsenz. In diesen Verhandlungen war Lansdownes stärkste Stütze Lord Cromer, der britische Geschäftsträger (in der Praxis Vizekönig) in Ägypten. Cromers Amtszeit und seine Erfahrung verliehen ihm großen Einfluß auf das britische Kabinett. Für Cromer waren die Verhandlungen zwischen Lansdowne und Cambon eine ausgezeichnete Gelegenheit, sich die Franzosen in Ägypten vom Hals zu schaffen, und der dafür zu zahlende Preis kümmerte ihn wenig. »Die Frage läuft darauf hinaus, ob wir Einwände dagegen haben, daß Marokko eine französische Provinz wird. Ich persönlich sehe keine«, schrieb er Lansdowne am 17. Juli.

Die Verhandlungen erforderten auf beiden Seiten den Verzicht auf Stolz wie auf Territorien. Lansdowne mußte die Belange der Dominien berücksichtigen, und Delcassé war niemals frei vom Druck französischer Imperialisten, die sich gegen die Zumutung sträubten, traditionelle französische Ansprüche in Ägypten aufzugeben. Am 8. Januar 1904 entdeckte Lansdowne, daß Delcassé ganz aus eigener Machtvollkommenheit gehandelt und nicht einmal seine Kabinettskollegen informiert hatte. Cambon wurde gefragt, ob er und Delcassé angesichts dieses Umstandes in gutem Glauben handelten; gebe es irgendwelche Zweifel, würde die britische Regierung die Gespräche augenblicklich unterbrechen. Der gekränkte Delcassé reagierte rasch. Am 14. März 1904 schrieb Lansdowne an Cromer: »Nachdem die Verhandlungen mit Frankreich in allen möglichen unedlen Geleisen steckengeblieben waren, kamen sie plötzlich mit der Geschwindigkeit eines Schnellzugs in Bewegung. Ich schreibe Delcassés Wunsch, rasch voranzukommen, zum Teil Zweifeln an der Stabilität seiner Regierung zu und zum Teil ähnlichen Befürchtungen hinsichtlich der Stabilität unserer Regierung.« Am 7. April 1904 wurde das britisch-französische Abkommen unterzeichnet.

Als das Abkommen zur Ratifizierung im Parlament eingebracht wurde, wurde es als eine rein koloniale Übereinkunft dargestellt, eine vernünftige und maßvolle Beseitigung von Spannungen zwischen Nachbarn. In England begrüßten beide Parteien Lord Lansdownes Erklärung. Die meisten Liberalen waren der entschiedenen Meinung, daß, wenn die Splendid Isolation in Europa aufgegeben werden sollte, die Freundschaft mit der französischen Republik jener mit dem kaiserlichen Deutschland, die Joseph Chamberlain seit 1899 propagiert hatte, vorzuziehen sei. Die Regierung machte klar, daß sie kein Militärbündnis abzuschließen beabsichtige. Lansdowne verkündete keinen revolutionären Umschwung der Politik und behauptete keinen diplomatischen Triumph. Während der Unterhausdebatte gab es keine Erwähnung eines Bündnisses, eines militärischen oder Handelsabkommens; eine dritte Macht wurde nicht einmal erwähnt. Die Redner legten Wert auf die Feststellung, daß Großbritannien durch dieses Abkommen die Freundschaft mit anderen Nationen nicht ausschließe. In dem Bestreben, die Bedeutung herunterzuspielen, schien niemand die Implikationen des letzten Artikels des Abkommens abzuwägen, in welchem festgelegt wurde, daß die beiden Regierungen »übereinstimmten, einander ihre diplomatische Unterstützung zu gewähren, um die Durchführung der Bestimmungen des vorliegenden Abkommens im Hinblick auf Ägypten und Marokko zu gewährleisten.«

Am 24. März 1904, zwei Wochen vor der Unterzeichnung, hatte Delcassé den deutschen Botschafter in Paris, Fürst Radolin, ins Außenministerium gerufen und ihm die allgemeinen Bedingungen des Abkommens erläutert. Radolin erwiderte, daß die Regelung ihm natürlich und berechtigt erscheine. Zwei Tage später schrieb die *Norddeutsche Allgemeine Zeitung*, ein Blatt, das im allgemeinen die Ansichten der Wilhelmstraße wiedergab, das Abkommen sei keine Präjudizierung deutscher Handelsinteressen in Marokko; im Gegenteil, meinte sie, würden deutsche ebenso wie französische Händler davon profitieren, daß Frankreich für Ordnung und Stabilität sorge. Bülow versicherte dem britischen Botschafter, er freue sich zu sehen, daß England und Frankreich ihre kolonialen Meinungsverschiedenheiten bereinigten. Am 12. April informierte der Kanzler den Reichstag, daß Deutschland keine Einwände gegen das Abkommen und keine Bedenken wegen deutscher Interessen in Marokko habe.

Die Verabschiedung des britisch-französischen Abkommens durch das Parlament war die Krönung von Lord Lansdownes Karriere. Die Spendid Isolation in

Europa hatte ein Ende gefunden, die Verschiebung der kontinentalen Macht hatte begonnen. Als Lansdowne mit Delcassé und Cambon verhandelt hatte, war ihm anscheinend nie in den Sinn gekommen, daß es um mehr als um britische und französische Kolonialinteressen gehen könnte. Jedenfalls sah er sich nicht als den Wegbereiter eines militärischen Bündnissystems mit Frankreich und Rußland, das den Zweibund zwischen diesen beiden Mächten zur Triple-Entente erweiterte. Delcassé war weitblickender. Das Aushandeln des Abkommens und die Form der britisch-französischen Entente waren seine Schöpfungen. Sie waren seine geduldig erwartete Belohnung für das Nachgeben in Faschoda sechs Jahre zuvor und für seine entschiedene Weigerung, britische Schwierigkeiten während des Burenkrieges für Frankreich auszunutzen. Im Umgang mit England verstand und akzeptierte Delcassé die Natur der britischen Verfassung und das Supremat des Unterhauses. Deutschlands Beharren auf einem wasserdicht abgefaßten Vertrag mit Klauseln, die Großbritannien in jeder vorstellbaren Situation auf bestimmte Handlungsweisen festlegte, zeigten einen Mangel an Einsicht in die Art und Weise, wie Großbritannien regiert wurde. Die Franzosen waren bereit, mit einer kleineren und wenig aufregenden Vereinbarung zu beginnen und die Verbindung Schritt für Schritt auszubauen.

Delcassé, der Außenminister eines Staates, der ein Vierteljahrhundert außenpolitisch isoliert gewesen war, hatte klare Zukunftsvorstellungen. Anfang 1904 hatte er gesagt: »Wenn ich meine Abkommen mit England, Italien und Spanien zum Abschluß bringe, werden Sie sehen, daß Marokko uns wie eine reife Frucht in den Schoß fällt.« Später im Frühjahr erweiterte er seine Vision. Die Verhandlungen mit England würden alle früheren Streitigkeiten auslöschen. »Diese Bereinigung sollte und wird uns, wenn es nach mir geht, zu einem politischen Bündnis mit England führen. Ah, meine lieben Freunde, was für schöne Horizonte würden sich vor uns auftun! Überlegen Sie! Wenn wir uns sowohl auf Rußland wie auf England stützen können, wie stark werden wir im Verhältnis zu Deutschland sein. Ein französisch-britisches Bündnis ist immer mein Traum gewesen, sogar während der Faschoda-Krise. Jetzt glaube ich, daß ich meinem Ziel nahe bin.« Der Außenminister hielt inne. Nach einem Augenblick fuhr er fort: »Es wäre mit dem russischen Bündnis schwierig zu vereinen. Aber jeder Tag hat seine Aufgabe.«

21. KAPITEL

# Die Marokkokrise von 1905

Am Abend des 18. Mai 1904 saß ein wohlhabender, im Ruhestand lebender amerikanischer Bewohner von Tanger namens Ion Pedicaris in seinem Smoking in dem mit Glyzinien bepflanzten Innenhof seiner luxuriösen Villa in der Nähe der Stadt und trank Kaffee. Bei ihm waren seine Frau, sein Stiefsohn, ein Engländer namens Varley, und dessen Frau. Plötzlich ertönten hinter dem Haus Rufe und Schüsse. Varley und Pedicaris stürzten dorthin, um zu sehen, was da vor sich ging. Weitere Rufe waren zu hören. Mrs. Pedicaris und Mrs. Varley schlichen ängstlich auf Zehenspitzen zu den Dienstbotenräumen. Von dort aus sahen sie ihre Ehemänner gebunden und geknebelt auf Maultieren sitzen. Männer in braunen Djellabahs gestikulierten und richteten Gewehre auf sie. Einen Augenblick später setzten die Maultiere sich in Bewegung, und die beiden Ehemänner verschwanden in der Dunkelheit.

Der Entführer, ein örtlicher Häuptling namens El-Raisuli, der sich in ständiger Rebellion gegen den Sultan von Marokko befand, teilte bald seine Bedingungen für die Freilassung der Gefangenen mit. Er verlangte die Entlassung des Gouverneurs von Tanger, den Rückzug der Truppen des Sultans aus der Region, die Abtretung von fünfzehn Dörfern an ihn, die Inhaftierung einiger seiner Feinde, die Freilassung einiger seiner Freunde sowie ein Lösegeld von zehntausend Pfund. Diese Bedingungen wurden erfüllt, und die beiden Geiseln kehrten nach fünf Wochen zurück. Mr. Pedicaris, der genug von Abenteuern hatte, verkaufte seine Villa und zog nach Gloucestershire.

Die Entführung von zwei Ausländern hatte unter den anderen Europäern in Marokko Bestürzung und Schrecken ausgelöst. Britische und amerikanische Kriegsschiffe waren im Hafen von Tanger erschienen. Präsident Theodore Roosevelt war im Weißen Haus auf und ab gestampft und hatte durch zusammengebissene Zähne geknurrt, er wolle »Pedicaris lebendig oder Raisuli tot«. Europäern und Amerikanern demonstrierte die Episode, daß das Sultanat Marokko, der letzte unabhänginge Staat in der Nordhälfte des Kontinents, Gesetz und Ordnung nicht länger aufrechterhalten konnte. Eine imperialistische Macht würde diese Bürde auf sich nehmen müssen, und das – soweit es die meisten Ausländer in Marokko betraf – je eher desto besser.

Drei europäische Mächte hatten Interesse an Marokko gezeigt: Frankreich, das bereits siebzig Jahre vorher Algerien unterworfen hatte und dadurch eine über tausend Kilometer lange gemeinsame Grenze mit Marokko hatte; Großbritannien, welches das nahe Gibraltar Anfang des achtzehnten Jahrhunderts an sich gebracht hatte und seither das westliche Tor zum Mittelmeer beherrschte; und Spanien, das vier Siedlungen an der marokkanischen Küste gegenüber von Südspanien besaß. Um die Gefahren eines Streites zwischen diesen oder anderen Mächten um Marokko zu vermeiden, war das Sultanat durch den Vertrag von Madrid 1880 ausdrücklich vom »Wettlauf nach Afrika« ausgenommen worden. Der Vertrag, zu dessen Signatarstaaten außer Frankreich, Großbritannien und Spanien auch Deutschland und Italien gehörten, legte fest, daß die anderen Signatarmächte zumindest konsultiert werden mußten, bevor einer der beteiligten Staaten das Abkommen umstieß. Das kaiserliche Deutschland hatte niemals koloniale Ambitionen in Marokko zum Ausdruck gebracht; im Gegenteil, als der Vertrag von Madrid geschlossen worden war, hatte Bismarck ausdrücklich erklärt, daß Deutschland keine bedeutsamen Interessen in dem Sultanat habe. Diese deutsche Position war im April 1904 bekräftigt worden, als Bülow den Reichstag in großer Gelassenheit über das britisch-französische Abkommen informiert hatte.

Frankreich andererseits hatte schon lange ein Auge auf Marokko geworfen. Im 19. Jahrhundert erfüllten sich Frankreichs Bestrebungen nach einem großen nordafrikanischen Kolonialreich teilweise, als Algerien (in den 1830er und 1840er Jahren) und Tunesien (1881) unter französische Herrschaft kamen. Marokko konnte seine Unabhängigkeit behaupten, weil Großbritannien sich gegen jede europäische Macht stellte, die an der marokkanischen Küste Fuß fassen wollte. Im Jahre 1880 wurde die gefährdete Souveränität durch den Vertrag von Madrid bestätigt. Bis zum Ende des Jahrhunderts blieb Großbritannien die Macht mit dem größten politischen und wirtschaftlichen Einfluß in Marokko. Zwischen 1899 und 1905 lieferte Großbritannien 44 Prozent der Einfuhren Marokkos, Frankreich 22 Prozent und Deutschland 11 Prozent. Befehlshaber der Armee des Sultans war Kaid Maclean, ein kleiner, rundlicher Schotte mit einem weißen Schnauzer. Maclean hatte den Posten schon seit zwanzig Jahren inne, was zu einer Vermischung seiner kulturellen Neigungen geführt hatte: er entspannte sich, indem er sich in einen Turban und eine weiße Djellabah kleidete und in seinem Garten Dudelsack spielte.

1894 war der Sultan Abdul-Aziz ein dicklicher, überfütterter Junge von vierzehn Jahren. Der neue britische Botschafter, Sir Arthur Nicolson, machte seinen Antrittsbesuch bei diesem halbwüchsigen Herrscher und übergab ihm ein Geschenk der Königin Victoria: ein Maxim-Maschinengewehr, das der Sultan auf einem benachbarten Platz aufstellen ließ, wo er das Feuer auf eine Reihe von Flaschen eröffnete. Als er älter wurde, zeigte Abdul-Aziz eine Vorliebe für britische Freunde, »Reitknechte, Gärtner, Elektriker, Klempner, Kinovorführer, Kommissionäre und den Mann, der seine Fahrräder repariert. Diese Leute«, berichtete Nicolson, »zeigen ihm Abbildungen von Rasenmähern, Hausbooten, Feuerzeugen, Galakutschen und anderen Dingen aus der *Illustrated London News* und verführen Seine Majestät, solche Dinge in London zu bestellen.« Trotz seines Einflusses am Hof hatte das britische Außenministerium wenig Interesse an der Ausweitung der politischen Rolle Großbritanniens. 1900, nach fünf Jahren auf seinem Posten, zeigte sich Sir Arthur Nicolson pessimistisch über Marokkos Zukunft. Er beschrieb das Land als eine »lose Anhäufung unruhiger Berberstämme, korrupter Gouverneure und allgemeiner Armut und Not« und schrieb an Lord Salisbury: »Ich glaube nicht, daß es möglich ist, dieses Land von innen zu reformieren. Es ist traurig, es zuzugeben, aber ich fürchte, daß das Land zum Untergang verurteilt ist.« Verstrickt in den Burenkrieg, der große britische Ressourcen verschluckte, scheute England die Mühe einer Reform Marokkos nach dem Muster Ägyptens. Da Frankreich bereit war, die Aufgabe zu übernehmen, sahen die Briten eine Lösung. Und wenn Frankreich bereit war, für dieses Vorrecht zu bezahlen, indem es seine zwanzigjährige Propagandakampagne gegen die britische Herrschaft in Ägypten einstellte, um so besser. Ein Punkt jedoch, auf dem Großbritannien bestand – und der in das britisch-französische Abkommen von 1904 aufgenommen wurde –, war das Verbot jeder Befestigung des afrikanischen Küstenstreifens gegenüber dem britischen Festungsfelsen, »um die freie Passage der Straße von Gibraltar zu sichern«.

Frankreich war 1904 eifrig bestrebt, Marokko so bald wie möglich in sein nordafrikanisches Kolonialreich einzugliedern. In den Monaten, die dem britisch-französischen Abkommen folgten und in denen das Sultanat weiter ins Chaos abglitt, bot Frankreich dem Sultan seine Hilfe bei einer Heeresreform an. Der Sultan lehnte ab. Im Laufe des Winters begannen die Pariser Presse und die Öffentlichkeit, eine französische »Befriedung« des Sultanates zu verlangen. Am 21. Februar 1905 traf der französische Botschafter René Taillandier in der königlichen Stadt Fez ein und verlangte, daß der Sultan seine Polizei und Armee französischen Offizieren und seine Zollämter französischen Inspektoren unterstelle. Der Sultan fürchtete um seinen Thron, und da er wußte, daß seine britischen Freunde ihm nicht mehr helfen würden, ließ er den deutschen Botschafter zu sich rufen, um zu erfahren, ob Frankreich für Europa spreche. Die Antwort aus Berlin, in scharfem Gegensatz zu der Position, die Reichskanzler Bülow noch vor zehn Monaten eingenommen hatte, war für Frankreich und Außenminister Théophile Delcassé ein Schlag ins Gesicht: die Regierung des Deutschen Reiches erkannte weiterhin die Unabhängigkeit der Regierung des Sultans an, wie sie durch den Vertrag von Madrid garantiert war.

Hinter dieser Antwort an den Sultan lag eine größere, sorgfältig geplante diplomatische Offensive Deutschlands. Zur Zeit der Unterzeichnung des britisch-französischen Abkommens, das Marokko Frankreich zusprach, hatte Bülow es als ein Mittel zur Wiederherstellung von »Ruhe und Ordnung« im Sultanat akzeptiert. Holstein hatte sich mit dem Argument dagegen ausgesprochen, daß deutsche Handelsinteressen und deutsches Prestige durch die Errichtung eines französischen Protektorates geschädigt würden; aber Bülow hatte als Kanzler seine Linie durchgesetzt. In den folgenden Monaten war es dann aber zu einer Bekehrung Bülows zu Holsteins Ansicht gekommen. Delcassé hatte außerdem übereilt und arrogant gehandelt. Durch den Madrider Vertrag verpflichtet, alle Signatarmächte zu konsultieren, bevor er in Marokko eingriff, hatte er alle anderen konsultiert, nur nicht Deutschland. Auf die Warnung hin, daß er gegen deutsche Rechte verstoße und daß Deutschland sich nicht werde beiseite schieben lassen, hatte der französische Außenminister erklärt, daß Frankreich »von dieser [deutschen] Seite absolut nichts zu fürchten« habe.

Diese Sticheleien waren nicht die einzige, auch nicht die ernsteste deutsche Sorge. Als Bülow das britisch-französische Abkommen begrüßt hatte, war ihm seine umfassendere Bedeutung verborgen geblieben. Im Laufe der Zeit aber dämmerten ihm die Implikationen dessen, was Delcassé erreicht hatte: der französische Außenminister versuchte nicht nur koloniale Reibungspunkte zu beseitigen; er versuchte das Machtgleichgewicht in Europa zu verändern. Sein langfristiges Ziel war die Schaffung einer britisch-französisch-russischen Entente gegenüber dem Dreibund aus Deutschland, Österreich-Ungarn und Italien. Der Wilhelmstraße drängte sich die Annahme auf, daß eine Einkreisungspolitik gegen Deutschland ausgearbeitet worden sei; als ihre Urheber vermutete man König Edward VII. und Théophile Delcassé. Holstein gab jetzt zu, daß seine Überzeugung, England könne sich niemals mit Frankreich verbünden, ein Irrtum gewesen war. Nun, im Jahre 1905, »als diese Gefahr mir klar vor Augen stand, gelangte ich zu der Überzeugung, daß wir mit aller Macht versuchen mußten, den Ring der Großmächte zu durchbrechen, noch bevor er sich um uns schloß, und daß wir auch vor äußersten Maßnahmen nicht zurückschrecken durften.«

Die Umstände begünstigten eine diplomatische Offensive Deutschlands. Das zaristische Rußland, der Verbündete, auf den Frankreich zur militärischen Unterstützung gegen Deutschland zählte, hatte im Fernen Osten schwere Niederlagen erlitten. Ermutigt durch Rußlands Schwäche und die Überlegenheit des deutschen Heeres, entschieden Holstein und Bülow, daß der Zeitpunkt gekommen sei, Frankreich zu demütigen und Paris und der Welt zu demonstrieren, daß die Dritte Republik trotz ihrer Bindungen an Rußland und Großbritannien im wesentlichen blieb, was sie zu Bismarcks Zeiten gewesen war: allein. Die britische Unterstützung würde sich als, um Holsteins Bezeichnung zu gebrauchen, »platonisch« erweisen, und das britisch-französische Abkommen, unfähig, dem Druck aus Berlin zu widerstehen, würde in sich zusammenfallen.

Bülows erster Schachzug war, daß er Deutschland als den Verfechter vertraglicher Rechte, der Unabhängigkeit kleinerer Staaten und des Prinzips der »Offenen Tür« in den Vordergrund schob. Dieses Prinzip – das gleiche Recht aller Kolonialmächte zur Ausbeutung der von ihnen als rückständig angesehenen, zerfallenden Königreiche und Staaten – war bereits in China aufgestellt und von einer neuen imperialistischen Macht enthusiastisch unterstützt worden – den Vereinigten Staaten. Als Bülow verlangte, daß das Prinzip der Offenen Tür nun auf Marokko angewendet werde, erfuhr der deutsche Botschafter in Washington von Präsident Theodore Roosevelt: »Das ist ganz genau, was wir auch wollen.« Bülow gab die Äußerung des Präsidenten triumphierend an den Kaiser weiter.

Wilhelm II. unterstützte Bülows Position. Mit seiner voreiligen Politik in Marokko und seiner Brüskierung der deutschen Signatarmacht schien Frankreich das Deutsche Reich und den Kaiser in gleicher Weise als *quantités négligeables* in weltpolitischen Fragen zu behandeln. Bei der Enthüllung einer Statue seines Vaters in Bremen verkündete Wilhelm II. am 22. März 1905, daß Gott dem Deutschen Reich eine große Zukunft zugedacht habe, und prophezeite eine weltumspannende »Herrschaft der Hohenzollern«. General Alfred von Schlieffen, Chef des deutschen Generalstabs, versicherte der Regierung, daß Frankreich einen Krieg in Europa nicht bestehen könnte, daß Rußland, überwältigt von der Niederlage im Fernen Osten und erschüttert von revolutionären Unruhen, nicht in der Lage sein würde, seinen europäischen Verbündeten zu unterstützen, und daß jede Hilfe, die Großbritannien auf dem Land leisten könne, zu gering sein würde, um sich ernsthaft auszuwirken. Schlieffen drängte auf eine »gründliche Abrechnung mit Frankreich«. Er wollte nicht noch zehn oder zwanzig Jahre auf einen Weltkrieg warten, sondern eine so gründliche Regelung, daß danach keine Gefahr eines Weltkrieges mehr bestehen sollte. Seiner Meinung nach sollte Frankreich herausgefordert werden, bis ihm nichts übrig bliebe, als zu den Waffen zu greifen.

Bülow aber wünschte keinen Krieg und hatte nicht die Absicht, Schlieffen von der Leine zu lassen. Aber die Drohung mit Krieg war eine nützliche Waffe. »Gegenüber dieser Kette französischer Herausforderungen«, sagte Bülow später, »erschien es mir notwendig, in Paris wieder das Deutsche Reich in Erinnerung zu bringen. Es war nicht sowohl die Größe unserer wirtschaftlichen und politischen Interessen in und um Marokko, die mich bestimmte, dem Kaiser zu Widerstand und Abwehr zu raten, sondern die Überzeugung, daß wir uns gerade im Interesse des Friedens derartige Provokationen nicht länger gefallen lassen dürften. Damals so wenig wie vorher oder nachher wollte ich den Krieg mit Frankreich, schon weil ich wußte, daß jeder ernstliche Konflikt in Europa, wie die Verhältnisse lagen, zum Weltkrieg führen würde. Aber ich scheute mich nicht, Frankreich vor die Kriegsfrage zu stellen, weil ich mir das Geschick und die Kraft zutraute, es nicht zum Äußersten kommen zu lassen, wohl aber Delcassé zu Fall zu bringen, damit den aggressiven Plänen der französischen Politik die Spitze abzubrechen, Eduard VII. und der Kriegsgruppe in England ihren festländischen Degen aus der Hand zu schlagen und so gleichzeitig mit dem Frieden die deutsche Ehre zu wahren und das deutsche Ansehen zu stärken.«

Bei der Vorbereitung dieser Herausforderung beschloß Bülow, daß sie in der dramatischsten und auffallendsten Weise inszeniert werden müsse. Das Instrument, für das er sich entschied, war Kaiser Wilhelm.

Marokko hatte Wilhelm II. nie interessiert. Zu Eckardstein sagte er einmal, »schon zu der Zeit, wo er als Prinz Wilhelm im Auswärtigen Amt informationshalber beschäftigt war, habe er fortgesetzt von Marokko reden hören, aber nie begriffen, warum man deutscherseits dieser Frage so großes Interesse beimesse.« Im März 1904 teilte der Kaiser König Alfons von Spanien mit, daß Deutschland kein besonderes Interesse an Marokko habe und sich auf Europa konzentrieren werde. Im Juni wiederholte Wilhelm während der Kieler Woche gegenüber König Edward, daß Marokko ihn nie interessiert habe. Nach der Unterzeichnung des britisch-französischen Abkommens hatte der Kaiser Bülow gegenüber gemeint, es sei »im deutschen Interesse, daß sich Frankreich in Marokko engagiere und festlege. Dadurch würden die Blicke der Franzosen von den Vogesen abgelenkt. Sie würden so allmählich Elsaß-Lothringen vergessen und verschmerzen.« Einem anderen Diplomaten sagte er, »es sei ganz gut, wenn Frankreich Marokko pazifiere und dort Ordnung schaffe, da ihm diese Kulturarbeit große Opfer an Blut und Geld kosten werde.«

Nun wollte Wilhelm II. Tanger besuchen. »Nachdem ich nun in Asien war, möchte ich gern einmal meinen Fuß auch auf afrikanischen Boden setzen.« Bülow und Holstein beschlossen, diesen Wunsch auszubeuten und den kaiserlichen Reisenden zu gebrauchen, um den Sultan Deutschlands Unterstützung der Unabhängigkeit seines Landes zu versichern. »Euer Majestät Besuch wird Delcassé in Verlegenheit bringen, seine Pläne durchkreuzen und unseren wirtschaftlichen Interessen in Marokko dienen«, schrieb Bülow an den Kaiser. »Tant mieux!« notierte der Kaiser an den Rand. Die Aussicht, auf afrikanischem Boden und zugleich im internationalen Rampenlicht zu stehen, ließ ihn über sein geringes Interesse an Marokko hinwegsehen.

Am 28. März 1905 ging der Kaiser in Cuxhaven an Bord des Dampfers *Hamburg* der Hamburg-Amerika-Linie. Während er durch den Kanal und um die Iberische Halbinsel fuhr, wurden in Europa Gerüchte laut, daß er in Tanger an Land gehen werde. Die Pariser Presse grollte, solch ein Besuch stelle einen unfreundlichen Akt gegenüber Frankreich dar. Als er sich den Säulen des Herkules näherte, beschlichen Wilhelm Zweifel. Er überlegte, daß Bülows Marokkopolitik riskant sei. Er hatte beabsichtigt, Gibraltar zu besuchen, wo Königin Alexandra an Bord ihrer Jacht sein und wo es zeremonielle Gelegenheiten für ihn geben würde, seine britische Admiralsuniform zu tragen. Hinzu kam die Frage seiner persönlichen Sicherheit. Tanger war zu einem Zufluchtsort vieler exilierter europäischer Anarchisten geworden; ein Kaiser – jeder Herrscher – mußte dort ein verlockendes Ziel abgeben. Vielleicht, drahtete Wilhelm an Bülow, würde ein Besuch in Tanger unwürdig sein, sogar unsicher. Bülow gab die Nachricht von der bevorstehenden Landung des Kaisers in Tanger schnell an die deutsche Presse und telegrafierte dem Kaiser dann, daß es zu spät sei; ein Zurückweichen jetzt würde Frankreich einen öffentlichen Sieg bescheren und den deutschen Kaiser als Feigling abstempeln.

Als die *Hamburg* am Morgen des 31. März vor dem Hafen von Tanger lag, verstärkte sich der Widerwille des Kaisers. Das Schiff war zu groß, um im Hafen festzumachen, und ein Sturm hatte die See aufgewühlt. Baron Richard von Kühlmann, der deutsche Geschäftsträger in Tanger, kam in einem kleinen Boot herausgefahren, seinen Souverän zu begrüßen. Wegen des hohen Seeganges mußte er vom Boot auf eine Strickleiter hinüberspringen, die an der Bordwand der *Hamburg* baumelte. Von dort kletterte Kühlmann in der Paradeuniform eines bayrischen Ulanen mit Tschapka, hohen Stiefeln und Sporen Hand über Hand hinauf, durchnäßt von Sprühwasser, und präsentierte sich seinem Monarchen an Deck in einer Wasserpfütze stehend. Wilhelm, dem nicht nach solcher Leibesübung zumute war, erklärte, daß er nicht an Land gehen werde. Dann legte sich ganz plötzlich der Wind, die See wurde ruhiger, und der Kaiser entschied sich für den geplanten Besuch.

Bei seiner Ankunft am Hafenkai stellte er fest, daß der Sultan nicht zur Begrüßung erschienen war, sondern als Ersatz einen betagten Onkel geschickt hatte. Wilhelm hielt die Rede, die Bülow für ihn geschrieben hatte: Deutschland werde den Sultan weiterhin als unabhängigen Monarchen anerkennen. Bei der Vorstellung des diplomatischen Korps erklärte er dem französischen Botschafter, daß Deutschland für gleiche Rechte und eine Politik der Offenen Tür für den Handel aller Nationen stehe, wie sie im Madrider Vertrag garantiert seien. »Als der Botschafter mit mir zu streiten versuchte, sagte ich ›Guten Morgen‹ und ließ ihn stehen.« Ein weißer Berberhengst wurde als Gastgeschenk herangeführt. Das Pferd, dem sein Reiter unbekannt war und das auf das Feuerwerk und die Salutschüsse, mit denen man den Kaiser begrüßte, nicht vorbereitet war, scheute, bäumte sich auf, und Wilhelm hatte alle Mühe, sich im Sattel zu halten. Während er versuchte, das Pferd zur Ruhe zu bringen, überlegte er, welche Gesichter in der Menge Anarchisten gehören mochten. Daß der Sultan befohlen hatte, »alle auszurotten, sollte der Kaiser zu Schaden kommen«, vermochte ihn nicht zu trösten. Später beschwerte der Kaiser sich bei Bülow: »Ich bin Ihnen zuliebe, weil es das Vaterland erheischte, gelandet, auf ein fremdes Pferd, trotz Meiner durch den verkrüppelten linken Arm behinderten Reitfähigkeit, gestiegen, und das Pferd hätte Mich um ein Haar ums Leben gebracht, was Ihr Einsatz war! Ich ritt mitten zwischen den spanischen Anarchisten durch, weil Sie es wollten und Ihre Politik davon profitieren sollte!«

Der Kaiser blieb nur einige Stunden in Tanger. Nachdem er wieder an Bord der *Hamburg* gegangen war, dampfte er weiter nach Gibraltar, wo er feststellen mußte, daß Königin Alexandra abgefahren war, ohne ihm eine Botschaft zu hinterlassen. Während des Anlegemanövers rammte eines seiner Begleitschiffe einen britischen Kreuzer. »Die britischen Generäle und Admiräle standen steif und kalt da und empfingen mich ohne ein einziges Wort mehr als notwendig«, murrte er. Seine Mittelmeerreise führte ihn im weiteren Verlauf nach Sizilien, wo er im Schloß des großen Stauferkaisers Friedrich II. bemerkte: »Es ist großartig, was dieser bedeutende Herrscher erreichte. Wenn ich in der Lage wäre, die Leute so leicht enthaupten zu lassen, wie er es konnte, könnte ich auch mehr erreichen.«

Die deutsche Presse nahm sich der Marokko-Affäre rasch an und schilderte die unbekümmerte Mißachtung ausländischer Rechte durch ein habgieriges Frankreich, während Deutschland, edel und am eigenen Gewinn desinteressiert, allein aufstand, um die Rechte einer anderen Nation zu verteidigen. Die europäischen Regierungen ließen sich durch die Beteuerungen deutscher Uneigennützigkeit nicht täuschen. Es war jedoch unklar, welchen Gewinn die Wilhelmstraße aus ihrer Herausforderung ziehen wollte. Bülow verlieh der deutschen Herausforderung Substanz, indem er dem Sultan eine Botschaft sandte, in welcher er ihm deutsche diplomatische Unterstützung anbot, damit er sich des französischen Ansinnens, die marokkanische Armee und Polizei französischem Befehl zu unterstellen, besser erwehren könne. Der Reichskanzler schlug ferner vor, daß der Sultan alle Signatarmächte des Madrider Vertrages zu einer neuen internationalen Konferenz einlade, welche die marokkanische Unabhängigkeit bekräftigen solle.

Die deutschen Botschafter in London, St. Petersburg und Wien wurden angewiesen, die Regierungen ihrer Gastländer zu informieren, daß Deutschland interveniert habe, weil es das Recht Frankreichs, Englands und Spaniens, die marokkanischen Angelegenheiten unabhängig zu regeln, nicht anerkennen könne. Niemandem sei es erlaubt, ohne deutsche Teilnahme und Zustimmung über deutsche Rechte zu verfügen. Sollten Ausländer über den Zweck des [kaiserlichen] Besuches Hintergrundinformationen suchen, fuhr Bülows Instruktion fort, sollte ihnen nicht geantwortet werden, sondern eine ernste und undurchdringliche Miene gezeigt werden. Wie die von Touristen umringte Sphinx sollten die Diplomaten nichts preisgeben.

Deutschlands Schweigen über seine etwaigen weiterreichenden Ziele in Marokko und die Weigerung deutscher Diplomaten, eingehendere Erklärungen für die dramatische Landung des Kaisers in Tanger zu geben, verwirrte und beunruhigte die europäischen Außenministerien. Warum hatte man in der Wilhelmstraße nicht schon 1904 Einspruch gegen das britisch-französische Abkommen erhoben, wenn man über den Interessenausgleich in Marokko unglücklich gewesen war? Und warum war die Beschwerde wegen der Mißachtung deutscher Rechte nicht durch diplomatische Kanäle als Protestnote an die französische Regierung gegangen? Allmählich glaubte man die zugrundeliegende Strategie zu erkennen: den Besuch des Kaisers in Tanger und die Zukunft Marokkos deutete man als Faktoren in einem deutschen Versuch, Frankreich zu demütigen. Die Niederlage Rußlands im japanisch-russischen Krieg und die danach ausgebrochenen revolutionären Unruhen im Zarenreich hatten nach dieser Theorie die Gelegenheit geliefert, Frankreichs Vorgehen in Marokko den Vorwand.

Delcassé erklärte vor dem Abgeordnetenhaus in Paris, daß der kaiserliche Besuch Frankreichs Politik in Marokko nicht beeinflussen werde. Als die von Deutschland angeregte Einladung zu einer internationalen Konferenz in Paris eintraf, lehnte Delcassé für Frankreich die Teilnahme ab. Der Rest des französischen Kabinetts, insbesondere der neue Ministerpräsident Maurice Rouvier, war weniger selbstbewußt. Hinter der deutschen Forderung nach einer Konferenz stand die Drohung eines Krieges. Solange die russische Armee nicht zur Verfügung stand, war Frankreich einem Krieg mit Deutschland nicht gewachsen. Der Sultan von Marokko, deutscher Unterstützung gewiß, weigerte sich, seine Streitkräfte und die Zollverwaltung französischem Befehl zu unterstellen. Delcassé sah sich plötzlich von allen Seiten angegriffen. Im Abgeordnetenhaus wurde er von der Rechten verdammt, weil er die Ansprüche auf Ägypten weggegeben habe, ohne Marokko zu erwerben, und die Linke beschuldigte ihn, die Republik durch seine intransigente Haltung an den Rand eines Krieges zu bringen. Präsident Loubet unterstützte Delcassé, aber Ministerpräsident Rouvier und die Kabinettskollegen wünschten eindeutig den Rücktritt des Außenministers. Isoliert und in seiner Stellung erschüttert, versuchte Delcassé verspätet, die Deutschen zu besänftigen. Am 13. April, nach einem Essen in der deutschen Botschaft, sagte er seinem Gastgeber, dem Fürsten Radolin, daß er das Mißverständnis zu bereinigen wünsche. Radolin teilte ihm kalt mit, daß er keine Instruktionen aus Berlin habe und daß es jedenfalls für bilaterale Verhandlungen zu spät sei. Kurz darauf reichte Delcassé bei Präsident Loubet seinen Rücktritt ein. Loubet bat ihn, nicht übereilt zu handeln.

Bei diesem Stand der Dinge eilte dem bedrängten Delcassé ein überraschender Verbündeter zu Hilfe. König Edward VII. hatte sich zunächst auf das »beklagenswerte, opernhafte« Benehmen seines Neffen in Tanger konzentriert und den Marokkobesuch als das »nachteiligste und unerwünschteste Ereignis« seit dessen Thronbesteigung bezeichnet. »Er ist nicht mehr und nicht weniger als ein politisches Enfant terrible... Kann es eine treulosere und törichtere Politik geben als die gegenwärtig vom Kaiser verfolgte?« Als der Umfang der deutschen diplomatischen Offensive deutlicher wurde und Delcassés Schwierigkeiten zunahmen, sprang der britische König dem französischen Außenminister offen bei. Am 23. April, als er auf seiner Jacht im Mittelmeer kreuzte, unternahm er den beispiellosen Schritt, den französischen Außenminister telegrafisch zu drängen, den Rücktrittsforderungen nicht nachzugeben. Bevor er nach England zurückkehrte, verbrachte der König eine Woche in Paris. Er traf zweimal mit Delcassé zusammen. Obwohl die britische Regierung darauf beharrte, daß der Besuch des Königs privater Natur sei, konnten Bülow und Holstein nicht umhin, ihn als ein konspiratives Treffen der beiden führenden Verfechter der Einkreisungspolitik zu betrachten.

Der Unterstützung Frankreichs und seines Außenministers durch den König schlossen sich die britische Regierung, die Presse und die öffentliche Meinung an. Lord Lansdowne, der nicht erwartet hatte, daß sein Abkommen mit Frankreich innerhalb eines Jahres zu einer europäischen Krise führen würde, sympathisierte mit Delcassé. Er verstand, daß die deutsche Herausforderung nur vordergründig eine Verteidigung legitimer wirtschaftlicher und vertragspolitischer Interessen des Deutschen Reiches war und daß dahinter ein Versuch stand, die Entente zu zerschlagen. Mit Billigung des Kabinetts hielt er an der britischen Unterstützung Frankreichs fest.

Es gab einen weiteren Faktor in der britischen Politik. Im Frühjahr 1905 waren viele Briten besorgt wegen des Wachstums der deutschen Kriegsmarine. Der neue Erste Seelord, Sir John Arbuthnot Fisher, hatte proklamiert, Großbritannien habe nur einen Feind zur See: das Deutsche Reich. Fishers Reaktion auf die Marokkokrise war von charakteristischer Heftigkeit. »Dies scheint eine günstige Gelegenheit, gemeinsam mit Frankreich die Deutschen zu schlagen, also hoffe ich allen Ernstes, daß Sie imstande sein werden, dies zuwege zu bringen«, schrieb der Erste Seelord am 22. Mai an Lansdowne. »Selbstverständlich gebe ich nicht vor, ein Diplomat zu sein, aber es fällt mir auf, daß der deutsche Kaiser dem ausgezeichneten und wachsenden britisch-französischen Einverständnis großen Schaden zufügen wird, wenn wir ihm jetzt gestatten, in *irgendeiner Weise* Punkte zu machen – selbst wenn es nur der Rücktritt M. Delcassés ist... Ich hoffe, Sie werden ein Telegramm nach Paris schicken, daß die britischen und französischen Flotten eins sind. Innerhalb von vierzehn Tagen könnten wir die deutsche Flotte, den Kaiser-Wilhelm-Kanal und Schleswig-Holstein haben.«

Fishers Kriegslust war nicht Regierungspolitik. Als Präsident Theodore Roosevelt anbot, im Streit zwischen Großbritannien und Deutschland zu vermitteln, telegrafierte Lansdowne kühl nach Washington: »Wir haben und hatten nicht die Absicht, Deutschland anzugreifen; noch erwarten wir, daß es so töricht sein wird, uns anzugreifen.« Aber Lansdowne war sich in einem Punkt mit Fisher völlig einig: Deutschland durfte nicht gestattet werden, als Ergebnis der Krise einen Flottenstützpunkt oder auch nur eine Kohlenstation an der marokkanischen Atlantikküste zu erwerben, von wo es die Seeverbindungen nach Südafrika und um das Kap bedrohen könnte. Am 25. April sandte Lansdowne eine Botschaft an Delcassé, daß die britische Regierung sich Frankreichs Opposition anschließen würde, wenn die Deutschen einen Hafen forderten. Lansdowne ging noch einen Schritt weiter. Am 25. Mai schlug er vor, daß die beiden Staaten vertraulich alle Eventualitäten erörtern sollten. Delcassé glaubte, er stehe kurz vor einem britisch-französischen Militärbündnis.

Unterdessen nahm der deutsche Druck auf Frankreich zu. Die Entschlüsselungsabteilung des Quai d'Orsay fing regelmäßig den telegrafischen Verkehr zwischen dem deutschen Außenministerium und seiner Botschaft in Paris ab und dechiffrierte ihn. Als die Krise sich verschärfte, wurden die entschlüsselten Botschaften, die auf dem Tisch des französischen Außenministers landeten, immer kriegerischer. In Berlin ließ Bülow den französischen Botschafter zu sich kommen und informierte ihn »in freundlichem Tone ... daß, wenn er überzeugt sei, daß England den Franzosen zur Hilfe eilen werde, ich die Richtigkeit dieser Auffassung nicht a priori in Zweifel ziehen wolle. Ich gäbe auch vollkommen zu, daß England unserem Handel schwere Schläge versetzen, daß es unsere im Bau befindliche Flotte zerstören könne. Aber nach Lage der Dinge würde bei einem Krieg, den ich ebenso und geradeso wie Bihourd [der französische Botschafter] zu vermeiden wünsche, das arme Frankreich am meisten leiden. Sie seien es, die für das zerbrochene Geschirr würden bezahlen müssen, nicht wegen unserer Bosheit, sondern durch den Zwang der Umstände.« Unter diesem Druck wich Rouvier zurück.

Am 26. April versprach der französische Ministerpräsident anläßlich eines Abendessens in der deutschen Botschaft Fürst Radolin, daß Frankreich sein Möglichstes tun würde, um ein guter Nachbar zu sein und daß ein Krieg wegen Marokkos ein Verbrechen sein würde. Delcassé habe seine Kompetenzen überschritten, behauptete Rouvier. Am 7. April übergab Radolin dem Ministerpräsidenten eine Erklärung der Wilhelmstraße: Gute Beziehungen seien nur mit einem französischen Außenminister möglich, dem die deutsche Regierung trauen könne.

Überzeugt, daß die Deutschen blufften – wie er überzeugt gewesen war, daß die Engländer bei Faschoda *nicht* geblufft hatten –, kämpfte Delcassé um sein Amt. Paul Cambon wurde aus London herbeizitiert, um Präsident Loubet und Ministerpräsident Rouvier zu erklären, daß Großbritannien in Erwägung ziehen könnte, die Entente zu einem wirklichen Bündnis auszuweiten. Rouvier hörte zu und verlangte dann, daß alle derartigen Verhandlungen sofort abgebrochen würden. »Wenn die Deutschen davon erfahren, werden sie den Krieg erklären«, sagte er. Am 3. Juni wies der Sultan von Marokko, dem die Deutschen den Rücken gestärkt hatten, in aller Form Frankreichs Forderung nach inneren Reformen zurück. Statt dessen folgte er Bülows Anregung und lud elf europäische Mächte und die Vereinigten Staaten zu einer Konferenz über die Zukunft seines Landes ein. Frankreich lehnte sofort ab; Großbritannien, Italien und Spanien erklärten, daß ihre Annahme von derjenigen Frankreichs abhängig sein würde. Schon am 1. Juni war die deutsche Geduld am Ende. Fürst Radolin überbrachte Rouvier eine weitere Botschaft aus Berlin: »Der Kanzler des Deutschen Reiches wünscht keinen weiteren Umgang mit Monsieur Delcassé.« Am 5. Juni wurde Delcassé in den Elysée-Palast gerufen, um mit dem Präsidenten der Republik und dem Ministerpräsidenten zusammenzutreffen. Delcassé schlug vor, französische Kreuzer nach Tanger zu entsenden, um Frankreichs Forderungen an den Sultan Nachdruck zu verleihen. »Das würde Krieg mit Deutschland bedeuten«, sagte Rouvier. »Glauben Sie es nicht, es ist alles Bluff«, erwiderte Delcassé. »Morgen werde ich das Kabinett auffordern, zwischen seiner Politik und der meinigen zu wählen«, erklärte Rouvier dem Präsidenten. »Morgen wird einer von uns zurücktreten.«

Am 6. Juni trat das französische Kabinett um zehn Uhr vormittags zusammen, aber erst um elf betrat der Präsident den Raum, gefolgt vom Ministerpräsidenten und dem Außenminister, beide sehr bleich. Delcassé betonte die Möglichkeiten eines Bündnisses mit Großbritannien und erklärte, daß im Kriegsfalle eine britische Armee von hunderttausend Mann in Schleswig-Holstein landen könne, um die Deutschen von Frankreichs Ostgrenze abzulenken. Rouvier bemerkte, daß »die britische Marine nicht auf Rädern fährt« und daß er bezweifle, daß britische Schlachtschiffe »eine große Hilfe sein würden, um die deutsche Armee am Erreichen von Paris zu hindern«. Seine Stimme wurde erregt: »Sind wir in der Verfassung, einen Krieg mit Deutschland zu ertragen? Nein! Nein! Selbst mit der Hilfe der britischen Flotte würde uns eine schlimmere Katastrophe erwarten als 1870. Wir müßten Verbrecher sein, um uns in solch ein Abenteuer zu stürzen. Frankreich würde sich davon nicht erholen.« Delcassé hoffte, daß Loubet sich für ihn einsetzen würde, aber der Präsident blieb still. Rouvier forderte zur Abstimmung auf, und alle Minister stimmten gegen Delcassé. Der Außenminister erklärte auf der Stelle seinen Rücktritt und kehrte in Tränen zum Quai d'Orsay zurück, um seine Sachen zu packen. Sechsundsechzig Tage waren vergangen, seit der Kaiser in Tanger gelandet war.

Bülow stritt noch in seinen Memoiren ab, daß seine Erhebung in den Fürstenstand in irgendeiner Weise mit dem Sturz Delcassés zusammenhing. Wilhelm II. sah es vermutlich anders. Am Vormittag des 6. Juni, dem Hochzeitstag des Kronprinzen Wilhelm, kam der Kaiser in Bülows Amtszimmer. »Diesmal können Sie mir nicht entwischen«, scherzte der Kaiser und ernannte Bülow augenblicklich zum Fürsten des Deutschen Reiches. Als Bülow an jenem Abend auf der Terrasse vor seinem Amtszimmer Kühlung von der Hitze, die über Berlin lag, suchte, läutete das Telephon. Kurz vor Mitternacht ließ ihn der Kaiser informieren, »er habe soeben ... die Nachricht erhalten, daß Delcassé zurückgetreten wäre.«

Delcassés Rücktritt war ein Sieg der deutschen Diplomatie, aber Bülow und Holstein wollten mehr. Auch Delcassés Werk durfte nicht Bestand haben: Marokko mußte internationalisiert und die Entente zerstört werden. Rouvier erfuhr als erster, was ihm ins Haus stand. Nachdem er zusätzlich zu seinem Amt als Ministerpräsident das des Außenministers übernommen hatte, empfing er vier Tage nach der entscheidenden Kabinettsitzung den deutschen Botschafter. Lächelnd sagte er, er nehme an, daß Berlin nach Delcassés Rücktritt seine Forderung nach einer internationalen Konferenz über Marokko fallen lassen werde. Fürst Radolin wartete mit einer bösen Überraschung auf. Deutschland bestehe auf der Konferenz, erklärte der Fürst. Ferner, fuhr Radolin fort, »ist es meine Pflicht, Ihnen zu erklären, daß Deutschland sich mit seiner Macht hinter den Sultan stellen würde, sollte Frankreich einen Versuch unternehmen, den Status Marokkos in irgendeiner Weise zu verändern.« Rouvier war verblüfft und entrüstet, konnte aber angesichts des Zustandes der französischen Armee nicht protestieren. Frankreich erklärte sich bereit, an der Konferenz teilzunehmen.

Die britische Regierung war bestürzt über Delcassés Rücktritt. Lansdowne hatte die Entente als ein koloniales Abkommen gesehen, das nichts enthalte, was anderen Nationen einschließlich Deutschlands schaden könne. Als die deutsche diplomatische Offensive begann, war er überrascht; als der französische Außenminister, mit dem er das Abkommen ausgehandelt hatte, gezwungen wurde, die französische Regierung zu verlassen, war er entsetzt. »Der Sturz Delcassés ist abscheulich und hat die Entente auf dem Markt jede Menge Punkte gekostet«, sagte der Außenminister. Am 8. Juni, zwei Tage nach dem Ereignis, zog Balfour in einem Brief an den König düstere Schlußfolgerungen: »Delcassés Entlassung oder Rücktritt unter dem Druck der deutschen Regierung zeigte eine Schwäche von seiten Frankreichs, die darauf schließen läßt, daß dieses Land gegenwärtig nicht als eine effektive Kraft in der internationalen Politik gewertet werden kann. Wir können uns nicht länger darauf verlassen, daß es im kritischen Augenblick einer Verhandlung gegenüber Drohungen standhaft bleiben wird. Wenn Deutschland wirklich einen Hafen an der marokkanischen Küste erwerben will und wenn solch ein Vorgehen eine Bedrohung unserer Interessen darstellt, müssen wir zu unserem Schutz auf andere Mittel als französische Zusicherungen zurückgreifen.« »Andere Mittel« bedeuteten natürlich die

Royal Navy, und im Laufe des Sommers wurden Maßnahmen getroffen, die Stärke der Kriegsmarine zur Schau zu stellen und Großbritanniens Unterstützung seines Entente-Partners demonstrativ herauszustellen. Im Juli besuchte die britische Atlantikflotte den französischen Kriegshafen Brest, wo sie herzlich empfangen wurde. Im August wurde der Besuch erwidert, als das französische Nördliche Geschwader Portsmouth einen Besuch abstattete. König Edward tat alles in seinen Kräften Stehende, um den Besuch zu einem Erfolg zu machen. Er besichtigte das französische Flaggschiff, nahm eine Parade des französischen Geschwaders ab, lud den französischen Admiral und seine Kapitäne zu einem Bankett an Bord der *Victoria and Albert* ein, gab ein Diner auf Schloß Windsor und sorgte dafür, daß die französischen Marineoffiziere zu formellen Mittagsmahlzeiten ins Londoner Rathaus und in beide Häuser des Parlaments eingeladen wurden.

Am 28. September einigten sich Deutschland und Frankreich auf die Tagesordnung einer Konferenz, die Mitte Januar 1906 in der spanischen Stadt Algeciras, jenseits der Bucht von Gibraltar, eröffnet werden sollte. Die Deutschen zeigten sich befriedigt. Bei der Enthüllung einer Statue Helmuth von Moltkes erklärte der Kaiser: »Ihr habt gesehen, in welcher Position wir vor ein paar Monaten vor der Welt dastanden. Darum ein Hurra auf trockenes Pulver und gutgeschärfte Schwerter!« Bülow sprach von der Überlegenheit des germanischen Charakters gegenüber dem gallischen. »Sehr friedlich, sehr gutmütig, etwas naiv, bei allen seinen sonstigen großen und herrlichen Eigenschaften politisch wenig begabt, beurteilte und beurteilt der Deutsche den Franzosen zu sehr nach sich selbst und unterschätzt den brennenden französischen Ehrgeiz, die grenzenlose französische Eitelkeit, die französische Härte und Grausamkeit.« Als der Januar näherrückte, instruierte Bülow den deutschen Botschafter, den Franzosen zu verstehen zu geben, daß Deutschland bei der Konferenz französische Zugeständnisse erwarte. Bülow bestellte auch den französischen Botschafter in Berlin zu sich und riet Frankreich, »nicht auf einem Weg zu verweilen, der von Abgründen gesäumt ist«. Diese ständigen Drohungen verhärteten Rouvier. »Ich habe genug von deutschen Intrigen und Vorwürfen«, sagte er. »Wenn die Leute in Berlin sich einbilden, sie könnten mich einschüchtern, dann irren sie sich. Ich werde keine weiteren Zugeständnisse machen, komme was da wolle.«

Die Algeciras-Konferenz, die bedeutendste internationale Konferenz in Europa seit dem Berliner Kongreß vor achtundzwanzig Jahren, wurde am 16. Januar 1906 im Rathaus von Algeciras eröffnet. In den Korridoren und auf den Treppen hatte man neue rote Läufer verlegt, und der lange Tisch, an dem gewöhnlich der Stadtrat zusammenkam, war mit frischem grünem Fries bezogen. Die Konferenz fand auf Botschafterebene statt. Auf Vorschlag der deutschen Delegation wurde der Herzog von Almodóvar, der die Gastgebernation Spanien vertrat, zum Vorsitzenden gewählt. Die Wilhelmstraße hatte zwei dienstältere Diplomaten entsandt, von Radowitz, den deutschen Botschafter in Madrid, und Graf von Tattenbach, den früheren Gesandten in Marokko. Radowitz gehörte, so Bülow, »zu denjenigen Staatsmännern, von denen Thiers zu sagen pflegte, daß sie eine große Zukunft hinter sich hätten«. Bülow hatte ihn ernannt, damit er dafür sorge, daß Deutschland die Mehrheit der Teilnehmer hinter sich bringe und nicht von den Franzosen und Briten in eine isolierte Position manövriert werde.

Tattenbach, von Holstein entsandt, hatte den Ruf, »der hitzigste aller deutschen Diplomaten« zu sein, ein »Feldwebel an Aussehen und Stimme, der derbe Witze riß und dessen Kopfhaut unter dem Stoppelhaarschnitt sich unter den Wogen deutschen Nationalzornes rötete«. Sein Auftrag war es, eine zukünftige Beherrschung Marokkos durch Frankreich zu verhindern. M. Révoil, der französische Delegierte, ein kleiner Mann mit gewachstem Schnurrbart, lächelte alle an, nur nicht die Deutschen, deren Bemühungen zunichte zu machen er entschlossen war. Der britische Delegierte, Sir Arthur Nicolson, von Arthritis gebeugt, schien noch kleiner als M. Révoil, bis er zu sprechen begann. Dann sprach dieser zurückhaltende, gebrechlich wirkende Mann, der sieben Jahre als Botschafter in Marokko gedient hatte und jetzt britischer Botschafter in Spanien war, mit eindrucksvoller Autorität.

Nicolson erhielt seine Direktiven vom neuen liberalen Außenminister Edward Grey, der Lord Lansdowne im Dezember abgelöst hatte, als Balfours Unionistenregierung zurückgetreten war. Lansdownes Politik war vom neuen Kabinett der Liberalen bestätigt worden: Nicolson sollte Frankreich in der Marokko-Frage unterstützen, wie es in Artikel IX des britisch-französischen Abkommens festgelegt war. Die Liberalen hatten die Absicht, diesen Artikel großzügig auszulegen, genauso wie die Unionisten vor ihnen. »Sagen Sie uns *Punkt für Punkt*, was Sie wollen, und wir werden Sie rückhaltlos unterstützen«, hatte König Edward VII. Paul Cambon in London gesagt. Grey ließ den deutschen Botschafter Wolff-Metternich wissen, daß England seine Verpflichtung gegenüber Frankreich einhalten werde.

Als die Konferenz eröffnet wurde, ging Graf Tattenbach in die Offensive. Er meinte, daß Frankreich eine gewisse Autorität gestattet werden könne, um in den Teilen Marokkos, die an Algerien grenzten, die Ordnung wiederherzustellen, daß Frankreichs Wunsch nach einem Mandat im ganzen Land jedoch unzulässig sei. Er beschrieb Deutschlands Politik als einen Versuch, »volle Garantien für die Politik der Offenen Tür zu sichern«, und versuchte Nicolson zu überzeugen, daß Großbritannien sich dieser Haltung anschließen solle. Wenn Großbritannien sich bereitfände, Frankreich und M. Révoil zu Konzessionen zu überreden, fuhr Tattenbach fort, würde die Bedrohung des Friedens rasch schwinden, und die Konferenz könne schnell und erfolgreich beendet werden. Nicolson erwiderte, daß sein Land besondere Bündnisverpflichtungen gegenüber Frankreich habe, und daß es »nicht an mir ist, meinem französischen Kollegen Konzessionen aufzudrängen«. Nach dieser Sitzung schrieb Nicolson seiner Frau: »Ich fühlte mich wirklich beleidigt und wirklich wütend... so daß ich hinterher nichts essen konnte... Er [Tattenbach] ist ein grauenhafter Kerl, hochfahrend, grob und verlogen. Der schlimmste Typ des Deutschen, den ich je getroffen habe.«

Zur zentralen Streitfrage entwickelte sich die Kontrolle der marokkanischen Polizei: »Wer die Polizei hat, der hat Marokko«, sagte Wolff-Metternich zu Grey. Deutschland bestand darauf, daß die Polizeistreitkräfte internationalisiert würden. M. Révoil erwiderte, daß Frankreich eine Fortdauer des Status quo einer internationalisierten Polizeistreitmacht vorziehen würde. Der Status quo bedeutete natürlich fortdauerndes Chaos mit Entführungen und dergleichen. Die deutsche Delegation gab nicht nach; die Franzosen blieben gleichfalls hart. Ministerpräsident Rouvier hatte Delcassé geopfert und der französischen Teilnahme an der Konferenz zugestimmt; mehr zuzugestehen, war er nicht gewillt. »Wir sind einem Bruch sehr nahe«, schrieb Nicolson seiner Frau. »Die Deutschen haben sich höchst schändlich benommen. Ihre Verlogenheit ist mit Worten nicht auszudrücken. Ich hätte Radowitz solch schamloser Lügen und Doppelzüngigkeiten nicht für fähig gehalten.« Nicolson war nicht immer glücklich über seinen französischen Kollegen, den er »wetterwendisch« fand, »manchmal fest und positiv, manchmal schwach und schwankend«.

Während der Konferenz war Gibraltar von Algeciras aus sichtbar; der graue Kalkfels ragte über die Mimosen und Orangenbäume der spanischen Kleinstadt. Am 1. März erschienen – nicht von ungefähr – die vereinigten britischen Atlantik- und Mittelmeerflotten im Hafen: zwanzig Schlachtschiffe, Dutzende von Kreuzern und Zerstörern, eine immense Zurschaustellung von Seemacht. Auf Nicolsons Vorschlag lud Admiral Lord Charles Beresford, der britische Oberkommandierende, alle Delegierten zu einem Bankett an Bord seines Flaggschiffes *King Edward VII.* ein. Um protokollarische Schwierigkeiten zu vermeiden, wurden keine Nationalhymnen gespielt, und der einzige Trinkspruch des Abends lautete auf »alle Reiche und Republiken«. Die Bordkapellen der Flotte spielten auf, und als die Diplomaten mit Fähren nach Algeciras zurückgebracht wurden, bohrten sich einhundertvierzig Scheinwerfer der Flotte in den Nachthimmel. Von da an schien Graf Tattenbachs aufbrausendes Temperament, wenn die Delegierten nach Gibraltar hinüberblickten und die Schiffe unter dem ragenden Felsklotz liegen sahen, weniger bedrohlich.

Der deutschen Diplomatie erging es auf der Konferenz schlecht. Am 3. März gelang es Nicolson, Radowitz in einer Abstimmung über Verfahrensfragen mit zehn zu drei Stimmen auszumanövrieren. Holstein war erbost und wollte

Frankreich mit Krieg drohen, aber Bülow hielt ihn zurück. Besorgt, daß Holstein wegen des unbefriedigenden Verlaufs der Konferenz in seiner Enttäuschung Deutschland und Frankreich in den Abgrund eines Krieges stoßen könnte, untersagte der Kanzler ihm jede weitere Einmischung in die Marokko-Frage und die Algeciras-Konferenz. Ein paar später Tage hatten die Deutschen noch einmal eine Chance. Am 7. März wurde Rouvier im Abgeordnetenhaus in einer innenpolitischen Frage überstimmt, und die französische Regierung trat zurück. »Tattenbach redete wieder von Krieg«, schrieb Nicolson, aber das erwies sich bald als überzogen. Inzwischen war Nicolson über Révoil verärgert: »Dies ist das dritte Mal, daß ich seine Fahne hochgehalten habe, und jedesmal hat er sich hinter einem Busch versteckt und kam erst heraus, als der Kampf vorbei war. Er ist so schrecklich schwach und unschlüssig, daß er mich in eine falsche Position bringt und die ständige Anklage der Deutschen, ich sei französischer als die Franzosen, rechtfertigt.« Anfang April wollte Bülow die Konferenz nur noch so rasch wie möglich zu Ende bringen. Man kam überein, daß Frankreich besondere Verantwortung für die Aufrechterhaltung der Ordnung entlang der marokkanisch-algerischen Grenze übernehmen und sich unter dem Oberbefehl eines schweizerischen Generalinspektors mit Spanien die Überwachung der einheimischen Polizei teilen sollte. Das Dokument wurde am 7. April unterzeichnet. Die Konferenz war beendet.

Weil eine offene französische Vorherrschaft in Marokko verhindert worden war, wurde der Ausgang der Konferenz von manchen Beobachtern zunächst als ein deutscher Sieg gewertet. Präsident Roosevelt beglückwünschte den deutschen Botschafter in Washington zum »epochemachenden Erfolg« des Kaisers und sagte, daß »Seiner Majestät Politik von Anfang bis Ende meisterlich« gewesen sei. Der Botschafter, Hermann Speck von Sternburg, reichte das Kompliment des Präsidenten nach Berlin weiter, fügte aber vorsichtig hinzu, daß die Ansicht des Weißen Hauses »nicht mit den Fakten übereinzustimmen scheint«. Mit der Zeit wurde denn auch deutlich, daß die Algeciras-Konferenz eine bedeutsame Niederlage der deutschen Diplomatie war. Zwar hatte Frankreich nicht die klare Vorherrschaft gewonnen, die es in Marokko angestrebt hatte, dafür aber etwas Wertvolleres, wovon M. Delcassé geträumt hatte: die aktive diplomatische Unterstützung Englands.

Deutschland hingegen hatte in Algeciras das Gegenteil dessen erreicht, was es beabsichtigt hatte. Es hatte die Entente zerbrechen wollen, bevor sie sich wirklich etablieren konnte. Statt dessen hatte die deutsche Einschüchterungspolitik Frankreich und Großbritannien enger zusammengeführt. Wolff-Metternich sah deutlich, was geschah, und berichtete während der Konferenz aus London, daß die Marokko-Frage in England als eine Kraftprobe mit der britisch-französischen Entente betrachtet werde und die Marokko-Politik als ein Versuch, sie zu zerschlagen. So erkläre sich der entschlossene Widerstand. Als die Konferenz vorüber war, sandte Metternich unwillkommene Nachrichten nach Berlin: Die Entente Cordiale habe ihre diplomatische Feuertaufe bestanden und sei gestärkt daraus hervorgegangen. Bülow und Holstein waren verantwortlich für diese Niederlage. Hätten sie sich mit dem Sturz Delcassés zufrieden gegeben und wären sie bereit gewesen, mit Rouvier über ihre Forderungen in der Marokko-Frage zu verhandeln, wäre die Algeciras-Konferenz nicht zusammengetreten und Artikel IX des englisch-französischen Abkommens nie in Kraft getreten. Letztlich kam Delcassé doch noch zu seinem Triumph: als Ergebnis seiner Politik hatte Frankreich einen zweiten Verbündeten erworben.

Dies wurde in Deutschland so klar erkannt wie im Rest Europas. Altdeutsche Kreise in der Presse und im Reichstag entfachten einen Sturm der Entrüstung über die mageren Ergebnisse von Algeciras. Von dieser Kritik getroffen, verteidigte Bülow seine Politik am 5. April im Reichstag. »Gewiß, meine Herren, hat die Konferenz länger gedauert, als mancher erwartete. Die Sache war eben nicht leicht, und es gibt in der Diplomatie wie im bürgerlichen Leben manche weit weniger wichtige Angelegenheiten, über die noch viel länger verhandelt und gestritten wird. [Zustimmung und Heiterkeit] ... Worauf es ankam, war, den internationalen Charakter der Polizeiorganisation zu verbürgen. Frankreich hat sich hier mit der gleichen Versöhnlichkeit wie wir zu einer loyalen Lösung dieser schwierigen Frage bereit finden lassen. Wir sind nicht kleinlich, wir sind in manchen Einzelfragen nachgiebig gewesen; aber wir haben unerschütterlich festgehalten an dem großen Grundsatz der offenen Tür, der neben der Wahrung des deutschen Ansehens uns in der ganzen Marokkoaktion geleitet hat und leiten mußte.«

Mehrere Redner folgten Bülow ans Rednerpult, und während eines heftigen Angriffs des Sozialdemokraten August Bebel auf den Kanzler erlitt dieser einen Schwächeanfall und wurde ohnmächtig. Er wurde in sein Büro getragen und erwachte, als seine Ministerkollegen ihm die Füße rieben und die Frage seines Nachfolgers diskutierten. Der Kaiser eilte zum Reichstag, wurde aber von Bülows Arzt daran gehindert, den Kanzler zu sprechen. Als schließlich festgestellt wurde, daß die Ursache Erschöpfung und nicht ein Schlaganfall war, wurde Bülow für drei Wochen zur Erholung nach Hause geschickt. »Dann durfte ich Romane lesen, deren ich während der folgenden Wochen eine ganze Reihe verschlang, darunter ganz hübsche«, notierte er munter.

Der Zusammenbruch des Kanzlers wurde auf Überarbeitung zurückgeführt. Sein erzwungener Aufenthalt zu Haus war mitentscheidend für das politische Ende des Geheimrats Friedrich von Holstein. Jemand mußte die Verantwortung für das Scheitern der von ihm und Bülow konzipierten Politik zum Aufbrechen der britisch-französischen Entente tragen, und Bernhard von Bülow, in den Fürstenstand erhoben, als mit Delcassés erzwungenem Rücktritt der Erfolg zu winken schien, konnte nicht der Sündenbock sein. Holstein wurde durch eine

Taktik zu Fall gebracht, die er selbst wahrscheinlich bewundert hätte. Während seiner ganzen Karriere hatte er seinen Willen durchgesetzt, indem er mit Rücktritt gedroht hatte. Im Januar 1906, als die Algeciras-Konferenz zusammentrat, starb der Staatssekretär im Auswärtigen Amt Oswald von Richthofen, Holsteins nomineller Vorgesetzter, im Dienst und wurde durch Heinrich von Tschirschky ersetzt. Holstein hatte Tschirschkys Ernennung gebilligt, aber die beiden waren bald zerstritten. Zuerst hatte Holstein weiterhin die rückwärtige Tür zwischen seinem Büro und dem des Staatssekretärs benutzt. Doch Tschirschky, so berichtet Bülow, »schloß die Tür ab, da seine Nerven die fortgesetzte Bedrohung, den finsteren Holstein unvermutet hinter sich zu fühlen, nicht ertrugen. Als Holstein, durch diesen Ab- und Ausschluß schon gereizt, das Zimmer des Staatssekretärs durch die Korridortür betrat, mit einem großen Stoß Akten unter dem Arm, forderte ihn Tschirschky kühl und trocken auf, die Akten auf den Tisch zu legen und zu warten, bis er gerufen würde. Bei der Verzogenheit und Reizbarkeit von Holstein bedeutete dies den Bruch. Er reichte sofort seinen Abschied ein, war aber überzeugt, daß ich die Annahme desselben verhindern würde. ... Fritz von Holstein [hatte] vieles wohl berechnet, aber nicht an den Fall gedacht, daß ich gerade in dem Augenblick erkranken und auf Grund ärztlicher Anordnung für Rücksprachen und Akten unerreichbar werden könnte, in dem sein Abschiedsgesuch sich in den Händen des mit ihm verfeindeten Staatssekretärs Tschirschky befinden würde. Tschirschky benutzte die günstige Gelegenheit, um Holstein kaltblütig abzuwürgen. Der Kaiser genehmigte ohne Bedenken das Abschiedsgesuch.«

Bülow hatte mit einem Streich einen Rivalen gestürzt und einen Sündenbock gefunden. Holstein verließ erzürnt die Wilhelmstraße, in der er dreißig Jahre gearbeitet hatte, und zog sich in seine Wohnung in der Grossbeerenstraße zurück, um seine Rache zu planen.

# III. TEIL

# Die Marine

## 22. KAPITEL

# Jacky Fisher

John Arbuthnot Fisher, Englands größter Admiral seit Nelson, war nicht vom gleichen Schlag wie dieser. War der Held von Trafalgar ein ruhiger, stiller Mann, dessen Privatleben ein nationaler Skandal war, so stürzte Fisher, der stürmische Schöpfer der modernen Royal Navy, von einer eruptiven Kontroverse zur nächsten durch das Leben, während er daheim als exemplarisches Oberhaupt einer Musterfamilie galt.

Fisher (der hinter seinem Rücken allgemein als Jacky bekannt war) war Erster Seelord von 1904 bis 1910 und dann wieder von 1914 bis 15. Während dieser Jahre beherrschte er die Admiralität, regierte die Royal Navy und diktierte die britische Marinepolitik. Es war eine Zeit der Spannungen und wachsender Gefahr. Während Tirpitz den Aufbau der deutschen Hochseeflotte unbeirrbar vorantrieb und neue deutsche Schlachtschiffe eines nach dem anderen vom Stapel liefen, war Fisher überzeugt, daß nur er eine Niederlage Englands zur See mit daraus folgender Blockade oder Invasion der Insel und dem Ruin des britischen Weltreiches verhindern könne. Seine Prioritäten waren klar: er wollte den Krieg so wenig wie Tirpitz, aber wenn ein Krieg kommen sollte, sei es durch internationale Verstrickungen oder politische Ungeschicklichkeit, sollte die britische Flotte bereit sein, »zuerst zuzuschlagen, hart zuzuschlagen und immer wieder zuzuschlagen«.

Es war in beinahe jedem Sinne *seine* Flotte. Fünfzig Jahre lang, vom Seekadetten bis zum Flottenadmiral, hatte Jacky Fisher für Veränderung, Reform, Effizienz und Bereitschaft gestanden. Mit den Jahren, als die Marine vom Segel zum Dampf überging, von hölzernen Rümpfen zu eisenbeschlagenen und stählernen, war Fisher der erste, der Reformen in der Technologie, in der Mannschaftsführung, in der Taktik und Strategie der Seestreitkräfte forderte. Er war ein führender Verfechter des verbesserten Geschützwesens in der Marine: das Schießen über weitere Entfernungen mit größerer Treffsicherheit und rascherer Schußfolge war eines seiner Hauptanliegen. Dennoch glaubte er, daß der Torpedo schließlich die großen Schiffsgeschütze als Hauptwaffe der Flotten verdrängen würde. Er glaubte an große, schnelle Überwasserschiffe mit schweren Geschützen und überwachte den Entwurf und die Konstruktion der *Dread-*

*nought*, des ersten Großkampfschiffes mit ausschließlich schweren Geschützen. Dabei war er überzeugt, daß das U-Boot das Kriegsschiff der Zukunft sei, und drängte die Royal Navy, in diese neue Waffe zu investieren. Er führte Zerstörer ein und gab ihnen ihren Namen. Er begann Kolbenmaschinen durch Dampfturbinen zu ersetzen und forderte die Einführung der Ölfeuerung anstelle der Kohlenfeuerung. Selbst in den scheinbar geringfügigsten Angelegenheiten verlangte Fisher Veränderung. Weil er sich des harten, von Kornkäfern zerfressenen Schiffszwiebacks seiner Kadettenzeit erinnerte, stellte er die Flotte auf frisches Brot um, das täglich in Öfen an Bord der Schiffe gebacken wurde.

In seiner äußeren Erscheinung war dieser Titan klein und stämmig; ein durchschnittlicher Engländer vielleicht, bis man ihm ins Gesicht sah. Es war rund, glatt und eigentümlich jungenhaft. Er hatte volle Lippen und einen Mund, der gern lachte, aber mit dem Alter zog er sich zusammen, und die Mundwinkel bogen sich mit Bitterkeit und Müdigkeit abwärts. Das auffallendste Merkmal waren seine Augen. Weit auseinanderstehend, beinahe an den Rändern seines Gesichts, waren sie sehr groß und hellgrau. Schwere, herabhängende Augenlider ließen sie mandelförmig erscheinen. Wenn er jemanden ansah, war Fishers Blick starr und bezwingend und gab nicht zu erkennen, welche Gedanken oder Empfindungen er hatte. War er glücklich, konnte dieser steinerne Blick schmelzen, und seine Augen konnten vor Wärme leuchten. Wurde er zornig, verzog er die Lippen zu einer dünnen Linie, biß die Zähne zusammen, und die Augen wurden schmal und glitzerten.

Ein weiteres auffallendes Merkmal seines Gesichts war die seltsam gelbliche Hautfarbe, die zusammen mit der fast orientalischen Form seiner Augen das Gerücht entstehen ließ, welches von seinen Feinden weit verbreitet wurde, daß er halb Malaie sei oder »der Sohn einer singhalesischen Prinzessin«, wie gemutmaßt wurde. In Wirklichkeit hatte er nach seinem vierzigsten Jahr schwer unter Ruhr und Malaria gelitten und wäre an der Kombination beider Krankheiten beinahe gestorben; es dauerte eine Anzahl von Jahren, bis er geheilt war. Seine gelbliche Gesichtsfarbe war eine Folge dieser Krankheit, was seine Gegner jedoch nicht hinderte, am Gerücht seiner halborientalischen Herkunft festzuhalten, die erklärte, was sie seine »orientalische Verschlagenheit und Falschheit« nannten. Kapitän Wilhelm Widenmann, der deutsche Marineattaché in London, gab die Gerüchte 1904 nach Berlin weiter und bezeichnete den neuen Ersten Seelord als einen »skrupellosen Halbasiaten«.

Mochte Fisher auch kein Malaie oder Singhalese sein, so war er andererseits auch kein Edelmann von Geburt und ganz gewiß keiner im Benehmen. Er verdankte nichts der Familie, dem Reichtum oder der sozialen Stellung und alles dem persönlichen Verdienst, der Charakterstärke und der schieren Beharrlichkeit. »Ich kam mittellos, ohne Freunde und einsam zur Marine«, erzählte er jedem, der es hören wollte, auch dem König. »Ich mußte kämpfen wie der Teufel, und das hat mich zu dem gemacht, was ich bin.« Er brachte ein außergewöhnliches Inventar von Qualitäten in den Kampf: herkulische Energie, brennenden Ehrgeiz, gewaltiges Selbstbewußtsein und glühenden Patriotismus. Er war dreist, schlagfertig und originell und engagierte sich leidenschaftlich für alles, was er tat: für oder gegen, ja oder nein.

Fishers Korrespondenz und Gespräche spiegelten sein überschäumendes Naturell. Seine Briefe, in großen, kräftigen Buchstaben geschrieben und voll von Ausrufungszeichen und doppelten und dreifachen Unterstreichungen, endeten häufig mit Wendungen wie »Dein bis ans Tor des Paradieses«, »Dein bis die Hölle gefriert« oder »Dein bis Holzkohle sprießt«. Sein Wortschatz reichte von der Bibel bis zum Straßenjargon, und er warf Zitate und historische Tatsachen in die Diskussion, ohne es mit deren Korrektheit allzu genau zu nehmen. Hauptsache, sie stützten seine Argumente. Seine Briefe las oder veränderte er nie, bevor er sie zur Post gab. Als achtzehnjähriger Seekadett erklärte er diese Praxis, der er den Rest seines Lebens treu blieb. »Ich kann es nicht ertragen, die Briefe noch einmal durchzulesen. Ich schreibe gern nieder, was ich mir denke, und wenn ich es noch einmal überläse, könnte es leicht sein, daß ich mich darüber ärgere und den Brief zerreiße und dann überhaupt keinen schreibe.« Seine Gespräche waren ähnlich. Ohne sich zu sorgen, welchen Eindruck er machte, ging es Fisher nur darum, sein Argument überzeugend vorzutragen, wobei der sein Gegenüber mit seinem starren Blick durchbohrte und mit der Faust in die Handfläche der anderen Hand schlug. Manchmal konnte er völlig vergessen, zu wem er sprach. »Würden Sie freundlicherweise aufhören, mit Ihrer Faust vor meinem Gesicht herumzufuchteln?« sagte König Edward einmal zu dem Admiral.

Fisher war ziemlich bibelfest und stärkte seine Kenntnis der Heiligen Schrift durch ständige Lektüre und Kirchenbesuche. Während seiner Zeit in der Admiralität ging er jeden Morgen zur Frühmesse in die Westminster-Abtei oder in die St.-Pauls-Kathedrale, und es kam vor, daß er an einem einzigen Sonntag drei Predigten hörte. Als der Dekan von Westminster erfuhr, daß der Erste Seelord an einem Tag vier Predigten gehört hatte, schrieb er an Fisher und warnte ihn vor »geistlichen Verdauungsstörungen«. Fisher war kein Reiter und trieb keinen Sport. Er ging gern spazieren – oder, besser gesagt, auf und ab –, um das Nachdenken zu erleichtern. Seine einzige Entspannung und körperliche Übung war das Tanzen. Er begann als junger Mann an Bord oder an Land, und wenn keine Frauen zur Verfügung standen, tanzte er mit Offizierskollegen. Konnte er keine Musikkapelle finden, sang oder pfiff er die Melodie selbst. »Ich glaube, lieber Admiral, daß ich zu Fuß nach England gehen würde, um noch einmal mit Ihnen Walzer zu tanzen«, schrieb eine seiner Partnerinnen, die Großfürstin Olga, eine jüngere Schwester des Zaren Nikolaus II. von Rußland.

Es war ein Glück für Fishers Karriere, daß seine derben und bisweilen taktlosen Umgangsformen durch einen außerordentlichen Charme abgefedert wurden. Er konnte in gleicher Weise russische Großfürstinnen und Bootsmannsmaate der Royal Navy bezaubern, einen türkischen Sultan und eine Gruppe von amerikanischen Millionären. Er zog zwei britische Monarchen in seinen Bann: die kleine, zurückgezogen in Schloß Windsor lebende Witwe und ihren Sohn, den Bonvivant, der zum Vergnügen in der Welt herumreiste. Königin Victoria und König Edward VII. ertrugen Fishers Ungebührlichkeiten, weil er sie mit einem schelmischen Lächeln und ansteckender guter Laune vorbrachte, die wie ein frischer Wind durch den Pomp und die Langeweile der Hofetikette fuhren. Einmal platzte Fisher, zum König gewandt, bei einem formellen Lunch heraus: »Ziemlich langweilig, Sir, dies... Sollte ich nicht lieber ein Lied zum Besten geben?« Der König war erfreut, und der Erste Seelord brachte einen Gassenhauer über zwei betrunkene Landstreicher auf dem Trafalgar Square zu Gehör. Ein andermal begab er sich bei einem Dinner auf dünneres Eis, als der König ihn mit der alten Redensart aufzog, daß Seeleute in jedem Hafen eine Frau haben. Lächelnd, aber mit schmalen Augen, gab Fisher zurück: »Wären Sie, Sir, nicht gern ein Seemann gewesen?« Einen Augenblick umwölkte sich die Stirn des Königs und am Tisch wurde es unheilvoll still. Dann brüllte der König vor Lachen auf, und alle anderen prusteten und schmunzelten.

Innerhalb der Marine gewann Fishers Glaubenssatz von der Kriegstüchtigkeit der Flotte und ihrer sofortigen Einsatzbereitschaft ihm eine Anzahl ergebener Anhänger, darunter viele tüchtige jüngere Offiziere, die es, wie Jellicoe, noch weit bringen sollten. Aber er war keineswegs unumstritten. Sein brennender Ehrgeiz, seine Gewißheit, daß er immer recht habe, seine unverblümte Sprache und seine rücksichtslose Behandlung von Offizieren, die er für unfähig hielt, machten ihm Feinde, besonders unter älteren, konventionelleren Offizieren. Man warf ihm vor, daß er Günstlingswirtschaft betreibe; er gab es sofort zu und erklärte, daß »Günstlingswirtschaft das Geheimnis der Effizienz« sei, worunter er die Auswahl aufgrund des Verdienstes verstand, nicht des Dienstalters. »Wenn ich einen Mann über die Schultern seiner dienstälteren Kameraden nach oben ziehe, wird er bemüht sein, zu zeigen, daß ich keinen Fehler gemacht habe«, erklärte er. Mit den Jahren wurde er autokratischer und brachte jedem, der ihm im Weg stand, Verachtung und sogar Haß entgegen. Seine Gegner waren »prähistorische Admiräle«, »Mandarine« oder »Fossilien«. »Wer sich mir entgegenstellt, den zerschmettere ich«, zischte er einmal einen Gegner im Korridor der Admiralität an. Es war nicht überraschend, daß es in der Marine zur Bildung einer Anti-Fisher-Fraktion kam. Fisher wurde als rücksichtslos, doppelzüngig, beleidigend und rachsüchtig geschildert. Hinter seinem Rücken war er »der Malaie«, »die Gelbe Gefahr« und »dieser Kobold, dessen Name Fisher ist«.

Auch außerhalb der Marine gab es Leute, die ständig nach Munition gegen den Ersten Seelord suchten, aber Fisher gab sich selten Blößen. »Ein alberner Esel im Kriegsministerium hat ein Papier geschrieben, um zu beweisen, daß ich inkonsequent sei«, schrieb er an Arthur Balfour, der als Premierminister Fishers Berufung an die Spitze der Admiralität durchgesetzt hatte. »Inkonsequenz ist das Schreckgespenst von Dummköpfen! Ich würde keinen Pfifferling für einen Kerl geben, der unter veränderten Bedingungen seine Meinung nicht ändern könnte. Soll ich keinen Regenmantel tragen, weil ich es nicht tat, als die Sonne schien?« Fishers allgemeine Einschätzung von Politikern war nicht schmeichelhaft, aber er respektierte Balfour, bewunderte seine Verstandesschärfe und war dankbar für die ständige Unterstützung des Premierministers, der sie ihm auch als Oppositionsführer nicht entzog. Kabinettsminister im allgemeinen verglich Fisher mit »ängstlichen Kaninchen«, und einmal erklärte er, daß die Existenz von Politikern seinen »Glauben an die Vorsehung« vertieft habe. »Wie sonst könnte man Großbritanniens fortdauernde Existenz als Nation erklären?«

Manche warfen Fisher vor, ein blutdürstiger Kriegstreiber zu sein. Zu diesem Bild paßte die Geschichte, daß er dem König einmal vorschlug, die Royal Navy auszuschicken, um die wachsende deutsche Flotte zu »kopenhagen«, wie Fishers Held Nelson einst mitten im Frieden die dänische Flotte in Kopenhagen überfallen und zerstört hatte. »Mein Gott, Fisher, Sie müssen verrückt sein!« rief König Edward. Fishers wirkliche Einstellung zum Krieg war komplexer. Er hatte im Gefecht gestanden und war Zeuge von Gemetzeln geworden. Er wußte, daß Krieg etwas anderes war als ein Weg zum Ruhm. »Ich persönlich hoffe, daß ein Krieg nicht kommen wird«, sagte er 1898 zu einem amerikanischen Freund, als Presse und öffentliche Meinung in den Vereinigten Staaten für den Krieg gegen Spanien lärmten. Er wies auf das »schreckliche Elend« hin, das der Krieg »immer für die armen Witwen und Waisen und abhängigen Verwandten« im Gefolge habe, »die mit ihren Leiden für das Glück der Heereslieferanten und für die Macht der Politiker bezahlen, die kein Risiko eingehen.«

Fishers Dienstzeit fiel größtenteils in eine Epoche, in der Frankreich als Großbritanniens wahrscheinlicher Gegner angesehen wurde. Trotzdem schrieb er 1901 aus dem Mittelmeer, wo er eine große Flotte für den Kampf gegen die Franzosen ausgebildet hatte: »Wir müssen die Stärke unserer Seestreitkräfte im Hinblick auf die enorme Entwicklung der deutschen Kriegsmarine überdenken.« Er bewunderte den Kaiser (»ein wundervoller Mann«, »ein wundervoller Kerl«) wegen seines Interesses an der See und der effizienten Art und Weise, wie er eine Flotte aufbaute. Der Kaiser erwiderte das Kompliment. »Ich bewundere Fisher, ich sage nichts gegen ihn«, erklärte er einem ausländischen Besucher. »Wenn ich an seiner Stelle wäre, würde ich all das tun, was er getan hat, und ich würde all das tun, was er noch beabsichtigt.« Trotz dieses gegenseitigen Respekts war Fisher während seiner Amtszeit als Erster Seelord von der Unausweichlichkeit eines Krieges mit Deutschland überzeugt. Wenn ein Krieg käme, glaubte er, würde es plötzlich geschehen. »Das Deutsche Reich«, sagte er 1906 zum König, »ist die einzige Macht in politischer Organisation, Kampfkraft und Kampffähigkeit, wo ein Mann [der Kaiser] auf den Knopf drücken und zuversichtlich sein kann, daß die gesamte Kraft des Reiches augenblicklich, unwiderstehlich und überraschend losschlägt«. Besonders verfolgte ihn die Vorstellung, daß die Deutschen ein Wochenende wählen könnten, womöglich ein Wochenende mit einem Bankfeiertag. Er hatte keine Schwierigkeit, das Datum, den Namen des britischen Admirals und den Namen der Schlacht zu nennen, in der Großbritanniens Zukunft entschieden würde. »Jellicoe wird am 21. Oktober 1914 Oberbefehlshaber sein, wenn die Schlacht von Armageddon losbricht«, schrieb er 1911. Fishers Annahme und die meisten Details seiner Voraussage waren richtig. Er wählte das Datum, weil es mit der wahrscheinlichen Fertigstellung des Ausbaues des Kaiser-Wilhelm-Kanals zusammenfiel, welcher die Durchfahrt deutscher Großkampfschiffe von der Ostsee in die Nordsee gestattete. Der Krieg brach an einem Wochenende mit einem Bankfeiertag aus, wenn auch im August und nicht im Oktober 1914. (Der Ausbau des Kanals war im Juli beendet worden.) In der Schlacht von Armageddon, welche die Skagerrakschlacht war, als die ganze Stärke der deutschen Hochseeflotte gegen die Royal Navy geworfen wurde, war Sir John Jellicoe Oberbefehlshaber der Hochseeflotte. Jellicoe hatte den Oberbefehl, weil Fisher im Laufe der Jahre seine Karriere gelenkt und gefördert und darauf bestanden hatte, daß kein anderer in Frage käme.

*H. M. S. Renown* war nie ein Schlachtschiff Erster Klasse der Royal Navy gewesen. 1893 auf Kiel gelegt und 1897 in Dienst gestellt, war sie eines von drei »leichten Schlachtschiffen«, die eigens für Kolonialkriege und Überseestützpunkte gebaut waren. Ihre 25,4 cm-Geschütze waren nicht ausreichend, um es mit europäischen Schlachtschiffen aufzunehmen, genügten aber nach herrschender Auffassung, um europäische Kreuzer oder heidnische Schiffe in fernen Gewässern zu versenken. In einem solchen überseeischen Stützpunkt, Halifax in Nordamerika, hatte Fisher die *Renown* gefunden und sich in sie verliebt. Sie war dort sein Flaggschiff, und er mochte ihre Silhouette, die breiten, mit Teakholz belegten Decks, ihre hohe Geschwindigkeit (18 Knoten) und ihre Seetüchtigkeit, den Kapitän, die Offiziere und die Mannschaft. Als Vizeadmiral Sir John Fisher zum Oberkommandierenden der Mittelmeerflotte ernannt wurde, entschloß er sich aus diesen Gründen, keines der großen britischen Schlachtschiffe zu seinem Flaggschiff zu machen, sondern *H. M. S. Renown* mit sich ins Mittelmeer zu nehmen und als Flaggschiff zu behalten.

Das war höchst regelwidrig, und es gab viel Gerede. Kapitän Prinz Louis Battenberg, stellvertretender Direktor des Nachrichtendienstes der Marine, bemerkte zu einem Freund: »*Renown* sollte nicht Flaggschiff sein; im Gegenteil, sie sollte in China stationiert sein. Im Mittelmeer wollen wir die größten und besten Schiffe haben; J. F. will sich natürlich nicht von seiner ›Jacht‹ trennen, aber es ist ganz falsch.« George, Prinz von Wales, ein alter Marinemann, teilte Fishers Empfinden für die Persönlichkeit von Schiffen und unterstützte den Admiral: »Ich muß sagen, daß Ihr altes Schiff eines der schönsten ist, auf denen ich je gewesen bin«, schrieb er. »Die *Renown* liegt absolut ruhig im Wasser und hat bei 13 Knoten keinerlei Vibration.«

Stabil unter den Füßen und schön anzusehen, dampfte die *Renown* durch die Straße von Gibraltar und durchpflügte die blauen Wasser des Mittelmeeres. Es war Anfang September 1899. Die nächsten drei Jahre sollte das Schiff der Posten bleiben, von dem die große Flotte, das Hauptinstrument britischen Einflusses in diesem alten Meer, befehligt wurde. Großbritannien hatte es schon im frühen achtzehnten Jahrhundert für wichtig gehalten, im Mittelmeerraum Einfluß zu nehmen; Fisher selbst war ein Anhänger von Mahans Theorie, daß die Seeherrschaft in jedem europäischen Krieg Sicherheit für die britischen Inseln und Kontrolle über das Mittelmeer bedeutete. Seit der Eröffnung des Suezkanals im Jahre 1869 gingen mehr als ein Viertel der britischen Einfuhren und fast ein Drittel der Ausfuhren durch das Mittelmeer und zum größten Teil durch den Kanal. Die wichtigste Schiffahrtsroute nach Indien und China führte durch das Mittelmeer. Zwei stark ausgebaute Flottenstützpunkte in Gibraltar und Malta versorgten und erhielten die Flotte, welche diese Schiffahrtsroute bewachte.

In Paris sah man es anders. Die Achse britischer Interessen im Mittelmeer verlief in westöstlicher Richtung: Gibraltar-Malta-Suez. Frankreichs Interessen lagen an einer Nordsüdachse zwischen Marseille und Toulon in Frankreich und Algier und Tunis, den beiden wichtigsten Toren zum riesigen nordafrikanischen Kolonialreich. Seit 1888 hatte die französische Admiralität ihre stärksten Schlachtschiffe von Brest und Cherbourg nach Toulon verlegt. Die britische Admiralität, der dies nicht verborgen blieb, reagierte entsprechend. Britische Admiräle im Mittelmeer mußten sich auch um die Russen sorgen. Die längste Zeit des Jahrhunderts war es britische Politik gewesen, das Osmanische Reich gegen den russischen Druck auf Bosporus und Dardanellen zu unterstützen. Das Instrument dieser Unterstützung war die britische Mittelmeerflotte. Seit 1894 und der Unterzeichnung des französisch-russischen Bündnisses bestand immer eine Möglichkeit, daß die französische Mittelmeerflotte und die russische Schwarzmeerflotte sich vereinigten, um die britische Marine aus dem Mittelmeer zu fegen.

Während der Jahre, in denen Fisher die Mittelmeerflotte befehligte (1899–1902), wurde die Gefahr für Großbritannien unmittelbar. Der schwierige und erniedrigende Krieg gegen die kleinen Burenrepubliken band den größten Teil der britischen Armee außerhalb Englands und beanspruchte die Marine, die Truppen- und Versorgungstransporte über siebentausend Seemeilen eskortieren und die Seeverbindungen überwachen mußte. Großbritannien, militärisch beinahe überanstrengt, war überdies diplomatisch isoliert. In verschiedenen Kreisen des europäischen Festlandes wurde davon gesprochen, daß die Zeit gekommen sei, alte Rechnungen mit den stolzen, unerträglichen Briten zu begleichen. Angesichts dieser Faktoren hing die Sicherheit des britischen Weltreiches während Fishers Dienstzeit zu einem guten Teil von der Kampfbereitschaft der Mittelmeerflotte ab. Fishers Ziel war es, einen Krieg mit England und die Konfrontation mit der britischen Mittelmeerflotte zu einer wenig einladenden Aussicht zu machen. Dabei war ihm der große Unterschied in der Bedeutung der Seemacht für Großbritannien und seinen wichtigsten potentiellen Gegner Frankreich wohl bewußt. »Würde die gesamte französische Flotte in den Grund gebohrt«, sagte er, »würde Frankreich immer noch eine Großmacht bleiben. Seine Position hängt von der Armee ab, und Frankreich ist in seiner Versorgung von der See unabhängig... Andererseits würde jede Katastrophe der britischen Flotte fatal für die Macht Großbritanniens sein.« »Eine frühzeitige Niederlage im Seekrieg bedeutet den Ruin des britischen Weltreiches«, sagte er ein andermal. »Sie können Kavallerie und Artillerie innerhalb einiger Monate ersetzen, aber Sie können nicht einfach zum Krämer gehen und neue Schlachtschiffe, Kreuzer und Zerstörer kaufen.«

Da soviel von der Streitmacht abhing, die er befehligte, war Fisher entschlossen, sich nicht überraschen zu lassen. Seine Taktik betonte die Notwendigkeit, den ersten Schlag zu führen. »Erfolg im Krieg hängt von der Konzentration einer überwältigenden Macht an einem gegebenen Punkt in der kürzestmöglichen Zeit ab«, erklärte er seinen Offizieren. »Unsere Grenzen sind die Küsten des Feindes, und wir sollten fünf Minuten nach der Kriegserklärung dort sein.« (In der Folge änderte er dies in »fünf Minuten vor der Kriegserklärung.«)

Unglücklicherweise war die stattliche britische Mittelmeerflotte, die Fisher erbte, alles andere als bereit für die Rolle eines Blitzschlages zur See. Fisher war entschlossen, sie aus ihrer schläfrigen Routine zu reißen. Er begann mit einer Inspektion jedes Schiffes unter seinem Kommando. Wenige Minuten, nachdem die Admiralsbarkasse längsseits gegangen war und die Füße des Admirals das Deck betreten hatten, geriet das betreffende Schiff in ein Unwetter von gebrüllten Befehlen, rennenden Matrosen und klirrenden Maschinen. »Alle Mann auf Gefechtstation«, ertönte der Befehl, dann »Torpedonetze ausbringen«, dann »Netze einholen«, »alle Boote zu Wasser« und »Alle Mann von Bord!« Manchmal wurde einer dieser Befehle gegeben, bevor der letzte ausgeführt war, so daß verwirrt blickende Offiziere entscheiden mußten, was sie anfangen und was sie lassen sollten.

»Wenn Fisher von Bord ging«, schrieb Sir Reginald Bacon, Fregattenkapitän an Bord des Schlachtschiffes *Empress of India,* »ähnelte das Schiff einem Wrack, das Oberdeck ein Durcheinander von Tauen und Überresten«. Die scharfen Augen des Admirals hatten jedoch alles und jeden beobachtet. An Bord eines Zerstörers sah er die Inschrift »UT VENIANT OMNES« in goldenen Lettern an der Brücke. »Was bedeutet das?« fragte er. »Laß sie alle kommen«, erwiderte der junge Kapitänleutnant. Fisher lächelte erfreut, und die Geschichte fand Eingang in seine Gespräche und Briefe der nächsten Monate. Aber der Schlag konnte genauso schnell kommen wie das Lächeln: »Als der Fregattenkapitän eines Schiffes nicht die Fähigkeit zeigte, mit dieser vulkanischen Inspektion fertig zu werden, wurde er aus dem Dienst entlassen und noch am selben Abend nach Hause geschickt; seine Habseligkeiten mußten mit dem nächsten Dampfer nachgeschickt werden«, erinnerte sich Bacon. »Bei einer anderen Inspektion zeigte ein Kapitänleutnant, der einen Zerstörer befehligte, große Unwissenheit über technische Details seines Schiffes; am nächsten Tag wurde er nach China versetzt.« Wenn Fisher Unfähigkeit oder Untüchtigkeit entdeckte, war er erbarmungslos; es machte ihm nichts aus, die Karriere eines Mannes zu ruinieren. »Es tut mir leid für Ihre Frau und Kinder«, sagte er zu einem verabschiedeten Offizier, »aber im Krieg hätte ich Sie erschießen lassen.«

In der Admiralität auf Malta begann Fisher eine Reihe von Vorträgen über Seekriegsstrategie, Flottentaktik, Gefechtsvorbereitung, Geschützwesen und den Einsatz von Torpedos zu halten; alle Flottenoffiziere, nicht nur die Schiffskapitäne, waren eingeladen. Seinen Zuhörern blieben diese Stunden unvergeßlich, wenn sie auf Stühlen vor ihm saßen, schweißgebadet bei 36 Grad Hitze. Er war ein mitreißender Redner, dessen feurige Sprache, funkelnder Witz und augenzwinkernde Seitenhiebe auf die Marinebürokratie und die Tradition sein Publikum gefangennahm und zu Gelächter und Applaus hinriß, obwohl die gestärkten weißen Uniformen längst durchnäßt und welk waren. »Ich ging zu einem Vortrag Jacky Fishers über Geschützwesen und Strategie«, sagte einer seiner Leutnants. »Er benutzte kaum eine Notiz und redete zwei Stunden. Einfach großartig... Sein Lächeln ist unwiderstehlich.«

In seinen Vorträgen maßte sich Fisher kein überlegenes Wissen an und machte seinen Rang nicht zur Kanzel, von der er das Wort des Herrn verkündete. Er gab zu, daß er in vielen Dingen Information brauchte, und begrüßte Ideen und Vorschläge von jedem Offizier, so unkonventionell sie auch sein mochten. Besonders interessiert zeigte er sich an Ideen zur Verteidigung der Flotte gegen Angriffe von Torpedobooten. In Den Haag, berichtete er, hätten die deutschen Marinedelegierten ihm erzählt, daß Großbritanniens Schlachtschiffgeschwader nutzlos seien, da sie im Krieg unausweichlich von deutschen Torpedobooten versenkt würden. Und er schärfte seinen Offizieren ein, sich Gedanken über die 22 französischen Torpedoboote zu machen, die in Biserta stationiert waren, nur neun Stunden entfernt.

Fishers Energie schien grenzenlos. Nachts hatte er Papier und Bleistift an seinem Bett, und er stand jeden Morgen um vier oder fünf auf, um die Notizen in die Tat umzusetzen, die er sich während der Nacht gemacht hatte. Wenn die Flotte im Hafen lag, schritt er die Befestigungswälle vor dem Haus der Admiralität ab und überblickte die im Hafen ankernden Schiffe. Alle hatten freien Zugang zu ihm, wenn er seine tägliche Bewegungsübung machte, und es war kein ungewöhnlicher Anblick, den Oberkommandierenden auf den Befestigungswällen gehen zu sehen, vertieft in ein Gespräch mit einem jüngeren Fregattenkapitän oder Leutnant.

Fisher blieb nicht nur ansprechbar, er förderte originelles Denken, indem er Preise für besonders gute Essays über Gefechtsinformationen und andere taktische Fragen aussetzte. In einem großen Raum im Erdgeschoß des Admiralitätsgebäudes war ein besonderer Tisch aufgestellt, auf dem Holzklötze verschiedener Größe angeordnet waren, die alle Schiffe der Flotte darstellten. Offiziere waren eingeladen, zu jeder Stunde hereinzukommen, um Taktiken auszuarbeiten und Gefechtssituationen darzustellen. Als ein junger Leutnant ihm einen sorgfältig ausgearbeiteten Plan zur Verteidigung der Flotte gegen Torpedoangriffe brachte, befahl Fisher seinen Kapitänen sofort, diese Taktik in der folgenden Woche auf See zu erproben.

Neuerungsdrang und vertraulicher Umgang mit Leutnants statt mit altgedienten Kapitänen sorgten für Unruhe in der Flotte. Fishers Verhalten war beispiellos; einige fanden es entehrend. Bisher hatten Admiräle keine Untergebenen konsultiert – oder allenfalls zum Kapitän ihres Flaggschiffes geblickt, um ein bestätigendes Kopfnicken zu erhalten. Fishers Verhalten, das Dienstalter und Rang ignorierte und wenig Interesse an den Ansichten älterer Offiziere erkennen ließ, die traditionelle Methoden vorzogen, war für diese alarmierend. »Es wurde ihnen deutlich gemacht«, sagte Bacon, »daß der Verstand, der für den Oberkommandierenden nützlich war, nicht unbedingt in den Köpfen der dienstältesten und ranghöchsten Offiziere zu finden war.« Als diese älteren Offiziere anfingen, sich zu beschweren, wurde die Saat einer tiefen Auseinandersetzung gelegt, welche die Royal Navy spalten sollte. Es war nicht nur, was Fisher tat; es war, wie er es tat. Lord Chatfield, der während Fishers Ära in der Mittelmeerflotte diente und später Flottenadmiral und Erster Seelord wurde, versuchte rückblickend beide Seiten zu sehen: »Fisher hatte die Gewohnheit, junge Offiziere zu konstultieren, was für sich genommen nicht zu beanstanden war«, schrieb er. »Bedauerlicherweise aber sprach er mit ihnen in abfälliger Weise über ihre Vorgesetzten. Sein rücksichtsloser Charakter und seine Taktlosigkeit waren es, die zu heftiger Kritik und Feindschaften führten, welche die Marine erschütterten. Fishers Größe war damals noch nicht erkannt. Es gab viele, die ihn haßten, und er haßte sie. Seine Methode war nicht die der glatten und reibungslosen Führung, sondern die eines unnachgiebigen und unbarmherzigen Antreibers. Er war stolz auf diese Politik und brüstete sich damit und mit seiner Verachtung der Opposition.«

Es war genau dieses vorwärtsdrängende, rücksichtslose Streben nach Effizienz, diese unerbittliche Verfolgung der Untüchtigen, die Fishers junge Bewunderer und Schüler inspirierte und beeindruckte. Bacon erinnerte sich: »Es ist unmöglich, den neuen Eifer und das Gefühl von Erleichterung unter den jüngeren Offizieren zu übertreiben. Sie spürten, daß der Tag gekommen war, da die Vorstellungen von immerwährendem Frieden und bloßen Manövern von wirklichen Vorbereitungen abgelöst wurden, um gerüstet zu sein, wenn der Krieg käme.« Fishers Credo – »die Effizienz der Marine und ihre sofortige Kampfbereitschaft« – wurde zur Losung dieser Gruppe von Reformern, die innerhalb der Marine »der Fischteich« genannt wurde. Damals argumentierten sie mit den dramatischen Verbesserungen, die während der Jahre unter Fishers Oberbefehl in der Mittelmeerflotte erzielt wurden. Später glaubten sie – und mit der Zeit stimmten ihnen auch die Marine und die Nation zu –, daß die britische Marine es ihrem Idol zu verdanken hatte, daß sie für den Großen Krieg bereit war.

Während seiner Jahre im Mittelmeer unterhielt Fisher hinter dem Rücken seiner zivilen und militärischen Vorgesetzten regelmäßige Kontakte zur Presse, um seine Ansichten der Öffentlichkeit bekannt zu machen. Eine Anzahl von Journalisten, die sich für Marineangelegenheiten interessierten, vor allem Thursfield von der *Times* und Arnold White vom *Daily Mail*, erhielten regelmäßig Briefe von Fisher, in denen er ihnen Informationen zuspielte. Bacon, einer der tüchtigsten jungen Offiziere im Fischteich und später Fishers erster bedeutender Biograph, versuchte zu diesen Praktiken gute Miene zu machen und behauptete, Fisher habe »sorgsam darauf geachtet, daß keine geheimen Informationen preisgegeben wurden«, und habe außerdem nur so gehandelt, weil er »fest an die Notwendigkeit glaubte, die Presse mit der Wahrheit und nicht mit Lügen zu bedienen«. Fishers Briefe an Thursfield und White sind voll von Zahlenangaben und Einsatzmöglichkeiten der Schiffe, vorgeschlagenen Kriegsstrategien, Einschätzungen der französischen Taktik und wilden Denunziationen all jener, die seine Betrachtungsweise nicht teilten. Fishers Sprache war so farbig, daß viele seiner Worte und Wendungen in unveränderter Form in Druck gegeben wurden, obwohl er den Journalisten immer wieder einschärfte, »dies alles STRIKT vertraulich zu behandeln«, und sie sogar aufforderte: »VERBRENNEN SIE DIES!«

In Briefen an seine Frau Kitty verteidigte er seine Praxis der Presseinformation mit den Worten: »Ich kann es nicht ändern, denn es ist alles ganz wahr, und ich wäre ein Verräter, wenn ich meine Ansichten verhüllte, wenn man bedenkt, daß die Sicherheit des Empires auf dem Spiel steht.« Nichtsdestoweniger war seine Methode mehr als dreist oder draufgängerisch; sie war skrupellos. Es kam vor, daß er in einem Schreiben an die Admiralität den »schädlichen« Artikel beklagte, den Thursfield in der *Times* geschrieben hatte, insbesondere die »unangenehme Prominenz«, die ihm selbst darin gegeben wurde, und dann ein paar Tage später einen weiteren Brief an Thursfield sandte, der vollgepackt war mit Informationen, hochfahrender Rhetorik und schmunzelnden Indiskretionen über seine Vorgesetzten. Schließlich begannen einige Leute in London Lunte zu riechen. Der Erste Seelord Walter Kerr bemerkte, daß ein »aufgewärmter«, »boshafter« Artikel »in weitgehend identischen Formulierungen die Ansichten des Oberkommandierenden erläuterte.«

Manchmal, wenn er daran verzweifelte, seinen Willen durchzusetzen, dachte Fisher daran, seinen Abschied zu nehmen. Er wollte der Marine den Rücken kehren und als Abgeordneter ins Unterhaus einziehen, um seine Anklagen gegen die Admiralität vorzubringen und die Regierung wegen mangelnder Kriegsvorbereitungen anzugreifen. Oder er würde einen Posten bei einem der großen Rüstungskonzerne annehmen. 1900 hörte er, daß man ihm vielleicht den Posten des Vorstandsvorsitzenden von Elswick anbieten würde, eines großen Schiffbauunternehmens. Der Posten war mit 10000 Pfund im Jahr dotiert. »Das ist ein Platz, an dem ich mich wohlfühlen würde«, vertraute Fisher dem Journalisten Arnold White an. »Ich würde mich sofort daran machen, den Seekrieg zu revolutionieren, indem ich auf Spekulation ein Schlachtschiff, einen Kreuzer und einen Zerstörer nach umwälzenden Prinzipien bauen würde – Ölfeuerung, Turbinenantrieb, Rundum-Feuerbereich, größere Geschwindigkeit als alle existierenden Schiffe ihrer Klasse, ohne Masten, ohne Schornsteine etc. Und ich würde sie alle in 18 Monaten bauen und zum Doppelten ihrer Selbstkosten verkaufen... Elswicks Aktien um 50 Prozent in die Höhe treiben.«

So faszinierend ihm diese Vision privat gebauter Superkriegsschiffe, die vermutlich für den Meistbietenden erhältlich gewesen wären, erscheinen mochte, Fishers wirkliche Ziele lagen innerhalb der Marine: zuerst Verstärkung der Mittelmeerflotte; dann Ernennung zum Ersten Seelord. Obwohl seine Methode, das erste Ziel zu erreichen – ständiges Belästigen und Plagen des Ersten Seelords und der Admiralität –, wenig geeignet schien, zum zweiten zu führen, ließ Fisher nicht nach. Und im Frühjahr 1901 erbrachte sein Rufen, Schimpfen und Lamentieren ein Resultat: Lord Selborne verkündete, daß er nach Malta kommen und den Ersten Seelord Walter Kerr und den Direktor des Marine-Nachrichtendienstes, Konteradmiral Reginald Custance, mitbringen werde. Sie wollten sich mit dem Oberkommandierenden der Mittelmeerflotte in Malta zusammensetzen und bestehende Irritationen ausräumen.

Als die Besucher an Bord der *Renown* kamen, gingen die vier Männer in Fishers Kajüte. Der Oberkommandierende brachte seine Beschwerden vor: er brauche mehr Schiffe. »Wenn die Zeit kommt«, würde es zu spät sein.

»Sie scheinen keinerlei Vertrauen in die Admiralität zu haben, Sir John«, schalt ihn Lord Selborne.

»Nein, das habe ich nicht«, antwortete Fisher. »Ich weiß, daß Ihre Absichten gut sind, aber der Weg zur Hölle ist mit guten Vorsätzen gepflastert.«

Aus diesen Diskussionen entstanden Kompromisse. Acht zusätzliche Zerstörer wurden auf den Weg gebracht (allerdings nicht die 32 oder 46, die Fisher gefordert hatte). Wichtiger war, daß Admiral Sir Arthur Wilsons Kanalflotte im Kriegsfall offiziell Fishers Kommando unterstellt werden sollte und jährlich gemeinsame Manöver der Mittelmeer- und der Kanalflotte genehmigt wurden. Fisher war öffentlich besänftigt und persönlich erfreut. Ein derartiger Besuch der Spitzen der Admiralität sei »beispiellos«, trompetete er. Er hatte nicht alles bekommen, was er wollte (darüber würde er sich weiterhin öffentlich und privat beklagen), aber während der verbleibenden achtzehn Monate seines Kommandos sollte die Flottenstärke beträchtlich anwachsen. Ältere Schlachtschiffe wurden durch moderne Schiffe ersetzt. Panzerbrechende Granaten, teleskopische Visiervorrichtungen und Kreiselkompasse wurden eingeführt.

Im September 1901 fanden gemeinsame Übungen der Mittelmeer- und der Kanalflotte statt, die im Krieg zusammenwirken sollten, aber niemals gemeinsame Manöver durchgeführt hatten. Nach Abschluß der Manöver, die unter Fishers Oberbefehl vor Gibraltar stattfanden, schrieb Fisher triumphierend an den Ersten Lord: »Alles ist außerordentlich gut abgelaufen, und Wilson, dem Komplimente sonst nicht liegen, machte das folgende Signal, als ich die Kanalflotte zum Kohlen nach Gibraltar beorderte: ›Die Offiziere der Kanalflotte haben viel von Ihrer Verbindung mit der Mittelmeerflotte profitiert, während sie Ihrem Kommando unterstanden.‹ Wilson und Beresford handhabten ihre Geschwader höchst bewundernswert, als sie unabhängig gegeneinander operierten... Danach, als die gesamte Flotte als ein Ganzes zusammenwirkte, war es eine ziemlich gigantische Sache, mit 18 Schlachtschiffen in Kiellinie und den übrigen 50 Schiffen ringsherum.«

Nach den Manövern, während Wilson noch in Gibraltar war, schlossen sich Fisher und sein Kollege in eine Kajüte ein, um unter vier Augen über Kriegspläne zu sprechen. »Nach den Gesprächen, die ich mit Wilson führte, glaube ich, daß wir jede Eventualität im Falle eines Krieges berücksichtigt haben und in jedem Punkt völlig einig sind«, schrieb Fisher an Lord Selborne.

Im Frühjahr 1902 endete Fishers dreijährige Dienstzeit als Oberbefehlshaber der Mittelmeerflotte. Sie war ein großer Erfolg gewesen – »Nahezu alles, was ich verlangte, ist schließlich gewährt worden«, schrieb er an seine Tochter. Das britisch-französische Kolonialabkommen war unterzeichnet, die Entente lag in der Luft, und statt sich wegen der französischen Flotte in Toulon und der französischen Torpedoboote in Biserta zu sorgen, blickte Fisher nun auf das Anwachsen der deutschen Kriegsmarine.

Seine eigene Zukunft sah er nicht sonderlich glänzend. 1902 war er einundsechzig, und obwohl er während seines Aufenthalts im Mittelmeer zum Rang eines Flottenadmirals befördert worden war, bezweifelte er, daß noch Aussichten auf ein höheres Amt bestanden. »Ich bin von der Admiralität unter Tabu gestellt worden... und darum wird das Mittelmeer wahrscheinlich mein letzter Wirkungsbereich sein«, schrieb er an Arnold White. In einem Brief an Thursfield fügte er hinzu: »Wie ich höre, ist ein Syndikat von Admirälen (meistenteils Fossilien) gebildet worden, um meine künftige Anstellung zu verhindern.« Er richtete seine Hoffnung auf die Ernennung zum Oberbefehlshaber eines der großen Flottenstützpunkte wie Devonport als eines würdigen Überganges zur Pensionierung. Schon hatte er seinem Sohn Cecil geschrieben und ihn gebeten, sich nach »ein paar Morgen Land und einem hübschen Häuschen« nahe Bury St. Edmunds umzusehen.

Lord Selborne hatte jedoch andere Vorstellungen. Am 9. Februar 1902 schrieb er an Fisher:

> Mein lieber Admiral:
> ... Sie haben mich mehrere Male gedrängt, Sie im Mittelmeer abzulösen... damit Sie sehen, ob Sie in einem abgeschiedenen englischen Dorf nicht besseren Kohl anbauen können als sonst jemand. Ich werde Sie jetzt beim Wort nehmen, doch möchte ich, daß Sie, statt Kohl anzubauen, kommen und Admiral Douglas' Platz als Zweiter Seelord einnehmen.
>
> Mit diesem Angebot möchte ich ein paar Bemerkungen verbinden, um jeder Möglichkeit künftiger Mißverständnisse vorzubeugen... Ich gebe kein Versprechen ab, daß Sie dem gegenwärtigen Ersten Seelord ins Amt folgen werden, wenn seine Zeit um ist. Ich behalte mir völlige Wahlfreiheit für den Fall seiner Nachfolge vor, wenn die Zeit kommt.
>
> Meine zweite Bedingung ist, daß, sollten wir jemals nicht übereinstimmen, was im natürlichen Gang der Ereignisse wahrscheinlich gelegentlich der Fall sein wird, niemand außerhalb der Admiralität jemals von unseren Differenzen erfährt. Jedes Mitglied hat seine eventuelle Abhilfe im Rücktritt, eine Abhilfe, die ein weiser Mann nur für einen besonderen Anlaß reserviert. Aber solange wir nicht zurücktreten, muß unsere Solidarität... absolut sein.

Fisher war überglücklich und durchaus bereit, die diskrete Mahnung eines achtzehn Jahre jüngeren Mannes widerspruchslos hinzunehmen. »Ich glaube, es zeugt von einer außerordentlich christlichen Gesinnung von seiten Lord Selbornes und der Admiralität, mich in ihren Kreis zu bitten, nach der Art und Weise, wie ich sie in den letzten drei Jahren geplagt, beschimpft und drangsaliert habe«, schrieb er seiner Tochter.

Im Juni 1902 kehrte Fisher als Zweiter Seelord zur Admiralität zurück.* Sein Gebiet war die Personalverwaltung, und er richtete seine Aufmerksamkeit auf die Auswahl und die Ausbildung der Offiziere. Kadetten sollten mit zwölf und dreizehn in die Marine aufgenommen werden, wie es schon in Fishers Jugendzeit vor einem halben Jahrhundert gewesen war, und nicht mit fünfzehn, wie es in den späteren Jahren des neunzehnten Jahrhunderts Praxis geworden war. Diese Änderung erfreute insbesondere den Prinzen von Wales,** einen alten Marinemann. »Man kann sie nicht jung genug bekommen«, schrieb er zustimmend an Fisher.

Umstrittener waren Fishers Versuche, die traditionellen gesellschaftlichen Barrieren einzureißen, die innerhalb der Marine eine Standesgrenze zwischen Offizieren und Mannschaften bildeten. Jacky Fishers eigene Herkunft war an der unteren Grenze dessen gewesen, was die Marine für den Offiziersnachwuchs als unabdingbar betrachtet hatte, und ohne die Fürsprache hochgestellter Persönlichkeiten wäre er schwerlich als Kadett aufgenommen worden. Fisher wollte das Reservoir vergrößern. »Sicherlich holen wir unsere Nelsons aus einer zu engen Klasse«, sagte er. »Geben wir jedem gesunden Jungen seine Chance, ungeachtet der Titel oder des Geldbeutels seines Vaters.« Der neue Zweite Seelord wollte auch die Schranke zwischen Deckoffizieren und Ingenieuroffizieren einreißen. Traditionell kamen die Deckoffiziere, die zu Kapitänen und Admirälen aufrückten, aus den oberen Schichten, während die Ingenieuroffiziere, die ihr Leben in den Maschinenanlagen der Schiffe zubrachten, aus den unteren Schichten kamen. Beide wurden in getrennten Schulen ausgebildet und trugen verschiedene Uniformen. Erst vor kurzer Zeit war den Ingenieuroffizieren erlaubt worden, die Offiziersmesse zu betreten und dort zu essen; dennoch konnten sie niemals damit rechnen, selbst ein Schiff zu kommandieren.

Fishers Plan war, daß alle Kadetten ungeachtet ihrer sozialen Herkunft oder ihres späteren Einsatzes die gleiche Ausbildung in Seemannschaft und Ingenieurwesen erhalten sollten. Mit zweiundzwanzig, wenn ein Anwärter den Rang eines Leutnants erhielt, sollte er sich dann als Ingenieur- oder Deckoffizier spezialisieren. Aber ein Ingenieuroffizier würde gleichwohl die Fähigkeit und Befugnis erhalten, auf der Brücke Wache zu stehen, und ein Deckoffizier würde seinerseits den Maschinenraum überwachen können. Erreichten sie den

* Vier Seelords, allesamt Marineoffiziere, verwalteten die Admiralität. Der Vierte Seelord war verantwortlich für die Versorgung der Flotte, der Dritte Seelord für Entwurf und Konstruktion von Schiffen, der Zweite Seelord für Personalfragen und der Erste Seelord für die Leitung der Operationen in Krieg und Frieden. Der Erste Lord, ein Politiker und Kabinettsmitglied, war dem Premierminister und dem Parlament für die Flotte als einem Exekutivorgan der Regierung verantwortlich.

** Der zukünftige König George V.

Rang eines Fregattenkapitäns, würden alle Offiziere ihre Spezialisierungen ablegen und gleiche Möglichkeiten haben, höhere Positionen zu erreichen.

Fishers Plan stieß auf großen Widerstand. Im Unterhaus protestierten Abgeordnete gegen den entehrenden Vorschlag, »unsere Offiziere hinunter ins Kohlenloch zu schicken«. Aus der Flotte kam die Geschichte des hochmütigen Deckoffiziers, der zu einem Chefingenieur sagte: »Sehen Sie, Brown, es ist ganz gleich, welchen Rang die Admiralität Ihnen gern geben möchte, und mir ist es gleich, ob Sie vor oder nach mir zum Essen in die Messe gehen. Ich weiß nur, Brown, daß meine Mutter Ihre Mutter niemals zum Tee einladen wird.« Die alten Admiräle, die Fisher »die Mandarine« und »die Fossilien« genannt hatte, wehrten sich erbittert. »Sie betrachten mich«, schrieb Fisher seinem Sohn, »als eine Mischung von Robespierre und Gambetta.« »Mein lieber Walker«, schrieb er einem Freund, »ich hatte keine Ahnung, daß Admiräle so grob zueinander sein könnten.«

Aber Fisher genoß auch mächtige Unterstützung: vom König, dem Prinzen von Wales, dem Premierminister Arthur Balfour und dem Ersten Seelord. Für ihn persönlich wichtiger war, daß er die einmütige Unterstützung der tüchtigeren jüngeren Offiziere der Marine besaß. »Ich habe in meiner Schublade Briefe von 24 Kapitänen und Fregattenkapitänen, ausgesucht tüchtigen Männern, die sich für den Plan aussprechen«, schrieb er an Thursfield. »Ich ziehe diese 24 Meinungen der künftigen Admiräle, die unsere Flotten befehligen und die Admiralität verwalten werden, jeglichen 24 Admirälen vor, die heute existieren, aber früher oder später ihren Abschied nehmen werden.«

Wie immer waren Fishers Energie und Arbeitslust phänomenal. Wenn er in seinem Büro nichts zu tun finden konnte, ging er mit einem Plakat, das er sich um den Hals gehängt hatte, durch die Korridore: »ICH HABE NICHTS ZU TUN« oder »BRINGT MIR WAS ZU UNTERSCHREIBEN«. Am 2. Mai 1903 hielt er beim Bankett der Königlichen Akademie eine seiner seltenen öffentlichen Ansprachen, in der es ihm in zehn Minuten gelang, das Publikum zu Gelächter und Hochrufen hinzureißen, die Armee aufzuziehen, Wein auf den Armeeminister zu schütten und die Nation mit einer eingängigen, oft zitierten Redewendung zu beschenken. »Auf der britischen Kriegsmarine ruht das britische Empire«, erklärte er. »Nichts sonst ist ohne sie von Nutzen, nicht einmal die Armee... Keiner unserer Soldaten kann irgendwohin gehen, wenn nicht ein Matrose ihn auf dem Rücken hinträgt.«

Fisher betonte diese Erklärung mit einer ausgreifenden Armbewegung, die ein Glas Portwein auf die makellos weiße Weste des Armeeministers St. John Broderick beförderte, der neben ihm saß. »Ich will die Armee nicht herabsetzen«, fuhr Fisher gutgelaunt fort. »Der Kriegsminister bat mich eigens, auf die Armee anzuspielen, sonst hätte ich es nicht getan...« Abschließend sagte Fisher seinen Zuhörern, sie sollten Vertrauen in die Marine und die Admiralität haben, versicherte ihnen, daß »Sie ruhig in Ihren Betten schlafen können«. Hinterher war Fisher hocherfreut über den Empfang, der ihm bereitet wurde. »Der Lord Chief Justice [der an Fishers anderer Seite saß] sagte mir, daß meine Rede die beste gewesen sei, die in den Wänden der Königlichen Akademie gehalten worden sei... Der Prinz von Wales war sehr erfreut und applaudierte mir wie alle anderen... Der Erzbischof von Canterbury, Mr. John Morley, Sir Ernest Cassel... viele von ihnen kamen danach zu mir und beglückwünschten mich.«

Der Befehl über den großen Marinestützpunkt in Portsmouth, das höchste Amt in der Royal Navy nach dem des Ersten Seelords, diente oft zur Vorbereitung eines Offiziers auf diesen höchsten Posten. Am 31. August 1903 hißte Fisher seine Flagge als Oberkommandierender von Portsmouth auf der *H. M. S. Victory*. Hier herrschte er über den größten Marinestützpunkt des Reiches mit der Marinewerft und den Offiziersschulen. Zu seinen Pflichten zählte die Beaufsichtigung der Kadettenausbildung, des Geschützwesens und der Torpedoschule sowie die Aufsicht über den Bau und die Reparatur von Kriegsschiffen in der Werft. Fisher überschritt diese offiziellen Grenzen. Während seines kurzen, nur 15 Monate dauernden Intermezzos in Portsmouth wandte er seine Aufmerksamkeit der U-Boot-Waffe zu.

Fisher war bereits überzeugt, daß der Torpedo die Seekriegswaffe der Zukunft sei. Das Problem war, den Torpedo ins Ziel zu bringen. 1903 betrug die wirksame Reichweite der Torpedos unter 1000 Meter. Jedes Schiff, das Torpedos abschoß, mußte bis auf diese Entfernung an den Gegner heranlaufen. Als Direktor des Geschützwesens in den 1880er Jahren hatte Fisher daran gearbeitet, eben dies für feindliche Torpedoboote so schwierig wie möglich zu machen. Auf den Decks der britischen Schlachtschiffe und Kreuzer wurden neu entwikkelte Schnellfeuergeschütze aufgestellt, die einen Angreifer mit einem Feuerhagel eindecken konnten. Später förderte er die Entwicklung schneller Torpedobootzerstörer zur Abschirmung der schweren Schiffseinheiten und um Torpedoboote außer Reichweite der Torpedos zu halten. Gemeinsam machten Schnellfeuerkanonen und Zerstörer Torpedobootangriffe bei Tageslicht nahezu unmöglich. Daher die Bedeutung des U-Bootes. Fisher gab seine Defensivperspektive auf und schaltete auf Angriff, als ihm klar wurde, daß das Unterseeboot eine Waffengattung war, die Torpedos selbst bei hellem Tageslicht in Reichweite größerer feindlicher Schiffe bringen konnte.

In den ersten Jahren nach der Jahrhundertwende waren U-Boote noch weit davon entfernt, die tödlichen Waffen zu sein, zu denen sie in den beiden Weltkriegen wurden. Geringe Geschwindigkeit, begrenzter Aktionsradius und unzureichende Tauchzeiten, beschränkte Sicht bei Tag und völlige Blindheit bei Nacht ließen sie zunächst harmlos erscheinen, sogar lächerlich. Admiral Lord Charles Beresford tat sie als »Fishers Spielzeug« ab. Als das Potential der

U-Boote deutlicher wurde, kam Furcht hinzu. Die britische Marine wünschte nicht, daß U-Boote zu einer wirksamen Waffe würden. Großbritannien hatte zum Schutz der Heimatinseln und des Weltreiches auf die Macht der Überwasserstreitkräfte gebaut und enorme Summen investiert. U-Boote konnten Schlachtschiffe und die in sie investierten Summen gefährden. Sie wurden von den britischen Admirälen folglich zu unmännlichen, unethischen und »unenglischen« Waffen erklärt. Admiral Sir Arthur Wilson, Oberkommandierender der Kanalflotte, verabscheute diese »tückische Angriffsmethode« so, daß er die Admiralität bat, öffentlich zu verkünden, daß alle in Kriegszeiten gefangenen U-Boot-Mannschaften als Piraten behandelt und gehängt würden.

Fisher sah es anders. Es war richtig, daß das U-Boot die Waffe der schwächeren Macht war; es traf zu, daß er daran gearbeitet hatte, die britischen Überwasserstreitkräfte vor allen Schiffen zu schützen, die Torpedos abschießen konnten; und es war in Fachkreisen kein Geheimnis, daß er an Plänen für ein riesiges neues Kriegsschiff arbeitete, ein Superschlachtschiff. Aber wie er es sah, sollte Großbritannien keine neuen Waffen verschmähen. U-Boote mochten unenglisch sein, weil Großbritannien bereits die Weltmeere beherrschte, aber wenn sie britische Schlachtschiffe versenken konnten, dann konnten sie auch ausländischen Schlachtschiffen zum Verhängnis werden. Fishers Ziel war es, feindliche Schiffe zu versenken. Ob die Waffen, die dies bewirkten, als tückisch oder unenglisch verschrien waren, kümmerte ihn nicht; ihm ging es allein um die Wirkung.

Als Fisher in Portsmouth eintraf, war Kapitän Reginald Bacon gerade auf den neugeschaffenen Posten des Inspekteurs der Unterseeboote berufen worden. Unter der Leitung des Oberkommandierenden war Bacon für die gesamte U-Boot-Streitmacht der Marine verantwortlich. Sie bestand vorerst aus sechs kleinen Booten, mit denen experimentiert wurde. Fisher und Bacon ergänzten einander vorzüglich; der Admiral beschrieb den Kapitän als »den klügsten Offizier in der Marine«, und Bacon sagte später von seinem Förderer: »Das U-Boot war Lord Fishers Kind, und seine dynamische Energie überwand alle Obstruktion in der Marine.«

Bacons Offiziere und Mannschaften betrachteten sich als eine Elitetruppe, und bei den Flottenmanövern im März 1904 ließen sie erstmals aufmerken. Ihr »Feind« war die Hochseeflotte, und sie trafen Sir Arthur Wilsons stolze Schlachtschiffe und Kreuzer mit so vielen Übungstorpedos, daß die Schiedsrichter zwei der Schiffe für versenkt erklären mußten – sehr zu Wilsons Mißvergnügen. (Unglücklicherweise wurde eines von Bacons Unterseebooten von einem vorbeifahrenden Handelsschiff, das nicht gewarnt worden war, gerammt und sank mit der ganzen Besatzung). Die eigentliche Lektion des Manövers, berichtete Bacon, war, daß die Anwesenheit von U-Booten »einen außerordentlich einschränkenden Einfluß auf die Operationen« einer Schlachtflotte ausübte: »Schlachtschiffe mußten stets von einem starken Geleitschutz von Zerstörern begleitet werden. Fisher war begeistert und erklärte die U-Boote zu einem großen Erfolg: »Ich glaube nicht, daß die enorme bevorstehende Revolution, die U-Boote als offensive Waffen im Seekrieg darstellen, auch nur im entferntesten erkannt wird.«

Fisher blickte weit voraus. Im wesentlichen wurde das U-Boot bis zum Ausbruch des Krieges 1914 zumindest in England immer noch als eine Defensivwaffe betrachtet, nützlich zur Verteidigung von Häfen und Küsten in Verbindung mit Minenfeldern, die sie eines Tages ersetzen mochten. U-Boote konnten eine bewegliche Verteidigung führen und die Annäherung feindlicher Überwasserstreitkräfte extrem risikoreich machen. Über eine schmale Wasserstraße wie die Straße von Dover oder die Meerenge von Gibraltar verteilt, konnte ein Verband von U-Booten die Durchfahrt feindlicher Schiffe praktisch unmöglich machen. »Das Risiko eines großen Schiffes bei der Annäherung an einen von U-Booten verteidigten Hafen«, erklärte Bacon mit Nachdruck, »ist so groß, daß es in Kriegszeiten niemals eingegangen werden sollte.« Das war der Anfang vom Ende der klassischen britischen Seekriegsstrategie, feindliche Häfen durch eine eng gezogene Blockade zu sperren. Angesichts der wahrscheinlichen Anwesenheit feindlicher U-Boote konnten britische Schiffe nicht dicht vor feindlichen Häfen liegen und auf feindliche Blockadebrecher oder Marineeinheiten warten, die sich herauswagten. Statt dessen würde die Blockadeflotte sich über den Horizont hinaus zurückziehen müssen und nur einen dünnen Überwachungsschirm aufrechterhalten können. Erst wenn der Angriffsbefehl gegeben würde, könnte sie geschlossen in Küstennähe vorstoßen, umgeben, wie Bacon gesagt hatte, von einem Geleitschutz aus Zerstörern.

Im Herbst 1903 saß Fisher vier Monate lang in einem Gremium, dessen Auftrag die Reform der britischen Armee war. Der Burenkrieg hatte viel Schlendrian in der Armee enthüllt, und nach Kriegsende ernannte die Regierung Balfour eine Königliche Kommission, um die Fehler aufzudecken und Vorschläge zur Beseitigung festgestellter Mängel zu machen. Lord Esher war der Vorsitzende, Sir George Clarke und Sir John Fisher waren die anderen Mitglieder. Fishers Wahl war eine nicht unangenehme Überraschung für ihn und ein Schock für die Admiralität, die nicht konsultiert worden war. »Lord Selborne und alle anderen scheinen sehr eifersüchtig, daß ich vom König und dem Premierminister ausgewählt wurde, und wie es scheint, trafen diese beiden ihre Entscheidung, ohne jemanden zu konstultieren, aber das ist nicht meine Schuld«, schrieb er an seinen Sohn. »Ich bin das Ziel von Neid, Haß, Bosheit und aller Lieblosigkeit.« Dann hatte er gute Nachricht: »Der König wird niemals zulassen, daß jemand meiner Mitgliedschaft in der Kommission im Wege steht«, meldete er fröhlich. Die Admiralität, deren Opposition auf der Überzeugung gründete, daß die Position eines Oberkommandierenden in Portsmouth eine Vollzeitbeschäftigung sei, gab widerstrebend nach. »Die Admiralität erwartet von mir, daß ich alle meine Pflichten in Portsmouth erfüllen werde«, schrieb Fisher, und er erklärte sich dazu bereit. Um das Arrangement zu erleichtern, wurden die Sitzungen der Königlichen Kommission in Fishers Büro im Marinestützpunkt abgehalten.

Die Armee war entrüstet. Nicht nur war der einzige Berufsoffizier der Kommission ein Admiral und kein General, sondern Jacky Fisher war darüber hinaus ein Admiral, der aus seiner Geringschätzung der Armee kein Hehl machte und sie gleichsam mit donnernden Breitseiten zum Ausdruck brachte.

Was Fisher erfuhr, als er sich freudig in die Arbeit der Königlichen Kommission stürzte, war nicht geeignet, seine Ansicht zu ändern. »Das militärische System ist verfault bis auf den Kern«, schrieb er. »Die besten Generäle sind noch schlimmer als die Subalternoffiziere, weil sie verhärtete Sünder sind.« Er wollte die Männer an der Spitze – »die alte Bande« – insgesamt hinwegfegen und jüngere Offiziere befördern.

Am Ende ihrer Untersuchung riet die Königliche Kommission zur Abschaffung des traditionellen Amtes eines Oberkommandierenden der britischen Armee, eines Postens, der seit Jahren von Königin Victorias Vetter, dem Herzog von Cambridge, besetzt war, und zu seiner Ersetzung durch ein Gremium ähnlich den Lords der Admiralität. Die Kommission empfahl auch die Dezentralisierung der Heimatarmee in sieben territoriale Kommandos. Als der Abschlußbericht dem Premierminister vorgelegt wurde, bestand Fisher darauf, daß alle drei Kommissionsmitglieder für den Fall, daß ihre Empfehlungen nicht in ihrer Gesamtheit angenommen würden, mit dem Rücktritt drohen sollten.

Ein persönliches Ergebnis der Arbeit in dieser Königlichen Kommission war Fishers spätere Freundschaft mit Reginald Brett, Lord Esher, den er von Anfang an bewunderte und verehrte. Die beiden bildeten eine Allianz, die wegen Eshers Freundschaft mit dem König Fisher in vielen Kämpfen in der Admiralität den Rücken stärken sollte. Ihr Briefwechsel knisterte von Ideen und, auf Fishers Seite, von farbigen Schmähreden. Er zog unbekümmert über seine Gegner her, weil er wußte, daß Esher schmunzelnd zustimmen würde.

Der Oberkommandierende von Portsmouth erhielt ein hohes Gehalt von 4000 Pfund im Jahr, mit dem er die Gastfreundschaft der Royal Navy zu erweisen hatte. London war nur eineinhalb Bahnstunden entfernt, und Fisher ergriff die Gelegenheit. »Heute abend haben wir hier 550 Leute, die zu einem Ball geladen worden sind«, schrieb er an Esher, »und gerade habe ich erfahren, daß weitere 150 kommen werden, die nicht eingeladen worden sind.« Einladungen vom Admiralitätsgebäude ergingen an Politiker, Journalisten, sogar an Mitglieder der königlichen Familie; an alle, die den Zwecken der Marine – oder Jacky Fishers – nutzbar gemacht werden konnten. Als Fisher sich zum Fürsprecher der U-Boot-Waffe machte, wurden der Prinz und die Prinzessin von Wales nach

Portsmouth eingeladen. Der Prinz fuhr mit einem U-Boot auf die See hinaus und nahm an einem Tauchmanöver teil. Die Prinzessin, die den Vorgang von einem Beobachtungsschiff aus beobachtete, sagte mit halblauter Stimme: »Ich werde sehr enttäuscht sein, wenn George nicht wieder hochkommt.«

Der wichtigste Besucher war natürlich der König, und während seines Kommandos in Portsmouth gewann Fisher ein engeres Verhältnis zu Edward VII. Königin Victoria war für den koboldhaften Charme des wagemutigen Kapitäns empfänglich gewesen, aber seit die Admiralität sich geweigert hatte, Prinzgemahl Albert zum Flottenadmiral zu machen, hatte die Königin der Admiralität und der Marine insgesamt wenig Zuneigung entgegengebracht. Edward hatte andererseits während seiner langen Jahre als Prinz von Wales viele Freunde in der Marine gewonnen, war gut informiert über Marineangelegenheiten und teilte die meisten Meinungen und Vorurteile seiner Admiräle und dienstälteren Kapitäne. Fisher, der farbigste und freimütigste von allen, erkannte einen mächtigen potentiellen Verbündeten, wenn er einen sah. Und der König, ein erfahrener Menschenkenner, hatte keine Mühe, den herausragenden Offizier seiner Marine zu erkennen.

Fisher hatte das Kommando in Portsmouth gerade übernommen, als er für eine Woche auf Schloß Balmoral gerufen wurde. Der König und der Premierminister hatten beschlossen, den Admiral in die Königliche Kommission zur Armeereform aufzunehmen, und der König wollte Fisher näher in Augenschein nehmen. Fisher war aufgeregt und erfreut wie ein Kind. »Meine Räume sind neben denen des Königs«, schrieb er seiner Frau aus dem schottischen Hochland, »und sein Dudelsackpfeifer spielt jeden Morgen um acht vor unseren Fenstern... Gestern abend saß ich beim Essen neben dem König und sprach die ganze Zeit zu ihm, so daß ich vom Essen wie gewöhnlich nicht viel hatte, aber ich glich das mit belegten Broten am späteren Abend aus. Auf einem Seitentisch stehen immer Orangeade und Limonade außer Whiskey und Soda zur Verfügung und auf einer Platte unter einer silbernen Schutzhaube die köstlichsten belegten Brote... Gestern nachmittag war ich lange mit ihm draußen, wir wanderten im Park umher, und er schien äußerst interessiert an allem, was ich ihm erzählte... Du kannst Dir nicht vorstellen, wie freundlich der König ist.« Am Freitagabend gab der König einen Ball für Fisher und schenkte ihm ein Paar weiße Handschuhe, die er bei diesem Anlaß tragen sollte. Er ließ sich von London eilends einen Hut kommen, »so daß ich für die Kirche richtig angezogen bin«.

In dieser Woche gelang es Fisher, das Vertrauen des Königs zu erwerben, und von da an unterstützte Edward den umstrittenen Admiral und seine Politik. Lord Esher erklärte ihm einmal, wie König Edwards Denkprozesse funktionierten. »S. M. hat zwei rezeptive Ebenen im Bewußtsein. Eine hält bleibende Eindrücke fest, die andere nur die flüchtigen. Der ersteren sind seine Eindrücke von Leuten und ihrem relativen Wert eingeprägt, der letzteren die von Dingen, und diese verblassen oder werden von späteren überlagert. Aber, und dies ist der wesentliche Punkt, wenn Sie Ihren Eindruck auf Ebene Nummer eins einprägen können – was Sie längst getan haben –, können Sie sich darauf verlassen, daß diese Einprägung immer erhalten bleiben wird... Der König wird nicht in Details gehen, denn sein Leben ist dafür zu ausgefüllt, aber er wird sich immer sagen: ›Jack Fishers Ansicht ist so und so, und er hat sicherlich recht.‹ Ich glaube nicht, daß Sie sich um S. M. sorgen müssen, denn er wird Sie immer unterstützen.«

Nachdem er mit dem König Freundschaft geschlossen hatte, freundete Fisher sich auch mit der Königin an. Als in Schloß Sandringham Königin Alexandras sechzigster Geburtstag gefeiert wurde, entdeckte Fisher, daß alle anderen Gäste vorbereitete Trinksprüche zu Ehren ihrer Gastgeberin mitgebracht hatten. Fisher hatte keinen und mußte improvisieren. »Haben Sie dieses Groschenblatt über Ihre Majestät gesehen?« fragte er. Die Königin verneinte und fragte, was es sei. »›Die Königin ist heute sechzig! Möge sie leben, bis sie wie sechzig aussieht!‹« erklärte Fisher. Die Königin, erfreut, bat um ein Exemplar. Drei Wochen später erinnerte sie ihn. Fisher war einen Augenblick ratlos, erholte sich jedoch rasch und sagte: »Ausverkauft, Majestät; konnte kein Exemplar mehr bekommen.« Schmunzelnd fügte er in seinen Memoiren hinzu: »Ich denke, meine zweite Lüge war besser als meine erste.«

In Marienbad, wo er sich regelmäßig zur Kur aufhielt, war Fisher einmal absichtlich von einem Essen ausgeschlossen worden, bei dem der König ihn zu finden erwartet hatte. Fisher schilderte, was geschah: »Der König kam herein und begrüßte die Anwesenden, dann sagte er zum Gastgeber: ›Wo ist der Admiral?‹ Man entschuldigte sich für meine Abwesenheit. Das Mittagessen war fertig und wurde angekündigt. Der König sagte: ›Entschuldigen Sie mich einen Augenblick, ich muß ihm einen Brief schreiben und sagen, wie sehr ich das Versehen bedaure.‹ Also ließ er sie in ihrem eigenen Saft schmoren... Er kam zurück und gab den Brief meinem Freund und sagte: ›Sehen Sie zu, daß er ihn auf schnellstem Wege bekommt... heute noch.‹«

Es half ihrer Freundschaft, daß König Edward und Jacky Fisher im selben Jahr geboren waren. Einmal sagte der König zu Fisher, daß seine Offenheit ihn noch ruinieren würde, und Fisher erwiderte prompt: »Sehen Sie, heute bin ich bei Ihnen in Balmoral, und das hatte ich nie erwartet, als ich mittellos, ohne Freunde und einsam in die Marine eintrat.« Was ihre beiderseitige Zuneigung besiegelte, war die Aufrichtigkeit, Originalität und menschliche Wärme, die jeder im anderen fand. Bisweilen ärgerte sich der König über Fisher. Einmal, als sie im offenen Landauer des Königs durch London fuhren, sah der Admiral eine hübsche Frau, die er kannte, und stand im Wagen auf und winkte mit dem Schirm. Der König war zornig über diesen Bruch der Etikette und tadelte Fisher in scharfer Form; später aber lud Seine Majestät die Dame zum Abendessen ein. Manchmal erregte Fisher auch Anstoß, weil er König Edwards geradezu besessenes Interesse an Uniformen und Auszeichnungen nicht teilte. Eines Abends ließ er sich von der Zofe des Königs beim Ankleiden helfen: »Sie legte das Ordensband von etwas über die falsche Schulter, und der König las mir die Leviten, als ob ich eine Kirche beraubt hätte.«

Trotz dieser Gewitterschauer empfand der König eine tiefe Zuneigung zu Fisher. »Ich hatte viereinhalb Stunden allein mit ihm, und er war äußerst freundlich und herzlich und brachte mich schließlich zum Bahnhof und verabschiedete mich und sagte mir beim Abschied, wie sehr meine Gesellschaft ihn erfreut habe«, schrieb Fisher im September 1904 aus Karlsbad an Esher, wenige Wochen, bevor er Erster Seelord wurde. Eine Szene in Schloß Sandringham, die sich im Herbst desselben Jahres abspielte, machte die königliche Zuneigung noch deutlicher. Fisher war für das Wochenende eingeladen: »Da ich in dieser vornehmen Gesellschaft eine Null war, verzog ich mich in mein Zimmer, um einen wichtigen Brief zu schreiben, dann zog ich meinen Rock aus, nahm die Schlüssel, sperrte meinen Handkoffer auf und begann auszupacken. Ich hatte einen Stiefel in jeder Hand, als ich jemanden an der Türklinke hörte und dachte, es wäre ein Diener... Ich rief: ›Kommen Sie rein; fummeln Sie nicht lange an der Türklinke herum!‹ und herein kam König Edward mit einer ellenlangen Zigarre im Mund. Er sagte (ich mit einem Stiefel in jeder Hand): ›Was in aller Welt tun Sie da?‹ ›Auspacken, Sir.‹ ›Wo ist Ihr Diener?‹ ›Ich habe keinen, Sir.‹ ›Wo ist er?‹ ›Hatte nie einen, Sir; konnte mir keinen leisten.‹ Der König sagte: ›Legen Sie die Stiefel weg und setzen Sie sich in den Sessel.‹ Und er ging und setzte sich in den zweiten auf der anderen Seite des Kaminfeuers. Ich dachte bei mir: ›Das ist eine merkwürdige Geschichte. Da sitzt der König von England in meinem Schlafzimmer auf einer Seite des Feuers, und ich sitze in Hemdsärmeln auf der anderen Seite!‹

›Nun‹, sagte Seine Majestät, ›warum sind Sie nicht gekommen und haben Guten Tag gesagt, als Sie eintrafen?‹ Ich sagte: ›Ich hatte einen Brief zu schreiben und mit so vielen vornehmen Leuten, die Sie empfingen, hielt ich es für besser, in mein Zimmer zu gehen.‹ Dann fing er mit einem langen Gespräch an, bis es ungefähr eine Viertelstunde vor der Essenszeit war, und ich hatte noch nicht ausgepackt. Also sagte ich zum König: ›Sir, Sie werden zornig sein, wenn ich zu spät zum Dinner komme, und zweifellos haben Euer Majestät zwei oder drei Herren, die Sie ankleiden, aber ich habe keinen.‹ Und er schenkte mir ein freundliches Lächeln und ging.«

## 23. KAPITEL

# Erster Seelord

Der Zweite Earl von Selborne war seit 1900 Erster Lord der Admiralität, als Lord Salisbury im Gefolge der Khaki-Wahl sein Kabinett umgebildet und Selborne – der erst einundvierzig, aber zufällig der Schwiegersohn des Premierministers war – vom Unterstaatssekretär für die Kolonien zum Herrn über die Marine gemacht hatte. Fishers Verhältnis zu Selborne war zänkisch, aber respektvoll gewesen, soweit sich beides vereinbaren ließ. Als Oberkommandierender der Mittelmeerflotte hatte der Admiral mehr Schiffe verlangt; waren sie ihm verweigert worden, hatte er sich beschwert, aber immer innerhalb bestimmter Grenzen. Selborne erkannte Fishers außerordentliche Qualitäten an. Im Jahre 1902 brachte er den Admiral als Zweiten Seelord nach Haus; 1903 machte er ihn zum Oberkommandierenden in Portsmouth; beide Positionen galten seit langem als Vorstufen zum Amt des Ersten Seelords. Im Mai 1904 kam Selborne nach Portsmouth, um ihm das Amt formell anzubieten. Fisher genoß den Augenblick: »Vor vier Tagen erzählte Selborne einem Freund von mir, daß er mich fürchte, aber daß mein Weg in die Admiralität ›einfach unvermeidlich‹ sei«, schrieb Fisher an Esher. Fisher griff sofort zu. »Die Würfel sind gefallen!« sagte er Esher. »Gestern nahm ich mit der Vereinbarung an, daß ich am 21. Oktober meine Arbeit aufnehmen werde (Tag von Trafalgar!). Nichts geht über ein gutes Omen!«

Den Sommer über arbeitete Fisher angestrengt an den drastischen Reformen, die er plante. Am 30. Juli verbrachte er dreieinhalb Stunden im Zimmer des Premierministers im Unterhaus, um sie Balfour zu erläutern. In der folgenden Woche war er zweimal mit dem König an Bord der *Victoria and Albert* und der Jacht *Britannia*. Am 17. August kam Selborne nach Portsmouth zurück, um sich über Fishers Pläne zu informieren. »Selborne war so herzlich und verständnisvoll, daß ich mich hineinstürzte, und mit großem Erfolg«, schrieb Fisher an Esher. »Er hat es alles geschluckt... Ich setzte ihn in einen Sessel in meinem Büro und schüttelte meine Faust zweieinviertel Stunden lang ohne Hemmung vor seinem Gesicht. Dann las er die 120 Seiten Kanzleipapier und brach danach zusammen!« Am 21. August schrieb ein jubilierender Fisher an Arnold White: »Ich bin kampfbereit. Es wird ein Fall von Athanasius contra Mundum sein. Es tut mir leid für Mundum, da Athanasius gewinnen wird!«

Innerhalb von vierundzwanzig Stunden nach Fishers Ankunft in der Admiralität am 21. Oktober sah Großbritannien sich am Rande eines Krieges mit Rußland. In der Nacht zum 22. Oktober war die russische Ostseeflotte auf der ersten Etappe ihrer verhängnisvollen Reise nach Ostasien auf der Doggerbank in der Nordsee plötzlich umringt von einem nicht identifizierten Schwarm kleiner Fahrzeuge. Jemand hielt die im Licht der Scheinwerferkegel auftauchenden Kutter für japanische Torpedoboote, und die russischen Seeleute eröffneten das Feuer. Ein Fischkutter aus Hull wurde versenkt und andere beschädigt; zwei britische Fischer fanden den Tod, mehrere wurden verwundet. Die Londoner Presse schrie nach Krieg. »Diese Flotte von Verrückten«, schrieb eine; den Russen könne man »ein Schlachtschiff so wenig anvertrauen wie einem Sechsjährigen ein neues Taschenmesser«, brüllte eine andere. Wie der Zufall es wollte, hatte Fisher sich am 21. mit schwerer Grippe und hohem Fieber krank gemeldet. Als die Nachricht aus Hull eintraf, lag er zu Hause im Bett. Auf die Nachricht, daß das Kabinett zusammengetreten war und daß Krieg in der Luft liege, stand er auf, nahm eine Droschke zum Versammlungsort und verlangte Einlaß. Vor dem Kabinett argumentierte er gegen einen Krieg mit Rußland, das Frankreichs Verbündeter war. Der Feind, erinnerte er die Minister, sei Deutschland. Die Krise dauerte noch eine Woche an. Am 1. November schrieb Fisher an Kitty: »Ich bin den ganzen Tag beim Premierminister gewesen. Es hat beinahe wieder Krieg gegeben. Viel hat nicht mehr gefehlt, aber die Russen haben nachgegeben... Mit Balfour kann man großartig arbeiten. Nur er, ich, Lansdowne und Selborne haben die ganze Sache gedeichselt...«

Obwohl er noch wochenlang unter starkem Husten litt, stürzte sich Fisher mit einer Serie von Sechzehnstundentagen in seine Arbeit. Er begann um fünf Uhr früh und arbeitete drei Stunden vor dem Frühstück, aß bald früher und bald später zu Mittag und verließ die Admiralität erst abends um neun. Die Sonntage waren nicht anders, nur eilte er zum Morgen- und zum Abendgottesdienst hinüber zur Westminster-Abtei. Nachdem sich dieser Ausbruch von Energie über elf Wochen hingezogen hatte, begann Lady Fisher sich um ihren vierundsechzigjährigen Mann zu sorgen. Als sie eines Abends beim Essen neben dem König saß, berichtete sie ihm von ihren Befürchtungen. Der König griff prompt nach einer Speisekarte und schrieb auf die Rückseite: »Admiral Sir John Fisher hat an Sonntagen nicht zu arbeiten noch in die Nähe der Admiralität zu gehen, noch hat er Untergebenen Sonntagsarbeit zu erlauben. Dies ist ein Befehl, Edward R.«

Fisher ignorierte das königliche Dekret, aber nicht ohne den König daran zu erinnern, warum er so angestrengt arbeitete. Nach einer Stunde beim König schrieb er an seine Frau: »Eine volle Stunde hörten wir nicht auf zu reden (oder vielmehr, ich hörte nicht auf!), und er schien seine Freude daran zu haben und sagte immer wieder Bravo! Bravo! Das ist richtig! Natürlich haben Sie recht!

etc. etc.« Fisher bündelte seine Energie, indem er unwichtigere Einzelheiten ignorierte, von seiner Meinung abweichende Denkschriften und Untersuchungen, die ihn nicht interessierten, in einer Schublade verschloß und andere in Rauch aufgehen ließ. Als ein Hochlandregiment, das bei einem Landungsmanöver von der Marine angelandet, seine Schuhgamaschen naß und entfärbt fand, verlangte das Kriegsministerium, daß die Marine die Kosten neuer Gamaschen übernehme. Die Admiralität weigerte sich. Als die Korrespondenz Fisher vorgelegt wurde, warf er sie ins Kaminfeuer. Wenn jemand danach frage, sagte er, solle man sagen, daß Admiral Fisher die Papiere mit nach Haus genommen habe.

Fisher war dabei, die Marine zu revolutionieren. All seine Ideen, viele von ihnen schon im Mittelmeer ausgebrütet und in Portsmouth weiter ausgearbeitet, wurden nun die Marschbefehle der Flotte. Fishers erste Reform, die sich mit Personalfragen und der Auswahl und Ausbildung des Offiziersnachwuchses befaßte, war bereits im Dezember 1902, als er Zweiter Seelord war, verkündet und während seines Jahres in Portsmouth unter seiner Aufsicht verwirklicht worden. Die nächsten drei Reformen wurden am 6. Dezember 1904, als Fisher erst sechs Wochen Erster Seelord war, gleichzeitig in einer Denkschrift der Admiralität bekanntgegeben. Sie waren umfassend und ineinandergreifend; eine konnte nicht ohne die anderen durchgeführt werden; es gab nicht genug Geld und nicht genug Männer. Fisher hämmerte dieses Thema gegenseitiger Abhängigkeit allen ein: Dies ist »das Haus, das Jack baute«, erklärte er, »also darf es kein Herumpfuschen geben! Keine Gefühlsduselei! Keine Rücksicht auf Empfindlichkeiten! Kein Mitleid mit irgendwem! Wir müssen rücksichtslos, unnachgiebig und unbarmherzig sein! Und darum brauchen wir den Plan! Den ganzen Plan! Und nichts als den Plan!!!« Die fünfte von Fishers großen Reformen, diejenige, welche die dramatischste Auswirkung auf die Machtverhältnisse zur See und die diplomatische Geschichte der Vorkriegszeit in Europa hatte, war die Entscheidung, ein schnelles, überwiegend mit großkalibrigen, weittragenden Geschützen bewaffnetes Großkampfschiff zu bauen, das Schlachtschiff *H. M. S. Dreadnought*.

Sämtliche Reformen Fishers waren umstritten. Auf die geringste Opposition stieß der Plan zur Umverteilung der Flotte, weil die Argumente, welche dafür sprachen, unangreifbar logisch waren. Seit Jahrzehnten waren britische Flotten und Geschwader über die ganze Welt verstreut. 1904 gab es noch immer neun, einschließlich der Geschwader in China, im Südatlantik sowie Nordamerika und Westindien. Einige dieser fern der Heimat stationierten Flotten waren beträchtlich: das Ostasiengeschwader besaß fünf Schlachtschiffe. Aber alle waren erheblich schwächer als die Flotten der jeweiligen Regionalmächte. Das britische Ostasiengeschwader, obwohl den Seestreitkräften jeder anderen europäischen Macht im westlichen Pazifik weit überlegen, hatte der japanischen Marine nicht viel entgegenzusetzen – aber 1902 war das britisch-japanische

Bündnis nicht zuletzt darum unterzeichnet worden, weil Japan die britischen Seemachtinteressen im Fernen Osten wahrnehmen sollte. Das nordamerikanische Geschwader hätte ohne Hilfe vom Mutterland nicht daran denken können, gegen die US-Marine anzutreten – aber ein Krieg zwischen den beiden angelsächsischen Mächten war unwahrscheinlich, wenn nicht undenkbar. Das Südatlantikgeschwader war schwächer als die Kriegsmarine Brasiliens oder diejenige Argentiniens, doch war kaum damit zu rechnen, daß Brasilien oder Argentinien Großbritannien angreifen würden; beide konkurrierten um die regionale Vormachtstellung und rüsteten hauptsächlich gegeneinander; bald sollten beide bei britischen Werften Schlachtschiffe bestellen.

Im näheren Umkreis waren die britischen Flotten ungleichmäßig verteilt. Die Mittelmeerflotte, auf Fishers Betreiben stark aufgerüstet mit den zwölf stärksten Schlachtschiffen, war die schlagkräftigste Streitmacht der Marine und stand für einen Krieg gegen Frankreich bereit. Aber das Außenministerium hatte seit einem Jahr ein Kolonialabkommen mit Frankreich ausgehandelt, das bald zum Abschluß kommen und die Aussichten auf einen derartigen Konflikt stark verringern würde. Unterdessen breitete sich Besorgnis über den Aufstieg der deutschen Hochseeflotte aus. Um dieser wachsenden Bedrohung zu begegnen, setzte die Royal Navy die Kanalflotte ein, deren Aktionsbereich alle europäischen Gewässer nördlich von Gibraltar umfaßte. Diese Flotte verfügte über acht etwas ältere Schlachtschiffe. Um die Heimatinseln zu schützen, wenn die Kanalflotte drei Tagereisen entfernt in Gibraltar war, stand der Admiralität die Heimatflotte zur Verfügung, die aus acht noch älteren Schlachtschiffen bestand.

Fisher, der Deutschland schon seit dem Herbst 1902 als Großbritanniens wahrscheinlichsten Kriegsgegner ausgemacht hatte, nahm die Umverteilung der Flotte so vor, daß die neuesten und stärksten Schiffe gegen den gefährlichsten potentiellen Feind konzentriert wurden. Vier neue Schlachtschiffe wurden von der Mittelmeerflotte abgezogen und der Heimatflotte zugeordnet, die in Kanalflotte umbenannt wurde und Anweisung erhielt, im Seegebiet um den Kanal zu bleiben. Als im Jahre 1905 die in Hongkong stationierten fünf Schlachtschiffe des Ostasiengeschwaders abgezogen wurden, kamen auch sie zur Kanalflotte, deren Stärke auf siebzehn Schlachtschiffe wuchs. Die frühere Kanalflotte, jetzt in Atlantikflotte umbenannt, wurde in Gibraltar stationiert und erhielt acht Schlachtschiffe, die entweder nach Norden in heimatliche Gewässer oder nach Osten ins Mittelmeer dirigiert werden konnten, je nachdem, wo sie benötigt wurden. Die jetzt um ein Drittel ihrer Stärke reduzierte Mittelmeerflotte erhielt Anweisung, in ihren strategischen und taktischen Überlegungen von einem Krieg an der Seite Frankreichs und nicht gegen es auszugehen. Die Ostasien-, Südatlantik- und Nordamerikageschwader wurden aufgelöst und ihre brauchbaren Schiffe, hauptsächlich Kreuzer, anderen Flottenverbänden zugeteilt.

Verständlicherweise waren die Admiräle der betroffenen Flottenverbände nicht erfreut. Der Oberkommandierende der Mittelmeerflotte protestierte energisch gegen die Verringerung seiner Streitkräfte. Der Admiral des Ostasiengeschwaders argumentierte gegen die Heimkehr seiner fünf Schlachtschiffe; angewiesen, der Anordnung nachzukommen, bat er um die Erlaubnis, aus Prestigegründen wenigstens ein Schlachtschiff als sein Flaggschiff behalten zu können. Die Admiralität bestand darauf, daß alle fünf nach Haus kommen sollten, und wies ihn an, mit ihnen die Heimreise anzutreten.

Die Kritik an Fishers Umverteilung der Flotte war mild, verglichen mit den Vorwürfen, die aufgrund seiner nächsten Reform auf ihn herabhagelten. Er verfügte die Außerdienststellung und Verschrottung von Dutzenden nutzloser und obsoleter Schiffe. Während des ganzen neunzehnten Jahrhunderts war die Pax Britannica auf allen Weltmeeren von britischen Kriegsschiffen überwacht worden. Um den Globus verstreut gab es Dutzende von kleinen, älteren Kanonenbooten und betagten Kreuzern zweiter und dritter Klasse, die gewöhnlich in irgendeinem verschlafenen Hafen vor Anker lagen und hin und wieder ausliefen, um die britische Kriegsflagge vor der Küste zu zeigen und die Eingeborenen daran zu erinnern, daß hinter diesem kleinen Schiff die mächtigen Schlachtschiffe und Panzerkreuzer der größten Kriegsmarine auf Erden lagen. Für Fisher war diese Politik, Mannschaften und Geld in Schiffe zu stecken, die, wie er verächtlich sagte, »zu schwach zum Kämpfen und zu langsam zum Weglaufen« waren, überholt und absurd. Das kleinste Kanonenboot kostete die Admiralität 12000 Pfund im Jahr an Unterhalt. Jedes hatte einen Kapitän, Offiziere und Mannschaften, deren Fähigkeiten vergeudet wurden und deren Ausbildungsstand immer weiter zurückblieb, je länger sie von der Schlachtflotte getrennt waren.

Nicht alle Schiffe, die Fisher außer Dienst stellen wollte, waren klein oder in ausländischen Gewässern. Da gab es Schlachtschiffe, die zu langsam und zu schwach gepanzert waren, um sich in die Reichweite moderner Geschütze zu wagen, und jedes kostete 100000 Pfund im Jahr, solange es im Dienst blieb. Die fünf Schlachtschiffe der *Admiral*-Klasse, »großartig auf dem Papier, prachtvoll, wenn das Gewicht einer Breitseite als Kriterium genommen wird, aber in Wirklichkeit vollkommen unbrauchbar für den Kampf«, waren ein ausgezeichnetes Beispiel. Alle mußten verschwinden. »Es ist die oberste Pflicht der Marine, jederzeit bereit zu sein, den Feind zu schlagen, und dies kann nur bewerkstelligt werden, indem wir unsere Stärke auf Schiffe von unzweifelhaftem Kampfwert konzentrieren und rücksichtslos alle aussondern, die obsolet geworden sind«, erklärte der neue Erste Seelord.

Der Schlag fiel unbarmherzig. 154 Schiffe wurden »mit einem mutigen Federstrich«, wie der bewundernde Premierminister Balfour sagte, aus der Liste der aktiven Schiffe gestrichen. 90 dieser Schiffe, von Fisher als »Schafe« klassifiziert, wurden als völlig nutzlos zum Abwracken verkauft. 37 wurden als »Lamas« klassifiziert und für zukünftige periphere Kriegsdienste wie Küstenschutz und Minenlegen zur Reserve versetzt. 27, darunter vier alte Schlachtschiffe, wurden »Ziegen«, durften ihre Bewaffnung behalten, aber keine weiteren Kosten für Reparatur und Instandhaltung fordern. Sowohl die »Lamas« als auch die »Ziegen« wurden in britischen Heimathäfen ohne Besatzungen eingemottet. Einige wenige Kanonenboote blieben im Dienst, um den britischen Handel auf chinesischen Flüssen und entlang der Westküste Afrikas zu schützen.

Die Verschrottungspolitik trug Fisher herben Tadel ein. Dem Außenministerium mißfiel, daß die Marine seinen Diplomaten nicht mehr zur Verfügung stand. Fishers Antwort: »Da das Außenministerium diesem Punkt keine Beachtung schenkt, scheint es notwendig zu wiederholen, daß Besuche starker Schiffe und Geschwader weitgehend an die Stelle unmethodischer Kreuzfahrten einzelner kleiner Schiffe getreten sind, und daß dies, weit davon entfernt, ihm zu schaden, dem Prestige britischer Seemacht großen Nutzen gebracht hat.« Ernster war die Kritik vieler Admiräle, von denen manche im aktiven Dienst standen, andere – von einem für Fisher eintretenden Journalisten als »Liegestuhlflottille« bezeichnet – pensionierte Admiräle waren, die sich beklagten, daß der Marine Schiffe genommen würden, die sich im Kriegsfall als wichtig erweisen könnten. Ganz gleich, wie schwach oder langsam sie seien, argumentierten diese Kritiker, könnten alte Kreuzer zweiter und dritter Klasse als Geleitschutz für britische Handelsschiffe und zum Aufbringen feindlicher Blockadebrecher eingesetzt werden. Fishers Erwiderung war, daß die wahrscheinlichen Blockadebrecher und Kaperschiffe eines zukünftigen Krieges stark bewaffnete und gepanzerte Einheiten sein würden, die veraltete Kreuzer zweiter und dritter Klasse mühelos vernichten könnten. Die Admiräle konnten es nicht wissen, aber Fisher hatte eine neue Waffe gegen deutsche gepanzerte Kreuzer im Sinn: den Schlachtkreuzer, größer, schneller und stärker bewaffnet als jeder schwere Kreuzer der Gegenwart. Diese neuartigen Schiffe, die in den Schlachtkreuzern der *Invincible*-Klasse der Royal Navy Gestalt annehmen sollten, waren Teil von Fishers ineinandergreifendem Plan.

Das nächste Element von Fishers Plan entwickelte sich aus der Verschrottungspolitik. Die Rückführung von 154 Schiffen verschaffte der Marine einen großen Überschuß an Offizieren und Mannschaften. Fisher nutzte diesen, um eine Flotte von Reserveeinheiten aufzustellen, die kriegsbereit waren und jeweils eine Kernmannschaft an Bord hatten. Unter dem vorausgegangenen System wurden Schiffe, die im Dienst blieben, aber nicht voll bemannt waren, der Reserveflotte zugeschlagen, wo sie ohne Besatzungen in Häfen lagen und nur von Instandhaltungstrupps gepflegt wurden. Im Falle der Mobilisierung mußten gänzlich neue Besatzungen aus der Marinereserve an Bord gebracht werden. Diese Offiziere und Mannschaften, völlig unvertraut mit den Schiffen, hätten erst die Besonderheiten und Eigenheiten der Geschütze und Maschinenanlagen kennenlernen, ja, sie hätten sogar die Namen ihrer Kameraden und Vorgesetzten lernen müssen, während sie schon in See gingen, um sich dem Feind zu stellen. In den seltenen Fällen, da Schiffe der Reserveflotte zu Übungen ausliefen, waren die Ergebnisse niederschmetternd: häufige Maschinenschäden und Schießergebnisse, welche die Admiralität lieber nicht veröffentlichte.

Fishers Absicht war, die Reserveflotte in einen Zustand der Kampfbereitschaft zu versetzen. Er tat dies, indem er die brauchbarsten Schiffe dieser Flotte mit Kernmannschaften besetzte, die aus zwei Fünfteln der normalen Besatzungsstärke von Offizieren und Mannschaften bestanden. Diese Kernbesatzungen, zu denen auch die Spezialisten für die Geschütze und die Maschinen gehörten, lebten an Bord der Schiffe und konnten sich gründlich mit ihren Maschinen und Gefechtsständen vertraut machen. Wenn für Übungen oder den Ernstfall Mobilisierungsalarm gegeben wurde, konnte der Rest der Besatzung aus dem großen Reservoire regulären Marinepersonals bezogen werden, das in Marineschulen oder nahegelegenen Marinekasernen zur Verfügung gehalten wurde. Diese Auffüllung der Besatzungen war erforderlich, um aus dem jeweiligen Schiff eine Kampfeinheit zu machen, aber die Hunderte von Männern, die beschäftigt waren, Kohle zu trimmen oder Granaten und Pulver zu den Geschützen zu transportieren, benötigten nicht die Ausbildung und Vertrautheit mit dem Schiff, die von den Spezialisten der Kernmannschaft erwartet wurde.

Viermal im Jahr wurden Übungen abgehalten, in denen Schiffe mit Kernmannschaften Hunderte von Männern innerhalb weniger Stunden an Bord nahmen und mit diesen aufgefüllten Besatzungen für zwei Wochen in See gingen, um mit den aktiven Geschwadern der Flotte zu üben. Sogar im Hafen wurde dafür gesorgt, daß unter den Kernbesatzungen der psychologische Eindruck erhalten blieb, daß sie zur Kriegsflotte gehörten, jederzeit einsatzbereit. Diese Schiffe wurden nicht mit permanent heruntergelassenen Laufplanken an Kais und Anlegebrücken vertäut, wie es in der Vergangenheit bei Schiffen der Reserveflotte üblich gewesen war. Statt dessen wurden die Schiffe mit ihren Kernbesatzungen weit draußen auf Reede gelegt, um die Verbindung mit dem Land abzubrechen und die Männer der See auszusetzen. Ein Offizier, der eine Gruppe solcher Schiffe besichtigte, die zwischen Sheerness und Chatham lagen, blickte hinaus und konnte nichts als Wasser und Wattflächen sehen. Er fragte einen alten Maat, ob es ihm nichts ausmache, so weit vom Ufer zu ankern. »Du meine Güte, nein, Sir«, antwortete der alte Seebär. »Was das Auge nicht sieht, kann das Herz nicht begehren.« Fisher war erfreut über die Ergebnisse seines Systems und bezeichnete es als »den Grundstein unserer Kampfbereitschaft«. Die ganze Flotte, sagte er, sei jetzt »augenblicklich einsatzbereit... Schnelligkeit ist jetzt das charakteristische Merkmal des Seekrieges! Sofortige Einsatzbereitschaft muß der Hauptgedanke bei allem sein, was wir tun!« Balfour war stark beeindruckt von der Neuschöpfung des Admirals, die, wie er sagte, »die Kampfkraft der britischen Flotte nicht verdoppelt, sondern verdreifacht hat«.

Innerhalb von fünf Monaten nach seiner Ernennung zum Ersten Seelord griff Fisher ein, um den beklagenswerten Zustand des Geschützwesens der Flotte zu verbessern. Es hatte die Marine geschmerzt, als ein britischer General in seiner Aussage vor der Königlichen Kommission zur Untersuchung der Unzulänglichkeiten des Burenkrieges die Treffsicherheit der Marinekanoniere als etwas bezeichnet hatte, »was einer Mädchenschule Schande gemacht hätte«. Fisher war um so zorniger, als er wußte, daß es zutraf. In Portsmouth hatte er sich an Percy Scott erinnert, der unter ihm im Mittelmeer gedient und schnelles, zielsicheres Schießen demonstriert hatte. Ihm hatte er das Kommando über das Schießschulschiff *H. M. S. Excellent* gegeben.

Im März 1905, als Erster Seelord, schuf Fisher den neuen Posten eines Marineinspekteurs für Schießübungen, ernannte Scott und forderte ihn auf, für die Flotte zu tun, was er für die Schiffe unter seinem Kommando getan hatte. Im Herbst desselben Jahres führte Scott das Wettschießen ein. Um 1908 war die Treffsicherheit der britischen Schiffsartillerie über 6000 und 7000 m größer als zuvor über 2000 m. Scott, der klein, frech und besessen vom Geschützwesen war, erfreute sich in Offizierskreisen keiner sonderlichen Beliebtheit. Fisher unterstützte ihn trotzdem. »Mir ist es gleich, ob er trinkt, spielt und ein Schürzenjäger ist«, sagte der Erste Lord. »Er trifft das Ziel.«

Fishers Reformen machten die Flotte nicht nur schlagkräftiger, sie brachten auch größere Wirtschaftlichkeit in die Marineausgaben. Als Fisher die Admiralität übernahm, verzeichneten die Haushaltsvoranschläge für die Marine alljährliche Steigerungsraten. Von 27,5 Millionen Pfund im Jahre 1900 waren sie 1904 auf 36,8 Millionen Pfund gestiegen. Selbst jene, die für eine starke Marine eintraten, verspürten angesichts dieses unaufhaltsam scheinenden Wachstums Unbehagen. »Solange keine Einschränkung von innen kommt, wird die Reaktion [auf diese Kostensteigerungen] wie eine unwiderstehliche Welle über uns kommen und unendlichen Schaden anrichten«, schrieb der Marinekorrespondent der *Times*, Thursfield, an Fisher und fügte hinzu: »Es verfolgt mich wie ein Alptraum.« Fisher stimmte völlig mit ihm überein. Er wies das Prinzip zurück, daß »Gefechtstüchtigkeit untrennbar mit hohen Haushaltsvoranschlägen verbunden sei! Das genaue Gegenteil ist die Wahrheit! Großzügiges Finanzgebaren führt in der Marine wie im Leben des einzelnen zur Entwicklung parasitärer Bazillen, die sich von der Lebenskraft nähren und sie verringern... Parasiten in der Gestalt von überflüssigen Schiffen ohne Gefechtswert, nichtkämpfendem Personal und unproduktiven landgestützten Einrichtungen, die unnötige Kosten verursachen, müssen wie Krebsgeschwüre entfernt werden – herausgeschnitten.«

Fisher machte sich auf die Jagd nach den großen und kleinen Bazillen. Die Verschrottung obsoleter Schiffe ersparte im Jahr 845 000 Pfund allein an Reparaturkosten und führte zur Entlassung von sechstausend überflüssig gewordenen Dockarbeitern. Fisher entdeckte, daß die Marine einen Vorrat von zehntausend Stühlen unterhielt. »Es steht nur soviel Geld für die Marine zur Verfügung«, brüllte er. »Wenn Sie es in Stühle stecken, die nicht kämpfen können, nehmen Sie das Geld den Schiffen und Männern weg, die es können.« Er erfuhr, daß »erstaunliche Mengen Whiskeygläser« vorhanden seien. Der Stabsarzt hatte seine besonders geformten Gläser, und der Proviantmeister die seinen, und alle mußten in enormen Quantitäten vorhanden sein, so daß weder der Proviantmeister noch der Stabsarzt Gefahr liefen, aus anderen Gläsern trinken zu müssen. Zu ihrer Bestürzung bestand der Erste Seelord darauf, daß beide aus ähnlichen Gläsern zu trinken hätten.

Fishers Adlerauge erbrachte dramatische Ergebnisse: im Voranschlag des Marinehaushalts 1905 wurden die Ausgaben des Vorjahres um 3,5 Millionen Pfund unterschritten; 1906 nochmals um 1,5 Millionen Pfund und 1907 um 450 000 Pfund. In diesem Jahr kostete die Marine den Steuerzahler 31,4 Millionen Pfund im Jahr, also 5,4 Millionen Pfund weniger, als sie bei Fishers Amtsantritt gekostet hatte. Das Budget wurde verringert, während die Kampfkraft der britischen Flotte »nicht nur verdoppelt, sondern verdreifacht« wurde. Und das, während Fisher ein neues Schiff und eine neue Schiffsklasse baute, die eine Umwälzung in der Seekriegsrüstung einleiten sollte. Dieses Schiff, dessen Name über England hinaus ein Begriff wurde, war *H. M. S. Dreadnought*.

## 24. KAPITEL

# Der Bau der *Dreadnought*

Ein Schlachtschiff ist eine schwimmende Plattform für Schiffsgeschütze zur Bekämpfung feindlicher Schiffe. Gleiche Treffsicherheit auf beiden Seiten vorausgesetzt, wird das Schiff mit der größeren Zahl von Geschützen, das schwerere Granaten mit größerer Reichweite verschießen kann, den Sieg davontragen. Auch Geschwindigkeit ist ein Faktor, denn sie gibt dem Kapitän die Möglichkeit, über den Zeitpunkt der Aktion zu bestimmen – ob er den Feind verfolgen oder sich zurückziehen soll. Im Seegefecht auf hoher See, wo ein Schiff nicht in einen befreundeten Hafen fliehen kann und wo es kein anderes Versteck als Regenwolken, Nebel oder Dunkelheit gibt, ist die Vernichtung des langsameren, schwächeren Schiffes beinahe unvermeidlich. Die Reichweite der Geschütze ist wichtig, weil ein Schiff, das feuern und Treffer erzielen kann, dabei aber außer Reichweite der gegnerischen Geschütze bleibt, einen hilflosen Feind bekämpft. Schußweite, Kaliber der Geschütze und Zerstörungskraft gehen Hand in Hand; je größer die Granate, desto größer die Reichweite und desto schwerer ihre Durchschlagskraft und Sprengwirkung.

Als die *Dreadnought* entwickelt und gebaut wurde, war sie die konsequente Verkörperung dieser Konzepte. Ihre Hauptbewaffnung bestand aus acht 30,5 cm-Geschützen; jedes dieser Rohre war imstande, eine 386 kg schwere Granate abzufeuern. Wenn alle acht Geschütze einer Breitseite abgefeuert wurden, flogen 3088 kg Stahl und Sprengstoff dem Feind entgegen. Bis zum Erscheinen der *Dreadnought* bestand die Hauptbewaffnung der Schlachtschiffe aller bedeutenden Flotten aus vier 30,5 cm-Geschützen, zu denen eine Anzahl Geschütze kleineren Kalibers kam. Der Höhepunkt dieses früheren Baumusters war in den unmittelbaren Vorgängern der *Dreadnought* erreicht worden, *Lord Nelson* und *Agamemnon*, die vier 30,5 cm- und zehn 28 cm-Geschütze trugen. Bei den meisten älteren Schlachtschiffen bestand die mittlere Artillerie jedoch aus 15 cm- und 10,5 cm-Schnelladegeschützen. Auf kürzere Distanz bis etwa 5000 Meter konnte diese mittlere Artillerie mit vernichtender Wirkung eingesetzt werden. Aber die Entwicklung ging schon lange in Richtung größerer Kaliber und Reichweiten, und über Entfernungen von 10 000 Metern und mehr konnten alle früheren Schlachtschiffe nur vier Geschütze einsetzen.

Die Entstehung der *Dreadnought* wird traditionell auf einen Italiener zurückgeführt, Vittorio Cuniberti, den Chefkonstrukteur der italienischen Marine. Cuniberti hatte bereits vier leichte Schlachtschiffe der *Vittorio Emmanuele*-Klasse entworfen, die zwei 30,5 cm- und zwölf 20,5 cm-Geschütze trugen. Als sein Entwurf eines größeren, schwerer bewaffneten Schiffes für die italienische Flotte abgelehnt wurde, erhielt er die Erlaubnis, einen Artikel für *Jane's Fighting Ships* zu schreiben, in welchem er ein 17000-Tonnen-Schiff mit zwölf 30,5 cm-Geschützen forderte. Der Artikel erschien in der Ausgabe 1903 des Jahrbuches, und obwohl er das Denken der Marineleitungen in aller Welt auf schwer bestückte Großkampfschiffe lenkte, mag er nicht ganz die Pionierwirkung gehabt haben, die ihm damals nachgesagt wurde. Mehrere Mächte, darunter die Vereinigten Staaten und Japan, bewegten sich in die Richtung größerer, schnellerer Schiffe mit stärkerer Bewaffnung. Im Frühjahr 1904 beantragte die U. S.-Marine im Kongreß die Bewilligung von zwei 16000-Tonnen-Schiffen mit jeweils acht 30,5 cm-Geschützen. Die Amerikaner ließen sich jedoch Zeit; die *South Carolina* und *Michigan* wurden erst im Frühjahr 1905 bewilligt und im Herbst 1906 auf Kiel gelegt. Japan begann im Frühjahr 1905 mit dem Bau zweier großer 20000-Tonnen-Schlachtschiffe, die 20 Knoten fahren sollten und mit vier 30,5 cm- und zwölf 25,4 cm-Geschützen bewaffnet waren.

Cunibertis Artikel und Berichte über amerikanische und japanische Entwürfe mögen Fisher in seiner Ansicht bestärkt haben, daß das schnelle Großkampfschiff das Schlachtschiff der Zukunft sei, aber in seinen Memoiren schrieb er die Idee weder Cuniberti noch einem anderen Ausländer zu. Er behauptete, daß er selbst das schnelle, schwerbestückte Großkampfschiff (das er halb scherzhaft *H. M. S. Untakeable* nannte) schon im Jahre 1900 in Malta ersonnen habe, als er seine Ideen mit W. H. Gard, damals Chefkonstrukteur der Marinewerft von Malta, diskutiert habe. Nach seiner Rückkehr nach England sei er mit Sir Philip Watts ins Gespräch gekommen, dem Chefkonstrukteur der Marine, den er seit seinen Kapitänstagen an Bord der *Inflexible* gekannt hatte, weil Watts für dieses Schiff eine Reihe damals einzigartiger Tanks entworfen hatte, die Schlingerbewegungen ausgleichen sollten. Ihre Freundschaft hatte angedauert, und 1902 wurde Watts, der, so Fisher, auch an schnelle, starke Großkampfschiffe glaubte, Nachfolger Sir William Whites als ziviler Direktor der Konstruktionsabteilung der Marine. Im Oktober 1904, nach seiner Ernennung zum Ersten Seelord, verstärkte Fisher seinen Stab, indem er Gard als Watts' Stellvertreter nach London holte.

Am 22. Dezember 1904 beauftragte Fisher die Konstruktionsabteilung, Einzelheiten auszuarbeiten und Zeichnungen dieses neuen Schiffstyps anzufertigen. Der Konstruktionsgruppe gehörten neun Zivilisten und sieben Marineoffiziere an, die meisten von ihnen Fishers Schützlinge. Zu den Offizieren gehörten Konteradmiral Prinz Louis von Battenberg, damals Direktor des Marine-nachrichtendienstes und zukünftiger Erster Seelord; Kapitän John Jellicoe, Direktor des Geschützwesens der Marine und zukünftiger Oberkommandierender der Heimatflotte, sowie Kapitän Reginald Bacon, der Marineassistent des Ersten Seelords war und der erste Kapitän der *Dreadnought* werden sollte. Fisher gehörte dem Ausschuß nicht an und nahm auch nicht an seinen Sitzungen teil, aber er überwachte die Arbeit. In einem Brief an Esher erklärte er die Regelung: »Selborne ist einverstanden, daß ich Vorsitzender eines Ausschusses zur Konstruktion neuer Kriegsschiffstypen werde. Ich erläuterte ihm, daß ich die Entwürfe und Konstruktionsvorgaben hätte, daß es aber eine politische Überlegung sei, einen Ausschuß aus guten Namen zu haben... so daß die Kritiker sich auf sie einschießen werden und mich in Ruhe lassen.«

Fisher wußte, was er wollte, als er den Ausschuß bildete, und obwohl er offiziell nur beratende Funktion hatte, hätte es zutreffender heißen müssen, daß der Ausschuß die Ideen des Ersten Seelords zu »bestätigen, verfeinern und anzuwenden« hatte. Die grundlegende Entscheidung war bereits von Fisher mit Gards Hilfe getroffen worden: ein Schlachtschiff mit einheitlicher Bewaffnung von 30,5 cm-Geschützen und 21 Knoten Geschwindigkeit. Aber die Mitglieder des Konstruktionsausschusses waren keine Marionetten, obwohl später der Vorwurf erhoben wurde, die *Dreadnought* sei ganz und gar das Produkt von Fishers Größenwahn. Fisher wußte nicht recht, wie er bekommen konnte, was er wollte, und blieb aufgeschlossen für verschiedene Ideen, die vorgeschlagen und untersucht wurden. Er respektierte die Männer im Konstruktionsausschuß, um so mehr als sie jung und außerordentlich tüchtig waren – und auch weil sie sich bereit gezeigt hatten, neue Ideen aufzugreifen und mit Eifer zu verfolgen.

Der Ausschuß arbeitete sieben Wochen, vom 3. Januar bis zum 22. Februar 1905. Bei der ersten Sitzung verlas Fisher eine Absichtserklärung: »Zwei entscheidende Bedingungen der Seekriegsführung sind Geschütze und Geschwindigkeit. Theorie und Kriegserfahrung diktieren eine einheitliche Anordnung der schweren Kanonen, verbunden mit einer Geschwindigkeit, die jene des Feindes übertrifft, um in der Lage zu sein, eine Aktion zu erzwingen«. Ungefähr zur gleichen Zeit legte er Balfour und dem Kabinett eine Denkschrift vor, in der er seine Prioritäten erläuterte: zuerst Geschütze, dann Geschwindigkeit: »Beim Entwurf dieses Schiffes wurde der stärksten Bewaffnung Vorrang eingeräumt. Absolut nichts darf der möglichst vollkommenen Stärke und Reichweite der Geschütze im Wege stehen... Als Schlachtschiff wird es andere Schlachtschiffe bekämpfen müssen. Besitzt es überlegene Geschwindigkeit, kann es die Reichweite bestimmen, über die es den Kampf führen wird.«

Einige der Gründe für einheitliche Bewaffnung mit großen Kalibern waren offensichtlich. Zweck eines Schlachtschiffes war es, ein möglichst hohes Gewicht von Granaten auf die feindliche Schlachtordnung zu schießen; so lag es nahe, die schwere Schiffsartillerie zum bestimmenden Faktor zu erheben. Einheitliche schwere Bestückung bedeutete überdies, daß ein Schiff nur Munitionsvorräte eines Kalibers an Bord nehmen mußte, und daß alle Geschützteile auswechselbar sein würden. Ein noch wichtigerer Grund, der von begeisterten Artillerieoffizieren wie Percy Scott und Jellicoe ins Feld geführt wurde, war die genaue Feuerleitung. Ein feindliches Schiff, das zehn Kilometer entfernt hohe Fahrt läuft, ist ein schwer zu treffendes Ziel. Percy Scott entdeckte, daß das Problem ein wenig leichter zu lösen war, wenn man Salven feuerte – das heißt, eine Anzahl Granaten gleichen Kalibers gleichzeitig auf das Ziel abfeuerte. Lagen die Wasserfontänen der einschlagenden Granaten hinter dem Ziel, wurde der Schußwinkel ein wenig reduziert; lagen sie vor ihm, wurde er entsprechend erhöht. In gleicher Weise konnte man das Salvenfeuer durch Schwenken der Geschütztürme weiter in Fahrtrichtung des Ziels oder zurück verlegen, bis die hohen Wassersäulen der Einschläge deckend lagen. Dann wußten die Kanoniere, daß sie die richtige Entfernung gefunden hatten und erzielten früher oder später Treffer. Es war unmöglich, zu diesem Zweck Geschütze verschiedenen Kalibers einzusetzen; Granaten unterschiedlicher Größe hätten aus verschiedenen Schußwinkeln abgefeuert werden müssen, die Geschwindigkeiten und Flugbahnen wären andere gewesen, und beim Aufschlag ins Wasser hätte niemand sagen können, welche Wassersäule das Ergebnis welcher Kanone war.

Das Argument zugunsten größerer, einheitlicher Bewaffnung wurde gestützt durch die Erfahrung, die Admiral Graf Heihachiro Toto am 27. Mai 1904 in der für ihn siegreichen Seeschlacht von Tsushima gemacht hatte. Dort hatten die russische Ostseeflotte und die japanische Flotte einander auf 7000 Meter Distanz bekämpft und die Treffsicherheit und Durchschlagskraft der großen Schiffsgeschütze demonstriert, aber auch den Vorteil der maximalen Zahl schwerer Kaliber. Kapitän William Pakenham, ein Beobachter der Royal Navy an Bord von Admiral Togos Flaggschiff, bemerkte dazu: »Wenn 30,5 cm-Geschütze abgefeuert werden, bleiben Schüsse von 25,4 cm-Kanonen unbemerkt, während 20,5 cm- oder 15 cm-Kaliber, bei allem Respekt, den sie einflößen, genausogut Erbsen aus einem Blasrohr hätten sein können.«

Auch die Geschwindigkeit des neuen Schiffes und die Reichweite seiner Geschütze gingen in die Gleichung ein. Geschwindigkeit befähigte es, die Gefechtsdistanz zu wählen, und mit seiner einheitlichen Bewaffnung großer Geschütze konnte es außer Reichweite der mittleren Geschütze des Gegners bleiben. 15 cm-Kanonen waren unbrauchbar, da das Gefecht außerhalb ihrer Reichweite geführt würde; auch als Verteidigung gegen Torpedoboote und Zerstörer waren sie nicht erforderlich, da der Kampf auch außer Reichweite eines Torpedoangriffs geführt würde. So sollte alles für die Bewaffnung verfügbare Gewicht in schwere Geschütze investiert werden. Fisher faßte diese Argumente zusammen: »Das schnelle Schiff mit der schwereren Bewaffnung sollte über ein Schiff gleicher Geschwindigkeit mit vielen leichteren Geschützen, deren bloße

Zahl gegen genaue Feuerleitung und Treffsicherheit spricht, ohne weiteres den Sieg davontragen... Angenommen, ein 30,5 cm-Geschütz feuert, sobald die richtige Entfernung durch Einschießen festgestellt ist, jede Minute eine Granate ab. Sechs Rohre würden demnach bedeuten, daß alle zehn Sekunden eine sorgsam gezielte Granate mit einer hohen Explosivladung ins Ziel gebracht wird. Fünfzig Prozent davon sollten über 6000 Meter Treffer sein. Drei 30,5 cm-Granaten, die jede Minute an Deck und in den Aufbauten detonieren, würden die Hölle sein!«

Mit der Entscheidung über die Zahl der schweren Geschütze eng verbunden war das Problem, wie die Geschütztürme positioniert werden sollten. Ein Segelschiff feuerte Breitseiten aus Reihen von Kanonen, die zu beiden Seiten des Rumpfes angeordnet waren, und mußte daher einen Parallelkurs zum Gegner einhalten, um seine Waffen zur Wirkung zu bringen. Außerdem konnte es nur die Hälfte seiner Bewaffnung einsetzen, es sei denn, ein zweites feindliches Schiff erschiene auf der anderen Seite. Moderne Schiffsgeschütze, gewöhnlich in Zwillingstürmen untergebracht, schwenkten mit dem Turm, so daß sie in beinahe jede Richtung feuern konnten. Geschütztürme vorn und achtern hatten einen Feuerradius von ungefähr 120°, das heißt, sie konnten nach vorn beziehungsweise hinten und nach beiden Seiten feuern. Fisher aber wollte möglichst viele Geschütze in Positionen haben, aus denen sie nach vorn feuern konnten, weil er meinte, die angemessene Gefechtstaktik eines britischen Schlachtschiffes sollte die Verfolgung eines Feindes sein. »Ich bin ein Apostel des Feuerns über Bug und Heck, denn in meinen Augen ist Breitseitenfeuer einfältig. Gezwungen zu sein, die Verfolgung zu unterbrechen, indem man nur einen Strich vom geraden Kurs hinter einem fliehenden Feind abweicht, ist für mich der Gipfel der Eselei!«

Verschiedene Anordnungen wurden ausprobiert, einschließlich übereinander gestufter Geschütztürme vorn und achtern, so daß ein höherer Turm über und etwas hinter einem niedrigeren Turm angebracht war. Diese neuartige Anordnung wurde aufgegeben, da man fälschlicherweise annahm, daß die beim Abfeuern des oberen Geschützturmes entstehende Druckwelle den Aufenthalt im unteren Turm unmöglich machen würde. Diese Auffassung wurde widerlegt, als die beiden ersten amerikanischen Großkampfschiffe, *Michigan* und *South Carolina*, mit übereinander gestuften Türmen gebaut wurden, die sich bewährten. Erst 1909, als die amerikanischen Schlachtschiffe in Dienst gestellt wurden und Großbritannien bereits zehn Großkampfschiffe und vier Schlachtkreuzer gebaut hatte, ging die Royal Navy bei den Schlachtschiffen der *Orion*-Klasse und dem Schlachtkreuzer *Lion* zu übereinander gestuften Türmen über.

Schließlich wurden drei der fünf Geschütztürme der *Dreadnought* in Positionen angeordnet, die ihnen das Schießen nach vorn ermöglichten. Dies wurde erreicht, indem ein Turm auf dem Bug vor die Brücke placiert wurde, während zwei Flügeltürme zu beiden Seiten etwas hinter der Brücke standen (siehe Diagramm). Die Flügeltürme konnten auch breitseits oder nach rückwärts feuern, so daß das Schiff in der Lage war, mit jeweils sechs Rohren nach vorn und hinten, oder mit acht Rohren auf jeder Breitseite zu feuern. Weil bis dahin kein Schlachtschiff britischer oder ausländischer Bauart mehr als vier 30,5 cm-Geschütze erhalten hatte, die in zwei Türmen vorn und achtern untergebracht waren, stellte die *Dreadnought* das Äquivalent von zwei oder sogar drei früheren Schiffen dar. Oder, aus dem Blickwinkel eines Admirals gesehen, würde eine Formation von zehn Großkampfschiffen einer solchen von zwanzig bis dreißig herkömmlichen Schlachtschiffen entsprechen. Ein verwandtes Problem war die Anordnung der Türme so weit wie möglich über dem Hauptdeck, ohne das Schiff kopflastig zu machen. In früheren Schiffen kam es bei schwerem Seegang nicht selten vor, daß Brecher das Deck überspülten und in die Geschütztürme eindrangen, wo sie Kanonen und Kanoniere unter Wasser setzten. Fisher verlangte, daß »keine Geschütze auf dem Hauptdeck stehen« dürften. »In dieser Position sind sie praktisch nutzlos. Die Hälfte der Zeit können sie das Ziel mangels Sichtverbindung nicht ausmachen und sind so imstande, einen Freund ebenso leicht wie einen Feind zu treffen, und die andere Hälfte der Zeit sind sie vom Wasser überflutet.« Am 12. Januar kam der Ausschuß seinen Bedenken wenigstens teilweise entgegen und stellte den vorderen Geschützturm auf ein erhöhtes Vordeck, so daß er auch feuern konnte, wenn Brecher über den Bug gingen.

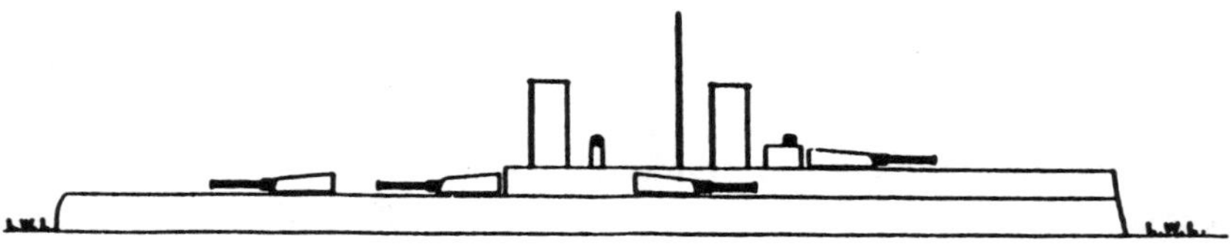

Angenommener Entwurf der *Dreadnought*

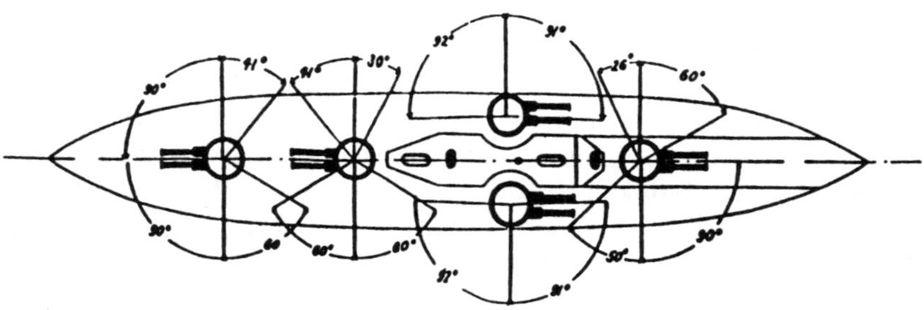

Darauf wandte sich der Konstruktionsausschuß dem Problem zu, die hohe Geschwindigkeit zu erreichen, die Fisher verlangte. »Es ist offensichtlich notwendig, überlegene Geschwindigkeit zu haben«, hatte Fisher an Selborne geschrieben, »um den Gegner zur Annahme des Kampfes zu zwingen oder um selbst in der Lage zu sein, den Kampf zu vermeiden und den Gegner von seinem Ziel wegzulocken, bis es einem geeignet erscheint, sich zum Kampf zu stellen.« (Das war Fishers größte Annäherung an das Eingeständnis, daß gelegentlich auch ein britisches Kriegsschiff gezwungen sein könnte, die Flucht zu ergreifen.) Auch hier waren die Lehren von Tsushima relevant. Admiral Togos moderne Schlachtschiffe hatten gegenüber der zusammengewürfelten Flotte des russischen Admirals Rojestwenskij einen Vorteil von sechs oder sieben Kanonen gehabt. Dies hatte Admiral Togo befähigt, in der Fernkampfdistanz zu bleiben, in der seine nach dem deutschen Schießverfahren ausgebildeten Geschützmannschaften geübt waren. Fisher argumentierte, daß Togos Erfolg bei Tsushima in erster Linie auf die überlegene Geschwindigkeit seiner Schiffe zurückzuführen sei.

Fisher wünschte für die *Dreadnought* eine Geschwindigkeit von 21 Knoten, die mit den üblichen Dreifachexpansionsmaschinen, mit denen die neueren Schiffe der britischen Flotte damals ausgerüstet waren, schwerlich zu erreichen war. Zwar waren die meisten britischen Schlachtschiffe vor der *Dreadnought* für 18 oder 19 Knoten konstruiert, erreichten diese Geschwindigkeiten aber kaum und konnten sie keinesfalls längere Zeit aufrechterhalten. Die Erfahrung zeigte, daß britische Geschwader, selbst wenn sie mit nur 14 Knoten dampften, nach mehr als acht Stunden Fahrt unter Maschinenproblemen litten. Das Problem lag in der Natur der Dampfmaschinen selbst. Sie arbeiteten mit Zylindern, in denen schwere Kolben auf und nieder gestoßen wurden und die Schraubenwellen antrieben. Die Dampfmaschinen erreichten eine Umdrehungszahl von ungefähr 120 Umdrehungen in der Minute, so daß die gewaltige Kraftwirkung der schweren Kolben und anderer beweglicher Teile viermal in der Sekunde erzeugt und aufgehalten werden mußte. Das beanspruchte die Messinglager enorm. Nach ein paar Stunden voller Fahrt voraus mußten Lager nachgestellt werden, und wenn die Maschinen nicht gestoppt wurden, kam es zu Maschinenschäden. Nachdem ein Schlachtschiff vier Stunden mit voller Fahrt gelaufen war, mußte es nicht selten zehn Tage im Hafen verbringen, um die Lager zu justieren. Diese Eigenschaft war es, die Cuniberti veranlaßte, abfällig über die acht neuen britischen Schlachtschiffe der *King Edward*-Klasse zu urteilen, die damals im Bau waren und planmäßig 1905 und 1906 in Dienst gestellt werden sollten. Er nannte sie »Ungeheuer mit kurzen Beinen«.

Eine Lösung bot sich in der Gestalt der Dampfturbine an: Turbinenschaufeln waren um eine einzige Welle angeordnet und wurden vom komprimierten

Dampf in gleichmäßiger Drehbewegung gehalten; so ging keine Bewegungsenergie verloren, und Beanspruchung und Abnutzung hielten sich in Grenzen. Aber im Januar 1905 waren Dampfturbinen noch im technologischen Grenzbereich. Viele Marineoffiziere erinnerten sich der Vorstellung, die Charles Parsons Dampfbarkasse *Turbina* bei der Flottenschau 1897 gegeben hatte, aber die meisten betrachteten es als ein geschmackloses Spektakel und nicht als eine Zukunftsvision. Zwei im Jahre 1905 fertiggestellte Zerstörer, *Viper* und *Cobra*, waren mit Dampfturbinen ausgestattet und sollten mit 36 Knoten Höchstgeschwindigkeit alle anderen Zerstörer weit hinter sich lassen. Auch der kleine Kreuzer *Amethyst* erhielt zu Versuchszwecken Dampfturbinen, aber als er 1904 zum Probebetrieb in See stach, brach ein großes Gußstück, und der Kreuzer mußte zur Reparatur ins Dock geschleppt werden. Die Cunard-Linie, für die Geschwindigkeit Gewinn bedeutete, hatte beschlossen, ihre zwei großen Passagierdampfer *Lusitania*, die 1906 vom Stapel laufen sollte, und *Mauretania*, deren Fertigstellung für 1907 vorgesehen war, mit Dampfturbinen auszurüsten.

Fishers Ausschußmitglieder zögerten. Ein im wesentlichen unerprobtes Antriebssystem für ein Schiff von der Größe und Bedeutung der *Dreadnought* zu bestellen, war ein enormes Risiko. Als die Entscheidung sich nicht länger aufschieben ließ, wurde Philip Watts, der bis dahin keine Meinung geäußert hatte, gefragt, wie er darüber denke. Watts antwortete kurz und bündig. »Wenn wir Kolbenmaschinen einbauen«, sagte er, »werden diese Schiffe innerhalb von fünf Jahren veraltet sein.« Das gab den Ausschlag; die *Dreadnought* sollte Dampfturbinen erhalten. Der Maschinenraum der *Dreadnought* wurde ein Ort, den britische Marineoffiziere nicht wiedererkannten. Bacon, der erste Kapitän des Schiffes und bis dahin Kapitän des Schlachtschiffes *Irresistible*, schilderte den Unterschied: »Die Turbinen waren geräuschlos. Tatsächlich habe ich oft den Maschinenraum der *Dreadnought* besucht, wenn wir 17 Knoten liefen, und es war mir nicht möglich, zu sagen, ob die Turbinen arbeiteten oder nicht. Wenn wir volle Fahrt liefen, war der Unterschied zwischen dem Maschinenraum der *Dreadnought* und dem der *Irresistible* außerordentlich. Im Maschinenraum der *Dreadnought* gab es keinen Lärm, kein Dampf war sichtbar, kein Wasser oder Öl schwappte herum, die Ingenieure und Maschinisten waren sauber; tatsächlich hätte das Schiff allem äußeren Anschein nach mit gestoppten Turbinen im Hafen liegen können. Im Maschinenraum der *Irresistible* war der Lärm ohrenbetäubend. Es war unmöglich, eine hörbare Bemerkung zu machen, und Telefone waren nutzlos. Die Decksplatten waren glitschig von Öl und Wasser, so daß es schwierig war, durch den Raum zu gehen, ohne auszugleiten. Es war unvermeidlich, daß irgendwo ein Ventil blies, was die Atmosphäre feucht und dunstig machte. Meistens waren ein oder mehrere Wasserschläuche auf ein Lager gerichtet, das Schwierigkeiten zu machen drohte. Ständig arbeiteten Männer an den Maschinen, fühlten die Lager, um zu sehen, ob sie kühl liefen oder Anzeichen von Erhitzung zeigten; und die Ingenieure hatten ihre Jacken bis zum Hals zugeknöpft oder sogar Ölzeug angelegt, sie waren schwarz im Gesicht, ihre Kleider naß von Öl und Wasser.« Diese alten Maschinenräume, sagte Bacon an anderer Stelle, ähnelten »einem besseren Schnepfensumpf.«

Die Panzerung, der Abwehrschild, stand als nächstes auf der Tagesordnung. Schwere Panzerung war Fisher weniger wichtig als Feuerkraft und Geschwindigkeit, und er billigte nur widerstrebend das für Panzerstahl vorgesehene Gewicht. »Geschwindigkeit ist Panzerung«, erklärte er, und: »Auf das Zuschlagen kommt es an, nicht auf die Panzerung.« Die *Dreadnought* sollte dennoch ein dickes Fell bekommen. Sie trug 5000 Tonnen Panzerung, beinahe 800 Tonnen mehr als *Lord Nelson* und *Agamemnon*. Dieses Gewicht wurde umverteilt und mehr auf den Gürtel oberhalb und unterhalb der Wasserlinie konzentriert, so daß das Schiff wenigstens zwei Torpedotreffer überleben konnte. Die Panzerung der Geschütztürme wurde auf Jellicoes Empfehlung verringert, da die Erschütterung eines Treffers auf einen Geschützturm, selbst wenn das Geschoß vor der Explosion nicht die Panzerung durchschlug, den Turm wenigstens vorübergehend außer Gefecht setzen würde.

Obwohl Geschwindigkeit in vielen Fällen Panzerung ersetzen mochte, konnte kein Schiff allen Granaten davonlaufen oder allen Torpedos ausweichen, und Fisher wollte die *Dreadnought* unsinkbar machen. Die Rümpfe der meisten damaligen Kriegsschiffe waren unter der Wasserlinie durch Schotten mit wasserdichten Türen in Zellen unterteilt. Die Türen blieben wegen der leichteren Zugänglichkeit der Zellen innerhalb des Schiffes offen und wurden vor Gefechtsbeginn geschlossen. Aber es gab Fälle – wie bei der Kollision von *H. M. S. Camperdown* mit *H. M. S. Victoria* –, in denen die Gefahr unerwartet auftrat; die Türen blieben offen, und das einmal eingedrungene Wasser füllte rasch die Zellen und zog das Schiff in die Tiefe. Fishers Lösung war radikal: alle wasserdichten Türen in den Schotten sollten abgeschafft werden; »keine Löcher in den Schotten«, verordnete er. Statt dessen sollte jede Abteilung oder Zelle im Rumpf eine abgeschlossene Einheit ohne horizontalen Zugang bilden. Wer diese Abteilungen betreten mußte, war auf elektrische Aufzüge oder Leitern angewiesen, die durch eine Luke vom Hauptdeck zugänglich waren. In den Abteilungen war man zwischen Stahlwänden eingeschlossen. Es gab Telefonverbindung mit anderen Teilen des Schiffes (winzige Löcher für Elektrokabel und Dampf- und Hydraulikrohre durften angebracht werden), doch ansonsten war man in einer abgeschlossenen kleinen Welt für sich. Gab es einen Wassereinbruch, und man konnte die Leiter nicht mehr erreichen, war es das Ende, aber das Schiff überlebte.

Es gab andere Veränderungen. Der schwere, scharfkantige Rammbug, bis dahin festes Inventar der meisten britischen und ausländischen Schlachtschiffe, verschwand. Fisher sah keine Notwendigkeit dafür, weil die schwere Schiffsartillerie sicherstellen würde, daß Seegefechte über weite Distanz geführt wurden und Schlachtschiffe einander nicht mehr so nahekämen, daß sie sich rammen könnten. Außerdem, so fügte er hinzu, würde »die zusätzliche Länge eines Rammsporns das Eindocken erschweren und mehr eine Gefahr für Freunde in Friedenszeiten als von irgendeinem wahrscheinlichen Nutzen im Krieg sein«.* Eine weitere Änderung verlegte die Unterkünfte des Kapitäns und der Offiziere in den vorderen Teil des Schiffes. Während der langen Segelschiffsepoche, als die Schiffe vom Achterdeck befehligt und gesteuert wurden, hatten sich die Offiziersquartiere im Schiffsheck befunden. Kapitäne und Admiräle hatten in prächtigen Kajüten mit geschnitzten Fenstern und Galerien über dem Ruder gewohnt. In den frühen stählernen Kriegsschiffen wurde diese Tradition der achtern untergebrachten Offiziersquartiere beibehalten, obwohl die Schiffe jetzt von einer Kommandobrücke oder dem Kommandoturm über der Bugpartie befehligt wurden. Der Konstruktionsausschuß tat den logischen Schritt und verlegte die Quartiere für Kapitän und Offiziere näher zu ihren Gefechtsstationen. Als die gewöhnlichen Teerjacken hörten, daß die Offiziere nach vorn und sie nach achtern gelegt würden, argwöhnten sie, daß der Grund in den mutmaßlichen Vibrationen der neuen Schiffsmaschinen liege, die schlafende Männer aus ihren Kojen schütteln würden. Tatsächlich erzeugten die Turbinen der *Dreadnought* so wenig Vibration, daß die Seeleute bald sehr froh über die Änderung waren, insbesondere da sie jetzt das relativ trockene Achterdeck für ihre Freiwache zur Verfügung hatten.

Trotz der zahlreichen Neuerungen stellte Fisher zwei spezifisiche Forderungen – Begrenzung der Größe und der Gesamtkosten –, die ihren Ursprung ebenso sehr in politischen wie in technischen Erwägungen hatten. Obschon stärker als alle Vorgänger, sollte das neue Schiff nicht viel größer oder kostspieliger sein als die Zwillinge *Lord Nelson* und *Agamemnon*, die erst im Oktober und November 1904 auf Kiel gelegt worden waren. *Dreadnought* war nur 26 Meter länger, knapp 80 Zentimeter breiter und 1400 Tonnen schwerer als diese beiden Schlachtschiffe, und sie kostete nur zusätzliche 181 000 Pfund. Fisher rechnete damit, daß das Schiff wegen seiner revolutionären Konstruktion viel Kritik erfahren würde. Er wollte dieser Kritik nicht durch übermäßige Größe und enorme Kosten zusätzliche Munition liefern und sein Projekt im Parlament scheitern sehen.

Am 22. Februar 1905 reichte der Konstruktionsausschuß nach nur siebenwö-

* Es ist eine Ironie, daß das einzige von *H. M. S. Dreadnought* je versenkte Schiff das deutsche Unterseeboot U 29 war, das sie am 18. März 1915 im Ärmelkanal ausgerechnet durch Rammstoß versenkte.

chiger Arbeit seine Empfehlungen ein. Fisher ging sofort ans Werk. Die Politik der Admiralität, so erklärte er, sei auf eine möglichst frühzeitige Kiellegung abgestellt und wolle durch Zuweisung höchster Priorität das Schiff innerhalb eines Jahres nach dem Stapellauf in Dienst stellen.

Keine neuen britischen Schlachtschiffe sollten konstruiert werden, bis die *Dreadnought* in See gegangen und die Ergebnisse ihrer Erprobung analysiert wären. Die beiden großen Schlachtschiffe *Lord Nelson* und *Agamemnon*, beides noch herkömmliche Konstruktionen, waren zu weit fortgeschritten, als daß ein Umbau zweckmäßig gewesen wäre, und sollten wie ursprünglich geplant fertiggestellt werden, aber die Arbeit an ihnen konnte wegen der *Dreadnought* verliehenen Priorität nur verlangsamt weitergehen, zumal die für sie vorgesehenen acht 30,5 cm-Geschütze abgegeben und für die *Dreadnought* verwendet werden mußten.

Fisher beabsichtigte von Anfang an, die Welt mit einer Rekordbauzeit für die *Dreadnought* zu beeindrucken, und so wählte er für seinen Zweck die ihm vertraute Königliche Marinewerft in Portsmouth, die schneller bauen konnte als jede andere private oder staatliche Werft. Portsmouths Rekordbauzeit für ein Schlachtschiff betrug 31 Monate; Fisher hatte sich in den Kopf gesetzt, die *Dreadnought* in zwölf Monaten zu bauen. Sieben Rumpfmodelle wurden gebaut und im Versuchstank der Admiralität in Haslar erprobt. Schließlich wurde eine Form gefunden, die nur 23 000 Pferdestärken erfordern würde, nicht 28 000 wie erwartet, um das 17 000 Tonnen verdrängende Schiff mit 21 Knoten durch das Wasser zu treiben. Diese Einsparung im Maschinengewicht kam der Panzerung zugute. Wo immer es möglich war, wurden Neuerungen zur Vereinfachung durchgeführt. Ein großer Teil der Zeitersparnis wurde durch Standardisierung erreicht. Statt jede der großen Stahlplatten des Schiffes einzeln schneiden zu lassen, bestellte er sie im voraus zu Dutzenden in Standardgrößen und ließ sie in der Werft bereithalten.

Auch in London verlor Fisher keine Zeit. Im März 1905 wurde das Parlament bei der Vorstellung des Haushaltsplanes für die Marine durch den Ersten Lord über das Projekt und die Dimensionen des Schiffes unterrichtet. Inzwischen hatte die Admiralität bereits das Baumaterial bestellt; Fisher hatte Balfours Versprechen, daß der Haushaltsplan vom Unterhaus verabschiedet würde. Am 24. Juni 1905 wurden die Maschinenanlagen bestellt. Im Juli trafen die ersten 2200 Tonnen Stahlplatten und andere Bauteile in Portsmouth ein und wurden für den zukünftigen Gebrauch gestapelt. Im August wurde die Panzerung bestellt, und am 1. September waren 1100 Mann mit dem Sortieren, Vorbereiten und Zusammentragen des Materials beschäftigt. Am 2. Oktober 1905 wurde die *Dreadnought* auf Kiel gelegt. Danach beschleunigte sich der Arbeitsablauf. Am 4. Oktober wurden die ersten inneren Bodenplatten mit dem Kiel verbunden und die ersten Mitteldeckträger angebracht. Schon drei Tage später waren die meisten Mitteldeckträger in Position. Eine Woche später, am 14. Oktober, wurden die Platten des Mitteldecks eingebaut. Die Hauptdeckträger folgten bis zum 25. November, und am 28. Dezember wurden die Wellentunnels der Antriebsschrauben eingebaut. Am letzten Tag des Jahres war der Rumpf beinahe fertig. Dieses Bautempo war beispiellos, und in Anerkennung seiner Verdienste wurde Thomas Mitchell, der Chefkonstrukteur der Marinewerft von Portsmouth, in den Adelsstand erhoben.

Anfang Februar, vier Monate nach der Kiellegung, war der Rumpf fertig. Die Admiralität wählte für das Schiff den alten und traditionsreichen Namen *Dreadnought* (Fürchtenichts), den früher schon sechs Schiffe der Royal Navy getragen hatten.* Der König wurde zum Stapellauf eingeladen und kam am Freitagnachmittag des 9. Februar nach Portsmouth. Gast in seinem königlichen Sonderzug war ein triumphierender Jacky Fisher. Die Königin konnte an dem Ereignis nicht teilnehmen, weil ihr Vater, König Christian IX. von Dänemark, einige Tage zuvor gestorben war. Der Sonderzug traf um 18 Uhr am Kai ein, und der Monarch führte seine Gäste zu Abendessen und Übernachtung an Bord der *Victoria and Albert.* Das Wetter war an diesem Tag kalt und sonnig gewesen, und der Sonnenuntergang über dem Hafen von Portsmouth erinnerte einen Beobachter an ein Gemälde von Turner. Die Barometernadel war jedoch gefallen, und am frühen Samstag morgen überzog ein Südweststurm See und Land mit peitschendem Regen. Um neun Uhr frühstückten die Gäste des Königs an Bord der Jacht und blickten besorgt durch die regennassen Scheiben hinaus. Aber im Laufe des Vormittags hörte der Regen auf, und da und dort brach ein Sonnenstrahl durch die rasch ziehenden Wolkenbänke.

Den ganzen Vormittag brachten Sonderzüge aus London Massen von Zuschauern nach Portsmouth. Schon um zehn strömten die Menschen durch das zu diesem Anlaß geöffnete Haupttor der Marinewerft und lenkten ihre Schritte durch das Netz der Straßen und Wege auf dem Werftgelände, vorbei an Werkstattschuppen aus Ziegeln und Wellblech, zum nördlichen Teil der Marinewerft, wo die *Dreadnought* wartete. Dort sahen sie den mächtigen Rumpf auf den Helligen ruhen, die untere Hälfte rötlichbraun gestrichen, die obere Hälfte, die sich über die Wasserlinie erheben würde, bläulichgrau. Der Rumpf ruhte nur noch auf wenigen der großen Holzblöcke, die ihn während des Baues gestützt hatten. Die meisten waren bereits entfernt, und auch die letzten wurden

* Die erste *Dreadnought*, ein Schiff von 400 Tonnen mit 200 Mann Besatzung, lief 1573 vom Stapel und segelte als Freibeuter gegen die spanische Armada. Königin Elizabeth I. wählte den Namen, »um den Herzen ihrer Untertanen ihren eigenen unerschrockenen Geist einzuflößen und Europa zu zeigen, wie wenig sie selbst und solch ein Volk die mächtigsten Rüstungen ihrer Feinde fürchteten«. Die fünfte *Dreadnought*, ein Dreidekker mit 98 Kanonen, kämpfte unter Nelson bei Trafalgar.

jetzt von Arbeitstrupps entfernt. Die Werftarbeiter sangen »Rule Britannia!« und »Lead, Kindly Light«, während sie arbeiteten. Vor dem Bug des massigen Rumpfes hatte man eine große hölzerne Plattform errichtet, auf welcher der König und tausend Würdenträger und Gäste während der Zeremonie Platz finden konnten.

König Edward, der zu diesem Anlaß die Uniform eines Flottenadmirals mit Zweispitz angelegt hatte und das breite blaue Band des Hosenbandordens trug, verließ die Jacht um elf Uhr fünfzehn und bestieg seinen Zug für die kurze Fahrt vom Hafen zur Marinewerft. Der Tod seines Schwiegervaters hatte eine Beschränkung des geplanten Schaugepränges erforderlich gemacht, aber auf seiner kurzen Fahrt rollte der königliche Sonderzug nichtsdestoweniger durch ein Spalier von Matrosen und Marinesoldaten und durch vier Triumphbogen, die mit Marineflaggen und schlarchachrotem Tuch geschmückt waren. Um elf Uhr dreißig hielt der Zug unter der hölzernen Plattform, und der König erstieg eine mit rotem und weißem Atlas ausgeschlagene Treppe zur Tribüne und wurde zu einer Einfriedung geführt, wo er von Admirälen, Regierungsbeamten, ausgewählten Pressevertretern und sämtlichen ausländischen Marineattachés erwartet wurde, deren ältester der Konteradmiral Carl Coeper der Kaiserlich Deutschen Marine war. Ein Matrosenchor sang, und über den Köpfen der Gäste ragte der Bug der *Dreadnought*, bekränzt mit Girlanden aus roten und weißen Geranien in den Himmel.

Fisher war unbezähmbar. Man sah ihn neben dem König stehen und fortwährend gestikulieren, als er die Merkmale des Schiffes schilderte. Der Bischof von Winchester begann die Feier mit dem 107. Psalm: »Die auf der See in Schiffen fahren und ihr Geschäft auf großen Wassern treiben, erblicken hier des Herren Werke und Seine Wunder mit der tiefen Flut.« Darauf segnete er das Schiff und alle, die mit ihm fahren würden. Als die letzten Blocks beiseitegeschlagen waren und die *Dreadnought* nur noch von einem einzigen, symbolischen Tau gehalten wurde, zog der König eine Flasche australischen Weines aus einem Blumengesteck vor ihm und schwang sie gegen den Bug. Die Flasche prallte ab. Wieder holte der König aus, und diesmal zersplitterte die Flasche, und Wein spritzte über die Stahlplatten. »Ich taufe dich *Dreadnought*!« rief der König. Dann nahm er einen Meißel und einen hölzernen Schlegel, der aus Balken von Nelsons *Victory* gemacht war und machte sich ans Werk, das symbolische Tau zu zertrennen, welches das Schiff hielt. Diesmal genügte ein Schlag. Der mächtige Rumpf kam in Bewegung. Fast unmerklich zuerst, dann mit wachsender Geschwindigkeit glitt er rückwärts die eingefettete Gleitbahn hinunter. Ein paar Minuten später trieb er draußen auf dem Wasser, umgeben von einer Flottille von Schaufelradschleppern, die ihre Leinen festmachten, um ihn zum Ausrüstungskai zu schleppen. Eine Musikkapelle spielte »God Save the King«, die Menge brachte drei Hochrufe aus, und Seine Majestät schritt die

Stufen hinunter, bestieg wieder seinen Sonderzug und kehrte zurück zur *Victoria and Albert*, die sogleich ablegte und in erneuten Regenböen und Wind nach Cowes in See stach.

Der Stapellauf des großen Schlachtschiffes machte in der ganzen Welt Schlagzeilen. Aus Washington berichtete der Korrespondent der Londoner *Times*: »Bau und Stapellauf der *Dreadnought* haben hier in politischen und Marinekreisen Interesse geweckt. Niemand ist interessierter als der Präsident [Theodore Roosevelt], dem alle Marineangelegenheiten am Herzen liegen. Daß solch ein Schiff in so kurzer Zeit und unter solcher Geheimhaltung gebaut werden konnte, verblüfft die Marinefachleute.« Die *New York Times* sorgte sich über das Bündnis Großbritanniens mit einer Nation, die den Amerikanern Sorgen bereitete: Japan. »Die *Dreadnought* ist ein Symbol der Wirksamkeit, der Aufrichtigkeit und der Macht des Bündnisses zwischen Großbritannien und Japan, denn sie ist ein direktes Ergebnis der Lehren des russisch-japanischen Krieges. Es ist jetzt bekannt, obwohl während des Krieges niemand davon wußte, daß Großbritannien von Japan Erlaubnis erhalten hatte, Marineattachés an Bord der Kriegsschiffe Admiral Togos zu stationieren ... Man weiß, daß sich unter diesen Männern mindestens ein Schiffskonstrukteur befand. Die Ergebnisse dessen, was sie lernten, sind alle in das Riesenschiff *Dreadnought* eingegangen.«

In den folgenden Monaten wurde der leere Rumpf in ein Schiff umgewandelt. Der Rumpf eines Kriegsschiffes ist am einfachsten zu bauen; die Maschinenanlagen benötigen mehr Zeit; Geschütztürme, Verankerungen und die Bewaffnung selbst nehmen am meisten Zeit in Anspruch. Am 15. Februar 1906, nur fünf Tage nach dem Stapellauf, verkürzte Fischer abermals den Zeitplan. Nun sollte das Schiff schon am 1. Januar 1907 fertiggestellt sein, statt Mitte Februar dieses Jahres. Die Verkürzung der Bauzeit bedeutete weitere Anstrengungen für die Marinewerft. Die normale Arbeitszeit betrug achteinhalb Stunden am Tag, beginnend um sieben Uhr früh, an fünfeinhalb Wochentagen. Während der Bauzeit der *Dreadnought* wurde um sechs Uhr angefangen und an sechs Wochentagen elfeinhalb Stunden gearbeitet. Von den 8000 Beschäftigten der Marinewerft arbeiteten 3000 an diesem einen Schiff.

Bis zum 2. März 1906 waren alle Dampfkessel an Bord, und 2000 Tonnen Panzerplatten waren festgenietet. Einen Monat später erreichte das Gesamtgewicht des Schiffes 10000 Tonnen. Im Mai trafen von Parsons die ersten Turbinen ein, und das Gewicht des Schiffes erreichte 11500 Tonnen. Bis zum 23. Mai erhielt es den sechsten Anstrich. Im Juni waren alle Turbinen installiert, und sechs der 30,5 cm-Geschütze waren in Position gebracht. Das Gewicht des Schiffes erreichte 13100 Tonnen. Im Juli wurden die übrigen vier 30,5 cm-Geschütze eingebaut, und das Schiff wog 14000 Tonnen. Bis zum 3. August waren 15380 Tonnen verbaut, und der Vormast erhob sich über den Aufbauten. Am

1. September erfolgte die Teilindienststellung der *Dreadnought*, und die ersten Angehörigen einer Kernbesatzung kamen an Bord, um ihre Hängematten anzubringen.

Die Erprobung der Maschinenanlage fand im Ausrüstungsbecken der Werft statt. »Es war ein aufregender Augenblick, als der Dampf zuerst in die Turbinen gelassen wurde«, erinnerte sich Bacon, der erste Kapitän des Schiffes. »Wie würden sie arbeiten? Der Abstand zwischen den Tausenden von Turbinenschaufeln und den Wandungen der Turbinengehäuse betrug weniger als einen Millimeter. Wenn sich eine defekte Schaufel löste, konnte sie die gesamten Turbinen zerstören.« Es gab Geschichten von zertrümmerten Turbinen, deren Schaufeln eimerweise hatten herausgeschafft werden müssen. Glücklicherweise arbeiteten die Turbinen der *Dreadnought* einwandfrei. Die Kessel wurden gefeuert, Dampf wurde vorsichtig in die Turbinen gelassen, die Rotoren drehten sich, Turbinenschaufeln summten, und dann wurden die Maschinen wieder abgeschaltet.

Am 1. Oktober 1906, ein Jahr und einen Tag nach der Kiellegung, lief *H. M. S. Dreadnought* zur ersten Probefahrt aus. Bacon war auf der Brücke. Das Schiff legte vom Ausrüstungskai ab, aber beim Verlassen des Hafenbeckens gab es einen peinlichen Augenblick: das Schiff blieb in der Einfahrt stecken. Unter dem Kiel war noch Wasser genug, aber die seitlichen Ausbauchungen des Rumpfes saßen im Schlick fest; ältere Schiffe waren unter Wasser nicht so breit gebaut wie die *Dreadnought*. Glücklicherweise war die Flut noch eine Stunde von ihrem Höchststand entfernt; als dieser erreicht war, kam die *Dreadnought* mit Mühe und Not flott und konnte hinausschlüpfen. Bacon hatte sich schon bedrückt die hämische Freude der Kritiker des Schiffes vorgestellt, wenn er warten müßte, bis die Geschütztürme wieder herausgehoben würden, um den Tiefgang zu verringern und ein Auslaufen zu ermöglichen.

Die erste Probefahrt in den Ärmelkanal diente der Prüfung der Bordanlagen durch die am Bau beteiligten Zulieferer, vorgeschriebenen Seetüchtigkeitstests und Manövrierfähigkeitsprüfungen, bevor das Schiff formell von der Royal Navy übernommen wurde. Es zeigte sich bald, daß die Konstruktion gute Fahreigenschaften hatte. Wegen der Größe und der Höhe des Bugs konnte die *Dreadnought* mit 19 Knoten bei drei Meter hohem Seegang fahren, ohne zu stampfen und ohne den vorderen Geschützturm unter Wasser zu setzen. Am 3. und 4. Oktober dampfte sie dreißig Stunden mit mäßiger Geschwindigkeit, um die Kesselanlage zu prüfen. Alle Ventile waren dicht, kein Manometer zeigte Druckabfall. Am 4. und 5. wurden in jeweils dreistündigen Etappen mehrere Versuchsfahrten mit Volldampf durchgeführt. Das neue Turbinensystem, signalisierte Bacon der Admiralität, war »ausgesprochen erfolgreich«. Am 6. Oktober wurde ihm ein Telegramm aus Balmoral übergeben: »Der König ist hocherfreut über die befriedigenden Berichte von der Probefahrt der *Dread-*

*nought.*« Am 8. Oktober fuhr das Schlachtschiff ohne Zwischenfall acht Stunden lang mit Volldampf und lief am folgenden Tag wieder im Heimathafen ein. Kapitän und Offiziere waren des Lobes voll über die Leistungen ihres Schiffes.

Am 17. Oktober lief das Schlachtschiff abermals aus, diesmal zur Geschützerprobung. Die Auswirkungen einer vollen Breitseite auf das Schiff hatten den Konstrukteuren Sorge gemacht. Niemand wußte, ob oder wie das Schiff den Rückstoß von acht schweren, gleichzeitig abgefeuerten Geschützen hinnehmen würde. Zu diesem Anlaß war der Schiffskonstrukteur, Sir Philip Watts, an Bord, um zu sehen, was geschehen würde. Um den besten Standort zur Beobachtung des Effekts der Breitseite auf die Schiffsstruktur zu finden, verließ Watts die Brücke und nahm auf der Back Aufstellung. »Er sah sehr ernst und nachdenklich aus«, sagte Bacon von ihm. »Ich bin ganz sicher, daß er erwartete, die Decks würden reihenweise zusammenbrechen. Nach kurzer Zeit gab es ein gedämpftes Brüllen und einen kleinen Stoß auf das Schiff. Die acht Geschütze waren abgefeuert worden, und Dutzende von Männern zwischen den Decks hatten keine Ahnung, was geschehen war.«

Im Oktober und November dauerten die Erprobungen an, und am 3. Dezember kehrte die *Dreadnought* zur Marinewerft nach Portsmouth zurück. Am 11. Dezember 1906, drei Wochen vor Fishers vorverlegtem Ablieferungstermin, wurde *H. M. S. Dreadnought* von der Royal Navy übernommen und in Dienst gestellt. Diese Rekorde – ein Jahr und ein Tag von der Kiellegung bis zum Stapellauf; zehn Monate vom Stapellauf bis zur Indienststellung – wurden in der Geschichte der Großkampfschiffe nie wieder erreicht. Vorher hatte die durchschnittliche Bauzeit britischer Schlachtschiffe 33 Monate betragen. Kein Schlachtschiff war in weniger als 31 Monaten gebaut worden.

Anfang 1907 unternahm Bacon die erste Reise mit der *Dreadnought*. Sie dampfte die Atlantikküste Spaniens und Portugals hinunter nach Gibraltar und dann ins Mittelmeer, wo die Heimatflotte unter Sir Arthur Wilson vor der Nordküste Sardiniens kreuzte. Während dieser Reise kam ein schwerwiegendes Steuerungsproblem ans Licht. Wenn die *Dreadnought* schneller als 15 Knoten lief und das Ruder mehr als zehn Grad umgelegt wurde, hatte das Schiff soviel Schwungkraft, daß die Rudermaschine das Ruder nicht mehr auf Null zurückstellen konnte; infolgedessen fuhr das Schiff im Kreis. In der Straße von Bonifacio zwischen Korsika und Sardinien verursachte dieser Defekt beinahe eine Kollision. Bacon meldete das Problem nicht sofort der Admiralität. Die Schwierigkeit konnte mit einer stärkeren Rudermaschine behoben werden, sobald sie nach England zurückkehrten; einstweilen konnte er Probleme vermeiden, indem er Kursänderungen bei höheren Geschwindigkeiten vermied. Hätte er Meldung gemacht, so wäre ihm wahrscheinlich nicht erlaubt worden, die nächste Phase der Jungfernfahrt über den Atlantik nach Westindien anzutreten. Bacon schwieg, kehrte nach Gibraltar zurück, bunkerte Kohle und dampfte mit einer durchschnittlichen Geschwindigkeit von 17 Knoten 3400 Seemeilen westwärts. Sein Ziel war Trinidad, von Fisher wegen seiner Abgelegenheit ausgewählt, wo das Schiff sicher vor den Augen britischer Kritiker und ausländischer Marineattachés war. Dort wurden sechs Wochen lang Schießübungen und weitere Erprobungen der Maschine durchgeführt. Eines Abends führte Bacon das Schiff mit der Absicht, die Suchscheinwerfer zu erproben, in die Mündung eines kleinen Flusses und warf Anker. Der ins Wasser klatschende Anker störte den größten Hai auf, den Bacon je gesehen hatte, »ein riesiges, weißbäuchiges Ungeheuer, das zur Oberfläche emporstieg, um nachzusehen, was seine gewohnte Ruhe gestört hatte«. Als die Besatzung den Fisch sah, schwand ihre Begeisterung für Bäder in tropischen Gewässern dahin.

Neue Schwierigkeiten begleiteten die Rückkehr der *Dreadnought* nach England. Bacon bekam hohes Fieber und erkrankte an Malaria. Er hatte sich die Krankheit als junger Offizier im Laufe einer Landungsexpedition der Marine gegen afrikanische Kopfjäger im Jahre 1897 zugezogen. Eines der Kesselrohre des Schiffes barst und verletzte drei Männer. Und das Schiff war beinahe ohne Kohlen. Nachdem sie zehn Tage ohne Aufenthalt über den Atlantik gedampft war, erreichte die *Dreadnought* den Heimathafen mit einem Rest von bloßen 18 Tonnen Kohle in den Bunkern, genug für ungefähr vier Stunden Fahrt.

Nach ihrer Rückkehr wurde die *Dreadnought* das Flaggschiff des Oberkommandierenden der Heimatflotte. Im Frühjahr 1907 stattete sie verschiedenen Häfen der Britischen Inseln Besuche ab, und im Juni überquerte sie die Nordsee nach Bergen in Norwegen. Vom 30. Juli bis 7. August war sie in Spithead zur jährlichen Flottenschau, und dort stattete ihr König Edward am 5. August 1907 einen weiteren Besuch ab, diesmal in Begleitung der Königin und des Prinzen von Wales. Von der Brücke aus beobachtete der König das Hissen der königlichen Standarte und seiner persönlichen Flagge als eines Flottenadmirals. Anschließend lichtete das Schiff die Anker und dampfte die Reihen der ankernden Schlachtschiffe und Kreuzer entlang, deren Mannschaften auf den Decks angetreten waren und Hochrufe auf den König ausbrachten. Als die *Dreadnought* offene See erreichte, ließ der Kapitän die Geschwindigkeit auf zwanzig Knoten erhöhen. Eine Gruppe von Journalisten, die an Bord eingeladen worden waren, zeigte sich überrascht, daß es keine Vibration gab. Der Marinekorrespondent der *Times* ging unter Deck, um den Maschinenraum der Steuerbordmaschine zu besichtigen und berichtete seinen Lesern: »Es war bei weitem kühler als in jedem anderen Maschinenraum, den ich besucht habe; es gab keine sichtbaren beweglichen Teile, abgesehen von den Reglern der beiden Turbinen, und der Lärm war sehr gering. Was die diensttuenden Ingenieure und Maschinisten betraf, so schienen sie sehr wenig oder nichts zu tun zu haben; sie hielten sich in Bereitschaft für Befehle von der Brücke.«

Hauptzweck der Ausfahrt war es, dem königlichen Besuch das Abfeuern der

30,5 cm-Geschütze vorzuführen. Südlich der Isle of Wight wurden die beiden achteren Geschütztürme seitwärts geschwenkt und eröffneten unter den Augen des Königs und seines Gefolges das Feuer. Die Königin erschrak über den Ausstoß von Flammen und Rauch, als die Geschosse hinausflogen. In weniger als drei Minuten hatte jeder Zwillingsturm sechsmal gefeuert, und die Vorführung war zu Ende. Die Ziele, zwei schwimmende Zielscheiben von vier mal vier Metern, waren nur eineinhalb Meilen entfernt; man hatte die Distanz drastisch verringert, um dem König und der Königin Gelegenheit zu geben, die Einschläge zu beobachten. Trotz der ungewöhnlich kurzen Distanz war die Zielsicherheit beeindruckend: von zwölf abgefeuerten Granaten trafen elf das Ziel, und neun gingen ins Schwarze. Dieses Ergebnis beeindruckte den *Times*-Korrespondenten noch mehr, als er in Erfahrung brachte, daß die Vorführung nicht von besonders ausgewählten Richtschützen veranstaltet worden war, sondern von den regulären Geschützmannschaften der beiden Türme.

Nach dieser Vorführung dampfte das Schiff näher an die Zielscheiben heran, so daß das königliche Paar die Ergebnisse aus der Nähe besichtigen konnte. Der König war so erfreut, daß er in die Geschütztürme stieg, um die Mannschaften zu beglückwünschen. Fisher, Scott, Jellicoe und Bacon, die alle mit an Bord waren, weil mit dem guten Abschneiden der *Dreadnought* viel auf dem Spiel stand, waren erleichtert und hocherfreut. Die Königin zeigte sich ganz aufgeregt und bat, daß die Zielscheiben an Bord gezogen und wie Trophäen auf dem Achterdeck zur Schau gestellt würden, damit sie Schnappschüsse machen könne. (Später, als die *Dreadnought* nach Portsmouth zurückkehrte und mit ihren Zielscheiben an den anderen Schlachtschiffen vorbeidampfte, wurde gemurrt, daß Bacon »ein billiger Prahler« sei.)

In Deutschland hatte man die Entwicklung der *Dreadnought* von Anfang an mit Neugierde verfolgt. Die Neugier wurde verstärkt durch die ungewöhnliche Geheimhaltung, die alle mit dem Schiff verbundenen Einzelheiten umgab. Auch die *Times* bemerkte »die Atmosphäre des Geheimnisvollen, die von Anfang an das Schiff und alle damit zusammenhängenden Details umgab, und die noch immer aufrechterhalten wird«. Natürlich konnten die wichtigsten Fakten nicht lange verborgen bleiben. *Jane's Fighting Ships* berichtete schon in seinem Jahrbuch für 1905, daß das neue Schiff vor Jahresende auf Kiel gelegt würde, daß es ein Schlachtschiff mit ausschließlich großkalibrigen Geschützen von 30,5 cm sei und von Dampfturbinen angetrieben würde, die ihm eine Geschwindigkeit von 21 Knoten verleihen würden. *Jane's* war beeindruckt: »Es ist kaum übertrieben zu sagen, daß die *Dreadnought* mit ihrer Geschwindigkeit, Feuerkraft, Reichweite und der konzentrierten Wucht schwerer Geschosse in ihrem Gefechtswert zwei, wahrscheinlich sogar drei Schlachtschiffen herkömmlicher Bauweise gleichkommen wird.«

Dies schloß natürlich auch die deutschen Schlachtschiffe ein, und Admiral Tirpitz und die deutsche Marineleitung verfolgten die Entwicklung aufmerksam. Schon im Dezember 1904, als Fisher die Bildung des Konstruktionsausschusses bekanntgab, berichtete Admiral Carl Coeper, der deutsche Marineattaché in London, daß Vickers Limited, ein britisches Schiffbauunternehmen, an Plänen für ein neues Schlachtschiff arbeite, das mit zehn oder zwölf 30,5 cm-Geschützen bewaffnet sein sollte. Wilhelm II. las Coepers Nachricht und schrieb klarsichtig an den Rand der Depesche: »Meiner Meinung nach ist dies die Bewaffnung der Zukunft.«

Ungeachtet der Meinung des Kaisers hielt die Marineleitung vorerst am bisherigen Kurs fest. Als die *Dreadnought* auf dem Zeichenbrett Gestalt annahm, lief das Linienschiff *Deutschland* vom Stapel, erstes einer Reihe von fünf neuen deutschen Schlachtschiffen, die 13400 Tonnen verdrängten und mit ihrer Bewaffnung von vier 28 cm-Schnelladekanonen, vierzehn 17 cm-Schnellfeuerkanonen und sechs Torpedorohren und mit einer Geschwindigkeit von 19 Knoten sogar den etwa gleichzeitigen britischen Vor-Dreadnoughts *Lord Nelson* und *Agamemnon* an Feuerkraft unterlegen waren. Als Weiterentwicklung der Deutschland-Klasse dachte Tirpitz an zwei größere Schiffe von 16000 Tonnen mit acht 28 cm-Geschützen und zwölf 20 cm-Geschützen, aber über diese Tonnage und die entsprechende Größe konnte er nicht hinausgehen. Das Hindernis war die Tiefe des Kaiser-Wilhelm-Kanals, auf dem die Flotte zwischen Nordsee und Ostsee hin und her fahren mußte.

Es war eine schwierige Wahl: entweder die Schiffe blieben in dieser Größe, oder der Kanal mußte vertieft und verbreitert werden. Diese Arbeit aber erforderte jahrelange Anstrengungen und viele Millionen Mark Baukosten. Infolgedessen verfielen die Verantwortlichen fast in Panik, als die Bestätigung der Größe, Geschwindigkeit und Bewaffnung der *Dreadnought* Berlin erreichte. Admiral Müller, zu der Zeit Chef des Marinekabinetts, hatte Tirpitz schon am 8. Februar 1905 geschrieben: »Wenn es keine natürlichen Hindernisse gäbe, sollten wir das sehr große Linienschiff als den Typ der Zukunft wählen ... Aber wir sehen uns einem natürlichen Hindernis gegenüber: dem Kaiser-Wilhelm-Kanal. Man könnte sicherlich sagen, daß die in einem Schiff von 17000 oder 18000 Tonnen konzentrierte Feuerkraft so bedeutsam ist, daß wir eher ohne den Kanal auskommen müssen, als auf die großen Schiffe zu verzichten. Aber ich bewerte die Großkampfschiffe nicht so hoch.«

Tirpitz wußte es besser, und seine Entscheidung, die ihm nicht leicht gefallen sein konnte, fiel zugunsten größerer Schiffe und des Kanalausbaues.*

* Man behauptete später, es sei ein Teil der Brillanz von Fishers Plan gewesen, die Deutschen zu zwingen, Zeit und Geld für die Verbreiterung und Vertiefung des Kaiser-Wilhelm-Kanals auszugeben. Fisher selbst sah in späteren Jahren die Vorteile und freute sich

Als im Winter 1904–1905 erste Spekulationen über das neue britische Schiff angestellt wurden, war Tirpitz mit dem bereits angelaufenen Bau der fünf Linienschiffe der *Deutschland*-Klasse beschäftigt. Die *Deutschland* war 1903 auf Kiel gelegt worden und lief im November 1904 vom Stapel, bevor Fishers Konstruktionsausschuß zum ersten Mal zusammentrat. Zwei weitere Schiffe, *Hannover* und *Pommern*, waren 1904 auf Kiel gelegt worden und liefen im September und Dezember 1905 vom Stapel, als die *Dreadnought* auf Kiel gelegt wurde. Die vierten und fünften Schiffe dieser inzwischen obsolet gewordenen Klasse, *Schlesien* und *Schleswig-Holstein*, wurden 1905 auf Kiel gelegt und liefen im Mai und Dezember 1906 vom Stapel. Obwohl beim Stapellauf des letzten dieser Linienschiffe *H. M. S. Dreadnought* bereits in Dienst gestellt war, ließ Tirpitz die angefangenen Bauten weiterführen und stellte alle fünf Schiffe fertig. Sie wurden zwischen 1906 und 1908 in Dienst gestellt, als die *Dreadnought* sich bereits auf See bewährt hatte und neun zusätzliche Großkampfschiffe ähnlichen Typs für die britische Marine in Bau waren.

Noch deutlicher zeigt sich die Verwirrung im Zeitablauf des von Tirpitz eingeleiteten deutschen Großkampfschiffprogramms. Im Juli 1906, als die *Dreadnought* bereits am Ausrüstungskai lag und erste Erprobungen unternahm, wurde in Deutschland das erste Großkampfschiff auf Kiel gelegt, die 18900 Tonnen verdrängende *S. M. S. Nassau*, die mit zwölf 28 cm-Geschützen ausgerüstet wurde. Dann gab es plötzlich einen Widerruf. Auf Anweisung aus Berlin wurden alle Arbeiten an dem neuen Schiff in der Marinewerft Wilhelmshaven unterbrochen; die Arbeitskräfte wurden für andere Projekte eingesetzt. Diese Pause, während der in deutschen Konstruktionsbüros an Details gearbeitet und gleichzeitig versucht wurde, Einzelheiten über die *Dreadnought* zu erfahren und zu analysieren, dauerte ein ganzes Jahr. Erst im Juli 1907 wurde die Arbeit an der *Nassau* wieder aufgenommen. Dann aber wurde das Bauprogramm fortgesetzt, und noch im selben Monat ließ Tirpitz zwei weitere Großkampfschiffe auf Kiel legen, *Westfalen* und *Posen*, und einen Monat später, im August, ein viertes Schwesterschiff, *S. M. S. Rheinland*, die bei der Vulcan-Werft in Stettin gebaut wurde. Der Zeitverlust war jedoch nicht einzubringen; zwölf Monate lang hatte die Kaiserlich Deutsche Marine die Arbeit an dieser neuen Klasse von Großkampfschiffen ruhen lassen.

darüber, daß Deutschland »durch die *Dreadnought* paralysiert worden sei, die alle deutschen Schiffskonstruktionen für ein Jahr aufgehalten und den Kaiser-Wilhelm-Kanal in einen nutzlosen Graben verwandelt habe«, aber das war viel später. Es gibt keinen Hinweis darauf, daß Fisher oder sein Konstruktionsausschuß an die Probleme dachten, die Tirpitz mit dem Kaiser-Wilhelm-Kanal haben würde; wenn sie bei ihren Plänen an Deutschland dachten, dann an die Versenkung deutscher Schlachtschiffe auf hoher See.

Trotz ihrer Triumphe wurden die *Dreadnought* und Fisher von vielen Seiten angegriffen. Die brillante Leistung wurde nicht zum Geniestreich erklärt, sondern zu einem verhängnisvollen Fehler. Unter enormen Anstrengungen und mit ungeheurem finanziellen Aufwand hatte Großbritannien im Laufe vieler Jahre eine überwältigende Übermacht von Schlachtschiffen konventioneller Bauart geschaffen. Jetzt, erklärten Fishers Kritiker, hatte das Land diesen Vorteil aufgrund der Laune eines törichten Ersten Seelords verschenkt, es hatte die Vormachtstellung zur See weggeworfen. Durch die Einführung einer neuen Klasse von Großkampfschiffen, die so stark waren, daß alle zuvor gebauten Schlachtschiffe mit einem Schlag obsolet waren, hatte Großbritannien die langen Reihen der *King Edwards, Canopus* und *Majestics* – insgesamt vierzig Schlachtschiffe – dem Untergang geweiht. Deutschland hingegen erhielt eine Chance, diesmal zu annähernd gleichen Bedingungen ein neues Wettrüsten mit Großbritannien um die Vorherrschaft zur See zu beginnen.

Die Proteste ergossen sich in die Admiralität, ertönten im Unterhaus, überschwemmten die Presse. »Die ganze britische Flotte wurde in dem Augenblick, als sie den Gipfelpunkt ihrer Einsatzbereitschaft erreicht und nicht nur zweien, sondern allen anderen Flotten der Welt zusammengenommen gleich war, moralisch verschrottet und als obsolet etikettiert«, donnerte Flottenadmiral Sir Frederick Richards, ein früherer Erster Seelord. David Lloyd George, ein Mitglied des radikalen Flügels der Liberalen Partei, brandmarkte die *Dreadnought* als »ein Stück mutwilliger und verschwenderischer Prahlerei« und verlangte zu wissen, warum Fisher nicht die Finger davon gelassen habe. »Wir sagten: ›Es gebe Dreadnoughts‹«, erklärte der hitzige Waliser. »Wozu? Wir brauchten sie nicht. Niemand baute sie. Und wenn jemand angefangen hätte, sie zu bauen, dann hätten wir sie mit unserem größeren Schiffbaupotential schneller als jedes Land der Welt bauen können.«

Es gab auch technische und taktische Argumente von Persönlichkeiten der Marine wie Sir William White, der bis zum Bau der *Dreadnought* die meisten britischen Schlachtschiffe entworfen hatte, und Lord Charles Beresford, einem volkstümlichen Admiral und Unterhausabgeordneten. White beklagte sich, daß der Bau von Dreadnoughts bedeute, »alle Marineeier in ein oder zwei riesige, kostspielige, majestätische, aber verwundbare Körbe zu stecken«. Es sei besser, über eine größere Zahl kleinerer Schiffe zu verfügen, argumentierte er, weil der Verlust eines solchen Schiffes im Gefecht eine geringere Abnahme der gesamten Kampfkraft bedeute. Es gab auch praktische Beschwerden aktiver Offiziere. Leutnant K. G. Dewar, ein Artillerieoffizier, konnte nicht verstehen, warum der vordere Gefechtsmast, der die Feuerleitstelle trug, hinter und nicht vor den vorderen Schornstein placiert worden war. Diese unsinnige Anordnung sorgte dafür, daß Leutnant Dewar, wenn er auf dem Gefechtsmast saß und versuchte, die Granateinschläge mit dem Feldstecher oder Teleskop zu beobachten, den schwarzen Rauch aus dem vorderen Schornstein direkt in Augen und Lunge bekam.

Fisher ignorierte die Politiker, so gut er konnte, aber gegen White, Beresford und seine Gegner innerhalb der Marine setzte er sich trotzig zur Wehr. »Ich wünsche zu Gott, ich könnte sie beißen«, schrieb er am 12. Mai 1905 über seine Feinde. »Ich werde es tun, wenn ich eine Gelegenheit bekomme.« Er wies das Argument der »zu vielen Eier in zu wenigen Körben« mit dem Hinweis zurück, daß größere, stärkere Schiffe nicht nur gefährlicher für den Feind seien, sondern auch überlebensfähiger. Größere Schiffe könnten schwerere Geschütze und mehr Panzerung tragen; große Rümpfe könnten Torpedoangriffen besser widerstehen und stärkere Maschinen aufnehmen, dem Schiff mithin eine höhere potentielle Geschwindigkeit verleihen. Außerdem, erklärte Fisher, seien all diese Vorteile verwirklicht worden, ohne die Größe noch die Kosten der *Dreadnought* tatsächlich weit über die von *Lord Nelson* und *Agamemnon* hinauszutreiben. Für eine Zunahme von lediglich 1500 Tonnen und zehn Prozent mehr Geld habe er der Marine ein Schiff vom zwei- bis dreifachen Gefechtswert zur Verfügung gestellt. Gegen eines von Beresfords Argumenten – daß Dreadnoughts nicht gebaut werden sollten, weil sie nicht in die vorhandenen Trokkendocks passen würden – wandte sich Fisher mit vernichtendem Spott: »Man sollte sich merken, daß die Docks und Häfen für unsere Schiffe existieren, nicht die Schiffe für die Docks. Wenn die Notwendigkeit größerer Schiffe entsteht, muß man sich mit den anderen Ausgaben, die sie nach sich ziehen, notgedrungen abfinden, denn wenn wir weiterhin nur solche Schiffe bauten, die in die vorhandenen Docks passen, würden wir bald überhaupt keine Docks mehr benötigen – weil unsere Schiffe im Ernstfall alle versenkt würden.«

Ein Einwand, Dewars Klage über Rauch in den Augen der Artilleriebeobachter, wurde bei den sieben neuen Schlachtschiffen, die auf die *Dreadnought* folgten, berücksichtigt und der Gefechtsmast vor den Schornstein gesetzt. Dann wurde der ursprüngliche Fehler unerklärlicherweise beim Bau der Schlachtschiffe *Colossus, Hercules, Orion, Thunderer, Monarch, Conqueror* und dem Schlachtkreuzer *Lion* wiederholt. Es war gut, daß die *Dreadnought* nicht immer direkt in den Wind dampfte und ihren Rauch den Artilleriebeobachtern in die Gesichter blies, denn beim Übungsschießen des Jahres 1907 erzielte das Schiff auf 40 Schuß über 8000 Meter 25 Treffer und erreichte damit den dritten Platz in der Flotte. Aber im Gewicht der Granaten, die auf das Ziel abgefeuert wurden – ein wesentlicher Faktor im Seegefecht – blieb die *Dreadnought* unerreicht. In acht Minuten feuerten ihre schweren Geschütze Granaten im Gewicht von 9640 kg ab, 75 Prozent mehr als jedes andere britische Schlachtschiff.

Diese Statistik vermochte Sir William White noch immer nicht zu überzeugen. 1908 veröffentlichte er einen Artikel »Der Kult des Monster-Kriegsschiffes«, der seine Opposition bekräftigte. Aber er kämpfte auf verlorenem Posten;

in Großbritannien wie im Ausland liefen weitere Dreadnoughts vom Stapel. Der *Observer* bemerkte zu seinen Ansichten: »Wenn Sir William White meint, sowohl die Vereinigten Staaten als auch Deutschland seien törichte und irregeführte Mächte, die sklavisch die Irrtümer einer blinden Admiralität in Whitehall nachahmten, gleicht er dem Geschworenen in einer zwölfköpfigen Jury, der stets abweichender Meinung ist und sich beklagt, daß er in seinem ganzen Leben noch keine elf so bornierten Kerle getroffen habe.«

Am Ende bauten Fisher und die Admiralität die *Dreadnought* nicht nur, weil sie glaubten, im Recht zu sein, sondern weil sie es für ihre Pflicht hielten. Bacon drückte es so aus: »Hätten wir in Kenntnis dessen, daß die *Dreadnought* der beste Schiffstyp war, wissentlich den zweitbesten Typ bauen sollen? Wie wäre das Urteil des Landes ausgefallen, wenn Deutschland eine *Dreadnought* gebaut hätten, während wir *Lord Nelsons* bauten? Und wenn es uns dann einen Krieg aufgezwungen und unsere Flotte geschlagen hätte? Wie wäre das Urteil des Landes ausgefallen, wenn Nachforschungen die Tatsache ans Licht gebracht hätten, daß die Verantwortlichen in der Admiralität, in deren Hand die Sicherheit der Nation lag, vorsätzlich den Bau zweitklassiger Schiffe empfohlen hätten?« Bacons Vermutung ging dahin, daß die Schuldigen auf dem Trafalgar Square an Laternenmasten aufgeknüpft worden wären.

Obwohl Fishers Konstruktionsausschuß nur sieben Wochen an der Arbeit war, brachte er Pläne nicht nur für die *Dreadnought* hervor, sondern auch für einen zweiten neuen revolutionären und umstrittenen Kriegsschifftyp. Dies war der sehr große, sehr schnelle, schwer bewaffnete, aber leicht gepanzerte Kreuzer, der ursprünglich als großer Panzerkreuzer und schließlich als Schlachtkreuzer bezeichnet wurde. 1906–1914 wurden in Großbritannien zehn Schlachtkreuzer gebaut; jenseits der Nordsee wurden für die deutsche Hochseeflotte sechs in Dienst gestellt. Von Anfang an nahmen die Schlachtkreuzer die Phantasie der Öffentlichkeit gefangen. Sie verdrängten soviel wie Schlachtschiffe (die *Dreadnought* mit 17900 Tonnen und die *Invincible* mit 17250 Tonnen waren die beiden größten Kriegsschiffe, die Großbritannien bis dahin gebaut hatte), waren mit 30,5 cm-Geschützen so stark wie Schlachtschiffe bewaffnet und außerordentlich schnell. Wenn sie in See stachen, schwarzen Rauch aus den Schornsteinen ausstoßend und mächtige Bugwellen vor sich herschiebend, die Geschütztürme gefechtsbereit halb nach Backbord und halb nach Steuerbord geschwenkt, waren sie einschüchternde Symbole der Seemacht. Die Menschen begannen in Gleichnissen von ihnen zu denken. Ihre Geschwindigkeit und die starke Bewaffnung förderten Vergleiche mit großen Dschungelkatzen, schnell und tödlich. Andere verglichen sie mit Kavallerie, einer äußerst beweglichen Truppe, die an den Flanken der Schlachtordnung zurückhing, bereit, im geeigneten Augenblick zum tödlichen Stoß vorzupreschen. Der bekannteste der Schlachtkreuzeradmirale, der tapfere, ungestüme Beatty, setzte seine Schiffe wie Kavallerie ein. In der Marine und in der Gesellschaft genossen er und seine Offiziere den Nimbus von Husaren der See, und sie schienen schneidiger und glanzvoller als die Kapitäne der schwerfälligen Schlachtschiffe, der Infanterie der See, die das Rückgrat der Flotte bildeten. Aber trotz ihrer Geschwindigkeit, ihrer Feuerkraft und ihres Glanzes war ihre Schönheit fehlerhaft: Ihre Panzerung war zu leicht. Im Skagerrak ereilte sie das Verhängnis. An einem einzigen Nachmittag gingen vier von diesen 16 Riesen in der Schlacht unter, drei britische und ein deutscher.

Als in Berlin Nachrichten über die neuen Schlachtkreuzer vom Typ der *Invincible* bekannt wurden, machte sich Tirpitz grimmig an die Arbeit. Im Oktober 1908 wurde der deutsche Schlachtkreuzer *Von der Tann* mit 19400 Tonnen (2000 Tonnen schwerer als die *Invincibles*), acht 28 cm-Geschützen und 25 Knoten Geschwindigkeit auf Kiel gelegt. Großbritannien antwortete im Februar 1909 mit *Indefatigable*, einer größeren *Invincible* mit der gleichen Bewaffnung und Geschwindigkeit, aber zusätzlicher Panzerung auf den Seiten und Decks. Im April und Juli 1909 antwortete Tirpitz mit *Moltke* und *Goeben*, die jeweils 23 000 Tonnen verdrängten, mit zehn 28 cm-Geschützen bewaffnet waren und 27 Knoten erreichten. *Seydlitz* – 25 000 Tonnen, mit zehn 28 cm-Geschützen und 27 Knoten Geschwindigkeit, sowie *Derfflinger* und *Lützow* – jeweils 28 000 Tonnen, mit acht 28 cm-Geschützen und 27 Knoten Geschwindigkeit – folgten. Großbritanniens Antwort auf *Moltke* und ihre Schwesterschiffe waren die vier »Katzen«: *Lion, Princess Royal, Queen Mary* und *Tiger*, die 27 000 Tonnen verdrängten, acht 30,5 cm-Geschütze trugen und 28 Knoten erreichten. (*Lion* kam bei den Probefahrten auf 31 Knoten.) All diese Schiffe, obwohl nur drei bis fünf Jahre nach den *Invincibles* auf Kiel gelegt, waren ein gutes Stück länger und 10 000 Tonnen schwerer als die früheren Schlachtkreuzer. Das meiste dieses zusätzlichen Gewichts ging in größere Maschinen und Geschütze; die Panzerung wurde nur marginal verstärkt.

Der erste Kriegseinsatz von Schlachtkreuzern verlief so, wie Fisher es sich vorgestellt hatte. In der Schlacht bei den Falkland-Inseln am 8. Dezember 1914 fingen zwei britische Schlachtkreuzer, *Invincible* und *Inflexible*, verstärkt durch sechs weitere Kreuzer, das um Kap Hoorn in die Heimat zurückkehrende deutsche Ostasiengeschwader unter Admiral Graf Spee ab, das aus zwei älteren Panzerkreuzern und drei leichten Kreuzern bestand. Der britische Admiral blieb außer Reichweite der unterlegenen deutschen Geschütze und schoß das deutsche Geschwader methodisch zusammen. In der Skagerrakschlacht wurde die entgegengesetzte Taktik angewendet und das entgegengesetzte Resultat erzielt. Statt außer Reichweite der schweren Geschütze des Gegners zu bleiben, führte Admiral Beatty die fünf Schiffe seines Schlachtkreuzergeschwaders in einer Art Kavallerieangriff gegen die deutschen Schlachtkreuzer und die hinter ihnen folgenden 17 Großkampfschiffe der Hochseeflotte. Zwei von Beattys Schiffen, *Indefatigable* und *Queen Mary*, flogen nach schweren Treffern kurz hintereinander in die Luft. Es gab kaum Überlebende. Zweieinhalb Stunden später, in einer anderen Phase der Schlacht, explodierte die *Invincible*. 1026 Mann der Besatzung ertranken, fünf wurden gerettet. Ein Marinefachmann verbrämte den Führungsfehler mit einer Lobpreisung der Schlachtkreuzer in der Skagerrakschlacht: »Ihre Geschwindigkeit hätte die Schiffe außerhalb der Reichweite schwerer Geschütze halten sollen ... aber als sich die Gelegenheit zu Mut und Kühnheit vor dem Feind bot, wurde das Diktat der Konstruktion beiseitegefegt, und die *Invincible* dampfte mit voller Fahrt in den Untergang.«

## 25. KAPITEL

# Fisher gegen Beresford

Als Erster Seelord hatte Jacky Fisher ungefähr zwei Jahre (vom Herbst 1904 bis zum Herbst 1906), bis seine Kritiker hinreichend Kräfte gesammelt hatten, um die Reformen anzugreifen, die er der Marine gebracht hatte (sie würden gesagt haben »zugefügt hatte«). Es hatte Murren und Klagen gegeben, doch richteten sich diese gegen verschiedene Maßnahmen. »Einer beklagt sich über das neue Ausbildungsschema der Marine, billigt aber die Verteilung der Flotte und die gegenwärtigen Schiffstypen«, berichtete McKenna dem Premierminister Asquith. »Ein anderer schätzt Osborne (das zur neuen Kadettenanstalt wurde), haßt aber die Dreadnoughts. Ein Dritter schätzt sowohl Osborne als auch die Dreadnoughts, will aber eine doppelt so große Flotte und verurteilt die Politik des Verschrottens alter, aber noch einsatzfähiger Schiffe.« Die meisten Kritiker, besonders jene innerhalb der Marine, hatten jedoch eines gemein: sie mißbilligten Fishers Methoden. »Rücksichtslos, kompromißlos, gefühllos! Niemals etwas erklären! Niemals sich entschuldigen!« Nichtsdestoweniger setzte der Erste Seelord vierundzwanzig Monate seinen Willen durch, wenigstens soweit die Öffentlichkeit es sehen konnte.

Am 5. Dezember trat das Kabinett Balfour zurück, und mit ihm der Earl von Cawdor, der damalige Erste Lord. Die neue Regierung der Liberalen unter Sir Henry Campbell-Bannerman hatte strengere Ansichten über das Finanzgebaren und die Verteidigungsausgaben: im Wahlkampf hatte sie einschneidende Einsparungen versprochen. Obwohl die neue Regierung zunächst die von Cawdor vorgelegten Ausbaupläne für die Marine unterstützte, einschließlich des Baues von vier neuen Dreadnoughts, wurde diese Entscheidung bald rückgängig gemacht. Im Mai 1906 verlangte der neue Finanzminister H. H. Asquith, daß auf mindestens eines der vier geplanten Schiffe verzichtet werden müsse. »Nichts, was Sir John Fisher sagen könnte, würde an meinen Überlegungen etwas ändern«, erklärte Asquith. Lord Tweedmouth, der neue Erste Lord, zog den Kompromiß einer Kraftprobe vor, und Fisher gab nach. Aus den Haushaltsvoranschlägen der Marine für 1906 und 1907 wurde je ein Schiff gestrichen, und aus der Planung für 1908 zwei. In den drei Jahren wurden acht neue Dreadnoughts genehmigt, statt der von Cawdor vorgesehenen zwölf.

1909 wurde dann plötzlich entschieden, daß ein Fehler gemacht worden sei, und in der nachfolgenden Panik wurden innerhalb eines einzigen Jahres acht zusätzliche Dreadnoughts genehmigt.

Streichungen im Marinehaushalt sparten Geld, aber nicht genug. Im Juli 1906 beschlossen die Seelords unter weiterem Druck der Regierung, die Stärke der aktiven Flotte um sieben Schlachtschiffe und vier gepanzerte Kreuzer zu verringern. Drei Schlachtschiffe sollten aus der Kanalflotte herausgenommen werden, deren Zahl damit von 17 auf 14 sinken würde. Zwei Schlachtschiffe sollten aus der Atlantikflotte und zwei aus der Mittelmeerflotte abgezogen werden; jede dieser beiden verfügte danach noch über sechs statt acht Schlachtschiffe. Die sieben aus dem Flottendienst genommenen Schlachtschiffe sollten jedoch nicht deaktiviert, sondern mit einer Kernbesatzung an Bord der Reserveflotte zugeschlagen werden. In ihrem Fall sollten die Mannschaftsstärken sogar drei Fünftel der normalen Stärke betragen. Wie die übrigen Schiffe der Reserveflotte sollten sie auch weiterhin häufig in See stechen, an Manövern teilnehmen und, um Fishers Sprachgebrauch zu benutzen, »augenblicklich kriegsbereit« sein. Immerhin wurde so der Personalbestand um 2000 Mann gesenkt, was eine Einsparung von einer Viertelmillion Pfund im Jahr bedeutete.

Die heimlich im Juli gefällte Entscheidung wurde im September der Presse bekannt. Um den Aufschrei von Seemachtfanatikern in Unionistenpartei und Presse zu dämpfen, fand Fisher einen Weg, die getroffenen Maßnahmen positiv zu deuten. Im Oktober verkündete eine Denkschrift der Admiralität die Schaffung einer neuen Heimatflotte als logische Entwicklung einer Politik der Konzentration der Kräfte in heimatlichen Gewässern, die bereits begonnen hatte, als Fisher 1904 in die Admiralität eingetreten war. Kern der neuen Flotte würden die sieben aus dem Kanal, dem Atlantik und dem Mittelmeer abgezogenen Schlachtschiffe sein; dazu kämen die bereits mit Kernbesatzungen vorhandenen Schlachtschiffe.

Wenn er seine Sache vertrat, beklagte sich Fisher nie über die wirtschaftlichen Einschränkungen, die ihm von der Regierung auferlegt wurden. Stattdessen konzentrierte er sich auf die strategische Richtigkeit des Aufbaus der neuen Heimatflotte. »Unser einziger wahrscheinlicher Feind ist Deutschland«, erklärte er dem Prinzen von Wales, der die Zweckmäßigkeit der neuen Disposition bezweifelte. »Deutschland hält seine ganze Flotte immer innerhalb weniger Stunden von England in Bereitschaft. Darum müssen wir eine doppelt so starke Flotte innerhalb weniger Stunden Fahrtzeit von Deutschland konzentrieren. Wenn wir die Kanal- und die Atlantikflotte ständig im Ärmelkanal stationierten, würde dies der Sache auch gerecht, aber es ist weder durchführbar noch zweckmäßig, und wenn die Admiralität im Falle gespannter Beziehungen zu ausländischen Mächten versuchen würde, die geeigneten Vorkehrungen zu treffen und unsere Kanal- und Atlantikflotte in ihre Einsatzgebiete verlegen würde, dann würden Außenministerium und Regierung sofort ihr Veto einlegen und sagen, solch ein Schritt würde Krieg auslösen... Die Admiralität hat nicht die Absicht, sich jemals wieder diesem Risiko auszusetzen, und entschieden, eine neue Heimatflotte zu bilden, die immer zur Stelle ist und die Nordsee als Manövergebiet hat. (›Dein Schlachtfeld sollte dein Exerzierplatz sein‹, sagte Nelson).«

Die skeptische Einstellung des Kronprinzen spiegelte die entschieden ablehnende Einstellung vieler älterer und pensionierter Marineoffiziere, eines großen Teils der konservativen Presse und zahlreicher konservativer Politiker. Zum ersten Mal schlossen sich diese Kräfte in ihrer Opposition gegen Fisher zusammen. Von da an sollte der Erste Seelord nicht mehr zur Ruhe kommen, bis er drei Jahre später die Admiralität verließ. »Damit ich mich bei dem Übermaß von Offenbarungen nicht überhebe«, zitierte Fisher aus dem 2. Korintherbrief 12/7, »ward mir ein Stachel ins Fleisch gegeben.«

Im ersten Jahrzehnt des Jahrhunderts war der berühmteste Offizier in der Royal Navy nicht Sir John Fisher, sondern ein begeisterter, mutiger, ungestümer und charmanter Ire, Charles William de la Poer, Lord Beresford. Andere Adjektive, die auf Lord Beresford angewendet wurden, waren: freimütig, herzlich, munter, sportlich, unbezähmbar. Er war immer in den Zeitungen: der reiche Aristokrat, der zum Volkshelden wurde; der von den einfachen Matrosen angehimmelte Kapitän und Admiral; der beharrliche parlamentarische Verfechter einer größeren Marine. Für die meisten Briten war er John Bull der Seemann. Fotografien von Lord Charles, wie er breitbeinig auf dem Deck eines Kriegsschiffes stand, die Ärmel mit Goldlitzen, die Schirmmütze auf seinem breiten, runden Gesicht, zu seinen Füßen die verehrungsvoll zu ihm aufblickende Lieblingsbulldogge, vermittelten ein Gefühl von Sicherheit: England war sicher, solange Lord Charles und die Marine wachten.

Beinahe vierzig Jahre lang diente Beresford England, nicht nur in der Marine, sondern auch im Unterhaus. Wenn er zwischen Dienstzeiten auf See in die Heimat kam, pflegte er sich um einen Parlamentssitz zu bewerben und wurde unweigerlich gewählt. Dann vertauschte er seine blaue Uniform mit den Goldlitzen gegen einen Frack mit Zylinder und Handschuhen, ging ins Unterhaus und ermahnte die Abgeordneten, mehr Geld für die Marine auszugeben.

In der Flotte war Beresford ein Mann der Tat, nicht der Vision. Im Krieg war seine Taktik der Angriff; im Frieden verbrauchte er seine rastlose Energie mit Reiten, Jagen und Fischen. Mit sechsundvierzig ruderte Lord Charles, der Kapitän eines Kreuzers, bei Flottenregatten als Schlagmann im Rennboot seines Schiffes. Sein Ruf als aufmerksamer und gutmütiger Vorgesetzter seiner Matrosen verbreitete sich in der ganzen Marine. Als er merkte, daß der Raum an Bord des Schiffes nur eine Badewanne für jeweils zwanzig Kohlentrimmer erlaubte, ließ er eine Serie ineinander passender verzinkter Blechwannen beschaffen, die nebeneinandergestellt und von den Männern benutzt werden konnten, um sich den Kohlenstaub von den Körpern zu waschen. Danach wurden sie wieder ineinandergestellt und konnten auf weniger Raum untergebracht werden, als eine einzige nach den Bestimmungen eingebaute Badewanne beansprucht hätte. Er hatte die Gabe, den Einzelnen zu sehen und auf ihn einzugehen, sei es in Lob oder Tadel. In den meisten Kommandos folgten die Admiräle der alten Tradition der Royal Navy, niemals etwas zu loben, was gut gemacht war; seine Sache gut zu machen, galt als die Pflicht eines Seemannes. Beresford verfuhr anders: »Jede schneidige Aktion von Offizieren oder Mannschaften sollte öffentlich durch Signal anerkannt werden«, sagte er. »Das ist schmeichelhaft für den Offizier oder Seemann und für das Schiff, auf dem er dient... Jeder ist dankbar für Anerkennung.«

Beresford hatte Fehler: kolossale Eitelkeit, einen ungewöhnlichen, beinahe gefährlichen Widerwillen gegen Autorität, Vorliebe für Publizität. Dennoch befehligte er von 1902 bis 1909 nacheinander die wichtigsten Flotten Großbritanniens. Sein letztes Kommando war die Kanalflotte und machte ihn zum Oberkommandierenden aller Schiffe der Royal Navy in Heimatgewässern. Sollte ein Krieg ausbrechen, glaubten die Öffentlichkeit und viele in der Marine, so würde der kühne, populäre »Charlie B.« der Nelson seiner Zeit werden.

Die Beschießung und Einnahme Alexandrias machte ihn und Fisher zu Nationalhelden; in der Massenpresse stellte Beresford Fisher sogar in den Schatten. Natürlich wurde Fisher als Kapitän der *Inflexible* gefeiert, des neuesten und stärksten Schiffes der Marine, und dann als Kommandeur der an Land gesetzten Marinebrigade. Beresford befehligte nur das 780-Tonnen-Kanonenboot *Condor*, aber er war außerdem ein Mitglied des Parlaments, der Sohn eines Marquess und ein enger Freund des Prinzen von Wales. Als die Mittelmeerflotte nach Alexandria segelte, um Arabi Paschas Aufstand niederzuschlagen, hoffte Beresford erwartungsvoll auf eine Gelegenheit zur Bewährung. Weil er glaubte, daß das Kabinett Gladstone sich zu leisetreterisch verhalte, schrieb Lord Charles an den Prinzen von Wales, daß es um Englands Position in Ägypten und seinen neuen Zugriff auf den Suezkanal geschehen sei, wenn Arabi Pascha nicht ausgeschaltet würde. Der Prinz informierte diskret den liberalen Außenminister, Lord Granville, vom Inhalt des Briefes, nur um zu erfahren, daß sein ungestümer Freund einen ähnlichen Brief an die ultrakonservative *Morning Post* gesandt hatte, die beabsichtigte, ihn zu einem Angriff auf die Regierung zu benutzen. Der Außenminister, erbost, daß ein diensttuender Offizier sich mit der Presse in Verbindung setzte, verlangte, daß Beresford festgenommen und vor ein Kriegsgericht gestellt werde. Der Prinz beeilte sich, einzugreifen und seinen Freund zu retten. »Er ist ein Ire«, schrieb der Thronfolger dem Außenminister, »und daher hitzig und impulsiv, aber ich bin überzeugt, daß die Königin keinen eifrigeren und loyaleren Offizier als ihn besitzt.«

Indem er den Schlag abwehrte, rettete der Prinz Beresfords Karriere; weniger als eine Woche später erwies sich Lord Charles' Vorhersage als richtig. Während die vereinigten Flotten der Briten und Franzosen auf Reede lagen und den Hafen blockierten, begannen die Ägypter die Verteidigungsanlagen der Hafenforts zu verstärken. Am 9. Juli stellte der britische Oberkommandierende, Admiral Sir Beauchamp Seymour, den Ägyptern ein Ultimatum: Wenn die Ägypter die Arbeit nicht umgehend einstellten, würde die Flotte das Feuer eröffnen. Bei diesem Stand der Dinge lichtete das französische Geschwader auf Anweisung aus Paris die Anker und entschwand über den Horizont. Die Arbeiten an den Forts dauerten an, und am 10. Juli gab Seymour den fünfzehn Schiffen der britischen Flotte das Signal zur Gefechtsbereitschaft.

Die vier stärksten Schiffe, darunter die *Inflexible,* sollten die Forts im nördlichen Hafen beschießen, die anderen großen Schiffe die Forts im Westen. Die Kanonenboote, unter ihnen *Condor,* waren zwischen den beiden Abteilungen der großen Kriegsschiffe positioniert, um als Signalstationen die Befehle des Admirals weiterzugeben. Zu Beresfords Verdruß wurde den Kanonenbooten befohlen, sich aus dem Kampf herauszuhalten. Lord Charles entrüstete sich über diesen Befehl und rief am Abend vor der Beschießung seine Besatzung an Deck und erklärte den Leuten, sie sollten es ihm überlassen, eine Gelegenheit zum Eingreifen zu finden, und er würde es ihnen überlassen, das Beste aus jeder Gelegenheit zu machen, die er ihnen verschaffte.

Am frühen Morgen des 11. Juli spien die Schiffsgeschütze Flammen und schossen Granaten auf die ägyptischen Forts. Die Ägypter gaben mit gleicher Münze zurück, und so dauerte die Beschießung den größten Teil des Tages an. Die zweitgrößte Befestigung, Fort Marabut, lag in einiger Entfernung von den acht großen Kriegsschiffen und war nicht unter Feuer genommen worden. Als dieses Fort am Nachmittag plötzlich seinerseits das Feuer eröffnete und seine Granaten in der Nähe der britischen Kriegsschiffe einschlugen, sah Beresford seine Chance. »Ich erkannte die Schwierigkeit«, schrieb er, »dampfte mit voller Fahrt näher heran und eröffnete das Feuer auf Fort Marabut... Ich wußte von den schweren Geschützen und daß ein Treffer aus diesen Kalibern uns versenken würde. Aber ich hoffte den Untiefen auszuweichen und in den toten Winkel der schweren Kanonen zu kommen, wo sie über uns hinwegfeuern würden.«

»Großer Gott!« rief Admiral Seymour. »Sie wird versenkt!« Aber dann hörte er Hochrufe seiner Männer. Beresford dampfte so nahe heran, daß die schweren Geschütze des Forts ihn nicht erreichen konnten, und deckte sie mit so schnellem und genauem Feuer seiner drei kleinen Geschütze ein, daß die Kanonen der Ägypter eine nach der anderen zum Schweigen gebracht wurden. *Con-*

*dor* kam nicht ganz ungeschoren davon: einem Seemann wurde ein Fuß abgeschossen; er hob ihn auf und hüpfte unter Deck, um zu sehen, was der Schiffsarzt damit machen könne. An Bord des Flaggschiffes wollte Seymour das Signal »Rückruf *Condor*« setzen lassen, veränderte es aber dann in »Gut gemacht, *Condor*.« Am Abend ließ er Lord Charles an Bord des Flaggschiffs rufen und schüttelte ihm herzlich die Hand.

Die Beschießung Alexandrias war die erste größere Flottenaktion seit dem Krimkrieg, und die britische Presse schwelgte in Nationalgefühl. Mit charakteristischer Voraussicht hatte Beresford an diesem Tag einen Korrespondenten der *Times* und einen Zeichner der *Illustrated London News* als Gäste an Bord der *Condor* genommen. Diese beiden Zeitungsleute sorgten dafür, daß ganz England von den Taten des »kühnen Charlie B.« erfuhr. Die Marine und sogar die Königin stimmten in die Lobeshymnen ein. Beresford wurde zum Kapitän befördert und erhielt die persönlichen Glückwünsche der Königin. »Ich bin sehr froh, Ihnen dies zu geben, Lord Charles«, sagte sie später, als sie ihm den Order of the Bath an den Uniformrock heftete, und fügte mit leiser Stimme hinzu: »Ich bin *sehr* zufrieden mit Ihnen.«

In Alexandria hatten Arabis Truppen sich unterdessen von den Forts zurückgezogen, und eine 800 Mann starke Marinebrigade war unter Fishers Kommando an Land gegangen, um die Stadt von ägyptischen Truppen zu säubern. Die Straßen waren in den Händen zügelloser Pöbelhaufen. Fisher empfahl, daß Beresford zum Chef der Militärpolizei ernannt werde, und Lord Charles machte sich mit einer kleinen Truppe von 60 Marinesoldaten und Matrosen auf, die Ordnung wiederherzustellen. »Unter meiner Nase ermordeten Araber einander für Plünderungsgut«, berichtete Beresford, »und Brandstifter rannten mit Fackeln herum.« Fünf Tage später herrschte in der Stadt wieder Ruhe. »Ich brauchte nur fünf Männer durch ein Standgericht erschießen und eine Anzahl auspeitschen zu lassen.«

Zwei Jahre später legte der Prinz von Wales wieder ein Wort für ihn ein, und Beresford kehrte zurück nach Ägypten, wo ihn Abenteuer und Ruhm erwarteten. Auf Ersuchen des Prinzen stimmte Lord Wolseley zu, Lord Charles als seinen Marineadjutanten in die Armee aufzunehmen, die gegen Khartum marschierte, wo der Mahdi General Gordon belagerte. Der Sudan, ein Land von der Größe Indiens, besaß keine Straßen, also quälten sich die britischen Truppen 2650 Kilometer den Nil aufwärts. Gegen Ende der Flußreise sandte Wolseley, in Sorge, daß Gordon nicht lange genug würde aushalten können, eine Kolonne voraus, die eine der großen Flußschleifen des alten Stromes abschneiden sollte. 1600 Mann, unter ihnen Beresford, brachen zum Marsch über 190 Kilometer durch glühenden Sand auf. Das Wasser ging zur Neige und Kamele starben. Dann kamen die Araber. »Mit einem Gebrüll wie Meeresbrandung brauste eine gewaltige brandende Welle weißgekleideter schwarzer Gestalten mit blitzenden

Säbeln und Speeren«, auf die britische Kolonne zu. Die Soldaten formierten sich zu einem Quadrat; Beresfords Platz war an einem kleinkalibrigen Gardner-Marinegeschütz, das direkt in die anstürmende Woge grüner und weißer Banner und blitzenden Metalls feuerte. Als die Welle in die britische Verteidigungslinie rollte, wurden alle Männer an Beresfords Geschützen getötet, nur Lord Charles nicht. Er tötete einen Angreifer einfach, indem er seinen »Säbel mit steifem Arm ausstreckte. Er rannte die Klinge hinauf bis zum Heft.« Ein anderer Araber stieß mit der Lanze nach Beresford. Dieser schlug die Spitze mit der Hand beiseite, die bis zum Knochen aufgerissen wurde. Dann brach der Ansturm im Geschoßhagel der britischen Feuerwaffen zusammen, und die Kolonne marschierte weiter und erreichte den Fluß unterhalb von Khartum. Ein Boot, das vorausgeschickt wurde, die Stadt zu erkunden, sah die grüne Fahne des Mahdi über der Zitadelle wehen: Die Stadt war zwei Tage zuvor gefallen. Aber Beresfords Abenteuer waren noch nicht vorüber. Als Kommandant eines behelfsmäßigen Flußkanonenbootes mußte er nun zwischen feindlichen Forts zu beiden Seiten des Flusses Spießruten laufen, um die Besatzung eines anderen englischen Kanonenbootes zu retten. Der Dampfkessel seines Bootes wurde von Geschossen durchlöchert, und er verbrachte eine verzweifelte Nacht mit Reparaturen, während das Boot in Reichweite der Artillerie des Mahdi lag. Sobald der Kessel geflickt und frischer Dampf aufgemacht war, fuhr Beresford aus allen Rohren feuernd wieder den Fluß hinunter. Es war der Stoff, aus dem Legenden gewoben wurden.

Nach Beresfords Rückkehr verhalf ihm der Prinz von Wales zum Posten des Vierten Seelords, des rangniedrigsten Lords der Admiralität. Daß er nun in der Zitadelle der Marine war, hinderte Beresford nicht, weiterhin seine Vorgesetzten zu attackieren. Er verfaßte eine geheime Denkschrift, die aufzeigte, daß die britische Flotte auf einen Krieg nicht vorbereitet war; das Papier fand seinen Weg in die Spalten der *Pall Mall Gazette*. Die anderen Seelords hatten genug von ihm, und um ihn aus der Admiralität, aus dem Unterhaus, aus London und aus England zu entfernen, wurde er zur Mittelmeerflotte abgeschoben, wo er das Kommando über den Kreuzer *Undaunted* erhielt. Als er England verließ, waren es nicht nur die Admiräle, die von Lord Charles Beresford genug hatten.

Während der Jahre in London erlitt Lord Charles – damals Anfang vierzig – beinahe gesellschaftlichen Schiffbruch, indem er sich zu einem gespenstisch unbesonnenen Angriff auf seinen alten Freund und Gönner, den Prinzen von Wales, hinreißen ließ. Bissige, beleidigende Briefe flossen aus Beresfords geschäftiger Feder, und einmal erhob er sogar blind vor Wut die Faust, um den Thronfolger zu schlagen. Es ging natürlich um eine Frau, oder vielmehr um zwei Frauen, Lady Brooke und Lady Beresford.

Nach seiner Rückkehr aus dem Sudan nach London begann Beresford ein

Verhältnis mit Frances (als Daisy bekannt) Lady Brooke *, damals Ende zwanzig und die strahlendste unter den Schönheiten des Marlborough House Sets. Die Affäre lief aus, und Beresford kehrte zu seiner Frau zurück. Aber Lady Brooke, nach ihrer Meinung vorzeitig verlassen, schrieb Lord Charles einen leidenschaftlichen Brief, bat ihn, zu ihr zurückzukehren. Dieses Dokument fiel Lady Beresford in die Hände, die es als Sicherheit für künftiges gutes Benehmen ihres Ehemannes ihrem Anwalt übergab. Lady Brooke konnte den Gedanken nicht ertragen, daß sich so gefährliche Munition in Feindeshand befand, und beschloß, einen »edlen Ritter« um Hilfe zu bitten.

Die unglückliche Schönheit ging zum Prinzen von Wales und flehte ihn an, ihren Ruf zu schützen und den Brief wieder herbeizuschaffen. Der Prinz, für Schönheit immer empfänglich, besuchte den Anwalt, las den Brief und entschied, daß er am besten verbrannt werden sollte. Zweimal suchte er Lady Beresford auf, um ihre Erlaubnis zu erbitten, daß dies geschehe. Sie aber empfahl ihrem künftigen Souverän unverblümt, sich um seine eigenen Angelegenheiten zu kümmern. Lord Charles, inzwischen wieder ganz der treue Ehemann, unterstützte nachdrücklich seine Frau.

Unterdessen hatten Lady Brooke und der Prinz von Wales andere gemeinsame Interessen entdeckt, und sie wurde ständig an seiner Seite gesehen. Bertie, der ohne Zweifel oft an Lady Beresfords rüde Unnachgiebigkeit in der Ablehnung seines Freundschaftsdienstes erinnert wurde, gab Anweisung, daß sie von der Liste der Gäste gestrichen werde, die ins Marlborough House eingeladen wurden. Darauf sah Beresford seine Frau zu gesellschaftlicher Isolation verurteilt und ging am Vorabend seiner Abreise nach Malta, wo er das Kommando über die *Undaunted* übernehmen sollte, zum Prinzen von Wales. Es kam zu einer Auseinandersetzung, in deren Verlauf er sich vergaß, den Prinzen »einen Feigling« und »einen Spitzbuben« nannte und die Faust gegen ihn erhob. Bertie mahnte seinen alten Freund, es nicht zu tun, und erinnerte ihn daran, daß der Schlag ihn sein Offizierspatent bei der Marine kosten und ihn zu immerwährender gesellschaftlicher Ächtung verdammen würde. Lord Charles, nur leicht abgekühlt, trat seinen Dienst in Malta an, und die noch immer vom goldenen Kreis des Prinzen ausgeschlossene Lady Beresford drohte, England zu verlassen und im Ausland zu leben.

Während sein Schiff durch das Mittelmeer dampfte, marschierte Beresford in seiner Kajüte auf und ab und setzte schließlich einen beißenden Brief an den Prinzen auf, worin er mit der öffentlichen Bloßstellung vieler fragwürdiger Aspekte des prinzlichen Privatlebens drohte. »Die Zeiten des Duellierens sind vorbei«, schrieb er dem Prinzen, »aber es gibt eine passendere Art und Weise, der Gerechtigkeit zum Sieg zu verhelfen, als es mit einem Duell möglich ist, und das

* Die spätere Gräfin Warwick

ist – Publizität.« Statt den Brief direkt dem Prinzen von Wales zu schicken, gab er ihn jedoch an seine Frau auf und instruierte sie, ihn dem Premierminister zu zeigen. Lord Salisbury bevorzugte einen Stil der Amtsführung, der alle vermeidbaren Stürme vermied, aber ein hitzköpfiger Ire, der den Thronfolger in den Schmutz zu ziehen drohte, konnte nicht ignoriert werden.

Salisbury suchte Lady Beresford auf und schrieb ihrem Mann, um den beiderseitigen Zorn, der inzwischen an Hysterie grenzte, zu besänftigen. Die Prinzessin von Wales, normalerweise geneigt, die Indiskretionen ihres Gemahls zu übersehen, war hinreichend bestürzt, um bei ihrer Schwester, der Kaiserin Marie, in Rußland zu bleiben, und nicht zur Feier des fünfzigsten Geburtstages ihres Mannes nach England zurückzukehren. Sie eilte jedoch heim, als ihr Sohn, Prinz George, an Typhus erkrankte, und sobald sie daheim war, stürzte sie sich in den Streit, ergriff loyal und unbedingt Partei für ihren Mann und entleerte die Schale ihres Zornes über beide Beresfords.

Aus Malta feuerte Beresford indessen unerschrocken eine weitere Salve ab, indem er erklärte: »Ich verlange jetzt eine Entschuldigung von Eurer Königlichen Hoheit, widrigenfalls ... ich nicht länger intervenieren werde, um zu verhüten, daß diese Dinge an die Öffentlichkeit gelangen.« Wenn der Prinz nicht Genugtuung dafür leiste, daß er seine Frau gesellschaftlich geächtet habe, donnerte Beresford, würde er seinen Abschied nehmen und mit seiner Frau nach Frankreich gehen, um dort zu leben.

Schließlich schlichtete Lord Salisbury den Streit, indem er einen Brief an Lord Charles aufsetzte und den widerstrebenden Prinzen überredete, ihn zu unterschreiben. »Sehr geehrter Lord Charles Beresford«, lautete der Brief, »mit Bedauern habe ich Ihrem Schreiben vom 23. dieses Monats entnommen, daß Umstände eingetreten sind, die Lady Charles Beresford zu dem Glauben verleitet haben, es sei meine Absicht, ihre Gefühle öffentlich zu verletzen. Ich habe niemals solch eine Absicht gehegt und bedaure es, wenn sie in dieser Sache solch einen irrigen Eindruck gewonnen haben sollte. Ich verbleibe, hochachtungsvoll ...«

Lord Salisburys Plan sah dann die Rückgabe des Briefes an den Verfasser vor, was auch geschah. Darauf verzogen sich die Gewitterwolken. Innerlich aber kochte der Prinz von Wales weiterhin vor Zorn. In einem Brief an Lord Charles' Bruder, den Marquess von Waterford, erklärte der Prinz: »Ich habe kein Verlangen, darauf einzugehen, was Ende letzten Jahres geschah; aber ich kann das Betragen Ihres Bruders und seiner Frau mir gegenüber niemals vergessen und werde es niemals vergeben. Seine gemeine Undankbarkeit nach einer Freundschaft von ungefähr zwanzig Jahren hat mich mehr verletzt, als Worte ausdrükken können. Sie, der Sie von so ritterlicher Natur und ein Gentleman durch und durch sind, werden in der Lage sein, sich eine Meinung darüber zu bilden, von welcher Art meine Empfindungen sind ...« Zwanzig Jahre später, als Lord

Charles im Kampf gegen einen mächtigen Gegner stand, den Ersten Seelord und Flottenadmiral Sir John Fisher, war sein früherer Kamerad, der Prinz von Wales – inzwischen König Edward VII. – nicht mehr sein Gönner. Während der Erschütterungen, welche die Admiralität von 1907 bis 1909 heimsuchten, war die Freundschaft des Königs der Felsen, auf dem Fisher stand.

Es war Beresfords Fluch, daß, wohin er auch ging, Jacky Fisher vor ihm dagewesen war. Und wohin er auch gehen wollte, schien Jacky Fisher ihm im Weg zu stehen. Im Juni 1905 übernahm Lord Charles als diensttuender Admiral und Oberkommandierender die Mittelmeerflotte, und 1906 wurde er zum Flottenadmiral befördert. Sein Oberbefehl über die zu Fishers Zeit stärkste und wichtigste Flotte Großbritanniens fiel zusammen mit Fishers Reform der Marine. Eine von Fishers Maßnahmen war die Umverteilung der Flotte, um die Hauptmacht der britischen Marine in den Heimatgewässern zu konzentrieren. Schon als Beresford das Kommando übernahm, wurde seine Flotte zahlenmäßig abgebaut und ihre Schiffe der neuen Kanalflotte zugeführt, die von Sir Arthur Wilson befehligt wurde. Es war nur natürlich, daß Lord Charles mißvergnügt war; und es war charakteristisch, daß er seinem Verdruß öffentlich Luft machte.

Der wirkliche Schlag, den Fisher gegen Beresford führte, fiel am 4. Dezember 1905. An diesem Tag, dem letzten der Regierung Balfour, wurde Admiral Sir John Fisher zum Flottenadmiral befördert, und diese Rangerhöhung erlaubte ihm, weitere fünf Jahre im aktiven Dienst zu bleiben, bis er im Januar 1911 das Alter von siebzig Jahren erreichte. Bis zu diesem Augenblick hatte Beresford erwartet, daß Fisher gezwungen sein würde, 1906 mit fünfundsechzig Jahren als Erster Seelord zurückzutreten und in den Ruhestand zu gehen, worauf er, Lord Charles Beresford, eine ausgezeichnete Chance haben würde, Fishers Nachfolge in der Admiralität anzutreten. Sofort nach seiner Beförderung machte Fisher Beresfords Hoffnungen zunichte, indem er ankündigte, daß er weitere fünf Jahre als Erster Seelord im Amt bleiben werde. Lord Charles mußte erkennen, daß er jetzt keine Chance mehr hatte, den letzten Ehrgeiz eines jeden Marineoffiziers zu befriedigen, und er reagierte, als ob Fishers Entscheidung ein Verstoß gegen die Umgangsformen der Marine wäre, der ganz bewußt gegen ihn gerichtet sei. Er übersah die Tatsache, daß die beiden unmittelbaren Vorgänger Fishers als Erste Seelords das gleiche getan hatten und nach ihrer Ernennung zu Flottenadmirälen im Amt geblieben waren. Lord Charles' enttäuschter Zorn wurde von dem seiner Frau geteilt, wenn nicht übertroffen, ersehnte sie doch die Beförderung ihres Mannes, um ihre gesellschaftliche Stellung zu festigen, die durch den Streit ihres Mannes mit dem König sehr gelitten hatte.

Beresford gab seinen Ärger auf verschiedene Weise zu erkennen. Beim Ersten Lord beklagte er sich im März 1906: »Das Offizierskorps ist sehr verärgert und gründlich irritiert, nicht so sehr darüber, was getan wird, als vielmehr darüber, wie es gemacht wird.«

In Anbetracht der Kenntnis, die Fisher von Beresfords Gewohnheiten hatte, und seiner Abneigung gegen Beresfords Benehmen nimmt es Wunder, daß Lord Charles als nächstes Kommando die erste Position im Flottendienst angeboten wurde, das Kommando der neuen Kanalflotte. Der Erste Lord, Lord Tweedmouth, hatte sicher den Wunsch, die beiden Männer zu versöhnen.

Gegen Ende seiner Dienstzeit im Mittelmeer machte Beresford zwei Monate Urlaub in Mexiko, um den Nachlaß seines jüngeren Bruders abzuwickeln, der bei einem Unfall ums Leben gekommen war. Als er nach London zurückkehrte, rief Fisher ihn in die Admiralität, um ihm Einzelheiten seines neuen Kommandos zu erläutern und dafür zu sorgen, daß der neue Oberkommandierende die Grenzen seines Befehls über die verschiedenen Flotten in heimatlichen Gewässern verstand und akzeptierte. Die Zusammenkunft schien erfolgreich, und eine Übereinkunft wurde erzielt: Schlachtschiffe, Kreuzer und Zerstörer der Heimat- und der Atlantikflotte sollten für Übungen und Manöver aus den betreffenden Flottenverbänden herausgelöst und Beresfords Kommando unterstellt werden, aber verwaltungstechnisch blieben sie außerhalb seiner Reichweite. Und die Entscheidungen über Zeitwahl und Länge dieser vorübergehenden Unterstellungen würden von der Admiralität getroffen, nicht von Lord Charles. Beresford erklärte, daß er die Regelung verstehe und akzeptiere, und er setzte seine Initialen unter das Dokument, auf dem die Regelung festgehalten wurde.

Trotz des Anscheins von Harmonie änderte sich Fishers Abneigung und Mißtrauen gegen Beresford nicht. Einem Freund schilderte er das Treffen in der Admiralität mit beißendem Humor:

»Ich hatte gestern drei Stunden mit Beresford, und alles ist geregelt, und die Admiralität gibt seinen Forderungen nicht einen Zoll nach; zuvor aber mußte ich drei Punkten zustimmen:

I. Lord Charles Beresford ist ein größerer Mann als Nelson.

II. Niemand versteht etwas von Seekrieg, außer Lord Charles Beresford.

III. Die Admiralität hat keine einzige verdammte Sache richtig gemacht.«

Beresford hißte seine Flagge am 16. April 1907 auf der *King Edward VII*, und ein paar Tage lang waren er und Fisher bestrebt, höflich zueinander zu sein. »Ich wünsche Ihnen nur zu versichern, daß ich, soweit es mich betrifft, sehr darauf bedacht bin, daß wir Reibungen und unerwünschte Korrespondenz vermeiden sollten – und so halte ich es in jeder Hinsicht für wünschenswert, daß wir anstehende Fragen persönlich diskutieren sollten«, schrieb der Erste Seelord an den Oberkommandierenden. Beresfords Antwort war mit Honig übergossen. »Es besteht nicht die geringste Chance irgendwelcher Reibungen zwischen mir und Ihnen oder mir und sonst jemandem«, versicherte er dem Ersten Seelord. »Wenn die Reibung beginnt, gehe ich. Wenn ein Vorgesetzter und ein Untergebener Streit haben, ist der Untergebene unter allen vorstellbaren Bedingungen im Unrecht, oder es wäre um die Disziplin geschehen. Solange ich hier bin, werde ich mein Bestes tun, um der Politik der Admiralität zum Erfolg zu verhelfen.«

Als höchster Offizier im aktiven Flottendienst stand Beresford jetzt an der Spitze der seegehenden britischen Marine. Er befehligte die mächtigste Flotte seiner Zeit, die einschließlich der acht neuen Schiffe der *King Edward VII*-Klasse aus 14 Schlachtschiffen bestand. Seine Kanalflotte war, wie Fisher sagte, »für sich allein der deutschen Flotte ebenbürtig, und verstärkt durch die Atlantikflotte, besitzt sie eine überwältigende Überlegenheit«. Im Kriegsfalle würde Beresford als Flottenadmiral 244 Kriegsschiffe kommandieren, die mächtigste Flotte in der Geschichte. In mancher Hinsicht war Lord Charles für diese Rolle gut gerüstet; in anderer Hinsicht weniger. Seine Seemannschaft war ausgezeichnet; seine persönliche Tapferkeit, von der er in Alexandria und im Sudan Zeugnis abgelegt hatte, war unbestritten. Wie erfolgreich er als Admiral in Kriegszeiten gewesen wäre, werden wir niemals wissen. Er war an Strategie und Taktik des Seekrieges nicht sehr interessiert. Sein Charakter war impulsiv, sogar unbesonnen; in Kriegszeiten konnten diese Qualitäten, vom Glück begünstigt, zu brillanten Erfolgen führen. Hätte das Kriegsglück die andere Seite begünstigt, so wäre Lord Charles vielleicht nicht imstande gewesen, der Niederlage ins Auge zu sehen, kühl die Verluste abzuschreiben und den Rest seiner Flotte für künftige Schlachten zu retten.

Als Admiral in Friedenszeiten war er ungemein beliebt bei Offizieren und Mannschaften. Da er von der Gicht behindert war, ließ er sich von vier Marinesoldaten »wie ein römischer Cäsar« auf die Brücke seines Flaggschiffes tragen und inthronisieren. Von dort herrschte er mit wohlwollendem Despotismus über seine Flotte. Alles drehte sich um seine Person. »Meine hauptsächliche Erinnerung«, berichtete ein Offizier der Kanalflotte, »ist die an endloses Pfeifen, Strammstehen und Trompetensignale«. Als eifriger Verfechter der alten Marineregel, daß der ranghöchste anwesende Offizier jede Entscheidung zu treffen habe, von der Frage, was für Uniformen Offiziere und Mannschaften zu tragen und welche Sonnensegel die Schiffe aufzuspannen hatten, bis zu jener, wann die Leute ihre Kleider waschen, wann die gewaschenen Kleider aufgehängt und wann sie abgenommen werden sollten, wachte Lord Charles mit Adleraugen über seine Flotte. Was immer sein Flaggschiff tat, hatte auch der Rest der Flotte zu tun; wenn das Flaggschiff vergaß, etwas zu tun, mußten die anderen Schiffe es auch vergessen.

Sir Percy Scott, der fanatische Fachmann des Geschützwesens, der die Erste Kreuzerdivision von Beresfords Kanalflotte kommandierte, fand diese Regel unsinnig. »Ich erinnere mich, wie ich einmal an Deck kam und fand, daß die

Geschütze nicht zugedeckt waren, obwohl es in Strömen regnete. Ich fiel über den Wachoffizier her, zog aber den Kürzeren; er informierte mich, daß er die Geschütze nicht zudecken könne, weil das Flaggschiff die seinen nicht zugedeckt habe.« Insgesamt wurde sehr auf Sauberkeit und Ordnung geachtet. Lord Charles lud gern seine Freunde der vornehmen Gesellschaft und ihre eleganten Damen an Bord ein und ließ seine Frau, die er als »meine kleine bemalte Fregatte« bezeichnete, unter den gähnenden Mündungen der schweren Geschütze die Gastgeberin spielen.

Trotz seiner unleugbaren Talente und obwohl er sich der Privilegien seines Ranges erfreute, blieb Lord Charles unglücklich. Von dem Augenblick an, da er das Flottenkommando übernahm, machte er seiner Unzufriedenheit Luft, indem er die Admiralität herausforderte. In seiner Flotte wußte jeder, daß er Fisher »unseren gefährlichen Verrückten« nannte, und daß er sich den meisten Reformen Fishers widersetzt hatte: dem Bau der *Dreadnought* (»Mit diesem Schiffstyp fangen wir bei Null an«), der Verschrottung von Dutzenden älterer Schiffe und am energischsten der Neuformierung der Heimatflotte. Zwar hatte er bei seiner Zusammenkunft mit Fisher im Januar schriftlich die neue Verteilung der Flotten in den Heimatgewässern akzeptiert, doch hinderte ihn dies nicht daran, den Ersten Lord am 13. Mai zu informieren, daß die Heimatflotte »ein Betrug an der Öffentlichkeit und eine Gefahr für das Empire« sei. Ein paar Tage später wiederholte und erweiterte er seine Anklage in einem Brief an den Privatsekretär Edwards VII., Knollys (und durch ihn an den König): »Ich bin außerordentlich bekümmert und alarmiert über das völlige Fehlen einer Organisation und Vorbereitung auf den Krieg in der Flotte... Die Heimatflotte ist der größte Betrug, der an der Öffentlichkeit jemals verübt worden ist... Ich tue mein Bestes, um der Autorität zu helfen, die Dinge in Ordnung zu bringen.« Einstweilen, so warnte er, »würde Deutschland, wenn es uns plötzlich überfiele, schreckliches Unheil anrichten und möglicherweise gewinnen«.

Als Fisher über Beresfords Verhalten und seine Sprache unterrichtet wurde, war er außer sich. »Die Wahrheit ist, daß solche Ausdrucksweise von seiten Lord Charles Beresfords... nicht nur eine Insubordination, sondern vollkommen unsinnig ist«, informierte er Lord Tweedmouth. »Unsere Überlegenheit gegenüber Deutschland ist so überwältigend und die Überlegenheit unserer Mannschaften und unseres Schießverfahrens so groß, daß den Deutschen klar ist, wie verrückt es wäre, einen Krieg zu provozieren.« Er bat den Ersten Lord, Beresford zu schreiben, »mit dem Ziel, ihn von dem Irrtum zu befreien, der jetzt Besitz von ihm ergriffen hat, daß die alleinige Verantwortung für die Führung eines Seekrieges bei ihm liege... Es ist auch dringend notwendig, Lord C. Beresford entschieden mitzuteilen, daß die Britische Admiralität... nicht die Absicht hat, ihre Funktionen niederzulegen.«

Tweedmouth lehnte es ab, den erregten »Ersten Seelord zufriedenzustellen«, indem er Beresford rügte. Statt dessen ersuchte er Fisher, dem Oberkommandierenden mit mehr Toleranz zu begegnen. »Ich weiß, daß er ehrgeizig, von sich eingenommen und prahlerisch in seiner Rede ist«, schrieb Lord Tweedmouth über Beresford, »aber wir alle kannten diese seine schlechten Eigenschaften, und Sie vor allen anderen, als Sie sehr weise seine ... Ernennung empfahlen ... Über die Frage, wie ein so großes Unternehmen wie die britische Marine zu verwalten ist, muß es immer Meinungsverschiedenheiten geben, und ich empfinde sehr stark ... die Verantwortung ..., die Meinungen all jener zu konsultieren und auszusöhnen, deren Erfahrung sie qualifiziert, sich Meinungen über den Gegenstand zu bilden, ob sie nun mit der Ansicht der Admiralität genau übereinstimmen oder nicht ... Ich bin der Letzte auf der Welt, den Vorrang der Admiralität auch nur um ein Jota zu schmälern, aber ich denke doch, daß wir manchmal geneigt sind, unsere eigenen Ansichten für unfehlbar zu halten, und nicht genügend bereit, auf die Ansichten anderer einzugehen, die uns nicht immer zustimmen mögen ...«

Tweedmouths schulmeisterlicher Vortrag überraschte und erschreckte Fisher, aber es blieb ihm nichts anderes übrig, als ihn zu akzeptieren oder zurückzutreten. Als Tweedmouth 1908 seinerseits zurücktrat, wurde Reginald McKenna, der zuvor das Unterrichtsministerium geleitet hatte, sein Nachfolger als Erster Lord. McKenna, der in Mathematik mit einer Eins abgeschlossen und als Bugmann im Cambridge-Achter gerudert hatte, war mit fünfundvierzig ein schlanker, geschmeidiger, »jugendlich aussehender Mann, dessen kahler Kopf mit feinem Flaum bedeckt war, als ob er ein Haarwuchsmittel verwendete«. Auf Fishers Anhänger in der Admiralität machte er einen günstigen Eindruck. Slade fand ihn »angenehm im Umgang, scharfsinnig und von rascher Auffassungsgabe«. Anfangs sorgte sich Fisher, daß McKenna einer der liberalen Marine-»Wirtschaftler« sei, welche die Marine nur als einen Kostenfaktor ansahen, dessen Haushaltsansätze zugunsten sozialer Programme gekürzt werden konnten. Wenn es sich so verhielt, wollte Fisher nicht zustimmen und sein Amt zur Verfügung stellen. Der König beruhigte ihn. »Als ich McKennas Ernennung zustimmte«, schrieb er an Fisher, »geschah es unter der Bedingung, daß Sie Ihren gegenwärtigen Posten behielten. Der Premierminister erhob nicht den leisesten Einwand – im Gegenteil, er hielt es für äußerst wünschenswert, daß Sie bleiben.«

Bei aller Intelligenz benötigte McKenna zwangsläufig Zeit, um sich in die Geschäfte der Admiralität einzuarbeiten. Beresford nutzte diese Periode, um seine Fehde mit Fisher offen in die Gesellschaft zu tragen. Diese war, wie es schien, ganz auf seiner Seite, um so mehr, als der joviale und galante Lord Charles beim Tode seines Bruders ein beträchtliches Vermögen geerbt hatte und in der Lage war, in seinem großen Haus in der Grosvenor Street in verschwenderischem Stil den Gastgeber zu spielen. »Beresford ... kann mit seinem Küchenchef mehr bewirken als durch Reden«, bemerkte Fisher schiefmäulig. Lord Charles' Salon war immer voller Gesellschaftsdamen, alter Admiräle, konservativer Abgeordneter und Zeitungsverleger – alles Gegner Fishers, der sie als »die Herzöge und Herzoginnen« in einen Topf warf und dem Prinzen von Wales sagte, er habe eine Haut »wie ein Rhinozeros, und all die vergifteten Pfeile können sie nicht durchbohren«. Nichtsdestoweniger schmerzten sie. Einem Freund sagte er, daß er nach der Pensionierung seine Lebenserinnerungen schreiben und mit dem Titel versehen würde: »Die Hölle. Von einem, der dort gewesen ist.«

Während seiner Heimsuchung wurde Fisher von einigen treuen Freunden in hochgestellten Positionen der Rücken gestärkt. Einer war Esher, der Fisher riet, die Ruhe zu bewahren: »In einem Land wie dem unsrigen, das durch Diskussion regiert wird, wird ein großer Mann niemals gehängt. Er hängt sich selbst.« Die stärkste Stütze fand der Erste Seelord im königlichen Paar. Königin Alexandra ließ regelmäßig den Admiral zu sich kommen, um ihm zu erzählen, was in den Salons gesagt wurde. Der König warf immer wieder sein ganzes Gewicht auf Fishers Seite in die Waagschale, ermutigte ihn und riet ihm, die Exzesse seiner Sprache zu zügeln und aufzuhören, seine Feinde so zu beleidigen, daß es ihnen hinterbracht werden mußte. Einmal rief der König Fisher zu sich und tadelte ihn, »daß ich Jekyll und Hyde sei«, schrieb Fisher an Esher. »Jekyll in meiner erfolgreichen Arbeit in der Admiralität – aber Hyde als ein Versager in der Gesellschaft! Daß ich zu ungehemmt rede und angeblich sage (was natürlich eine Lüge ist), daß der König mir durch alles durchhelfen werde!« Prahlerei dieser Art, habe ihm der König erklärt, »sei schlecht für mich und schlecht für ihn als konstitutionellen Monarchen«.

Fisher leugnete empört, daß er jemals so etwas gesagt habe und vermutete, daß es von seinen Feinden ausgestreute Lügen seien. Worauf der König, »nachdem er sich Luft gemacht hatte, eine gute Stunde lang an einer ellenlangen Zigarre rauchte und über alles von China bis Peru redete«. Fisher war dankbar für des Königs Unterstützung und drückte seine Empfindungen auf seine Weise aus: »Als Eure Majestät den Ersten Seelord gegen die einhellige Stimmung in der Marine bei Planung und Bau der *Dreadnought* unterstützten und als Eure Majestät dem Stapellauf beiwohnten, mit ihr in See stachen und ihre Gefechtsübung beobachteten (deren Ergebnis alle Erwartungen übertraf), da verschloß es den Verleumdern so wirkungsvoll die Münder, wie damals die Löwen daran gehindert wurden, Daniel zu fressen! Und sie hätten mich gefressen, wenn Eure Majestät nicht gewesen wäre!«

Bei einer anderen Gelegenheit, als der König Fisher warnte: »Wissen Sie, daß ich der einzige Freund bin, den Sie haben?« erwiderte der Admiral mit einem Anflug der koboldhaften Keckheit, die König Edward so einnehmend fand: »Eure Majestät mögen recht haben, aber Sie haben auf den Gewinner gesetzt!«

Während der neue Premierminister und der neue Erste Lord sich noch in ihren Ämtern einrichteten, intensivierte Beresford seinen Feldzug gegen Fisher. Beim traditionellen Abendessen der Marineakademie am 1. Mai versuchte er sich vor Fisher zu verstecken, aber der Erste Seelord entdeckte ihn, kam auf ihn zu und bestand darauf, daß sie einen Händedruck tauschten. Beim königlichen Morgenempfang im St.-James-Palast am 11. Mai leistete sich Lord Charles eine schockierende öffentliche Unhöflichkeit gegen seinen Vorgesetzten. Fisher stand an einer Wand und sprach mit Lloyd George und Winston Churchill. Beresford kam, verbeugte sich vor dem König und ging nahe an den drei Männern vorbei. Er schüttelte Lloyd George und Churchill die Hand und sprach mit ihnen. Fisher streckte die Hand aus, aber Beresford nahm sie nicht und kehrte dem Ersten Seelord vor aller Augen den Rücken. Innerhalb von wenigen Tagen hatte die Geschichte in der Londoner Gesellschaft und der gesamten Marine die Runde gemacht. Der König, der mit allen anderen Zeuge der Brüskierung gewesen war, bezeichnete das Kabinett als »einen Haufen Feiglinge«, weil sie Beresford nicht sofort feuerten.

Fisher war inzwischen bestrebt, sich der Unterstützung des neuen Ersten Lords zu versichern. »Was in der Flotte vorgeht, läuft auf Vorbereitung zur Meuterei hinaus«, sagte er am 16. Mai zu McKenna. »Beresford glaubt offensichtlich, daß Sie sich vor ihm fürchten werden.« Er drängte McKenna, dem Oberkommandierenden zu sagen, daß er seine Kampagne nicht in Uniform fortsetzen könne; er solle lieber seinen Abschied nehmen, sich um einen Parlamentssitz bewerben und die Admiralität im politischen, statt im militärischen Forum angreifen.

Fisher (der Beresford gern einen »Windbeutel« nannte) brachte es auf eine kurze Formel: »Entweder das Achterdeck und Stillschweigen oder Westminster [das Unterhaus] und Wind.« McKenna stimmte Fisher zu und bemühte sich um die Einwilligung des Kabinetts, Beresford »im Interesse der Marine und der Sicherheit des Empires« abzulösen. Der Premierminister und andere Minister erhoben »starke Einwände«, und nichts wurde unternommen. »Sie haben alle eine Mordsangst, etwas gegen Beresford zu unternehmen, und überschätzen seine Macht und seinen Einfluß«, lamentierte Fisher.

Das giftige Ringen dauerte bis in den Dezember 1908, als der Erste Lord und der Erste Seelord zusammen einen Weg fanden, sich des Oberkommandierenden zu entledigen. Fishers Heimatflotte war durch die Einbeziehung starker neuer Schiffe inzwischen so sehr gewachsen, daß es an der Zeit war, sie mit der Kanalflotte zu verschmelzen. Demgemäß wurde im Dezember beschlossen (aber erst im Februar bekanntgemacht), daß das Kommando über die Kanalflotte von einer dreijährigen auf eine zweijährige Ernennung reduziert und Lord Charles Beresford sein Kommando im März 1909 statt im März 1910 abgeben werde.

Obwohl er mit dreiundsechzig noch zwei Jahre vor sich hatte, bevor er das Alter für den obligatorischen Eintritt in den Ruhestand erreichte, holte Beresford am 24. März 1909 seine Flagge ein. Als er von der *King Edward VII* an Land ging, in Portsmouth einen Zug bestieg und später am Tag in London eintraf, wurden ihm Lobeshymnen dargebracht, die einem großen Seehelden, der von einem Sieg heimkehrte, angemessen gewesen wären. Die Bahnsteige in Portsmouth und im Waterloo-Bahnhof waren voll von Bewunderern, die in Hochrufe ausbrachen, ihre Hüte in die Luft warfen, Taschentücher schwenkten und sangen: »For He's a Jolly Good Fellow«. Erregt und ermutigt durch diese Beweise seiner fortdauernden Popularität, ging Lord Charles sofort in die Offensive. Am 26. März suchte er Balfour auf. Der Oppositionsführer hatte eine vorsichtige Freundschaft zugelassen, die inzwischen soweit fortgeschritten war, daß sie einander in Briefen »mein lieber Arthur« und »mein lieber Charlie« nannten, aber er hatte nicht die Absicht, sich zu einem Verdammungsurteil über Fisher bewegen zu lassen, den er zum Ersten Seelord ernannt hatte und den er weiterhin respektierte. Ihm war völlig klar, daß Beresfords Gegnerschaft größtenteils persönlich war. Bei dieser Begegnung versuchte Lord Charles den Oppositionsführer über die Wahrscheinlichkeit von Neuwahlen und die Möglichkeit einer neuen Unionistenregierung auszuhorchen. Sollte es dazu kommen, hätte er gern gewußt, ob er erwarten könne, an Sir John Fishers Stelle zum Ersten Seelord ernannt zu werden. Balfour wich der Frage mühelos aus, indem er sagte, daß er in den nächsten zwei Jahren nicht mit Neuwahlen rechne. Als Beresford erklärte, er wolle seinen Fall in öffentlichen Reden im Land vortragen, riet Balfour ihm, vorher mit dem Premierminister zu sprechen.

Am 30. März sprach Beresford mit Asquith, und am 2. April schrieb er einen langen Brief, in welchem er seinen Fall darlegte. »Während meiner ganzen Amtszeit als Oberkommandierender der Kanalflotte«, erklärte er, »ist diese Streitmacht niemals den Streitkräften gleichwertig gewesen, denen sie in heimatlichen Gewässern hätte entgegentreten müssen. Während dieser Periode waren die Flotten in den Heimatgewässern nicht in Kriegsbereitschaft, und das sind sie bis heute nicht.« Wenn die Regierung nichts unternehme, drohte er, werde er durch das Land ziehen und Alarm schlagen. Diese Aussicht war für Asquith unerfreulich. Sein Kabinett hatte gerade drei Monate qualvoller innerer Streitigkeiten wegen der Bedrohung durch die deutsche Kriegsmarine hinter sich, und die Regierung war im Begriff, sich mit dem revolutionären »Volksbudget« des Finanzministers ins Unbekannte zu stürzen; das Letzte, was der Premierminister in dieser Situation wünschen konnte, war ein volkstümlicher Admiral, der durch die Lande zog und erklärte, daß die Admiralität unfähig und die Marine impotent sei. Er selbst wußte nichts über die Marine, und McKenna war erst ein Jahr Erster Lord. Den Ausweg aus diesem Dilemma fand Asquith in der Ernennung eines Ausschusses. Dieser war ein Unterausschuß des Ausschusses für Landesverteidigung und, da alle Mitglieder Kabinettsminister waren, auch ein Unterausschuß des Kabinetts. Asquith selbst übernahm den Vorsitz, und Grey, Richard Burdon, Haldane, Morley und Crew waren seine Beisitzer. Zunächst wünschte der Premierminister auch Flottenadmiral Sir Arthur Wilson in den Ausschuß aufzunehmen, Beresfords Vorgänger als Oberkommandierender der Kanalflotte, der als der erfahrenste und geachtetste aktive Flottenoffizier in der Marine galt. König Edward war einverstanden, aber Beresford wandte ein, daß Wilson zugunsten Fishers voreingenommen sei, und Asquith gab nach.

Fisher war außer sich vor Wut über die Einsetzung des Unterausschusses. Er betrachtete ein Anhörungsverfahren als eine Beleidigung der Marine, der Admiralität und seiner selbst. Den Ersten Lord und den Ersten Seelord aufgrund von Vorwürfen eines Untergebenen zur Rechenschaft zu ziehen, war ein Novum in der Geschichte der Marine; daß die Regierung sich diese Beschuldigungen in einem Maße zu eigen machte, daß sie eine Anhörung veranstaltete, bedeutete eine noch tiefere Erniedrigung. Fisher sprach von Rücktritt. McKenna argumentierte, daß dies in der Öffentlichkeit nur den Eindruck erwecken werde, daß er Beresfords Angriff fürchte. König Edward blieb ein Bollwerk und befahl Fisher, nicht aufzugeben, »nicht einmal unter Druck«. Fisher, der in Wirklichkeit nicht daran gedacht hatte, das Handtuch zu werfen, beruhigte sich. »Ich werde Seiner Majestät natürlich gehorchen«, schrieb er an Sir Frederick Ponsonby, »aber es ist kaum zu glauben, in welchem Umfang man Beresford willfährig ist...«

Als der Untersuchungsausschuß seine Arbeit aufnahm, lief bereits eine mächtige private Intrige zu Fishers Diskreditierung. Anfang Mai, als Admiral Sir Francis Bridgeman in London eintraf, um als Zweiter Seelord in die Admiralität einzutreten, ging er in die Grosvenor Street, um Lord Charles, der im Mittelmeer sein Oberkommandierender gewesen war, einen Höflichkeitsbesuch abzustatten. Der Butler, dem nicht bekannt war, daß dieser Admiral ein Uneingeweihter war, nahm ihm den Hut ab und führte ihn in ein Zimmer, wo sieben andere Admiräle mit Lord Charles zusammensaßen und gegen Fisher konspirierten. Verblüfft blickten die Verschwörer auf – dann ließ einer seinen Bleistift fallen und kroch unter den Tisch, um danach zu suchen, ein anderer kehrte dem Ankömmling den Rücken zu und stocherte im Kaminfeuer, ein Dritter bückte sich, seine Schnürsenkel zu binden. Lord Charles sprang auf und führte Bridgeman eilig in ein anderes Zimmer.

An eine Verurteilung Fishers dachte man im Unterhaus nicht; sie wäre auch nicht möglich gewesen. Balfour hätte die Unionisten wahrscheinlich daran gehindert, einen derartigen Antrag zu unterstützen, und die Liberale Partei beherrschte das Unterhaus so vollkommen, daß jeder Antrag mit Leichtigkeit abgeschmettert worden wäre.

Was die liberale Regierung betraf, so war der Untersuchungsausschuß die Methode des Premierministers, mit allen die Marine betreffenden Fragen umzugehen, Beresford gegen Fisher eingeschlossen. Zwischen dem 27. April und dem 13. Juli wurden 15 Sitzungen des Unterausschusses abgehalten. Mehr als 2600 Fragen wurden Beresford, Fisher, McKenna, Sir Arthur Wilson (der als Zeuge geladen war) und anderen gestellt. McKenna vertrat und verfocht die Sache der Admiralität. Fisher saß schweigend da, es sei denn, ein Ausschußmitglied stellte ihm spezifische Fragen. McKenna hatte ihm das Versprechen abgenommen, sich still zu verhalten, damit nicht die Wut des Ersten Seelords über einige von Beresfords Erklärungen »eine grobe Störung der Harmonie der Sitzung herbeiführe«. Trotzdem versetzte Fishers finsterer Gesichtsausdruck den Raum in einen Spannungszustand. »Es war dramatisch«, schrieb Haldane nach der ersten Sitzung an seine Mutter. »Beresford und Fisher in einem tödlichen Kampf vor uns.«

Die Untersuchung begann damit, daß Beresford seinen Standpunkt darlegte: Trotz Großbritanniens überwältigender Überlegenheit an Kriegsschiffen sei seine Seeverteidigung unzulänglich und die Flotte unvorbereitet auf einen Krieg. Er griff die Organisation der Flotte in den heimatlichen Gewässern an, vor allem den Umstand, daß die Heimatflotte in Friedenszeiten nicht dem Kommando des Admirals unterstehe, der sie in Kriegszeiten zu befehligen habe. Er beklagte sich, daß die Kanalflotte während seiner Dienstzeit wegen des ständigen Abzugs von Schiffen zu Reparaturzwecken niemals ihre volle Stärke erreichte. Er beschuldigte die Admiralität, einen gefährlichen Mangel an Kreuzern und Zerstörern zu gestatten, sowohl im Vergleich mit den Zahlen deutscher Schiffe dieser beiden Kategorien als auch in Bezug auf die Notwendigkeit, die Versorgungswege des Empires zu bewachen. Schließlich erhob er den Vorwurf, daß die Admiralität keinen ernstzunehmenden Kriegsplan habe.

McKenna konterte, Beresford habe bei der Übernahme des Kommandos der Kanalflotte gewußt, daß er diesen Verband während einer Übergangszeit befehlige. Selbst in ihrer Zusammensetzung unter Beresford (und unter Abzug der in Reparatur gegangenen Schiffe) sei die Kanalflotte immer stärker gewesen als die deutsche Hochseeflotte. Nun werde durchgeführt, was Lord Charles immer befürwortet und was die Admiralität stets geplant habe: die Kanalflotte werde mit der Heimatflotte verschmolzen. Was die Knappheit an Kreuzern und Zerstörern betraf, legte die Admiralität Zahlen vor, die Beresford widerlegten. Die Frage, ob die Seelords einem Flottenadmiral einen detaillierten Kriegsplan übergeben sollten, wurde Gegenstand sorgfältiger Überlegungen. Fisher war dagegen, aber für die Zwecke dieser Untersuchung war wichtiger, daß auch Sir Arthur Wilson sich dagegen aussprach. Wilson »betrachtete es weder als praktikabel noch als wünschenswert, in Friedenszeiten definitive Pläne auszuarbeiten, die beim Ausbruch eines Krieges die Operationen der Flotte beherrschen würden... Wenn solche Pläne von einem Oberkommandierenden der Admiralität zugeleitet würden, müßten sie durch so viele Hände gehen, daß die Geheimhaltung nicht gewährleistet werden könnte... ein Plan, wie ihn Lord Charles Beresford verlangt habe, in welchem jedem Schiff seine Pflichten zugewiesen werden, sei praktisch unmöglich.«

Wann immer er das Wort ergriff, erwies sich Lord Charles als sein eigener schlimmster Feind; wenn er sprach, schweifte er vom Thema ab; wollte er logisch sein, widersprach er sich selbst; wollte er veranschaulichen, war er irrelevant. Fisher, durch McKenna mehr oder weniger geknebelt, bemerkte die Unwirksamkeit der Darlegungen seines Feindes, beobachtete aber auch mit Bestürzung, daß Asquith und die Ausschußmitglieder bestrebt schienen, es ihm leicht zu machen. »Wir haben ihn [Beresford] bisher in jedem einzelnen Punkt in die Enge getrieben, aber der beunruhigende Aspekt ist der offensichtliche Wunsch des Ausschusses, ihm aus seiner Klemme zu helfen«, schrieb Fisher an Ponsonby – und somit an den König. »Er weigert sich, Fragen zu beantworten, wenn wir ihn in die Enge getrieben haben, und hält statt dessen lange, irrelevante, wirre Reden – oder er sagt, die Frage sei zu absurd, um sie zu beantworten – und der Ausschuß läßt ihn gewähren und besteht nicht darauf, daß er antwortet. Er macht die bösartigsten falschen Angaben, und wenn wir ihn darauf festnageln, appelliert er an Asquith, ob an seinem Wort gezweifelt werden solle, etc., etc., und Asquith bemäntelt die Angelegenheit und stellt eine Frage, um an der unangenehmen Stelle vorbeizukommen.« Beresfords Position wurde auch erschüttert durch die Entdeckung, daß er von zweien seiner Anhänger mit Fakten und Zahlen aus der Admiralität versorgt worden war – Informationen, zu deren Weitergabe sie nicht befugt waren und die er von Rechts wegen nicht hätte erhalten dürfen.

In seinem Ermittlungsergebnis, das am 12. August als parlamentarisches Schriftstück herausgegeben wurde, stellte der Unterausschuß fest, daß alle Seestreitkräfte in heimatlichen Gewässern vereinigt worden seien, womit »Lord Charles Beresfords Forderungen im wesentlichen erfüllt sind«. Was den behaupteten Mangel an Zerstörern betraf, so erklärte sich der Unterausschuß »überzeugt, daß ein solcher Mangel nicht besteht«, und zur ungenügenden Zahl der Kreuzer, daß es »keine ausreichende Begründung für Lord Charles Beresfords Befürchtungen gibt«. Zu Beresfords Klage über fehlende Kriegspläne stellte der Ausschuß fest, daß Beresford »in der Sache keine wirklichen Gründe zur Beschwerde« habe. Dennoch bestand Unbehagen angesichts des Umstandes, daß alle Kriegspläne der Marine in den Köpfen von zwei oder drei Admirälen verschlossen schienen, zumal diese Admiräle kaum miteinander redeten. Die »allgemeinen Schlußfolgerungen« aus dem Ermittlungsergebnis des Ausschusses enthielten eine gegen Beresford und Fisher gleichermaßen kritische Passage: »[Der Ausschuß] fühlt sich verpflichtet, hinzuzufügen, daß die Vorbereitungen [für den Krieg] in der Praxis durch die Abwesenheit aufrichtiger Beziehungen zwischen der Admiralität und dem Oberkommandierenden

Kanalflotte ernstlich behindert waren. Die Admiralität scheint Lord Charles Beresford über die Gründe von Dispositionen, gegen die er Einwände erhob, nicht ausreichend ins Vertrauen gezogen zu haben; und Lord Charles Beresford scheint seinerseits die Anweisungen der Admiralität nicht zu würdigen gewußt, ihre Ausführung unterlassen und ihre höherstehende Autorität nicht erkannt zu haben.«

Obwohl Fishers Parteigänger, vor allen anderen der König, den Bericht als einen klaren Urteilsspruch zugunsten des Ersten Seelords begrüßten, war Fisher selbst bitter enttäuscht. Seiner Ansicht nach brauchte die Admiralität einen Untergebenen nicht ins Vertrauen zu ziehen oder ihm Gründe für die Anweisungen zu nennen, die sie gab; die Tatsache, daß die Admiralität (er wußte, daß die Worte ihm persönlich galten) in diesem Punkt getadelt wurde, betrachtete er als ungerecht und demütigend. Beresford sah sich selbst als Sieger und ging in London umher und trompetete diese Meinung hinaus. In Südtirol, wohin Fisher gegangen war, um dem Tumult zu entkommen, kochte er vor Verärgerung und Frustration. »Indem der Ausschuß darauf verzichtete, Beresford zu zerquetschen, als er die Chance dazu hatte, und ihn dadurch vor aller Öffentlichkeit zu diskreditieren, hat er Beresford die Möglichkeit zur Erneuerung seiner aufrührerischen Agitation gegeben«, schrieb er an einen befreundeten Admiral. »Hätte der Ausschuß ihn als dreisten Lügner überführt, was er angesichts des Beweismaterials hätte tun können, so wäre Beresford in einer Weise diskreditiert gewesen, daß keine Zeitung jemals wieder Notiz von ihm genommen hätte«, schrieb er einem befreundeten Journalisten. Die Bösewichter, glaubte Fisher, seien die fünf Ausschußmitglieder Asquith, Grey, Haldane, Morley und Crew. »Ich hatte sie für große Männer gehalten«, schrieb er McKenna. »Sie sind große Feiglinge.« Er schloß diesen Brief, indem er alle fünf zur Hölle wünschte.

Fishers Ansicht wurde von vielen geteilt, auch von Knollys, der aus Balmoral schrieb, daß er »sehr ärgerlich« über den Bericht sei, daß »Asquith ihn dermaßen verwässert habe, daß er auf ein Urteil zu Beresfords Gunsten hinauslaufe« und daß »es eine Tatsache ist, daß der Ausschuß... Beresford fürchtete, und dies hat seine Behandlung durch ihn bewiesen...« Der König selbst schrieb privat, daß er hoffe, die Admiralität werde »sich sehr ernste Gedanken über C. B.s empörendes Verhalten machen, das, würde es toleriert, alle Disziplin in der Royal Navy untergräbt.« Trotz dieser Bekräftigungen wurde zunehmend deutlich, daß Fishers Tage in der Admiralität gezählt waren. Beresford zog noch immer ungehindert durchs Land und wetterte, daß »in der Admiralität ein System von Spionage, Günstlingswirtschaft und Einschüchterung« bestehe. In Briefen bezeichnete er Fisher als »den Mulatten«. Er ließ wissen, daß er bei den nächsten Wahlen für das Unterhaus kandidieren wolle, und deutete an, daß er eine Zusage Balfours habe, ihn zum Ersten Seelord zu machen, wenn die Unionisten siegten. Balfour schwieg dazu. Beide politischen Parteien, die Marine und die Öffentlichkeit, waren des Streits überdrüssig und sorgten sich um den Schaden, den er der Marine zugefügt hatte. Beresford war aus dem aktiven Dienst ausgeschieden; nun mußte zum Ausgleich der Waagschalen auch Fisher gehen.

Am Geburtstag des Königs, dem 9. November, wurde Fisher als Baron Fisher of Kilverstone in den Pairsstand erhoben und wählte als Motto für sein Wappenschild »Fürchte Gott und sonst nichts.« Er hatte nichts gegen den Rückzug in den Ruhestand. Er schied nur ein Jahr früher aus dem Amt, und dies würde es Sir Arthur Wilson, der zwei Jahre aktiven Dienst übrig hatte, möglich machen, ihm als Erster Seelord nachzufolgen. Am 25. Januar 1910, seinem neunundsechzigsten Geburtstag, verließ Fisher nach fünfundfünfzig Jahren Dienst die Marine.

In den Wahlen vom Januar 1910 gewann Beresford trotz des Gesamtsieges der Liberalen den Unterhaussitz für Portsmouth. Im Parlament fuhr er fort, in Marineangelegenheiten über Regierung und Admiralität herzuziehen, wenn auch mit immer weniger Wirkung. Bis zu seinem fünfundsechzigsten Geburtstag im Jahre 1911 nominell noch auf der Personalliste der Marine, hörte er nicht auf, sich um die Ernennung zum Ersten Seelord zu bemühen. Im Dezember 1910, nur sieben Monate nachdem der Prinz von Wales König George V. geworden war, drängte der neue Monarch Asquith, seinen Freund Beresford wie Fisher und Fishers Vorgänger als Erster Seelord, Sir Arthur Wilson, zum Flottenadmiral zu ernennen. Asquith sagte, er habe »keine persönlichen Einwände« und reichte die Anfrage an McKenna weiter, der das Ansinnen entschieden ablehnte.

1912 veröffentlichte Beresford ein bissiges Buch, *Der Verrat*, worin er all seine vor dem Ausschuß vorgetragenen Argumente wieder aufwärmte. Aber die Zeiten waren darüber hinweggegangen, und der neue Erste Lord der Admiralität, Winston Churchill, ignorierte das Buch und machte Beresford im Unterhaus lächerlich, wann immer der Abgeordnete für Portsmouth sich erhob, um zu sprechen. 1916 erhob der König Lord Charles als Ersten Baron Beresford von Curraghmore in den Pairsstand. Er starb 1919.

In einer anderen Zeit wäre Lord Charles Beresford vielleicht an die Spitze der Marine gelangt. Seine Eigenschaften, die eines tapferen, patriotischen Offiziers und guten Kommandeurs, teilte er mit ungezählten anderen Marineoffizieren, die allmählich zum Admiralsrang aufgestiegen waren, größere Flottenverbände befehligten, ein paar Jahre als Erster Seelord dienten und dann mit dem Ruhestand in Vergessenheit gerieten. Beresfords Unglück war, daß er im Schatten eines Größeren stand. Jacky Fisher besaß Talente, die Beresford abgingen. Beresford stand für die Verhältnisse, wie sie waren, für Orthodoxie und Tradition. Fisher blickte darüber hinaus, verwirklichte seine Visionen von neuen Regeln, neuen Schiffen, neuen Welten und zerbrach die Tradition so rücksichtslos, daß seine Reformen eine Revolution darstellten. Beide Männer waren kolossale Egozentriker, aber im Laufe eines lebenslangen Dienstes in der Marine rückte Beresfords Ego noch mehr in den Brennpunkt seines Bewußtseins, während Fisher sich auf die Durchsetzung seiner Reformen konzentrierte. Trotz seiner Jovialität war Beresford von Standesdünkel geprägt. Fishers höherer Dienstrang erschien ihm als eine Umkehrung der natürlichen Ordnung, und es wurmte ihn, daß »der Malaie« oder »der Mulatte« die Befehle gab. Enttäuschung wurde zu Demütigung, Bitterkeit führte zu Insubordination und einem Kreuzzug gegen den Ersten Seelord.

Fisher war empfindlicher gegen Beresfords Opposition als gegen die jedes anderen Offiziers. Sobald er entdeckte, daß Beresford sein Hauptwidersacher innerhalb der Marine war, stellte er sich automatisch jedem Vorschlag entgegen, den Lord Charles unterbreitete. Als Oberkommandierender im Mittelmeer befürwortete Fisher die Konzentration der Kräfte, einheitliches Kommando und die Verstärkung seiner Flotte durch weitere Schiffe. Als er die Schiffe nicht bekam, kritisierte er die Admiralität und den Ersten Seelord, oft hinter ihrem Rücken. Als Beresford in seiner Funktion als Oberkommandierender der Kanalflotte die gleiche Konzentration der Kräfte, das einheitliche Kommando und die Verstärkungen verlangte, brandmarkte Fisher ihn als widersetzlich. Beresford erschien das nicht fair.

In einem Brief an Balfours Privatsekretär schrieb Esher über Fisher: »Ich sage nicht, daß er keine Fehler gemacht hat. Wer hat keine gemacht? Aber er ist ein großer Diener der Nation, und am Ende eines langen Lebens, das er der Marine und dem Staat gewidmet hat, ist er das Opfer von Asquiths Mangel an moralischer Courage.« Wie sich herausstellte, war das Epitaph voreilig. Keiner von denen, die ihm in die Admiralität nachfolgten, reichte an Vorstellungskraft und Energie an ihn heran. Bald nach dem Ausbruch des Krieges kehrte Flottenadmiral Lord Fisher of Kilverstone auf Churchills Bitten mit dreiundsiebzig Jahren als Erster Seelord in die Admiralität zurück.

# IV. TEIL

# Großbritannien und Deutschland: Politik und wachsende Spannungen 1906–1910

## 26. KAPITEL

# Campbell-Bannerman: Die Rückkehr der Liberalen an die Macht

Henry Campbell (denn als solcher wurde er 1836 geboren) wuchs in einer geordneten, geschäftsmäßigen Atmosphäre von Politik, Religon und kommerziellem Wohlstand auf. Sein Vater, Sir James Campbell, war ein erfolgreicher Importeur und gleichzeitig Oberbürgermeister von Glasgow. Campbells Söhne, für das Geschäft bestimmt, wurden frühzeitig mit dem Ausland und fremden Sprachen vertraut gemacht. Henry und sein älterer Bruder James begleiteten ihren Vater oft bei Besuchen in Frankreich; als Henry vierzehn war, unternahm er mit James eine zehnmonatige Europareise. Im selben Jahr begann er, in französischer Sprache und Literatur vorgebildet, an der Universität Glasgow zu studieren, blieb vier Jahre und setzte sein Studium dann am Trinity College in Cambridge fort, wo er in klassischer Philologie mit einer durchschnittlichen Note abschloß. 1858 kehrte er nach Glasgow zurück, um für seinen Vater zu arbeiten. 1860 lernte er bei der Hochzeit seines Bruders Charlotte Bruce kennen und verliebte sich in sie. Sie war die Tochter des Generalmajors, der die Garnison von Edinburgh befehligte. Sie heirateten, als er fünfundzwanzig und sie achtundzwanzig war, und er bezeichnete die Hochzeit als den glücklichsten Tag seines Lebens. Sie hatten keine Kinder und teilten jeden Gedanken und möglichen Augenblick miteinander. Sie lachten über die gleichen Scherze, sprachen oft französisch miteinander und erfanden private Namen für politische Gestalten. Charlotte hatte einen starken Willen und ausgezeichnete Menschenkenntnis. Sie sah ihre Pflicht darin, ihren Mann vor jenen zu schützen, die darauf aus waren, seine, wie sie meinte, übermäßig vertrauensselige Natur auszunützen. Er sah seine Pflicht darin, ihr durch ständige Gegenwart und nie erlahmende Zärtlichkeit durch wiederholte und längere Krankheitsperioden zu helfen. Er vertraute ihr vollkommen, und besonders, wenn es darum ging, Charaktere zu beurteilen, unternahm er nichts ohne ihren Rat. »Wir werden es Der Autorität übergeben«, sagte er einmal zu einem Freund, »und sie wird entscheiden. Ihr Urteil ist unfehlbar.«

Im Jahre 1868, nach zehn Jahren im Geschäft, wurde Henry Campbell für den Bezirk Stirling in das Unterhaus gewählt. Drei Jahre später änderte er seinen

Namen. Ein reicher Onkel, Henry Bannerman, hatte vor seinem Tode verfügt, daß sein Neffe ein beträchtliches Vermögen unter der Bedingung erben sollte, daß er seinem Namen »Bannerman« hinzufügte. Campbell war dazu bereit, obwohl er es noch bedauern sollte. »Ich sehe, daß du bereits überdrüssig bist – wie auch ich schon lange – meinen schrecklich langen Namen zu schreiben«, schrieb er einem Freund. »Es gefällt mir immer am besten, Campbell genannt zu werden, und die meisten meiner Freunde tun das... eine Alternative ist C. B.« Seine Frau, der die Namensänderung noch weniger gefiel, unterschrieb noch jahrelang einfach »Charlotte Campbell«.

C. B. stieg nur langsam in der Liberalen Partei auf. Er verbrachte siebzehn Jahre als Unterhausabgeordneter, bevor er 1885 als Kriegsminister Kabinettsrang erreichte. Zu seiner Bestürzung fand er bei der ersten Kabinettssitzung, daß sein Platz neben dem sechsundsiebzigjährigen Premierminister Gladstone war. »Ich setzte mich schüchtern auf die Stuhlkante«, erinnerte sich Campbell-Bannerman, »wie ein Hochstapler, verlegen unter den Fittichen des großen Mannes.« C. B. behielt das Kriegsministerium während Gladstones dritter Regierungszeit, kehrte zurück, als der Große Alte Mann zurückkehrte, um eine vierte Regierung zu bilden, und blieb während der kurzen Amtszeit von Gladstones temperamentvollem Nachfolger, dem Earl von Rosebery.

Campbell-Bannerman lieferte unbeabsichtigt den Anlaß zum Sturz der Regierung Rosebery. Die Mehrheit der Liberalen im Unterhaus war zusammengeschmolzen; Rosebery war Gladstone ohne Wahl ins Amt gefolgt, und die Wähler wollten keine Gladstone-Regierung ohne Gladstone. Wochenlang hatte die Regierung sich mit Mehrheiten von sieben oder acht Stimmen über Wasser gehalten. Am 21. Juni 1895 stand der Haushaltsvoranschlag für die Armee auf der Tagesordnung, ein Thema, welches das Haus zu leeren pflegte; nur auf den Oppositionsbänken hielt eine Handvoll von Abgeordneten aus. Die Regierung wurde von C. B. als Kriegsminister vertreten. Plötzlich brachte die Opposition in einem von den Unionistenführern sorgfältig geplanten Manöver den Antrag ein, Campbell-Bannermans Ministerbezüge um 100 Pfund zu kürzen, weil er der Armee keine ausreichende Reserve Kordit-Sprengstoff zur Verfügung gestellt habe. C. B. erwiderte, daß die Reserve nach Meinung seiner fachmännischen Berater reichlich sei. Er weigerte sich, die Zahlen öffentlich zu nennen, machte sich aber erbötig, sie den Oppositionsführern unter dem Siegel der Vertraulichkeit zu zeigen. Sie waren nicht interessiert. Balfour und Chamberlain erschienen auf der Bildfläche, um sich dem Angriff anzuschließen. Liberale Einpeitscher rannten los, um ihre Abgeordneten ausfindig zu machen und herbeizuholen, aber als abgestimmt wurde, fehlten der Regierung sieben Stimmen. Die Regierung Rosebery zog es vor, zurückzutreten, statt weiter von der Hand in den Mund zu leben. Die Königin beauftragte Lord Salisbury mit der Regierungsbildung. C. B. überstand die Kordit-Affäre ungebrochen: »Was den Tadel betrifft, so bin ich sehr stolz darauf. Es war eine reine Spitzbüberei. Wir haben eher zu viel Munition als zu wenig.«

Die frühen Jahre der langen Regierungszeit Lord Salisburys waren schwierig für die Liberale Partei. Die Führung war ungewiß: Gladstone, inzwischen in den Achtzigern, lebte in rastlosem Ruhestand; Lord Rosebery, Gladstones Nachfolger als Premierminister, blieb Oppositionsführer, aber er bekam die Partei nie in den Griff. Er war ein Earl, jung, stattlich, elegant, ein gewandter Redner und der Liebling der Presse. Seine Heirat mit einer Rothschild brachte ihm 100 000 Pfund, womit er einen Rennstall und eine Jacht unterhielt. Während der sechzehn Monate seiner Amtszeit als Premierminister gewannen zwei seiner Pferde in aufeinanderfolgenden Jahren das Derby. Rosebery war ungemein stolz darauf, beinahe noch mehr als auf jede politische Leistung. Die elegante Welt der Rennplätze liebte ihn, aber die gewöhnlichen Mitglieder der Liberalen, strenge Nonkonformisten und Gefolgsleute Gladstones, sahen mit scheelem Blick auf das Schauspiel eines liberalen Aristokraten, der lieber auf der Rennbahn Pferde anfeuerte, als das Amt des Premierministers auszufüllen. Aber Rosebery hatte noch größere politische Handicaps als seine Leidenschaft für das Pferderennen. Viele hatten den Eindruck, daß er in der falschen Partei sei; seine Ansichten über Südafrika, die Selbstregierung für Irland, über Grundbesitz und Steuerpolitik waren eher konservativ als liberal. Gladstone, der ihn zum Außenminister ernannt hatte, faßte seine Meinung in den Worten zusammen: »Rosebery war einer der fähigsten und ehrenwertesten Männer, die ich je gekannt habe, aber ich bezweifle, daß er wirklich gesunden Menschenverstand besaß.«

Aus dem Amt, aber noch Parteiführer, schmollte Rosebery. Gladstone, in seinem siebenundachtzigsten Jahr, fuhr fort, öffentlich Reden zu halten, und zog große Menschenmengen an. Rosebery beklagte sich, daß dies seine Stellung untergrabe. Weil er sich »anscheinend in Uneinigkeit mit einem erheblichen Teil der Liberalen Partei« befand »und in Meinungsverschiedenheiten mit Mr. Gladstone«, trat er schließlich von der Parteiführung zurück. Sir William Harcourt, Fraktionsvorsitzender der Liberalen im Unterhaus, wurde für ein Jahr sein Nachfolger, dann zog auch er sich zurück. Die Einpeitscher der Partei boten Herbert Henry Asquith die Parteiführung an, weil er der beste Redner der Partei war, aber Asquith mußte mit sechsundvierzig Jahren sein Brot als Rechtsanwalt verdienen, um seine Familie zu ernähren; er schlug den sechzehn Jahre älteren Campbell-Bannerman für den Posten vor.

C. B. nahm widerstrebend an. Er war eine solide, vertrauenerweckende Gestalt, versöhnlich, zuverlässig, humorvoll, klug, freundlich, gutmütig. Auf der Regierungsbank war er ehrlich und gewissenhaft, aber nicht sonderlich aktiv gewesen. Beatrice Webb beschrieb ihn als »gut geeignet für die Position eines stillen Teilhabers in einem ererbten Unternehmen«. Er hatte wenig Ehrgeiz gezeigt, die Parteiführung zu übernehmen. Gesundheitlich war er nicht besonders robust, seiner Frau ging es schlecht. Daß er die schwere und ständige Bürde der Parteiführung auf sich nehmen würde, schien unwahrscheinlich. C. B. tat es, weil er es als seine Pflicht betrachtete; einen anderen gab es nicht. Anfangs brachte diese Situation gewisse Vorteile: er wollte den Posten nicht und konnte nicht angeklagt werden, er habe ihn einem anderen weggeschnappt. Er hatte keine Feinde; alle waren dankbar. 1898 starb Gladstone, und mit ihm verschwand die große Gestalt, die seit vierzig Jahren jeden anderen liberalen Staatsmann in den Schatten gestellt hatte. Einige Liberale vermißten die Brillanz und den Charme Lord Roseberys, andere waren froh, daß die Schleier des Zweifels, welche die Absichten des Parteiführers umgeben hatten, endlich gelüftet waren. An C. B. gab es nichts Rätselhaftes. Er stand wacker für die liberalen Ideen in ihrer einfachsten Form und arbeitete entschlossen für die Rückkehr der Liberalen Partei an die Macht.

Als die Wahlen von 1905 näherrückten, ging es nur noch um die Höhe des Sieges und ob die Liberalen, so lange in der Opposition, regierungsfähig sein würden. Campbell-Bannerman glaubte daran, und während er bereit war, das Amt des Premiers zu übernehmen, hätte es ihm auch nichts ausgemacht, einem anderen Liberalen den Vortritt zu lassen. Im Frühjahr und Sommer 1905 schien es eine Weile, daß die Wahl auf Lord Spencer, den Führer der Liberalen im Oberhaus, fallen könnte. Wegen der Farbe seines Bartes und nicht wegen der Einfärbung seiner Politik der »Rote Earl« genannt, hatte er lange unter Gladstone gedient, und seine friedfertige, anspruchslose Art versprach innerhalb der Partei auf den geringsten Widerstand zu stoßen.

Rosebery blieb eine entfernte Möglichkeit, aber sein Einzelgängertum hatte ihn sowohl der Parteiführung als auch dem Fußvolk entfremdet. Im Herbst vertiefte sich die Kluft zwischen Campbell-Bannerman und Rosebery durch ihre unterschiedlichen Positionen zur Home Rule Irlands. Campbell-Bannerman befürwortete eine echte Selbstregierung (»die tatsächliche Verwaltung irischer Angelegenheiten durch eine repräsentative irische Autorität«), wenngleich Schritt für Schritt. Rosebery hingegen verwarf die Selbstregierung in jeder Form und erklärte mit lauter Stimme: »Ausdrücklich und mit Nachdruck, ein für allemal, ich kann unter diesem Banner nicht dienen.« Im Herbst 1905 erlitt Lord Spencer einen Gehirnschlag, der seine politische Karriere beendete. Rosebery hatte sich selbst ins Abseits gestellt. Campbell-Bannerman, der im liberalen Fußvolk größtes Ansehen genoß, erschien nun als der Favorit.

Am Montagnachmittag, dem 4. Dezember, ging Balfour zum Buckingham-Palast und erklärte seinen Rücktritt. Am nächsten Morgen, Dienstag, dem 5. Dezember, ersuchte der König Campbell-Bannerman, eine Regierung zu bilden. Innerhalb eines Monats nach dem Amtsantritt der neuen Regierung fanden allgemeine Wahlen statt. Der Wahlkampf begann nach Weihnachten, und die Wahlen verteilten sich auf die drei letzten Wochen im Januar. Das Ergebnis war ein Erdrutschsieg der Liberalen. Traditionell sichere Wahlkreise der Unionisten gingen verloren. Mehr als zweihundert Abgeordnete der Unionisten, darunter auch Arthur Balfour, wurden in ihren Wahlkreisen geschlagen. Die Liberale Partei eroberte das Unterhaus mit 379 Sitzen, einer klaren Mehrheit von 88 Sitzen gegenüber allen anderen Parteien im Parlament. Mit der Unterstützung von 83 irischen Nationalisten und 51 Labour-Abgeordneten schauten Campbell-Bannerman und seine Minister von einem stolzen Gipfel von 513 Sitzen auf einen kläglichen Rest von 157 Sitzen der Unionisten herab.

Als das neue Parlament am 13. Februar zur konstituierenden Sitzung zusammentrat, schien Campbell-Bannerman verwandelt. Er sprach mit einer Autorität und Würde, die die Opposition überraschte und die Hunderte von Abgeordneten der Liberalen begeisterte, die sich auf den Plätzen drängten oder einander auf der Regierungsbank auf die Füße traten. Einen Monat später, als Balfour ins Unterhaus zurückkehrte, nachdem er in einer Nachwahl gewonnen hatte, beging der Führer der Unionisten den Fehler zu versuchen, sein Spiel mit dem standhaften Schotten zu treiben. Balfour benutzte die Darlegung seiner Ansichten über einen Entschließungsantrag zugunsten des Freihandels zu einer seiner rhetorischen Vorstellungen. Er war zweideutig und spielerisch, überlegen gönnerhaft der feindlichen Mehrheit und ihrem Führer gegenüber. Grimmig erhob sich Campbell-Bannerman zur Erwiderung.

»Der ehrenwerte Herr Vorredner ist wie die alten Bourbonen – er hat nichts dazugelernt«, wies der Premierminister seinen Vorgänger zurecht. »Er kommt mit derselben leichtfertigen Vornehmtuerei, derselben subtilen Dialektik, derselben oberflächlichen und frivolen Behandlung einer wichtigen Frage in dieses neue Unterhaus zurück, aber er weiß wenig von der Stimmung hier, wenn er meint, diese Methoden würden hier erfolgreich sein... Sie sind eitel, unsinnig und irreführend. Sie wurden vom ehrenwerten Herrn Vorredner zu dem Zweck erfunden, in dieser Debatte Zeit in Anspruch zu nehmen. Ich sage, genug von diesen Possen!... Bringen Sie Ihre Zusatzanträge ein und lassen Sie uns zur Sache kommen.«

Das Schisma zwischen dem traditionellen Idealismus Gladstonescher Prägung und einer härteren Betrachtungsweise der Realitäten imperialer Macht, das die Partei während des Burenkrieges gespalten hatte, war nicht völlig überwunden. Campbell-Bannerman, Morley, Lloyd George und die Mehrheit der Liberalen im Unterhaus sowie im ganzen Land wünschten sich von europäischer Machtpolitik fernzuhalten und in imperialen Angelegenheiten Mäßigung und Versöhnung zu zeigen. Asquith, Grey und Haldane, die »liberalen Imperialisten« des Kabinetts, sahen Großbritanniens Rolle als die einer imperialen Weltmacht, deren Territorien überall auf der Erde an diejenigen anderer Nationen grenzten und deren Heimatinseln einem von Spannungen siedenden Kontinent benachbart waren. Die Differenzen innerhalb der neuen Regierung traten frühzeitig in Erscheinung. In seiner ersten Ansprache als Premierminister sagte Campbell-Bannerman am 21. Dezember 1905 vor der vollbesetzten Albert Hall, daß er eine gemäßigtere Außenpolitik als die Unionisten zu betreiben beabsichtigte. Er war frankophil und begrüßte die »von Lord Lansdowne so klug geschlossene Entente mit Frankreich«. »Im Falle Deutschlands«, fuhr er fort, »sehe ich keinerlei Anlaß für eine Entfremdung in den Interessen beider Völker.« Er setzte sich für Abrüstung ein und versprach, daß seine Regierung sich in den Verhandlungen für die bevorstehende Zweite Haager Konvention dafür einsetzen werde. »Das Anwachsen der Rüstung ist eine große Gefahr für die Welt«, sagt er. »Es erhält, fördert und nährt den Glauben, daß Gewalt die beste, wenn nicht einzige Lösung internationaler Differenzen sei. Es ist eine Politik, die neue Wunden schlägt und alte entzündet.«

Im März 1907, kurz vor der Eröffnung der Zweiten Haager Friedenskonferenz, veröffentlichte der Premierminister einen Beitrag in der liberalen Wochenzeitschrift *Nation,* in dem er sich für Abrüstungsvereinbarungen aussprach. Großbritannien, bekräftigte er, bemühe sich um eine Verringerung der Rüstungsausgaben und würde auf diesem Weg weitergehen, wenn andere Nationen sich anschlössen. Auf diesem Gebiet sahen sich die Liberalen freilich vor einem innenpolitischen Dilemma: wie sollten sie – nach jahrelangen Forderungen, die Rüstungsausgaben zu senken, und nachdem sie den Wählern versprochen hatten, daß sie, einmal an der Macht, die Budgets von Armee und Marine kürzen würden – für die Rüstungsprogramme aufkommen, die von Balfours Regierung eingeleitet worden waren? Fisher war beauftragt worden, die Marine zu erneuern; Schiffe waren verschrottet, ein massives Neubauprogramm eingeleitet und Flotten umgruppiert worden. Die *Dreadnought* war bereits vom Stapel gelaufen und sah ihrer Indienststellung entgegen. Diese Arbeiten konnten nicht einfach eingestellt werden. Die Entscheidung lief darauf hinaus, hier und dort zu kürzen und im übrigen auf kostenbewußte Effizienz zu drängen. Ein Großkampfschiff wurde aus dem Haushalt von 1906 gestrichen. Fisher erklärte, daß drei statt vier neuer Dreadnoughts akzeptabel seien. Haldane machte sich mit dem gleichen Reformeifer an die Umstrukturierung der Armee. Als er Kriegsminister wurde, versprach er den Etat der Armee um 3 Millionen Pfund zu kürzen und gleichzeitig eine wirksamere Waffe aus ihr zu machen. Zur Verblüffung Campbell-Bannermans, der nichts anderes erwartete, als daß »Master Haldane« im Kriegsministerium auf den Bauch fallen würde, löste Haldane sein Versprechen ein. Er teilte die Armee in zwei Truppenteile, ein reguläres Berufsheer als Expeditionsstreitmacht von 160000 Mann Stärke, in sechs Divisionen gegliedert, und eine Territorialarmee, die auf Bezirksebene aus Reservisten aufgestellt und in 14 Divisionen gegliedert war, um der Expeditionsstreitmacht als Unterstützung und Reserve zu dienen. C. B. war erfreut, wie geschickt Haldane seine Politik im Unterhaus gegen Unionisten verteidigte, die – wie Balfour – versuchten, Fehler und Widersprüche der geplanten Armeereform aufzuzeigen.

Der größte Triumph, den Campbell-Bannerman während seiner kurzen Amtszeit in der Downing Street verbuchen konnte, war sein Versöhnungswerk in Südafrika. Seit dem Beginn des Burenkrieges hatte er durch Jahre der Beschimpfungen und Schmähungen dieselbe Botschaft gepredigt. Für ihn war der Krieg eine Wunde, die nur durch Verständnis und Großzügigkeit von seiten der britischen Regierung geheilt werden konnte. Als Premierminister war er bereit, seine Überzeugung in die Tat umzusetzen. Er schlug vor, den Burenrepubliken Selbstregierung zu gewähren und sie dann in eine Föderation einzubringen, die Union von Südafrika.

C. B.s Vorschlag, daß Großbritannien den besiegten Buren die Selbstverwaltung zurückgebe, die es ihnen in einem Krieg, der 30000 Menschenleben gefordert und 250 Millionen Pfund gekostet hatte, abgenommen hatte, stieß auf den verzweifelten Widerstand der Unionisten-Opposition. Die große Mehrheit seiner Partei stärkte ihm jedoch den Rücken, und so gewährte der Premierminister Transvaal und dem Oranjefreistaat die innere Selbstverwaltung. Er tat dies durch Privilegsurkunden, die nur der Zustimmung des Unterhauses und nicht jener des Oberhauses bedurften. 1909, achtzehn Monate nach Campbell-Bannermans Tod, wurde das Südafrikagesetz, mit dem die Union von Südafrika ins Leben gerufen wurde, von beiden Häusern des Parlaments angenommen. Louis Botha, der Burengeneral, der erster Premierminister der Union von Südafrika wurde, drückte Asquith, Campbell-Bannermans Nachfolger, seine Dankbarkeit aus und fügte hinzu: »Mein größtes Bedauern gilt dem Umstand, daß eine edle Gestalt fehlt – Sir Henry Campbell-Bannerman. Für die Verdienste, die er sich allein um Südafrika erworben hat, sollte Großbritannien ihn immer in dankbarer Erinnerung behalten.«

Im Frühjahr 1906 schien C. B. auf dem Gipfelpunkt seiner Karriere, aber sein Privatleben war erfüllt von Schmerz und Erschöpfung. Seine Frau, seine Kameradin und Beraterin von 46 Jahren, lag im Sterben. Charlotte Campbell hatte die politische Karriere ihres Mannes immer mit gemischten Gefühlen betrachtet. Sie war ehrgeizig für ihn und verteidigte ihn grimmig, wenn er angegriffen wurde. »Henry ist ein guter Mann«, erklärte sie. »Wie gut, weiß niemand besser als ich.« Aber in den Ehrgeiz mischte sich Unmut über die Zeit, die seine Karriere ihn von ihr fernhielt. Den Details der Politik konnte sie nichts abgewinnen, und nur selten war sie auf der Zuschauergalerie des Unterhauses zu sehen, selbst dann, wenn ihr Mann wichtige Reden hielt. Sie klammerte sich mehr und mehr an ihn, als sie von einer schmerzhaften Nervenerkrankung heimgesucht wurde. Immer öfter war Campbell-Bannerman gezwungen, zwischen seinen Pflichten und der Sorge für seine Frau zu wählen. War er von ihr getrennt, bedrückte ihn das Wissen, daß sie zu Haus auf dem Bett oder auf einer Chaiselongue lag, den Blick auf die Uhr gerichtet, und die Minuten bis zu seiner Rückkehr zählte. Und immer häufiger kam es vor, daß er als Oppositionsführer und dann als Premierminister nach dem Essen nicht mehr ins Amt oder ins Parlament zurückkehrte und eine Notiz schickte, daß der Gesundheitszustand seiner Frau seine Anwesenheit an ihrem Krankenlager fordere.

Im Jahre 1902 hatte Lady Campbell-Bannerman, deren Gewicht über 200 Pfund betrug, einen Schlaganfall erlitten, der sie teilweise lähmte. Der Umzug in die Downing Street 10 im Januar 1906 kam einer Schicksalsprüfung gleich, aber es gelang ihr, am Vorabend der Parlamentseröffnung einen großen Empfang für ihren Mann zu geben. Unfähig zu stehen, saß sie und zeigte sich einer großen Zahl von Gästen angenehm und liebenswürdig. Während des Frühjahrs und Sommers verschlechterte sich ihr Zustand. Sie mochte keine Krankenschwestern und nahm Essen und Medizin nur aus den Händen ihres Mannes an. Wann immer sie ihn rief, stand er auf und setzte sich zu ihr, wenn nötig, die Nacht hindurch. In diesem Sommer zwang ihn sein eigener sich verschlechternder Gesundheitszustand einmal, eine ganze Nacht getrennt von ihr zu verbringen. »Wie seltsam, eine ganze Nacht im Bett verbracht zu haben« schrieb er. »Das ist mir seit sechs Monaten nicht passiert.« Vormittags kam es dann vor, daß er am Schreibtisch über seinen Regierungspapieren einschlief.

Im August 1906 beschlossen sie, die Reise nach Marienbad zu riskieren. Sie reisten langsam, in bequemen Tagesetappen und trafen am 13. am Zielort ein. Lady Campbell-Bannerman war erschöpft, aber glücklich. Am 16. August kam der König, begleitet von der vornehmen Welt und einem Schwarm von Journalisten. Zwei Wochen lang war der Premierminister verpflichtet, dem Souverän bei Mittagessen, Abendessen und Tees Gesellschaft zu leisten, und immer eilte er anschließend zurück, um seiner invaliden Frau Neuigkeiten und Klatschgeschichten zu überbringen. Als ihr Zustand sich weiter verschlechterte, begann der Premierminister seine Mahlzeiten im Salon neben ihrem Schlafzimmer einzunehmen. Die Tür war angelehnt, und im Laufe einer Mahlzeit rief sie ihn zwei oder drei Male. Jedesmal sprang er auf und eilte an ihr Bett. Der 30. August war ein sonnig-heißer Sommernachmittag, und nur die Hufschläge auf der Straße unten und das mühsame Atmen der sterbenden Frau unterbrachen die Stille. Um fünf Uhr nachmittags starb sie.

Der König, der auf dem Balkon seiner Hotelsuite saß, nahm einen Stift und schrieb: »Ich weiß, wie groß Ihre gegenseitige Hingabe war, und welch eine Leere die Dahingeschiedene in Ihrem Heim zurücklassen wird. Dennoch bin ich sicher, daß Sie nur wünschen können, Ihre geliebte Frau möge Frieden und Ruhe gefunden haben, befreit von allen weiteren Leiden und Schmerzen.«

Campbell-Bannerman waren nur noch weniger als zwei Jahre beschieden. In der Öffentlichkeit versuchte er Zuversicht und gute Laune auszustrahlen, aber ein Freund, der ihn mit seinen Gästen reden und lachen sah, fand den Premierminister nachher schluchzend, den Kopf in die Hände gestützt. Seine Kräfte waren verausgabt. Am 13. November brach Campbell-Bannerman in Bristol zusammen. Seine Ärzte verordneten ihm sechs Wochen vollständige Ruhe, und der Premierminister beschloß, nach Biarritz zu reisen. Unterwegs erlitt er in Paris einen weiteren Herzanfall und war gezwungen, dort zu bleiben, während sein Arzt aus London kam.

Sobald er sich erholt hatte, fuhr er nach Biarritz, wo er bis Mitte Januar blieb, um dann nach London zurückzukehren. Dort berichtete ein Freund, daß er »all seine alte Antriebskraft und Energie zurückgewonnen zu haben scheint.« Am 12. Februar 1908 hielt Campbell-Bannerman seine letzte Rede im Unterhaus. Am Abend desselben Tages erlitt er einen weiteren Herzanfall und wurde in sein Schlafzimmer in die Downing Street 10 gebracht. Diesen Raum verließ er bis zu seinem Tod zehn Wochen später nicht mehr. Der König, die Königin und der Prinz von Wales besuchten ihn dort. Vor der Abreise zu einem Treffen gekrönter Häupter in Kopenhagen gab der König Anweisung, daß man ihn ständig über den Zustand des Premierministers unterrichte. »Telegrafieren Sie nicht an ›den König‹«, sagte der König, »denn es werden so viele Könige dort herumlaufen. Telegrafieren Sie an ›König Edward‹.«

Zwei Monate lang trat das Kabinett auf der Stelle, vertagte wichtige Entscheidungen und richtete den Blick immer öfter auf Asquith, den designierten Nachfolger. Am 27. März ließ der Premierminister ihn kommen, um ihm mitzuteilen, daß er zurücktreten wolle. »Sie sind ein wundervoller Kollege«, sagte er zu Asquith, »so loyal, so tüchtig und ohne Eigennutz. Sie sind der größte Gentleman, den ich je kennengelernt habe.« Seine Abschiedsworte waren optimistisch: »Dies ist nicht das letzte Mal, daß wir uns sehen. Wir werden wieder zusammenkommen, Asquith.« Am 1. April sandte der Premierminister dem in Biarritz weilenden König sein Rücktrittsgesuch. Der König nahm es am 3. April an. Campbell-Bannerman starb am Morgen des 22. April 1908.

27. KAPITEL

# Die Asquiths: Henry und Margot

Herbert Henry Asquiths Anfänge waren bescheidener als die jedes anderen Premierministers vor ihm. Er wurde 1852 als Sohn eines Wollhändlers in einem Dorf in Yorkshire geboren. Als Herbert * acht war, zog sein Vater sich bei einem Cricketspiel der Dorfmannschaft innere Verletzungen zu und starb wenige Stunden später. Seit seinem zwölften Jahr lebte Asquith als zahlender Kostgänger bei Londoner Familien, um eine bessere Schule besuchen zu können. Seine Leistungen als Schüler waren hervorragend. »Die Schule stellte einfach die Leiter vor ihn hin, und er kletterte hinauf«, sagte ein Lehrer. Mit siebzehn gewann Asquith ein Stipendium für klassische Philologie am Balliol-College. Seine Ankunft in Oxford fiel zusammen mit Benjamin Jowetts erstem Semester als Leiter des Colleges, und Jowett, der einen scharfen Blick für Talente hatte, behielt Asquith im Auge. Dieser trat bald der Oxford Union bei, einer Studentenverbindung. Er sprach in fast jeder politischen Debatte, wurde Vorsitzender und änderte die Regeln so, daß Rauchen erlaubt war und nachmittags Tee serviert wurde. Trotz dieser Ablenkung war Asquith 1874 der einzige Balliol-Student, der in klassischer Philologie mit der Bestnote abschloß.

Asquith hätte als Graduierter in Oxford bleiben und die wissenschaftliche Laufbahn einschlagen können, aber das war nicht sein Ehrgeiz. Er ging nach London und bereitete sich mit einem Jurastudium auf den Anwaltsberuf vor. Ohne Geld und ohne gesellschaftliche Verbindungen stürzte er sich mit fünfundzwanzig in die Ehe und wurde bald Vater. Um seine mageren Einkünfte aufzubessern, schrieb er regelmäßig für die liberalen Wochenzeitschriften *The Spectator* und *The Economist*. Er schrieb Leitartikel, meistens über politische Themen, bewährte sich aber auch auf anderen Gebieten – Wirtschaft, Literatur, Gesellschaft –, ohne an Gewandtheit des Stils zu verlieren.

Eines Abends im Jahre 1881 saß Asquith bei einem Essen in der Lincoln's Inn

* Bis zu seinem vierzigsten Jahr war Asquith seiner Familie und seinen Freunden als Herbert bekannt. Seine zweite Frau, Margot Tennant, nannte ihn Henry. Asquith selbst nannte sich selbst sein Leben lang H. H. Asquith und unterschrieb in dieser Weise sogar als Neunjähriger Briefe an seine Mutter.

neben einem anderen jungen Anwalt, der auch ein gemäßigter Liberaler mit politischem Ehrgeiz war. Richard Burdon Haldane, ein Schotte und vier Jahre jünger als Asquith, wurde dessen engster Freund und stärkster politischer Verbündeter. Er hatte in Deutschland studiert, sprach fließend deutsch und liebte die deutsche Philosophie. Haldane hatte das Privatvermögen, welches Asquith fehlte. Die beiden aßen zwei- oder dreimal die Woche zusammen in einem Restaurant; anschließend kehrte Asquith zu seiner Familie zurück. Haldane kam oft mit ihm nach Hause und war bei seiner Frau und den Kindern sehr beliebt. Haldane bewunderte die Stärken seines Freundes, ohne seine Schwächen zu übersehen. Asquith, sagte Haldane, hatte »das beste intellektuelle Rüstzeug, Verständnis und Urteil, das ich je in einem Mann gesehen habe«, aber er war kein kreativer Geist. »Asquith brachte nicht viel hervor«, fuhr Haldane fort. »Er war kein Mann von Phantasie, aber wenn wir etwas ausgearbeitet hatten, wählten wir immer ihn als Vortragenden – das tat er mit Vollkommenheit.« In einem Punkt war Asquith konsequent. Haldane erinnerte sich: »Wir kamen beide als Anwälte voran, aber für Asquith stellte eine Karriere als Anwalt zu keiner Zeit ein reizvolles Ziel dar. Er wollte von Anfang an Premierminister werden.«

Haldane war es, der Asquith zuerst überredete, für einen Unterhaussitz zu kandidieren. Er selbst war 1885 ins Unterhaus gewählt worden und drängte seinen Freund im nächsten Jahr, sich der schottischen Wählerschaft im Bezirk East Fife als Kandidat vorzustellen. Tatsächlich wurde Asquith mit knappem Vorsprung gewählt und vertrat diesen Wahlkreis dann 32 Jahre lang. Als er im März 1887 seine Jungfernrede hielt, waren die Abgeordneten beider Seiten beeindruckt von seinem Selbstvertrauen, seiner Autorität und Beredsamkeit. »Seine Diktion war damals schon fehlerfrei«, sagte ein bewundernder Haldane. Gladstone war weniger beeindruckt; gefragt, ob er glaube, daß die Rednergabe des jungen Asquith ihn zu politischer Größe führen werde, schüttelte der Führer der Liberalen den Kopf. »Zu forensisch«, meinte er. Aber fünf Jahre später, als er sein viertes und letztes Kabinett bildete, berief er den vierzigjährigen Asquith zum Innenminister.

Am 18. August 1892 fuhren die neuen Minister nach Osborne House, um ihre Ernennungsurkunden aus den Händen der Queen in Empfang zu nehmen. Als sie, von Portsmouth kommend, den Solent überquerten, begegnete den liberalen Ministern ein anderes Schiff, das die abgetretenen Minister der Unionisten nach Portsmouth zurückbrachte; beide Gruppen zogen in schweigendem Gruß die Hüte voreinander. Bei dieser Gelegenheit sprach Königin Victoria nicht mit dem neuen Innenminister, hielt aber in ihrem Tagebuch fest, daß er »ein intelligenter, ziemlich gutaussehender Mann« zu sein scheine. Bald darauf wurde Asquith zu einem Abendessen mit Übernachtung wieder nach Osborne House gerufen, und diesmal notierte die Königin, daß sie »ein Gespräch mit Mr. Asquith« geführt hatte, »den ich angenehm, geradeaus und vernünftig fand«.

Asquiths Aufstieg ins Kabinett war begleitet von Jahren häuslicher Ruhe. Mit achtzehn verliebte er sich in eine Fünfzehnjährige, Helen Melland, die Tochter eines erfolgreichen Arztes aus Manchester. Sie schrieben einander regelmäßig, und vier Jahre später, während er noch am Balliol-College studierte, verlobten sie sich heimlich. 1877, als er fünfundzwanzig und sie zweiundzwanzig war, heirateten sie. Asquiths Einnahmen als Anwalt und nebenberuflicher Journalist und ihr kleines Einkommen von ihrem Vater erlaubten den Kauf eines weißen Einfamilienhauses mit Garten in Hampstead, das vierzehn Jahre ihr Heim blieb. Helen Melland war eine große, brünette, attraktive Frau. »Ein schöner und einfacher Geist«, erinnerte sich Haldane. »Niemand würde sie klug oder ›intellektuell‹ genannt haben«, sagte ihr Mann. »Was ihr Qualität verlieh, war ihr Charakter.« Sie war »selbstlos und weltfremd... warm und großzügig.« Einmal, als Asquith noch dem Anwaltsberuf nachging, drückte er seine Liebe aus, indem er ihr für 300 Pfund eine Halskette mit Brillanten kaufte.

Helen Asquith war glücklich in ihrem Leben in Hampstead. Im Laufe von neun Jahren kamen fünf Kinder, und während ihr Mann als Anwalt arbeitete und ins Unterhaus ging – manchmal mit Freunden speiste und spät nach Haus kam, verwaltete sie Hausstand und Familie. Im Laufe der Jahre veränderte er sich; sie blieb, die sie war. Asquiths Karriere brachte ihn mit der Gesellschaft in Berührung. Einladungen kamen; er war erfreut, Helen bestürzt. Zuerst war Asquith gesellschaftlich unerfahren. Es wurde bemerkt, daß er beim Betreten des Speisesaales der eigenen Frau den Arm bot. Er berichtigte diese Fehler, entwickelte einen Geschmack an guten Weinen und ein Talent für leichte Plauderei mit betitelten Damen. Seine Frau hatte keine derartigen Vorlieben oder Talente. Die Gesellschaft, neugierig auf das neue Paar, machte Bemerkungen über seinen Ehrgeiz und ihren Widerwillen. Kurzum, man hatte den Eindruck, daß Helen ihren Mann zurückhielt.

Eine Beobachterin der Asquith-Ehe war die temperamentvolle, extravagante Gesellschaftsdame Margot Tennant, eine leidenschaftliche Verehrerin Arthur Balfours. »Als ich entdeckte, daß er [Asquith] verheiratet war«, schrieb Margot später, »forderte ich ihn auf, seine Frau zum Essen mitzubringen, was er tat, und als ich sie begrüßte, sagte ich: ›Ich hoffe wirklich, Mrs. Asquith, es hat Ihnen nichts ausgemacht, daß Ihr Mann hier ohne Sie gegessen hat, aber ich dachte mir, Hampstead sei zu weit entfernt, als daß er vom Unterhaus zu Ihnen hätte zurückfahren können. Sie müssen mich immer wissen lassen, wann es Ihnen paßt, und mit ihm kommen.‹

»... Sie war so verschieden von mir, daß ich ein Verlangen nach ihrer Zustimmung hatte. Sie war freundlich, hübsch und ohne Ehrgeiz und sprach von ihrem Heim und ihren Kindern mit einer Liebe und einem Interesse, die sie von einem Leben politischer Erhöhung, die von meinen frühen Tagen an meine Phantasie gefangen genommen hatte, auszuschließen schien...

Ich wollte unbedingt, daß sie meine Freunde kennenlernte, aber nach einem Wochenende, das gemeinsam in Taplow mit Lord und Lady Desborough [Margot Tennants Schwester und Schwager] verbracht wurde, wo alle sie mochten, sagte sie mir, daß ihr der Besuch zwar Freude gemacht habe, sie aber nicht glaube, daß sie jemals Geschmack an der Art von Gesellschaft finden würde, die ich liebte, und im Kreis ihrer Familie glücklicher sei. Als ich sagte, daß sie mit einem Mann verheiratet sei, der sicherlich das höchste politische Amt erreichen werde, erwiderte sie, dies sei nicht, was sie für ihn begehre. Als ich von Hampstead zurückfuhr, wo wir zusammen allein gewesen waren, fragte ich mich, ob mein Ehrgeiz für den Erfolg ihres Mannes... falsch war.«

Margot Tennants Freundschaft mit Helen Asquith war kurz. Im September 1891 zog sich Helen Asquith während eines Urlaubs in Schottland Typhus zu. Sie starb innerhalb von drei Wochen. Asquith kehrte mit fünf mutterlosen Kindern nach Hampstead zurück. Der Älteste, Raymond, war zwölf; das Jüngste war achtzehn Monate alt.

Schon vor dem Tode seiner ersten Frau fühlte Asquith sich zu Margot Tennant hingezogen. In ihren Memoiren schilderte sie die Szene ihrer ersten Begegnung. »Das Abendessen, bei dem ich mit meinem Mann bekanntgemacht wurde, fand im Unterhaus statt, und ich saß neben ihm. Ich war tief beeindruckt von dem, was er sagte, und von seinen klaren, an Cromwell erinnernden Gesichtszügen. Er unterschied sich von den anderen, und obwohl er abscheulich angezogen war, hatte er soviel Persönlichkeit, daß ich in ihm sofort einen Mann erkannte, der mir helfen konnte und alles verstehen würde. Es kam mir nie in den Sinn, daß er verheiratet sein könnte, noch hätte das etwas ausgemacht...

Nach dem Abendessen gingen wir alle auf die Terrasse, und ich fühlte mich geschmeichelt, meinen neuen Freund an meiner Seite zu finden... Wir zogen uns zum dunkelsten Teil der Terrasse zurück, wo wir uns über die Brüstung lehnten, über den Fluß blickten und bis lange in die Nacht redeten.

Unser Gastgeber und seine Gesellschaft waren in der Annahme, daß ich nach Hause gegangen und Mr. Asquith ins Parlament zurückgekehrt sei, verschwunden, und als wir unser Gespräch beendeten, lag die Terrasse verlassen da, und am Himmel wurde es hell.

Ein paar Tage später trafen wir uns wieder bei einem Essen mit Sir Algernon West... und danach sahen wir einander ständig.«

Margot hatte bereits ihren Entschluß gefaßt. Nach der ersten Nacht auf der Terrasse sagte sie zu ihrer Schwester Lady Ribblesdale: »Asquith ist der einzige Typ Mann, den ich je hätte heiraten können – alle anderen sind Makulatur.« Nur einen Monat nach Helens Tod begannen Asquith und Margot einander lange und intime Briefe zu schreiben. »Du sagst mir, ich solle nicht aufhören,

Dich zu lieben, als ob Du glaubtest, ich hätte aufgehört oder würde oder könnte es je tun«, schrieb Asquith.

Margot Tennant war die Tochter von Sir Charles Tennant, einem reichen schottischen Baronet, dessen drei Töchter die Londoner Gesellschaft im Sturm genommen hatten. Margot, die Ausdrucksstärkste und Herausforderndste, war eine hervorragende Reiterin. Sie war nicht schön; ihre Selbstbeschreibung ist am treffendsten: »Klein, schnell, nervös, rastlos, die Augen eng beisammenstehend, eine Hakennase, kurze Oberlippe, großes, knochiges, vorstehendes Kinn... Gespräch lebhaft und übertrieben... höchste Vitalität, großes Selbstvertrauen... warmherzig, interessiert an Menschen, Tieren, Büchern, Sport, Musik, körperlicher Bewegung... intellektuell autodidaktisch, ehrgeizig, unabhängig und eigenwillig... Gern bewundert von Männern und Frauen und in der Lage, andere zu bewundern... liebt alte Leute, weil sie nie das Gefühl hat, daß sie alt sind...«

Viele ihrer glücklichsten Augenblicke verbrachte Margot auf dem Rücken der Pferde. »Ich reite besser als die meisten Leute«, verkündete sie, »und habe mehr Zeit im Sattel verbracht oder vergeudet, als es eine kluge Frau tun sollte.« Quer durch die ländlichen Grafschaften Englands übersprang sie auf Parforcejagden Hecken, Zäune und Gräben und brachte mit ihren Jagdgesellschaften bis zu drei Füchse am Tag zur Strecke. Das Jagdvergnügen war nicht ohne Kosten: »Ich habe beide Schlüsselbeine gebrochen, alle Rippen und eine Kniescheibe, die Nase aufgerissen und hatte fünf Gehirnerschütterungen«, erzählte sie. Als sie einmal vor dem väterlichen Haus am Grosvenor Square zu Pferde auf ihren Vater wartete, ritt sie ungeduldig die Eingangsstufen hinauf in die Halle, wo das Tier auf dem Marmor ausglitt. Pferd und Reiterin stürzten zu Boden – diesmal beide unverletzt.

In Gesellschaft war Margot Tennant ebenso impulsiv. Als sie bei einem Essen neben Randolph Churchill saß, sagte sie zu dem früheren Finanzminister: »Ich fürchte, Sie sind mehr aus Zorn als aus Überzeugung zurückgetreten, Lord Randolph.« »Zum Teufel mit Ihrer Frechheit!« sagte der verblüffte Churchill. »Was wissen Sie von mir und meinen Überzeugungen?« Gleichwohl provoziert, fuhr er fort: »Ich hasse Salisbury. Er sprang auf meinen Rücktritt wie ein Hund auf einen Knochen.« Am Ende des Abends hatte Margot Lord Randolph erobert. Er lud sie zu einem Essen ein, das er für den Prinzen von Wales gab. Entschlossen, zu schockieren, erschien sie in einem weißen Musselinkleid mit einem durchsichtigen Leibchen. »Sehen Sie sich Miss Tennant an!« kicherten die anderen Frauen. »Sie ist im Nachthemd gekommen!« Margot hörte es, und als der Prinz kam, sagte sie ihm sofort, was geredet wurde. Der Prinz bat sie, beim Essen neben ihr zu sitzen.

Margot Tennants Intelligenz war geistesgegenwärtig und zupackend, hervorragend geeignet für Wortspiele und schlagfertige Antworten. Gladstone schrieb ihr mit achtzig ein Gedicht und ließ ihren Vater im Salon sitzen, um auf ein Gespräch in ihr Schlafzimmer zu kommen. Tennyson las ihr seine Gedichte vor. Sie war geübt in verbalen Sticheleien und Wortgefechten und konnte erbarmungslos mit Damen der Gesellschaft sein, die sie herausforderten. Lady Londonderry gedachte Margot einmal aus dem Sattel zu heben, indem sie vor Publikum zu ihr sagte: »Ich fürchte, Sie haben das Buch nicht gelesen.« »Ich fürchte, Lady Londonderry, Sie haben das Vorwort nicht gelesen«, erwiderte Margot. »Das Buch ist mir gewidmet.«

Die Entscheidung, wen sie heiraten sollte, fiel Margot nicht leicht. Als sie Asquith kennenlernte, war sie siebenundzwanzig; zehn Londoner Saisons waren vergangen, und sie war noch immer nicht bereit zu wählen. Sie verehrte Arthur Balfour, und einmal gab es Gerüchte, daß Balfour und Margot verlobt seien. Balfour brachte sie rasch zum Verstummen. »Ich höre, du wirst Margot Tennant heiraten«, sagte ein Freund zu ihm. »Nein, das stimmt nicht«, erwiderte Balfour. »Ich denke vielmehr daran, selbst Karriere zu machen.« Margots ernsthaftester Freier sprach die sportliche Seite ihrer Natur an. Peter Flower, ein jüngerer Bruder von Lord Battersea, war gutaussehend und charmant, ein berühmter Amateurboxer und einer der besten Reiter Englands. Sie lernten einander kennen, als er ihr zu Hilfe eilte, nachdem sie vom Pferd gefallen war. Margot schrieb Peter neun Jahre lang jeden Tag und stimmte schließlich einer Verlobung zu. »Ich werde dich heiraten, Peter, wenn du dir einen ernsthaften Beruf suchst«, sagte sie. »Aber einen Müßiggänger werde ich nicht heiraten.« Peter Flower konnte sich nicht ändern. Er fuhr fort zu spielen und Geld zu verschwenden, bis er schließlich, um seinen Gläubigern zu entgehen, seine Pferde verkaufte und nach Indien zog.

Asquith war anders. Und doch ließ sie ihn zwei Jahre warten, bis sie sich entschloß. Er ließ nicht locker. Er kniete mit ihr und betete am Grab ihrer Schwester Laura, die im Kindbett gestorben war. Auf eine Botschaft, die sie ihm ins Unterhaus geschickt hatte, antwortete er: »Heute nachmittag, als ich auf der Regierungsbank saß und Fragen beantwortete, erhielt ich dein Telegramm und las es verstohlen und stopfte es hastig in die Hosentasche, bis ich aus dem Unterhaus hinauskommen und es in meinem kleinen Raum wieder und wieder lesen konnte.«

Als die Nachricht kam, daß der brillante liberale Minister die lebenslustige Margot Tennant heiraten würde, war die Londoner Gesellschaft erheitert und alarmiert. Seine Freunde sorgten sich, daß die Heirat mit einer so frivolen Person wie Margot Tennant seine Karriere ruinieren könnte; ihre Freunde sorgten sich, daß die Heirat eines Mannes, der von der Jagd und von Sport im Freien nichts hielt und fünf Kinder hatte, Margots Feuer und Temperament ersticken würde. Margot selbst hatte sich lange mit dem Gedanken beschäftigt. »Ich war von tiefen Zweifeln und Befürchtungen erfüllt, als ich merkte, daß der Mann, dessen Freundschaft ich am meisten auf Erden schätzte, mich heiraten wollte. Nachdem ich jahrelang nach einem Charakter und Intellekt gesucht hatte, der dem meinigen überlegen war, fühlte ich mich außerstande, der Tatsache ins Gesicht zu sehen, daß ich ihn gefunden hatte... Ich verstand das natürliche Vorurteil, das alle Kinder seit Urzeiten gegen Stiefmütter haben müssen...« Jowett, Margots und Asquiths Freund, hatte sie gewarnt, daß sie sich würde ändern müssen. Er schrieb ihr, daß er sie als eine junge Frau sehe, die »ihre Zeit und ihre Gaben verschwendet, indem sie von einem Landhaus zum anderen tollt... sie hat sich in der Gesellschaft eine großartige Stellung erobert, wiewohl schlüpfrig und gefährlich.« Insbesondere, warnte er sie, sei es »nicht möglich, eine Vorreiterin der Mode zu sein und die Pflicht gegen fünf Kinder zu erfüllen.«

Margot entschied, daß Jowett sich irrte und ihre eigenen Bedenken unbegründet waren. Am 10. Mai 1894 heiratete sie Asquith in der St. George's Church am Hanover Square. Die erste Sitzung des Kabinetts Rosebery wurde verschoben, um nicht mit der Zeremonie zusammenzufallen. Haldane war Trauzeuge, und vier frühere, gegenwärtige und zukünftige Premierminister waren anwesend. Gladstone, Rosebery, Balfour und Asquith selbst. Die Familie zog in eine geräumiges Haus am Cavendish Square 20, das sie, mit Ausnahme der acht Jahre in der Downing Street, ein Vierteljahrhundert bewohnten. Wie Margot vorausgesehen hatte, änderte sich Asquiths Leben, aber nicht das ihre. Tisch- und Abendgesellschaften hielten das vierzehnköpfige Dienstpersonal im neuen Haus in Atem. Die Asquiths waren ihrerseits Gäste bei Empfängen, Sommerfesten und Wochenendparties auf dem Lande. Asquith fügte sich mühelos in die Gesellschaft ein und schien seine Freude daran zu haben. Er wehrte sich nur gegen Reiten und Jagen. Bald nach seiner Hochzeit mit Margot ging er zum ersten und einzigen Mal auf die Hirschjagd. »Ich feuerte zwei Schüsse ab und tötete zwei Hirsche«, schrieb er. »Zufrieden mit diesem Beweis meiner Geschicklichkeit stellte ich mein Jagdgewehr in den Schrank und habe es seitdem nie wieder benutzt. Ich glaube, ich halte noch immer den Rekord unter allen Jägern, weil ich noch nie einen Schuß abgefeuert habe, ohne meine Beute zu erlegen.«

Als das Kabinett Rosebery abtrat und das lange Jahrzehnt der Unionistenherrschaft unter Salisbury und Balfour begann, nahm Asquith wieder den Anwaltsberuf auf und verband diese Tätigkeit mit dem Dienst als Unterhausabgeordneter. Das Haus am Cavendish Square und Margots gesellschaftliche Aktivitäten verschlangen Geld, und Asquith verdiente zwischen 5000 und 10000 Pfund im Jahr. In diesen frühen Jahren widerlegte Margot die Befürchtungen Jowetts. Sie hatte ein liebevolles Verhältnis zu Asquiths fünf Kindern; besonders mit Raymond verstand sie sich gut. Ihr eigenes erstes Kind verlor sie im Mai 1895 und danach noch zwei andere. Zwei Kinder, Elizabeth, 1897 geboren, und Anthony, 1902 geboren, überlebten.

In den zehn Oppositionsjahren wuchs Asquiths Ruf als geschickter Politiker. Als Lord Rosebery 1898 den Parteivorsitz abgab und Sir William Harcourt das Amt ablehnte, blieben als Kandidaten nur Campbell-Bannerman und Asquith. Asquith hatte Jugend und Tatkraft auf seiner Seite und war ein sehr viel besserer Redner, stellte sich aber nicht zur Wahl, weil er kein Vermögen hatte. Margot gab nicht so schnell auf. Sie schrieb an Arthur Balfour und bat ihn, ihren reichen Vater zu überreden, daß er Asquith vom Anwaltsberuf unabhängig mache. Obwohl Balfour Führer der Unionisten im Unterhaus war, stimmte er zu und schrieb Sir Charles Tennant, daß die wichtigste Position in der Liberalen Partei in Reichweite seines Schwiegersohnes sei, daß Asquith sie aber nicht übernehmen könne, ohne Margots Komfort zu gefährden. »Niemand kann entweder die Opposition oder das Unterhaus führen, wenn er durch einen Beruf gebunden ist. Eine Partei mag nicht viel geben, aber sie verlangt alles«, schrieb Balfour. Sir Charles lehnte ab. Er war ein erklärter Liberaler und glaubte an das Senioritätsprinzip und die Rangordnung. Campbell-Bannerman war sechzehn Jahre älter als Asquith, hatte länger im Kabinett gedient und hatte ein Anrecht auf die Parteiführung. Tennant war nicht willens, etwas gegen diese natürliche Nachfolge zu tun.

Als Finanzminister in Campbell-Bannermans Kabinett brachte Asquith zwei Haushalte im Parlament ein und unterstützte seinen Regierungschef und Parteivorsitzenden energisch im parlamentarischen Kampf. (Von einer seiner eigenen Reden meinte Asquith, er könne »guten Gewissens sagen, daß darauf keine Erwiderung möglich war«.) Bei Gelegenheiten, wenn Balfour Argumente der Liberalen in der Debatte zerfetzte, lautete Campbell-Bannermans Anweisung: »Gehen Sie und holen Sie den Vorschlaghammer.« Herbeigerufen, trat Asquith ans Rednerpult, um zu antworten.

Im März 1908, als der König nach Biarritz abreiste, lag der Premierminister, Sir Henry Campbell-Bannerman, in der Downing Street Nr. 10 im Sterben. Bevor er ging, sagte König Edward zu Asquith, daß er beabsichtige, den Finanzminister zu sich zu rufen, sollte C. B.s Zustand sich weiter verschlechtern. Am 1. April sandte der Premierminister dem König sein Rücktrittsgesuch, am 4. April schrieb der König an Asquith, beauftragte ihn mit der Regierungsbildung und forderte ihn auf, nach Biarritz zu kommen, ihm die Hände zu küssen. Am folgenden Tag war diese Nachricht in ganz London bekannt, und sechzig Reporter warteten vor dem Haus am Cavendish Square. Asquith ließ sich bis zum Abend des 6. April nicht blicken; dann verließ er sein Haus heimlich nach dem Abendessen, fuhr zum Bahnhof Charing Cross und nahm den Zug zur Neun-Uhr-Fähre nach Frankreich. Da er allein reiste, einen dicken Wintermantel trug und sich eine Mütze in die Stirn zog, entging er der Verfolgung. In Biarritz zog er einen Frack an und meldete sich beim König, der, dem Rat seiner

Ärzte folgend, eine Erdgeschoßsuite im Hôtel du Palais genommen hatte, um die Anstrengung des Treppensteigens zu vermeiden. In König Edwards Empfangssalon nahm Asquith die Ernennung zum Premierminister entgegen, küßte dem Monarchen die Hand * und ging zum Essen ins Hotelrestaurant. Am selben Abend kehrte der neue Premierminister in peitschendem Regen zum Hotel zurück, um mit dem König und seinen Reisegefährten, Sir Ernest Cassel und Alice Keppel, zu speisen.

In Biarritz nannte Asquith dem König die Namen seiner neuen Minister. Der größte Teil des Kabinetts Campbell-Bannerman blieb unverändert, aber Asquith wollte Lloyd George zum Finanzminister ernennen. Die dadurch entstehende Vakanz im Handelsministerium sollte der vierunddreißigjährige Winston Churchill ausfüllen. Lord Tweedmouth, an der Spitze der Admiralität zunehmend unberechenbar, sollte durch den tüchtigen Reginald McKenna ersetzt werden, den Sohn eines Londoner Staatsbeamten. Die bedeutsamste dieser Veränderungen war die Beförderung Lloyd Georges zum zweiten Mann in der liberalen Regierung. Ursprünglich hatte Asquith, der seinen dritten Haushalt vorbereitet, aber noch nicht eingebracht hatte, die Absicht gehabt, neben seinem Amt als Premierminister die Amtsgeschäfte als Finanzminister weiterzuführen, wie Gladstone es getan hatte. Er änderte seine Meinung, um das Kabinett politisch besser auszutarieren. Mit ihm selbst als Premierminister, Grey als Außenminister und Haldane im Kriegsministerium hatte das Kabinett die Balance zwischen Liberalen Imperialisten und Radikalen Pazifisten verloren, die C. B. als Premierminister aufrechterhalten hatte. Die Radikalen fürchteten jetzt, daß der imperialistische Flügel der Partei nach Gutdünken handeln könnte. Um solche Befürchtungen zu beschwichtigen, holte Asquith Lloyd George, den fähigsten der Radikalen, an seine Seite.

Während seiner acht Jahre als Premierminister war Asquith immer bemüht, diese Balance zu wahren, die Mitte zu halten. Er unterstützte stets Grey und Haldane, die seine engsten Freunde im Kabinett blieben, und ließ Grey nahezu freie Hand in der britischen Außenpolitik. Aber in Kabinettssitzungen, im Unterhaus und auf Wahlkampfreisen, war er eindeutig der Parteiführer. Man sagte von Asquith, er habe keine Partei innerhalb seiner eigenen Regierung, aber das bedeutete nicht, daß er nicht zielbewußt gewesen wäre. »Asquith war ein Mann, der wußte, wo er in jeder Frage des Lebens und der Regierungsgeschäfte stand... in Gelehrsamkeit, Politik, Recht, Philosophie und Religion«, schrieb Churchill. »Wenn die Situation es erforderte, arbeitete sein Verstand

* Es war ein sonderbares Vorgehen: Der König von England, inkognito als Herzog von Lancaster, ernannte in einem ausländischen Hotel einen Premierminister. Die *Times* bezeichnete es als »eine unpassende und gefährliche Abweichung vom bisher geübten Brauch.«

glatt und präzise wie der Verschluß eines Geschützes... sobald eine Angelegenheit durchdiskutiert war, kam blitzschnell die Entscheidung; und jede Entscheidung, soweit sie bei ihm lag, war endgültig.« Auch fehlte es Asquith nicht an der notwendigen Härte. »Die erste Voraussetzung für einen Premierminister ist, ein guter Schlachter zu sein«, sagte Asquith zu Churchill, als er dem jüngeren Mann 1908 einen Kabinettsposten anbot. »Es gibt mehrere, die jetzt unters Schlachtbeil müssen«, fügte er hinzu.

In den 1870er und 1880er Jahren hatte der junge Asquith seine Erholung in politischen Diskussionen gesucht. Haldane, der den Asquith von Helen Melland und Hampstead gekannt hatte, fand die Veränderung, welche die Ehe mit Margot bewirkte, nicht nur positiv. »In seinen früheren Tagen war Asquith ein sehr ernsthafter Mann«, bemerkte Haldane. »Allmählich, und besonders nach seiner zweiten Heirat, wandte er sich mehr und mehr der Gesellschaft zu und ließ sich von der strengeren Lebensweise, mit der er und ich vertraut waren, ein wenig ablenken.« In seiner Zeit als Premierminister bestand Asquith auf einer scharfen Trennung zwischen Arbeit und Freizeit. »Außerhalb der Geschäftsstunden redete er ungern über Politik«, sagte Churchill. »Bei Asquith war die Verhandlung entweder eröffnet oder sie war geschlossen. Wenn sie geschlossen war, nützte es nichts, an die Tür zu klopfen... Wenn die Arbeit getan war, spielte er... er liebte weibliche Gesellschaft; er war immer interessiert, eine neue und charmante Persönlichkeit kennenzulernen. Frauen jeden Alters waren darauf aus, von ihm zum Abendessen eingeladen zu werden. Sie waren fasziniert von seiner Heiterkeit und seinem Witz, und von seinem augenscheinlichen Interesse an allem, was sie taten.«

Als Asquith 1908 Premierminister wurde, war er sechsundfünfzig, Margot vierundvierzig. Mit den Jahren hatten sie sich auseinandergelebt. Ihre Geburten waren schwierig und gefährlich gewesen, und sie brauchte danach Monate, sich zu erholen. »Nach meiner ersten Niederkunft war ich viele Jahre eine empfindliche Frau«, schrieb sie. Sie litt unter schwerer Schlaflosigkeit. »Niemand, der es nicht erlebt hat, kann sich vorstellen, was wirkliche Schlaflosigkeit bedeutet«, sagte sie. »Schlaflosigkeit ist verwandt mit Geisteskrankheit.« Ihr letztes überlebendes Kind, Anthony, wurde 1902 geboren, aber ein weiteres Kind verlor sie 1907 bei der Geburt. Ein Jahr später, »als mein Mann Premierminister wurde, ging ich zur St.-Paul's-Kathedrale und betete, daß ich lieber sterben möge, als sein Leben als eine Invalidin zu behindern.« Die lebhafte und unermüdliche Margot, die brillante Konversationsdame, die den jungen Minister bis zur Dämmerung auf der Terrasse des Unterhauses unterhalten hatte, fand keinen Geschmack an der untergeordneten Rolle der Ehefrau eines Politikers – selbst wenn er Premierminister war. Wenn er in ihrer Gegenwart alte Geschichten für ein neues Publikum wiederholte, war sie sichtlich gelangweilt. »Ich bin schrecklich ungeduldig, und nur durch starke Selbstbeherrschung höre ich überhaupt zu«, räumte sie 1905 ein. Für jedermann hielt sie Ratschläge bereit, gebeten oder ungebeten.

»Margot finde ich als Besucherin ziemlich anstrengend«, sagte Pamela McKenna. »Unaufhörlich kritisiert sie alles... und immer in der unfreundlichsten Art und Weise.« Wenn sie eine Zusammenkunft verließ, blieb »ein Kielwasser von verletzten und weinenden Leuten zurück«. Ironisch war, daß Margot zu der Zeit, als Asquith es zunehmend ablehnte, im privaten Rahmen über Politik zu sprechen, politische Diskussionen immer faszinierender fand. Er kam von seinem Arbeitszimmer oder aus dem Parlament nach Haus, und sie verwikkelte ihn eifrig in Fachgespräche. »Manchmal bin ich in diesem Zimmer auf und ab gegangen, bis ich glaubte, ich müsse verrückt werden«, vertraute er seiner Tochter Violet an. »Wenn man Ruhe brauchte, wurde einem ein Ding wie der Leitartikel der *Morning Post* an den Kopf geworfen – alle offensichtlichen Gründe für und wider, und noch streitlustiger vorgebracht als von den Kollegen.« Violets mitfühlende Reaktion auf die Klagen ihres Vaters beeinträchtigte ihr Verhältnis zu Margot. 1909 schrieb Asquith seiner Frau: »Es ist mir ein Kummer, daß die beiden Frauen, die mir am nächsten sind, in einer Beziehung chronischen Mißverständnisses zueinander stehen.«

Asquith gestand »eine leichte Schwäche für die Gesellschaft kluger und attraktiver Frauen« ein und entspannte sich in ihrer Gesellschaft. Bei Abendgesellschaften und Wochenenden in Landhäusern konnte man den Premierminister oft antreffen, wie er mit jungen Frauen flirtete, ihnen die Hände hielt und bis spät nachts Bridge mit ihnen spielte. Margot verzichtete auf Einwände und erklärte sogar, daß Henry seinen »kleinen Harem« brauche, um sich von der Arbeit abzulenken.

1912 verliebte sich Asquith mit sechzig Jahren vielleicht tiefer, als er sich in Helen Melland oder Margot Tennant je verliebt hatte. Es war Venetia Stanley, die damals sechsundzwanzig war. Venetia, die jüngste Tochter Lord Sheffields, eines liberalen Adligen und Vetters von Clementine Churchill, war zeitweilig eine enge Freundin von Asquiths Tochter Violet und ein häufiger Gast in der Downing Street Nr. 10 gewesen. Venetia war groß, mit dunklen Augen und einem ausdrucksstarkem Gesicht; ein junger Freund schilderte sie als »ein prachtvolles, jungfräuliches, kameradschaftliches Geschöpf« mit »einem männlichen Intellekt«. Sie war ungewöhnlich belesen und ein wenig exzentrisch; als Haustiere hielt sie einen jungen Bären, einen Pinguin und einen Fuchs.

Im Februar 1912 begleitete sie ihn und Violet auf einer Ferienreise nach Sizilien. Im Frühjahr desselben Jahres saßen er und Venetia eines Sonntagsmorgens im Speisezimmer eines Landhauses und »redeten und lachten in unserer gewohnten Art... Plötzlich«, schrieb er in den Notizen für eine niemals veröffentlichte Autobiographie, »in einem einzigen Augenblick ohne ein Vorgefühl von meiner Seite oder irgendeine Herausforderung von ihrer, fiel es mir wie Schuppen von den Augen; die vertrauten Züge und das Lächeln und die Gesten und Worte gewannen eine völlig neue Perspektive; was vollständig vor mir verborgen gewesen war, enthüllte sich wie in einem Blitzschlag, und ich spürte undeutlich, ohne es recht zu wissen und ohne es zu verstehen, daß ich an einen Wendepunkt in meinem Leben gekommen war.«

Im Laufe der nächsten drei Jahre schrieb der Premierminister 560 Briefe an Venetia Stanley.* Die meisten der Briefe waren auf dem amtlichen Briefpapier von »Downing Street 10« geschrieben, obwohl sie an vielen verschiedenen Orten verfaßt wurden. Von 1914 an lautete die Anrede: »Mein Liebling«, »Meine wahre Geliebte«, oder »Meine innigst Geliebte«. Er erklärte ihr seine Liebe und Sehnsucht und bat um ein Zeichen, daß sie seine Leidenschaft erwiderte: »Du hast mir geschenkt und schenkst mir weiterhin das höchste Glück meines Lebens.« »Ohne Dich hätte ich oft versagt und wäre mehr als einmal untergegangen. Du hast jeden Tag meines Lebens gestärkt und bereichert.« Er schrieb auch über Literatur und Politik, unterhielt sie mit Gesellschaftsklatsch und beschrieb bis in alle Einzelheiten Sitzungen des Kabinetts und des Kriegsrates.

Venetia dominierte sein Denken völlig. Im Juli 1914 unterschrieb er einen Brief: »Dein Geliebter – für alle Zeit.« Während der Krise, die dem Ausbruch des Krieges vorausging, schrieb er zwei- bis dreimal am Tag, manchmal in Kabinettssitzungen, manchmal während er auf der Regierungsbank im Unterhaus saß. An Freitagen unternahm er mit ihr Ausfahrten in seinem von einem Chauffeur gesteuerten Wagen. Gelegentlich besuchte er sie am frühen Abend im Londoner Haus ihrer Eltern. Es scheint keine körperliche Intimität gegeben zu haben; Asquith schrieb 1915, was Venetia ihm bedeutete:

»Liebling – soll ich Dir sagen, was Du für mich warst und bist? Zuerst, nach außenhin und körperlich unnahbar und einzigartig. Dann, in Temperament und Charakter, oft verwirrend und schwer faßbar, aber immer interessanter und attraktiver und unwiderstehlicher als jede Frau, die ich je gesehen und gekannt habe. In solidem Intellekt und wirklicher Einsicht in alle Situationen, ob groß oder klein, unvergleichlich. Und vor allem und jenseits von allem, in der Intimität völligen Vertrauens und Verstehens, seit zwei Jahren der Polarstern und Leitstern meines Lebens.«

Asquiths Besessenheit blieb nicht unbemerkt. Lady Sheffield, Venetias Mutter, sorgte sich um ihre Tochter und plante, Venetia im August 1914 auf eine längere Mittelmeerreise zu schicken; der Krieg verhinderte das. Auch Margot wußte von Venetia. Obwohl sie Jahre später schrieb: »Keine Frau sollte erwarten, im Leben ihres Mannes die einzige Frau zu sein«, war sie zu der Zeit tief

* Asquiths Briefe an Venetia wurden nach ihrem Tode 1948 von ihrer Tochter entdeckt. Venetias Briefe an Asquith wurden nie gefunden.

verletzt. Venetia, sagte sie, sei »eine Frau ohne Verfeinerung oder irgendwelche Phantasie.« Und über ihren Mann schrieb sie: »Ich habe H. viel zu gern, um ihm zu zeigen, wie krank und elend es mich macht.« »Ach«, rief sie aus, »wenn Venetia doch nur heiraten würde!«

Mitte Mai 1915 endete die Beziehung abrupt, als Venetia Asquith mitteilte, daß sie den Antrag Edwin Montagus, eines der früheren Privatsekretäre des Premierministers, angenommen habe. Montagu hatte Venetia schon 1912 einen Heiratsantrag gemacht und war abgewiesen worden. Anfang 1915 besann sie sich eines Besseren. Gleichwohl fuhr sie fort, Asquith drei Monate lang zu schreiben, bis sie ihm auf Montagus Drängen die Wahrheit sagte. Venetia gab Asquith nur widerstrebend auf. »Warum kann ich nicht dich heiraten und ihn trotzdem weiterhin glücklich machen?« stritt sie mit Montagu. »Aber keiner von euch findet das lustig, und ich glaube, daß ich es vorschlage oder für möglich halte, zeigt dir, wie seltsam ich emotional bin.« Später blickte sie auf die zu Ende gegangene Beziehung dreier Jahre zurück und sagte: »Ich weiß recht gut, daß, wenn ich es nicht gewesen wäre, es eine andere oder eine Reihe anderer gewesen wäre.«

## 28. KAPITEL

# Sir Edward Grey und die Außenpolitik der Liberalen

Sir Edward Grey war ein Mann, der das Landleben liebte. Er betrachtete das Außenministerium, dessen Chef er elf Jahre lang war, als einen Kerker, aus dem er an Wochenenden zu den sonnenbeschienenen Lichtungen des New Forest oder zu den Wassern eines Forellenbaches in Hampshire flüchtete. An seinem Schreibtisch arbeitete er mit Hingabe, aber ohne Vergnügen; er sprach lieber über die Majestät Händels oder die Schönheit der Gedichte Wordsworth' als über das Gleichgewicht der Macht oder die Triple-Entente. Während seiner Amtszeit verließ er Großbritannien nur einmal, er sprach lediglich ein paar Brocken Französisch, aber er war der größte britische Außenminister des Jahrhunderts.

Grey wurde 1862 geboren, zehn Jahre nach Asquith, sechs Jahre nach Haldane. Seine Wurzeln waren in Fallodon, dem Familienbesitz in Northumberland nahe der schottischen Grenze und in Sichtweite der Nordsee. Sein Großvater, Sir George Grey, war ein Landedelmann, der vierzig Jahre im Unterhaus verbrachte und in den liberalen Kabinetten Lord John Russells und Viscount Palmerstons diente. Greys Vater war ein im Ruhestand lebender Oberst, der im Krimkrieg und während des Großen Aufstandes in Indien gekämpft hatte. Danach war er fünfzehn Jahre lang einer der sich regelmäßig abwechselnden Stallmeister des Prinzen von Wales gewesen. Während einer dieser Dienstperioden im Gefolge des Prinzen starb Oberst Grey plötzlich an einer Lungenentzündung in Sandringham. Er hinterließ seine Frau mit sieben Kindern; Edward war mit zwölf der Älteste. Sir George Grey gab seinen Sitz im Unterhaus auf und übernahm die Rolle des Vaters bei seinen Enkeln.

Mit vierzehn kam Edward Grey nach Winchester in eine Internatsschule. Er fiel durch gute Leistungen in Griechisch und Latein und durch sein Einzelgängertum auf. Er war ein guter Tennis- und Cricketspieler, zog es aber vor, an den Ufern des Flüßchens Itchen herumzubummeln, der am Gelände der Schule vorbeifloß. Dort wurden die entfernten Rufe der Schuljungen vom Plätschern des Wassers übertönt, und Grey verlor sich zwischen Weidensträuchern, Röhricht und Steinblöcken, wo er seine Forellenangel auswarf. Von Winchester ging Grey nach Oxford ans Balliol-College, wo er ein Leben »reinen Vergnügens«

genoß. »Es führte zu nichts, hinterließ aber keine Narben und nichts, was zu bedauern oder aus dem Gedächtnis zu tilgen wäre.« Als er zwanzig war, starb sein Großvater und hinterließ ihm den Titel des Baronets, den Besitz Fallodon mit 2000 Morgen und die Verantwortung für seine Mutter und die jüngeren Brüder und Schwestern. Er vernachlässigte sein Studium und wurde 1884 von Jowett zeitweise relegiert. »Sir Edward Grey«, schrieb der Dekan des Balliol-College, »wurde relegiert, nachdem er wiederholt wegen Müßigganges verwarnt und sich in der Arbeit, die ihm für die Zeit der Semesterferien aufgegeben worden war, völlig unwissend gezeigt hatte.« Grey kehrte zurück nach Fallodon, wo er, sich selbst überlassen, die Bücher zu lesen begann, die er in Oxford vernachlässigt hatte. Am Ende des Jahresabschnitts meldete er sich für die Examen an und schloß sein Studium ohne Auszeichnung ab.

Achtzehn Monate nach seinem Studienabschluß heiratete Grey die Tochter eines Landedelmannes aus Northumberland, Dorothy Widdrington, die er bei einer Jagdgesellschaft kennengelernt hatte. Sie war, nicht anders als Grey selbst, eine stolze, innengeleitete Person, die sich in der Gesellschaft nicht wohl fühlte. Sie hatte einen wachen Verstand und beurteilte die Dinge »im klaren, kalten Licht der Vernunft«. Klischees waren ihr ebenso zuwider wie Trivialitäten. »Ihre unumwundene Frage ›Warum?‹ konnte gedankenlose Schwätzer verwirren und geradezu erschrecken.« Grey, hinter dessen äußerer Strenge sich ein weiches Herz verbarg, war abhängig von Dorothy. Ein paar Wochen vor ihrer Hochzeit schrieb er ihr: »Wie geschäftig, aktiv und aufgeregt ein Mann auch im Kampf des Lebens stehen mag, ich glaube, er sucht immer einen Ort, wo er sein inneres Wesen, seine weiche und zarte Natur in Sicherheit weiß; andernfalls besteht die Gefahr, daß er sie ganz verliert oder im rauhen Kampf verletzt findet. Solch einen Ort findet er in einer Frau, und wenn er wirklich liebt, vertraut er ihr alles bereitwillig und rückhaltlos an.« Sie hatten keine Kinder und waren damit zufrieden; waren sie getrennt, schrieben sie einander täglich.

Im November 1886, einen Monat nach seiner Hochzeit, gewann der dreiundzwanzigjährige Grey einen Unterhaussitz, nachdem er einen Percy aus der Sippe geschlagen hatte, die seit dem Mittelalter Lords von Northumberland gewesen waren. Kurz nach Greys Eintritt ins Parlament spaltete Gladstone die Liberale Partei in der Frage der irischen Home Rule. Während der nächsten sechs Jahre in der Opposition machte Grey die Bekanntschaft Asquith' und Haldanes und schloß Freundschaft und ein lebenslanges politisches Bündnis mit ihnen.

1892 kehrte Gladstone zum vierten und letzten Mal in die Downing Street zurück. Grey wurde vom Außenminister, Lord Rosebery, zum Parlamentarischen Unterstaatssekretär im Außenministerium ernannt. Er hatte keine Erfahrung, Ausbildung und nicht einmal besonderes Interesse an der Außenpolitik. Grey hatte auch keinen Einfluß auf die Formulierung der Politik; sein

Auftrag – Rosebery war im Oberhaus – bestand darin, die Regierungspolitik im Unterhaus zu erläutern und zu verteidigen. Das Haus bemerkte bald, daß Greys Reden sich durch Genauigkeit und Autorität auszeichneten. Die wichtigste seiner Erklärungen gab er am 28. März 1895 ab. In London waren Gerüchte eingegangen, daß Frankreich eine Expedition durch Zentralafrika zu den Quellen des Nils vorbereite. Großbritannien beanspruchte für sich selbst und Ägypten die Vorherrschaft über diese Region. »Ich kann mir nicht denken, daß diese Gerüchte glaubwürdig sind«, erklärte Grey vor dem Unterhaus, »weil das Vorgehen einer französischen Expedition unter geheimen Instruktionen von der anderen Seite Afrikas in ein Territorium, das seit so langer Zeit von uns beansprucht wird, nicht nur eine unerwartete und widersinnige Handlung wäre, sondern, wie der französischen Regierung wohlbekannt sein muß, von England auch als ein unfreundlicher Akt betrachtet würde.« Joseph Chamberlain erhob sich sofort von der Oppositionsbank und erklärte, was Grey gesagt habe, sei »die vollständigste und klarste Darstellung der Regierungspolitik im Hinblick auf diesen Gegenstand, die wir bislang von einem verantwortlichen Minister erhalten haben.« Tatsächlich war Greys Erklärung – die in der Geschichte der Diplomatie als die »Grey-Deklaration« bekannt wurde – vom Kabinett nicht gebilligt worden. Am nächsten Morgen war sie Gegenstand einer lebhaften Debatte in der Downing Street Nr. 10. Lord Rosebery, damals Premierminister, setzte sich schließlich mit Greys Unterstützung gegen die Mehrzahl der Minister durch, die meinten, daß Großbritannien am oberen Nil oder überhaupt in Ägypten nichts zu suchen habe.

1895 stürzte Lord Roseberys Regierung über die Frage der Belieferung der Armee mit Kordit, und die Liberale Partei ging für weitere zehn Jahre Unionistenherrschaft in die Opposition. Grey war nicht unglücklich, das Amt zu verlassen. »Die Arbeit im Unterhaus war kein Vergnügen für mich«, schrieb er. »Ich konnte anderen klarmachen, was ich mir zuvor selbst klargemacht hatte, aber jenseits davon hatte ich keine natürliche Redebegabung.« Grey blieb als Abgeordneter zwischen 1895 und 1906 im Parlament, konnte aber ohne Regierungsamt dem Privatleben mehr Zeit widmen.

Die Anziehungskraft eines friedlichen Lebens, in erster Linie eines inmitten der Natur verbrachten Lebens auf der einen Seite, und der politische Ehrgeiz auf der anderen stellten für Edward und Dorothy Grey einen Widerspruch dar, unter dem beide litten. Schließlich fanden sie einen Kompromiß. Seit ihrer Ankunft in London waren Edward und Dorothy Grey übereinstimmend der Meinung, daß das Stadtleben »äußerst widerwärtig« sei. Da er einen Zufluchtsort brauchte und Northumberland und Fallodon für Wochenenden zu weit entfernt fand, erinnerte sich Grey der forellenreichen Wasser des kleinen Flusses Itchen, der am Internat von Winchester vorüberfloß. Er und Dorothy kauften einen halben Morgen Wiese, die zum Fluß abfiel, und bauten ein kleines

Wochenendhaus aus Ziegeln und Holz. Von Rosen überwuchert, wurde es ein Zufluchtsort und Heiligtum. Nichts durfte sie dort stören; Politik war verbannt, und Wochenendeinladungen wurden abgelehnt. »Das Häuschen wurde uns teurer als Fallodon selbst«, schrieb Grey. »Es war etwas Besonderes und Heiliges, außerhalb des normalen Lebenslaufes.« Es gab keine Hausangestellten; aus dem nächsten Dorf kam an den Wochenenden eine Frau über die Felder, um sauberzumachen und zu kochen. Dieser Lebensstil entsprach Greys Definition von Luxus: »Alles zu haben, was wir wollten, und nichts, was wir nicht wollten.«

Im Frühjahr und Sommer warteten Grey und seine Frau ungeduldig auf das Wochenende. An den Samstagen standen sie früh auf, verließen ihr Haus an der Grosvenor Road um halb sechs, gingen über die Lambeth Bridge und nahmen um sechs Uhr einen Frühzug vom Waterloo-Bahnhof. Um acht Uhr frühstückten sie in ihrem Häuschen. An Samstagen angelte Grey von zehn bis zwei, dann wieder von sieben bis neun am Abend, wenn die Dämmerung sich über den Fluß breitete. Er beschrieb diese Tage als »ein irdisches Paradies«.

»Der Angler ist nicht später als um zehn Uhr am Fluß; das Wasser strömt lebhaft, aber still dahin, und hier und dort ist die Oberfläche unterbrochen von kleinen Wirbeln und in der ufernahen Strömung schwankenden Schilfhalmen; aber kein Leben stört sie... Nicht ein Vogel schießt über die Wasseroberfläche hin, keine Fliege ist zu sehen, kein Zeichen eines Lebewesens unter ihr. Aber die frische, leichte Luft ist wie eine Liebkosung, die warme Sonne scheint, unterbrochen nur vom gelegentlichen Vorbeizug kleiner weißer Wolken, die Uferwiesen leuchten von Butterblumen, und die Wälder und Hecken, die sie umgeben, sind weiß von den Blüten des Weißdorns und den Kerzen der Roßkastanien. Vögel vieler Arten singen, vor allem Amseln, und der Angler hat in dieser Stunde des Wartens mehr Unterhaltung, als ein unvollkommener Mensch verdienen oder begreifen kann. Bald – es mag sehr frühzeitig sein oder erst nach einer Stunde oder mehr – beginnen Fliegen an der Wasseroberfläche zu erscheinen, man sieht eine Forelle steigen; in kurzer Zeit ist alles Leben und Bewegung. Überall steigen Forellen zur Oberfläche, manche hörbar, andere lautlos; auf dem stillen Fluß schlüpfen allenthalben Fliegen, sitzen auf dem Wasser oder springen in kurzen Flügen von einer Stelle zur anderen oder steigen in die Luft auf; ein bewegtes Netzwerk von Mauerseglern, Rauchschwalben und Mehlschwalben kreuzt über dem Fluß, ein Andrang von Vogelleben, und man hört das leise Zischen der Flügel, wenn die Mauersegler über dem Wasser auf und ab sausen; und der Angler, nicht mehr bewegungslos, ist inmitten von diesem Leben, in günstiger Entfernung von einer steigenden Forelle, einen Arm in ständiger Bewegung, und Angel und Leine machen beim Auswerfen der Fliege ein geschäftiges Geräusch in der Luft. Nun ist sein Leben für zwei Stunden oder länger Energie, Erwartung, Sorge, Ausdauer und Anstrengung...«

Sonntags las Grey, unternahm Spaziergänge, fuhr mit dem Rad oder saß einfach mit Dorothy im Garten und beobachtete die Vögel. Er war ein ernsthafter Leser und zitierte zustimmend die Geschichte eines Mannes, der glücklich in seinem Landhaus war, als unerwartete Besucher kamen. Der Mann begrüßte sie, erklärte, daß er erfreut sei, sie zu sehen, und sagte dann: »Nun, und was würdet ihr gerne tun? Wir lesen.« Beide Greys waren Vogelliebhaber: Die Vielfalt des Gefieders, der Gesänge, des Fluges. »Wenn man sich an einem schönen Tag auf den Rücken legt, kann man hoch in der Luft Möwen segeln sehen, scheinbar ohne Anstrengung und ohne Bewegung der Flügel, als müßten sie niemals herunterkommen«, schrieb er. Dorothy Grey nahm an allem teil. Manchmal angelte sie neben ihrem Mann; meistens brachte sie ein Buch mit und wechselte ab zwischen lesen und zusehen, wie er angelte. Sie war die schärfere und kenntnisreichere Beobachterin von Vögeln. Wenn Edward nicht zum Wochenendhaus kommen konnte, fuhr sie allein und verbrachte das ganze Wochenende in Einsamkeit.

Im März fuhr Grey nach Schottland, um Lachse zu angeln. »Der großartigste Sport im Fliegenfischen ist der Lachsfang, wenn die Fische im Frühling einen großen Fluß aufwärts ziehen«, sagte er. Schon im Oktober kam es vor, daß er wach im Bett lag und in seiner Phantasie die Angel über den tiefen Auskolkungen auswarf, wo die Lachse auf ihrer Wanderung flußaufwärts ruhten. Der starke Zug eines Lachses, der 15, 20, sogar 30 Pfund wog, war »einer der großen freudigen Augenblicke im Leben«. Die denkwürdigste dieser Angelexpeditionen ins schottische Hochland kam im Spätsommer 1905, als Grey das Regulas-Jagdhaus mietete, das auf die tief eingeschnittene Schlucht des Findhorn River hinabblickte. Hier, schrieb Dorothy an Haldane, »sitzt er bei seinen wenigen Aufenthalten im Haus an einem Fenster über dem Wasser und murmelt: ›Was für ein schönes Wort *river* ist!‹«

Es war der letzte glückliche Sommer in Edward Greys Leben. Drei Monate nach seinem Aufenthalt in Schottland wurde er Außenminister und stand am Anfang einer elfjährigen Amtszeit. Am 1. Februar 1906, fünf Monate nach seiner Rückkehr aus Schottland und zwei Monate, nachdem ihr Mann das Amt übernommen hatte, war Dorothy Grey in Fallodon und wartete auf ihren Mann. Sie unternahm allein eine Ausfahrt, das Pferd scheute, und sie wurde aus dem kleinen zweirädrigen Wagen geschleudert. Sie stürzte unglücklich und kam nie mehr zu Bewußtsein. Grey war in einer Sitzung des Verteidigungsausschusses, als das Telegramm kam. Er nahm den Nachtzug von King's Cross und saß vierzig Stunden bei ihr, bevor sie starb.

Er war allein, aber nicht verlassen. Sein Biograph schreibt: »Die Erinnerungen, die er in jenen zwanzig Jahren mit Dorothy in den Wäldern und beim Vogelbeobachten anhäufte, oder allein mit seiner Angelrute am Wasser, waren das Kapital, von dem er während der langen Jahre seines Lebens als Witwer zehrte, in denen er seinen grimmigen Kampf führte, die blindwütigen Mächte Europas auf den Weg des Friedens zu führen.« Selbst als Edward Grey sein Augenlicht verlor, blieben diese Erinnerungen ungetrübt. Vor seinem inneren Auge konnte er noch immer »die Üppigkeit der Uferwiesen« sehen, »belebt von Insekten und Vögeln, zart vom Grün und heiter in der Blüte des Vorfrühlings; die Majestät der großen Lachsströme, die Begeisterung, in einen Lachstümpel zu spähen, ob groß oder klein; die braune Moorfarbe des Hochlandwassers... Ein Angler, der diese Dinge gekannt hat, blickt zurück auf beglückende Tage, Höhepunkte der Freude, die nicht weniger hell sind, weil sie in der Erinnerung vom Licht einer untergehenden Sonne beschienen werden.«

Grey hatte für das Ausland nicht viel übrig. Anders als Lord Salisbury, Arthur Balfour, Joseph Chamberlain oder Sir Henry Campbell-Bannerman, die alle zu ihrer Unterhaltung französische Romane lasen, oder Richard B. Haldane, der sich bei deutscher Philosophie und Literatur entspannte, zog Grey Wordsworth und George Eliot vor. Grey besuchte niemals Marienbad, Biarritz oder die Riviera; er sprach kein Deutsch und nur ein Schuljungen-Französisch. In London mied er die Gesellschaft ausländischer Diplomaten, wie er überhaupt die Gesellschaft mied. Einmal, erschöpft nach einer längeren Krisenperiode, zog er sich nach Fallodon zurück. »Ich bin hier für ein paar Tage allein«, schrieb er an einen Freund. »Nach einer anstrengenden Zeit bin ich zuerst gern allein... Meine Eichhörnchen kommen an meinen Schreibtisch und nehmen mir Nüsse aus der Hand, als ob ich nie fortgewesen wäre. Es ist etwas Beruhigendes in der Unbewußtheit von Tieren – das heißt, unbewußt all der Dinge, die uns so wichtig sind und ihnen überhaupt nicht.«

Zehn Jahre lang leitete dieser einsiedlerische Mann die Außenpolitik Englands. Von Campbell-Bannerman trennte ihn Politisches und Persönliches. Während des Burenkrieges hatte er sich gegen den Führer der Liberalen gestellt und hatte an dem ungeschickten und erfolglosen Versuch teilgenommen, C. B. aus dem Unterhaus ins Oberhaus abzuschieben. In den 27 Monaten, die Campbell-Bannerman an der Spitze der Regierung stand, sahen die beiden einander außerhalb von Kabinettssitzungen selten. Dennoch waren C. B. und Grey sich über die allgemeinen Leitlinien britischer Außenpolitik einig: Aufrechterhaltung der Entente mit Frankreich, Bemühungen, eine ähnliche Übereinkunft mit Rußland zu schließen, und Unterdrückung deutscher Ambitionen durch britische Seeherrschaft bei gleichzeitigem Bemühen um eine beiderseitige Beschränkung der Seerüstung. Als Premierminister überließ Campbell-Bannerman diese Angelegenheiten größtenteils Grey. Als Asquith ihm 1908 nachfolgte, waren Premierminister und Außenminister persönliche Freunde und vertraute politische Verbündete. Mehr noch als C. B. ließ Asquith die Außenpolitik in Greys Händen. Im Kabinett und im Unterhaus war Grey der Regierungssprecher; Asquith schaltete sich nur ein, um zu bekräftigen und zu verstärken. Grey konsultierte das Kabinett selten, und noch seltener sprach er im Unterhaus über außenpolitische Fragen; dem Premierminister ersparte er die meisten Details.

Greys Politik beruhte ausschließlich auf seinem Verständnis der Interessen Englands. Im Jahre 1895, als er Parlamentarischer Unterstaatssekretär war und die Bedrohung dieser Interessen von Frankreich ausgegangen war, hatte Grey Frankreich entschieden gewarnt, daß Hauptmann Marchands Expedition zu den Nilquellen von England als ein »unfreundlicher Akt« betrachtet werde. Neun Jahre später las Grey – inzwischen Abgeordneter der Opposition – das Abkommen, das Lord Lansdowne mit Frankeich ausgehandelt hatte, mit »einem Gefühl von Freude und Erleichterung ... die Gefahr eines Krieges mit Frankreich war verschwunden.« Greys Haltung gegenüber Deutschland orientierte sich allein daran, wie die deutsche Politik auf England einwirkte. Er hatte frühzeitig gelernt, daß der Umgang mit der Wilhelmstraße schwierig sein konnte. Bald nachdem er Unterstaatssekretär geworden war, standen deutsche und britische Konsortien im Osmanischen Reich in Konkurrenz um den Bau der Bagdadbahn. »Plötzlich«, sagte Grey, »kam eine Art Ultimatum aus Berlin, das von uns forderte, den Wettbewerb einzustellen ... andernfalls der deutsche Konsul in Kairo der britischen Verwaltung in Ägypten die Unterstützung entziehen werde ... [Darauf folgte] ein verzweifeltes Telegramm Lord Cromers [des britischen Geschäftsträgers in Kairo und eigentlichen Regenten Ägyptens], der darauf hinwies, daß er seine Arbeit in Ägypten angesichts französischer und russischer Opposition unmöglich ohne deutsche Unterstützung ausführen könne.«

Grey räumte ein, daß das Geschäft der Diplomatie ein Geben und Nehmen war. »Aber es war die unerwartete und strenge Entschiedenheit des deutschen Vorgehens, die mir eine unangenehme Überraschung bereitete ... die in diesem Fall von Deutschland angewendete Methode war nicht die eines Freundes. Wir hatten keine andere Wahl, als nachzugeben ... aber es blieb ein Gefühl von Unbehagen und ein schlechter Nachgeschmack.« Von da an betrachtete Grey Großbritanniens Engagement am Nil »wie eine Schlinge um unseren Hals ... In diesem Fall war von Deutschland mit einem Ruck daran gezogen worden.«

Holsteins und Bülows grobschlächtiger Versuch, die neue britisch-französische Entente im Zuge der Marokkokrise zu zerschlagen, hatte Grey befremdet und bekümmert. Während des Sommers und Herbstes 1905 sympathisierte er mit Lansdowne und dem Unionistenkabinett. »Die Franzosen wurden wegen eines Abkommens, das wir mit ihnen geschlossen hatten, gedemütigt«, schrieb er später. »Das Abkommen verpflichtete uns offiziell nur zu diplomatischer Unterstützung, aber wie sollte unsere Haltung sein, wenn Deutschland angriff und Frankreich in ernste Schwierigkeiten geriet?« Bevor die Frage beantwortet war, trat die Regierung Balfour zurück, die Liberalen übernahmen das Ruder, und die Mitglieder des neuen Kabinetts, einschließlich des Premierministers Campbell-Bannerman, verließen London, um den Wahlkampf für die im Januar stattfindenden Unterhauswahlen zu führen. Das einzige Mitglied der Regierung, das weiterhin drei Tage in der Woche in London arbeitete, war der neue Außenminister, Sir Edward Grey.

Grey erkannte bald, daß Frankreich für den Fall eines Krieges mit Deutschland eine militärische Beistandsgarantie Großbritanniens wünschte. Major Victor Huguet, der französische Militärattaché in London, hatte Generalmajor J. M. Grierson, den Direktor der Abteilung Militärische Operationen im Kriegsministerium, aufgesucht und fünf Stunden mit Oberst Charles Repington gesprochen, dem einflußreichen Militärkorrespondenten der *Times*. Am 29. Dezember schrieb Repington an Grey, daß Huguet die Sympathie der britischen Regierung für Frankreich nicht in Frage stelle, daß er aber gefragt habe, »was die britische Regierung zu *tun* bereit sei«. Am 9. Januar schrieb Grey an Campbell-Bannerman nach Schottland: »Vereinzelte Hinweise deuten darauf hin, daß Deutschland Vorbereitungen für einen Krieg im Frühjahr trifft. Frankreich ist sehr besorgt. Ich glaube nicht, daß es Krieg geben wird... Aber mir scheint, das Kriegsministerium sollte bereit sein, die Frage zu beantworten, was es tun könnte, wenn wir gegen Deutschland [am Krieg] teilnehmen.« Am folgenden Tag kam Paul Cambon, der französische Botschafter, zu Grey ins Ministerium.* »Er stellte mir die Frage direkt und förmlich«, schrieb der Außenmi-

* Obwohl Paul Cambon dreiundzwanzig Jahre als französischer Botschafter in London diente, lernte er nie Englisch. »Ich habe es versucht«, sagte er 1905, als er zweiundsechzig war, »aber ich bin zu alt.« Mit Lord Salisbury oder Lord Lansdowne, den beiden vorausgegangenen Außenministern, mit denen er zu tun gehabt hatte, hatte Cambon keine Schwierigkeiten gehabt; beide sprachen fließend Französisch, die internationale Sprache der Diplomatie. Grey sprach jedoch kaum Französisch, und da er das Amt in einer Krisensituation übernahm, sorgte er sich, daß die Verständigung mit Cambon schwierig sein würde. In seinen Memoiren erklärte er, wie die Schwierigkeit überwunden wurde:

»Ich konnte leicht Französisch lesen, hatte aber keine Übung und daher keine Möglichkeit, mich darin auszudrücken«, sagte Grey. »Cambons Position im Verhältnis zum Englischen war genau die gleiche. Er verstand, konnte es aber nicht sprechen. Er sprach sein Französisch so deutlich und mit so klarer Aussprache, daß man sich jedes Wort vorstellen konnte, wenn man ihn hörte. Ihn zu hören war wie Französisch zu lesen. Also sprach jeder von uns seine eigene Sprache, und der andere verstand ausgezeichnet. Um sicherzugehen, daß wir einander verstanden hatte, tauschten wir die Aufzeichnungen aus, die wir separat gemacht hatten. Der Vergleich ließ keinen Zweifel daran, daß jeder von uns jedes Wort des anderen verstanden hatte. Von da an vertrauten wir einander vollkommen... Alle anderen Botschafter der Großmächte sprachen gut Englisch, so daß der Nachteil meiner Unzulänglichkeit im Französischen geringer war, als ich befürchtet hatte.«

nister dem Premier, »...ob Frankreich sich im Falle eines Angriffs durch Deutschland als Folge der Marokkokrise auf die bewaffnete Unterstützung Englands verlassen könne. Ich sagte, daß ich diese Frage nicht beantworten könne. Ich könne während des Wahlkampfes nicht einmal den Premierminister oder das Kabinett konsultieren... M. Cambon sagte, er würde nach den Wahlen wieder anfragen.«

Haldane meinte, daß Huguet und Cambon eine raschere Antwort verdient hätten. Daraufhin begannen am 16. Januar ohne die Zustimmung des Premierministers oder des Kabinetts Geheimgespräche zwischen britischen und französischen Stabsoffizieren. Diese Gespräche konzentrierten sich auf den Plan, innerhalb zweier Wochen nach Ausbruch von Feindseligkeiten 100000 britische Soldaten auf den Kontinent zu schicken. Als Campbell-Bannerman am 26. Januar nach London zurückkehrte und informiert wurde, war er einverstanden. Am 31. Januar erteilte Grey dem französischen Botschafter die offizielle Antwort: Die militärischen Gespräche würden unter der Bedingung fortgesetzt, daß sie England nicht vor einem Krieg binden würden. »Im Falle eines deutschen Angriffs auf Frankreich infolge unserer Marokko-Vereinbarung«, sagte Grey, zweifle er nicht, daß »die öffentliche Meinung in England so stark Partei ergreifen würde, daß keine britische Regierung neutral bleiben könnte.« Aber das Parlament würde sich vor dem Eintritt des Kriegsfalles nicht festlegen, und es würde jedem Kabinett unmöglich sein, ohne Wissen und Billigung des Parlaments ein Defensivbündnis mit einer ausländischen Macht zu schließen.

Am selben Tag, dem 31. Januar 1906, hatte Grey vor der Zusammenkunft mit Cambon an einer Vormittagssitzung des neuen Kabinetts teilgenommen, auf der er die Minister informiert hatte, daß er Frankreich vorbehaltlose diplomatische Unterstützung in der Marokkokrise versprochen habe. Weder er, Campbell-Bannerman noch Haldane hatten die Gespräche der Militärs erwähnt. Am nächsten Tag, dem 1. Februar, verunglückte Dorothy Grey in Northumberland. Nach ihrem Tod am 4. Februar bot Grey, der noch unter dem Schock stand, seinen Rücktritt oder die Übernahme eines weniger bedeutenden Postens in der Regierung an. C. B., Asquith, Haldane und das Kabinett baten ihn weiterzuarbeiten. Allmählich fing er sich wieder. Die Konferenz von Algeciras, die im Januar begonnen hatte, endete mit einem Prestigeerfolg Deutschlands, aber seiner Isolierung. Die Kriegsgefahr trat wieder in den Hintergrund, und in London wandten sich die Minister anderen Problemen zu. Aber die Gespräche auf Generalstabsebene wurden fortgesetzt. Das Kabinett erfuhr sechs Jahre lang nichts davon.

Vor und nach dem Krieg wurde Grey kritisiert, weil er die meisten Minister der britischen Regierung in Unkenntnis detaillierter militärischer Gespräche mit

Frankreich gelassen hatte. Grey begegnete den Vorwürfen mit der Taktik, die Bedeutung der Gespräche herunterzuspielen: Grierson und Huguet hatten schriftlich erklären müssen, daß ihre Gespräche, wenngleich offiziell sanktioniert, keine der beiden beteiligten Regierungen verpflichtete, in einen Krieg einzutreten. Mit dieser Begründung beharrte Grey darauf, daß weder das Kabinett noch das Parlament jemals ihre Handlungsfreiheit eingebüßt hätten. Harold Nicolson erklärte Greys Ansicht so, daß »Grey solchen Gesprächen, wie sie Soldaten oder Seeleute führen mochten, keine andere als eine rein technische und bedingte Bedeutung beimaß. Diese Gespräche waren für ihn bloße Routineangelegenheiten, die mit einem Federstrich aufgehoben werden konnten. Sie besaßen für ihn nicht mehr Bedeutung als Diskussionen zwischen der Londoner Feuerwehr und den Wasserwerken von Westminster.«

Das Ausmaß, in dem die militärischen Gespräche Großbritannien festlegten, blieb Asquith unklar, als er 1908 Campbell-Bannerman ins Amt folgte. Drei Jahre später, 1911, schrieb Grey an Asquith:

»Anfang 1906 sagten die Franzosen zu uns: ›Werdet ihr uns helfen, wenn es Krieg mit Deutschland gibt?‹

Wir sagten: ›Wir können nichts versprechen, wir müssen freie Hand behalten.‹

Dann drängten die Franzosen, daß den Militärbehörden erlaubt werden solle, in einen Meinungsaustausch einzutreten. Unsere sollten feststellen, was sie tun konnten, die französischen sollten sagen, wie sie die Unterstützung wünschten, wenn wir uns an Frankreichs Seite stellten. Andernfalls, sagten die Franzosen, würden wir beim Ausbruch eines Krieges nicht in der Lage sein, wirksame Unterstützung zu leisten, selbst wenn wir uns dafür entschieden. Wir einigten uns darauf. Bis zu diesem Punkt wußten C. B., Haldane und ich, was vorging – der Rest von Euch war im Wahlkampf.

Darauf traten die militärischen Fachleute zusammen. Was sie besprachen und regelten, erfuhr ich nie – die Position war die, daß die Regierung freie Hand behielt, die Militärs aber wissen sollten, was sie zu tun hätten, wenn das Stichwort gegeben wurde.«

Asquith, der noch ein paar Monate später nervös war, schrieb an Grey: »Gespräche, wie sie zwischen General Joffre und Oberst Fairholme stattgefunden haben, erscheinen mir ziemlich gefährlich; besonders der Teil, der sich auf britische Unterstützung bezieht. Die Franzosen sollten unter den gegebenen Umständen nicht ermutigt werden, ihre Pläne auf irgendwelche Annahmen dieser Art zu stützen.« Greys Antwort war gereizt; er vollführte einen heiklen Balanceakt zwischen seinen Verpflichtungen gegenüber Asquith und dem Parlament und seiner persönlichen Bindung an Frankreich.

»Mein lieber Asquith«, schrieb Grey. »Es würde Bestürzung hervorrufen, wenn wir unseren militärischen Fachleuten untersagten, mit den Franzosen

Gespräche zu führen. Diese Gespräche und unsere Reden haben unzweifelhaft eine Erwartung künftiger Unterstützung entstehen lassen. Ich sehe nicht, wie das geändert werden könnte.«

Während seiner ersten Wochen im Amt legte Grey seinen Kurs für die nächsten achteinhalb Jahre fest. Die ihm durch eine parlamentarische Regierung auferlegten Beschränkungen seiner Handlungsfreiheit ließen ihn manchmal ausweichend, sogar unaufrichtig erscheinen. Er bestand immer darauf, daß die Handlungsfreiheit des Parlaments bis zum Augenblick der Entscheidung erhalten geblieben sei. Auf der anderen Seite war Grey persönlich überzeugt – und er machte aus dieser Überzeugung keinen Hehl –, daß Großbritanniens nationales Interesse die Unterstützung Frankreichs diktiere, wenn es zwischen Frankreich und Deutschland zum Krieg kam. Diesen Widerspruch, den er selbst erkannte, überspielte er damit, daß er sagte, England sei zwar nicht vertraglich an Frankreich gebunden, seine eigene Überzeugung gebiete ihm aber, daß er nicht in einer Regierung bleiben könne, die sich weigere, ihrem Ententepartner beizustehen. Grey wußte, daß Asquith gleichfalls zurücktreten würde, wenn er es täte; dies hätte den Sturz der liberalen Regierung bedeutet. Eine Unionistenregierung aber, die Balfour und Lansdowne wieder ins Amt brächte, würde ebenso an Frankreichs Seite stehen.

Grundlage von Greys Politik war der Imperativ britischer Seeherrschaft. Er war ein Liberaler und befürwortete Staatsausgaben für soziale Reformen, aber sobald die deutsche Herausforderung erkennbar war, akzeptierte er, daß Großbritannien, ganz gleich wie viele Schiffe Deutschland baute, mehr bauen müsse. Solange Deutschland der einzige Widersacher war, ließ sich das machen. Es bestand jedoch eine abschreckendere Möglichkeit: Gewann Deutschland die Hegemonie auf dem Kontinent, sähe Großbritannien sich der gesammelten Seemacht eines vereinten Europa gegenüber. »Was die Außenpolitik dieses Landes wirklich bestimmt, ist die Frage der Seemacht«, sagte Grey 1911 vor Delegierten aus den Dominions. »Es besteht keine nennenswerte Gefahr, daß wir in Europa in größere Schwierigkeiten hineingezogen werden, solange es keine Macht oder Gruppe von Mächten ... gibt, die den Ehrgeiz hat, zu verwirklichen, was ich die Napoleonische Politik nenne.* Das Ergebnis wäre ein großer

* Greys Auffassung von Deutschland und seinem Ehrgeiz in Richtung auf eine vermutete kontinentale und weltweite Hegemonie erhielt ständig Nahrung von seiten des Leiters der Abteilung Westeuropa im Außenministerium, Eyre Crowe. Crowe, Sohn eines englischen Vaters und einer deutschen Mutter, hatte bis zu seinem siebzehnten Jahr in Deutschland gelebt. Seine Frau und viele seiner Freunde, darunter Admiral Henning von Holtzendorff, Kommandeur der Hochseeflotte von 1909 bis 1913, waren Deutsche. Crowe hegte tiefes Mißtrauen gegen den deutschen Militarismus. Am 1. Januar 1907

Zusammenschluß in Europa, außerhalb dessen wir ohne einen Freund bleiben würden. Wenn dies das Ergebnis wäre, und wenn wir die Seeherrschaft behalten wollten, müßten wir mit einer möglichen Vereinigung der Flotten nicht von zwei, sondern von fünf Mächten in Europa rechnen.«

Ein Jahrhundert lang hatte die britische Seeherrschaft Verbündete überflüssig gemacht. Jetzt waren zur Erhaltung der britischen Seeherrschaft nach Greys Ansicht Verbündete notwendig geworden.

reichte er eine umfangreiche Denkschrift über die britisch-deutschen Beziehungen ein, die starken Einfluß auf die Denkweise des Außenministeriums in den Jahren vor dem Krieg ausüben sollte. Deutschland, so schrieb er darin, sei durch eine Politik von »Blut und Eisen« zu großer nationaler Macht gelangt. Es sei natürlich, daß es jetzt seinen »Platz an der Sonne« als eine Weltmacht einzunehmen wünsche. Da Großbritannien und die britische Flotte ihm den Weg versperrten, sei es auch natürlich, daß die deutsche Politik gegenüber England von Feindseligkeit beherrscht sein würde. Großbritannien solle auf diese Herausforderung, riet Crowe, mit »der unbeugsamen Entschlossenheit« reagieren, »britische Rechte und Interessen in allen Teilen der Welt zu wahren. Es gibt keinen sichereren oder schnelleren Weg, den Respekt der deutschen Regierung und der deutschen Nation zu gewinnen.« Grey leitete Crowes Analyse an Campbell-Bannerman, Asquith, Haldane und Morley weiter.

## 29. KAPITEL

# Die britisch-russische Entente und die bosnische Krise

Seit einer Generation hatte der Dreibund Europa dominiert. Die deutsche Militärmacht hatte Dänemark, Österreich und Frankreich besiegt und sich nach dem Einigungsprozeß im Deutschen Reich seit 1871 weiter verstärkt. Die Hinzufügung Österreich-Ungarns und Italiens zu dieser potentiell gefährlichen Kriegsmaschine verschob die Gewichte weiter zu Deutschlands Gunsten. Als Frankreich und Rußland den Zweibund bildeten, fühlte man sich in Berlin nicht ernstlich bedroht. Chamberlains erster Versuch, die Isolation aufzugeben und sich an Deutschlands Seite in das kontinentale Bündnissystem einzugliedern, hätte, wäre er erfolgreich gewesen, dem Deutschen Reich die absolute Vorherrschaft in Europa gesichert. Aber Chamberlains Werbung wurde verschmäht, und Großbritannien näherte sich Frankreich. Die Entente bewährte sich in der Marokkokrise. In Algeciras bemerkten Beobachter, daß der Hauptgegner Deutschlands der britische Diplomat Sir Arthur Nicolson war. Wer die Quelle von Sir Arthurs Autorität suchte, brauchte nur den Blick vom Verhandlungstisch in Algeciras zu heben und über die Bucht nach Gibraltar zu schauen, wo die Schiffe der britischen Flotte lagen. Ein russischer Vertreter, Graf Cassini, der an der Konferenz teilnahm, berichtete von der Festigkeit und Geschicklichkeit, mit welcher der Engländer die britische Diplomatie und Macht zu Frankreichs Gunsten einsetzte. In St. Petersburg erkannte man, daß Großbritannien für Rußland, das Jahre des Friedens benötigte, um sich von dem Krieg gegen Japan und der Revolution von 1905 zu erholen, ein nützlicher Verbündeter sein könnte.

Die Chance einer Einigung zwischen Großbritannien und Rußland schien gering. Der Antagonismus war tief verwurzelt; deutsche Staatsmänner hielten ihn für unüberwindlich. Privat bezeichnete Königin Victoria den Zaren Alexander III. als »barbarisch, asiatisch und tyrannisch«. Die Konservativen fürchteten Rußlands Drang zu den Dardanellen, in die Mandschurei, gegen die Nordgrenzen Indiens, durch Persien zum Golf. Die Liberalen lehnten die russische Autokratie als antidemokratisch ab. Großbritanniens erster Schritt aus der Splendid Isolation war das Bündnis mit Japan gewesen, eine Allianz, die ganz offen auf die Eindämmung des imperialistischen Rußland zielte.

In Rußland war die Abneigung gegen Großbritannien ebenso tief. Aristokratie und Regierungsbürokratie verabscheuten die britische konstitutionelle Monarchie und begegneten der britischen Diplomatie mit Mißtrauen. Japan, so meinten sie, hätte niemals gewagt, Rußland anzugreifen, wäre ihm nicht von seinem britischen Verbündeten der Rücken gestärkt worden. Das Land, welches konservative Russen bewunderten, war Deutschland. In Berlin gab es wenigstens Stärke, Ordnung, Religion und Tüchtigkeit. »Meine eigene Meinung ist«, sollte Sir Arthur Nicolson aus St. Petersburg schreiben, »daß der Zar und die russische Regierung, wären sie frei von anderen politischen Bindungen, mit Freuden ein enges Bündnis mit Deutschland eingehen würden. Der deutsche Einfluß ist heute sowohl am Hof als auch in Regierungskreisen vorherrschend«. Der Grund, bemerkte Nicolson, war neben einer gemeinsamen konservativen Tradition, daß die deutsche Rußlandpolitik erstaunlich rücksichtsvoll und zivilisiert sei. »Der Wechsel von Einschüchterung und Schmeichelei, der ein Merkmal deutscher Diplomatie in anderen Ländern ist, wird hier nicht angewendet«, schrieb Nicolson an Grey. »In dieser Hauptstadt sind eine gewinnende, konziliante Haltung und eine freundliche Besorgtheit charakteristisch für die deutsche Diplomatie.«

Trotz dieser Hindernisse wuchs der Reiz einer britisch-russischen Annäherung. König Edward traf bei einem Besuch seines Schwiegervaters, König Christian, in Kopenhagen mit Alexander Iswolski zusammen, dem russischen Gesandten am dänischen Hof. Iswolski hatte seine Ausbildung unter dem Fürsten Gortschakow erhalten und als Botschafter beim Vatikan gedient, wo er sich mit Bülow angefreundet hatte, dem damaligen deutschen Botschafter in Rom. Von Rom ging Iswolski nach Tokio, dann nach Kopenhagen. Als er König Edward im Frühjahr 1904 kennenlernte, war er fünfzig, dicklich und kostümiert in englischen Maßanzügen mit weißer Weste, weißen Gamaschen und einer Perle in der Krawattennadel. Wenn er »auf kleinen lackierten Füßen« durch diplomatische Empfänge stolzierte, spähte er durch eine Lorgnette in die Welt, und wenn er vorbeigegangen war, hinterließ er eine Duftwolke von Kölnisch Wasser mit Veilchenparfüm. Iswolski war ein Bürgerlicher und hatte die Notwendigkeit einer guten Partie erkannt. Zuerst machte er der jungen Witwe eines vornehmen Generals den Hof; sie verschmähte ihn. Später, als Iswolski Außenminister wurde, fragte man sie, ob sie nicht bedaure, eine so gute Partie ausgeschlagen zu haben. »Ich bedaure es«, erwiderte sie, »jeden Tag, aber ich beglückwünsche mich jede Nacht.« Schließlich heiratete Iswolski die Schwester Pjotr Stolypins, der Ministerpräsident des kaiserlichen Rußland wurde.

Iswolski sprach fließend englisch und war vertraut mit englischer Literatur und Geschichte. Seine stets sorgfältig gewählten und ehrerbietigen Worte gefielen König Edward. Der König sagte Iswolski, er hoffe, daß England und Rußland ihre Differenzen beilegten, wie England und Frankreich es getan hätten;

der Minister erwiderte, dies sei sein eigener innigster Wunsch. Nach diesem Gespräch schrieb der König an den Zaren und erklärte sein »großes Vergnügen« über das Gespräch mit Iswolski. »In ihm«, fuhr der König fort, »haben Sie einen Mann von bemerkenswerter Intelligenz, der, des bin ich sicher, einer ihrer fähigsten und ergebensten Beamten ist.« Dieses Lob schadete Iswolskis Karriere nicht, und im Mai 1906, als der russische Außenminister Wladimir Graf Lamsdorff, erschöpft von Krieg und Revolution, um seine Entlassung bat, ernannte Nikolaus Iswolski zu seinem Nachfolger.*

In der Zwischenzeit hatten Ereignisse im Fernen Osten und ihre europäischen Rückwirkungen die Aussichten auf eine britisch-russische Annäherung beeinträchtigt. Der Überraschungsangriff der Japaner auf die russische Flotte im Hafen von Port Arthur erbitterte die Russen und führte zu Verstimmungen gegenüber England, Japans Verbündetem. Als Admiral Rojestwenskij irrtümlich britische Fischkutter auf der Doggerbank versenkte, waren die Briten empört. Nikolaus II., der im Fernen Osten in einen verhängnisvollen Krieg verstrickt war und kein Verlangen hatte, einen zweiten in Europa zu beginnen, schrieb eilig einen bedauernden Brief an König Edward. Der russische Botschafter in London, Graf Alexander Benckendorff, ebenso wie Iswolski bestrebt, bessere Beziehungen zu Großbritannien herzustellen, schlug vor, daß die Angelegenheit vor die Internationale Untersuchungskommission in Den Haag gebracht werde. Großbritannien stimmte zu, und die russische Regierung zahlte 65 000 Pfund Schadenersatz.

Rußlands Probleme vervielfachten sich. Admiral Rojestwenskijs Flotte wurde am 27. Mai 1905 in der Straße von Tsushima vernichtet, und Rußland sah sich genötigt, in Portsmouth, New Hampshire, unter der Schirmherrschaft des Präsidenten Theodore Roosevelt mit Japan Frieden zu schließen. Proteste gegen die dilettantische Kriegsführung überschwemmten das Land. Truppen feuerten in eine Menschenmenge, die mit einer Petition an den Zaren zum Winterpalais zog, das Land wurde durch einen Generalstreik lahmgelegt. Im Oktobermanifest erließ der Zar eine Verfassung, die Rußland von der absoluten Monarchie in eine halbkonstitutionelle überführte. Wichtigstes Symbol des Wandels sollte ein gewähltes Parlament sein, die Duma.

Diese Ereignisse in Rußland fielen in die letzten Wochen der Regierung Bal-

* Als er erfuhr, daß ein Revirement diplomatischer Posten vorbereitet wurde, sandte Iswolski einen Botschaftsangehörigen nach St. Petersburg, um festzustellen, welche Botschaft er bekommen werde. Das Ergebnis dieser geheimen Nachforschung sollte verschlüsselt nach Kopenhagen telegraphiert werden: war für Iswolski Italien vorgesehen, sollte das Telegramm »Maccaroni« lauten, im Falle von Berlin »Sauerkraut«. In St. Petersburg erfuhr der Vertrauensmann, daß sein Herr Außenminister werden sollte. So lautete sein Telegramm: »Kaviar«.

four. Obwohl Benckendorff bereits mit Lord Lansdowne über die Möglichkeit einer britisch-russischen Verständigung gesprochen hatte, blieb dies zunächst folgenlos, weil Lansdowne am 5. Dezember sein Amt verlor. Aber schon am 13. Dezember, zwei Tage nach seiner Ernennung zum Außenminister, empfing Sir Edward Grey Graf Benckendorff, um ihm zu versichern, daß die Außenpolitik der liberalen Regierung den Leitlinien folgen würde, die von ihrer Vorgängerin ins Auge gefaßt worden seien; wie Lord Lansdowne eine Einigung mit Frankreich erzielt habe, so hoffe die neue Regierung auf eine Beilegung der Schwierigkeiten mit Rußland. Ein paar Tage später sagte Sir Henry Campbell-Bannerman in seiner ersten Rede als Premierminister vor der vollbesetzten Albert Hall, daß die neue Regierung »dem russischen Volk nichts als Wohlwollen« entgegenbringe.

Als die Konferenz von Algeciras am 2. April 1906 geendet hatte, kam Bewegung in die Dinge. Der neue britische Botschafter in St. Petersburg – vor seinem Auftreten in Algeciras ernannt – war Sir Arthur Nicolson. Als er nach London kam, um Instruktionen entgegenzunehmen, traf er mit Asquith, Haldane und Morley, dem Indienminister, in Greys Haus zusammen. Sie sprachen vier Stunden über die britisch-russischen Beziehungen. Zwei Ziele wurden angegeben. Das längerfristige war die Herstellung eines besseren Verhältnisses zu Rußland, einem momentan geschwächten, aber potentiell mächtigen Staat. Das zweite, unmittelbarere Ziel war die Sicherung der indischen Nordgrenze gegen die Bedrohung durch eine russische Invasion. Seit mehr als dreißig Jahren hatten britische Staatsmänner befürchtet, daß Rußland im Zuge seiner Ausdehnung nach Zentralasien in Afghanistan einmarschieren und den Khaiber-Paß besetzen könnte, das Einfallstor nach Indien. Um dies zu verhindern, wollte man die Pufferstaaten Tibet und Afghanistan stärken und die persische Monarchie stützen.

Am 12. Mai 1906 folgte Iswolski als russischer Außenminister auf Lamsdorff. Schon am 6. Juni setzte er sich zu Verhandlungen mit Nicolson zusammen. Den Hintergrund ihrer Gespräche bildete die Eröffnung der Ersten kaiserlichen Duma im Winterpalais durch den Zaren. Darauf übersiedelte sie in den Taurischen Palast und begann mit der ersten Parlamentssitzung der russischen Geschichte. Die erste Handlung der Duma bestand in der Formulierung einer aggressiven »Adresse an den Thron«, in der das allgemeine Wahlrecht, die allgemeine Grundschulpflicht, absolute Rede- und Versammlungsfreiheit, Enteignung und Umverteilung des Großgrundbesitzes, die Entlassung aller politischen Häftlinge sowie der Rücktritt aller vom Zaren ernannten Minister gefordert wurde, die durch der Duma genehme Minister ersetzt werden sollten. Die kaiserliche Regierung weigerte sich, Minister, die vor der Duma sprechen wollten, wurden niedergeschrien. Nikolaus II., entsetzt über das Benehmen der Abgeordneten, ernannte Pjotr Stolypin zum Ministerpräsidenten, der am 22. Juli die Türen des Taurischen Palastes zusperren und ein kaiserliches Dekret anschlagen ließ, mit dem die Duma suspendiert wurde.

Londons Reaktion auf diese Ereignisse erschwerte die Aufgabe der Diplomaten. Die Duma hatte eine Delegation entsandt, die an einer interparlamentarischen Konferenz teilnehmen sollte, die für den Juli in London vorgesehen war. Der Premierminister sollte die Eröffnungsansprache halten und die Delegierten begrüßen. Am Morgen des Tages, an dem Campbell-Bannerman sprechen sollte, erreichte London die Nachricht, daß der Zar die Duma suspendiert habe. In einem Versuch, die erschrockenen und bedrückten russischen Delegierten zu ermutigen, sagte der Premierminister: »Neue Institutionen haben oft eine unruhige, wenn nicht stürmische Jugend. Die Duma wird in der einen oder der anderen Form wieder zum Leben erwachen. Wir können mit aller Aufrichtigkeit sagen: ›La Duma est morte. Vive la Duma!‹« Diese Wendung fand ihren Weg nach St. Petersburg und erleichterte dem britischen Botschafter seine Aufgabe nicht. Je lauter die britische Presse das Vorgehen des Zaren schmähte, desto mehr wurde »Iswolskis früherer Eifer durch Schweigen und Gleichgültigkeit ersetzt«, notierte Nicolson in seinem Tagebuch. »Als ich erwähnte... daß ich gern seine Ansichten über Persien kennenlernen würde, sah er mich ausdruckslos an und sagte, daß er überhaupt keine Ansichten habe.«

Iswolskis langsames Vorgehen hing auch mit seiner Sorge um die deutsche Reaktion auf diese Verhandlungen zusammen. So sehr er ein Abkommen mit Großbritannien wünschte, so sehr wollte er eine Brüskierung Fürst Bülows vermeiden. Nicolson bemühte sich, Grey die Situation zu erklären: »Er befürchtet, meine ich, daß wir Netze um Deutschland knüpfen, und will nicht in irgendwelche Kombinationen hineingezogen werden oder seine Unterschrift unter ein Dokument setzen, das, wenn auch indirekt, gegen Deutschland gerichtet wäre... Er hat als Warnung immer das Schicksal seines französischen Kollegen Delcassé vor sich.« Im Oktober reiste Iswolski nach Berlin, um seine Absichten Bülow zu erklären und um die deutsche Zustimmung zu bitten. Der Reichskanzler erwiderte, daß Berlin ein britisch-russisches Abkommen begrüßen würde, solange es sich nicht gegen deutsche Interessen richtete. Hingegen sah sich Iswolski innerhalb des russischen Ministerrates und des russischen Generalstabs einer zweifachen Opposition gegenüber. Die russische Generalität war nicht ohne weiteres bereit, auf ihre Fähigkeit zu verzichten, Großbritanniens riesiges indisches Reich zu bedrohen.

Geduld war vonnöten, und Grey drängte nicht. »Ich wünsche nicht, daß die Verhandlungen einschlafen«, schrieb er an Nicolson, »aber andererseits müssen wir vermeiden, in Iswolski den Argwohn zu wecken, daß wir das Tempo der Verhandlungen zu beschleunigen suchen, um Rußlands gegenwärtige Situation auszunutzen.« Im November deutete Nicolson mit Greys Erlaubnis an, daß Großbritannien im Falle einer Einigung bereit sein könnte, Vorschläge zur Verbesserung der russischen Position an den Dardanellen zu diskutieren. Dieser Vorschlag bewirkte, daß Iswolski »vor Freude strahlte«. Die Gespräche bekamen neuen Schwung. Nicolsons Taktik, wie sie von seinem Sohn und Biographen Harold Nicolson beschrieben wurde, bestand in der Übernahme »der Methoden eines humanen und außerordentlich geschickten Zahnarztes, der es mit drei schmerzenden Zähnen zu tun hat. Er arbeitete ein wenig an Afghanistan, indem er entschlossen, aber vorsichtig zu Werke ging; beim ersten schmerzhaften Zusammenzucken verschloß er die Höhlung mit einem schmerzstillenden Mittel, Watte und Guttapercha und fing bei der nächsten Sitzung mit Tibet an. Diese Methode ermöglichte es ihm, das volle Vertrauen Iswolskis zu gewinnen und allmählich seine drei Aufgaben gleichzeitig in einen Reifezustand zu bringen, ohne zu irgendeinem Zeitpunkt den Nerv zu reizen.« Anfang Februar 1907 stimmte der russische Ministerrat einem Abkommen zu. Im März besuchte ein russisches Flottengeschwader Portsmouth, und die Offiziere und Mannschaften wurden in den Straßen Londons bejubelt. Am 31. August 1907 unterzeichneten Nicolson und Iswolski die Konvention im russischen Außenministerium.

Die britisch-russische Entente von 1907 ähnelte der Entente von 1904 mit Frankreich. Sie war kein Bündnis, es gab keine militärischen Klauseln, und die Worte »Krieg«, »Aggression« und »Verteidigung« kamen nicht darin vor. Ihr öffentlich erklärtes Ziel war die Beseitigung von Spannungen zwischen den beiden Reichen an drei Punkten im Nahen Osten und Zentralasien, wo ihre Territorien und Interessen aufeinanderstießen. Tibet und Afghanistan blieben als Pufferstaaten in ihrer territorialen Integrität unangetastet. Chinas nominelle Souveränität über Tibet wurde anerkannt. Rußland stimmte zu, daß Afghanistan »außerhalb der russischen Einflußsphäre« liege und daß russische Amtspersonen und Abgesandte »nur durch die Vermittlung Seiner Majestät Regierung in politische Beziehungen zu diesem Land treten« konnten. Großbritannien willigte ein, sich mit russischen Gesellschaften und Unternehmern den Afghanistanhandel zu teilen.

Das Abkommen über Persien war komplizierter. Das Reich des Schahs wurde aufgeteilt in Einflußzonen, eine russische im Norden, eine britische im Süden, und eine neutrale Zone in der Mitte. In der nördlichen Zone sollte Rußland ausschließliche politische und kommerzielle Vorrechte genießen, im Süden Großbritannien. In der mittleren Zone hatten beide freie Hand. Diese de-facto-Aufteilung wurde von einer Erklärung maskiert, daß die beiden Regierungen »übereinstimmten, die Integrität und Unabhängigkeit Persiens zu respektieren«. Tatsächlich waren die Verhandlungen in St. Petersburg ohne Wissen der persischen Regierung geführt worden. Als der Schah sich beklagte, daß ohne sein Wissen, geschweige denn seine Zustimmung über die Zukunft seines Landes entschieden worden sei, antwortete das Außenministerium steif, daß es das spezielle Anliegen des Vertrages von Petersburg sei, »die Integrität und Unabhängigkeit Persiens zu erhalten«.

Grey, der den Petersburger Vertrag im Unterhaus erläuterte, argumentierte, daß er den alten Alptraum einer russischen Invasion Indiens gebannt und der Regierung die Bürde abgenommen habe, große Summen für die Verteidigung des Subkontinents aufzuwenden. Der größere Nutzen aber, so erklärte er, sei die Umwandlung eines Gegners wenn nicht in einen Verbündeten, so doch in einen Freund. Die meisten Konservativen (einschließlich Balfour) begrüßten den Vertrag. Labourabgeordnete und Radikale verurteilten die Unterzeichnung jedweden Abkommens mit einer moralisch verabscheuungswürdigen Autokratie und erklärten, daß Persien »dem widerwärtigen Idol des Gleichgewichts der Kräfte« geopfert worden sei.

In Deutschland war die offizielle Reaktion gedämpft. Bülow, der von Iswolski auf dem Laufenden gehalten wurde, reagierte, wie er ursprünglich auf die britisch-französische Annäherung reagiert hatte: Er akzeptierte das Abkommen als eine Regelung bestimmter kolonialer Differenzen, die deutsche Interessen nicht berühre. Vielleicht hatten der deutsche Reichskanzler und die Wilhelmstraße die tiefere Bedeutung des britisch-russischen Interessenausgleichs nicht klar genug erkannt. Allzu lange hatte die deutsche Diplomatie an dem Grundsatz festgehalten, daß England und Rußland verfeindet bleiben müßten. Bismarck und nach ihm Holstein hatten die Idee von sich gewiesen, daß England und Rußland jemals zu einer gemeinsamen Basis finden würden. Der britisch-russische Ausgleich von 1907 entzog dem Arsenal der deutschen Diplomatie die Waffe der Ausbeutung britisch-russischer Differenzen, die fast ein halbes Jahrhundert wirkungsvoll eingesetzt worden war. Nicht alle Deutschen ließen sich täuschen oder versuchten die Bedeutung des Wandels herunterzuspielen. Der deutsche Botschafter in St. Petersburg berichtete: »Niemand wird England solch eine Politik zum Vorwurf machen; man kann nur die Geschicklichkeit bewundern, mit der es seine Pläne ausgeführt hat. Diese Pläne müssen nicht notwendigerweise einer antideutschen Tendenz zugeschrieben werden, doch ist Deutschland der von diesem Abkommen am stärksten betroffene Staat.« Der Kaiser stimmte ihm zu. »Ja, insgesamt gesehen, ist es gegen uns gerichtet«, schrieb er an den Rand dieser Depesche.

Nicolson versuchte das Abkommen zu verteidigen. »Es ging nicht darum, Deutschland ›einzukreisen‹«, sagte er später. »In unseren Vereinbarungen mit Frankreich und Rußland hatten wir wirklich kein anderes Ziel, als unsere Beziehungen im allgemeinen Interesse des Friedens auf eine sicherere und festere Basis zu stellen.« Aber in seinem nächsten Satz räumte er ein: »... dennoch existierte das unterbewußte Empfinden, daß wir damit Verteidigungsgarantien gegen die überwältigende Dominanz einer Macht sicherten ...« Großbritannien hatte sich entschieden, eine deutsche Vorherrschaft auf dem Kontinent nicht zu dulden. Aus diesem unbestimmten, aber machtvollen Instinkt entstanden die Entente mit Frankreich, die Modernisierung und der Ausbau der Royal Navy sowie der Interessenausgleich mit Rußland. Das Ergebnis war eine Wiederherstellung des Machtgleichgewichts in Europa.

Der König, der seinen Teil zum Zustandekommen der britisch-russischen Entente beigetragen hatte, besiegelte das Abkommen, indem er im Juni 1908 nach Reval (heute Tallinn) reiste, um mit Zar Nikolaus II. zusammenzutreffen. Die Ankündigung des Besuches erregte radikale Labourabgeordnete. »Eine Beleidigung unseres Landes« war der Titel eines Artikels, den James Ramsay Macdonald veröffentlichte und in dem er Nikolaus II. als einen »gewöhnlichen Mörder« bezeichnete und verlangte, daß der König sich nicht zu vertraulichem Umgang »mit einem blutrünstigen Ungeheuer wie dem Zaren« herbeilasse. Der König fuhr trotzdem mit der *Victoria and Albert* und ließ sich von der Königin, Sir Arthur Nicolson und Sir John Fisher begleiten. Die Fahrt über die Nordsee ging bei rauher See vonstatten, und alle waren seekrank. »Die Königin lag wie eine Leiche an Deck«, schrieb Fisher seiner Frau.* In den ruhigen Wassern des Kaiser-Wilhelm-Kanals ließ der König Fisher zum Frühstück zu sich kommen, und sie beobachteten die Ehreneskorte deutscher Kavallerie, die zeitweise an den Ufern des Kanals neben dem Schiff hertrabte. In Kiel begrüßte Prinz Heinrich von Preußen die Besucher und ließ die königliche Jacht von vier deutschen Zerstörern durch die Ostsee geleiten.

An einem Frühlingsmorgen ankerte die *Victoria and Albert* vor Reval in der Nähe der beiden kaiserlich russischen Jachten *Standart* (die dem Zaren gehörte) und *Polarstern* (die von der Zarinwitwe Maria benutzt wurde, Königin Alexandras Schwester). Während des zweitägigen Besuches ging kein Mitglied der britischen Abordnung an Land; Mittagessen, Tees, Bankette und Bälle fanden in den Salons, Speisesälen und auf den Decks der Jachten statt. Diese Regelung war wegen der, wie es taktvoll hieß, »labilen Situation« innerhalb des Russischen Reiches getroffen worden. Nikolaus II. wurde begleitet von seiner Frau, seiner Mutter, seiner Schwester, der Großfürstin Olga, seinem Ministerpräsidenten Pjotr Stolypin und Außenminister Iswolski. Eines Abends, als der Zar und die beiden Kaiserinnen an Bord der *Victoria and Albert* waren, näherte sich ein russischer Dampfer mit einem Gesangverein und ankerte so nahe, daß die Sänger den königlichen Gästen eine Darbietung geben konnten. In König Edwards Gefolge entstand Nervosität wegen der Nähe des Dampfers; ein kräftiger

* Seiner Frau gegenüber beharrte Fisher darauf, daß er nicht seekrank gewesen, aber wegen »gräßlicher, übler Kopfschmerzen« in seiner Kabine geblieben sei. Dennoch gab er zu: »Ich sehe mit Schrecken der Rückfahrt über die Nordsee entgegen und würde gern mit dem Zug zurückkommen ...«

Arm hätte eine Bombe herüberwerfen können. Der Chef der russischen Polizei versicherte jedoch, daß alle Sänger, Frauen wie Männer, entkleidet und durchsucht worden seien.

Gutes Wetter und Familiengefühl versetzten den König in Hochstimmung. Aus eigenem Antrieb erklärte er plötzlich, daß er Nikolaus II. zum Admiral der britischen Marine ernenne. Der Zar, so meinte er, benötige eine britische Marineuniform zur Ergänzung seiner Uniform eines Obersten des Schottischen Grauen Reiterregiments, weil er »in Zukunft wahrscheinlich eher britischen Kriegsschiffen als britischen Truppen« begegnen werde. Der Zar, so berichtete Fisher, »war in seiner Freude wie ein Kind«. Rasch ernannte er Edward VII. zum Admiral der russischen Marine. In England murrten das Kabinett und der Erste Lord McKenna, daß sie nach der Verfassung hätten konsultiert werden müssen. Fisher behandelte diese Einwände mit Geringschätzung: »Es ist eine famose Sache, einen König zu haben, der zu handeln versteht, da Kabinettsminister mir immer wie eine Schar ängstlicher Kaninchen vorkommen.« Im Anschluß an das Staatsbankett an Bord der königlich britischen Jacht tanzte Fisher mit der Großfürstin Olga Walzer aus Franz Lehárs Operette »Die lustige Witwe« in einem von der Gesellschaft gebildeten Kreis. Danach ging Fisher an Deck und brachte auf Verlangen des Königs einen »Solo Hornpipe« dar. »Welch eine schöne Zeit wir in Reval verbrachten«, schrieb Großfürstin Olga ihrem Tanzpartner. »Ich hatte seit Ewigkeiten nicht so gelacht!«

Die Entente mit England sollte nur der erste der diplomatischen Triumphe sein, mit denen Iswolski seine Laufbahn als russischer Außenminister zu schmücken gedachte. Während ihrer Verhandlungen in St. Petersburg hatten Grey und Nicolson den Köder britischer Unterstützung des alten russischen Strebens nach Öffnung der Dardanellen für russische Kriegsschiffe vor den Nasen der Russen baumeln lassen. Seit die europäischen Großmächte 1871 den Vertrag von London unterzeichnet hatten, waren die Meerengen für alle ausländischen Kriegsschiffe geschlossen. Für Rußland hatte dies den Vorteil, daß die Schwarzmeerküste des Reiches vor Angriffen europäischer Kriegsschiffe geschützt war. Aber russische Kriegsschiffe waren daran gehindert, durch die Dardanellen ins Mittelmeer zu fahren. Darum hatte die russische Schwarzmeerflotte am Krieg gegen Japan nicht teilgenommen. Russische Nationalisten betrachteten die Schließung der Meerengen als demütigend für das Prestige einer Großmacht. Nicolsons Vorschlag, daß Großbritannien Rußland helfen könnte, diese Barriere zu durchbrechen, hatte Iswolski erfreut, doch sobald er den Entschluß faßte, dieses Ziel anzusteuern, arbeitete er seltsamerweise nicht mit England zusammen, sondern mit Österreich-Ungarn.

Sein Verhandlungspartner war Graf Alois Lexa von Aehrenthal, der österreichische Außenminister. Iswolski kannte Aehrenthal gut. Der Österreicher, ein hochgewachsener, breitschultriger Mann mit schweren Augenlidern und einer müden, nachlässigen Art – »liebenswürdig und unterhaltsam, aber nicht glänzend«, war Nicolsons Beschreibung –, war Botschafter Österreich-Ungarns in St. Petersburg gewesen. Aehrenthal war sich der Ambitionen Iswolskis in der Dardanellenfrage wohl bewußt. Als eine Veränderung in der Regierung der Türkei Österreich eine günstige Gelegenheit bot, erkannte Aehrenthal, daß er und Iswolski zusammenarbeiten könnten, um ihre nationalen Ziele zu erreichen und dem Rest Europas zu trotzen.

Der beim Berliner Kongreß von Bismarck mit Disraeli und Gortschakow ausgehandelte Vertrag war der Grundstein der europäischen Balkanpolitik. Jedes Eingeständnis, daß das Osmanische Reich im Zerfall begriffen war, würde ein Wettrennen um Beute entfesseln, das Europa in einen Krieg stürzen konnte. Darum hatte man mit Hilfskonstruktionen gearbeitet: seit dreißig Jahren waren die zum Teil von Christen bewohnten Provinzen Bosnien und Herzegowina von Österreich-Ungarn besetzt und verwaltet worden; Bulgarien hatte sich ebenso lange als tributpflichtiges Fürstentum selbst regiert. In beiden Fällen war die Fassade türkischer Souveränität gewahrt worden. Im Sommer 1908 wurde der osmanische Sultan Abdul Hamid II. von den Revolutionären der Jungtürkenbewegung gestürzt. Aehrenthal befürchtete, daß die neue türkische Regierung versuchen könnte, die volle Herrschaft über Bosnien und Herzegowina wiederzugewinnen; um einer solchen Entwicklung zuvorzukommen, entschied er, daß Österreich-Ungarn die beiden Provinzen formell annektieren sollte.

Unter normalen Umständen hätte Rußland sich einem derartigen Vorhaben nach Kräften – vielleicht sogar gewaltsam – widersetzt. Bosnien-Herzegowina wurde von etwa einer Million Südslawen bewohnt, die zur Hälfte Moslems, zur anderen Hälfte orthodoxe und katholische Christen waren. Der serbische, griechisch-orthodoxe Bevölkerungsteil hatte während der langen österreichischen Besetzung von der Vereingiung mit dem unabhängigen Königreich Serbien in einer rein slawischen Nation geträumt. Diese von Serbien geteilten und ermutigten Bestrebungen hatten überdies den Segen Rußlands. Nun war Iswolski in seinem Bemühen, die Dardanellen zu öffnen, bereit, die den Serben gemachten Versprechungen zu opfern.

Am 19. September 1908 unterbrach der russische Außenminister seine Kur in Karlsbad und fuhr heimlich nach Buchlau, dem böhmischen Schloß des Grafen Leopold von Berchtold, der Aehrenthals Nachfolger als österreichisch-ungarischer Botschafter in St. Petersburg war. Aehrenthal erwartete ihn dort. Gemeinsam arbeiteten die beiden Außenminister ihren Plan aus: Österreich würde die russische Forderung unterstützen, daß die Türkei die Dardanellen für die Durchfahrt einzelner russischer Kriegsschiffe öffne; als Gegenleistung würde Rußland den Rücken kehren, wenn Österreich Bosnien-Herzegowina annektierte. Da beide Teile der Vereinbarung gegen europäische Verträge verstießen, die von allen Großmächten unterzeichnet worden waren, kamen die beiden Außenminister überein, ihr Vorgehen zu synchronisieren; die Bekanntgabe der Annexion und die Präsentation der Forderung nach Öffnung der Meerengen sollten gleichzeitig erfolgen. Kein Datum wurde für die beiden Faits accomplis festgesetzt; Iswolski erklärte später, man habe sich darauf verständigt, daß kein Schritt unternommen würde, solange er nicht Gelegenheit gehabt hätte, vorbereitende Gespräche mit seinen Entente-Partnern zu führen. Aehrenthal gab zu, daß er eingewilligt hatte, zu warten, bis er von Iswolski eine schriftliche Zusammenfassung ihres Gesprächs erhalten hätte, und nichts zu unternehmen, ohne seinen Partner vorher zu verständigen.

Iswolski hatte sich selbst in eine prekäre Lage gebracht. Er schickte sich an, die Serben zu verraten, denen Rußland sich durch die Bande der Religion und des Panslawismus verbunden fühlte. Er schickte sich an, die Großmächte einschließlich seiner Entente-Verbündeten vor den Kopf zu stoßen. Und schließlich hatte er in dem Verlangen, seinen Coup mit niemandem zu teilen, weder den Zaren noch Ministerpräsidenten Stolypin informiert. Zu Iswolskis Unglück betrog ihn Aehrenthal, bevor der russische Außenminister die Serben betrügen konnte. In der Annahme, er habe reichlich Zeit, verließ Iswolski Böhmen, überquerte die Alpen, pausierte in Rom und traf erst am 3. Oktober in Paris ein. Hier wurde ihm ein Brief Aehrenthals übergeben, der ihn informierte, daß die Umstände ihn zu sofortigem Handeln nötigten. Zwei Tage später erklärte Bulgarien seine Unabhängigkeit. Am 6. Oktober verkündete Kaiser Franz Joseph formell die Einverleibung von Bosnien-Herzegowina. Nikolaus II. war außer sich. »Nackte Unverschämtheit«, schrieb er an seine Mutter. »Der Hauptschuldige ist Aehrenthal. Er ist einfach ein Schurke. Er hat Iswolski zum Narren gehalten.«

Iswolski hatte Rußlands Ehre geopfert, ohne seinen Preis dafür zu bekommen. Ihm blieb nichts übrig, als durch Europa zu eilen und sich um Unterstützung für ein russisches Vorgehen zu bemühen, dessen Erfolg von einem gleichzeitigen Vorgehen Österreichs abhängig gewesen war. In Frankreich, das mit Rußland verbündet war, blieb ihm die erhoffte Hilfe versagt. Stéphen Pichon, der französische Außenminister, reagierte ausweichend und riet ihm, in London Hilfe zu suchen.

Am 9. Oktober traf Iswolski in London ein. Er fand Sir Edward Grey entrüstet über Österreichs Handlungsweise. »Der liberale Politiker, der Fürsprecher internationaler Regeln in Europa, der Gentleman, der Internatszögling: all diese Elemente in [Greys] Charakter fühlten sich in gleicher Weise beleidigt«, schrieb Winston Churchill. Für Grey »spielte es keine Rolle, daß Österreich Bosnien-Herzegowina annektierte, statt es bloß besetzt zu halten. Aber ... wir waren der Meinung, daß die willkürliche Abänderung eines europäischen Vertrages durch eine Macht ohne die Zustimmung der anderen Signatarmächte gegen den Grundsatz aller guten internationalen Ordnung verstieß.« Am 5. Oktober sandte Grey Telegramme an alle beteiligten Großmächte, in denen er darauf bestand, daß »es ein Grundprinzip internationaler Vereinbarungen ist, daß keine Macht sich von den Verpflichtungen eines Vertrages freimachen oder seine Bedingungen verändern kann, es sei denn mit der Zustimmung der Vertragspartner.« Großbritannien, so erklärte Grey, würde sich weigern, die Annexion anzuerkennen, zumindest bis die Ansichten der anderen Mächte bekannt seien. Als Sir Charles Dilke im Unterhaus erklärte, der Außenminister mache zuviel Aufhebens um die Sache, gab Grey zurück, daß die Unverletzlichkeit internationaler Verträge auf dem Spiel stehe.

Grey reagierte eisig, als Iswolski an Großbritannien appellierte, Rußland in der Frage der Öffnung der Meerengen zu unterstützen. Nachdem er einen Vertragsbruch verurteilt hatte, konnte Grey einen zweiten nicht gut billigen. Eine Behandlung der Meerengenfrage, sagte er, sei zum gegenwärtigen Zeitpunkt »nicht opportun«. Iswolski, der sein Ansehen und seine Karriere zusammenbrechen sah, vermischte Bitten mit Drohungen. »Iswolski fuhr fort, daß der gegenwärtige Zeitpunkt ein äußerst kritischer sei«, berichtete Grey an Nicolson. »Er könne entweder zur Festigung und Stärkung der guten Beziehungen zwischen Großbritannien und Rußland führen, oder er könne sie gänzlich über den Haufen werfen. Seine eigene Position stehe auf dem Spiel, denn er sei ganz an die Politik des guten Einvernehmens mit Großbritannien gebunden, die er gegen alle Opposition befürwortet habe.«

Weder Bitten noch Drohungen machten Eindruck auf Grey; Großbritannien war nicht bereit, Rußland in irgendwelchen Forderungen gegen die neue türkische Regierung zu unterstützen. Als Iswolski, verzweifelt bemüht, etwas zu retten, die Einberufung einer internationalen Konferenz zur Diskussion der bosnischen Frage und des Dardanellenproblems vorschlug, stimmte Grey zu. Wenn andere Mächte bereit seien, Österreichs Vorgehen und Iswolskis Pläne zu sanktionieren, dann könnte Großbritannien, sagte Grey, gleichfalls dazu bereit sein.

Am 22. Oktober erklärte Aehrenthal, daß er an einer Konferenz nur teilnehmen werde, wenn man sich von vornherein darauf einigte, daß die Annexion Bosniens und der Herzegowina akzeptiert sei und das Thema nicht diskutiert würde. Iswolski, der inzwischen von einem betrogenen und entrüsteten Serbien angegriffen wurde, weigerte sich, worauf Aehrenthal die Einladung ablehnte. Die Haltung des Deutschen Reiches war damit von entscheidender Bedeutung. Weder der Kaiser noch Reichskanzler Bülow waren von der geplanten Annexion unterrichtet gewesen. Wilhelms erste Reaktion war, daß er in Aehrenthals Vorgehen ein »Brigantenstück« sah, das Deutschland mit dem Dilemma konfrontiere, die Türken nicht schützen zu können, weil Österreich-Ungarn, der deutsche Verbündete, Urheber der Verletzung war. Auf diese Weise sei die in mehr als zwanzig Jahren so sorgfältig aufgebaute türkische Politik zerstört. Bülow beharrte darauf, daß er von der Angliederung erst zur der Zeit, als die Nachricht nach London und St. Petersburg übermittelt wurde, erfahren habe. Dennoch blieb Deutschland keine andere Wahl, als Österreich zu unterstützen. Zwei Jahre zuvor, 1906, hatte Bülow geschrieben, Deutschlands Verhältnis zu Österreich sei jetzt wichtiger denn je, weil Österreich Deutschlands einziger sicherer Verbündeter sei. Man dürfe den Österreichern so wenig wie möglich von Deutschlands relativer politischer Isolation enthüllen. Es entspreche nur der menschlichen Natur, daß ein Mann, dem man sage, wie nötig man sein Pferd brauche, diesem Pferd einen sehr hohen Wert beimesse. Aehrenthal hatte dies frühzeitig erkannt und schon vor der Annexion bemerkt, daß Deutschland Österreichs Vorgehen unterstützen müsse, da das Reich keinen anderen ernsthaften Verbündeten habe. Bülow fand ähnliche Gründe: »Österreich-Ungarn benahm sich in Algeciras uns gegenüber vollkommen loyal... Gleiches sollte mit Gleichem vergolten werden.« Dementsprechend unterstützte Berlin Österreichs Ablehnung. »Die Konferenz wird nicht stattfinden«, sagte Bülow. »Wir wollen nichts damit zu tun haben.«

Iswolski saß in der Falle. Wochenlang beklagte er sich bei jedem, der ihn anhören wollte, daß Aehrenthal »doppelzüngig« und »kein Ehrenmann« sei. Aehrenthal brachte ihn zum Schweigen, indem er drohte, die Korrespondenz zu veröffentlichen, die sie vor der Begegnung in Buchlau geführt hatten, was den Gedanken nahelegte, daß der russische Außenminister Erklärungen abgegeben hatte, die seine Position weiter kompromittieren könnten.

Krieg schien unmittelbar bevorzustehen. Serbien machte mobil; russische und österreichisch-ungarische Truppen nahmen an der Grenze Aufstellung. Aehrenthal war sich seiner starken Position sehr bewußt. Er fürchtete einen Krieg nicht; tatsächlich hatte er General Franz Graf Conrad von Hötzendorf, dem österreichischen Generalstabschef, bereits versprochen, daß er einen österreichisch-ungarischen Präventivkrieg gegen Serbien billigen würde, falls dieses nicht nachgeben und die Annexion Bosnien-Herzegowinas anerkennen würde. Er lehnte es ab, über die Unantastbarkeit von Verträgen zu sprechen. »Ihr Sir Edward Grey will Frieden«, sagte er geringschätzig zu einer Gruppe britischer Besucher in Wien. Außerdem, spottete er: »Was kann England uns tun?«

Im März trieb Bülow die Krise auf den Gipfelpunkt. Am 21. wies er Graf Friedrich von Pourtalès, den deutschen Botschafter in St. Petersburg, an, Iswolski mitzuteilen, daß das Deutsche Reich Österreich-Ungarn freie Hand geben würde, falls Rußland nicht bereit sei, die Annexion Bosniens und der Herzegowina anzuerkennen. Die Botschaft war klar: Österreich würde Serbien überwältigen; sollte Rußland versuchen, seinem serbischen Vasallen zu Hilfe zu kommen, würde das Deutsche Reich an Österreichs Seite stehen. »Wir erwarten eine präzise Antwort, ja oder nein«, instruierte Bülow seinen Botschafter. Mit der Drohung eines Krieges konfrontiert, wich Rußland zurück. Am 22. März hielt der russische Ministerrat eine dreistündige Sitzung ab und empfahl dem Zaren die Einwilligung. Nikolaus II. telegraphierte Wilhelm II., daß er die Annexion akzeptiere, und fügte hinzu: »Mit Gottes Hilfe wurde ein Krieg so vermieden.«

Vor dem Reichstag zollte Bülow dem Zaren einen ironischen Tribut: Rußland habe mit seinem jüngsten Verhalten die Dankbarkeit aller Friedensfreunde gewonnen. Den größten Teil des Verdienstes hielt Bülow sich selbst zugute. Besonders der österreichische Kaiser sei ihm dankbar dafür gewesen, »wie ich die bosnische Krisis von 1908–09 entwirrte«. »Diese Angelegenheit«, so habe Franz Joseph gesagt, habe Bülow »ausgezeichnet geführt. Er hat einerseits Unsere berechtigten, auf Verträgen und Abmachungen seit vielen Jahren gegründeten Rechte auf Bosnien und die Herzegowina siegreich durchgefochten. Aber er hat es dabei doch nicht zum Kriege kommen lassen. Das muß ich ungemein loben, denn ich alter Mann will keinen Krieg mehr führen.« Zusammen mit seinem Lob sandte Franz Joseph dem deutschen Reichskanzler eine signierte Fotografie in goldenem Rahmen und den in Brillanten gefaßten St.-Stephans-Dom – die höchste zivile Auszeichnung des Habsburgerreiches. Ein Jahr später nahm auch Wilhelm II. anläßlich eines Besuches in Wien das Verdienst für sich in Anspruch, in einem sehr ernsten Augenblick »in schirmender Wehr« an die Seite Österreichs getreten zu sein – nachdem er die Annexion ursprünglich als ein »Brigantenstück« bezeichnet hatte.

Die abrupte russische Kapitulation überraschte Europa. »Eine Zeitlang zeigte Rußland Rückgrat, und dann warf es plötzlich das Handtuch und klappte zusammen«, bemerkte Grey. »Iswolskis Anspannung und Belastung war sehr groß gewesen, und am Ende scheint er einer plötzlichen Aufwallung von Verzweiflung und Resignation erlegen zu sein.« In Rußland wurde das Zurückweichen von vielen als demütigend empfunden. »Mir ist von Persönlichkeiten, die viele Phasen der jüngsten Geschichte Rußlands miterlebt haben, versichert worden, daß es nie zuvor einen Augenblick gegeben habe, da das Land so gedemütigt wurde«, schrieb Nicolson an Grey. »Obwohl Rußland seine äußeren und inneren Schwierigkeiten und Prüfungen erlebt und Niederlagen im Feld erlitten hat, war es bisher nie gezwungen gewesen, sich dem Ultimatum einer ausländischen Macht zu beugen.« Zar Nikolaus erklärte die Krise seiner Mutter mit den Worten: »Deutschland ließ uns wissen, daß wir helfen würden, die Schwierigkeiten zu lösen, indem wir der Annexion zustimmten, während die Konsequenzen im Falle unserer Ablehnung sehr ernst und schwierig vorauszusagen sein würden. Nachdem uns die Sache so entschieden und unzweideutig dargelegt worden war, blieb nichts übrig, als den Stolz hinunterzuschlucken und zuzustimmen. Aber«, fügte der Zar hinzu, »das deutsche Vorgehen uns gegenüber ist brutal gewesen, und wir werden es nicht vergessen.«

Der diplomatische Erfolg, in dem Aehrenthal, Bülow und Wilhelm II. sich sonnten, hatte einen hohen Preis. Rußland beschloß, daß es nie wieder nachgeben würde. Sollte es zu einer zweiten Herausforderung kommen, würde Rußland sich stellen. 1909 erhielt der Kommandeur des Kiewer Militärbezirks in der Ukraine den festen Auftrag, die ihm unterstellten Truppen in erhöhter Bereitschaft zu halten, um einem Angriff aus dem Westen innerhalb von achtundvierzig Stunden entgegentreten zu können. In Außenminister Iswolski, der in der bosnischen Krise überspielt worden war, hinterließen die Ereignisse Bitterkeit und unversöhnlichen Haß. Obwohl er noch drei Jahre Außenminister blieb, war seine Stellung schwer erschüttert. 1911 trat er zurück und wurde russischer Botschafter in Frankreich. In Paris arbeitete er Tag und Nacht an der Stärkung des französisch-russischen Bündnisses. Als der Krieg kam, brüstete sich Alexander Iswolski: »Dies ist *mein* Krieg! Mein Krieg!«

## 30. KAPITEL

# Die Flottenpanik von 1909

Am 8. Dezember 1908 sorgte Reginald McKenna, der Erste Lord der Admiralität, bei der Montagmorgensitzung des britischen Kabinetts für einen Schock. Die Marine, so verkündete McKenna, werde in dem neuen Haushaltvoranschlag, den er im März dem Parlament vorlegen wolle, den Bau von sechs neuen Dreadnoughts beantragen; seine Ministerkollegen hatten erwartet, daß er vier fordern würde. Damit nicht genug, würden 1910 weitere sechs benötigt, und ein Jahr später noch einmal sechs. Er begründete das Verlangen mit alarmierenden Informationen über das beschleunigte Schiffbauprogramm der deutschen Flotte. Zwei der anwesenden Minister, David Lloyd George, der Finanzminister, und Winston Churchill, Handelsminister, widersetzten sich entschieden allem, was über vier Dreadnoughts hinausging. McKenna und die Seelords, angeführt von Fisher, drohten für den Fall, daß die sechs zusätzlich geforderten Schiffe nicht genehmigt würden, mit Rücktritt.

Im Zentrum dieser Schlacht stand das Wahlkampfversprechen der Liberalen Partei, weniger Geld für Rüstung und mehr für soziale Reformen auszugeben. Liberale Parlamentsabgeordnete sahen in den Dreadnoughts eine schreckliche Form von Geldvernichtung; Schlachtschiffe stellten Unsummen Geldes dar, die an schwimmende Stahlgebirge verschwendet wurden. 1907 hatten 136 Abgeordnete die Regierung Campbell-Bannerman in einer Petition aufgefordert, die Rüstungsausgaben zu beschränken; 1908 wurde eine ähnliche Petition von 144 Abgeordneten unterschrieben. Regierung und Admiralität waren dieser Bewegung entgegengekommen, indem sie Kürzungen im Schiffbauprogramm vorgenommen hatten. Bevor er im Dezember 1905 aus dem Amt schied, hatte Lord Cawdor, der Erste Lord der Unionisten, eine Denkschrift über das britische Schiffbauprogramm herausgegeben: »Strategische Erfordernisse machen den Bau von vier Großkampfschiffen im Jahr notwendig... Die Bauzeit beträgt zwei Jahre, darum werden sich zu jeder gegebenen Zeit acht Schiffe in Bau befinden.« Wenige Wochen nach der Machtübernahme setzten die Liberalen den Rotstift an: ein Großkampfschiff der *Bellerophon*-Klasse wurde aus dem Voranschlag für 1906 gestrichen. 1907 wurde das Bauprogramm der *Collingwood*-Klasse um ein Schiff gekürzt, das auf vier Schiffe angelegte Programm für 1908 halbiert. Bis zum Juli 1908 waren in Großbritannien statt sechzehn nur zwölf Großkampfschiffe gebaut worden, in Bau oder vom Parlament genehmigt.*

Asquith, der Campbell-Bannermann im April 1908 ersetzte, war mit diesem verlangsamten Tempo einverstanden. Er dachte sogar darüber nach, ob das Programm nicht noch weiter gestreckt werden könnte. »Wie Sie wissen«, schrieb er McKenna im Juli, »stehe ich der ganzen Dreadnought-Politik seit langem mit wachsender Skepsis gegenüber. Ich möchte Sie nicht drängen, aber da Sie die Situation nun von innen untersucht haben, würde ich sehr gern wissen, ob Sie zu einer eigenen Schlußfolgerung über die Leitlinien gelangt sind, nach denen das Schiffbauprogramm in den nächsten Jahren fortgesetzt werden sollte. Es steckt viel Geld darin – und mehr als Geld.« Um so bestürzter war der Premierminister fünf Monate später, als sein Erster Lord vorschlug, daß für die Marine nicht wie im Haushaltsvoranschlag für 1908 vorgesehen, zwei neue Dreadnoughts berücksichtigt würden, auch nicht vier, wie im Cawdor-Memorandum empfohlen wurde, sondern sechs.

McKennas Argument beruhte auf dem deutschen Schiffbauprogramm. Das erste deutsche Großkampfschiff, *Nassau*, war im Juli 1906 auf Kiel gelegt worden. Im Sommer 1907 erfolgte innerhalb von wenigen Wochen die Kiellegung dreier weiterer derselben Klasse, *Westfalen*, *Posen* und *Rheinland*, die in den meisten Eigenschaften den ersten acht britischen Dreadnoughts ähnelten. Das deutsche Schiffbauprogramm für 1907 sah darüber hinaus den ersten deutschen Schlachtkreuzer vor, die *Von der Tann*, die mit ihren acht 28 cm-Geschützen auf vier Doppeltürmen und 27,4 Knoten Geschwindigkeit der britischen *Invincible* ebenbürtig war. 1908 genehmigte der Reichstag vier weitere Großkampfschiffe, nämlich die Schlachtschiffe *Thüringen*, *Helgoland* und *Ostfriesland* und den Schlachtkreuzer *Moltke*. 1909 sah eine neue Flottenvorlage den Bau dreier weiterer Schlachtschiffe und eines zusätzlichen Schlachtkreuzers vor.

Innerhalb von zwei Jahren, beginnend im Sommer 1907, hatte Deutschland

* Planung 1905:
*Dreadnought*
*Invincible* (Schlachtkreuzer)
*Inflexible* (Schlachtkreuzer)
*Indomitable* (Schlachtkreuzer)
Planung 1907:
*Collingwood*
*St. Vincent*
*Vanguard*
(ein Schiff gestrichen)
Planung 1906:
*Bellerophon*
*Superb*
*Temeraire*
(ein Schiff gestrichen)
Planung 1908:
*Neptune*
*Indefatigable* (Schlachtkreuzer)
(zwei Schiffe gestrichen)

neun Großkampfschiffe auf Kiel gelegt oder in Auftrag gegeben. Großbritannien hatte seit 1905 im Laufe von vier Jahren zwölf Dreadnoughts bestellt. Wenn die britischen und deutschen Programme für 1909 jeweils vier neue Schiffe enthielten, dann würde Deutschland 1912, wenn all diese Schiffe fertiggestellt wären, dreizehn und Großbritannien sechzehn Großkampfschiffe besitzen. Dies erschien McKenna und den Seelords nicht als ein hinreichender Vorsprung für den Erhalt der britischen Vorherrschaft zur See. Es führte Asquiths Erklärung ad adsurdum, daß der Zweimächtestandard, dem Großbritannien nach seinen Worten verpflichtet blieb, »eine Übermacht von zehn Prozent gegenüber den vereinten Schlachtflotten der beiden nächststärksten Mächte« erforderte.

Noch unheilvoller nahm sich in McKennas Augen aus, was die Admiralität argwöhnte: daß die Deutschen ihr Flottenbauprogramm durch Rationalisierungsmaßnahmen indirekt beschleunigten, indem sie wesentliches Schiffbaumaterial wie Geschütze, Panzertürme und Panzerplatten bereits vor dem Bau der eigentlichen Schiffsrümpfe serienweise in Auftrag gaben. Berichten zufolge, die in London eintrafen, wurden Großkampfschiffe Monate vor den im Flottenbauprogramm geplanten Terminen auf Kiel gelegt – sogar vor den entscheidenden Abstimmungen im Reichstag. Seit mehreren Jahren war deutlich geworden, daß die deutschen Werftkapazitäten erheblich erweitert wurden. Um 1908 gab es im Deutschen Reich sieben Schiffswerften, die in der Lage waren, Großkampfschiffe zu bauen.* Von der Kiellegung bis zum Stapellauf war eine durchschnittliche Bauzeit von einem Jahr erforderlich. Sobald der Rumpf vom Stapel gelassen und zum Ausrüstungsdock geschleppt war, wo Maschinenanlagen und Geschütztürme eingebaut wurden, konnte auf den Helligen ein neuer Kiel gelegt werden. Theoretisch konnte die deutsche Kriegsmarine jedes Jahr sieben neue Großkampfschiffe in Angriff nehmen; in der Praxis aber wurde dieses Tempo durch die Ausrüstungszeiten gebremst. Der entscheidende Faktor beim Bau eines Großkampfschiffes war nicht der zur Konstruktion eines Rumpfes benötigte Zeitaufwand, sondern die Zeit, welche zur Herstellung der Geschütze, ihrer Bettungen und Panzertürme, der Maschinenanlagen und Panzerungen benötigt wurde. Erst die Ausrüstung verwandelte einen schwimmenden Rumpf in ein Schlachtschiff. Daher konnte der Zeitpunkt der Kiellegung verzögert werden, ohne das Datum der Indienststellung eines Schiffes hinauszuzögern, vorausgesetzt, die Arbeiten an diesen vielfältigen Komponenten wurden gleichmäßig vorangetrieben.

* Kaiserliche Werft in Wilhelmshaven; AG Weser in Bremen; Blohm & Voß in Hamburg; Howaldtswerke und Germaniawerft in Kiel; AG Vulcan in Stettin; Schichau-Werft in Danzig.

Die Herstellung dieser Komponenten ließ sich nicht nur durch Vereinheitlichung und Serienfertigung rationalisieren, sie war auch viel einfacher zu verbergen als Kiellegung und Bau eines Schiffsrumpfes. Schiffsgeschütze, Panzertürme und Panzerplatten für die Kriegsmarine wurden in den Werken der Friedrich Krupp AG in Essen hergestellt. Krupp, das mit Abstand größte Unternehmen Europas, expandierte rasch. Hatte es 1902 noch 45000 Arbeiter beschäftigt, waren es 1909 bereits 100000. Gerüchte wollten wissen, daß Krupp größere Mengen Nickel, das zum Härten des Stahls und darum zur Herstellung von Geschützen und Panzerungen benötigt wurde, auf Vorrat kaufe. Auch wurde gesagt, daß in den Essener Lagerhallen Reihen riesiger Rohre von Schiffsgeschützen lagerten und auf den Transport zu den Marinewerften warteten.

Anscheinend waren die Lieferungsverträge über drei Großkampfschiffe des Flottenbauprogramms für 1909 bereits mit den Werften abgeschlossen, bevor der Reichstag die dafür benötigten Gelder bewilligt hatte. Wenn diese Gerüchte und Mutmaßungen zutrafen, war die britische Admiralität einer Leitlinie zur Voraussage der künftigen Größe der deutschen Flotte beraubt. Die Admiralität hatte für deutsche Großkampfschiffe eine durchschnittliche Bauzeit von drei Jahren veranschlagt. Nun schien es, daß Schiffe schon vorzeitig auf Kiel gelegt und schneller fertiggestellt wurden, weil wesentliche Komponenten in Serienfertigung unabhängig vom Bau des einzelnen Schiffes hergestellt werden konnten. Die drei Jahre mochten dadurch auf zweieinhalb oder sogar zwei schrumpfen, was der durchschnittlichen Bauzeit eines britischen Großkampfschiffes entsprach. (Großbritannien war als führende Industriemacht der Erde immer in der Lage gewesen, Schiffe schneller als jede andere Nation zu bauen. Selbst wenn eine andere Macht einen fortgeschrittenen Konstruktionstyp einführte, war es Großbritannien immer gelungen, sich die betreffenden Vorzüge anzueignen und die andere Macht zu überholen.) Unter Zugrundelegung der veröffentlichten Flottenbauprogramme würde das Kräfteverhältnis in Großkampfschiffen bis 1912 16 zu 13 betragen. Aber wenn die Deutschen ihre Bauzeit der britischen annäherten, erklärte die Admiralität, sei es »eine praktische Gewißheit«, daß Deutschland bis 1912 über 17 Großkampfschiffe verfügen würde. Und wenn die maximale Kapazität der deutschen Schiffswerften genutzt würde, könnte die deutsche Hochseeflotte bis 1912 den 16 britischen sogar 21 Großkampfschiffe entgegensetzen.

McKenna trug Grey am 30. Dezember 1908 diese Befürchtungen vor:

Mein lieber Grey:
... Das Argument läßt sich wie folgt zusammenfassen: Der deutsche Schiffbau überschreitet die nach den Flottenvorlagen und den Budgetvoranschlägen bereitgestellten Mittel... daher bieten die Bedingungen der Gesetzes-

vorlagen keine zuverlässigen Hinweise auf die Indienststellungstermine der Schiffe. Infolgedessen sind wir gezwungen, uns an der deutschen Werftkapazität zu orientieren; und was sie tun, wird uns das beste Urteil darüber erlauben, was sie tun können... Wenn Deutschland uns durch einen Spurt einholen kann, werden wir keine überlegene Schiffbaukapazität mehr besitzen, die unsere Vorherrschaft sichern könnte...

Vier Tage später, am 3. Januar 1909, schrieb der Erste Lord an Asquith:

Mein lieber Premierminister:
... Es schien mir, daß eine Untersuchung der deutschen Budgetvoranschläge für die Marine nützlich sein könnte, um zu zeigen, inwieweit Deutschland heimlich und unter anscheinender Verletzung seiner eigenen Gesetze handelt... Ich bin bestrebt, eine alarmierende Sprache zu vermeiden, kann aber nicht umhin, die nachstehenden Schlußfolgerungen zu ziehen, die Ihnen vorzutragen meine Pflicht ist:

1) Deutschland greift dem durch das Gesetz von 1907 festgelegten Schiffbauprogramm vor.
2) Dies geschieht heimlich.
3) Deutschland wird bis zum Frühling 1911 mit Sicherheit 13 Großkampfschiffe in Dienst gestellt haben.
4) Es wird im Frühjahr 1912 wahrscheinlich 21 Großkampfschiffe in Dienst gestellt haben.
5) Die deutsche Werftkapazität zum Bau von Großkampfschiffen ist gegenwärtig der unsrigen gleich.

Die letzte Schlußfolgerung ist die alarmierendste und würde, sollte sie gerechtfertigt sein, der Öffentlichkeit bei Bekanntwerden ein böses Erwachen bescheren.

Dieser letzte Satz in McKennas Brief war ein klug plazierter Hinweis. Der Erste Lord wußte, daß ein Vollblutpolitiker wie Asquith durch das Gefühl eines politischen Risikos am leichtesten zu beeinflussen sein würde. Im Land herrschte bereits Unbehagen, seit bekannt geworden war, daß Deutschland 1908 vier Großkampfschiffe auf Kiel gelegt hatte, während es in Großbritannien nur zwei waren. Wenn McKennas Sorgen die Fraktion und die Presse der Unionisten erreichten, würde sich ein Alarmgeheul erheben. Deshalb konnten die Empfehlungen des Ersten Lords nicht – wie Asquith es am liebsten getan hätte – ignoriert werden.

In der Unterhausfraktion der Liberalen und in der liberalen Presse würde jede Bereitstellung von Mitteln über die vier geplanten Großkampfschiffe hinaus auf entschiedenen Widerstand stoßen. »Ich will hier nicht bei den leidenschaftlichen Gelübden verweilen, die wir alle vor und bei den letzten allgemeinen Wahlen abgelegt haben, die gigantischen Rüstungsausgaben zu reduzieren, zu deren Summierung es durch den Leichtsinn unserer Vorgänger gekommen ist«, schrieb Lloyd George an Asquith. »Dutzende Ihrer treuesten Anhänger im Unterhaus nehmen diese Gelübde ernst, und selbst eine Erhöhung des Budgets um drei Millionen Pfund würde ihren Eifer und ihre Begeisterung für die Regierung bedenklich abkühlen lassen ... eine Erhöhung um fünf bis sechs Millionen würde sie erschüttern«, schrieb er. Auch Churchill akzeptierte McKennas Szenario nicht: »Ich fand die Zahlen der Admiralität übertrieben«, schrieb er. »Ich glaubte nicht, daß die Deutschen heimlich Großkampfschiffe über ihre veröffentlichten Flottenvorlagen hinaus bauten.« Deutschland habe eine Verfassung; Großkampfschiffe könnten nicht ohne die Bewilligung durch den Reichstag gebaut werden. Wenn die deutsche Marine England den Bau von Schiffen verheimliche, müsse sie ihn auch dem Reichstag verheimlichen; das fand Churchill unwahrscheinlich. Darum, schloß er, »hielt ich vier Schiffe für ausreichend«.

Statt ihre Forderung von sechs auf vier Neubauten herabzusetzen, verlangte die Admiralität im Januar 1909 plötzlich zwei zusätzliche Dreadnoughts und erhöhte die Gesamtforderung auf acht. Am 3. Januar warnte Lloyd George Churchill: »Die Admiralität ist entschlossen, ihre sechs Dreadnoughts durchzubringen... seit unserer letzten Kabinettssitzung hat sie sehr ernste Nachrichten von ihrem Marineattaché in Deutschland erhalten und... McKenna ist jetzt überzeugt, daß wir nächstes Jahr acht Dreadnoughts werden auf Kiel legen müssen.« Er hatte »die ganze Zeit befürchtet, daß dies geschehen würde«, sagte der Schatzkanzler.

Das Tauziehen dauerte den Januar hindurch und bis in den Februar an. Lloyd George und Churchill, unterstützt von Morley, Burnes und anderen, wollten vier. Grey und Haldane wollten sechs. McKenna wollte wenigstens sechs, möglichst acht. Die liberale Presse warnte vor »Panikmachern«; konservative Zeitungen attackierten »Pazifisten«, »Kleinengländer« und Anhänger der »Ökonomanie«. Man wurde persönlich. »Was sind Winstons Gründe, sich in dieser Angelegenheit so zu verhalten?« fragte Knollys, der Privatsekretär des Königs. »Natürlich kann es nicht aus Überzeugung oder Prinzip sein. Die bloße Vorstellung, daß er eines davon hat, muß jeden zum Lachen bringen.« Rücktritte lagen in der Luft. »Die Wissenschaftler sind in einem Zustand wilder Erregung, und Winston und Lloyd George haben durch ihre vereinten Machenschaften die Masse der liberalen Presse in dasselbe Lager getrieben«, schrieb Asquith am 20. Februar an Margot. »Sie... gehen mit dunklen Rücktrittsandeutungen umher (was Bluff ist)... aber es gibt Augenblicke, in denen ich geneigt bin, sie beide summarisch zu kassieren.«

Das Kabinett war in einer Pattsituation, und der Premierminister sah sich entweder dem Verlust seines Außenministers und des Ersten Lords oder dem des Schatzkanzlers und des Handelsministers gegenüber. Am 24. Februar wurde eine Sondersitzung in Greys Amtsräumen im Außenministerium anberaumt. Die Seelords waren anwesend. Lloyd George erhob sich von seinem Stuhl und begann auf und ab zu gehen. Als die Diskussion sich der gesteigerten Fertigungskapazität der Firma Krupp für Geschütztürme zuwandte, platzte der Finanzminister heraus: »Ich glaube, es zeigt eine außerordentliche Nachlässigkeit seitens der Admiralität, daß dies alles nicht schon vorher festgestellt wurde. Ich halte nicht viel von euch Admirälen.« McKenna, der inzwischen eine heftige Abneigung gegen Lloyd George gefaßt hatte, beherrschte sich und erwiderte ruhig: »Sie wissen sehr gut, daß diese Tatsachen dem Kabinett zu der Zeit mitgeteilt wurden, als wir sie erfuhren, und daß Ihre Bemerkung damals war: ›Das ist alles Klatsch von Leuten, die daran verdienen wollen‹.«

Es schien keinen Weg aus der Sackgasse zu geben, bis Asquith plötzlich mit einem Vorschlag kam, der alle zufriedenstellte: die Regierung würde im Haushalt für 1909 vier Dreadnoughts beantragen, davon sollten zwei im Juli und zwei im November auf Kiel gelegt werden. Außerdem würde sie um die Genehmigung einkommen, vier weitere Dreadnoughts zu bauen, deren Kiellegung nicht später als bis zum 1. April 1910 erfolgen sollte, *sofern* eine sorgfältige Überwachung des deutschen Flottenbauprogramms sie notwendig machen sollte. Die zusätzlichen vier würden ebenso wie die ersten vier bis 1912, dem britischen »Gefahrenjahr«, wie es von der Admiralität gesehen wurde, fertiggestellt sein. Und wenn die zusätzlichen vier gebaut würden, bliebe dies ohne Auswirkung auf das reguläre Programm für 1910, das die Bestellung von vier weiteren Dreadnoughts vorsah.

Obwohl alle Kabinettsmitglieder dem Kompromiß vier jetzt, vielleicht vier später, zustimmten, mißfiel er den Extremisten auf beiden Seiten. Lloyd George und Churchill erkannten, daß sie ausmanövriert worden waren, und bekundeten plötzlich ihre Bereitschaft, für sechs Neubauten zu stimmen. Es war zu spät. Unterdessen sorgten sich McKenna, Fisher und die Seelords, daß *sie* womöglich hereingelegt worden seien, und daß die sechs Schiffe, die sie verlangten, und die acht, auf die sie hofften, im Parlament allesamt verschwinden würden. »Wir setzen unser ganzes und einziges Vertrauen in Sie, daß diese zwei Jongleure [Lloyd George und Churchill] uns nicht übertölpeln«, schrieb Fisher an McKenna. »Die Zahl ›sechs‹ war von einer bestimmten süßen Gewißheit…, die in einer Gesetzesvorlage mit möglicherweise ausweichenden Phrasen fehlt, welche gegen uns gewendet werden könnten, aber ich zweifle nicht daran, daß Sie ein Auge darauf haben werden.«

McKenna trug Asquith die Bedenken des Admirals vor und sagte, wenn die Vier-plus-vier-Vorlage »entweder im Unterhaus oder im Oberhaus abgelehnt wird, verstand ich Sie gestern so, daß Sie sofort zurücktreten würden«. Asquith erwiderte: »Ich sehe nicht, wie es mir möglich sein sollte, mehr zu sagen, als daß ich meine persönliche und öffentliche Ehre als verpfändet betrachte... Mein einziger, alles beherrschender Wunsch ist, das Ziel zu erreichen, das wir beide im Blick haben. Nie zuvor habe ich – wie jetzt Ihnen gegenüber – so klar und direkt um Vertrauen gebeten.«

Fisher, der jetzt aufs Ganze ging und um acht Neubauten kämpfte, sandte McKenna (der ihn an den Premierminister weiterleitete) den Bericht einer argentinischen Marineabordnung, die gerade die Krupp-Werke und eine Anzahl deutscher Werften besichtigt hatte. In der Hoffnung, Aufträge zu erhalten, hatten die Deutschen ihren Besuchern alles gezeigt. Fisher zufolge waren die Argentinier überwältigt von der Größe und Kapazität der deutschen Fertigungsanlagen und Marinewerften. Sie berichteten, sie hätten zwölf große Schiffe auf den Helligen in Bau gesehen, und bei Krupp in Essen einhundert 28 cm- und 30,5 cm-Geschützrohre gezählt, die sich ihrer Fertigstellung näherten. Die Lehre daraus sei, sagte der Erste Seelord, daß es »mit weniger als acht Schiffen nicht getan ist.«

Asquith hielt an seinem Vier-plus-vier-Kompromiß fest. McKenna brachte ihn am 16. März im Unterhaus ein. Die Abgeordneten lauschten aufmerksam und größtenteils still der Rede des Ersten Lords. Die Teestunde kam, und niemand ging. Der Prinz von Wales saß auf der Galerie der Pairs und reckte den Kopf, um jedes Wort zu verstehen. Auch Fisher war anwesend und hatte hinter dem Stuhl des Sprechers Platz genommen. McKennas Rede war unumwunden: »Ungeachtet der Kosten muß die Sicherheit des Landes gewährleistet sein. Wir glaubten das Tempo des deutschen Schiffbauprogramms zu kennen, aber wir können es nicht mit Gewißheit beurteilen.« Er schilderte die Möglichkeiten genau, von der harmlosesten bis zur düstersten. Als nächster Redner trat Balfour auf, ihm folgte Asquith. Beide unterstützten McKenna. Als Asquith sich setzte, blickte der Sprecher ins Abgeordnetenhaus und die Abgeordneten blickten zum Sprecher, und minutenlang erfolgte keine Wortmeldung. Von einem Antrag, die Voranschläge zu reduzieren, wie er von der 140 Abgeordnete starken »Kleine Marine-Gruppe« innerhalb der Liberalen vorbereitet worden war, hörte man nichts mehr.

Die Öffentlichkeit, die wie das Parlament nur Gerüchte von dem Konflikt innerhalb des Kabinetts gehört hatte, war von McKennas Rede verblüfft. Die liberale Presse, verzweifelt über den Schaden, den eine verstärkte Seerüstung sozialen Programmen zufügen würde, nahm den Standpunkt ein, daß, wenn die vier zusätzlichen Schiffe auf Kiel gelegt würden, sie mit dem Marinebudget für 1910 verrechnet werden müßten; es sei unerträglich, daß Großbritannien in einem einzigen Jahr acht Dreadnoughts bezahlen müsse. Mit den Liberalen aber konnte Asquith fertig werden. Der eigentliche Angriff gegen die Voranschläge kam von den Unionisten. Bis zum 16. März hatten die Konservativen zugestimmt, daß sechs neue Schiffe genug sein würden. Jetzt, angesichts der Drohung einer möglichen deutschen Beschleunigung, wie sie vom Ersten Lord an die Wand gemalt worden war, verlangten die Konservativen im Unterhaus, das Oberhaus, die konservative Presse und die Öffentlichkeit, daß alle acht Schiffe sofort auf Kiel gelegt würden. »*We want eight, and we will not wait!*«, ein vom Parlamentsabgeordneten George Wyndham geprägter Schlachtruf, wurde zur Fanfare der Unionisten. Beschuldigungen der Unfähigkeit und der Preisgabe der Seeherrschaft wurden der Regierung, der Admiralität und Fisher selbst entgegengeschleudert. »Bürger, das Vaterland ist in Gefahr!« erklärte der *Daily Telegraph*. »Wir sind noch nicht bereit, jedes Portrait Nelsons mit dem Gesicht zur Wand zu hängen.« Die *National Review* schilderte Fisher als die »Reinkarnation des Marschalls Leboeuf« – jenes französischen Kriegsministers, der am Vorabend des deutsch-französischen Krieges geprahlt hatte, die französische Armee sei bereit bis zum letzten Gamaschenknopf.

Als Asquith es ablehnte, sich auf den sofortigen Bau der vier eventuell notwendigen Schiffe festlegen zu lassen, erklärte der *Daily Telegraph*: »Seit Nero vor der brennenden Stadt Rom sang, hat es kein seltsameres und beklagenswerteres Schauspiel gegeben als die Gefährdung des ganzen unschätzbaren Erbes von Jahrhunderten, um einen Parteihaushalt auszugleichen.« Am 19. März kündigte Balfour einen Tadelsantrag an: »Nach Meinung dieses Hauses sichert die erklärte Politik Seiner Majestät Regierung im Hinblick auf die sofortige Bereitstellung von Schlachtschiffen des neuesten Typs nicht ausreichend die Unversehrtheit des Empires.«

Am 29. März hörte ein volles Haus die Debatte über Balfours Tadelsantrag. Anstelle von McKenna oder Asquith übernahm Grey die Rolle des Hauptredners der Regierung. In seiner Rede schlug er einen weiten Bogen von der drükkenden Last der Rüstungsausgaben in allen Ländern über die Rolle der Royal Navy für die Sicherheit des Landes, den allgemeinen Stand der deutsch-britischen Beziehungen bis zu den Befürchtungen der Admiralität, daß Deutschlands expandierende Kapazität anstelle seiner gemäßigten Absichten die deutsche Seerüstung beherrschen könnte: »Die Großmächte Europas erzielen enorme Steuereinnahmen, von denen etwa die Hälfte für Seerüstung und militärische Vorbereitungen ausgegeben werden... welche schließlich Vorbereitungen sind, einander zu töten. Sicherlich werden diese Ausgaben... zu einer Satire auf die Zivilisation... Wenn das so weitergeht... wird es, glaube ich, zum Untergang der Zivilisation führen.«

Großbritannien, argumentierte Grey, könne nicht einseitig aus dem Wettrüsten aussteigen: »Wenn wir allein unter den Großmächten den Wettbewerb aufgäben und in eine Position der Unterlegenheit absänken, was sollten wir dadurch Gutes bewirken? Nicht das Geringste... Wir würden aufhören, unter den Nationen Europas zu zählen, und wir könnten uns glücklich schätzen, wenn uns die Freiheit bliebe und wir nicht das dienstpflichtige Anhängsel irgendeiner stärkeren Macht würden.«

Dann beschrieb er noch einmal die entscheidende Bedeutung der Flotte für Großbritannien: »Es gibt keinen Vergleich zwischen der Bedeutung der deutschen Kriegsmarine für Deutschland und der Bedeutung unserer Kriegsmarine für uns. Unsere Marine bedeutet uns, was ihnen die Armee bedeutet. Eine starke Marine zu besitzen, würde Deutschlands Prestige erhöhen, seinen diplomatischen Einfluß, seine Möglichkeit verbessern, die eigene Handelsschiffahrt zu schützen, aber... es ist für Deutschland keine Frage von Leben und Tod, wie es das für uns ist. Keine Überlegenheit der britischen über die deutsche Marine könnte uns jemals in die Lage versetzen, auf Deutschlands Unabhängigkeit oder Integrität Einfluß zu nehmen, da unsere Armee nicht groß genug ist, auf dem Festland gegen deutsches Territorium vorzugehen. Aber wenn die deutsche Kriegsmarine der unsrigen überlegen wäre und die deutsche Armee im bestehenden Umfang erhalten bliebe... stünde unsere Unabhängigkeit, unsere Existenz auf dem Spiel.«

Die deutsch-britischen Beziehungen, glaubte Grey, seien freundschaftlich und würden es bleiben, solange beide Mächte die gegenseitigen lebenswichtigen Interessen respektierten. »Ich sehe einen weiten Raum, in dem wir beide uns in Frieden und Freundschaft bewegen können... Meiner Meinung nach würden zwei extreme Entwicklungen zum Konflikt führen. Die eine wäre ein Versuch unsererseits, Deutschland zu isolieren. Keine Nation von seiner Größe und Position würde eine von benachbarten Mächten ausgehende Isolationspolitik ertragen... Ein anderer Punkt, der sicherlich zum Konflikt führen würde, wäre die Isolation Großbritanniens durch den Versuch einer großen Kontinentalmacht, die Politik des Kontinents zu beherrschen und zu diktieren. Das ist in der Geschichte immer so gewesen.«

Wo sah Grey den Weg zum Frieden?

»Wenn man mich aufforderte, den Faktor zu nennen, der... Europa am meisten beruhigen würde... Ich glaube, es würde der sein, daß die Ausgaben für die deutsche Seerüstung gesenkt würden, und daß wir uns diesem Beispiel anschlössen... Auf welcher Grundlage würde eine Regelung getroffen werden müssen? Nicht auf der Basis der Gleichheit. Es muß die Basis einer Überlegenheit der britischen Marine sein. Kein Deutscher bestreitet meines Wissens, daß das für uns ein natürlicher Standpunkt ist.«

Schließlich wandte sich Grey dem spezifischen Problem der anscheinenden Beschleunigung der deutschen Seerüstung und der britischen Reaktion darauf zu. Er sprach von der deutschen Werftkapazität (»die Absicht, das Flottenbauprogramm zu beschleunigen, ist eine Sache, während die Fähigkeit, es durchzuführen, eine andere ist«.) Es gebe nur eine Möglichkeit zu *wissen*, was auf den

Schiffswerften eines anderen Landes vorgehe, und die bestehe darin, daß Marineattachés freien Zugang erhielten.

Balfours Tadelsantrag wurde nach dem Kräfteverhältnis der Parteien mit 353 gegen 135 Stimmen abgelehnt. Vier Schiffe sollten gebaut werden; der Bau von vier weiteren wurde genehmigt und konnte in Angriff genommen werden, sobald die Umstände es erforderten. Churchill beschrieb später etwas kläglich, was geschehen war: »Am Ende wurde eine seltsame und charakteristische Lösung gefunden. Die Admiralität hatte sechs Schiffe verlangt; die Wirtschaftler hatten vier geboten; und zuletzt einigten wir uns auf acht.«

Vom Beginn der Flottenpanik an bemühte sich die britische Regierung um die Fakten, nicht nur durch ihren Marineattaché in Berlin und zweifelhafte inoffizielle Quellen, sondern auch durch die deutsche Regierung. Im Herbst 1908 legte McKenna, nachdem er Berichte über Lagerhaltung von Material auf deutschen Werften und von Lieferverträgen gehört hatte, die mit Schiffswerften abgeschlossen wurden, bevor der Reichstag die entsprechenden Mittel freigab, diese Fragen Kapitän zur See Wiedemann vor, dem deutschen Marineattaché in London. Wiedemann dementierte alle derartigen Meldungen. Im Gegenteil, sagte er, sei er schockiert, daß der Erste Lord dem Staatssekretär Tirpitz solch offensichtlich verfassungswidriges Verhalten zuschreiben würde. McKenna, der seinen eigenen Informanten und nicht Wiedemann glaubte, konsultierte den Marineattaché nicht wieder.

Im Januar 1909, nachdem er McKennas Denkschrift über das deutsche Flottenbauprogramm gelesen hatte, wurde Grey in die Diskussion hineingezogen. Er verstand die Bedeutung der britischen Vorherrschaft zur See für Großbritannien; am 20. November 1908 hatte er in Scarborough gesagt: »In Marineangelegenheiten gibt es kein Mittelding zwischen völliger Sicherheit und absolutem Ruin.« Aber als Außenminister beschäftigte ihn eine zusätzliche Sorge: wenn die deutsche Regierung eine Beschleunigung ihres Flottenbauprogramms vorsätzlich zu verheimlichen suchte, dann war die gesamte deutsche Politik, nicht bloß die Zahl und die Ablieferungstermine von im Bau befindlichen Schiffen, zweifelhaft geworden. Von Anfang Januar bis zur Veröffentlichung der britischen Haushaltsvoranschläge für die Marine am 12. März, bemühte sich Grey, dem deutschen Botschafter in London, Paul Wolff-Metternich, eine offene Erklärung über den deutschen Flottenbau zu entlocken. In seinem Umgang mit Wolff-Metternich sah sich der Außenminister zwei Problemen gegenüber: erstens wurde der deutsche Botschafter von Admiral Tirpitz in Ungewißheit gelassen; zweitens war es einem Botschafter nicht gestattet, die Informationen, über die er verfügte, an das Gastland weiterzugeben. Daher waren die Gespräche zwischen Grey und Wolff-Metternich für beide Beteiligten eine Übung in Frustration.

Greys erste Begegnung mit Wolff-Metternich fand am 4. Januar 1909 statt, unmittelbar nachdem der Außenminister die Denkschrift des Ersten Lords gelesen hatte. Grey bezog sich auf die Gerüchte und Meldungen, die der britischen Admiralität zugegangen seien; Wolff-Metternich bezeichnete sie als unwahr. Grey wies darauf hin, daß die Briten sich wegen der großen theoretischen Werftkapazitäten Deutschlands zum Bau von Großkampfschiffen sorgten; Wolff-Metternich erwiderte, daß das gesamte deutsche Flottenbauprogramm in den entsprechenden Gesetzen niedergelegt sei und daß diese Vorgaben jede plötzliche Umstellung deutscher Schiffswerften auf den Bau von Großkampfschiffen verböten. Grey regte an, daß es die beste Methode zur Feststellung von Tatsachen sei, die Marineattachés Schiffswerften in beiden Ländern besuchen zu lassen, wo sie sehen könnten, was für Schiffe auf Kiel gelegt waren und wie weit ihr Bau fortgeschritten sei. Wolff-Metternich meinte, das werde der Kaiser niemals gestatten.

Als am 4. Februar das zweite Gespräch stattfand, wußte Wolff-Metternich, daß die in britischer Hand befindlichen Hinweise auf den serienmäßigen Bau von Konstruktionsteilen auf deutschen Werften unbestreitbar waren; darum gab er sie zu. Der Grund für solche Maßnahmen, erklärte er, sei lediglich vorausschauende Planung von seiten der Lieferfirmen, die indes auf eigenes Risiko handelten. Er beharrte darauf, daß dadurch keine Beschleunigung beabsichtigt und daß die Rate der Fertigstellungen durch die Gesetzesnovellen festgelegt sei. Er räumte ein, daß eine Beschleunigung der Bauprogramme möglich sei, aber nur durch eine entsprechende Entscheidung im Reichstag. Grey war in einer schwierigen Lage. Er respektierte Wolff-Metternich, argwöhnte aber, daß der Botschafter ihm Informationen vorenthielt. Metternich hatte erst verspätet die Vorhaltung von Materialien auf den Werften zugegeben; er hatte noch immer nicht bestätigt, daß Aufträge für zwei der vier für 1909 geplanten Schiffe schon im Oktober 1908 vergeben worden waren. Grey konnte den Botschafter nicht beschuldigen, falsche Informationen weiterzugeben, aber glauben konnte er ihm auch nicht. Abermals schlug Grey wechselseitige Besuche von Marineattachés auf den Schiffswerften vor. Wolff-Metternich erwiderte, der Kaiser habe das strikt abgelehnt. Grey blieb nicht viel mehr übrig, als zu warnen, daß Großbritannien die deutschen Baukapazitäten ebenso würde in Betracht ziehen müssen wie die deutschen Flottennovellen, um seine eigenen Schiffbauvorhaben zu planen. Am 10. März, kurz vor der Veröffentlichung der britischen Voranschläge für den Marinehaushalt, informierte Wolff-Metternich den britischen Außenminister offiziell, daß es keine Beschleunigung des deutschen Flottenbauprogramms geben und daß die Hochseeflotte bis Ende 1912 keine 13 Großkampfschiffe besitzen werde. Am Abend desselben Tages warnte Wolff-Metternich Berlin, daß die britische Admiralität weitere Schiffe beantragen würde.

Am 12. März, dem Tag der Veröffentlichung der britischen Voranschläge und vier Tage, bevor sie dem Unterhaus vorgelegt wurden, bestellte Asquith den deutschen Botschafter zu sich, um Greys Warnung zu verstärken. Wolff-Metternich berichtete nach Berlin, Mr. Asquith habe nicht den Wunsch, sich zu beschweren, und sei auch nicht berechtigt, sich über diese Verfahrensweise zu beschweren. Deutschland allein habe das Recht, die Geschwindigkeit seines Schiffbaues zu bestimmen. Aber die britische Regierung könne nicht umhin, die Entwicklung des deutschen Programmes in Rechnung zu stellen.

Der Premierminister versprach, daß Großbritannien die Kiellegung der vier zusätzlichen Dreadnoughts zurückstellen würde, bis das Tempo des deutschen Bauprogramms sie zur zwingenden Notwendigkeit erheben würde.

Wolff-Metternich schickte diesen Bericht nach Berlin; die Antwort war Schweigen. Vier Tage später, nur zwei Tage vor der Eröffnung der Marinedebatte im Unterhaus, telegrafierte er dringend nach Berlin und ersuchte um die Erlaubnis, das deutsche Flottenbauprogramm in größerem Detail zu erläutern. Tirpitz sprach sich dagegen aus, und der Kaiser stimmte ihm zu.

Die kompromißlos programmatische Rede McKennas vor dem Unterhaus und die Leidenschaft der sich anschließenden Unterhausdebatte erzwangen deutsche Reaktionen. Am 17. März, dem Tag nach der Debatte, beklagte sich Wolff-Metternich bei Grey, daß die britische Regierung seine Zusicherung vom 10. März, daß das deutsche Flottenbauprogramm nicht beschleunigt würde, ignoriert habe. Greys Antwort darauf war die dritte Wiederholung des Vorschlages, daß man solche Mißverständnisse am besten aufklären und zutreffende Fakten erhalten könne, wenn die Marineattachés beider Länder Erlaubnis erhielten, die Schiffswerften der jeweils anderen Seite zu besuchen.

Am selben Tag unterstützte Tirpitz in Berlin öffentlich die Position, die der bedrängte Wolff-Metternich hatte einnehmen müssen. Bei der Eröffnung der Reichstagsdebatte über den deutschen Marinehaushalt erklärte der Staatssekretär offiziell, daß britische Befürchtungen grundlos seien: Deutschland, so verkündete er, werde 1912 13 und nicht 17 Großkampfschiffe besitzen. Auf vertraulicher Ebene entschied Tirpitz jedoch, Wolff-Metternich eine Tatsache einzugestehen, die dieser nicht gewußt hatte und die er aufgrund entsprechender Instruktionen entschieden hatte bestreiten müssen: daß die Lieferverträge für zwei der vier im Programm 1909–1910 vorgesehenen deutschen Großkampfschiffe tatsächlich schon im Herbst 1908 mit privaten Schiffswerften abgeschlossen worden waren, sechs Monate, bevor der Reichstag die Mittel dazu bewilligen konnte. Nun, da die britische Admiralität und Regierung davon wußten, entschied Tirpitz, daß Wolff-Metternich diese Information in London bestätigen und erklären solle, die Lieferverträge seien so frühzeitig geschlossen worden, nicht um England zuvorzukommen, sondern einzig und allein, um niedrigere Preisangebote der Werften zu nutzen und diesen die Weiterbeschäftigung ihrer Arbeiter zu ermöglichen.

Von seiner eigenen Regierung gedemütigt, blieb Wolff-Metternich nichts anderes übrig, als seinen Instruktionen zu folgen. Am 18. März räumte er ein, daß die Lieferverträge für zwei der vier Schiffe im Oktober 1908 geschlossen worden waren. Seine unangenehme Lage verschaffte ihm kein Mitgefühl von seiten Fishers, der inzwischen glaubte, daß Tirpitz und Wolff-Metternich etwas verbargen. »Wir brauchen eine Sicherheitsmarge gegen Lügen«, erklärte er. Als er am 24. März zufällig Wolff-Metternich begegnete, funkelte er ihn an und platzte heraus: »Wie rasch würde all diese Panik verschwinden, Botschafter, wenn Sie unserem Marineattaché erlauben würden, hinzugehen und sie zu zählen [die im Bau befindlichen Schiffe].« »Ausgeschlossen«, erwiderte Metternich. »Andere Regierungen würden für ihre Attachés gleiches Recht verlangen. Außerdem würde womöglich etwas gesehen, was wir geheimzuhalten wünschen.« Fisher folgerte daraus, daß die deutschen Großkampfschiffe – oder die Geschütze, die sie trugen – noch größer seien, als die veröffentlichten Zahlen suggerierten.

Nach Greys Rede und der Zurückweisung von Balfours Tadelsantrag war die parlamentarische Debatte zu Ende, aber im Kabinett und im Land dauerte die Aufregung an. Lloyd George und Churchill bemühten sich weiterhin, die vier zusätzlichen Dreadnoughts abzuwehren oder wenigstens sicherzugehen, daß sie, wenn sie schon gebaut werden mußten, Teil des Programms für 1910 sein würden. (Fisher schrieb in bissigem Scherz an Churchill, wenn dieser den Bau der vier zusätzlichen Schiffe erlaube, wolle er, Fisher, dafür sorgen, daß sie *Winston, Churchill, Lloyd* und *George* getauft würden. »Wie das ihren Kampfgeist beflügeln würde!!«) McKenna war »wegen der Art und Weise, wie er behandelt worden war, sehr erbost über seine Kollegen« und wiederholte seine Rücktrittsdrohung für den Fall, daß die vier zusätzlichen Schiffe nicht bestellt würden. Grey unterstützte McKenna. Die konservative Presse hämmerte auf die Regierung ein. »Wenn die Regierung nicht aus hartherzigen Pedanten zusammengesetzt ist, sollten die Lieferverträge für den Schiffsbau jetzt erteilt werden«, erklärte die *Daily Mail*. »Achtzig Prozent der Kosten eines Schlachtschiffes gehen in die Löhne der britischen Arbeiter.« »Unsere Marine und unsere Arbeitslosen könnten zusammen am Hungertuch nagen und werden es bald tun, wenn sie diese Regierung nicht aus dem Amt jagen.«

Die Ironie wollte es, daß die Entscheidung zum Bau der zusätzlichen vier Schiffe, als sie ein paar Monate später fiel, nicht durch Deutschland ausgelöst wurde, sondern durch Österreich und Italien. Im Juli 1909 erfuhr London, daß Österreich-Ungarn den Bau von drei und möglicherweise vier Großkampfschiffen plane. Die Italiener reagierten schnell. Obwohl Österreich-Ungarn und Italien nominell Bündnispartner im Dreibund waren, betrachtete jeder der beiden

Staaten den anderen als potentiellen Feind. Italien verkündete sofort, daß es vier Großkampfschiffe bauen werde. Richtete Großbritannien seinen Blick nach vorn zum Jahre 1912, würde es sich demnach zu diesem Zeitpunkt mindestens 13 deutschen Großkampfschiffen in der Nordsee und 8 österreichischen und italienischen Großkampfschiffen im Mittelmeer gegenübersehen. Die Argumentation der Admiralität wurde unwiderstehlich. Am 26. Juli erklärte McKenna, daß die vier zusätzlichen Schiffe auf Kiel gelegt würden, ohne daß dadurch das Programm für 1910 geschmälert würde. Asquith erfüllte sein Versprechen und unterstützte den Ersten Lord – was ihm um so leichter fiel, als ein liberaler Kandidat kurz zuvor in einer Nachwahl im Bezirk Croydon vernichtend geschlagen worden war. Die Liberalen murrten, daß es noch immer keinerlei Anzeichen für eine Beschleunigung der deutschen Seerüstung gebe und daß die österreichischen und italienischen Großkampfschiffe einander aufwögen. Die Konservativen jubelten. Die Flottenpanik war zu Ende.

Die Entscheidung war schmerzhaft für eine liberale Regierung, die mit dem Gelöbnis angetreten war, die drückenden Rüstungskosten zu verringern. Drei Jahre lang hatte die Regierung dieses Versprechen erfüllt. Nun aber hatte sie innerhalb von zwölf Monaten acht kostspielige Schiffe in Auftrag gegeben.* Und es sollten noch mehr werden. Die Dominions Neuseeland und Australien, die sich in ihrem Sicherheitsbedürfnis auf die Royal Navy verließen, waren alarmiert von McKennas Darstellung der schwindenden britischen Vorherrschaft zur See. Am 22. März, nur sechs Tage nachdem der Erste Lord die Voranschläge für den Marinehaushalt im Unterhaus eingebracht hatte, kabelte die Regierung Neuseelands ein Angebot, die Baukosten für ein Dreadnought zu übernehmen. Im Juni folgte die australische Regierung mit einem ähnlichen Angebot. Beide Offerten wurden angenommen, und 1910 wurden zwei zusätzliche Schlachtkreuzer, *New Zealand* und *Australia*, auf Kiel gelegt. So führte die Flottenpanik von 1909 unmittelbar und mittelbar zu einer Verstärkung der Royal Navy um zehn neue Großkampfschiffe in einem einzigen Jahr.

Im Rückblick erwiesen sich die Begründungen für die Panik als falsch. Die deutschen Werften legten vorausschauend Materialvorräte an und begannen in Einzelfällen vorzeitig mit dem Bau, aber es gab keine Beschleunigung in der Auslieferung und Indienststellung der deutschen Schlachtschiffe. Die vier britischen Schiffe des Programms für 1908 und die vier Schiffe für 1909 wurden plangemäß ausgeliefert, bei den vier Schiffen des Programmes für 1910 gab es Verzögerungen von acht Monaten, um eine Konstruktionsänderung zu ermöglichen, die durch eine Vergrößerung des Kalibers der Geschütze von 30,5 cm auf

* Sechs Schlachtschiffe, *Colossus, Hercules, Orion, Conqueror, Monarch* und *Thunderer,* sowie zwei Schlachtkreuzer, *Lion* und *Princess Royal.*

34,5 cm in sechs der zehn britischen Schiffen notwendig geworden war.* Ende 1912 waren – wie von Tirpitz und Wolff-Metternich richtig angegeben – 13 deutsche Großkampfschiffe in Dienst gestellt. Ihnen standen 22 britische gegenüber. Später bewertete Churchill die Ergebnisse und die Bedeutung der Flottenpanik so:

»Im Licht des tatsächlichen Geschehens kann kein Zweifel daran bestehen, daß wir [Lloyd George und er selbst], soweit es Tatsachen und Zahlen betraf, vollkommen im Recht waren. Die düsteren Erwartungen der Admiralität hatten sich im Jahr 1912 in keiner Hinsicht erfüllt. Es gab keine geheimen Dreadnoughts, noch hatte Admiral Tirpitz unwahre Erklärungen abgegeben ... Doch obwohl der Schatzkanzler und ich im engeren Sinne recht hatten, befanden wir uns in bezug auf die tieferen Gezeitenströmungen des Schicksals gänzlich im Irrtum. Das größte Verdienst gebührt dem Ersten Lord der Admiralität, Mr. McKenna, für die entschlossene und mutige Art und Weise, in der er seine Sache verfocht und seiner eigenen Partei bei diesem Anlaß widerstand. Als dieser Streit ausgetragen wurde, konnte ich schwerlich voraussehen, daß unsere Rollen in der nächsten Kabinettskrise, zu der die Marine Anlaß geben sollte, vertauscht sein würden; und er wird kaum angenommen haben, daß die Schiffe, für die er so standhaft stritt, schließlich, als sie fertiggestellt waren, von mir mit offenen Armen willkommen geheißen wurden.«**

Die britische Flottenpanik von 1909 hatte noch andere Auswirkungen. Es gab Leute – darunter Sir Edward Goschen, der britische Botschafter in Berlin –, die überzeugt waren, daß der Bau der vier zusätzlichen Großkampfschiffe eine günstige Auswirkung auf die britisch-deutschen Beziehungen haben würde. In Berlin, so argumentierten sie, sei der Rückgang der britischen Seerüstung während der frühen Jahre der liberalen Regierung dahingehend ausgelegt worden, daß die Briten weich und kraftlos geworden seien und nach den Gesetzen des Sozialdarwinismus als Beherrscher der Welt bald von den männlichen Teutonen abgelöst würden. Die Entscheidung der britischen Regierung, ihr jährliches Schiffbauprogramm zu verdoppeln, argumentierte Goschen, werde die Geringschätzung in Respekt und den verstärkten Wunsch nach Freundschaft umschlagen lassen.

Eine zweite Auswirkung zeigte sich bereits deutlich. Der Zwei-Mächte-Standard, die historische Leitlinie, an der Großbritannien seine Seemacht orientiert

* Die fünf deutschen Schlachtschiffe der Kaiser-Klasse, *Kaiser, Friedrich der Große, Kaiserin, Prinzregent Luitpold* und *König Albert*, hatten zwei 30,5 cm-Geschütze weniger als ihre Vorgänger der Helgoland-Klasse. Das eingesparte Gewicht ging in verstärkte Panzerung gegen die größere Durchschlagskraft der schwereren britischen Granaten.

** Im Oktober 1911 kam es zu einem Ämtertausch zwischen McKenna und Churchill; McKenna wurde Innenminister und Churchill Erster Lord der Admiralität.

hatte, galt nicht mehr. Noch im November 1908, am Beginn der Flottenpanik, hatte Asquith darauf verwiesen, daß Großbritannien »eine Übermacht von zehn Prozent gegenüber den vereinigten Flottenstärken der beiden nächststärksten Mächte, wer immer diese Mächte sein mögen« benötige. Tatsächlich war die drittstärkste Seemacht, die nicht weit hinter der deutschen Marine zurückblieb, diejenige der Vereinigten Staaten; kein britischer Politiker oder Admiral zog einen Krieg gegen die Amerikaner in Betracht. Die Flottenpanik von 1909 markierte den Beginn eines Eine-Macht-Standards für die britische Marine; Großbritannien baute nur gegen Deutschland. Dies bestätigte Churchill als Erster Lord der Admiralität offiziell am 28. März 1912, als er vor dem Unterhaus erklärte, daß Großbritanniens Standard der einer 60-Prozent-Überlegenheit gegenüber Deutschland sei.

31. KAPITEL

# Das Oberhaus und der Tod Edwards VII.

Im Januar 1906 führte Sir Henry Campbell-Bannerman die Liberale Partei zurück an die Macht, nachdem sie ein Jahrzehnt in der politischen Wüste verbracht hatte. Die allgemeinen Wahlen hatten den Liberalen einen Erdrutschsieg beschert. Sir Henry und sein Kabinett glaubten zu wissen, was ihre Anhänger erwarteten. Sie waren mit einem klassischen liberalen Programm gewählt worden, das Frieden, Kürzungen im Haushalt (d. h. Beschneidung der Militärausgaben), Steuersenkung und Reformen versprach. Die neue Entente mit Frankreich und eine ähnliche Einigung mit den Russen sollten den Frieden erhalten und zusammen mit Sir John Fisher und seinen Dreadnoughts die Deutschen in Schach halten. Haushaltskürzungen wurden erreicht, als Haldane als Kriegsminister und Fisher für die Admiralität größere Kampfkraft für weniger Geld erzielten. Das Gebiet der größten Erwartungen waren jedoch die Reformen. Die Partei hatte bedeutsame Veränderungen versprochen, die das Leben aller Briten beeinflussen würden. Aufhebung des Religionsunterrichts in staatlichen Schulen, Erweiterung der Gesetze zur Einschränkung des Alkoholkonsums, Einführung von Altersrenten, Begrenzung der Arbeitszeit, Verbesserung der Wohnverhältnisse und die Besteuerung des Landbesitzes – alles das waren Teile des liberalen Programmes. Viele neue Parlamentsabgeordnete glaubten mit ihren Wählern, daß es nicht lange dauern würde, die Versprechen in gesetzgeberische Wirklichkeit umzusetzen. Die erfahrenen Politiker, die auf der Regierungsbank saßen, wußten es besser. Bevor ein einziger Punkt des Reformprogrammes der Regierung Gesetz werden konnte, mußte er vom Oberhaus verabschiedet werden. Und die Lords waren mit 500 Unionisten und nur 88 Liberalen unerschütterliche, eingefleischte Gegner jeder Reform.

Der lange Kampf um das Oberhaus und seine Befugnisse entspann sich in zwei Phasen: der anfänglichen Schlacht um den Haushalt für 1909; dann der alles andere überschattenden fundamentalen Verfassungsfrage, ob das Oberhaus seine Macht behalten sollte, Beschlüsse des Unterhauses zu überstimmen. Solange die Streitfrage in erster Linie finanzieller Natur war, focht Lloyd George die Sache für die Regierung aus. Sobald der Kampfplatz sich auf den Boden der

Verfassung verlagerte, sprang Asquith als Premierminister ein, um die Regierungspolitik zu vertreten.

Der Schatzkanzler war ein ungeduldiger, lebhafter, bisweilen mitreißender Redner. Im Parlament und im Land hielt er Reden, die »zwischen unvergleichlicher Dramatik und einer hochklassigen Varieténummer schwankten« und bewirkten, daß sein Publikum »abwechselnd vor Wut und Gelächter heulte«. Die berühmteste Rede hielt er an einem Sommerabend. In Limehouse im Londoner East End, wo er vor einem Publikum von viertausend Londoner Cockneys den Kampf der Regierung um das Gesetz zur Altersversorgung und den Widerstand der Landeigentümer und Besitzenden schilderte. Der Glanzpunkt war seine Schilderung eines Besuches in einem Kohlenbergwerk:

»Wir sanken eine halbe Meile tief in einen Schacht. Dann gingen wir unter dem Berg... Das Gestein schien sich um und über uns anzuspannen, uns zu zermalmen. Man konnte sehen, wie das Grubenholz unter der Last gebogen und verkrümmt war, bis die Fasern sich im Widerstand gegen den Druck spalteten. Manchmal geben die Abstützungen nach, und es gibt Tote und Verletzte. Oft zündet ein Funke, und die ganze Grube geht in Flammen unter, und der Atem des Lebens wird aus Hunderten von Lungen gesengt. In der Schachtanlage neben der, die ich besuchte, verloren erst vor ein paar Jahren dreihundert Menschen auf diese Weise das Leben. Und doch, wenn der Premierminister und ich an die Tür dieser großen Landlords klopfen und ihnen sagen: ›Hier, Sie kennen diese armen Kerle, die unter Lebensgefahr Kohle gefördert und den Bergwerksbesitzern Gewinne eingebracht haben; einige von ihnen sind sehr alt... sie sind von der Arbeit gebrochen, sie können nichts mehr verdienen. Wollen Sie ihnen nicht etwas geben, um sie vor dem Armenhaus zu bewahren?‹, blickten sie uns finster an, und wir sagen: ›Nur einen halben Penny, nur eine Kupfermünze.‹ Sie sagen: ›Ihr Diebe!‹ Und sie hetzen ihre Hunde auf uns.«

Lloyd George faßte alle Pairs, Magnaten und großen und kleinen Grundbesitzer in einem abfällig gemeinten Gattungsbegriff zusammen: »Die Herzöge.« Wenn er diese landbesitzende Aristokratie seinem Publikum schilderte, das größtenteils aus Arbeitern und Städtern bestand, malte er Bilder von rustikalen Barbaren, die er der Ritterzeit entnommen haben könnte. Sie saßen an rohen Tischen vor riesigen Kaminfeuern in ihren Burgen, trugen Kronen wie die Pairs in *Iolanthe* und ließen gelegentlich ihre Pferde satteln, um nach London zu reiten und vergnügt gegen liberale Gesetzentwürfe zu stimmen. In Newcastle zeigte sich der Schatzkanzler am 9. Oktober in guter Form. Er hatte Nachrichten, mit denen er arbeiten konnte: Die Unionisten hatten prophezeit, daß die Vorlage seines Haushalts eine Wirtschaftsflaute auslösen würde; tatsächlich war die Wirtschaft gesund und florierte. »Nur eine Aktie hat stark nachgelassen«, berichtete er. »Es gibt eine große Baisse in Herzögen.« Und kein Wunder.

»Ein voll ausgerüsteter Herzog ist im Unterhalt so teuer wie zwei Dreadnoughts, aber Herzöge verbreiten auch genausoviel Schrecken, und sie leben länger.« Darauf wandte er sich dem Veto der Lords zu: »Die Frage stellt sich: ›Sollten 500 Männer, gewöhnliche Männer, zufällig ausgewählt unter den Unbeschäftigten, sich über das wohlüberlegte Urteil von Millionen Menschen hinwegsetzen, die in Industrie und Handel arbeiten und den Reichtum des Landes schaffen?‹«

Die provozierenden Reden des Schatzkanzlers verfehlten ihre Wirkung nicht. Die Aristokraten schrien wütend auf. Der Herzog von Portland erläuterte ernsthaft, daß der Haushaltsentwurf im Falle seiner Annahme Arbeitslosigkeit im ganzen Land zur Folge haben würde, weil die Großgrundbesitzer gezwungen wären, Gärtner und Wildhüter zu entlassen. Der Herzog von Somerset verkündete, daß er gezwungen sein würde, seine Beiträge zur Mildtätigkeit zu reduzieren. Der Herzog von Beaufort wünschte ingrimmig, daß er Mr. Lloyd George inmitten seiner Hundemeute sehen könnte. Lord Lansdowne verglich Lloyd George mit »einer herabstoßenden Raubmöwe, besonders gefräßig und skrupellos, die anderen Möwen Fische abjagt«. Lord Rosebery, der seit der Bildung der liberalen Regierung 1906 abseits gestanden und seine eigenen Reden als »das Gekrächze eines alten Raben auf einem abgestorbenen Ast« beschrieben hatte, trat plötzlich mit einer Rede in Glasgow hervor. Er griff den Haushaltsentwurf an und rief voll Bitterkeit: »Ich glaube, meine Freunde bewegen sich auf dem Weg, der zum Sozialismus führt. Wie weit sie auf diesem Weg vorangekommen sind, werde ich nicht sagen. Ich jedenfalls kann ihnen auf diesem Weg nicht einen Zoll folgen. Sozialismus ist das Ende von allem, die Negation des Glaubens, der Familie, des Eigentums, der Monarchie, des Reiches.« Roseberys Worte wurden in den Landhäusern Englands bejubelt. Wenn dieser große liberale Redner und frühere Premierminister sich »auf die Seite der Engel« stellte, war noch nicht alles verloren.

In diesem Stadium überließ Asquith den größten Teil der Argumentation seinem feurigen walisischen Kollegen, lieh dem Schatzkanzler aber eine Unterstützung, die dieser als »felsenfest« bezeichnete. In der einzigen größeren Rede, die der Premierminister am 17. September vor 13 000 Zuhörern in Birmingham hielt, behandelte er die Annahme des Budgets als gesichert: »Änderungsanträge des Oberhauses kommen nicht in Frage«, erklärte er. »Eine Ablehnung durch das Oberhaus ist ebenso ausgeschlossen... Auf diesem Weg liegt die Revolution.« Dennoch geschah das Undenkbare. Am 4. November verabschiedete das Unterhaus Lloyd Georges Haushalt. Die Debatte verlagerte sich ins Oberhaus. Lord Lansdowne erinnerte das Haus daran, daß Oliver Cromwell, der größte englische Republikaner, gesagt hatte, daß ein Oberhaus notwendig sei, um das Volk vor »einem allmächtigen Unterhaus« zu schützen, »der abscheulichsten Willkür, die je auf Erden existierte«. Lord Curzon erklärte, daß

Armut noch nie in der Menschheitsgeschichte durch Besteuerung beseitigt worden sei und daß die jetzt vorgesehenen Steuern von einer sporadischen Enteignung zu vollständiger und gleichförmiger Enteignung fortschreiten würde. Am 30. November lehnten die Lords den Haushalt mit 350 gegen 75 Stimmen ab. Es war das erste Mal in 250 Jahren, daß das Oberhaus ein Finanzgesetz zurückgewiesen hatte. Asquith brachte prompt eine Entschließung im Unterhaus durch, die das Vorgehen der Lords als »einen Bruch der Verfassung und eine Usurpation der Rechte des Unterhauses« verurteilte. Liberale, die den Kampf mit den Lords suchten, waren erfreut. »Wenn Sie den Haushalt zu Fall bringen, kann uns das nur recht sein«, teilte ein Kabinettsmitglied einem Unionisten mit. Und Lloyd George frohlockte: »Endlich haben wir sie.«

Der Weg zu Neuwahlen war frei. Am 10. Dezember 1909 verkündete Asquith in der Albert Hall, daß das liberale Kabinett sich nicht wieder den Zurücksetzungen und Demütigungen aussetzen werde, die ihm in den vorausgegangenen vier Jahren von seiten der Lords zuteil geworden seien. »Wir werden nicht im Amt bleiben und kein Amt antreten, sofern wir nicht die Sicherheiten erhalten... die für die gesetzgeberische Arbeit und die Ehre der Partei notwendig sind«, sagte er. Um so überraschender war, daß die im Januar 1910 abgehaltenen Wahlen langweilig blieben. Beide Parteien machten den Haushalt zum Wahlkampfthema, aber die eigentliche Streitfrage war das Vetorecht des Oberhauses. Die Wahlbeteiligung war mäßig, das Ergebnis brachte beiden Seiten einen Verlust. Die Liberalen errangen mit 275 Stimmen eine Mehrheit, erlitten aber einen herben Rückschlag, da sie vier Jahre zuvor noch 377 Sitze gewonnen hatten. Die Unionisten gewannen 105 Sitze und zogen mit insgesamt 273 Sitzen in Westminster ein, blieben jedoch eine Minderheit. 82 irische Nationalisten und 40 Labourabgeordnete konnten als sichere Anhänger der Regierung gelten. Die Niederlage der Unionisten garantierte, daß der Haushalt verabschiedet würde; Lord Lansdowne hatte versprochen, daß die Lords ihn verabschieden würden, wenn die Liberalen die Wahlen gewönnen. Um den Haushaltsentwurf aber durch das Unterhaus zu bringen, benötigte das Kabinett bei einer Regierungsmehrheit von nur zwei Stimmen die Iren – und die Iren waren nur für einen Preis zu haben. Sie wollten die Home Rule für Irland, und der einzige Weg, die Selbstregierung durch das britische Parlament zu bringen, war die Annullierung des Vetorechts der Lords. Darum war der Preis, den Asquith für die Verabschiedung des »Volksbudgets« im Unterhaus entrichten mußte, sein Versprechen, einen entschlossenen und kraftvollen Angriff auf die Macht der Lords zu unternehmen. Während der nächsten eineinhalb Jahre versuchte der Premierminister, dieses Versprechen einzulösen.

Als das neue Parlament im Februar 1910 zusammentrat, kündigte Asquith sofort an, daß die Regierung beabsichtige, das Vetorecht des Oberhauses abzuschaffen. Am 14. April legte er im Unterhaus einen Gesetzentwurf vor, bei dessen Begründung er sagte: »Wenn die Lords unsere Politik nicht akzeptieren... werden wir es für unsere Pflicht halten, der Krone unverzüglich unseren Rat hinsichtlich der Schritte anzubieten, die unternommen werden müssen...« Unter den Pairs kam das schreckliche Gerücht in Umlauf, daß der Premierminister das Versprechen des Königs erhalten habe, genug neue Pairs zu ernennen – wenn nötig, nicht weniger als fünfhundert –, um den Gesetzentwurf durch das Oberhaus zu bringen. Beunruhigt und verwirrt über diese Aussicht, bemerkten die Unionisten kaum, daß der Haushalt des Schatzkanzlers am 27. April vom Unterhaus und am folgenden Tag vom Oberhaus verabschiedet wurde. Am selben Abend vertagten sich die von ihren Mühen erschöpften Mitglieder beider Häuser für die Osterpause.

Letzten Endes würde der König entscheiden müssen. Lansdowne hatte eine unmittelbare Verfassungskrise abgewendet, indem er sein Versprechen eingelöst hatte, daß die Lords bei einem Wahlsieg der Liberalen den Haushalt verabschieden würden. Das war jetzt nicht mehr genug. Die Regierung war gegenüber den irischen Parlamentsabgeordneten im Wort und mithin verpflichtet, das Vetorecht des Oberhauses abzuschaffen. König Edward stimmte zu, daß eine Reform des Oberhauses notwendig sei; im Oktober 1909 schrieb Lord Knollys, sein Privatsekretär (der die Ansicht des Monarchen wiedergab) einem Freund: »Ich persönlich sehe nicht, wie das Oberhaus in seiner gegenwärtigen Form weitermachen kann.« Doch wenn der kosmopolitische König auch nicht den Geschmack aller Pairs teilte, insbesondere nicht den der Hinterwäldler, waren die Exklusivität und die Privilegien des Oberhauses Teil der Welt, in die er hineingeboren worden war und die ihn geprägt hatte. Obwohl Asquith dem Parlament im Februar 1910 sagte, daß er vom König ein Versprechen, fünfhundert Pairs zu ernennen, um das Oberhaus zu unterwandern, weder erbeten noch erhalten habe, bereitete dem Monarchen schon die bloße Andeutung Sorgen, daß solch eine Bitte eines Tages an ihn gerichtet werden könnte.

König Edwards Gesundheitszustand war schlecht. Seine Bronchitis und Gicht hatten sich seit vier Jahren verschlimmert. Obwohl er nachts von Hustenanfällen geplagt war und eine ständige Gewichtszunahme seine körperlichen Beschwerden verstärkte, weigerte er sich, den Ärzten zu gehorchen. »Wirklich, es ist zu dumm«, beklagte er sich. »Da ist wieder der Anfall, obwohl ich mich so in acht genommen habe.« Und dann setzte er sich zu einem Dinner aus Schildkrötensuppe, Lachssteak, Brathähnchen, Hammellende, Schnepfe, gefüllt mit Gänseleber, Spargel, Obst, Speiseeis und einem pikanten Nachgericht, worauf er sich eine Riesenzigarre anzündete. Zu seinen körperlichen Beschwerden kamen die Verpflichtungen der konstitutionellen Monarchie: in der Öffentlichkeit mußte er immer leutselig, geduldig und weise erscheinen.

Eine Bürde, die der König schwer erträglich fand, war die Notwendigkeit, höflich zu seinem Neffen Kaiser Wilhelm II. zu sein. Diese Bürde wurde ihm noch schwerer, als das britische Außenministerium auf die Erfüllung einer ungeliebten Pflicht drängte. König Edward VII. saß seit acht Jahren auf dem Thron. In dieser Zeit hatte er allen großen und den meisten kleineren Hauptstädten Europas Staatsbesuche abgestattet, nur Berlin nicht. (Seine Reisen nach Deutschland zum Besuch seiner sterbenden Schwester oder seines Neffen waren privat und formlos gewesen.) Der Kaiser empfand dieses Verhalten als Brüskierung, deutsche Diplomaten erwähnten es häufig, und das Außenministerium drängte hartnäckig. Der König, krank und melancholisch, stimmte widerstrebend zu. »Denen im Außenministerium ist es gleich, welche Demütigung ich auf mich nehmen muß, wenn sie nur ihr Ziel erreichen«, grollte er. Dennoch trat er im Februar 1909 die Reise an.

Der Staatsbesuch war von Mißgeschicken überschattet. Das erste ereignete sich, als der Sonderzug des Königs Rathenow an der Grenze Brandenburgs erreichte, wo eine Militärkapelle und ein Husarenregiment aufgezogen waren. Als der königliche Zug in den Bahnhof einfuhr, war der König nicht bereit; sein Kammerdiener hatte vergessen, seine Uhr auf die andere Zeitzone einzustellen und Seiner Majestät Uniform nicht herausgelegt. Als das Gefolge des Königs in voller Uniform aus dem Zug stieg, intonierte die Militärkapelle in der Erwartung, daß der Monarch folgen würde, »Good Save the King«. Zehn Minuten lang, während König Edward sich in die Uniform zwängte, spielte die Militärkapelle wieder und wieder »God Save the King«, »bis wir alle dem Schreien nahe waren«, sagte ein Mitglied des britischen Gefolges. Endlich erschien König Edward und schritt die Front der Husaren ab. Dabei marschierte er so forsch, daß er außer Atem geriet.

In Berlin erwartete der Kaiser seinen Onkel an der Stelle des Bahnsteigs, wo der Wagen des Königs zum Stillstand kommen sollte; der König befand sich jedoch im Wagen der Königin, hundert Schritte entfernt. Der Kaiser, die Kaiserin und die übrigen zur Begrüßung angetretenen Personen mußten den Bahnsteig entlangeilen und sich wieder aufstellen, um ihren Gast zu begrüßen. Eine lange Reihe von Kutschen wartete, um sie zum Schloß zu fahren, aber es gab Schwierigkeiten mit den Pferden. Einige der Kutschen waren zu nahe aufeinandergefahren, und die Lakaien, die hinter jeder Kutsche bereitstanden, mußten sich immer wieder umwenden, um aufzupassen, daß sie nicht von den unmittelbar hinter ihnen stehenden Pferden gebissen wurden. Als man sich dem Schloß näherte, blieben die Pferde, welche die Kutsche mit der Kaiserin und Königin Alexandra zogen, plötzlich stehen und waren nicht zum Weitergehen zu bewegen. Die beiden Damen mußten aussteigen und eine andere, hastig geräumte Kutsche besteigen. Zwei Pferde der Kavallerieeskorte scheuten, warfen ihre Reiter ab und galoppierten, Unordnung und Verwirrung stiftend, die Prozession entlang. Das Ergebnis dieser Mißhelligkeiten war, daß der Kaiser und der

König vor dem Schloß eintrafen, sich umsahen und hinter sich keine Eskorte mehr erblickten. Wilhelm II., peinlich berührt, richtete seinen Zorn auf Baron von Reischach, den Oberstallmeister, und ließ ihn wissen, daß dies von allen Leuten auf der Welt nicht vor den Engländern hätte passieren dürfen, die allesamt erfahrene Reiter seien.

Der Staatsbesuch dauerte drei Tage und enthielt ein gedrängtes Programm von Familienessen, Empfängen, Besuchen in Regimentshauptquartieren, einer Fahrt nach Potsdam, einer Opernaufführung und eines Hofballs. König Edward brachte alles standhaft hinter sich, aber er war müde, beschränkte seine Bemerkungen auf ein Minimum und zeigte sich bestrebt, jedes Ereignis und jeden Besuch abzukürzen. Die Frage, welche britischen Auszeichnungen deutschen Würdenträgern verliehen werden sollten, normalerweise eine Angelegenheit, die ihn stundenlang beschäftigt hätte, interessierte ihn kaum. Er ertrug den Kaiser, der sich bemühte, ihm gefällig zu sein, dessen gezwungene Scherze und ständiges beifälliges Grunzen König Edward jedoch auf die Nerven gingen.

Der Abend in der Oper hielt für den König einen Schreck bereit. Es wurde *Sardanapal* gegeben, eine der Lieblingsopern des Kaisers. In der Schlußszene gab es eine sehr realistische Darstellung der Einäscherung Sardanapals auf dem Scheiterhaufen. König Edward war während der Vorstellung eingenickt, müde von einem anstrengenden Tag. Plötzlich wachte er auf. Verwirrt und erschrokken, glaubte er, daß wirklich Feuer ausgebrochen sei, und wollte wissen, warum der hinter den Kulissen stehende Feuerwehrmann nicht eingegriffen habe. Die neben ihm sitzende Kaiserin beruhigte ihn, daß keine Gefahr bestehe.

Es gab einen Augenblick wirklicher Gefahr. Der König hatte Bronchialkatarrh, weigerte sich aber, auf seine Zigarren zu verzichten. Nach einem Essen in der britischen Botschaft ging er mit Prinzessin Daisy von Pless, einer jungen Engländerin, die in eine der ersten Adelsfamilien Deutschlands geheiratet hatte, in einen Salon. »Der Beherrscher des britischen Weltreichs«, sagte Bülow, blickte »mit dem zufriedenen Blick eines alten Kenners weiblicher Schönheit auf die Fürstin.« Sie saßen beinahe eine Stunde beisammen, während der König seine riesige Zigarre rauchte und am Kragen seiner engsitzenden preußischen Uniform zog. Plötzlich bekam er einen Hustenanfall, dann fiel er gegen die Sofalehne zurück. Die Zigarre entglitt seinen Fingern, seine Augen blickten stier. »Mein Gott, er stirbt!« dachte Prinzessin Daisy. Sie versuchte den Kragen seiner Uniform zu öffnen, doch ohne Erfolg. Königin Alexandra eilte herbei, und die beiden Frauen versuchten es gemeinsam. Es gelang ihnen nicht. Unterdessen kam der König zu sich und öffnete seinen Kragen selbst. Sir James Reid, der Leibarzt des Königs, war gleich darauf zur Stelle und bat alle Anwesenden, den Raum zu verlassen. Innerhalb von fünfzehn Minuten durften sie wieder hereinkommen. Der König bestand darauf, daß nichts Ernstes geschehen sei, und wollte nicht, daß Prinzessin Daisy von seiner Seite wich.

Auch nach seiner Rückkehr blieb König Edwards Gesundheitszustand schlecht. Er begann beim Essen einzuschlafen und verbrachte Theater- und Opernaufführungen vernehmlich schnarchend in seiner Loge. Wenn er eine Treppe ersteigen mußte, schnaufte er mühsam. Er fuhr nach Biarritz und dann weiter ans Mittelmeer, wurde aber seinen Husten nicht los. Den Winter verbrachte er größtenteils in Sandringham, und hier schien seine Lebhaftigkeit zurückzukehren. Er spielte Bridge bis Mitternacht und ging jeden Morgen zur Jagd hinaus. Die Wahlen im Januar 1910 garantierten die Verabschiedung des Haushalts, erhöhten aber auch die Wahrscheinlichkeit, daß der Premierminister den König auffordern würde, von seinem Vorrecht zur Ernennung zusätzlicher Pairs Gebrauch zu machen (oder wenigstens damit zu drohen). König Edward hatte Verständnis für den Wunsch der Pairs, ihren Besitzstand und ihre Würde zu wahren, betrachtete ihren starren Konservatismus jedoch als selbstmörderisch. Als konstitutioneller Monarch konnte er sich einem Premierminister nicht verweigern, der die Mehrheit des Unterhauses hinter sich hatte. Aber er konnte hinhaltend taktieren, und von dieser Möglichkeit machte er Gebrauch. Bevor er sich bereitfinden würde, sagte er zu Asquith, den Schwarm von liberalen Pairs zu ernennen, der erforderlich wäre, um die Mehrheitsverhältnisse im Oberhaus umzukehren, müsse die Streitfrage dem Land noch einmal in einer zweiten allgemeinen Wahl vorgelegt werden.

König Edwards Ärzte drangen darauf, daß er den Nebel und die Feuchtigkeit Londons mit der Sonne von Biarritz vertausche. Er reiste am 8. März ab, nahm Aufenthalt in Paris, wo er einen Anfall akuter Magenverstimmung mit Atemnot und Schmerzen in der Herzgegend erlitt. An der baskischen Küste rang er sechs Wochen lang mit schwerer Bronchitis. Mrs. Keppel versuchte ihn zu unterhalten und von seinen Leiden abzulenken, und am 26. April kehrte er scheinbar erholt nach England zurück. Am Abend dieses Tages fühlte er sich gut genug, das Opernhaus von Covent Garden zu besuchen. Am folgenden Morgen nahm er seine Termine wahr, empfing Asquith und Kitchener und am nächsten Tag Haldane, Morley und den russischen Botschafter, Graf Benckendorff. Am Freitagabend war er wieder in der Oper und sah eine fünfstündige Aufführung von Wagners *Siegfried*. Am Samstag fuhr er nach Sandringham und schien in guter Verfassung. Beim Abendessen erzählte er Geschichten und spielte anschließend Bridge.

Am Sonntag, dem 1. Mai, fegte ein kalter Wind Regenschauer über Norfolk, aber der König bestand darauf, seinen regelmäßigen Sonntagnachmittagsspaziergang zu unternehmen, um seine Farm zu inspizieren. Er erkältete sich. Am Montag fuhr er in strömendem Regen nach London zurück, und als er wieder im Buckingham-Palast war, erlitt er einen schweren Bronchialanfall und atmete nur mit Mühe. Königin Alexandra, die diskret auf Korfu Urlaub machte, während ihr Mann mit Mrs. Keppel in Biarritz weilte, wurde benachrichtigt. Sie vermutete in der Krankheit des Königs einen weiteren seiner wiederkehrenden Anfälle und ließ sich mit der Rückreise Zeit; als sie Venedig erreichte, gedachte sie vierundzwanzig Stunden in der Stadt zu verbringen.

Am Dienstag, dem 3. Mai, empfing der König den amerikanischen Botschafter Whitelaw Reid, um den bevorstehenden Besuch des früheren Präsidenten Theodore Roosevelt zu besprechen, dessen Bekanntschaft König Edward noch nicht gemacht hatte. »Unser Gespräch«, sagte Reid, »war unterbrochen von Hustenanfällen.« Der König ließ das Dinner aus, rauchte aber eine Riesenzigarre und spielte Bridge mit Mrs. Keppel. Er konnte nicht schlafen. Bis zum Donnerstag empfing der König weitere Besucher und sagte von seinem Leiden: »Ich muß es bekämpfen.« Wenn Besucher ihn baten, sich zu schonen und zu ruhen, erwiderte er: »Nein, ich werde nicht nachgeben. Ich werde weitermachen. Ich werde arbeiten bis zum Ende.« Als Ponsonby ihm Papiere zum Unterzeichnen brachte, sah er ihn an seinem Schreibtisch sitzen, eine Decke über die Beine gebreitet. »Er war grau im Gesicht, schien unfähig, aufrecht zu sitzen, und war zusammengesunken. Zuerst hatte er Schwierigkeiten mit der Atmung... Aber das wurde allmählich besser.« Der König unterzeichnete einige Papiere, dann blickte er zu Ponsonby auf und sagte hilflos: »Ich fühle mich elend krank. Ich kann nicht schlafen. Ich kann nicht essen. Sie [die Ärzte] müssen etwas für mich tun.« Am Nachmittag dieses Tages erreichte Königin Alexandra Calais und war einige Stunden später in London. Es war das erste Mal in ihrer Ehe, daß ihr Mann, obschon in der Stadt, sie nicht am Bahnhof begrüßt hatte. Der Anblick des nach Atem ringenden Königs, dessen Gesicht kalkweiß war, verriet ihr die Wahrheit.

Der nächste Tag, Freitag, der 6. Mai, war König Edwards letzter. Am Morgen bestand er darauf, daß sein Kammerdiener ihm einen Frack anziehe. Später empfing er seinen Freund Sir Ernest Cassel und sagte: »Ich bin sehr unpäßlich, aber ich wollte Sie sprechen.« Dann brach er zusammen. Während des Nachmittags saß er zusammengesunken in seinem Sessel, und eine Serie von Herzanfällen erschütterte seinen kranken Körper. Fünf Ärzte erklärten, es gebe keine Hoffnung. Der Kranke erhielt Morphium, um die Schmerzen zu lindern. Er war zeitweilig bei Bewußtsein, und diese Augenblicke nutzten seine Freunde, um Abschied zu nehmen. Darunter befand sich auch Mrs. Keppel, welche die Königin in einer Geste der Großzügigkeit hatte rufen lassen, damit sie Abschied nehmen konnte. Um fünf Uhr nachmittags berichtete der Prinz von Wales seinem Vater, daß eines der Pferde des Königs, eine Zweijährige namens Witch of the Air, das Rennen in Kempton Park gewonnen hatte. »Ich bin sehr froh«, sagte der König. Am frühen Abend sank er in Bewußtlosigkeit. Um halb zwölf wurde er zu seinem Bett getragen, und eine Viertelstunde später, während der Erzbischof von Canterbury den Segen für ihn sprach, starb er.

Königin Alexandra sagte zu Ponsonby, wie friedlich der Tote aussehe, und daß es nicht der kalte Wind von Sandringham gewesen sei, der ihn umgebracht habe, sondern »dieses gräßliche Biarritz«. Sie sagte, sie fühle sich wie versteinert, unfähig zu weinen, unfähig, die Bedeutung des Todes ihres Mannes zu begreifen, unfähig, etwas zu tun. Sie erwähnte, daß sie am liebsten fortfahren und sich auf dem Land verstecken würde, aber da sei das Staatsbegräbnis, und all die Vorbereitungen, die zu treffen seien. König Edwards Sohn, jetzt der neue König George V. schrieb in dieser Nacht in sein Tagebuch: »Ich habe meinen besten Freund und den besten aller Väter verloren. In meinem ganzen Leben hatte ich nie einen Streit mit ihm. Ich bin gebrochenen Herzens und überwältigt von Kummer.« Jacky Fisher, seit kurzem im Ruhestand, stattete Königin Alexandra einen halbstündigen Kondolenzbesuch ab, und als er dem Aufgebahrten die letzte Ehre erwies, hatte er das Gefühl, der König würde erwachen, wenn er den Körper des Toten berühren könnte. »Die Welt ist nicht mehr die gleiche«, schrieb er. »Ich habe den größten Freund verloren, den ich je hatte... Ich verspüre so ein merkwürdiges Gefühl von Isolation, das ich nicht überwinden kann, und alles scheint mir verdammt gleichgültig...«

Bernhard von Bülow hielt fest: »In der auswärtigen Politik hatte uns der ... Tod Eduards VII. eine erhebliche Erleichterung gebracht. Nicht als ob ich glaubte, daß Eduard VII. auf den Krieg gegen Deutschland losgesteuert wäre ... Aber König Eduard bereitete uns, weil er die Deutschen nun einmal nicht mochte, aus Abneigung gegen seinen Neffen, auch aus Sorge vor der deutschen wirtschaftlichen Konkurrenz und vor dem hitzigen Tempo unserer Schiffsbauten, wo er konnte, Schwierigkeiten und Hindernisse.«

Privat begrüßte Kaiser Wilhelm den »Tod des Einkreisers«, fuhr aber sogleich nach London, um an dem öffentlichen Gepränge des Staatsbegräbnisses teilzunehmen.

H. H. Asquith hatte die Osterpause benutzt, um der Politik zu entgehen und den Ersten Lord Reginald McKenna an Bord der Admiralitätsjacht *Enchantress* auf einer Inspektionsfahrt nach Gibraltar zu begleiten. Über Funk benachrichtigt, daß der Zustand des Königs sich verschlechtere, entschloß sich Asquith zur Rückkehr. Am Morgen des 7. Mai wurde ihm um drei Uhr früh eine Funkbotschaft vom neuen König übergeben: »Ich bin zutiefst bekümmert, Sie informieren zu müssen, daß mein geliebter Vater der König heute abend (dem 6.) um viertel vor zwölf in Frieden entschlafen ist. George.« Asquith ging auf Deck und sah sich umgeben vom ersten schwachen Zwielicht des beginnenden Tages, das beherrscht war vom hellen Schein des Halleyschen Kometen: »Ich fühlte mich verwirrt und benommen. In einem höchst beunruhigenden Augenblick für die Geschicke des Staates hatten wir ohne Warnung oder Vorbereitung den Souverän verloren, dessen reife Erfahrung, geschulter Scharfsinn, ausgewogenes Urteil und unwandelbare Rücksichtnahme so viel zählten... Sein Nachfolger war bei all seinen guten und einnehmenden Eigenschaften ohne politische Erfahrung. Wir näherten uns einer Krise, die in der Geschichte unserer Verfassung nahezu beispiellos war. Was war jetzt das Richtige?«

Kaiser Wilhelm II. genoß das Begräbnis seines Onkels. »Die gesamte königliche Familie empfing mich am Bahnhof«, schrieb er stolz, »ein Zeichen ihrer Dankbarkeit für die durch mein Kommen bewiesene verwandtschaftliche Gesinnung.« In der Westminster Hall bewunderte er den »kostbar geschmückten Sarg« und das »wunderbare Spiel der Farben«, das entstand, wenn Sonnenstrahlen durch die schmalen hohen Fenster auf die Edelsteine der englischen Krone fielen, die den Sarg zierte. Es gefiel ihm, in der »gewaltigen, ergreifenden Trauerkundgebung« neben seinem Vetter, dem neuen König George V. zu reiten, vorbei an »der ungeheuren Schar ... in Schwarz ... alles in musterhafter Ordnung und lautloser Stille. Auf diesem dunklen feierlichen Hintergrund hob sich das Spalier der britischen Truppen umso farbenreicher ab. Prachtvoll nahmen sich die Bataillone der englischen Garden aus: Grenadiere, Scotsguards, Coldstreamguards und Irishguards in ihren vorzüglich sitzenden roten Röcken, weißem Lederzeug und schwarzen Bärenmützen. Alles ausgesuchter Ersatz von vortrefflichem Aussehen und ausgezeichneter militärischer Haltung, eine Freude für jedes soldatische Herz.«

Der Tod König Edwards hatte die Regierung in eine schwierige Lage gebracht. Asquith konnte nicht umhin, das Vetorecht des Oberhauses anzugreifen, selbst wenn er es lieber unterlassen hätte; es war Teil der Verpflichtung, die er den irischen Nationalisten gegenüber eingegangen war, die ihm seine Mehrheit verschafft hatten. Doch die einzige Macht, welche die Lords demütigen konnte, war das königliche Vorrecht. Alles hing am König; zuerst an Edward, jetzt an George. Nur der Monarch konnte die vielen neuen Pairs ernennen, die benötigt wurden, um das Oberhaus mit Stimmenmehrheit zu politischer Impotenz zu verurteilen. Und der neue König war, wie der Premierminister ihn geschildert hatte, »ohne politische Erfahrung«. Ihn unmittelbar nach seiner Thronbesteigung unter Druck zu setzen war zumindest unangenehm. Schlimmstenfalls konnte es für die Regierung schädlich sein. Die am 6. Juni vorgeschlagene Alternative war ein Waffenstillstand und eine Konferenz, an der vier Führer jeder Partei, darunter Asquith und Lloyd George, Balfour und Lansdowne ohne alles Aufsehen zusammenkommen und versuchen sollten, ihre Differenzen beizulegen. Obwohl glühende Eiferer in beiden Parteien – extreme Radikale auf der einen, extreme Tories auf der anderen Seite – Einspruch dagegen erhoben, daß ihre Prinzipien hinter verschlossenen Türen zum Gegenstand von Kompromissen gemacht würden, und entschiedene Konstitutionalisten sich sorgten, daß die grundlegende politische Struktur der Nation insgeheim verändert würde, fand die erste Zusammenkunft am 17. Juni in Downing Street 10 statt. 21 Besprechungen wurden im Laufe des Sommers und Herbstes 1910 abgehalten – ohne Erfolg.

Am Nachmittag des 10. November kam das Kabinett überein, daß das Parlament aufgelöst und die Frage des Vetorechts der Lords dem Land in allgemeinen Wahlen vorgelegt werden sollte. Am folgenden Tag suchte der Premier König George in Sandringham auf, um den König zu ersuchen, daß er sich verpflichte, genug neue Pairs zu ernennen, um ein Parlamentsgesetz im Oberhaus durchzubringen, sofern die anstehenden Neuwahlen einen weiteren Sieg der Liberalen erbrachten. Am 16. November kam Asquith in den Buckingham-Palast, um die Antwort des Königs zu erfahren. In großer Bedrängnis fragte König George, ob der Premier dieselbe Forderung an seinen Vater gerichtet hätte. »Ja, Sir«, sagte Asquith, »und Ihr Vater hätte zugestimmt.« Widerstrebend willigte der König ein. Mit seinem Versprechen – das einstweilen geheimgehalten wurde – führte Asquith seine Partei in eine Dezemberwahl, die zweite innerhalb eines Jahres.

Trotz der Aufregung im Parlament schien die Wählerschaft noch gelangweilter und desinteressierter als im Januar. Die Zahl der Nichtwähler erhöhte sich um 500000, und das Ergebnis war beinahe unverändert: Die Liberalen verloren zwei Sitze und kehrten mit 272 ins Unterhaus zurück. Die Konservativen gewannen zwei Sitze und brachten es gleichfalls auf 272 Sitze. Wie zuvor, bildeten die irischen Nationalisten (84 Sitze) und die Labour Party (42 Sitze) das Zünglein an der Waage. Daß sie mit der Regierung stimmen würden, stand fest.

Nichts konnte jetzt die Lords noch retten. Asquith hatte ein Mandat von der Wählerschaft, von der Mehrheit im Unterhaus und das heimliche Versprechen des Königs, neue Pairs zu ernennen. Im Februar 1911 wurde das Parlamentsgesetz im Unterhaus eingebracht. Bis zum Mai war die Vorlage verabschiedet und kam vor das Oberhaus. Die Pairs wußten noch immer nicht, daß der König sich verpflichtet hatte, sie wenn nötig in ihrer eigenen Kammer in eine Minderheit zu verwandeln, und behandelten die Vorlage mit der traditionellen Geringschätzung: Sie überwiesen sie an einen Ausschuß, wo sie durch Zusätze hinreichend verwässert wurde, um sie harmlos zu machen. Am 18. Juli ging Lloyd George zu Balfour und enthüllte das dem König im vergangenen Dezember abgerungene Versprechen. Balfour und Lansdowne sahen sofort, daß sie geschlagen waren; das Beste, was jetzt noch bewerkstelligt werden konnte, war eine stilvolle Kapitulation. Um seine Anhänger zu überzeugen, ersuchte Lansdowne den Premierminister, seine Absichten schriftlich niederzulegen. Am 20. Juli kam Asquith dem Ersuchen mit identischen Briefen an die Führer der Unionisten in beiden Häusern nach:

> Lieber Lord Lansdowne (Mr. Balfour):
> Bevor öffentliche Entscheidungen verkündet werden, halte ich es für höflich und richtig, Sie wissen zu lassen..., daß die Regierung, sollte sich die Notwendigkeit ergeben, dem König raten wird, seine Prärogative auszuüben, um

die Verabschiedung des Gesetzentwurfes in substantiell derselben Form sicherzustellen, in der er das Unterhaus verließ; und Seine Majestät hat angekündigt, daß er es für seine Pflicht halten wird, diesen Rat anzunehmen und danach zu handeln.

Ihr ergebener
H. H. Asquith

Am folgenden Morgen, dem 21. Juli, brachte Lord Lansdowne den Brief des Premierministers in eine Versammlung von 200 Pairs der Unionisten im Grosvenor House, dem Londoner Stadtpalais des Herzogs von Westminster. Lansdowne verlas Asquith' Brief und sagte, daß er glaube, die Regierung bluffe nicht.* Um eine Verwässerung des Pairsstandes zu vermeiden, riet er den Lords, die Vorlage so zu verabschieden, wie sie vom Unterhaus vorgelegt war. So oder so, sagte er, würde das Oberhaus sein Vetorecht verlieren.

Lord Lansdownes Argumente vermochten eine Anzahl seiner adligen Zuhörer nicht zu überzeugen, die sich unerbittlich gegen die Annahme des Entwurfs aussprachen, ganz gleich, von welcher Art die Konsequenzen sein mochten. Lord Curzon, ein früherer Vizekönig von Indien, selbst erst seit kurzem zur Pairswürde aufgestiegen und daher eifrig bemüht, die Entwertung der Standesehre zu verhüten, trotzte der Regierung, dem Monarchen und Lord Lansdowne, indem er ausrief: »Laßt sie ihre Pairs machen. Wir werden im letzten Graben sterben, bevor wir nachgeben!« Damit gab er den entschlossenen Gegnern der Vorlage den Namen »Ditchers«. Der Widerstand der »Grabenkämpfer« sammelte sich um die kleinwüchsig-stämmige, rotgesichtige Gestalt Lord Halsburys, eines früheren Lordkanzlers, damals achtundachtzig (er wurde achtundneunzig), der sich als Anwalt und Richter zum Titel eines Earls emporgearbeitet hatte und der, wie einer seiner Anhänger sagte, »unweigerlich aus Prinzip gegen jede Veränderung war«. Lord Halsbury hatte bereits angekündigt, daß er eine »feierliche Verpflichtung vor Gott und dem Land« darin sehe, gegen die

* Asquith bluffte nicht. Obwohl er einmal erklärte, daß er den König ersuchen wolle, nur soviel neue Pairs zu ernennen, um das Parlamentsgesetz mit einer Mehrheit von einer Stimme durch das Oberhaus zu bringen, stellte er bereits Listen von liberalen Herren zusammen, die er dem König zur Erhebung in den Adelsstand vorschlagen könnte. Eine Liste mit 249 Namen blieb erhalten. Sie enthält Männer, die sich auf verschiedenen Gebieten auszeichneten: 44 waren Baronets, 58 waren Ritter; es gab vier Generäle und einen Admiral (einer der Generäle war Baden-Powell, der Verteidiger von Mafeking und Gründer der Pfadfinder); die Geschichte war vertreten durch G. M. Trevelyan und G. P. Gooch, die Justiz durch Sir Frederick Pollock, der Handel durch den Millionär Abe Bailey; Philosophie und Mathematik durch George G. Murray und Bertrand Russell, das Theater durch J. M. Barrie und die Literatur durch Thomas Hardy und Anthony Hope.

Vorlage zu stimmen. Im Grosvenor House rief er aus, daß er dagegen stimmen werde, »selbst wenn ich allein stehe, statt zu kapitulieren«. Mindestens sechzig »Ditchers« schlossen sich diesem Gladiator an, und ihre Zahl schien zu wachsen.

Diejenigen, welche Lord Lansdowne unterstützten, wurden als »Hedgers«,* bekannt.** Zu ihnen zählte Arthur Balfour. Vielleicht, weil er spürte, daß nichts, was er sagen konnte, Lord Halsbury umstimmen würde; vielleicht, weil er nach dreißig Jahren als Parteiführer müde war und nur mit Anstand verlieren und zu anderen Fragen übergehen wollte; vielleicht, weil Politik für Arthur Balfour niemals mehr als ein Spiel war. Vielleicht aus all diesen Gründen zusammen zögerte Balfour, sich festzulegen. Da er nicht vor den zornigen Pairs erscheinen mochte, war er nur bereit, einen Brief an die *Times* zu schreiben: »Ich stimme mit Lord Lansdowne und seinen Freunden überein«, verkündete er. »Ich stehe zu Lord Lansdowne und bin bereit, wenn nötig, mit ihm zu fallen.« Es war die Erklärung eines Mannes, der wußte, daß er geschlagen war und sich damit abgefunden hatte. Aber in den Tory-Klubs in London und auf Wochenendparties in den Landhäusern Englands wurde der Ruf »B.M.G. – Balfour Must Go« lauter.

Balfours Abdankung als Parteiführer wurde in einer Szene offenbar, die Asquith die schwerste öffentliche Demütigung bereitete, die ein britischer Premierminister in der Geschichte des Parlamentarismus je hatte erleiden müssen. Am 24. Juli erhob sich Asquith im Unterhaus, um das Versprechen des Königs bekanntzugeben und zu erklären, wie es sich auf die Verabschiedung des Parlamentsgesetzes auswirken würde. Die Opposition glaubte, die Regierung habe dem König das Versprechen abgezwungen und sei darauf aus, nicht nur das Oberhaus zu zerstören, sondern darüber hinaus das Gesellschaftssystem, das Privateigentum, die Anglikanische Kirche – kurzum alles, was England seit Jahrhunderten zu »einem grünen und schönen Land« gemacht hatte –, und ließ ihn nicht zu Wort kommen.

Von den Bänken hinter Balfour riefen die Unionisten: »Verräter!« Es war der

* Drückeberger, also jemand, der sich hinter der Hecke versteckt. A. d. Ü.

** *The Times*, die schulmeisternde Stimme des konservativen England, stellte sich hinter Lansdowne. Sie tadelte Lord Halsbury und seine »Grabenkämpfer« wegen ihres Gebrauchs »pittoresker Wendungen wie ›die Fahne an den Mast nageln‹, ›mit wehender Fahne untergehen‹ und ›im letzten Graben sterben‹ ..., die im wirklichen Leben das Herz bewegen und das Blut in Wallung bringen. Was diese Wendungen so großartig macht, ist die Majestät des Todes. Aber die heroischen Pairs werden nicht untergehen oder im letzten Graben sterben; sie werden nur überstimmt. Das ist nicht die Majestät des Todes, sondern das Pathos der Bühne; und sich damit zu schmücken, ist nicht Tragödie, sondern Melodrama.«

Beginn einer Kanonade von Beschimpfungen und Schmähungen. Jedesmal, wenn das Lärmen ein wenig nachließ, begann Asquith einen Satz; sofort wurde er niedergeschrien: »Verräter!« »Diktator!« »Wer hat den König umgebracht?« Lord Hugh Cecil, ein Sohn Lord Salisburys, stand wiederholt auf und schrie: »Sie haben Ihr Amt entehrt!« Ein erboster Labourabgeordneter sprang auf und brüllte Lord Hugh an: »Viele Männer sind für weniger als die Hälfte dessen, was der edle Lord heute nachmittag getan hat, für geisteskrank erklärt worden!« Fünfundvierzig Minuten lang stand Asquith am Rednerpult und wartete auf eine Gelegenheit zu sprechen. Margot Asquith, die das Geschehen von der Galerie aus verfolgte, kritzelte wutentbrannt eine Notiz und schickte sie hinunter zu Sir Edward Grey, der hinter Asquith auf der Regierungsbank saß: »Um Himmels willen, verteidigen Sie ihn gegen die gemeinen Kerle.« Grey konnte nichts tun und zerriß die Notiz traurig. Schließlich gab der Premierminister auf. »Ich werde mich nicht erniedrigen«, sagte er und setzte sich. Der Lärm dauerte an; auf beiden Seiten wurden Fäuste geschüttelt, bis der Sprecher die Sitzung unterbrach.

Während dieser Vorgänge saß Arthur Balfour zurückgelehnt auf der vordersten Oppositionsbank, ohne sich an dem Aufruhr zu beteiligen, aber auch ohne etwas dagegen zu tun. Einige Beobachter glaubten Besorgnis in seinen Zügen zu sehen, andere dachten, er fühle sich abgestoßen. Wie auch immer, ob aus Überdruß und Müdigkeit, aus dem Verständnis, daß es Freuden gab, vielleicht in der Philosophie, die der Beteiligung an solch einem Schauspiel überlegen waren, oder vielleicht aus bloßer Gleichgültigkeit – Balfour tat nichts.

Um das Oberhaus nicht der Lächerlichkeit preiszugeben, überredete Lansdowne die Mehrzahl der Unionisten-Pairs schließlich, sich bei der Abstimmung über den Gesetzentwurf der Stimme zu enthalten. Die Abstimmung verengte sich so auf die Liberalen gegen die Grabenkämpfer. Selbst dann schien es, daß die Vorlage abgelehnt würde, da Lord Halsbury die Zahl seiner Anhänger vermehrte. Am Tag der entscheidenden Abstimmung, dem 10. August, bei einer Außentemperatur von 37 °C, der größten Hitze, die in England seit siebzig Jahren verzeichnet worden war, glaubten viele Grabenkämpfer noch immer, daß die Drohung der Regierung, neue Pairs zu schaffen, »reiner Bluff« sei. Der liberale Lord Morley, der den Gesetzentwurf eingebracht hatte, versuchte sie eines Besseren zu belehren: »Ich muß sagen, daß jede Stimme, die heute abend gegen meinen Antrag gegeben wird, eine Stimme zugunsten einer großen und prompten Schaffung neuer Pairs ist.«

Am Ende war es Lord Curzon, der, so verhaßt das Gesetz ihm war, das Oberhaus vor einer Invasion liberaler »Krämer« rettete. Als man zur endgültigen Abstimmung schritt, führte Curzon mit grimmiger Miene 37 Unionisten-Pairs zugunsten der Regierungsvorlage in den Vorraum. Dort gesellten sich 81 Liberale und 13 Bischöfe zu ihnen, während 114 Grabenkämpfer dagegen stimmten;

das endgültige Abstimmungsergebnis lautete 131 zu 114. Das Parlamentsgesetz konnte in Kraft treten, und das Oberhaus verlor sein Vetorecht. Die »Ditchers« waren »vor Wut außer sich«. Als das Ergebnis bekanntgegeben wurde, zischte Lady Halsbury von der Galerie und weigerte sich hernach, Lord Lansdowne die Hand zu geben. Am selben Abend wurden Pairs, die mit Lord Curzon und der Regierung gestimmt hatten, im Carleton-Klub offen »Verräter!« und »Judas!« genannt.

Die Szene im Unterhaus am 23. Juli war zuviel für Arthur Balfour. Am 9. August, dem Tag vor der entscheidenden Abstimmung im Oberhaus, verließ der Oppositionsführer England, um einen Urlaub in den österreichischen Alpen zu verbringen. Dort, inmitten der »Wasserfälle, der Bergwälder und Abgründe« von Bad Gastein, dachte er, inzwischen in seinem vierundsechzigsten Jahr, über sein Leben nach. Politik schien ihm »ganz ungewöhnlich verhaßt«; es war Zeit, sich der Philosophie zu widmen. Als er im Herbst nach England zurückkehrte, gab der Letzte der Cecils, der elegante Prinz des Unterhauses, die Führung der Unionisten ab. Sein Nachfolger war ein in Kanada geborener Stahlfabrikant aus Glasgow namens Andrew Bonar Law.

## 32. KAPITEL

# Der Eulenburg-Skandal

Als Asquith im November 1908 Balfour beiseite nahm, um ihm zu sagen, daß er keine Erklärung für die Ereignisse in Deutschland habe, außer daß »die inneren Verhältnisse des Reiches so unbefriedigend seien, daß es zu den wildesten Abenteuern getrieben werden könnte«, bezog er sich auf die von der Eulenburg-Affäre und dem *Daily Telegraph*-Interview des Kaisers ausgelöste Unruhe in Deutschland. »PREUSSISCHE HOFSKANDALE« lautete eine Schlagzeile der Londoner *Times*, und die Zeitungskorrespondenten aus aller Herren Länder saßen in Berliner Gerichtssälen und verfaßten Artikel, welche die Führungsschicht des Deutschen Reiches in ein gespenstisches Licht rückten. Bevor diese Ereignisse ihren Abschluß fanden, waren Schockwellen durch die deutsche Gesellschaft gegangen, der Kaiser hatte zwei Nervenzusammenbrüche erlitten und der Kanzler im Reichstag verkündet: »Aus den Verfehlungen einzelner Mitglieder der oberen Gesellschaftsklassen ... auf eine Korruption des Adels, auf eine Verseuchung der Armee zu schließen, ist ungerecht und töricht.«

Die Diplomatie Bülows und Holsteins, Frankreich in der Marokkofrage unter Druck zu setzen und die britisch-französische Entente zu zerbrechen, bevor sie fest verankert werden konnte, hatte ihr Ziel nicht erreicht. Der Kaiser, der Bülow in seiner Freude über den Sturz Delcassés zum Fürsten erhoben hatte, war enttäuscht und verärgert. Irgend jemand würde dafür bezahlen müssen. Bülow, der sich Holsteins Strategie bedient und das Verdienst daran eingeheimst hatte, solange sie erfolgreich gewesen war, zeigte keine Neigung, den Sündenbock zu spielen.

Im Frühjahr 1906, als Deutschlands Isolierung in Algeciras nicht mehr zu übersehen war, verschlechterte sich Holsteins Position in Berlin. Der Staatssekretär des Auswärtigen Amtes, von Richthofen, den zu ignorieren Holstein gewohnt war, starb im Januar und wurde ersetzt durch Heinrich von Tschirschky, einen Freund des Kaisers, den Holstein ablehnte. Tschirschky erwiderte diese Gefühle. Nach der Konferenz von Algeciras kamen Bülow und Tschirschky gleichzeitig zu dem Schluß, daß der Augenblick, sich von Holstein zu trennen, gekommen sei. Der Geheimrat war sich des Bebens unter seinen

Füßen bewußt und nahm in Fehleinschätzung seiner Unentbehrlichkeit Zuflucht zu seiner gewohnten Taktik: Am 2. April übergab er Bülow sein Rücktrittsgesuch. Am 4. April sagte Bülow ihm, daß er nichts unternehmen werde, bevor er die Angelegenheit mit dem Kaiser besprochen habe. Am 5. April erlitt Bülow, bevor er Wilhelm II. gesprochen hatte, im Reichstag einen Schwächeanfall und wurde nach Hause gebracht. Von seinem Bett aus instruierte der Kanzler Tschirschky, Holsteins Rücktrittsgesuch mit der Empfehlung, daß es angenommen werde, an den Kaiser weiterzuleiten. Als Wilhelm das Dokument erhielt, unterzeichnete er es sofort.

Nachdem er den ersten Schock über seinen jähen Sturz überwunden hatte, widmete Holstein seine beträchtlichen Fähigkeiten der Aufgabe, den Feind ausfindig zu machen, der dies zustandegebracht hatte. Bülow zog er nicht in Betracht: der Reichskanzler war seit dreißig Jahren sein Protégé und Verbündeter gewesen; Bülow hatte die besondere Rolle des Geheimrats in der Wilhelmstraße stets respektiert; außerdem hatte er zu Hause im Bett gelegen. Tschirschky, das wußte er, fehlte die Autorität, um den Kaiser zu solch einer Tat zu bewegen. Dann erfuhr Holstein, daß Fürst Philipp zu Eulenburg am 17. April, dem Tag, als Wilhelm II. das Rücktrittsgesuch gegengezeichnet hatte, zum Mittagessen im Schloß gewesen war. Holstein suchte nicht weiter. Dieser Freund des Kaisers, der seit den 90er Jahren als enger Berater Wilhelms II. politischen Einfluß ausübte, hatte wieder eine Probe seiner persönlichen Macht geliefert. Sein Feind, davon war Holstein überzeugt, war Philipp Fürst zu Eulenburg und Hertefeld.

Den größten Einfluß auf Philipp zu Eulenburgs Leben hatte, wie er immer sagte, seine Mutter. Alexandrine von Rothkirch-Eulenburg war eine Frau von künstlerischem Temperament, die Musikliebhaberin war und beträchtliches Können als Amateurmalerin zeigte. Von seiner Mutter hatte Philipp die Begeisterung für Natur, Kunst, Musik und Dichtung geerbt und eine Neigung zu idealistischen engen Freundschaften. Die Gräfin zu Eulenburg lebte, bis ihr Sohn fünfundfünfzig war, und verbrachte so viel Zeit wie möglich an seiner Seite; waren sie getrennt, so schrieben sie einander täglich.

Eulenburgs Vater, ein nüchterner, unsentimentaler Preuße, der Offizier gewesen war, fand wenig Gutes an den künstlerischen Interessen seiner Frau und seiner Kinder. Philipp war gegen ihn so verschlossen, wie er offen zu seiner Mutter war. »Nicht vermag ich«, schrieb er später, »mit Worten die Macht zu schildern, welche die Phantasie in meiner Kindheit, in meiner Jugend auf mich ausübte. ... Die Engigkeit der Verhältnisse, in denen damals meine Eltern lebten, das unaufhörliche Gemahnen meines Vaters, sich einzuschränken, erfüllte mich mit Bitterkeit.«

Als Erbe eines Landedelmannes war dem jungen Grafen zu Eulenburg der

Weg durch Herkunft und Tradition vorgezeichnet. Er trat als Kadett in das königliche Leibregiment Gardedukorps in Potsdam ein. Er war ungeschickt und haßte die »Qual ungerechter, enger und roher Vorgesetzter«. Beim Ausbruch des Deutsch-Französischen Krieges ging das Regiment an die Front, aber sein kommandierender Offizier ließ ihn zurück. Schließlich wurde er zum Stabsdienst abkommandiert, wo er sich seinem neuen Kommandeur so nützlich zu machen verstand, daß dieser ihn für das Eiserne Kreuz vorschlug, obwohl Philipp nie ein Gefecht gesehen hatte. Nach Kriegsende erwirkte seine Mutter ihm die Erlaubnis des Vaters, aus dem Heeresdienst auszuscheiden. Er studierte an den Universitäten von Leipzig und Straßburg, promovierte in Jura und begann ohne Begeisterung eine Juristenlaufbahn bei Gericht. Mit achtundzwanzig heiratete er eine schwedische Gräfin, die ihm im Laufe von elf Jahren acht Kinder schenkte. Trotzdem scheint er seine Ehe, zumindest in späteren Jahren als eine Heimsuchung empfunden zu haben. Seine Frau, sagte ein Freund, sei »schrecklich langweilig«. »Ihre Konversation war unbedeutend«, sagte ein anderer Freund. »Sie stand völlig im Bann des brillanten Philipp, zu dem sie in verehrungsvoller Liebe und Bewunderung aufblickte.«

Er wechselte in den diplomatischen Dienst über, weil er glaubte, daß dieser Beruf ihm mehr Zeit lassen würde, seine künstlerischen Neigungen zu entfalten. »Mein dienstlicher diplomatischer Beruf war mir eine Qual. Durch und durch Künstler und meines Erfolges sicher, kämpfte ich wie ein Verzweifelter gegen meinen Vater, der in seiner altpreußischen Art nur den Staatsdienst anerkannte und jeden künstlerischen Beruf als eine Tändelei, ein Spielzeug für einen Grafen Eulenburg betrachtete.«

Mit dreißig trat er ins Auswärtige Amt ein, wobei ihm seine Freundschaft mit Herbert von Bismarck zustatten kam. (Eulenburgs Schwester Ada war eine vertraute Freundin der Tochter des Kanzlers, Marie.) Während Herberts unglücklicher Liebesaffäre mit Prinzessin Elisabeth Carolath hatte Eulenburg eine Doppelrolle gespielt: dem liebeskranken Sohn war er der intime Freund, dem alles anvertraut werden konnte; den besorgten Eltern war er der vernünftige junge Mann, der ihren Sohn auf den Pfad der Vernunft zurückführen konnte. Später hatte der dankbare Herbert vorgeschlagen, daß der »liebe Phili« zu ihm in den diplomatischen Dienst komme.

Eulenburgs Karriere war keineswegs stürmisch. Erst mit vierunddreißig erhielt er 1881 seine erste Bestellung als Dritter Sekretär an der deutschen Botschaft in Paris. In die sechs Monate seiner Pariser Dienstzeit fiel der Beginn einer Freundschaft mit Bernhard von Bülow, der zur gleichen Zeit Zweiter Sekretär der Botschaft war. Eulenburgs nächster Posten war München, wo er als Erster Sekretär der Preußischen Gesandtschaft diente. Seine offiziellen Pflichten waren leicht zu bewältigen, und er konnte sich in das kulturelle und künstlerische Leben der bayrischen Hauptstadt stürzen. Eulenburg hatte bedeutende Talente, deren Erfolge um so höher zu bewerten sind, als er auf allen künstlerischen Gebieten Autodidakt war. Er schrieb Kindergeschichten, die einer so unwahrscheinlichen Quelle wie Friedrich von Holstein begeistertes Lob entlockten. Eulenburgs Stücke wurden von öffentlichen Theatern in Berlin und München inszeniert. Ohne formale Architekturausbildung entwarf er Säle und Pavillons im italienischen Stil für den Familienbesitz in Liebenberg. Besonders stolz war er auf seine Musik. Seine »Rosenlieder« erlebten im Laufe von 25 Jahren 300 Auflagen und wurden in 500000 Exemplaren verbreitet. Er schuf Balladen, »Skaldengesänge«, die auf nordischen Sagen beruhten; diese Lieder und Balladen sang er häufig selbst mit einer angenehmen Stimme. Er beschäftigte sich mit Plänen für eine Oper. In Paris sang er eine seiner Kompositionen einmal einem berühmten Sänger vor, der ihn drängte, Kontrapunkt zu studieren. Doch davon wollte Eulenburg nichts wissen. Als er mit Bülow den Sänger verließ, sagte er: »Ich werde mich hüten, den Kontrapunkt zu studieren. Das würde die Flügel meines Genius lähmen.«

Diese Talente und seine glänzende Gabe als Unterhalter und Erzähler beeindruckten Kronprinz Wilhelm von Hohenzollern, als Eulenburg mit neununddreißig den siebenundzwanzigjährigen künftigen Kaiser im Mai 1886 auf einer Jagdgesellschaft kennenlernte. Eulenburg, ein hochgewachsener, stattlicher Mann mit breiter Stirn, sauber gestutztem Bart und großen, ausdrucksvollen Augen, zog den Kronprinzen sofort in seinen Bann. Während Eulenburg am Klavier saß, seine Lieder sang und sich selbst begleitete, wendete Wilhelm die Notenblätter um. Von diesem Sommer an luden Wilhelm und Auguste Viktoria ihn häufig nach Reichenhall ein. Eulenburg, schrieb Wilhelm später, »erfreute uns durch Klavierspiel und Vorträge seiner Balladen; eine der schönsten, die den Untergang von Atlantis besingt, wurde mein Lieblingsstück. Er war gleich mir ein großer Naturschwärmer, und auf langen Spaziergängen in der schönen Umgebung von Reichenhall haben meine Frau und ich lange Unterhaltungen über Kunst, Musik und Literatur mit ihm führen können; besonders bewandert zeigte er sich in der italienischen Renaissance. Er war auch mit vielen namhaften Künstlern in München bekannt oder befreundet und wußte interessant aus ihrem Leben und von ihren Arbeiten zu erzählen.« Wilhelm hob auch die erzählerischen Qualitäten seines neuen Freundes hervor: »Er gehörte zu den glücklichen Leuten, denen stets, vornehmlich auf Reisen, etwas Komisches zustößt, und die das auch in geeigneter Form darzustellen verstehen.« Bald machte Wilhelm den Grafen Eulenburg mit seinem früheren Lehrer Hinzpeter als seinen »Busenfreund« bekannt. »Wenn er in unser Potsdamer Heim trat«, erinnerte sich Wilhelm später, »war es stets, als flute Sonnenschein in den Alltag.«

Eulenburg erwiderte Wilhelms Freundschaft enthusiastisch. Seine Briefe an den Kronprinzen waren blumenreich: »Ew. königlichen Hoheit Brief langte an meinem Geburtstag an, und ich habe ihn als schönstes Geschenk zu meinen Geschenken legen können.« Wenn Wilhelm niedergeschlagen war, zeigte Eulenburg tiefes Mitgefühl; war er in guter Stimmung, überhäufte Eulenburg ihn mit Lob. Einmal erhielt Wilhelm ein unerfreuliches Telegramm: »Er war sehr blaß«, schrieb Eulenburg an seinen Freund Bülow, »und sah mich mit seinen schönen blauen Augen halb erschreckt, halb unglücklich fragend an.« Als Kaiser hatte Wilhelm eine Rede gehalten: hinterher, schrieb Bülow, war »Phili ... so hingerissen, daß er ... auf den Kaiser zustürzte und seiner Majestät vor mir beide Hände mit den Worten küßte: ›Ich bin überwältigt, ich bin ganz fassungslos.‹«

Die Bismarcks begrüßten die Freundschaft. »Mein lieber Phili«, schrieb Herbert im August 1886 an Eulenburg, »daß Sie Prinz Wilhelm aufgesucht haben, ist sehr verdienstlich. Er hält sehr viel von Ihnen und hat mir hier Ihr Lob in allen Tonarten gesungen. Das müssen Sie benutzen und ... noch wiederholt vorsprechen und ihn bearbeiten. Denn das gewisse Himmelstürmende in seinen meisten Ansichten muß noch mehr und mehr herabgestimmt werden, damit die Potsdamer Leutnantsauffassungen allmählich staatsmännischen Reflexionen Platz machen können. Sonst ist der Prinz ja eine Perle.« Gegen Ende des Sommers fuhren Wilhelm und Eulenburg zusammen nach Bayreuth, um *Tristan und Isolde* und *Parsifal* zu hören und die Familie Wagner zu treffen, die Eulenburg bereits kannte. Herbert von Bismarck schrieb wiederum zustimmend: »Morgen sind Sie also mit Prinz Wilhelm in Bayreuth ... Hoffentlich passen Sie gut auf ihn auf, daß die Wagnerschen Posaunendissonanzen dem leidenden Ohr des Prinzen nicht schaden. Sechs Stunden Zukunftsmusik würden selbst mein Trommelfell entzünden. Ich fürchte immer, der Prinz mutet sich bei der Energie, die er in alles hineinbringt, zu viel zu, und daran muß man ihn verhindern, denn seine Gesundheit ist von geradezu unschätzbarem Werte für das deutsche Vaterland.«

Zu dieser Zeit schien Prinz Wilhelms Vater, Kronprinz Friedrich, bei guter Gesundheit zu sein, und die meisten Zeitgenossen hätten es unwahrscheinlich gefunden, daß Prinz Wilhelms Gesundheitszustand in den nächsten zehn oder fünfzehn Jahren von großer Bedeutung für die deutsche Nation sein könnte. Tatsächlich aber sollte der junge Mann schon 24 Monate später deutscher Kaiser werden. Die Bismarcks blieben weiterhin Förderer der Freundschaft. Als Wilhelm, nun Kaiser, eine Reisegesellschaft für seine erste Kreuzfahrt in norwegische Gewässer zusammenstellte, schlug Herbert vor, daß Eulenburg an dieser Reise teilnehme. »Ihr Einfluß auf S. M. ist ein vortrefflicher«, sagte er. Eulenburgs einzigartige Stellung als Busenfreund des Kaisers und Vertrauter der Bismarcks endete im März 1890 mit der Entlassung des Reichskanzlers. In der großen Spaltung, die in den 1890er Jahren Gesellschaft und Bürokratie teilte, entschied sich Eulenburg für Wilhelm II. Als er bei Otto von Bismarcks Beerdigung 1897 auf Herbert zuging, um ihm sein Beileid auszusprechen, kehrte Herbert ihm ostentativ den Rücken.

Wilhelms Thronbesteigung rief in Eulenburg die Befürchtung wach, daß die Freundschaft enden würde, aber der neue Monarch ermutigte ihn. Seine enge Freundschaft mit dem jungen Kaiser verschaffte Eulenburg rasch eine Schlüsselrolle in der kaiserlichen Regierung. Sobald Caprivi Bismarck ersetzt hatte und Marschall Staatssekretär im Auswärtigen Amt wurde, errang Holstein dort eine beherrschende Rolle. Wilhelm und der einsiedlerische Vortragende Rat trafen nicht zusammen, und die Aufgabe des Mittlers zwischen ihnen fiel Eulenburg zu, dessen inoffizieller Titel »Botschafter der deutschen Regierung beim Kaiser« wurde. 1890 erkannte Marschall, nominell Eulenburgs Vorgesetzter – Eulenburg diente als Preußischer Minister für das Großherzogtum Oldenburg – Eulenburgs Einfluß an: »Wenn ich ... mit einer gewissen Zuversicht ans Werk gegangen bin, so verdanke ich diese Stimmung nicht zum wenigsten den freundlichen und liebevollen Worten, die Sie, hochverehrter Herr Graf, an mich gerichtet haben. Was Sie mir an Vertrauen und freundschaftlicher Gesinnung entgegenbringen, das erwidere ich von ganzem Herzen mit der Bitte, mich auch fernerhin mit Rat und Tat und, wo es nötig wird, auch durch eine rückhaltlose Kritik zu unterstützen.«

Holstein schrieb beinahe täglich an Eulenburg und erbat seine Hilfe, wenn es darum ging, den Kaiser zu lenken: »Vielleicht könnte Seine Majestät sagen...«; »Ein nützlicher Gesprächsgegenstand würde sein...; »Sie könnten Seiner Majestät vorschlagen, daß er...«; »Sie müssen eine Warnung vor... aussprechen«. Holstein motivierte Eulenburg mit einer Mischung aus Dankbarkeit und warnender Besorgtheit um des Kaisers Stellung: »Ihr heutiger Brief ... läßt mich hoffen, daß wir S. M. doch noch zurückhalten werden, mit Ihrer Unterstützung, sonst nicht.« »Ich halte mich deshalb für verpflichtet, Sie rechtzeitig zu informieren, weil es sich hier direkt um die persönliche Stellung Ihres kaiserlichen Freundes handelt. Diese Stellung wird leider ohnehin schon nicht größer, im Gegenteil. Das Volk nimmt ihn nicht ernst.«

Eulenburg füllte seine Botschafterrolle beim Kaiser hauptsächlich durch Briefe aus; wenn die Angelegenheit dringend war, reiste er nach Berlin. Den Kaiser sah er alljährlich bei der Kaiserjagd in der Romintener Heide in Ostpreußen, bei Jagdausflügen auf seinem eigenen Besitz Liebenberg bei Berlin; an Bord der *Meteor* während der Kieler Woche (in Wilhelms kleiner Kajüte befand sich ein Bild von Eulenburg) und bei den alljährlich im Juli stattfindenden Kreuzfahrten nach Norwegen. Während dieser kaiserlichen Freizeitvergnügen genoß Eulenburg besondere Vorrechte. Seine Kabine an Bord der *Hohenzollern* lag neben der des Kaisers. Wenn Wilhelm seine älteren Generäle zu morgendlichen Freiübungen an Deck befahl (wobei er sie in die Hocke gehen ließ, damit er von hinten herangehen und ihnen einen Stoß geben konnte, daß sie vornüberfielen), war Eulenburg abwesend. »Der Kaiser hat mich niemals angerührt«, sagte er, »er wußte, daß ich mir das nicht hätte gefallen lassen.« Bei Jagdgesellschaften, wo alle gezwungen waren, grüne Jägerkleidung mit hohen Kragen und braune Schaftstiefel mit silbernen Sporen zu tragen, wagte nur Eulenburg den Kragen zu öffnen, um sich Luft zu machen.

Eulenburgs Einfluß auf den Kaiser führte in der Mitte der 1890er Jahre zu Spekulationen, daß er zum Staatssekretär oder sogar zum Kanzler ernannt werden könnte. Eulenburg wies dieses Gerede von sich. Als Caprivis Position 1894 geschwächt war und Eulenburgs Name als der eines möglichen Nachfolgers genannt wurde, bat er den Kaiser, ihn niemals zu bitten, das Amt anzunehmen. Wilhelm II. lachte. »Natürlichen Verstand hast Du reichlich und reden kannst Du wie ein Buch – also! Und doch stimme ich Dir zu, denn Du bist allerdings nach einer Richtung hin für einen Reichskanzler völlig ungeeignet: Du bist zu gutmütig.«

Eulenburg konnte es sich auch deshalb erlauben, die anstrengende Rolle eines Staatssekretärs abzulehnen, weil er einen engen Freund gefunden hatte – ein Alter ego –, der an seine Stelle treten konnte. Bernhard von Bülow, Eulenburgs Pariser Kollege, war ehrgeizig und hatte den Machtinstinkt, der Eulenburg abging. Von Anfang an hatte Bülow in Eulenburg einen nützlichen Freund gesehen. »So geriet ich bald unter den Zauber von Eulenburg«, schrieb Bülow über ihre frühen Jahre. Später, sagte Bülow, wurde Eulenburg »derjenige meiner Freunde, der meinem Herzen am nächsten gestanden hat.« Eulenburg machte seine Talente bald Bülow nutzbar. Als dieser um die geschiedene Gräfin Maria Dönhoff warb, setzte sich Eulenburg ein, Bülow den Weg in der Wilhelmstraße zu ebnen. 1888 wurde Bülow nach Bukarest versetzt, wo er als Botschafter fünf Jahre verbringen mußte – und darauf zählte, daß Eulenburg ihn retten würde.

Bülow verstand Eulenburgs überschwengliche Natur und schrieb ihm in der gleichen Sprache: »Ich habe eine große Sehnsucht, Sie wiederzusehen, liebster Philipp!«; »Nichts und niemand wird uns je voneinander trennen können«; »Äußerlich in manchem unähnlich, sind wir innerlich doch wahrhaft wahlverwandt ... Als schwesterliche entfliegen einst unsere Seelen dem rätselhaften Born alles Daseins; nur andere Hüllen und verschiedenfarbige Flügel wurden uns gegeben. ... Seit ich Dich kenne, warst Du mir sympathisch, habe ich Dich von Herzen lieb.« Im Jahre 1893, als davon gesprochen wurde, daß Eulenburg an Marschalls Stelle als Staatssekretär im Auswärtigen Amt treten würde, teilte Eulenburg seine Bedenken mit Bülow: »Ich armes Huhn, zum Adler zurecht gemacht! Ich höre mich gackern, statt die Krallen einzuschlagen, und sehe mich ein Ei legen, statt majestätisch mit flammenden Blicken auf dem Giebel der Wilhelmstraße 76 zu sitzen! Davon darf keine Rede sein!«

Bülow war entgegengesetzter Ansicht: »Ich halte – nicht als Freund – rein objektiv gesprochen – Dich für den idealen Staatssekretär. Du würdest nicht als armes Huhn auf dem Hofe herumlaufen, sondern als treuer, kluger, edler Wachhund vor der Schwelle des Reiches und des Kaisers lagern. Du hast außer genialer Intuition ... das volle Vertrauen Sr. M., die allgemeine Sympathie, Namen, Auftreten, kurz alles.«

Bülow begriff auch die Notwendigkeit, Eulenburgs glühende Verehrung des Kaisers zumindest zum Schein zu teilen. »Wir können nicht dankbar genug sein, daß wir einen solchen Herrn haben, der mich immer an die heldenhaften Salier- und Hohenstaufenkaiser unseres Mittelalters gemahnt«, schrieb er im August 1890 an Eulenburg. »Die Persönlichkeit des Kaisers wird unzweifelhaft mit jedem Tag fesselnder.« Eulenburg war natürlich erfreut, der Karriere eines Mannes nachzuhelfen, der so warmherzig und weise schien. Bülows Versetzung von Bukarest nach Rom im Jahre 1893 war weitgehend Eulenburgs Werk. 1895, als Bülow nur zwei Jahre im Palazzo Caffarelli residiert hatte, schrieb Eulenburg, der noch größere Pläne für seinen Freund hatte, dem Kaiser: »Bernhard ist der wertvollste Beamte, den Ew. Majestät haben, der prädestinierte Reichskanzler der Zukunft.« Wilhelm II. gefiel diese Idee. »Bülow soll mein Bismarck werden«, sagte er zu Eulenburg.

Die beiden Freunde – Eulenburg war Botschafter in Österreich-Ungarn, Bülow Botschafter in Italien – trafen 1896 insgeheim in Tirol zusammen. Eulenburg berichtete dem Kaiser: »Hätte die große Masse der Politiker unsere Unterhaltung während dieser Tage gehört, sie hätten ihren Ohren nicht getraut ... denn persönliche, menschliche Liebe zu dem besten aller Könige und natürliche, herzliche Freundschaft untereinander – wie soll das in unserer complizierten Welt richtig begriffen werden?« Unterdessen arbeitete Eulenburg emsig daran, Marschall als Staatssekretär zu entfernen. »Ich darf wohl Ew. Majestät daran erinnern«, schrieb Eulenburg an Wilhelm, »daß ich ... im vergangenen Jahr den Rücktritt Marschalls vollständig vorbereitet habe. Nachher beließen ihn Ew. Majestät aus opportunistischen Gründen im Amte.«

Endlich, im Juni 1897, hatte Eulenburg Erfolg: Marschall wurde entlassen, Bülow aus Rom herbeigerufen und zum Staatssekretär im Auswärtigen Amt ernannt. Bülow bezahlte diese Beförderung mit einem Brief, von dem er wußte, daß er Eulenburg gefallen würde: »Ich hänge mein Herz immer mehr an den Kaiser. Er ist so bedeutend!! Er ist mit dem großen König und dem großen Kurfürsten weitaus der bedeutendste Hohenzoller, der je gelebt hat. Er verbindet in einer Weise, wie ich es nie gesehen habe, ... echte und ursprünglichste Genialität mit dem klarsten bon sens. Er besitzt eine Phantasie, die sich mit Adlerschwingen über alle Kleinigkeiten emporhebt, und dabei den nüchternen Blick für das mögliche und erreichbare. Und dabei welche Tatkraft! Welches Gedächtnis! Welche Schnelligkeit und Sicherheit der Auffassung!«

Eulenburg dankte Bülow überglücklich: »Es ist mir stets ein unheimliches Gefühl, wenn ich daran denke, daß unser lieber guter Herr mit Dir seine letzte Karte in die Hand nahm. Ein anderer kann – oder vielmehr wird auch ihm nicht mehr die Arbeit tun, wie Du sie tust. Die Mischung von Genialität, Kenntnissen und Loyalität, wie Du sie vereinigst, hat heute niemand außer Dir! Das kann ich mit Sicherheit behaupten. Bei einem anderen können Genialität, oder Kenntnisse vorhanden sein aber an der Loyalität wird es immer fehlen, an der Liebe des treuen Dieners, die bei Dir die Form der Liebe eines Vaters zu einem schwierigen Kind angenommen hat. Wie furchtbar einsam steht doch der liebe Kaiser da!« Als Bülow zum Reichskanzler ernannt wurde, beglückwünschte Eulenburg ihn abermals: »Eine der besten Aufgaben, zu denen mich aber Gott bestimmte, war mein Eingreifen in Deinen Lebensgang. Dieses Eingreifen, das ich stets als eine Mission empfunden habe.« Im Rückblick stellte Eulenburg fest: »Es beherrschte mich das Gefühl, daß ich das Schiff der Regierung des Kaisers – die Regierungsmaschine – nach fürchterlichen Stürmen durch neun Jahre hindurch endlich in einen doch leidlich sicheren Hafen gesteuert habe.«

Mit Bülow am Ruder ging Eulenburgs unmittelbarer politischer Einfluß zurück, was, wie er sagte, seinen Wünschen entsprach. Er erhielt seine persönliche Freundschaft mit dem Kaiser durch die jährlichen Kreuzfahrten nach Norwegen und die Jagdgesellschaften in der Romintener Heide und Liebenberg. Seine Freundschaft mit Wilhelm wurde womöglich noch vertrauer. In Rominten, berichtete Eulenburg seinem Freund Bülow, sei er erschrocken gewesen wegen »dem runzeligen, früh gealterten Gesicht und den grauen Haaren« der Kaiserin, sie habe »die ganze Nacht Szenen gemacht mit Weinen und Schreien«. Eulenburg war tief beunruhigt: »Die arme, liebe Kaiserin scheint wirklich in einer schlimmen Geistesverfassung zu sein!«, klagte er Bülow, sie »müsse durch die Gefahr, ihn zu verlieren, zur Besinnung gebracht werden.« Auguste Viktoria blieb, und Eulenburgs Besorgnis dauerte an. Drei Jahre später sagte er: »Ihre Liebe für S. M. ist wie die Leidenschaft einer Köchin zu ihrem Schatz, der im Begriff steht, abzuhauen. Diese Art, sich zu oktroyieren, ist nun allerdings nicht das Mittel, um sich fester zu setzen.«

Inzwischen war Eulenburg das offizielle Leben zur Last geworden. »Durch zehn Jahre furchtbar mühevoller Arbeit mit unserem lieben Herrn war ich total erschöpft«, rechtfertigte er sich vor Bülow. Im folgenden Jahr brach er mit Holstein. Obwohl Wilhelm seinen alten Freund 1900 in den Rang eines Fürsten erhob, war Eulenburgs Glück im Niedergang begriffen. Seine »süßliche, affektierte Frömmigkeit« stieß einen diplomatischen Kollegen ab. Eulenburg selbst erklärte: »In einem bestimmten Alter machen Männer gerade wie Frauen eine Periode körperlicher Veränderung durch.« Dies treffe insbesondere für Männer zu, »die in ihrer Feinfühligkeit... eine Art weiblicher Sensibilität besitzen«.

1902 starb Eulenburgs Mutter. Geplagt von Sorgen, einem Herzleiden und Gicht, verließ er Wien nach acht Jahren als Botschafter und zog sich nach Liebenberg zurück. Eulenburg wurde auch weiterhin zu herbstlichen Jagdgesellschaften und Kreuzfahrten nach Norwegen eingeladen, lehnte aber aus Gesundheitsrücksichten ab. Wenn Eulenburg Geburtstag hatte, besuchte der Kaiser ihn stets in Liebenberg. »Da Phili jetzt gar nicht mehr zu mir kommt«, sagte Wilhelm, »muß ich schon zu ihm kommen.« 1903 machte Eulenburg noch einmal eine Ausnahme und nahm an der Norwegenkreuzfahrt teil. Er war während der ganzen Reise krank und fand, daß seine Abneigung gegen das Ferienvergnügen zugenommen hatte; er beschrieb die Kaiserjacht ›Hohenzollern‹ als »schwimmendes Schauspielhaus«, auf dem es zuginge wie »in dem frivolsten Leutnantskasino«. Bis 1905 schien sich Eulenburgs Gesundheitszustand zu bessern. In diesem Herbst besuchte der russische Graf Sergej J. Witte, der von den russisch-japanischen Friedensverhandlungen in Portsmouth, New Hampshire, in die Heimat zurückkehrte, den Kaiser in Rominten. Dort sah er Eulenburg großartig wie einen Monarchen in einem riesigen Sessel sitzen, während Wilhelm auf der Armlehne desselben Sessels saß und lebhaft wie ein Leutnant redete und gestikulierte. Es schien, daß Philipp Eulenburg, der engste Freund des Kaisers, seine Rolle als Förderer und Zerstörer politischer Karrieren im kaiserlichen Deutschland wiederaufnehmen würde.

Sobald Holstein zu der Auffassung gelangt war, daß Eulenburg derjenige gewesen sei, der ihn zu Fall gebracht hatte, brannte er auf Rache. Seit Jahren hatte er sich durch sein spinnenartiges Netzwerk von Quellen zum Mitwisser von Polizeiakten über führende Persönlichkeiten des Staates gemacht. So war ihm bekannt, daß Philipp zu Eulenburgs Name in den 1880er Jahren auf einer geheimen Liste von Persönlichkeiten gestanden hatte, die homosexuellen Verhaltens verdächtigt wurden. Am 1. Mai 1906 erhielt Eulenburg einen Brief von Holstein. Er begann mit einer Anklage: »Mein Phili! Dieser Anruf ist kein Zeichen der Hochschätzung, denn ›Phili‹ bedeutet heute unter Zeitgenossen – nichts Gutes. Ihr langjähriges Ziel, meine Beseitigung, ist nun endlich erreicht. Auch sollen die gemeinen Preßangriffe gegen mich gerade Ihren Wünschen entsprechen.« Und dann folgte eine nackte Drohung: »Ich bin jetzt frei, Sie zu behandeln, wie man eine verächtliche Person mit Ihren Eigentümlichkeiten behandelt.«

Eulenburg begriff, daß Holstein ihn vernichten wollte. Er fühlte, es gehe »um Leben und Tod« und glaubte, nur ein Duell könne seinen Namen reinwaschen. Er forderte Holstein auf Pistolen. Als er Tschirschky informierte, war der Staatssekretär entsetzt. Der Skandal, wenn zwei prominente ältere Herren, die bis vor kurzem hohe Staatsämter bekleidet hatten, einander zu töten oder zu verletzen suchten, wäre unvorstellbar. Tschirschky bat Eulenburg, er solle die Forderung »um Gottes und des Kaiser willen« zurückziehen. Eulenburg erklärte sich dazu bereit, wenn Holstein sich entschuldigte. Am 3. Mai schrieb Holstein: »Nachdem der Fürst zu Eulenburg auf sein Ehrenwort erklärt hat, daß er zu meiner Entlassung in keiner Weise mitgewirkt hat, auch allen gegen mich gerichteten Presseangriffen vollständig fernstehe, ziehe ich die in meinem Briefe an ihn am 1. des Monats gebrauchten verletzenden Ausdrücke hiermit zurück.« Trotz dieses Widerrufs fühlte sich Eulenburg – der Holstein einmal mit einem blutdürstigen Marder verglichen hatte – nicht sicher. »Daß ich die Angriffe Holsteins für tatsächlich erledigt hielte, kann ich nicht behaupten«, schrieb er. »Er wird sich rächen auf seine Art.«

Holstein war bereits an der Arbeit. Er nahm die Unterstützung eines Mannes in Anspruch, den er jahrelang verabscheut hatte. Maximilian Harden (eigentlich Felix E. Witkowski) war einer der bekanntesten Journalisten Deutschlands, Gründer und Herausgeber der Berliner antikaiserlichen Wochenschrift *Die Zukunft*. Als im Sommer und Herbst eine Serie kritischer Artikel in der *Zukunft* zu erscheinen begann, erkannte Eulenburg, daß ein neues Bündnis geschlossen worden war. Die Artikel führten Deutschlands mißlungenen Versuch, in Algeciras die britisch-französische Entente zu sprengen, auf den unheilvollen pazifistischen Einfluß dessen zurück, was Harden als die »Liebenberger Tafelrunde« bezeichnete, die Gruppe von Freunden, die sich jeden Herbst mit dem Kaiser auf Fürst Eulenburgs Besitz Liebenberg versammelte. Harden schilderte Eulenburg, den angeblichen Führer des Kreises, als einen »ungesunden Spätromantiker«. Seit Jahren, behauptete er, werde kein wichtiger Posten ohne Eulenburgs Mitwirken besetzt.

Harden hatte drei Gründe, Eulenburg anzugreifen. Er opponierte gegen die Neigung des Kaisers zu persönlicher Herrschaft, die, wie er – richtig – vermutete, von Eulenburg bestärkt wurde. Er hatte mit Holsteins Politik der Demütigung Frankreichs und der Zerschlagung der neuen britisch-französischen Entente übereingestimmt. Als diese Politik in Algeciras fruchtlos blieb, machte Harden Eulenburg verantwortlich, weil er den Kaiser zur Konzilianz überredet habe. Und da Eulenburg mit Raymond LeCompte, dem Ersten Sekretär an der französischen Botschaft in Berlin befreundet war, suggerierte Harden, Eulenburg habe LeCompte Zusicherungen gegeben, daß Deutschland nicht bereit sei, seine Diplomatie notfalls mit Kriegsdrohungen zu bekräftigen. Hardens dritter Grund war persönlicherer Art. LeCompte, einer der Deutschlandexperten im französischen Außenministerium, hatte Eulenburg vor Jahren in München kennengelernt; als er nach Berlin kam, wurde LeCompte zu der jährlichen Kaiserjagd nach Liebenberg eingeladen. Harden besaß Hinweise darauf, daß LeCompte homosexuell war. Dies fügte er Gerüchten hinzu, die er über Eulenburg gehört hatte – Gerüchten, die nun durch Informationen aus Holsteins Akten verstärkt wurden –, und erzeugte, zuerst durch Anspielungen, dann durch zunehmend direkte Beschuldigungen, das Bild eines Kreises um Eulenburg, der zumindest homoerotisch, wenn nicht offen homosexuell war.

Harden bewegte sich damit auf gefährlichem Boden. Homosexualität war in Deutschland wie im übrigen Europa offiziell unterdrückt und verboten. Sie war im Gesetz mit Gefängnisstrafe bedroht, obwohl das Gesetz selten angewendet wurde. Dennoch konnte die bloße Beschuldigung den Betreffenden gesellschaftlich ruinieren. Dies galt insbesondere für die höheren Kreise der Gesellschaft. In Österreich hatte der Erzherzog Ludwig Viktor (als »Luzi-Wuzi« bekannt), Bruder des Kaisers Franz Joseph, ein Verhältnis mit einem Masseur gehabt und wurde ins Exil geschickt. In Deutschland wurde Friedrich Krupp, Chef des gigantischen Eisen- und Stahlkonzerns und Freund des Kaisers, der Pädophilie auf Capri beschuldigt und nahm sich das Leben, als es zum Skandal kam. Ein Schatten war 1898 auf Eulenburg gefallen, als sein einziger Bruder, Friedrich zu Eulenburg, ein Kavallerieoffizier, der Homosexualität überführt und gezwungen worden war, seinen Abschied zu nehmen. Der empörte Kaiser hatte verlangt, daß Philipp zu Eulenburg seinen Bruder nie wieder sehe oder spreche. Ein bitterer Eulenburg vertraute Bülow an, daß er den kaiserlichen Befehl nicht befolgen werde. Indem Harden Eulenburg und seinen »Liebenberg-Kreis« beschuldigte, rückte der Vorwurf dem Kaiser selbst bedrohlich nahe. Philipp zu Eulenburg war seit mehr als zwanzig Jahren Wilhelms engster Freund. Wenn der Vorwurf zutraf und der Kaiser nichts gewußt hatte, was war daraus zu schließen? Und was erst, wenn der Kaiser davon gewußt hatte?

Eulenburg fragte Bülow, wie er auf Hardens Angriffe reagieren solle. Der Reichskanzler war sich im klaren darüber, daß Holsteins Rachefeldzug gegen Eulenburg dem Glauben des früheren Vortragenden Rates entsprang, Eulenburg sei dafür verantwortlich, daß der Kaiser sein Rücktrittsgesuch angenommen hatte. Er riet seinem Freund, Deutschland für eine Weile zu verlassen, bis die Dinge sich beruhigt hätten. Da Eulenburgs anderer Freund, der Kaiser, der nicht zu den Lesern der *Zukunft* gehörte, ihn so herzlich wie zuvor behandelte, befolgte Eulenburg den Rat nicht. Im Oktober kam der Kaiser wie gewöhnlich mit seinen Freunden in Liebenberg zusammen; im Januar 1907 rief er Eulenburg nach Berlin, wo er seinem »lieben Phili« die höchste preußische Auszeichnung verlieh, den Schwarzen Adlerorden.

Harden wartete bis zum April 1907, bevor er seinen Angriff erneuerte. In diesem Monat veröffentlichte er einen Artikel, in dem er drei der militärischen Adjutanten des Kaisers, alle Mitglieder des Liebenberg-Kreises, namentlich als Homosexuelle bezeichnete. Die Geschichte verblüffte Berlin; noch immer wußte der Kaiser nichts davon. Schließlich zeigte Kronprinz Wilhelm dem Kaiser den Zeitungsausschnitt aus der *Zukunft* und andere Zeitungsausschnitte, als sie allein im Schloßpark waren. »Niemals im Leben werde ich das verzweifelte, entsetzte Gesicht meines Vaters vergessen, das mich fassungslos anstarrte«, berichtete der Kronprinz. »Dabei war die moralische Reinheit des Kaisers so groß, daß er sich die Möglichkeit solcher Verirrungen kaum vorstellen konnte.«

Wilhelm reagierte rasch. Er verlangte die sofortige Entlassung der drei Adjutanten und Graf Kuno von Moltkes,* des Militärkommandanten von Berlin, den Harden gleichfalls belastet hatte. Wenn Moltke unschuldig sei, verlangte der Kaiser, müsse er Harden augenblicklich wegen übler Nachrede verklagen. Was Eulenburg betraf, der in Hardens Angriff mit einbezogen war, schrieb der Kaiser an Bülow: »Ich erwarte hiernach, daß Eulenburg sofort um seine Pensionierung nachsucht. Sofern die gegen ihn erhobenen Anschuldigungen wegen perverser Neigungen unwahr sind und sein Gewissen Mir gegenüber vollständig frei und klar ist, sehe ich einer unzweideutigen Erklärung von ihm hierüber entgegen, worauf er gegen Harden vorzugehen hat. Andererseits erwarte ich, daß er unter Rückgabe des Schwarzen Adlerordens und Vermeidung jeden Aufsehens alsbald das Land verläßt und sich ins Ausland begibt.«

Eulenburg nahm sogleich seinen Abschied und schickte den Schwarzen Adlerorden zurück. An Bülow, den er noch immer als seinen Freund betrachtete, schrieb er: »Den langjährigen kaiserlichen Freund zu verlieren, von dessen Treue ich sprechen konnte, war nicht die grausame Enttäuschung, die Du vielleicht in mir vermutet hast, denn ich kenne den Seefahrer zu genau, der das Ölzeug stets anzieht, noch lange bevor es nötig ist. Die Enttäuschung lag nur in der häßlichen Form, mich abzuschlachten.« Auf Hardens Anschuldigung eingehend, schrieb er: »Ich fühle mich vollkommen unschuldig.« In seinen Memoiren behauptete Bülow, daß er in diesem Stadium Eulenburg geglaubt habe... »Wie ich ausdrücklich betonen möchte, war ich fest überzeugt, daß der gegen Eulenburg erhobene Vorwurf perverser Neigungen unbegründet wäre. Sein überaus herzliches Verhältnis zu seiner Frau und zu seinen Kindern, die schwärmerische Liebe, mit der seine gute, ausgezeichnete Frau an ihm hing, ließen mir diese Verdächtigung als eine Ungeheuerlichkeit erscheinen.«

Moltke und Eulenburg befolgten den kaiserlichen Befehl und verklagten Harden wegen Verleumdung und übler Nachrede. Da beide in Staatsdiensten gestanden hatten, ersuchten sie den preußischen Staatsanwalt, die Anklage zu erheben; er weigerte sich mit der Begründung, daß die Angelegenheit privatrechtlich sei. Eulenburg zog sich daraufhin zurück, aber Moltke blieb standhaft. Das Verfahren gegen Harden begann am 23. Oktober 1907 vor dem Berliner Landgericht. Der Angeklagte war vertreten durch Max Bernstein, einen

* Moltke war acht Jahre, von 1894 bis 1902, Erster Adjutant des Kaisers gewesen. Als Wilhelm 1894 als Versöhnungsgeste zwei Flaschen alten Weins nach Friedrichsruh zu Bismarck schickte, war Moltke der Überbringer.

Anwalt aus Bayern. Bernstein ging sofort in die Offensive und versuchte sowohl Moltke als auch Eulenburg in die unbestrittenen Aktivitäten der drei Adjutanten zu verwickeln. »Abscheuliche Orgien«, die Mitglieder des Eliteregiments Gardedukorps im Haus eines der beschuldigten Adjutanten gefeiert hätten, wurden geschildert. Ein Zeuge »glaubte den Grafen Moltke als einen der Anwesenden erkannt zu haben«. Ein weiterer Zeuge sagte aus, daß er vor zehn Jahren von einem Mann verführt worden sei, der Fürst Eulenburg gewesen sein konnte. Moltkes frühere Frau erklärte, daß Eulenburg vor ihr auf den Knien gelegen und sie gebeten habe, ihren Mann freizugeben.

Harden, der vor seiner journalistischen Laufbahn Schauspieler gewesen war, spielte seine Rolle mit feinem Instinkt. An einem Punkt ersuchte ihn der Richter, »im Interesse unseres ganzen Landes« einem Vergleich zuzustimmen. Harden streckte melodramatisch die Hand aus und zeigte durch den Gerichtssaal auf Moltke und rief aus, daß es zwischen diesem Mann und ihm auf dieser Erde keine Möglichkeit eines Vergleichs gebe. Bernstein erzielte seinen gefährlichsten Treffer, als er hervorhob, daß der Kaiser Moltkes und Eulenburgs Rücktritt verlangt hatte und daß beide der Aufforderung sofort nachgekommen waren. Harden wurde freigesprochen und ging aus dem Gerichtssaal auf die Straße, wo ihn seine Anhänger mit Hochrufen empfingen.

Während des Verfahrens bemühte sich Bülow privat weiterhin, als der mitfühlende Freund und Vertraute des bedrängten Eulenburg aufzutreten. Offiziell aber hielten sich der Kanzler und die Regierung mit Bedacht aus der Affäre heraus. »In diesen peinlichen Angelegenheiten müssen wir darauf halten«, schrieb Bülow an den Kaiser, daß »die Krone ... aus der Sache ganz herausgebracht würde.« Eulenburg nahm weiterhin an, daß der Freund, den er begeistert unterstützt hatte, ein Freund bleiben werde. Während des Harden-Moltke-Prozesses, so berichtet Bülow, »hörte [Eulenburg] nicht auf, mich brieflich zu bitten, ich möge darauf hinwirken, daß in dem in Rede stehenden Prozeß sein, Eulenburgs, Name nicht genannt und er in keiner Weise in diesen Prozeß hineingebracht werde.« »In dieser Hinsicht flehe ich um Deinen Freundschaftsschutz, an den ich fest glaube«, zitiert Bülow Eulenburg. »Nicht flehe ich für mich. Oh nein! Meine Frau, meine Kinder, die Du kennst seit frühen Jahren ... Nur um ihretwillen stehe treu neben mir!« Bülow nahm diese Bitten kühl auf und antwortete, daß er »als höchster Reichsbeamter in den Gang der unabhängigen Justiz nicht eingreifen könne.« *

Hardens Triumph war von kurzer Dauer. Am 19. Dezember wurde das Urteil

* Unmittelbar nach dem Moltke-Harden-Verfahren wurde Bülow selbst von Adolf Brand, einem journalistischen Vorkämpfer für die Rechte von Homosexuellen, der Homosexualität beschuldigt. Der Staranwalt, der sich geweigert hatte, die Verleumdungsfälle für Moltke und Eulenburg zu übernehmen, nahm sich des Falles für den

wegen eines Verfahrensfehlers kassiert und zur erneuten Verhandlung an das Landgericht zurückverwiesen. Diesmal wurde Eulenburg vorgeladen und sagte als Zeuge unter Eid aus, daß er niemals gegen Paragraph 175 (der Analverkehr verbot) des Strafgesetzbuches verstoßen habe. Von Bernstein gedrängt, ob er sich in anderer Weise homosexuell betätigt habe, erklärte Eulenburg, er habe niemals »etwas Schmutziges« getan. Moltkes frühere Frau wurde als Lügnerin überführt, und die Aussagen anderer Belastungszeugen im ersten Verfahren als unglaubwürdig erkannt. Das zweite Verfahren endete am 3. Januar 1908, und Harden wurde der Verleumdung schuldig gesprochen und zu Gefängnis verurteilt. Moltke, formal gerechtfertigt, aber gesellschaftlich ruiniert, zog sich auf seinen Landsitz zurück.

Harden legte Revision ein, blieb auf freiem Fuß und verdoppelte nach der Niederlage gegen Moltke seine Angriffe auf Eulenburg. Eulenburg hatte unter Eid ausgesagt, daß er nicht homosexuell sei; wenn Harden beweisen konnte, daß er es doch war, hätte Eulenburg sich eines Meineids schuldig gemacht. Im April 1908 erzwang Harden die Eröffnung eines neuen Verfahrens in München und versprach Beweise vorzulegen, daß Eulenburg sich, als er vor fünfundzwanzig Jahren in der bayrischen Hauptstadt lebte, flagranten homosexuellen Verhaltens schuldig gemacht habe. Am 8. Mai intervenierte Bülow. Er ließ seinen alten Freund festnehmen und wegen Meineides unter Anklage stellen, und das Verfahren wurde nach Berlin überwiesen. Eulenburg, dem sein Herzleiden zu schaffen machte und der unter schwerer rheumatischer Arthritis litt, war krank, und seine Ärzte erklärten ihn für haft- und verhandlungsunfähig; ein Kompromiß wurde ausgehandelt, und der Fürst kam fünf Monate in die Berliner Charité. Als die Verhandlung am 29. Juni begann, wurde der Angeklagte jeden Tag auf einer Trage in den Gerichtssaal gebracht.

Zur Vorbereitung des Verfahrens hatten Harden und Bernstein 145 Belastungszeugen gegen Fürst Eulenburg aufgeboten; einer nach dem anderen wurden sie – Diebe, Erpesser, Geisteskranke und Homosexuelle – in Eulenburgs Krankenhauszimmer gebracht, um den Fürsten zu identifizieren. Schon vor Beginn der Verhandlung hatte das Gericht die meisten von ihnen fortgeschickt; zwölf blieben übrig. Während der ersten Verhandlungswoche wurden die zwölf auf zwei reduziert. Einer von diesen hatte 32 Vorstrafen, die von Bestechung bis zu Exhibitionismus reichten. Er war disqualifiziert, als sich herausstellte, daß er

Reichskanzler unverzüglich an. Eulenburg, als Zeuge geladen, sagte zu Bülows Gunsten aus. Bülows Name wurde rasch von jedem Vorwurf befreit, Brand zu 18 Monaten Gefängnis verurteilt. Während des Verfahrens gab Bülow zu Protokoll, »daß die in Rede stehenden Verirrungen mir seit jeher nicht nur in hohem Grade ekelhaft, sondern vollkommen unbegreiflich erschienen und gewesen wären«.

noch nach Verhandlungsbeginn versucht hatte, Fürst Eulenburg zu erpressen. Damit blieb nur Jacob Ernst übrig.

Ernsts Verbindung mit Eulenburg reichte fünfundzwanzig Jahre zurück in die frühen 1880er Jahre. Während seiner Dienstzeit in München hatte Eulenburg eine Villa am Starnberger See gemietet. Er komponierte gern Musik und dichtete, während er auf dem See angelte. Sein Ruderer bei diesen Exkursionen war ein siebzehnjähriger Junge, Jacob Ernst. Eulenburg beschäftigte Ernst, der ihm einfach und unschuldig vorkam, als Hausdiener und nahm ihn zu Ausflügen mit. Als Ernst heiratete, wurde er Hausmeister der Villa. Fünfundzwanzig Jahre später, zum Zeitpunkt des Gerichtsverfahrens, hatte Ernst acht Kinder gezeugt, war schwerhörig und trank. Bevor gerichtliche Schritte eingeleitet und als die ersten Gerüchte über Homosexualität geflüstert worden waren, hatte Ernst – in Unkenntnis seiner künftigen Verstrickung – an Eulenburg geschrieben:

»Hätten Sie niemals geglaubt, Herr Fürst, das es man einen solchen guten Mann auf der Welt so macht? wie Sie sind. Ich nicht. ... Ich kenn Ihnen Herr Fürst schon lange. Sie haben mir nur gutes, auch meiner Familie erwissen ohne nur im geringsten von Ihnen belästigt zu werden. Haben Sie Mut es wird sich machen. Den Paragraf habe ich mir auslegen lassen über was es sich handelt es ist einfach scheußlich Ihnen so was zuzumuten. Einen solchen normalen gesunden Mann wie Sie sind. Ich beschließe mein Schreiben, das Sie den Skandal der keinen Schuß Pulver werd ist überwinden usw.«

In der Münchener Verhandlung hatte Ernst beschworen, daß er niemals unanständige Beziehungen zu Eulenburg gehabt habe. In Berlin, wo Bernstein ihn ins Kreuzverhör nahm, ihm mit der Gegenüberstellung von Zeugen, einer Verurteilung wegen Meineids und sofortiger Einweisung ins Gefängnis drohte, änderte Ernst seine Geschichte. Bei einer Gelegenheit im Jahre 1883, sagte er, habe Eulenburg ihm im Boot Avancen gemacht, und er sei darauf eingegangen. Bernstein brachte auch einen Brief von Eulenburg an Ernst zum Vorschein, der geschrieben worden war, nachdem Ernst das erste Mal vor dem Münchener Gerichtshof erschienen war. »Dazu kommt«, hatte Eulenburg geschrieben, »daß, wenn so etwas wirklich vorgekommen wäre, die Sache längst verjährt ist, also von irgend welcher Strafe überhaupt nicht die Rede sein kann.« Bernstein erklärte dies als ein Schuldeingeständnis. Eulenburg deutete es als einen Versuch, den verängstigten früheren Diener zu beruhigen und aufzumuntern.

Bernsteins Fall hing allein an Ernst. »Einhundertfünfundvierzig Anschuldigungen hat Harden gegen mich schön gedruckt dem Gericht zugesendet«, schrieb Eulenburg an Bülow. »Zwei von den hundertfünfundvierzig, die sich alle als Lüge offenbar enthüllten, sollten mir den Hals brechen.« Das Verfahren wurde nie abgeschlossen. Bevor die Fürstin zu Eulenburg ihre Zeugenaussage machen konnte – »bei meiner Ehre als Frau und Mutter«, erklärte sie, »daß ich in der ganzen langen Zeit unserer bald 34jährigen Ehe niemals das geringste Anzeichen eines nicht völlig normalen Empfindungslebens oder gar Lebenswandels beobachtet habe« – wurde Philipp Eulenburg im Gerichtssaal ohnmächtig. Ein Bein war stark angeschwollen; die Ärzte diagnostizierten eine Thrombose, erklärten ihn für verhandlungsunfähig und weigerten sich, ihn wieder vor Gericht bringen zu lassen. Darauf verlegte das Gericht seine Sitzungen ins Krankenhaus. Eulenburgs Gesundheitszustand verschlechterte sich, und das Gericht vertagte sich. Im September ging es ihm nicht besser, und das Verfahren wurde ausgesetzt. Im folgenden Sommer, 1909, wurde es wieder aufgenommen. Eulenburg erlitt einen neuerlichen Zusammenbruch, und das Verfahren wurde auf unbestimmte Zeit vertagt.

Im August 1909 war Bülow nicht mehr an der Macht. Eulenburg wußte noch immer nicht, welche Rolle der frühere Reichskanzler bei Holsteins Sturz gespielt hatte, erlaubte sich in seinen Briefen an Bülow nur einen milden Vorwurf, und schrieb, daß er »selbst es niemals verstanden habe, daß die offiziöse – und auch die offizielle – Presse nicht für einen der ersten Beamten des Reichs eingetreten ist und den Kampf mit der Skandalpresse aufgenommen und durchgefochten hat.« Aus Rom, wo er seinen Ruhestand verlebte, floß Bülow vor Mitleid über: »Lieber Phili, ... Während langer Jahre waren wir in treuer Freundschaft verbunden. Wie könnte ich ohne Mitgefühl sein für Deine Leiden! Was möglich war innerhalb der Grenzen, die mir die Pflicht meines Amtes zog, habe ich getan, um die tieftraurigen Vorgänge zu verhindern, die mir auch menschlich zu Herzen gingen. Ich habe getan, was ich vermochte, um Deine Lage zu mildern.«

In seinen Memoiren wurde Bülow deutlicher: Eulenburg schrieb er, sei ein Mann von »anormalen Trieben« und »gefährlichen Neigungen« gewesen. »Bei diesem Rückblick auf die Ängste und Prüfungen des armen Phili«, meinte Bülow, »drängt sich die Ähnlichkeit auf, die nach Veranlagung wie nach Lebensschicksal zwischen ihm und Oscar Wilde besteht.«

Eulenburg lebte bis zu seinem Tode im Jahre 1921 zurückgezogen in Liebenberg. Von Zeit zu Zeit erschienen während dieser zwöf Jahre unerwartet vom Gericht bestellte Ärzte, um zu sehen, ob sein Gesundheitszustand die Wiederaufnahme des Verfahrens zulasse. Immer lautete ihr Verdikt: »Fürst Eulenburg ist nicht verhandlungsfähig.«

Der Skandal entsetzte den Kaiser – aber Wilhelm vermißte auch seine Freunde. Im Oktober 1907, als das erste Verfahren Moltke gegen Harden begann, erlitt Wilhelm einen Nervenzusammenbruch und verbrachte zwei Tage im Bett. Zu Weihnachten schrieb er an Houston Stewart Chamberlain: »Es ist ein sehr schwieriges Jahr gewesen, das mir unendliche Sorgen verursacht hat. Ein trauter Freundeskreis wurde plötzlich durch... Frechheit, Verleumdung und Lüge auseinandergebrochen. Sehen zu müssen, wie die Namen guter Freunde durch alle Gossen Europas gezogen werden, ohne in der Lage oder berechtigt zu sein, ihnen zu helfen, ist schrecklich.« Wilhelm II. sah Philipp Eulenburg nie wieder, obwohl man ihn von Zeit zu Zeit »armer Phili« seufzen hörte. 1927, neun Jahre nach seiner Abdankung und Flucht nach Holland, schrieb Wilhelm II. an Eulenburgs Sohn, daß er glaube, Philipp Eulenburg sei »absolut unschuldig« gewesen.

## 33. KAPITEL

# Das *Daily Telegraph*-Interview

Ende Oktober 1907, als in Berlin der erste Prozeß Moltke gegen Harden begann, sah sich der Kaiser – der normalerweise gern reiste, besonders nach England – einer Englandreise gegenüber, vor der ihm graute. Die angeblichen Verfehlungen seiner engen Freunde hatten ihn schockiert und empört, und er war tief gekränkt darüber, daß diese Anschuldigungen von Zeitungen in aller Welt veröffentlicht worden waren. Was dachten die Engländer? Diese Frage beschäftigten ihn um so mehr, als er und Kaiserin Auguste Viktoria im Begriff waren, einen Staatsbesuch in Großbritannien zu machen. Die für den 11. November vorgesehene Reise war seit Monaten geplant. Im Juni hatte Wilhelm seinem Onkel, König Edward VII. geschrieben, daß er sich darauf freue, Schloß Windsor wiederzusehen, »und den lieben alten Park, den ich so gut kenne«.

Dann, am 31. Oktober, rief Wilhelm II. Reichskanzler Bülow an, um ihm zu sagen, daß er einen Unfall gehabt habe. Ein Schwindelanfall habe ihn gezwungen, sich auf einem Sofa auszustrecken; dort sei er ohnmächtig geworden und auf den Boden gerollt. »Mein Kopf schlug so hart auf den Boden auf, daß meine Frau, von dem Lärm erschreckt, voll Angst hereinstürzte«, sagte er Bülow. Deswegen, fuhr er fort, könne er jetzt nicht daran denken, die anstrengende Reise nach England zu unternehmen; er habe diese Nachricht bereits König Edward telegrafiert. Tatsächlich schilderte das Telegramm an den britischen König die Erkrankung anders: »Bronchitis und akuter Husten... ein heftiger Grippeanfall... Ich fühle mich ganz unfähig, die Anstrengungen des Programmes auf mich zu nehmen, das Du so freundlich für mich vorbereitetest.« Der König war wütend: »Ich kann nicht sagen, wie entsetzt ich bin«, sagte er Knollys. Sir Edward Grey telegraphierte sofort Sir Frank Lascelles, dem britischen Botschafter in Berlin, daß »kaum ein Zweifel daran besteht, daß diese Entscheidung den jüngsten Skandalen in Berlin zuzuschreiben sein wird, und nichts, was wir sagen oder tun könnten, würde den Eindruck ändern.«

Lascelles überbrachte diese Botschaft dem Kanzler und fügte hinzu: »Das Schlimmste ist nämlich, daß ich vor einer Stunde im Tiergarten dem angeblich schwer erkrankten Kaiser begegnet bin, der sehr vergnügt, umgeben von einem Schwarm Adjutanten, die große Querallee herunterritt.«

In seinen Memoiren schrieb Bülow unumwunden, daß der Skandal Wilhelm II. zu peinlich gewesen sei, um nach England zu reisen. Nach seinem Gespräch mit Lascelles sandte der Reichskanzler eine scharfe Note an den Kaiser. Wilhelm besann sich daraufhin eines anderen. Er lud den Kanzler für denselben Abend zu einem Theaterbesuch ein, wo er Bülow informierte, daß seine Unpäßlichkeit verschwunden sei; er habe einen erfrischenden Ausritt gemacht, eine herzhafte Mahlzeit gegessen und sei jetzt bereit zu reisen, wohin der Kanzler wünsche. Bülow informierte Lascelles, daß der Kaiser wie geplant nach England kommen würde.

Am 11. November hing ungewöhnlich dichter Nebel über dem Ärmelkanal und Südengland. Als die Kaiserjacht *Hohenzollern* Portsmouth anlief, berichtete die *Times,* »spielten das deutsche Geschwader und die Admiralität praktisch Versteck miteinander.« Später am Tag, als die deutschen Besucher Schloß Windsor erreichten, war der Nebel so dicht, daß es unmöglich war, von einem Fenster in der St. George's Hall über den viereckigen Hof zu sehen, als die Staatskarossen durch die Königliche Einfahrt rollten. Wilhelm, der seine britische Admiralsuniform trug, war trotzdem bester Stimmung. »Es ist, als käme ich wieder nach Haus«, sagte er dem Bürgermeister. »Ich bin immer froh, hier zu sein.« Bei einem Staatsbankett für 180 Gäste, das am folgenden Abend stattfand, versah König Edward seine förmliche Begrüßung mit einem boshaften Seitenhieb: »Lange hatten wir gehofft, diesen Besuch zu empfangen, aber in jüngster Zeit fürchteten wir, daß er wegen Unpäßlichkeit nicht stattfinden würde. Glücklicherweise sehen Ihre Majestäten jetzt beide so gesund aus, daß ich nur hoffen kann, ihr Aufenthalt in England möge ihnen sehr zugute kommen.«

Der öffentliche Höhepunkt des Besuches war ein Empfang in London. »Sonnenschein und Wind und weiße Wolken am blauen Himmel, die mehr an April als November gemahnten«, begrüßten den Kaiser, als er durch jubelnde Menschenmengen und wehende Fahnen vom Paddington-Bahnhof zum Rathaus fuhr. Ein großes Transparent BLUT IST DICKER ALS WASSER rührte ihn besonders, und er nahm die Wendung später in seine Rede auf. In seiner Ansprache an den Oberbürgermeister bezog er sich auf seinen ersten Besuch als Kaiser im Jahre 1891, als ihm das Bürgerrecht der Stadt verliehen worden war. »Vor sechzehn Jahren sagte ich, daß mein Ziel vor allem die Bewahrung des Friedens sei. Die Geschichte, so wage ich zu hoffen, wird mir die Gerechtigkeit erweisen, daß ich diesem Ziel seither unerschütterlich treu geblieben bin. Die Hauptstütze und Grundlage des Weltfriedens ist die Aufrechterhaltung guter Beziehungen zwischen unseren beiden Ländern, und ich werde sie weiter stärken, soweit es in meiner Macht liegt. Blut ist dicker als Wasser. Die Wünsche der deutschen Nation stimmen mit den meinigen überein.«

Haldane, der fließend deutsch sprach, mußte Sonderdienst leisten, weil einige der deutschen Gäste nicht englisch sprachen. An einem Tag begleitete er General Karl von Einem, den preußischen Kriegsminister, und andere Mitglieder des kaiserlichen Gefolges nach London, wo er ihnen das Kriegsministerium zeigte und sie zum Mittagessen in sein Haus in Queen Anne's Gate einlud. (Danach, notierte er, wollten sie nicht den Tower oder Westminster Abbey besuchen, sondern das Kaufhaus Harrods.) Einem hatte besonderen Grund, Haldane dankbar zu sein. Nach dem Bankett in Schloß Windsor, als die Herren mit dem König und dem Kaiser im Rauchsalon saßen, bemerkte Haldane, der neben General von Einem saß, daß dieser Schmerzen hatte. »Ich verfolgte den Ursprung seines Unbehagens zu seinen Füßen; seine Schuhe waren über dem Rist zu eng. Sobald die beiden Souveräne gegangen waren, wandte ich mich zum Kriegsminister und sagte: In Schloß Windsor sei es der Brauch, die Schuhe auszuziehen, sobald die Mitglieder der königlichen Familie gegangen seien, und ich ging mit gutem Beispiel voran. Er blickte mich dankbar an.«

Vor dem Besuch war man übereingekommen, daß politische Fragen in Windsor nicht besprochen werden sollten. Der Kaiser war jedoch außerstande, Politik ganz aus der Konversation herauszuhalten, und während er sich mit Haldane unterhielt, brachte er die Angelegenheit der Bagdadeisenbahn zur Sprache. Deutsche Finanzkreise hatten vom türkischen Sultan die Konzession zum Weiterbau der Anatolischen Bahn Istanbul–Konya bis Bagdad erworben. Die Verwirklichung des Projekts war verzögert worden, weil Großbritannien Einwände erhoben hatte, die Eisenbahnstrecke würde durch den Persischen Golf einen potentiell feindlichen Zugang nach Indien öffnen. Wilhelm II. wollte wissen, was England wünsche. Haldane antwortete, England wolle eine ›Sperre‹, um Indien vor Truppen zu schützen, die mit der neuen Eisenbahn dorthin gebracht werden könnten.* »Ich werde Ihnen die ›Sperre‹ geben«, erwiderte Wilhelm. Am selben Abend saß Haldane während der Theateraufführung, die auf das Dinner folgte, hinter dem Kaiser. Er beugte sich vor und fragte Wilhelm, ob er es ernst meine, »uns eine ›Sperre‹ zu geben. Am nächsten Morgen klopfte ein behelmter preußischer Gardist, einer von mehreren, die der Kaiser mitgebracht hatte, vernehmlich an meine Tür und übergab mir eine Botschaft vom Kaiser, daß, was er gesagt habe, sein Ernst gewesen sei.« Nach der Theatervorstellung lud der Kaiser Haldane in seine Räume ein. Haldane kam um ein Uhr früh und fand Wilhelm II. im Gespräch mit Baron Wilhelm von Schoen (dem Staatssekretär für Auswärtige Angelegenheiten), Einem und Wolff-Metternich. Haldane verbeugte sich und wollte sich mit den Worten zurückziehen: »Ich fühle mich als Eindringling, weil es wie eine Sitzung von Euer Majestät Kabinett ist.« »Dann seien Sie ein Mitglied meines Kabinetts. Ich ernenne Sie dazu«, erwi-

* Die »Sperre« war nach britischer Vorstellung die Kontrolle über den letzten Abschnitt südlich von Bagdad bis zum Golf.

derte Wilhelm. Um drei Uhr früh verließ Haldane die Räume des Kaisers und tappte durch dunkle Korridore zurück zu seinem Zimmer in einem anderen Teil des Schlosses.

Politiker beider Länder waren erfreut über den Besuch. »Ich will aber auch von dieser Stelle aus meiner Befriedigung Ausdruck geben über die Aufnahme, welche unserem Kaiserpaar in England von König und Volk bereitet ist«, sagte Bülow vor dem Reichstag. »Ich glaube, wenn in der Zukunft einmal ... wahrheitsgemäß die Geschichte der letzten zehn Jahre geschrieben wird, so wird sich herausstellen, daß die Spannung zwischen Deutschland und England, die lange, zu lange auf der Welt gelastet hat, zurückzuführen war auf ein großes gegenseitiges Mißverständnis. Jeder traute dem anderen Absichten und Hintergedanken zu, die in Wirklichkeit gar nicht bestanden. ... Ich bin gewiß, daß ich im Namen dieses hohen Hauses spreche, ich bin sicher, daß ich die Empfindungen des deutschen Volkes wiedergebe, wenn ich sage, daß solche friedlichen und freundschaftlichen Gefühle von uns geteilt und aufrichtig ermuntert werden.« Sir Edward Grey stimmte zu: »Der Besuch muß eine gute Wirkung haben.« Morley hoffte, »der Besuch des deutschen Kaisers ... wird die Chancen für ein bißchen anständige Ruhe in Europa sehr verbessern.« Esher hingegen ließ in seinem Tagebuch eine andere Note anklingen: »Unser König macht eine bessere Figur als Wilhelm II. Er hat mehr Anmut und Würde. Wilhelm ist undankbar, nervös und vulgär ... Grey hatte zwei lange Gespräche mit ihm. Im ersten sprach er ausfallend gegen die Juden. ›Es gibt viel zu viele von ihnen in meinem Land. Sie haben einen Dämpfer nötig. Wenn ich mein Volk nicht davon abhielte, würde gegen die Juden gehetzt werden.‹« *

Der Staatsbesuch dauerte eine Woche. An seinem Ende kehrte Kaiserin Auguste Viktoria nach Deutschland zurück. Wilhelm war über den begeisterten Empfang in England, der sich so von der trüben Atmosphäre in Berlin unterschied, sehr erfreut und beschloß seinen Aufenthalt inoffiziell zu verlängern. Er mietete Schloß Highcliffe in der Nähe von Bournemouth in Hampshire und lud den Eigentümer, Oberst Edward Montague Stuart-Wortley, einen Obersten ein, als sein Gast dort zu bleiben. Während dieses glücklichen Aufenthaltes an der Küste Englands sprach Wilhelm II. ungezwungen mit Oberst Stuart-Wortley über seinen Wunsch nach Englands Freundschaft und seine Enttäuschung, daß England seine guten Absichten ständig mißverstehe und zurückweise. Stuart-Wortley machte sich sorgfältig Notizen.

In der Oktoberwoche des Jahres 1908, in der Österreich-Ungarn durch die Annexion Bosniens und der Herzegowina eine internationale Krise auslöste, befand sich Bernhard von Bülow in seinem Ferienhaus auf Norderney an der Nordseeküste. Während, so Bülow, »ich mit Arbeit überhäuft, von früh bis spät

* Das englische Wort, das Wilhelm benutzte, lautete »jew-baiting«. A. d. Ü.

in die Nacht mich diesen schwierigen Materien widmete, erhielt ich aus dem kaiserlichen Jagdschloß Rominten von dem Seine Majestät begleitenden Herrn von Jenisch ein umfangreiches, mit ganz unleserlicher Schrift auf dünnem schlechtem Durchschlagpapier geschriebenes Manuskript mit einem Brief, in dem ich gefragt wurde, ob der von Seiner Majestät gewünschten Publikation des dem Brief beigeschlossenen Artikels durch ein englisches Blatt Bedenken entgegenstünden.« Das in englischer Sprache abgefaßte Manuskript war der Entwurf eines ausführlichen Interviews mit Kaiser Wilhelm II. über das Thema der deutsch-englischen Beziehungen. Unter Verwendung von Bemerkungen, die Wilhelm während seines dreiwöchigen Aufenthalts in Schloß Highcliffe gemacht hatte, erbat Oberst Stuart-Wortley die Erlaubnis, das Interview im Londoner *Daily Telegraph* zu veröffentlichen.

Stuart-Wortley war der Ansicht, daß die Beziehungen zwischen beiden Ländern sich erheblich verbessern würden, wenn die britische Öffentlichkeit vom Ausmaß der Englandfreundlichkeit des Kaisers wüßte. Auch Wilhelm wünschte eine Veröffentlichung, erbat aber in Übereinstimmung mit der Verfassung den Rat und die Zustimmung des Reichskanzlers. Wilhelm verlangte nur, daß Bülow es auf keinen Fall an das Auswärtige Amt in Berlin weiterleite. Bülow mißachtete dieses Verlangen. »Völlig ahnungslos, was das Schriftstück enthielt, und ... nicht in der Lage, das Elaborat selbst zu lesen, ließ ich den Brief ... dem Auswärtigen Amt mit nachstehender ... Weisung zugehen: ›Ich bitte, den Artikel sorgsam zu prüfen, den Artikel sodann ... abschreiben und wünschenswerte Korrekturen, Zusätze und Weglassungen ... am Rand eintragen zu lassen.«

Staatssekretär Schoen war abwesend, als das Manuskript in der Wilhelmstraße Nr. 76 eintraf; es ging an Unterstaatssekretär Stemrich, der den Entwurf las und unverändert an Reinhold Klehmet weiterreichte, der seit zwölf Jahren in der Politischen Abteilung tätig war. Klehmet interpretierte Bülows Anweisungen buchstäblich; er habe Tatsachenirrtümer zu korrigieren und keine Meinung über die Ratsamkeit der Veröffentlichung auszudrücken. Er brachte zwei geringfügige Korrekturen an und sandte das Manuskript – jetzt sauber auf gutes Papier geschrieben – an den Kanzler zurück. Nach eigenen Angaben, ohne das Interview wiederum zu lesen, schickte Bülow es mit der Bemerkung, er sehe keinen Grund, die Veröffentlichung zu unterlassen, an den Kaiser zurück. Wilhelm sandte es Stuart-Wortley, der es dem *Daily Telegraph* übergab.

Am Morgen des 29. Oktober fand Bülow eine lange Botschaft des Londoner Büros der Telegrafenagentur Wolff auf seinem Schreibtisch, die ein am Vortag im *Daily Telegraph* veröffentlichtes Interview mit dem deutschen Kaiser zusammenfaßte. In dem Interview, das einer anonymen Person von »unantastbarer Autorität« gegeben wurde, bekannte der Kaiser, daß er immer ein Freund Englands gewesen sei, daß seine Freundschaft aber nicht gewürdigt werde. »Ihr

Engländer seid verrückt, verrückt, verrückt wie Märzhasen«, sagte er. »Was ist über euch gekommen, daß ihr euch so völlig einem Argwohn überlassen habt, der einer großen Nation ganz unwürdig ist?« »Immer mißverstanden zu werden«, fuhr Wilhelm fort, »zu sehen, wie meine wiederholten Freundschaftsangebote mit argwöhnischen, mißtrauischen Augen gewogen und nachgeprüft werden«, sei »eine persönliche Kränkung.« Diese Feindseligkeit mache seine eigenen Anstrengungen, die Freundschaft zu fördern, um so schwieriger, als die Mehrheit der Deutschen eine Abneigung gegen die Engländer habe. Dann kam, was Bülow in seinen Memoiren »die drei Horrenda« nennen sollte: Auf dem Höhepunkt des Burenkrieges hätten Rußland und Frankreich ihn gedrängt, die Burenrepublik zu retten und durch den Zusammenschluß zu einer kontinentalen Koalition »England bis in den Staub zu demütigen«. Er habe sich geweigert, erklärte der Kaiser, und die Russen und Franzosen wissen lassen, daß Deutschland »immer eine Politik vermeiden müsse, die es in Verwicklungen mit einer Seemacht wie England bringen könne.« Er habe diesen Brief seiner Großmutter, Königin Victoria, geschickt, und er liege jetzt »in den Archiven des Windsor-Schlosses«.

»Und das war nicht alles«, fuhr der Kaiser fort. »Gerade während Ihrer schwarzen Woche im Dezember 1899, als [im Burenkrieg] ein Unglück nach dem anderen in rascher Folge kam ... arbeitete ich den Plan aus, der mir unter diesen Umständen der Beste schien, und legte ihn meinem Generalstab zur Kritik vor. Dann sandte ich ihn eiligst nach England, und auch dieses Dokument liegt in Windsor und erwartet den ruhigen und unparteiischen Spruch der Geschichte. Als merkwürdiges Zusammentreffen lassen Sie mich hinzufügen, daß der von mir aufgestellte Plan dem sehr nahekam, der wirklich von Lord Roberts angenommen und von ihm erfolgreich ausgeführt wurde ...

Aber, werden Sie fragen, was ist mit der deutschen Flotte? ... Gegen wen anders als gegen England werden meine Geschwader gerüstet?« Ihr Zweck, erklärte Wilhelm, sei es, Deutschlands wachsenden Welthandel zu schützen. »Deutschland schaut vorwärts. Seine Horizonte erstrecken sich in die Weite. Es muß für alle Eventualitäten im Fernen Osten gerüstet sein. ... Blicken Sie auf den vollzogenen Aufstieg Japans ... vielleicht wird England sogar froh sein, daß Deutschland eine Flotte hat ...«

Bülow war tief bestürzt. »Während ich diese an Unbesonnenheit und Taktlosigkeit kaum zu überbietenden Auslassungen las ... ließ [ich] den Legationsrat Klehmet zu mir bitten ... Als ich ... frug, wie er diese unglaublichen Äußerungen habe durchlassen können, meinte Klehmet, er habe den entschiedenen und bestimmten Eindruck gehabt, daß Seine Majestät der Kaiser die Veröffentlichung des Artikels und gerade der jetzt von mir beanstandeten Kraftstellen persönlich lebhaft wünsche.« Bülow explodierte: »Haben Sie noch nicht erfaßt, daß die persönlichen Wünsche seiner Majestät bisweilen Narreteien sind?«

Bülow hatte sich damit seine eigene Verteidigungsstellung aufgebaut: Überlastet durch eine politische Krise, hatte der Reichskanzler dem Auswärtigen Amt vertraut; dieses – gegen das der Kaiser eine starke Abneigung hegte, von der Bülow wußte – hatte das Vertrauen enttäuscht und damit den Kaiser und ihn selbst verraten. Das Auswärtige Amt, damals in den Händen des schwachen von Schoen, war schlecht gerüstet, diese Anklage zurückzuweisen. Es hatte spezifische Anweisungen befolgt, zweckmäßig erscheinende Korrekturen, Hinzufügungen oder Auslassungen vorzunehmen. Darüber hinaus hatte es die letzte Entscheidung über die Ratsamkeit der Veröffentlichung in der Bismarckschen Tradition dem Reichskanzler überlassen.

Der entscheidende Punkt, über den kein anderer als Bülow selbst Klarheit schaffen konnte, war, ob Bülow das Interview tatsächlich nicht gelesen hatte, bevor er der Veröffentlichung zustimmte. Er behauptete, dies nicht getan zu haben. Daran hielt er während des parlamentarischen Sturmes eisern fest, der nach der Veröffentlichung ausbrach, und bekräftigte es auch noch in seinen Memoiren. Aber niemand hatte mit den aufreizenden Übertreibungen und rhetorischen Prahlereien des Kaisers mehr Erfahrung als Bülow. Als Reichskanzler lebte er in ständiger Sorge vor Wilhelms Indiskretionen; dauernd zensierte, unterdrückte und veränderte er die Reden des Kaisers. Hinzu kam, daß ein deutscher Kaiser nicht jeden Tag ein ausführliches Interview in einer englischen Tageszeitung veröffentlichte. Wenn schon nicht aus Pflichtgefühl, dann aus schierer Neugier hätte der Kanzler sicherlich wissen wollen, was Wilhelm sagte. Schoen, Stemrich und andere in der Wilhelmstraße waren überzeugt, daß Bülow log. Einige Historiker sind der Meinung, daß er das Interview gelesen, die Folgen vorausgesehen und die Veröffentlichung in der Hoffnung zugelassen habe, die anschließende Verfassungskrise zu einer Festigung seiner Position im Verhältnis zur Krone zu nützen.

Das Interview erregte weltweites Aufsehen. Japan fragte sich, welche »Eventualitäten« die deutsche Flotte mit seiner eigenen in Konflikt bringen könnten. Frankreich und Rußland leugneten, daß sie während des Burenkrieges eine Koalition gegen England vorgeschlagen hätten; Zar Nikolaus II. erklärte Sir Arthur Nicolson sogar, daß es der Kaiser selbst gewesen sei, der eine Intervention der Kontinentalmächte vorgeschlagen habe. In England reichten die Reaktionen von Erheiterung bis zur Verachtung. Lord Roberts drohte, seinen Schwarzen Adlerorden zurückzugeben. Die *Times* bemerkte, daß die Konzentration einer starken Schlachtflotte mit begrenztem Operationsradius in der Nordsee seltsam erscheinen müsse, wenn Deutschland einen Seekrieg im Pazifik plane. Im Unterhaus wurde Haldane gefragt, ob Wilhelms Feldzugsplan, der zum Sieg über die Burenrepubliken geführt hatte, veröffentlicht werden könne. Der Kriegsminister beschränkte sich auf die Antwort, daß das Kriegsministerium das betreffende Dokument nicht in seinen Archiven habe. »Ich bin daher nicht in der Lage«, sagte er, »den Wunsch jener zu erfüllen, die das Dokument veröffentlicht zu sehen wünschen.« Außenminister Grey sagte, der Kaiser komme ihm vor »wie ein unter hohem Dampf stehendes Schlachtschiff ohne Ruder«.

In einem Deutschland, das gerade den ersten Eulenburg-Prozeß hinter sich hatte, entfachte das Interview einen neuen Sturm von Schock, peinlicher Verlegenheit und Empörung. Der Herrscher, der seine Freunde so unüberlegt gewählt zu haben schien, hatte jetzt vor aller Welt deutlich gemacht, daß das Deutsche Reich von einem Mann regiert wurde, der zu Verantwortungslosigkeit neigte und möglicherweise geistig unausgeglichen war. Sir Edward Goschen, der neue britische Botschafter, war erstaunt. »Für einen Neuling wie mich, der erfüllt von der Vorstellung war, daß Seine Majestät mehr oder weniger außerhalb der öffentlichen Kritik stehe, kommt dieser Angriff auf ihn höchst überraschend«, berichtete er Sir Edward Grey. Der österreichische Botschafter schickte einen ähnlichen Bericht nach Wien: »Nie zuvor in der deutschen Geschichte sind *alle* Kreise von einer so tiefen Verärgerung über ihren Souverän ergriffen gewesen.« Die Deutschen, die in ihrer überwiegenden Mehrheit leidenschaftlich für die Sache der Buren eingetreten waren, reagierten wütend auf die Behauptung des Kaisers, er habe einen Feldzugsplan ausgearbeitet, um den Briten zu helfen, die Burenrepubliken zu besiegen. Warum die Japaner vor den Kopf stoßen? Warum sich Franzosen und Russen zu Gegnern machen? Warum die Briten mit der Bemerkung provozieren, daß die meisten Deutschen sie nicht leiden konnten?

Hinter der spezifischen Kritik an den unbesonnenen Bemerkungen des Kaisers lag die allgemeine Mißstimmung darüber, daß Wilhelm abermals versuchte, persönliche Herrschaft auszuüben – ein Recht, das er konstitutionell nicht besaß. Die Linke reagierte mit der Forderung nach Begrenzungen der Monarchie und entschiedenerer Einschränkung des kaiserlichen Rechts, sich in innen- und außenpolitische Fragen einzumischen. Die Konservativen wollten die Monarchie unbehindert lassen, wünschten aber, daß *diesem* Monarchen wegen seines exzentrischen, schädigenden Verhaltens Beschränkungen auferlegt würden. Als eine Reichstagsmehrheit, darunter auch viele Konservative, eine Debatte über einen Tadelsantrag verlangte, schickte Bülow den Staatssekretär des Inneren, Theobald von Bethmann Hollweg, in den Reichstag, um die Stimmung des Abgeordnetenhauses einzuschätzen. Bethmann Hollweg berichtete dem Kanzler, daß es unmöglich sein werde, den gegenwärtigen Aufruhr auf den *Daily Telegraph* oder auf formale Fehler zu begrenzen, die in der Behandlung des Dokumentes begangen wurden. Was jetzt mit Urgewalt hervorbreche, sei Abneigung gegen das persönliche Regime, Unzufriedenheit mit der Haltung des Kaisers in den letzten zwanzig Jahren, von der die im *Daily Telegraph* veröffentlichten Gespräche nur eines unter vielen Symptomen sei.

Bevor er sich mit dem Reichstag befassen konnte, mußte Bülow sich des Kaisers versichern. Nach der Reichsverfassung wurde der Kanzler vom Kaiser ernannt und konnte im Amt bleiben, solange der Kaiser es wünschte, ohne Rücksicht auf die Ansichten der Reichstagsabgeordneten. Wilhelm II. hatte das Interview veröffentlicht, um, wie er glaubte, zu freundschaftlichen Beziehungen mit England beizutragen; nun war er niedergeschmettert von der persönlichen Kritik, die von allen Seiten über ihn hereinbrach. Er hatte sich strikt an die Verfassung gehalten, indem er dem Reichskanzler eine Ausfertigung des Interviews zur Genehmigung zugeleitet hatte. Der Kanzler hatte es durchgelassen, das Interview war veröffentlicht worden – und nun wurde er, der deutsche Kaiser, überall als eine Gefahr oder als Dummkopf hingestellt.

Bülows wirksamste Waffe war immer die Rücktrittsdrohung gewesen; jetzt machte er von ihr Gebrauch. Er schrieb an den Kaiser, der sich noch in Rominten aufhielt, und erklärte, daß er das Interview nicht selbst habe lesen können, es aber an das Auswärtige Amt weitergeleitet habe. Wenn ihm dies vorgeworfen werde, bitte er um die Entbindung von der Kanzlerschaft. Sobald Bülow aber den Kaiser nach seiner Rückkehr aus Rominten sah, erkannte der Kanzler, daß er keine Ursache hatte, sich zu sorgen. »Er war«, sagte Bülow, »wie immer in kritischen Augenblicken, sehr weich, sehr klein.« Wilhelm machte dem Kanzler keine Vorwürfe; diesmal brauchte Bülow die Schuld nicht einmal dem Auswärtigen Amt in die Schuhe zu schieben. Er unterrichtete den Kaiser, daß die Reichstagsdebatte am 10. November beginnen würde. »Der Kaiser antwortete mir sehr ruhig: ›Tun Sie, was Sie nicht lassen können.‹ Mit fast bittendem Ausdruck fügte er hinzu: ›Bringen Sie mich durch, vor allem bringen Sie uns durch!‹ Seine vertrauensvolle kindliche Haltung rührte mich umso mehr, je weniger er mir Vorwürfe wegen des Versagens des doch sonst von ihm gar nicht geliebten Auswärtigen Amts machte.«

Die Unterwürfigkeit des Kaisers machte es Bülow leicht, die Erlaubnis zur Veröffentlichung einer Erklärung in der offiziösen *Norddeutschen Allgemeinen Zeitung* zu erhalten. Die Erklärung überging den Inhalt des Interviews und befaßte sich allein mit der Verantwortlichkeit für die Veröffentlichung. Schuldig war das Auswärtige Amt; der Kanzler habe die Verantwortung übernommen; der Kaiser habe das Rücktrittsgesuch des Kanzlers abgelehnt.

Im Reichstag, der sowohl den Inhalt des Interviews als auch die Verantwortung für seine Veröffentlichung zum Gegenstand seiner Debatten machte, waren das Auswärtige Amt und der Kaiser die Zielscheiben der Angriffe. Sprecher aller Parteien verurteilten die Nachlässigkeit und Unfähigkeit des Auswärtigen Amtes; Abgeordnete der Linken verlangten Verfassungsänderungen, welche die Autorität des Kaisers beschnitten. Die Konservativen verbanden ihr Bekenntnis zu Volk und Reich mit »dem ehrenvollen Ausdruck des Wunsches ..., daß in solchen Äußerungen künftig eine größere Zurückhaltung beobachtet werden möge.« Bülow gelang es, auszuweichen. Er schaffte es, den Kaiser zu belasten, sich selbst freizusprechen und doch das Bild eines mutigen und ritterlichen Kanzlers abzugeben, der bereit war, alle Nackenschläge, berechtigte wie unberechtigte, hinzunehmen und um der Sache der Krone und der Nation willen auszuhalten. Das Interview, sagte er, als er das Wort ergriff, enthalte unrichtige Fakten: Kein Feldzugsplan sei ausgearbeitet oder nach Windsor geschickt worden, vielmehr habe man die Buren gewarnt, daß sie allein würden kämpfen müssen; es habe niemals den Vorschlag einer kontinentalen Allianz gegen England gegeben; die Mehrzahl der Deutschen sei nicht englandfeindlich; Deutschland denke nicht daran, Japan im Fernen Osten zu bedrohen. Für den Fehler, der bei der Behandlung des Manuskriptes gemacht worden sei, trage er die ganze Verantwortung, fuhr Bülow fort. Es widerstrebe seinem persönlichen Empfinden, Beamte, die ihr Leben lang ihre Pflicht getan hätten, deshalb zu Sündenböcken zu stempeln. * Bülow charakterisierte den Kaiser indirekt als ein eigenwilliges, ungeschicktes Kind, erfüllt von dem Wunsch, nützlich und wichtig zu sein, das schlimm ins Stolpern gerate, wenn es ohne Lenkung bleibe. »Meine Herren, die Einsicht, daß die Veröffentlichung seiner in England geführten Gespräche die von Seiner Majestät dem Kaiser gewollte Wirkung nicht hervorgerufen, in unserem Land aber tiefe Erregung und schmerzliches Bedauern verursacht hat, wird, diese feste Überzeugung habe ich in diesen Tagen gewonnen, Seine Majestät den Kaiser dahin führen, ferner auch in Privatgesprächen jene Zurückhaltung zu beobachten, die im Interesse einer einheitlichen Politik und für die Autorität der Krone gleich unentbehrlich ist. Wäre es nicht so, so könnte weder ich noch einer meiner Nachfolger die Verantwortung tragen.«

Bülow ging triumphierend aus der Krise hervor. »Als ich unter starkem Beifall schloß, fühlte ich, daß die Partie gewonnen war.« Holstein, der die Vorgänge aus dem Ruhestand beobachtete, billigte die Taktik des Kanzlers. »Wegen der kaiserlichen Indiskretionen war überhaupt keine Verteidigung möglich«, schrieb er in sein Tagebuch. Das *Berliner Tageblatt* griff Kaiser Wilhelm offen an: »Wir haben eine Bevölkerung von mehr als 60 Millionen, eine hochintelligente Nation, und doch beruht das Schicksal des Reichskanzlers und seines Nachfolgers auf einem Mann!« Eine solche Situation sei für eine Nation mit Selbstachtung unerträglich. Die Ereignisse der letzten Tage hätten eines deutlich gemacht: Das deutsche Volk werde nicht länger dulden, daß seine Lebensinteressen von den Launen eines Mannes abhingen, dessen Impulsivität man wieder einmal habe erleben müssen.

Der Kaiser hielt sich während der Reichstagsdebatte nicht in Berlin auf. Sein lange im voraus ausgearbeiteter Terminplan sah einen Besuch bei Erzherzog

* Zwei Wochen später versetzte Bülow Klehmet von Berlin als Konsul nach Bukarest.

Franz Ferdinand, dem österreichischen Thronfolger, vor, anschließend die Teilnahme an einer Jagd in Donaueschingen, der Schwarzwaldresidenz seines Freundes, des Multimillionärs Fürst Max Egon zu Fürstenberg. Wilhelms Entscheidung, sein Reiseprogramm in einer Zeit einzuhalten, da die ganze Nation sich über seine Indiskretion erregte, hatte im Reichstag zu bitteren Kommentaren geführt. Tatsächlich hatte der Kaiser vor seiner Abreise Bülow gefragt, ob er während der Debatte in Berlin bleiben solle. Bülow hatte ihm geraten zu fahren: »Er sehnte sich ... nach Donaueschingen, wo ihm Fuchsjagden, Kabarettvorträge, alle möglichen Genüsse in Aussicht gestellt waren«, erklärte der Kanzler. »Ich gab seinem Wunsch nach.« Sobald der Kaiser abgereist war – und trotz des Umstandes, daß Wilhelm wegen seiner Abwesenheit im Reichstag unumwunden verurteilt wurde –, unternahm Bülow nichts, um ihn zurückzuholen. Als Holstein ihn fragte: »Haben Sie dem Kaiser, wie von manchen Seiten behauptet wird, damals von der Rückkehr nach Berlin abgeraten?« antwortete Bülow: »Nein, weder zu noch ab.« Tatsächlich aber erhielt Wilhelm während seines Aufenthalts in Donaueschingen ein langes, verschlüsseltes Telegramm vom Kanzler, in welchem dieser erklärte, daß es unnötig sei, während der Debatte nach Berlin zurückzukehren.

Als der Kaiser in Donaueschingen eintraf, waren die Gastgeber erschrocken darüber, wie schlecht er aussah. »Wenn Sie Kaiser Wilhelm begegneten, Sie würden ihn nicht wiedererkennen«, sagte Fürst Max. Zuerst lenkte der Besuch den Kaiser ab. »Die zwei Tage hier verliefen sehr harmonisch und heiter«, schrieb er an Bülow. »Die Jagd verlief glänzend. Ich streckte 65 Hirsche. Ich gedenke Ihrer stets in meinem Morgen- und Abendgebet. ... In jeder Wolke ist ein Silberstreif. Gott mit Ihnen! In alter Freundschaft Wilhelm I. R.«

Dann traf den Kaiser eines Abends nach dem Essen ein persönlicher Verlust. »Die Damen in großer Toilette ... mit strahlendem Schmuck, die Herren in grünen und schwarzen Fracks« waren »in der schönen Versammlungshalle des prachtvollen Schlosses versammelt, während auf der Treppe eine Kapelle musizierte. Plötzlich erschien Graf Hülsen-Haeseler, als Ballettänzerin kostümiert ... und begann nach den Weisen der Musik zu tanzen.« General Graf von Hülsen-Haeseler, ein Freund des Kaisers seit seiner Jugendzeit und Chef des Militärkabinetts, war früher schon in dieser Art und Weise aufgetreten. »Alles war aufs höchste amüsiert, denn der Chef tanzte großartig, und es hatte ja auch etwas Eigenartiges, den Chef des Militärkabinetts als Dame kostümiert einen Ballettanz aufführen zu sehen«, sagte ein neues Mitglied aus dem Gefolge des Kaisers. Erschöpft von seinen Pirouetten, machte der Graf halt, verbeugte sich – und brach zusammen. Die Gesellschaft geriet in höchste Aufregung: ein Arzt bemühte sich um den zusammengebrochenen Tänzer; die Fürstin zu Fürstenberg saß in einem Sessel und weinte; der Kaiser schritt in nervöser Erregung auf und ab. Nach eineinhalb Stunden wurde bekanntgegeben, daß der Graf an

Herzversagen gestorben sei. Die Leichenstarre hatte eingesetzt, und nur unter großen Schwierigkeiten gelang es, den Leichnam des Generals von seinem Ballettkostüm zu befreien und in seine Uniform zu kleiden.

Der Vorfall entnervte Wilhelm II., den die *Daily Telegraph*-Affäre bereits schwer mitgenommen hatte, vollends. Unterdessen wurde Bülows Lage im Reichstag schwieriger. Um seine Position als Kanzler zu stärken, benötigte er eine öffentliche Bestätigung seiner Haltung in der Debatte durch den Kaiser. Am 17. November suchte Bülow den Monarchen auf, der nach Potsdam zurückgekehrt war. Wilhelm und Auguste Viktoria erwarteten ihn auf der Terrasse vor dem Neuen Palais. Als er näherkam, eilte die Kaiserin auf ihn zu und flüsterte ihm ins Ohr: »Seien Sie recht gut zum Kaiser, recht milde. Er ist ganz gebrochen.« Wilhelm führte Bülow in sein Arbeitszimmer. Der Kaiser sah blaß und niedergeschlagen aus und »erwartete offenbar von mir eine große Strafpredigt. Es wäre geschmacklos gewesen, ihm in diesem Augenblick eine solche zu halten«, sagte Bülow. Mit dem tief in Melancholie versunkenen Kaiser hatte der Kanzler keine Schwierigkeiten. Er zog eine vorbereitete Erklärung aus der Tasche:

»Unbeirrt durch die von Ihm als ungerecht empfundenen Übertreibungen der öffentlichen Kritik, erblicke Er Seine vornehmste Kaiserliche Aufgabe darin, die Stetigkeit der Politik des Reichs unter Wahrung der verfassungsmäßigen Verantwortlichkeiten zu sichern. Demgemäß billigte Seine Majestät der Kaiser und König die Ausführungen des Reichskanzlers im Reichstage und versicherte den Fürsten von Bülow seines fortdauernden Vertrauens.«

Wilhelm unterzeichnete das Papier bereitwillig und, so Bülow, bat ihn »mit einem starken Händedruck ...: ›Helfen Sie mir! Retten Sie mich!‹ Bevor ich das Zimmer verließ, umarmte und küßte er mich auf beide Wangen«. Als Bülow sich verbeugte und zum Gehen wandte, sagte der Kaiser wieder: »Ich danke Ihnen! Ich danke Ihnen von Herzen!« Nach Hause zurückgekehrt, sagte Bülow zu seiner Frau: »Den Kaiser und die Krone habe ich noch einmal durchgebracht. Wie lange wir in diesem Hause bleiben, das ist eine andere Frage.«

Als Bülow gegangen war, begann Wilhelm zu weinen und legte sich schlafen. Am nächsten Tag wurde Bülow telefonisch unterrichtet, daß der Kaiser die Absicht habe abzudanken. Der Kanzler eilte zurück nach Potsdam. Die Kaiserin, die Augen rot verweint, empfing ihn im Erdgeschoß. »Muß denn der Kaiser abdanken?« fragte sie. »Wollen Sie, daß er abdankt?« Bülow bemühte sich, sie zu beruhigen, und versicherte ihr, daß dank seiner Reichstagsrede »der Sturm begonnen habe, sich zu legen.«

Bülow ging, ohne den Kaiser gesprochen zu haben. Der Kronprinz traf ein. »Minuten später war ich bei meinem Vater«, schrieb er in seinen Memoiren. »Um Jahre schien er mir gealtert, war hoffnungslos, fühlte sich verlassen von allen, war zusammengebrochen unter der Katastrophe, die ihm den Boden unter seinen Füßen fortgenommen, sein Selbstbewußtsein und Vertrauen zertrümmert hatte. ... Er hieß mich setzen, redete drängend, ... dabei kam immer wieder die Bitterkeit über das Unrecht durch, das er in den Vorgängen sah ... Wohl eine Stunde habe ich damals an seinem Bette gesessen. Nie vorher, seit ich denken kann, war das geschehen.«

Wilhelm sprach nie wieder von Abdankung, aber seine Niedergeschlagenheit war nicht zu übersehen. »Der Kaiser machte keinen Versuch, die tiefe Niedergeschlagenheit seiner Seele zu verbergen«, sagte Prinzessin Viktoria Luises englische Gouvernante. »Dieser gewöhnlich so redselige, so mit sich und der Welt zufriedene Mann ging in trauervollem Schweigen umher, sprach selten und dann mit halblauter Stimme... Auch alle anderen schienen im Flüsterton zu sprechen.« Bei seinen seltenen öffentlichen Auftritten schlug Wilhelm in das andere Extrem um, nahm eine gezwungene Munterkeit an, machte Scherze und lachte lauter als alle anderen. Der Kaiser mied Bülow. Die morgendlichen Besuche in der Wilhelmstraße und die Spaziergänge im Garten der Reichskanzlei hörten auf; Kaiser und Kanzler sahen einander nur, wenn die Geschäfte es erforderten. Nach sechs Wochen begann Wilhelm sich zu erholen. Als er am Neujahrstag durch die Straßen fuhr und die Menge in Hochrufe ausbrach, begannen Selbstvertrauen und Selbstachtung zurückzukehren. Das öffentliche Mitgefühl für den Kaiser nahm zu; sein Stillschweigen und seine Zurückgezogenheit wurden nicht einem Zusammenbruch zugeschrieben, sondern einer wachsenden königlichen Würde. Die Schuldvorwürfe richteten sich nun mehr und mehr gegen den Reichskanzler; schließlich hatte der Kaiser seine verfassungsmäßige Pflicht getan, indem er den Entwurf des Interviews Fürst von Bülow vorgelegt hatte. Der Kanzler hatte seinen Herren zweimal verraten; das erste Mal, als er das Dokument vor der Veröffentlichung nicht las, das zweite Mal, indem er den Kaiser vor dem Reichstag nicht hinreichend verteidigte. Im privaten Kreis und dann allmählich auch darüber hinaus machte Wilhelm sich diese Betrachtungsweise zu eigen und wiederholte sie. Er sei »im Stich gelassen worden«, sagte er; er sei zum Sündenbock gemacht worden, und der Kanzler habe sich die Hände in Unschuld gewaschen.

Bülow spürte, daß die öffentliche Meinung sich allmählich dem Kaiser zuneigte, und geriet in Sorge. Er schrieb Wilhelm am 13. Februar, daß alles, was er im November gesagt und getan habe, allein und ausschließlich von Loyalität zum Haus des Kaisers und dem Land sowie von Liebe zur Person Wilhelms motiviert gewesen sei. An den Rand dieses Briefes schrieb Wilhelm: »Pharisäer!«

Am 11. März 1909, als die bosnische Krise in ein kritisches Stadium getreten war, empfing der Kaiser Bülow in der Galerie des Berliner Schlosses. »Ich ging mit ihm«, sagte der Kaiser, »in der Bildergalerie des Schlosses auf und ab, zwischen den Bildern meiner Ahnen, der Schlachten des Siebenjährigen Krieges sowie der Kaiserproklamationen in Versailles, und war erstaunt, als der Kanzler auf die Vorgänge vom Herbst 1908 zurückkam und sein Verhalten zu erklären unternahm.« Bülow wandte die Taktik an, die in der Vergangenheit erfolgreich gewesen war. Er sagte Wilhelm, »ich könne mein schweres Amt nur weiterführen, wenn ich das volle Vertrauen meines kaiserlichen Herrn besäße.« Der Kaiser konterte unverblümt, der Kanzler hätte »gegenüber den Angriffen, denen er [der Kaiser] ausgesetzt gewesen sei, nicht genügend darauf hingewiesen, daß alle gegen ihn erhobenen Vorwürfe völlig unbegründet gewesen wären.«

»In der Reichstagsdebatte vom 10. November würde Froben anders gesprochen haben als Sie«, sagte der Kaiser. Als er dies sagte, stand Wilhelm vor einem Portrait Emmanuel von Frobens, eines kurfürstlichen Stallmeisters, der in der Schlacht von Fehrbellin den Apfelschimmel des Großen Kurfürsten bestiegen hatte, um feindliche Musketenkugeln von seinem Herrn abzulenken. Als Kanzler, sagte Wilhelm, hätte Froben vor dem Reichstag erklärt, daß er dem Kaiser geraten habe, das Interview im *Daily Telegraph* unverändert zu veröffentlichen. Bülow erwiderte, dies habe er nicht sagen können, da die Öffentlichkeit, die seine Ansichten kenne, ihm das nicht geglaubt hätte. »Das heißt soviel«, gab Wilhelm zurück, »als das Sie mich für ein Rindvieh halten, dem man Dummheiten zutraut, die man Ihnen nicht zutrauen würde.« Bülow entschuldigte sich, pries die bemerkenswerten Qualitäten des Kaisers, und Wilhelm lenkte sein. »Die offene Aussprache und die mich befriedigenden Erklärungen des Fürsten beseitigten die Spannung«, erinnerte sich der Kaiser. »Ich habe Ihnen immer gesagt«, sagte er zu Bülow, »daß wir beide uns famos ergänzen. Wir müssen zusammenbleiben, und wir bleiben zusammen!« Er schüttelte dem Kanzler die Hand und nahm ihn mit zum Essen. »Ich habe mich soeben mit dem Reichskanzler ausgesprochen, alles ist in schönster Ordnung«, verkündete der Kaiser dem wartenden Gefolge. »Wer mir jetzt noch etwas gegen den Fürsten Bülow sagt, dem fahre ich mit der Faust unter die Nase.« Am selben Abend telegrafierte Wilhelm seinem Bruder Heinrich: »Ich habe Bülow verziehen, nachdem er mich unter Weinkrämpfen um Pardon gebeten hat.« Am folgenden Abend speiste das kaiserliche Paar auf Bülows Bitte bei ihm. Wilhelm schritt zur Tür hinein und begrüßte die Fürstin Bülow mit den Worten: »Wie glücklich bin ich, wieder hier zu sein! Was war das für ein schrecklicher Winter! Nun ist aber alles wieder in schönster Ordnung.«

Trotz dieser munteren Reden blieb die erneuerte Zuneigung des Kaisers zum Reichskanzler hohl. Einem Freund vertraute er an, daß die ganze Versöhnung »eine Komödie« gewesen sei, und daß er die Absicht habe, Bülow aus dem Amt zu entfernen, sobald die politische Lage es gestatte. Die Gelegenheit ergab sich im Juni; Anlaß war die Niederlage des Kanzlers in einer Schlüsselabstimmung im Reichstag. Im Frühjahr 1909 gerieten die im »Bülow-Block« vereinten Konservativen und Liberalen in der Frage der Reichsfinanzreform aneinander. Mit der Reform sollten die Staatseinnahmen jährlich um 500 Millionen Mark erhöht werden. Mit Rücksicht auf die Macht der Konservativen im Reichstag sollten vier Fünftel der neuen Steuereinnahmen – 400 Millionen Mark – durch Verbrauchssteuern aufgebracht werden, welche die Unter- und Mittelschicht am härtesten trafen. Zum direkten Streitpunkt wurde aber die Erweiterung der Erbschaftssteuer auf Ehegatten und Nachkommen. Hier stießen die Interessen der konservativen Agrarier, die in der Nachlaßsteuer eine existenzbedrohende Gefahr für den Großgrundbesitz sahen, und jene der Industrie und des Handels aneinander. Der Streit entwickelte sich zu einer Machtprobe der Verfechter des Industriestaates mit jenen des Agrarstaates. Sie wurde von der katholischen Zentrumspartei entschieden, die mit den Konservativen gegen die Regierung stimmte. Der Kaiser unterstützte den Kanzler, machte aber deutlich, daß Bülow zurücktreten müsse, sollte er in der Abstimmung über die Erbschaftssteuer unterliegen. Am 24. Juni wurde die Erbschaftssteuer mit 195 gegen 187, also mit acht Stimmen Mehrheit abgelehnt.

Am 26. Juni 1909, auf den Tag zwölf Jahre nachdem er an Bord der Kaiserjacht *Hohenzollern* in Kiel zum Staatssekretär ernannt worden war, kehrte Bülow zum selben Ort zurück, um seinen Rücktritt als Reichskanzler einzureichen. Wilhelm II. wartete auf Deck, ungeduldig und nervös. »Ich bin ... sehr eilig, weil ich um ein Uhr bei dem Fürsten Monaco lunchen soll.« Er eröffnete Bülow, daß sein Nachfolger Bethmann Hollweg sein würde, der Staatssekretär im Reichsamt des Inneren. »Damit sind Sie ja gewiß sehr einverstanden«, sagte der Kaiser, »er wird mir den Reichstag aufmöbeln. Übrigens habe ich bei ihm in Hohenfinow meinen ersten Rehbock geschossen.« Bülows Antwort war vorsichtig. »Für die innere Politik ist Bethmann wohl alles in allem der Beste. ... Er versteht nur gar nichts von auswärtiger Politik.« »Die auswärtige Politik überlassen Sie nur mir«, sagte Wilhelm. »Ich habe bei Ihnen einiges gelernt.« Als Bülow empfahl, daß der Kaiser sein möglichstes tun sollte, um ein Flottenabkommen mit England zu erreichen, runzelte Wilhelm die Brauen. »Ich kann und will John Bull nicht erlauben, mir das Tempo meiner Schiffsbauten vorzuschreiben!« Aufgeräumt kehrte der Kaiser zu Bethmann Hollweg zurück: »Passen Sie nur auf, wenn der lange Kerl sich von der Bank des Bundesrats im Reichstag erhebt und die verehrten Reichsboten mit seinen strengen Augen ansieht, dann kriegen sie es alle mit der Angst und verkriechen sich in ihre Mauselöcher.«

Als es Zeit war zu gehen, nahm der Kaiser Bülow mit sich zum Essen an Bord der Jacht des Fürsten von Monaco. Bei Tisch, wo die meisten anderen Gäste Franzosen waren, zeigte Wilhelm sich in bester Stimmung und lachte laut. »Es berührte mich eigentümlich, daß bei dieser Henkersmahlzeit für den preußischen Ministerpräsidenten und deutschen Reichskanzler außer Seiner Majestät, mir und dem diensttuenden Flügeladjutanten nur Franzosen zugegen waren«, erinnerte sich Bülow.

Drei Wochen lang lebte der Kanzler im Zustand der Ungewißheit und hoffte, daß Wilhelm sich eines anderen besinnen möge. Am 14. Juli kam die Erklärung heraus: Fürst von Bülow, der als Reichskanzler zurücktrete, würde für seine Dienste den Schwarzen Adlerorden mit Brillanten erhalten. Am Abend dieses Tages lud der Kaiser sich zum Essen bei den Bülows ein. Er überreichte der Fürstin einen Strauß Rosen, die er nach seinen Worten selbst gepflückt hatte; er verehrte ihr auch ein emailliertes, mit Brillanten umrahmtes Portrait seiner selbst. Seine Bemerkungen beim Essen waren weniger großzügig. Als die Fürstin sagte, sie sei traurig über das, was geschehen sei, erwiderte der Kaiser: »Ich bin viel trauriger als Sie. Ich habe mich lange genug mit Händen und Füßen gesträubt, aber Bernhard hat gehen wollen.« Die Fürstin von Bülow erwähnte die Reichstagsabstimmung über die Erbschaftssteuer als Grund für den Rücktritt ihres Mannes. Wilhelm war anderer Meinung. »Sie müssen nicht glauben, daß die Erbschaftssteuer oder der Block Bernhard gestürzt haben«, sagte er. »Den wahren Grund müssen Sie in den Novemberereignissen suchen. Sehen Sie, die Herren haben mich unter der Hand wissen lassen, daß Sie sich in die Erbschaftssteuer hineingefunden hätten. Aber sie haben ihn gestürzt, weil sie gefunden haben, daß er seinen kaiserlichen Herrn nicht genug verteidigt hätte.« Was, fragte die Fürstin, hätte ihr Mann nach der Meinung des Kaisers im November tun sollen? »Er hätte im Reichstag aufstehen und erklären müssen: Ich verbitte mit eine solche unverschämte Sprache gegen den kaiserlichen Herrn. Wie untersteht ihr euch, so zu sprechen? Marsch, hinaus!«

## 34. KAPITEL

# Deutsch-britische Flottengespräche und Bethmann Hollweg

Während Kaiser Wilhelm sich im Park von Schloß Windsor vergnügte, die Hochrufe der Londoner Bevölkerung genoß, im Rathaus die Freundschaft zwischen beiden Ländern beschwor und sich in Schloß Highcliffe von Oberst Stuart-Wortley und seinen Freunden »beruhigt und erfrischt« fühlte, bereitete die deutsche Admiralität eine neue Novelle zum Flottengesetz vor. Die aktive Dienstzeit von Schlachtschiffen, die durch das Flottengesetz von 1898 auf 25 Jahre festgesetzt war, wurde darin auf 20 Jahre herabgesetzt, so daß nach Ablauf dieser Zeit ein Neubau als Ersatz auf Kiel gelegt würde. Das 1906 festgelegte Programm von zwei Großkampfschiffen im Jahr, 1907 auf drei erhöht, würde sich durch dieses Gesetz auf jährlich vier Großkampfschiffe erhöhen. Vier Jahre lang – 1908, 1909, 1910 und 1911 – sollten jeweils drei Schlachtschiffe und ein Schlachtkreuzer genehmigt werden. 1912, wenn diese sechzehn Großkampfschiffe gebaut oder in Bau wären, sollte das Programm wieder auf zwei Neubauten im Jahr zurückgeführt werden. Im März 1908 verabschiedete der Reichstag diese Novelle zum Flottengesetz.

Das neue deutsche Gesetz alarmierte die britische Regierung. Die Liberalen, 1908 seit zwei Jahren an der Macht, hatten sich bemüht, die Rüstungskosten zu verringern, um mehr Geld für soziale Programme freizuschlagen. Es hatte keinen Versuch gegeben, in der Frage des Kriegsschiffsbaus zu einer Verständigung mit Deutschland zu kommen; statt dessen hatte Campbell-Bannerman versucht, mit gutem Beispiel voranzugehen. 1906 und 1907 waren die vier Dreadnoughts im Jahr aus dem Programm der Unionisten auf drei verringert worden. 1908 hatte der Bau von Dreadnoughts eine weitere Kürzung auf zwei pro Jahr erfahren. In Deutschland, wo man sich im Rückstand wußte, wurde die entgegengesetzte Richtung eingeschlagen. Es war entmutigend; die Deutschen schienen nicht zu verstehen, daß keine britische Regierung, Unionisten oder Liberale, einem potentiellen Gegner erlauben konnte, mit der Stärke der britischen Seestreitkräfte gleichzuziehen oder sie gar zu übertreffen. Der Bau deutscher Großkampfschiffe konnte nur verstärkte britische Rüstungsanstrengungen provozieren und in der Folge zu unnötiger Geldverschwendung auf beiden

Seiten führen. So faßte man Gespräche ins Auge, um die Regierung in Berlin zu überreden, ihre Seemachtambitionen zu begrenzen.

Ein britischer Minister, den das neue deutsche Flottengesetz unmittelbar berührte, war David Lloyd George, der Schatzkanzler, dessen Aufgabe es sein würde, das Geld für eine Vergrößerung der britischen Flotte aufzubringen. Sir Edward Grey beschloß, ihn mit Graf Wolff-Metternich zusammenzubringen, dem deutschen Botschafter in England. Lloyd George könnte dann seine Ansichten persönlich einem Vertreter der deutschen Regierung erläutern. Am 14. Juli 1908 lud Grey Lloyd George und Wolff-Metternich zum Essen ins Außenministerium ein.

In ihrem Gespräch beim Arbeitsessen im Außenministerium hoben Grey und Lloyd George hervor, daß die deutsch-britischen Beziehungen vom Wettrüsten zur See abhingen. Ruinöse Ausgaben für Schlachtschiffe würden Deutschlands relative Position nicht verbessern, argumentierten sie, weil »jeder Engländer seinen letzten Penny ausgeben würde, um die britische Vorherrschaft zur See zu erhalten«. Aber das Wettrennen im Flottenbau und die Vergeudung von Millionen von Pfunden und Mark würde die Beziehungen untergraben. Deutsche Befürchtungen eines britischen Angriffs und Argumente, daß eine Flotte benötigt werde, um solch einen Angriff abzuwehren, seien grundlos; Lloyd George erinnerte Wolff-Metternich scherzhaft an Bismarcks Bemerkung, daß, sollte eine britische Armee auf deutschem Boden landen, er es »den Gendarmen überlassen würde, sie festzunehmen«. Lloyd George meinte, daß eine Verlangsamung des Baues deutscher Großkampfschiffe das wirksamste Mittel sein würde, die öffentliche Meinung in Großbritannien zu beruhigen. Sein Land, fuhr er fort, würde »gern bereit sein, Deutschland entgegenzukommen, um eine gemeinsame Basis für eine Beschränkung des Flottenbaues auf beiden Seiten herzustellen.«

Der Kaiser, der die Flotte als sein persönliches Gebiet betrachtete, sah in jeder Forderung nach Begrenzung einen Angriff auf seine Vorrechte. Auf die Ränder von Wolff-Metternichs Depesche kritzelte er: »Eine solche anmaßende Sprache hat England auch in den Tagen schärfster Spannung mit Rußland über Afghanistan niemals geführt!«. »Darüber reden wir überhaupt nicht! Wir werden uns niemals vorschreiben lassen, wie unsere Rüstung beschaffen sein soll«. »Das wäre eine Kriegserklärung!«. »Nein! darüber wird überhaupt nicht geredet!« Und in einer Schlußbemerkung ließ Wilhelm seinen Gefühlen freien Lauf:

> Bravo, Metternich! Hat seine Sache sehr gut gemacht, bis auf einen Punkt, der die Hauptsache bildet. Der Botschafter hat es ganz übersehen, daß es ihm nicht zustand, wenn auch gänzlich unverbindlich und nur als seine Privatmeinung, dem unverschämten Ansinnen der Englischen Minister, ihre Friedlichkeit von der Verringerung unserer Wehrkraft zur See abhängig zu

machen [zuzustimmen]. Damit hat er sich auf eine schiefe Ebene begeben! Das tut mir für ihn sehr leid. Es muß ihm bedeutet werden, daß mir ein gutes Verhältnis zu England um den Preis des Ausbaus der Flotte Deutschlands *nicht* erwünscht ist. Wenn England uns nur seine Hand in Gnaden zu reichen beabsichtigt unter dem Hinweis, wir müßten unsere Flotte einschränken, so ist das eine bodenlose Unverschämtheit, die eine schwere Insulte für das deutsche Volk und seinen Kaiser in sich schließt, die a limine vom Botschafter abgewiesen werden mußte! Mit demselben Recht können Frankreich und Rußland dann eine Einschränkung unserer Rüstung zu Land fordern. Sobald man unter irgendwelcher Firma einem fremden Staate erlaubt, in die eigenen Rüstungen hineinzureden, so dankt man ab, wie Portugal und Spanien! Die deutsche Flotte ist *gegen* niemand gebaut und auch nicht *gegen* England! Sondern nach unserem Bedürfnis! Das ist ganz klar im Flottengesetz gesagt und seit 11 Jahren unbeanstandet geblieben! Dies Gesetz wird bis ins letzte Tüttelchen ausgeführt; ob es den Briten paßt oder nicht.
Wilhelm R.I.

Zwei Wochen später lud Wolff-Metternich Lloyd George in die deutsche Botschaft ein. Der Schatzkanzler kehrte zu seinem ursprünglichen Thema zurück. Er sah »in der Flottenfrage den Mittelpunkt der deutsch-englischen Beziehungen«. »Herr Lloyd George«, berichtete Metternich nach Berlin, »kam nun auf seinen Lieblingsgedanken, die Verlangsamung im Tempo des Flottenbaues zurück und redete auf mich ein, die Zeit zu benutzen, solange die friedfertige liberale Regierung am Ruder sei.« Des Kaisers farbige Marginalien blieben heftig: »Das ist eine Sprache, die bisher nur China oder Italien gegenüber geführt wird! unerhört!!« »Wenn England den Krieg haben will, soll es ihn nur anfangen, wir werden ihm schon dienen!« In seiner langen Fußnote zu diesem zweiten Bericht machte Wilhelm seiner Verärgerung über Wolff-Metternich Luft.

Diese Art von Konversation, wie sie zwischen L. George und Metternich geführt wurde, ist geradezu unwürdig und provokant für Deutschland! Ich muß mir ausbitten, daß er in Zukunft dergleichen Expektorationen unbedingt abweist. Hier hat er als Zuhörer ganz geduldig die Ansichten und Befehle englischer Staatsmänner entgegengenommen und sich nur auf Proteste beschränkt, die keinen Effekt hatten. Er muß mal den Herren, die unsere ›mutwilligen Angriffsgelüste‹ nicht aufkommen lassen wollen, eine derbe Antwort geben wie ›Lecken Sie mich etc.‹ Damit diese Kerls erstmal wieder vernünftig werden! Daß der L. George überhaupt schon wagte mit einem Diktat zu Fixierung unseres Bautempos herauszukommen, ist bodenlos, aber die Folge davon, daß Metternich sich in seinen ersten Gesprächen auf die schiefe Ebene des ›Möglichkeit nicht ausgeschlossen‹ begeben hat. Die klugen Briten haken da ein, und über kurz oder lang werden sie ihm daraus einen Strick drehen, an dem er eingehen wird; trotz ›Privatgespräch‹, ›Unverbindlichkeit der Meinungsäußerung‹ etc.! Er mußte ab ovo ablehnen mit der Bemerkung: ›Kein Staat läßt sich von einem Anderen das Maß und die Art seiner Rüstungen vorschreiben oder hineinreden; ich lehne ab solch ein Gespräch zu führen‹! ... Metternich soll einen gehörigen Schwärmer in den H... kriegen; er ist zu schlapp!

Trotz der Verärgerung des Kaisers blieb Wolff-Metternich auf seinem Posten. Er fuhr fort, seine Beobachtungen und Meinungen zu berichten, und versuchte Berlin die britische Perspektive zu erklären: Die Briten »fürchten eigentlich nur unsere Flotte, denn wir sind ihnen am nächsten und sie halten uns für die Tüchtigsten.« Der Kaiser knurrte: »Sie müssen sich eben an unsere Flotte gewöhnen. Und von Zeit zu Zeit müssen wir ihnen versichern, es sei nicht gegen sie.«

Der Kaiser wünschte die Royal Navy nicht zu bekämpfen und träumte nie von einer Invasion der Britischen Inseln. Er baute eine Flotte, um Deutschlands Großmachtanspruch und seine Weltgeltung zu proklamieren, den Überseehandel und die Kolonien wirksam zu schützen und die Welt zu zwingen, mit Respekt auf Deutschlands Stimme zu hören, vor allem aber, um Englands Achtung zu gewinnen und Deutschland von Englands Wohlwollen auf den Ozeanen unabhängig zu machen. Weil die britische Kriegsmarine soviel stärker war, betrachtete er britische Beschwerden über die Größe seiner Flotte als unangebracht und beleidigend. Im August 1908 brachte Wilhelm diese Gefühle Sir Charles Hardinge, Unterstaatssekretär im Außenministerium, der mit König Edward VII. in Deutschland reiste, energisch zum Ausdruck. Nach einem Mittagessen in Kronberg wandte sich Hardinges Gespräch mit dem Kaiser der Begrenzung der Seerüstung zu. Weil der Kaiser bis zu diesem Punkt so liebenswürdig gewesen war, vergaß sich Hardings und fragte: »Können Sie Ihren Flottenbau nicht anhalten? Oder langsamer bauen?« Wenn, erwiderte der Kaiser, England darauf bestehe, »dann werden wir kämpfen. Denn dies ist eine Frage nationaler Ehre und Würde.« Später schilderte Wilhelm die Szene Reichskanzler von Bülow. Der Kaiser habe »dem englischen Diplomaten ›fest und scharf‹ in die Augen gesehen, der habe einen ›feuerroten‹ Kopf bekommen, einen Diener gemacht und um Entschuldigung gebeten für seine ›versehentlichen Bemerkungen‹, die Seine Majestät ihm vergeben und vergessen möge. Am Abend«, fuhr der Kaiser fort, nachdem »er ihm schließlich den Roten Adlerorden 1. Klasse verliehen habe, wäre Hardinge ›windelweich‹ geworden. ›Die offene Aussprache mit mir, in der ich ihm scharf die Zähne gezeigt habe, hat ihre Wirkung nicht verfehlt. Mit Engländern muß man immer so verkehren.‹«

Als Reichskanzler hatte Bülow das verfassungsmäßige Recht auf das letzte Wort in der Außenpolitik des Reiches. Er hatte den Bau der Flotte unterstützt;

er verdankte die Ernennung zum Staatssekretär und Reichskanzler seiner Akzeptanz der Überzeugung des Kaisers, daß Deutschlands Zukunft als Großmacht auch auf dem Wasser liege. Er hatte die Risikotheorie, die Gefahrenzone und das Argument übernommen, daß die deutsche Flotte, sobald die Gefahrenzone überwunden wäre, ein Mittel sein würde, diplomatischen Druck auf Großbritannien auszuüben. Bülow war sich auch der politischen Unverwundbarkeit der Stellung bewußt, die Tirpitz in der Gunst des Kaisers genoß. Jede Herausforderung des Staatssekretärs im Reichsmarineamt war gefährlich; Bülow spürte, daß Tirpitz die einzige Persönlichkeit in der Reichsregierung war, die der Kaiser ihm vorziehen würde.

Gleichwohl war Bülow von Wolff-Metternichs Ansichten beeindruckt. Er respektierte die Warnungen des Botschafters, daß die Beschleunigung im Bau deutscher Großkampfschiffe die liberale Regierung ängstige und die öffentliche Meinung in Großbritannien gegen Deutschland aufbringe. Er sorgte sich, daß das britische Kabinett, von Sir John Fisher unter Druck gesetzt, einen Präventivangriff auf die junge deutsche Flotte genehmigen könnte. Im November 1908 sprach der durch seine triumphale Reichstagsrede zur *Daily Telegraph*-Affäre ermutigte Reichskanzler mit Tirpitz. Die britische Regierung und die Bevölkerung seien wegen der deutschen Flotte in großer Sorge, sagte er, und in der britischen Presse werde der Gedanke eines Präventivkrieges diskutiert. Er gestatte sich deshalb, die Frage zu stellen, ob Deutschland und das deutsche Volk einem Angriff mit Ruhe und Vertrauen entgegensehen könnten.

Tirpitz ließ sich mit seiner Antwort drei Wochen Zeit, bevor er einräumte, daß Deutschland angesichts der überwältigenden Überlegenheit der britischen Flotte einen Seekrieg verlieren würde. Dies aber war in Tirpitz' Augen ein Argument für die Verstärkung, nicht Verringerung, der deutschen Flotte. Er halte es daher für seine Pflicht, die Kriegsmarine für einen kriegerischen Zusammenstoß mit England so stark wie möglich zu machen. Außerdem, fuhr Tirpitz fort, mißverstehe Wolff-Metternich die Wurzel der britischen Sorge und Gegnerschaft: diese sei nicht der Bau der Flotte, sondern der wirtschaftliche Wettbewerb Deutschlands auf den Weltmärkten. Zugeständnisse im Flottenbau würden diese Rivalität nicht beseitigen und den Ärger nicht verringern. Tirpitz verachtete das Gerede von einem britischen Angriff: Die Möglichkeit eines Präventivkrieges sei ein Schreckmittel und eine Fiktion der Diplomaten [d. h., Metternichs], um andere Leute, die ihnen widerstrebten, gefügig zu machen. Wolff-Metternich widersprach aus London: »Es ist nicht die wirtschaftliche Entwicklung Deutschlands, welche unser Verhältnis zu England von Jahr zu Jahr verschlechtert, sondern es ist die rasche Zunahme unserer Flotte.«

Diese interne Diskussion auf höchster Ebene dauerte den Winter hindurch und bis ins Frühjahr 1909 an. In Großbritannien führte die deutsche Novelle zum Flottengesetz mit ihren vier Großkampfschiffen im Jahr, verbunden mit der Befürchtung, daß Deutschland den Flottenbau insgeheim beschleunige, zu der bekannten Flottenpanik. Das Ergebnis war Asquiths erfinderischer Kompromiß von vier Schiffen jetzt und vier weiteren später, wenn nötig. In Berlin erholte sich der Kaiser allmählich von den Nachwirkungen seines *Daily Telegraph*-Interviews. Bülows Ansehen, das nach seiner Reichstagsrede vom 10. November einen Höhepunkt erreicht hatte, befand sich im Niedergang. Unter dem Eindruck, daß seine Kanzlerschaft bald zuendegehen könne, berief er am 3. Juni 1909 eine Konferenz ein, die in der Reichskanzlei stattfand. Thema war die Flottenfrage und die Chancen einer Verständigung mit England. Wolff-Metternich wurde aus London herbeigerufen. Die weiteren Teilnehmer waren der Reichskanzler, Moltke, der Chef des Generalstabs, Bethmann Hollweg, der Vizekanzler und Innenminister, Tirpitz und Schoen, der Staatssekretär für Auswärtige Angelegenheiten.

Bülow begann damit, daß er Wolff-Metternich verteidigte: die erste Pflicht eines Repräsentanten im Ausland, erklärte er, sei es, die Wahrheit zu berichten. Darauf tauschten der Botschafter und der Staatssekretär im Reichsmarineamt die vertrauten Argumente aus, wobei Wolff-Metternich bekräftigte, daß der Bau der deutschen Flotte der einzige Grund britischer Verstimmung sei. Tirpitz widersprach: dies sei nur ein vorgeschobenes Motiv, die eigentliche Ursache sei die wirtschaftliche Rivalität der beiden Länder. Bülow fragte, ob ein bestimmtes Verhältnis der Flottenstärken zwischen Deutschland und England für Tirpitz akzeptabel wäre. Tirpitz meinte, akzeptabel seien drei deutsche Großkampfschiffe auf vier britische. Wolff-Metternich warf ein, daß dies bald zum Krieg führen müsse. Bülow fragte Tirpitz, wie Deutschlands Chancen im Falle eines Krieges stünden. Der Admiral antwortete, »daß wir einem Zusammenstoß mit England in den nächsten Jahren mit Ruhe nicht entgegensehen könnten.« Moltke meinte, in diesem Fall scheine es vernünftig, eine Verständigung auf der Basis verlangsamter Flottenbauprogramme zu erreichen. Bethmann Hollweg stimmte ihm zu. Bülow bemühte sich, Tirpitz zu besänftigen, indem er den Rahmen eines möglichen Abkommens enger absteckte. Er denke nicht an ein Abkommen mit England, das Deutschland auf lange Sicht die Hände binden würde, sagte er; es solle nur lange genug vorhalten, um Deutschland ohne einen britischen Präventivkrieg durch die Gefahrenzone zu bringen. Tirpitz schätzte die Gefahrenzone auf fünf bis sechs Jahre ein.

Als Bülow dem Kaiser von der Konferenz berichtete, hörte dieser nur »ungeduldig und gereizt« den Befürchtungen des Kanzlers zu. »Die Engländer würden uns allein nie angreifen«, meinte der Kaiser. »Bundesgenossen fänden sie jetzt nicht.« Dennoch sandte Bülow am 23. Juni Instruktionen an Wolff-Metternich in London, »bei jeder sich bietenden Gelegenheit keinen Zweifel darüber zu lassen, daß eine Verständigung mit England auch über die Flottenfrage durchaus nicht außer dem Bereich der Möglichkeit liegt, sofern damit eine uns freundlichere Orientierung der allgemeinen englischen Politik verbunden ist.« Am nächsten Tag brachte der Reichstag Bülows Gesetz über die Erbschaftssteuer zu Fall. Zwei Tage später bot der Reichskanzler dem Kaiser an Bord der *Hohenzollern* seinen Rücktritt an, der am 14. Juli angenommen wurde.

Der neue Reichskanzler, Theobald von Bethmann Hollweg, war ein hochgewachsener, hagerer, breitschultriger Mann von zweiundfünfzig Jahren mit hoher Stirn und einem kurzgeschnittenen, ergrauten Bart. Er war nachdenklich, hatte etwas Professorales an sich. Um sich zu entspannen, las er Platon und spielte Beethoven-Sonaten auf dem Klavier. Er hatte sein bisheriges Leben als Beamter im Dienst Preußens und des Reiches verbracht, war für Gründlichkeit, Gerechtigkeit, Pragmatismus und Beharrlichkeit bekannt. Sein Aufstieg durch die Bürokratie hatte ihm wenige Feinde gemacht. Er profitierte von einer engen Familienverbindung mit Kaiser Wilhelm II., die von seiner Wertschätzung der Krone und preußischer Tugenden und Traditionen sowie seiner Begeisterung für die Einigung Deutschlands verstärkt wurde. Anders als sein gerissener, ehrgeiziger Vorgänger galt Bethmann als ein Mann, der keinen persönlichen Ehrgeiz hatte.

Bethmann besaß weder Bülows Glätte und Geschicklichkeit noch sein Rednertalent. Er hatte keine Erfahrung in auswärtigen Angelegenheiten. Seine Gewissenhaftigkeit machte ihm Entscheidungen, über denen er lange brüten konnte, nicht leicht, und so fielen sie oft verspätet. Als Bülow ihn dem Kaiser zu einer früheren Beförderung vorgeschlagen hatte, hatte er gesagt, daß Bethmann weder ein Vollblut noch ein Springpferd sei, aber ein guter Ackergaul, der gleichmäßig und langsam voranschritt. Der Reeder Albert Ballin, ein Freund des Kaisers, bemerkte einmal, Bethmann besitze »alle Eigenschaften, die den Menschen ehren und dem Staatsmann schaden«. Aus diesem Grund bezeichnete Ballin den neuen Reichskanzler, dessen Ernennung von seinem Vorgänger gutgeheißen worden war, bisweilen als »Bülows Rache«.

Bethmann Hollwegs Vater, Felix, war ein Einzelgänger gewesen. Nachkomme einer reichen Frankfurter Bankiersfamilie, die 1840 in den Adelsstand erhoben worden war, hatte er als junger Mann seine städtisch-großbürgerlichen Ursprünge hinter sich gelassen und war Gutsbesitzer in Preußen geworden. Mit seinem Erbteil erwarb er Hohenfinow, einen heruntergekommenen Besitz von 7500 Morgen Wald, Wiesen und Teichen, knapp fünfzig Kilometer von Berlin. 35 Jahre lang wendete er seine ganze Energie daran, das Gut zu sanieren und wieder hochzubringen. Er legte Weizenfelder an, führte Vieh ein, errichtete eine Sägemühle und eine Forellenzucht. Er versuchte sogar ein eigenes kleines Eisenwerk aufzubauen, gab das jedoch wieder auf. Das Herrenhaus, ein dreistöckiger roter Ziegelbau aus dem achtzehnten Jahrhundert am Ende einer mit majestätischen Linden bestandenen Allee wurde mit Wandteppichen und handgeschnitzten Möbeln neu eingerichtet. Bärbeißig und eigensinnig, verwaltete Felix von Bethmann Hollweg den umliegenden Kreis als Landrat. Seine Überzeugungen waren konservativ, bismarckfreundlich und antidemokratisch. Er heiratete eine französisch sprechende Schweizerin, Isabella de Rougemont, eine elegante und gebildete Frau, die sich insgeheim nach dem Leben in Paris sehnte. Sie hatten zwei Söhne und drei Töchter. Theobald, der zweite Sohn, wurde 1856 geboren.

Felix von Bethmann Hollwegs Söhne wurden morgens um fünf geweckt und zur Abhärtung mit kaltem Wasser übergossen. Sie wurden von Hauslehrern erzogen und erhielten Reitunterricht. Der empfindsame und idealistische Theobald übernahm den leidenschaftlichen Glauben seines Vaters an die Größe und Bestimmung Preußens. Als Zehnjähriger erlebte er in Berlin das spektakuläre Schauspiel der im Fackelschein stattfindenden Parade der siegreichen preußischen Armee nach ihrer Rückkehr aus Böhmen. »Ich kann es nicht glauben, daß unser deutsches geliebtes Volk unfähig sei, ein Volk, ein Staat zu sein«, schrieb er als Heranwachsender.

1877 wurde der achtzehnjährige Prinz Wilhelm von Hohenzollern, Leutnant in einem unweit von Hohenfinow einquartierten Garderegiment, zur Hirschjagd auf den Besitz der Bethmann Hollwegs eingeladen. Wilhelm kam in Uniform und sah sich genötigt, einen Jägerrock von Theobald zu leihen, der drei Jahre älter und einen Kopf größer war und der »auf meinem Körper zur allgemeinen Erheiterung den Eindruck eines Sommerpaletots machte«, erinnerte sich Wilhelm. Weil sein linker Arm verkrüppelt war, hatte er noch nie einen Hirsch geschossen. »Sind die Tiere nahe genug, daß ich schießen kann?« fragte er besorgt. Obwohl die Hirsche halb zahm waren, gingen Wilhelms erste drei Schüsse daneben. Endlich, als es bereits dunkelte, legte Wilhelm den Gewehrlauf auf Felix' Schulter, feuerte und brachte einen Hirsch zur Strecke. »Diese kleine Episode gab den Anstoß zu einer dauerhaften Freundschaft«, schrieb der ältere Bethmann. Felix markierte die Stelle, wo der Hirsch gefallen war, mit einem Findlingsblock und einem neu gepflanzten Baum. Wilhelm kehrte häufig nach Hohenfinow zurück. »Im Kreise Ihrer sympathischen Familie habe ich schöne Stunden verlebt«, sagte er. Dieser Kontakt führte zu seiner »Wertschätzung der Arbeitskraft, der Fähigkeit und des mir sympathischen vornehmen Charakters Bethmanns ... Sie hat ihn auf seiner ganzen Beamtenlaufbahn begleitet.«

Der ältere Bruder, Max, war eine Enttäuschung. Gutaussehend und liebenswürdig, stürzte er sich in Vergnügungen und bestand sein erstes juristisches Staatsexamen nur mit Mühe und Not. Statt sich dem zweiten zu stellen, entfloh er nach Amerika. Von seinem Vater mit 150000 Mark versehen, scheiterte Max mit Finanzgeschäften an der Wall Street und zog weiter nach Texas, wo er in Land spekulierte, das er an deutsche Einwanderer zu verkaufen hoffte. Zu wenige Einwanderer kamen. 1897 starb der Bruder des zukünftigen Reichskanzlers Mitte vierzig an Magenkrebs.

Theobalds Aufstieg war nicht spektakulär, aber stetig. Er diente kurz in einem Eliteregiment der Kavallerie, studierte an der Universität Bonn und promovierte als Jurist in Leipzig, dann kehrte er nach Hohenfinow zurück und folgte seinem Vater als Landrat ins Amt. 1889 heiratete er mit dreiunddreißig eine große, fröhliche junge Frau aus der preußischen Aristokratie. Vier Jahre später verlieh der Kaiser ihm in Anerkennung seiner Dienste als Landrat den Roten Adlerorden Vierter Klasse. »Eines Tages werde ich einen Minister aus Ihrem Sohn machen«, sagte Wilhelm zu Felix. Zwei Jahre später wurde Theobald Provinzrat und 1899 zum Oberpräsidenten der Mark Brandenburg bestellt. Bülow beförderte ihn 1905 zum preußischen Innenminister. Er wurde schon damals als möglicher Nachfolger Bülows genannt, obwohl seine Frau protestierte: »Es beunruhigt mich, wann immer ich es höre, denn im Grunde seines Herzens zielt Theobald überhaupt nicht darauf ab.« Nach zwei Jahren als Staatssekretär des Reichsamtes des Inneren und Vizekanzler nannte ihn die gewöhnlich kritische Zeitschrift *Die Zukunft* 1909 »einen Mann von starken Gaben und glücklicher Hand.«

Im Frühjahr 1909 verstärkten sich die Gerüchte, daß Bethmann Bülows Nachfolge antreten werde. Zuerst wehrte sich der Kaiser. »Ich kenne ihn ganz genau«, sagte er über Bethmann. »Er doziert immer und will alles besser wissen.« Außerdem schien Bethmanns loyale Unterstützung Bülows während der Reichstagsdebatte im November den Kaiser verdrossen zu haben. »Ich kann mit ihm nicht arbeiten«, verkündete Wilhelm. Aber als Bülow in der Abstimmung über die Erbschaftssteuer scheiterte und seinen Rücktritt anbot, ergriff der Kaiser die Gelegenheit, und am 8. Juli 1909 wurde Bethmann die bevorstehende Ernennung mitgeteilt. Er akzeptierte sie mit »ernsten Zweifeln«. »Lieber Theo, das kannst du nicht machen«, rief seine Frau aus. Bethmann Hollweg erklärte einem Freund: »Nur ein Genie oder ein Mann, der von Ehrgeiz und Machtlust getrieben ist, kann diesen Posten begehren, und ich bin keines von beiden. Ein gewöhnlicher Mann kann ihn nur annehmen, wenn ihn sein Pflichtgefühl dazu zwingt.«

Während der *Daily Telegraph*-Krise, als der Reichstag gefordert hatte, daß der Kaiser sich an die Verfassung halte und die Außenpolitik dem Reichskanzler überlasse, hatte Bethmann Hollweg Bülow gedrängt, die Autorität seines Amtes zu verteidigen. Bülow sei nicht nur des Kaisers Kanzler, hatte er gesagt, sondern auch der Reichskanzler. Selbst zum Reichskanzler ernannt, hoffte Bethmann, diese Überzeugung verwirklichen zu können. Es war keine einfache Aufgabe. Das Amt hatte seit Bismarck, der sich der schweigenden, bedingungslosen Unterstützung Kaiser Wilhelms I. erfreut und unangefochten regiert hatte, einiges an Macht verloren. Bülow hatte in neun Jahren der Schmeichelei die Machtbefugnisse des Kanzlers zugunsten der Krone verwässert. Der Reichstag hatte an relativer Stärke gewonnen. Zwar war der Reichskanzler verfassungsgemäß nur dem Kaiser verantwortlich, aber um erfolgreich zu sein, benötigte er Mittel, die der Reichstag bewilligen mußte. Als Bülow das Vertrauen des Kaisers verlor, entglitt ihm bald auch die Kontrolle über den Reichstag. 1909 war der Kaiser angeschlagen und seine politische Bedeutung hatte abgenommen, aber er behielt, unabhängig vom Reichstag, die Macht, Reichskanzler und Minister zu ernennen und zu entlassen. Darum mußte sich Bethmann vor Wilhelms sprunghafter Neigung hüten, sich in politische und diplomatische Entscheidungen einzumischen. Die *Daily Telegraph*-Affäre hatte diese Neigung zunächst stark gedämpft, aber der Kaiser bedurfte noch immer ständiger Wachsamkeit.

Anfangs begegneten Bethmann und der Kaiser einander mit Höflichkeit. Wilhelm nahm seine täglichen Besuche in der Reichskanzlei wieder auf, erging sich mit dem Kanzler im Garten und diskutierte politische Ereignisse und Streitfragen, wie er es mit Bülow getan hatte. Er speiste häufig mit dem Kanzler. »In des Kanzlers Hause verkehrte ich gern, war doch die Lebensgefährtin Bethmanns das Urbild einer echten deutschen Frau«, sagte er. Manchmal klagte er über die pädagogische Art seines Kanzlers – seine »eigensinnige, fast schulmeisterliche Rechthaberei und Belehrung der Andersdenkenden« –, aber Bethmann begegnete Wilhelm stets mit der Ehrerbietung, die einem deutschen Kaiser und König von Preußen zukam. Hinter dem Rücken des Kaisers klagte auch der Kanzler: Die Vorstellung, daß er sich mit den [anderen deutschen] Fürsten verbünden werde, um den Reichstag zu züchtigen und schließlich abzuschaffen, oder daß er einen seiner Generaladjutanten [mit Soldaten] in den Reichstag schicken werde, komme in seinen Gesprächen mit Bethmann Hollweg ständig an die Oberfläche. Er, der Kanzler, nehme diese Dinge nicht allzu ernst, obwohl sie in zunehmendem Maße das beiderseitige Vertrauen und die Übereinstimmung über die einzuschlagende Politik verhinderten. Sie verlangten viel persönliche Nervenkraft.

Bethmann war überdies im Umgang mit anderen Ministern benachteiligt. Er war Zivilist, der sich im Verwaltungsdienst emporgearbeitet hatte. Seine außenpolitische Unerfahrenheit bedeutete, daß er weder die deutschen Botschafter in anderen Ländern noch die ausländischen Botschafter in Berlin persönlich kannte. Er war außerstande, das Auswärtige Amt gründlich zu beaufsichtigen; so war es nicht Bethmann Hollweg, der 1911 die Agadir-Krise provozierte. Das andere Ministerium, welches teilweise außerhalb der Reichweite des Kanzlers blieb, war das Reichsmarineamt. Nach der Verfassung stand der Kaiser an der Spitze der Streitkräfte. Als Staatssekretär im Reichsmarineamt brauchte Tirpitz nur diesem einen obersten Befehlshaber gefällig zu sein. Solange Wilhelm hinter ihm stand, war Tirpitz mehr oder weniger unabhängig von Kanzler und Reichstag. Bethmanns Kommunikationen mit Tirpitz nahmen die Form nicht von Anweisungen, sondern von gereizten Appellen an: »Falls Euer Exzellenz in bestimmten Fällen aber politische Gespräche mit fremden Vertretern nicht vermeiden zu können glauben, würde ich zu Dank verpflichtet sein, wenn Euer Exzellenz sich vorher die Gewißheit verschaffen wollten, daß Ihre Äußerungen nicht über den Rahmen der von mir geleiteten auswärtigen Politik des Reichs übergreifen.«

Aber auf einem Gebiet der Außenpolitik, den Beziehungen zu England, ergriff Bethmann sofort die Initiative. In seinen Memoiren schilderte der neue Kanzler die Umstände im Sommer 1909: »Im Jahre 1909 bauten sich die Zustände ... darauf auf, daß England, übrigens im vollen Einklang mit seiner traditionellen Gegnerschaft gegen die jeweils stärkste kontinentale Macht, feste Stellung auf Seiten Frankreichs und Rußlands genommen hatte, während Deutschland seinen Flottenbau festgelegt ... hatte. Mußte Deutschland in der prononcierten Freundschaft mit dem Zweibunde eine bedrohliche Stärkung der aggressiven Tendenzen der französisch-russischen Politik erblicken, so hatte sich wiederum England in den Gedanken seiner Bedrohung durch die wachsende deutsche Flotte festgelebt ... Scharfe Worte waren auf beiden Seiten gefallen. Frostig und von Mißtrauen erfüllt war die Stimmung.«

Am 26. Juli, weniger als zwei Wochen nachdem Bethmann Hollweg Kanzler geworden war, verkündete die britische Regierung, daß die zweiten vier Dreadnoughts der für 1909 vorgesehenen Planung auf Kiel gelegt würden. Die Gefahrenzone, die nach Tirpitz' Schätzung bis 1915 dauern würde, war damit ausgeweitet. Bethmann folgerte, daß es angesichts dreier gegen Deutschland verbündeter Großmächte und des Umstandes, daß Großbritannien beharrlich den deutschen Flottenausbau als Haupthindernis für verbesserte Beziehungen in den Vordergrund schob, seine Pflicht sein müsse, mit Großbritannien zu verhandeln. Verhandlungen hatten aber nur einen Sinn, wenn er beide Seiten auf eine Begrenzung der Flotten festlegen konnte.

Bethmann handelte mit großer Bestimmtheit. Er war erst drei Wochen im Amt, als er am 3. August hörte, Albert Ballin schlage ein Gespräch über Marineangelegenheiten zwischen den Admirälen Tirpitz und Fisher vor. »Gegen diesen Vorschlag muß ich alleruntertänigst Verwahrung einlegen«, sagte Bethmann zum Kaiser, der gerade von seiner jährlichen Kreuzfahrt in die norwegischen Fjorde zurückgekehrt war. »Ich habe mir die Herstellung eines vertrauensvollen, wirklich freundschaftlichen Verhältnisses zu England als das Hauptziel meiner Kanzlertätigkeit und als meine persönliche Aufgabe ausgesucht. Ich habe mich während Eurer Majestät Nordlandreise gründlich in diese Materie eingearbeitet, die Akten fleißig studiert. Das ist mein eigenstes Ressort, in das ich keine Eingriffe erlauben kann.« Der Kanzler war so energisch, daß Wilhelm sich nach Bethmanns Weggang an Ballin wandte und sagte: »Sie haben sein pikiertes Gesicht gesehen! Ich kann doch nicht die Ära Bethmann Hollweg mit einem Krach beginnen, nachdem die Ära Bülow soeben mit einem solchen geendet hat.« Am 17. August stellte Bethmann Hollweg allen Ressortchefs einschließlich Tirpitz eine Direktive zu, daß Flottengespräche mit England von ihm überwacht würden.

Am 21. August unterrichtete Bethmann Hollweg Sir Edward Goschen, den britischen Botschafter, daß er bereit sei, Flottengespräche mit Großbritannien zu eröffnen. Am 15. Oktober übergab er Goschen seinen Plan. Das deutsche Flottenausbauprogramm nach den bereits verabschiedeten Gesetzen würde durchgeführt werden müssen, sagte er; der Kaiser, Admiral Tirpitz, der Reichstag und das deutsche Volk würden einer Reduktion der fest eingeplanten Zahl von Schiffen nicht zustimmen. Aber für zwei oder drei Jahre sei die Regierung bereit, England zu Gefallen jährlich weniger Schiffe zu bauen. Das neue Ergänzungsprogramm von vier Großkampfschiffen pro Jahr könne auf drei reduziert werden. Aber dieses Zugeständnis von Deutschland würde eine Geste Großbritanniens erfordern, nämlich »eine breite politische Verständigung«. Von Goschen gedrängt, dies näher zu erklären, führte der Kanzler aus, daß Deutschland als Gegenleistung für eine Flottenübereinkunft die Zusicherung britischer Neutralität wünsche, falls Deutschland in einen Krieg verstrickt werde.

Alfred von Kiderlen-Wächter, der von Bethmann ernannte Staatssekretär für Auswärtige Angelegenheiten, unterstützte den Vorschlag des Kanzlers: Wenn die britische Seemacht neutral bliebe, würde Deutschland keine so große Flotte benötigen. Am 20. Oktober wurde Wolff-Metternich angewiesen, Sir Edward Grey darauf aufmerksam zu machen, daß eine allgemein gehaltene Versicherung der Freundschaft nicht ausreichte; es müsse eine ausdrückliche Verpflichtung der Briten auf Neutralität sein. Deutschland bestehe ferner darauf, wurde Metternich mitgeteilt, daß Großbritannien dieses Versprechen gebe, *bevor* Deutschland sich zur Verlangsamung des Flottenbauprogrammes bereiterkläre.

Grey war skeptisch. Von Anfang an war er vor Bethmann Hollwegs »politischer Vereinbarung« auf der Hut gewesen. »Ich wünsche ein gutes Einvernehmen mit Deutschland«, sagte Grey, »aber es darf jenes nicht gefährden, das wir mit Frankreich und Rußland haben.« Im britischen Außenministerium sorgte man sich, daß Großbritannien aufgefordert werden könnte, den Status quo in Europa zu akzeptieren, einschließlich der Anerkennung der Angliederung Elsaß-Lothringens an das Deutsche Reich. Obwohl das Entente-Abkommen von 1904 nichts über Elsaß-Lothringen gesagt hatte und obwohl eine deutsche Forderung dieser Art nicht vorlag, befürchteten die britischen Diplomaten, daß eine dem deutschen Reich gegebene formale Garantie in dieser politisch aufgeladenen Streitfrage starke Rückwirkungen in Frankreich haben und das Ende der Entente bedeuten könnte. Grey hatte eine noch tiefere Sorge. In seinen Augen würde eine britische Neutralitätsgarantie schließlich zur deutschen Hegemonie in Europa führen. Frankreich und Rußland würden, Großbritannien entfremdet, nur noch zu zweit gegen Deutschland stehen. Entweder würden sie sich mit dem Reich einigen und in seinen Anziehungsbereich geraten, oder sie würden im Falle eines Krieges besiegt. In jedem Fall würde ein isoliertes England sich einem von Deutschland beherrschten Kontinent gegenübersehen. Vor die Wahl zwischen einem erdrückend kostspieligen Wettrüsten zur See oder einer Neutralitätsverpflichtung gestellt, die zur deutschen Hegemonie führen würde, entschieden sich Grey, Asquith und ihre Kabinettskollegen für das erstere. Metternich erläuterte Berlin verständnisvoll die britische Haltung. Die englische Freundschaft mit Frankreich würde beinahe wertlos sein, berichtete er, wenn England offen erklärte, daß es Frankreich unter keinen Umständen gegen Deutschland beistünde. Grey weigerte sich darüber hinaus, über irgendein politisches Abkommen zu verhandeln, wie unbestimmt auch immer, solange nicht zuvor eine Begrenzung des Flottenprogrammes akzeptiert war. Wie könne er seine politische Übereinkunft vor dem Unterhaus verteidigen, fragte er Wolff-Metternich, wenn die britischen Steuerzahler dennoch enorme Summen für Dreadnoughts bezahlen müßten?

Die Streitfrage wurde niemals aufgelöst. Den Rest des Jahres 1909, das ganze Jahr 1910 hindurch und bis ins Jahr 1911 hinein trieben die beiden Mächte ein Schattenboxen. Für Bethmann Hollweg und die deutsche Seite war ein Entgegenkommen in der Seerüstung abhängig von einer bindenden politischen Übereinkunft. Die britische Seite war zwar eifrig bestrebt, die deutsche Flotte zu begrenzen und ihre eigenen Rüstungskosten zu verringern, aber nicht bereit, für dieses Ziel eine Gegenleistung zu erbringen, die es unmöglich machen würde, in einen Krieg gegen Deutschland einzutreten und eine deutsche Hegemonie zu verhindern. Der Rüstungswettlauf dauerte an. Im Frühjahr 1910 wurde die Erste Division der deutschen Hochseeflotte, die aus den vier neuesten Großkampfschiffen bestand, von Kiel nach Wilhelmshaven verlegt. Gleichzeitig bewilligte der Reichstag die Mittel für vier weitere Großkampfschiffe, womit die Gesamtzahl der bestellten Schiffe auf die ursprünglich anvisierten 17 gebracht wurde. Der Deutsche Flottenverein warnte vor den »Sirenengesängen« eines Flottenabkommens mit England, welches »eine Politik der Verringerung unserer Seestreitkräfte darstellt... in der vergeblichen Hoffnung, einen Antagonismus beizulegen, der in den Lebensbedingungen der beiden Völker liegt.« In Großbritannien ersuchte der Erste Lord Reginald McKenna das Parlament um fünf neue Dreadnoughts und erhöhte den Voranschlag für Marineausgaben um 5,5 Millionen Pfund auf mehr als 40 Millionen Pfund. In wenig mehr als einem Jahr hatte die Admiralität fünfzehn Dreadnoughts erhalten: acht aus dem Vier-plus-vier-Programm, zwei Schiffe aus Übersee; und nun fünf weitere. Die liberale Presse war bestürzt. »Der Appetit dieses Rüstungsungeheuers wächst mit dem Essen«, warnte die *Daily News*. »Gibt man ihm vier Dreadnoughts, so verlangt es acht, gibt man ihm acht, so verlangt es sechzehn, gibt man ihm sechzehn, und es würde noch immer nicht gesättigt sein. Es ist ein Appetit, der in keinem Verhältnis zu Bedürfnissen oder Fakten steht. Er ist die Kreatur irrationaler Haßgefühle und erbärmlicher Ängste.«

Am 14. August 1910 änderte die britische Regierung ihre Politik. Zuvor hatten Grey und Goschen kein Interesse an dem deutschen Angebot gezeigt, das Tempo des Flottenbauprogrammes zu verlangsamen. Großbritannien hatte eine eindeutige Reduktion der Zahl von Schiffen verlangt; darauf waren die Deutschen nicht eingegangen. Nun, so berichtete Goschen dem Reichskanzler, sei England bereit, über das ursprüngliche deutsche Angebot zu verhandeln: eine zeitliche Streckung des Flottenbauprogrammes ohne Abänderung des grundlegenden Flottengesetzes.

Grey machte einen zusätzlichen Vorschlag. Es würde die Besorgnis verringern, argumentierte er, wenn die beiden Kriegsmarinen einen periodischen Austausch technischer Information vereinbaren könnten: über die Abmessungen der gebauten Schiffe, ihre Bewaffnung, Panzerung, Geschwindigkeit und Fertigstellungstermine. Um solche Informationen zu verifizieren, sollten die Marineattachés beider Mächte Erlaubnis zu periodischen Besuchen der Schiffswerften erhalten, um die Bauten zu untersuchen. Zwei Monate später, am 14. Oktober, akzeptierte Bethmann Hollweg formell diesen Vorschlag, wiederholte aber, daß eine politische Vereinbarung eine unentbehrliche Vorbedingung für jedes Flottenabkommen sei.

Die britischen Wahlen im Januar 1911 verzögerten die Verhandlungen, aber im Februar wurde Goschen angewiesen, Gespräche über einen Informationsaustausch zu eröffnen. Die deutsche Regierung war kühl, aber empfänglich. Dem Kaiser mißfiel die Idee, und am 3. März erklärte er öffentlich, daß ein Austausch technischer Informationen keinen Wert habe; ein politisches Einvernehmen sei entscheidend: England und Deutschland könnten so den Weltfrieden sichern. Bethmann Hollweg ließ nicht von seinem eigenen Ziel ab. »Er erinnerte mich«, berichtete Goschen nach England, »daß er immer gesagt habe, die Atmosphäre müsse gründlich geklärt und ein gutes Einvernehmen sichergestellt sein, bevor eine Reduktion der Seerüstung durchgeführt werden könnte.« Am 30. März hielt Bethmann eine pessimistische Rede vor dem Reichstag: »Ich halte jegliche [Rüstungs-] Kontrolle für undurchführbar ... Wer wird sich auch darauf einlassen, solange er nicht die absolute Sicherheit dafür hat, daß nicht irgendein Nachbar seine Streitkräfte doch stärker macht, als ihm im Abrüstungsabkommen zugestanden wird? ... Wer die Frage ... bis in die letzten Konsequenzen durchdenkt, der muß zu der Überzeugung kommen, daß sie unlösbar ist, solange die Menschen Menschen und die Staaten Staaten bleiben.«

Trotz der pessimistischen Einschätzung des Kanzlers gingen die Gespräche über einen Austausch von Informationen über die Seerüstung weiter. Am 1. Juli 1911 telegrafierte die britische Botschaft in Berlin nach London, daß die deutsche Regierung einverstanden sei, Informationen über die Zahl der im kommenden Jahr auf Kiel gelegten Schiffe auszutauschen und zusätzliche technische Daten über jedes Schiff zur Verfügung zu stellen, wenn es auf Kiel gelegt würde.

Am selben Tag erreichte eine weitere Botschaft das Außenministerium in London. Das deutsche Kanonenboot *Panther* war im Hafen des marokkanischen Agadir vor Anker gegangen. Frankreich protestierte, und nach den Bedingungen der Entente von 1904 zwischen Frankreich und Großbritannien war die britische Regierung verpflichtet, Frankreichs Position in Marokko zu unterstützen. Bevor der Monat zu Ende ging, sprachen britische und deutsche Staatsmänner von Krieg.

# V. TEIL

# Der Weg in den Abgrund

35. KAPITEL

# Agadir

Alfred von Kiderlen-Wächter, Deutschlands bedeutendster Staatssekretär für Auswärtige Angelegenheiten nach Bernhard von Bülow, wurde 1852 in Stuttgart geboren. Sein Vater, ein Bankier, wurde ein höherer Beamter am württembergischen Hof und war im Begriff, in den Adelsstand erhoben zu werden, als er unerwartet starb; die Ehrung wurde ihm posthum zuteil. Mit achtzehn meldete Alfred sich freiwillig zum Militärdienst und nahm am deutsch-französischen Krieg teil. Anschließend beendete er sein Jurastudium und trat in den diplomatischen Dienst ein. Sein erster Auslandsposten war St. Petersburg, wo er 1881 eintraf. Er war ein großer, blonder Mann, dessen frisches, gerötetes Gesicht die Schmisse seiner studentischen Mensuren trug. Er war ein schwerer Trinker und als Raufbold gefürchtet. Junggesellen der Botschaften mehrerer europäischer Nationen fanden sich allabendlich an einem Stammtisch in einem französischen Restaurant ein, um Klatschgeschichten zu erzählen, zu lachen und zu trinken. Man zog sich gegenseitig auf, war damit aber bei Kiderlen vorsichtig, dessen Temperament befürchten ließ, daß er auf derbe Neckereien mit Grollen oder vielleicht mit einer Forderung auf Säbel oder Pistolen reagieren würde.

Kiderlen verbrachte vier Jahre in St. Petersburg, zwei in Paris und zwei in Konstantinopel. Er erregte Holsteins Aufmerksamkeit, der in Kiderlen einen »echten Württemberger« sah, »körperlich plump und innerlich schlau«. Mit der Zeit lernte der mißtrauische Holstein den jüngeren Mann schätzen und vertraute ihm. Bülow, der immer eine Abneigung gegen andere talentierte Männer im diplomatischen Dienst hatte, bezeichnete Kiderlen als »einen Knappen von Holstein«, gab aber zu, daß er nützliche Eigenschaften besaß.

»Kiderlen verhielt sich ... zu Holstein wie Sancho Pansa zu Don Quixote«, ließ Bülow wissen. »Jeder Schwung, jede idealere Auffassung der Dinge lagen ihm fern. Er war immer terre à terre, aber er hatte ein starkes Gefühl für das Renommee und den Vorteil der Firma, deren Konkurrenten er aufmerksam auf die Finger sah.« Während Caprivis Kanzlerschaft, als die Unerfahrenheit sowohl des Reichskanzlers als auch des Staatssekretär im Auswärtigen Amt Marschall Holstein in der Wilhelmstraße freie Hand ließ, machte Kiderlen Karriere als Chef der Abteilung Naher Osten. Schon 1894 war er – nicht zuletzt durch seine enge Verbindung mit Holstein – prominent genug, um vom *Kladderadatsch* aufs Korn genommen zu werden, einem Satireblatt, das Bismarck begünstigte und seinen Gegnern feindlich gegenüberstand. Als das Blatt Holstein, Eulenburg und Kiderlen angriff und jedem von ihnen einen Spitznamen gab (Holstein war ›Austernnarr‹, Eulenburg der ›Troubadour‹ und Kiderlen das ›Spätzle‹), forderte Kiderlen den Herausgeber zum Duell, verletzte ihn an der rechten Schulter und wurde zu vier Monaten Festungshaft in Ehrenbreitstein verurteilt. Nach zwei Wochen wurde er entlassen, und seine Laufbahn blieb unbeeinträchtigt. 1895 lenkte er als Botschafter in Dänemark geschickt einen Mob von der Deutschen Botschaft ab. Nachdem er unauffällig in die Menge hinausgeschlüpft war, zeigte er auf ein harmloses Lagerhaus, brüllte aus Leibeskräften und begann mit Steinen auf die Fenster zu werfen.

1888 wurde Kiderlen von Bismarck auserwählt, den Kaiser an Bord der *Hohenzollern* als Vertreter des Außenministeriums auf seiner Norwegenkreuzfahrt zu begleiten. Wilhelm fand Gefallen an dem ungestümen, aber intelligenten Schwaben, der gute Witze erzählte und Spaß an den übermütigen Streichen und derben Scherzen zu finden schien, die diese Urlaubstage auf See prägten; die Einladung an Kiderlen wurde eine Dekade lang jedes Jahr erneuert. Dann, im Jahre 1898, endete seine Teilnahme an den kaiserlichen Kreuzfahrten – und beinahe auch seine Karriere. Tatsächlich war Kiderlen von der unechten Herzlichkeit und den Schuljungenstreichen an Bord alles andere als angetan gewesen und hatte Staatssekretär Marschall privat von seinen Eindrücken und Empfindungen geschrieben.

Als Marschall 1897 Berlin verließ, um nach Konstantinopel zu gehen, vergaß er sein Büro auszuräumen, und der neue Staatssekretär, Bernhard von Bülow, entdeckte die Briefe in den Unterlagen. Sie fanden ihren Weg zum Kaiser, der Kiderlens beißende Schilderungen des Benehmens an Bord der Jacht, der Grobheit gegen den Prinzen von Wales bei der Regatta von Cowes nun nachlesen konnte. Kiderlen wurde von der Jacht und aus der Gegenwart des Kaisers verbannt und, sobald ein Platz für ihn gefunden werden konnte, aus Berlin entfernt. Die nächsten zehn Jahre – von seinem achtundvierzigsten bis zu seinem achtundfünfzigsten Jahr – mühte er sich an der Botschaft in Bukarest. Einer nach dem anderen gelangten weniger fähige Männer – zuerst Tschirschky, dann Schoen – an die Spitze des Auswärtigen Amtes, während einer der tatkräftigsten und erfahrensten Männer im diplomatischen Dienst, von Bismarck und Holstein ausgebildet, auf dem Balkan in einer Sackgasse steckte.

In Rumänien fiel es Kiderlen nicht schwer, seine Geringschätzung des Postens auszudrücken, den er innehatte. Jedes Jahr veranstaltete König Carol am Silvesterabend einen Empfang für Diplomaten, gefolgt von einem Hofball, dem wichtigsten diplomatischen Ereignis des Jahres in seinem Land. Alljährlich nahm Kiderlen seinen Weihnachtsurlaub, reiste ab und ließ alle Rumänen, die ihm zuhören wollten, wissen, daß der König unklug handle, indem er Pläne mache, die sich nicht mit seinen eigenen Urlaubsvorkehrungen vertrügen.

Zu Kiderlens Zeiten waren die wichtigsten gesellschaftlichen Veranstaltungen in der deutschen Botschaft zu Bukarest lärmende Bierabende, zu denen sich männliche Mitglieder der deutschen Kolonie einfanden, um in Anknüpfung an ihre Studententage zu trinken und zu singen. Damen der deutschen Kolonie und des diplomatischen Korps mieden die deutsche Botschaft wegen des Privatlebens des Botschafters. Kiderlen hatte eine Geliebte, Frau Hedwig Krypke, eine Witwe, die zwei Jahre jünger war als er und mit der er die letzten achtzehn Jahre seines Lebens verbrachte. Sie war gutaussehend und diskret; sie hatte mit ihm in Kopenhagen und Bukarest gelebt und blieb seine Lebensgefährtin, als er Staatssekretär wurde und nach Berlin ging. Aber er dachte nie daran, sie zu seiner Frau zu machen. Infolgedessen war sie – und in einem gewissen Grade auch er – in Berlin und den ausländischen Hauptstädten, wo er diente, gesellschaftlich geächtet; besonders die Kaiserin war erzürnt, daß dieser unbußfertige Sünder in der kaiserlichen Regierung so hoch aufsteigen sollte. Kiderlen aber setzte sich robust über die Konvention hinweg und brachte es fertig, Karriere zu machen, ohne seine Liaison mit Frau Krypke aufzugeben.

Die Wilhelmstraße war nicht so reich an talentierten Diplomaten, daß sie es sich leisten konnte, Kiderlens Talente auf Dauer zu ignorieren. Während seines langen Exils in Bukarest wurde Kiderlen zweimal zeitweilig an die größere Botschaft in Konstantinopel versetzt, um Marschall zu vertreten, wenn dieser auf Urlaub war. Als Baron Schoen, der Staatssekretär des Auswärtigen, 1908 erkrankte, wurde Kiderlen nach Berlin beordert, um auszuhelfen. »Ich soll die Karre aus dem Dreck ziehen, und dann kann ich wieder gehen«, murrte der Württemberger. Sein Souverän vergab ihm nicht. Als Kiderlen zum Schloß ging, um dem Kaiser seine Reverenz zu erweisen, gab der Kaiser ihm zwar die Hand, doch tat er es ohne ein Wort. Kiderlens kurze Vertretung war ausgefüllt mit bedeutsamen Ereignissen. Er traf auf dem Höhepunkt der bosnischen Krise in Berlin ein und trug dazu bei, daß Rußland ohne Krieg zum Zurückweichen bewegt werden konnte. Mit Jules Cambon (Paul Cambons Bruder), dem französischen Botschafter in Berlin, handelte er ein neues deutsch-französisches Abkommen über Marokko aus, das Garantien für den deutschen Handel und Investitionen in diesem Land enthielt.

Er strauchelte, als Bülow, der wegen seiner Handhabung der *Daily Telegraph*-Affäre im Reichstag unter schweren Beschuß geraten war, den geschäftsführenden Staatssekretär vor den Abgeordneten auftreten ließ, um die Aufmerksamkeit von sich selbst abzulenken. Kiderlens Rede war kein Erfolg, und sein Versuch, die Arbeitsweise des Außenministeriums zu erklären, sowie sein Vorschlag, die Effizienz des Ministeriums durch zusätzliche Planstellen zu verbessern, provozierte »allgemeine Heiterkeit«. Bülow machte sich später über die Bedrängnis seines Sündenbocks lustig und verglich die geringschätzige Heiterkeit der Reichstagsabgeordneten mit jener eines Haufens respektloser Studenten vor einem unbeholfenen jungen Dozenten. »Der Mißerfolg von Kiderlen«, notierte Bülow, »war auch auf seine prononciert schwäbische Aussprache und ... auf die von ihm getragene gelbe Weste zurückzuführen.« Kiderlen selbst focht dies alles nicht an; ihn kümmerte es nicht, was der Kanzler oder der Reichstag von ihm hielten. In seinen Augen war Bülow als Kanzler erledigt, und das Parlament hatte weder die Kompetenz noch das Recht, an der Gestaltung der Außenpolitik mitzuwirken.

Bülows Abgang machte den Weg frei für Kiderlens endgültige Rückkehr nach Berlin. 1909 war der Reichskanzler weit mehr als der im Bukarester Exil wirkende Botschafter Gegenstand des kaiserlichen Mißvergnügens. Als der außenpolitisch unerfahrene Bethmann Hollweg zum Nachfolger Bülows ernannt wurde, riet der abtretende Reichskanzler dem Kaiser, daß das Außenministerium einem tüchtigeren Mann als dem liebenswürdigen Schoen anvertraut werden müsse. Auch wenn der Kaiser anderer Meinung war, Bethmann Hollweg war sich seiner eigenen Grenzen bewußt, und sobald er das Amt übernahm, erging ein dringender Ruf an Kiderlen in Bukarest. Schoen machte es nichts aus, sein Amt abzugeben. Bethmann sei eine »weiche Natur«, bemerkte er, und er selbst sei auch ziemlich nachgiebig. Mit ihnen beiden sei eine starke Politik unmöglich. Gleichwohl bedurfte es beinahe eines Jahres und eines anschwellenden Chores von Stimmen, einschließlich der des Kronprinzen, um den Widerstand des Kaisers zu überwinden. Im Juni 1910, als Kiderlen endlich zum Staatssekretär im Auswärtigen Amt ernannt wurde, warnte Wilhelm den Reichskanzler: »Sie setzen sich eine Laus in den Pelz.«

Kiderlen übernahm die Amtsgewalt in einer Art und Weise, die keine Opposition duldete. Untergebene nannten ihn bald Bismarck II. Er überging seine eigenen Botschafter in ausländischen Hauptstädten, darunter zwei Amtsvorgänger, Marschall in Konstantinopel und Schoen, der nach Paris geschickt worden war; er selbst führte alle Verhandlungen mit den in Berlin akkreditierten ausländischen Botschaftern. Als er entdeckte, daß der Kaiser privat mit Wolff-Metternich in Verbindung stand, tobte er und drohte mit Rücktritt. Wilhelms Gewohnheit, täglich in die Wilhelmstraße zu kommen, um zu sehen, was vorlag, verdroß Kiderlen, und er teilte dem Souverän Informationen nur in der kürzestmöglichen Form zu. Er hatte weder seine bärbeißige Art noch seine Taktlosigkeit in Bukarest zurückgelassen. Einmal sagte er, daß er niemals über den europäischen Kontinent hinausgekommen sei. »Wirklich?« sagte der amerikanische Botschafter. »Nein, Gott sei Dank nie!« erwiderte der Staatssekretär.

Kiderlens Verhältnis zu Bethmann begann mit beiderseitigem Respekt, verfiel aber im Laufe der Zeit, als der Staatssekretär feststellte, daß des Reichskanzlers Verständnis auswärtiger Angelegenheiten niemals über die Ebene eines Amateurs hinausgelangen würde. Bethmann Hollweg bezeichnete Kiderlen als »Dickkopf«, und Kiderlen den Kanzler als »Regenwurm«. Bisweilen behandelte Kiderlen den Reichskanzler wie einen Untergebenen, erklärte, daß er Einzelheiten über außenpolitische Fragen nicht an den Kanzler weiterleiten könne, weil Bethmann sie einfach nicht verstehen würde. Wenn Bethmann sich aufregte, bot Kiderlen seinen Rücktritt an. Als ausländische Botschafter klagten, daß Kiderlen ihnen nichts sage, erwiderte der Kanzler: »So? Glauben Sie, er erzählt mir mehr?« Noch konnte Bethmann für seine Schwierigkeiten mit Kiderlen beim Kaiser auf Verständnis hoffen; Wilhelm war schnell bei der Hand, ihn zu erinnern, daß er ihn gewarnt habe, sich eine Laus in den Pelz zu setzen.

Marokko, das Europa 1905 nahe an den Abgrund gebracht hatte, blieb ein Quell ständiger Unruhe. Auf dem Papier hatte die Konferenz von Algeciras auf Deutschlands Drängen die Unabhängigkeit des Sultanats bekräftigt und die Politik der offenen Tür für den Handel aller Nationen garantiert. Tatsächlich hatte Frankreich seinen Einfluß seither beträchtlich verstärkt, ohne allerdings das volle Protektorat zu gewinnen, das es wünschte, während Deutschland Handelsrechte und ungehinderter Zugang garantiert worden waren. Großbritannien, dessen Handel mit Marokko umfangreicher als der deutsche oder französische war, verhielt sich im allgemeinen still, unterstützte aber seinen Entente-Partner. Trotz des in Algeciras erzielten Abkommens dauerten die Reibungen zwischen Frankreich und dem Deutschen Reich an. 1908 verhalfen deutsche Konsulatsbeamte deutschen Deserteuren aus der französischen Fremdenlegion zur Flucht über Casablanca; die Franzosen fanden das heraus und mißhandelten die betreffenden Diplomaten. Berlin war empört, und wieder wurde von Krieg besprochen. Im Januar 1909 handelte Kiderlen, der Schoen in Berlin vertrat, mit dem französischen Botschafter Jules Cambon einen neuen zweiseitigen Vertrag aus. In einer am 8. Februar 1909 unterzeichneten Erklärung erkannte die deutsche Regierung »die besonderen politischen Interessen Frankreichs« in Marokko an und erklärte, daß sie »diese Interessen nicht zu beeinträchtigen entschlossen ist«. Als Gegenleistung versprach die französische Regierung, »dort die wirtschaftliche Gleichheit zu erhalten und infolgedessen die kaufmännischen und industriellen Interessen Deutschlands dort nicht zu beeinträchtigen.« Beide Parteien waren damit vorläufig zufrieden. Kiderlen erhielt zur Belohnung ein Service aus Sèvresporzellan, um es nach Bukarest mitzunehmen.

Die Entspannung in Marokko war von kurzer Dauer. Frankreich ging im politischen Bereich sehr selbstbewußt vor, da es die Wendung »besondere politische Interessen« so interpretierte, daß es freie Hand habe, mit dem Sultan nach Gutdünken zu verfahren. In Marokko ansässige Deutsche klagten, daß sie nicht die Handelskonzessionen bekämen, die ihnen, wie sie meinten, vertraglich zustünden. Der Süden Marokkos galt in Deutschland als »außerordentlich fruchtbar« und »gut geeignet für europäische Besiedelung«. Es wurde von Eisenvorkommen und anderen Bodenschätzen gesprochen, und diese vermuteten Reichtümer hatten die Aufmerksamkeit großer deutscher Unternehmen auf sich gezogen. 1909 gründete das Düsseldorfer Unternehmen Gebrüder Mannesmann eine Tochtergesellschaft, Mannesmann-Marokko, um die Erzvorkommen im Süden Marokkos zu erforschen und abzubauen. Ungefähr zur gleichen Zeit gründete Max Warburg die Hamburg-Marokko-Gesellschaft, die ebenfalls an den Vorkommen interessiert war. Obwohl die Region nach der Schlußakte der Algeciras-Konferenz für allen internationalen Handel geschlossen war, nahmen die deutschen Firmen an, daß diese Beschränkungen sich mit französischer Hilfe überwinden ließen. Die Franzosen aber verweigerten die Kooperation. Im Dezember 1910 sagte Bethmann Hollweg vor dem Reichstag, man solle »nicht daran zweifeln, daß wir unsere Rechte und die Interessen der deutschen Untertanen mit Nachdruck schützen werden.« Es nützte nichts. Zwei Monate später berichtete ein deutscher Diplomat, »in Casablanca kann man sich nicht länger des Gefühls erwehren, in einer rein französischen Kolonie zu leben«.

Unterdessen wurde Sultan Abdul-Aziz, der von Maschinengewehren und Fahrrädern zur Fotografie und dem Sammeln teurer Uhren fortgeschritten war, 1908 von seinem Bruder Mulai Hafid gestürzt. Der Bürgerkrieg ruinierte den Staat. 1909 sah sich der neue Sultan französischen und spanischen Schadenersatzforderungen für während der Kämpfe verursachte Schäden gegenüber. Die Forderungen machten insgesamt das Sechzehnfache der Jahreseinnahmen des Sultans aus. Um die Gläubiger zu befriedigen, führte Mulai Hafid neue Steuern ein; diese erzeugten neue Unzufriedenheit. Im Januar 1911 wurde ein französischer Offizier ermordet. Im April revoltierten die Stämme im Umkreis der Hauptstadt Fes, und ein weiterer Bruder des gestürzten Sultans Abdul-Azid ließ sich zum Sultan ausrufen. Der französische Konsul in Fes meldete, daß die Lage gefährlich sei und daß die Europäer in der Stadt von einem allgemeinen Massaker bedroht seien. Nach der Akte von Algeciras war es jeder der beteiligten Großmächte gestattet, militärisch einzugreifen, wenn das Leben oder Eigentum ihrer Bürger in Gefahr wäre. In diesem Sinne informierte Frankreich die anderen Mächte, daß eine französische Militärkolonne von Casablanca nach Fes in Marsch gesetzt würde.

Kiderlen hatte ein feines Gespür für jeden Vorwand, den die Franzosen benutzen könnten, um ihre politische Herrschaft in Marokko zu stärken. Am 13. März warnte er Cambon, daß aus einer französischen Militäraktion Komplikationen entstehen würden. Am 4. April von Cambon informiert, daß die Europäer in Fes gefährdet seien, erwiderte der Staatssekretär, daß Berichte des

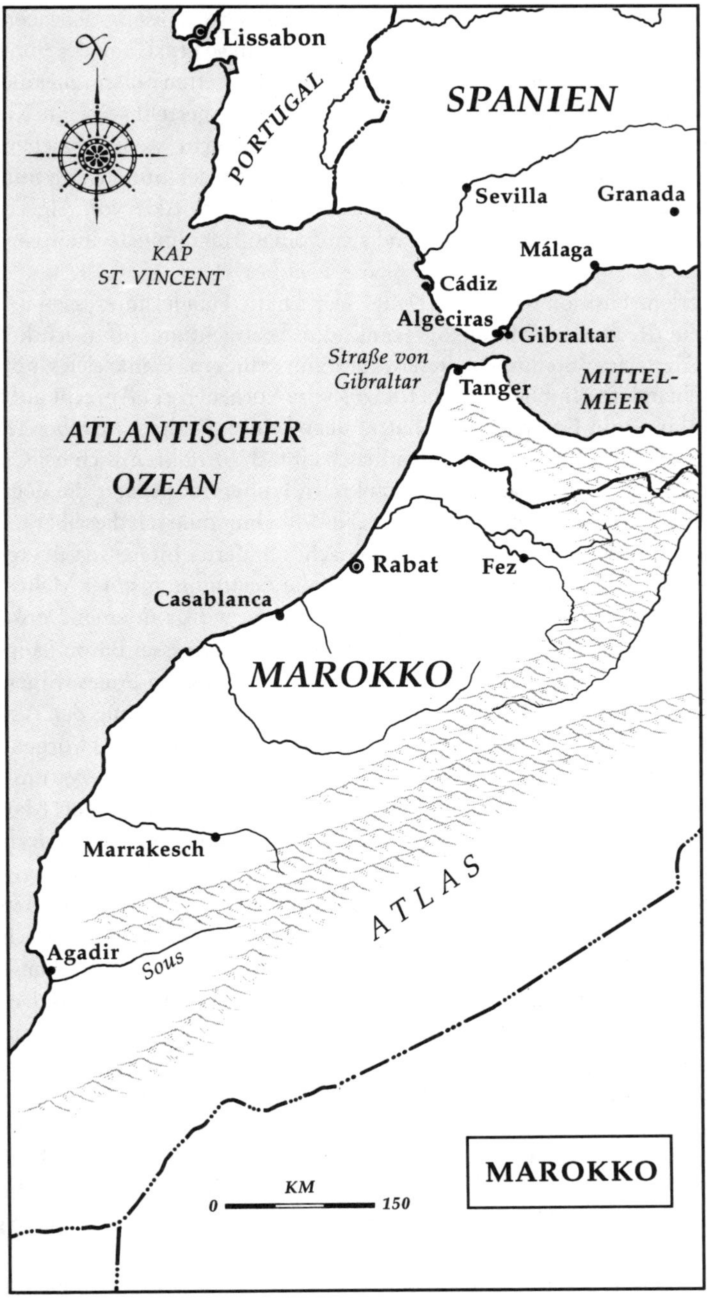
Lissabon
N
PORTUGAL
SPANIEN
Sevilla
Granada
Málaga
KAP
ST. VINCENT
Cádiz
Algeciras
Gibraltar
Straße von
Gibraltar
Tanger
MITTEL-
MEER
ATLANTISCHER
OZEAN
Rabat
Fez
Casablanca
MAROKKO
Marrakesch
ATLAS
Agadir
Sous
KM
0
150
MAROKKO

deutschen Konsuls in dieser Stadt keinen Anlaß zur Besorgnis gäben. Am 28. April, als Cambon verkündete, die Lage sei nun so ernst, daß der Sultan um Hilfe gebeten habe und daß Frankreich die Europäer retten müsse, aber die Stadt wieder räumen würde, sobald die Ordnung wiederhergestellt sei, sagte Kiderlen nüchtern: »Wenn Sie nach Fes gehen, werden Sie nicht wieder abziehen. Und wenn französische Truppen in Fes bleiben, so daß der Sultan nur mit Hilfe französischer Bajonette regiert, wird Deutschland die Akte von Algeciras als nicht länger in Kraft betrachten und sich völlige Handlungsfreiheit vorbehalten.«

Kiderlens Position war stark: Deutschland hatte Handelsinteressen und vertragliche Rechte in Marokko; Frankreich beabsichtigte offensichtlich, die Grundlage seiner Stellung in diesem Land zu verändern. Frankreich wußte, daß Deutschland im Hinblick auf das französische Vorgehen ein Anrecht auf Rücksichtnahme und Kompensation hatte; aber kein derartiges Angebot war gemacht worden. Kiderlen konnte natürlich einfach fortfahren, sich bei Cambon zu beschweren, und hoffen, daß Frankreich früher oder später die deutschen Appelle zur Kenntnis nehmen werde. Die Wilhelmstraße sah dies aber nicht als die angemessene Reaktion einer Großmacht an, deren Interessen übergangen wurden. Noch konnte ein solcher Kurs auf die Zustimmung einer Mehrheit im Reichstag und in der Presse hoffen. Eine Lösung wurde in einer Denkschrift vorgeschlagen, die vom 30. Mai datierte und deren Verfasser Baron Langwerth von Simmern war, zu dessen Verantwortungsbereich im Auswärtigen Amt Marokko gehörte: der Norden Marokkos würde in Verletzung der Akte von Algeciras bald französisch sein, und Frankreich legitimiere dieses Vorgehen mit der Behauptung, daß seine Bürger in Fes gefährdet seien. Warum sollte Deutschland nicht das gleiche Argument benutzen, um im Süden Marokkos einzugreifen? Es stünden zwar keine deutschen Soldaten im Land, doch ließe sich die gleiche Wirkung durch Entsendung eines oder mehrerer Kriegsschiffe zum Schutz des Lebens und Eigentums deutscher Bürger im Süden Marokkos erzielen. Ein geeigneter Hafen, regte Simmern an, sei Agadir. Schließlich würden Frankreich und Deutschland einen Kompromiß schließen, und es müsse zu einer Neuaufteilung der Interessen kommen, oder Frankreich müsse Deutschland entschädigen, indem es ein an die deutsche Kolonie Kamerun grenzendes Stück Äquatorialafrikas und Gabuns abtrete. Einstweilen werde die Anwesenheit des Kriegsschiffes Deutschlands Recht auf Gehör unterstreichen. Die Denkschrift zirkulierte in der Regierung und wurde diskutiert. Bethmann hatte Bedenken. Der Gedanke, Schiffe zu entsenden, gefiel ihm nicht. »Und doch wird es ohne sie nicht gehen«, räumte er ein. Schließlich trat er von der Verantwortung zurück und überließ Kiderlen »volle Handlungsfreiheit und die ganze Verantwortung«.

Der deutsche Schachzug war politischer Natur, aber er mußte den Anschein wahren, dem Schutz von Handelsinteressen zu dienen. Demgemäß wurde am 19. Juni Dr. Wilhelm Regendanz, der neue geschäftsführende Direktor von Max Warburgs Hamburg-Marokko-Gesellschaft, in die Wilhelmstraße bestellt und aufgefordert, eine Petition deutscher Firmen, die im Süden Marokkos tätig waren, aufzusetzen, mit der die Regierung um Schutz vor marodierenden Eingeborenen gebeten würde. Regendanz sollte von möglichst vielen Firmen Unterschriften für die Petition sammeln. Seine Aufgabe war besonders delikat, weil ihm nicht gestattet wurde, den Unterzeichnern das Dokument zu zeigen, das sie unterschrieben; das Auswärtige Amt betrachtete dies als eine notwendige Vorsichtsmaßnahme, um das deutsche Vorgehen geheimzuhalten. Trotz dieser Behinderung gelang es Regendanz, die Unterstützung von elf Firmen zu finden.

Bei der Ausarbeitung des Planes stieß man auf ein weiteres Hindernis: zu dieser Zeit gab es im Süden Marokkos keine deutschen Bürger oder Handelsinteressen. Trotz der Firmengründungen und großen Erwartungen waren bislang noch keine deutschen Geologen und Forscher angereist, um das »außerordentlich fruchtbare« Tal des Sus in Augenschein zu nehmen oder im südlichen Atlas nach den vermuteten Erzlagerstätten zu suchen. Regendanz betrachtete dies als eine nur zeitweilige Verlegenheit. Wenn das Kriegsschiff in Agadir einträfe, versicherte er, würden »gefährdete Deutsche« dort sein, um es willkommen zu heißen.

Unterdessen gingen die Verhandlungen mit Frankreich weiter. Am 11. Juni – Kiderlen war zu seiner jährlichen Kur nach Bad Kissingen gereist – wurde Cambon beim Reichskanzler vorstellig. Der Botschafter traf einen ungewöhnlich erregten Bethmann, der von »äußerst ernsten Schwierigkeiten« sprach. Cambon sagte zuversichtlich: »Niemand kann verhindern, daß Marokko eines Tages unter unseren Einfluß gerät«, aber zum ersten Mal sprach er von einer Kompensation, etwas, »was der deutschen öffentlichen Meinung erlauben würde, die Entwicklungen ohne Besorgnis zu beobachten«. Bethmann, der sich nicht ohne Nervosität des Vorhabens bewußt war, Schiffe nach Agadir zu entsenden, riet Cambon, Kiderlen in Bad Kissingen zu besuchen. Cambon befolgte den Rat und sagte dem Staatssekretär am 21. Juni im Heilbad, daß er hoffe, das Deutsche Reich werde nicht auf einer Teilung Marokkos bestehen, weil »die öffentliche Meinung Frankreichs das nicht ertragen würde.« »Aber«, fügte er bedeutsam hinzu, »man könne anderswohin blicken.« Kiderlen erklärte sich bereit, »Angebote« anzuhören. Cambon erwiderte, daß er auf dem Weg nach Paris sei und die Frage mit seiner Regierung diskutieren würde. Beim Abschied sagte Kiderlen zum Botschafter: »Bringen Sie etwas mit zurück.«

Das Kabinett, dem Cambon Bericht zu erstatten im Begriff war, befand sich in außerordentlicher Verwirrung. Es hatte einen schrecklichen Unfall gegeben. Am frühen Morgen des 20. Mai hatte Ernest Monis, der Ministerpräsident, am

Rande eines kleinen Flugplatzes bei Issy-les-Moulineaux gestanden und den Start eines Wettfluges von Paris nach Madrid beobachtet. Eines der Flugzeuge hatte beim Start Motorschaden, kam kaum vom Boden hoch, brach seitwärts aus und stürzte in die Zuschauermenge. Der Ministerpräsident wurde vom Propeller getroffen, im Gesicht und an der Brust verletzt und verlor das Bewußtsein; der neben ihm stehende Kriegsminister wurde getötet. Monis' Leben war mehrere Tage in Gefahr, dann trat allmählich eine Besserung ein, und er versuchte die Geschicke der Nation von seinem Bett aus zu leiten. Am 27. Juni aber trat er zurück, und Joseph Caillaux, der bisherige Finanzminister, wurde sein Nachfolger. Caillaux, der als tüchtig, aber skrupellos galt, gehörte zu einer Gruppe internationaler französischer Finanzleute mit engen Verbindungen zu Berlin, und es wurde erwartet, daß seine Außenpolitik eine deutsch-französische Annäherung bringen würde. Als Außenminister wählte Caillaux M. de Selves, einen Regierungsbeamten ohne Erfahrung in auswärtigen oder auch nur innenpolitischen Angelegenheiten. Beobachter sahen darin ein Zeichen, daß der Ministerpräsident die Außenpolitik selbst in die Hand nehmen wollte.

Angesichts dieser unübersichtlichen Lage in Frankreich faßte Staatssekretär Kiderlen seinen Entschluß. Am 24. Juni, nachdem Cambon nach Paris abgereist war, fuhr Kiderlen nach Kiel, um dem Kaiser Bericht zu erstatten und ihn zur Entsendung des Kriegsschiffes zu überreden.

Wilhelm ahnte mit feinerem Gespür als Kiderlen oder Bethmann, daß ein neues Abenteuer in Marokko geeignet wäre, Deutschland wieder mit England aneinandergeraten zu lassen. Dies wollte der Kaiser vermeiden; nun, da sein unheilvoller Onkel, »Edward, der Einkreiser« nicht mehr war, fühlte Wilhelm sich mit seinem Vetter »Georgie«, den er wie den Zaren beeindrucken und einschüchtern konnte, doppelt wohl. Mit Freuden nahm er König Georges Einladung an, der Enthüllung einer Statue ihrer beider Großmutter Queen Victoria vor dem Buckingham-Palast beizuwohnen. Am 16. Mai traf der Kaiser mit der Kaiserin und ihrer neunzehnjährigen Tochter Viktoria Luise in London ein. Wie immer war Wilhelm beeindruckt vom militärischen Gepränge: »Der weite kreisrunde Platz vor Buckingham Palace war von Tribünen umgeben, die von eingeladenem Publikum überfüllt waren. Davor stand ein Truppenspalier aller Waffengattungen und Regimenter der britischen Armee in Paradeausrüstung ..., die Garden ..., dann Hochländer ... Der Vorbeimarsch vollzog sich auf dem kreisrunden Platze in einer andauernden Schwenkung; die äußeren Flügel mußten ausschreiten, die inneren verhalten, eine schwierige Aufgabe für die Truppe. Sie wurde glänzend gelöst, kein Mann kam aus der Richtung.«

Das Publikum bemerkte das gute Einvernehmen zwischen den Vettern. Eines Abends lud der König seine Gäste zu einem Theaterstück ins Drury Lane Theatre ein. Zwischen den Akten wurde ein Vorhang herabgelassen, der die lebensgroßen Gestalten des Königs und des Kaisers zu Pferde zeigte, wie sie grüßend aufeinander zu ritten. Das Publikum stand auf und brachte Hochrufe aus. Haldane, der vorgeschlagen hatte, ein Luncheon für die deutschen Generäle im Gefolge des Kaisers zu geben, wurde unterrichtet, daß der Kaiser selbst gern teilnehmen würde. Auf Haldanes Gästeliste standen Lord Kitchener, der Erste Seelord Sir Arthur Wilson, Lord Morley, Lord Curzon, Ramsay MacDonald, der Führer der Labour Party sowie der Maler John Singer Sargent. Wilhelm vergnügte sich, obwohl er kaum glauben konnte, daß ein britischer Kriegsminister in einem Haus leben konnte, welches so klein war, daß der Kaiser es »das Puppenhaus« taufte.

Bethmann Hollweg hatte den Kaiser gebeten, mit seinem britischen Vetter über die Marokkofrage zu sprechen. Gehorsam fragte Wilhelm, ob König George nicht auch meine, daß die französische Politik mit der Konvention von Algeciras unvereinbar sei. »Der König meinte, eigentlich bestehe die Akte nicht mehr, und man tue wohl am besten, sie der Vergessenheit anheimzugeben. Die Franzosen machten ja im Grunde in Marokko nichts anderes, als was die Engländer seinerzeit in Ägypten auch getan hätten. England werde deshalb den Franzosen keine Schwierigkeiten in den Weg legen, sondern sie gewähren lassen; man solle sich mit dem fait accompli der Besetzung abfinden und sich wegen kommerzieller Sicherungen mit Frankreich arrangieren.« Wilhelm hörte ihn an und versprach: »Wegen Marokko werden wir niemals Krieg machen.« Nach der Rückkehr in die Heimat berichtete er dem Kanzler von seinem Gespräch und schloß mit den Worten, daß England sich der französischen Besetzung von Marokko nicht entgegenstellen werde und daß Deutschland, wenn es dies tun wolle, auf sich selbst gestellt sein würde.

Einen Monat später, am 21. Juni, als die Pläne zur Entsendung eines Schiffes längst abgeschlossen waren und Dr. Regendanz Unterschriften von deutschen Firmen sammelte, die um den Schutz ihrer gefährdeten Interessen baten, wußte der Kaiser noch immer nichts vom Vorhaben seines Außenministers. Wilhelm erklärte weiterhin, daß er keine Einwände gegen ein stärkeres französisches Engagement in Marokko habe, weil »Frankreich dort verbluten würde«. Nach der Verfassung mußte der Befehl zur Entsendung eines Schiffes vom Kaiser kommen, dem obersten Kriegsherren. Irgendwie mußte er in den Plan eingeweiht und überzeugt werden. Am 26. Juni war Wilhelm als Gast der Unterelbe-Regatta an Bord der *Hohenzollern*. Bethmann Hollweg war gleichfalls auf der Jacht, und Kiderlen wurde erwartet. Als er eintraf, nahmen er und Bethmann den Kaiser in die Zange. Wilhelm scheute das Risiko; er hatte nichts gegen eine Erweiterung des deutschen Kolonialbesitzes, war aber für eine direkte militärische Herausforderung Frankreichs nicht zu haben. Er meinte, die Aussendung eines Schiffes sei mit einem zu großen Risiko verbunden, niemand könne die Folgen voraussagen, und ein Schritt von so weitreichender Bedeutung solle nicht getan werden, ohne die Nation zu befragen. Der Reichskanzler und sein Staatssekretär beharrten auf ihrem Plan. »Wir werden einen entschiedenen Standpunkt einnehmen müssen, um ein günstiges Resultat zu erreichen«, erklärte Kiderlen. »Wir können Marokko nicht den Franzosen überlassen ... [Andernfalls] würde unser Ansehen in der Welt unerträglich leiden ...« Am Ende stimmte der Monarch, der sich seinen Verwandten gegenüber und in seinen Randbemerkungen rühmte, daß er, nicht seine Minister, der alleinige Herr deutscher Außenpolitik sei, widerstrebend zu. In seinen Memoiren lehnte er die Verantwortung ab: »Die Lage spitzte sich zu während der Kieler Woche. Das Auswärtige Amt unterbreitete mir seine Absicht, den ›Panther‹ nach Marokko zu schicken. Ich habe starke Bedenken gegen diese Maßregel geltend gemacht, mußte sie aber angesichts der dringlichen Vorstellungen des Auswärtigen Amtes zurückstellen.« Von der Funkstation der *Hohenzollern* telegrafierte Kiderlen knapp nach Berlin: »Schiffe gebilligt.«

Ein Funkspruch ging von der deutschen Admiralität zum Kanonenboot *Panther*, das sich nach der Umrundung des Kaps der Guten Hoffnung auf der Heimreise vor der westafrikanischen Küste befand. Zehn Jahre zuvor für den Kolonialdienst gebaut, war die hellgraue, mit zwei Schornsteinen bestückte *Panther* nicht das Schiff, das der Kaiser ausgewählt hätte, um für seine Flotte Reklame zu machen. Sie verdrängte weniger als tausend Tonnen und war nur leicht bewaffnet*; die Besatzung bestand aus neun Offizieren und 130 statt der regulären 121 Mann, weil das Schiff eine Blaskapelle an Bord hatte. Ihr Hauptzweck war es, Eingeborene zu beeindrucken, den arabischen Sklavenhändlern vor der ostafrikanischen Küste das Handwerk zu legen und ihre Schlupfwinkel zu beschießen, während sie kaum geeignet war, im Seegefecht gegen feindliche Kriegsschiffe zu bestehen. Geeignet oder nicht, *Panther* befand sich gerade in der Nähe des Einsatzortes, erhielt den Auftrag und erschien am 1. Juli 1911 im Rampenlicht der Geschichte, als sie langsam in die Bucht von Agadir dampfte und ein paar hundert Schritte vor der Küste Anker warf.

Vom Schiff aus bot sich ein prachtvoller Anblick. Eine weite Bucht funkelnden blauen Wassers war eingerahmt von steilen braunen Kliffs, die sich zweihundert Meter aus der See erhoben. Am oberen Rand standen die Mauern und Türme der Festung Agadir, einer imposanten portugiesischen Bastion, die Jahrhunderte zuvor errichtet worden war, als Portugal seine Macht über den Erdball ausdehnte. Darunter lag das kleine Fischerdorf Funti, dessen Bewohner in zeitloser Abgeschiedenheit lebten und arbeiteten. Keine Europäer und kein Zeichen europäischen Lebens waren in Sicht; der Hafen war seit vielen Jahren für die internationale Schiffahrt geschlossen.

* S.M.S. *Panther* war rund 66 Meter lang, knapp zehn Meter breit und mit zwei 10,5 cm-Schnelladekanonen vorn und achtern bestückt.

Ein Europäer war unterwegs. Herr Wilburg, in der Folge mit dem Spitznamen »der gefährdete Deutsche« versehen, tat sein Bestes, wie beauftragt vor dem Kriegsschiff zur Stelle zu sein, das ausgesandt war, ihn zu schützen. Er war ein Vertreter des Hamburger Handelskonsortiums in Marokko und befand sich am 28. Juni in Mogador, 120 Kilometer nördlich von Agadir. Weil alle Telegramme nach Marokko in französischer Sprache abgefaßt sein mußten, und französische Beamte berechtigt waren, sie zu lesen, hatte man einen Kode ausgearbeitet, der Wilburgs Instruktionen und sein Ziel in einem scheinbar unverfänglichen Text verbarg. Drei Telegramme waren erforderlich, und erst am Abend des 1. Juli konnte Wilburg abreisen. Seine Reise war mühsam und beschwerlich. Die Hitze, die Europa in diesem Sommer heimsuchte, war in Nordafrika noch stärker. Wilburg fand alles Gras und alle Sträucher von der Sonne verbrannt; Ziegen kletterten in niedrige Bäume, um Nahrung zu finden. Die Straße war nicht mehr als eine Wegspur, manchmal nur ein paar Fuß breit, und wand sich durch glühendes, steiniges Hügelland. Streckenweise hatte er zur Linken die Felswand der Kliffs und blickte zur Rechten hinab in einen Abrund, an dessen Fuß die See brandete. Maultier- und Kamelkarawanen kamen ihm entgegen und zwangen ihn, sein Pferd gegen den Fels zu drängen.

Als Wilburg am Nachmittag des 4. Juli in Agadir eintraf, lag die *Panther* seit drei Tagen dort vor Anker. Wilburg sah das Kriegsschiff, war aber zu erschöpft, um gleich Verbindung aufzunehmen. Als er am nächsten Morgen erwachte, sah er, daß ein zweites, größeres deutsches Kriegsschiff während der Nacht in die Bucht eingelaufen war. Dieses Schiff war der 3278 Tonnen verdrängende kleine Kreuzer *Berlin*, mit zehn 10,5 cm-Schnelladekanonen und einer Besatzung von 14 Offizieren und 274 Mann. Sofort versuchte Wilburg seine Landsleute wissen zu lassen, daß er da war. Zuerst hatte er kein Glück; die Besatzung der *Berlin* hielt den Mann, der am Strand hin und herlief, mit den Armen fuchtelte und kaum hörbare Rufe ausstieß, für einen aufgeregten Eingeborenen, der vielleicht etwas zu verkaufen hatte. Die Admiralität hatte strikten Befehl erteilt, daß niemand ohne weitere Instruktionen an Land gehen dürfe. Als Wilburg die Männer an Bord der Schiffe ohne erkennbares Interesse herüberblikken sah, wurde er mutlos, blieb stehen und starrte zu den zwei grauen Schiffen hinüber, die still im grellen Sonnenlicht lagen. Seine Haltung verriet ihn: plötzlich fiel einem Offizier der *Panther* auf, daß die einsame Gestalt am Strand die Hände in die Hüften gestemmt hatte. Afrikaner nahmen diese Haltung nicht ein. Ein Boot wurde zu Wasser gelassen, und bald befand sich Wilburg, der »gefährdete Deutsche«, unter dem Schutz der kaiserlichen Marine. Es war der Abend des 5. Juli.

Die Nachricht vom »Panthersprung« war in Europa eine Sensation. Am 1. Juli übergaben die deutschen Botschafter in allen Hauptstädten die folgende Note an die Regierungen ihrer Gastländer:

»Einige deutsche Firmen, die sich im Süden Marokkos niedergelassen haben, vor allem in Agadir und Umgebung, sind besorgt über eine gewisse Gärung, die sich unter den ansässigen Stämmen gezeigt hat... Diese Firmen haben an die Kaiserliche Regierung appelliert, das Leben ihrer Beschäftigten und ihr Eigentum zu schützen. Auf ihr Ersuchen hat die Kaiserliche Regierung beschlossen, ein Kriegsschiff zum Hafen von Agadir zu entsenden, um ihren Untertanen und Beschäftigten im Notfall Hilfe und Unterstützung zu gewähren und die wichtigen deutschen Interessen in dem fraglichen Gebiet zu wahren. Sobald die Verhältnisse in Marokko ihre frühere ruhige Erscheinung wieder annehmen, wird das mit dieser Schutzmission beauftragte Schiff den Hafen von Agadir verlassen.«

Innerhalb des Reiches fand Kiderlens Schachzug überwältigende Unterstützung. »Hurra! Eine Tat!« rief die Schlagzeile der *Rheinisch-Westfälischen Zeitung*. »Endlich Aktion, eine befreiende Tat... Wieder ist zu sehen, daß die Außenpolitik einer großen Nation, eines machtvollen Staates, sich nicht in geduldiger Untätigkeit erschöpfen kann.« Viele nahmen an, daß die Aufteilung Marokkos bevorstehe und daß Deutschland einen Küstenstreifen annektieren werde. Schon am 12. Juni hatte der Kronprinz, ein glühender Nationalist, Cambon seine Ansicht dargelegt. Nachdem er den Botschafter bei einem Pferderennen im Grunewald in die kaiserliche Loge der Zuschauertribüne eingeladen hatte, sprach er von Marokko als »un joli morceau« und fügte hinzu: »Geben Sie uns unseren Anteil, und alles wird gut sein.« Kiderlen blieb still und lehnte es ab zu enthüllen, ob sein Ziel ein Stück von Marokko oder ein größeres Territorium anderswo war.

Jules Cambon, der französische Botschafter in Berlin, war von dem plötzlichen Coup unmittelbar betroffen. Eine Woche zuvor hatte er Kiderlen in Bad Kissingen mit der Aufforderung des Außenministers verlassen, »etwas aus Paris mitzubringen«. In seiner Hauptstadt hatte er die Regierung in Verwirrung angetroffen, das Außenministerium in Chaos. Bevor etwas entschieden werden konnte, hatte die *Panther* in der Bucht vor Agadir Anker geworfen. Cambon wußte nicht, was erforderlich war, um den Abzug des Schiffes zu erreichen. Er wußte aber, daß die Verhandlungen fortgesetzt werden mußten und daß eine »ernste koloniale Kompensation« notwendig werden könnte. Aber nun schien es, daß Kiderlen ernstlich daran dachte, einen Teil Südmarokkos zu annektieren. Kiderlen selbst war nicht hilfreich, wenn es darum ging, das Ziel der deutschen Politik zu bestimmen; der Staatssekretär nahm jetzt die gleiche sphinxartige Haltung ein wie Bülow 1905.

Die Verhandlungen begannen am 9. Juli, als der französische Botschafter in eisiger Stimmung bei Kiderlen vorsprach. »Eh bien?« sagte er und lud damit den Staatssekretär ein, die Gründe für den »Panthersprung« zu erklären. »Vous avez du neuf?« (»Haben Sie etwas Neues?«) versetzte Kiderlen und warf den

Ball wieder seinem Gast zu. Allmählich begannen die Umrisse der Verhandlungen Form anzunehmen. Die französische Regierung konnte der Erwerbung marokkanischen Territoriums durch Deutschland wegen der französischen öffentlichen Meinung nicht zustimmen, war aber bereit, Kompensationen anderswo anzubieten, vielleicht im Französischen Kongo. Kiderlen war sich seines Verhandlungsvorteils bewußt und bemerkte, daß in der deutschen Öffentlichkeit die Hoffnungen auf ein Stück von Marokko geweckt worden seien und nur befriedigt werden könnten, wenn die Kompensation anderswo substantiell sei.

Obwohl Kiderlen erwartete, direkt und nur mit Frankreich zu verhandeln, beschäftigte die Ankunft der *Panther* in Agadir auch andere Mächte. Bei der Berechnung seines Schachzuges hatte Kiderlen den Reaktionen anderer Nationen nicht viel Bedeutung beigemessen. Rußland, meinte er, würde seinen Verbündeten nur halbherzig unterstützen; St. Petersburg war nie begierig gewesen, wegen einer französischen Kolonie in Afrika in den Krieg zu ziehen. Englands Rolle in der Angelegenheit hatte Kiderlen kaum berücksichtigt. So kam es, daß der deutsche Botschafter in London nicht sehr hilfreich war, als Sir Edward Grey ihn am 4. Juli kommen ließ, um Deutschlands Absichten zu erfahren. Wolff-Metternich kannte sie selbst nicht; Kiderlen hatte ihn nicht informiert. Als Grey fragte, ob deutsche Truppen gelandet würden, berief sich Wolff-Metternich auf Unwissenheit. Grey sagte, daß Deutschland mit der Entsendung eines Schiffes einen offenen Schritt unternommen habe, während Großbritannien »keinen offenen Schritt unternommen habe, obwohl unsere Handelsinteressen in Marokko bedeutender sind als die Deutschlands.« Er entließ den Botschafter mit der Erklärung, daß Großbritanniens Haltung zu den Ereignissen in Marokko »nicht desinteressiert sein könne«, und erinnerte seinen Besucher an »unsere vertraglichen Verpflichtungen gegenüber Frankreich.«

Großbritanniens Besorgnis über das Auftauchen der *Panther* vor Agadir wurde von mehreren Quellen genährt. Der Überraschungseffekt des deutschen Manövers erzeugte Widerwillen und Abneigung; der Schachzug erinnerte an die Schocktaktik, die Bülow und Holstein mit der Entsendung des Kaisers nach Tanger angewendet hatten. Es bestand die Sorge, daß Deutschland beabsichtige, an der marokkanischen Atlantikküste einen Flottenstützpunkt zu errichten; dieser könnte die Seeverbindungen Großbritanniens nach Südafrika und um das Kap bedrohen. (Eine sorgfältige Analyse der Admiralität, die auch in die Presse Eingang fand, ließ diese Gefahr unbegründet erscheinen und wies darauf hin, daß ein Stützpunkt in Agadir, 1500 Seemeilen von der Nordsee entfernt, äußerst verwundbar und letzten Endes für die Kaiserliche Marine ein Quell der Schwäche und nicht der Stärke sein würde. Der Erste Seelord, Sir Arthur Wilson, versicherte Grey, daß weder Agadir noch irgendein anderer marokkanischer Hafen schnell in einen befestigten Flottenstützpunkt umgewandelt werden könne.) Schließlich war Grey besorgt wegen Frankreich und der Entente. Wie in Tanger und Algeciras schien Deutschland es wieder darauf abgesehen zu haben, Frankreich zu demütigen, entweder durch eine erzwungene Teilung Marokkos oder indem es Frankreich ein unangenehm großes Stück französischen Kolonialterritoriums abnahm. Solch ein französischer Prestigeverlust, während Großbritannien untätig dabeistand, würde die Entente ernstlich schädigen. Grey war entschlossen, daß England nicht nur unbeteiligter Zuschauer sein dürfe.

Berlin schwieg zu Londons Besorgnis und Greys Fragen (Auskünfte hätten die Verhandlungsposition gegenüber Frankreich geschwächt). Am 6. Juli sagte Asquith im Parlament, daß die Regierung eine Erklärung über die deutschen Absichten begrüßen würde. Crowe schrieb am 17. Juli: »Worauf will Deutschland hinaus? Herrn von Kiderlens Verhalten scheint beinahe unerklärlich.« Aus Paris kamen Meldungen, daß die französische Regierung unter Druck gesetzt würde, das gesamte französische Kongogebiet aufzugeben; aus Marokko wurde gemeldet, daß deutsche Truppen in Agadir gelandet seien und daß deutsche Offiziere mit Stammesführern verhandelten. Tage vergingen, und noch immer gab Deutschland keine andere Erklärung ab als die, daß gefährdete Deutsche und ihr Besitz geschützt würden. Der Zeitablauf fügte möglichem Schaden noch eine beleidigende Nichtbeachtung hinzu. In seinem Gespräch vom 4. Juli mit Wolff-Metternich hatte Grey festgestellt, daß Großbritannien ein »vitales Interesse« an der künftigen französischen Rolle in Marokko habe, doch seit mehr als zwei Wochen hatte die kaiserliche Regierung das britische Interesse ignoriert. Beamte im Außenministerium, von denen viele erheblich weniger deutschfreundlich waren als Grey, waren alarmiert und zornig. »Dies ist eine Kraftprobe und nichts anderes«, argumentierte Crowe. »Eine Konzession (seitens Frankreichs) bedeutet nicht Verlust von Interessen oder Verlust von Prestige. Sie bedeutet eine Niederlage. Die Niederlage Frankreichs ist eine für dieses Land lebenswichtige Angelegenheit.« Sir Arthur Nicolson, der 1910 aus St. Petersburg zurückgekehrt war, um Unterstaatssekretär im Außenministerium zu werden, schlug in die gleiche Kerbe. Ohne eine starke Schaustellung britischer Unterstützung, riet er dem Außenminister, würde der deutsche Druck Frankreich schon bald zwingen, entweder zu kämpfen oder nachzugeben. Wenn Frankreich nachgäbe, fuhr er fort, würde die deutsche Vorherrschaft auf dem Kontinent nicht mehr aufzuhalten sein.

Am 19. Juli war Grey entschlossen, sich Informationen über die deutschen Absichten zu verschaffen. Er bat Asquith um Erlaubnis, »Verbindung mit Deutschland aufzunehmen und ihm nachdrücklich klarzumachen, daß, wenn die Verhandlungen zwischen Deutschland und Frankreich zu nichts führten, wir eingeschaltet werden müßten, um an einer Diskussion der Lage teilzunehmen.« Andernfalls, so befürchtete er, »müsse unsere lange Unkenntnis und unser Stillschweigen die Deutschen zu der Annahme verleiten, daß uns nicht sehr viel an der Sache liege.« Der Premierminister stimmte zu, und Grey bestellte Wolff-Metternich am Nachmittag des 21. Juli ins Außenministerium.

Aus der britischen Perspektive war der 21. Juli der kritische Tag der Agadir-Krise. Am Vormittag trat das Kabinett zusammen, am Nachmittag empfing der Außenminister den deutschen Botschafter, und am Abend wurde eine historische Rede gehalten. Während des Tages führten mehrere Gespräche zwischen führenden Mitgliedern der britischen Regierung zu einer klaren Definition der britischen Haltung. Am Tag zuvor hatte die *Times* eine zutreffende, aber nicht autorisierte Geschichte aus Paris veröffentlicht, die Deutschlands umfassende Forderungen an Frankreich schilderte. Die öffentliche Meinung Großbritanniens, bis dahin angesichts der eigenmächtigen französischen Marokkopolitik schwankend, wandte sich gegen die Deutschen. Als am Vormittag das Kabinett zusammentrat, faßte Grey den Stand der deutsch-französischen Verhandlungen zusammen, wie er ihm von der französischen Regierung berichtet worden war. Er wies darauf hin, daß siebzehn Tage vergangen seien, ohne daß Deutschland von der britischen Frage nach den deutschen Absichten Notiz genommen habe. Er kündigte an, daß er am Nachmittag Metternich sprechen und eine Klarstellung verlangen würde. Als er um vier Uhr nachmittags den deutschen Botschafter empfing, erklärte Grey, daß Großbritannien in der Hoffnung abgewartet habe, Frankreich und Deutschland würden eine Übereinkunft erreichen, daß er aber gehört habe, die deutschen Forderungen seien zu übertrieben, als daß Frankreich sie annehmen könne. Unterdessen dauere die deutsche Anwesenheit in Agadir an: niemand wisse, »ob deutsche Truppen dort gelandet seien, ob dort Verträge geschlossen würden, welche die wirtschaftlichen Interessen anderer verletzten«, oder ob womöglich die deutsche Flagge gehißt worden sei. Wolff-Metternich, der in dieser Angelegenheit genauso im Dunkeln tappte wie Grey, war, nahm der Außenminister zu Protokoll, »nicht in der Lage, irgendwelche Informationen zu geben«.

Inzwischen entfaltete sich in Whitehall ein weiteres Drama. Seit Wochen hatte David Lloyd George, der impulsive, deutsch-freundliche Schatzkanzler, mit den Implikationen gerungen, die sich aus dem »Panthersprung« ergaben. Er wollte Deutschland Zeit geben, sich zu erklären, aber das lange Stillschweigen Berlins schien unheilverkündend. Am selben Morgen, vor der Kabinettssitzung, suchte Winston Churchill ihn in seinem Ministerium auf. »Ich fand einen veränderten Mann«, schrieb Churchill über die Begegnung. »Sein Entschluß war gefaßt. Er sah ganz klar den Weg, der einzuschlagen war. Er wußte, was zu tun war und wie und wann es zu tun war... Er sagte mir, daß er am Abend beim Jahresessen der Bankiers sprechen würde und die Absicht habe, deutlich zu machen, daß Deutschland, wenn es Krieg wolle, Großbritannien auf der Seite seiner Gegner finden werde. Er zeigte mir, was er vorbereitet hatte und sagte mir, daß er es dem Premierminister und Sir Edward Grey nach der Kabinettssitzung zeigen würde.« Lloyd George war irritiert und besorgt: »Als die unhöfliche Gleichgültigkeit der deutschen Regierung gegen unsere Anfragen siebzehn Tage gedauert hatte..., spürte ich, daß die Angelegenheit sich einem kritischen Spannungszustand näherte und daß wir unbeholfen auf einen Krieg zutrieben«, schrieb der Schatzkanzler. »Nicht nur behandelten uns die Deutschen, indem sie es unterließen, den Brief des Außenministers wenigstens mit einer förmlichen Empfangsbestätigung zu beantworten, mit unerträglicher Unverschämtheit, sondern ihr Stillschweigen mochte sehr wohl bedeuten, daß sie sich in völliger Unkenntnis über den Geist befinden, in dem wir unsere Verpflichtungen unter dem Vertrag [von 1904 mit Frankreich] behandeln, und womöglich erst zu spät erkennen, daß wir uns gebunden fühlen, Frankreich zur Seite zu stehen.«

Lloyd George meldete sich in der Kabinettssitzung nicht zu Wort, und als Grey mit Wolff-Metternich zusammentraf, war dem Außenminister die neue Entschlossenheit seines Kollegen noch nicht bekannt. Der Außenminister erfuhr erst am Spätnachmittag davon: »Plötzlich hörte ich«, schrieb er später, »Lloyd George sei zum Außenministerium herübergekommen und wollte mich sprechen. Er kam in mein Zimmer und fragte, ob die deutsche Regierung auf die Anfrage geantwortet habe, die ich am 4. Juli im Auftrage des Kabinetts habe hinausgehen lassen. Ich verneinte... Lloyd George fragte mich dann, ob es nicht ungewöhnlich sei, daß unsere Botschaften ohne Resonanz blieben, und ich erwiderte, daß es in der Tat ungewöhnlich sei. Darauf erzählte er mir, daß er am Abend eine Rede beim Jahresessen der Bankiersvereinigung zu halten habe und denke, er wolle etwas darüber sagen; dann nahm er ein Papier aus der Tasche und las vor, was er dazu niedergeschrieben hatte. Ich fand durchaus gerechtfertigt, was er zu sagen beabsichtigte, und meinte, es würde eine heilsame Wirkung zeigen. So stimmte ich ihm herzlich zu... Die Rede war ganz und gar Lloyd Georges eigene Idee. Ich tat nichts, ihn dazu anzuregen, aber ich begrüßte sie.« Auf Greys Empfehlung stimmte auch Asquith zu.

Am Abend des 21. Juli erhob sich Lloyd George bei dem vom Londoner Bürgermeister gegebenen Bankett vor den versammelten Londoner Bankiers. Der Hauptteil seiner Rede beschäftigte sich mit Politik, dem Haushalt, Ungleichheiten von Eigentum und Wohlstand und den Aussichten der Weltwirtschaft. Der Friede, erklärte er, sei die »erste Bedingung des Wohlstandes«. Dann unterbrach er den Fluß seiner improvisierten Rede, nahm ein Stück Papier auf und las langsam die sorgfältig abgewogenen Worte vor, die er Grey und Asquith gezeigt hatte:

»Ich würde große Opfer bringen, um den Frieden zu bewahren. Ich denke, daß nichts außer Fragen von der ernstesten nationalen Bedeutung eine Störung des internationalen guten Willens rechtfertigen würden. Aber wenn uns eine Situation aufgezwungen werden sollte, in welcher der Friede nur durch die Preisgabe der großen und vorteilhaften Stellung erhalten werden könnte, die Großbritannien durch Jahrhunderte von Heldentum und Leistung gewonnen hat, indem zugelassen wird, daß Großbritannien in Fragen seines vitalen Interesses behandelt wird, als ob es im Konzert der Nationen ohne Bedeutung wäre, dann sage ich nachdrücklich, daß Friede um diesen Preis eine unerträgliche Demütigung für ein großes Land wie unseres wäre ...«

Die Botschaft war an sich nicht bemerkenswert: Großbritannien ließ sich in Angelegenheiten, die seine Interessen betrafen, nicht ignorieren. Sir Edward Grey hatte diese Botschaft den diplomatischen Kanzleien Europas seit sechseinhalb Jahren immer wieder deutlich gemacht. Was der Rede Bedeutung verlieh, war die Persönlichkeit, die sie hielt. Lloyd George war ein radikaler Liberaler, ein Pazifist. Seine Ansichten über auswärtige Angelegenheiten, soweit sie bekannt waren, galten als deutschfreundlich; unzweifelhaft hatte er stets eine britisch-deutsche Verständigung angestrebt. Die Tatsache, daß er öffentlich aufgestanden war und gewarnt hatte, daß Großbritannien kämpfen würde, um sein Prestige zu wahren, wurde von vielen Persönlichkeiten in England und Deutschland als Schock empfunden. Den Sturm, den seine Rede in der Presse entfesselte, hatten Lloyd George und die Regierung einkalkuliert. »Lloyd George wurde mit dem prodeutschen Element in der liberalen Regierung und dem Unterhaus in Verbindung gebracht«, schrieb der Außenminister. »Darum wußten die Deutschen, als er seine Rede hielt, daß sie mit der gesamten Regierung und dem Unterhaus zu rechnen hatten. Es war zu dem Zeitpunkt und ist noch immer meine Meinung, daß die Rede viel mit der Erhaltung des Friedens von 1911 zu tun hatte. Sie erzeugte in Deutschland eine große Explosion von Worten, weckte aber Zweifel in den Hitzköpfen, ob es klug sein würde, die Kanonen abzufeuern.«

In Lloyd Georges Rede war keine Nation namentlich genannt worden, aber in Deutschland verstand man, an wen die Warnung des Schatzkanzlers gerichtet war. Die deutsche Presse stürzte sich wütend auf England und protestierte, daß man es hier mit einer weiteren Episode in der uralten Geschichte britischer Einmischung in Fragen zu tun habe, die Großbritannien nichts angingen. Sein wahres Ziel sei es, erklärte *Germania*, sicherzugehen, daß es bei einer Aufteilung Marokkos einen Anteil bekäme: »Wann immer ein Land irgendwo ein Dorf besetzt, verlangt England sofort drei, und vorzugsweise vier.« Empörte Aufschreie vermischten sich mit aufbrausendem Zorn. »Das deutsche Volk lehnt es ab, sich von ausländischen Mächten diktieren zu lassen«, sagte die *Kölnische Zeitung*. »Stark in der Gerechtigkeit seiner Sache, ermahnt Deutschland die törichten Friedensstörer: Hands off!« rief der *Lokalanzeiger*.

In der Wilhelmstraße reagierte Kiderlen verärgert, weil die Rede des britischen Schatzkanzlers, welche die Franzosen ermutigen mußte, seine Verhandlungen mit Paris erschwerte. Kiderlen mußte etwas tun. Wenn er die Rede völlig ignorierte, mochte Frankreich zu dem Schluß kommen, daß es Englands

Unterstützung habe, und die Verhandlungen abbrechen. Und wenn er Greys an Metternich gerichtetes Ersuchen irgnorierte, mochten die unberechenbaren Engländer Frankreich ermutigen, dem Deutschen Reich zu trotzen. Großbritannien mußte in einer Weise besänftigt werden, die nicht wie eine Antwort auf Lloyd Georges Rede oder eine Reaktion auf britischen Druck wirkte; das würde die öffentliche Meinung Deutschlands niemals verzeihen. Kiderlen entschied, sich vertraulich an Grey zu wenden und die deutschen Absichten in Marokko zu erläutern.

Am Montag, dem 24. Juli, bat Wolff-Metternich um ein Gespräch mit Grey und sagte, er habe Neuigkeiten aus Berlin. Der Botschafter begann mit der Erklärung, daß das Kanonenboot *Panther* entsandt worden sei, deutsche Interessen zu schützen... Der besondere Anlaß sei ein Angriff von Eingeborenen auf einen deutschen Bauernhof gewesen. Grey ging auf diesen Punkt ein: »Ich bemerkte, daß ich mich nicht entsinnen könne, vorher von diesem Angriff gehört zu haben. Ich sei davon ausgegangen, daß die Entsendung des Schiffes von der Besorgnis vor möglichen Gefährdungen diktiert worden, nicht aber auf tatsächliche Ereignisse zurückzuführen sei.« Wolff-Metternich räumte ein, daß er vorher auch nicht von dem Angriff gewußt habe. »Ich bemerkte, daß es in diesem Gebiet keine Deutschen gebe«, fuhr Grey fort. »Graf Metternich sagte, er habe zu diesem Punkt keine Information.« Der Botschafter versicherte dem Außenminister jedoch, daß »nicht ein Mann« gelandet sei und daß keine Truppen landen würden. Ferner erklärte Metternich im Auftrag der deutschen Regierung, Deutschland habe niemals daran gedacht, einen Flottenstützpunkt an der marokkanischen Küste zu schaffen, und würde niemals daran denken. Deutschland habe auch nicht die Absicht, marokkanisches Territorium in Besitz zu nehmen. Es verlange nichts weiter als Kompensation für Frankreichs Bruch der Akte von Algeciras. Grey war zufrieden und fragte, ob er dem Unterhaus mitteilen könne, was Metternich ihm gesagt habe. Metternich sagte, er werde in Berlin nachfragen.

Greys durch Metternich übermittelte Anfrage machte Kiderlen noch zorniger. Am nächsten Tag, dem 25. Juli, kehrte der deutsche Botschafter mit der Antwort aus Berlin zu Grey zurück: Kiderlen werde nicht erlauben, daß der Außenminister vor dem Parlament öffentlich verkünde, was ihm vertraulich mitgeteilt worden sei. Der Grund sei Lloyd Georges Rede. »Der Ton dieser Rede war einhellig als Provokation Deutschlands interpretiert worden, und die deutsche Regierung konnte nicht den Eindruck entstehen lassen, daß sie infolge der Rede eine Absichtserklärung über Marokko abgegeben hatte« – so berichtete Grey über sein Gespräch mit Metternich. Was die deutschen Verhandlungen mit Frankreich betraf: »Wenn Frankreich nach seinen zahlreichen Provokationen und seinem unbekümmerten Vorgehen in Marokko, als ob weder Deutschland noch ein Vertrag existierte, die Hand ausschlage, die ihm von Deutschland geboten werde, verlange er die Würde Deutschlands als Großmacht, sich mit allen Mitteln und wenn nötig allein den vollen Respekt Frankreichs und Deutschlands vertragliche Rechte zu sichern.«

Grey war verärgert über die kaum verhüllte Anschuldigung, er habe sich mit seinen Kabinettskollegen verbündet, die nationale Ehre Deutschlands herabzusetzen, und fühlte sich aufgerufen, die Würde der britischen Regierung zu verteidigen. »Da die Deutschen gesagt hatten, es sei nach der Rede des Schatzkanzlers nicht vereinbar mit ihrer Würde, öffentliche Erklärungen dazu abzugeben, was in Agadir stattfand«, sagte Grey, »ist es nicht vereinbar mit unserer Würde, Erklärungen zur Rede des Schatzkanzlers abzugeben.« Das Kanonenboot in Agadir, die deutsch-französischen Verhandlungen – alles war jetzt zu einer Frage des nationalen Prestiges geworden. Die Luft knisterte von Spannung; viele – unter ihnen Lloyd George – glaubten, daß der Krieg bevorstehe.

Am selben Nachmittag um halb sechs gingen Lloyd George und Churchill, wie Churchill sich erinnerte, »an den Springbrunnen des Buckingham-Palastes vorbei«, als ihnen ein Bote nachgelaufen kam und den Schatzkanzler bat, sogleich Sir Edward Grey aufzusuchen. Churchill begleitete ihn, und sie fanden den Außenminister in seinen Räumen im Unterhaus. Grey war nach seinem Gespräch mit Metternich vom Außenministerium herübergekommen und blaß vor Erregung. »Ich habe eben eine Mitteilung vom deutschen Botschafter erhalten, die so hart war, daß die Flotte jeden Augenblick angegriffen werden kann. Ich habe McKenna durch Boten gewarnt«, sagte der Außenminister seinen Kollegen. Während sie sprachen, kam der Erste Lord herein, hörte ein paar Minuten zu und eilte dann fort, um Befehle an die Flotte zu schicken.

Grey war unruhig; an diesem Tag hatte er McKenna bereits eine Mitteilung geschickt, in der er hervorhob, daß »wir es mit einem Volk zu tun haben, das kein Gesetz außer dem der Gewalt zwischen Nationen anerkennt und dessen Flotte im gegenwärtigen Augenblick mobilisiert ist.« Vier Tage vorher, am 21., hatte die *Times* gemeldet, daß die deutsche Hochseeflotte, bestehend aus 16 Schlachtschiffen und vier gepanzerten Kreuzern, ausgelaufen und »in den Wüsteneien der Nordsee verschwunden« sei.* Greys Warnung an McKenna führte zu einer allgemeinen Alarmbereitschaft der britischen Flotte. Im Anschluß an die Meldung in der *Times* gab es Gerüchte, daß die Deutschen »wie ein Blitz aus heiterem Himmel« einen Schlag gegen die Royal Navy führen könnten. »Angenommen, die Hochseeflotte wäre, statt wie angekündigt, nach Norwegen, in

* Die Admiralität war über die Pläne und das Ziel des deutschen Flottenverbandes im Bilde. Tatsächlich war die britische Atlantikflotte unter John Jellicoe im Firth of Forth im Begriff, gleichfalls auszulaufen, um an gemeinsamen Manövern mit der deutschen Hochseeflotte in norwegischen Gewässern teilzunehmen. Seeleute beider Seiten hatten die Manöver mit Erwartungen verbunden und sahen darin eine Gelegenheit, sowohl alte

Wirklichkeit nach Portland gefahren, mit einer Zerstörerdivision vorneweg, und nach einem überraschendem nächtlichen Torpedoangriff hätte die [deutsche] Hauptflotte früh am Morgen das Feuer auf unsere Schiffe eröffnet, die ohne Dampf, ohne Kohlen, ohne Besatzungen vor Anker lagen.«

Kiderlen wußte nichts von der Alarmbereitschaft der britischen Flotte, aber er hatte Lloyd Georges Rede und Metternichs Berichten über seine Gespräche mit Grey entnommen, daß England in der Marokkofrage entschlossen hinter Frankreich stand. Diese Demonstration britischer »Einmischung« in deutsche Angelegenheiten mochte in Deutschland tiefe Verstimmung ausgelöst haben, aber sie führte der Wilhelmstraße die Realität der Lage vor Augen: sollte Frankreich sich durch deutschen Druck genötigt sehen, zu den Waffen zu greifen, würde England an der Seite seines Entente-Partners kämpfen. Deutsche Ambitionen in Marokko oder Mittelafrika waren einen Krieg mit Frankreich, England und wahrscheinlich auch Rußland nicht wert. Als Kiderlen dies sah, begann er seine Forderungen zu mäßigen, nach einem Kompromiß Ausschau zu halten und eine versöhnlichere Sprache zu gebrauchen.

Am 26. Juli erhielt Metternich neue Instruktionen aus Berlin, und am Donnerstag, dem 27., suchte er wieder Grey im Außenministerium auf. Diesmal beurteilte selbst Grey die Stimmung als »äußerst freundlich«. Die deutsche Regierung hatte ihren Standpunkt abgemildert. Wolff-Metternich teilte mit, es könne dem Parlament gesagt werden, daß die deutsch-französischen Verhandlungen zwar ausschließlich auf dieser Ebene weitergeführt, aber britische Interessen nicht berühren würden. Jeglicher Austausch von Territorium würde ausschließlich Frankreich und Deutschland betreffen, doch blieb Metternich in diesem Punkt bei dem Ersuchen, daß Grey dem Parlament keine Einzelheiten nenne. Des weiteren regte der Botschafter eine öffentliche Erklärung der britischen Regierung an, daß sie über einen erfolgreichen Abschluß der Verhandlungen erfreut sein würde. Er meinte, daß eine solche Erklärung einen vorteilhaften Einfluß auf Frankreich ausüben würde (das sich nur sehr widerstrebend auf Verhandlungen eingelassen hatte).

Die Information wurde am Nachmittag im Unterhaus weitergegeben, nicht vom Außenminister, sondern vom Premierminister. Asquith sagte: »Es finden Gespräche zwischen Frankreich und Deutschland statt; wir sind nicht Teilnehmer dieser Gespräche; ihr Gegenstand mag britische Interessen nicht berühren. In diesem Punkt können wir keine endgültige Meinung zum Ausdruck bringen,

Bekanntschaften zu erneuern als auch die Taktiken und Ausrüstung eines potentiellen Gegners auszukundschaften. Aber weder Whitehall noch die Wilhelmstraße wünschten, daß die Flotten in einer spannungsgeladenen Zeit wie dieser zusammenträfen.

Auch der Kaiser kreuzte an Bord der *Hohenzollern* in norwegischen Gewässern, und die Aussicht, daß er hineingezogen werden könnte, sorgte Kiderlen beinahe ebenso sehr.

bis wir das Endresultat wissen. Aber es ist unser Wunsch, daß diese Gespräche in eine für beide Seiten ehrenhafte und befriedigende Lösung münden, von der die Regierung Seiner Majestät guten Gewissens sagen kann, daß sie britische Interessen in keiner Weise präjudiziert. Wir glauben, daß das möglich ist. Wir wünschen ernsthaft und aufrichtig, daß solch eine Regelung zustande komme. Die Frage Marokkos strotzt von Schwierigkeiten, aber außerhalb Marokkos, in anderen Teilen Westafrikas, sollten wir nicht daran denken, uns in territoriale Arrangements einzumischen, die von jenen, welche unmittelbarer interessiert sind, für vernünftig gehalten werden. Alle Erklärungen, daß wir interveniert hätten, um Verhandlungen zwischen Frankreich und Deutschland zu beeinflussen, sind böswillige Erfindungen ohne die geringste faktische Grundlage. Aber wir haben es von Anfang an für richtig gehalten, klarzustellen, daß wir, sollte eine Regelung, wie ich sie angedeutet habe, nicht zustande kommen, ein aktiver Teilnehmer an der Diskussion über die Lage werden müssen. Das würde unser Recht als Signatarmacht des Abkommens von Algeciras sein, es könnte nach den Bedingungen unseres 1904 mit Frankreich geschlossenen Abkommens unsere Verpflichtung sein; es könnte schließlich unsere Pflicht zur Verteidigung britischer Interessen sein, die durch weitere Entwicklungen unmittelbar berührt werden könnten.«

Die britisch-deutsche Phase der Krise war vorüber. Die gemäßigte deutsche Presse zeigte große Erleichterung. »Krieg oder Frieden hingen von Herrn Asquiths Worten ab«, schrieb die *Vossische Zeitung* am folgenden Tag. »Er trug die vielleicht schwerste Verantwortung eines Staatsmannes in den letzten Jahren. Es war eine friedfertige Rede.« Der deutsch-französische Streit war damit nicht aus der Welt geschafft. Aber die Reden Lloyd Georges und Asquith' und die Verhandlungen zwischen Grey und Wolff-Metternich machten den französischen und deutschen Unterhändlern klar, daß Großbritannien auf einen erfolgreichen Ausgang hoffte und daß es vernünftige Konzessionen Frankreichs für ratsam hielt, um für seinen nunmehr beherrschenden Einfluß in Marokko zu bezahlen. Aber es war auch klargestellt, daß Großbritannien im Falle deutscher Forderungen, die in Paris als übermäßig betrachtet würden, an Frankreichs Seite treten würde.

Von da an wurde bis zur Unterzeichnung der entsprechenden Verträge am 4. November ausschließlich zwischen Deutschland und Frankreich verhandelt, größtenteils in Berlin zwischen Kiderlen-Wächter und dem französischen Botschafter Jules Cambon. Die Gespräche konzentrierten sich bald auf Kompensationen, und Kiderlen verlangte zunächst den gesamten französischen Kongo. Die Franzosen weigerten sich, eine ganze Kolonie abzutreten; die Regierung würde das angesichts der hochgehenden nationalistischen Wogen im Land nicht überleben. Mit der Gewißheit britischer Rückendeckung blieb Frankreich fest.

Pierre Messimy, der Kriegsminister, verkündete: »Wir werden uns keinen weiteren Unfug von Berlin bieten lassen ... und wir haben die Nation hinter uns.« Es wurde davon gesprochen, einen französischen Kreuzer nach Agadir zu entsenden. Beide Regierungen mußten auf das Ungestüm der öffentlichen Meinung in ihren Ländern Rücksicht nehmen. Grey bemerkte aus London: »Die Deutschen stellten zuerst so hohe Forderungen in Zentralafrika, daß keine französische Regierung ihnen nachgeben konnte.«

Kiderlen war gefangen zwischen Frankreichs Weigerung, die umfassende Kompensation zuzugestehen, die sein Auftrumpfen in Marokko rechtfertigen sollte, und den lautstarken Forderungen der öffentlichen Meinung. Die meisten deutschen Nationalisten interessierten sich wenig für die dampfenden äquatorialen Regenwälder Zentralafrikas, »wo der Fieberbazillus und der Sandfloh einander gute Nacht sagen«. Sie wollten noch immer ein Stück von Marokko, und als sie sahen, daß diese Möglichkeit dahinschwand, machten sie ihrer Frustration Luft. »Ist der Geist Preußens untergegangen?« fragte die *Post*. »Sind wir eine Generation von alten Weibern? Was ist aus den Hohenzollern geworden?« Frankreichs Übernahme von Marokko wurde als eine militärische Bedrohung des Reiches gesehen; die Franzosen würden marokkanische Soldaten verwenden, um die durch eine absinkende Geburtenrate entstandenen Lücken in der französischen Armee zu schließen.* (Eine deutsche Karikatur jener Tage zeigte eine ungeordnete Reihe von Menschenaffen in französischen Uniformen, die sich unmilitärisch an einem französischen Offizier vorbeibewegte. Die Unterschrift lautete: »Das letzte Aufgebot.«) General Moltke, der Chef des Generalstabes, war empört. Wenn Deutschland mit eingeklemmtem Schwanz aus dieser Affäre hinausschleiche, und wenn es nicht eine Forderung erhebe, die mit dem Schwert durchzusetzen es bereit sei, »verzweifle ich an der Zukunft des Reiches«.

Der Kaiser war hin- und hergerissen. Als die Krise mit England sich verschärfte, telefonierte Wilhelm, der einen Krieg mit Großbritannien fürchtete, nervös mit Kiderlen und Bethmann Hollweg und bestellte sie zu sich nach Swinemünde. Wilhelm beklagte sich, daß Kiderlen über die Grenzen hinausgehe, auf die man sich an Bord der *Hohenzollern* geeinigt habe. Der Staatssekretär beantwortete dies, indem er ein Rücktrittsgesuch aufsetzte. Frankreich, so beharrte er, werde nur ein größeres Angebot machen, wenn es überzeugt sei, daß Deutschland ernst mache. Wenn diese Politik seinem Souverän unannehmbar erscheine, würde er zurücktreten. Bethmann war mit Kiderlen bis hierhin gegangen und entschied, daß er weitergehen müsse. Wenn dem Staatssekretär des Auswärtigen der Rücktritt gestattet werde, sagte er, würde auch er seinen Rücktritt einreichen. Wilhelm gab nach. »Der Kaiser war in Swinemünde sehr klein.

* Diese Befürchtung sollte sich ein paar Jahre später im Weltkrieg bewahrheiten.

Kiderlen kam sehr vergnügt zurück«, sagte Kurt Riezler, der persönliche Sekretär des Kanzlers. Aber Bethmann, der zu dem Stand der Dinge beinahe nichts zu sagen wußte, war äußerst unglücklich. »Kiderlen informiert niemanden, nicht einmal den Kanzler vollständig«, berichtete Riezler. »Bethmann sagte gestern, er wolle Kiderlen abends feste zu trinken geben, damit er endlich sagt, was er eigentlich will.«

Am 16. August gaben Kiderlen und Cambon gemeinsam bekannt, daß die Situation »ernst« sei. Sechs französische Angebote territorialer Zugeständnisse in Zentralafrika waren von Deutschland abgelehnt worden, und sieben deutsche Vorschläge waren von Frankreich abgelehnt worden. Am 18. wurden die Gespräche in Berlin unterbrochen. Cambon fuhr nach Paris, um weitere Instruktionen einzuholen. Kiderlen ging unbegreiflicherweise in die Ferien. Er fuhr mit Frau Krypke nach Chamonix in die Französischen Alpen. Sie wurden vom lokalen französischen Präfekten empfangen, der Anweisung vom französischen Ministerpräsidenten Caillaux hatte, dem deutschen Paar den Aufenthalt so angenehm wie möglich zu machen. Anscheinend hatte Kiderlen die Verhandlungen in der Hoffnung unterbrochen, daß die wachsende Spannung die Franzosen mürbe machen würde. Tatsächlich wirkte sich die Verzögerung gegen den Staatssekretär aus. Ende August kehrte Cambon aus Paris mit der Anweisung zurück, die definitive deutsche Zustimmung zu einem französischen Protektorat in Marokko zu erwirken, *bevor* er weiteren Verhandlungen über Kompensationen in Zentralafrika zustimme. Angesichts der festen Haltung Frankreichs begann Kiderlens Zuversicht abzubröckeln. Männer der Wirtschaft wie Ballin, der den »Panthersprung« anfangs begrüßt hatte, billigten Kiderlens Forderung nach dem gesamten französischen Kongo so wenig, wie sie die daraus entstehenden Kriegsgerüchte schätzten. Neun Wochen fruchtloser Verhandlungen hatten die Atmosphäre mit Spannung aufgeladen und die Geduld der Öffentlichkeit erschöpft.

Die Wiederaufnahme der Verhandlungen zwischen dem französischen Botschafter und dem deutschen Außenminister war für Freitag, den 1. September geplant. Sie wurde ohne Angabe von Gründen vertagt. Cambon war krank, doch unterließ es Kiderlen, diese Nachricht der Presse mitzuteilen. Das Ergebnis war eine Börsenpanik, die am Morgen des 2. September den Berliner Aktienmarkt erschütterte. Obwohl die Gespräche am Montag, dem 4. September, begannen, kam es zu einem vorübergehenden Ansturm auf die Banken, als nervöse Kunden ihr Kapital abhoben. Wellen von Verkaufsorders kamen auch aus den Provinzen, und in Börsenkreisen wurde der Tag als Schwarzer Montag bekannt. Im Laufe der Woche erholte sich der Markt wieder, um am Samstag, dem 9., einen weiteren Absturz zu erleiden. Das war zuviel für Ballin, der seinen Freunden erzählte, daß Deutschland dank Kiderlen in der Klemme sitze; entweder müsse es wegen eines afrikanischen Sumpfes in den Krieg ziehen oder zurückweichen und sich lächerlich machen. Von allen Seiten unter Druck gesetzt, begann der Staatssekretär zurückzuweichen. Er erklärte sich einverstanden, ein französisches de facto-Protektorat in Marokko anzuerkennen, vorausgesetzt, das Wort »Protektorat« selbst erscheine nicht auf Papier.

Auch Frankreich lenkte nun ein, nachdem der russische Botschafter in Paris, Iswolski, mitgeteilt hatte, sein Land wünsche eine friedliche Regelung der Krise, da die Marokkofrage seine vitalen Interessen nicht berühre. Am 11. Oktober zeichneten Cambon und Kiderlen einen Entwurf des Marokkovertrags ab. Als Gegenleistung für sein politisches Protektorat (der Begriff wurde nicht gebraucht) versprach Frankreich, das Prinzip der Offenen Tür in Marokko zu garantieren. Bis zum 22. hatte man sich auf die Opfer geeinigt, die Frankreich als Kompensation zu bringen hatte: 259000 Quadratkilometer des französischen Kongo und Französisch-Äquatorialafrikas wurden abgetreten und der deutschen Kolonie Kamerun angegliedert. Am 4. November wurden die Marokko-Kongo-Verträge in Berlin unterzeichnet. In mehr als hundert Zusammenkünften hatten Kiderlen und Cambon eine Neigung zueinander gefaßt. Sie tauschten Fotografien mit den Widmungen »À mon terrible ami« und »À mon amiable ennemi« aus.

Das Ergebnis war für Frankreich ein Triumph und eine Niederlage für Deutschland. Grey nannte es sogar »beinahe ein Fiasko für Deutschland; dieser Berg einer von Deutschland erzeugten Krise gebar eine Maus an kolonialem Territorium in Afrika.« In Frankreich wurde es hingegen als bittere Niederlage empfunden; die öffentliche Meinung nahm die Verträge mit größtem Mißfallen auf, und Ministerpräsident Caillaux, der sich um das Zustandekommen der friedlichen Regelung verdient gemacht hatte, mußte im Januar 1912 wegen angeblicher Deutschfreundlichkeit seinen Hut nehmen. In Deutschland war die allgemeine Unzufriedenheit nicht geringer. Kiderlen war große Risiken eingegangen, hatte eine massive Schaustellung diplomatischer Drohgebärden inszeniert und in Marokko außer dem Freihandelsprivileg nichts erreicht. In Zentralafrika hatte er sich schließlich mit weniger als der Hälfte des Territoriums als Kompensation zufriedengeben müssen, das er zuvor als Forderung in die Verhandlungen eingebracht hatte. Für diesen zweifelhaften Erfolg hatte er eine lang anhaltende internationale Krise hervorgerufen, die Aufmerksamkeit der Welt auf die britische Unterstützung Frankreichs gelenkt und der französischen Republik ein Maß an Aufmerksamkeit und Prestige verschafft, wie sie es seit dem Zweiten Kaiserreich nicht mehr genossen hatte.

In Deutschland löste die Kompromißformel Zorn und eine Flut von Vorwürfen gegen die Regierung Bethmann Hollweg aus. Die nationale Presse nannte die Regelung »den Sargnagel des deutschen Ansehens«, und Harden klagte: »Ohne etwas von Bedeutung erworben zu haben, sind wir unbeliebter denn je.« Friedrich von Lindequist, der Chef des Reichskolonialamtes, trat mit der Erklärung zurück, daß er die Verträge vor dem Reichstag nicht verteidigen könne. Bülow nannte diese Episode »bedauerlich ... die 1911 wie ein mißglücktes Feuerwerk die Welt erst verblüffte, dann zum Lachen gereizt und uns nur blamiert hatte.« Glaubt man Bülow, so gab Kiderlen die Schuld an dem unbefriedigenden Ergebnis Wilhelm II., der »während der diplomatischen Kampagne ... zwischen Drohungen und übertriebenen Forderungen auf der einen, Entmutigung und zu weit gehender Nachgiebigkeit auf der anderen Seite hin und her geschwankt, der Kanzler Bethmann dagegen, sobald es nach Pulver roch, total die Nerven verloren habe.«

Die Verantwortung für den »Panthersprung« hatte bei Kiderlen gelegen, aber Bethmann fiel die Aufgabe zu, die Verträge mit Frankreich vor dem Reichstag zu verteidigen. Er wies darauf hin, daß die Regierung »ein sehr beträchtliches neues Kolonialgebiet« erworben habe, ohne in Marokko etwas aufgegeben zu haben, was Deutschland je besessen habe, und »daß es Deutschland und Frankreich möglich gewesen ist, sich über eine so heikle ... Frage ... im Wege friedlicher Verständigung zu einigen.« »Dieses Programm stellten wir auf und wir haben es durchgehalten«, erklärte er. Das Plenum brach in Gelächter und höhnische Zurufe aus. Als der Kanzler mit den Worten schloß: »Wir erwarten kein Lob, wir fürchten aber auch keinen Tadel«, schlug die Stimmung um, aber nicht zum Besseren. »Es herrschte Grabesstille«, berichtete das *Berliner Tageblatt*. »Keine Hand regte sich, kein Applaus erklang.« Die Antwort an den Reichskanzler, in erster Linie von der Rechten, die jedoch von Sprechern aller Parteien unterstützt wurde, war ablehnend. Ernst Bassermann, der Führer der Nationalliberalen, wollte wissen, warum militärischer Druck auf Frankreich nicht in den Vogesen ausgeübt worden sei, wo das deutsche Heer mächtig war, sondern in Agadir durch ein bloßes Kanonenboot. Der konservative Parteiführer Ernst Heydebrandt von der Lasa beklagte den Rückgang des deutschen Ansehens und zeigte mit anklagendem Finger auf England: »Wie ein Blitz in der Nacht haben diese Vorgänge dem deutschen Volke gezeigt, wo sein Feind sitzt. Das deutsche Volk weiß jetzt, wenn es seinen Platz an der Sonne sucht, wenn es den Platz sucht, der ihm von der Bestimmung zugewiesen ist, wo der Staat ist, der darüber zu entscheiden glaubt. Das sind die Deutschen nicht gewöhnt. ... Das was uns den Frieden sichert, sind nicht die Einigung und Verständigung, das ist unser gutes deutsches Schwert und das Gefühl, daß unsere Regierung gewillt ist, dieses Schwert zu gegebener Zeit zu ziehen.«

Heydebrandts Rede wurde unterstrichen von kräftigem Beifall aus der königlichen Loge, wo der Kronprinz mit einem seiner jüngeren Brüder saß. Bethmann war erzürnt über diese Kundgebung von Parteigängertum und regierungskritischen Gefühlen und verlangte vom Kaiser, daß er seinen Thronfolger zur Ordnung rufe. Wilhelm erfüllte die Forderung. Er ließ seinen Sohn und den Kanzler zu sich kommen und gestattete Bethmann, dem Kronprinzen Vorhaltungen zu machen und ihm im Detail die Position der Kaiserlichen Regierung zu erläutern. Hinterher war Bethmann mit seiner eigenen Rolle zufrieden. »Mein Gewissen läßt mich ruhig schlafen«, sagte er. »Krieg für den Sultan von Marokko, für ein Stück vom Kongo oder für die Gebrüder Mannesmann wäre ein Verbrechen gewesen.«

Für Kiderlen bedeutete die verbreitete Kritik an den Verträgen einen persönlichen Autoritätsverlust. Im Januar 1912, weniger als zwei Monate nach Unterzeichnung der Verträge, besuchte Kiderlen Rom, wo Bülow lebte. »Ich fand ihn körperlich nicht gut aussehend«, notierte Bülow, »erschöpft und dabei aufgedunsen. Er trank mir auch zu viel.« Bülow riet ihm, sich zu schonen, aber Kiderlen erwiderte, daß er in jedem Fall nicht mehr lange durchhalten würde. Sein Einfluß in der Regierung war zurückgegangen. Als Haldane, der britische Kriegsminister, nach Berlin kam, um Gespräche über das deutsch-britische Verhältnis zu führen, waren seine Partner vor allem der Reichskanzler beziehungsweise von Tirpitz und der Kaiser. Am 30. Dezember 1912, als Alfred von Kiderlen-Wächter den Weihnachtsurlaub im heimatlichen Stuttgart verbrachte, trank er nach dem Abendessen sechs Gläser Kognak, brach zusammen und starb an einem Herzanfall.

## 36. KAPITEL

# »Ich glaube doch, daß ich ein Glühwürmchen bin«

Eine Folge der zweiten Marokkokrise war ein Wechsel innerhalb des britischen Kabinetts: Reginald McKenna wurde als Erster Lord der Admiralität durch Winston Churchill ersetzt. Der Anlaß waren plötzlich aufgetretene Sorgen um den Zustand der Marine. Mitte August, bevor Kiderlen Berlin verließ und nach Chamonix in Urlaub fuhr und Cambon nach Paris zurückkehrte, um Instruktionen einzuholen, wurde die britische Regierung von einer ernsten Kriegsfurcht gepackt. Sir Edward Grey hatte darauf gedrängt, daß die Flotte in Alarmbereitschaft gehalten werde, und entsprechend den Mobilisierungsplänen war die Atlantikflotte in Portland konzentriert worden und hatte keine Erlaubnis erhalten, zu ihren Sommermanövern nach Norwegen auszulaufen. Vor der Admiralität wurden zusätzliche Nachtwachen postiert, große Bestellungen für Schiffsmunition gingen an die Industrie, und die Tunnels und Brücken der South Eastern-Eisenbahn wurden Tag und Nacht durch Patrouillen gesichert. Unterdessen beugten sich britische und französische Stabsoffiziere über Landkarten, um die rasche Übersetzung von vier bis sechs britischen Heeresdivisionen auf das Festland vorzubereiten.

Am 23. August, nachdem das Parlament in die Ferien gegangen war, berief Asquith eine Geheimsitzung des »Committee of Imperial Defence«, des Verteidigungsausschusses, ein und bat um eine Erläuterung der Kriegspläne der britischen Armee und Marine. Grey und Lloyd George waren anwesend, auch Churchill, der als Innenminister normalerweise mit Verteidigungsfragen nichts zu tun hatte. Die Streitkräfte waren durch die zuständigen Kabinettsminister Haldane und McKenna vertreten, ferner durch Sir William Nicholson, den Chef des Generalstabes, Sir Henry Wilson, Chef der militärischen Operationsabteilung, und Sir Arthur Wilson, den Ersten Seelord. Die Sitzung begann am Vormittag um halb zwölf und dauerte bis sechs Uhr nachmittags; zuerst wurde über die Strategie des Heeres gesprochen, dann über die der Marine.

General Sir Henry Wilson präsentierte den Kriegsplan des Heeres in einer detaillierten Darstellung. Vor einer großen Karte Nordwesteuropas stehend, beschrieb er die Bedrohung, wie sie vom französischen und britischen Generalstab gesehen wurde. Die deutsche Mobilisierung würde 110 Divisionen auf die Beine bringen, die französische nur 85. Bei Kriegsbeginn würde Moltke vier Fünftel seiner Kräfte gegen Frankreich werfen und nur 22 Divisionen zur Abschirmung des Ostens gegen Rußland einsetzen. Der rechte Flügel der deutschen Offensive gegen Frankreich würde durch Belgien schwenken, um das Festungssystem an der französisch-deutschen Grenze zu umgehen. Selbst wenn die belgische Armee kämpfen sollte – was keineswegs sicher war –, würde die Entsendung einer britischen Expeditionsstreitmacht zum frühestmöglichen Zeitpunkt die französische linke Flanke decken. Sechs reguläre britische Infanteriedivisionen und eine Kavalleriedivision, insgesamt 160000 Mann, waren für diese Rolle vorgesehen, und man hatte zusammen mit den Franzosen sorgfältige Pläne ausgearbeitet, um sie so rasch wie möglich über den Kanal und an die Front zu bringen. Eisenbahnfahrpläne waren bis in die letzte Einzelheit ausgearbeitet worden und berücksichtigten sogar zehnminütige Kaffeepausen für die Truppen. Das Kriegsministerium hatte Tausende von Landkarten Belgiens und Nordfrankreichs gedruckt, und Haldane hatte bereits Sir John French zum Kommandeur der Expeditionsstreitkräfte bestimmt. Diese britische Streitmacht, erklärte Wilson, werde helfen, die deutsche Flut zum Stehen zu bringen; außerdem würde ihre Anwesenheit psychologische Bedeutung haben. Die französischen Soldaten würden wissen, daß sie nicht allein kämpften. Bevor er sich setzte, erbat Wilson die Zusicherung der Admiralität, daß der Transport der Expeditionsstreitmacht über den Kanal von der Flotte garantiert würde. Nach diesen Darlegungen wurde um zwei Uhr eine Mittagspause eingelegt.

Als die Sitzung um drei ihren Fortgang nahm, stand Admiral Sir Arthur Wilson auf, um die Pläne der Marine vorzutragen. Wilson war verstimmt, daß er zur Offenlegung der Kriegspläne der Marine gezwungen war. Es gab keinen Admiralstab der Marine, weil Wilson und Fisher sich jeder Verwässerung der Prärogative des Ersten Seelords widersetzt hatten. Beide Admiräle zogen es vor, die absolute Kontrolle über Verwaltung, Ausbildung und Einsatz der Marine zu bewahren. Sie glaubten, daß Kriegspläne ausgearbeitet und vom Ersten Seelord und den Oberkammandierenden der Flotten unter Verschluß gehalten werden sollten. Um die Geheimhaltung zu garantieren, sollten die Planungen für den Kriegsfall nicht einmal der Armee oder der politischen Führung enthüllt werden. Dennoch blieb Sir Arthur Wilson in diesem Augenblick keine andere Wahl, da er dem direkten Befehl des Premierministers Folge leisten mußte.

Admiral Wilsons Darlegungen waren weitschweifig und undurchsichtig. Die Strategie der Marine in einem Krieg gegen Deutschland, führte er aus, würde in einer lückenlosen Blockade der deutschen Küste bestehen, sodann in der Herbeiführung einer großen Seeschlacht und der Vernichtung der deutschen Flotte. Leichte Seestreitkräfte – Zerstörer und leichte Kreuzer – würden in Küstennähe patrouillieren, während hinter dem Horizont Schlachtschiffe und Schlachtkreuzer auf die Hochseeflotte warten würden. Jedes Schiff der Royal Navy würde für diese Aufgaben benötigt, und Wilson bedauerte, daß er keine Zusicherung eines bewaffneten Geleits für Truppentransporte zum Festland geben könne. Sobald die deutsche Flotte geschlagen und die See leergefegt wäre, könnten Truppen transportiert werden. Aber nicht nach Frankreich, meinte er, wo eine kleine britische Expeditionsstreitmacht von den riesigen kontinentalen Armeen überwältigt und verschlungen würde.* Wilson schloß sich Fishers These an: die britische Armee sollte als ein Geschoß eingesetzt werden, das von der Marine abgefeuert würde. Im Falle militärischer Operationen würde die Marine sich für die Eroberung Helgolands entscheiden, und dann eventuell für eine Landung an der Ostseeküste Pommerns, von wo die britische Armee Berlin bedrohen könnte.

Wilsons Zuhörer, insbesondere Haldane und die Generäle, waren entsetzt. Soviel Anstrengung war in den Aufbau einer schlagkräftigen regulären Armee investiert worden, die als Expeditionsstreitmacht eingesetzt werden konnte; soviel Planungsarbeit war in die Koordination einleitender Operationen mit den Franzosen geflossen; und nun weigerte sich die Marine, die Truppentransporte auch nur abzusichern. Beim Vorschlag des Ersten Seelords, daß die britischen Streitkräfte an der deutschen Ostseeküste gelandet werden sollten, schnaubte Haldane geringschätzig. Jede in Pommern an Land gebrachte Streitmacht würde zwangsläufig so klein sein, daß sie, wie Bismarck gesagt hatte, »von der preußischen Gendarmerie festgenommen« würde. Sir William Nicholson fragte, warum die britische Marine glaubte, sie sei besser qualifiziert als die Armee, einen Landkrieg gegen das deutsche Heer zu führen. Ob die Admiralität Karten des deutschen Eisenbahnnetzes besitze? Admiral Wilson erwiderte herablassend, es sei nicht Sache der Admiralität, solche Karten zu haben. »Ich bitte um Entschuldigung«, sagte Nicholson, »aber wenn Sie sich mit militärischen Problemen beschäftigen, müssen Sie diese Karten nicht nur besitzen, sondern sie auch studieren.« McKenna unterstützte seinen Seelord und argumentierte, daß die Entsendung der britischen Expeditionsstreitmacht nach Frankreich ihren Untergang bedeute, und daß Großbritanniens Kräfte auf den Seekrieg konzentriert werden sollten. Sir Henry Wilson schlug zurück, indem er den Ausschuß daran erinnerte, wo die Hauptgefahr lag: in der massiven Schlagkraft des deutschen Heeres.

Französische Generäle, die sich dieser unwiderstehlich scheinenden Macht gegenübersahen, maßen der Seemacht keinen großen Wert bei. Ein Marinekor-

* Sir Arthur Wilson argumentierte auch, daß die britische Armee in Frankreich nicht kämpfen könne, weil britische Soldaten nicht französisch sprächen.

respondent der *Times* hatte geschrieben, daß die britische Seemacht Frankreich 500000 Bajonette wert sei. »Unsere Marine ist den Franzosen keine 500 Bajonette wert«, erklärte General Henry Wilson. »[General] Joffre maß ihr nicht den Wert eines einzigen Bajonetts bei.«

Am Ende der Sitzung hatte die Marine sich selbst großen Schaden zugefügt. Es war keine Entscheidung zwischen den fundamental voneinander abweichenden Kriegsstrategien der beiden Waffengattungen getroffen worden, aber es lag auf der Hand, daß die sorgfältige Analyse und detaillierte Planung der Armeeführung einen weit besseren Eindruck gemacht hatte als Admiral Wilsons verschwommener und anmaßender Monolog. Haldane, der fünf Jahre Kriegsminister gewesen war und die britische Armee in dieser Zeit zu einer modernen, schlagkräftigen Waffe geformt hatte, war besonders entsetzt. Er ging direkt zu Asquith und drohte zurückzutreten, wenn nichts unternommen würde. »Es ist eine Tatsache, daß die Admiräle in einer eigenen Welt leben«, schrieb er dem Premierminister. »Die Fisher-Methode, der auch Wilson anzuhängen scheint und die darauf hinausläuft, daß Kriegspläne im Gehirn des Ersten Seelords verschlossen sein sollten, ist überholt und unbrauchbar. Unsere Verteidigungsprobleme sind viel zu zahlreich und komplex, um in dieser Art und Weise behandelt zu werden... Wenn dieses Problem nicht entschlossen in Angriff genommen wird, kann ich nicht im Amt bleiben.« Asquith erwiderte, der Plan der Admiralität sei »kindisch, und ich habe ihn sofort als völlig undurchführbar abgelehnt«, und informierte die Admiralität, daß das Kabinett sich auf die Seite des Kriegsministeriums stelle; die Expeditionsstreitmacht müsse nach Frankreich transportiert werden. Als McKenna und die Admiräle weiterhin Widerstand leisteten, wurde offensichtlich, daß ein Wechsel an der Spitze nicht mehr zu umgehen war.

Es war am einfachsten, McKenna zu ersetzen. Haldane sah die Lösung in der Beseitigung autokratischer Machtvollkommenheit des Ersten Seelords durch die Bildung eines Admiralstabes ähnlich dem Generalstab der Armee und hielt sich selbst für den besten Mann, diese Aufgabe zu übernehmen. Seine Arbeit im Kriegsministerium betrachtete er als beendet. »1911 zeigte sich, daß der Großteil der notwendigen Arbeit getan war, und ich begann zu fürchten, daß ich in Routine erstarren würde«, schrieb er später. Er teilte Asquith mit, daß er kein großes Verlangen habe, Erster Lord zu werden, daß aber, praktisch gesehen, niemand außer ihm einen Admiralstab schaffen könne. Wie es seine Art war, schreckte Asquith zunächst vor einer Entscheidung zurück. Angesichts der Rivalität zwischen den beiden Waffengattungen würde es eine Beleidigung der Marine sein, wenn ein Armeebesen entsandt würde, um in der Admiralität Ordnung zu schaffen. Außerdem war Haldane gerade zum Viscount ernannt und vom Unterhaus ins Oberhaus versetzt worden. Asquith wünschte, daß sein Erster Lord im Unterhaus sitze, wo er die Debatte über den Marinehaushalt führen und mit den querulatorischen alten Admirälen und Amateursachverständigen für Marinefragen fertig werden konnte, die gewohnheitsmäßig Schwierigkeiten machten und zum Schweigen gebracht werden mußten.

Hinzu kam, daß es einen anderen Kandidaten gab. Winston Churchill nahm an der Sitzung vom 23. August teil, weil er sich während des Sommers der zweiten Marokkokrise neben seinem Amt als Innenminister auf Fragen der Außen- und Verteidigungspolitik geworfen hatte. Am 13. August hatte er Asquith eine Denkschrift zugehen lassen, in der er die ersten Phasen eines Landkrieges analysiert hatte, in dem die deutsche Armee durch Belgien nach Frankreich vorstieß. »Um den 20. Tag«, prophezeite Churchill darin, »werden die französischen Armeen von der Verteidigungslinie an der Maas auf Paris zurückgeworfen worden sein.« Um dieser Drohung zu begegnen, hatte Churchill die sofortige Entsendung von vier Divisionen der regulären Armee mit 107 000 Mann noch in Friedenszeiten empfohlen, denen zwei weitere Divisionen mit 53 000 Mann folgen sollten, sobald die Blockade der deutschen Küste durchgeführt wäre. Einstweilen, meinte er, sollten 100 000 Soldaten der britischen Indienarmee durch das Mittelmeer und den Hafen von Marseille nach Frankreich gebracht werden. Seine Beherrschung der Materie und die Gewandtheit des Ausdrucks beeindruckten Asquith. Churchill unterstützte den Kriegsplan der Armee; gleichzeitig zog er Führungsstruktur und Planung der Marine in Zweifel. Nach der Sitzung vom 23. August schrieb er Asquith eine Reihe von Briefen, in denen er auf Fehler und Unstimmigkeiten in der Planung der Admiralität hinwies. »Sind Sie sicher, daß die Schiffe, die wir in Cromarty haben, stark genug sind, die ganze Hochseeflotte zu schlagen?« schrieb er am 13. September an Asquith. »Wenn nicht, sollten sie unverzüglich verstärkt werden.«

Asquith benötigte fünf Wochen, um seine Entscheidung zu treffen. Mitte September waren Kiderlen und Cambon nach Berlin zurückgekehrt, um ihre Verhandlungen weiterzuführen, und die Kriegsgefahr schien gebannt. Asquith nahm die Gewohnheit an, die Wochenenden in einem gemieteten Landhaus an der Küste East Lothians in Schottland zu verbringen. Meistens nahm er am Freitagabend ein Schlafwagenabteil von London und kehrte sonntagabends zurück. Es war ein Ort der Ruhe, mit einer Lindenallee, einer außergewöhnlich gut zusammengestellten Bibliothek und einem privaten Golfplatz, der sich zur Meeresküste hinab erstreckte. Selbst hier verfolgte ihn Churchill, vorgeblich, um in der Herbstsonne Golf zu spielen. So war er auch am 27. September zur Stelle, als Haldane von Cloan herüberfuhr, um den Premierminister zu sprechen. »Als ich in die Zufahrt bog... sah ich Winston Churchill an der Tür stehen«, schrieb Haldane. »Ich schloß daraus, daß er von möglichen Veränderungen gehört und sogleich gekommen war, um den Premierminister zu sprechen.« Unglücklich über den Zwang, eine Wahl treffen zu müssen, führte Asquith den fünfundfünfzigjährigen Haldane und den sechsunddreißigjähigen

Churchill in ein Zimmer und sagte ihnen, sie sollten entscheiden, was das Beste wäre. Haldane war sich der Hemmnisse bewußt, die seiner Kandidatur im Wege standen, und bot an, die Admiralität für ein Jahr zu übernehmen und dann Churchill zu übergeben. Der Innenminister witterte den Sieg und lehnte ab. Endlich traf Asquith seine Entscheidung. »Er und mein Vater spielten am Nachmittag zusammen Golf«, erinnerte sich Violet Asquith, die Tochter des Premierministers. »Ich bereitete gerade den Tee, als sie hereinkamen. Aufblickend, sah ich Churchills strahlendes Gesicht.« Sie fragte, ob er Tee wolle. Er sah sie an, »mit ernstem, aber leuchtendem Blick. ›Nein, ich möchte keinen Tee, ich möchte nichts, gar nichts auf der Welt. Ihr Vater hat mir soeben die Admiralität angeboten.‹«

Churchill erinnerte sich dieses Tages in einer Sprache voller Ahnungen: »Mr. Asquith... fragte mich ziemlich unvermittelt, ob ich die Admiralität übernehmen wolle... Ich sagte: ›Das würde ich allerdings gern tun.‹ ... Das verblassende Licht des Abends ließ in der Ferne die Umrisse zweier Schlachtschiffe erkennen, die langsam aus dem Firth of Forth dampften. Mir schienen sie eine neue Bedeutung anzunehmen...

Als ich mich an diesem Abend schlafen legte... war mein Denken beherrscht von der völligen Veränderung meiner Stellung und der Aufgabe, die mir anvertraut war. Ich dachte an die Gefährdung Großbritanniens, das friedliebend, gedankenlos und kaum vorbereitet war, an seine Macht und Tugend und an seine Mission der Vernunft und des *fair play*. Ich dachte an das mächtige Deutschland, das sich im Glanz seines imperialen Staates vor uns auftürmte, während es zugleich in seine tiefen, kalten, geduldigen, rücksichtslosen Kalkulationen hinabstieg. Ich dachte an die Truppen, die ich bei den Manövern 1907 in Breslau hatte vorbeimarschieren sehen, Welle auf Welle tapferer Männlichkeit; an die Tausende kräftiger Pferde, die Kanonen und schwere Haubitzen 1910 die Hänge hinauf und die Straßen Würzburgs entlanggezogen hatten. Ich dachte an das deutsche Bildungswesen und die Gründlichkeit und an alles, was seine Triumphe in der Wissenschaft und Philosophie implizierten. Ich dachte an die plötzlichen und erfolgreichen Kriege, durch die seine Macht errichtet worden war.«

Erregt und beunruhigt, schlug Churchill die Bibel auf, die auf dem Nachttisch lag. Aufs Geratewohl las er im neunten Kapitel Deuteronomium: »Höre, Israel! Du ziehst jetzt über den Jordan, Herr zu werden über Völker, größer und stärker als Du... So wisse zum voraus: Der Herr, Dein Gott, zieht Dir voran als ein verzehrendes Feuer. Er vertilgt sie und wirft sie vor Dich hin...«

Für Winston Churchill, der sein Leben lang weder Großbritanniens Tugenden noch die Bosheit seiner Feinde in Zweifel gezogen hatte, »schien es eine Botschaft voller Ermutigung.«

Winston Churchill wußte von Anfang an, daß er einzigartig war. Jugend und frühes Mannesalter hatten ihn in dieser Überzeugung nur bestärkt. Eines Abends im Jahre 1906, nachdem die Liberalen an die Macht gekommen waren und Churchill ein Regierungsamt als Unterstaatssekretär für die Kolonien erhalten hatte, saß er bei einer Abendgesellschaft neben Violet Asquith, der Tochter des neuen Schatzkanzlers. Churchill blieb lange schweigsam. »Dann schien er sich plötzlich meiner Existenz bewußt zu werden«, schrieb Violet. »Er richtete einen finsteren Blick auf mich und fragte mich unvermittelt, wie alt ich sei. Ich antwortete, daß ich neunzehn sei. ›Und ich‹, sagte er in einem beinahe verzweifelten Ton, ›bin schon zweiunddreißig. Immerhin jünger als jeder andere, der zählt‹, fügte er hinzu, wie um sich selbst zu trösten.« Darauf ließ Churchill einen heftigen Angriff auf die Kürze des Lebens vom Stapel, die er »der Unermeßlichkeit möglicher menschlicher Leistung« gegenüberstellte. »Zum Teufel mit der erbarmungslosen Zeit! Zum Teufel mit unserer Sterblichkeit! Wie grausam kurz ist die zugemessene Spanne für alles das, was wir hineinstopfen müssen.« Am Ende war Violet benommen, aber nicht so sehr, daß sie sich nicht der Worte erinnert hätte, mit denen er seinen Ausbruch beschloß: »Wir sind alle Würmer. Aber ich glaube doch, daß ich ein Glühwürmchen bin.«

Winstons Großvater war der siebte Herzog von Marlborough, und Winston wurde in einem der 320 Räume des Blenheim-Palastes geboren, den Königin Anne hatte erbauen lassen, um die militärischen Taten des ersten Herzogs zu belohnen. Sein Vater, Lord Randolph Churchill, war ein zweiter Sohn, der sich in Eton und Oxford durch besondere Leistungen hervorgetan hatte und dann, mit fünfundzwanzig, eine neunzehnjährige amerikanische Erbin kennenlernte, Jennie Jerome, der er schon an ihrem dritten gemeinsamen Abend einen Heiratsantrag machte. Jennies Vater war Finanzier an der Wall Street, die der Herzog leicht anrüchig fand. Aber Randolph beharrte auf seinem Wunsch, und der Prinz von Wales, romantisch wie immer, unterstützte ihn. Das Paar heiratete im April 1873 in der Kapelle der britischen Botschaft in Paris. Jennie wurde sofort schwanger.

Siebeneinhalb Monate später kam sie zur Jagd nach Blenheim, erlitt einen leichten Sturz und bekam die Wehen. Weil sie ihr Schlafzimmer im Obergeschoß nicht mehr erreichte, wurde Winston in einem kleinen Nebenraum der großen Eingangshalle mit ihren massiven hölzernen Türflügeln geboren. Jennie war erst zwanzig, und ihr Leben schien gerade erst begonnen zu haben, also wurde der winzige Säugling mit den rötlichen Locken und der Stupsnase, wie es in der Oberklasse der Brauch war, sofort einer Amme übergeben, Mrs. Everest. »Woom«, wie Winston sie nannte, war der mütterliche Einfluß in seinem Leben. Jennie war immer unterwegs. »Wir schienen in einem Wirbel von Fröhlichkeit und Aufregung zu leben«, erinnerte sie sich später. »Zahlreich waren die wundervollen Bälle, die ich besuchte und die... bis fünf Uhr früh dauerten.« In ihrer Abwesenheit trug »Woom« den kleinen Winston auf den Armen, fütterte ihn, wechselte seine Windeln, trocknete ihm die Tränen und gab ihm das Gefühl, daß er geliebt wurde. »Mrs. Everest war es, die sich um mich kümmerte und mir all meine Wünsche erfüllte«, schrieb Churchill. »Ihr vertraute ich meine vielen Sorgen an.«

Sorgen gab es auch frühzeitig in der Ehe seiner Eltern. Irgendwie hatte Randolph sich Syphilis zugezogen, während er in Oxford war; manche behaupteten, von einer alternden Prostituierten, andere glaubten, von einem Zimmermädchen in Blenheim, mit dem er bald nach Winstons Geburt schlief. Obwohl die Krankheit ihn nicht impotent machte, konnte er nicht mehr mit seiner Frau schlafen. Jennie war eine außergewöhnliche Schönheit. Ein Bekannter beschrieb sie als »eine dunkle, geschmeidige Figur... die von einem anderen Stoff zu sein schien als diejenigen um sie her – strahlend, hell, eindringlich. Ein Brillantstern in ihrem Haar war ihr Lieblingsschmuck, aber sein Glanz verblaßte vor der blitzenden Pracht ihrer Augen. In ihrem Blick war mehr von einem Panther als von einer Frau.« Margot Asquith, die Jennie Churchill in Newmarket kennenlernte, erwähnte auch das raubtierhafte Lächeln: »Sie hatte eine Stirn wie ein Panther und große, wilde Augen, die einen durchbohrten.« Jennie nahm sich Liebhaber; eine Schätzung ging dahin, daß sie es auf 200 brachte. Die Gesellschaft zweifelte nicht daran, daß eine dieser Eroberungen Albert Edward war, der Prinz von Wales. Jennie prunkte nicht mit ihren Liebhabern, und Randolph akzeptierte sie wohl oder übel, obwohl er bei einer Gelegenheit den Prinzen von Wales aus seinem Haus wies und in einem anderen Fall einen ihrer Begleiter mit den Fäusten angriff. Das Paar machte lange, getrennte Urlaube in der Schweiz, in Paris und Südfrankreich, und oft sahen sie sich viele Wochen nicht. Als Winston sieben war, verbrachte seine Mutter einige Zeit auf dem irischen Besitz des Obersten John Strange Jocelyn, eines berühmten Reiters und Jägers. Jennie wurde schwanger, und als das Kind geboren wurde, taufte sie es John Strange Churchill... es war Winstons einziger Bruder, Jack.

Diese Umstände verstärkten zu Winstons Unglück die ohnehin bestehende Abneigung von Eltern der viktorianischen Oberschicht, viel mit ihren Kindern zu tun zu haben. Winston sah Mutter und Vater selten. Seine früheste Erinnerung an seine Mutter war »in Irland... in einem Reitkostüm, das wie eine zweite Haut sitzt und oft hübsch mit Dreck bespritzt ist... Meine Mutter kam mir immer wie eine Märchenprinzessin vor: ein strahlendes Wesen im Besitz grenzenloser Reichtümer und Mächte... Sie leuchtete für mich wie ein Abendstern. Ich liebte sie innig – aber aus der Ferne.« Winstons Sohn Randolph, der Enkel Lord Randolphs und Jennie Jeromes, sagte über die Kindheit seines Vaters: »Die Vernachlässigung und das mangelnde Interesse seiner Eltern waren bemerkenswert, sogar gemessen an den Standards der späten viktorianischen Zeit.« Kein Wunder, daß Winston, mit seinen eigenen Worten, ›ein schwieriger Junge‹ wurde.

Mit sieben wurde Winston Mrs. Everests Fürsorge entzogen und an einem dunklen Novembernachmittag in die St.-George-Schule in Ascot eingeliefert, eine modische Internatsschule, die der Vorbereitung auf Eton diente. »Ich haßte diese Schule... [und das] angstvolle Leben, das ich dort mehr als zwei Jahre verbrachte«, erinnerte sich Churchill. »Ich machte sehr geringe Fortschritte in meinen Lehrfächern und überhaupt keine im Sport... Meine Lehrer sahen mich als gleichzeitig zurückgeblieben und frühreif an, da ich Bücher las, die jenseits meiner Jahre waren, und doch der Letzte der Klasse war. Sie waren beleidigt. Sie hatten ein reichhaltiges Instrumentarium an Zwangsmaßnahmen, aber ich war hartnäckig. Wo mein Verstand, meine Einbildungskraft oder mein Interesse nicht geweckt waren, wollte oder konnte ich nicht lernen.« Streitsüchtig und undiszipliniert, provozierte Winston mit seinem Verhalten die »Zwangsmaßnahmen« die später von einem anderen Jungen der Schule beschrieben wurden. Schüler, die durch Faulheit oder Aufsässigkeit auffielen, wurden ins Arbeitszimmer des Rektors gerufen: »In der Mitte des Raumes war ein großer, mit schwarzem Stoff bezogener Kasten, und der Schuldige wurde in strengem Ton aufgefordert, die Hosen auszuziehen und vor dem Kasten niederzuknien, über den ich und der andere Vertrauensschüler ihn dann zogen und festhielten. Die Schläge wurden vom Rektor mit voller Kraft verabreicht. Schon nach zwei oder drei Schlägen bildeten sich überall Blutstropfen, und nach den 15 oder 20 zugemessenen Schlägen war das Gesäß des unglücklichen Jungen mit Blut bedeckt. Im allgemeinen ertrugen die Jungen es mit Standhaftigkeit, aber manchmal gab es Szenen mit Geschrei, Geheul und Gezappel, daß mir vor Widerwillen beinahe schlecht wurde.«*

Die Striemen auf Winstons Hinterteil, zu Hause erst vor Woom, dann vor Jennie entblößt, waren Beweis genug. Winston wurde von der Schule genommen und kam in ein Internat in Brighton, wo »mir erlaubt war, Dinge zu lernen, die mich interessierten: Französisch, Geschichte, Dichtung und vor allem Reiten und Schwimmen«. Sein größter Wunsch blieb jedoch unerfüllt. »Wirst Du kommen und mich besuchen... Ich werde traurig sein, wenn Du nicht kommst... Bitte komm doch. Ich bin so viele Male enttäuscht worden« – die Briefe gingen Woche um Woche, Jahr für Jahr in hundert Abwandlungen an Jennie. Sie fand nie die Zeit. Einmal kam sein Vater zu einer politischen Veranstaltung nach Brighton und überquerte nicht einmal die Straße, um seinen

* In englischen Internatsschulen war die Prügelstrafe gang und gäbe. Vom Rektor von Eton im frühen 19. Jahrhundert, einem Dr. Keate, war bekannt, »daß er bei besonderen Anlässen mehr als 80 Jungen an einem einzigen Sommertag verprügelt hatte und in der Reife seines Lebensabends nur bedauerte, daß er nicht weit mehr verprügelt hatte.«

Sohn zu besuchen. Winston wartete vergebens und schrieb dann traurig: »Ich war sehr enttäuscht, aber ich nehme an, Du warst zu beschäftigt.«

Mit zwölf wurde Winston in Harrow untergebracht. Zuerst gab es eine Aufnahmeprüfung. »Ich wäre gern gefragt worden, was ich wußte«, schrieb er. »Sie versuchten aber immer, mich zu fragen, was ich nicht wußte. Wo ich bereitwillig mein Wissen vorgezeigt hätte, suchten sie meine Unwissenheit bloßzustellen. Diese Art von Behandlung hatte nur ein Ergebnis: Ich schnitt bei Prüfungen schlecht ab.« Die Aufnahmeprüfung in Harrow enthielt keine Grammatik, kein Französisch, weder Geschichte noch Geographie und nur ein paar Fragen über Arithmetik. Die meisten Fragen behandelten Übersetzungen aus dem Lateinischen und Griechischen. »Ich sah mich außerstande, eine einzige Frage auf dem Lateinblatt zu beantworten«, erinnerte sich Churchill. »Ich schrieb meinen Namen oben auf das Blatt und darunter die Nummer der Frage ›1‹. Nach langem Überlegen setzte ich sie in Klammern ›(1)‹. Aber danach fiel mir nichts ein, was in dem Zusammenhang relevant oder richtig gewesen wäre.« Harrow nahm ihn auch so auf – sein Großvater war der Herzog von Marlborough, sein Vater Lord Randolph Churchill –, und die nächsten fünf Jahre blieb er das Schlußlicht seiner Klasse. »Wir wurden für solche Dummköpfe gehalten«, schrieb Churchill, »daß wir nur Englisch lernen konnten.« Tag für Tag wurde er dem Drill unterzogen, Sätze schematisch darzustellen. »Ich lernte es gründlich. So ging mir die wesentliche Struktur des gewöhnlichen Satzbaues – was eine edle Sache ist – in Fleisch und Blut über. Und wenn meine Schulkameraden, die Preise und Auszeichnungen gewonnen hatten, weil sie so schöne lateinische Gedichte und prägnante griechische Epigramme schreiben konnten, in späteren Jahren wieder zum gewöhnlichen Englisch zurückkehren mußten, um ihren Lebensunterhalt zu verdienen oder ihren Weg zu machen, fühlte ich mich nicht im Nachteil.«

Auch in Harrow fuhr Winston fort, um einen Besuch zu bitten. »Versuch doch, Papa zu bewegen, daß er kommt. Er ist nie hier gewesen«, schrieb er an seine Mutter. Jennie erwiderte: »Ich würde zu Dir hinunterkommen, aber ich habe für den Empfang in Ascot nächste Woche soviel vorzubereiten, daß ich es nicht einrichten kann.« Als er siebzehn war, gab es eine Krise. Winston wurde die Erlaubnis verweigert, Weihnachten nach Haus zu kommen; statt dessen sollte er zu einer unbekannten französischen Familie nach Versailles geschickt werden, um sein Französisch zu verbessern. Er bat, den Plan rückgängig zu machen. Jennie war unerbittlich: »Ich habe nur eine Seite von Deinem Brief gelesen und schicke ihn Dir zurück – da mir sein Stil nicht gefällt.« Winston schrieb daraufhin: »Meine liebe Mama: Niemals hätte ich geglaubt, daß Du so unfreundlich sein würdest. Ich bin völlig unglücklich. Daß Du Dich weigerst, meinen Brief zu lesen, tut mir weh. Es war nichts darin, was begründen könnte, weshalb Du ihn zurückweist ... Ich kann Dir nicht sagen, wie traurig Du mich damit gemacht hast... Oh, meine Mama.« Keine Antwort. Winston schrieb jeden Tag, und seine Bitten nahmen an Eindringlichkeit zu: »Liebste Mama... Ich fühle mich so elend. Sogar jetzt weine ich. Bitte, meine liebste Mama, sei gut zu Deinem liebenden Sohn. Laß Dich von meinen albernen Briefen nicht ärgern. Laß mich wenigstens denken, daß Du mich liebst – Liebste Mama, ich verzweifle. Ich bin so traurig. Ich weiß nicht, was ich tun soll. Sei nicht zornig, ich bin so unglücklich... Bitte schreibe mir etwas Freundliches. Es tut mir sehr leid, wenn ich Dich vorher ›aufgebracht‹ haben sollte. Ich wollte die Dinge nur von meinem Standpunkt erklären. Lebe wohl, meine liebste Mama. Mit aller Liebe bleibe ich, immer Dein liebender Sohn, Winston.« Jennie beklagte sich bei Randolph: »Er macht ein Aufhebens, als sollte er zwei Jahre nach Australien.« Winston blieb das Schlußlicht seiner Klasse; seine einzige Auszeichnung in Harrow war der Gewinn der Fechtmeisterschaft der Schule. Während dieser Jahre entwickelte er zu seinem Lispeln ein Stottern.

Winstons gleichbleibend schlechtes Abschneiden in seinen Schulfächern überzeugte Lord Randolph, daß sein Sohn sich nicht für Oxford oder Cambridge qualifizieren würde und daß ein Versuch, ihn an der Königlichen Militärakademie in Sandhurst unterzubringen, der richtige Weg für diesen dummen Jungen sei. Als Winston vierzehn war, fragte ihn sein Vater, ob er gern in die Armee eintreten würde. Winston sagte sofort ja. »Jahrelang dachte ich, mein Vater mit seiner Erfahrung und seinem Flair hätte in mir die Qualitäten eines militärischen Genies ausgemacht. Aber später sagte man mir, daß er lediglich zu dem Schluß gelangt sei, daß ich nicht klug genug war, Jura zu studieren.« Winstons erste zwei Versuche, die Aufnahmeprüfung für Sandhurst abzulegen, schienen die düstere Einschätzung seines Vaters zu bestätigen. Er fiel durch, und in der Zeit vor dem dritten Versuch hätte er sich zufällig beinahe selbst umgebracht. Auf dem Besitz seiner Tante nahe Bournemouth wurde er in einem Spiel von einem Vetter und seinem Bruder Jack verfolgt. Schließlich sah er sich auf einer Brücke, die eine tiefe Schlucht überquerte, und an jedem Ende der Brücke stand einer seiner Verfolger. »Die Gefangennahme schien unvermeidlich. Aber da schoß mir eine großartige Idee durch den Kopf. Die Schlucht unter der Brücke war voll von jungen Fichten. Ihre schlanken Wipfel reichten bis zur Brücke hinauf. ›Wäre es nicht möglich‹, fragte ich mich, ›auf einen der Wipfel zu springen und hinunterzurutschen... Ich sah ihn mir an. Ich berechnete, ich meditierte. Unterdessen kletterte ich über das Geländer. Meine jungen Verfolger standen verblüfft an beiden Enden der Brücke... Im Nu war ich abgesprungen und breitete die Arme aus, um den Wipfel der Fichte zu umfassen. Die Überlegung war richtig; die Daten waren absolut falsch. Es dauerte drei Tage, bis ich das Bewußtsein wiedererlangte, und mehr als drei Monate, bevor ich aus dem Bett kroch. Die gemessene Fallhöhe betrug neun Meter auf harten Boden.« Winstons Sturz, der einen Nierenriß verursachte, bewirkte endlich, daß seine

Eltern herbeieilten. Und während seiner Rekonvaleszenz wurde ein Nachhilfelehrer für die Aufnahmeprüfung in Sandhurst für Winston unter Vertrag genommen. Bei seinem dritten Versuch bestand er mit einer Note, die nicht hoch genug war, um ihn zur Infanterie zuzulassen, aber für die Kavallerie ausreichte. Seine Freude über diese Leistung wurde durch einen Brief seines Vaters zunichte gemacht:

> Mein lieber Winston:
> Ich bin ziemlich überrascht von Deinem frohlockenden Ton über Deine Aufnahme in Sandhurst... Das erste äußerst schimpfliche Merkmal Deiner Leistung war, daß Du die Infanterie verfehltest, denn in diesem Versagen ist jenseits aller Widerlegung Deine schlampige, sorglose, fahrige Arbeitsweise demonstriert, durch die Du Dich in Deinen verschiedenen Schulen immer schon ausgezeichnet hast. Noch nie habe ich von irgendeinem Lehrer oder Rektor einen wirklich guten Bericht über Deine Arbeitsleistung erhalten... Immer im Rückstand, niemals ein Vorrücken in der Klasse, unaufhörliche Klagen über völligen Mangel an Fleiß... auf diese Weise ist es Dir mißlungen, zu den ›60er Schützen‹ zu kommen, einem der besten Regimenter der Armee... Indem Du zur Kavallerie gekommen bist, hast Du mir eine zusätzliche Belastung von einigen 200 Pfund im Jahr auferlegt.
>
> ...Dies ist eine gute Gelegenheit, Dir eines klarzumachen: Glaube nicht, ich würde die Mühe auf mich nehmen, Dir nach jeder Deiner Torheiten und Deiner Fehlschläge lange Briefe zu schreiben. Ich werde nicht wieder über diese Dinge schreiben, und Du kannst Dir die Mühe des Schreibens ersparen... weil ich allem, was Du über Deine eigenen Kenntnisse und Heldentaten sagen magst, nicht länger das geringste Gewicht beimesse... Wenn Dein Verhalten und Deine Leistungen in Sandhurst ähnlich denen sind, die Du in den anderen Schulen an den Tag gelegt hast... dann ist meine Verantwortung für Dich zu Ende.
>
> Ich werde es Dir überlassen, für Dich selbst aufzukommen, und Dir nur soviel Unterstützung geben, wie notwendig sein mag, ein anständiges Leben zu führen... Wenn Du Dich nicht daran hindern kannst, das müßige, nutzlose, unfruchtbare Leben zu führen, das Du während Deiner Schulzeit und danach geführt hast, wirst Du lediglich ein Tunichtgut sein, einer von den Hunderten von Internatsversagern, und Du wirst zu einer schäbigen, unglücklichen und nutzlosen Existenz verkommen... Deine Mutter läßt Dich herzlich grüßen...

Der Brief traf Winston tief. Seine Antwort war voll verzweifelter Abbitte. Ein paar Monate später, in seinem zweiten Semester in Sandhurst, erregte ein Mißgeschick wieder Lord Randolphs Zorn. Er hatte Winston eine teure goldene

Taschenuhr geschenkt, und Winston hatte sie in einen Bach fallen lassen. Sein Vater sah sie zufällig beim Uhrmacher in Reparatur und fragte Winston, was geschehen sei. »Als ich den Wish-Bach entlangging, bückte ich mich, um einen Stock aufzuheben, und sie fiel mir aus der Tasche in die einzige tiefe Stelle weit und breit«, erklärte Winston.

> Der Bach war nur ungefähr knöcheltief – aber die Uhr fiel in eine Auskolkung, die ungefähr zwei Meter tief war.
>
> Ich zog sofort meine Kleider aus und tauchte danach, aber der Grund war so uneben und das Wasser so kalt, daß ich meine Versuche nach zehn Minuten aufgeben mußte.
>
> Am nächsten Tag ließ ich die Gumpe mit seinem Grundnetz durchkämmen – aber ohne Ergebnis. Dann lieh ich mir 23 Mann vom Infanterieregiment aus, grub ein neues Bett für den Bach, besorgte die Feuerwehrpumpe, pumpte das Wasser heraus und fand die Uhr wieder. Ich sage Dir dies alles, um Dir zu zeigen, daß ich den Wert der Uhr voll zu würdigen wußte und daß ich das Mißgeschick nicht in einer beiläufigen Weise behandelte. Die Arbeit der Männer kostete mich mehr als drei Pfund.
>
> Es tut mir sehr, sehr leid, daß es geschehen ist. Aber es ist nicht mit all meinen Sachen so. Alles andere, was Du mir je geschenkt hast, ist in so gutem Zustand wie zu der Zeit, als Du es mir schenktest.
>
> Bitte beurteile mich nicht allein aufgrund der Uhr. Ich bedaure das Mißgeschick sehr.
>
> Es tut mir leid, Dir solch einen langen und dummen Brief geschrieben zu haben ...

In Sandhurst machte Winston sich gut; bei seinem Eintritt war er einer der Schwächsten von 102 Angehörigen des Jahrgangs, bei der Graduierung einer der Besten. »Wir mußten jetzt Neues lernen, und wir fingen alle gleich an.« Zwar machten seine überraschten Offiziere anfangs die Erfahrung, daß er über die Befehle diskutieren wollte, die auf dem Exerzierplatz gegeben wurden, aber er bemühte sich beharrlich, wurde wieder Sieger im Fechten und ein begeisterter Reiter. In Aldershot, wo er nach der Verleihung des Offizierspatents in ein Kavallerieregiment eintrat, war er jeden Tag acht bis neun Stunden im Sattel, entweder bei der Ausbildung oder beim Polospiel.

Um Mrs. Everest zu helfen, der er von Herzen zugetan war, lernte er sogar seiner Mutter die Stirn bieten. Sobald Winston und Jack das Elternhaus verlassen hatten, um Internatsschulen zu besuchen, war Woom in den Dienst der Großmutter des Jungen, der Herzogin von Marlborough, genommen worden. Als Einsparungen nötig waren, schlug die Herzogin vor, die frühere Kinderschwester, die seit neunzehn Jahren für die Familie gearbeitet hatte, zu entlassen. Winston rebellierte, und wieder weigerte sich Jennie, seinen Brief zu lesen. Diesmal erhob Winston energisch Einspruch: »Für Dich, liebe Mama, ist es sehr einfach, zu sagen, daß es mich nichts angehe, oder Dich zu weigern, meine Meinung darüber zu lesen, aber nichtsdestoweniger denke ich, daß es der gewöhnliche Anstand gebietet, Dir ausführlich darüber zu schreiben... Sie ist in meinem Bewußtsein – mehr als alles andere – mit dem *Zuhause* verbunden... Sie ist eine alte Frau, die seit bald 20 Jahren Eure treue Dienerin gewesen ist – sie hat Jack und mich mehr als irgendwelche andere Menschen auf der Welt gern, und sie in der Art und Weise fortzuschicken, wie die Herzogin es vorschlägt, würde sie womöglich, wenn nicht wahrscheinlich ganz zusammenbrechen lassen... In ihrem Alter wird sie aufgefordert, eine neue Stelle zu suchen und praktisch wieder von vorn anzufangen... Ich halte ein solches Verfahren für grausam und ziemlich schäbig... Es steht in Deiner Macht, der Herzogin zu erklären, daß sie nicht entlassen werden *kann*, solange sie nicht eine gute Stelle gefunden hat... Wenn Du es nicht kannst, werde ich Papa schreiben und ihm die Sache erklären...« Er bekam keine Antwort, und Mrs. Everest mußte gehen. Aus Sandhurst sandte Winston seiner geliebten Woom regelmäßig Geld von seinen eigenen knapp bemessenen Mitteln.

Winstons schmerzliche Erfahrung mit elterlicher Vernachlässigung fiel zusammen mit – und war teilweise verursacht von – einer der dramatischsten Episoden in der politischen Geschichte Großbritanniens. Winstons Vater, Lord Randolph Churchill erlebte einen kurzen, meteorhaften Aufstieg und stürzte dann ab. Im Jahre 1886 war er mit siebendunddreißig Jahren zugleich Schatzkanzler und Führer des Unterhauses in Lord Salisburys zweiter Regierung. Als fortschrittlicher Tory wurde er unter Salisburys bedachtsamer, konservativer Führung zunehmend unruhig und ließ seinem eigenen Ehrgeiz allzu freie Bahn. Mit seiner Forderung, die Gelder für die Armee zu kürzen, forderte er den Kriegsminister, den Premierminister und das ganze Kabinett heraus. Um seinen Willen durchzusetzen, sprach er von Rücktritt. Als das nicht half, trat er in der Erwartung zurück, daß die Partei sich auf seine Seite stellen würde. Sie tat es nicht. Lord Salisbury weigerte sich, ihn wieder zu ernennen: »Wenn man ein Furunkel im Nacken hatte, und es ist entfernt worden, wünscht man es nicht zurück.« Randolph Churchill tröstete sich mit Rennpferden, gesellschaftlicher Zerstreuung und Auslandsreisen. Allmählich begann seine Krankheit sich auszuwirken. Seine Reden, sowohl im Unterhaus als auch bei Wahlkampfveranstaltungen, gerieten zu Peinlichkeiten. Er verhaspelte sich und verlor den Faden; seine Freunde stahlen sich davon oder saßen in bekümmertem Schweigen. »Es gab keinen Vorhang, kein Sichzurückziehen«, schrieb Lord Rosebery über seinen Freund. »Er starb Zoll für Zoll vor den Augen der Öffentlichkeit.«

Im Sommer 1894, als Winston das zweite Jahr in Sandhurst war, konnte Lord Randolphs Zustand vor niemand mehr verborgen werden. Er war abgemagert und bleich, das Gesicht von tiefen Falten durchzogen. Sein Haar war größtenteils ausgefallen, seine Hände zitterten, und seine Sprache war undeutlich und stotternd. Beim Abendessen sah ein Gast »Haß, Wut und Angst in seinen Augen glänzen«. Jennie nahm ihn mit auf eine Weltreise, die ihn, selbst wenn sie die erhoffte Besserung nicht brächte, jedenfalls aus dem Rampenlicht entfernte.* Als die Weltreisenden Madras erreicht hatten, war es klar, daß Randolph im Sterben lag; die Fahrt wurde abgebrochen, und er kehrte nach London zurück. Winston war in seinem letzten Monat in Sandhurst. Trotz seiner harten und einsamen Kindheit war er schwer getroffen, als sein Vater am 24. Januar 1895 starb. »All meine Träume von Kameradschaft mit ihm, vom Eintritt ins Parlament an seiner Seite, um ihn zu unterstützen, waren zu Ende«, schrieb er viel später. »Es blieb mir nur, seine Ziele weiterzuverfolgen und sein Andenken zu verteidigen.«

Sechs Monate nach Lord Randolphs Tod starb auch Woom. Winstons Liebe zu ihr war nie ins Wanken geraten. Wenn sie in ihrer alten Haube nach Harrow und Sandhurst kam, ihn zu besuchen, führte er sie am Arm herum und küßte sie zum Abschied vor aller Augen. Im Sommer 1895 erkrankte sie an Bauchfellentzündung. Winston eilte von Aldershot zu ihr, machte unterwegs in London Halt, um einen Arzt mitzunehmen. Er kam aus dem Regen an ihr Krankenlager, und sofort sorgte sie sich um ihn. »Meine Jacke war naß«, erinnerte sich Churchill. »Als sie den Stoff mit ihren Händen befühlte, war sie sehr besorgt, ich könnte mich erkälten. Die Jacke mußte ausgezogen und gründlich getrocknet werden, bevor sie sich wieder beruhigte.«

Mrs. Everest starb in Winstons Armen, und er fuhr sogleich nach Harrow, um die Nachricht persönlich seinem Bruder Jack zu überbringen. Winston organisierte das Begräbnis und besorgte sogar einen Kranz im Namen seiner Mutter, die sich in Paris aufhielt und zu beschäftigt war, um an der Beerdigung teilzunehmen. Diese zwei Todesfälle, Lord Randolphs und Mrs. Everests, markierten für Winston Churchill das Ende der Jugend. Er gedachte seines Vaters mit einer zweibändigen Biographie; Wooms Bild blieb bis zu seinem eigenen Tode siebzig Jahre später in seinem Zimmer.

Randolphs Tod gab Winston Freiheit. »Ich war jetzt im wesentlichen der Herr meiner Geschicke«, schrieb er. Leutnant Winston Churchill graduierte im Winter, als sein Vater starb, von Sandhurst. »Hisse wieder die ruhmreiche Flagge«, schrieb er in Erinnerung an seine Empfindungen zu jener Zeit. »Gib dich nicht mit einem Nein als Antwort zufrieden. Unterwerfe dich niemals dem

* Während seiner Krankheit und nach seinem Tode achtete Jennie streng darauf, daß niemand die Krankheit, an der ihr Mann starb, bei Namen nannte. Winston tat es nie, und noch 1966 erwähnte Winstons Sohn Randolph nur, daß sein Großvater an einer »ernsten Geisteskrankheit« gelitten habe.

Mißerfolg... Du wirst alle Arten von Fehlern machen, aber solange du großzügig und treu bist und auch feurig, kannst du die Welt nicht verletzen oder sie auch nur ernstlich bekümmern. Sie ist gemacht, um von der Jugend umworben und gewonnen zu werden.«

Eine Darstellung der nächsten fünf Jahre von Churchills Leben liest sich mehr wie die Handlung eines viktorianischen Groschenromans als wie ein wahrer Bericht über die Abenteuer eines britischen Offiziers. Irgendwie gelang es dem jungen Mann in dieser kurzen Zeitspanne an der Hochwassermarke des europäischen Kolonialismus, an vier verschiedenen Kriegen in vier weit voneinander entfernten Weltgegenden teilzunehmen. Im Herbst 1895 begleitete er einen Feldzug der spanischen Armee gegen Aufständische in Kuba; 1897 kämpfte er in einem Feldzug gegen pathanische Stammeskrieger an der Nordwestgrenze Indiens; 1898 diente er unter Kitchener im Sudan und nahm mit dem 21. Ulanenregiment am berühmten »letzten Kavallerieangriff der britischen Armee« teil; ein Jahr später wurde der britische Panzerzug, mit dem er in Natal, Südafrika, unterwegs war, von Buren angegriffen, und er geriet in Gefangenschaft. Er entkam, kehrte als Held heim, schrieb das dritte von drei Büchern über seine Abenteuer und wurde – mittlerweile der berühmteste junge Mann in England – bei den Khakiwahlen von 1900 ins Unterhaus gewählt.

Nichts von alledem wäre ohne Winstons unnachgiebigen, vorwärtsdrängenden Ehrgeiz und Jennies tatkräftige Hilfe möglich gewesen. Praktisch seit dem Moment, da sein Vater gestorben war, hatte sich das Verhältnis zu ihr verändert: »Ich war jetzt in meinem 21. Jahr, und sie versuchte niemals mehr, elterliche Kontrolle auszuüben. Tatsächlich wurde sie bald zu einer eifrigen Verbündeten, die meine Pläne förderte und meine Interessen mit all ihrem Einfluß und ihrer grenzenlosen Energie wahrte. Sie war mit vierzig noch immer jung, schön und faszinierend. Wir arbeiteten als Gleichberechtigte zusammen, mehr Bruder und Schwester als Mutter und Sohn.« Winston wußte von ihren Liebhabern: mit sechzehn schrieb er seinem Bruder, daß er unerwartet von Harrow nach Haus gekommen sei und »Mama und Graf Kinsky beim Frühstück angetroffen« habe. Es scheint ihm nichts ausgemacht zu haben, und später bediente er sich der Liebhaber seiner Mutter, um seine Ziele zu erreichen.

Für sein erstes Abenteuer, den Feldzug in Kuba, benötigte Winston von seiner Mutter nicht mehr als ihre Zustimmung. Seine neue Einheit, das 4. Husarenregiment, sollte für neun Jahre nach Indien verlegt werden, und alle Offiziere erhielten vor der Abreise zehn Wochen Urlaub. Die meisten widmeten sich Parforcejagden, Hindernisreiten oder Segelregatten, aber Winston beschloß, einen Kriegsschauplatz zu besuchen.

Es gab eine Tradition bei den Heeresoffizieren, die der Routinedienst in Friedenszeiten langweilte, auf eigene Kosten in Kriegsgebiete zu reisen, wo sie warteten und antichambrierten und baten, in irgendeiner Eigenschaft ins Kampfgebiet mitgenommen zu werden. Winstons Methode bestand darin, sich eines alten Freundes seines Vaters zu bedienen, der britischer Botschafter in Madrid war. Sobald die Erlaubnis, den Krieg in Kuba zu beobachten, von den spanischen Behörden erwirkt war, überzeugte er seine Mutter, daß 37 Pfund für eine Rundreise über New York nach Havanna und zurück nach England billiger seien als zwei Monate Fuchsjagden. Am 30. November 1895 feierte er seinen 21. Geburtstag, indem er Kugeln über seinen Kopf hinwegpfeifen und in die Stämme von Palmen fetzen hörte. Es gefiel ihm. »Es gibt nichts Erregenderes als ergebnislos beschossen zu werden«, schrieb er. Seine Berichte, in der *Daily Graphic* als *Briefe von der Front* veröffentlicht, brachten ihm fünf Guineen pro Stück ein.

Das Gefechtserlebnis faszinierte Churchill, aber nach London zurückgekehrt, wirkte die Aussicht einer Armeekarriere trübe. Neun Jahre in Indien, Kasernenleben ohne Einsatz, ohne Beförderung, ohne Ruhm verloren schon im voraus jeden Reiz. Durch die Verbindungen seiner Mutter kam er mit führenden Politikern zusammen und speiste mit Chamberlain, Balfour, Asquith und anderen. Er wollte seinem Vater nachfolgen und ins Parlament gewählt werden, aber wie konnte er der Armee entkommen, wo sollte er das Geld hernehmen, um in die Politik zu gehen? Er wandte sich an Jennie: »Ich kann nicht glauben, daß Du bei all Deinen einflußreichen Freunden und all denen, die um meines Vaters willen etwas für mich tun würden, nichts arrangieren kannst.« Er wollte nach Südafrika oder Ägypten. Diesmal konnte sie ihm nicht helfen. Er ging mit seiner Einheit nach Indien und wurde in Bangalore im südindischen Hügelland stationiert, tausend Meter über dem Meeresspiegel, wo die Morgen und Abende frisch und kühl waren. Churchill wohnte in einem »palastähnlichen Bungalow, ganz rosa und weiß«, mit einem Ziegeldach und einer Veranda mit Säulen in einem Garten purpurner Bougainvilleas. Die Offiziere machten jeden Morgen eineinhalb Stunden Ausbildungsdienst; danach spielte Churchill Polo und las. Beharrlich arbeitete sich der junge Mann, der nie eine Universität besucht hatte, durch Macaulays zwölfbändige Geschichte Englands und die viertausend Seiten von Gibbons *Aufstieg und Fall des Römischen Reiches*. Er übte das Reden. Sein Leben lang litt Churchill unter Sprachbehinderungen, er stotterte, und er lispelte. Er hatte Schwierigkeiten, den Buchstaben »S« auszusprechen und pflegte in seinem Zimmer auf und ab zu gehen und sich vorzusagen: »Die spanischen Schiffe kann ich nicht sehen, denn sie sind nicht in Sicht.«

Er langweilte sich tödlich in Indien und bombardierte seine Mutter mit Bitten, einen Kriegseinsatz für ihn zu finden. Im April 1897, als es zwischen Griechenland und der Türkei zu Kämpfen kam, glaubte er seine Chance zu sehen. Er wollte Urlaub nehmen und als Sonderkorrespondent über den Krieg berichten. Es war ihm gleich, auf welcher Seite er den Krieg mitmachte. An Jennie schrieb er: »Wenn Du mir gute Empfehlungsschreiben an die Türken besorgen kannst, werde ich zu den Türken gehen. Wenn für die Griechen, gehe ich zu denen.« Die Kämpfe endeten, bevor er in eines der kriegführenden Länder aufbrechen konnte.

Im August 1897 war Churchill auf Urlaub in England, als die Pathanen an der indisch-afghanischen Grenze einen Aufstand begannen. Eine britisch-indische Truppe von drei Brigaden, die Malakand Field Force, wurde aufgestellt, um die Erhebung niederzuschlagen. Churchill hatte den Kommandeur der Streitmacht, Generalmajor Sir Bindon Blood, kennengelernt und ihm das Versprechen abgerungen, daß er ihm erlauben würde, mit ihm zu gehen, sollte er jemals im Grenzgebiet Truppen in den Kampf führen. Nun brach Churchill seinen Urlaub ab und nahm den ersten Dampfer nach Bombay. Seiner Mutter hinterließ er Instruktionen, eine Zeitung zu finden, für die er als Korrespondent tätig sein konnte. Jennie fand den *Daily Telegraph*, und Blood, der für Churchill keine Offiziersstelle frei hatte, erklärte sich bereit, ihn als Berichterstatter mitzunehmen. Die Pathanen konnten einen Offizier nicht von einem Journalisten in Uniform unterscheiden, und als die Kolonne unweit des Khaiber-Passes angegriffen wurde, beteiligte sich Churchill mit seiner Dienstpistole an der Abwehr. Nach dem Ende des Feldzuges kehrte er nach Bangalore zurück und begann mit der Arbeit an einem Buch, das den Titel *The Story of the Malakand Field Force* erhalten sollte. Seine Beschreibungen ließen die Landschaft klar vor den Augen der Leser erstehen: »Grelles Sonnenlicht auf den wirbelnden lehmigen Wassern; die schwarzen schroffen Felsen; die weißen Zelte der Brigade eine Meile talaufwärts; der lange Streifen lebhaft grüner Reisfelder am Fluß und im Vordergrund die braun gekleideten bewaffneten Männer.« Er schrieb es in zwei Monaten und schickte es seiner Mutter mit der Bitte, einen Verleger zu suchen. Jennie bat Arthur Balfour um Rat, und ein Verleger wurde gefunden.

Schnelligkeit war ausschlaggebend – ein weiteres Buch über die Expedition wurde geschrieben – und als Churchill die Fahnen erhielt, krümmte er sich vor Verlegenheit und Scham. Sie waren angefüllt mit »ungefähr 200 Druckfehlern, Schnitzern und Mißverständnissen«, die »alle Freude zerstören, die ich von dem Buch zu gewinnen hoffte, und hinterlassen nur Scham, daß eine solche Frechheit der Öffentlichkeit vorgelegt wird – ein Zeichen für den unachtsamen, sorglosen Zeitgeist und ein Beispiel dessen, was mein Vater meine schlampigen unordentlichen Gewohnheiten genannt hätte.« Churchill war zu empfindlich. Das Buch fand begeisterte Aufnahme. Rezensenten und Leser übergingen die Druckfehler und Irrtümer und lobten »Klugheit«, »Überblick« und »Stil« des Autors. Churchill war überrascht und gerührt. »Ich war bis dahin noch nie gelobt worden«, schrieb er. »Die einzigen Kommentare, die jemals zu meiner Arbeit in der Schule gemacht worden waren, hatten ›gleichgültig‹, ›liederlich‹, ›schlecht‹, ›sehr schlecht‹, gelautet. Und hier war nun die große Welt mit ihren führenden Literaturzeitschriften und Feuilletons mit ihren wachsamen, gelehrten Kritikern, die ganze Spalten mit Lob füllten.« Der Prinz von Wales las das Buch und schickte seiner Schwester ein Exemplar. »Mein lieber Winston«, schrieb er dem Autor, »ich kann nicht umhin, Ihnen mit ein paar Zeilen zum Erfolg Ihres Buches zu gratulieren! Ich habe es mit dem größten Interesse gelesen und finde die Beschreibungen und die Sprache ausgezeichnet. Jedermann liest es, und ich höre nur lobende Worte.«

Der nächste bedeutende Feldzug sollte Kitcheners Marsch den Nil hinauf sein. Ziel war die Rückeroberung des Sudan und Vergeltung für den Tod General Gordons. Im April 1898, als *The Malakand Field Force* in den Londoner Salons verschlungen wurde, bat Churchill seine Mutter, an allen erreichbaren Fäden zu ziehen. »Du mußt in Sachen Ägypten etwas für mich tun... Du hast so viele Angriffspunkte... Ich bitte Dich – hab keine Skrupel, sondern bohre links und rechts und laß Dich nicht abspeisen.« Zwei Monate später war er noch immer in Indien und der Verzweiflung nahe: »Ach, wie sehr wünschte ich, ich könnte Dich wegen Ägypten bearbeiten. Ich weiß, Du könntest es schaffen, mit all Deinem Einfluß und all den Leuten, die Du kennst. Es ist eine Zeit der Aufdringlichkeit, und wir müssen ganz vorne mitdrängeln.« Jennie nahm die Herausforderung an und – schrieb Churchill später – »zog an allen Fäden, setzte alle Hebel in Bewegung und ließ kein Kotelett ungebraten.« Der Prinz von Wales drahtete Churchill zuliebe an Kitchener; dieser schätzte keine jungen Offiziere, die Feldzugsberichte schrieben, in denen vorgesetzte Offiziere kritisiert wurden, und weigerte sich. »Will Churchill nicht, da kein Platz«, erklärte er. Jennie fuhr nach Kairo, um im Nahkampf etwas auszurichten. Ohne Erfolg. Im Juni nahm Churchill noch einmal Urlaub und kam von Indien nach Hause, um bei den zuständigen Stellen persönlich vorstellig zu werden. Er fand, daß sich im Kriegsministerium bereits 200 andere Offiziere freiwillig gemeldet hatten, die darauf brannten, an dem Feldzug teilzunehmen.

Dann griff das Schicksal ein. Lord Salisbury hatte *The Malakand Field Force* gelesen und lud Lord Randolphs Sohn ein, ihn zu besuchen und mehr darüber zu erzählen. Der Premierminister empfing den Leutnant in seinem großen Büro mit Blick auf den Paradeplatz der berittenen Garde und führte ihn mit zuvorkommender Höflichkeit zu einem kleinen Sofa. Er erzählte Churchill, daß er das Buch »nicht nur wegen seines Inhalts, sondern wegen seines Stils« faszinierend gefunden habe, und sagte, daß er sich »aus Ihrem Bericht ein zutreffenderes Bild von den Kämpfen in diesen Grenztälern« habe machen können als aus den offiziellen Dokumenten, die man ihm zu lesen gegeben habe. Am Ende des Gesprächs, als er seinen Besucher zur Tür begleitete, fügte Lord Salisbury hinzu: »Wenn ich irgendwann etwas tun kann, was Ihnen hilfreich sein würde, lassen Sie es mich bitte wissen.« Churchill nahm allen Mut zusammen und schrieb drei Tage später: »Lieber Lord Salisbury: Ich bin sehr darum bemüht, nach Ägypten zu gehen und mit der Expedition gegen Khartum zu marschieren.« Sein Zweck sei es, ein weiteres Buch zu schreiben. Er führte die Unterstützung von Sir Evelyn Wood, dem britischen Geschäftsträger in Kairo, und des Prinzen von Wales an. »Ich belästige Sie ungern mit dieser Angelegenheit«, schloß er diesen Brief. »Aber ich habe nur die Wahl, es zu tun oder ein Vorhaben aufzugeben, an das ich seit langem mein Herz gehängt habe... Ich wage zu glauben, daß kein Schaden daraus entstehen wird, sondern vielmehr ein Nutzen. Schließlich ist die Angelegenheit für alle bis auf mich ganz unbedeutend.« Ein paar Tage später wurde Leutnant Churchill für den Sudanfeldzug dem 21. Ulanenregiment als außerplanmäßiger Offizier zugeteilt. Er traf eine Vereinbarung mit der *Morning Post*, nach der er eine Serie von Artikeln für 15 Pfund das Stück zu schreiben hatte, und dann eilte er nach Ägypten. Er fuhr mit einem Zug bis Marseille und von dort mit einem »schmutzigen Trampdampfer« nach Alexandria und schloß sich dem 21. Ulanenregiment in Kairo an, gerade als dieses in Flußschiffe und Eisenbahnwaggons verladen wurde, um 2400 Kilometer nilaufwärts zu fahren und zur Armee des Sirdar zu stoßen.

»Nichts wie die Schlacht von Omdurman wird man je wieder sehen«, schrieb Churchill. »Alles lag vor dem bloßen Auge dar. Die Armeen marschierten und manövrierten auf der klaren Fläche der Wüstenebene, durch die der Nil seine breiten Windungen zog...« Die britisch-ägyptische Armee, 26000 Mann stark, lag in einem großen Halbmond hinter Feldbefestigungen, den Fluß im Rücken, wo acht britische Kanonenboote verankert lagen und ihre Geschütze auf die Wüste gerichtet hatten. Am 2. September 1898 zog die Armee des Mahdi, 60000 Mann stark, bei Sonnenaufgang über die sandige Ebene heran. Churchill, der sich einer Reiterpatrouille angeschlossen hatte, blickte von einem niedrigen Hügel auf den Feind hinab: »Ihre Front war annähernd fünf Meilen breit... hervorgehoben durch das seltsame Schimmern des Lichtes auf den Speerspitzen... Plötzlich erkannte ich, daß die Massen in Bewegung waren und rasch vorrückten. Die Emire galoppierten vor ihren Schlachtreihen hin und her... Dann begannen sie ihr Kriegsgeschrei... Zu uns, die wir das Geschehen von der Anhöhe beobachteten, drang in Wellen ein ungeheures Brüllen herauf, wie der Tumult anschwellenden Windes und der See vor einem Sturm. Trotz des Vertrauens auf die Waffen der Zivilisation... erzeugte der Anblick dieser gewaltigen Streitmacht unerbittlicher Wilder, die sich begeistert in den Angriff warfen... ein Gefühl von Einsamkeit.«

Trotz der zahlenmäßigen Überlegenheit der Araber war es ein ungleicher Kampf. Die »Waffen der Zivilisation« – Kitcheners vier Haubitzenbatterien, die Geschütze der Kanonenboote auf dem Nil und die modernen Maschinengewehre und Karabiner der britischen und ägyptischen Truppen – rissen »breite Lücken und formlose Haufen« in die anstürmende Armee der Derwische. Bevor sie die britischen Linien erreichten, kam ihr Angriff zum Stehen. 20000 Mann lagen tot und verwundet auf dem Schlachtfeld.

Dann wurde – militärisch völlig unsinnig – das 21. Ulanenregiment zum Angriff befohlen. Churchill ritt mit an der Spitze seiner Schwadron, die Mauserpistole in der Hand: »Der Zusammenprall war jetzt sehr nahe. Vor mir, keine zehn Schritte entfernt, sah ich die zwei blauen Gestalten liegen. Ich hielt auf den Zwischenraum zwischen ihnen zu. Sie feuerten beide. Ich kam durch den Rauch und merkte, daß ich unverletzt geblieben war. Der Soldat unmittelbar hinter mir wurde getötet.«

Ein Derwisch griff ihn mit dem Säbel an: »Ich hatte Raum und Zeit genug, mein Pferd herumzuwerfen, es aus seiner Reichweite zu bringen und mich seitwärts aus dem Sattel zu lehnen. Ich feuerte zwei Schüsse auf ungefähr drei Schritte Distanz auf ihn, und als ich mich im Sattel aufrichtete, sah ich vor mir eine weitere Gestalt mit erhobenem Säbel. Ich hob die Pistole und feuerte. Wir waren einander so nahe, daß der Lauf meiner Waffe ihn berührte.« Ein weiterer Derwisch »wankte auf mich zu und hob seinen Speer. Ich schoß ihn aus weniger als einem Schritt Entfernung nieder.« Der kurze Kampf war vorüber. »Aber nun kam aus der Richtung des Feindes eine Reihe grausiger Erscheinungen zurück: blutspeiende Pferde, die sich auf drei Beinen fortmühten, zu Fuß daherwankende Gestalten, Männer, die aus schrecklichen Wunden bluteten, durchbohrt von Speeren mit Widerhaken, Arme und Gesichter in Stücke gehauen, Männer mit herausquellenden Gedärmen, keuchende, schreiende, zusammenbrechende, sterbende Männer.« Das 21. Ulanenregiment hatte in zwei Minuten Kampf ein Viertel seiner Männer und ein Drittel seiner Pferde verloren.

Sobald der Feldzug vorüber war, kehrte Churchill nach England zurück. »Kommen Sie und besuchen Sie mich und erzählen Sie mir von Ihren Zukunftsplänen«, schrieb der Prinz von Wales, der Churchill ins Marlborough House zum Essen einlud, wo er den jungen Mann drängte, ein weiteres Buch zu schreiben. Churchill nahm seinen Abschied von der Armee und begann die Arbeit an einem Buch über den Sudanfeldzug, *The River War*, und bewarb sich gleichzeitig um ein Unterhausmandat. Er verlor, aber nicht entmutigend. Als der Streit Großbritanniens mit den Burenrepubliken schließlich zu einem Ultimatum der Buren führte, witterte Churchill Krieg und eine weitere Gelegenheit, Ruhm zu ernten. Am 14. Oktober 1899 fuhr er nach Südafrika, um die Entwicklung dort für die *Morning Post* zu verfolgen. Binnen zwei Wochen nach seiner Ankunft in Kapstadt hatte Churchill im Kampf gestanden und war in Pretoria hinter Stacheldraht, ein Gefangener der Buren.

Die Eskapade war ein schwungvolles Stück Churchillschen Melodramas. Während er auf den Beginn des Hauptfeldzuges wartete, wurde er eingeladen, einen britischen Panzerzug zu begleiten, der durch die Provinz Natal zu der belagerten Stadt Ladysmith im Grenzgebiet zum Oranjefreistaat fahren sollte. Der Zug beförderte zwei Kompanien britischer Infanterie und war »von einem Ende bis zum anderen in dicke Panzerplatten gehüllt«, aber jede Beschädigung der Geleise mußte ihn unbeweglich machen. General Louis Botha, Kommandeur der Burenstreitkräfte, die Ladysmith belagerten, war mit 500 Berittenen unterwegs, als er den nordwärts schnaufenden Zug ausmachte. Er teilte seine Truppe. Der eine Teil wälzte große Felsbrocken auf die Geleise, sobald der Zug vorbeigefahren war, der andere ritt voraus, brachte Feldgeschütze in Stellung und zwang ihn mit ein paar Granaten zum Rückzug. Dann wartete die Truppe, bis der mit Volldampf zurückfahrende Zug auf die Felsblöcke auffuhr. Drei Waggons entgleisten; die benommenen britischen Soldaten sahen sich unter schwerem, präzisem Gewehrfeuer der Buren. Obwohl Churchill nur als Beobachter mitgefahren war, übernahm er die Verantwortung für den Versuch, die Männer zu retten. Siebzig Minuten lang arbeitete er mit einem Trupp Soldaten unter feindlichem Feuer, um die entgleisten Waggons und die Felsbrocken von den Schienen zu hebeln und dem Zug die Weiterfahrt zu ermöglichen. Es gelang ihm zum Teil, und die mit Verwundeten vollgepackte Lokomotive konnte sich in Sicherheit bringen. Als er zu Fuß zurückging, um einen Versuch zu unternehmen, die anderen Soldaten aus der Falle zu führen, versperrte ihm ein Reiter den Weg, und Churchill blickte in eine Gewehrmündung. Der Reiter war niemand anderer als Louis Botha selbst, einer der besten Schützen Südafrikas, später erster Premierminister von Transvaal und ein lebenslanger Freund Churchills. Dieser entsann sich rechtzeitig eines Zitats von Napoleon: »Wenn man allein und unbewaffnet ist, mag es verzeihlich sein, sich gefangen zu geben.« Er hob die Hände in die Höhe und gab sich in der Hoffnung, daß sie ihn laufenlassen würden, als Korrespondent zu erkennen. »Wir werden dich nicht gehen lassen, alter Junge, obwohl du ein Korrespondent bist«, erklärte einer der Burensoldaten fröhlich. »Wir fangen nicht jeden Tag den Sohn eines Lords.«

Churchill blieb weniger als einen Monat in Gefangenschaft. Eines Nachts schwang er sich auf die Mauer hinter der Lagerlatrine, sprang auf der anderen Seite hinunter und war frei. Im Schutze der Dunkelheit ging er unerkannt durch die Straßen Pretorias, sprang auf einen fahrenden Kohlenzug und verließ die Stadt. Trotz dieses Anfangserfolgs war er noch immer 450 Kilometer von freundlichem oder neutralem Territorium entfernt, beherrschte die Sprache nicht und hatte nur ein wenig Schokolade und ein paar Kekse. Das erste Haus, wo er um Hilfe zu bitten wagte, gehörte einem englischen Bergwerksdirektor, der ihn drei Tage in der Tiefe eines Kohlebergwerks versteckte, während die Buren in ganz Transvaal Suchplakate mit einer Beschreibung des Flüchtlings anschlugen: »Engländer, 25 Jahre alt, ungefähr 1.70 m groß, durchschnittlicher Körperbau, geht leicht gebeugt, blasses Gesicht, rotbraunes Haar... kann den Buchstaben ›S‹ nicht aussprechen...« Churchill lag von Ratten überlaufen in seinem dunklen Versteck, bis sein Wohltäter ihn zwischen Wollballen versteckt an Bord eines Güterzuges schmuggeln konnte, der nach Lourenço Marques in Portugiesisch-Ostafrika fuhr. Als Churchill, glücklich über die Grenze gelangt, zum nächsten britischen Konsulat ging, warf der untergeordnete Beamte einen Blick auf seine zerlumpten Kleider und sagte ihm, er solle sich hinauspacken. Churchill ging auf die Straße hinaus, blickte zum Obergeschoß hinauf, wo das Büro des Konsuls war, und brüllte: »Ich bin Winston Bloody Churchill. Kommen Sie sofort herunter!«

Nach Südafrika zurückgekehrt, war Churchill ein Held. Er bewarb sich wieder um ein Offizierspatent, trat in ein südafrikanisches Kavallerieregiment ein und kämpfte in einigen der blutigsten Gefechte des Krieges. Er wurde für das Victoria Cross vorgeschlagen, dessen Verleihung aber General Kitchener, der Oberkommandierende, durch sein Veto verhinderte, und ritt in einer der ersten Kolonnen, die zum Entsatz gegen Ladysmith vorrückten. Später war er bei den Truppen, die Pretoria und Johannesburg besetzten. Bei seiner Rückkehr nach England entdeckte er, daß seine Mutter im Begriff war, George Cornwallis-West zu heiraten, »den bestaussehenden Mann Englands«, der nur sechzehn Tage älter als Winston und zwanzig Jahre jünger als die Braut war. Ihre Freunde waren entsetzt, aber Jennie machte sich nichts daraus. »Ich nehme an, ihr haltet mich für sehr töricht«, sagte sie zu Freunden, »aber ich habe solchen Spaß.« Churchill hielt loyal zu ihr. Er schrieb ein neues Buch, *London to Ladysmith, via Pretoria*, unternahm eine Vortragsreise durch die Vereinigten Staaten und kassierte 15000 Pfund an Buchtantiemen und Honoraren. Dann – inzwischen war er der berühmteste junge Mann Englands und verfügte über die notwendigen Mittel – kandidierte er wieder für das Parlament. Im September 1900 wurde er ins Unterhaus gewählt, wo er 65 Jahre bleiben sollte.

Anfangs weckte die Erscheinung dieses jungen Mannes mit dem rosigen Gesicht, den wasserblauen Augen und dem rötlichen Haar Erinnerungen an seinen Vater. Der Korrespondent der *Daily Mail* bemerkte »die breite Stirn und den kühnen Blick... den eiligen Schritt durch das Foyer«. Der Beobachter des *Punch* berichtete: »Wenn der junge Abgeordnete für Oldham sich an das Haus wendet, die Hände in die Hüften gestemmt, den Kopf vorgebeugt, den rechten Fuß vorgestellt, überfluten einen Erinnerungen an Tage, die nicht mehr sind.«

Es dauerte jedoch nicht lange, bis Winston Churchill als der bekannt wurde, der er war: »Ruhelos, egoistisch, anmaßend, oberflächlich und reaktionär, aber mit einem gewissen persönlichen Magnetismus, großem Mut und einiger Originalität«, meinte Beatrice Webb. Wenn Churchill sprach, entstand Bewegung auf der Pressegalerie. Wieviele Pferde und Maultiere nach Südafrika geschickt wurden, fragte Churchill den Kriegsminister, gegen den er eine Abneigung gefaßt hatte. Als die Antwort gegeben wurde, hatte Churchill eine weitere Frage: »Kann mein Ehrenwerter Freund sagen, wie viele Esel nach Südafrika geschickt worden sind?« 1904 konnte Churchill die Spaltung zwischen Balfour und Chamberlain in der Freihandelsfrage nicht mehr ertragen und schlug sich auf die Seite der Liberalen. Campbell-Bannerman gab dem neuen Parteimitglied einen wichtigen Posten als Unterstaatssekretär für die Kolonien im liberalen Kabinett von 1905; Asquith beförderte ihn als volles Mitglied ins Kabinett, zuerst als Handelsminister, dann als Innenminister.

Um 1911 war Churchill der einzige Mann in England, den jeder beim Vornamen kannte. »Ohne mich wäre dieser junge Mann gar nicht ins Leben getreten«, sagte Edward VII. zu Lord Esher. »Wie ist das möglich, Sir?« fragte der verdutzte Esher. »Der Herzog und die Herzogin erhoben beide Einwände gegen Randolphs Heirat«, erläuterte der König. »Es war Uns zu verdanken, daß sie nachgaben.« Mit siebenunddreißig hatte Churchill beinahe alles, was er wollte: Berühmtheit, ein Forum, einen Platz am Tisch der Mächtigen. An einem Herbstnachmittag dieses Jahres übertrug Asquith ihm auf einem schottischen Golfplatz eine Verantwortung, die seinen Talenten entsprach: Er gab Churchill die Royal Navy.

## 37. KAPITEL

# Churchill in der Admiralität

Am Montag, dem 25. Oktober 1911, tauschten Churchill und McKenna die Ämter. Am Morgen kam McKenna ins Innenministerium, und Churchill stellte ihn den führenden Beamten vor; nach dem Mittagessen ging Churchill zur Admiralität, wo McKenna ihm die Seelords und Abteilungsleiter vorstellte. McKenna war niedergeschlagen, aber korrekt. Er war nicht glücklich, aus der Admiralität abgeschoben zu werden, und seine Freunde und Anhänger in der Marine und im Lande teilten seine Trauer. Eine Flut von Telegrammen und Briefen ging ein, die Dankbarkeit für seinen Kampf gegen die »Einsparer« während seiner dreieinhalb Jahre als Erster Lord ausdrückten. Der Schlag wurde als um so härter empfunden, als McKennas Nachfolger einer der beiden Sparsamkeitsapostel im Kabinett war, Winston Churchill.

Im Parlament und anderswo gab es aber auch Leute, die McKennas Kummer über den Wechsel von der Admiralität zum Innenministerium nicht verstanden. In der inoffiziellen Rangordnung der Kabinettsposten war der Innenminister die Nummer drei, hinter dem Premierminister und dem Schatzkanzler; der Erste Lord stand weiter unten. Dies war auch Churchills Meinung gewesen, als er 1902 Austen Chamberlains Wunsch, Erster Lord zu werden, als »einen armseligen Ehrgeiz« abgetan hatte.

Besorgnis über den neuen Mann an der Spitze der Admiralität war weit verbreitet. Beobachter sahen in ihm einen brillanten, selbstsicheren jungen Mann von großem Mut, unerschöpflicher Energie und außerordentlicher Eloquenz. Er hatte einen meteorhaften Aufstieg hinter sich. Mit dreiunddreißig Kabinettsminister, zwei Jahre im Handelsministerium, zwanzig Monate im Innenministerium; nun, mit sechsunddreißig, war er noch immer eine halbe Generation jünger als seine Kollegen (Lloyd George war 48, Grey 49, Haldane 45 und Asquith 59). Doch hatte er trotz aller Talente eine schwere Last zu tragen. Das Stigma des Überläufers, der die Partei gewechselt hatte, hing ihm zeitlebens an. »Verräter«, »Opportunist», »Windbeutel«, »sich selbst anpreisender Marktschreier« waren einige der Bezeichnungen, die ihm an den Kopf geworfen wurden. Der konservative *Spectator* begrüßte seine Ernennung mit den Worten: »Wir können in seiner Karriere keine Prinzipien oder eine durchgehaltene Sicht der Politik entdecken; sein Ohr ist immer am Boden; er ist der wahre Demagoge...«

Churchill kümmerte nicht, was andere über ihn sagten. Sobald er als Hausherr die zwei aus Stein gemeißelten Delphine am Eingang des Admiralitätsgebäudes hinter sich gelassen hatte und es sich in dem mit geschnitzten Delphinen geschmückten, noch aus Nelsons Tagen stammenden Mobiliar bequem machte, war Churchill begeistert. »Das ist so, weil ich jetzt Eier legen kann, statt im Staub herumzukratzen und zu gackern«, erläuterte er. »Es ist eine bei weitem befriedigendere Beschäftigung. Ich bin gegenwärtig dabei, viele Eier zu legen – gute Eier.« Als erstes ließ er eine große Seekarte der Nordsee an die Wand hinter seinem Schreibtisch hängen. Jeden Tag markierte der Offizier vom Dienst mit kleinen Flaggen die Position der wichtigsten Schiffe der deutschen Hochseeflotte. Jeden Morgen stand Churchill nach dem Betreten des Raumes vor der Seekarte und studierte den gegenwärtigen Aufenthalt der Hochseeflotte. Seine Absicht sei es, sagte er, »mir selbst und allen, die mit mir arbeiteten, ein Gefühl immerwährender Gefahr einzuschärfen.« Rasch traf er eine Anzahl Entscheidungen. Im Haushalt für 1911 waren zwanzig neue Zerstörer genehmigt worden, aber noch nicht bestellt; dies holte der neue Erste Lord sofort nach. Die kaum bewachten Pulvermagazine der Marine, die ihn im vergangenen Sommer als Innenminister nicht hatten schlafen lassen, wurden dem Verantwortungsbereich der Admiralität unterstellt und rund um die Uhr von Marinesoldaten bewacht. Vor Churchills Amtsantritt hatte es in der Admiralität nachts, an Wochenenden und Feiertagen nur einen diensttuenden Beamten gegeben. Churchill führte ein Wachsystem von Marineoffizieren ein, die rund um die Uhr Dienst taten. Auch die Seelords wurden zu erhöhter Wachsamkeit angehalten; einer der vier hielt sich immer im oder im Umkreis des Admiralitätsgebäudes auf.

Eine umstrittene Entscheidung traf er mit der Besetzung einer Schlüsselposition: derjenigen des Privaten Marinesekretärs beim Ersten Lord. Konteradmiral David Beatty, mit vierzig der jüngste Flaggoffizier der Marine, war kein herkömmlicher Offizier. Er hatte eine glänzende Laufbahn hinter sich: in der Schlacht von Omdurman hatte er ein Flußkanonenboot auf dem Nil befehligt; während des Boxeraufstandes war er bei den gelandeten Marinetruppen gewesen; er war rasch befördert worden, zu rasch, wie manche dachten. Gutaussehend und schneidig, hatte er eine Tochter Marshall Fields geheiratet, eines Chicagoer Kaufhausmoguls, und seine Frau hatte ihm eine Mitgift von 8 Millionen Pfund in die Ehe gebracht; dies wurde von Admirälen und Kapitänen, die alle Mühe hatten, mit ihrem regulären Marinesold auszukommen, übel vermerkt. Andere beschwerten sich, daß er dem Leben an Land zu sehr zugetan sei und seine Pflichten vernachlässige; Beatty und seine Frau wurden tatsächlich oft in Gesellschaftskreisen gesehen; er war ein sehr guter Reiter und Liebhaber von

Parforcejagden – solch eine Liebhaberei hätte einem Kavallerieoffizier gut zu Gesicht gestanden, bei einem Admiral wirkte sie indessen seltsam. Damit nicht genug, war er arrogant: als ihm der Posten eines stellvertretenden Kommandeurs der Atlantikflotte angeboten wurde, eine Stellung, für die viele Offiziere dankbar gewesen wären, lehnte er ihn als nicht interessant genug ab. So war es nicht überraschend, daß die Admiralität ihm die kalte Schulter zeigte. Beatty lebte seit achtzehn Monaten bei halbem Sold im Wartestand an Land. Man rechnete damit, daß er über kurz oder lang um seinen Abschied einkommen würde.

Als Churchill Erster Lord wurde, bat Beatty ihn um eine Ernennung. Alles, was Churchill gehört hatte, war günstig: Jugend, Unternehmungsgeist, Mut. Beattys Vater hatte bei den 4. Husaren gedient, Churchills Regiment. Beattys Kanonenboot hatte bei Omdurman vom Nil aus mit seinen Geschützen den Angriff des 21. Ulanenregiments unterstützt. Churchill war völlig ungerührt von den Beschwerden der Admiralität, daß sein Besucher »zu schnell vorangekommen« sei und »zu viele Interessen an Land« habe. Als Beatty in sein Arbeitszimmer kam, musterte Churchill ihn mit einem Blick und sagte: »Sie scheinen sehr jung für einen Admiral.« Beatty erwiderte unerschrocken: »Und Sie scheinen sehr jung für einen Ersten Lord.« Churchill nahm ihn sofort. Beatty machte sich in einem Nebenzimmer des Chefbüros an die Arbeit, begleitete den Ersten Lord auf allen Inspektionsfahrten und lieferte einen Resonanzboden auf allen Gebieten der Strategie und Marinetechnik. Als im April 1913 eines der meistbegehrten Kommandos in der Marine, das Schlachtkreuzergeschwader, frei wurde, ernannte Churchill Beatty. Beatty führte das britische Schlachtkreuzergeschwader in der Skagerrakschlacht, wo es schwere Verluste erlitt, und übernahm später als Flottenadmiral die riesige Ansammlung von Großkampfschiffen, auf der Großbritanniens Sicherheit ruhte: die Große Flotte.

Auf der Suche nach Rat wandte sich Churchill an Jacky Fisher, der jetzt im Ruhestand lebte. Sie kannten einander gut, seit sie 1907 zwei Wochen zusammen im Haus eines gemeinsamen Freundes in Biarritz verbracht hatten. Fisher, damals Erster Seelord, hatte tage- und nächtelang geredet, Churchill hatte zugehört. Damals hatte Fisher sich »hoffnungslos in Winston Churchill verliebt. Ich glaube, er ist der netteste Kerl, den ich je getroffen habe, und solch ein regsamer Geist, daß es ein Vergnügen ist, mit ihm zu sprechen.« Der König, der sich auch in Biarritz aufhielt, bemerkte die neue Bekanntschaft und erzählte Lady Londonderry, daß er die beiden »höchst amüsant zusammen finde. Ich nenne sie ›die Schnatterer‹.«

Nach seiner Pensionierung hatte Fisher England verlassen, um seinen Ruhestand in Luzern zu verbringen. Er hatte McKenna und seine Frau sehr geschätzt und sie in seinen Briefen »Mein geliebter Erster Lord« und »Meine geliebte Pamela« tituliert, aber sobald er erfuhr, daß Churchill Erster Lord werden sollte, begann er Empfehlungen zu schicken: Battenberg sollte Wilson als Erster Seelord ablösen, Jellicoe sollte als stellvertretender Kommandeur zur Home Fleet gehen, und so weiter. Churchill hatte Fishers Briefe erwartet. Am Morgen des 25. Oktober, bevor er das Innenministerium verließ, um die Admiralität zu übernehmen, schrieb er:

> Mein lieber Lord Fisher,
> Ich möchte Sie sehr gern sprechen. Wann werde ich dieses Vergnügen haben? Sagen Sie nur, wann es Ihnen paßt, und ich werde Sie in der Admiralität erwarten.
>
> Mit herzlichen Grüßen
> WINSTON S. CHURCHILL

Das brauchte er nicht zweimal zu sagen. Drei Tage später erwarteten Churchill und beide McKennas den Zug im Bahnhof Charing Cross. Fisher verbrachte drei Stunden mit den McKennas, die beide »schrecklich niedergeschlagen waren«, dann fuhr er mit Churchill im Auto nach Reigate Priory, einer Kleinstadt südlich von London, wo Asquith und Lloyd George sie erwarteten. Der Dialog fand hauptsächlich zwischen dem Ersten Lord und dem Admiral statt. »Ich hatte bestimmte Vorstellungen, was ich tun wollte und was zu tun man mich in die Admiralität geschickt hatte«, sagte Churchill. »Ich beabsichtigte die Vorbereitungen auf einen deutschen Angriff so voranzutreiben, als ob er schon am nächsten Tag erfolgen würde. Ich hatte die Absicht, die Flotte auf die höchstmögliche Stärke zu bringen... Ich war verpflichtet, einen Kriegsstab zu schaffen. Ich war entschlossen..., den Transport einer britischen Armee nach Frankreich sicherzustellen, sollte ein Krieg kommen... Ich hatte den Premierminister und den Schatzkanzler hinter mir.« In Fisher fand Churchill »einen wahrhaften Vulkan von Kenntnissen und Inspiration; und sobald er erfuhr, welches mein Hauptziel war, ging er in einen Zustand vehementer Eruptionen über... Hatte er einmal angefangen, war er kaum zu bremsen. Ich überhäufte ihn mit Fragen, und er spuckte Ideen aus.«

Als die Gespräche in Reigate begannen, hatte Churchill nicht daran gedacht, Fisher in die Admiralität zurückzurufen. »Aber bis Sonntagabend war ich tief beeindruckt von der Kraft des Mannes und war beinahe entschlossen zu tun, was ich drei Jahre später tat, als ich ihn wieder an die Spitze der Marine stellte... Am nächsten Morgen war ich während der ganzen Rückfahrt nach London nahe daran zu sagen: ›Kommen Sie und helfen Sie mir‹, und hätte er mit einem Wort den Wunsch nach einer Rückkehr geäußert, wäre ich sicherlich darauf eingegangen. Aber er wahrte eine angemessene Würde, und in einer Stunde waren wir in London.« Fisher kehrte nach Luzern zurück.

Drei Wochen später war Fisher wieder da. Sie trafen sich zu einem geheimen

Wochenendtreffen an Bord der Admiralitätsjacht *Enchantress* in Plymouth, drei Tage »ständiger Gespräche, praktisch ohne Schlaf«. Professionelle Bande wurden geknüpft, und der Admiral begann den neuen Ersten Lord aus der Schweiz mit zehnseitigen, engbeschriebenen Briefen zu bombardieren, die »Mein geliebter Winston« überschrieben waren und von Unterstreichungen und Ausrufungszeichen strotzten. Sie enthielten »alle Arten von Nachrichten und Ratschlägen, von harschen Vorwürfen bis zu höchster Inspiration«, und endeten mit »der Ihre bis zur Verkohlung« oder »der Ihre, bis die Hölle zufriert« oder »bis Holzkohle grünt«. Fishers dringender Rat war, daß Churchill Admiral Jellicoe zum stellvertretenden Oberbefehlshaber der Heimatflotte ernenne, um ihm die Erfahrung und den notwendigen Rang zu geben, die er brauchte, um beim Ausbruch des Krieges den Befehl über die britische Hauptflotte zu übernehmen. Churchill willigte ein; Jellicoe wurde ernannt, obwohl er im Dienstalter unter den Vizeadmirälen erst an 21. Stelle stand. Fisher meldete die Neuigkeit seiner Schwiegertochter in ekstatischem Überschwang: »Der größte Triumph von allen ist, daß ich Jellicoe den Posten des stellvertretenden Oberkommandierenden der Heimatflotte verschaffen konnte. Er ist BESTIMMT der Nelson der Zukunft!« In einem Brief an Pamela McKenna führte er aus: »In zwei Jahren wird er [Jellicoe] Oberkommandierender der Heimatflotte sein... Die Schlacht von Armageddon * kommt im September 1914. Dieses Datum paßt den Deutschen, wenn sie jemals kämpfen werden. Sowohl ihre Armee als auch ihre Flotte sind dann mobilisiert, der Kaiser-Wilhelm-Kanal fertig und ihr neues [Flotten]Bauprogramm vollständig.«

Fisher sonnte sich in seiner neuen Rolle und schrieb begeistert über Churchill: »Bisher ist jeder Schritt, den er erwägt, gut und richtig, *und er ist mutig, was das Wichtigste ist. Napoleonisch in der Kühnheit, cromwellisch in der Gründlichkeit.*« Diese Lobpreisungen fanden im April 1912 ein abruptes Ende, als Churchill drei Admiräle beförderte, die dem König nahestanden und während der Spaltung innerhalb der Marine für Beresford Partei ergriffen hatten. »Ich bedaure... was Sie mit den Ernennungen von Sir Hedworth Meux, Sir Berkeley Milne und Sir Reginald Custance getan haben, und fürchte, daß dies meine letzte Kommunikation mit Ihnen in gleich welcher Angelegenheit sein muß«, schrieb Fisher an Churchill. »Es tut mir leid, aber ich halte dafür, daß Sie die Marine mit diesen drei Ernennungen verraten haben, und welcher Druck Sie dazu veranlaßt haben konnte, das Vertrauen zu verraten, ist jenseits meines Verständnisses.« Lord Esher gegenüber brachte Fisher die bösartige Vermutung zum Ausdruck, daß die Ernennungen auf Clementine, Churchills Frau zurückgingen: »Leider fürchtete Winston (wie ich ihm habe sagen müssen) für

* Nach der Offenbarung der mythische Schauplatz, wo dämonische Geister die Könige der gesamten Erde zu einem großen Krieg versammeln werden. (A. d. Ü.)

seine Frau das gesellschaftliche Scherbengericht des Hofes und unterwarf sich den Ernennungen der beiden Günstlinge des Hofes, die vor kurzem erfolgten – ein bösartiges Unrecht in beiden Fällen! Winston hat das Land dem Hof geopfert und seine mutigen Taten zunichte gemacht... also bin ich mit ihm fertig!«

Fisher fuhr fort zu grollen und zu wettern und ging soweit, den Ersten Lord einmal als »Königlichen Zuhälter« zu bezeichnen, aber Churchill ignorierte Beschwerden und Beleidigungen. Bald brüstete sich Fisher vor seinem Sohn: »...was Winston Churchill betrifft..., ohne Zweifel habe ich ihm einen schlimmen Brief geschrieben, und er hat wirklich sehr nett geantwortet, daß er zu mir halten und alle meine Pläne unterstützen und stets daran festhalten werde, daß ich ein Genie und der größte Administrator der Marine sei, etc., etc., ganz gleich, was ich ihm sagen würde... Man kommt jedoch nicht an der Tatsache vorbei, daß er sich dem Einfluß des Hofes unterworfen hat... und das habe ich ihm unter die Nase gerieben, und es schmeckt ihm nicht... Trotzdem fühle ich mich zum Besten der Marine widerwillig gezwungen, meine Ratschläge im Hinblick auf neue Dreadnoughts und andere Fragen des Kampfes weiterhin zur Verfügung zu stellen.«

Churchill plante eine Mittelmeerreise, und da Fisher in Neapel sein würde, beschloß der Erste Lord, dem alten Löwen in seiner Höhle die Mähne zu kraulen: »Mein lieber Fisher«, schrieb er am 15. Mai. »Der Premierminister und ich werden am 24. nach Neapel kommen... Ich freue mich auf ein gutes Gespräch mit Ihnen und enthalte mich daher der Antwort auf Ihren letzten Brief, den ich mit Freuden erhielt. Wären die Folgen der kürzlichen Ernennungen so, wie Sie befürchten, hätte ich Ihren Tadel in der Tat verdient. Aber sie werden nicht so sein. Die höchsten Positionen in der Admiralität und in der Flotte werden nicht vom Senioritätsprinzip beherrscht, und die Zukunft der Marine liegt in den Händen von Männern, denen Sie ebenso vertrauen wie ich... Was den Rest betrifft, so lassen Sie uns warten, bis wir ungezwungen miteinander reden können. Schreiben ist so ermüdend und unbefriedigend.«

Churchill reiste nach Malta und Gibraltar, um die Admiräle der Mittelmeerflotte zu treffen und mit ihnen und Kitchener, der aus Ägypten erwartet wurde, die Verteidigung der lebenswichtigen Verbindungslinien des Empires durch das Mittelmeer zu besprechen.* Aus diesem Grund wurde er vom Zweiten Seelord, Prinz Louis Battenberg, und Beatty, seinem Marinesekretär, begleitet. Aber er wollte sich auch unter blauem Himmel entspannen, und um dieses Vergnügen zu teilen, lud er Clementine, ihre Schwester, ihre Schwägerin und Asquith ein, der seine fünfundzwanzigjährige Tochter Violet mitbrachte. Die Gesellschaft

* Der Besuch sollte zu der Entscheidung führen, die Schlachtschiffe der britischen Mittelmeerflotte in die Nordsee zu überführen und die Obhut britischer Interessen im Mittelmeer in die Hände der französischen Marine zu legen.

ging in Genua an Bord der *Enchantress* und lief zwei Tage später in den Golf von Neapel ein. In ihrem Tagebuch schrieb Violet Asquith: »Einige von uns gingen an Land... direkt zum Nationalmuseum... zurück zur Jacht, um zu Mittag zu essen, *und da war Lord Fisher!* Seine Augen glichen wie immer schwelenden Holzkohlen... Er war sehr freundlich zu Vater und Prinz Louis, sah Winston aber, wie ich dachte, mit finsteren Blicken an... Als der Tag seinen Fortgang nahm, bemerkte ich Anzeichen von Besänftigung in Lord F., die wohl bald zum Schmelzen führen würde. Beim Tee flüsterte ich Winston zu: ›Er schmilzt‹. Seine Gedanken waren anderswo. Er blickte mich verständnislos an und sagte mit harter, lauter Stimme: ›Was schmilzt?‹ Verwirrt antwortete ich: ›Die Butter.‹ Das brachte unsere Gastgeberin [Clementine] auf den Plan, die besorgt das Brot und die Butter beäugte. Als wir zur *Enchantress* zurückkehrten, zogen sich Lord F. und W. in ein Marinekonklave zurück... Ich bin sicher, daß sie einander aus der Nähe nicht lange widerstehen können.«

Fisher blieb über Nacht an Bord, und am nächsten Tag berichtete Violet: »Tanzte vor dem Frühstück lange mit Lord Fisher auf Deck... Ich taumele schwindlig in seinen Armen und falle an sein eichenes Herz.« Violets Charme und Winstons Werbung bezwangen Fisher. »Ich wurde beinahe entführt und mit der Admiralitätsjacht verschleppt!« schrieb Fisher an einen Freund. »Sie fingen es sehr nett an! Meine alte Kabine als Erster Seelord war für mich vorbereitet! Ich amüsierte mich und kam groß heraus! Der Premierminister ist ganz für meine Rückkehr und hat mir seine Vorschläge so dringlich unterbreitet, daß ich das Schlachtfeld wahrscheinlich wieder betreten werde, wenn auch mit großem Widerstreben...« In einem Brief an seine Frau führte der Admiral Churchills Komplimente auf: »WC sagte, der König spreche zu ihm ständig von mir und habe anerkannt, wieviel ich getan hätte, daß ich aber von bestimmten Ideen nicht lassen könne, die zu billigen er sich außerstande sehe. WC erklärte darauf dem König, daß alles, was jetzt zu Hause und im Ausland über die ›gegenwärtige überwältigende Vorherrschaft und Kampfkraft der britischen Marine‹ gesagt würde, einzig und allein mir zu verdanken sei! Und daß es binnen kurzem 16 Schiffe mit 35 cm-Geschützen geben würde, während nicht ein einziges deutsches Schiff mehr als 30,5 cm-Geschütze habe, die, verglichen mit den britischen 35 cm-Geschützen, nur Pusterohre seien, und er sagte, der König habe darauf nichts mehr gesagt. Ich hörte auch indirekt von Esher, daß Winston Churchill nicht nur beim König, sondern auch bei allen Hofleuten immer für mich eintritt...«

Das Verhältnis des neuen Ersten Lords zur Marine bestand nicht nur aus Papierkrieg und strategischen Gesprächen. Für Churchill, der vor Tatendrang und Energie zu platzen schien, gab es auch Vergnügliches. Eine der Erfordernisse seines Amtes war die Auswahl der Damen, die neue Dreadnoughts tauften.

Weniger als sieben Wochen nach seiner Ernennung stand Winston dabei, als Clementine das Schlachtschiff *Centurion* taufte. Zwei Jahre später taufte Jennie das Schlachtschiff *Benbow*. Es gab noch andere Freuden: der Erste Lord war der einzige Mann im Königreich außer dem Monarchen selbst, dem eine vom Steuerzahler finanzierte Jacht zur Verfügung stand. Die Admiralitätsjacht *Enchantress*, ein schönes Schiff von 3500 Tonnen, besaß komfortable Luxuskabinen, einen ausgezeichneten Weinkeller und eine hundertköpfige Besatzung, die den Ersten Lord brachte, wohin er wollte. Winston machte das Schiff »weitgehend zu meinem Büro, beinahe meinem Heim« und verbrachte während seiner ersten achtzehn Monate im Amt 182 Tage an Bord. In dieser Zeit besuchte er alle britischen Flottenstützpunkte und Marinewerften im Vereinigten Königreich und dem Mittelmeer. Als Herr der *Enchantress* konnte er für jeden, der ihm gefiel, den Gastgeber spielen, den Premierminister nicht ausgenommen, der keine Jacht hatte und die Kreuzfahrten unter der warmen Mittelmeersonne genoß.

Der Mai 1912 sah Churchills erste große Flottenparade als Erster Lord: »Die Flaggen von einem Dutzend Admirälen, die Wimpel von Geschwaderkommandeuren und 150 Schiffen wehten zusammen im Wind. Der König kam in der königlichen Jacht... Es gab eine lange Fahrt hinaus in den Nebel, der dicht war und alles verhüllte – die ganze Flotte dampfte gemeinsam, alle Schiffe unsichtbar, mit unheimlichen Sirenengeheul und dumpfen Nebelhörnern ihre Positionen signalisierend. Es schien unglaublich, daß kein Unglück geschah. Und dann hob sich der Nebel plötzlich, und die entfernten Ziele konnten ausgemacht werden, und die ganze lange Reihe der Schlachtschiffe, die eines nach dem anderen in Sicht kamen, feuerten mit aufblitzenden Flammenzungen und schleuderten ihre Granaten mit ohrenbetäubenden Detonationen hinaus, wo hohe Wassersäulen aus der Meeresoberfläche stiegen. Dann kehrt die Flotte zurück – drei Schlachtschiffgeschwader Seite an Seite, Kreuzer und Zerstörerflotillen an der Spitze und achteraus. Die Geschwindigkeit wird auf 20 Knoten erhöht. Weiße Schaumstreifen erscheinen am Bug jedes Schiffes. Das Land rückt näher. Schon umarmt die breite Bucht diese in schneller Fahrt befindliche, gigantische Armada. Die Formation der Schiffe füllt bereits die Bucht. Die ausländischen Offiziere, die ich bei mir auf der Brücke der *Enchantress* habe, spähen besorgt hinaus. Noch immer dampfen wir mit voller Fahrt. Noch fünf Minuten, und die Vorhut der Flotte wird auf Grund laufen. Vier Minuten. Drei Minuten. Da! Endlich. Das Signal! Eine Reihe bunter Signalflaggen flattert vom Fall der *Neptun*. Alle Anker fallen gemeinsam; ihre Ketten schießen durch die Klüsen; alle Schrauben drehen sich mit voller Kraft rückwärts. Nach 150 Metern stehen alle Schiffe. Man kann ihre Reihen entlangblicken, kilometerweit in dieser und in jener Richtung, und sie hätten mit einem Lineal gezogen sein können. Die ausländischen Beobachter schnappten nach Luft.«

Auf Fishers Veranlassung interessierte sich Churchill für das Los der einfachen Seeleute und Unteroffiziere. Der Sold, in der Marine seit sechzig Jahren unverändert, wurde angehoben; Verdrießlichkeiten in Form kleinlicher Diszilin, unzureichenden Urlaubs und langsamer Beförderung wurden beseitigt. »Kein Erster Lord in der Geschichte der Marine hat angesichts der Lebensbedingungen der unteren Dienstgrade mehr praktisches Mitgefühl als Winston Churchill«, schrieb ein nichtamtliches Schiffahrtsmagazin. Ein Berichterstatter des *Daily Express* begleitete ihn 1912 bei der Besichtigung eines U-Bootes: »Er sprach mit fast allen Besatzungsmitgliedern des Bootes, fragte sie, warum, wozu und wie alles getan wurde. Alle Seeleute gehen für ihn durchs Feuer, weil er kein Aufhebens macht und sie überrumpelt. Er ist hier, dort, überall.« Sympathie für einfache Dienstgrade und Ermutigung, Übelstände zur Sprache zu bringen, hielt Churchills Beliebtheit bei den Offizieren in Grenzen. Einmal, als er in einem Kreuzer herumstöberte, ließ er sich von dem Offizier, der ihn führte, den Karzer zeigen. Als der Offizier hinterher in die Messe kam, riefen seine Offizierskameraden: »Warum hast du ihn nicht eingesperrt?« Was Churchill als angemessenes Interesse an den Lebensbedingungen der Mannschaften betrachtete, sahen die Offiziere als Versuche, sich bei unteren Rängen anzubiedern. Beim Besuch eines Schlachtschiffes ließ der Erste Lord einmal die Besatzung zur Inspektion auf Deck antreten. Dann stellte er den Wachoffizier auf die Probe:

»Kennen Sie Ihre Männer beim Namen?« fragte der Erste Lord.

»Ich denke schon, Sir; wir haben in letzter Zeit viele Wechsel gehabt, aber ich glaube, ich kenne sie alle«, antwortete der Offizier.

»Wie ist der Name dieses Mannes?«

»Jones, Sir.«

»Wie ist Ihr Name?« fragte Churchill den Seemann.

»Jones, Sir.«

»Ist Ihr Name wirklich Jones, oder sagen Sie es nur, weil Ihr Offizier es sagt?«

»Mein Name ist Jones, Sir.«

Als Churchill von Bord ging, waren der Offizier und seine Kollegen »vor Wut am Ersticken«.

Dienstälteren Kapitänen und Admirälen gegenüber – von denen manche alt genug waren, seine Väter zu sein – schien Churchill besonders respektlos. Ein anmaßender junger Mann von sechsunddreißig Jahren mit einer durch Reklamegeschrei aufgeblasenen Kriegserfahrung als Kavallerieleutnant wischte begründete professionelle Meinungen mit einer Handbewegung beiseite, mischte sich in technische Angelegenheiten ein, zog unbesonnen voreilige Schlüsse. Sie revanchierten sich auf ihre Weise. Churchill beobachtete das alte Schlachtschiff *Cornwallis* beim Zielschießen. Als die Geschütze verstummt waren, wollte er wissen, wie viele Treffer erzielt waren.

»Keine«, erwiderte der Admiral.

»Keinen einzigen? *Alles* Fehlschüsse? Wie erklären Sie das?«

»Nun, sehen Sie, Erster Lord, die Granaten scheinen entweder etwas zu kurz gefallen zu sein, oder sie lagen ein kleines Stück hinter dem Ziel.«

Die Seelords sahen sich jeden Tag mit diesem Problem konfrontiert. Der Erste Lord behandelte sie als seine Untergebenen und erteilte Befehle, statt sie um ihren Rat zu bitten. Gegen seine Entscheidungen und seine Persönlichkeit gab es keine Berufungsmöglichkeit; Premierminister und Kabinett standen fest hinter ihm. Bei einem denkwürdigen Anlaß, als einer der Seelords Churchill beschuldigte, die altehrwürdigen Traditionen der Royal Navy zu mißachten, erwiderte der Erste Lord heftig: »Und was für Traditionen sind das? Ich werde es Ihnen mit drei Worten sagen. Rum, Sodomie und die Peitsche. Guten Morgen, Gentlemen.«

In der sogenannten Bridgeman-Affäre fand Churchills verletzende Behandlung der Seelords schließlich die Aufmerksamkeit des Unterhauses. Sir Francis Bridgeman war ein tüchtiger, wenn auch farbloser Admiral, der zufrieden als Oberkommandierender der Heimatflotte gedient hatte, bis Churchill ihn an Land holte, um Sir Arthur Wilson zu ersetzen. Bridgeman kam, widerwillig, aber pflichtbewußt, »um die Dinge voranzubringen, wenn ich kann«. Bis zum Herbst 1912 war der Admiral, ein Mann von ruhiger angenehmer Wesensart, bereits im verschiedenen Fragen mit dem ungestümen Ersten Lord aneinandergeraten. Schließlich stellte er fest, daß Churchills ständige Einmischung in technische Entscheidungen und sein wiederholtes Sichhinwegsetzen über Marinetraditionen die Autorität dienstälterer Offiziere untergrabe und der Effizienz der Marine schade. Der Erste Lord nahm diese Kritik sehr unfreundlich auf, und Bridgeman drohte, seinen Fall dem Premierminister und dem König vorzutragen.

Von diesem Augenblick an war Bridgemans Schicksal besiegelt. Am 14. November sagte Churchill Prinz Louis Battenberg, daß er bald zum Ersten Seelord aufrücken werde. Bridgeman erholte sich zu dieser Zeit von einer Blinddarmentzündung und einer hartnäckigen Bronchitis. In Briefen an Battenberg und Beatty hatte er die Möglichkeit eines Rücktritts erwähnt und sehnsuchtsvoll davon gesprochen, in ein wärmeres Klima zu ziehen, wo er in der Sonne sitzen und sich erholen könnte. Berichte über den Inhalt dieser Briefe erreichten Churchill, der Bridgemans Gesundheitszustand aufgriff und dem Admiral schrieb, daß er sich des großen Opfers bewußt sei, das der Erste Seelord bringe, indem er auf seinem Posten ausharre. »Sollten wir durch irgendein Mißgeschick in einen Krieg verwickelt werden«, fuhr der Erste Lord fort, »befürchte ich, daß die Bürde schwerer sein mag, als Sie tragen könnten.« Bridgeman interpretierte die verhüllte Aufforderung zum Rücktritt einfach als die Sorge eines Wohlmeinenden um seine Gesundheit und erwiderte, daß er sich bereits auf dem Wege der Besserung befinde und sich gesund genug fühlte, um die Arbeit fortzuführen. Dieser Brief kam Churchill höchst unwillkommen, denn er hatte in törichter Übereilung Bridgemans Rücktritt bereits dem Premierminister und dem König mitgeteilt. Am 2. Dezember ließ Churchill den Anschein der Fürsorglichkeit fallen und benachrichtigte Bridgeman kurzerhand, daß sein Rücktrittsgesuch angenommen sei.

Ein Wechsel dieser Größenordnung mußte zu Kommentaren in der Presse führen. Dies um so mehr, als Churchill innerhalb eines Jahres bereits die Rücktritte von vier Seelords erzwungen hatte. Am 11. Dezember brachte Lord Charles Beresford die Angelegenheit im Unterhaus zur Sprache. Beresford sah Churchill nicht nur als einen Eindringling in der Admiralität, sondern auch als den Agenten seines Erzfeindes Fisher.

»Darf ich den Ersten Lord fragen, ob es eine Tatsache ist, daß der schlechte Gesundheitszustand und keine andere Ursache der Grund für den Rücktritt des Ersten Seelords war?« fragte Beresford.

»Soweit mir bekannt ist, gab es keinerlei andere Gründe«, erwiderte Churchill.

»Darf ich fragen, von welcher Seite der Vorschlag zum Rücktritt ausging – von der Admiralität oder vom Ersten Seelord?« fuhr Beresford fort.

»Nun gut«, sagte Churchill. »Da der edle Lord darauf drängt: der Vorschlag ging von mir aus.«

Churchill sorgte sich, daß die Angelegenheit außer Kontrolle geraten könnte. Die Presse posaunte aus, daß ein ausgezeichneter Admiral mit einer langen und ehrenhaften Karriere von einem tyrannischen Minister, der nichts von der Marine verstehe, aber jeden entlasse, der sich seinen Forderungen nicht beuge, summarisch abserviert worden sei. Selbst Leute, denen die Einzelheiten nicht bekannt waren oder die von Churchill eine gute Meinung hatten, waren der Meinung, daß Bridgeman übel mitgespielt worden sei. Um seine Position zu verbessern, versuchte Churchill den Admiral einzuschüchtern und befahl ihm zu erklären, daß nur sein Gesundheitszustand und nicht Meinungsverschiedenheiten über die Ressortpoltik zu seinem Rücktritt geführt habe. Bridgeman reagierte auf dieses Ansinnen mit der aufrichtigen Erwiderung, daß er das nicht tun könne; er erinnerte Churchill an bestimmte Meinungsverschiedenheiten und die Tatsache, daß er in einem Falle seinen eigenen Rücktritt als letztes Mittel vorgeschlagen habe.

Frustriert und zornig, ließ Churchill seine Wut im Unterhaus an Beresford aus. Als der frühere Admiral in der Fragestunde aufstand, griff Churchill ihn wütend an.

»Ich ersuche den edlen Lord, genauer auszuführen, was er im Sinn hat – wenn er etwas im Sinn hat. Es ist seine Gewohnheit, in Angelegenheiten dieser Art eine Reihe von Anspielungen zu machen.«

»Das ist nicht wahr«, unterbrach Beresford.

»Anspielungen von sehr plumper Art«, beharrte Churchill. »Von denen einige die Grenzen parlamentarischer Schicklichkeit überschreiten; um das Sitzungsprotokoll mit Suggestivfragen zu füllen, die darauf abzielen, jedwedem Klatsch und Tratsch, den er zusammengekratzt haben mag, Substanz und Form zu geben, und dann damit vor dieses Haus zu treten, nicht in dem Bemühen, seine Sache mit Tatsachen oder im Detail zu beweisen... sondern um im Hintergrund herumzuschleichen und auf eine Gelegenheit zu warten... Seit ich Erster Lord der Admiralität geworden bin, habe ich noch nie auf die unflätigen und ständigen persönlichen Angriffe des edlen Lords geantwortet. Ich suchte keinen Streit mit ihm... aber in den vergangenen vierzehn Tagen hielt er eine Rede, in der er sagte, ich hätte die Marine verraten... und seither ist er im Land herumgezogen und hat mit Beschuldigungen der Spionage, Günstlingswirtschaft, Erpressung, Betrug und Untüchtigkeit um sich geworfen.«

»Ich leugne das entschieden«, unterbrach ihn Beresford wieder. »Ich gebrauchte niemals das Wort ›Erpressung‹. Nennen Sie Ort und Datum.«

»Gewiß«, erwiderte Churchill. »Im Wahlbezirk des ehrenwerten Mitglieds für Eversham – mein Gedächtnis ist in diesen Dingen sehr gut – gebrauchte er den Großteil dieser anstößigen Ausdrücke, die, unnötig zu sagen, durch keinerlei Fakten oder Argumente gestützt wurden... Ich habe diese Dinge niemals allzu ernst genommen. Ich gehöre nicht zu denen, die den edlen Lord allzu ernst nehmen, ich kenne ihn zu gut. Er will an sich gar nicht so beleidigend sein, wie er es oft ist, wenn er auf öffentlichen Versammlungen spricht. Er ist einer von jenen Rednern, über die einmal sehr gut gesagt wurde: ›Bevor sie aufstehen, wissen sie nicht, was sie sagen werden; wenn sie sprechen, wissen sie nicht, was sie sagen; und wenn sie sich wieder hingesetzt haben, wissen sie nicht, was sie gesagt haben.‹ ... Unter seinem leutseligen Benehmen... nährt der edle Lord viel bitteren Groll in Marineangelegenheiten.«

Das Parlament, dem Beresfords zur Besessenheit gesteigerte Abneigung gegen Fisher wohlbekannt war, sprach sich in der Mehrheit für den Ersten Lord aus. Bezeichnenderweise stellte sich sogar Bridgeman hinter Churchill. Nach dem Wortwechsel im Unterhaus schrieb er: »Ich hoffe wirklich, daß die ganze Angelegenheit nun ein Ende hat, aber ich höre Gerüchte von einer im Untergrund geführten Agitation gegen Churchill; ich gebrauche meinen geringen Einfluß, sie zum Stillstand zu bringen... Ich fürchte, Beresford ist nicht leicht aufzuhalten, und ich habe unglücklicherweise keinen Einfluß auf ihn.«

Churchills Verhältnis zu König George V. war korrekt, aber kühl. Da er fünfzehn Jahre in der Marine verbracht hatte und durch eingenes Verdienst zum Rang eines Kapitäns zur See aufgestiegen war, bevor der Tod seines Bruders ihn zum

Prinzen von Wales machte, teilte George V. die meisten Ansichten und Vorurteile der dienstälteren Offiziere in der Marine. Im Machtkampf zwischen Fisher und Beresford stellte sich der König auf die Seite Beresfords und war daher wenig erfreut, als Churchill den früheren Ersten Seelord zu seinem wichtigsten Berater machte. Churchill seinerseits respektierte den Monarchen, ohne seinen Meinungen allzuviel Gewicht beizumessen. Nach einer königlichen Visite an Bord der *Enchantress* berichtete Churchill seiner Frau, der König habe mehr dummes Zeug über die Marine gesagt, als er sonst von irgendwem gehört habe. Im Laufe von drei Jahren kam es zwischen den beiden dreimal zu Meinungsverschiedenheiten über die Namen, die neuen Dreadnoughts gegeben werden sollten. Nach der Tradition schlug der Erste Lord Namen vor, und der König änderte ab, machte Gegenvorschläge oder stimmte zu. Im November 1911, unmittelbar nachdem er Erster Lord geworden war, schlug Churchill für die vier im Haushalt dieses Jahres vorgesehenen Schlachtschiffe die Namen *Africa, Assiduous, Liberty* und *Oliver Cromwell* vor. Der König lehnte es ab, ein Schiff nach dem Mann zu nennen, der König Charles I. den Kopf hatte abschlagen lassen. Er akzeptierte *Africa* und schlug seinerseits *Delhi, Wellington* und *Marlborough* vor. Die vier Schiffe erhielten schließlich die Namen *Iron Duke* (was Churchill besser gefiel als Wellington), *Marlborough, Emperor of India* und *Benbow*. Im folgenden Jahr schlug der Erste Lord für die vier großen und mit 38 cm-Geschützen noch stärkeren, zudem mit Ölfeuerung ausgerüsteten Schlachtschiffe der 1912-Klasse vier Namen aus Englands kriegerischer Geschichte vor, Der König las: *King Richard the First, King Henry the Fifth, Queen Elizabeth* und – wieder – *Oliver Cromwell.*

Lord Stamfordham, der Privatsekretär des Königs, schrieb sofort an Churchill zurück, daß »ein Fehler vorliegen« müsse. »Dieser Name wurde für eines der Schiffe des vorjährigen Programmes vorgeschlagen; Seine Majestät war außerstande, ihm zuzustimmen und ... erklärte Ihnen persönlich die Gründe für seinen Einwand.« Diesmal wollte Churchill nicht nachgeben. »Oliver Cromwell war einer der Begründer der Marine, und kaum ein anderer tat soviel für sie«, schrieb er an Stamfordham. »Es scheint mir richtig, daß wir einem Schlachtschiff einen Namen geben sollten, der die Feinde Englands zittern machte.« König George wollte auch nicht nachgeben, und der Erste Lord beugte sich. Das neue Schiff bekam den Namen *Valiant*, und von Churchills ursprünglicher Wahl blieb nur *Queen Elizabeth* übrig. Die beiden anderen Dreadnoughts erhielten die Namen *Warspite* und *Barham*, und ein fünftes Schwesterschiff der Klasse, *Malaya*, wurde nach der Kolonie benannt, die seinen Bau bezahlte.

Churchills letztes Scharmützel mit dem König in der Frage der Namengebung ergab sich wiederum aus den Vorschlägen des Ersten Lords. Für zwei dieser Schiffe hatte er die Namen *Ark Royal* und *Pitt* vorgeschlagen. Der König hatte verschiedene Argumente gegen *Ark Royal*, aber *Pitt* lehnte er aufgrund seiner langen seemännischen Erfahrung intuitiv ab. Er wußte, daß Seeleute dazu neigten, den Schiffen, auf denen sie dienten, im Klang ähnliche Spitznamen möglichst obszöner oder fäkaler Bedeutung zu geben; *Pitt* war viel zu einfach und würde ein unvermeidliches Resultat haben. Als Churchill das Argument vorgetragen wurde, murrte er, daß diese Überlegung »des königlichen Geistes unwürdig« sei. Die Dreadnoughts der 1913-Klasse, die letzten des Vorkriegs-Bauprogrammes, erhielten Namen, wie sie dem Monarchen gefielen: *Royal Sovereign, Royal Oak, Ramillies, Resolution* und *Revenge*.

Churchills bedeutsamste Leistung als Erster Lord in Friedenszeiten war die Entwicklung und der Bau der *Queen Elizabeth*-Klasse von überschweren Schlachtschiffen. Diese Division fünf großer, schneller und schwer gepanzerter Schiffe, die mit Ölfeuerung ausgerüstet waren und schwerere Geschütze trugen als alle vorausgegangenen Dreadnoughts, nahm an der Skagerrakschlacht teil, dem lang erwarteten »Armageddon« von Jacky Fishers Vision. Jedem früheren Schlachtschiff beträchtlich überlegen, bildeten sie bis in den Zweiten Weltkrieg hinein, als Churchill, wieder Erster Lord und dann Premierminister, Ursache hatte, für ihre Existenz dankbar zu sein, das Rückgrat britischer Seemacht. Die beherrschende Waffe des Seekrieges der Zeit war trotz des Aufkommens der Torpedowaffe das schwere Schiffsgeschütz, dessen langer, gezogener Lauf eine schwere Granate viele Kilometer weit auf ein feindliches Schiff feuerte, um dessen Panzerung zu durchschlagen und in Geschütztürmen oder dem Rumpf zu explodieren und Verwüstung und Tod zu verbreiten. Größe und Gewicht dieser Granaten wuchsen mit den Kalibern der Schiffsgeschütze. Die *Dreadnought*, Fishers erstes Großkampfschiff, war mit zehn schweren 30,5 cm-Geschützen ausgerüstet, deren Granaten jeweils etwas mehr als 385 kg wogen. In den folgenden Bauprogrammen von 1906 bis 1909 wurden insgesamt 16 Großkampfschiffe gebaut – zehn Schlachtschiffe und sechs Schlachtkreuzer –, die mit 30,5 cm-Geschützen ausgerüstet waren. Im Bauprogramm 1909 wurde auf Fishers Drängen das Kaliber erheblich auf 34,5 cm vergrößert.* Diese Vergrößerung um nur vier Zentimeter im Durchmesser der Granate erhöhte ihr Gewicht von 385 kg auf 567 kg.

Als Churchill in die Admiralität kam, waren achtzehn Dreadnoughts mit 34,5 cm-Geschützen vom Stapel gelaufen, auf Kiel gelegt oder genehmigt, aber noch keines war in Dienst gestellt. Sobald er Erster Lord wurde, war ihm das

* Die ersten zwei Schiffe des »Wir wollen acht!«-Programms für 1909, *Colossus* und *Hercules*, waren noch mit 30,5 cm-Geschützen bestückt. Die nächsten sechs, *Orion, Conqueror, Monarch, Thunderer, Lion* und *Princess Royal*, erhielten die neuen 34.5 cm-Geschütze.

nicht mehr genug; er wollte ab sofort alles eine Nummer größer haben. Innerhalb weniger Monate sollte er vor das Unterhaus treten und bei der Vorlage des Haushaltsentwurfes 1912 um die Bewilligung von Mitteln zum Bau fünf weiterer Riesenschiffe bitten. Er entschied, Geschütze noch größeren Kalibers – 38 cm – vorzuschlagen, die ihre 871 kg schweren Granaten 32 km weit schießen konnten. Er besprach seinen Plan mit Fisher. »Niemand, der es nicht erlebt hat, hat eine Vorstellung von der Leidenschaft und Beredsamkeit dieses alten Löwen, wenn er für ein technisches Thema gründlich entflammt ist«, schrieb Churchill. »Vor dem Unternehmen zurückzuschrecken, wäre Verrat am Empire!« brüllte Fisher. »Was versetzte Jack Johnson in die Lage, seine Gegner k. o. zu schlagen? Seine gewaltige Schlagkraft.«

So ermutigt, befahl Churchill die Entwicklung und Herstellung der neuen Schiffskanone. Der Neuentwurf von Dreadnoughts für die neuen Waffen war kompliziert und riskant. Wenn das Kaliber vergrößert wurde, mußte alles vergrößert werden: die Geschütztürme, die Schiffe selbst, die gepanzerten Flächen. Dies bedeutete eine beträchtliche Kostensteigerung. Und alles das mußte getan werden, bevor bekannt war, ob die neue Kanone die Erwartungen erfüllen würde. »Wenn wir nur ein Versuchsmuster machen und gründlich erproben könnten, bevor wir die Bestellungen für sämtliche Geschütze aller fünf Schiffe aufgeben«, schrieb Churchill über sein Dilemma. »Dann wäre es kein Risiko. Aber in diesem Fall würden wir ein ganzes Jahr verlieren und fünf große Schiffe würden mit einer geringeren Waffe als der, die wir ihnen geben könnten, in die Kampflinie gehen.« Der besorgte Erste Lord ließ sich von Fisher ermutigen. »Er war standhaft und sogar heftig. Also faßte ich mir ein Herz und wagte den Sprung.« Vierzig der neuen Kanonen wurden bestellt. Ein Rohr wurde mit Überstunden und Sonderschichten vier Monate vor den anderen gefertigt, um es beim Probeschießen auf Beanspruchung, Reichweite und Zielgenauigkeit zu prüfen. Gleichwohl waren Churchill und die Marine unwiderruflich festgelegt. Das erste der neuen Schiffe, die *Queen Elizabeth*, wurde erst nach drei Jahren Bauzeit in Dienst gestellt. Während dieser Zeit wartete Churchill in banger Anspannung: »Der Gedanke, daß sie ein Mißerfolg sein könnten. Welch eine Katastrophe. Welch eine Blamage. Keine Entschuldigung würde akzeptiert. Man würde mir alles vorhalten – ›übereilt, unerfahren‹, ›bevor er einen Monat im Amt gewesen ist‹, ›ändert alle Pläne seiner Vorgänger‹ und produziert ›dieses schreckliche Fiasko‹, ›die Verstümmelung aller Schiffe des Jahres‹. Was hätte ich darauf erwidern können?«

Die Kanone erwies sich als großer Erfolg, und die mit ihr ausgerüsteten Schlachtschiffe waren in der Lage, Granaten abzufeuern, die 40 Prozent schwerer als alles waren, was auf sie zurückgefeuert werden konnte. Noch während seiner langen und bangen Wartezeit war Churchill überwältigt von dem, was er schuf. Im Mai 1912 sagte er beim Jahresbankett der Königlichen Akademie, daß

»in der Welt der Marine alles auf die kurzzeitige Manifestation einer zerschmetternden, sprengenden, übermächtigen Gewalt gerichtet ist«. Ein paar Tage später schilderte er vor dem Unterhaus den Einschlag einer schweren Granate in ein Kriegsschiff. Um sich »eine Schlacht zwischen zwei großen, modernen Panzerschiffen« vorzustellen, »dürfen Sie nicht an ... zwei Männer in Rüstungen denken, die mit Schwertern aufeinander einschlagen. Es ist mehr wie ein Kampf zwischen zwei Eierschalen, die mit Hämmern aufeinanderschlagen ... Wie wichtig es ist, zuerst zuzuschlagen, am härtesten zuzuschlagen und weiter zuzuschlagen ... bedarf wirklich keines klareren Beweises.«

Die neuen Schiffe konnten einen K. o.-Schlag führen; es blieb die Aufgabe, sie mit entsprechender Panzerung zu versehen und ihnen eine überlegene Geschwindigkeit zu verleihen. Bei den Schiffen dieser Klasse wurde nicht mit Panzerung gespart; Schlüsselzonen wie die Wasserlinie mittschiffs und die Panzertürme wurden mit 34 cm starken Stahlplatten gepanzert. Churchills Schiffe konnten Schläge nicht nur austeilen, sondern auch einstecken. Trotzdem war er noch nicht zufrieden. Er wollte Geschwindigkeit. Die üblichen 21 Knoten der britischen Dreadnoughts reichten nicht aus, einen fliehenden Feind zu überholen und zum Kampf zu stellen. Er verlangte die Geschwindigkeit von Schlachtkreuzern, 25 oder 26 Knoten.

Hier wie in beinahe allem anderen folgte er Fishers ständigen Ruf: »Schnelligkeit! Schnelligkeit!« »Erinnern Sie sich an die alten Kochbücher? Erst müssen Sie den Hasen fangen ...« »Die erste aller Notwendigkeiten ist Schnelligkeit, damit Sie den Kampf führen können, wann Sie wollen, wo Sie wollen und wie Sie wollen ...«

Die Schlachtkreuzer hatten ihre Geschwindigkeit erreicht, indem sie Panzerung opferten. Davon hielt Churchill nichts. »Ich glaube nicht an die Weisheit des Schlachtkreuzers«, schrieb er. »Die Kampfkraft eines Schlachtschiffes erster Klasse in ein Schiff zu stecken, das selbst keine Treffer aushalten kann, ist falsche Politik.« Der Erste Lord und seine Konstrukteure suchten nach anderen Wegen. Sie konnten auf einen Geschützturm verzichten. Alle bis dahin gebauten Großkampfschiffe trugen zehn 30,5 cm- oder zehn 34,5 cm-Geschütze paarweise in fünf Türmen. Da zwei Türme zu beiden Seiten mittschiffs angeordnet waren, konnten bei einer Breitseite jeweils nur acht Rohre abgefeuert werden, da ein Turm auf der abgewandten Seite nicht einsatzfähig war. Immerhin wog eine volle Breitseite aus den 34,5 cm-Geschützen eines Schiffes wie *Orion*, *King George V.* oder *Iron Duke* mehr als fünf Tonnen. Jetzt wurden jeweils zwei Geschütze vorn und achtern übereinander gestuft, und trotz eines eingesparten Turmes konnten acht Rohre eine Breitseite feuern. Diese wog nun durch das auf 38 cm vergrößerte Kaliber beinahe sieben Tonnen. Die 2000 Tonnen des eingesparten Geschützturmes gingen in die Maschinenanlagen. Mehr Kessel wurden eingebaut. Doch es war noch immer nicht genug.

Die Lösung war Ölfeuerung. Öl brannte besser als Kohle und gab mehr Hitze ab. Dampf unter höherem Druck trieb die Turbinen und Schiffsschrauben schneller an. Öl hatte weitere Vorteile. Es konnte auf See von Tankern in Kriegsschiffe gepumpt werden und machte die ständige Notwendigkeit, zum Kohlen einen Hafen anzulaufen, überflüssig.

»Die Mühsal des Kohlens erschöpfte die ganze Mannschaft«, schrieb Churchill. »... Bei einem Schiff mit Ölfeuerung wurden nur ein paar Rohrleitungen mit dem Ufer oder dem Tanker verbunden, und der Brennstoff wurde an Bord gepumpt, ohne daß jemand einen Finger heben mußte... Öl konnte an Bord in schwer zugänglichen Räumen gelagert werden, aus denen Kohle unmöglich zu den Feuerungen hätten gebracht werden können. Wenn ein Schiff mit Kohlefeuerung seine Vorräte aufbrauchte, mußten immer mehr Leute, notfalls von den Geschützen, herangezogen werden, um die Kohle von entfernten und ungünstig gelegenen Bunkern zu den bereits geleerten Bunkern nahe bei den Feuerungen zu schaufeln, was die Kampfkraft des Schiffes schwächte... So waren zum Beispiel an Bord der *Lion* beinahe hundert Mann ständig damit beschäftigt, Kohle von einem stählernen Bunker zu einem anderen zu schaufeln, ohne jemals das Licht des Tages oder der Feuer unter den Kesseln zu sehen.«

Viele kleinere Schiffe wurden bereits mit Ölfeuerung betrieben, und als Churchill die Admiralität übernahm, waren 56 Zerstörer ausschließlich mit Ölfeuerungen ausgerüstet. Zwei amerikanische Schlachtschiffe, *Oklahoma* und *Nevada*, die 1911 in Auftrag gegeben wurden, sollten Ölfeuerungen erhalten. Aber die Vereinigten Staaten verfügten selbst über große Ölvorkommen; die Britischen Inseln besaßen keine. Hier lag das Risiko für Churchill. Die Umrüstung von Großkampfschiffen auf Ölfeuerung konnte ihre Geschwindigkeit erhöhen; sie bedeutete auch, die britische Seeherrschaft von einem Treibstoff abhängig zu machen, der nur aus Übersee zu beziehen war. Öl würde in großen Mengen, die für viele Kriegsmonate reichen mußten, gefördert, erworben, transportiert und in enormen Lagertanks gespeichert werden müssen.

Selbst der tatkräftige Churchill konnte dies alles nicht durch Dekret bewerkstelligen. Er brauchte Rat. Er brauchte Fakten. Er brauchte Unterstützung. Er wandte sich an Fisher und bat den Admiral, nach England zurückzukehren und den Vorsitz einer Königlichen Kommission für die Ölversorgung zu übernehmen. Sein Brief war herzlich, unverblümt, ernst und bittend: »Das Problem des flüssigen Brennstoffes muß gelöst werden... [Es erfordert] den Schwung und die Begeisterung eines großen Mannes. Ich möchte Sie. Sie sollen die Nuß knacken. Kein anderer kann es so gut. Vielleicht kann es überhaupt kein anderer. Ich werde Sie in eine Position bringen, wo Sie die Nuß knacken können, wenn sie zu knacken ist. Was ich Ihnen bieten kann, ist nicht sehr viel. Aber Ihre Gaben, Ihre Energie, Ihre Hoffnungen gehören der Marine... und als Ihr glühendster Verehrer und als Chef der Marine nehme ich Sie jetzt in Anspruch, weil ich weiß, daß Sie Ihre Hilfe nicht versagen werden. Sie brauchen einen Pflug, den Sie ziehen können. Ihre Schrauben drehen sich in der Luft.«

Fisher konnte nicht widerstehen; er kehrte sofort nach England zurück und stürzte sich in die Arbeit der Königlichen Kommission. Diese legte binnen sechs Monaten ihre Empfehlung vor: die Vorteile der Ölfeuerung für die Flotte waren so überwältigend, daß ein Vierjahresvorrat erworben und gelagert werden sollte. Das Parlament genehmigte 10 Millionen Pfund für den Bau von Tanklagern. Gleichzeitig schickte Churchill Fachleute zum Persischen Golf, um das Potential der Ölfelder in dieser Region zu untersuchen. Im Juli 1914 wurden weitere 2,2 Millionen Pfund bewilligt, um die Aktienmehrheit an der Anglo-Persian Oil Company zu erwerben. Von den Schiffen der *Queen Elizabeth*-Klasse an verbrannten die neuen Schiffe der Royal Navy Öl. Die »beklagenswerte Ausnahme«, wie Churchill es bezeichnete, war die *Revenge*-Klasse von Schlachtschiffen mit 38 cm-Geschützen, die 1913 auf Kiel gelegt wurde und wegen Befürchtungen, daß die Ölversorgung in Kriegszeiten unzureichend sein könnte, für Kohlefeuerung konstruiert waren. Als Fisher beim Ausbruch des Krieges als Erster Seelord zurückkehrte, war eine seiner ersten Anordnungen, daß *Revenge, Royal Oak, Royal Sovereign, Resolution* und *Ramillies*, deren Rümpfe noch unfertig auf den Helligen der Werften lagen, für Ölfeuerung ausgerüstet würden.

Während der Churchill-Jahre profitierte die Marine von einer weiteren wichtigen technischen Veränderung, obwohl der Erste Lord in diesem Fall eher als Schiedsrichter denn als Anstifter auftrat. Sir Percy Scott war mit dem Zustand des Geschützwesens der Royal Navy nie zufrieden gewesen. Die größere Reichweite der neuen Geschütze war mit neuen Problemen der Treffsicherheit verbunden. Auf dem Land richten Artilleristen ihre Geschütze nach den Angaben der Beobachter, stellen die Höhenrichtung nach der geforderten Schußweite ein und feuern, bis das Ziel zerstört ist oder sie den Befehl zum Feuereinstellen erhalten. Auf See ist es niemals so einfach gewesen. Neben dem unaufhörlichen Rollen des Decks, das ständige Veränderungen der Höhenrichtung erfordert, befinden sich das feuernde Schiff und das Zielschiff in unabhängiger Bewegung voneinander, so daß die Winkel sich ständig verändern. Traditionell war die Lösung dieser Probleme, das Abschätzen der Entfernung, das Gefühl für die Bewegung des Decks Aufgabe des Richtkanoniers, der jeweils für ein Geschütz verantwortlich war. In Friedenszeiten kam man mit dem System zurecht. Für Schießübungen wurden meistens stationäre Zielscheiben verwendet, die im allgemeinen nicht weiter als 2000 m entfernt waren. Unter diesen Umständen konnten die Richtschützen, indem sie an ihren Rohren entlangspähten, beobachten, wo ihre Granaten ins Wasser fielen, Korrekturen machen und das Ziel zur Freude der Offiziere und beeindruckter Zuschauer pulverisieren. Sir Percy Scott betrachtete dies als eine gefährliche Übung in Phantasie. In Kriegszeiten, so argumentierte er, würden die einzelnen Richtschützen in den Türmen nicht nur unter dem Lärm und der starken Rauchentwicklung höherer Schußfolgen und störenden Gischtwolken der mit höherer Fahrt laufenden Schiffe zu leiden haben, sondern auch unter der Tatsache, daß das Ziel zurückschießen würde. Bei Schußweiten, die das vier- bis fünffache solcher Friedensübungen betrugen, konnte der einzelne Richtschütze auf der Ebene des Geschützturmes nicht einmal sehen, wo seine Granaten einschlugen. Das Ergebnis, so Percy Scott, würde katastrophal sein: Richtkanoniere, die nichts sehen konnten, Geschütze, die nicht gerichtet werden konnten, Granaten, die ihr Ziel nicht fanden – eine blinde und hilflose Flotte. Seine Lösung war der zentrale Feuerleitstand.

Ein einziger Hauptrichtkanonier, der hoch oben im Kommandoturm oder auf dem Vormast postiert war, richtete und feuerte gleichzeitig alle schweren Schiffsgeschütze. Von seinem Aussichtspunkt hoch über den Detonationen der Abschüsse, dem Pulverrauch und den Gischtfontänen feindlicher Granaten, in ausgezeichneter Sichtverbindung mit dem Ziel, konnten er und sein Assistent die Entfernung messen und die Lage der eigenen Salven beobachten. Sie konnten die erforderlichen Richtwerte berechnen, ihre Anweisungen elektrisch an die Geschütze geben und dann, wenn alles bereit war, mit einem Knopfdruck alle schweren Schiffsgeschütze gleichzeitig in einer mächtigen Salve abfeuern. Das Feuern von Breitseiten war ein integraler Bestandteil von Scotts Konzept: nicht nur konnte der Richtkanonier in seinem zentralen Feuerleitstand das geeignete Ziel eher auswählen als der in seiner Sicht behinderte individuelle Richtkanonier, er konnte auch die Kampfkraft des Schiffes wirksamer einsetzen: sobald das Ziel anvisiert und die Entfernung gemessen war, versprach das zentral gelenkte Salvenfeuer ganzer Breitseiten eine bei weitem verheerendere Wirkung als vereinzelte Treffer.

Scott behielt seine Ideen einstweilen für sich, als er 1910 in den Ruhestand trat und als Berater für die Rüstungsfirma Vickers tätig wurde. Aber er blieb in engem Kontakt mit Jellicoe, der als Direktor für das Geschützwesen der Marine empfohlen hatte, daß alle Großkampfschiffe mit dem zentralen Feuerleitsystem ausgestattet werden sollten. Jellicoe setzte sich auch bei der Heimatflotte dafür ein, als Churchill ihn im Dezember 1911 zum stellvertretenden Oberkommandierenden ernannte. Aber die Neuerung wurde weiterhin mit verschiedenen Begründungen abgelehnt; Admiral Sir Francis Bridgeman, Oberkommandierender der Heimatflotte und Jellicoes Vorgesetzter, war einer von vielen Admirälen, die entschlossen waren, an dem – wie sie es sahen – altbewährten und zuverlässigen System unabhängiger Richtkanoniere in den einzelnen Geschütztürmen festzuhalten. Ein zentraler Feuerleitstand, so argumentierten sie, hieße, alles auf eine unsichere Karte zu setzen. Was würde geschehen, wenn die elektrischen Leitungen vom Feuerleitstand zu den Geschützen durch feindliche Treffer zerstört würden – nicht zu reden von der Möglichkeit, daß der gesamte ungepanzerte Feuerleitstand weggeschossen wurde?

Scott aber war von der Richtigkeit seiner Idee überzeugt, und sobald er aus der Marine ausgeschieden war, konnte er nicht mehr mundtot gemacht werden. Er trug seinen Fall Churchill vor und bestand hartnäckig darauf, daß der Erste Lord ihn anhöre. Churchill warnte ihn, daß die Seelords gegen das System seien, aber schließlich fand er Gefallen an Scotts Verlangen, daß sein System im Rahmen eines Wettbewerbs unter Gefechtsbedingungen erprobt werde. Auf Anweisung des Ersten Lords wurde die schwere 34,5 cm-Schiffsartillerie des neuen Schlachtschiffes *Thunderer* mit Scotts Feuerleitsystem ausgerüstet. Die Offiziere waren bestürzt – »Wir waren keineswegs erfreut, daß uns dieses unpopuläre neue System aufgedrängt wurde«, beklagte sich der Geschützoffizier des Schiffes –, bemühten sich jedoch fleißig um die Beherrschung der neuen Technik.

Am 12. November 1912 fand das Wettschießen, auf das Scott hingearbeitet hatte, endlich vor Berehaven statt. Zwei neue Dreadnoughts derselben Baureihe, mit dem einzigen Unterschied, daß eines mit einem Feuerleitsystem ausgerüstet war und das andere nicht, sollten unter gleichen Bedingungen (Schußweite, Seegang, Lichtverhältnisse) auf Seeziele feuern. *Thunderers* Herausforderer war das Schwesterschiff *Orion*, das nach dem alten System individuellen Richtens und Feuerns die besten Schießleistungen der Flotte aufzuweisen hatte. Es herrschte mittlerer Seegang, und beide Schiffe rollten um fünf Grad von einer Seite zur anderen. Sie fuhren in Kiellinie hintereinander, erhöhten die Geschwindigkeit auf zwölf Knoten, und dann richtete jedes seine Geschütze auf ein eigenes separat geschlepptes Ziel in 9000 m Entfernung. Nach Erteilung des Feuerbefehls hatte jedes der beiden Schiffe drei Minuten Zeit, sein Ziel unter Beschuß zu nehmen. Ein ums andere Mal rollten die Salven der *Thunderer* hinaus und deckten das Ziel mit Gischtfontänen ein. Sie feuerte in drei Minuten 39 schwere Granaten ab, erzielte dreizehn Volltreffer, zwei Abpraller ins Ziel und zehn mögliche Treffer (nahe genug, um ein richtiges Schiff zu treffen, das größer als das geschleppte Ziel gewesen wäre). *Orions* individuelle Richtkanoniere konnten das Ziel kaum finden. Das Schlachtschiff feuerte 27 Granaten ab und erzielte zwei Volltreffer, einen Abpraller und einen möglichen Treffer. Die zur Beobachtung des Wettschießens eingeladene Presse posaunte Scotts Triumph hinaus: dreimal soviele Treffer für *Thunderer*, schrieb der *Daily Telegraph*; fünfmal soviele, schrieb die *Times*; die richtige Zahl war sechsmal soviel. Doch selbst nach diesem Test »blieb eine sehr große Zahl von Seeoffizieren skeptisch«, schrieb Jellicoe. »Es gab beträchtliche Opposition, und die große Mehrheit der Schiffe wurde nicht mit dem System ausgerüstet.« Tatsächlich setzte sich der Fortschritt zwar langsam, aber um so sicherer durch. In der Skagerrakschlacht eröffneten nur zwei der 36 britischen Schlachtschiffe von Jellicoes Großer Flotte das Feuer ohne Percy Scotts Feuerleitsystem.

Als Erster Lord wandte Churchill seine erstaunliche Energie und Konzentrationsfähigkeit der Marine zu. Er war fasziniert von technischen Neuerungen, die der Flotte in der Schlacht einen Vorsprung sichern konnten. Aber das war nicht alles. Churchill war ein Romantiker mit einer historischen Vision größten Maßstabs. Er sah die gewaltigen Schiffe, die ihm anvertraut waren, als Figuren in einem gigantischen menschlichen Schicksalsdrama. Auf ihnen, auf ihren Seeleuten und Offizieren, auf der Admiralität und auf ihm selbst lastete das enorme Gewicht imperialen Weltmachtanspruches und der Zukunft Großbritanniens. In einer erinnernswerten Passage seines Buches *Die Weltkrise* schilderte er diese Gefühle:

»Ich erinnere mich lebhaft meiner ersten Reise von Portsmouth nach Portland, wo die Flotte lag. Ein grauer Nachmittag neigte sich dem Ende zu. Als ich die Flotte zum ersten Mal aus dem Dunst hervortreten sah, erinnerte mich ein Freund an jene ›weit entfernt vom Sturm gepeitschten Schiffe, die der Großen Armee nie zu Gesicht kamen‹, aber in ihrer Zeit zwischen Napoleon und der Weltherrschaft standen. Im Hafen von Portland lag die Jacht umgeben von den großen Schiffen; der ganze Hafen war belebt vom Kommen und Gehen der Barkassen und kleinen Boote aller Art, und als die Nacht hereinbrach, glommen auf der See und an Land plötzlich zehntausend Lichter auf, und an jeder Mastspitze blinkten die Signallaternen, als die Schiffe und Geschwader miteinander sprachen. Wer konnte sich der Arbeit für solch eine Waffengattung versagen? Wer konnte sich versagen, wenn selbst die Dunkelheit von der Drohung nahenden Krieges geladen schien?

Denn man betrachte diese Schiffe, so gewaltig in ihrer Erscheinung, doch so klein auf der Oberfläche des Meeres, so leicht aus den Augen zu verlieren. Im Moment ausreichend für ihre Aufgabe, glaubten wir, aber doch nur zwanzig Stück oder so. Sie waren alles, was wir hatten. Auf ihnen ruhte, wie wir es sahen, die Macht, Majestät, Herrschaft und Gewalt des Britischen Empires. All unsere lange, in Jahrhunderten aufgebaute Geschichte, all unsere großen Unternehmungen in jedem Teil der Welt, alle Mittel zum Lebensunterhalt und zur Sicherheit unserer treuen, fleißigen, aktiven Bevölkerung hingen von ihnen ab. Öffnete man die Flutventile und ließe man sie unter die Oberfläche versinken, wie eine andere Flotte es eines Tages in einem anderen britischen Hafen weit im Norden tun sollte, und in ein paar Minuten – höchstens einer halben Stunde – würde sich das ganze Aussehen der Welt verändern. Das Britische Empire würde sich auflösen wie ein Traum; jede isolierte Gemeinschaft würde sich allein weitermühen; die Zentralgewalt der Union wäre gebrochen; mächtige Provinzen, ganze Reiche in sich selbst, würden hoffnungslos der Herrschaft entgleiten und eine Beute Fremder werden. Und Europa würde nach einer jähen Erschütterung in den eisernen Griff und die Herrschaft der Teutonen und alles dessen fallen, was das teutonische System bedeutete. Es würde nur fern jenseits des Atlantik das unbewaffnete, nicht bereite und bisher nicht unterrichtete Amerika übrig bleiben, um allein Gesetz und Freiheit unter den Menschen aufrechtzuerhalten...«

38. KAPITEL

# Die Haldane-Mission

Die zweite Marokkokrise war für Admiral Tirpitz eine günstige Gelegenheit, eine weitere Novelle zum Flottenbauprogramm vorzulegen. In derselben Woche, als Kiderlen-Wächter sich mit Jules Cambon an den Verhandlungstisch setzte und die Berliner Börsenpanik ausbrach, ging Tirpitz zum Kaiser und erbat dessen Unterstützung für seinen Vorschlag einer neuerlichen Verstärkung der Flotte. Die Stimmung im Lande war günstig. Presse, öffentliche Meinung und Reichstag waren gegen England aufgebracht. Vereinzelte Stimmen befürworteten sogar einen Entscheidungskampf: »Wir alle wissen, daß mit Sicherheit Blut vergossen werden muß, und je länger wir warten, desto mehr wird es sein«, erklärte die *Post*. Tirpitz wußte, daß neue Schiffe erforderlich waren, wenn Deutschland seinen Anspruch, in der Weltpolitik mitzureden, aufrechterhalten wollte. Wilhelm II. unterstützte den Vorschlag, und die Novelle wurde eingebracht. Die »Risikotheorie«, die das deutsche Flottenbauprogramm gerechtfertigt hatte, seit Tirpitz 1898 das erste Flottengesetz vorgelegt hatte, »hatte ihren Zweck erfüllt«, meinte der Kaiser. Nun sei das Ziel eine Festlegung der beiderseitigen Flottenstärken auf ein Verhältnis von 2:3 zur britischen Marine. Ein drittes Geschwader von acht Großkampfschiffen sollte den beiden gebauten oder in Bau befindlichen Geschwadern hinzugefügt werden. Um dieses Ziel zu erreichen, wollte man das Bautempo beschleunigen. Dadurch sollte die Hochseeflotte bis 1918 über 15 statt 12 neue Großkampfschiffe verfügen.

Bethmann Hollweg war bewußt, daß die Ankündigung eines angestrebten Verhältnisses der Flottenstärke von 2:3 die Briten in Unruhe versetzen würde. Sie würden auf die wachsende Zahl neuer Schiffe reagieren und sich in ihrer Annahme bestätigt fühlen, das deutsche Flottenbauprogramm sei spezifisch gegen England gerichtet. Demgegenüber hatte die Reichsregierung immer erklärt, das Flottenbauprogramm diene »allein unseren Bedürfnissen«, ohne auf irgendeine ausländische Macht Bezug zu nehmen. Im Verlauf des Herbstes 1911 taten der Kaiser und Tirpitz ihr möglichstes, den Reichskanzler und Staatssekretär Kiderlen-Wächter von der Weisheit des 2:3-Verhältnisses zu überzeugen. »Es gewährt den Briten bereitwillig eine bedeutende Vorherrschaft und beendet das Gerede vom ›Wettbauen‹«, schrieb Wilhelm an Bethmann Hollweg. »Gleichzeitig ist es eine Verpflichtung, wie die Briten sie immer gewünscht haben, und Überraschungen von unserer Seite sind ausgeschlossen, da das Kräfteverhältnis ein für allemal festgelegt ist... Ob sie das Verhältnis annehmen oder nicht, ist nebensächlich.«

Tirpitz argumentierte auf einer umfassenderen Ebene: Das Ziel der deutschen Marinepolitik sei politische Unabhängigkeit von England – die größtmögliche Sicherheit vor einem britischen Angriff. Um dies zu erreichen, müsse Deutschland den Abstand zu England verringern, nicht vergrößern. Wenn Deutschland das nicht gelinge, sei die deutsche Marinepolitik der letzten vierzehn Jahre vergeblich gewesen.

Berichte über eine neue Flottenvorlage zum weiteren Ausbau der deutschen Hochseeflotte erreichten England. Als Churchill am 9. November 1911 seine erste Rede als Chef der Admiralität hielt, sprach er von Versöhnung und Kompromiß. Wenn das seit langem feststehende deutsche Flottenbauprogramm keine Veränderung erfahre, sagte er, könnte Großbritannien imstande sein, eine größere Reduktion seiner eigenen Planungen vorzunehmen. Lloyd George stimmte dem Ersten Lord zu. »Er [Lloyd George] meinte, daß jede Anstrengung unternommen werden sollte, um die entstandenen Reibungen mit Deutschland auszuheilen und zu einer Verständigung über die Flottenstärken zu kommen«, schrieb Churchill. »Wir wußten, daß ein bedrohliches neues Flottengesetz in Vorbereitung war. Wenn Deutschland sich wirklich entschlossen hatte, Großbritannien herauszufordern, mußten wir die Herausforderung annehmen; aber es mochte möglich sein, durch freundschaftliche, aufrichtige und eingehende Gespräche diese gefährliche Entwicklung abzuwenden. Wir waren keine Gegner der Entwicklung der deutschen Kolonien...« Wenn die Bemühung scheiterte, würde der nächste Schritt weniger schwierig sein: »Ich meinte, daß ich in einer um so stärkeren Position wäre, im Kabinett und vor dem Unterhaus Bewilligungen [für die Marine] durchzusetzen, wenn ich dabei Hand in Hand mit dem Schatzkanzler arbeiten und bezeugen könnte, daß wir – leider vergebens – unser möglichstes getan hätten, um einen Abbau des Wettrüstens zur See zu erreichen.«

In beiden Ländern gab es Unterstützung für eine Wiederaufnahme der Gespräche; in beiden Ländern gab es Widerstand. Wegen des Widerstandes konnten die Gespräche nicht auf offizieller Ebene beginnen. Man entschied sich für private, inoffizielle Vorgespräche zwischen Vertrauenspersonen außerhalb der Regierung. Wenn diese Erkundungsgespräche erfolgreich verliefen, ließ sich an offizielle Verhandlungen denken.

Zwei Privatmänner und Freunde, einer in London und einer in Hamburg, waren gern bereit, als Mittelsmänner zu dienen. Beide waren Geschäftsleute; der eine ein Finanzier, der andere ein Reeder. Jeder der beiden hatte ein gutes Verhältnis zu seinem Monarchen. Obwohl der eine jetzt britischer Untertan war, waren beide in Deutschland geboren. Und obwohl einer inzwischen römisch-katholisch war, hatten beide als Juden das Licht der Welt erblickt.

Der engste Freund des Königs von England war 1852 in eine Familie deutscher Juden in Köln geboren worden. Ernest Cassel war ehrgeizig, selbstbewußt und zäh in der Verfolgung seiner Ziele; auch zeichnete er sich durch Urteilsvermögen, Tatkraft und persönliche Integrität aus. Cassels Vater, ein Bankdirektor, fand es ganz natürlich, daß sein jüngster Sohn mit vierzehn die Schule verließ, um Banklehrling zu werden, und als Ernest im Alter von siebzehn Jahren mit nichts als einem Koffer und seiner Violine nach England auswanderte, war es dem Vater, der ihm den Weg geebnet hatte, auch recht. Mit zweiundzwanzig wurde Cassel Londoner Geschäftsführer des internationalen Bankhauses Bischoffsheim & Goldschmidt und bezog ein Jahresgehalt von 5 000 Pfund. Mit sechsundzwanzig heiratete er Annette Maxwell, eine römisch-katholische Engländerin, und feierte das Ereignis, indem er am selben Tag die britische Staatsbürgerschaft annahm. Drei Jahre später, 1881, als Cassel neunundzwanzig war, starb Annette Cassel an Tuberkulose und hinterließ ihrem Mann eine Tochter, Maud. Er heiratete nicht wieder.

Cassel investierte Geld in riskante überseeische Projekte mit hohem Gewinnpotential. Seine Spezialität war der Eisenbahnbau. Er machte ein Vermögen mit dem Bau einer schwedischen Bahn, die Eisenerz für den Export zu Umschlaghäfen transportierte. Er erwarb Beteiligungen in Ägypten, in Mexiko, in Südamerika und in den Vereinigten Staaten, wo der Eisenbahnbau stark von europäischem Kapital abhängig war.

Bei seinen häufigen Besuchen in New York schloß er Freundschaft mit Jacob Schiff, dem amerikanischen Eisenbahnfinanzier aus dem Bankhaus Kuhn & Loeb. Cassel hatte viele amerikanische Freunde, die nicht nur seinen großen Erfolg und finanziellen Weitblick bewunderten, sondern auch seine unverblümte Sprache und seine Bereitschaft, Verbindungen und Informationen mit anderen zu teilen.

In die Welt der landbesitzenden britischen Aristokratie einzudringen, war schwieriger. Mit Geschäften erworbener Reichtum schloß ebenso viele Türen, wie er öffnete. Cassel bemühte sich hartnäckig, Eingang in die patrizischen Kreise zu finden. Er mietete, erwarb dann Landgüter und Landhäuser, überschüttete den Landadel und die Pairs mit Einladungen. Er tauchte überall dort auf, wo die Aristokratie sich wohlfühlte; man sah ihn bei Jagdgesellschaften, auf der Rennbahn, an Spieltischen. Er lernte reiten, um an Fuchsjagden teilnehmen zu können, aber er saß nicht gut im Sattel, und Gatter und Hecken verlangten Mut. Zwar zog er die talentierten Aufsteiger von der Peripherie der gesellschaftlichen Elite vor – Randolph Churchill und seinen Sohn Winston, die Asquiths –, doch umschmeichelte er auch geistlose Langweiler, wenn ihr Blut hinreichend blau war. 1901 errang er einen Erfolg, als Maud Wilfred Ashley heiratete, einen Urenkel der Lady Palmerston und Erben des stattlichen Broadlands House in Hampshire.

Es war Cassels Ruf als Geschäftsmann, nicht seine gesellschaftlichen Bemühungen, der ihn mit dem Prinzen von Wales in Berührung brachte. Der Prinz hatte eine Vorliebe für Selfmademen; ihre Konversation war im allgemeinen interessanter. Er mochte auch Männer, die bereit waren, ihr Geld für die Zerstreuungen im Leben auszugeben. Einige – die Rothschilds, Baron Moritz Hirsch, Cassel – waren Juden; andere – Sir Thomas Lipton, der Teehändler und Regattasegler, sowie Sir Blundell Maple, der Möbelfabrikant – waren es nicht; dem Prinzen war es egal, ob oder auf welche Weise jemand gläubig war. Hirsch, ein gebürtiger Deutscher, der riesige Landgüter in Österreich besaß, stand dem Prinzen trotz wiederholter Brüskierungen seitens der europäischen Aristokratie nahe. Cassel lernte den Prinzen von Wales durch Hirsch kennen; als Hirsch 1896 starb, wurde Cassel sein Testamentsvollstrecker. Er übernahm auch Hirschs Rolle als Finanzberater des Prinzen. Er kümmerte sich um sämtliche Investitionen des Prinzen und machte es diesem möglich, 1901 schuldenfrei den Thron zu besteigen. Zum Dank ernannte der neue König Cassel 1901 zum Geheimen Staatsrat. Bei der Zeremonie, die mit dieser Ernennung verbunden war, zeigten sich bis auf den König alle verblüfft, als Cassel darum bat, auf eine römisch-katholische Bibel eingeschworen zu werden; bei dieser Gelegenheit enthüllte Sir Ernest, daß seine Frau ihn auf dem Sterbebett gebeten habe, den katholischen Glauben anzunehmen, und daß er bald nach ihrem Tode konvertiert sei.

Cassel und der König freundeten sich an. Während seiner späteren Regierungsjahre suchte der König beinahe täglich Cassels Haus in der Park Lane auf, um mit ihm Bridge zu spielen. König Edwards Tod im Jahre 1910 war ein Schlag; ein schwererer Schlag traf Cassel ein Jahr später, als seine Tochter, wie seine Frau, an Tuberkulose starb. Cassel blieben zwei Enkelinnen, die er mit Zärtlichkeit überschüttete. Inzwischen wohnte er im Brook House, einem enormen Stadtpalais in der Park Lane, gefüllt mit alten Meistern, Bronzeplastiken der Renaissance, chinesischer Jade, Meißener Porzellan, altenglischem Tafelsilber und französischen und englischen Intarsienmöbeln. Der eichengetäfelte Speisesaal bot Platz für einhundert Gäste. Es gab sechs Küchen und eine Eingangshalle, die mit Lapislazuli und blaßgelbem, grüngeädertem Marmor ausgekleidet war. Außerdem besaß er drei englische Landhäuser, ein Gestüt in Newmarket, eine Wohnung in Paris und Villen in der Schweiz und Südfrankreich.

Albert Ballin, der die HAPAG (Hamburg-Amerika-Linie) zur größten Reederei der Welt machte, war Hamburger. Sein Geburtshaus stand unweit vom Hafen am Elbufer. Seine Karriere war von Anfang an verbunden mit Schiffen, Freihandel und friedlichem internationalem Wettbewerb – den Elementen, die der Freien und Hansestadt seit mehr als 500 Jahren Wohlstand gebracht hatten. Hamburgs Traditionen als Handelsstadt und seine Rolle als Mitteleuropas Tor zur Welt reichten bis ins Mittelalter zurück. Das geographisch nahe Preußen mit seiner landwirtschaftlich geprägten Struktur und seinem spartanisch-militärischen Ethos lag dem demokratischen, merkantilen und weltoffenen Hamburg eher fern. Während langer Perioden seiner Geschichte war Hamburgs wichtigster Handelspartner England gewesen. Bis ins 19. Jahrhundert hinein hatte man im Hafen mehr englische Schiffe als solche anderer Nationen sehen können. Aus England wurden Wolle und Kohle eingeführt, und auf der Rückreise nahmen die Schiffe Getreide und andere Lebensmittel an Bord. Dann, nach der Jahrhundertmitte, gewann eine neue Fracht Bedeutung für den Hamburger Hafen: Menschen. Mit der Erschließung des mittleren Westens in Amerika eröffnete sich für die arme Landbevölkerung Mittel- und Osteuropas die Aussicht auf eigenen Besitz und Aufstieg durch ihrer Hände Arbeit. In den 1860er, 1870er und 1880er Jahren gingen große Auswanderungswellen durch Hamburg und Bremen. Allein 1881 verließen 123 000 Auswanderer die Heimat über Hamburg, wo sie sich nach New York einschifften.

Der Passagierverkehr auf der Nordatlantikroute war das Gebiet, auf dem Albert Ballin sich bewährte. 1886 war Ballin mit neunundzwanzig Jahren Leiter der Passagierabteilung der Hamburg-Amerika-Linie (HAPAG). Hauptkonkurrent war der in Bremen ansässige Norddeutsche Lloyd, der den Nordatlantikverkehr beherrschte. Der Norddeutsche Lloyd besaß 47 Dampfer im Transatlantikverkehr; die Hamburg-Amerika-Linie hatte nur 24. Ballin ließ Schiffe bauen, darunter eine Klasse schneller neuer Luxusdampfer, welche die Überfahrt für jene, die Erster Klasse reisen konnten, zu einer angenehmen statt zu einer unerfreulichen Erfahrung machen sollten. Ballin selbst reiste häufig an Bord seiner Schiffe und hielt stets nach Mängeln Ausschau. Oft ging er von einem Passagier zum anderen und erkundigte sich nach ihren Eindrücken und Empfehlungen, während die nervöse Besatzung in der Nähe bangte. Seine Erkenntnisse vertraute er zur späteren Verwertung einem Notizbuch an. Eine Reise nach New York erbrachte folgende Bemerkungen: »Bekanntmachungen an Bord auf das geringste Maß beschränken, die nötigen in geschmackvoller Form einrahmen – kein Platz für Koffer – Handtücher zu klein – Wäscheschrank zu klein – größere Butterdosen – große Kopfkissen – Toast in der Serviette servieren (warm).«

Im Jahre 1899, als Ballin zweiundvierzig war, hatten seine Neuerungen und seine unnachsichtige Aufmerksamkeit für Details Früchte getragen: sein Schiffahrtsunternehmen war das größte der Welt und besaß mehr Tonnage als die gesamten Handelsmarinen jeder anderen Nation mit Ausnahme Großbritanniens und Deutschlands. Albert Ballin wurde zum geschäftsführenden Direktor ernannt und behielt diesen Posten für den Rest seines Lebens.

Ballin hatte einen großen runden Kopf, eingerahmt von kurzgeschnittenen schwarzen Locken, eine große Nase und dicke Lippen. Das hinderte ihn nicht daran, aus sich eine Verkörperung solider Eleganz zu machen. Er ließ sich einen Schnurrbart wachsen, trug einen Zwicker und erschien stets in eleganter Kleidung, ob er in Zylinder und Frack die Hamburger Börse aufsuchte oder an Bord eines seiner Ozeandampfer in sportlicher Jachtkleidung erschien. Er war herzlich und höflich, besaß makellose Manieren und hatte zahlreiche Freunde in seiner Heimatstadt, in England und in Amerika. Seine Frau, die er mit sechsundzwanzig heiratete, war eine Protestantin aus einer mittelständischen Familie, mehrere Jahre älter und ein gutes Stück größer als er. Sie war liebenswürdig und ungeheuer stolz auf ihn, zog es aber vor, im Hintergrund zu bleiben. Als sie nach elf Jahren noch immer keine Kinder hatten, adoptierten sie eine Tochter.

Als geschäftsführender Direktor war Ballin in der Lage, alles Erforderliche zu tun, um die Führungsposition der Hamburg-Amerika-Linie gegenüber der Konkurrenz zu verteidigen. Andere Reedereien und Nationen gaben nicht auf. 1902 gewährte die britische Regierung, welche mit Sorge sah, wie die führende Rolle in der Handelsschiffahrt in deutsche Hände überging, der britischen Cunard-Linie eine jährliche Subvention von 150000 Pfund. In den folgenden Jahren begann Cunard zwei Transatlantik-Schnelldampfer von 32000 Tonnen zu bauen, *Mauretania* und *Lusitania*. Die britische White Star Line konterte, indem sie die *Olympia*, die *Titanic* und die *Gigantic* vom Stapel ließ. Ballin aber ließ sich nicht an die Wand drücken. Bei den Vulcan-Werken in Stettin und bei Blom & Voss in Hamburg wurden drei neue Ozeandampfer für die Hamburg-Amerika-Linie bestellt. *Imperator* lief 1912 vom Stapel; *Vaterland* folgte 1913 und *Bismarck* 1914. Das berühmteste dieser Schiffe war die *Vaterland*, ein Mammut von 54000 Tonnen, nicht nur das größte Schiff der Welt, sondern – wie die Schiffahrtsgesellschaft stolz hervorhob – das größte bewegliche Objekt, das je von Menschen geschaffen wurde. Die *Vaterland* beförderte mehr als 5000 Personen (eine Besatzung von 1234 Mann und 4050 Passagiere) mit 24 Knoten in weniger als einer Woche über den Atlantik. Die Passagiere der Ersten Klasse reisten in unvergleichlichem Luxus. Damen konnten in einem Schwimmbad im pompejanischem Stil baden, das sich über drei Decks erstreckte und eine Wassertiefe bis 2.40 m hatte. Im Restaurant waren die Tische mit stets frischen Blumen geschmückt, die aus dem schiffseigenen Gewächshaus stammten, und nach dem Essen konnten die Herren sich in einen eichengetäfelten Rauchsalon mit Balkendecke, Lehnstühlen und einem riesigen offenen Kamin zurückziehen, wo man den Eindruck gewann, in einem bayrischen Schloß und nicht auf einem Ozeandampfer zu sein. Jenen, die es sich leisten konnten, stand verschwenderisch viel Platz zur Verfügung; die größten Suiten an Bord der *Vaterland* umfaßten zwölf Räume.

Ballins erste Begegnung mit Wilhelm II. fand 1891 statt, als der junge Kaiser mit seiner Frau das neue Schiff *Auguste Viktoria* besichtigte, das Ballin nach ihr benannt hatte. Gelegenheit, Ballin abzuschätzen, erhielt der Kaiser jedoch erst 1895 bei einer Konferenz im Berliner Schloß, welche die Feierlichkeiten anläßlich der Eröffnung des Kaiser-Wilhelm-Kanals vorbereitete. Es sei vorgesehen, verkündete der Kaiser, daß die *Hohenzollern* die Elbe abwärts bis zur Mündung des Kanals dampfen würde, zuerst gefolgt von einem Dampfer des Norddeutschen Lloyd, dann von einem Schiff der Hamburg-Amerika-Linie. Ballin bat um das Wort: da die zeremonielle Fahrt in Hamburg beginnen werde, sagte er, würde es vielleicht angemessener sein, wenn ein Dampfer der Hamburg-Amerika-Linie den Ehrenplatz hinter der kaiserlichen Jacht einnehmen könnte. Der Kaiser entgegnete frostig, daß er den Platz bereits der Bremer Gesellschaft versprochen habe. Ballin erwiderte darauf, »daß, wenn der Kaiser sein Wort gegeben habe, die Sache ja damit erledigt sei und er seinen Wunsch, wenn er ihn auch für berechtigt halte, zurückstelle.«

Das Entstehen einer großen Handelsmarine, untrennbar verbunden mit dem wirtschaftlichen und politischen Aufstieg des Deutschen Reiches seit 1871, war in Wilhelms Denken einer der Gründe für den Aufbau einer starken Kriegsmarine, die ihr Schutz gewährleisten sollte, und er war stolz auf den Erfolg der HAPAG und interessierte sich lebhaft für das Gedeihen der Reederei; häufig schickte er Ballin Vorschläge und sogar Zeichnungen, die sich mit Ausrüstungen und Gestaltungsfragen befaßten. Bei jeder Gelegenheit, wenn die Gesellschaft Neuigkeiten zu vermelden hatte – wenn ein neues Schiff vom Stapel lief oder eine neue Route eröffnet wurde –, landete ein kaiserliches Glückwunschtelegramm auf Ballins Schreibtisch. Wilhelm schätzte Ballin persönlich; sie teilten die Begeisterung für Schiffe und die See, Reiselust und den Wunsch nach Deutschlands Größe. Der Kaiser schickte Ballin Weihnachtskarten und Ansichtskarten von seinen Reisen. Als Ballin unter neuralgischen Schmerzen litt, empfahl der Kaiser ihm Ärzte und schlug sogar vor, Ballin einen Hofbeamten ins Büro zu setzen, damit er seinem überlasteten Freund einen Teil der Arbeit abnehme.

Beginnend mit einer Einladung von Ballin im Jahre 1899, nahmen der Kaiser und sein Gefolge jeden Juni vor der Unterelbe-Regatta und der Kieler Woche am alljährlichen HAPAG-Abendessen teil. Ballin kannte die Schwäche des Kaisers für Gepränge und Pomp, und er hatte die Mittel, darauf einzugehen. Seine Schiffe, schwimmende Paläste, standen dem Kaiser immer zur Verfügung. Jedes Jahr entsandte Ballin eines seiner besten Schiffe zur Kieler Woche, wo es als schwimmendes Hotel für Gäste des Kaisers, den Hof oder die Regierung diente. Dann erhob sich hinter den Reihen der grauen Kriegsschiffe und den Schwärmen von Dampfbooten und Segeljachten der mächtige schwarze Rumpf eines HAPAG-Dampfers mit seinen weißen Aufbauten und den gelben, am oberen Rand mit den schwarzweißroten Farben des Reiches geschmückten Schornsteinen aus dem blitzenden Blau der Kieler Förde und fügte dem Panorama eine glänzende Note hinzu. Verschiedentlich gab der Kaiser einem HAPAG-Dampfer den Vorzug vor der Kaiserjacht *Hohenzollern*. (Das geschah beispielsweise 1905, als Wilhelm II. mit dem Dampfer *Hamburg* der Hamburg-Amerika-Linie seinen berühmten Besuch in Tanger machte.) Viele Jahre lang hielten alle HAPAG-Dampfer mehrere Kabinen für Personen aus dem Umkreis des Kaisers in Bereitschaft. Wilhelm war erstmals 1905 bei einem Hamburgbesuch Gast in Ballins Haus. Mit der Zeit wurden diese Besuche so häufig, daß Ballins Haus Klein-Potsdam genannt wurde. Doch wenn er Ballins Gastfreundschaft annahm, brachte der Kaiser seine Frau nicht mit. Kaiserin Auguste Viktoria billigte die Freundschaft ihres Mannes mit dem Reeder nicht. Ballin war Jude.

Heinrich von Treitschke, seit 1874 Universitätsprofessor für Geschichte in Berlin, verhalf dem in allen Schichten verbreiteten Antisemitismus zu Ansehen. In seinen Schriften und Vorlesungen warnte er vor der wachsenden Macht der Juden und ihrer Zersetzung deutscher Ideale. Juden, welche sich der vollen staatsbürgerlichen Rechte zu erfreuen wünschten, sollten sich assimilieren, ihre Religion aufgeben und sich dem Christentum zuwenden, argumentierte Treitschke. Andernfalls sollte Juden der Staatsdienst verschlossen bleiben. In der Praxis war dies weitgehend der Fall. Es gab keine praktizierenden Juden im Diplomatischen Dienst des Kaiserreiches und sehr wenige im Offizierskorps der Streitkräfte; diejenigen, welche Aufnahme fanden, wurden langsamer befördert und erreichten kaum jemals die höheren Ränge. Juden, die nicht bereit waren, ihren Glauben aufzugeben und sich taufen zu lassen, war der Dienst in der Kaiserlichen Marine verwehrt; als offizielle Erklärung wurden unzumutbare Schwierigkeiten einer besonderen Küche für koschere Speisen angegeben.

Der deutsche Jude, der in den Jahren des Kaiserreiches den höchsten gesellschaftlichen Rang erreichte, war Gerson Bleichröder, Bismarcks Bankier. Sein Aufstieg versinnbildlichte die Macht des Geldes. Er war der reichste Mann Berlins, möglicherweise der wohlhabendste ganz Deutschlands. Er verwaltete das Vermögen des Kanzlers und machte ihn reich. Er war der erste deutsche Jude, der geadelt wurde, ohne zum Christentum überzutreten. Bleichröder sehnte sich nach der Aufnahme in die preußische Gesellschaft. In seinem herrschaftlichen Berliner Haus gab er verschwenderische Bälle, zu denen er die Crème der Gesellschaft einlud. Er überredete sogar die Fürstin von Bismarck zur Teilnahme. Aber viele Persönlichkeiten des Adels blieben weg, unter ihnen die jungen Offiziere, deren Anwesenheit jeden anderen Ball zierte. Bleichröders Tochter blieb bei Bällen in ihrem eigenen Haus auf dem Stuhl sitzen, weil kein junger Mann sie zum Tanz aufforderte. Keine Juden, nicht einmal Verwandte, wurden von Bleichröder zu diesen Festen eingeladen, um die anderen Gäste nicht abzuschrecken.

Bismarcks Antisemitismus war mild, aber tief verwurzelt. Er trug dazu bei, daß Bleichröder ein *von* erhielt, gestattete dem Bankier aber nie, seine Ursprünge zu vergessen. Von Harden, dem Herausgeber der *Zukunft*, sagte der Reichskanzler, er sei ein ruhiger, unprätentiöser Mann von großem Takt, »überhaupt nicht wie ein Jude«. Zu den Qualitäten zweier preußischer Beamter, deren deutsche Väter Jüdinnen geheiratet hatten, bemerkte Bismarck, »daß die Paarung zwischen einem germanischen Hengst und einer semitischen Stute bisweilen gute Resultate ergäbe«. Andere preußische Aristokraten teilten diesen Antisemitismus. »Ich bin kein Freund von Juden«, verkündete Eulenburg. Holstein schrieb in sein Tagebuch: »Ich erfuhr vor wenigen Tagen, daß Bleichröder seinen jüngsten Sohn in die Diplomatie bringen will. Damit wird er kein Glück haben.« Bülow schrieb, »generelle Abneigung gegen Juden und Judentum« seien Kaiser Wilhelm »gänzlich fern«, aber Wilhelms Gespräche und Korrespondenz straften diese Behauptung Lügen. Wilhelms Beziehungen zu reichen Juden, die im Geschäftsleben und in der Finanzwelt erfolgreich waren, konnten gut, sogar herzlich sein; jüdischen Presseherren und Sozialisten stand er mit verächtlicher Feindseligkeit gegenüber. Einmal wurde er mitten in einem antisemitischen Ausfall daran erinnert, daß seine Freunde Albert Ballin und der Bankier Franz von Mendelssohn Juden waren. Der Kaiser hielt inne und erklärte dann, daß er sie überhaupt nicht als Juden betrachte. Vom Kaiser empfangen zu werden, bedeutete jedoch nicht, daß diese jüdischen Finanziers, Zeitungsherausgeber und Kaufhausbesitzer in die aristokratische preußische Gesellschaft aufgenommen wurden. Da sahen sie sich den gleichen Schwierigkeiten gegenüber, die Ernest Cassel mit der britischen Aristokratie hatte. Sie trafen den Kaiser tagsüber bei Banketten im Schloß oder in Potsdam oder sogar auf Jagdgesellschaften in Rominten, aber sehr selten erhielt ein Jude eine Einladung zu einem der förmlichen Abendempfänge am Hof, die Treffpunkt der feinen Gesellschaft waren. Auch zeigte sich die preußische Aristokratie keineswegs begeistert über die Freundschaft des Kaisers mit bestimmten Juden. Die alten Anschuldigungen kamen wieder hoch: die Vorherrschaft des Grundbesitzes werde vom Geld unterminiert; die Juden erlangten zuviel Einfluß und gesellschaftliches Ansehen; zu viele wohlhabende Juden verheirateten ihre Töchter mit armen Adeligen und Regierungsbeamten. Fürstin Daisy von Pless sprach von der »jüdischen Gefahr«. Des Kaisers Titel S. M. (›Seine Majestät‹) wurde höhnisch zu »Siegfried Meyer« verdreht.

Ballin bemühte sich nach Kräften, den Antisemitismus zu ignorieren. Er war kein religiöser Mann, besuchte selten eine Synagoge und zog es vor, die Wochenenden ungeachtet des jüdischen Sabbats und des christlichen Sonntags durchzuarbeiten. Er betrachtete sich als Hamburger, er aß, trank, rauchte und sprach als Hamburger. Ihm war bekannt, daß es auch in Hamburg Antisemitismus gab, aber die Grenzen waren klar abgesteckt, und in der weltoffenen, liberalen Atmosphäre der alten Hafenstadt gab es keine Feindseligkeit. Seine Geschäftskollegen und Angestellten waren überwiegend Christen, doch wenn er an einem Tisch im Alsterpavillon seinen Kaffee trank, waren seine Gefährten gewöhnlich Juden. Sein engster Freund, Max Warburg, entstammte der Dynastie, die seit dem 18. Jahrhundert eines der größten internationalen Bankhäuser Europas beherrschte. Die meisten Urlaubsreisen unternahm Ballin an Bord seiner eigenen Schiffe, aber wenn er zur Kur nach Bad Kissingen ging, um sich bei der Lektüre von Kriminalromanen zu entspannen, ging er in ein Sanatorium mit ausschließlich jüdischen Kurgästen. Ballin akzeptierte seine Welt, wie sie war.

Obwohl Ballin mit der preußischen Aristokratie wenig gemein hatte, teilte er ihr eifriges Bemühen um die Aufrechterhaltung der traditionellen Ordnung und der Eigentumsrechte. Er war ein entschiedener Monarchist – »Die Hauptsache bleibt mir trotzdem der Thron«, schrieb er 1909 an Harden. »Die Republikaner ... sind mir widerlich«. Energisch unterstützte er die Regierungspolitik zur Förderung der wirtschaftlichen Rolle Deutschlands in der Welt. Er verabscheute Sozialdemokraten und sorgte sich wegen der wachsenden Stärke ihrer Reichstagsfraktion. Das Auswärtige Amt betrachtete er, nach den Worten seines Biographen Lamar Cecil, als »ein Gehege für aristokratische Nichtskönner«, und die Bürokratie im allgemeinen als kleinlich und engstirnig. Aber im Alltagsleben war die preußische Verwaltung zuverlässig und tüchtig, und das war gut fürs Geschäft. Ballin glaubte, daß es Aufgabe der Regierung sei, den wahren Pionieren von Deutschlands Zukunft, den großen Finanziers und Industriellen, den Weg zu bereiten. In diesem Sinne war sein Aufbau der Hamburg-Amerika-Linie mit der begeisterten Unterstützung des Kaisers ein Musterbeispiel dafür, wie die Dinge laufen sollten.

Als Tirpitz 1898 das erste Flottengesetz einbrachte, zählte Ballin zu seinen entschiedensten Anhängern. Die Hamburg-Amerika-Linie war ein Schiffahrtsunternehmen, dessen Betrieb und Lebensfähigkeit davon abhing, daß die Seewege offen und die Weltmärkte für ihre Schiffe erreichbar blieben. Die große Flotte der Passagierschiffe und Frachter, die Ballin aufgebaut hatte, konnte nicht ungeschützt durch Kriegsschiffe den Wechselfällen und Gefährdungen in aller Welt ausgesetzt bleiben. 1898 unterrichtete die HAPAG den Kaiser davon, daß es ihr »große Genugtuung« bereite, daß man »für die Stärkung der für Deutschlands Wohlergehen so notwendigen Flotte« sorgen werde. Um 1900 hatte Ballins Unterstützung großsprecherische Züge angenommen: Die Flotte »ist gleichsam die Verkörperung des nationalen Gedankens, des ›größeren Deutschlands‹ und der Kaisermacht.« »In dem harten Kampf der Nationen um

Luft und Licht gilt am letzten Ende doch nur die Kraft allein. ... Deutschland hat ein unübertreffliches Landheer, aber jenseits der Meere können ihm nur seine Kriegsschiffe Respect verschaffen. Ohne den Rückhalt einer starken Flotte, deren eisernen Kern nur die Schlachtschiffe bilden können, vermag Deutschland nichts gegen den kleinsten exotischen Staat.«

Ballin unterstützte Tirpitz auch in praktischer Hinsicht; er ließ dem Admiral einen ständigen Strom von Informationen über Marineangelegenheiten zukommen, die er aus eigener Lektüre und den Berichten seiner Schiffskapitäne und Ingenieure gewonnen hatte. Er war Vorstandsmitglied der Hamburger Sektion des Flottenvereins, und wenn dieser in Hamburg zusammentrat, lud er Hunderte von Mitgliedern zu Dampferfahrten auf der Elbe ein.

Mit dem weiteren Anwachsen der Hochseeflotte wurde offensichtlich, daß sie nicht gebaut wurde, um Deutschland bei »winzigen exotischen Staaten« Respekt zu verschaffen. Ballin hatte gewußt, daß sie gebaut wurde, um auf den Weltmeeren Unabhängigkeit zu gewinnen, vor allem von Großbritannien, und er hatte öffentlich seine Übereinstimmung mit Tirpitz' Risikotheorie ausgedrückt. Im Laufe der Zeit kam es jedoch zum Konflikt zwischen seinem deutschen Nationalstolz und seinen Interessen als Schiffseigner. Ballin kannte England sehr gut. Er war häufig in London, hatte viele britische Freunde und war ein regelmäßiger Leser der Londoner Zeitungen. Als Geschäftsmann sah er die Briten als Konkurrenten, nicht als Feinde. Im Laufe der Jahre hatte Großbritannien trotz seiner überwältigenden Vorherrschaft zur See keine gewaltsamen Versuche unternommen, Deutschland am Erwerb von Kolonien zu hindern oder der Hamburg-Amerika-Linie den Aufstieg zur größten Handelsreederei der Welt zu verwehren. In Singapur, Hongkong und Dutzenden von anderen britischen Kolonialhäfen wurden deutsche Handelsschiffe nicht weniger rasch abgefertigt als ihre britischen Konkurrenten. Wo den Schiffen oder Bürgern einer europäischen Nation Gefahr durch Piraten oder exotische Potentaten drohte, schritt die Royal Navy als internationale Polizeimacht ein. Es blieb freilich die Abhängigkeit von Großbritannien und seinem guten Willen, und diese Abhängigkeit konnte jederzeit als politisches Druckmittel eingesetzt werden. So wäre es natürlich besser gewesen, wenn diese beherrschenden Seestreitkräfte unter deutscher Flagge führen. Da Großbritannien aber alles tun würde, um seine Vorherrschaft zur See zu behaupten, war es unwahrscheinlich, daß Deutschland es in der Seerüstung erreichen oder überholen könnte. Warum also nicht an einem Punkt innehalten, den die Briten nicht bedrohlich fanden, sobald die deutsche Flotte einmal die zur Selbstbehauptung erforderliche Größe erreicht hatte?

Solche Überlegungen und die wachsende Erkenntnis, daß der deutsche Flottenbau britische Befürchtungen wachrief und Großbritannien in antideutsche Bündnisse drängte, führten dazu, daß Ballin sich ab 1908 von Admiral Tirpitz entfernte. Nach Kriegsausbruch schrieb Ballin an Harden über die fixe Idee des Admirals von der Vergrößerung der Flotte. Stillschweigend gestand er damit seinen Fehler ein, dies nicht schon früher erkannt zu haben, als er vielleicht etwas dagegen hätte tun können:

Tirpitz »wollte keine Übereinkunft, er wollte nur Schiffe bauen. Er hat jede Verständigung mit England gehindert, trotzdem sich doch jeder vernünftige Mensch sagen mußte, daß die unlimitierte Baufreiheit auf beiden Seiten ein Wettlauf war, in welchem England im Hinblick auf seine soviel größeren Möglichkeiten immer siegen würde.«

Im Juni 1908 machte Max Warburg seinen Hamburger Freund Albert Ballin mit seinem Londoner Freund Ernest Cassel bekannt. Die beiden sprachen über die Verschlechterung der britisch-deutschen Beziehungen. Cassel sagte offen, daß sein Freund König Edward über die Bedrohung in Sorge sei, der Großbritannien durch das rasche Anwachsen der deutschen Flotte ausgesetzt sei. Ballin erwiderte, daß die britische Marine mit ihrer überwältigenden Stärke von Deutschland nichts zu befürchten habe. Er unterrichtete den Kaiser, Bülow (damals noch Kanzler) und den Staatssekretär im Auswärtigen Amt, Schoen, von seinem Gespräch. Ein Jahr später, im Juni 1909, trafen Ballin und Cassel wieder zusammen. Die Atmosphäre war durch Wilhelms Brief an Lord Tweedmouth und sein *Daily Telegraph*-Interview noch weit stärker getrübt. Cassel hatte Ballin früher im Jahr geschrieben, daß der deutsche Flottenbau das »Alpha und Omega des britischen Mißtrauens« sei. Bei der Kieler Woche, kurz bevor er nach London fuhr, hatte Ballin dem Kaiser vorgeschlagen, daß er Cassel über die Aussichten direkter britisch-deutscher Gespräche über die Begrenzung der Seerüstung aushorchen wolle. Ballins Idee war ein Treffen zwischen Tirpitz und Fisher.

Cassel vertraute Ballin an, daß die liberale Regierung sich durch das Wettrüsten belastet fühle und das Schwergewicht ihrer Ausgaben auf soziale Programme zu verlagern wünsche. Großbritannien würde auf der Beibehaltung seiner Vorherrschaft zur See bestehen, sei aber nicht abgeneigt, ein für beide Staaten tragbares Verhältnis der Flottenstärken zu suchen. Die Regierung, hatte er erfahren, sei zu Gesprächen bereit. »Diese Zusammenkunft«, berichtete Ballin dem Kaiser, »müßte eine absolut sekrete sein, und Einigkeit müßte auf beiden Seiten darüber herrschen, daß es im Falle eines Erfolges bei einem solchen Vertrage keine Sieger und keine Besiegten geben dürfe«. Wilhelm beglückwünschte Ballin zu der Geschicklichkeit, mit der er sich seiner Mission entledigt hatte.

Diese privaten Bemühungen der beiden Geschäftsleute wurden vier Tage nach Ballins Berichterstattung beim Kaiser durch ein politisches Ereignis zunächst vereitelt: am 14. Juni 1909 trat Reichskanzler Bülow zurück. Bethmann Hollweg, neu im Amt und unerfahren in der Diplomatie, war beunruhigt über die Vorstellung, daß Privatleute diplomatische Gespräche führten, selbst wenn es mit der Billigung ihrer Regierungen geschah. Der Reichskanzler und das Auswärtige Amt waren die zuständigen Stellen für außenpolitische Initiativen, glaubte Bethmann, und er war entschlossen, die deutsch-englischen Beziehungen selbst in die Hand zu nehmen. Diese deutsch-englischen Beziehungen seien »seine Zuständigkeit« und »seine Spezialität«, erklärte der Kanzler, nachdem er sich durch Aktenstudium sachkundig gemacht hatte. Das war das Ende der ersten Bemühungen Ballins und Cassels zur Einstellung des Wettrüstens.

Bethmanns Anstrengungen waren erfolglos, und Anfang 1912 hatten die zweite Marokkokrise und die Vorlage einer weiteren Flottennovelle die Aussichten auf eine Rüstungsbegrenzung zur See weiter verschlechtert. Weder Ballin noch Cassel hatten jedoch die Hoffnung aufgegeben, und die Ernennung Winston Churchills zum Ersten Lord schien einen neuen Weg zu Verhandlungen zu öffnen. Anfang Januar schrieb Ballin an Cassel und schlug vor, daß dieser bei seinem nächsten Deutschlandbesuch Churchill mitbringe. Wenn dies arrangiert werden könne, würde Ballin versuchen, Admiral Tirpitz mitzubringen, so daß die beiden Marineminister sich nach der Art von Geschäftsleuten zusammensetzen und ihre Differenzen ausbügeln könnten. Cassel sprach mit Churchill, der es jedoch ablehnte, mit ihm zu reisen. Es sei möglich, sagte Churchill, daß er im Gefolge König George V. kommen würde, wenn der Kaiser überredet werden könnte, seinen englischen Vetter nach Berlin einzuladen. Unter solchen Umständen und vorausgesetzt, daß Asquith und Grey zustimmten, würde er, Churchill, »sich hochgeehrt fühlen«, mit Tirpitz zu einem Gespräch zusammenzutreffen. Cassel bekräftigte trotz Churchills Absage enthusiastisch Ballins Einschätzung des Ersten Lords:

»Seine freundschaftlichen Gesinnungen für Deutschland sind Ihnen bekannt. Seit seinen Jünglingsjahren kenne ich ihn intim, und er hat nie seine Bewunderung für den Kaiser und für die Nation verhehlt. Er betrachtet die Entfremdung der beiden Nationen als sinnlos und würde, davon bin ich überzeugt, irgend etwas tun, das in seiner Macht liegt, um gute Beziehungen herbeizuführen... Der Krebsschaden liegt darin, daß England die enorme Entwicklung der deutschen Kriegsmarine als eine ernste Bedrohung seiner Lebensinteressen ansieht. Dieses sitzt fest, und darüber gibt es keine zwei Stimmen in London. Wenn es möglich sein sollte, in dieser Richtung etwas zu tun, das Deutschland nicht gefährdet und den Alp von der englischen Brust wegnimmt, dann, glaube ich, würde man hier sehr weit gehen, um deutschen Wünschen entgegenzukommen.«

Churchill brachte den Ballin-Cassel-Vorschlag, daß neue Verhandlungen durch die Hintertür wieder aufgenommen werden sollten, vor das britische Kabinett. Er selbst und Lloyd George unterstützten die ungewöhnliche Idee. Zuletzt autorisierte das Kabinett Cassel, nach Berlin zu fahren, um in Erfahrung zu bringen, ob Ballin nur für sich selbst spreche oder ob seine Ansichten geteilt würden.

Am Morgen des 29. Januar 1912 erschien Ballin im Berliner Schloß und bat um eine Audienz beim Kaiser. Wilhelm nahm an, daß sein Freund einen gewöhnlichen Geburtstagsbesuch abstatte, und war überrascht, als Ballin ihm sagte, daß Sir Ernest Cassel in geheimer Mission der britischen Regierung in Berlin sei und den Wunsch geäußert habe, auf höchster Ebene empfangen zu werden. Cassel habe ihm, Ballin, mitgeteilt, daß das britische Kabinett ihm ausdrückliche Instruktionen gegeben habe, daß er allen diplomatischen Beamten, britischen wie deutschen, aus dem Wege gehen solle. Wilhelm war interessiert und ließ Cassel kommen. Dieser übergab ihm ein Dokument, das, wie der Kaiser festhielt, mit »Billigung und Kenntnis der englischen Regierung« aufgesetzt worden sei.

Es war eine Denkschrift, die drei Vorschläge enthielt, welche auf eine Entspannung zwischen Deutschland und Großbritannien zielten. Mit den Worten des Kaisers waren diese Vorschläge erstens, »Akzeptanz der britischen Vorherrschaft zur See; keine Erweiterung des deutschen Flottenbauprogrammes – eine möglichst weitgehende Reduktion dieses Programmes«; zweitens würde Großbritannien »unsere koloniale Expansion nicht behindern« und »unsere kolonialen Ambitionen diskutieren und fördern«, drittens enthalte die Denkschrift eine Anregung zu beiderseitigen Erklärungen, daß die beiden Mächte nicht an aggressiven Bündnissen gegeneinander teilnehmen würden.

Später schrieb Wilhelm in seinen Memoiren, er habe sofort gesehen, »daß sich diese ›Verbalnote‹ auf die vorliegende Novelle zu unserem Flottengesetz bezog und bestimmt war, sie auf irgendeine Weise zu verzögern oder zu hintertreiben.« Zu der Zeit aber zeigte er sich immerhin hinreichend interessiert, um Bethmann Hollweg anzurufen, der sofort kam. Er war ebenso verblüfft wie der Kaiser. Tirpitz wurde herbeigerufen. Cassel bat, daß ihm wenn möglich erlaubt werde, am selben Abend mit einer vorläufigen Reaktion der deutschen Regierung nach London zurückzukehren. Der Kaiser willigte ein. Es wurde entschieden, daß die deutsche Antwort in englischer Sprache abgefaßt werden sollte, »weil man Unklarheiten und Mißverständnisse bei einer Übersetzung in London befürchtete.« Der Kanzler bat den Kaiser, die Note aufzusetzen, »da ich am besten Englisch verstände«, erinnerte sich Wilhelm.

Der Vorgang spielte sich, in den Worten des Kaisers, folgendermaßen ab:

»Ich saß am Schreibtisch im Adjutantenzimmer, die Herren standen um mich herum. Ich las einen Satz aus der Note vor und entwarf eine Antwort, die wieder verlesen wurde. Darauf setzte die Kritik von rechts und von links ein. Dem einen war es zu entgegenkommend, dem anderen zu schroff; es wurde gemodelt, umgegossen, verbessert und gedrechselt. Besonders der Kanzler ... bereitete mir manche grammatikalische und stilistische Pein. Nach stundenlanger Arbeit war der Guß endlich gelungen und wurde, nachdem die Note ein paarmal von Hand zu Hand gegangen und dann noch ein halbes Dutzend Mal von mir verlesen worden war, unterschrieben.«

Als die Gruppe auseinanderging, fragte Bethmann Cassel, wer für die Verhandlungen aus England kommen würde. Cassel antwortete, daß er es nicht wisse, aber annehme, daß es ein Minister sein würde, wahrscheinlich Churchill. Erfreut über seinen Empfang in Berlin, kehrte Cassel dann mit der Note des Kaisers, die private Verhandlungen guthieß und einen englischen Kabinettsminister nach Berlin einlud, nach London zurück. Außerdem hatte er eine lange Erklärung Bethmann Hollwegs über die neue Flottennovelle bei sich, welche abzuändern die deutsche Regierung nicht geneigt sei. In London angelangt, suchte Cassel Churchill auf und übergab die Erklärung. »Wir verschlangen dieses Dokument die ganze Nacht in der Admiralität«, schrieb Churchill, und am Morgen sandte er Sir Edward Grey seine Analyse: »Der Geist mag gut sein, aber die Fakten sind abschreckend«, schrieb der Erste Lord.

Großbritannien hatte erwartet, daß Deutschland in der nächsten Sechsjahresperiode, die 1912 begann, weiterhin zwei neue Großkampfschiffe im Jahr bauen würde, so daß die Hochseeflotte bis 1918 mit zwölf neuen Großkampfschiffen ausgerüstet wäre. Die Novelle zum Flottengesetz sah indes den Bau eines zusätzlichen Schiffes alle zwei Jahre vor, woraus sich eine Gesamtzahl von 15 neuen Großkampfschiffen bis 1918 ergab. Gegen die ältere Formel hatte die Royal Navy in der gleichen Zeit ein Bauprogramm von 4-3-4-3-4-3 vorgesehen, so daß Deutschlands zwölf neuen Schiffen 21 neue britische Dreadnoughts gegenübergestanden hätten. Wenn die Novelle zum Flottengesetz verabschiedet würde – und Churchill sagte Grey, daß die Verabschiedung sicher scheine: »Sogar die Sozialisten unterstützen es« – würde England nun sein Bauprogramm auf 5-4-5-4-5-4 erhöhen müssen, um den 15 deutschen Großkampfschiffen 27 britische entgegenzustellen.

Churchill bemerkte auch die Schaffung eines dritten Schlachtschiffgeschwaders, Personalverstärkungen der deutschen Flotte, die eine »volle Einsatzfähigkeit von 25 Schlachtschiffen« gestatteten und Großbritannien »ständiger Gefahr« aussetze, die »Kriegsbedingungen nahekam«. Dem könne nur durch eine Erhöhung der Marineausgaben um 3 Millionen Pfund pro Jahr begegnet werden. Churchill erwähnte auch die deutsche Reaktion auf Großbritanniens Angebot, die koloniale Expansion des Reiches nicht zu behindern: »Cassel sagt, sie schienen nicht zu wissen, was sie im Hinblick auf Kolonien wollten. Sie scheinen nicht sonderlich interessiert an einer Ausdehnung ihres Kolonialreiches. Allein in Berlin gebe es zehn große Unternehmen, die im Ausland Arbeitskräfte anwerben. Übervölkerung sei nicht ihr Problem.«

Als das Kabinett zusammentrat, wurde entschieden, daß weder Churchill noch Grey nach Berlin reisen sollten. Churchill schrieb später: »Daß ich fahren würde, stand nie zur Debatte... noch wünschte ich damals, nach Berlin zu gehen.« Auch Außenminister Grey fuhr nicht, aus verschiedenen Gründen. Er war von Asquith gebeten worden, zwischen den Bergwerksgesellschaften und den streikenden Bergleuten zu vermitteln, und diese Verhandlungen standen vor einem kritischen Punkt. Wenn der Außenminister nach Berlin fuhr, war es außerdem unmöglich, die britisch-deutschen Verhandlungen vertraulich zu behandeln oder die Bedeutung eines Scheiterns herunterzuspielen. Greys wichtigstes Gegenargument aber war, daß sein Auftreten in Berlin Mißtrauen und Argwohn in Paris wecken würde. Und die Unterstützung Frankreichs und der Entente war der Schlüssel zu Greys Außenpolitik, wichtiger als jede Begrenzung der Seerüstung.

Die Wahl fiel auf Haldane.

Obwohl das britische Königshaus seit 1715, als Georg Ludwig, Kurfürst von Hannover, als König Georg I. den Thron bestieg, überwiegend deutsch war, lernten die Minister der britischen Krone niemals die Sprache.* Die einzige Ausnahme war Richard Burdon Haldane, Asquith' Kriegsminister und späterer Lordkanzler. Haldane sprach fließend deutsch, verehrte die deutsche Philosophie und genoß die Freuden langer Aufenthalte in deutschen Städten und Landschaften.

In Richard Burdon Haldanes Adern floß nicht ein Tropfen deutschen Blutes. Er war ein Schotte aus Perthshire und Edinburgh, wo sein Vater Anwalt und strenggläubiger Baptist war. Als der junge Haldane sein Studium beginnen sollte, fiel seine Wahl auf das Balliol-College in Oxford, aber seine Eltern waren besorgt über Gerüchte vom beherrschenden Einfluß der Anglikanischen Kirche in Oxford. Mit der Hilfe seines Griechischlehrers in Edinburgh überredete Haldane seinen Vater, ihm ein Studium der Philosophie an der Universität Göttingen zu ermöglichen. Als Siebzehnjähriger kam Haldane zum ersten Mal nach Deutschland. Sein erster Eindruck an einem grauen Morgen in Göttingen »war eine Frau und ein Hund, die einen Karren zogen, in dem sich ein Mann und ein Kalb befanden«. Seine Professoren waren jammervoll: Sie »sahen aus, als hätten sie mehr Bücher als Seife oder Schneidereien gesehen. Die meisten von ihnen sind Männer von ungefähr sechzig Jahren, die farbige Brillengläser tragen, dazu breitkrempige Tiroler Hüte, mit schmutzigen, schlechtrasierten Gesichtern und Kleidern, die beinahe von ihnen abfielen. Ihre Vorlesungen halten

* Wenn sie überhaupt eine Fremdsprache lernten, war es Französisch. In Asquith' liberalem Kabinett beherrschte keiner der Minister auch nur französisch, ausgenommen Churchill, der es mit einem schauderhaften Akzent sprach.

sie manchmal auf Lateinisch, manchmal auf Deutsch.« Haldane ließ sein Haar lang wachsen, legte sich einen Schnurrbart zu und badete im Fluß, der, wie die ganze Stadt, nach Gerberei roch. Er wechselte an die Universität Dresden, wo er Kant und Hegel las.

Nach Schottland zurückgekehrt, sah sich Haldane mit der Forderung seines Vaters konfrontiert, sich taufen zu lassen. Er willigte unter der Bedingung ein, daß ihm erlaubt werde, hinterher eine Erklärung abzugeben. Nach beendeter Zeremonie »stieg ich triefend aus dem Taufbecken, wandte mich der Gemeinde zu und verkündete ihr, daß ich dies nur um meiner Eltern willen getan hatte, ... daß ich aber ihre Lehren nicht annehmen könnte und die Taufe als eine rein äußerliche Zeremonie betrachtete; und daß ich in Zukunft keine Verbindung mit der Baptistenkirche und ihrer Lehre oder mit irgendeiner anderen Kirche haben würde. Dann wechselte ich meine Kleidung und verließ das Gebäude. Sie waren alle sehr bestürzt, aber niemand sagte etwas, wahrscheinlich, weil es nichts zu sagen gab.«

1877, mit einundzwanzig, ging Haldane nach London, wo er für einen Anwalt Akten durcharbeitete und Schriftsätze verfaßte. Nichts im Rechtswesen »schien schwierig, verglichen mit dem Studium der deutschen Metaphysiker«, schrieb er in seinen Memoiren. Das Rechtswesen wurde seine Leidenschaft, und er saß noch spät in der Nacht im Bett und las juristische Bücher. 1880 eröffnete er seine eigene Anwaltspraxis; in diesem Jahr nahm er insgesamt 31 Pfund und 10 Shillinge ein. 1881 stieg sein Einkommen auf 109 Pfund, im Jahr darauf auf 160 Pfund. 1884 stieg es steil auf 1100 Pfund. (Im Jahre 1905, ein Jahr bevor er Kriegsminister wurde, verdiente Haldane jährlich mehr als 20000 Pfund, obwohl seine politischen Pflichten einen guten Teil seiner Zeit in Anspruch nahmen.) Als junger Mann arbeitete er bis Mitternacht in seinem Büro und verzichtete auf Urlaub. »Von Zeitvertreib und gesellschaftlichem Leben sah ich in meinen frühen Jahren in London beinahe nichts«, schrieb er. »Das Ergebnis war eine gewisse Unbeholfenheit. Überdies war meine äußere Erscheinung nicht attraktiv... und ich hatte eine schlechte Stimme. Das waren ernste Mängel für eine Karriere am Gericht. Auf der anderen Seite konnte ich mich hinsetzen und systematisch denken, und ich hatte ein gutes Gedächtnis, das wenig von dem, was ich gelesen hatte, durchschlüpfen ließ... Ich war überzeugt, wahrscheinlich in unangemessener Weise, daß mir alles gelingen würde, was ich anpackte.« 1885 wurde Haldane mit neunundzwanzig als liberaler Abgeordneter für East Lothian ins Unterhaus gewählt. Und im folgenden Jahr sorgte er dafür, daß sein Freund und Anwaltskollege H. H. Asquith als Abgeordneter für East Fife ins Parlament kam.

In der Gesellschaft von Frauen war Haldane sehr schüchtern. 1890, im Alter von vierunddreißig, verliebte er sich zum ersten und einzigen Mal. Es folgten die Verlobung und »Wochen ungetrübten Glückes«. Dann, »plötzlich, wie ein Blitz aus heiterem Himmel und ohne vorausgegangene Warnung, erhielt ich eine Nachricht, daß alles vorbei sei... die Entscheidung war ebenso plötzlich wie unwiderruflich... Nur einmal oder zweimal sah ich sie später, und dann nur momentan und zufällig. Mein Kummer war überwältigend... Bis zu dieser Stunde bewahre ich die Erinnerung an jene fünf glücklichen Wochen in mir und segne ihren Namen... Sie starb 1897.«

Haldane blieb Junggeselle. In London lebte er mit seiner unverheirateten Schwester in einem winzigen Haus in Queen Anne's Gate und schrieb seiner Mutter jeden Tag. 1898 begann er in den parlamentarischen Osterferien seine jährlichen Besuche in Weimar. Sein Reisegefährte war Professor Hume Brown von der Universität Edinburgh, der an einer Biographie Goethes arbeitete. Haldane genoß diese Aufenthalte im Land seiner Studentenjahre und setzte seine Besuche auch als Kriegsminister fort; er reiste inkognito als »Mr. Brown«.

Haldanes Reise nach Berlin tarnte man mit der Ankündigung, daß der Kriegsminister, der auch Vorsitzender der Royal Commission für die Londoner Universität war, einen Besuch in Deutschland machen wolle, um Entwicklungen der technischen Hochschulausbildung Deutschlands zu studieren. Er überbrachte eine Botschaft des britischen Kabinetts mit der Erklärung, daß »das neue deutsche Programm eine ernste und sofortige Erhöhung der britischen Ausgaben für die Seerüstung zur Folge haben würde... [Dies] würde Verhandlungen schwierig, wenn nicht unmöglich machen.« Haldane wurde instruiert, den Vorschlag zu machen, daß die Deutschen das Tempo ihrer Neubauten verringerten.

Der als Haldane-Mission bekannt gewordene Besuch dauerte vier Tage. Am Donnerstag, dem 8. Februar, traf Haldane mit dem Nachtzug am Bahnhof Friedrichstraße ein. Sir Edward Goschens Wagen brachte ihn zum Hotel Bristol unweit der Botschaft. Um zehn Uhr vormittags kam Goschen, um ihn über den Ablauf zu unterrichten: zum Mittagessen sollte Bethmann Hollweg in die Botschaft kommen und würde anschließend zu einem vertraulichen Gespräch bleiben. Der Kanzler hatte sich nach Haldanes Status erkundigt, ob er in offizieller Funktion oder als Privatmann käme, und erklärt, er könne seine eigene offizielle Funktion nicht ablegen; er hatte die Auskunft erhalten, daß der Kriegsminister im Auftrag des britischen Kabinetts komme, daß die Gespräche jedoch nur Sondierungscharakter haben würden und daß Haldane nicht bevollmächtigt sei, zu irgendeinem Punkt bindende Erklärungen abzugeben.

Um 14 Uhr, nach dem Essen, kamen Bethmann und Haldane zu einem Gespräch unter vier Augen zusammen. Es wurde größtenteils auf deutsch geführt und begann damit, daß Haldane britische Befürchtungen angesichts des Ausbaus der deutschen Flotte schilderte. Dies sei das einzige Hindernis auf dem Weg zu guten Beziehungen. Der Kanzler fragte ihn, ob dies wirklich zutreffe;

Haldane versicherte feierlich, daß es sich so verhalte. Sie sprachen über Agadir. Bethmann beklagte sich über Kriegsvorbereitungen der britischen Flotte während der Marokkokrise. Haldane tat das mit der Bemerkung ab, daß Großbritannien nur getan habe, was deutsche Offiziere – General Moltke, zum Beispiel – als »Routineangelegenheiten« betrachten würden. Bethmann akzeptierte diese Erklärung. Er brachte die Frage der Neutralität zur Sprache: könnten England und Deutschland übereinkommen, sich aus jedem Krieg herauszuhalten, in den der andere verwickelt sein würde? Haldane wies darauf hin, daß Großbritannien ebensowenig Frankreichs Niederwerfung zusehen könne wie Deutschland einem britischen Angriff auf Dänemark oder Österreich.

Haldane war, so schrieb Bethmann Hollweg später, »scheinbar ernsthaft in Sorge, wir würden auf Frankreich losstürzen, wenn wir erst Englands Neutralität sicher seien. Zwar hielt er mir persönlich gegenüber diesen durch Deutschlands Verhalten während des letzten Menschenalters doch genugsam widerlegten Argwohn im weiteren Verlauf unserer Unterhaltungen nicht aufrecht, betonte aber dafür wiederholt und mit vollem Nachdruck, daß durch engere Beziehungen zu Deutschland Englands Verhältnis zu Frankreich und Rußland unter keinen Umständen geschädigt werden dürfe.« Haldane bestätigte, daß Großbritannien wahrscheinlich eine beiderseitige Neutralitätsverpflichtung akzeptieren würde, falls der andere einem unprovoziertem aggressiven Angriff durch eine dritte Großmacht ausgesetzt wäre. Der Reichskanzler meinte, es sei nicht einfach, »Aggression« oder »unprovozierten Angriff« zu definieren. Haldane entgegnete, daß man »die Zahl der Körner nicht bestimmen könne, die einen Haufen bildeten, daß man aber einen Haufen erkenne, wenn man einen sehe«.

Darauf wandte sich das Gespräch der deutschen Flotte und der neuen Flottennovelle zu. Welchen Wert habe der Versuch, fragte Haldane, bessere Beziehungen herzustellen, wenn Deutschland seine Schlachtflotte vergrößere und Großbritannien darauf mit der Vergrößerung der seinigen reagieren müsse? Wenn die Deutschen ein drittes Schlachtschiffgeschwader aufstellten, würde Großbritannien mit fünf oder gar sechs Geschwadern kontern müssen und vielleicht Schiffe, die jetzt im Mittelmeer stationiert seien, in heimatliche Gewässer zurückbeordern. Das Vorhaben, jedes zweite Jahr ein neues drittes Schiff zu bauen, sei noch ernster. »Wir würden mit Sicherheit gezwungen sein, für jedes der neuen deutschen Schiffe zwei der unsrigen auf Kiel zu legen«, erklärte Haldane. Der Reichskanzler fragte, ob dies wirklich der Fall sein würde. Haldane erwiderte, daß die Regierung gestürzt würde, wenn sie es nicht täte. Dennoch sei es für Deutschland notwendig, das dritte Geschwader aufzustellen, sagte Bethmann, und um das zu tun, würden einige zusätzliche Schiffe gebaut werden müssen. Er fragte Haldane, ob er einen Ausweg aus ihrem Dilemma sehe. Wie vom Kabinett instruiert, schlug Haldane eine zeitliche Streckung des neuen Bauprogrammes vor, eine Rücknahme des »Tempos«. »Vielleicht über acht oder neun Jahre, anstelle von sechs?« fragte der Kanzler. »Oder zwölf«, sagte Haldane. Bethmann schüttelte zweifelnd den Kopf. »Meine Admiräle sind sehr schwierig«, sagte er.

Trotz aller Hindernisse hatten die beiden Männer offen miteinander gesprochen, Schwierigkeiten identifiziert und mögliche Lösungen diskutiert. Bethmann Hollweg, der seit zwei Jahren versucht hatte, ein Abkommen zwischen Deutschland und England zustande zu bringen, ging zum Kaiser und erstattete optimistisch Bericht. Auch Haldane war hoffnungsvoll. »Es war kein verbales Florettfechten zwischen zwei Diplomaten«, schrieb er in seinen Erinnerungen. »Es war der Versuch zweier Männer, eine gemeinsame Basis zur Erreichung des höchsten Ideals zu finden, das Sterblichen möglich war.« »Die Atmosphäre war wunderbar«, schrieb er am selben Abend seiner Mutter. »Die Aussichten sind momentan sehr gut. Es war, als sei ich von neuer Kraft inspiriert gewesen.«

Dieser Geist des Optimismus steckte auch den Kaiser an. Am folgenden Tag sollten er und Tirpitz mit Haldane verhandeln, und bevor der britische Minister eintraf, schrieb Wilhelm seinem Marineadjutanten: »Es ist kein Zweifel, daß von der heutigen Konversation zwischen Tirpitz und Haldane das Schicksal der Entente zum großen Teil abhängt, damit das Schicksal Deutschlands und der ganzen Welt, darüber muß Tirpitz sich klar sein. In großen und freien, offenen Zügen muß er arbeiten, ohne Mißtrauen und Hintergedanken! ... Kann Tirpitz den noch anzuhörenden englischen Wünschen genügend entgegenkommen, so daß wir die Entente unter Dach kriegen, dann werde ich dafür sorgen, daß die Welt erfährt, daß er der Mann war, dem Deutschland und die Welt den Frieden verdankt und einen Haufen Kolonialgebiet dazu. Dann hat er eine Position in der Welt wie seit Bismarck kein deutscher Minister, ebenso vor dem Reichstag, mit dem er dann Fangball spielen kann!«

Am 9. Februar, einem Freitag, fuhr Haldane zum Mittagessen ins Schloß, wo ihn der Kaiser, die Kaiserin, ihre Tochter, Prinzessin Viktoria Louise, der Reichskanzler und Admiral Tirpitz erwarteten. Nach dem Essen ließ der Kaiser seinen berühmten Champagner Rosé und ausgezeichnete Zigarren auf einem silbernen Tablett auftragen und las aus Goethes Gedicht »Ilmenau«. Dann zog er sich ohne Bethmann, aber mit Haldane und Tirpitz in sein privates Arbeitszimmer zurück, um über den Rüstungswettlauf zur See zu diskutieren. Weil Admiral Tirpitz zugegen sei, erklärte der Kaiser, würde das Gespräch größtenteils auf deutsch geführt werden müssen. Aber, meinte er mit einem Lächeln, er habe eine Möglichkeit gefunden, »das Gleichgewicht der Kräfte herzustellen«. Er führte die beiden Gäste zu einem kleinen, schmalen Tisch, gab Haldane den größeren Stuhl am Kopf des Tisches, setzte den Admiral zur Linken des Besuchers und sich selbst zu seiner Rechten. Sobald sie sich gesetzt hatten, beugte sich der Kaiser zu Haldane und zündete ihm die ausgegangene Zigarre wieder an. Dann begann ein Nachmittag der Gespräche, die einzige Gelegenheit in den siebzehn Jahren zwischen 1897 und 1914, da Tirpitz, der Architekt und Erbauer der Hochseeflotte, mit einem Minister der britischen Regierung beisammensaß.

Wilhelm II. begann mit der Bemerkung, daß sie zwar hier seien, um Flottenfragen zu diskutieren, es aber klar sei, daß eine Übereinkunft beiden Nationen und der Welt dienlich sein würde. Haldane erklärte wieder, daß der deutsche Schlachtschiffbau für England das grundlegende Problem sei. Bevor eine politische Übereinkunft erreicht werden könne, sagte er, müsse eine ernstliche Modifikation des deutschen Bauprogrammes stattfinden; jedes allgemein gehaltene politische Abkommen wäre wie »Knochen ohne Fleisch«, wenn das Reich sein Flottenbauprogramm verstärkte und Großbritannien zwänge, ihm mit einer Rate von zwei zu eins zu folgen; die britische Öffentlichkeit »würde über das Abkommen lachen und... denken, wir seien hereingelegt worden«. Tirpitz schlug ein festes Verhältnis von 3:2 für die Flottenstärken vor (drei britische Schlachtschiffe für zwei deutsche) und stellte fest, daß Großbritanniens Beharren auf dem Zweimächtestandard »hart« für Deutschland sei. Haldane lehnte höflich ab und erinnerte daran, daß England als Inselstaat zur See jeder möglichen Kombination von Feinden gewachsen sein müsse.

Tirpitz wies darauf hin, daß die Novelle von 1912 bereits abgeändert worden sei: ursprünglich habe er vorgehabt, drei neue Großkampfschiffe im Jahr zu beantragen, das Programm aber dann auf ein drittes Schiff jedes zweite Jahr reduziert. Diese Schiffe, sagte er, seien wesentlich für die Aufstellung des dritten Schlachtschiffgeschwaders und notwendig für die Verteidigung des Reiches. »Admiral Tirpitz ist ein starker und schwieriger Mann – ein typischer Preuße –, und er und ich rangen hartnäckig«, berichtete Haldane später. »Es herrschte vollkommene Höflichkeit, aber keiner von uns wollte von seiner Position weichen. Unter dem Druck des Kaisers erreichte ich ein substantielles Zugeständnis.«

Der Kaiser war, nach Haldane, »so beunruhigt« über das Stocken und so eifrig bestrebt, die Gespräche zu einer Übereinkunft zu führen, daß er Bethmann Hollwegs Taktik vom vergangenen Tag anwendete und Haldane fragte, was er vorschlagen würde. Haldane wiederholte: »Können wir das Bauprogramm nicht zeitlich strecken?« Dann schlug er vor, die ersten der zusätzlichen Großkampfschiffe von 1912 auf 1913 zu verschieben, und die anderen zwei auf 1916 und 1919, statt auf 1914 und 1916. Diesem Plan stimmten der Kaiser und Tirpitz schließlich zu; diese Verlangsamung des Bauprogrammes war vermutlich das »substantielle Zugeständnis«, das erreicht zu haben, Haldane später angab. Dennoch ließ Haldane keinen Zweifel daran, daß Großbritannien, ganz gleich, wann die zusätzlichen Schiffe auf Kiel gelegt würden, für jedes deutsche zwei eigene Schiffe bauen würde. Mithin liege die Initiative zur Beschleunigung oder Verlangsamung des Wettrüstens zu See bei Deutschland. Etwa um 17 Uhr, nach beinahe drei Stunden, ging das Gespräch zu Ende, und der Kaiser bat Tirpitz, den Gast zum Hotel Bristol zurückzufahren. Sobald Haldane gegangen war, setzte sich der Kaiser hin und schrieb Ballin einen zuversichtlichen Brief: »Drittes Geschwader wird gefordert und bewilligt, der Bau der drei Extraschiffe zu seiner Vervollständigung dagegen wird erst 1913 in Angriff genommen und 1916 und 1919 erst je ein Schiff gefordert. Haldane war einverstanden und erklärte sich damit befriedigt. Aber dies ist nun das Ende! Er war sehr nett und verständig ... Cassel informieren mit Grüßen.«

Haldanes Tag war noch lange nicht zu Ende. Er verließ das Hotel und fuhr zur Wilhelmstraße 76, um den Staatssekretär im Auswärtigen Amt Kiderlen-Wächter aufzusuchen, der nicht an den Besprechungen teilgenommen hatte. Haldane äußerte sich ihm gegenüber nur allgemein, »denn ich hatte den starken Eindruck, daß der Kanzler ihn nicht in die Gespräche einzubeziehen wünschte«. Anschließend ging Haldane zur Reichskanzlei, um mit Bethmann Hollweg, Kiderlen-Wächter und General Paul von Hindenburg zu Abend zu essen. Nach der Mahlzeit nahm der Kanzler den englischen Gast beiseite. Bethmann Hollweg schien niedergeschlagen und sagte, er habe gehört, »daß ich von der Geringfügigkeit der Verlangsamung des deutschen Flottenbauprogrammes enttäuscht sei. Ich konnte sehen, daß dieser bewunderungswürdige, einfache Mann die Größe seiner Schwierigkeiten mit dem eigenen Volk spürte«. Hätte der Kanzler gewußt oder hätte Haldane ihm bei dieser Gelegenheit gesagt, daß er die von Tirpitz und dem Kaiser gewährten Zugeständnisse für substantiell hielt, so wäre Bethmann Hollwegs Sorge vielleicht geringer gewesen. Aber Haldane sagte es ihm nicht.

Ehe er sich an diesem Abend schlafen legte, hatte der britische Kriegsminister noch einen weiteren Termin. Um 22 Uhr traf er den französischen Botschafter Jules Cambon in der britischen Botschaft, um ihn über die zweitägigen Gespräche ins Bild zu setzen. Cambon machte es begreiflicherweise sehr nervös, daß der deutschfreundlichste Minister im britischen Kabinett außerhalb normaler diplomatischer Kanäle mit den drei wichtigsten Persönlichkeiten des kaiserlichen Deutschland verhandelte. Haldane beruhigte ihn: »Ich sagte mit Nachdruck, daß wir Frankreich und Rußland gegenüber nicht illoyal sein würden, und daß der Kanzler dies verstehe.« Um Haldanes Bemühungen zu schildern, nahm Cambon Zuflucht zu einer diplomatischen Formulierung: der Minister versuche, »eine *détente* statt einer *entente*« zu schaffen.

Am folgenden Tag, Samstag, hörte Haldane wieder, diesmal von Baron von Stumm vom Auswärtigen Amt, daß der Reichskanzler, den der Kriegsminister später am Tag treffen sollte, »deprimiert« von dem Gedanken sei, daß Haldane glaube, wegen der begrenzten deutschen Zugeständnisse im Flottenbauprogramm könne keine Übereinkunft erzielt werden. »Der Kanzler«, vertraute Stumm ihm an, »will dieses Abkommen – das der Traum seines Lebens ist – nicht an Tirpitz scheitern lassen.« Stumm deutete an, daß Bethmann Hollwegs

Chancen, den Kaiser zur Streichung von Schiffsneubauten zu bewegen, sich erhöhten, wenn Haldane »sehr energisch den Standpunkt vertrete, daß es weitere Zugeständnisse auf dem Flottensektor geben müsse.«

Als Haldane um 17 Uhr mit dem Kanzler zusammentraf, brachte er seine Zweifel zum Ausdruck, daß das britische Kabinett sich mit einer bloßen Streckung des neuen Flottenbauprogrammes zufriedengeben würde. Bethmann erwiderte, daß die deutsche Öffentlichkeit das dritte Geschwader erwarte und daß er es aufstellen müsse, was aber die Zahl neuer Schiffe und die Termine ihrer Kiellegung betreffe, werde er sein Bestes tun. Er wiederholte seine Hoffnung, daß die deutschen Zugeständnisse zu einem Neutralitätsabkommen führen würden. Haldane wiederholte, daß jedes politische Abkommen von einer Einigung in der Flottenfrage abhängen werde. Die beiden sprachen und verhandelten in der freundlichsten und vertrauensvollsten Art und Weise. »Wir setzten uns mit Bleistiften und Papier an einen Tisch und gingen auf Entdeckungsreise«, sagte Haldane später. »Am Ende... stand er auf und ergriff meine Hand und hielt sie und sagte, daß der Augenblick in seinem Leben, nach dem er sich gesehnt habe, gekommen zu sein schien. Wenn wir scheiterten, würde es Schicksal sein. Aber wir hätten, das wisse er, alles getan, was zwei Männer tun konnten.« ... »Ob Erfolg oder Mißerfolg die Bemühungen belohnen würde... er werde niemals vergessen, daß ich ihm mit Offenheit und Sympathie für seine Schwierigkeiten begegnet sei.« ... »Um acht kam ich im Hotel an... ziemlich übermüdet.«

Welche zusätzlichen Forderungen Haldane – von Stumm dazu ermuntert – bei ihrer letzten Zusammenkunft auch erhoben haben und welche Versprechungen Bethmann Hollweg gemacht haben mochte, »sein Bestes zu tun«, es herrschte allgemeine Übereinstimmung, daß Deutschland angeboten habe, den Bau der neuen Schiffe auf eines in jedem dritten Jahr zu strecken. Als Haldane Berlin verließ, war Wilhelm II. des Glaubens, daß er zufrieden und überzeugt sei, der deutsche Vorschlag stelle ein »substantielles Zugeständnis« dar. Auch Bethmann meinte, ein »vielversprechender Beginn« sei gemacht worden.

Der Kriegsminister kehrte am Montag, dem 12. Februar, nach London zurück und nahm noch am Nachmittag an einer Kabinettssitzung teil. Der Kaiser, berichtete er den Ministern, »war äußerst liebenswürdig. Ich bin überzeugt, daß er aufrichtig den Frieden wünscht, aber er muß mit der öffentlichen Meinung in Deutschland fertig werden.« Haldane zweifelte noch weniger am Wunsch des Reichskanzlers nach besseren Beziehungen. Das Problem sei, sagte er, daß die Briten dazu neigten, die Macht sowohl des Kaisers als auch des Reichskanzlers zu überschätzen. »Mein Eindruck war, daß Admiral von Tirpitz den wirklich entscheidenden Einfluß ausübt. Er hat in ganz Deutschland die stärkste Anhängerschaft.« Es sei sogar möglich, sagte er, daß Tirpitz anstelle von Bethmann Hollweg Kanzler würde. Die erste Reaktion des Kabinetts war Befriedigung, und man beglückwünschte Haldane zu seiner Durchführung dieser schwierigen Mission. Grey äußerte gegenüber Wolff-Metternich, daß er erfreut sei, und ein paar Tage später sagte Asquith vor dem Unterhaus, die Gespräche seien »hilfreich« gewesen.

Diese Harmonie sollte bald ein Ende haben. Bevor er Berlin verlassen habe, schrieb Haldane später, »übergab mir der Kaiser... mit freundlicher Offenheit ein Vorausexemplar des neuen Flottengesetzes mit der Erlaubnis, es meinen Kollegen zu zeigen«. Die Gesetzesnovelle war ein ungemein sorgfältig ausgearbeitetes technisches Dokument, und Haldane, dem es an Fachwissen fehlte, las es nicht. Statt dessen »steckte ich es in die Tasche und gab es dem Ersten Lord« bei der Kabinettssitzung am Nachmittag des 12. Februar. In der Admiralität unterzogen Churchill und sein Stab das Dokument intensiver Prüfung, und bei der nächsten Kabinettssitzung, am 14. Februar, lieferte Churchill seinen Bericht. Die Novelle zum deutschen Flottengesetz war viel weitreichender und bedrohlicher als alles, was man sich in England vorgestellt hatte.

Die Schaffung des dritten Schlachtschiffgeschwaders und der Bau von drei zusätzlichen Großkampfschiffen – die Streitfrage, über die Haldane verhandelt hatte – waren es gar nicht, was die Admiralität in Sorge versetzte. Sie war jetzt ganz auf die Zahl neuer Zerstörer und U-Boote konzentriert, und am meisten Sorge bereitete ihr eine Aufstockung der Marinemannschaften im aktiven Dienst um 20 Prozent, was »eine außerordentliche Verstärkung der Schlagkraft von Schiffen aller Klassen während des ganzen Jahres« ermöglichen würde. 15000 neue Offiziere und Mannschaften, statt der 3000 bis 4000 zuerst geschätzten, würden in die Hochseeflotte eintreten. 72 neue U-Boote sollten gebaut werden; komplette Mannschaften würden für 99 von 144 Zerstörern bereitgestellt. Mit dieser neuen Personalverstärkung würde die deutsche Flotte, die während der Wintermonate größtenteils demobilisiert im Hafen gelegen hatte, nun das ganze Jahr über in Einsatzbereitschaft gehalten. Bisher hatte die Admiralität kalkuliert, daß sie es mit 17 deutschen Schlachtschiffen und vier Schlachtkreuzern zu tun haben würde. Um dieser Bedrohung zu begegnen, unterhielt die Royal Navy 16 Schlachtschiffe in Heimatgewässern, weitere sechs in der Atlantikflotte in Gibraltar, drei oder vier Tage entfernt, und weitere sechs in der Mittelmeerflotte, gewöhnlich in Malta, neun Tage entfernt. Der Vorsprung war als ausreichend angesehen worden. Wenn die Flottennovelle verwirklicht würde, hätte Großbritannien es in einigen Jahren mit 25 Schlachtschiffen, 8 Schlachtkreuzern, großen Zerstörerflottillen und einer großen Zahl von U-Booten zu tun, die das ganze Jahr einsatzbereit wären. Die anfänglichen Kosten, um dieser Herausforderung zu begegnen, würden sich nach Churchills Schätzung auf zusätzliche 3 Millionen Pfund belaufen; der Gesamtaufwand für sechs Jahre würde mindestens 18 Millionen Pfund erreichen.

In der folgenden Woche, am 22., trafen Außenminister Grey und ein desillusionierter Haldane mit dem deutschen Botschafter Wolff-Metternich zusammen. Der Kriegsminister erklärte, daß er in Berlin Verständnis für die allgemein als unabdingbar betrachtete Notwendigkeit eines dritten Schlachtschiffgeschwaders gehabt habe, daß aber von den Plänen zur Personalverstärkung und der Absicht, kleinere Schiffe in großer Zahl zu bauen, nicht gesprochen worden sei. Das Kabinett sei der Ansicht, wurde dem Botschafter gesagt, daß die deutschen Flottenverstärkungen bedeuten würden, daß mehr britische Schiffe in die Heimatgewässer verlegt, neue gebaut und die Ausgaben für die britische Marine abermals beträchtlich erhöht werden müßten. Unter diesen Umständen sei es aber unmöglich, irgendein politisches Abkommen auszuarbeiten. Koloniale Übereinkünfte, wie die vorgeschlagene Rückgabe Sansibars an Deutschland, kämen nicht mehr in Frage. Wolff-Metternich, der von der Wilhelmstraße über die Gespräche mit Haldane unterrichtet worden war, erwiderte, daß die Reichsregierung substantielle Zugeständnisse im Hinblick auf die Fertigstellung der drei neuen Großkampfschiffe gemacht habe und daß Verstärkungen bei anderen Schiffstypen und Marinepersonal außerhalb des Bereichs der laufenden britisch-deutschen Verhandlungen lägen. Grey sagte, daß sie eingeschlossen werden müßten. Mit anderen Worten, bemerkte Wolff-Metternich, hieße dies, das Kabinett stimme den von Mr. Haldane getroffenen Vereinbarungen nicht zu. »Grey antwortete in höflichen diplomatischen Ausdrücken, aber in gesundes Deutsch übersetzt: ›Das stimmt‹.«

Als Metternich Berlin informierte, daß die britische Regierung zu den von Haldane angebotenen Bedingungen nicht mehr stehe, war der Kaiser entrüstet. Später beharrten er und andere Mitglieder der Reichsregierung darauf, daß der Kriegsminister als bevollmächtigter Vertreter des Kabinetts gekommen sei und daß seine Vorschläge den Charakter eines festen Angebotes gehabt hätten. Haldane leugnete dies und erklärte, er habe in Berlin wiederholt klargestellt, daß sein Besuch eine Sondierungsmission ohne bindende Vollmacht sei und daß jede Übereinkunft, die er nach London mitbrachte, vom britischen Kabinett überprüft werden müßte. Bethmann Hollweg verstand dies, hatte bereits halb erwartet, daß die von deutscher Seite vorgeschlagenen Zugeständnisse nicht ausreichen würden; so war er jetzt weniger überrascht und weniger empört. Auch Tirpitz war nicht überrascht. Von Anfang an der Überzeugung, daß die Haldane-Mission ein bloßes Manöver war, um das deutsche Flottenbauprogramm zu blockieren oder wenigstens zu verlangsamen, empfahl er die sofortige Veröffentlichung der neuen Gesetzesvorlage und ihre Einbringung im Reichstag. Damit sollte den Briten die Möglichkeit eines Eingriffs erschwert werden.

Am 1. März führte Haldane ein weiteres Gespräch mit Wolff-Metternich und wiederholte seine frühere Warnung, daß Großbritannien für jedes zusätzliche deutsche Großkampfschiff deren zwei auf Kiel legen würde. Und um der »unmittelbaren Gefahr« zu begegnen, die von der Verstärkung des deutschen Marinepersonals und der Flottenbereitschaft ausgehe, denke die Admiralität daran, Schlachtschiffe aus dem Mittelmeer in die Heimat zurückzuholen. Als diese Nachricht in Berlin bekannt wurde, bekam der Kaiser einen Wutanfall. Ohne den Kanzler zu konsultieren, wie es ihm die Verfassung gebot, telegrafierte er Metternich, die Briten zu warnen: »Sollte England seine Schiffe aus dem Mittelmeer zurückziehen nach England [oder] Nordsee wird das hier als Kriegsdrohung aufgefaßt werden.« Deutschland würde mobilisieren, und die Haldane gegebenen Zusagen würden zurückgezogen. Als Bethmann von diesem Ausbruch hörte, schrieb er ein Rücktrittsgesuch. Der Kaiser ignorierte nicht nur das verfassungsmäßige Recht des Reichskanzlers, die Außenpolitik zu bestimmen und Botschafter zu instruieren, sondern er ermutigte Tirpitz' Widerstand gegen das Ziel seiner Politik: ein politisches Abkommen mit England. Wilhelm, unversehens zwischen zwei Regierungsmitglieder geraten, die einander widersprechende Ziele verfolgten, mußte zurückstecken. Weil er Bethmann nicht gehen lassen wollte, gab er nach, schluckte seinen Zorn herunter, verschob die Veröffentlichung der Novelle zum Flottengesetz und genehmigte weitere Verhandlungen mit England.

Bethmann zog sein Rücktrittsgesuch zurück und nutzte die Atempause, um eine eigene diplomatische Offensive in London einzuleiten. Sein Ziel war nach wie vor die Garantie britischer Neutralität, sollte Deutschland in einen Krieg verwickelt werden. Er war sicher, daß der Kaiser und sogar Admiral Tirpitz einen Preis an Schiffen bezahlen würden, wenn dieses Ziel erreicht werden konnte. Die Novelle zum Flottengesetz, einstweilen zurückgestellt, ließ sich weiter modifizieren; das dritte in der Novelle für 1919 vorgesehene Großkampfschiff könnte weiter zurückgestellt werden; es ließen sich bei der vorgesehenen Personalverstärkung Stellen einsparen: dies alles war möglich, wenn die britische Regierung einem annehmbaren Neutralitätsabkommen zustimmte. Der Minister, der zum Empfänger dieses Angebotes erwählt wurde, war wieder Haldane. Metternich suchte ihn am 12. März in seinem Haus in Queen Anne's Gate auf, und am selben Abend schrieb der Kriegsminister seiner Mutter: »Ich glaube, unsere Gebete sind erhört worden, und der gute Kanzler hat sich gegen Tirpitz und seine Admiräle durchgesetzt. Es scheint, daß meine Mission, die von einem deutschen Torpedo getroffen schien, doch noch das Ergebnis haben wird, auf das wir unsere Hoffnungen gesetzt hatten.« Haldane meldete den deutschen Vorstoß in einer Denkschrift an das Kabinett:

»[Wolff-Metternich] erhielt eine Mitteilung vom Reichskanzler... Er erfuhr aus Berlin, daß das vorgesehene Flottengesetz in seiner jetzigen Form zurückgezogen würde, wenn die britische Regierung eine geeignete politische Formel anbieten würde. Ein Flottengesetz müsse sein, aber es würde von einer geringeren Größenordnung sein... Die Reduktion würde beträchtlich ausfallen... Er meinte, sie werde sich auch auf Personal erstrecken. Er wies darauf hin, daß die Zeit dränge, da vor dem Reichstag eine Erklärung abgegeben werden müsse... und der Kanzler wünsche das Angebot einer politischen Formel von unserer Seite, um die Zurückstellung und Neufassung der Gesetzesnovelle zu begründen. Ich fragte, ob die Formel über den Verzicht auf aggressive Absichten und Absprachen hinausgehen müsse. Er ließ erkennen, daß er meine, es müsse nicht sein... Ich sagte, ich würde sofort mit Sir Edward Grey zusammenkommen.«

Grey schrieb die Formel in Haldanes Beisein. Am 14. März wurde sie vom Kabinett gebilligt und Wolff-Metternich zur Übermittlung nach Berlin ausgehändigt. Die Erkärung lautete:

»England wird keinen unprovozierten Angriff auf Deutschland unternehmen und ihm gegenüber keine aggressive Politik verfolgen.

Aggression gegen Deutschland ist nicht der Gegenstand und bildet nicht Teil irgendeines Vertrages, Übereinkommens oder Bündnisses, an dem England jetzt beteiligt ist, noch wird es sich an etwas beteiligen, was solch ein Ziel hat.«

Als Metternich die Formel las, war er besorgt. Noch am selben Tag schrieb er Grey, daß er befürchte, der Entwurf werde in Berlin zurückgewiesen, so lange das Wort »Neutralität« darin nicht erscheine. Er schlug vor, den Satz hinzuzufügen: »England wird darum eine wohlwollende Neutralität beachten, sollte Deutschland ein Krieg aufgezwungen werden.« Diesen Satz, der schwerwiegende Implikationen für Frankreich, Rußland und die Zukunft der Entente gehabt hätte, verweigerte Grey. Bethmann Hollweg las die britische Formel mit Bestürzung, denn es war klar, daß das britische Versprechen »nicht halbwegs weit genug ging«; gegen das Gewicht Admiral Tirpitz' und der Marinepartei wog sie zu leicht. Metternich wurde angewiesen, der britischen Regierung mitzuteilen, daß die Gesetzesnovelle in ihrer ursprünglichen Form vor den Reichstag kommen werde, wenn es von seiten Großbritanniens keine Garantie absoluter, bedingungsloser Neutralität gebe. Am 16. März erhielt Metternich zwei Telegramme aus Berlin, die in dringender Form um eine Antwort der britischen Regierung ersuchten. Bei der Weitergabe dieses Ersuchens an Grey erwähnte der Botschafter, ein Grund für die Eile sei die Möglichkeit »eines Personalwechsels in Berlin«. »Personal« bedeutete Bethmann Hollweg; Grey wurde informiert, daß des Kanzlers Rücktritt wahrscheinlich sei, wenn keine Übereinkunft erzielt werde. Grey wußte, daß Bethmann Hollweg guten Willens war und wollte alles tun, um ihn an der Macht zu halten. So teilte er dem Botschafter mit, daß »solange er [Bethmann] Kanzler bleibe, könne er sich auf unsere Zusammenarbeit mit ihm verlassen, um den Frieden in Europa zu bewahren... Wenn dies in Personalfragen, die jetzt in Berlin anstünden, von Nutzen sein könne, möge Graf Wolff-Metternich dies in seinen Bericht aufnehmen.«

Metternich übermittelte die Bemerkung des Außenministers, daß Bethmann Hollweg in England als der beste Garant des Friedens betrachtet werde. Der

Kaiser las Metternichs Nachricht, und wieder überkam ihn die alte Erbitterung über das gönnerhafte Verhalten der Briten. Er habe in seinem Leben noch nicht davon gehört, daß ein Abkommen mit dem Hinweis auf einen bestimmten Staatsmann und unabhängig vom regierenden Souverän abgeschlossen worden sei, wütete er. Es sei klar, daß Grey keine Ahnung habe, wer in Deutschland der Herr sei. Grey versuche zu diktieren, wer Reichskanzler sein solle, wenn man zu einem Abkommen mit England gelangen wolle.«

Am 18. März bekräftigte Grey, daß England einem Versprechen bedingungsloser Neutralität als Gegenleistung für eine Begrenzung der deutschen Seerüstung nicht zustimmen würde. Als der Kaiser den Reichskanzler in der Wilhelmstraße aufsuchte, fand er Bethmann Hollweg dem Zusammenbruch nahe und drängte ihm ein Glas Portwein auf. Bethmann konnte nicht mehr kämpfen. Greys Weigerung, ein Neutralitätsversprechen abzugeben, schlug dem Reichskanzler die einzige Waffe gegen die Veröffentlichung der Novelle zum Flottengesetz aus der Hand. In der Erkenntnis, daß weitere Verhandlungen nutzlos waren, teilte er dem Kaiser am 19. März mit, daß er sich der Novelle nicht länger widersetze. Sie wurde am 22. März veröffentlicht, und gleich darauf reiste Wilhelm nach Wien, Venedig und Korfu ab. Grey und Metternich setzten ihre Gespräche fort, aber am 10. April schrieb Asquith an Grey, er zweifle »mehr und mehr an der Weisheit, diese Diskussionen mit Deutschland über eine Formel zu verlängern. Ich glaube, die deutsche Regierung wird sich mit nichts begnügen, was unterhalb eines Neutralitätsversprechens von unserer Seite bleibt, eines Versprechens, das wir nicht geben können.«

Das Scheitern der Gespräche bedeutete das Ende von Wolff-Metternichs Tätigkeit als Botschafter in London. Wilhelms Randbemerkungen auf Metternichs Berichten und Telegrammen waren erbarmungslos negativ geworden; der Botschafter sei »unbelehrbar«, »kraftlos«, »hoffnungslos unheilbar«. Am 9. Mai 1912 wurde Metternich nach einem Jahrzehnt auf seinem Posten abgelöst, die Abberufung mit seinem schlechten Gesundheitszustand erklärt. Metternichs Nachfolger wurde Marschall von Bieberstein, der frühere Staatssekretär im Auswärtigen Amt, der, nachdem er 1897 die Wilhelmstraße verlassen hatte, fünfzehn Jahre als Botschafter in der Türkei gewirkt hatte. Marschall, inzwischen neunundsechzig, traf in England ein, übte ein paar Wochen seine Amtsgeschäfte aus und fuhr dann auf Urlaub nach Deutschland, wo er plötzlich starb. Marschalls Nachfolger wurde Fürst Karl Max von Lichnowsky, ein umgänglicher, reicher schlesischer Großgrundbesitzer, der in den vorhergehenden acht Jahren keine diplomatische Funktion innegehabt hatte. Zum Verdruß des Kaisers ähnelten Lichnowskys Berichte aus London über die Reaktion auf den Ausbau der deutschen Flotte bald jenen Metternichs zum Verwechseln.

39. KAPITEL

# Flottenhaushalt und »Flottenurlaub«

Wie nicht wenige Briten von Stand, betrachtete Winston Churchill die Deutschen als bäurische kontinentale Vettern, die in den großen Kriegen gegen Ludwig XIV. und Napoleon treue Verbündete gewesen waren. Das neue Deutsche Reich, mächtig, aber altmodisch, war von Bismarck in Bahnen gelenkt worden, die Großbritannien nicht zu bedrohen schienen. Auch wenn sich die Briten Deutschlands militärischer Stärke bewußt waren, blieben sie zuversichtlich, daß das neue Reich an Großbritannien, sein Empire, seinen Welthandel und seinen Reichtum nicht heranreichen könne. In Churchills Jugend waren Großbritanniens Rivalen und potentielle Feinde Frankreich und Rußland gewesen.

Churchill bekam den Kaiser zum ersten Mal mit sechzehn Jahren zu Gesicht. Graf Kinsky, der Liebhaber seiner Mutter, nahm den Internatsschüler aus Harrow mit zu einer Ausstellung im Kristallpalast, wo Wilhelm II. Ehrengast war. Bei der Schilderung des Anlasses, die er seinem Bruder Jack zukommen ließ, konzentrierte sich Winston auf die spektakuläre Uniform des Kaisers: »Ein Helm aus blitzendem Messing, überragt von einem weißen Adler, der annähernd 15 Zentimeter hoch war... ein glänzend polierter Brustharnisch und eine ganz weiße Uniform mit Schaftstiefeln.« Das nächste Mal sah Churchill den Kaiser fünfzehn Jahre später, 1906, als er – damals Unterstaatssekretär für die Kolonien – eingeladen wurde, an Heeresmanövern in Schlesien teilzunehmen. Als persönlicher Gast des Kaisers benötigte Churchill eine Uniform; darauf hatte ihn der deutsche Militärattaché in London aufmerksam gemacht. Churchill, der keine Uniform besaß, versuchte von seinem Bruder die Uniform der Oxfordshire-Husaren mit dem Federbusch am Hut und dem Umhang aus Leopardenfell zu borgen. Als Jack antwortete, daß der Federbusch verlorengegangen sei und er das Leopardenfell vor sechs Jahren zum Bettvorleger gemacht hatte, lieh Churchill sich eine Uniform von seinem Vetter, dem Herzog von Marlborough.

In Schlesien sah Churchill, daß der Kaiser noch immer eine »weiße Uniform mit Adlerhelm« trug und auf »einem wunderbaren Pferd« saß, »umringt von Königen und Fürsten, während seine Legionen in schier endloser Prozession an ihm vorbeimarschierten.« Churchill hatte ein ungefähr zwanzig Minuten dauerndes Gespräch mit Seiner Kaiserlichen Majestät. »Er war sehr freundlich und ist sicherlich eine höchst faszinierende Persönlichkeit.« Churchill war beeindruckt von der »massiven Einfachheit und Stärke« der deutschen Kriegsmaschine und schrieb einer Tante: »Ich bin sehr dankbar, daß ein Meer zwischen dieser Armee und England liegt.« Aufgrund dieses Meeres sah Churchill von Deutschland keine Gefahr für das Inselreich ausgehen, und als er 1908 Wahlkampfreden hielt, rief er dem Publikum in Manchester und Dundee zu, daß die deutsche Gefahr ein Hirngespinst der Tories sei. 1909, während der Flottenpanik, schlug er sich auf die Seite Lloyd Georges gegen McKenna. Im Sommer 1909 wurde Churchill wieder als Beobachter zu Heeresmanövern nach Deutschland eingeladen. Er war noch stärker beeindruckt: das deutsche Heer, sagte er, ist »eine furchterregende Maschine. Die Infanterie marschiert manchmal 50 Kilometer an einem Tag. An Zahl ist sie wie der Sand am Meer.« Dieses Mal war der Kaiser noch herzlicher: Es hieß »›Mein lieber Winston‹ und so weiter«, schrieb Winston an seine Frau.

Agadir ließ Churchill umdenken. »Deutschlands Vorgehen in Agadir hat es ins Unrecht gesetzt und uns gezwungen, seine Ansprüche im Licht seiner Politik und Methoden zu betrachten«, schrieb er in einem Memorandum an sich selbst auf Briefpapier des Innenministeriums. Auf dem Höhepunkt der Krise schickte er Lloyd George einen Brief, der voll von dringenden militärischen Vorschlägen war: die britische Armee solle in Belgien einmarschieren, um die deutsche Flanke zu bedrohen; die Flotte müsse ihre Kriegshäfen in Schottland aufsuchen. »Belgien zuliebe würde ich nicht an diesem schrecklichen Geschäft teilnehmen«, schloß er. »Ein Grund allein könnte unsere Teilnahme rechtfertigen – zu verhindern, daß Frankreich von den preußischen Junkern niedergetrampelt und ausgeplündert wird – eine Katastrophe, die gefährlich für die Welt und schnell fatal für unser Land sein würde.«

Sobald die Krise überstanden war, hielt Churchill – inzwischen zum Ersten Lord der Admiralität ernannt – nach Möglichkeiten Ausschau, die wachsende Spannung zwischen Großbritannien und Deutschland zu verringern. Das Problem war die deutsche Kriegsmarine. »Wir wußten, daß ein schreckliches neues Flottengesetz in Vorbereitung war und bald verabschiedet würde. Sollte Deutschland wirklich entschlossen sein, sich Großbritannien zum Gegner zu machen, müssen wir die Herausforderung annehmen; aber es könnte möglich sein, durch freundliche, aufrichtige und vertrauliche Gespräche diese gefährliche Entwicklung abzuwenden.« Churchill begrüßte Sir Ernest Cassels Plan, einen britischen Minister nach Berlin zu entsenden, um inoffiziell mit dem Kaiser, Bethmann Hollweg und Tirpitz zu verhandeln. »Solange Deutschland die Flottenherausforderung nicht fallenläßt, wird seine Politik hier mit wachsendem Mißtrauen und Unbehagen betrachtet werden«, schrieb Churchill am 7. Januar 1912 an Cassel. »Aber... jedes Nachlassen seiner Anstrengungen würde sofort zu einer Entspannung... führen... Ich beklage die Situation, da ich, wie Sie wissen, niemals andere als freundschaftliche Gefühle zu dieser großen Nation und ihrem ausgezeichneten Souverän gehegt habe und die Gegnerschaft, die sich entwickelt hat, als unsinnig betrachte. Was in meiner Macht steht, sie zu beenden, würde ich mit Freuden tun.«

Obwohl Churchill die Haldane-Mission begrüßte, hielt der Erste Lord während der Verhandlungen des Kriegsministers eine Rede, die aufgrund ihres Zeitpunktes und ihrer Wortwahl schwerlich geeignet schien, Haldane den Weg zu ebnen. Sie war eine Reaktion auf die Rede des Kaisers anläßlich der Eröffnung des Reichstages. In einem Londoner Bahnhof kaufte der Erste Lord, unterwegs nach Belfast und Glasgow, eine Abendzeitung. »Ein Satz [aus der Rede des Kaisers] stand mir lebhaft vor Augen«, schrieb Churchill. »Es ist meine ständige Pflicht und Sorge«, hatte der Kaiser gesagt, »zu Lande und zu Wasser die Abwehrkraft des deutschen Volkes zu erhalten und zu stärken, das keinen Mangel an gesunden jungen Männern hat, die Waffen tragen können.« Zwei Tage später erwiderte Churchill in Glasgow: »Dieser Insel hat es niemals gefehlt und wird es niemals fehlen an ausgebildeten und abgehärteten Seeleuten, die seit ihrer Jugend mit der See vertraut sind.« Dann führte er die Unterschiede zwischen britischer und deutscher Seemacht aus:

»Der Zweck britischer Seemacht ist im wesentlichen defensiv. Wir denken nicht... an Aggression, und wir schreiben solche Gedanken keinen anderen Großmächten zu. Es besteht jedoch dieser Unterschied zwischen der britischen Seemacht und der Seemacht des großen und freundlichen Deutschen Reiches – und ich vertraue darauf, daß es noch lange das große und freundliche Reich bleibe. Die britische Marine ist für uns eine Notwendigkeit, während die deutsche Marine, von unserem Standpunkt aus gesehen, für die Deutschen mehr die Natur einer Luxusflotte hat. Von unserer Seemacht hängt die Existenz Großbritanniens ab... Die britische Marine ist es, die Großbritannien zu einer Großmacht macht. Aber Deutschland war eine Großmacht, geachtet und geehrt auf der ganzen Welt, bevor es ein einziges Schiff hatte.«

Die deutsche Presse reagierte zornig auf die Bezeichnung der deutschen Marine als »Luxusflotte«. Churchill selbst verzeichnete, daß der Ausdruck in Deutschland »zornig von Mund zu Mund ging«. Bei seiner Rückkehr nach London fand der Erste Lord seine Kabinettskollegen aufgebracht vor, obwohl Asquith einräumte, daß Churchill »eine einfache Feststellung einer offensichtlichen Wahrheit« getroffen habe. Churchill war erleichtert, als Haldane bei seiner Rückkehr aus Berlin sagte, daß »die Rede in Glasgow, weit davon entfernt, ein Hindernis zu sein, die denkbar größte Hilfe gewesen sei. Haldane schilderte, wie er die betreffenden Passagen meiner Rede selbst dem Kaiser und Tirpitz vorgelesen habe, um zu beweisen und zu bekräftigen, was er selbst während der vorausgegangenen Diskussionen gesagt hatte.«

Das Scheitern der Haldane-Mission und der anschließenden Verhandlungen bekümmerte Churchill. Im April 1912 brachte er dieses Gefühl Cassel gegenüber zum Ausdruck: »Ich glaube, es ist schwierig für jedes der beiden Länder, zu begreifen, wie furchteinflößend es sich in den Augen des anderen ausnimmt. Sicherlich muß es Deutschland mit seinem glänzenden Heer und seiner kriegerischen Bevölkerung, fähig, ihren Heimatboden gegen alle Eindringlinge zu verteidigen, das inmitten des Kontinents liegt, mit Straßen- und Bahnverbindungen nach allen Seiten, beinahe unmöglich sein, die Empfindungen zu würdigen, mit denen ein Inselstaat wie Großbritannien die stetige und unerbittliche Entwicklung einer rivalisierenden Seemacht von höchster Effizienz beobachtet. Je mehr wir die großartige Arbeit bewundern, die mit dem raschen Aufbau der deutschen Seemacht geleistet worden ist, desto stärker, tiefer und suggestiver werden diese Empfindungen.«

Der Kaiser hatte Haldane den Text der Novelle zum Flottengesetz übergeben. Im Mai wurde sie vom Reichstag verabschiedet. Sie sah bis zum Jahre 1920 die Aufstellung von fünf Schlachtschiffgeschwadern vor, darunter drei Geschwader Großkampfschiffe zu je acht Einheiten und elf Schlachtkreuzer. Die gesamte Personalstärke der Flotte würde bis dahin 101 500 Mann betragen. Ungeachtet seiner Hoffnungen auf Frieden und verringerte Ausgaben hatte der Erste Lord die Pflicht, »die Herausforderung anzunehmen«.

Am 18. März 1912 legte Churchill dem Unterhaus seinen ersten Haushaltsentwurf für die Marine vor. Er war in weiten Teilen das Werk seines Vorgängers McKenna: vier Großkampfschiffe, acht leichte Kreuzer, 20 Zerstörer und eine nicht näher bezeichnete Zahl von U-Booten. Auch die veranschlagten Kosten waren unter McKenna errechnet worden: 44 Millionen Pfund, 4 Millionen Pfund mehr als im vergangenen Jahr. Es gab einen Vorbehalt in der Rede des Ersten Lords, aber seinen Zuhörern schien er schon Routine zu sein: »Diese Schätzungen sind unter der Annahme zustande gekommen, daß die bestehenden Programme anderer Seemächte nicht erweitert werden. Im Falle solcher Erweiterungen würde es notwendig, einen Nachtragshaushalt einzubringen.« Das war unaufrichtig. Bevor er den Haushalt einbrachte, wußte Churchill bereits, daß eine andere Macht sich anschickte, ihr bestehendes Programm zu erweitern. Doch weil der Text der deutschen Novelle zum Flottengesetz Haldane vom Kaiser vertraulich übergeben worden war, konnte der Erste Lord ihn dem Unterhaus nicht zugänglich machen.

Churchill bereitete das Parlament und die britische Öffentlichkeit auf den unvermeidlichen Nachtragshaushalt vor, indem er den traditionellen Maßstab britischer Seemacht abänderte. Seit Jahrzehnten hatte Großbritannien an einem selbstproklamierten Zweimächtestandard festgehalten: der Erhaltung einer Flotte, die zahlenmäßig den vereinten Flotten der beiden nächststärksten

Seemächte gleichkam. In seiner Rede vom 18. März gab der Erste Lord den Zweimächtestandard auf. Konfrontiert mit der deutschen Herausforderung, sagte er, könne Großbritannien es sich nicht länger leisten, gegen zwei Mächte anzubauen; in Zukunft werde das Ziel die Wahrung einer 60-Prozent-Überlegenheit an Dreadnoughts gegenüber dem Staat sein, der sie bedrohe; für jeweils zehn Schlachtschiffe der deutschen Hochseeflotte müsse die Royal Navy sechzehn haben. »Wir müssen stets bereit sein, zu jeder Zeit allem zu begegnen, was ein möglicher Feind uns im Augenblick seiner Wahl entgegensetzen kann.« Dieses Verhältnis wurde gegen das ursprüngliche deutsche Flottenbauprogramm ohne die Ergänzung von 1912 errechnet. Für jedes neue Schiff, das nach der noch unveröffentlichten Novelle auf Kiel gelegt würde, mußte daher Großbritannien derer zwei bauen. »Nichts würde Deutschland meiner Meinung nach mehr entmutigen«, schrieb Churchill an Fisher, »als der sichere Beweis, daß es als Ergebnis all seiner gegenwärtigen und zukünftigen Anstrengungen bis 1920 nur noch hoffnungsloser hinterherhinken wird.« Die Rede des Ersten Lords war ungestüm und kämpferisch, enthielt aber auch eine originelle Idee, deren Absicht sowohl friedfertig wie auch haushälterisch war. Warum nicht die Bürde der Seerüstung beider Länder vermindern, indem man einen »Flottenurlaub« machte?

»Lassen Sie mich klarmachen, daß jede Verzögerung oder Verringerung deutscher Seerüstung innerhalb gewisser Grenzen prompt von uns nachvollzogen werden wird... Nehmen wir zum Beispiel... das Jahr 1913. In diesem Jahr wird... Deutschland drei Dreadnoughts bauen, woraus sich für uns die Notwendigkeit ergeben wird, fünf zu bauen. Angenommen, wir würden in diesem Jahr beide Urlaub machen und eine leere Seite in das Buch der Mißverständnisse einfügen; angenommen, Deutschland würde in dem Jahr keine Schiffe bauen, so könnte es mit einer Einsparung zwischen sechs und sieben Millionen Pfund rechnen. Aber das ist nicht alles. Unter normalen Umständen würden wir mit dem Bau unserer Schiffe nicht beginnen, bevor Deutschland seine auf Kiel gelegt hat. Die drei Schiffe, die es nicht baute, würden daher automatisch nicht weniger als fünf potentielle britische Dreadnoughts von der Liste streichen. Das ist mehr, denke ich, als es in einer brillant geführten Seeschlacht versenken könnte.«

Der Vorschlag, einen Rüstungswettlauf einfach anzuhalten und zwei Mächte im unveränderten Kräfteverhältnis zu lassen, war eine unorthodoxe Idee. Sie wurde in Deutschland nicht gut aufgenommen, wo die Presse ihre Leser daran erinnerte, daß Churchill jener britische Minister war, der ihre Kriegsmarine erst vor wenigen Wochen als eine »Luxusflotte« angeschwärzt hatte. Der Kaiser zeigte sich kühl und ließ Churchill durch Ballin wissen, daß »solche Arrangements nur zwischen Verbündeten möglich« seien.

Einstweilen war es Churchills Pflicht, Großbritanniens Vorherrschaft zur

See zu wahren. Er konnte dies durch einen praktischen Schritt tun, der weder Zeit zum Bau neuer Schiffe erforderte noch der Zustimmung eines potentiellen Gegners (zum beiderseitigen Bauverzicht) bedurfte: mehr Schiffe konnten in die Heimatgewässer zurückgerufen werden. Fisher hatte 1904 damit begonnen, als er die Ostasien- und Nordamerika-Geschwader um ihre Schlachtschiffe erleichtert und andere Flottenstützpunkte geschlossen hatte. Nun sollte der Rest der Schlachtschiffe zurückgerufen werden. Die in Malta stationierten Schlachtschiffe der Mittelmeerflotte wurden abgezogen: vier kamen in die Heimat, vier wurden in Gibraltar gelassen, von wo sie entweder nordwärts zum Ärmelkanal und in die Nordsee oder nach Osten ins Mittelmeer dampfen konnten.

Der Abzug aus Malta war nicht nur in einer Hinsicht bedeutsam. Strategisch beruhte die Entscheidung auf Fishers Ausspruch: »Wir können nicht alles haben oder überall stark sein. Es ist nutzlos, auf einem Nebenkriegsschauplatz stark zu sein und auf dem entscheidenden Kriegsschauplatz nicht die überwältigende Vorherrschaft zu haben.« Der Hauptkriegsschauplatz war die Nordsee. Am 6. Mai 1912 schrieb Churchill an Haldane: »Wir können nicht das Mittelmeer halten oder unsere Interessen dort garantieren, bis wir eine Entscheidung in der Nordsee erreicht haben... Es wäre sehr töricht, England zu verlieren, indem wir Ägypten sichern. Wenn wir die große Schlacht auf dem Hauptkriegsschauplatz gewinnen, können wir hinterher alles andere in Ordnung bringen. Wenn wir sie verlieren, wird es kein Hinterher geben.«

Die Situation im Mittelmeer hatte sich mit der Bildung der Entente verändert. Frankreich, der traditionelle Feind, war nun Großbritanniens Partner. Die beiden anderen Seemächte unter den Mittelmeeranrainern, Italien und Österreich-Ungarn, waren nominell Verbündete innerhalb des Dreibunds, rüsteten aber gegeneinander. Selbst wenn Italien und Österreich-Ungarn ihre Kräfte gegen Großbritannien vereinten, behielt das Argument zugunsten des Rückzuges Gültigkeit. Die sechs kleineren, veraltenden Schlachtschiffe der britischen Mittelmeerflotte würden den neuen österreichischen und italienischen Großkampfschiffen nicht gewachsen sein. Diese alten Schiffe im Mittelmeer zu belassen, erklärte Churchill am 26. Juni im Kabinett, »würde bedeuten, daß eine britische Flotte, die nahezu ein Drittel unserer Schlachtschiffstärke ausmacht und mit 12 000 unserer besten Offiziere und Seeleute bemannt ist, der sicheren Vernichtung ausgeliefert wären«. Tatsächlich war der Rückzug mehr von der Sorge um die Seeleute als um die Schiffe motiviert; die ausgebildeten Besatzungen der Mittelmeerflotte wurden benötigt, um die neuen Dreadnoughts zu bemannen, die in den Heimatgewässern in Dienst gestellt werden sollten.

Churchill setzte sich energisch für seine Vorstellungen ein. Die Diskussion darüber war der Hauptgrund für seinen Besuch in Malta an Bord der *Enchan-*

*tress* im Mai 1912.* Kitchener, der damals als britischer Geschäftsträger Ägypten regierte, war ein entschiedener Gegner dieser Pläne. Er bestand darauf, daß das Mittelmeer als lebenswichtige Verbindung des Empire gesehen würde. Der Abzug der Flotte würde den Verlust Ägyptens, Zyperns und Maltas nach sich ziehen und den Niedergang der britischen Herrschaft in Indien, China und Südostasien einleiten. Asquith suchte nach einem Kompromiß und versprach schließlich, daß einige schwere Schiffseinheiten, Schlachtkreuzer oder Schlachtschiffe, im Mittelmeerraum verbleiben würden.

Im Juli verlagerte sich die Diskussion in den Verteidigungsausschuß, das Kabinett und das Unterhaus. McKenna, unterstützt von Esher, bestand darauf, daß Schlachtschiffe im Mittelmeer verblieben. Churchill wiederum bestand auf ihrem Abzug. Das Mittelmeer sei keine lebenswichtige Verbindung innerhalb des Empire, argumentierte er; notfalls konnten Lebensmittellieferungen und der übrige Handel um das Kap der Guten Hoffnung geleitet werden, wie dies auch vor der Erbauung des Suezkanals geschehen sei. Der entscheidende Punkt, beharrte er, die kritische Bedrohung des Empire und seiner Zukunft, liege nicht im Mittelmeer, sondern in der Nordsee. Schließlich aber fügte sich Churchill der Zusage, die der Premierminister Lord Kitchener in Malta gemacht hatte: die alten Schlachtschiffe würden abgezogen, aber ein Geschwader von vier neuen Schlachtkreuzern und vier der modernsten gepanzerten Kreuzer würde ständig in Malta stationiert bleiben. Die Schlachtkreuzer mit ihren 30,5 cm-Geschützen würden eine kampfkräftige Abschreckung gegen die älteren österreichischen und italienischen Kriegsschiffe darstellen. Sollten die Österreicher sich aus der Adria hinauswagen, glaubte sogar Churchill, daß die vier Schlachtkreuzer der *Invincible*-Klasse ihnen mehr als gewachsen sein würden. Und sollten sie im Kampf gegen langsamere, aber schwerer gepanzerte feindliche Einheiten in Schwierigkeiten geraten, konnten sie ihre höhere Geschwindigkeit nutzen und sich vom Feind lösen. Bis 1915, hoffte die Admiralität, würde es genug Neubauten geben, um die Überlegenheit in der Nordsee zu sichern *und* erneut acht moderne Dreadnoughts ins Mittelmeer zu verlegen.

In seiner Argumentation zugunsten des Rückzuges aus dem Mittelmeer behielt Churchill stets die Hauptbedrohung fest im Auge. Am 11. Juli sprach er vor dem Verteidigungsausschuß: »Der endgültige Umfang der deutschen Hochseeflotte wird von furchterregender Art sein... Der ganze Charakter der deutschen Flotte zeigt, daß sie für offensive Aktionen des denkbar größten Umfanges in der Nordsee oder dem Nordatlantik gedacht ist... Die Bauart der deutschen Schlachtschiffe zeigt deutlich, daß sie für den Angriff und für Flottenaktionen gedacht sind... Ich will nicht andeuten, daß die Deutschen einen plötzlichen

* Auf dieser Reise umwarben und gewannen Churchill und Asquith in Neapel den im Ruhestand lebenden Jacky Fisher.

Überraschungsangriff gegen uns führen würden. Es ist nicht an uns, anzunehmen, daß eine andere große Nation unter den zivilisatorischen Standard sinken wird, an den wir uns gebunden fühlen; aber wir in der Admiralität müssen dafür Sorge tragen, daß sie [die Deutschen] einen Angriff nicht nur nicht führen werden, sondern daß sie ihn nicht führen können.«

Im September 1912, als britische Schlachtschiffe das Mittelmeer verließen, kündigte die französische Admiralität an, daß die sechs Schlachtschiffe der französischen Atlantikflotte ins Mittelmeer verlegt würden. 1912 verfügte Frankreich über eine starke, aber ältere Flotte von zwanzig Schlachtschiffen, darunter vierzehn Einheiten aus der Zeit der Jahrhundertwende und sechs Hybridtypen (Schlachtschiffe der *Danton*-Klasse, die mit vier 30,5 cm- und zwölf 24 cm-Geschützen bewaffnet waren und darin wie in der Panzerung den britischen Schlachtschiffen der *Lord Nelson*-Klasse ähnelten). Sechs dieser Schiffe waren in Brest stationiert, vierzehn in Toulon, um die Hauptaufgabe der französischen Kriegsmarine zu erfüllen: den Schutz der Seewege zwischen Frankreich und seinem nordafrikanischen Kolonialreich, von dem es Lebensmittel, Rohstoffe und Arbeitskräfte bezog. Das Argument für den Abzug des französischen Atlantikgeschwaders war nicht zufällig dem der britischen Admiralität für den Abzug des Mittelmeergeschwaders ähnlich: die französische Kriegsmarine wurde im Mittelmeer konzentriert, wo sechs zusätzliche Schlachtschiffe Frankreich eine Überlegenheit über die vereinigten Flotten seiner beiden potentiellen Gegner Österreich-Ungarn und Italien verliehen. Wären die sechs älteren französischen Schlachtschiffe hingegen in Brest verblieben, hätten sie im Kampf gegen die moderne deutsche Hochseeflotte in der Nordsee oder im Atlantik kaum etwas ausrichten können. Die französische Entscheidung schien die Verteidigung der langen französischen Kanal- und Atlantikküste allein den Kreuzern, Torpedobooten und U-Booten zu überlassen, und die Abgeordneten der Küstenprovinzen wurden dringend bei der französischen Admiralität vorstellig, um ihr nahezubringen, daß sich unter der Bevölkerung ihrer Wahlkreise ein Gefühl von Unsicherheit und Verwundbarkeit ausbreite. Die Antwort ließ die Katze so diskret wie möglich aus dem Sack: Es sei ein Abkommen getroffen worden, wonach die Häfen und Küsten von der Flotte einer befreundeten Macht verteidigt würden.

Tatsächlich war die nahezu gleichzeitige, arbeitsteilige Verlegung der britischen und französischen Flottenverbände zu offensichtlich, als daß jemand an ein rein zufälliges Zusammentreffen hätte denken können. In Berlin vermutete man, daß ein Geheimabkommen in Form eines Tauschhandels abgeschlossen worden sei: Großbritannien würde Frankreichs Atlantikküste bewachen, während die Franzosen sich der britischen Interessen im Mittelmeer annehmen würden.

Obwohl die Franzosen ein solches Abkommen sehnlichst wünschten, hatten die Briten jede förmliche Festlegung abgelehnt. Im Frühjahr 1912, nach dem Scheitern der Haldane-Mission, hatten französische Marinebehörden auf Stabsgespräche über eine Zusammenarbeit im Kriegsfalle gedrängt. Churchill hatte eingewilligt und selbst an Gesprächen mit dem Grafen de Saint-Seine teilgenommen, dem französischen Marineattaché in London. Nichtsdestoweniger hatte der Erste Lord seinen französischen Gesprächspartner gewarnt, »er müsse verstehen, daß keine Gespräche zwischen militärischen Fachleuten geführt werden könnten, die in irgendeiner Weise die volle Handlungsfreiheit beider Länder beeinträchtigen könnten. In solchen Fragen würde das Auswärtige Amt die Ansichten Seiner Majestät Regierung zum Ausdruck bringen... [Der französische Marineattaché] sagte, daß er dies vollkommen verstehe und damit ganz einverstanden sei.« Nach dieser Warnung bemerkte Churchill, daß es den französischen Interessen diente, wenn im Mittelmeerraum eine Flottenstärke geschaffen würde, die jener Österreichs und Italiens gleich oder überlegen sei, ein Unternehmen, das, wie beide Seiten wüßten, nur durch die Verlegung der französischen Atlantikflotte nach Toulon bewerkstelligt werden könne. Nachdem er Frankreich so zum Handeln ermutigt hatte, suchte Churchill im Einvernehmen mit Asquith und Grey dem Glauben der Franzosen entgegenzuwirken, sie besäßen nun ein moralisches Argument, um Großbritannien zum Handeln zu zwingen. Am Vorabend der französischen Ankündigung, daß das in Brest liegende Schlachtschiffgeschwader verlegt würde, brachte der Erste Lord dieses Anliegen und sein Verständnis der schwierigen Lage in einem Brief an den Premierminister und den Außenminister zum Ausdruck:

»Der Punkt, den ich sicherstellen möchte, ist unsere Handlungsfreiheit... Diese Freiheit wäre ernstlich beeinträchtigt, wenn die Franzosen sagen könnten, daß sie ihre Atlantikküste entblößt und ihre Kräfte im Vertrauen auf eine Vereinbarung mit uns konzentriert haben. Dies würde nicht den Tatsachen entsprechen. Auch wenn wir nicht existierten, könnten die Franzosen keine besseren Dispositionen treffen... Sie sind nicht stark genug, Deutschland allein entgegenzutreten, geschweige denn sich auf zwei Kriegsschauplätzen zu behaupten. Darum konzentrieren sie ihre Seestreitkräfte zu Recht im Mittelmeer, wo sie sicher und überlegen sind und ihre afrikanischen Verbindungslinien schützen können. Ebensowenig trifft es zu, daß wir uns auf Frankreich verlassen, um unsere Position im Mittelmeer zu behaupten... Wenn Frankreich nicht existierte, würden wir keine andere Disposition unserer Streitkräfte vornehmen... Bedenken Sie, welch eine wirksame Waffe Frankreich besitzen würde, um unsere Intervention zu erzwingen, wenn es sagen könnte: ›Auf den Rat Ihrer Admiralität und aufgrund einer Vereinbarung mit ihr haben wir unsere nördlichen Küsten ohne Verteidigung gelassen. Wir können [im Falle eines Angriffs] nicht rechtzeitig zurück.‹«

Die französische Regierung bedauerte das britische Ausweichen. Das Arrangement der Flottenverteilung sei einseitig, protestierte Paul Cambon; es lasse England »die Freiheit, Frankreich je nach Belieben zu helfen oder es zu unterlassen«. Dennoch weigerte sich Großbritannien nachzugeben. In einem Notenaustausch vom 22. und 23. November kamen Grey und Cambon überein, daß Gespräche zwischen Militär- und Marinefachleuten der beiden Ententemächte »kein Engagement« darstellten, »das eine der beiden Regierungen in einem Notfall, der nicht entstanden ist und vielleicht nie entstehen wird, zum Handeln verpflichtet«. Man kam überein, daß im Falle einer ernsten Bedrohung – wenn eine der beiden Mächte Grund hätte, einen plötzlichen, unprovozierten Angriff einer dritten Macht zu erwarten – beide Regierungen diskutieren sollten, ob sie gemeinsam handeln würden, und wenn ja, in welcher Art und Weise. Die britische Seite bestand auf der Feststellung, daß »die gegenwärtige Disposition der Flotten Frankreichs und Großbritanniens nicht auf einer Übereinkunft, im Kriegsfall zusammenzuarbeiten, beruht.« Großbritannien schien sich durchgesetzt zu haben. Tatsächlich aber hatte es Frankreich die Waffe in die Hand gegeben, von der Churchill gesprochen hatte.

Die Diskussionen im Verteidigungsausschuß, im Kabinett und im Parlament sowie die Gespräche mit den Franzosen, alle über das Thema der Flottenverlegung, wurden den ganzen Sommer 1912 hindurch von hitzigen Debatten in Presse und Öffentlichkeit begleitet. »Die Aufgabe des Mittelmeeres« wurde in der konservativen Presse, von der Navy League (dem britischen Flottenverein) und einer Anzahl prominenter Leute außerhalb der Regierung, zu denen Lord Esher, Lord Roberts und Beresford gehörten, rundheraus abgelehnt. »Aufgrund unserer Sorge um die Nordsee haben wir unsere Macht über das Mittelmeer verloren, die Schlagader des Empire«, zeterte der *Evening Standard*. Die Vorstellung, von der französischen Marine abzuhängen, um die Verbindungslinien des Empires zu schützen, sei »für die Masse der Engländer absolut unerträglich«, erklärte der *Daily Express*. Die Vorstellung »markiert die Grenzen dessen, was ein Volk mit Selbstachtung ertragen sollte«, fügte die *Globe* hinzu. »Rom mußte die Ausländer zu Hilfe rufen, als sein Zeitalter der Dekadenz anbrach«, sagte Esher. Keiner dieser Gegner bestritt die Bedeutung britischer Vorherrschaft im Nordseeraum; ihre Forderung war, daß sowohl die Nordsee als auch das Mittelmeer gehalten werden müßten; die Lösung liege im Bau weiterer Kriegsschiffe. »Die Wahl liegt zwischen einer Verstärkung der Seemacht, damit die Seeherrschaft im Mittelmeer gesichert werden kann... oder einer völligen Umkehrung der traditionellen Politik Großbritanniens im Hinblick auf seine Handelswege und militärischen Verbindungsrouten zum Osten«, erläuterte Esher dem König. Der König stimmte zu. Churchill, Grey und Asquith stimmten auch zu. Das Problem war Geld.

Außer dem Bau neuer britischer Großkampfschiffe und der Verlegung vorhandener Schlachtschiffe in Heimatgewässer entdeckte Churchill eine weitere Möglichkeit, die britische Überlegenheit im Nordseeraum zu verstärken: Kanada, dachte er, könnte überredet werden, Dreadnoughts für die Royal Navy zu bauen. Die Logik und Präzedenzfälle waren auf seiner Seite. Es lag auf der Hand, daß der Aufstieg der deutschen Kriegsmarine die Sicherheit und das Wohlergehen der Dominions beeinflußte, die traditionell von der Royal Navy abgeschirmt wurden. Im Anschluß an die Flottenpanik von 1909 hatten Australien und Neuseeland jeweils die Mittel für ein Großkampfschiff aufgebracht; schon im folgenden Jahr waren in britischen Werften zwei Schlachtkreuzer mit den Namen dieser Dominions auf Kiel gelegt worden. 1911 kamen die Regierungen der Dominions dann überein, daß ihre Schiffe im Kriegsfalle »einen integralen Teil der britischen Flotte bilden und unter dem Befehl der britischen Admiralität stehen«, sollten. Kanada hatte bis dahin kein Angebot gemacht, aber inzwischen war in Ottawa eine neue konservative Regierung an der Macht, und Churchill beschloß, einen Verstoß zu unternehmen. Um der deutschen Flottenverstärkung durch die Gesetzesnovelle nach ihren eigenen Kriterien wirksam zu begegnen, hielten die Briten drei neue Schiffe für erforderlich. »Aber«, erklärte Churchill, »wenn wir jetzt plötzlich damit herauskämen und drei neue Schiffe hinzufügten, könnte das den Effekt haben, das Wettrüsten zur See wiederum anzuregen, und sie würden uns fragen, welcher neue Faktor aufgetreten sei, der diese neuen Bauvorhaben auf unserer Seite rechtfertige oder erforderlich mache. Wenn wir sagen könnten, der neue Faktor sei der, daß Kanada beschlossen habe, an der Verteidigung des britischen Weltreiches teilzunehmen, dann würde das eine Antwort sein, die keine unangenehmen Vergleiche hervorrufen und uns der Notwendigkeit entheben würde, in detaillierte Berechnungen der Zahl der zu einem gegebenen Zeitpunkt vorhandenen deutschen und österreichischen Schiffe einzutreten.«

Sir Robert Borden, der kanadische Premierminister, nahm den Vorschlag des Ersten Lords günstig auf. Am 5. Dezember brachte er im kanadischen Parlament ein Flottengesetz ein, das sieben Millionen Pfund für den Bau von drei Dreadnoughts vorsah, die zur gemeinsamen Verteidigung des britischen Weltreiches der Royal Navy unterstellt und von ihr unterhalten werden sollten. Die Gesetzesvorlage löste einen politischen Sturm aus. Die liberale Opposition gab zu Protokoll, daß sie keine Gefahr für Kanada erkennen könne. Wenn die Schiffe gebaut werden sollten, sagte die Opposition, sollten sie auf kanadischen Werften gebaut, mit kanadischen Besatzungen bemannt und der kanadischen Regierung unterstellt werden. Churchill wies Borden darauf hin, daß es in Kanada keine Werften gebe, die in der Lage seien, Dreadnoughts zu bauen, und daß die Errichtung einer geeigneten Werft 15 Millionen Pfund kosten würde. Unter solchen Umständen könne die Kiellegung des ersten Schiffes erst in vier Jahren erfolgen. Indem er sich diese Argumente zu eigen machte, gelang es

Borden, die Gesetzesvorlage im Februar 1913 im Parlament durchzubringen, aber im Mai wurde sie vom kanadischen Senat abgelehnt. Im November folgten die Malaiischen Staaten, Australien und Neuseeland und erboten sich, für ein Dreadnought aufzukommen, aber Kanada stellte der Admiralität während des Ersten Weltkrieges keine Großkampfschiffe zur Verfügung.

Hatte Admiral Tirpitz zu Beginn seines Flottenbauprogrammes stets betont, Deutschland baue Schiffe für seine eigenen Bedürfnisse, ohne Bezug auf die Seestreitkräfte anderer Staaten, so ging er Anfang 1913 von dieser Position ab. Am 6. und 7. Februar erkannte er in Erklärungen vor dem Haushaltsausschuß des Reichstages das 60-Prozent-Verhältnis des Ersten Lords an und sagte, Deutschland werde sich damit begnügen. Er erwähnte keine Zahlen von Schiffseinheiten, wandte das Zahlenverhältnis aber auf die Schlachtschiffgeschwader an: Großbritannien solle acht haben, Deutschland fünf. Tirpitz' Rede erfreute die britische liberale Presse, die stets Hoffnungen hegte, die Marineausgaben könnten gekürzt werden. Aber nun wollte die britische Regierung von ihrem eigenen Vorschlag nichts mehr wissen, und die Rede machte wenig Eindruck auf den Außenminister und den Ersten Lord. Grey, nach der gescheiterten Haldane-Mission besonders kühl, befürchtete jetzt, daß irgendwelche Verhandlungen mit Deutschland die Entente mit Frankreich gefährden könnten, und ging davon aus, daß Tirpitz' Erklärung die Anforderungen widerspiegele, die von seiten der deutschen Heeresleitung an den Reichstag gestellt wurden. »Was Tirpitz sagt, ist belanglos«, sagte Grey, »und der Grund, daß er es sagt, ist nicht die Liebe zu unseren schönen Augen, sondern es sind die zusätzlichen 50 Millionen, die zur Verstärkung des deutschen Heeres benötigt werden.« Auch Churchill riet seinen liberalen Kollegen, sich keine großen Hoffnungen zu machen: »Wir dürfen nicht versuchen, in jüngste deutsche Erklärungen zur Flottenpolitik eine Bedeutung hineinzulesen, die uns gefallen würde, die sie aber nicht enthalten«, sagte er am 26. März 1913 vor dem Unterhaus. »Wenn ich beispielsweise sagte, Admiral Tirpitz habe anerkannt, daß ein britisches Übergewicht von sechzehn zu zehn Dreadnoughts für Deutschland zufriedenstellend sei, daß ein solches Übergewicht beinahe genau dem gegenwärtigen Kräfteverhältnis entspricht, und daß Deutschland infolgedessen nicht mit dem Bau weiterer Dreadnoughts beginnen sollte, solange wir es nicht tun, dann könnte das ein logisches Argument sein, aber es würde, dessen bin ich sicher, großen Schaden anrichten.«

In seiner Rede bei der Vorlage des Haushaltentwurfs der Marine für 1913–1914 erneuerte Churchill statt dessen seinen Vorschlag eines »Flottenurlaubs«: »Wenn für die Dauer eines Jahres... von keiner Nation neue Schiffe gebaut würden, in welcher Weise würden dadurch die Interessen der betreffenden Nationen beeinträchtigt oder präjudiziert? Der Vorschlag... beinhaltet keine Veränderung der relativen Stärke der Flotten. Er beinhaltet nicht die Aufgabe irgendwelcher Pläne zur Flottenorganisation oder des Flottenausbaues. Er verlangt nicht die Annullierung von Gesetzen. Aber die Finanzen jedes beteiligten Landes würden erleichtert.« Großbritannien würde vier und Deutschland zwei geplante Großkampfschiffe stornieren, meinte der Erste Lord. Frankreich, Italien, Österreich-Ungarn und Rußland könnten folgen. Würde sein Vorschlag abgelehnt, sagte er, dann »werden die Ereignisse weiterhin den Weg nehmen, auf den sie jetzt gebracht worden sind, mit dem Ergebnis, daß die Seeherrschaft des britischen Weltreiches in jedem Stadium auf einem unangreifbareren Fundament ruhen wird.«

Die deutsche Admiralität war über Churchills Vorschlag alarmiert. Die Anforderungen des Heeres an den Haushalt hatten unter den Steuerzahlern und im Reichstag Widerstand erzeugt; ein »Urlaub« von Ausgaben für die Marine mochte diesen Kreisen attraktiv erscheinen. Schnell wurden Argumente gegen den Plan aufgeboten: Großbritannien benötige den »Urlaub«, weil seine Werften überlastet seien und unter Mangel an Arbeitskräften zu leiden hätten; wenn der »Urlaub« vorüber wäre und die Arbeit wiederaufgenommen würde, hätten die Briten einen Vorteil, weil sie ihre Schiffe schneller bauen könnten als Deutschland; und was würde während des »Urlaubsjahres« aus den deutschen Werften und ihren Arbeitern? Am Ende des »Urlaubs«, wenn die Bauarbeiten wieder aufgenommen werden sollten, wären die Arbeitskräfte längst abgewandert, um anderswo ihr Brot zu verdienen. Und wie verhielt es sich mit den Flottenbauprogrammen Frankreichs und Rußlands, die Deutschlands Feinde waren?

Eine Rede vor dem Unterhaus war kein förmlicher Vorschlag der britischen Regierung, und Tirpitz tat das Seinige, um eine etwaige amtliche Note des britischen Außenministeriums zum »Flottenurlaub« zu verhindern. Er instruierte Kapitän zur See Müller, den deutschen Marineattaché in London, wie die Angelegenheit zu handhaben sei: Müller solle den Plan »dilatorisch« behandeln und auf die englische und deutsche Presse verweisen, die ihn sehr ungünstig aufgenommen hätten. Dies alles sei weniger eine Frage der Marine als eine rein politische Angelegenheit. Churchill schadete angeblich durch seine Idee der zarten Pflanze einer deutsch-englischen Détente. Das Auswärtige Amt schloß sich dieser Betrachtungsweise an; Fürst Lichnowsky, der deutsche Botschafter in London, versicherte Gottlieb von Jagow, dem Staatssekretär des Auswärtigen, er werde alles tun, um einen offiziellen britischen Vorstoß zu verhindern. Bald darauf erwähnte er Grey gegenüber, daß die deutsche Regierung es vorziehen würde, nicht offiziell mit dem Vorschlag des Ersten Lords befaßt zu sein.

Es gab denn auch keinen offiziellen Vorstoß, aber das hinderte Churchill nicht, am 18. Oktober 1913 auf sein Thema zurückzukommen. Da er nur zu gut wußte, daß der Umfang des Voranschlags für den Marinehaushalt 1914, der sich damals in der Ausarbeitung befand, das Kabinett ebenso schockieren würde wie das Land, bot der Erste Lord seine radikale Alternative an: »Nächstes Jahr werden wir vier Dreadnoughts gegenüber zwei deutschen auf Kiel legen. Jetzt sagen wir, solange noch viel Zeit ist, in aller Freundschaft und Aufrichtigkeit zu unserem großen Nachbarn Deutschland: Wenn ihr bereit seid, den Baubeginn eurer zwei Schiffe gegenüber dem Plan um zwölf Monate hinauszuschieben, dann werden wir den Baubeginn unserer vier Schiffe in gutem Glauben für genau die gleiche Zeit zurückstellen... Es würde eine Einsparung... von annähernd sechs Millionen für Deutschland und zwölf Millionen für dieses Land bedeuten, und die relative Stärke beider Länder würde absolut unverändert bleiben.«

Wieder ging ein Sturzbach von Kritik, heimischer wie ausländischer, auf den Ersten Lord nieder. Lord Esher meinte: »Winston redet den Radikalen auf der Galerie nach dem Mund... es ist mir unbegreiflich, daß ein so kluger Bursche einfältig genug sein sollte, sich einzubilden, er habe irgendeine Chance, eine zustimmende Antwort zu erhalten.« Andere Kritiker wiesen darauf hin, daß ein auf Großkampfschiffe begrenzter Urlaub bedeute, daß Deutschland in der Lage sein würde, mehr für U-Boote und Luftschiffe auszugeben. Die Pariser Presse protestierte, daß Deutschland, wenn es der Notwendigkeit enthoben wäre, sechs Millionen für die Marine auszugeben, zusätzliche sechs Millionen ins Heer stecken werde. In London riet die *Morning Post* dem Ersten Lord, »ein Jahr Urlaub vom Redenhalten zu nehmen, wenigstens soweit sie Abrüstungsfragen betreffen«. In Berlin sagte Jagow zu Goschen, daß die Idee »utopisch und undurchführbar« sei und »ungezählte Menschen auf die Straße werfen würde«. Tirpitz erklärte im Februar 1914 feierlich vor dem Reichstag, daß die Idee rechtswidrig und undurchdacht sei: wenn der Schiffbau ein Jahr verschoben werde... müsse die Unterlassung im folgenden Jahr gutgemacht werden, was die deutschen Finanzen in Unordnung, die Arbeit auf den Werften in Verwirrung bringen müsse. Wenn auf der anderen Seite gewünscht werde, den Schiffbau im fraglichen Urlaubsjahr ganz und ohne Ersatz fallenzulassen, dann bedeutete dies, daß Deutschland den Bau von Ersatzschiffen unternehmen müssen. Der Kaiser sagte wenig; zu Bethmann Hollweg äußerte er, daß er sich weigere, das »endlose, gefährliche Kapitel der Rüstungsbegrenzung« wieder aufzuschlagen.

Churchill hatte es mit seinem Vorschlag vor allem darauf abgesehen, die Unruhe der Parteibasis über die Kosten der Seerüstung zu beschwichtigen. Seit die Liberalen die Amtsgeschäfte übernommen hatten, war es jedes Jahr zu höheren Ausgaben für die Marine gekommen. Auf ein Programm zum Bau von acht neuen Dreadnoughts war ein weiteres zum Bau von fünfen gefolgt. Die Admiräle verlangten und Schiffskonstrukteure entwarfen größere und teurere Schiffe. Hatte die *Dreadnought* noch 1850000 Pfund gekostet, so wurden für die *Queen Elizabeth* und ihre Schwesterschiffe jeweils 4 Millionen Pfund veranschlagt. Der Marinehaushalt wuchs unaufhaltsam: 1907–1908, 31 250 000 Pfund; 1908–1909, 32 180 000 Pfund; 1909–1910, 35 730 000 Pfund; 1910–1911, 40 420 000 Pfund; 1911–1912, 44 390 000 Pfund; 1912–1913, 45 075 000 Pfund. Die Gesamtsumme war schwindelerregend: in sechs Jahren hatte die liberale Regierung für die Marine 229 Millionen Pfund ausgegeben oder bewilligt. Es gab Stimmen, die behaupteten, daß die Hälfte dieser Summe genügt hätte, um die meisten sozialen Mängel Englands abzustellen.

Churchill verschärfte das Unbehagen der Liberalen an den Rüstungskosten mit einer Rede, die er am 10. November 1913 im Londoner Rathaus hielt. Dort verkündete er, daß die Voranschläge für den Marinehaushalt des kommenden Jahres wegen der ausländischen Hochrüstung beträchtlich angehoben werden müßten. Asquith, der anwesend war, aber nicht wußte, was Churchill sagen würde, war wütend. Lloyd George, gleichfalls unter den Zuhörern, nannte die Rede »ein Stück Wahnsinn«.

Churchills Ankündigung löste neuerliche Aufschreie gegen die »aufgeblähten« Ausgaben für die Marine aus. »Wann werden der Erste Lord und die Marineexperten erkennen, daß eine finanzielle Reserve eine der Hauptstützen des Krieges ist?« fragte die *Daily Chronicle*. »Wenn andere Länder uns nicht in den Flottenurlaub folgen wollen, laßt uns den Urlaub allein machen«, erklärte ein früherer Gouverneur der Bank von England. Vierzig Unterhausabgeordnete der Liberalen suchten geschlossen den Premierminister auf, um sich gegen eine weitere Erhöhung der Voranschläge für den Marinehaushalt auszusprechen. Margot Asquith schrieb dem Schatzkanzler Lloyd George gebieterisch: »Geben Sie Winston nicht zuviel Geld – es wird unserer Partei in jeder Weise schaden ... Wenn man nicht ein wenig sparsam sein kann, wenn alle anderen Länder friedlich sind, dann weiß ich nicht, *wann* man es kann.« Sogar die Tante des Ersten Lords, Lady Wimbourne, schrieb ihrem Neffen und erwähnte »die Fehleinschätzung Deines lieben Vaters«, die dazu führte, daß er sich »in Jahren der Enttäuschung vor Gram verzehrte«. »In Deiner Ausgabenpolitik für die Marine brichst Du mit den Traditionen des Liberalismus«, warnte sie ihn. »Du bist in Gefahr, ein reiner ›Mann der Marine‹ zu werden und die weitaus größere Aufgabe eines bedeutenden Führers der Liberalen Partei aus den Augen zu verlieren ... Nichts schadet der gegenwärtigen Regierung so sehr wie diese Marineausgaben. Man wird Dich entweder fallen lassen oder eine Niederlage erleiden müssen.«

Die Unionisten sahen die Streitfrage anders. Das Bild des einstigen Abtrünnigen wandelte sich, besonders in den Augen konservativer Verfechter britischer Seeherrschaft. Sie bejubelten Churchill jetzt als einen Helden, der gegen die Mächte der Unwissenheit kämpfte. Die öffentliche Auseinandersetzung tobte noch, als Churchill dem Kabinett am 5. Dezember die Zahlen des neuen Voranschlags präsentierte. Die Gesamtsumme betrug 50 694 800 Pfund, beinahe

3 Millionen Pfund mehr als im Jahr zuvor. Einsparungen waren vorgesehen: der Erste Lord verlangte nur vier neue Dreadnoughts statt deren fünf, und nur zwölf Zerstörer statt der zwanzig des vorausgegangenen Jahres. Die höheren Kosten, so erläuterte er, seien hauptsächlich eine Folge gestiegener Baukosten: »Der Boom im Schiffbau brachte eine Erhöhung der Materialpreise von ungefähr 15 Prozent mit sich.«

Im Kabinett entspann sich sofort eine Debatte. »Wir hatten eine Kabinettssitzung, die beinahe drei Stunden dauerte, und zweidreiviertel Stunden davon nahm Winston in Anspruch«, schrieb Asquith am 8. Dezember um Mitternacht an Venetia Stanley. Hauptgegner waren die früheren Verbündeten Churchill und Lloyd George. Mit der Erhöhung der Marineausgaben durch den Ersten Lord sah sich der Finanzminister entweder einem Defizit oder der Notwendigkeit von Steuererhöhungen gegenüber. In den Augen des Schatzkanzlers aber war dies Verrat. »Als er [Churchill] zur Admiralität ging, traf ich eine Abmachung mit ihm«, erzählte Lloyd George am 13. Dezember einem Freund. »Er hat sie nicht eingehalten. Er ist extravagant gewesen.«

Am Neujahrstag 1914 gewährte der Schatzkanzler der *Daily Chronicle* ein Interview, in dessen Verlauf er den Voranschlag für den nächsten Marinehaushalt öffentlich angriff. Die britisch-deutschen Beziehungen waren freundlicher als in den letzten Jahren; Deutschland gab große Summen für sein Heer aus, und das machte es ihm unmöglich, die britische Seeherrschaft herauszufordern. Damit nicht genug, fühlten sich immer breitere Bevölkerungsschichten abgestoßen von dem »organisierten Wahnsinn« des Rüstungswettlaufs. Aus diesen Gründen drang er darauf, daß der Marinehaushalt gesenkt, nicht erhöht werde. In seinem Interview ging der Schatzkanzler über die politische Darlegung des Falles hinaus und versetzte dem Ersten Lord einen persönlichen Seitenhieb. Er erinnerte die Leser der Zeitung daran, daß Lord Randolph Churchill es vorgezogen hatte zurückzutreten, statt den »aufgeblähten und verschwenderischen« Haushaltsvoranschlägen der Admiralität zuzustimmen. Als er das Interview las, schrieb Churchill, der sich mit seinem Freund, dem Herzog von Westminster, gerade zur Wildschweinjagd in Frankreich aufhielt, an einen Kollegen: »Das Interview des Schatzkanzlers... ist eine gute Illustration seiner Methoden.« Churchill wehrte die Presse mit der Bemerkung ab, es sei nicht sein politischer Stil, »Zeitungsinterviews über wichtige Themen dieser Art zu geben, solange sie noch im Kabinett diskutiert werden«. In diesem Punkt unterstützten die meisten anderen Minister Churchill; Asquith nannte Lloyd Georges Interview »eine unnötige Torheit«; Grey war »wütend... und läßt sich nicht besänftigen«.

Im Januar 1914 erreichte die Krise ihren Höhepunkt. Churchill vertraute einem Freund an, daß er »mit dem Rücken zur Wand« stehe; Lloyd George verkündete: »Der Premierminister muß sich zwischen Winston und mir entscheiden.« Der Konflikt konzentrierte sich auf die Frage, ob vier oder nur zwei neue Dreadnoughts gebaut werden sollten. Churchill versprach den Seelords und der Marine, daß er zurücktreten werde, »wenn das vorgesehene Programm von vier Schiffen zusammengestrichen« würde. Wenn die Zahl der Neubauten unter vier reduziert werde, informierte er Asquith, »besteht keinerlei Möglichkeit, daß ich in der Lage bin weiterzumachen«. Er schrieb dem König, daß die Angelegenheit »lebenswichtig« und »grundsätzlich« sei. Der König stimmte zu. »Ohne Zweifel... muß am diesjährigen Programm von vier Schlachtschiffen festgehalten werden.« Asquith wollte keinen der beiden Minister verlieren und befahl Lloyd George und Churchill, sich bis zur nächsten Kabinettssitzung zu einigen.

Die beiden alten Freunde setzten sich zusammen – sie nannten einander immer noch »Mein lieber David« und »Mein lieber Winston« –, und der Schatzkanzler schlug einen Kompromiß vor: Churchill müsse versprechen, daß künftige Haushaltsvoranschläge niedriger sein würden, wenn die gegenwärtige Zahl akzeptiert würde. Churchill weigerte sich: »Noch nie wurde einer meiner Vorgänger aufgefordert oder hat je versucht, die Voranschläge über das kommende Jahr hinaus auszuweiten, und ich kann das jetzt nicht tun... Solange ich verantwortlich bin, wird bereitgestellt werden müssen, was notwendig ist... Ich kann nicht ein Jahr Amtszeit durch einen unter Druck abgeschlossenen Handel über die Voranschläge 1915–16 erkaufen.«

Am 27. Januar schrieb Lloyd George an den Ersten Lord und den Premierminister. Zu Churchill sagte er: »Mein lieber Winston... Ihr Brief hat mich zur Verzweiflung getrieben, und ich muß jetzt weitere Verhandlungen ablehnen und die Entscheidung über die Frage dem Premierminister und dem Kabinett überlassen... Ich weiß jetzt, wie Sie sich ein politisches Geschäft vorstellen: das Finanzministerium soll sich verpflichten, weitere Einsparungen im Interesse des Steuerzahlers nicht einmal zu versuchen, während der Admiralität keinerlei Verpflichtung auferlegt wird, neue finanzielle Belastungen zu vermeiden.« An Asquith schrieb der Schatzkanzler: »Mein lieber Premierminister, ich habe mich vergeblich abgemüht, um eine Regelung zwischen Churchill und den Kritikern seines Voranschlags herbeizuführen... Es ist mir völlig mißlungen.«

Die Kabinettssitzung am 29. Januar war in erster Linie dem Haushaltsvoranschlag der Marine gewidmet. Gegen starke Einwände des Schatzkanzlers wurde beschlossen, 52800000 Pfund auszugeben und vier Dreadnoughts zu bauen. Lloyd George wies darauf hin, daß dies ein Defizit von 9 Millionen im Staatshaushalt verursachen würde, das durch neue Besteuerung ausgeglichen werden müsse. Er setzte sich für eine Senkung der Operations- und Instandhaltungskosten ein. Nach der Sitzung sandte Asquith eine Notiz an Churchill:

Mein lieber Winston,
größtenteils aus Rücksicht gegen mich hat das Wolfsrudel der Kritiker (welches sehr gut weiß, daß es einen guten Teil der Parteimeinung hinter sich hat) in seiner Verfolgung nachgelassen. Ich denke, daß Sie Ihrerseits... eine entsprechende Geneigtheit zeigen und ein Baby oder zwei vom Schlitten werfen sollten.

Churchill erwiderte, daß die Operations- und Instandhaltungskosten bereits »wie nie zuvor durchgekämmt worden sind... Ich sehe absolut keine Hoffnung auf weitere Kostensenkungen... Ich bin kein Freund dieser Marineausgaben, und es bekümmert mich, in der Rolle eines Zuchtmeisters angetroffen zu werden. Aber ich bin selbst der Sklave von Tatsachen... Im Schlitten sind keine Babies mehr, und wenn das Rudel auch die Knochen des Lenkers zermalmt, der Winter wird nicht zu Ende sein.«

Churchill hatte die Unterstützung des Königs, des Außenministers und schließlich auch des Premierministers. Lloyd George wußte das. Am Abend vor der letzten Kabinettssitzung über das strittige Thema sagte er zu Churchill: »Kommen Sie morgen zum Frühstück, und wir werden die Angelegenheit regeln.« Churchill kam mit dem Gefühl, daß einer von ihnen würde zurücktreten müssen, bevor der Tag zu Ende ging. Lloyd George begrüßte ihn und sagte: »Es ist seltsam, aber gestern abend sprach meine Frau mich auf diese Schlachtschiff-Angelegenheit an. Sie sagte: ›Weißt du, mein Lieber, ich mische mich nie in Politik ein, aber es heißt, du hättest Streit mit diesem netten Mr. Churchill über den Bau von Schlachtschiffen. Natürlich verstehe ich nichts von diesen Dingen, aber man sollte meinen, daß es besser wäre, zuviel als zuwenig davon zu haben.‹ Also habe ich beschlossen, Ihnen den Bau ermöglichen. Gehen wir hinein zum Frühstück.«

Am 17. März 1914 präsentierte Churchill dem Unterhaus den letzten Vorkriegs-Marinehaushalt. Seine Rede dauerte zweieinhalb Stunden. Der *Daily Telegraph* nannte sie »die längste und vielleicht auch die gewichtigste und eloquenteste Rede, die ein Erster Lord... in dieser Generation vor dem Unterhaus gehalten hat.« Der Erste Lord sprach über die Rolle der britischen Kriegsmarine, über die Natur des britischen Weltreiches und die Kriegsgefahr:

»Die der britischen Marine auferlegte Bürde der Verantwortung ist schwer, und ihr Gewicht nimmt von Jahr zu Jahr zu. Alle Welt baut Schiffe... Keine dieser Mächte benötigt, wie wir, Flotten zur Verteidigung ihrer Unabhängigkeit oder Sicherheit. Sie bauen die Schiffe, um eine Rolle in der Weltpolitik zu spielen. Es ist ein Sport für sie. Für uns ist es Leben oder Tod... Zwei Dinge müssen wir im Auge behalten: Erstens daß die Wirksamkeit unserer Diplomatie zu einem großen Teil von unserer Seemacht abhängt und daß unsere Seemacht der eine große ausgleichende Faktor ist, mit dem wir zu unserer eigenen Sicherheit und dem Frieden der Welt beitragen können. Zweitens sind wir kein junges Volk ohne Geschichte und mit einem spärlichen Erbe. In Zeiten, als andere mächtige Nationen durch innere Streitigkeiten und Kriege gelähmt waren, haben wir für uns einen außergewöhnlichen, unverhältnismäßig großen Teil am Reichtum und Handel der Welt gewonnen.

Wir haben an Territorium alles, was wir wollen, aber unser Anspruch auf unangefochtenen Genuß der riesigen und reichen Besitzungen, größtenteils erworben durch Krieg und größtenteils erhalten durch Gewalt, erscheint anderen oft weniger einleuchtend als uns...

Wir tragen heute in vielen Weltgegenden Verantwortung. Wir sind weit davon entfernt, den Problemen Europas entrückt zu sein... die Ursachen, die zu einem allgemeinen Krieg führen könnten, sind nicht beseitigt... Im Gegenteil, wir sind dieses Jahr Zeugen, wie kontinentale Mächte ihre Rüstungsausgaben über jedes bisher bekannte Maß hinaus erhöhen. Die Welt ist bewaffnet, wie sie niemals zuvor bewaffnet war.«

Der Marinehaushalt wurde angenommen. Vier 27000 Tonnen-Schlachtschiffe mit 38 cm-Geschützen, vier leichte Kreuzer und zwölf Zerstörer wurden genehmigt. Keines dieser Schiffe war auf Kiel gelegt, als fünf Monate später der Krieg ausbrach.

## 40. KAPITEL

# »Die Anker hielten ... Wir schienen sicher zu sein«

Mit dem fortschreitenden Zerfall des Osmanischen Reiches lösten sich Provinzen ab »wie Stücke, die von einem alten Haus fallen«. Zypern 1878, Tunesien 1881, Ägypten 1882, Bosnien-Herzegowina 1908, Tripolis 1911. Die Bloßstellung der türkischen Schwäche im Tripoliskrieg durch die Italiener, die 1912 mit Libyen und der Cyrenaika auch die Dodekanes in der Ägäis an sich brachten, spornte den Ehrgeiz der kleinen christlichen Balkanstaaten Serbien, Montenegro, Griechenland und Bulgarien an, die vor nicht langer Zeit selbst noch Provinzen des Osmanischen Reiches gewesen waren. Im Oktober 1912 griffen diese vier Mächte im ersten Balkankrieg die europäische Türkei an. Die türkische Armee brach zusammen. Am 3. November stand das bulgarische Heer vor den Mauern Konstantinopels. Am selben Tag drang die griechische Armee in Saloniki ein. Am 18. November nahmen die Serben den Hafen von Durazzo an der Adria und verschafften ihrem Land einen Zugang zur See. Am 3. Dezember bat die türkische Regierung die verbündeten Balkanstaaten um einen Waffenstillstand.

Die Niederlage des Osmanischen Reiches überraschte und bestürzte die drei Großmächte Mittel- und Osteuropas. Deutschland hatte sein Verhältnis zur Türkei gepflegt und war an der Fertigstellung der Bagdadbahn interessiert. Österreich-Ungarn, das eine rasche Demütigung der als Emporkömmlinge betrachteten Serben erwartet hatte, sah statt dessen ein triumphierendes Serbien, das sich bis zur Adria ausdehnte. Als serbische Truppen in Durazzo einmarschierten, mobilisierte Österreich 900000 Mann und verlangte den Rückzug der Serben aus Albanien. Wenn Österreich-Ungarn gegen Serbien vorging, konnte Rußland, das die Bildung des Balkanbundes begünstigt und versprochen hatte, dessen Eroberungen gegen die Türkei zu verteidigen, nicht abseits stehen, und ein europäischer Krieg würde unvermeidlich sein. Paradoxerweise war Rußland über den Erfolg der Bulgaren alles andere als erfreut; Rußland hatte immer gehofft, daß Konstantinopel und die Dardanellen von einer russischen, nicht von einer bulgarischen Armee erobert werden würden.

Sir Edward Grey war bemüht, den Konflikt einzudämmen, und schlug Verhandlungen der Großmächte vor. Diese kamen überein, in London zusammenzutreten, wo die Konferenz am 10. Dezember 1912 eröffnet wurde. Die Türken waren bereit, aufzugeben, was sie an Serbien und Griechenland verloren hatten, weigerten sich jedoch, Adrianopel (heute das türkische Edirne), das noch von der türkischen Armee gehalten wurde, an Bulgarien abzutreten. Die Bulgaren blieben hart; auch die Türken waren nicht zum Einlenken bereit. Im Februar wurde der Waffenstillstand nicht mehr eingehalten, und der Krieg begann wieder. Diesmal fiel Adrianopel einer vereinigten bulgarisch-serbischen Armee in die Hände. Wieder baten die Türken um Frieden. Österreich-Ungarn bestand darauf, daß Albanien mit dem Hafen Durazzo (heute Durres), wenn es nicht an die Türkei zurückgegeben würde, ein unabhängiger Staat werden müsse; es könne nicht in serbischen Händen bleiben. Unter russischem Druck gaben die Serben nach, und am 30. Mai 1913 wurde der Friedensvertrag von London unterzeichnet. Adrianopel fiel an Bulgarien, Saloniki an Griechenland, und der neue Staat Albanien entstand.

Der Friede dauerte nur einen Monat. Am 29. Juni griff Bulgarien im zweiten Balkankrieg seine früheren Verbündeten Serbien und Griechenland an, eroberte Saloniki und besiegte die schlecht vorbereitete serbische Armee. Bei diesem Stand der Dinge fiel Rumänien, das bisher neutral geblieben war, Bulgarien in den Rücken. Die rumänische Armee besetzte die Dobrudscha, überschritt die Donau und rückte gegen Sofia vor. Nun nützten die Türken die prekäre Lage, in die Bulgarien geraten war, und eroberten Adrianopel zurück. Der Kaiser unterstützte seinen Vetter, König Carol von Rumänien; der russische Zar war nicht bereit, dem Außenseiter Ferdinand von Bulgarien Hilfe zu gewähren, und der zweite Balkankrieg endete am 6. August mit dem Frieden von Bukarest. Bulgarien büßte die meisten seiner Gewinne aus den Kriegen gegen die Türkei wieder ein, Saloniki wurde an Griechenland zurückgegeben, und die Dobrudscha blieb bei Rumänien.

Für Europa lag die Bedeutung der Balkankriege weniger in den raschen Bündniswechseln der Beteiligten oder den daraus folgenden territorialen Veränderungen als vielmehr in der Entscheidung der Großmächte, kleine Kriege einzudämmen, um einen großen Brand zu verhindern. An der Konferenz von London nahmen Grey, der den Vorsitz führte, und die Botschafter Deutschlands, Österreich-Ungarns, Rußlands, Frankreichs und Italiens teil. Die Sitzungen im St. James'-Palast waren zwanglos. »Wir kamen nachmittags zusammen, gewöhnlich um vier Uhr«, schrieb Grey, »und tagten mit einer kurzen Teepause in einem Nebenraum bis sechs oder sieben Uhr.« Sitzungen wurden anberaumt, wann immer einer der beteiligten Botschafter es wünschte; viele Zusammenkünfte waren so langweilig, daß Paul Cambon befürchtete, die Konferenz würde andauern, bis »sechs Skelette um den Tisch säßen«. Dennoch wurde nützliche Arbeit geleistet. Als Österreich erklärte, Serbien müsse seine Eroberungen an der Adria aufgeben und die Gründung eines unabhängigen Albaniens gestatten, antwortete der russische Gesandte Benckendorff zur freudigen Überraschung des österreichischen Botschafters Mensdorff, daß Rußland einverstanden sei. Es gab einiges Tauziehen um den Grenzverlauf. Österreich-Ungarn verlangte, daß Montenegro die albanische Stadt Skutari räume, die es besetzt hatte; die anderen Mächte unterstützten diese Forderungen und diskutierten Methoden, um Montenegro zum Rückzug zu veranlassen. »Schließlich« sagte Grey, »regelte eine Mischung von Zwangandrohungen und dem Angebot einer finanziellen Entschädigung die Angelegenheit zu Österreichs Zufriedenheit, vielleicht auch zur Zufriedenheit des Königs von Montenegro, und diese Gefahr für den Frieden in Europa war entschärft.«

Im August 1913 endete die Konferenz nach zehn Monaten mit dem Frieden von Bukarest. »Es gab keinen förmlichen Abschluß«, sagte Grey. »Niemand fuhr nach Hause, wir wurden nicht auf einem Gruppenfoto festgehalten; es gab keine Dankadressen, keine Abschiedsansprachen, wir verließen einfach die Sitzung. Nicht alles war geregelt, nicht einmal alle Einzelheiten des albanischen Grenzverlaufes; aber wir hatten einem nützlichen Zweck gedient. Wir waren eine Institution gewesen, auf die Punkt für Punkt Bezug genommen werden konnte, und wir waren ein Mittel gewesen, um alle sechs Mächte in direktem und freundlichem Kontakt zusammenzuführen.«

Grey beschrieb seine Rolle in der Konferenz bescheiden als »sehr langweilig und grau«, aber sein Prestige stieg enorm. Seinen Verhandlungspartner und ihren Regierungen war im Laufe der Verhandlungen klar geworden, daß Grey nicht an persönlichen Erfolgen oder einem Triumph der britischen Diplomatie interessiert war; er arbeitete an der Erhaltung des Friedens in Europa. Nach dem Weltkrieg notierte Grey traurig, welche Hoffnungen die Londoner Botschafterkonferenz erzeugt hatte und wie diese Hoffnungen dann enttäuscht werden sollten:

»In den Jahren 1912–1913 entwickelte die Strömung der europäischen Politik einen Sog zum Krieg. Mit der Zustimmung zu einer Konferenz... war es, als ob wir alle Anker zu werfen suchten, um zu verhindern, daß wir mitgerissen wurden. Die Anker hielten. Dann schien die Strömung schwächer zu werden, und die Anker wurden eingeholt. Wir ließen zu, daß die Konferenz sich auflöste. Wir schienen sicher zu sein. In Wirklichkeit war es nicht so; die Strömung war dieselbe geblieben, und binnen eines Jahres wurden wir alle in die Stromschnellen des Krieges gespült.«

Die Londoner Botschafterkonferenz hatte kaum ihre Arbeit aufgenommen, als Alfred von Kiderlen-Wächter starb. Zu seinem Nachfolger berief Bethmann Hollweg einen kleinwüchsigen preußischen Adligen aus der deutschen Botschaft in Rom, der in Berlin hauptsächlich durch bescheidene Zurückhaltung und die Sorge um seine Gesundheit bekannt war. Gottlieb von Jagow war ein Schützling Bülows. 1895, als Bülow Botschafter in Italien gewesen war, hatte er Post von einem alten Regimentskameraden erhalten, Hermann von Jagow. Jagows jüngerer Bruder Gottlieb, ein nervöser kleiner Mann von schwacher Gesundheit, fühlte sich zum diplomatischen Dienst hingezogen. Ob Bernhard, sein alter Kamerad, einen Platz für ihn finden könne? Bülow regelte die Sache im Geiste der Regimentskameradschaft und lud den jungen Mann ein, nach Rom zu kommen und in seinem Stab im Palazzo Caffarelli zu arbeiten. Bülows Einladung war »für Gottlieb... das Ideal seiner Wünsche und Träume«, und der neue Diplomat meldete sich zum Dienst, wo er, wie Bülow berichtete, »auf das freundlichste aufgenommen und ... als Kind im Hause behandelt wurde«.

Als Bülow Rom verließ, um Staatssekretär im Auswärtigen Amt in Berlin zu werden, vergaß er Jagow nicht. Er hatte sich als gewandt und tüchtig erwiesen und wurde versetzt, wohin er wollte: nach Hamburg, nach München, dann wieder für längere Zeit nach Rom. 1906 wurde er nach Berlin beordert, um eine Dienstzeit in der Wilhelmstraße abzuleisten. Nach einiger Zeit suchte Jagow seinen Gönner Bülow auf, der inzwischen Reichskanzler geworden war. Er klagte über seine schwache Gesundheit und bat um einen Botschafterposten im Ausland. Bülow verschaffte ihm Luxemburg, wo der Arbeitsaufwand minimal war. 1909 schlug Bülow ihn für den Posten des Botschafters in Italien vor. Der Kaiser war erstaunt. Er und Jagow waren Mitglieder derselben exklusiven Studentenverbindung an der Bonner Universität gewesen, dem Korps Borussia. Beide waren berechtigt, die Schirmmütze und das schwarzweiße Band des Korps Borussia zu tragen; Umstehende waren oft überrascht, wenn sie hörten, daß der Kaiser Jagow mit dem vertrauten Du anredete, wie es unter Korpsbrüdern üblich war. Aber die Bruderschaft hatte Wilhelms geringe Meinung von Jagow nicht beeinflußt. »Was«, sagte er, als Bülow vorschlug, Jagow nach Rom zu entsenden, »diesen Knirps wollen Sie als Botschafter in die Welt schicken?« Bülow bestand darauf, und Wilhelm willigte ein. Jagow war hingerissen. »Meine Dankbarkeit, meine Treue und, wenn ich es sagen darf, meine Liebe zu Eurer Durchlaucht werden nur mit meinem letzten Atemzuge aufhören«, sagte er zu Bülow und begab sich voller Freude nach Rom.

Jagows vier Jahre als Botschafter waren angenehm. So mußte ihm seine Berufung nach Berlin, wo er Kiderlen-Wächters Nachfolge antreten sollte, unwillkommen sein. Im Amt des Staatssekretärs sah er harte Arbeit, verbunden mit ungezählten Gelegenheiten, Fehler zu machen. Kein Botschafter seit Bülow hatte bereitwillig eine Botschaft aufgegeben, um das Auswärtige Amt zu übernehmen, und von Jagows vier Vorgängern waren zwei im Amt gestorben. Dementsprechend wehrte sich Jagow mit dem Argument, daß es ihm an körperlicher Robustheit und beruflicher Erfahrung fehle. Vergeblich. Am 5. Januar 1913 schrieb er an Bülow, der inzwischen in den Ruhestand getreten war: »Nichts hat geholfen. Ich bin ernannt.«

In der Wilhelmstraße war Jagow das Gegenteil seines Vorgängers. Kiderlen war groß und robust gewesen, Jagow war klein und zerbrechlich. Kiderlens Benehmen hatte zwischen lebhafter guter Laune und rauhbeiniger Derbheit geschwankt. Jagow war bei seiner Amtsübernahme neunundvierzig und unverheiratet; hinter seiner höflichen Zurückhaltung und Unauffälligkeit verbargen sich ein Hang zu elitärer Kühle und Unsicherheit; oft blickte er verstohlen auf, um die Reaktionen der Gesprächspartner zu prüfen. In den eineinhalb Jahren bis zum Ausbruch des Krieges versuchte der neue Staatssekretär des Auswärtigen das Ansehen zu bewahren, das er in Rom erworben hatte, und sich seinen beiden Herren anzupassen, dem Reichskanzler und dem Kaiser. Er verzichtete auf diplomatische Initiativen; tatsächlich bedeutete Jagows Amtsantritt, daß die Außenpolitik, die bis zur zweiten Marokkokrise in Kiderlen-Wächters Händen gewesen war, nun von Bethmann Hollweg wahrgenommen wurde. Und der Reichskanzler hatte den Ehrgeiz, die deutsch-englischen Beziehungen zu verbessern. Am 7. Februar 1913, nur zwei Wochen nach seinem Einzug in die Wilhelmstraße, sagte Jagow vor dem Reichstag:

»Der intime Gedankenaustausch, in dem wir andauernd mit der englischen Regierung stehen [Jagow bezog sich auf die Londoner Botschafterkonferenz], hat sehr wesentlich mit dazu beigetragen, Schwierigkeiten mancher Art zu beheben, die in den letzten Monaten entstanden waren. Wir haben jetzt gesehen, daß wir nicht nur Berührungspunkte sentimentaler Art mit England haben, sondern daß auch gleiche Interessen vorhanden sind. Ein Prophet bin ich nicht, aber ich gebe mich der Hoffnung hin, daß wir auf dem Boden gemeinsamer Interessen, dem fruchtbarsten in der Politik, auch weiter mit England arbeiten und vielleicht ernten können. Ich möchte Sie aber darauf aufmerksam machen, meine Herren, daß es sich hier um eine zarte Pflanze handelt, die man nicht durch zu frühes Berühren und Besprechen am Erblühen hindern darf.«

Jagow begann dem Kaiser zu gefallen. Nur einen Monat nach der Amtsübernahme des neuen Staatsekretärs sagte Wilhelm zu Bülow: »Er raucht sich vortrefflich an. Der kleine Mann hat erklärt, er würde der Erste sein, der Seiner Majestät den Krieg empfähle, wenn man versuchen wollte, Deutschlands Rechte ... in Kleinasien anzutasten.«

In den Jahren nach der zweiten Marokkokrise änderte die deutsche Diplomatie ihre Taktik. Trotz des Scheiterns der Haldane-Mission und obwohl sie Churchills Idee eines »Flottenurlaubs« abgelehnt hatte, war die deutsche Politik gegenüber Großbritannien in Churchills eigenen Worten »nicht nur korrekt, sondern rücksichtsvoll« gewesen. »Die Persönlichkeiten, die Deutschlands Außenpolitik formulierten, schienen zum ersten Mal Männer zu sein, mit denen wir reden konnten und mit denen gemeinsames Handeln möglich war.« »Der Kaiser nahm während der Balkankriege eine sehr vorsichtige Haltung ein«, berichtete Bethmann Hollweg. Wilhelm II. erklärte ihm gegenüber, »daß er wegen Albanien und Durazzo nicht gegen Paris und Moskau marschieren würde.« Während der Botschafterkonferenz konnte Wilhelm nicht umhin, abfällig über »eunuchenhafte Staatsmänner« mit ihrem »immerwährenden Friedensgerede« zu schnauben, aber im Ganzen war sein Verhalten gemäßigt, und die deutsch-britischen Beziehungen waren herzlicher, als sie es seit vor dem Burenkrieg gewesen waren.

Diese Ära des Einvernehmens fiel zusammen mit der Ankunft des neuen deutschen Botschafters, Fürst Karl Max Lichnowsky, in London. Der Fürst, nach England entsandt, um den erkrankten Marschall von Bieberstein abzulösen, erreichte London im November 1912, kurz vor der Eröffnung der Londoner Botschafterkonferenz. Lichnowskys Reichtum und gesellschaftliche Stellung hoben ihn über die meisten anderen deutschen Diplomaten hinaus. Er hatte zwanzig Jahre im diplomatischen Korps verbracht und in Bukarest, London und Wien gedient sowie fünf Jahre lang (1899–1904) als Personaldirektor im Auswärtigen Amt. Dort war er auch für die Auswahl unter den Bewerbern für den diplomatischen Dienst verantwortlich. Lichnowsky bevorzugte junge Männer aus guter Familie. »Es ist nicht so leicht, wie man glaubt, Kandidaten zu finden ... Ich sah nach der Tür: Wie kommt er hinein? Dann wußte ich ungefähr Bescheid. Aus der folgenden Unterhaltung ergab sich auch bald, wes Geistes Kind er war.« In den internen Streitigkeiten zwischen Bülow und Holstein hielt Lichnowsky zu Bülow, unter dem er in Bukarest gedient hatte. Holstein reagierte darauf, indem er Lichnowsky einen »Wirrkopf« nannte; Lichnowsky wiederum bezeichnete Holstein als einen Mann, »der bei seinen näheren Bekannten als nicht normal galt«.

1904 wurde Lichnowsky dieser Streitigkeiten überdrüssig und zog sich auf seine Güter in Schlesien zurück, wo er acht Jahre zwischen »Flachs und Rüben und auf Pferden und Wiesen« verbrachte. Bis zu seinem Lebensende, sagte er, werde er nicht wissen, warum Wilhelm II. ihn plötzlich aus dem Landleben riß und nach London schickte. Als Bethmann Hollweg, der nicht konsultiert worden war, Zweifel äußerte, wurde der Kaiser ärgerlich: »Ich schicke nur *Meinen* Botschafter nach London, der *Mein* Vertrauen hat, *Meinem* Willen pariert, *Meine* Befehle ausführt und mit *Meiner* Instruktion«, teilte er dem Kanzler mit. Sobald Lichnowsky sich in dem großen Botschaftsgebäude an der Carlton Terrace eingerichtet hatte, stieß er die Türen auf, die der einsiedlerische Wolff-Metternich verschlossen gehalten hatte. Einladungen zu Banketten, Abendempfängen und Bällen überfluteten die Londoner Gesellschaft. Der deutsche Botschafter wurde zu einem regelmäßigen Redner vor britischen Geschäfts- und Finanzkreisen. Er betonte dabei die Gemeinsamkeiten deutscher und britischer Geschäfts- und Handelsinteressen. Er erhielt das Ehrenbürgerrecht verschiedener Städte, und im Juni 1914 ernannte die Universität Oxford ihn zum Ehrendoktor.

Lichnowskys Ansichten über die Engländer waren unumwunden: »Der König, ein harmloser, wohlwollender Mann mit einfachem, gesundem Sinn ...«

»Der Engländer gehört entweder zur Society oder möchte zu ihr gehören ...«

»Der britische Gentleman beider Parteien genießt die gleiche Erziehung, besucht dieselben Colleges und Universitäten, betreibt die nämlichen Sports, sei es nun Golf, Kricket, Lawn-Tennis oder Polo. ... und [sie] verbringen das weekend auf dem Lande.«

»Der Brite haßt den Langweiler, den Ränkeschmied und den selbstgefälligen Pedanten, er liebt den guten Kerl.«

Lichnowsky hatte nicht viel für Asquith übrig, der für ihn ein »jovialer Lebemann, Freund der Damen, namentlich der jungen und hübschen« war. Ein Liebhaber von »heiterer Geselligkeit und guter Küche ... Freund einer Verständigung mit Deutschland, behandelte er alle Fragen mit der heiteren Ruhe und Sicherheit eines erfahrenen Geschäftsmannes.« Auch Asquith war nicht sonderlich für den Fürsten eingenommen und beklagte sich bei Venetia Stanley, daß die Stimme des Botschafters »rauh und mürrisch« und ein Abend mit dem Ehepaar Lichnowsky »ziemlich anstrengend« sei... »Er ist geschwätzig und neugierig auf jede Kleinigkeit... sie nahm den Klavierhocker in Besitz und klimperte und hämmerte für den Rest des Abends infernalische Stücke unmelodischer Musik.« Margot Asquith fand jedoch Gefallen an der Fürstin Lichnowsky und schrieb: »Trotz der schwarzen Socken, der weißen Stiefel und ihres verrückten Kopfschmuckes konnte ich nicht umhin, sie zu bewundern.«

Lichnowskys bevorzugter Engländer war Sir Edward Grey: »Die Einfachheit und Lauterkeit seines Wesens verschafften ihm auch die Achtung seiner Gegner«. »Greys Einfluß war in allen Fragen der auswärtigen Politik nahezu unbeschränkt. Zwar sagte er bei wichtigen Anlässen: ›Ich muß diese Frage im Kabinett besprechen‹, doch schloß sich dieses seinen Ansichten regelmäßig an.« Seit ihrer ersten Zusammenkunft im Außenministerium am 14. November 1912 arbeiteten die beiden Diplomaten Hand in Hand, um eine Annäherung ihrer Länder zu erreichen. Zum Mißvergnügen Berlins und insbesondere des Kaisers, der Lichnowsky als »*Meinen* Botschafter« ausgewählt hatte, berichtete der Fürst Wahrheiten nach Berlin, die man dort ungern hörte. »Sir E. Grey ... meinte, daß es ihm vor allem daran läge, daß keine zweite Lage entstände wie im Jahre 1909 [d. h. der bosnischen Krise]«, meldete Lichnowsky am Vorabend der Londoner Botschafterkonferenz. »Denn er sei überzeugt, und diesen Satz wiederholte er zweimal mit besonderer Betonung, daß Rußland zum zweiten Male einen Rückzug wie damals nicht antreten, sondern lieber zu den Waffen greifen werde. ... Entstände aber ein europäischer Krieg dadurch, daß Österreich gegen Serbien vorginge, und Rußland, durch die öffentliche Meinung gezwungen ..., in Galizien einmarschiere, was uns [Deutschland] zur Hilfestellung veranlassen würde, so sei die Beteiligung Frankreichs unausbleiblich und die weiteren Folgen unabsehbar.«

Fünf Tage später erläuterte Lichnowsky: »Wir haben mit der Tatsache zu rechnen ... daß Englands Politik uns gegenüber eine friedliche und freundschaftliche ist, daß aber keine britische Regierung es mit den Lebensinteressen des Landes vereinbar halten würde, eine weitere Schwächung Frankreichs zuzulassen. Nicht Abmachungen geheimer Natur oder die Ränke Eduards VII. noch auch die Nachwirkungen der marokkanischen Schwierigkeiten sind es, welche diese Haltung begründen, sondern die vom englischen Standpunkte verständliche Erwägung, daß nach einem zweiten Zusammenbruch Frankreichs wie im Jahre 1870 das britische Volk einem einzigen übermächtigen festländischen Machtfaktor sich gegenüber befinden würde und daß dieser Gefahr unter allen Umständen vorzubeugen sei.«

Während Lichnowskys Tätigkeit als Botschafter wurde der seit langem bestehende Streit über die Bagdadbahn beigelegt. Großbritannien gab seinen Widerstand gegen den Eisenbahnbau auf. Als Gegenleistung für dieses Zugeständnis wurden britischen Händlern auf allen Strecken der Bahnlinie die gleichen Privilegien eingeräumt, die deutsche Firmen genossen. Die Kontrolle über die Schiffahrt auf dem unteren Tigris und im Persischen Golf wurde Großbritannien zugestanden. Der Vertrag wurde am 15. Juni 1914 paraphiert und am 29. Juni von Grey im Unterhaus verkündet, einen Tag nach der Ermordung des österreichischen Thronfolgerpaares in Sarajewo.

Im April 1914 fiel ein Schatten auf die britisch-deutschen Beziehungen. Seit 1908 hatte die deutsche Regierung, besorgt über die »Einkreisung« durch die Triple-Entente, Befürchtungen gehegt, daß Großbritannien die Bündnisse mit Frankreich und Rußland zum Status voller militärischer Allianzen ausbauen würde. Im Frühjahr 1914 wurden diese Besorgnisse – schon vorher immer wieder erregt durch Meldungen über britisch-französische Absprachen auf Generalstabsebene – durch Berichte verstärkt, daß Großbritannien und Rußland im Begriff seien, Gespräche über ein Marineabkommen einzuleiten. Die Meldungen entsprachen der Wahrheit.

Die Russen hatten eine engere militärische Verbindung mit England gewünscht. Sie waren zunächst abgewiesen worden. Als der russische Außenminister Sergej D. Sasonow 1912 ein britisch-russisches Marineabkommen vorschlug, überging Grey die Anregung. Im Februar 1914 schlug Zar Nikolaus II. dem britischen Botschafter in St. Petersburg, Sir George Buchanan, ein britisch-russisches Verteidigungsbündnis vor. Der Botschafter erwiderte, daß das Parlament ein Militärbündnis in Friedenszeiten nicht zulassen würde. Der Zar schlug ein Marineabkommen ähnlich jenem zwischen England und Frankreich vor. Wieder äußerte Buchanan Bedenken. Die Russen gaben nicht auf. Mitte April unternahm König George V. den ersten Staatsbesuch seiner Regierungszeit. Er fuhr nach Paris, der Hauptstadt des wichtigsten kontinentalen Partners. Grey begleitete den Souverän; es war das erste Mal in seiner neunjährigen Amtszeit, daß der Außenminister England verließ.

Am letzten Morgen des Besuches traf Grey den französischen Außenminister und wurde mit einem dringenden Ersuchen konfrontiert. Im Namen des russischen Verbündeten drängte der französische Außenminister seinen britischen Kollegen, die Bitte des Zaren um ein Marineabkommen wohlwollend zu prüfen. Grey nahm die Bitte mit nach Hause, um sie in Erwägung zu ziehen. Die damit verbundenen strategischen Fragen waren leicht zu behandeln: die Admiralität schätzte die russische Flotte nicht als einen wertvollen oder auch nur nützlichen potentiellen Verbündeten ein. Der größte Teil der Baltischen und die Fernostflotte des Zaren waren in Port Arthur und in der Seeschlacht von Tsushima vernichtet worden, und obwohl die Duma 1912 für ein neues Fünfjahresprogramm zum Bau von Schlachtschiffen gestimmt hatte, waren diese Schiffe größtenteils noch Blaupausen. Die Geographie war eine zusätzliche Schranke. »Mir schien klar«, sagte Grey, »daß die russische Flotte in einem Krieg mit Deutschland nicht aus der Ostsee herauskommen würde, und die britische Flotte nicht hinein.«

Die Behandlung der diplomatischen Seite des Vorschlags war delikater. Eine glatte Ablehnung würde die Russen beleidigen, weil sie den Eindruck gewinnen mußten, es gebe für sie keine Gleichbehandlung mit den Franzosen. Grey glaubte aber, daß es wichtig sei, »Rußland loyal zu halten«. Mitte Mai stimmte das Kabinett unter dem Vorbehalt, daß es keine Verpflichtungen geben dürfe, die Großbritannien in einen kontinentalen Krieg hineinziehen könnten, widerstrebend dem Vorschlag zu, geheime Gespräche über ein Marineabkommen zu führen. Der russische Botschafter Benckendorff informierte Sasonow in St. Petersburg.

Seit 1909 hatte ein deutscher Spion in der russischen Botschaft in London über die gesamte Korrespondenz Graf Benckendorffs mit Sasonow nach Berlin berichtet. Die Meldung des Spions von den bevorstehenden Geheimverhandlungen alarmierte die Wilhelmstraße. Deutsche Strategen waren viel weniger sicher als Grey, daß eine britische Flotte in Kriegszeiten nicht versuchen würde, in die Ostsee einzudringen, um eine russische Invasion Pommerns von der See her zu unterstützen. Da bekannt war, daß es in Großbritannien eine starke Opposition gegen jedes engere Zusammengehen mit Rußland gab, beschloß die Wilhelmstraße, die von ihrem Spion gelieferte Nachricht zu veröffentlichen, um die Gespräche womöglich noch vor ihrem Beginn zu torpedieren. Die Geschichte wurde dem *Berliner Tageblatt* zugespielt, die Quelle allerdings ge-

*Lord Salisbury*

*Joseph Chamberlain*

Joseph Chamberlain
und seine Frau Mary

Cecil Rhodes

*Lord Lansdowne*

*Arthur Balfour als Premierminister, 1902*

*Captain John Fisher von H. M. S. Excellent, 1883*

*Fisher als Vizeadmiral und Oberkommandierender der Mittelmeerflotte in der Admiralskabine des Schlachtschiffes* Renown, *1900*

*John Fisher, Erster Seelord*

Sir Henry Campbell-Bannerman

.ord Charles Beresford

*H. H. Asquith*

*Margot Tennant*

*Venetia Stanley*

*Die Familie Asquith und Freunde in Irland, 1912. Erste Reihe: der Premierminister (2. v. l.), Margot Asquith (3. v. l.), Violet Asquith – Asquiths Tochter aus erster Ehe (ganz rechts). Hintere Reihe: zwei von Asquiths Söhnen aus erster Ehe – Arthur (2. v. l.) und Cyril (5. v. l.)*

*David Lloyd George*

*Richard B. Haldane*

*Sir Edward Grey*

*Jennie Churchill, 39, im Jahre 1893.*

*Winston Churchill und seine Mutter, 1912. Winston war 37, Jennie 58.*

*Winston Churchill 1904,*
*als er von den Unionisten*
*zu den Liberalen überwechselte.*

*Der Erste Lord inspiziert Marinekadetten, 1912*

H. M. S. Dreadnought *bei der Übernahme der Rolle als Flaggschiff der Heimatflotte im Jahre 1907*

heimgehalten. Die Londoner Presse übernahm die Geschichte vom *Tageblatt*, und Grey erfuhr zu seinem Verdruß, daß es im Unterhaus Anfragen geben würde. Am 11. Juni wurde der Außenminister um Auskunft gebeten, ob Gespräche mit dem Ziel eines Marineabkommens stattgefunden hätten. Greys Antwort, die im engsten Sinne der Wahrheit entsprach, war zugleich vorsätzlich irreführend: »Keine solchen Verhandlungen sind im Gange, und keine werden, soweit ich es beurteilen kann, eingeleitet.« Er fuhr mit dem Versprechen fort, daß die Regierung sich in Gesprächen nicht auf eine Politik festlegen lassen würde, »welche die Entscheidungsfreiheit der Regierung oder des Parlaments über die Teilnahme Großbritanniens an einem Krieg einschränken oder behindern würde«.

Lichnowsky, der vom Auswärtigen Amt nicht über die Spionageberichte unterrichtet worden war, versicherte man, daß kein britisches Militärbündnis mit Rußland bestehe oder vorgesehen sei. Der Botschafter meldete Bethmann Hollweg, daß Greys Zusicherungen »nichts zu wünschen übrig ließen«. Der Kanzler jedoch kannte die Wahrheit, ging auf Greys Spiel ein und antwortete Lichnowsky, daß die Erklärung des Außenministers »höchst befriedigend« gewesen sei. Jagow erzählte Goschen, wie erfreut er sei, und daß Greys Erklärung eine »große Erleichterung« bedeute. In St. Petersburg bekräftigte Sasonow nicht nur Greys Dementi, sondern entfernte es noch weiter von der Wahrheit, indem er dem deutschen Botschafter sagte, daß britisch-russische Marinegespräche nur »in der Phantasie des *Berliner Tageblatts* und auf dem Mond« existierten. Die Wilhelmstraße folgerte aus alledem, daß vorläufig wenig geschah und daß es jedenfalls vorzuziehen sei, ihren Spion an Ort und Stelle zu lassen, um weiterhin die Ereignisse zu überwachen, statt ihn zu enthüllen und Grey bloßzustellen. Man ließ die Angelegenheit auf sich beruhen.

Tatsächlich geschah auch sehr wenig. Ein eifriger Kapitän Wolkow, der russische Marineattaché in London, führte ein einziges Gespräch mit Prinz Louis Battenberg, dem Ersten Seelord. Prinz Louis fand wenig zu besprechen und verschob weitere Verhandlungen mit russischen Marineoffizieren auf seinen bevorstehenden Besuch in St. Petersburg, der für August 1914 geplant war. Benckendorff meldete dies Sasonow und fügte hinzu, daß Sir Edward Grey die Gespräche nicht zu forcieren wünsche. »Er würde es schwierig finden«, bemerkte Benckendorff, »gleichzeitig Dementis herauszugeben und zu verhandeln.«

In Großbritannien hatte ein Gefühl von Ruhe und Sicherheit die Aufregung früherer Jahre über die deutsche Herausforderung zur See verdrängt. Churchill war mit seinem Vorschlag eines Flottenurlaubs nirgends auf Gegenliebe gestoßen, und auf beiden Seiten der Nordsee ging die Aufrüstung unvermindert weiter, doch nahm nun der britische Vorsprung stetig zu. Im Jahre 1909, während der Flottenpanik, hatte die britische Admiralität gegenüber vier deutschen Großkampfschiffen ihrer acht in Auftrag gegeben. 1910 betrug das Zahlenverhältnis sieben zu vier und 1911 fünf zu vier. Aber 1912 standen den fünf überschweren Großkampfschiffen der *Queen Elizabeth*-Klasse nur zwei Schlachtschiffe der *Kaiser*-Klasse und ein Schlachtkreuzer gegenüber. 1913 wurden weitere fünf britische Dreadnoughts der *Revenge*-Klasse bestellt, und Deutschland antwortete mit drei Schiffen. Im Haushaltvoranschlag der Marine für 1914, am Vorabend des Krieges verabschiedet, wurden der Royal Navy die Mittel zum Bau weiterer vier Dreadnoughts gegeben, während für die deutsche Hochseeflotte lediglich ein neues Schiff bewilligt wurde. Alles zusammengenommen gingen diese Zahlen – 34 britische gegenüber 18 deutschen Großkampfschiffen – erheblich über das von Tirpitz vorgeschlagene Zahlenverhältnis 16 : 10 hinaus; tatsächlich fehlten nur zwei Schiffe an einer Überlegenheit von zwei zu eins. In einer Rede vor dem Unterhaus versprach Churchill im Juli 1913, daß »die kommenden Monate die größten Auslieferungen von Kriegsschiffen an die Admiralität in der Geschichte der britischen Flotte sehen werden... ein Torpedoboot pro Woche... ein leichter Kreuzer pro Monat... ein Superdreadnought alle 45 Tage.«

Tirpitz akzeptierte im Februar 1913 das Verhältnis 16 : 10, weil er keine Wahl hatte. Der Grund waren die begrenzten Haushaltsmittel. 1913 wurde die Friedensstärke des deutschen Heeres um 170000 auf 870000 Mann erhöht. Die Kosten für den Steuerzahler betrugen eine zusätzliche Milliarde Reichsmark. Dieser Summe eine Forderung nach mehr Großkampfschiffen hinzuzufügen, wäre eine große politische Torheit, schrieb Tirpitz. Der Bogen sei in Deutschland ebenso überspannt wie in England. Außerdem, fügte er trübe hinzu, würde jede Zunahme der deutschen Flottenstärke Churchill nur einen Grund geben, das britische Programm zu erweitern.

Lichnowsky war immer ein Gegner des Wettrüstens gewesen. Bald nach seiner Ankunft in England berichtete er Bethmann Hollweg: »Für mich liegt es aber auf der Hand, daß es für das britische Reich, das auf die ausländische Zufuhr angewiesen ist, unerläßlich erscheint, in der Lage zu sein, seine Lebensadern, das heißt seine Zufuhrwege, gegen alle Möglichkeiten zu schützen... Die Weltmachtstellung Großbritanniens steht und fällt mit seiner Übermacht zur See, und wir würden, falls wir die Verantwortung hätten für die Geschichte des britischen Reiches, diese Übermacht sicherlich mit derselben Fürsorge zu erhalten suchen, wie dies die britischen Minister anstreben.« Ein paar Monate später bekundete der Botschafter Verständnis für die Ansicht der *Westminster Gazette:* »Gelänge es Deutschland, England seiner Vorherrschaft zur See zu berauben, so würde das Ergebnis sein, daß praktisch der Kanal verschwinden und daß England gezwungen werden würde, zum Schutze seines Territoriums definitive militärische und Flotten-Bündnisse mit anderen Mächten einzugehen.«

Am 30. April 1913 lernte Lichnowsky bei einem Abendessen zu Ehren des Königs Winston Churchill kennen. Der Erste Lord erklärte sofort, die deutsche Flotte »bilde ... den einzigen Grund, der einem wirklich intimen Einvernehmen zwischen beiden Ländern im Wege stehe.« Churchill, so berichtete Lichnowsky, »besprach die ganze Angelegenheit in durchaus freundschaftlichem und gemütlichen Ton ... Da er sehr eitel ist und unter allen Umständen eine glänzende Rolle spielen will, so wird es notwendig sein, seine Eigenliebe zu schonen und alles zu vermeiden, was als eine Blamage für ihn erscheinen könnte ... Seinen Einfluß auf die auswärtige Politik möchte ich im übrigen nicht überschätzen. Für letztere sind Sir Edward Grey und Mr. Asquith maßgebend, und ich glaube nicht, daß Mr. Churchills Ansichten sehr schwer ins Gewicht fallen, schon weil man ihn für unberechenbar und sprunghaft hält.«

Churchill war in der Tat entschlossen, eine Rolle zu spielen. Im Oktober 1913 verkündete der Erste Lord auf einer Versammlung liberaler Frauen in Dundee, daß die Stärkung der Royal Navy wesentlich für den Frieden sei. Großbritanniens Seeherrschaft, verkündete er, sei die Ursache der verbesserten Beziehungen zu Deutschland. »Es war das Gefühl unzureichender Sicherheit anstelle ruhigen Selbstvertrauens auf die eigene Kraft, das Irritationen zwischen den Nationen der Erde entstehen ließ. Wenn Menschen wissen, daß sie gegen jedes Angriffsrisiko gesichert sind, verbreitet sich ein Gefühl ruhiger Sicherheit im Land und läßt freiere und bessere Auslandsbeziehungen zu.«

Churchills Rede, telegrafisch nach Berlin übermittelt, fand die volle Zustimmung des Kaisers, der die These des Ersten Lords als eine Rechtfertigung der deutschen Marine und ihrer Seerüstung übernahm. »Welch ein Triumph für Tirpitz!« schrieb Wilhelm II. »Besten Dank für das Kompliment, Winston Churchill! Für mich und alle, die mit mir das Flottengesetz ausarbeiteten und erweiterten... könnte keine glänzendere Rechtfertigung gefunden oder erwartet werden... Ein neuerlicher Beweis der alten Theorie, die ich so oft behauptet habe, daß nur ein unbarmherziges, mannhaftes und furchtloses Beharren auf unseren eigenen Interessen die Engländer beeindruckt und schließlich nötigt, eine Verständigung mit uns zu suchen; niemals die sogenannte Anpassung, die sie unweigerlich und ausschließlich für Schwäche und Feigheit nehmen. Darum werde ich unnachgiebig und unerbittlich mit der Verwirklichung des Flottengesetzes bis hinunter zur kleinsten Einzelheit fortfahren, trotz aller Opposition... England kommt nicht trotz *Meiner* kaiserlichen Marine auf uns zu, sondern wegen ihr!!«

Ende Mai 1914 gab die Admiralität bekannt, daß im Juni größere Einheiten der britischen Flotte Freundschaftsbesuche in verschiedenen Ostseehäfen machen würden. Vizeadmiral Sir George Warrender sollte das zweite Schlachtschiffgeschwader, bestehend aus den vier neuen Dreadnoughts *King George V.*, *Ajax*,

*Audacious* und *Centurion*, nach Kiel führen. Konteradmiral Sir David Beatty sollte mit dem ersten Schlachtkreuzergeschwader mit den Schiffen *Lion, Princess Royal, Queen Mary* und *New Zealand* nach Kronstadt fahren, dem Marinehafen von St. Petersburg.

Eine Weile schien es, daß auch Winston Churchill nach Kiel kommen würde, um mit Admiral Tirpitz an Bord eines Schlachtschiffes zusammenzutreffen. Ballin und Cassel, nicht abgeschreckt durch den Mißerfolg der Haldane-Mission vor zwei Jahren, hofften, daß eine Begegnung der beiden zu einer Mäßigung des Wettrüstens führen würde. Cassel meldete, Churchill sei voll freudiger Erregung über die Aussicht, mit Tirpitz zu raufen. Am 20. Mai schlug Churchill Sir Edward Grey vor, daß er den Besuch nützen könne, um über eine Größenbegrenzung von Schlachtschiffen und die Verringerung der Konzentration von Kriegsschiffen in Heimatgewässern zu sprechen. Ferner wollte er noch einmal die Frage eines Urlaubs vom Flottenbauprogramm anschneiden und anregen, daß die Geheimhaltung, die den Bau von Kriegsschiffen auf britischen und deutschen Werften umgab, abgeschafft werde. »Diese Politik der Geheimhaltung wurde vor einigen Jahren von der britischen Admiralität eingeführt, mit den schlechtesten Resultaten für uns, denn wir sind in der Bewahrung unserer Geheimnisse viel weniger erfolgreich gewesen als die Deutschen«, schrieb Churchill an Grey. »Wir sollten den Marineattachés gleiche wechselseitige Erleichterungen zum Besuch der Werften gewähren, um zu sehen, was vorgeht. Das würde auf beiden Seiten die Spionage verringern, die fortwährend Anlaß zu Mißtrauen und Feindschaft ist.« Grey bezweifelte den Nutzen eines solches Besuches und befürchtete, daß es mehr Schaden anrichten als Gutes stiften würde, wenn er Churchill auf Admiral Tirpitz losließe. In Berlin sprach sich der Kaiser gegen eine Einladung aus, es sei denn, Asquith erbitte zuvor eine. Wenn dies der Fall sei, würde der Erste Lord »mit Vergnügen« empfangen. Grey hielt nichts davon, Asquith bat nicht um eine Einladung, und Churchill begleitete die Schlachtschiffe nicht nach Kiel.

Am frühen Morgen des 23. Juni lösten sich die grauen Umrisse des zweiten Schlachtschiffgeschwaders zehn Seemeilen vor der deutschen Ostseeküste aus dem Morgendunst. Als sie durch die Förde in den Hafen einliefen, hatte sich der Dunst aufgelöst, und der Kieler Hafen lag in strahlendem Sonnenschein. Jachten und Barkassen umkreisten die Schiffe, und das Ufer war schwarz von Schaulustigen. Sir George Warrender und seine Kapitäne gingen an Bord des deutschen Flottenflaggschiffes *Friedrich der Große*, wo sie von Admiral Friedrich von Ingenohl begrüßt wurden, dem Oberkommandierenden der Hochseeflotte.

Anschließend begab man sich an Land und zum Schloß, wo Prinz Heinrich und Prinzessin Irene die Gäste in akzentfreiem Englisch begrüßten. Am Nachmittag besuchte Prinz Heinrich das britische Flaggschiff *King George V.* und bezeichnete es als »das beste Schiff auf dem Wasser«. Am folgenden Tag traf

Admiral Tirpitz aus Berlin ein, ging an Bord des Flottenflaggschiffs *Friedrich der Große* und lud die britischen Offiziere in seine Kajüte ein. Den Gästen zuliebe wurde englisch gesprochen, und beim Champagner erläuterte Tirpitz ihnen die Entwicklung der deutschen Marine. Am selben Nachmittag kam der Kaiser an Bord der *Hohenzollern*, die durch den fertig ausgebauten Kaiser-Wilhelm-Kanal gefahren war, zur Eröffnung der Kieler Woche, und alle auf Reede liegenden Kriegsschiffe, britische und deutsche, feuerten 21 Schuß Salut. Flugzeuge und ein Zeppelin kreisten am Himmel. Die Festtagsstimmung wurde getrübt, als eines der Flugzeuge in die See stürzte. Unterwegs zu ihrem Ankerplatz passierte die weißgoldene *Hohenzollern* die Reihe der britischen Schlachtschiffe, auf denen die Matrosen in Weiß und Marinesoldaten in roten Röcken angetreten waren.

Sobald die kaiserliche Jacht vor Anker gegangen war, flatterte ein Signal am Mast empor, das alle ranghöheren britischen Offiziere an Bord einlud. Der britische Admiral und seine Kapitäne erstiegen in Paradeuniformen das Fallreep der *Hohenzollern* und wurden vom enthusiastischen Kaiser empfangen. Am 25. Juni stattete der Kaiser in der Uniform eines britischen Flottenadmirals einem britischen Schlachtschiff seinen ersten und einzigen Besuch ab. Admiral Warrender ließ ein Mittagessen servieren. Seine Gäste wurden in seinem Speisezimmer bewirtet, das mit Mahagoni getäfelt und mit bequemen Ledersesseln und Sofas möbliert war. Man aß an kleinen, blumengeschmückten Tischen und wurde von einem kleinen Orchester mit Tafelmusik deutscher Komponisten unterhalten. Warrender hielt eine Ansprache, in der er den Kameradschaftsgeist zwischen Offizieren und Mannschaften beider Flotten beschwor. Wilhelm II. war in bester Stimmung; er scherzte, machte sich über den Zylinder eines anwesenden Diplomaten lustig und fragte, wie es bei den Seeleuten der britischen Marine mit dem Fluchen bestellt sei.

Am selben Tag begannen die Regatten. Für den Rest der Woche waren der Hafen und die Kieler Förde mit Segeln gesprenkelt. Am Freitag, dem 26. Juni lud der Kaiser Warrender, den britischen Botschafter Sir Edward Goschen, Prinz Heinrich und Tirpitz ein, mit ihm an Bord der *Meteor* ein Rennen zu fahren. Unterdessen verbrüderten sich Offiziere und Mannschaften des britischen Geschwaders mit deutschen Offizieren und der Bevölkerung Kiels. Deutsche Seeoffiziere in weißen Uniformröcken mit goldenen Litzen an den Hosen saßen in den Offiziersmessen der britischen Schiffe und tranken Whiskey mit Soda, während junge britische Offiziere zu Tennispartien, Tees, Abendgesellschaften und Bällen eingeladen wurden und mit deutschen Mädchen flirteten. Verheiratete britische Offiziere wurden in die Häuser verheirateter deutscher Offizierskameraden eingeladen. Die Stadt Kiel veranstaltete Wettspiele für die britischen Seeleute: Fußballspiele, Stafettenläufe, Tauziehen. Jeden Tag vergab die deutsche Admiralität Hunderte von kostenlosen Fahrkarten, so daß britische

Seeleute Berlin und Hamburg besuchen konnten. In einem ernsten Augenblick standen Offiziere beider Nationen barhäuptig am offenen Grab des Flugzeugpiloten, der während der Einfahrt der *Hohenzollern* in den Hafen ums Leben gekommen war.

Dennoch ließ sich nicht immer darüber hinwegsehen, daß die beiden Flotten gebaut worden waren, um einander zu bekämpfen. Britischen Offizieren kamen Gerüchte zu Ohren, nach denen die Kaiserin und ihre Söhne nicht gekommen waren, weil ihre Abneigung gegen England zu groß sei. Deutsche Offiziere, die sich von der kameradschaftlichen Stimmung zu allzu großer Vertraulichkeit hinreißen ließen, konnten erleben, daß Fregattenkapitän von Müller, der deutsche Marineattaché in London, neben ihnen auftauchte und zischte: »Hüten Sie sich vor den Engländern! England ist bereit zum Losschlagen, wir stehen unmittelbar vorm Kriege und der Zweck dieses Flottenbesuches ist nur Spionierei. Sie wollen ein klares Bild von der Bereitschaft unserer Flotte haben. Erzählen Sie ihnen besonders nichts von unseren U-Booten!«

Der einzige Fall nachweislicher britischer »Spionage« stand allerdings auf wackeligen Füßen. Der angeheiterte alte Lord Brassey, ein eifriger Segler und Freund des Kaisers, legte eines Tages zusammen mit einem Matrosen in einem Dingi von seiner Jacht *Sunbeam* ab, um an Land zu fahren. Dabei gerieten sie in den U-Boot-Hafen auf dem Gelände der Kieler Marinewerft, das für Zivilpersonen gesperrt war. Festgenommen und bis zur Identifikation unter Arrest gehalten, kam er noch rechtzeitig zum Abendessen wieder frei. Admiral Warrender bot Admiral von Ingenohl und seinen Offizieren die ungehinderte Besichtigung aller britischen Schiffe mit Ausnahme der Funkstationen und der Feuerleitstände auf den Kommandotürmen an. Der deutsche Admiral war gezwungen, das Angebot abzulehnen, da er es nicht erwidern konnte, indem er britischen Offizieren die Besichtigung deutscher Schiffe gestattete. Als Tirpitz und Ingenohl zum Mittagessen an Bord der *King George V.* kamen, wiederholte Warrender seine Einladung. Tirpitz lehnte dankend ab, aber Ingenohl erklärte sich bereit, einen Panzerturm zu betreten, den man für ihn schwenkte und dessen Rohren man zur Demonstration Höhenrichtung gab.

Am Sonntag, dem 28. Juni, segelte der Kaiser wieder eine Regatta an Bord der *Meteor*. Am Nachmittag um 14.30 Uhr traf in Kiel ein Telegramm mit der Nachricht von der Ermordung des Erzherzogs Franz Ferdinand ein. Admiral von Müller, Chef des Marinekabinetts, bestellte ein Motorboot und machte sich auf, seinen Herrn zu finden. Sie holten die ›Meteor‹ ein, die bei schwacher Brise auf Nordkurs segelte. Der Kaiser stand mit seinen Gästen am Heck und beobachtete mit einiger Sorge das herannahende Boot. Der Admiral rief ihm zu, daß er ihm eine traurige Nachricht überbringen müsse, die er ihm hinüberwerfen würde. Aber der Kaiser bestand darauf, sofort zu erfahren, was geschehen sei. Admiral von Müller rief es ihm zu. Der Kaiser blieb sehr ruhig und fragte nur: »Wäre es nicht besser, das Rennen abzubrechen?«

Der Charakter der Kieler Woche änderte sich. Flaggen wurden auf Halbmast gesetzt, Empfänge, Abendessen und ein Ball im Schloß abgesagt. Früh am nächsten Morgen hätte der Kaiser eigentlich nach Wien abreisen sollen, um an der Beisetzung des österreichischen Thronfolgers und seiner Gemahlin teilzunehmen, aber seine Teilnahme wurde im letzten Augenblick – unter dem diplomatischen Vorwand eines Hexenschusses – abgesagt. Angeblich hielt Wilhelm es für unter seiner Würde, eine »Beerdigung dritter Klasse«, wie sie wegen der nicht ebenbürtigen Herkunft der Gattin des Erzherzogs vorgesehen war, mit seiner Anwesenheit zu schmücken.

Warrender bemühte sich, den Geist der Kieler Woche zu bewahren. In einem Saal, der mit Seeleuten beider Flotten gefüllt war, sprach er von der Freundschaft zwischen den beiden Ländern und brachte ein dreimaliges Hoch auf die deutsche Marine aus. Ein deutscher Admiral brachte drei Hochrufe auf die britische Marine aus. Die beiden Admiräle schüttelten einander die Hände. Am Morgen des 30. Juni lichtete das britische Geschwader die Anker und verließ den Hafen. Von den Signalmasten der deutschen Kriegsschiffe flatterte das Signal »Gute Reise«. Warrender sandte von seinem Flaggschiff einen Funkspruch zurück an die deutsche Flotte: »Friends in past, friends today, friends forever.«

# 41. KAPITEL

## Am Vorabend des Krieges: Berlin

Winston Churchill legte dem Unterhaus am 17. März 1914 seinen letzten Marinehaushalt in Friedenszeiten vor. Er sprach in dunklen Farben von der Lage in Europa:

»Die Ursachen, die zu einem allgemeinen Krieg führen könnten, sind nicht beseitigt und erinnern uns oft an ihre Gegenwart. Es hat nicht das geringste Nachlassen militärischer Vorbereitungen gegeben. Im Gegenteil, wir sind dieses Jahr Zeugen von bisher nicht gekannten Steigerungen der Rüstungsausgaben kontinentaler Mächte. Die Welt bewaffnet sich, wie sie nie zuvor bewaffnet war. Jeder Vorschlag zur Unterbrechung oder Begrenzung ist bis jetzt unwirksam geblieben.«

Waffen sammelten sich in den Arsenalen von Staaten, die bittere Feindschaften hegten. Frankreich hatte 44 Jahre auf die Revanche und die Wiedervereinigung mit Elsaß und Lothringen gewartet. Rußland, das 1905 im Fernen Osten besiegt und 1908 auf dem Balkan gedemütigt worden war, konnte sich eine weitere Erniedrigung nicht leisten; wenn von Österreich-Ungarn oder Deutschland eine weitere Herausforderung ausginge, würde sie angenommen werden. Österreich-Ungarn, vom inneren Zerfall bedroht, glaubte sich retten und seine Stärke erweisen zu können, indem es die äußere Quelle seiner Schwierigkeiten, den alten Feind Serbien niederwarf. Die Habsburger Monarchie konnte auf die Bündnistreue des deutschen Reiches zählen. Deutschland war kriegsbereit. Großbritanniens allmählich immer engere Einbindung in die Triple-Entente ließ den Alptraum der Einkreisung Wirklichkeit werden. Großbritannien, momentan durch die Irlandfrage abgelenkt, hatte in Europa Befürchtungen – in erster Linie wegen der deutschen Flotte –, aber wenige Feindschaften. Seine traditionellen Antagonismen mit Frankreich und Rußland waren aufgelöst und zu Partnerschaften geworden. Ob Großbritannien kämpfen würde und aus welchen Gründen, blieb vorerst unklar.

Um Churchills Worte zu gebrauchen: »Die Schalen des Zornes waren voll.«

Im Sommer 1914 war das Kaiserreich Österreich-Ungarn gegenüber den großen Tagen Habsburgischer Machtentfaltung geschrumpft, aber es war flächenmäßig noch immer größer als jede Kontinentalmacht außer Rußland. Kaiser Franz Joseph regierte über einen Flickenteppich von Provinzen, Ländern, Volksgruppen und Nationalitäten, der sich über Mitteleuropa und den oberen Balkan ausbreitete. Drei Fünftel der 40 Millionen Einwohner des Reiches waren Slawen – Polen, Tschechen, Slowaken, Kroaten, Bosnier, Ukrainer –, aber das Reich wurde von seinen beiden nichtslawischen Rassen beherrscht, den germanischen Österreichern und den magyarischen Ungarn. Das Regierungssystem, eine Doppelmonarchie, spiegelte diese Teilung der Macht wider: der Kaiser von Österreich war auch König von Ungarn; Österreicher und Ungarn beherrschten die Bürokratie; am Hof und in der Regierung waren die slawischen Völker kaum vertreten.

Österreich-Ungarns Nemesis, das junge, unabhängige Königreich Serbien, war der südliche Nachbar des ausgedehnten Vielvölkerstaates. Serbiens Existenz wirkte als ein Magnet auf die unruhigen, von Serben durchsetzten Bevölkerungen der österreichisch-ungarischen Provinzen Kroatien, Slawonien und Bosnien-Herzegowina. In Serbien und den angrenzenden Reichsteilen agitierten von panslawistischen Vorstellungen entflammte Nationalisten für die Abtrennung der südslawischen Provinzen, um diese zu einem einzigen südslawischen Königreich zu vereinigen. Belgrad, die Hauptstadt Serbiens, war ein Zentrum panslawistischer Propaganda, die im Inneren des Reiches verteilt wurde.

Schließlich würden entweder Kaiser Franz Joseph oder sein Thronfolger, der Erzherzog Ferdinand, entscheiden müssen, wie Österreich dieser Herausforderung begegnen sollte. Wenn er lange genug lebte, würde es der Kaiser sein, aber 1914 war Franz Joseph vierundachtzig. Seine Regierungszeit von 66 Jahren, die längste im neuzeitlichen Europa, war von einer Reihe politisch-militärischer Niederlagen und persönlicher Unglücksfälle gekennzeichnet gewesen. Der kahlköpfige, hochgewachsene Mann mit dem charakteristischen Backenbart war 1848 als schlanker, lockiger Jüngling von achtzehn Jahren auf den Thron gelangt. Als junger Mann mußte er erleben, wie 1859 und 1866 die norditalienischen Provinzen Lombardei und Venetien verlorengingen. Die Niederlage gegen Preußen 1866 führte zur Ausschaltung des habsburgischen Einflusses in Deutschland. 1867 wurde Franz Josephs Bruder, der blonde, verträumte Maximilian, für kurze Zeit Kaiser von Mexiko, von einem revolutionären Erschießungskommando hingerichtet. Franz Josephs einziger Sohn, der ausschweifende Kronprinz Rudolf, suchte mit seiner Geliebten den Freitod im Jagdschloß Mayerling. Franz Josephs Gemahlin, Kaiserin Elisabeth, einst die schönste Prinzessin Europas, zog sich nach sechs Jahren Ehe zurück und reiste vier Jahrzehnte lang in Europa umher, bis sie vom Messer eines Anarchisten niedergestochen wurde. Franz Joseph reagierte auf Schicksalsschläge dieser Art, indem er sich selbst vermehrter Disziplin und Selbstzucht unterwarf und für weitere Erschütterungen stählte. Allen politischen Herausforderungen zum Trotz gelobte er, die Autorität der Krone und die Integrität des Reiches zu bewahren. Er hatte nicht die Absicht, den Slawen über eine innere Selbstverwaltung hinaus entgegenzukommen, indem er die Struktur der Regierung veränderte und ihnen Mitsprache gewährte.

Eine Reform des bestehenden österreichisch-ungarischen Dualismus wurde von Franz Josephs Neffen und Thronfolger vorgeschlagen. Der Erzherzog Franz Ferdinand, ein massiger, finsterblickender Mann mit einem Bürstenhaarschnitt, hatte den Unmut seines Onkels erregt, als er eine unstandesgemäße Ehe mit der böhmischen Gräfin Sophia Chotek eingegangen war. Der alte Kaiser bestand darauf, daß der Erzherzog für alle Kinder, die möglicherweise aus der Ehe hervorgingen, Thronverzicht leistete; Gräfin Sophie, die Gemahlin des künftigen Kaisers, war gezwungen, in öffentlichen Prozessionen hinter den 44 habsburgischen Erzherzoginnen zu gehen. Franz Ferdinand selbst war auf zeremonielle Funktionen beschränkt; er durfte Kasernen inspizieren, Manövern beiwohnen und gelegentlich Provinzhauptstädte besuchen. Die Zeit arbeitete für ihn, aber er sorgte sich, daß der Zerfall des Reiches irreparabel fortgeschritten sein würde, wenn er schließlich auf den Thron käme. Seine Lösung des Nationalitätenproblems in den slawischen Landesteilen bestand in der Versöhnung dieser Bevölkerungsgruppe durch einen radikalen Umbau der Struktur der kaiserlichen Regierung: Umwandlung der dualistischen Monarchie in einen Trialismus, der den slawischen Reichsteilen Teilhabe an der Macht sichern sollte. Mit diesen Ansichten machte Franz Ferdinand sich herzlich unbeliebt, besonders bei den Ungarn, die dem Gedanken an eine Verwässerung ihres Einflusses auf die kaiserliche Verwaltung nichts abgewinnen konnten.

Inzwischen gewann eine andere Lösung des südslawischen Problems an Popularität: Ausschaltung der reichsfeindlichen Agitation durch die Niederwerfung Serbiens. Der konservativen herrschenden Schicht des Reiches erschien ein Präventivkrieg weitaus annehmbarer als jene Art von allmählicher innerer Zersetzung, von der das Osmanische Reich betroffen war, und erträglicher als die langwierigen Verhandlungen und schmerzlichen Kompromisse, die notwendig sein würden, um das dualistische System in einen Trialismus umzuwandeln. »Österreich«, berichtete der französische Botschafter in Wien am 13. Dezember 1913, »sieht sich in einer Sackgasse, aus der kein Ausweg zu erkennen ist... Die Leute hier gewöhnen sich allmählich an die Vorstellung eines allgemeinen Krieges als der einzig möglichen Abhilfe.« Der wichtigste Befürworter eines Präventivkrieges, General Franz Conrad Graf von Hötzendorf, Generalstabschef des österreichischen Heeres, sprach von Serbien als »einer gefährlichen kleinen Viper«; er hielt es für erforderlich, die »Viper« in ihrem Nest zu zermalmen. Zweimal hatte Österreich gegen Serbien mobilisiert, einmal während der Bosnischen Krise 1908–1909 und dann wieder während der Balkankriege 1912–1913. Beide Male war Hötzendorf zurückgehalten worden; im Jahre 1908, weil »Seine Majestät im letzten Moment dagegen war«; 1912–1913, weil er von Deutschland »im Stich gelassen« worden sei.

Conrad von Hötzendorf wußte, daß die Habsburger Monarchie 1914 zu schwach war, um ohne die Absicherung deutscher Unterstützung Initiativen militärischer oder diplomatischer Art zu ergreifen. Aber er wußte auch, daß dem Deutschen Reich nichts übrig blieb, als seinen Verbündeten zu unterstützen.

Die fortdauernde Existenz Österreich-Ungarns war für das Deutsche Reich lebenswichtig. Österreich war sein einziger verläßlicher Verbündeter. Wenn Österreich zerfiel, würde Deutschland sich allein Rußland, Frankreich und wahrscheinlich England gegenübersehen. In der Wilhelmstraße betrachtete man die Erhaltung Österreich-Ungarns als Großmacht daher als eine Kardinalfrage deutscher Politik. Einige deutsche Diplomaten waren wegen dieser praktisch bedingungslosen Unterstützung der Habsburger Monarchie in Sorge. Im Mai 1914 schrieb Baron von Tschirschky, der deutsche Botschafter in Wien, verzweifelt: »Wie oft lege ich mir in Gedanken die Frage vor, ob es sich wirklich noch lohnt, uns so fest an dieses in allen Fugen krachende Staatengebilde anzuschließen.« Tschirschkys Ausruf verhallte ungehört. »Unsere eigenen Lebensinteressen verlangen die Erhaltung Österreichs«, erklärte Reichskanzler von Bethmann Hollweg.

Der österreichischen Regierung war die mißliche Lage Deutschlands bewußt, die auszunutzen sich geradezu anbot. Monatelang hatten der Kaiser und General Moltke, Chef des deutschen Generalstabs, Österreich ausdrücklich ermutigt, gegen Serbien vorzugehen, selbst wenn dies eine deutsche Konfrontation mit Serbiens Verbündetem, Rußland, bedeuten sollte. Am 26. Oktober 1913 führte der Kaiser in Wien ein Gespräch mit Graf Berchtold, dem österreichischen Außenminister. Wilhelm begann mit hochfliegenden Worten vom »weltgeschichtlichen Prozeß« und erklärte, daß ein Krieg, in welchem die germanischen Völker »ein mächtiges Vordringen der Slawenmacht« abwehren müßten, »unvermeidlich« sei. »Die Slawen seien nicht zum Herrschen geboren, sondern zum Dienen, dies müsse ihnen beigebracht werden«, fuhr er fort. Besonders im serbischen Fall: »Wenn Seine Majestät der Kaiser Franz Joseph etwas verlangt, so muß die serbische Regierung sich beugen und tut sie es nicht, so wird Belgrad bombardiert und solange okkupiert, bis der Wille Seiner Majestät erfüllt ist. Und das können Sie sicher sein, daß ich hinter Ihnen stehe und bereit bin, den Säbel zu ziehen, wann immer Ihr Vorgehen es nötig machen wird.« Bei diesen Worten legte Wilhelm die Hand an den Griff seines Säbels. Das Gespräch endete mit einem weiteren Gelöbnis: »So oft sich während der fünfviertelstündigen Unterredung die Gelegenheit ergab, das Bündnisverhältnis zu streifen«, schrieb Berchtold, »benützte Seine Majestät ostentativ den Anlaß, um zu versichern, daß wir voll und ganz auf Ihn zählen können. Dies war der rote Faden, der sich durch die Äußerungen des höchsten Herrn durchzog und als ich beim Abschiede dies hervorhob und dankend quittierte, geruhten mich Seine Majestät zu versichern, daß, was immer vom Wiener Auswärtigen Amt komme, für Ihn Befehl sei.«

Moltke zweifelte nicht daran, daß ein Krieg bevorstand. Er war bereit. Wie Conrad von Hötzendorf spürte er, daß die Zeit gegen den Dreibund arbeitete, daß das Machtgleichgewicht in Europa sich verlagerte und daß Serbien und Rußland bezwungen werden mußten, bevor die russische Armee neu ausgerüstet wäre und die »russische Dampfwalze« sich in Bewegung setzen könnte. Am 12. Mai 1914 war Conrad von Hötzendorf in Karlsbad, wo Moltke eine Kur machte: »General von Moltke meinte, daß jedes Zuwarten eine Verminderung unserer Chancen bedeute«, notierte Conrad. »Der österreichische Generalstabschef stimmte dieser Beurteilung zu und bemerkte spitz, »die Haltung Deutschlands in den verflossenen Jahren hat die günstigen Gelegenheiten verstreichen lassen.« Er erkundigte sich, »wie lange es im gemeinsamen Krieg gegen Rußland und Frankreich seiner Ansicht nach dauern dürfte, bis Deutschland sich mit starken Kräften gegen Rußland wenden könne.« Moltke erwiderte: »Wir hoffen in sechs Wochen nach Beginn der Operation mit Frankreich fertig zu sein, oder wenigstens so weit, daß wir unsere Hauptkräfte gegen Osten verschieben können.«

Zwei Wochen nach der Begegnung der Generalstabschefs besuchte Wilhelm II. Erzherzog Franz Ferdinand in Schloß Konopischt bei Beneschau in Böhmen. Der Garten des Erzherzogs war berühmt für seine Rosen, und offiziell war der deutsche Kaiser gekommen, die Rosenblüte zu bewundern. Im Laufe von zwei Tagen diskutierten Wilhelm und Franz Ferdinand die Gefahren, die der Doppelmonarchie und dem Dreibund durch Serbien drohten. Sie kamen überein, daß etwas geschehen müsse. Rußland war ein Faktor, aber der Erzherzog vertrat die Meinung, daß die inneren Schwierigkeiten des Zarenreiches zu groß seien, um Rußland einen Kriegseintritt zu gestatten.

Ende Juni hatte Franz Ferdinand einen weiteren Termin wahrzunehmen. Er sollte an Heeresmanövern in den bosnischen Bergen teilnehmen und beschloß, als Geste gegenüber der Bevölkerung die bosnische Hauptstadt Sarajewo zu besuchen. Um darüber hinaus ein Zeichen guten Willens zu geben, ordnete er an, daß auf die Truppen, die während eines kaiserlichen Besuches normalerweise aus Sicherheitsgründen die Straßen säumten, verzichtet werden sollte. Unter den Augen der verstreut eingesetzten örtlichen Polizei sollte die Bevölkerung freien Zugang zum Thronfolger haben. Am Morgen des 28. Juni saß Ferdinand, gekleidet in den blaßblauen Uniformrock und die schwarze Hose mit den roten Biesen eines Generals der Kavallerie, mit einem grünen Federbusch am Hut im offenen Rücksitz des zweiten Wagens neben seiner Frau Sophie. Ringsum auf den Straßen sah er lächelnde Gesichter und winkende Arme. Flaggen und dekorative, farbige Tuche hingen von den Balkonen; sein eigenes Portrait blickte ihm aus den Fenstern von Läden und Häusern entgegen.

Als die Fahrzeuge sich dem Rathaus näherten, bemerkte der Chauffeur des Erzherzogs einen Gegenstand, der aus der Menge geschleudert wurde. Er trat aufs Gaspedal, und eine Bombe, die in Sophies Schoß gelandet wäre, explodierte unter den Vorderrädern des nachfolgenden Wagens. Zwei Offiziere wurden verletzt, der junge Bombenwerfer von der Polizei ergriffen. Franz Ferdinand langte arg mitgenommen und zornig im Rathaus an. »Ich statte Ihnen einen Besuch ab«, rief er, »und Sie empfangen mich mit Bomben?« Eine Konferenz wurde eilig anberaumt. Ein Mann aus dem Gefolge des Erzherzogs fragte, ob eine Militäreskorte herbeigerufen werden könne. »Glauben Sie, Sarajewo ist voll von Attentätern?« erwiderte der Provinzgouverneur.

Es wurde beschlossen, auf einer anderen als der bekanntgegebenen Strecke durch die Stadt zurückzufahren. Unterwegs bog der Fahrer des ersten Wagens, der die Abänderung der Fahrtroute vergessen hatte, in eine der vorher bestimmten Straßen ein. Der Chauffeur des Erzherzogs, der ihm nachfuhr, war momentan irregeführt. Er begann einzubiegen. Ein Beamter rief: »Das ist der falsche Weg!« In diesem Augenblick trat ein schmächtiger neunzehnjähriger Bursche auf den Wagen zu, brachte eine Pistole in Anschlag und feuerte zweimal. Sophie sank vornüber und gegen ihren Mann. Franz Ferdinand blieb aufrecht sitzen, und zuerst bemerkte niemand, daß er getroffen war. Dann hörte der vorn im Wagen sitzende Gouverneur ihn murmeln: »Sophie, Sophie, stirb nicht, lebe für unsere Kinder.« Dann sank er zusammen, und Blut aus einer Halswunde spritzte über seine Uniform. Gräfin Sophie starb zuerst, an einem Bauchschuß. Fünfzehn Minuten später starb der Erzherzog in einem Nebenraum des Ballsaales, wo Kellner Champagner für seinen Empfang kühlten.

Der Attentäter Gavrillo Princip war ein bosnischer Serbe, der vor Gericht erklärte, daß er die Tat verübt habe, um einen »Feind der Serben« aus dem Wege zu räumen. »Ich habe ihn als einen Mann der Tat angesehen, der als Kaiser bestimmte Gedanken und Reformen durchgeführt hätte, die uns im Wege standen.« Princip gehörte zu einer Gruppe jugendlicher Attentäter, die allesamt Bosnier und mithin österreichisch-ungarische Untertanen waren, aber einer nationalrevolutionären Bewegung angehörten, deren Ziel es war, Bosnien und die anderen südslawischen Provinzen von der Habsburger Monarchie abzutrennen und einem Königreich Großserbien einzugliedern. Sie waren mit sechs Pistolen und sechs Bomben ausgerüstet worden, die aus den Beständen des serbischen Staatsarsenals stammten und mit serbischer Hilfe über die Grenze geschmuggelt worden waren. Die serbische Regierung war nicht beteiligt, aber das Komplott war in Belgrad ausgeheckt worden. Die Organisatoren waren Mitglieder einer Geheimgesellschaft extremer serbischer Nationalisten, die als »Schwarze Hand« bekannt war.

Das Attentat entsetzte Europa. Dem Haus Habsburg galt verbreitetes Mitgefühl. Kaum jemand stellte Österreich-Ungarns Recht in Frage, Vergeltung zu üben. Sir Edward Grey erinnerte sich im Rückblick: »Kein Verbrechen hat jemals in ganz Europa tieferes und verbreiteteres Erschrecken ausgelöst ... Das Mitgefühl für Österreich war allgemein. Sowohl die Regierungen als auch die öffentliche Meinung waren bereit, es in allen Maßnahmen zu unterstützen, so streng sie auch sein mochten, die es zur Bestrafung des Mörders und seiner Komplizen für notwendig erachten mochte.« Trotz ihres Schocks wollten die meisten Europäer nicht glauben, daß das Attentat zum Krieg führen würde. Krieg, Revolution und Attentate waren auf dem Balkan normale Bestandteile der Politik. »Nichts Besorgniserregendes«, verkündete die Pariser Tageszeitung *Le Figaro*. »Furchtbarer Schock für den lieben alten Kaiser«, notierte König George V. in sein Tagebuch.

In Wien nahm Franz Joseph den Tod seines Neffen resigniert hin und murmelte: »Es ist für mich eine große Sorge weniger«. Conrad von Hötzendorf begrüßte den lange erwarteten Anlaß zu einem Präventivkrieg. Das Attentat auf den Thronfolger, erklärte er, sei »Serbiens Kriegserklärung an Österreich-Ungarn«. Nun werde es keine bloße Bestrafung »des Mörders und seiner Komplizen« geben, sondern das Zerschmettern der »Viper«, die Zerschlagung des feindseligen und störenden serbischen Staates. Graf Berchtold, bis dahin Gegner eines Präventivkrieges, besann sich eines anderen und verlangte, daß die Monarchie mit entschlossener Hand »...die Fäden zerreißen solle, die ihre Feinde zu einem Netz zu knüpfen trachteten.« Rußland, die Schutzmacht der Serben, könne Einwände erheben, würde aber wie 1909 durch Österreichs deutschen Verbündeten in Schach gehalten. Der Schlüssel liege in Berlin; eine österreichische Entscheidung für den Krieg müsse von Deutschlands Garantie gegen eine russische Intervention abhängig gemacht werden. Kaiser Franz Joseph war vorsichtig. Conrad von Hötzendorf berichtete nach einem Gespräch, »daß Seine Majestät sich Deutschlands nicht sicher fühle und daher im Entschluß zögere.«

Am Morgen des 5. Juli teilte Graf Szögyény, der österreichische Botschafter in Berlin, dem Auswärtigen Amt mit, daß er einen persönlichen, handgeschriebenen Brief Kaiser Franz Josephs an Wilhelm II. zu überbringen habe. Der Kaiser lud Szögyény sogleich ein, mit der Kaiserin und ihm in Potsdam zu Mittag zu essen. Der Botschafter fand sich dort im Neuen Palais ein, übergab den Brief und wartete schweigend, während Wilhelm las. Der vierundachtzigjährige Herrscher hatte in zittriger Schrift seine Deutung der Hintergründe des Attentats von Sarajewo dargelegt: »Das gegen meinen armen Neffen verübte Attentat ist die direkte Folge der von den russischen und serbischen Panslawisten betriebenen Agitation, deren einziges Ziel die Schwächung des Dreibundes und die Zertrümmerung meines Reiches ist. Nach allen bisherigen Erhebungen hat es sich in Sarajevo nicht um die Bluttat eines einzelnen, sondern um ein wohlorganisiertes Komplott gehandelt, dessen Fäden nach Belgrad reichen, und wenn es auch vermutlich unmöglich sein wird, die Komplizität der serbischen Regierung nachzuweisen, so kann man wohl nicht im Zweifel darüber sein, daß ihre auf die Vereinigung aller Südslawen unter serbischer Flagge gerichtete Politik solche Verbrechen fördert, und daß die Andauer dieses Zustandes eine dauernde Gefahr für mein Haus und für meine Länder bildet. ... Das Bestreben meiner Regierung muß in Hinkunft auf die Isolierung und Verkleinerung Serbiens gerichtet sein.« Der Brief endete mit der Frage, welches die deutsche Politik sein würde, wenn Österreich sich entschlösse, »diesen Herd von verbrecherischer Agitation in Belgrad zu bestrafen«?

Wilhelm legte den Brief beiseite und äußerte sich zurückhaltend. Er sympatisiere mit dem Kaiser, doch könne er wegen der »ernsten europäischen Komplikationen« nicht darauf antworten, bevor er sie mit seinem Kanzler besprochen habe, sagte er zu Szögyény. Der Kaiser führte den Botschafter ins Speisezimmer. Nach der Mahlzeit brachte Szögyény wieder Franz Josephs Ersuchen zur Sprache und hob die Notwendigkeit einer baldigen Antwort hervor. Diesmal war Wilhelms Haltung eine andere. Er ließ seine Zurückhaltung fallen und versicherte dem Botschafter, daß Österreich »auf die volle Unterstützung Deutschlands« rechnen könne. Obwohl er durch die Verfassung gebunden sei, den Reichskanzler zu konsultieren, so dürfe seiner Meinung nach »mit dieser Aktion [gegen Serbien] nicht zugewartet werden«. Ein hocherfreuter Szögyény telegrafierte an Berchtold, Wilhelm II. habe sogar erklärt, »wenn wir aber wirklich die Notwendigkeit einer kriegerischen Aktion gegen Serbien erkannt hätten, so würde er [Kaiser Wilhelm] es bedauern, wenn wir den jetzigen, für uns so günstigen Moment unbenützt ließen.« Was die möglichen »ernsten europäischen Komplikationen« betraf, die den Kaiser vor dem Essen beunruhigt hatten, so schienen sie ihm jetzt weniger ernst: »Rußlands Haltung werde jedenfalls feindselig sein, doch –« so gab der Botschafter die Worte des Kaisers wieder, »sei er hierauf schon seit Jahren vorbereitet, und sollte es sogar zu einem Krieg zwischen Österreich-Ungarn und Rußland kommen, so könnten wir davon überzeugt sein, daß Deutschland in gewohnter Bundestreue an unserer Seite stehen werde«. Die Risiken, meinte Wilhelm, seien gering: »Rußland sei... noch keineswegs kriegsbereit.«

Es war ein historischer Augenblick. Der Oberste Kriegsherr des Deutschen Reiches hatte die kriegerische Seite seiner Natur die Oberhand gewinnen lassen und seinem Verbündeten einen Blankoscheck zur Niederwerfung Serbiens gegeben. Im Falle eines russischen Eingreifens akzeptierte er das Risiko eines deutsch-russischen Krieges. Und das würde nach den Verpflichtungen des russisch-französischen Zweibundes von 1894 wahrscheinlich auch Krieg mit Frankreich bedeuten – eine Entwicklung, die der deutsche Generalstab bei der Ausarbeitung seiner strategischen Planung vorausgesehen hatte.

Als der Reichskanzler am Nachmittag desselben Tages ins Neue Palais gerufen wurde, unterstützte er seinen Souverän. »Diese Ansichten des Kaisers«, so Bethmann Hollweg in seinen Memoiren, »deckten sich mit meinen eigenen Anschauungen.« Aus Hohenfinow kommend, fand er General Erich von Falkenhayn (den Kriegsminister), zwei weitere Generäle und einen Vertreter der Marine beim Kaiser. Wilhelm II. las Franz Josephs Brief vor und berichtete, was er Szögyény gesagt hatte. Keiner der Anwesenden erhob Einwände gegen diesen Blankoscheck. »Bei uns herrscht die Ansicht, daß die Österreicher je früher je besser gegen Serbien losgehen«, schrieb General Plessen, ein Teilnehmer der Runde, in seinem Tagebuch. Alle stimmten der Einschätzung des Kaisers zu, daß von den Ententemächten wenig Gefahr drohe: der Zar würde nicht für ein Serbien eintreten, »das sich durch einen Meuchelmord befleckt habe. Auch Frankreich werde es kaum zu einem Krieg kommen lassen, da ihm die schwere Artillerie des Feldheeres fehle.«

Daß Großbritannien in diesem Konflikt Partei für Serbien ergreifen könnte, schien so unwahrscheinlich, so weit hergeholt, daß über England nicht einmal gesprochen wurde. Dennoch wurde Falkenhayn gefragt, ob das deutsche Heer, sollten sich diese Berechnungen als falsch erweisen, »für alle Fälle bereit sei«. Falkenhayn bejahte diese Frage, indem er die Hacken zusammenschlug und die Hand an den Helm legte, mit einem strammen »Zu Befehl, Eure Majestät!« Wilhelm überlegte laut, ob er angesichts der Krise seine jährliche Kreuzfahrt zu den norwegischen Fjorden verschieben und ob die Hochseeflotte zu ihren Sommerübungen in die Nordsee auslaufen solle. Bethmann Hollweg riet, daß der Kaiser und die Flotte wie geplant verführen; plötzliche Absagen würden Europa alarmieren. Am folgenden Morgen, dem 6. Juli, sprach Wilhelm in Tirpitz' Abwesenheit mit Admiral Eduard von Capelle, dem stellvertretenden Staatssekretär im Reichsmarineamt, und erklärte, »er glaube nicht, daß es weitere militärische Entwicklungen geben würde«. Am Nachmittag bestieg der Kaiser seinen Sonderzug nach Kiel, wo er an Bord der *Hohenzollern* ging und Kurs auf Norwegen nahm.

Am selben Nachmittag rief Bethmann Hollweg Graf Szögyény zu sich und bekräftigte, was der österreichische Botschafter am Tag zuvor vom Kaiser gehört hatte. »Im ... Verlaufe der Konversation habe ich festgestellt, daß auch der Reichskanzler, ebenso wie sein kaiserlicher Herr, ein sofortiges Einschreiten unsererseits gegen Serbien als radikalste und beste Lösung unserer Schwierigkeiten am Balkan ansieht«, telegrafierte Szögyény an Berchtold in Wien. Bethmann Hollweg verstärkte diese Botschaft, indem er den Grafen Tschirschky, den deutschen Botschafter in Wien, anwies, die österreichische Regierung zu informieren, daß Kaiser Franz Joseph sich darauf verlassen könne, »daß Seine Majestät im Einklang mit seinen Bündnispflichten und seiner alten Freundschaft treu an der Seite Österreich-Ungarns stehen werde.«

Die Klarheit und Bestimmtheit dieser deutschen Garantien beeindruckten Wien. Am 7. Juli trat der Ministerrat der Doppelmonarchie zusammen, hörte die Zusicherungen aus Berlin und diskutierte über Krieg oder Frieden. Nun, da der deutsche Kaiser und sein Reichskanzler Unterstützung versprochen hatten und zu raschem Handeln drängten, fand sich kein Grund mehr, die Rechnung mit Serbien nicht zu begleichen. Der Rat entschied sich für Krieg, obwohl der ungarische Ministerpräsident, Graf István Tisza, darauf bestand, daß vor dem Angriff diplomatische Gepflogenheiten in Form eines Ultimatums beachtet werden sollten. Der Rat stimmte unter dem Vorbehalt zu, daß die Beachtung diplomatischer Gepflogenheiten der notwendigen militärischen Lösung nicht im Wege stand. Das Protokoll der Ratssitzung vermerkte: »Alle Anwesenden mit Ausnahme des königlich ungarischen Ministerpräsidenten [sind] der Ansicht, daß ein rein diplomatischer Erfolg, wenn er auch mit einer eklatanten Demütigung Serbiens enden würde, wertlos wäre und daß daher solche weitgehende Forderungen an Serbien gestellt werden müßten, die eine Ablehnung voraussehen ließen, damit eine radikale Lösung im Wege militärischen Eingreifens angebahnt würde.«

Die Entscheidung für den Krieg gegen Serbien, von Berlin unterstützt, beinahe bevor sie in Wien getroffen wurde, fiel am 5., 6. und 7. Juli. Während der nächsten fünfzehn Tage, da die österreichische Regierung ihr Ultimatum an Serbien abfaßte, drängte Berlin immer wieder auf Eile. Jagow, der am 9. Juli von seiner Hochzeitsreise zurückkehrte, erklärte dem österreichischen Botschafter in Berlin, daß »die in Aussicht gestellte Aktion gegen Serbien ohne Verzug in Angriff genommen werden sollte.« Am 11. Juli machte Tschirschky einen Besuch bei Berchtold, »hauptsächlich, um dem Minister nochmals nachdrücklich nahezulegen, daß rasches Handeln geboten sei.« Tag für Tag meldete sich Tschirschky bei Berchtold und drängte. Deutschland verstand nicht, warum Österreich seine Gelegenheit zum Zuschlagen verstreichen ließ. Es gab sogar drohende Worte: Tschirschky legte Berchtold nahe, »daß man in Deutschland ein Transingieren unsererseits mit Serbien als Schwächebekenntnis auslegen würde, was nicht ohne Rückwirkung auf unsere Stellung im Dreibunde und die künftige Politik Deutschlands bleiben könne.«

Das Auswärtige Amt war bestürzt, als es erfuhr, daß Kaiser Franz Joseph es abgelehnt habe, sein Heer zu mobilisieren, solange das Ultimatum an Serbien nicht ausgearbeitet, abgesandt und zurückgewiesen worden sei. Der deutsche Generalstab ärgerte sich über die Auskunft, daß die österreichisch-ungarischen Streitkräfte nach dem Mobilisierungsbefehl des Kaisers sechzehn Tage benötigen würden, um die Mobilisierung abzuschließen. Nach preußischen Maßstäben vergab Österreich durch Saumseligkeit die Chance für einen raschen Schlag gegen Serbien, bevor die Ententemächte sich auf ein gemeinsames Vorgehen einigen konnten.

Berlin hatte noch eine weitere Sorge außer der, daß Österreich die Entschlossenheit fehlen könnte, den Schlag auszuführen. Sie lag darin, daß jeder Zeitverlust den anderen Großmächten Gelegenheit gab herauszufinden, was vor sich ging, und die Militäraktion durch Vermittlungsvorschläge zu verhindern. Berlin und Wien begegneten dieser Möglichkeit durch die Errichtung einer kunstvollen Fassade aus Lüge und Täuschung. Der Sommer half dabei: führende Mitglieder der deutschen Regierung befanden sich auf Urlaub. Moltke, der Chef des Generalstabs, war zur Kur in Karlsbad; Tirpitz machte Urlaub in der Schweiz; Jagow, der eine Hochzeitsreise gemacht hatte, kehrte nach Berlin zurück, als Kriegsminister General von Falkenhayn in Urlaub fuhr. Von Bethmann Hollweg hieß es, er gebe sich auf seinem Gut in Hohenfinow astronomischen Beobachtungen hin, obwohl er während des Monats oft heimlich nach Berlin fuhr. Der Kaiser kreuzte zwischen steilen Bergflanken und tosenden Wasserfällen in norwegischen Fjorden. Diese Abwesenheiten trugen zur Verbreitung des gewünschten Eindrucks bei, den der bayrische Gesandte in Berlin seinen Vorgesetzten in München vertraulich erläuterte: »Den Vertretern der anderen Mächte gegenüber hat das Auswärtige Amt betont, daß es die Lage ohne jede Nervosität ansehe, und hat zum Beweis hierfür darauf hingewiesen, daß andernfalls S. M. der Kaiser es unterlassen hätte, die Nordlandreise anzutreten, daß dann der Reichskanzler nicht nach Hohenfinow, der Chef des Generalstabes nicht in Urlaub gefahren wären«.

Wien wandte während der ganzen Krise dieselbe Taktik an, und Kaiser Franz Joseph blieb in seinem Sommeraufenthalt Bad Ischl. Am 8. Juli, nachdem die Entscheidung für den Präventivkrieg gegen Serbien gefallen war, äußerte Außenminister Graf Berchtold gegenüber dem Generalstabschef Graf Conrad von Hötzendorf: »Es wäre gut, wenn Sie und der Kriegsminister einige Zeit auf Urlaub fahren würden, um den Schein zu wahren, daß nichts vorgehe.«

Während der zwei Wochen, in denen das österreichische Ultimatum aufgesetzt wurde, blieb die deutsche Regierung voll informiert. Später behauptete das Auswärtige Amt in einem Versuch, die Verantwortung für den Ausbruch des Krieges von sich zu schieben, es habe den Inhalt der Note erst erfahren, als diese gleichzeitig an alle Mächte verteilt wurde. Zwar traf es tatsächlich zu, daß Bethmann Hollweg und Jagow den Wortlaut der Note nicht vor dem 23. Juli kannten, doch war ihnen klar, daß sie nicht als Grundlage für Verhandlungen gedacht war, sondern als Einleitung zu einer militärischen Aktion. Am 14. Juli unterrichtete Tschirschky den Reichskanzler: »Die Note werde so abgefaßt sein, daß deren Annahme so gut wie ausgeschlossen sei.«

Dies konnte den Ententemächten natürlich nicht offengelegt werden. Um das übrige Europa nicht zu alarmieren und den Anschein zu erwecken, daß man sich in Berlin wie in anderen Hauptstädten frage, wie Wien auf Sarajewo reagieren würde, täuschte das Auswärtige Amt mit Bedacht und wiederholt ausländische Diplomaten und durch seine Botschafter die Außenminister anderer Regierungen. Als die britischen, französischen und russischen Botschafter oder Geschäftsträger im Auswärtigen Amt vorsprachen, um zu erfahren, was Deutschland von den Absichten seines Verbündeten wisse, erklärte die Wilhelmstraße beschwichtigend, daß man die Situation mit Gelassenheit betrachte. Waren nicht der Kaiser, der Reichskanzler und die führenden Militärs in Urlaub? Also gingen auch der britische und russische Botschafter in Berlin in Urlaub. Am 21. Juli, zwei Tage vor der Veröffentlichung des österreichischen Ultimatums, erkundigte sich Jules Cambon, der französische Botschafter, gezielt bei Jagow, ob er etwas über den Inhalt der österreichischen Note wisse. Der Staatssekretär »versicherte mir, daß er ihn nicht kenne«, schrieb Cambon später. Dem russischen Geschäftsträger erklärte Jagow nachdrücklich, daß er nichts von der Natur der österreichischen Note wisse. Die österreichische Regierung machte es ähnlich. Als der russische Außenminister Sergej Sasonow am 18. Juli den österreichischen Botschafter zu sich bestellte und nach Neuigkeiten fragte, sprach der Botschafter »in den friedfertigsten Ausdrücken von dem vollständigen Fehlen irgendwelcher Absichten Österreichs, seine Beziehungen zu Serbien zu verschärfen. Er [der Botschafter] war sanft wie ein Lamm«, vermerkte Sasonow.

Drei Tage später wurde dem russischen Botschafter in Wien versichert, auch er könne ruhig in Urlaub gehen; die Note an Serbien, so sagte man ihm im österreichischen Außenministerium, würde keine Forderungen stellen, die zu internationalen Komplikationen führen könnten. Sogar Italien, Deutschlands und Österreichs Dreibundpartner, wurde getäuscht. Da sie Lecks befürchtete oder besorgt war, daß Italien Einwände erheben würde (der Dreibund war ein Defensivbündnis und kam nicht ins Spiel, wenn einer der drei Bündnispartner selbst der Angreifer war), kündigte die Wilhelmstraße dem italienischen Botschafter das nahende Gewitter mit keiner Silbe an.

Hinter dieser Fassade wurde das österreichisch-ungarische Ultimatum an Serbien sorgfältig ausgearbeitet. Aber Europa ahnte, daß etwas zu erwarten war. Die Ententemächte rieten zur Mäßigung. Am 21. Juli erklärte Sasonow dem Grafen Pourtalès, dem deutschen Botschafter in St. Petersburg, daß Rußland sein möglichstes tun werde, Belgrad davon zu überzeugen, daß es angemessene Genugtuung leisten müsse, aber er sagte auch, daß die österreichische Note kein Ultimatum sein dürfe. Einen Tag später erklärte Sir Edward Grey in London, »die britische Regierung werde ihren Einfluß dahin zur Geltung bringen, daß die österreichisch-ungarischen Forderungen, falls sie gemäßigt seien und sich mit der Selbstständigkeit des serbischen Staates vereinbaren ließen, von der serbischen Regierung angenommen würden.«

Weil die Forderungen alles andere als gemäßigt waren, kam es entscheidend auf den Zeitpunkt der Übergabe der Note an. Ursprünglich war das Datum auf den 18. Juli festgesetzt worden, nachdem Deutschland zum Handeln gedrängt hatte; in Berlin sah man klar, daß ein militärischer Schlag gegen Serbien binnen zwei Wochen nach Sarajewo von den Großmächten wahrscheinlich hingenommen worden wäre, nicht aber ein umständlich vorbereiteter Krieg, nachdem die Erregung über das Attentat längst abgeklungen wäre. Dann erinnerte sich Graf Berchtold, daß der französische Präsident Raymond Poincaré vom 20. bis 23. Juli St. Petersburg einen Staatsbesuch abstatten würde. Der österreichische Außenminister entschied sich zur Vorsicht: Es sei unklug, »unseren Schritt in Belgrad zu machen, während Zar Nikolaus und die russischen Staatsmänner den Einflüssen der beiden Hetzer Poincaré und Iswolsky [damals russischer Botschafter in Paris] ausgesetzt waren.« Infolgedessen wurde der Zeitpunkt der Übergabe der Note so gewählt, daß er mit der Abreise des französischen Präsidenten aus der russischen Hauptstadt zusammenfiel: am 23. Juli um 17:00 Uhr. Das Ultimatum war an eine Frist von 48 Stunden gebunden und würde am 25. Juli um dieselbe Stunde auslaufen. (Um sicher zu sein, daß Poincaré auf See sein würde, verschob man die Übergabe der Note später auf 18:00 Uhr.)

Als das Ultimatum in Belgrad übergeben wurde, waren die Serben, die Bestrafung, aber nicht Demütigung erwartet hatten, niedergeschmettert. Die Note beschuldigte Serbien, »daß der Mord von Sarajewo in Belgrad ausgeheckt wurde«. Sie enthielt zehn Forderungen, die allesamt Eingriffe in die serbische Souveränität bedeuteten: Alle Publikationen, die sich feindlich gegen Österreich-Ungarn äußerten, sollten unterdrückt werden. Alle Schulbücher, die »Propaganda gegen Österreich-Ungarn« enthielten, sollten beseitigt werden. Alle serbischen Regierungsbeamten, Offiziere und Lehrer, die diese feindselige Einstellung vertraten, sollten entlassen werden; bestimmte Beamte und Offiziere, die in der Note namentlich aufgeführt waren, sollten verhaftet werden. Diese Maßnahmen sollten in Serbien von österreichischen Beauftragten überwacht werden.

Die Forderungen waren von einer Art, wie wie sie ein besiegter Staat von einem Sieger erwarten mochte. In Wien und Berlin erwartete man mit einiger Sicherheit, daß es bei einem begrenzten österreichisch-serbischen Krieg bleiben würde. Nicht alle waren so optimistisch. Rußland werde es nie akzeptieren, sagte Kaiser Franz Joseph. Es werde einen großen Krieg geben.

Am Morgen des 24. Juli wurden den Außenministern in allen Hauptstädten Kopien des Ultimatums übergeben. Sir Edward Grey nannte es »das formidabelste Dokument, daß je von einem Staate an einen anderen gerichtet wurde«. In St. Petersburg erklärte Graf Sasonow dem österreichischen Botschafter zornig: »Sie setzen Europa in Brand!« In den folgenden Tagen entwickelte sich ein Rennen zwischen den Ententemächten einerseits, die durch Vermittlung einen österreichischen Angriff auf Serbien abzuwenden suchten, und der deutschen Regierung andererseits, die Österreich drängte, sofort nach Ablauf des Ultimatums loszuschlagen. In dem Bemühen, Zeit zu gewinnen, verlangten Grey und Sasonow sofort, daß die Frist verlängert werde. Das Verlangen wurde zurückgewiesen. Wien unterrichtete St. Petersburg, daß Rußlands Vorschläge auf einer »irrtümlichen Voraussetzung« beruhten, denn Österreichs »Note an die Mächte [habe] keineswegs den Zweck verfolgt, dieselben einzuladen, ihre gegenständliche Auffassung bekannt zu geben, sondern nur den Charakter einer Information, welche wir als eine Pflicht internationaler Höflichkeit ansehen. Im übrigen betrachten wir unsere Aktion als eine nur uns und Serbien berührende Angelegenheit«. Berlin unterstützte grimmig diese Haltung. »Man sieht hier in jeder Verzögerung des Beginnes der kriegerischen Operationen große Gefahr betreffs Einmischung anderer Mächte«, telegrafierte der österreichisch-ungarische Botschafter in Berlin an seine Regierung. Alle deutschen Diplomaten wiederholten standhaft die – lediglich formal richtige – Behauptung des Auswärtigen Amtes, es habe keine vorherige Kenntnis vom Inhalt der österreichischen Note gehabt; Jagow teilte dies »sehr ernst« dem britischen Geschäftsträger in Berlin mit.

Großbritannien und Rußland, die nicht wußten, daß Österreich zum Krieg entschlossen war, versuchten Druck auf Serbien auszuüben. »Die einzige Chance« der Serben, sagte Grey, sei, »eine befriedigende Antwort auf so viele Punkte als innerhalb gestellter Frist möglich zu erteilen und österreichische Forderungen nicht völlig abschlägig zu bescheiden.« Sasonow drängte Belgrad, alle Konzessionen zu machen, die mit der Würde der Nation zu vereinbaren seien, und riet, daß Belgrad im Kriegsfalle jeden Gedanken an bewaffneten Widerstand aufgeben, sich besetzen lassen und an die Großmächte appellieren solle. Im privaten Kreis gab Sasonow zu, daß die Serben »eine Lektion« verdienten. Letztlich aber war der russische Außenminister nicht bereit, die serbische Unabhängigkeit aufzugeben. Den Botschaftern Deutschlands und Österreichs teilte er mit, daß die Streitfrage eine internationale sei, und daß ein österreichisch-serbischer Krieg nicht begrenzt bleiben könne. Er schlug ein schiedsrichterliches Verfahren vor, das in die Hände Deutschlands, Italiens, Großbritanniens und Frankreichs gelegt werden sollte; etwas später regte Zar Nikolaus II. an, daß die Angelegenheit vor den Internationalen Gerichtshof in den Den Haag gebracht würde. Rußland erklärte sich bereit, jeden Schiedsspruch oder Kompromiß anzunehmen, der die serbische Souveränität unangetastet lasse. Die serbische Regierung ihrerseits akzeptierte, daß viele der österreichischen Forderungen erfüllt werden müßten. Noch vor Eingang des Ultimatums hatte Belgrad die Großmächte informiert, daß Serbien »allen Forderungen entgegenkommen wird, die an es gestellt werden dürften, wenn sie auch nur einigermaßen mit der Würde eines selbständigen Staates vereinbar sind.« Am Mittag des

25., als bis zum Ablauf des Ultimatums nur noch sechs Stunden blieben, informierte Serbien die Botschafter Großbritanniens und Frankreichs in Belgrad, daß es beabsichtige, Österreichs Forderungen mit nur kleineren Vorbehalten zu akzeptieren.

Als die serbische Antwort auf Österreichs Ultimatum Baron Giesl übergeben wurde, dem österreichischen Botschafter in Belgrad, enthielt sie die Zustimmung zu allen Punkten bis auf einen: die Forderung, daß österreichischen Beauftragten erlaubt sein sollte, an der gerichtlichen Aufklärung des Komplotts teilzunehmen, das zur Ermordung des Erzherzogs geführt hatte. Dies, protestierten die Serben, stelle eine Verletzung ihrer Verfassung und der Durchführungsbestimmungen des Strafgesetzes dar. Wo immer die serbische Antwortnote gelesen wurde, betrachtete man sie als ein bemerkenswertes Zugeständnis gegenüber anmaßenden Forderungen. Die Serben ergänzten ihre geschickte Reaktion durch das Angebot, die gesamte Streitfrage, Österreichs Einverständnis vorausgesetzt, zum Schiedsspruch den Großmächten und dem Internationalen Gerichtshof in Den Haag vorzulegen. Ein serbisches Nachgeben war nun allerdings das Letzte, was man in Wien erwartet hatte oder wünschte. Die serbische Antwortnote wurde Baron Giesl am 25. um 17:58 Uhr ausgehändigt, zwei Minuten vor dem Ablauf des Ultimatums. Am selben Tag hatte Serbien die Teilmobilmachung seiner Streitkräfte angeordnet. Giesl überflog die Antwortnote, bemerkte die darin enthaltenen Vorbehalte und erklärte sie für unbefriedigend. Dann bestieg er den 18:30-Zug und überquerte die Donau. Sobald er sich auf österreichischem Boden befand, telegrafierte er nach Wien. Noch am selben Tag brach Österreich-Ungarn die diplomatischen Beziehungen zu Serbien ab und verfügte seinerseits die Teilmobilmachung. Sobald die Ereignisse in Wien bekannt wurden, breitete sich in der Stadt Festtagsstimmung aus. Menschenmengen zogen durch die Straßen und sangen patriotische Lieder. Österreich-Ungarn würde die serbische »Viper« zertreten.

Die diplomatischen Beziehungen waren abgebrochen, aber noch war der Krieg nicht erklärt. Die Ententemächte setzten ihre Vermittlungsbemühungen fort. Am 26. Juli sandte Grey Telegramme nach Berlin, Paris und Rom, in denen er eine Viermächtekonferenz in London vorschlug. Frankreich und Italien stimmten sogleich zu; Deutschland lehnte brüsk ab. Der Kaiser erklärte, daß er an einer Konferenz nur auf Österreichs ausdrücklichen Wunsch teilnehmen würde, mit dem er jedoch nicht rechnete, weil man in Lebensfragen niemanden konsultiere. Österreich war natürlich nicht interessiert. Nach dem Abbruch der Beziehungen zwischen Österreich-Ungarn und Serbien fuhr Graf Berchtold nach Bad Ischl, um dem Kaiser Bericht zu erstatten – und Entente-Botschaftern zu entgehen, die Vermittlungsgespräche führen wollten. Österreichische Ministerialbeamte in Wien wiederholten indessen die offizielle Erklärung, Belgrad habe keine vorbehaltlos zustimmende Antwort auf die österreichisch-ungarische Note gegeben und die Teilmobilmachung angeordnet. Dadurch sei »Österreich-Ungarn das Handeln aufgezwungen worden«.

Die Doppelmonarchie war zu einer Abrechnung mit ihrem Nachbarn entschlossen; Deutschland hatte seine Unterstützung zugesagt. Daß man der serbischen Regierung ein Komplizentum bei dem Verbrechen von Sarajewo nicht nachweisen konnte, war irrelevant. Graf Berchtold unterdrückte den Bericht eines Beamten, der nach Sarajewo entsandt worden war, um das Außenministerium über die polizeilichen Ermittlungen auf dem laufenden zu halten. Dieser Beamte, ein Herr Wiesner, schrieb in seinem Bericht, nichts wiese darauf hin, daß die serbische Regierung an den Schritten, die zu dem Verbrechen führten, beteiligt war oder auch nur Kenntnis davon hatte.

Drei Wochen lang kreuzte der Oberste Kriegsherr des Deutschen Reiches inmitten der erhabenen Naturschönheiten der norwegischen Fjorde und entspannte sich bei Vorträgen über den amerikanischen Bürgerkrieg. Wilhelm II. war nicht freiwillig so lange abwesend. Nach der historischen Entscheidung des 5. Juli von Bethmann Hollweg gedrängt, Berlin zu verlassen und seine gewohnte Kreuzfahrt anzutreten, wurde die Rückkehr des Kaisers nun hinausgezögert, um Spekulationen des Auslands vorzubeugen und weil der Reichskanzler und Jagow glaubten, die Krise ohne die Anwesenheit des impulsiven Kaisers besser bewältigen zu können. Als am 18. Juli die Möglichkeit einer Rückkehr Wilhelms zur Sprache kam, sagte Jagow: »Da wir eventuellen Konflikt zwischen Österreich und Serbien zu lokalisieren wünschen, dürfen wir [die] Welt durch verfrühte Rückkehr Sr. M. nicht alarmieren.« So kreuzte Wilhelm weiter in norwegischen Gewässern.

»Meine Flotte lag«, schrieb Wilhelm II., »wie auf der Erholungs-Sommerreise üblich, in den norwegischen Fjorden. Ich wurde ... vom Auswärtigen Amt nur spärlich mit Nachrichten versehen und war hauptsächlich auf die norwegische Presse angewiesen, aus der ich zu erkennen glaubte, daß die Lage ernster wurde. Ich telegraphierte wiederholt an Kanzler und Auswärtiges Amt, daß ich es für ratsam hielte, nach Hause zurückzukehren, wurde aber jedesmal gebeten, meine Reise nicht abzubrechen... Als mir dann aber aus der norwegischen Presse – nicht etwa von Berlin aus – zunächst das österreichische Ultimatum an Serbien und gleich darauf die serbische Note an Österreich bekannt wurde, trat ich ohne weiteres die Heimreise an.«

Am Montag, dem 27. Juli, traf der Kaiser in Berlin ein. Bethmann Hollweg erwartete ihn erschöpft und blaß auf dem Bahnsteig. Wie das alles gekommen sei, fragte Wilhelm scharf. Der Kanzler bot seinen Rücktritt an. Doch der Kaiser erwiderte: »Sie haben mir diese Suppe eingebrockt, nun sollen Sie sie auch ausfressen!« Früh am nächsten Morgen las Wilhelm zum ersten Mal den Text der serbischen Antwortnote auf das österreichische Ultimatum. Er frohlockte.

»Eine brillante Leistung für eine Frist von bloß 48 Stunden«, schrieb er an Jagow. »Das ist mehr, als man erwarten konnte! Ein großer moralischer Erfolg für Wien; aber damit fällt jeder Kriegsgrund fort.« Wilhelm wies den Staatssekretär an, sich sofort um eine Vermittlung zwischen Österreich und Serbien zu bemühen. Unter Umständen könne Österreich vorübergehend Belgrad besetzen, um ein Faustpfand für die Erfüllung seiner Forderungen zu haben. Bethmann Hollweg hatte sich schon tags zuvor, am Abend des 27. Juli, angesichts der positiven Aufnahme der serbischen Antwortnote durch die öffentliche Meinung Europas und unter dem Einfluß dringender britischer Vorstellungen zu einer politischen Schwenkung entschlossen. Auch wenn der Kanzler, um die Glaubwürdigkeit der deutschen Haltung besorgt, den deutschen Botschafter in Wien anwies, er habe »es sorgfältig zu vermeiden ..., daß der Eindruck entsteht, als wünschten wir Österreich zurückzuhalten«, so solle dieser gleichzeitig der österreichischen Regierung in energischer Form nahelegen, sofort mit Rußland Verhandlungen aufzunehmen und eine Einigung über Umfang und Zielsetzung der geplanten Militäraktion gegen Serbien zu erreichen. Diese Kursänderung wurde am Morgen des 28. Juli auch vom Kaiser entschieden unterstützt. Obwohl Österreich-Ungarn am Abend desselben Tages durch ein offenes Telegramm des Grafen Berchtold an das Außenministerium in Belgrad Serbien den Krieg erklärte, unternahm die deutsche Regierung in letzter Stunde energische Anstrengungen, Wien zu einer Kursänderung zu bewegen. Aber Wien war an einem »moralischen Sieg« nicht interessiert. Am folgenden Morgen, dem 29. Juli, eröffnete österreichische Artillerie über die Donau hinweg das Feuer auf die serbische Hauptstadt.

Die österreichische Kriegserklärung an Serbien brachte St. Petersburg in Zugzwang. Bis dahin hatte Sasonow eine versöhnliche Politik verfolgt und alle Seiten wissen lassen, daß er eine friedliche Lösung wünsche und bereit sei, »in seinem Entgegenkommen gegen Österreich bis zur Grenze zu gehen und alle Mittel zu erschöpfen, um [die] Krisis friedlicher Lösung entgegenzuführen.« Er räumte ein, daß Österreichs Vorwürfe berechtigt seien, betonte jedoch, »es müsse sich ein Weg finden lassen, um Serbien unter Schonung seiner Souveränitätsrechte [die] verdiente Lektion zu erteilen.«

Zar Nikolaus II. war die Vorstellung eines Krieges ein Schrecken. In einem Versuch, den Frieden zu retten, widerstand er zunächst der militärischen Führung Rußlands, die eine allgemeine Mobilmachung forderte, und richtete einen persönlichen Appell an den deutschen Monarchen. Um ein Uhr in der Nacht vom 28. auf den 29. Juli, nachdem die österreichische Kriegserklärung an Serbien ergangen war, aber bevor es zu den ersten Kampfhandlungen gekommen war, telegrafierte Nikolaus II. an Wilhelm II. »Ich bin froh, daß Du zurück bist. In diesem äußerst ernsten Augenblick wende ich mich an Dich um Hilfe. Einem schwachen Land ist ein unwürdiger Krieg erklärt worden. Die Entrüstung in

Rußland, die ich völlig teile, ist ungeheuer. Ich sehe voraus, daß ich sehr bald dem auf mich ausgeübten Druck erliegen und gezwungen sein werde, äußerste Maßnahmen zu ergreifen, die zum Kriege führen werden. Um ein solches Unheil... zu verhüten, bitte ich Dich im Namen unserer alten Freundschaft, alles Dir Mögliche zu tun, um Deinen Bundesgenossen davon zurückzuhalten, zu weit zu gehen.« Wilhelm schrieb an den Rand des Telegramms: »Eingeständnis der Schwäche seiner selbst, und Versuch die Verantwortung mir zuzuschieben.« Besonders empörte ihn der Ausdruck »unwürdiger Krieg«.

Der Kaiser antwortete Nikolaus mit einer Tirade gegen die Serben. Die »gewissenlose Wühlarbeit« in jenem Land habe zu dem »abscheulichen Verbrechen geführt... Du stimmst sicher mit mir darin überein, daß... alle Souveräne ein gemeinsames Interesse daran haben, darauf zu bestehen, daß alle für diesen feigen Mord moralisch verantwortlichen Personen ihre verdiente Strafe erhalten.«*

Die Beschießung Belgrads schwächte die Chancen für eine Erhaltung des Friedens in Europa. Sasonow wurde davon unterrichtet, als er mit dem österreichischen Botschafter konferierte. Die Nachricht »verwandelte« den Außenminister, berichtete sein unbehaglicher Gast. Am Nachmittag dieses schicksalsträchtigen 29. Juli unterzeichnete Nikolaus II. einen Ukas zur allgemeinen Mobilmachung in den Militärbezirken Moskau, Kiew, Odessa und Kasan mit 13 Armeekorps. Die nördlichen Militärbezirke an der deutschen Grenze blieben ausgenommen. Der russische Mobilmachungsplan sah aber die Möglichkeit eines Krieges gegen Österreich gar nicht vor, nur einen gegen das deutsch-österreichische Bündnis. Eine Abänderung hätte die Aufmarschpläne durcheinandergebracht und ein Chaos auf den Eisenbahnen verursacht. Zar Nikolaus zögerte unter dem Einfluß seines Telegrammwechsels mit Wilhelm trotz des Drucks der russischen Militärführung, die Generalmobilmachung auszurufen. Wilhelm II. seinerseits verlangte, daß Rußland die Teilmobilmachung zurücknahm, und warnte den Zaren: »Das ganze Gewicht der Entscheidung ruht jetzt ausschließlich auf Deinen Schultern, sie haben die Verantwortung für Krieg oder Frieden zu tragen.« Gleichzeitig – am 29. 7. – forderte die deutsche Regierung in aller Form eine Einstellung der russischen Mobilmachung und erklärte, daß nur diese Maßnahme die deutsche Mobilmachung verhindern könne.

Das Deutsche Reich sah sich nun der wachsenden Wahrscheinlichkeit eines

* Dies waren die ersten der berühmten »Willy-Nicky«-Telegramme, die in den letzten drei Tagen und Nächten vor Ausbruch des Krieges zwischen Schloß Peterhof und Potsdam hin und her gingen. Alle waren auf englisch abgefaßt, weil beide Monarchen diese Sprache beherrschten.

Krieges mit Rußland gegenüber. Die deutsche Politik hatte einen begrenzten Balkankrieg, die Bestrafung eines terroristischen Staates und die Stützung eines unter Zerfallserscheinungen leidenden Verbündeten zum Ziel gehabt. Eine russische Intervention war für unwahrscheinlich gehalten worden. Militärische Fachleute betrachteten die russische Armee als nicht einsatzbereit, und der Kaiser und seine Berater hatten ein Nachgeben Rußlands erwartet, wie es fünf Jahre zuvor in der bosnischen Krise geschehen war. Die Aussichten waren verführerisch: die Begrenzung des Konfliktes; die Verhütung eines allgemeinen Krieges, eine Niederlage Serbiens, eine Stärkung und Festigung Österreich-Ungarns und eine Zurückdrängung des russischen Einflusses auf dem Balkan. Die russische Mobilmachung gegen Österreich-Ungarn zerstörte diesen Traum.

Aber die Aussicht auf einen größeren Krieg schreckte die deutsche und österreichische Generalität nicht. Im Gegenteil, Moltke, Conrad von Hötzendorf und andere militärische Führer waren seit langem überzeugt, daß ein Krieg mit Rußland unvermeidlich sei, und je eher, desto besser; mit jedem Jahr wuchs die Stärke des Russischen Reiches. Bethmann Hollweg widersetzte sich dieser Sicht nicht länger, aber er bestand darauf, daß Rußland gezwungen werden müsse, zuerst zu mobilisieren. Er sorgte sich nicht nur um das Ansehen des Reiches im Ausland, er fürchtete auch, daß die Sozialdemokraten den Kriegsdienst verweigern könnten. »Rußland aber muß rücksichtslos unter allen Umständen ins Unrecht gesetzt werden«, ermahnte Bethmann den Kaiser. Das Bedürfnis, Rußland die Schuld am Ausbruch eines europäischen Krieges zu geben, ging auch auf die beiden Bündnissysteme in Europa zurück. Sowohl der Dreibund wie auch der französisch-russische Zweibund waren ihrer Natur nach defensiv. Italiens Festhalten am Dreibund und vielleicht sogar Frankreichs Bereitschaft, seinen Bündnisverpflichtungen nachzukommen, würden von der Frage abhängen, wer den Krieg begonnen hatte. Besonders akut würde die Streitfrage in England sein. Die Briten, die bis dahin stets gezögert hatten, sich in kontinentale Streitigkeiten verwickeln zu lassen, wären sicherlich nicht an einem lokalen Konflikt auf dem Balkan interessiert, in dessen Verlauf Rußland Deutschland zu attackieren schien. Diese Früchte ließen sich ernten, wenn Deutschland Rußland in die Generalmobilmachung hineinmanövrieren konnte. Dies wurde zum Hauptziel des Reichskanzlers.

Nur Bethmann Hollweg und Lichnowsky sorgten sich um die britische Reaktion auf die Ereignisse. Deutschland und Österreich-Ungarn hatten das militärische Übergewicht auf dem Kontinent, und der deutsche Generalstab hatte praktisch garantiert, in einem rein europäischen Krieg des Dreibundes gegen Rußland und Frankreich den Sieg davonzutragen. Aber der Reichskanzler, weitblickender als seine Generäle, schreckte vor einem Krieg zurück, der das Britische Empire einbezog. Was er tun konnte, um Großbritanniens natürlichen Widerwillen gegen eine kontinentale Verstrickung zu verstärken, mußte versucht werden. Seine Hoffnungen wurden zerstört, als Lichnowsky am 29. Juli telegrafierte, daß er am Nachmittag von Sir Edward Grey empfangen worden sei. Der alarmierte Außenminister hatte dem deutschen Botschafter gesagt, daß »ein Kriegsausbruch die größte Katastrophe sein wird, die die Welt je gesehen hat«. Um einen Krieg zu vermeiden, zeigte sich Grey bereit, ein begrenztes militärisches Vorgehen Österreich-Ungarns gegen Serbien hinzunehmen. Danach sollte Österreich nach der Besetzung Belgrads haltmachen und der Vermittlung eines Friedens durch Deutschland, Italien, Frankreich und Großbritannien zustimmen. Für den Fall, daß Österreich den Vorschlag nicht annehme, warnte Grey, könne auf die britische Neutralität nicht gezählt werden. »Die britische Regierung... könne, solange der Konflikt sich auf Österreich und Rußland beschränkte, abseits stehen. Würden ... aber [Deutschland] und Frankreich hineingezogen, so sei die Lage sofort eine andere und die britische Regierung würde unter allen Umständen sich zu schnellen Entschlüssen gedrängt sehen.«

Das Telegramm erschütterte Bethmann Hollweg zutiefst. Krieg zwischen Deutschland und Rußland war wahrscheinlich, und angesichts des französisch-russischen Bündnisses sah der Schlieffen-Plan eine schnelle, überwältigende Offensive gegen Rußlands Verbündeten Frankreich vor. Wenn, wie Grey drohte, der Kriegseintritt Frankreichs die wahrscheinliche Intervention Englands an Frankreichs Seite bedeutete, war der Ausgang des Krieges weit weniger gewiß. Bethmann war an der Grenze seiner physischen Kraft. »Ungeheure Bewegung im Amt. Keiner schläft mehr«, berichtete der persönliche Sekretär des Kanzlers. Auch Bethmann ging in dieser Nacht nicht zu Bett. Um 2:55 Uhr versuchte er die Entwicklung auf dem Balkan rückgängig zu machen. Ein Telegramm an Tschirschky unterrichtete den Botschafter davon, daß, wenn Österreich sich der Vermittlung widersetze, »England gegen uns sein wird... Unter diesen Umständen müssen wir die Erwägung dem Wiener Kabinett dringend und nachdrücklich anheimstellen, die Vermittlung zu den angegebenen ehrenvollen Bedingungen anzunehmen.«

Schon um drei Uhr früh ging ein zweites, erregtes Telegramm an Tschirschky: »Wir sind zwar bereit, unsere Bündnispflicht zu erfüllen, müssen es aber ablehnen, uns von Wien leichtfertig und ohne Beachtung unserer Ratschläge in einen Weltbrand hineinziehen zu lassen.« 18 Stunden später telegrafierte der verzweifelte Kanzler ein drittes Mal: »Wenn Wien... jedes Einlenken... ablehnt, ist es kaum mehr möglich, Rußland die Schuld an der ausbrechenden europäischen Konflagration zuzuschieben... So dokumentiert Wien, daß es unbedingt einen Krieg will, in den wir hineingezogen sind, während Rußland schuldfrei bleibt. Das ergibt für uns der eigenen Nation gegenüber eine ganz unhaltbare Situation. Wir können deshalb nur dringend empfehlen, daß Österreich den Greyschen Vorschlag annimmt.«

Es war zu spät. Als Tschirschky Bethmann Hollwegs Botschaften zu Berchtold trug, hörte der österreichische Außenminister schweigend zu, dann erwiderte er kalt, daß »mit Rücksicht auf die Stimmung in Armee und im Volke Einschränkung der militärischen Operationen... ausgeschlossen sei.« Am Vormittag des 31. wurde Bethmann Hollwegs Aufruf, einer Vermittlung zuzustimmen, im österreichisch-ungarischen Kabinett diskutiert. Die deutsche Forderung, daß Österreich sich der Vermittlung unterwerfe, wurde indirekt durch drei unerfüllbare Bedingungen abgelehnt: es müsse gestattet sein, den Krieg gegen Serbien fortzusetzen; die gesamte russische Mobilisierung müsse eingestellt werden; Serbien müsse vorbehaltlos alle Bedingungen des österreichischen Ultimatums erfüllen. Es herrschte Bitterkeit darüber, daß Berlin, nachdem es Wien wochenlang zu einem raschen Beginn des Krieges gedrängt hatte, nun seine Einstellung verlangte. Im Protokoll der österreichischen Kabinettssitzung wurde der Urheber dieser Kehrtwendung falsch identifiziert: »Wir [hatten] an dem gegenwärtigen deutschen Vertreter in London eine sehr zweifelhafte Stütze... Von dem Fürsten Lichnowsky sei alles andere zu erwarten, als daß er unsere Interessen warm vertreten würde.«

Bethmann war der Verzweiflung nahe. In einem letzten Versuch, doch noch zu verhindern, was er kommen sah, unternahm er einen impulsiven Schritt, um sich der britischen Neutralität zu versichern. Am 29. Juli ließ er gegen Mitternacht den britischen Botschafter, Sir Edward Goschen in die Wilhelmstraße kommen und schlug ihm einen Handel vor. Er verstehe, sagte der Kanzler, »daß Großbritannien die Zerschmetterung Frankreichs niemals zulassen werde«. Angenommen aber, Deutschland würde Frankreich in einem Krieg schlagen, ohne es zu »zerschmettern«? Würde England neutral bleiben, wenn das Reich im voraus die territoriale Integrität Frankreichs und Belgiens nach einem Krieg garantierte? (Das Angebot des Kanzlers bezog sich nur auf die europäischen Heimatländer; Bethmann Hollweg wollte nicht versprechen, daß Deutschland keine Aufteilung der französischen und belgischen Kolonialreiche in Afrika vornehmen würde.) Goschen leitete die Anfrage nach London weiter, wo sie von Crowe als »erstaunlich« bezeichnet und von Grey als »unannehmbar« und »eine Schande« zurückgewiesen wurde.

Während der erschöpfte Kanzler noch kämpfte, wurden die deutschen Generäle ungeduldig. Der Schlieffen-Plan sah aufgrund des französisch-russischen Bündnisses einen Krieg gegen Rußland allein nicht vor. Im Westen waren die Entfernungen kürzer, der Feind weniger zahlreich, die Unwägbarkeiten geringer. Dementsprechend sah die deutsche Strategie einen raschen Stoß der Hauptmacht gegen Paris vor, das innerhalb von sechs Wochen genommen werden sollte, bevor der russische Koloß seine Heere zusammenziehen und gegen Deutschlands Ostgrenze führen konnte. Daß es zur Zeit keine Streitigkeiten zwischen Frankreich und Deutschland gab, spielte dabei keine Rolle. Am

30. Juli sagte Jagow zu Goschen, daß, wenn Deutschland mobilisiere, Frankreich angegriffen würde. Er »bedauerte dies«, meldete Goschen nach London, »da er wisse, daß Frankreich keinen Krieg wünsche, aber es handele sich um eine militärische Notwendigkeit.« Als die Tage vergingen, sorgten sich die deutschen Generäle, daß die Ententediplomaten mit ihren Vermittlungsversuchen in Wien und der deutsche Reichskanzler mit seiner Forderung, Rußland müsse zuerst mobilisieren, ihre fein abgestimmte Logistik durcheinanderbringen würden. Wer den Krieg begann, bekümmerte die Generäle wenig; ihre Sorge galt der Frage, wer ihn gewinnen würde. Sie begannen, die Kontrolle zu übernehmen.

Am Mittwoch, dem 29. Juli, sandte Generalstabschef Moltke dem Kanzler eine lange politische Denkschrift, in der er den österreichisch-serbischen Streit als »rein private Auseinandersetzung« schilderte, bei dem es darum gehe, »mit glühendem Eisen ein Geschwür auszubrennen, das fortwährend den Körper Europas zu vergiften drohte... Aber Rußland stellte sich auf die Seite des verbrecherischen Landes.« Dadurch drohe nun ein Krieg, »der die Kultur fast des ganzen Europas auf Jahrzehnte hinaus vernichten wird«. Moltke fuhr fort, daß Deutschland kein Verlangen habe, an diesem Krieg teilzunehmen, doch könne es Österreich nicht den Rücken kehren, denn dies würde »die tiefgewurzelten Gefühle der Bundestreue, eines der schönsten Züge deutschen Gemütslebens, in verhängnisvoller Weise verletzen«. Am Nachmittag dieses Tages drängte Kriegsminister General Falkenhayn beim Kronrat in Potsdam den Kaiser, die »Kriegsgefahr« zu proklamieren. Auf Bethmann Hollwegs ernste Vorhaltungen verweigerte der Kaiser einstweilen seine Zustimmung. Wütend sandte Moltke seinem Wiener Kollegen ein Telegramm mit der Aufforderung, daß Conrad von Hötzendorf sofort von der Teilmobilmachung der österreichischen Streitkräfte zur Generalmobilmachung übergehen solle, und versprach, daß Deutschland folgen würde. Am Donnerstag, dem 30. Juli, gab Zar Nikolaus II. in Peterhof nachmittags dem Druck seiner Generäle nach und ordnete die Generalmobilmachung für ganz Rußland an. Schon am Abend war das in Berlin bekannt. Am 31. Juli beantwortete Kaiser Franz Joseph den russischen Schritt mit der Generalmobilmachung Österreich-Ungarns. Die deutschen Generäle verlangten eine Entscheidung über die Mobilmachung des Reiches. Mit der Erklärung, daß er noch keine offizielle Nachricht aus St. Petersburg habe, hielt der nervlich erschöpfte Bethmann Moltke und Falkenhayn bis zum nächsten Tag hin.

Am Freitag, dem 31. Juli, 11 Uhr 40, ging das offizielle Telegramm von Pourtalès in der Wilhelmstraße ein, wo die politische und militärische Führungsspitze des Reiches versammelt war. »Allgemeine Mobilisierung [der russischen] Armee und Flotte befohlen«, meldete das Telegramm. »Erster Mobilisierungstag 31. Juli.« Was immer das jetzt noch wert war, in diesem Punkt hatte sich Bethmann durchgesetzt: Rußland hatte zuerst mobilisiert. Reichskanzler und Kriegsminister riefen gemeinsam den Kaiser an und baten um die Proklamation des Zustandes der »Kriegsgefahr«. Wilhelm kam dem Ersuchen nach. Am selben Nachmittag erging ein auf zwölf Stunden befristetes Ultimatum an Rußland, mit dem die deutsche Mobilmachung angedroht wurde, falls nicht die russische Mobilmachung gegen das Deutsche Reich und Österreich-Ungarn eingestellt würde und Rußland »uns hierüber eine bestimmte Erklärung abgibt.« Andernfalls würde Deutschland mobilmachen und den Krieg erklären. Ein zweites, beleidigenderes Ultimatum erging an Paris: Berlin wollte wissen, ob Frankreich im bevorstehenden deutsch-russischen Krieg neutral bleiben würde. Sollte die Antwort ja sein, verlangte Deutschland, daß Frankreich die Festungen Toul und Verdun als Sicherheitspfand seines Neutralitätsversprechens übergebe. (Diese großen Festungsanlagen verankerten die französische Verteidigungslinie entlang seiner Ostgrenze.) Paris wurden achtzehn Stunden für die Antwort zugestanden, aber die vorher erfolgende französische Mobilmachung war Antwort genug. Das deutsche Ultimatum an Rußland (aber nicht das Ultimatum an Frankreich) wurde in der Nacht des 31. Juli auf den 1. August in Sonderausgaben der Berliner Zeitungen veröffentlicht. Menschenmengen strömten Unter den Linden zusammen.

Am Sonntagmittag, dem 1. August, verstrich das deutsche Ultimatum an Rußland ohne Antwort aus St. Petersburg. Um 12:52 Uhr, 52 Minuten nach Ablauf des Ultimatums, erhielt Graf Pourtalès Anweisung, Außenminister Graf Sasonow aufzusuchen und zu erklären, daß Deutschland sich im Kriegszustand mit Rußland befinde. Um 17 Uhr unterzeichnete der Kaiser das Dekret zur Generalmobilmachung, und um 19:10 Uhr übergab Graf Pourtalès Sasonow die deutsche Kriegserklärung. »Die Flüche der Nationen werden über Sie kommen«, sagte Sasonow. »Wir verteidigen unsere Ehre«, erwiderte Pourtalès. Dann brach er in Tränen aus. »Dies also ist das Ende meiner Mission«, sagte er. Sasonow klopfte ihm auf die Schulter und geleitete ihn hinaus. »Leben Sie wohl, leben Sie wohl«, murmelte der verzweifelte alte Botschafter.

Der Krieg im Osten hatte begonnen, der im Westen aber noch nicht. Am Nachmittag traf in Berlin ein Telegramm aus London ein. Lichnowsky meldete, daß er mit Sir Edward Grey gesprochen habe. Der Außenminister habe gefragt, ob Deutschland im Falle eines französischen Neutralitätsversprechens in einem russisch-deutschen Krieg von einem Angriff auf Frankreich absehen würde. Lichnowsky hatte die Frage von sich aus bejaht. Wilhelm II. hatte gerade das Dekret zur allgemeinen Mobilmachung unterzeichnet und Moltke übergeben, der von Potsdam nach Berlin zurückfuhr. Wilhelm schickte ihm einen Adjutanten nach, um ihn zum Neuen Palais zurückzuholen. Bevor der General eintraf, telegrafierte der Kaiser an seinen Vetter König George V.: »Wenn Frankreich mir seine Neutralität anbietet, die durch die britische Flotte und Armee garantiert werden muß, werde ich natürlich von einem Angriff auf Frankreich absehen und meine Truppen anderweitig verwenden. Ich hoffe, Frankreich wird nicht nervös werden. Die Truppen an meiner Grenze werden soeben telegraphisch und telephonisch abgehalten, die französische Grenze zu überschreiten.«

Der letzte Satz bezog sich auf den plötzlichen Widerruf des Marschbefehls für die 16. Division, die den Autrag hatte, vor dem Angriff auf Frankreich Luxemburg zu besetzen. Bethmann Hollweg bestand darauf, daß die Division die Grenze nicht überschreiten dürfe, bis eine Antwort von Georges V. eingetroffen sei, und Wilhelm II. hatte – ohne Moltke zu konsultieren – seinem Militäradjutanten Anweisung gegeben, das Hauptquartier der 16. Division anzurufen und die Operation zu stoppen.

Als Moltke wieder vor ihm stand, eröffnete Wilhelm dem verblüfften Generalstabschef: »Jetzt können wir gegen Rußland allein in den Krieg ziehen. Wir schicken einfach unsere ganze Armee in den Osten!«

Moltke, der seine ganze Kriegsstrategie über den Haufen geworfen sah, war »zerschmettert«. Er erwiderte, »daß das unmöglich sei. Der Aufmarsch eines Millionenheeres lasse sich nicht improvisieren, er sei das Ergebnis einer vollen, mühsamen Jahresarbeit und könne, einmal festgelegt, nicht geändert werden. Wenn Seine Majestät darauf bestehen, das gesamte Heer nach dem Osten zu führen, so würden dieselben kein schlagfertiges Heer, sondern einen wüsten Haufen ungeordneter bewaffneter Menschen ohne Verpflegung haben. ... Da es nun einmal so beschlossen ist, kann es nicht mehr geändert werden.«

Der Kaiser hörte in tiefer Enttäuschung zu. »Ihr Onkel hätte mir da eine andere Antwort gegeben«, sagte er zu Moltke, ein Vorwurf, der den Generalstabschef »tief verwundete«, wie er später schrieb. Moltke fuhr ins Hauptquartier zurück und brach »in bittere Tränen der Verzweiflung« aus. Als ein Stabsoffizier ihm den Befehl überbrachte, der den Einmarsch in Luxemburg aufhob, warf »er die Feder auf den Tisch und weigerte sich, seine Unterschrift zu leisten.« »Machen Sie, was Sie wollen mit diesem Telegramm«, rief er. »Ich werde es nicht unterzeichnen!«

Abends um elf war Moltke wieder im Schloß, wo er den Kaiser mit einem Militärmantel über dem Nachthemd antraf. Ein weiteres Telegramm von Lichnowsky hatte ergeben, daß der Botschafter Sir Edward Grey mißverstanden hatte und daß somit »ein positiver englischer Vorschlag überhaupt nicht vorliegt«. Der Kaiser grüßte Moltke steif und sagte: »Jetzt können Sie machen, was Sie wollen«, und ging wieder zu Bett. »Das war meine erste Kriegserfahrung«, schrieb Moltke später. »Ich bin nie über den Schrecken weggekommen, den mir dieser Vorfall einjagte. Irgend etwas in mir zerbrach, ich war seit damals nicht mehr derselbe.«

Das deutsche Ultimatum an Frankreich war bis 13 Uhr am 1. August befristet. Um 13:05 Uhr erkundigte sich der deutsche Botschafter, Baron von Schoen, am Quai d'Orsay nach Frankreichs Antwort. Man erklärte ihm kalt, »Frankreich werde das tun, was seine Interessen geböten.« Zweieinhalb Stunden später mobilisierte Frankreich seine Streitkräfte. In Deutschland verstand man, daß an eine französische Neutralität nicht zu denken war; die Republik würde zu ihrer Allianz mit Rußland stehen. Die deutsche Reaktion erfolgte automatisch: »Als das französische Kabinett auf unsere Anfrage die bekannte Antwort gegeben hatte, daß Frankreich tun werde, was seine Interessen ihm geböten, blieb uns keine Wahl, als den Kriegszustand mit Frankreich zu erklären«, sagte Bethmann Hollweg.

Vier Großmächte standen jetzt im Krieg: das Deutsche Reich und Österreich-Ungarn gegen Rußland und Frankreich. Italien gelang es, sich einstweilen herauszuhalten. Am 31. Juli stimmte der italienische Ministerrat für die Neutralität und begründete dies damit, daß »Italien weder nach dem Buchstaben noch nach dem Geist des Dreibundvertrages verpflichtet ist, an einem Krieg teilzunehmen, der nicht den Charakter eines Verteidigungskrieges hat«. Man sah es in Rom als offensichtlich an, daß der Krieg durch Österreichs Vorgehen gegen Serbien ausgelöst worden war, und darauf berief sich die italienische Regierung. Italien hatte sich immer gefürchtet, seine langen Küsten der britischen Kriegsmarine auszusetzen; nun, da die Wahrscheinlichkeit groß war, daß England an der Seite Frankreichs und Rußlands in den Krieg eintreten würde, nutzte Italien den Vertragstext des Dreibundes, um seiner Bündnisverpflichtung zu entkommen.

Es gab noch eine letzte Ironie. Selbst als die deutsche Kriegserklärung an Rußland bereits ergangen war – vorgeblich, weil Deutschlands Verbündeter, Österreich-Ungarn, durch die russische Mobilmachung bedroht war –, verhandelten russische und österreichische Diplomaten weiter. Am 25. Juli hatte Österreich, bemüht, die Ententemächte aus seinem Konflikt mit Serbien herauszuhalten, noch offiziell verlautbart, daß Wien »keinen territorialen Gewinn in Serbien beabsichtige, sondern nur Ruhe schaffen wolle.« Graf Sasonow betrachtete dies als eine ausreichende Gesprächsbasis.

Österreich wollte, trotz Conrad von Hötzendorfs Säbelrasseln, keinen Krieg mit Rußland. Es setzte bis zuletzt auf die Hoffnung, daß der Zar zurückweichen würde; dann würde Österreich in der Lage sein, gegen die Serben vorzugehen. Die Geschwindigkeit der Ereignisse in Berlin alarmierte die Österreicher. Am 1. August, dem Tag der deutschen Kriegserklärung an Rußland, besuchte der österreichische Botschafter in St. Petersburg Außenminister Sasonow, um die österreichisch-russischen Verhandlungen fortzuführen. Man diskutierte darüber, was eine Verletzung der serbischen Souveränität darstelle; nach der Zusammenkunft berichtete der österreichische Botschafter dem Grafen Berchtold, daß er glaube, die Kluft lasse sich überbrücken. Sasonow riet seinem Besucher,

Wien solle sich durch Rußlands Mobilmachung nicht beunruhigen lassen. »Man solle nicht fürchten, daß die Gewehre von selber losgehen würden«, sagte der russische Außenminister. Außerdem sei die russische Armee »so diszipliniert, daß der Zar sie durch ein Wort noch von der Grenze zurückziehen könne«. Am gleichen Vormittag suchte der russische Botschafter in Wien den Außenminister auf. Er kam, bemerkte Berchtold, »in freundschaftlicher Weise... Er hoffe immer noch, daß es gelingen werde, den bestehenden Streitfall durch direkte Verhandlungen zu beheben... [Er] verließ mich mit der Bemerkung, eigentlich handele es sich zwischen uns und Rußland um ein großes Mißverständnis.«

Am Abend dieses 1. August erfuhren Wien und St. Petersburg von der deutschen Kriegserklärung an Rußland. Die österreichisch-russischen Verhandlungen konnten nicht fortgesetzt werden; Österreich-Ungarn blieb nun keine andere Wahl, als seinem Verbündeten zu folgen. Während der nächsten fünf Tage, während Deutschland bereits im Krieg gegen Rußland stand, blieb Österreich-Ungarn, ursprünglich das bedrohte Land, formell im Friedenszustand. Eine Anzahl strenger Telegramme traf aus Berlin ein, ehe Österreich-Ungarn am 6. August schließlich Rußland den Krieg erklärte.

## 42. KAPITEL

# Am Vorabend des Krieges: London

Am Freitagnachmittag, dem 24. Juli, trat das britische Kabinett im Büro des Premierministers im Unterhaus zusammen. Gegenstand der Beratung war Irland. Während des Frühjahrs war die Frage der Selbstregierung für Irland, die große gerechte Sache der Liberalen Partei und zugleich ihr Alptraum, wieder vom Parlament behandelt worden. Die Debatte hatte sich auf die Frage konzentriert, ob die protestantischen Counties der Provinz Ulster in Nordirland, die nicht von einem katholischen Parlament in Dublin regiert zu werden wünschten, das Recht erhalten sollten, die Teilnahme an der Selbstregierung Irlands zu verweigern. In dem Maße, wie die Wahrscheinlichkeit der Verabschiedung des Gesetzentwurfes zunahm, steigerte sich die Erregung in Ulster. In der Erkenntnis, daß sie vom Parlament in Westminster »verraten« werden sollten, hatten die Protestanten beschlossen, zur Selbsthilfe zu greifen. Sie sprachen von der Ausrufung einer provisorischen Regierung für Ulster, und es gab aktive Vorbereitungen für den bewaffneten Widerstand. Bis zum Sommer waren 36000 Gewehre und 3 Millionen Schuß Munition in den Händen der Protestanten. In ihrem Widerstand konnten sie sich auf die offene Unterstützung der Konservativen Partei Großbritanniens und auf die stillschweigende Komplizenschaft einiger Offiziere der britischen Armee verlassen. Diese Offiziere, viele mit Wurzeln im angloirischen Landadel, waren Gegner der »Home Rule« und nicht bereit, an militärischen Zwangsmaßnahmen in Ulster teilzunehmen. Am 20. März hatte der Oberkommandierende in Irland in der Curragh-Kaserne eine Ansprache vor einer großen Zahl von Offizieren gehalten und sich mit der Weigerung vieler von ihnen konfrontiert gesehen, Befehle zur Verlegung ihrer Einheiten nach Ulster zu befolgen. Lieber würden sie ihren Abschied nehmen, sagten sie, als gegen die protestantischen Nordiren zu kämpfen. Diese Beinahe-Meuterei hatte das Parlament und die Nation erschüttert. Konservative beschuldigten die liberale Regierung, Ulster zu opfern; Liberale beschuldigten die Opposition, Aufruhr gegen die Krone zu fördern. Am 21. Juli hatte der König Vertreter der beteiligten Parteien in den Buckingham-Palast geladen, um eine Lösung zu finden. Nach dreitägigem Streit erreichten die Gespräche einen toten Punkt, und am 24. Juli ging die Konferenz ergebnislos zu Ende. Diese Ereignisse, von deutschen Diplomaten ausführlich nach Berlin berichtet, trugen zur Überzeugung des Auswärtigen Amtes bei, daß die britische Verstrickung in Irland derzeit eine aktive Rolle Englands in der europäischen Diplomatie ausschließe.

Am Nachmittag des 24. Juli hatte das Kabinett vom Scheitern der Irland-Konferenz erfahren. Die Kabinettssitzung war zu Ende, und die meisten Kabinettsmitglieder waren schon aufgestanden und im Begriff, den Raum zu verlassen, als Sir Edward Grey sie bat, noch ein paar Minuten zu bleiben. Sie nahmen ihre Plätze wieder ein. Greys Schilderung der Situation in Mitteleuropa und auf dem Balkan war tatsächlich die erste Diskussion über auswärtige Angelegenheiten seit mehr als einem Monat. Als er das österreichische Ultimatum an Serbien vorlas, begann das irische Problem in den Hintergrund zu treten. Churchill erinnerte sich: »[Grey] hatte mehrere Minuten vorgelesen oder gesprochen, bevor ich meine Gedanken von der ermüdenden und verwirrenden Debatte lösen konnte, die gerade zu Ende gegangen war... Allmählich, als die Sätze einander folgten, begannen sich in meinem Geist Eindrücke ganz anderer Art zu bilden... Die Gemeindebezirke von Fermanagh und Tyrone traten in die Nebel und Winde Irlands zurück, und ein seltsames Licht begann sofort, aber mit wahrnehmbaren Abstufungen, auf die Landkarte Europas zu fallen.« Greys ruhiger, sachlicher Vortrag blieb nicht ohne Wirkung. Am selben Abend bezeichnete Asquith in seinem Bericht an den König das österreichische Ultimatum als »das ernsteste Ereignis seit vielen Jahren in der europäischen Politik, da es der Auftakt zu einem Krieg sein könnte, in den mindestens vier Großmächte verwickelt werden würden.« An Venetia Stanley schrieb er: »Wir sind in meßbarer oder vorstellbarer Entfernung zu einem wirklichen Armageddon. Zum Glück scheint kein Anlaß zu bestehen, daß wir etwas anderes als Zuschauer sein werden.«

Asquith' Optimismus, soweit er England betraf, beruhte auf der jüngsten diplomatischen Geschichte. Dreimal in acht Jahren (1905, 1908 und 1911) war Europa an den Rand eines Krieges geraten, und jedesmal hatte die Diplomatie den Sieg davongetragen. Im Frühjahr 1914 schien der Kontinent ruhig. Monarchen und Staatschefs reisten zwischen den Hauptstädten hin und her, verbeugten sich und winkten jubelnden Mengen zu. Die deutsch-englischen Beziehungen hatten einen Gleichgewichtszustand erreicht; der Streit um die Flottenrüstung hatte sich gelegt; eine Regelung der britischen Einwände gegen das Projekt der Bagdadbahn bedurfte nur noch der deutschen Unterschrift. Der deutsche Botschafter in London, Fürst Lichnowsky, ein Verfechter besserer Beziehungen, war in der Londoner Gesellschaft beliebt. Am 23. Juli, dem Tag bevor Grey seine Kabinettskollegen vom österreichischen Ultimatum unterrichtete, hatte Lloyd George vor dem Unterhaus erwähnt, daß die Beziehungen zu Deutschland besser als seit Jahren seien und daß er »substantielle Einsparungen in den Marineausgaben« voraussagen könne.

Selbst nach dem Attentat von Sarajewo hatte sich die Stimmung in London nicht gewandelt. In Großbritannien reagierte man wie anderswo mit Ensetzen, mit Empörung über die Verbrecher, mit Anteilnahme für den alten Kaiser Franz Joseph. Die Briten erwarteten, daß die Schuldigen gefunden und zur Rechenschaft gezogen wurden. Furcht vor internationalen Verwicklungen wurde durch die Atmosphäre ruhiger Besonnenheit zerstreut, die von den Regierungen Österreichs und Deutschlands bewußt verbreitet wurde. Bis zum 24. Juli hatte der Außenminister im Kabinett das Geschehen nicht einmal erwähnt. Greys Stillschweigen bedeutete jedoch nicht Unwissenheit. Lichnowsky war am 6. Juli von Berlin nach London zurückgekehrt und hatte Grey angedeutet, daß die Gemüter in Berlin und Wien hinter der Fassade in heftiger Erregung seien. Die Österreicher seien zu einer Abrechnung mit Serbien entschlossen, berichtete er, und die Reichsregierung fühle sich verpflichtet, ihren Verbündeten zu unterstützen. Grey verstand die Reaktionen. Er gestand zu, daß Österreich-Ungarn auf das schwerste provoziert worden sei, und erklärte, »daß die Berechtigung des Streits zwischen [Österreich-Ungarn und Serbien]... nach Lage der Dinge nicht Angelegenheit Seiner Majestät Regierung« sei. Er würde die Sache »einzig und allein unter dem Gesichtspunkt des Friedens in Europa« betrachten; hier sei er »sehr besorgt über die Haltung, die Rußland einnehmen würde«. Grey versuchte diese Haltung zu beeinflussen und St. Petersburg zu überreden, eine versöhnliche Haltung gegenüber Österreich-Ungarn zu zeigen. Dies aber, sagte er Lichnowsky am 9., würde in hohem Maße von den Schritten abhängen, die Österreich unternehmen würde. Im allgemeinen, vertraute Grey dem Botschafter an, habe er »keinen Grund ... zu einer pessimistischen Auffassung der Lage.«

Greys zuversichtliche Haltung, von Lichnowsky nach Berlin berichtet, erfreute das Auswärtige Amt. Am 12. Juli telegrafierte der österreichische Botschafter in Berlin nach Wien: »Die deutsche Regierung [glaubt] sichere Anzeichen dafür zu haben, daß England sich derzeit nicht an einem wegen eines Balkanlandes ausbrechenden Kriege, selbst dann nicht, wenn er zu einem Waffengange mit Rußland, eventuell auch mit Frankreich führen sollte, beteiligen würde. ... Vor allem ist England zur Zeit nichts weniger als kriegslüstern und gar nicht gewillt, für Serbien oder im letzten Grunde für Rußland die Kastanien aus dem Feuer zu holen.« Grey machte aber Lichnowsky wie auch den Russen deutlich, daß es für Großbritannien Grenzen gebe, was die Abstrafung Serbiens durch Österreich-Ungarn anging. Sicherlich, klopfte der Außenminister auf den Busch, denke Wien nicht daran, serbisches Territorium zu annektieren. Berlin verstand: »England wird Österreich nicht hindern, Serbien zur Rechenschaft zu ziehen; nur eine Zertrümmerung des Landes wird es kaum zulassen.«

Alles hing von den Bedingungen der österreichischen Note ab. Am 24. Juli um 14 Uhr händigte Graf Mensdorff, der österreichische Botschafter in London, Grey eine Kopie aus. Grey bezeichnete die Note als »brüsk, unvermittelt und herrisch«. Er brachte das Dokument mit in die Kabinettssitzung, und als die Diskussion um Irland abgeschlossen war, informierte er seine Kollegen. Nach seiner Rückkehr ins Außenministerium war Greys erste Reaktion, eine Verlängerung der auf 48 Stunden bemessenen Frist des Ultimatums zu verlangen (als der Außenminister die Kopie erhielt, war die Frist bereits auf 31 Stunden geschrumpft). Wie der Zufall es wollte, hatte Sasonow in St. Petersburg genauso reagiert und dieselbe Forderung erhoben. Österreich wies beide zurück. Dann drängte Grey die Serben, eine versöhnliche Haltung einzunehmen und Österreich »eine befriedigende Antwort auf so viele Punkte als innerhalb gestellter Frist möglich zu erteilen«. Der Außenminister schlug eine Neuauflage der Londoner Botschafterkonferenz vor, die 1912–1913 mit Erfolg in den Balkankriegen vermittelt hatte. Dieselben Botschafter waren noch in London – Lichnowsky für Deutschland, Mensdorff für Österreich-Ungarn, Imperiale für Italien, Paul Cambon für Frankreich und Benckendorff für Rußland – und konnten innerhalb weniger Stunden zusammengebracht werden. Alle waren persönliche Freunde. »Wenn unsere jeweiligen Regierungen nur uns gebrauchen und uns vertrauen und uns die Gelegenheit geben würden«, schrieb Grey, »könnten wir den Frieden in Europa bewahren – einen ehrenhaften Frieden ohne Eitelkeit auf der einen und Demütigung auf der anderen Seite.«

Der Schlüssel zu Greys Plan lag in Deutschland; wenn Berlin einer Vermittlung zustimmte, würde Wien sie annehmen müssen. Demgemäß fragte Grey zuerst bei Lichnowsky an. Der Außenminister nahm an, daß Deutschland sehr daran interessiert sei, die Turbulenzen auf dem Balkan zu beruhigen und einen Krieg zwischen Österreich-Ungarn und Serbien zu verhindern. Greys Vermutung schien sich am Morgen des 25. Juli zu bestätigen, als der deutsche Botschafter ihm ein Telegramm des Auswärtigen Amtes vorlas, welches bestätigte, daß Deutschland den Text des österreichischen Ultimatums vor Aushändigung nicht gekannt habe. Lichnowsky, der von Berlin mit Absicht nicht vollständig unterrichtet worden war, reagierte aus vollem Herzen auf Greys Konferenzvorschlag. »Ich erblicke hierin die einzige Möglichkeit, einen Weltkrieg zu vermeiden«, telegrafierte er Jagow am Nachmittag des 25., »ablehnen wir, so wird auch Grey sich nicht mehr rühren... Ich rate noch einmal dringend dazu, den englischen Vorschlag anzunehmen.«

In der Hoffnung auf eine zustimmende Antwort aus Berlin wartete Grey damit, seinen Vorschlag den anderen Regierungen zu unterbreiten. Der 25. Juli war ein Samstag, und am frühen Nachmittag fuhr der Außenminister in sein Wochenendhaus in Hampshire, um zu angeln. Der Text des Telegrammes mit dem Vorschlag blieb in Sir Arthur Nicolsons Händen zurück. Am Sonntag, dem 26. Juli, um 15 Uhr beschloß der Unterstaatssekretär, den Vorschlag auch an die anderen Regierungen zu senden und den Außenminister nach London zurückzurufen. Telegramme mit Greys Unterschrift gingen an die britischen Missionen in Paris, Rom, Berlin, Wien und St. Petersburg. »Fragen Sie Minister des Äußeren, ob er geneigt wäre, hiesigen Botschafter anzuweisen, unverzüglich mit Vertretern von Italien, Deutschland und Frankreich zu einer hier abzuhaltenden Konferenz mit mir zusammenzutreffen, um einen Ausweg zur Vermeidung von Verwicklungen zu suchen.« Wenn ja, »sollten alle aktiven militärischen Operationen bis zu Ergebnissen der Konferenz aufgeschoben werden«.

Lichnowsky unterstützte Greys Initiative und sandte am 27. innerhalb von sechs Stunden drei Telegramme an Jagow. Seine Ausdrucksweise zeigte Frustration und wachsende Panik: »Sir Grey ließ mich soeben kommen... Der serbische Geschäftsträger habe ihm soeben den Wortlaut der serbischen Antwort auf die österreichische Note übermittelt. Aus derselben gehe hervor, daß Serbien den österreichischen Forderungen in einem Umfange entgegengekommen sei, wie er es niemals für möglich gehalten habe... Begnüge sich Österreich nicht mit dieser Antwort..., so sei vollkommen klar, daß Österreich nur nach einem Vorwand suche, um Serbien zu erdrücken.... Ich fand den Minister zum ersten Male verstimmt. Er sprach mit großem Ernst und schien von uns auf das bestimmteste zu erwarten, daß es unserem Einfluß gelingen möge, die Frage beizulegen. ...Auch ist hier alle Welt davon überzeugt... daß der Schlüssel der Lage in Berlin liegt und, falls man dort den Frieden ernstlich will, Österreich davon abzuhalten sein wird, eine, wie Sir E. Grey sich ausdrückt, tollkühne Politik zu betreiben.«

Und später: »Von dem Erfolge dieses Schrittes Sir Edward Greys [hängen] unsere gesamten zukünftigen Beziehungen zu England ab... Gelingt es dem Minister in diesem bedeutsamen Augenblick... eine weitere Zuspitzung der Lage zu verhindern, so stehe ich dafür ein, daß unsere Beziehungen zu Großbritannien auf unabsehbare Zeit den vertrauensvollen und intimen Charakter tragen werden, der sie seit anderthalb Jahren auszeichnet... Sollte... die Absicht Österreichs, den gegenwärtigen Anlaß zu benutzen, um Serbien niederzuwerfen... immer offenkundiger in Erscheinung treten, so wird England, dessen bin ich gewiß, sich unbedingt auf Seite Frankreichs und Rußlands stellen.«

Berlin blieb ungerührt; drei Wochen lang hatte die Reichsregierung alles getan, Einmischungen anderer Mächte in Form von Vermittlungsvorschlägen zu *verhindern*. Jagow fühlte sich verpflichtet, Greys Vorschlag nach Wien weiterzuleiten, aber er versah die britische Note mit dem Kommentar: »Die deutsche Regierung versichert auf das Bündigste, daß sie sich in keiner Weise mit den Vorschlägen identifiziere, sogar entschieden gegen deren Berücksichtigung sei und dieselben, nur um der englischen Bitte Rechnung zu tragen, weitergebe.« In Berlin sagte Jagow zu Sir Edward Goschen, daß die vorgeschlagene Konferenz »praktisch auf ein Schiedsgericht hinauslaufen würde« und ohne

Österreichs Zustimmung nicht in Erwägung gezogen werden könne. Lichnowsky wurde angewiesen, Sir Edward Grey dies zu erklären.

Am Montagmorgen, dem 27. Juli, erreichte die Nachricht von Serbiens Antwort auf das österreichische Ultimatum London. Asquith schilderte Venetia Stanley seine Reaktion: »Serbien hat im Hauptpunkt nachgegeben, aber es ist sehr zweifelhaft, ob irgendwelche Vorbehalte von Österreich akzeptiert werden, das zu einer vollständigen und entscheidenden Demütigung entschlossen ist. Das Merkwürdige daran ist, daß Österreich in vielen, wenn nicht den meisten Punkten recht hat und Serbien sehr im Unrecht ist, aber die Österreicher sind wirklich die dümmsten Leute in Europa ... es ist die gefährlichste Situation der letzten vierzig Jahre.« Als das Kabinett um elf Uhr zusammentrat, berichtete Grey, Graf Mensdorff habe ihm mitgeteilt, daß Wien die serbische Antwort als unzureichend betrachte. Er ging auf seinen Vorschlag einer Konferenz der Sechs Mächte ein und verkündete, Frankreich und Italien hätten sofort angenommen; die deutsche Antwort sei noch nicht eingegangen. Es wurde die Frage der britischen Verpflichtung zur Sprache gebracht, Belgiens Neutralität zu bewahren, und das Kabinett kam überein, die Angelegenheit auf einer der nächsten Sitzungen ausführlich zu behandeln. Der Befehl des Ersten Seelords an die in Portland konzentrierte Flotte, ihre Einheiten zusammenzuhalten, wurde gebilligt.

Als am Dienstag, dem 28. Juli, die Nachricht eintraf, daß Österreich Serbien den Krieg erklärt habe, gab Haldane die Hoffnung auf. »Der deutsche Generalstab sitzt im Sattel«, sagte er. Am selben Nachmittag erklärte Grey vor dem Unterhaus: »Es muß jeder Person, die sich Gedanken über die Lage macht, offensichtlich sein, daß von dem Augenblick an, da der Streit aufhört, einer zwischen Österreich-Ungarn und Serbien zu sein, und einer wird, in den eine weitere Großmacht involviert ist, er nur in der größten Katastrophe enden kann, die den europäischen Kontinent je mit einem Schlag getroffen hat. Niemand kann sagen, wo die Grenzen der Streitfragen liegen werden, die durch solch einen Konflikt entstehen können; die unmittelbaren und mittelbaren Konsequenzen würden unberechenbar sein.« Asquith war pessimistisch. Am Abend hatten er und Margot die Churchills und Benckendorffs zu Gast. Nachdem seine Besucher gegangen waren, überquerte der Premierminister die Downing Street zum Außenministerium, wo er Grey und Haldane antraf. Die drei sprachen bis ein Uhr früh miteinander. Asquith' Meinung war, daß »nur noch ein Wunder den Krieg abwenden könnte«, aber es sei »noch immer kein britischer Krieg.«

Von Mittwoch, dem 29. Juli an trat das Kabinett täglich zusammen, manchmal zweimal am Tag. Nach der Mittwochssitzung wurde ein Telegramm an alle Marine-, Militär- und Kolonialstützpunkte gesandt, das die Empfänger warnend auf die Möglichkeit eines Kriegsausbruches hinwies. Grey wurde angewiesen, die Botschafter Deutschlands und Frankreichs zu informieren, daß »wir in diesem Stadium außerstande sind, uns im voraus zu verpflichten, entweder unter allen Umständen beiseitezustehen oder unter allen Umständen teilzunehmen.« Das Kabinett schloß mit dem Hinweis, daß eine Entscheidung im Hinblick auf eine Verletzung der belgischen Neutralität, sollte sie erfolgen, »eine Entscheidung der Politik und nicht eine der rechtlichen Verpflichtung« sein würde.

Obschon enttäuscht von der Ablehnung einer Sechsmächtekonferenz, hatte Grey die Hoffnung auf ein Zusammenwirken mit Deutschland dennoch nicht aufgegeben. Am Nachmittag des 29. rief er Lichnowsky zu sich und sagte, daß Großbritannien, wenn die Wilhelmstraße eine britische Führungsrolle in den Vermittlungsgesprächen nicht akzeptierte, eine deutsche Führung akzeptieren würde, die jede Vorgehensweise wählen könnte, die Berlin für zweckmäßig hielt. Grey wiederholte seine Überzeugung, daß Österreich einen legitimen Grund zur Klage gegen die Serben habe, und übernahm sogar die Anregung des deutschen Kaisers, Österreich möge Belgrad als Faustpfand besetzen, um die Erfüllung seiner Bedingungen sicherzustellen. Grey glaubte, daß ein österreichisch-serbischer Krieg unausweichlich zu einem österreichisch-russischen Krieg eskalieren müsse, aber selbst das, sagte er dem Botschafter, würde Großbritannien nicht betreffen. Solange der Konflikt auf Österreich und Rußland begrenzt bliebe, könne England abseits stehen, doch sobald Deutschland und Frankreich hineingezogen würden, wären lebenswichtige Interessen Englands bedroht. Jede Maßnahme, die Frankreichs Stellung als Großmacht bedrohte, müßte jede britische Regierung, liberal oder konservativ, in den Krieg bringen.

Lichnowsky übermittelte Greys Bemerkungen eilig nach Berlin. Das Telegramm des Botschafters wurde dem Kaiser vorgelegt. Wütend notierte er dazu:

> England dekouvriert sich im Moment wo es der Ansicht ist, dass wir im Lappjagen eingestellt sind und so zu sagen erledigt! Das gemeine Krämergesindel hat uns mit Diners und Reden zu täuschen versucht. Die gröbste Täuschung, die Worte des Königs für mich an Heinrich: »We shall remain neutral and try to keep out of this as long as possible«. Grey straft den König lügen, und diese Worte an Lichnowsky sind der Ausfluss des bösen Gewissens, dass er eben das Gefühl gehabt hat uns getäuscht zu haben. Zudem ist es tatsächlich eine Drohung mit Bluff verbunden, um uns von Österreich loszulösen und an der Mobilmachung zu hindern und die Schuld am Kriege zuzuschieben. Er weiss ganz genau, dass wenn er nur ein einziges, ernstes, scharfes abmahnendes Wort in Paris und Petersburg spricht und sie zur Neutralität ermahnt, beide sofort stille bleiben werden. Aber er hütet sich das Wort auszusprechen, sondern droht uns statt dessen! Gemeiner Hundsfott! England *allein* trägt die Verantwortung für Krieg und Frieden nicht wir mehr! Das muss auch öffentlich klargestellt werden.

Bethmann Hollweg reagierte anders auf Greys Warnung, daß Großbritannien Frankreichs Eliminierung als Großmacht nicht zulassen würde. An diesem Abend – es war noch immer der 29. Juli – berief der Kaiser einen Kronrat nach Potsdam ein. Der Reichskanzler erläuterte Greys Sorge um die Zukunft Frankreichs und drängte, daß etwas unternommen werden müsse, um britische Befürchtungen zu beruhigen und Großbritanniens Neutralität zu sichern. Sein Vorschlag wurde gutgeheißen. Bethmann Hollweg fuhr zurück nach Berlin und bestellte Goschen zu sich. Der britische Botschafter erschien um 1:30 Uhr; inzwischen war es Donnerstag, der 30. Juli. Er hörte dem Vortrag des Reichskanzlers gespannt zu und eilte zurück zu seiner Botschaft, um ein Telegramm nach London zu schicken. Ein Krieg, der Deutschland, Frankreich, Österreich und Rußland einbeziehe, sei jetzt beinahe unvermeidlich, hatte der Kanzler gesagt. »Er [Bethmann Hollweg] fuhr dann fort, sich mit Nachdruck für die Wahrung der britischen Neutralität einzusetzen. Er sagte, soweit er in der Lage sei, es zu beurteilen, sei das die britische Politik beherrschende Grundprinzip, daß Großbritannien niemals untätig zusehen könnte, wie Frankreich zerschmettert würde.« Dies sei nicht Deutschlands Absicht, versicherte Bethmann. Zum Beweis versprach er, daß ein siegreiches Deutschland – unter der Bedingung, daß Großbritannien neutral bliebe – keine territorialen Forderungen an ein besiegtes Frankreich richten würde. Goschen erkundigte sich, ob dies auch für Frankreichs Kolonien in Afrika und anderswo gelte. Diese Zusicherung zu geben, lehnte Bethmann Hollweg wiederum ab. Ein ähnliches Angebot machte der Reichskanzler im Hinblick auf deutsche Militäroperationen auf belgischem Gebiet: »Würde Belgien nicht Partei gegen Deutschland ergreifen, so könne ihm die Respektierung der vollen Integrität nach Kriegsende zugesichert werden.«

Bethmann Hollwegs Vorschlag überraschte Whitehall. Man sah darin nicht nur die offene Enthüllung deutscher Angriffsabsichten auf Frankreich und wahrscheinlich Belgien, sondern das Ansinnen, daß England seinen Ententepartner Frankreich aufgrund einer deutschen Zusicherung verraten solle. In seinen Memoiren schrieb Grey: »Das Dokument machte deutlich, daß Bethmann Hollweg jetzt Krieg für wahrscheinlich hielt... Der Vorschlag bedeutete immerwährende Schande, wenn wir ihn akzeptierten... Sah Bethmann Hollweg nicht, daß er ein Angebot machte, das uns entehren würde, wenn wir ihm zustimmten? Was für ein Mann war es, der das nicht sehen konnte? Oder hatte er eine so schlechte Meinung von uns, daß er dachte, wir würden das nicht sehen?«

Grey setzte sogleich eine Antwort an Goschen auf: »Seiner Majestät Regierung kann dem Vorschlag des Reichskanzlers nicht nähertreten: Es wäre eine Schande für uns, diesen Handel mit Deutschland auf Kosten Frankreichs zu machen – eine Schande, von der sich der gute Name dieses Landes niemals erholen würde.« Er ging mit dem Text hinüber zur Downing Street 10. Asquith stimmte ihm zu, daß sie nicht auf eine Billigung des ganzen Kabinetts zu warten brauchten, und das Telegramm wurde abgeschickt. Am selben Nachmittag wurden Goschens Telegramm, das den Vorschlag des deutschen Reichskanzlers enthielt, und Greys Antwort in der Kabinettssitzung verlesen. Greys Entscheidung wurde gebilligt.

Bethmann Hollweg hatte angedeutet, daß Deutschland, wenn ein Krieg ausbräche, Frankreich anzugreifen beabsichtige. Jagow bekräftigte dies später am selben Tag, als er dem britischen Botschafter erklärte, daß eine deutsche Mobilmachung, sollte es dazu kommen, gegen Frankreich ebenso wie gegen Rußland gerichtet wäre. Die französische Regierung war vorbereitet. Allerdings war Frankreichs Diplomatie seit der Übergabe des österreichisch-ungarischen Ultimatums durch die Abwesenheit des Präsidenten Poincaré und des Außenministers René Viviani behindert gewesen. Auf der Rückfahrt von St. Petersburg an Bord des Schlachtschiffes *France* hatten sie ihren Staatsbesuch in Dänemark abgesagt, trafen aber erst am Nachmittag des 29. Juli in der Hauptstadt ein. Zwar hatte Frankreich die britischen Bemühungen um Einschaltung einer Vermittlungsinstanz unterstützt, zugleich aber den russischen Verbündeten wiederholt seine Bereitschaft versichert, den Verpflichtungen des Bündnisvertrages nachzukommen. Geheime militärische Vorbereitungen waren im Gange; Offiziere und Mannschaften, die für die Ernte beurlaubt waren, wurden schon am 26. zu ihren Einheiten zurückgerufen; französische Bataillone in Marokko wurden am 27. in die Heimat zurückbeordert. Am 28. Juli unterrichtete der französische Generalstab den russischen Militärattaché in Paris von Frankreichs »voller und aktiver Bereitschaft, seinen Verantwortlichkeiten als Verbündeter getreulich nachzukommen.«

Frankreich, das sich der überwältigenden Drohung des deutschen Heeres gegenübersah, ersuchte Großbritannien dringend um eine Interventionsverpflichtung. Eine von Vivianis ersten Amtshandlungen nach seiner Rückkehr zum Quai d'Orsay war der Auftrag an Paul Cambon in London, Sir Edward Grey an die Briefe von 1912 »zu erinnern«, in denen man einander zugesichert hatte, daß beide Mächte »im Falle von Spannungen in Europa... gemeinsame Schritte unternehmen« würden. Am Abend des 30. Juli rief Präsident Poincaré den britischen Botschafter in Frankreich, Sir Francis Bertie, zu sich und drängte Großbritannien, klar Stellung zu nehmen. »Er [Poincaré] ist überzeugt, daß Deutschland sofort seine Haltung modifizieren würde, wenn Seiner Majestät Regierung erklärte, daß England im Falle eines Konflikts zwischen Deutschland und Frankreich diesem zu Hilfe kommen würde«, berichtete Bertie. »Er ist überzeugt, daß die Wahrung des Friedens... in den Händen Englands liegt.« Bertie sah sich genötigt, dem Präsidenten der Republik mitzuteilen, »wie schwierig es für Seiner Majestät Regierung sein würde, solch eine Erklärung abzugeben.«

Selbst nach der österreichischen Kriegserklärung an Serbien und der Beschießung Belgrads ahnten in Großbritannien wenige, daß ihr Land binnen sieben Tagen in einen Weltkrieg eintreten würde. Der Mann auf der Straße, die Mehrzahl der Minister und das Unterhaus sahen die Krise noch immer als eine entfernte Aufregung um »serbische Mörder«. Die Unterhausfraktion der Liberalen Partei meinte, daß es sich um einen Kampf zwischen den großen kontinentalen Bündnissen handle und – wie Churchill sich später erinnerte – daß eine »britische Teilnahme an einem kontinentalen Ringen... verbrecherischer Wahnsinn wäre«. Das Kabinett billigte den Plan, Großbritanniens Einfluß zur Erhaltung des Friedens zu nutzen, und unterstützte einmütig Greys Vorschlag, eine Sechsmächtekonferenz in London zu veranstalten. Gleichzeitig billigte das Kabinett die vorausschauenden Entscheidungen der Admiralität, die Flotte in Portland zusammenzuziehen und dann auslaufen zu lassen. Das Kabinett war sogar bereit, Greys unbestimmte Warnung an Deutschland zu autorisieren, daß es nicht auf britische Neutralität zählen könne. Aber die Ministerrunde war nicht bereit, Frankreich die von Poincaré und Cambon erbetene Garantie zu geben. Innerhalb des Kabinetts gab es eine starke und artikulierte Minderheit, die einer britischen Teilnahme an irgendeinem kontinentalen Krieg absolut ablehnend gegenüberstand. Als ein europäischer Krieg wahrscheinlicher wurde, verstärkte diese Gruppe ihre Bemühungen, Großbritannien aus dem Konflikt herauszuhalten: das britische Volk wolle Frieden; die Nation habe keine rechtlichen oder moralischen Verpflichtungen, die einen Kriegseintritt verlangten. Sollten der Premierminister und der Außenminister Kriegskurs steuern, drohten diese Nichtinterventionisten, zu denen auch Lloyd George zählte, mit dem Rücktritt. Grey waren die Hände gebunden. »Es war mir klar«, schrieb er, »daß vom Kabinett keine Autorität zu bekommen war, die von Frankreich immer dringender gewünschte Verpflichtung abzugeben, und daß es fatal wäre, das Kabinett zu dieser Verpflichtung zu drängen; das würde zum Rücktritt der einen oder der anderen Gruppe und damit zum Auseinanderbrechen des Kabinetts führen.«

Innerhalb des Kabinetts fiel die ganze Last der Krise auf Grey. Der zweiundfünfzigjährige Außenminister, seit neun Jahren Witwer, kinderlos, erblindete allmählich. Im Herbst 1913 war er gezwungen gewesen, das Tennisspiel aufzugeben, weil er Mühe hatte, den Ball zu sehen. Bis zum Mai 1914 hatte sein Zustand sich verschlechtert. Die Ärzte sagten ihm, daß er schließlich die Fähigkeit zu lesen einbüßen würde, und empfahlen ihm sechs Monate Ruhe. Grey, der stets mehr aus Pflichtgefühl denn aus Liebe zum Amt gearbeitet hatte, weigerte sich. Während der anstrengenden Tage im Juli und August, die den Höhepunkt seiner Karriere darstellten, gab es zunächst einmal, dann zweimal täglich Kabinettssitzungen, die jeweils zwei bis drei Stunden dauerten. Es war Greys

Aufgabe, ausländische Botschafter zu empfangen und über die letzten Entwicklungen der britischen Politik zu informieren. Als der Druck von seiten Frankreichs und Deutschlands zunahm, gaben sich Cambon und Lichnowsky bei ihm die Klinke in die Hand, und jeder plädierte dringend für sein Land. Nach diesen Gesprächen diktierte Grey jedesmal eine Zusammenfassung, die telegrafisch den britischen Botschaftern in aller Welt übermittelt wurde. Berichte und Anfragen britischer Botschafter in allen Hauptstädten Europas erreichten ständig das Außenministerium; Grey war genötigt, mit besonderer Aufmerksamkeit die Berichte von Buchanan in St. Petersburg, Bertie in Paris und Goschen in Berlin zu lesen und zu beantworten. Ganz gleich, wie müde er war, Grey konnte nicht ausruhen. Er war die Schlüsselfigur nicht nur in der Formulierung der britischen Außenpolitik innerhalb des Kabinetts, sondern auch in der Leitung der Diplomatie, die sie zu vertreten hatte.

Haldane tat sein Möglichstes, ihm zu helfen. Grey hatte zu dieser Zeit Churchills Haus am Eccleston Square 33 gemietet (der Erste Lord bewohnte ein von der Admiralität bereitgestelltes Haus), aber während der Krise zog er zeitweilig bei Haldane am Queen Anne's Gate ein. Telegramme und Depeschen für den Außenminister gingen zu allen Stunden des Tages und der Nacht ein. Um Grey ungestörten Schlaf zu ermöglichen, postierte Haldane einen Bediensteten auf einem Stuhl an der Haustür, der ihm die abgelieferten Depeschen ins Schlafzimmer brachte und ihn weckte. Dann öffnete Haldane die Umschläge, las den Inhalt und entschied, ob die Angelegenheit dringend genug sei, um Grey zu wecken.

Grey sympathisierte vollständig mit Frankreich und erkannte an, daß Frankreich legitime moralische, wenn auch nicht völkerrechtliche Ansprüche auf Englands Unterstützung hatte. Zwar gab es keinen Bündnisvertrag, aber während seiner neunjährigen Amtszeit im Außenministerium waren die Bande zwischen England und Frankreich immer enger geworden. Greys Einstellung war nicht bloß frankophil; er glaubte, »daß ein Abseitsstehen die Vorherrschaft Deutschlands, die Unterordnung Frankreichs und Rußlands und die Isolation Großbritanniens bedeuten würde. Schließlich würde Deutschland die ganze Macht auf dem Kontinent ausüben. Wie würde es diese im Hinblick auf England gebrauchen?« Die Berufsdiplomaten an der Spitze des Außenministeriums waren noch mehr davon überzeugt, daß England seinem Ententepartner zur Seite stehen müsse. Besonders Crowe verlangte dies nachdrücklich: »Das Argument, daß es keinen schriftlichen Bündnisvertrag gibt, der uns an Frankreich bindet, ist strenggenommen zutreffend«, schrieb er in einer eindringlichen Denkschrift für den Außenminister. »Es gibt keine vertragliche Verpflichtung. Aber die Entente ist in einer Weise geschlossen, gestärkt, auf die Probe gestellt und gefeiert worden, die den Glauben rechtfertigt, daß ein moralischer Bund geschmiedet wurde. Die gesamte Politik der Entente kann keinen Sinn haben, wenn sie nicht bedeutet, daß England in einem gerechten Streit seinem Freund beistehen würde. Diese ehrenhafte Erwartung ist ausgesprochen worden. Wir können sie nicht ableugnen, ohne unseren guten Namen ernster Kritik auszusetzen... Ich bin zuversichtlich, daß man sehen wird, wie sehr unsere Pflicht und unser Interesse gebieten, Frankreich in seiner Stunde der Not beizustehen. Frankreich hat den Streit nicht gesucht. Er ist ihm aufgezwungen worden.«

In der Woche vor dem britischen Kriegseintritt strukturierte Grey seine Gedanken um vier Überzeugungen: Erstens glaubte er, daß ein großer europäischer Krieg eine unvorstellbare menschliche und wirtschaftliche Katastrophe sein würde. Sobald die Nationen dies sähen, müßten sie vernünftigerweise vom Abgrund zurücktreten. Zweitens glaubte er, daß der Schlüssel bei Deutschland liege. »Deutschland war so ungeheuer stark, und Österreich-Ungarn so abhängig von der deutschen Stärke, daß Deutschland die entscheidende Stimme zukommen würde... Darum müßten wir uns an Deutschland wenden.« Drittens, wenn es trotz allem zum Krieg käme, verlangten die langfristigen Interessen Großbritanniens, daß es für Frankreich Partei ergriff. Wenn eine Mehrheit im Kabinett, im Parlament und im Land nicht überzeugt werden konnte, seine Ansicht zu übernehmen, dann war er zum Rücktritt bereit. Viertens durfte er, solange Kabinett, Parlament und Land sich noch nicht ausreichend mit diesen Tatsachen und ihren Implikationen vertraut gemacht hatten, keine Versprechungen im Namen Englands abgeben, die von der Nation vielleicht nicht getragen würden. Es war besser, durch Verweigerung einer Verpflichtung jetzt zu enttäuschen, als durch ein gebrochenes Versprechen später zu verraten.

Dieses Ringen spitzte sich am Freitag, dem 31. Juli zu. Frankreich hatte das deutsche Ultimatum erhalten, daß es die Festungen Toul und Verdun als Sicherheit für seine Neutralität im bevorstehenden deutsch-russischen Krieg übergebe. Statt zu antworten, ordnete die französische Regierung die Mobilmachung an.* Für Frankreich war es zwingend notwendig zu wissen, wo Großbritannien stand. Paul Cambon suchte abermals Sir Edward Grey auf. Er mußte versuchen, der britischen Regierung eine möglichst weitgehende Verpflichtung abzuringen. Die Widerstände im britischen Kabinett waren ihm bekannt, und

* Nach dem Krieg würdigte Churchill den französischen Mut: »Es bestand nie eine Chance, daß Frankreich erlaubt worden wäre, seiner Heimsuchung zu entgehen. Selbst Feigheit und Schmach hätten es nicht gerettet. Die Deutschen hatten beschlossen, daß sie, wenn aus irgendeinem Anlaß Krieg ausbräche, sofort in einer ersten Operation Frankreich angreifen und zerbrechen würden. Die deutschen und militärischen Führer brannten darauf, das Signal zu geben, und waren des Ergebnisses sicher. Frankreich hätte vergebens um Gnade gebettelt. Es bettelte nicht.«

er wußte, daß Grey noch immer nicht gewagt hatte, das Parlament von der Existenz des »inoffiziellen« Notenwechsels vom November 1912 zu unterrichten, obwohl die damals ausgetauschten Briefe die begrenzte Natur der britisch-französischen Entente klar zum Ausdruck brachten. Aber Cambon hatte zwei starke Trumpfkarten. Eine war Greys eigene Überzeugung, daß Großbritannien Frankreich Loyalität schulde. Freilich durfte Cambon Grey nicht zuviel abverlangen; wenn der Außenminsiter dem Kabinett zuviel abforderte, eine Abfuhr erlitt und daraufhin gezwungen war, seinen Rücktritt zu erklären, wären Cambon und Frankreich verloren. Grey war auf Frankreich zugegangen, so weit er konnte. Cambons andere Trumpfkarte war die 1912 erfolgte Verlegung der französischen Flotte in den Mittelmeerraum, begleitet von dem ungeschriebenen Einverständnis, daß die britische Flotte den Schutz der französischen Nordküste übernehmen würde. Die 1912 ausgetauschten Noten stellten ausdrücklich fest, daß diese Verlegung von Flottenverbänden nicht von einer Garantie der Zusammenarbeit in Kriegszeiten begleitet sei, aber Grey und Churchill wußten beide, daß es dies war, was Frankreich erwartete.

Grey war sich seiner Lage klar bewußt; das Kabinett mochte die Briefe als nicht bindend betrachten und jede Verantwortung daraus ablehnen, aber für diesen Fall war er zum Rücktritt entschlossen. Einstweilen konnte er den bedrängten französischen Botschafter nur hinhalten. Es war ein schmerzlicher Moment: »Die Existenz seines Landes als eine große Nation stand auf dem Spiel, und es war für Frankreich lebenswichtig zu wissen, was Großbritannien tun würde«, sagte Grey. Aber der Außenminister wagte seinem Partner keine Hoffnungen zu machen, die sich als ungerechtfertigt erweisen mochten. Er konnte es nicht riskieren, »einen Zoll über das hinauszugehen, was das Kabinett autorisiert hatte«. »Das Kabinett . . . sei der Auffassung, daß die britische Regierung uns im Augenblick ihre Intervention nicht garantieren könne«, berichtete Cambon über sein Gespräch mit Grey. »Die öffentliche Meinung Englands und die gegenwärtige Stimmung im Parlament erlaubten es der Regierung nicht, schon jetzt eine förmliche Bindung einzugehen.« Cambon gestattete sich die Frage, »ob die britische Regierung mit ihrer Intervention abwarten wolle, bis französisches Territorium besetzt sei und bemerkte, daß die Intervention dann zu spät käme«. Er erinnerte den Außenminister an etwas, was Grey bereits wußte: daß ein isoliertes Großbritannien, das sich einem siegreichen Deutschland gegenübersähe, »in einem Zustand der Abhängigkeit sein würde«. Grey konnte nur wiederholen, daß das Kabinett keine Verpflichtung eingehen könne, ohne die Zustimmung des Parlaments einzuholen. In dieser Hinsicht, fügte er bedeutungsvoll hinzu, »könne die Frage der belgischen Neutralität zu einem wichtigen Faktor werden, und das Parlament werde das Kabinett wahrscheinlich zu diesem Punkt zuerst interpellieren.«

Der entscheidende Punkt für die Kabinettsmitglieder, die eine Verstrickung in den Krieg vermeiden wollten, war das Nichtvorhandensein irgendeiner vertraglichen Verpflichtung der britischen Regierung, Frankreich Hilfe zu leisten, obwohl nicht bestritten wurde, daß Großbritannien eine moralische Verpflichtung und ein strategisches Interesse hatte. Belgien war eine andere Sache. Seit dem 16. Jahrhundert hatte England stets zu verhindern gesucht, daß die Kanalküste in die Hände einer Großmacht gelangte. Um dieser Bedrohung entgegenzutreten, hatte England gegen Philipp II. von Spanien, Ludwig XIV. und Napoleon gekämpft. Der Staat Belgien war erst aus den Ruinen des bonapartistischen Reiches erstanden, und 1839 war seine immerwährende Neutralität von Frankreich, Großbritannien, Preußen und Österreich-Ungarn garantiert worden. Als 1870 zwischen Frankreich und Preußen Krieg ausbrach, vergewisserte sich Gladstone, daß Bismarck die britische Garantieerklärung für Belgiens Neutralität verstand. Der preußische Kanzler machte eine entsprechende Zusicherung, und die deutschen Armeen unter dem älteren Moltke drangen in Frankreich ein, ohne belgisches Territorium zu verletzen. Die Formulierung des Vertrages von 1839 war in einem Punkt ungewöhnlich: sie gab den Signatarmächten das Recht, erlegte ihnen aber nicht die Pflicht auf, im Falle einer Vertragsverletzung zu intervenieren. Als 1914 die Möglichkeit einer deutschen Verletzung drohte, klammerten sich die Nichtinterventionisten im Kabinett an diesen Punkt. Großbritannien, so sagten sie, sei nicht verpflichtet, Belgien zu verteidigen, schon gar nicht, wenn Belgien selbst nicht zu kämpfen wünschte. Wenn die belgische Armee sich darauf beschränke, die Durchmarschstraßen zu säumen, während das deutsche Heer sie passierte, brauchten keine britischen Truppen entsandt zu werden. Niemand wußte, wie Belgien sich verhalten würde. Selbst Churchill, dem stärker als anderen die Gefahr bewußt war, die von einem Belgien in deutscher Hand ausging, glaubte, daß Belgien im Falle eines deutschen Ultimatums förmlich protestieren und sich dann unterwerfen würde.

Während dieser Krisenwoche kam der Parteiführer der Konservativen, Andrew Bonar Law, jeden Tag in Greys Zimmer im Parlament, um sich über den neuesten Stand der Dinge unterrichten zu lassen. Bonar Law sagte, daß die Meinung innerhalb seiner Partei noch uneinheitlich sei. Er bezweifelte, daß die Konservativen mehrheitlich für Krieg stimmen würden, es sei denn, die Deutschen marschierten in Belgien ein; in diesem Falle, meinte er, würden Fraktion und Partei einhellig für den Kriegseintritt stimmen.

In der Liberalen Partei herrschte Antikriegsstimmung: »Ungefähr zur gleichen Zeit sprach mich im Foyer ein sehr aktiver liberaler Abgeordneter an«, schrieb Grey, »und erklärte mir, ich müsse verstehen, daß dieses Land unter keinen Umständen an dem Krieg teilnehmen sollte. Er sprach diktatorisch, in der Art eines Vorgesetzten, der einen Untergebenen anspricht, dem der Kopf zurechtgesetzt werden muß... Ich antwortete ziemlich grob..., daß ich hoffte, wir würden nicht in einen Krieg verwickelt, daß es aber Unsinn sei zu sagen, es seien keine Umstände vorstellbar, unter denen wir in den Krieg eintreten sollten. ›Unter keinen Umständen‹, entgegnete der Abgeordnete. ›Angenommen, Deutschland verletzt die Neutralität Belgiens?‹ [fragte Grey]. Er hielt einen Augenblick inne, wie jemand, der sich im vollen Lauf plötzlich vor einem unerwarteten Hindernis sieht. Dann sagte er mit Nachdruck: ›Das wird es nicht tun.‹ ›Ich sage nicht, daß Deutschland es tun wird, aber angenommen, es tut es‹, [sagte Grey]. ›Deutschland wird es nicht tun‹, wiederholte er zuversichtlich, und damit ließ er mich stehen.«

Am Abend des 31. Juli, nachdem Deutschland sein auf zwölf Stunden befristetes Ultimatum abgegeben hatte, in welchem Rußland aufgefordert wurde, seine Mobilmachung zurückzunehmen, unternahm Grey einen Versuch, Belgien aus dem Krieg herauszuhalten. In ähnlichen Depeschen, die er an die Regierungen Deutschlands und Frankreichs richtete, bat er beide um die Zusicherung, daß die belgische Neutralität respektiert werden würde. Frankreich gab sie sofort. Die deutsche Antwort war ausweichend. Jagow sagte zu Goschen, daß er den Kaiser und den Reichskanzler würde konsultieren müssen, bevor er antworten könne, und »daß er einigermaßen bezweifle, ob die deutsche Regierung überhaupt eine Antwort erteilen könne, da eigentlich jeder Bescheid von ihrer Seite die für den Kriegsfall unerwünschte Wirkung haben müsse, bis zu einem gewissen Grade Teil ihres Feldzugplanes zu enthüllen.«

Greys offizielle diplomatische Ansprechpartner in Berlin waren Bethmann Hollweg als Reichskanzler und der Staatssekretär im Auswärtigen Amt, Jagow. Obwohl er enttäuscht war, als sie seinen Konferenzvorschlag ablehnten, weigerte er sich, Schuldzuweisungen auszusprechen. Bethmann Hollweg blieb Reichskanzler und »die Frage von Krieg und Frieden schien mehr von ihm als von irgendjemandem sonst abzuhängen«, wie Grey sagte. Aber als die Tage verstrichen und kein positives Signal aus Berlin kam, gewann Grey den Eindruck, daß »andere Kräfte als Bethmann Hollweg in Deutschland den Ausschlag gaben. Er war nicht Herr der Lage.« Greys Befürchtung, daß Bethmann Hollweg die Kontrolle verliere, war begründeter, als der Außenminister wissen konnte. Der deutsche Generalstab hatte das Kommando übernommen; nichts, was der Reichskanzler tun konnte, nicht einmal das Argument, daß die Verletzung der belgischen Neutralität England mit Sicherheit in den Krieg hineinziehen würde, machte einen Unterschied. In den Augen der Generäle ging es nur noch um Sieg oder Niederlage. Allein das Festhalten am sorgfältig ausgearbeiteten, enorm detaillierten Schlieffen-Plan garantierte den Sieg. Kernelement des Schlieffen-Planes war der Angriff auf Frankreich durch Belgien.

Die ineinandergreifenden Zahnräder der europäischen Bündnissysteme verliehen den Ereignissen eine grimmige Unausweichlichkeit. Deutschland war durch die Bedingungen seines Bündnisvertrages mit Österreich-Ungarn verpflichtet, seinem Verbündeten in einem Krieg mit Rußland beizustehen. Frankreich war durch die Bedingungen seines Bündnisses mit Rußland verpflichtet, in jeden Konflikt einzugreifen, der Rußland und Deutschland gegeneinander stellte. Unter Berücksichtigung des Prinzips der Konzentration der Kräfte hatte Alfred Graf von Schlieffen, von 1891 bis 1906 Chef des deutschen Generalstabes, bei einem Zweifrontenkrieg gegen Rußland und Frankreich die schnelle Ausschaltung eines Gegners verfügt: »Ganz Deutschland muß sich auf einen Gegner werfen, auf denjenigen, der der stärkste, mächtigste und gefährlichste ist, und das kann nur Frankreich-England sein.« Die russische Armee, wenngleich größer, war schwerfällig und schlecht ausgerüstet; Rußland konnte zudem einen Sieg des Angreifers durch Rückzug in die Weiten seines Hinterlandes verhindern, wie Kutusow es im Krieg gegen Napoleon vorgeführt hatte. Frankreich, der erste Gegner, mußte durch die Schnelligkeit und Wucht des deutschen Angriffes überwältigt werden. Bevor er 1906 in den Ruhestand gegangen war, hatte Schlieffen sieben Achtel des deutschen Heeres für diesen Angriff im Westen vorgesehen, während einem Achtel die Aufgabe zufiel, die Russen im Osten abzuwehren, bis der Westfeldzug abgeschlossen wäre. Für diesen sah er eine Dauer von sechs Wochen vor.

Die französische Armee war dem deutschen Heer an Zahl unterlegen, nicht aber in Ausrüstung, Patriotismus und Mut. Verschanzt hinter ihren starken Befestigungssystemen entlang der Grenze, die Flanken gesichert durch die neutralen Territorien Belgiens im Norden und der Schweiz im Süden, war die französische Armeeführung zuversichtlich, einen deutschen Angriff aufhalten zu können, bis die »russische Dampfwalze« die deutsche Front im Osten überrollte. Schlieffen hatte das gesehen und war zu einer unausweichlichen Schlußfolgerung gekommen: um im Westen eine rasche Entscheidung zu erzwingen, konnte er auf Belgiens Neutralität keine Rücksicht nehmen. Indem das deutsche Heer mit einem starken rechten Flügel durch Belgien gegen Nordfrankreich schwenkte, konnte er einen Frontalangriff auf die französischen Befestigungen vermeiden, die linke Flanke der Franzosen umgehen, auf Paris vorstoßen und die französische Armee vernichten. Dementsprechend wies er dem massiven rechten Flügel des deutschen Westheeres 16 Armeekorps (700 000 Mann in 34 Divisionen) zu. Diese Streitmacht sollte durch Belgien vorstoßen. Schlieffen hoffte, daß die belgische Armee mit sechs Divisionen keinen Widerstand leisten und insbesondere nicht die Eisenbahnen und Brücken zerstören würde, die er benötigte, um seinen engen Zeitplan einzuhalten. Wenn Belgien Widerstand leistete, würde es vernichtet werden. Der Schlieffen-Plan wurde vom Kaiser und den zivilen Entscheidungsträgern des Reiches niemals ernsthaft in Frage gestellt. Er wurde von seinem Nachfolger Helmuth von Moltke, dem Neffen des Siegers von 1870/71, übernommen und verfeinert.

Der englische »Mann auf der Straße«, das Parlament oder auch das Kabinett hatten keine Ahnung vom Schlieffen-Plan. Die Neutralität Belgiens war eine Selbstverständlichkeit, über die man nicht nachdachte. Die britische Regierung aber konnte der Unterstützung des Parlaments und der Öffentlichkeit sicher sein, wenn sie einen Bruch des Vertrages von 1839 und die Verletzung der belgischen Neutralität zum Anlaß nahm, in einen europäischen Krieg einzutreten. Die deutsche militärische Führung wußte dies und nahm es in Kauf. Da sie mit einem kurzen, siegreichen Feldzug rechnete, hatte sie die Wahrscheinlichkeit eines britischen Kriegseintritts in Betracht gezogen und ihm für den Verlauf des Feldzuges keine größere Bedeutung beigemessen. Die Größe der britischen Expeditionsstreitmacht – vier bis sechs Divisionen – war wohlbekannt; sollten die Engländer diese Truppen tatsächlich einsetzen, würden sie zusammen mit den Franzosen und Belgiern geschlagen. »Je mehr Engländer, desto besser«, sagte Moltke zu Tirpitz, womit er meinte, daß er sich keine Sorgen würde machen müssen, wo das englische Expeditionskorps auftauchen könnte, wenn es schon in Belgien erledigt wäre.* Bethmann Hollweg kapitulierte in der Frage der Invasion Belgiens vor dem Generalstab. »Zum Glücken der Westoffensive... gehörte nach militärischem Urteil zwingend der Durchmarsch durch Belgien«, schrieb er nach dem Krieg. »Das Unrecht gegen Belgien lag auf der Hand, und die allgemein-politischen Folgen des Unrechts [d. h. Englands Reaktion] waren zu greifen. Der Chef des Generalstabes, General von Moltke, verschloß sich diesen Gedanken keineswegs, erklärte aber den militärischen Zwang für absolut. Ich habe meine Ansicht der seinigen anpassen müssen.... Es [wäre] eine untragbare Verantwortung gewesen... von ziviler Stellung aus einen nach allen Richtungen durchdachten und als zwingend bezeichneten militärischen Plan durchkreuzen zu wollen.«

Moltke hielt sich immer noch zur Kur in Karlsbad auf, während Österreich-Ungarn sein Ultimatum an Serbien vorbereitete und übergab. Der Generalstabschef wurde in Berlin nicht benötigt, weil jeder Soldat, jede Feldküche und jeder Eisenbahnwaggon eingeteilt war; einstweilen trug seine Abwesenheit zu dem Bild äußerlicher Ruhe bei, das von der Wilhelmstraße bewußt geschaffen wurde. Nach seiner Rückkehr begann Moltke Denkschriften an die Reichskanzlei und das Auswärtige Amt zu senden. Am 26. Juli ließ er Jagow den Entwurf eines deutschen Begehrens zugehen, das freies Durchmarschrecht für deutsche Truppen durch belgisches Gebiet forderte. Das Begehren wurde damit begründet, daß »zuverlässige Nachrichten« über die »Absicht Frankreichs« vorlägen, »durch belgisches Gebiet gegen Deutschland vorzugehen«. Wenn Belgien kei-

* So sicher war der deutsche Generalstab sich der geringen Bedeutung der britischen Expeditionsstreitmacht, daß Moltke Admiral Tirpitz riet, keine Schiffe bei Versuchen zu riskieren, den Transport der Streitkräfte zum Kontinent zu verhindern.

nen Widerstand leiste, sei ihm die völlige Wiederherstellung der Unabhängigkeit nach dem Krieg und eine mögliche territoriale Vergrößerung auf Kosten Frankreichs anzubieten. Wenn Belgien Widerstand leiste, werde er als Feind behandelt. Jagow versah die Note mit beschönigenden Wendungen (»... trotz besten Willens«, »... zu seinem Bedauern«) und schickte sie am 29. Juli dem deutschen Botschafter in Brüssel mit der Weisung, sie bis zu weiterer Verständigung in seinem Bürosafe zu verwahren.

Am Sonntag, dem 2. August, wurde die Note der belgischen Regierung übergeben, die das geforderte Durchmarschrecht ablehnte. Am selben Tag schickte Moltke dem Auswärtigen Amt »einige Gesichtspunkte militärpolitischer Art« zu. Darin enthüllte Moltke, daß er bereits einen Bündnisvertrag mit der Schweiz entworfen und dem Chef des Schweizer Generalstabes eine Kopie des Vertragsentwurfes gesandt habe; das Auswärtige Amt, sagte er, brauche die Dokumente nur zu ratifizieren. Ferner schlug Moltke vor, antibritische Aufstände in Indien, Ägypten und Südafrika anzustiften; er drang darauf, daß Schweden überredet werde, Rußland in Finnland anzugreifen; er regte an, daß Japan ermutigt werde, Rußland im Fernen Osten zu attackieren. Am 3. August wurde Moltkes Ton gegenüber Jagow gebieterisch: »Es muß am Dienstag, den 4. August, 6 Uhr morgens, der belgischen Regierung mitgeteilt werden, daß wir zu unserem Bedauern... gezwungen sein werden, die von uns als unumgänglich notwendig dargelegten Sicherheitsmaßregeln gegen französische Bedrohung, wenn es sein muß mit Waffengewalt, zur Ausführung zu bringen. Die Mitteilung ist nötig, da unsere Truppen bereits morgen früh belgischen Boden betreten werden.«

Am 4. August forderte Moltke den Staatssekretär auf, Großbritannien mitzuteilen, »daß Deutschlands Vorgehen gegen Belgien durch die... operativen Absichten Frankreichs bedingt ist..., es handelt sich in diesem Kriege für Deutschland nicht nur um seine ganze staatliche Existenz und um den Weiterbestand des unter schwersten blutigen Opfern geschaffenen Deutschen Reiches, sondern auch um die Wahrung und Erhaltung germanischer Kultur und Sitte der slawischen Unkultur gegenüber. Deutschland kann nicht glauben, daß England gewillt sein sollte, diese Kultur durch ein feindliches Auftreten gegen Deutschland mit vernichten zu helfen, eine Kultur, an der englisches Geistesleben von jeher einen so hervorragenden Anteil gehabt hat. Die Entscheidung hierüber liegt in den Händen Englands.« Um sicherzugehen, daß jeder in London seine Botschaft las, instruierte Moltke den Staatssekretär, diese »unchiffriert« zu senden.

Am Sonntagmorgen, dem 1. August, als Asquith mit dem Kabinett zusammentrat, war die russische Generalmobilmachung bereits in vollem Gang; Deutschland und Frankreich standen kurz davor, dem russischen Beispiel zu folgen. Das

Kabinett war in der Frage der britischen Intervention tief gespalten: einige Minister waren grundsätzlich dagegen, die meisten waren nur unter der Voraussetzung, daß die belgische Neutralität bedroht würde, bereit, solch einen Schritt zu erwägen. Grey, hin und hergerissen zwischen seinen Sympathien für Frankreich und seiner Loyalität zum Prinzip der Kabinettsverantwortung, wünschte seine Ministerkollegen so weit wie möglich in Richtung Frankreich zu bewegen, ohne Rücktritte zu provozieren. Asquith unterstützte Grey insgeheim und war entschlossen, seinen Rücktritt einzureichen, wenn der Außenminister ginge, aber in der Öffentlichkeit legte er sich nicht fest, wartete ab und versuchte seine Regierung zusammenzuhalten. »Winston war sehr kriegerisch und verlangte sofortige Mobilmachung, nahm mindestens die Hälfte der Zeit in Anspruch«, schrieb er nach der Sitzung an Venetia. »Rücktritte wurden angedroht. Morley erklärte: ›Wir sollten jetzt und sofort erklären, daß wir unter keinen Umständen in den Krieg eintreten werden.‹ Die Hauptkontroverse dreht sich um Belgien und seine Neutralität. Wir trennten uns in einer leidlich freundschaftlichen Stimmung und werden morgen, Sonntag, wieder um elf zusammensitzen... Wenn wir in den Krieg ziehen, wird es im Kabinett eine Spaltung geben. Wenn Grey geht, würde ich auch gehen, und dann würde alles auseinanderbrechen.«

Bei seinen Manövern innerhalb des Kabinetts verfolgte Grey zwei Ziele: maximale Unterstützung für Frankreich und eine bedingungslose Garantie der belgischen Neutralität. Am Samstagvormittag verhinderte die Stärke der Antikriegsgruppe beides. Am Samstagnachmittag erinnerte Cambon Grey durch Nicholson, »daß Frankreich auf unseren Wunsch seine Flotte ins Mittelmeer verlegt habe, und zwar auf Grund einer Verständigung, daß wir die Verteidigung seiner Nord- und Westküste übernehmen würden.« Nun lägen Frankreichs Kanal- und Atlantikküsten ohne den Schutz der Royal Navy nackt vor der deutschen Hochseeflotte. Grey versprach, daß er das Problem am Sonntagvormittag dem Kabinett vortragen werde.

Die belgische Neutralität war der einzige Punkt, der im Kabinett eine Mehrheit fand, aber Deutschland hatte Belgien noch nicht bedroht. Überdies hatte Großbritannien keine Gewißheit, daß die Belgier einer deutschen Invasion Widerstand leisten würden. Großbritannien konnte Belgien nicht zum Kampf zwingen; ebensowenig konnte Großbritannien in den Krieg ziehen, um ein passives Belgien zu verteidigen. Und die Friedensfraktion im britischen Kabinett nahm den Standpunkt ein, daß ein »einfacher Durchmarsch« deutscher Truppen durch belgisches Territorium kein Grund für eine britische Intervention sein könne.

Während der Kabinettssitzung am Samstagvormittag erwachten die Bankiers und Geschäftsleute der Londoner City aus ihrer Ruhe und gerieten angesichts des nahenden Krieges in Panik. Der Gouverneur der Bank von England rief

Lloyd George an und ließ ihn wissen, daß die City entschieden gegen eine britische Intervention sei. Lloyd George benutzte diese Episode später, um die Anschuldigung zurückzuweisen, daß »dies ein Krieg ist, der von den Finanziers zu ihren eigenen Zwecken organisiert und diktiert wurde«. »Ich sah das große Geld vor dem Krieg«, schrieb der Schatzkanzler. »Ich lebte tagelang mit ihm und studierte seine Nerven, denn ich wußte, wieviel davon abhing, seine Zuversicht wiederherzustellen; und ich sage, das große Geld war ein furchtsames und zitterndes Etwas: die Aussicht auf den Krieg versetzte es in Angst und Schrecken. Es ist eine törichte und unwissende Verleumdung, diesen Krieg einen Krieg der Finanzleute zu nennen.« Asquith erhielt die gleiche Botschaft, nicht nur von Bankiers und Großanlegern, sondern auch von Baumwollverarbeitern, Stahlindustriellen und Bergwerksbesitzern aus dem Norden Englands. Alle waren »entsetzt über die bloße Idee, daß wir uns in einen europäischen Konflikt stürzen könnten, der zum Zusammenbruch des ganzen Kreditsystems führen würde, in dessen Mittelpunkt London stand, und der Handel und Industrie vernichten würde...« Der Premierminister ging mit diesen Kritikern hart ins Gericht. Die Männer der City, sagte er, »sind die größten Hosenscheißer, mit denen ich je zu tun hatte. Ich fand sie alle in einer Heidenangst, wie alte Frauen, die in einer Kleinstadt beim Tee sitzen und sich Schauergeschichten erzählen.«

Asquith hatte die Entwicklung des Konflikts genausowenig vorausgesehen wie seine Landsleute. Als die Krise begann, sah er keinen Grund, warum Großbritannien mehr sein sollte als ein Zuschauer. Als ein Besucher am 26. Juli Belgien erwähnte, erklärte Asquith: »Wir haben keine Verpflichtung.« Als die Krise das Kabinett spaltete, wurde deutlich, daß Asquith, wie er sich auch verhielt, Verluste erleiden würde. Wenn er Grey unterstützte, würden Morley, Burns und andere gehen; unterstützte er die Friedensgruppe, würde Grey zurücktreten. Der Schlüssel lag bei einer mittleren Gruppe, die an der Tatsache festhielt, daß Großbritannien keine vertraglichen Verpflichtungen gegenüber Frankreich hatte und daß moralische Verpflichtungen keine Intervention in einem Krieg rechtfertigten, der ein Ringen zwischen den beiden kontinentalen Bündnissystemen war. Diese Männer spiegelten die Ansichten der großen Mehrheit der Liberalen im Unterhaus, der liberalen Presse und der Wähler der Liberalen im Land wider. Asquith bat seine Kollegen, Kompromisse zu schließen; er bat die Minister um Ruhe und Geduld. Bei alledem verzichtete er nicht auf die Annehmlichkeiten seines Privatlebens. Er besuchte Abendgesellschaften, spielte Bridge und Golf und unternahm Wochenendausflüge mit dem Automobil. Daneben beschäftigte ihn noch immer die Irlandfrage: Am 30. Juli, nachdem die Flotte Portland verlassen hatte und nach Scapa Flow gedampft war und Grey das deutsche Ersuchen um britische Neutralität zurückgewiesen hatte, saß Asquith nach der Sitzung im Kabinettsraum, hatte eine große Landkarte von Nordirland vor sich ausgebreitet und versuchte aus den Statistiken über Bevölkerung und Religionszugehörigkeit schlau zu werden. Mehrmals am Tag schrieb er Venetia Stanley, beklagte sich, daß die Ereignisse sich gegen ihr Beisammensein verschworen hätten, und vertraute ihr jede Wendung im Kabinettsstreit an. Ihr berichtete er auch, wie er am Freitag, dem 31. Juli, nach Mitternacht den König aus dem Bett geholt hatte: Spät an diesem Abend erfuhr Asquith, daß der Kaiser sich beklage, seine Friedensbemühungen würden vom Mobilmachungsdekret des Zaren zuschanden gemacht. Asquith setzte für König George einen persönlichen Appell an Nikolaus II. auf und nahm um 0:45 Uhr ein Taxi zum Buckingham-Palast, um die Zustimmung des Souveräns einzuholen. Der König wurde geweckt, zog einen braunen Morgenmantel über sein Nachthemd und kam in den Audienzraum, um den Premierminister zu sprechen und den vorgeschlagenen Appell zu lesen und zu unterzeichnen. Seine einzige Änderung war, daß die Botschaft mit »Mein lieber Nicky« beginnen und mit »Georgie« enden sollte.*

Am Ende ließ Asquith den Ereignissen auf dem Kontinent ihren Lauf, bis sie die britische Regierung durch ihre Zuspitzung zur Entscheidung zwangen. Seine Leistung bestand darin, daß Regierung, Partei und Öffentlichkeit geeint hinter ihm standen, als die Entscheidung getroffen wurde.

Am Samstagabend, dem 1. August, saß Churchill in seinem Arbeitszimmer in der Admiralität. Noch schien der Frieden eine Chance zu haben. Zwischen den Großmächten war nicht ein Schuß abgefeuert worden, persönliche Telegramme gingen zwischen dem Kaiser und dem Zaren hin und her. Dann kam die Nachricht der deutschen Mobilmachung und Kriegserklärung an Rußland:

»Ich ging über den Paradeplatz der Horse Guards und betrat das Haus Downing Street 10 von der Gartenseite. Der Premierminister war in seinem Salon im Obergeschoß; bei ihm waren Sir Edward Grey und Lord Haldane ... Ich sagte, daß ich die Absicht hätte, augenblicklich die Flotte zu mobilisieren ... und daß ich am nächsten Morgen vor dem Kabinett die volle persönliche Verantwortung dafür übernehmen würde. Der Premierminister, der sich gegenüber dem Kabinett gebunden fühlte, sagte nicht ein einziges Wort, aber sein Gesichtsausdruck machte deutlich, daß es ihm ganz recht war. Als ich mit Sir Edward Grey die Stufen hinunterging, sagte er zu mir: ›Sie sollten wissen, daß ich ... Cambon gerade gesagt habe, daß wir der deutschen Flotte die Einfahrt in den Ärmelkanal nicht erlauben werden.«

* Der Zar antwortete auf König Georges Telegramm: »Gern hätte ich Deinen gütigen Vorschlag angenommen, hätte nicht der deutsche Botschafter meiner Regierung heute nachmittag eine Note mit der Kriegserklärung übergeben.«

Mit dieser Verpflichtungserklärung handelte Grey wiederum auf eigene Faust. Am Sonntagmorgen gelang es ihm aber, das Kabinett auf seine Linie zu bringen, indem er argumentierte, daß »wir den Anblick der deutschen Flotte nicht ertragen könnten, wenn sie durch den Kanal fährt und in Sichtweite unserer Ufer die französische Küste beschießt«. Die Mehrheit stimmte ihm zu, und Grey wurde autorisiert, dem französischen Botschafter offiziell mitzuteilen, was er ihm bereits am Vorabend gesagt hatte: daß man die Hochseeflotte in Schach halten würde. Das war zuviel für John Burns, der prompt seinen Rücktritt erklärte.

Asquiths Tag hatte mit einem Besuch Lichnowskys begonnen. »Er war sehr aufgeregt«, vermerkte Asquith, »und bat mich, nicht für Frankreich Partei zu ergreifen. Er sagte, daß Deutschland, dessen Armee zwischen Frankreich und Rußland aufgeteilt sei, wahrscheinlich viel eher überwältigt würde als Frankreich. Der arme Mann war sehr beunruhigt und weinte. Ich sagte ihm, daß wir kein Verlangen hätten, zu intervenieren, und daß es weitgehend bei Deutschland liege, eine Intervention unmöglich zu machen, indem es 1) nicht in Belgien einmarschierte und 2) nicht seine Flotte in den Kanal entsandte, um die ungeschützte Nordküste Frankreichs anzugreifen. Er war verbittert über die Politik seiner Regierung, die Österreich nicht zurückgehalten habe, und wirkte ganz gebrochen.«

Am Sonntag, dem 2. August, gab es zwei Kabinettssitzungen, von 11 Uhr bis 14 Uhr und wieder von 18:30 Uhr bis 20:30 Uhr. In der zweiten Sitzung kam die Mehrheit der Minister überein, daß Großbritannien in den Krieg eintreten würde, wenn Belgiens Neutralität gegen seinen Widerstand verletzt würde. Es war für sie unvorstellbar, daß Belgien tapfer gegen den Invasoren kämpfen und zugleich vergeblich an Großbritannien appellieren könnte. Am Sonntagabend speisten Grey und Haldane zusammen in dessen Haus am Queen Anne's Gate. Es war offensichtlich, schrieb Haldane später, »daß das Land nicht in der Lage sein würde, sich aus dem Krieg herauszuhalten. Wir waren aus verschiedenen Gründen zur selben Schlußfolgerung gelangt. Er meinte, daß wir es Frankreich schuldig wären und daß unser nationales Interesse mit der Erhaltung Frankreichs als Großmacht verbunden sei. Ich urteilte nach meiner Kenntnis des deutschen Generalstabes, daß es, wenn die deutsche Kriegspartei erst einmal im Sattel säße und das Schwert gezogen hätte, ein Krieg nicht bloß zur Niederringung Frankreichs und Rußlands sein würde, sondern ein Krieg um die Weltherrschaft. Ich war überzeugt, daß wir später an die Reihe kommen und in die größte Gefahr geraten würden, wenn wir uns heraushielten und Deutschland erlaubten, die Nordostküste Frankreichs in Besitz zu nehmen, und sei es nur für einige Zeit, und daß wir trotz unserer Marine ohne einen Freund in der Welt untergehen könnten, überwältigt von einem furchtbaren Bündnis gegen uns.« Während die beiden Freunde sich aussprachen, schickte das Außenministerium eine Botschaft, die vom deutschen Ultimatum an Belgien berichtete. »Grey fragte mich, was mein Rezept sei«, sagte Haldane. »Meine Antwort: Sofortige Mobilisierung. Er stimmte zu, und wir beschlossen, unverzüglich den Premier aufzusuchen. Wir fanden ihn in Gesellschaft und nahmen ihn mit in ein anderes Zimmer... Asquith stimmte sofort zu. Ich sagte zum Premier, der auch Kriegsminister war, daß er, da er am nächsten Tag mit Kabinettsbesprechungen und Erklärungen vor dem Parlament über die Maßen beschäftigt sein würde, lieber einen Brief schreiben und mir das Geschäft anvertrauen sollte, ins Kriegsministerium hinüberzugehen und in seinem Namen meine alte Organisation zu mobilisieren. Er war einverstanden.«

Innerhalb von 36 Stunden war die Stimmung in London umgeschlagen. Am Samstagmorgen war die Mehrheit der Briten überzeugt gewesen, daß das Land sich nicht in einen kontinentalen Krieg verwickeln lassen dürfe. Zehntausende von Londonern beabsichtigten, an einer großen Antikriegsdemonstration teilzunehmen, die für den Sonntag am Trafalgar Square vorgesehen war. Dann kam die Nachricht vom drohenden deutschen Einmarsch in Belgien. Eine Welle der Empörung ging durch das Land und riß die Masse der Briten mit sich, die, obwohl unwillig, für Frankreich zu kämpfen, dem neutralen Belgien beisprangen. Die Kundgebung auf dem Trafalgar Square löste sich ins Nichts auf, und am Sonntagnachmittag strömten Menschenmassen nach Whitehall, verstopften die Downing Street und verlangten mit Gebrüll Krieg gegen Deutschland. Der nächste Morgen, Montag, der 3. August, ein Bankfeiertag, war ein schöner, wolkenloser Sommertag. Die Stadt war voll von erregten Festtagsmengen, die an den sich rapide entfaltenden historischen Ereignissen teilhaben wollten. Zur Mittagszeit füllte eine dichte Masse Whitehall vom Trafalgar Square bis zu den Parlamentsgebäuden; Hunderte kauften und schwenkten kleine Union Jacks, und Gruppen junger Männer versuchten die »Marseillaise« zu singen.

Um elf Uhr trat das Kabinett zusammen. Im Laufe der Nacht hatte König George einen Appell des König Alberts von Belgien erhalten, mit dem er Großbritannien bat, seine vertraglichen Verpflichtungen einzuhalten und die Neutralität seines Landes zu verteidigen. Das von Deutschland geforderte Durchzugsrecht für die 34 Divisionen Alexander von Klucks und Belgiens Ablehnung waren in London noch nicht gemeldet, aber es war genug bekannt, um das britische Kabinett aufzurütteln. Vor Eröffnung der Sitzung traten zwei Minister zurück, Sir John Simon und Lord Beauchamp, nachdem Morley und Burns schon vorher ausgeschieden waren, aber damit hörten die Desertionen auf. Lloyd George, die Schlüsselfigur, näherte sich Asquith und Grey an. Das Kabinett sanktionierte die bereits erfolgte Mobilmachung der britischen Flotte und der Armee, aber es wurde noch keine Entscheidung über die Entsendung der

Expeditionsstreitmacht nach Frankreich getroffen. Den größten Teil der Sitzung nahm die Erörterung der Rede in Anspruch, die Grey am Nachmittag vor dem Unterhaus halten wollte; der Außenminister brachte die einzelnen Punkte der Erklärung zur Sprache, die er im Namen der Regierung abzugeben beabsichtigte; das Kabinett stimmte zu.

Als das Kabinett zusammentrat, war Haldane ins Kriegsministerium gegangen. Er kehrte an seinen alten Arbeitsplatz als Kriegsminister zurück und berief den Kriegsrat ein. »Es nahm ihnen ein wenig den Atem«, schrieb er, »als ich ihnen sagte, ich sei mit der Autorität gekommen, die sofortige Mobilisierung der Expeditions- und Territorialstreitkräfte anzuordnen... Ich sagte den Generälen, daß die Frage, ob die Expeditionsstreitmacht tatsächlich zum Einsatz kommen würde... erst entschieden werden könne, wenn die Frage von Krieg und Frieden vom Kabinett, dem Souverän und dem Parlament in der einen oder der anderen Weise geregelt sei, aber sie müßten bereit sein.«

Grey hatte am Sonntagabend angefangen, sich Notizen für seine Unterhausrede zu machen. Er wurde vor dem Schlafengehen nicht mehr damit fertig, und am Montagmorgen wurde er von Telegrammen überschwemmt. Von elf bis zwei war er im Kabinett, und um zwei kehrte er zurück ins Außenministerium. Er hatte eine Stunde, bevor er im Unterhaus sprechen mußte. Er wollte etwas essen und seine Notizen vervollständigen, aber es sollte nicht sein. Kaum war er wieder im Außenministerium, da wurde ihm mitgeteilt, daß der deutsche Botschafter auf ein Gespräch mit ihm warte. Grey sah, daß ihm nichts übrig blieb – Zeit für ein Gespräch mußte freigemacht werden. »Lichnowskys erste Worte verrieten mir, daß er keine Nachricht aus Berlin hatte«, aber der Botschafter mußte nach Berlin melden, was in London geschah. Wie hatte das Kabinett entschieden? Was wollte Grey dem Unterhaus sagen? Würde es eine Kriegserklärung sein? Der Außenminister erwiderte, daß er keine Kriegserklärung vorschlagen, sondern eine Darstellung der Bedingungen für den Kriegseintritt geben würde. Welcher Bedingungen, fragte Lichnowsky. Würde die Neutralität Belgiens eine davon sein? Grey antwortete, daß er vor seiner Unterhausrede keine Information geben könne, so sehr er wünsche, Lichnowsky zufriedenzustellen – »denn niemand hatte angestrengter als er gearbeitet, um den Krieg abzuwenden... oder diesen kommenden Krieg aufrichtiger verabscheut«. Lichnowsky bat, Grey möge die Verletzung der belgischen Neutralität nicht als einen *Casus belli* bezeichnen. Er wisse nichts von den Plänen des deutschen Generalstabs, sagte er, und er könne nicht glauben, daß sie »eine ernste Verletzung« der belgischen Neutralität beinhalteten. Aber es könne sein, daß Moltkes Truppen »durch eine kleine Ecke Belgiens« marschieren würden. Grey war überzeugt, daß der deutsche Botschafter die Wahrheit sagte und keine persönliche Kenntnis von den deutschen Feldzugplänen hatte. Tief bekümmert, unter Zeitdruck und außerstande, die anrollende Woge des Krieges aufzuhalten, sprach Grey eine halbe Stunde im Stehen vor seiner Tür mit Lichnowsky. Der Botschafter ging. Es war das letzte Mal, daß die beiden einander in offizieller Funktion sahen.

Kurz vor drei verließ Grey das Außenministerium, um zum Parlament zu gehen. Die Menschenmenge in Whitehall war so dicht, daß die Polizei ihm den Weg freimachen mußte. Bei Greys Eintreffen war das Unterhaus überfüllt: auf den grünen Bänken saßen die Unterhausabgeordneten Schulter an Schulter, andere Abgeordnete saßen zu viert nebeneinander auf Stuhlreihen im Durchgang. Auf der Pairsgalerie saß Lord Lansdowne eingekeilt neben dem Erzbischof von Canterbury; Lord Curzon, der keinen Platz mehr gefunden hatte, stand hinter ihnen in einer Türöffnung. Alle Plätze der Diplomatengalerie waren besetzt, ausgenommen zwei, welche die allgemeine Aufmerksamkeit auf sich zogen, als wären sie orange gestrichen; es waren die Plätze des deutschen und des österreichisch-ungarischen Botschafters. Trotz der gedrängten Fülle im Saal war es still, und die Unterhausmitglieder erschraken, als der Kaplan sich rückwärtsgehend vom Vorsitzenden des Unterhauses entfernte und geräuschvoll gegen Stühle stieß, die hinter ihm in den Durchgang gestellt worden waren.

Grey betrat den Sitzungssaal in einem leichten Sommeranzug und trug zwei abgenutzte rote Aktenkoffer des Außenministeriums. Sein Eintritt war unauffällig; er hatte seinen Platz auf der Regierungsbank eingenommen, bevor er bemerkt wurde und Hochrufe erntete. Von der Pressegalerie gesehen, wirkte sein Gesicht »außerordentlich blaß, die Augen rotgerändert von Nächten ohne Schlaf, von zuviel Lesen und Schreiben«. Lloyd George und Churchill kamen zusammen herein, der Schatzkanzler mit wirrem Haar und bleichem Gesicht, der Erste Lord mit auf den Boden geheftetem Blick, ein zur Tüte gedrehtes Papier in den nervösen Fingern. Das Unterhaus applaudierte beiden, aber der lautere Beifall galt Churchill, der nun nicht mehr als Tory-Überläufer angesehen wurde, sondern als der Mann, der für die britische Marine verantwortlich war. Asquith kam herein, mit rosigem Gesicht unter dem leuchtend weißen Haar, und nahm unter weiterem Beifall seinen Platz ein.

Als er dasaß und darauf wartete, die wichtigste Rede seines Lebens zu halten, gingen Greys Gedanken 28 Jahre zurück zum April 1886, als er, frischgebackener Unterhausabgeordneter und Ehemann, Zeuge gewesen war, wie Gladstone seine erste Gesetzesvorlage zur Selbstregierung Irlands vor einem ähnlich überfüllten Unterhaus eingebracht hatte. Bei dem Gedanken an alles das, was in der Zwischenzeit geschehen war – den Tod seiner Frau, das unmittelbare Bevorstehen des Krieges –, brach Grey beinahe zusammen, wie er später einem Freund bekannte. Doch als der Speaker seinen Namen rief, stand er ruhig auf. Später erinnerte er sich: »Ich entsinne mich nicht, nervös gewesen zu sein. In solch einem Augenblick konnte es weder Hoffnung auf persönlichen Erfolg noch Furcht vor persönlichem Versagen geben. In einer schweren Krise steht ein Mann, der handeln oder sprechen muß, entblößt und jeder Wahl entkleidet. Er hat zu tun, was zu tun in ihm ist.«

Um 15:10 Uhr erhob sich Grey und hielt seine Rede. Seine Worte waren »ernst«, »würdevoll«, »klar« und »einfach«, obwohl Zeitungsberichterstatter hinter der ruhigen Stimme »unterdrücktes Feuer« und »eine gewisse tiefe Entrüstung« wahrzunehmen glaubten. Er begann mit der einfachen, schrecklichen Wahrheit:

»Mr. Speaker, letzte Woche erklärte ich, daß wir für den Frieden nicht nur dieses Landes arbeiten, sondern für die Erhaltung des Friedens in Europa. Heute ist es klar, daß der Friede in Europa nicht bewahrt werden kann.« Er bat das Unterhaus, die Krise unter dem Gesichtspunkt »britischer Interessen, britischer Ehre und britischer Verpflichtungen« zu sehen. Er gab einen Überblick über die Geschichte der Militärgespräche mit Frankreich. Er erinnerte seine Zuhörer, daß er stets versprochen habe, das Haus »nicht mit geheim getroffenen Vereinbarungen zu überrumpeln«, und erklärte, daß dies nach wie vor zutreffe. Frankreich habe einen Bündnisvertrag mit Rußland, der es in den Krieg hineinziehe, aber »wir sind nicht Beteiligte am französisch-russischen Bündnis, und wir kennen nicht einmal die Bedingungen dieses Bündnisvertrages«. Nichtsdestoweniger sei Großbritannien an Frankreich gebunden, wenn nicht durch vertragliche Verpflichtungen, so doch durch Ehre und eigenes Interesse. Er enthüllte das Flottenarrangement, nach dem die französische Flotte ins Mittelmeer verlegt worden sei und die »nördlichen und westlichen Küsten Frankreichs völlig unverteidigt« gelassen habe. Er wiederholte, daß Großbritannien keine Verpflichtung eingegangen sei, diese Küsten zu verteidigen. Dennoch, sagte er, »ist es meine Meinung, daß wir, wenn eine ausländische Flotte, die sich in einem Krieg mit Frankreich befindet, den dieses nicht gesucht hat und in dem es nicht der Aggressor ist, den Kanal hinunterführe und die ungeschützten Küsten Frankreichs bombardierte, nicht beiseitestehen [Beifallsrufe wurden laut] und mit verschränkten Armen gleichgültig zusehen können [die Beifallsrufe schwollen an], ohne etwas zu tun!«

Bei den letzten Worten hob Grey die rechte Faust und ließ sie auf das Rednerpult niedersausen. Das Unterhaus, verblüfft über diese seltene emotionale Schaustellung des Außenministers, brach in laute Beifallsrufe aus. Als der Lärm nachließ, fügte Grey ruhig hinzu: »Und ich glaube, das wird auch das Empfinden dieses Landes sein.«

Darauf folgte ein noch lauterer Ausbruch, und Grey wußte, daß er die Zustimmung des Unterhauses zum Kabinettsbeschluß gewonnen hatte, der deutschen Flotte die Einfahrt in den Ärmelkanal zu verwehren.

Wenn die Verteidigung des Kanals und der Küste Frankreichs hauptsächlich eine Sache der Ehre war, so war die Verteidigung der Unabhängigkeit Belgiens –

der Grey sich als nächstes zuwandte – eine Angelegenheit vertraglicher Verpflichtung, eigenen Interesses und der Ehre, alles zusammen. Der Außenminister zitierte aus dem Wortlaut des alten Garantievertrages. Und brachte die Versuchung der Neutralität zur Sprache: »Es ließe sich sagen, nehme ich an, daß wir beiseitestehen, unsere Kräfte schonen und, was immer im Laufe des Krieges geschehen mag, am Ende mit dem Ziel eingreifen sollten, die Dinge nach unseren Gesichtspunkten zurechtzurücken.« Dieser Kurs, warnte Grey, würde sowohl die britische Ehre als auch britische Interessen aufopfern: »Wenn wir in einer Krise wie dieser vor den Verpflichtungen der Ehre und des Selbstinteresses, die beide vom belgischen Vertrag berührt werden, davonliefen, bezweifle ich, daß das, war wir am Ende des Krieges an materieller Macht hätten, angesichts der Achtung, die wir verloren hätten, von sehr großem Wert wäre.« Dann trat das Thema in den Vordergrund, das Greys Diplomatie während seiner acht Jahre als Außenminister gleichsam als Richtschnur bestimmt hatte: Großbritannien dürfe nicht zulassen, daß »ganz Westeuropa uns gegenüber ... unter die Vorherrschaft einer einzigen Macht fällt«. »Ich bitte das Haus, unter dem Gesichtspunkt britischer Interessen zu bedenken, was auf dem Spiel steht. Wenn Frankreich in einem Ringen auf Leben und Tod geschlagen wird, niedergeworfen wird, seine Position als Großmacht verliert, dem Willen und der Macht eines Stärkeren unterworfen ... und wenn Belgien unter den gleichen beherrschenden Einfluß gerät, und dann Holland, und dann Dänemark ...« Grey schloß mit der Bemerkung, daß »eine unendlich schwere Verantwortung auf der Regierung lastet, die entscheiden muß ..., was zu tun ist«. Er bat um Unterstützung »nicht nur durch das Unterhaus, sondern durch die Entschlossenheit und die Festigkeit, den Mut und die Standhaftigkeit des ganzen Landes«.

Greys Rede erfüllte ihren Zweck: sie stimmte ein gespaltenes Parlament und eine ebenso gespaltene Öffentlichkeit auf den Krieg ein. Er hatte eineinviertel Stunden gesprochen, häufig unterbrochen von inbrünstigen, heiseren Beifallsrufen der oppositionellen Unionisten. Seine eigene Fraktion hatte zurückhaltender reagiert, mit »brütendem Bangen« und »düsterer Resignation«. Asquith war in seiner Beurteilung der Rede, die er Venetia Stanley zukommen ließ, nur mäßig großzügig: »Größtenteils im Gesprächston, mit einigen seiner üblichen abgerissenen Sätze, aber außerordentlich gut überlegt und taktvoll und wirklich überzeugend.« Lord Hugh Cecil war hingegen voll Bewunderung: »Greys Rede war sehr wunderbar – ich denke, unter den Umständen kann man sagen, daß es die großartigste Rede war, die in unserer Zeit gehalten wurde ... In Anbetracht der Bedeutung des Anlasses, der Notwendigkeit, viele Zweifler zu überzeugen, war sie mit dem außerordentlichen Erfolg, den sie in dieser Richtung hatte, ihrer großen Würde, ihrem guten Geschmack und ihrer Gefühlswärme ... das großartigste Beispiel der Kunst der Überredung, das ich je gehört habe.«

Als Grey sich setzte, erhoben sich weitere Sprecher, deren unterschiedliche

Botschaften gegensätzliche Reaktionen hervorriefen. Bonar Law bekräftigte offiziell die Unterstützung der Regierungspolitik durch die Unionisten; dies war vorher bekannt, und der Beifall des Hauses war herzlich, aber nicht unerwartet. Das Unerwartete trat ein, als John Redmond, der Fraktionsvorsitzende der Irischen Nationalisten, erklärte, daß Irland keine Streitfrage mehr sei. »Ich sage der Regierung, daß sie jeden einzelnen ihrer Soldaten abziehen kann. Die Küsten Irlands werden von seinen bewaffneten Söhnen verteidigt... die bewaffneten nationalen Katholiken im Süden werden sich freudig mit den bewaffneten Protestanten Ulsters im Norden zusammentun.« Unterhausmitglieder sprangen auf, stießen Freudenrufe aus und winkten mit ihren Taschentüchern. Als Redmond später den Saal verließ, schüttelten ihm Abgeordnete der Unionisten, vor einer Woche noch seine unerbittlichen Feinde, die Hand. Ramsay MacDonald, Führer der Labourparty, schlug einen anderen Ton an. Greys Rede, sagte er, würde »Echos durch die Geschichte senden«. Aber, sagte MacDonald: »Ich glaube, er hat unrecht. Ich glaube, die Regierung... ist im Unrecht.« Grey hatte ihn nicht überzeugt, daß das Land wirklich in Gefahr war. »Es ist noch kein Verbrechen von Staatsmännern dieses Schlages verübt worden, ohne daß diese Staatsmänner an die Ehre ihrer Nation appelliert hätten. Wollte man ihren Worten glauben, dann kämpften wir im Krimkrieg um unsere Ehre. Dann eilten wir nach Südafrika wegen unserer Ehre.« Das Unterhaus hatte keine Freude an MacDonalds Rede und zeigte sein Mißfallen; am nächsten Morgen nannte die *Daily Mail* die Rede »unbegreiflich«.*

Die Unterhausdebatte wurde unterbrochen, um den Abgeordneten Gelegenheit zum Abendessen zu geben. Als sie fortgesetzt wurde, brachte man Grey eine Nachricht vom belgischen Botschafter in London. Sie unterrichtete über die deutsche Note an Belgien. Der belgische Staatsrat hatte zwölf Stunden Frist, seine Entscheidung zu treffen, benötigte aber nur neun Stunden. Er erklärte, die Annahme der deutschen Forderung würde »die Ehre der Nation opfern«, und Belgien sei »fest entschlossen, jeden Angriff auf seine Rechte mit allen verfügbaren Mitteln zurückzuschlagen«.

Grey reichte die Depesche an den Premierminister und andere Regierungsmitglieder weiter. Als er zusammen mit Grey das Unterhaus verließ, fragte Churchill den Außenminister: »Was geschieht jetzt?« »Jetzt«, antwortete Grey, »werden wir ihnen ein Ultimatum senden, die Invasion Belgiens innerhalb von 24 Stunden zu beenden.«

Ins Außenministerium zurückgekehrt, empfing er den amerikanischen Botschafter Walter Page. Ob Großbritannien erwarte, daß Deutschland sich seinem Ultimatum beugen werde? fragte Page. Grey schüttelte den Kopf. »Nein, natür-

* 1924 wurde Ramsay MacDonald Premierminister der ersten Labourregierung Großbritanniens.

lich weiß jeder, daß es Krieg geben wird.« Er hielt einen Augenblick inne und suchte nach Worten. Als er fortfuhr, waren seine Augen naß. »So erweisen sich die Anstrengungen eines ganzen Lebens als vergebens. Ich komme mir vor wie ein Mann, der sein Leben vergeudet hat.« In der Abenddämmerung stand Grey mit einem Freund am Fenster seines Amtszimmers im Außenministerium und blickte hinunter in den St. James Park, wo die Lampen angezündet wurden. Dann sprach der unpoetische Sir Edward Grey die denkwürdigen Worte aus, die den Beginn des Ersten Weltkrieges anzeigten. »In ganz Europa gehen die Lichter aus«, sagte er. »Wir werden es nicht mehr erleben, daß sie angezündet werden.«

Zu dieser Stunde erklärte Deutschland Frankreich den Krieg. Zur Rechtfertigung des Präventivschlages, den Moltke zu führen im Begriff war, erklärte Bethmann Hollweg vor dem Reichstag, daß Frankreich der Schuldige sei. Er führte mehrere Verletzungen der deutschen Grenze und des deutschen Luftraumes an: 80 französische Offiziere in preußischen Uniformen hätten versucht, in zwölf Automobilen die Grenze zu überqueren; französische Flugzeuge hätten Bomben auf die Eisenbahnlinien in Karlsruhe und Nürnberg geworfen. (Eine Überprüfung der deutschen Zeitungen, die in den angeblich bombardierten Gegenden erschienen, enthüllte, daß sowohl die Flugzeuge als auch die Bomben unbemerkt geblieben waren.) In der Hoffnung, die öffentliche Meinung im Ausland zu beeinflussen, telegrafierte Jagow an die deutschen Botschafter in London und Rom, daß »ein französischer Arzt mit Hilfe zweier verkleideter Offiziere versucht [habe], die Brunnen des Metzer Vororts Montsigny mit Cholerabazillen zu infizieren. Er [der Arzt] wurde standrechtlich erschossen.«

Am Dienstagmorgen, dem 4. August, überschritt das deutsche Heer die belgische Grenze. Das britische Kabinett trat um elf Uhr zusammen, um abzuhalten, was Asquith trocken als eine »interessante Sitzung« bezeichnete: »Wir erhielten die Nachricht, daß die Deutschen in Belgien einmarschiert waren und verkündet hatten ..., daß sie sich den Weg wenn nötig mit Gewalt bahnen würden. Dies vereinfacht die Dinge, also sandten wir den Deutschen ein Ultimatum, das um Mitternacht ausläuft.« Um 14 Uhr ging Asquith ins Unterhaus, um die Übergabe des Ultimatums zu verkünden. Wieder füllte sich Whitehall mit erregten Menschenmengen, die in wilde Hochrufe ausbrachen, wann immer jemand das Haus Downing Street 10 betrat oder verließ. Das Unterhaus nahm die Nachricht vom Ultimatum »sehr ruhig und mit angemessener Würde« auf, berichtete Asquith und fügte lakonisch hinzu: »Um halb fünf hatten wir die ganze Sache hinter uns.« Dieser leidenschaftslose Stil überdeckte die untergründig brodelnden Emotionen. »Diese ganze Sache erfüllt mich mit Trauer«, bekannte er Venetia Stanley. »Wir stehen am Vorabend schrecklicher Dinge.« Margot sah ihren Mann unmittelbar nach seiner Rede, als sie ihn im Büro des Premierministers im Unterhaus aufsuchte.

»›Also ist alles aus‹, sagte ich [Margot].

Er antwortete, ohne mich anzusehen:

›Ja, es ist alles aus.‹

Ich setzte mich neben ihn, mit einem Gefühl von Taubheit in den Gliedern... Henry saß zurückgelehnt an seinem Schreibtisch, einen Bleistift in der Hand... Woran dachte er?... An seine Söhne?... Würden sie alle in den Kampf ziehen müssen?... Ich stand auf und legte meinen Kopf an den seinen; wir konnten vor Tränen nicht sprechen.«

Asquith ließ seinen Wagen kommen und fuhr eine Stunde lang allein herum. Dann kehrte er in die Downing Street zurück, um den Ablauf des britischen Ultimatums abzuwarten. Die Stunden vergingen. Margot schaute zu ihren schlafenden Kindern hinein, dann gesellte sie sich zu ihrem Mann, der mit Grey, Haldane und anderen um den grünen Tisch im Kabinettsraum saß und Zigaretten rauchte. Um 21 Uhr kam Lloyd George. Niemand sprach. Die Blicke wanderten von der Uhr zum Telefon, das den Kabinettsraum mit dem Außenministerium verband. Durch die Fenster, die geöffnet waren, um die warme Nachtluft einzulassen, drang das entfernte Lärmen einer riesigen Menschenmenge, die vor dem Buckingham-Palast »God save the King« sang. Die Glocken vom Big Ben schlugen die Viertelstunden und übertönten die Hymne. Dann ertönte der erste Stundenschlag der großen Glocke. Alle Gesichter im Kabinettsraum waren weiß. Elfmal schlug der Klöppel gegen die große Glocke. Als der letzte Schlag verhallte, war Großbritannien im Krieg mit Deutschland.

# ANHANG

# Das Wettrüsten zur See 1905–1914

## Britische Großkampfschiffe

| *Schiffsname und Klasse* | *Programm Jahr* | *Fertig-stellg.* | *Wasser-verdräng. Tonnen* | *Geschw.keit Knoten* | *Haupt-bewaff-nung* |
|---|---|---|---|---|---|
| *Dreadnought* | 1905–06 | 12–06 | 17900 | 20,9 | 10 30,5 cm |
| BELLEROPHON-KLASSE | | | | | |
| *Bellerophon* | 1906–07 | 02–09 | 18600 | 20,7 | 10 30,5 cm |
| *Superb* | 1906–07 | 05–09 | 18600 | 20,7 | |
| *Teméraire* | 1906–07 | 05–09 | 18600 | 20,7 | |
| ST.-VINCENT-KLASSE | | | | | |
| *St. Vincent* | 1907–08 | 05–09 | 19250 | 21 | 10 30,5 cm |
| *Vanguard* | 1907–08 | 02–10 | 19250 | 21 | |
| *Collingwood* | 1907–08 | 04–10 | 19250 | 21 | |
| *Neptune* | 1908–09 | 01–11 | 19900 | 21 | |
| COLOSSUS-KLASSE | | | | | |
| *Colossus* | 1909–10 | 07–11 | 20000 | 21 | 10 30,5 cm |
| *Hercules* | 1909–10 | 08–11 | 20000 | 21 | |
| ORION-KLASSE | | | | | |
| *Orion* | 1909–10 | 01–12 | 22500 | 21 | 10 34,5 cm |
| *Conqueror* | 1909–10 | 11–12 | 22500 | 21 | |
| *Monarch* | 1909–10 | 03–12 | 22500 | 21 | |
| *Thunderer* | 1909–10 | 06–12 | 22500 | 21 | |
| KING-GEORGE V.-KLASSE | | | | | |
| *King George V.* | 1910–11 | 11–12 | 23000 | 21 | 10 34,5 cm |
| *Ajax* | 1910–11 | 03–13 | 23000 | 21 | |
| *Centurion* | 1910–11 | 05–13 | 23000 | 21 | |
| *Audacious* | 1910–11 | 10–13 | 23000 | 21 | |

| *Schiffsname und Klasse* | *Programm Jahr* | *Fertig-stellg.* | *Wasser-verdräng. Tonnen* | *Geschw.keit Knoten* | *Haupt-bewaff-nung* |
|---|---|---|---|---|---|
| IRON-DUKE-KLASSE | | | | | |
| *Benbow* | 1911–12 | 11–14 | 25000 | 21 | 10 34,5 cm<br>12 15 cm |
| *Emperor of India* | 1911–12 | 11–14 | 25000 | 21 | |
| *Iron Duke* | 1911–12 | 03–14 | 25000 | 21 | |
| *Marlborough* | 1911–12 | 06–14 | 25000 | 21 | |
| QUEEN-ELIZABETH-KLASSE | | | | | |
| *Queen Elizabeth* | 1912–13 | 01–15 | 27500 | 25 | 8 38 cm<br>14 15 cm<br>(16 15 cm *auf Queen Elizabeth*) |
| *Warspite* | 1912–13 | 03–15 | 27500 | 25 | |
| *Barham* | 1912–13 | 10–15 | 27500 | 25 | |
| *Valiant* | 1912–13 | 02–16 | 27500 | 25 | |
| *Malaya* | 1912–13 | 02–16 | 27500 | 25 | |
| ROYAL-SOVEREIGN-KLASSE | | | | | |
| *Royal Sovereign* | 1913–14 | 05–16 | 25750 | 21 | 8 38 cm<br>14 15 cm |
| *Royal Oak* | 1913–14 | 05–16 | 25750 | 21 | |
| *Revenge* | 1913–14 | 03–16 | 25750 | 21 | |
| *Resolution* | 1913–14 | 12–16 | 25750 | 21 | |
| *Ramillies* | 1913–14 | 09–17 | 25750 | 21 | |

## Britische Schlachtkreuzer

| | | | | | |
|---|---|---|---|---|---|
| INVINCIBLE-KLASSE | | | | | |
| *Invincible* | 1905–06 | 03–09 | 17250 | 25,5 | 8 30,5 cm |
| *Inflexible* | 1905–06 | 10–08 | 17250 | 25,5 | |
| *Indomitable* | 1905–06 | 06–08 | 17250 | 25,5 | |
| INDEFATIGABLE-KLASSE | | | | | |
| *Indefatigable* | 1908–09 | 04–11 | 18750 | 25,8 | 8 30,5 cm |
| *New Zealand* | 1909–10 | 11–12 | 18800 | 25,8 | |
| *Australia* | 1909–10 | 06–13 | 18800 | 25,8 | |
| LION-KLASSE | | | | | |
| *Lion* | 1909–10 | 05–12 | 26350 | 27 | 8 34,5 cm |
| *Princess Royal* | 1909–10 | 11–12 | 26350 | 27 | |
| *Queen Mary* | 1910–11 | 08–13 | 27000 | 28 | |
| *Tiger* | 1911–12 | 10–14 | 28500 | 28 | 8 34,5 cm<br>12 15 cm |

## Deutsche Großkampfschiffe

| *Schiffsname und Klasse* | *Programm Jahr* | *Fertig-stellg.* | *Wasser-verdräng. Tonnen* | *Geschw.keit Knoten* | *Hauptbewaffnung* |
|---|---|---|---|---|---|
| NASSAU-KLASSE | | | | | |
| *Nassau* | 1906–07 | 10–09 | 18873 | 19 | 12 28 cm<br>12 15 cm |
| *Westfalen* | 1906–07 | 11–09 | 18873 | 19 | |
| *Rheinland* | 1907–08 | 04–10 | 18873 | 19 | |
| *Posen* | 1907–08 | 05–10 | 18873 | 19 | |
| HELGOLAND-KLASSE | | | | | |
| *Helgoland* | 1908–09 | 08–11 | 22808 | 20,5 | 12 30,5 cm<br>14 15 cm |
| *Ostfriesland* | 1908–09 | 08–11 | 22808 | 20,5 | |
| *Thüringen* | 1908–09 | 07–11 | 22808 | 20,5 | |
| *Oldenburg* | 1909–10 | 05–12 | 22808 | 20,5 | |
| KAISER-KLASSE | | | | | |
| *Kaiser* | 1909–10 | 08–12 | 24724 | 21 | 10 30,5 cm<br>14 15 cm |
| *Friedrich der Große* | 1909–10 | 10–12 | 24724 | 21 | |
| *Kaiserin* | 1910–11 | 05–13 | 24724 | 21 | |
| *Prinzregent Luitpold* | 1910–11 | 08–13 | 24724 | 21 | |
| *König Albert* | 1910–11 | 07–13 | 24724 | 21 | |
| KÖNIG-KLASSE | | | | | |
| *König* | 1911–12 | 08–14 | 25796 | 21 | 10 30,5 cm<br>14 15 cm |
| *Großer Kurfürst* | 1911–12 | 08–14 | 25796 | 21 | |
| *Markgraf* | 1911–12 | 10–14 | 25796 | 21 | |
| *Kronprinz Wilhelm* | 1912–13 | 11–14 | 25796 | 21 | |
| BAYERN-KLASSE | | | | | |
| *Baden* | 1913–14 | 10–16 | 28600 | 22 | 8 38 cm<br>16 15 cm |
| *Bayern* | 1913–14 | 03–16 | 28600 | 22 | |
| *Sachsen* | 1914–15 | * | 28800 | 22 | |
| *Württemberg* | 1914–15 | ** | 28800 | 22 | |

## Deutsche Schlachtkreuzer

| | | | | | | |
|---|---|---|---|---|---|---|
| *Blücher* | 1906–07 | 10–09 | 15842 | 24,8 | 12 20,8 cm | 8 15 cm |
| *Von der Tann* | 1907–08 | 09–10 | 19370 | 24,8 | 8 28 cm | 10 15 cm |

* Stapellauf 21. November 1916, aber nicht fertiggestellt.
** Stapellauf 20. Juni 1917, aber nicht fertiggestellt.

| *Schiffsname und Klasse* | *Programm Jahr* | *Fertig- stellg.* | *Wasser- verdräng. Tonnen* | *Geschw. keit Knoten* | *Haupt- bewaff- nung* | |
|---|---|---|---|---|---|---|
| *Moltke* | 1908–09 | 09–11 | 22979 | 25,5 | 10 28 cm | 12 15 cm |
| *Goeben* | 1909–10 | 07–12 | 22979 | 25,5 | | |
| *Seydlitz* | 1910–11 | 05–13 | 24988 | 27 | 10 28 cm | 12 15 cm |
| *Lützow* | 1911–12 | 08–15 | 26741 | 26,4 | 8 30,5 cm | 14 15 cm |
| *Derfflinger* | 1911–12 | 09–14 | 26600 | 25,8 | 8 30,5 cm | 12 15 cm |
| *Hindenburg* | 1913–14 | 10–17 | 26947 | 27,5 | 8 30,5 cm | 15 15 cm |

# Bibliographie

Albertini, L.: *The Origins of the War of 1914*. 3 Bde., New York 1953.
Askwith, Lord: *Lord James of Hereford*. London 1930.
Asquith, H. H., Earl of Oxford and Asquith: *The Genesis of the War*. London 1923.
— *Fifty Years of Parliament*. 2 Bde., Boston 1926.
— *Memories and Reflections, 1852–1927*. 2 Bde., Boston 1928.
— *Letters to Venetia Stanley*. Hg. v. Michael und Eleanor Brock. Oxford 1982.
Asquith, M.: *An Autobiography*. 4 Bde., New York 1920–22.
Bacon, Admiral Sir R.: *A Naval Scrapbook, 1877–1900*. London 1925.
— *The Life of Lord Fisher of Kilverstone*. 2 Bde., London 1929.
— *Life of John Rushworth, Earl Jellicoe*. London 1936.
— *From 1900 Onwards*. London 1940.
Balfour, M.: *The Kaiser and His Times*. Boston 1964. (dt.: *Der Kaiser. Wilhelm II. und seine Zeit*. Berlin 1967.)
Barkeley, R.: *The Empress Frederick*. London 1956. (dt.: *Die Kaiserin Friedrich, Mutter Wilhelms II.*, Dordrecht 1959.)
Barker, D.: *Prominent Edwardians*. New York 1969.
Barlow, I. C.: *The Agadir Crisis*. Chapel Hill 1940.
Bassett, R.: *Battle Cruisers: A History, 1908–1948*. London 1981.
Battiscombe, G.: *Queen Alexandra*. London 1969.
Bell, Q.: *Virginia Woolf: A Biography*. 2 Bde., London 1972. (dt.: *Virginia Woolf*. Frankfurt/M. 1977.)
Beresford, Lord Ch.: *The Betrayal*. London 1912.
— *Memoirs*. 2 Bde., Boston 1914.
Berghahn, V. R.: *Der Tirpitz-Plan*. Düsseldorf 1971.
— *Germany and the Approach of War in 1914*. New York 1973.
Bernhardi, F. von: *Deutschland und der nächste Krieg*. 6. Auflage. Stuttgart, Berlin 1913.
Bernstein, G. L.: *Liberalism and Liberal Politics in Edwardian England*. Boston 1986.
Bethmann Hollweg, Th. von: *Betrachtungen zum Weltkriege*. 2 Bde., Berlin 1919–21.
Beyens, Baron: *Germany Before the War*. New York 1916.
Bigelow, P.: *Prussian Memories, 1864–1914*. New York 1915.
Bing, E. J., (Hg.): *The Secret Letters of the Last Tsar: The Confidential Correspondence Between Nicholas II and His Mother, Dowager Empress Marie Fedorovna*. New York 1938.

Bismarck, H. von: *Aus seiner Privatkorrespondenz.* Hg. v. W. Bussmann. Göttingen 1964.
Bismarck, O. von: *Gedanken und Erinnerungen.* 3 Bde., Stuttgart, Berlin 1898, 1919.
– *Die gesammelten Werke.* Hg. v. H. von Petersdorff, F. Thimme, W. Frauendienst u.a., 15 Bde., Berlin 1923–33.
Blake, R.: *Disraeli.* New York 1967. (dt.: *Disraeli.* Frankfurt/M. 1980.)
Blücher, E.: *An English Wife in Berlin.* London 1920.
Bonham-Carter, V.: *Winston Churchill: An Intimate Portrait.* New York 1965.
Bradford, Admiral Sir E.: *Life of Admiral of the Fleet Sir Arthur Wilson.* London 1923.
Brandenburg, E.: *Von Bismarck zum Weltkriege.* Die deutsche Politik in den Jahrzehnten vor dem Kriege, dargestellt aufgrund der Akten des Auswärtigen Amtes. Berlin 1924.
Breyer, S.: *Schlachtschiffe und Schlachtkreuzer, 1905–1970.* München 1970.
Brown, D. K.: »The Design and Construction of the Battleship Dreadnought«. In: J. Roberts (Hg.), *Warship,* Bd. 4, London 1980.
Bülow, B. von: *Fürst Bülows Reden.* Hg. v. J. Penzler und O. Hötzsch. 3 Bde., Berlin 1907 und 1909.
– *Denkwürdigkeiten.* Hg. v. F. X. von Stockhammern. 4 Bde., Berlin 1930– 31.
Busch, M.: *Tagebuchblätter.* 2 Bde., Leipzig 1899.
Carroll, M.: *Germany and the Great Powers.* New York 1975.
Cecil, A.: *British Foreign Secretaries, 1807–1916.* New York 1927.
Cecil, Lady G.: *Life of Robert, Marquis of Salisbury.* 4 Bde., London 1921–32.
Cecil, L.: *Albert Ballin: Business and Politics in Imperial Germany.* Princeton, N.J. 1967. (dt.: *Albert Ballin.* Hamburg 1969.)
– *The German Diplomatic Service, 1871–1914.* Princeton, N.J. 1976.
Chamberlain, Sir A.: *Down the Years.* London 1935.
Chatfield, Admiral of the Fleet, Lord: *The Navy and Defence.* London 1942.
Childers, E.: *The Riddle of the Sands.* New York 1976.
Churchill, R. S.: *Winston S. Churchill: Youth, 1874–1900.* Boston 1966.
– *Winston S. Churchill: Young Statesman, 1901–1914.* Boston 1967.
Churchill, W. S.: *The Story of the Malakand Field Force.* London, New York 1898.
– *The World Crisis, 1911–1918.* 4 Bde., New York 1923–29. (dt.: *Die Weltkrisis 1916–18.* 2 Bde., Zürich, Leipzig, Wien 1928–30.)
– *A Roving Commission: My Early Life.* New York 1930. (dt.: *Meine frühen Jahre.* Zürich 1966.)
– *Great Contemporaries.* New York 1937. (dt.: *Große Zeitgenossen.* Frankfurt/M., Hamburg 1959.)
Clarke, I. F.: *Voices Prophesying War, 1763–1984.* New York 1966.
Corti, Conte E. C. und H. Sokol: *Der Alte Kaiser.* Graz 1955.
Cowles, V.: *The Kaiser.* New York 1963. (dt.: *Wilhelm II.,* Frankfurt/M. 1977.)
Crankshaw, E.: *The Fall of the House of Habsburg.* New York 1963.
– *Bismarck.* New York 1981. (dt.: *Bismarck.* München 1983.)
Cust, L.: *King Edward VII and His Court.* London 1930.
Dangerfield, G.: *The Strange Death of Liberal England.* New York 1961.
Davis, A. N.: *The Kaiser As I Knew Him.* New York 1918.
Dewar, Vice Admiral K. G. B.: *The Navy from Within.* London 1939.

Dorling, T.: *Men o' War*. London 1929.
Dugdale, B. E. C.: *Arthur James Balfour*. 2 Bde., London 1939.
Dugdale, E. T. S.: *German Diplomatic Documents, 1871–1914*. (Ausgew. Übersetzungen aus: *Die große Politik*). 4 Bde., London 1928.
Eckardstein, H. von: *Lebenserinnerungen und politische Denkwürdigkeiten*. 3 Bde., Leipzig 1919–20.
Ensor, R.: *England, 1870–1914*. New York 1936.
Escott, T. H. S.: *Great Victorians*. New York 1916.
Esher, Viscount R.: *The Influence of King Edward and Other Essays*. London 1915.
– *Journals and Letters*. 4 Bde., London 1934–38.
Eyck, E.: *Bismarck und das Deutsche Reich*. Erlenbach-Zürich 1955.
Fay, S. B.: *The Origins of the World War*. 2 Bde., New York 1929. (dt.: *Der Ursprung des Weltkrieges*. 2 Bde., Berlin 1930.)
Fischer, F.: *Germany's Aims in the First World War*. New York 1967.
– *Krieg der Illusionen. Die deutsche Politik von 1911–1914*. Düsseldorf 1969.
Fisher, Admiral of the Fleet, Lord J.: *Memories and Records*. 2 Bde., New York 1920.
– *Fear God and Dread Nought: Correspondence of Admiral of the Fleet Lord Fisher*. Hg. v. A. J. Marder. 3 Bde., London 1952–59.
Fitzmaurice, Lord E.: *The Life of Lord Granville*. 2 Bde., London 1905.
Fleming, P.: *The Siege of Peking*. New York 1959. (dt.: *Die Belagerung zu Peking*. Stuttgart 1961.)
Frederick, Empress (Vicky): *Letters of Empress Frederick*. Hg. v. Sir F. Ponsonby. London 1929.
Friedrich III.: *Das Kriegstagebuch von 1870–71*. Hg. v. H. O. Meisner. Leipzig 1926.
Garvin, J. L. und J. Amery: *The Life of Joseph Chamberlain*. 6 Bde., London 1932–51.
Geiss, I. (Hg.): *Julikrise und Kriegsausbruch*. 2 Bde., Hannover 1963–64.
– (Hg.): *Juli 1914*. Die europäische Krise und der Ausbruch des 1. Weltkrieges. München 1965.
Gerard, J. W.: *My Four Years in Germany*. New York 1917.
– *Face to Face with Kaiserism*. London 1918.
Gooch, G. P.: *History of Modern Europe, 1878–1919*. New York 1923.
– *Recent Revelations of European Diplomacy*. New York 1928.
– *Before the War: Studies in Diplomacy*. 2 Bde., London 1926–38.
– *Studies in Diplomacy and Statecraft*. New York 1942.
– *Under Six Reigns*. London 1958.
Gore, J.: *King George V: A Personal Memoir*. London 1941.
Goschen, E.: *Diary, 1900–1914*. London 1980.
Gradenwitz, O.: *Bismarcks letzter Kampf, 1888–1889*. Berlin 1924.
Gretton, Vice Admiral Sir P.: *Winston Churchill and the Royal Navy*. New York 1969.
Grey of Fallodon, Viscount E.: *Twenty-Five Years, 1892–1916*. 2 Bde., New York 1925. (dt.: *25 Jahre Politik, 1892–1916*. 2 Bde., München 1926.)
– *The Fallodon Papers*. Boston 1926.
*Die große Politik der europäischen Kabinette, 1871–1914*. Sammlung der diplomatischen Akten des Auswärtigen Amtes. Hg. v. J. Lepsius u. a., 40 Bde., Berlin 1922–27.

Haldane, R. B.: *Before the War*. London 1920.

— *An Autobiography*. New York 1929. (dt.: *Erinnerungen aus meinem Leben*. Berlin, Leipzig, Stuttgart 1930.)

Halévy, E.: *A History of the English People in the Nineteenth Century*. Bd. 5: 1895–1905; Bd. 6: 1905–1915. London 1929–34.

Haller, J.: *Aus dem Leben des Fürsten Philipp zu Eulenburg-Hertefeld*. Berlin 1924.

Hamilton, Lord F.: *The Vanished Pomps of Yesterday*. New York 1921.

Hase, G. von: *Die zwei weißen Völker*. Leipzig 1920.

Heckstall-Smith, A.: *Sacred Cowes*. London 1965.

Herwig, H. H.: *The German Navy Officer Corps, 1890–1918*. New York 1973. (dt.: *Das Elitekorps des Kaisers*. Hamburg 1977.)

— *Politics of Frustration: The United States in German Naval Planning, 1889–1941*. Boston 1976.

— *»Luxury Fleet«: The Imperial German Navy*. London 1980.

Hinsley, F. H. (Hg.): *British Foreign Policy Under Sir Edward Grey*. New York 1977.

Holstein, F. von: *Die geheimen Papiere*. Hg. v. N. Rich und M. H. Fischer. Dt. Ausg. von W. Frauendienst. 4 Bde., Göttingen 1956–63.

Hough, R.: *Louis and Victoria: The Family History of the Mountbattens*. London 1974.

Howarth, D.: *Trafalgar: The Nelson Touch*. New York 1969.

Hubatsch, W.: *Die Ära Tirpitz: Studien zur deutschen Marinepolitik, 1890–1918*. Göttingen 1955.

Huldermann, B.: *Albert Ballin*. Oldenburg 1922.

Hull, I. V.: *The Entourage of Kaiser Wilhelm II, 1888–1918*. Cambridge 1982.

Humble, R.: *Before the Dreadnought: The Royal Navy from Nelson to Fisher*. London 1976.

Hurd, A. und H. Castle: *German Seapower: Its Rise, Progress and Economic Basis*. New York 1913.

Hynes, S.: *The Edwardian Turn of Mind*. Princeton, N. J. 1968.

Jäckh, E. (Hg.): *Kiderlen-Wächter, der Staatsmann und Mensch*. Briefwechsel und Nachlaß. 2 Bde., Berlin 1924.

Jameson, Rear Admiral W.: *The Fleet That Jack Built: Nine Men Who Made a Modern Navy*. New York 1962.

Jane, F. T.: *Jane's Fighting Ships, 1914*. New York 1969.

Jarausch, K. H.: *The Enigmatic Chancellor: Bethmann Hollweg and the Hubris of Imperial Germany*. New Haven 1973.

Jenkins, R.: *Asquith*. London 1964.

Kautsky, K. (Hg.): *Die deutschen Dokumente zum Kriegsausbruch*. 4 Bde., Berlin 1919.

Keegan, J.: *The Price of Admiralty*. New York 1988.

Kehr, E.: *Schlachtflottenbau und Parteipolitik, 1894–1901*. Berlin 1930.

Kennan, G.: *The Decline of Bismarck's European Order*. Princeton, N. J. 1979. (dt.: *Bismarcks europäisches System in der Auflösung*. Frankfurt/M., Berlin, Wien 1981.)

Kennedy, A. L.: *Old Diplomacy*. London 1922.

— *Salisbury, 1830–1903*. London 1953.

Kennedy, P.: *The War Plans of the Great Powers, 1880–1914*. London 1979.

— *The Rise of the Anglo-German Antagonism*. London 1980.
— *The Rise and Fall of British Naval Mastery*. Malabar, FL 1982.
— *Strategy and Diplomacy, 1870–1945*. London 1984.
Kerr, Admiral M. E. F.: *Prince Louis of Battenberg, Admiral of the Fleet*. London 1934.
Keudell, R. von: *Fürst und Fürstin Bismarck*. Berlin 1901.
Klein, T.: *Der Kanzler*. Otto von Bismarck in seinen Briefen, Reden und Erinnerungen sowie in Berichten und Anekdoten seiner Zeit. München 1915.
Kühlman, R. von: *Gedanken über Deutschland*. Leipzig 1931.
Kürenberg, J. von: *Die Graue Eminenz*. Berlin 1932.
— *War alles falsch? Das Leben Kaiser Wilhelms II.*, Bonn 1951.
Lambert, A.: *Battleships in Transition: The Creation of the Steam Battlefleet, 1815–1860*. Annapolis 1984.
Lambi, I. N.: *The Navy and German Power Politics, 1862–1914*. Boston 1984.
Lee, Sir S.: *King Edward VII*. 2 Bde., New York 1925–27. (dt.: *Edward VII.*, 2 Bde., Dresden 1928.)
Le Queux, W.: *The Invasion of 1910*. London 1906.
Leslie, A.: *The Marlborough House Set*. New York 1973.
Lewis, D. L.: *The Race to Fashoda*. New York 1987.
Lichnowsky, K. M.: *Meine Londoner Mission, 1912–1914*. Berlin 1919.
— *Auf dem Wege zum Abgrund*. Londoner Berichte, Erinnerungen und sonstige Schriften. 2 Bde., Dresden 1927.
Lloyd George, D.: *War Memoirs*. 6 Bde., Boston 1933–37.
Longford, E.: *Queen Victoria*. New York 1964.
Ludwig, E.: *Wilhelm II.*, Berlin 1926.
Mackay, R.: *Fisher of Kilverstone*. New York 1973.
Magnus, Sir P.: *King Edward the Seventh*. New York 1964.
Mahan, A. T.: *The Influence of Sea Power Upon History, 1660–1783*. Boston 1895.
— *The Influence of Sea Power Upon the French Revolution and Empire, 1793–1812*. 2 Bde., Boston 1898. (dt.: *Der Einfluß der Seemacht auf die Geschichte*. 2 Bde., Berlin 1898–99.)
Manchester, W.: *The Arms of Krupp*. Boston 1964. (dt.: *Krupp. 12 Generationen*. München 1968.)
— *Winston Churchill: The Last Lion, 1874–1932*. Boston 1983.
Mansergh, N.: *The Coming of the First World War*. New York 1949.
Marder, A. J.: *From the Dreadnought to Scapa Flow: The Royal Navy in the Fisher Era, 1904–1919*. 5 Bde., London 1961–65.
— *The Anatomy of British Seapower: A History of British Naval Policy in the Pre-Dreadnought Era, 1880–1905*. New York 1976.
Marwick, A.: *The Deluge: British Society and the First World War*. Boston 1960.
Maurice, Major General Sir F.: *Haldane, 1856–1928*. 2 Bde., London 1937–39.
Maurois, A.: *The Edwardian Era*. New York 1933.
Mayer, A. J.: *The Persistence of the Old Regime: Europe to the Great War*. New York 1981.
McKenna, S.: *Reginald McKenna, 1863–1943: A Memoir*. London 1948.
Morgan, T.: *Churchill: Young Man in a Hurry*. New York 1982.

Morley, J.: *The Life of William Eward Gladstone.* 2 Bde., London 1905.
— *Recollections.* 2 Bde., New York 1917.
Morris, J.: *Pax Britannica.* New York 1968.
Morton, F.: *A Nervous Splendor: Vienna 1888–1889.* New York 1979.
Müller, G. A. von: *Der Kaiser ... Aufzeichnungen des Chefs des Marinekabinetts.* Hg. v. W. Görlitz. Göttingen 1965.
Munz, S.: *King Edward VII at Marienbad.* London 1934.
Newton, Lord: *Lord Lansdowne: A Biography.* London 1929.
Nichols, J. A.: *Germany After Bismarck: The Caprivi Era, 1890–1894.* Cambridge, MA 1958.
Nicolson, Sir H.: *Sir Arthur Nicolson: A Study in the Old Diplomacy.* London 1930.
— *King George the Fifth: His Life and Reign.* London 1952. (dt.: *Georg V.,* München 1954.)
O'Connor R.: *The Spirit Soldiers: A Historical Narrative of the Boxer Rebellion.* New York 1973.
Padfield, P.: *Aim Straight: A Biography of Sir Percy Scott.* London 1966.
— *The Battleship Era.* London 1972.
— *The Great Naval Race.* London 1974.
— *Rule Britannia: The Victorian and Edwardian Navy.* London 1981.
Paget, Lady W.: *Scenes and Memories.* New York 1912.
Pakenham, E.: *Jameson's Raid.* London 1960.
Pakenham, T.: *The Boer War.* New York 1979.
Paléologue, M.: *An Ambassador's Memoirs.* 3 Bde., New York 1925.
Parkes, O.: *British Battleships, 1860–1950:* A History of Design, Construction and Armament. London 1957.
Pick, F. W.: *Searchlight on German Africa.* London 1939.
Pless, Princess Daisy of: *Daisy Princess of Pless.* New York 1929.
— *Better Left Unsaid.* New York 1931.
Ponsonby, Sir F. (Hg.): *Briefe der Kaiserin Friedrich.* Berlin 1929.
— *Recollections of Three Reigns.* London 1951.
Pope-Hennessy, J.: *Queen Mary.* London 1960.
Porter, C.: *Not Without a Chaperone: Modes and Manners from 1897 to 1914.* London 1972.
Puleston, W. D.: *Mahan. The Life and Work of Captain Alfred Thayer Mahan.* New Haven 1939.
Rathenau, W.: *Tagebuch 1907–1922.* Hg. v. H. Pogge von Strandmann. Düsseldorf 1967.
Reischach, H. von: *Unter drei Kaisern.* Berlin 1925.
Riezler, K.: *Tagebücher, Aufsätze, Dokumente.* Hg. v. K. D. Erdmann. Göttingen 1972.
Ritter, G.: *Das Problem des Militarismus in Deutschland.* Bonn 1954.
Robertson, Sir C. G.: *Bismarck.* New York 1919.
Röhl, J. C. G.: *Germany Without Bismarck: The Crisis of Government in the Second Reich, 1890–1900.* London 1967. (dt.: *Deutschland ohne Bismarck.*) Tübingen 1969.
— (Hg.): *Philipp Eulenburgs politische Korrespondenz.* 3 Bde., Boppard/Rh. 1976 bis 83.

– und N. Sombart (Hg.): *Kaiser Wilhelm II: New Interpretations*. New York 1982.
Rose, K.: *King George V.* London 1983.
Rotberg, R. I.: *The Founder: Cecil Rhodes and the Pursuit of Power*. New York 1988.
Sazonov, S.: *Fateful Years*. New York 1928.
Scheer, Admiral R.: *Germany's High Seas Fleet in the World War*. New York 1934.
Schieder, W. (Hg.): *Der 1. Weltkrieg*. Köln 1969.
Schlözer, K. von: *Briefe eines Diplomaten*. Hg. v. H. Flügel. Stuttgart 1957.
Schmitt, B. E.: *England and Germany, 1740–1914*. Princeton, N. J. 1916.
Schneidewin, M.: »Briefe des toten Reichskanzlers von Caprivi«. In: *Deutsche Revue* 47 (2), 1922, S. 136–147.
*Schulthess' europäischer Geschichtskalender*. Schulthess u. a., Hg. v. H. München 1861–1942.
Schweinitz, H. L. von: *Denkwürdigkeiten des Botschafters General von Schweinitz*. Hg. v. W. von Schweinitz. 2 Bde., Berlin 1927.
Scott, Admiral Sir P.: *Fifty Years in the Royal Navy*. New York 1919.
Spender, J. A.: *The Life of the Right Hon. Sir Henry Campbell-Bannerman*. 2 Bde., London 1923.
– *The Public Life*. 2 Bde., London 1925.
– *Fifty Years of Europe: A Study in Pre-War Documents*. London 1933.
– und C. Asquith: *Life of Herbert Henry Asquith, Lord Oxford and Asquith*. 2 Bde., London 1932.
Stamper, C. W.: *What I Know, Reminiscences of Five Years Personal Attendance Upon His Late Majesty King Edward VII*. London 1913.
Steinberg, J.: *Yesterday's Deterrent: Tirpitz and the Birth of the German Battle Fleet*. New York 1965.
Steiner, Z. S.: *The Foreign Office and Foreign Policy*. New York 1969.
– *Britain and the Origins of the First World War*. New York 1977.
Stephen, A.: *The Dreadnought Hoax*. London 1983.
Stern, F.: *Gold and Iron: Bismarck, Bleichröder and the Building of the German Empire*. New York 1977. (dt.: *Gold und Eisen*. Frankfurt/M., Berlin 1978.)
Strachey, L.: *Queen Victoria*. New York 1949.
Taylor, A. J. P.: *Bismarck: The Man and the Statesman*. New York 1961. (dt.: Bismarck. München 1962.)
– *Essays in English History*. London 1976.
Thimme, F. (Hg.): *Front wider Bülow*: Staatsmänner, Diplomaten und Forscher zu seinen Denkwürdigkeiten. München 1931.
Thomas, G. M.: *The Twelve Days: 24 July to 4 August 1914*. London 1964.
Tirpitz, A. von: *Erinnerungen*. Leipzig 1919.
– *Politische Dokumente. Der Aufbau der deutschen Weltmacht*. 2 Bde., Berlin, Stuttgart 1924.
Topham, A.: *Memories of the Kaiser's Court*. London 1914.
Treitschke, H. von: *Politik*. Vorlesungen. 2 Bde., 3. Aufl., Leipzig 1913.
Trevelyan, G. M.: *Grey of Fallodon*. New York 1937.
Trotha, A. von: *Großadmiral von Tirpitz: Flottenbau und Reichsgedanke*. Breslau 1933.

Trotter, W. P.: *The Royal Navy in Old Photographs*. London 1975.
Tuchman, B.: *The Guns of August*. New York 1962. (dt.: *August 1914*. Frankfurt/M. 1990.)
– *The Proud Tower: A Portrait of the World Before the War, 1890–1914*. New York 1966. (dt. *Der stolze Turm*. Ein Porträt der Welt vor dem Ersten Weltkrieg 1890 bis 1914. München 1969.)
Valentini, R. von: *Kaiser und Kabinettschef*. Hg. v. B. Schwertfeger. Oldenburg 1931.
Victoria, Queen: *The Letters of Queen Victoria, 1886–1901*. Hg. v. G. E. Buckle. 3 Bde., New York 1932.
Vietsch, E. von: *Bethmann Hollweg*. Staatsmann zwischen Macht und Ethos. Boppard/Rh. 1969.
Viktoria Luise, Herzogin von Braunschweig und Lüneburg: *Ein Leben als Tochter des Kaisers*. Hannover 1965.
Vizetelly, H.: *Berlin Under the New Empire*. 2 Bde., New York 1968.
Waldersee, A. von: *Denkwürdigkeiten*. Hg. v. H. O. Meisner. 3 Bde., Stuttgart, Berlin 1923–25.
Waldeyer-Hartz, H. von: *Admiral Hipper*. Leipzig 1933.
Warner, O.: *Victory: The Life of Lord Nelson*. Boston 1958. (dt.: *Lord Nelson*. Stuttgart 1965.)
Watson, A. E. T.: *King Edward VII as a Sportsman*. New York 1911.
Wemyss, Lady W.: *The Life and Letters of Lord Wester Wemyss, Admiral of the Fleet*. London 1935.
Wile, F. W.: *Men Around the Kaiser*. Philadelphia 1913.
Wilhelm, Kronprinz: *Erinnerungen*. Hg. v. K. Rosner. Berlin, Stuttgart 1922.
Wilhelm II.: *Das persönliche Regiment*. Reden und sonstige Äußerungen Wilhelms II., Hg. v. W. Schröder. München 1907.
– *Ereignisse und Gestalten aus den Jahren 1878–1918*. Leipzig, Berlin 1922.
– *Aus meinem Leben, 1859–1888*. Berlin 1927.
Williamson, S. R., Jr.: *The Politics of Grand Strategy: Britain and France Prepare for War, 1904–1914*. Cambridge, MA 1969.
Willis, E. F.: *Prince Lichnowsky: Ambassador of Peace, 1912–1914*. Berkeley 1942.
Willoughby de Broke, Lord R. G. V.: *The Passing Years*. London 1924.
Wilson, J.: *CB: A Life of Sir Henry Campbell-Bannerman*. London 1973.
Windelband, W.: *Bismarck und die europäischen Großmächte, 1879–1885*. Essen 1940.
Winton, J.: *Jellicoe*. London 1981.
Woodward, E. L.: *Great Britain and the German Navy*. New York 1935.
Young, K.: *Arthur James Balfour*. London 1963.
Zechlin, E.: »Bethmann Hollweg, Kriegsrisiko und die SPD«. In: *Der Monat*, Januar 1966.
Zedlitz-Trützschler, R. von: *Zwölf Jahre am deutschen Kaiserhof*. Stuttgart, Berlin 1924.
Zmarzlik, H. G.: *Bethmann Hollweg als Reichskanzler, 1909–1914*. Düsseldorf 1957.
*Die Zukunft*. Hg. v. M. Harden. Berlin 1909, Jg. 67.

# ANMERKUNGEN

In den Anmerkungen verwendete Abkürzungen:

BD: *British Documents on the Origins of the War*, 1898–1914, hg. v. G. P. Gooch und H. Temperley, 11 Bde., His Majesty's Stationery Office, London 1927–38.
DGP: *Die große Politik der europäischen Kabinette, 1871–1914*, 40 Bde., Berlin 1922–27.
PRO: Public Record Office, Kew, England. Zitiert nach Dokumentnummer.

## Trafalgar

11 *Diese weit entfernten, vom Sturm gepeitschten Schiffe*: A. T. Mahan, *The Influence of Seapower Upon the French Revolution and Empire, 1793–1812*, 2 Bde., Boston 1898, S. 118.
*Kein Kapitän kann viel verkehrt machen*: D. Howarth, *Trafalgar: The Nelson Touch*, New York 1969, S. 73.

## Einführung: Seemacht

13 *schwarzhaarige kleine Spanier*: *Daily Mail*, 26. Juni 1897.
*Das Proviantamt sagt*: PRO, ADM-179, Nr. 55.
14 *An erster Stelle unter den Ausländern*: *Daily Chronicle*, 26. Juni 1897.
*auch jetzt noch könnten ... die Mündungen*: Ebd.
15 *keineswegs der Ansehnlichkeit*: *The Times*, 26. Juni 1897.
*Werden sie der Beanspruchung und Abnutzung standhalten*: *Daily Mail*, 26. Juni 1897.
16 *Die Offiziere der Vereinigten Staaten*: *Daily Chronicle*, 26. Juni 1897.
*Deutschland hat uns weder sein neuestes noch sein bestes Schiff geschickt*: *Daily Mail*, 26. Juni 1897.
*bedaure zutiefst*: *Daily News*, 26. Juni 1897.
17 *eine große Fernstraße*: Mahan, a.a.O., S. 25.
18 *Gebt mir sechs Stunden*: W. D. Puleston, *Mahan*, New Haven 1939, S. 117.

19 *Frankreich ist und wird immer Großbritanniens größte Gefahr bleiben*: G. Cecil, *Life of Robert, Marquis of Salisbury*, 4 Bde., London 1921–32, Bd. 4, S. 106.
*Die Länder, gegen die wir*: P. Kennedy, *The Rise of the Anglo-German Antagonism*, London 1980, S. 191.
20 *Gegenwärtig lese ich Kapitän Mahans Buch*: Puleston, a.a.O., S. 159.
22 *Sie schloß die Reihen der Entente*: W. S. Churchill, *The World Crisis, 1911–1918*, 4 Bde., New York 1923–29, Bd. 1, S. 114–15.
24 *um nicht einem von den Kleinen auf die Zehen zu treten*: *Daily Mail*, 28. Juni 1897.
25 *Niemand sah besser aus*: *Daily News*, 28. Juni 1897.
26 *Vielleicht kann ihre Zügellosigkeit*: *The Times*, 28. Juni 1897.
*Admiräle soeben vorgestellt*: PRO, ADM-179, Nr. 55.
27 *feurige Linien*: *Daily Chronicle*, 28. Juni 1897.
*eine Myriade brillanter Perlen*: *Daily News*, 28. Juni 1897.
*eine feenhafte Flotte*: *Daily Mail*, 28. Juni 1897.
28 *Um Schlag zwölf*: Ebd.

## I. Teil:
## Die deutsche Herausforderung

### 1. Kapitel: Victoria und Bertie

31 *Ich habe ein Empfinden für unser liebes kleines Deutschland*: L. Strachey, *Queen Victoria*, New York 1949, S. 177.
*ein Narr, ein Verschwender*: E. Longford, *Queen Victoria*, New York 1964, S. 62.
32 *Was soll die Kapelle als nächstes spielen*: Ebd., S. 27.
*Die darfst du nicht anfassen*: Ebd., S. 28.
*Es gibt keinen königlichen Weg zur Musik*: Ebd., S. 31.
*Ich bin dem Thron näher*: Ebd., S. 32.
*Ich bin sehr jung*: Ebd., S. 61.
33 *gutherzigsten, freundlichsten ... Mann*: Ebd., S. 66.
*Alle Hunde mögen mich*: Ebd., S. 74.
*Ich will mich zu einem guten und nützlichen Mann bilden*: Ebd., S. 130.
*Alberts Schönheit ist auffallend*: Ebd., S. 133.
*zarten Schnurrbart... schöne Gestalt*: Ebd.
*Mit einiger Gemütsbewegung*: Ebd., S. 132.
*Du vergißt, mein Liebster*: Ebd., S. 140.
*krank oder nicht, ich habe NIEMALS*: Ebd., S. 143.
34 *der Gatte sein, nicht der Hausherr*: Ebd., S. 148.
*Wir beteten, daß unser kleiner Junge*: R. Esher, *The Influence of King Edward and Other Essays*, London 1915, S. 2.

34 *Deutsch wie ihre Muttersprache beherrschten*: S. Lee, *King Edward VII*, 2 Bde., New York 1925–27, Bd. 1, S. 17.
*durch das Zusammensein mit der königlichen Prinzessin*: P. Magnus, *King Edward the Seventh*, New York 1964, S. 9.
*Was Du über den Stolz schreibst*: Longford, a.a.O., S. 271.
35 *Mittagessen: Fleisch und Gemüse*: Ebd., S. 276.
*Kleidung ist das äußere Zeichen*: Esher, a.a.O., S. 11.
*Ein Mann von Stand*: Lee, a.a.O., Bd. 1, S. 49.
36 *Du kannst mit uns Gott danken*: Magnus, a.a.O., S. 17.
*Ich bin seinetwegen sehr bekümmert*: Ebd., S. 25.
*Du wirst Bertie erwachsen und vervollkommnet finden*: Ebd., S. 27.
*Bertie hat ein bemerkenswertes gesellschaftliches Talent*: Ebd.
*Berties Neigung ist unbeschreibliche Faulheit*: Ebd., S. 32.
37 *Es tut mir sehr leid*: Ebd., S. 28.
*Er war überall ungeheuer populär*: Ebd., S. 41.
*Gutes Aussehen, Gesundheit*: G. Battiscombe, *Queen Alexandra*, London 1969, S. 17.
*Sie ist ein gutes Stück größer als ich*: Ebd., S. 21.
*eine Perle, die nicht verloren gehen darf*: Ebd., S. 23.
38 *unerhört schön*: Magnus, a.a.O., S. 46.
*Alix hat Eindruck auf Bertie gemacht*: Ebd., S. 49.
*schwerzen Herzens über einen Gegenstand*: Ebd., S. 51.
39 *einen tapferen Kampf auszufechten*: Ebd.
*Es geht mir sehr schlecht*: Ebd., S. 52.
*Wie kann ich am Leben sein*: Longford, a.a.O., S. 307.
*Oh, dieser Junge*: Magnus, a.a.O., S. 52.
*daß gottlose Lumpen*: Longford, a.a.O., S. 315.
*Nach ein paar allgemeinen Bemerkungen*: Magnus, a.a.O., S. 59.
40 *Ich bekenne Dir offen*: Ebd., S. 60.
*Wie würde der geliebte Albert*: Ebd., S. 62.
Er *gibt euch seinen Segen*: Ebd., S. 67.
*Du magst denken, daß es mir gefällt*: Ebd.
41 *Also ist mein Georgie*: H. Nicolson, *King George the Fifth*, London 1952, S. 42.
*Die Prinzessin hatte eine weitere schlechte Nacht*: Battiscombe, a.a.O., S. 83.
*Ich lege großen Wert darauf, zu wiederholen*: Strachey, a.a.O., S. 303.
*Nach 1861 konnte ich den Gedanken*: Magnus, a.a.O., S. 77.
42 *nichts von streng vertraulicher Natur*: Longford, a.a.O., S. 365.
*Der Prinz von Wales… hat kein Recht, sich einzumischen*: Magnus, a.a.O., S. 166.
43 *Freddy, Freddy, du bist sehr betrunken*: Ebd., S. 92.
44 *und da es in Wien gegenwärtig 27 Erzherzöge gibt*: Magnus, a.a.O., S. 101.
45 *Ich wäre gern Ihr Sohn*: Longford, a.a.O., S. 274.
*Das Wetter ist noch immer ausgezeichnet*: F. Morton, *A Nervous Splendor*, New York 1979, S. 101.
*sich nie von der Vorstellung freigemacht hat*: B. von Bülow, *Denkwürdigkeiten*, 4 Bde., Berlin 1930–31, Bd. 4, S. 457.

46 *immerwährenden Schandfleck auf der deutschen Geschichte*: Lee, a.a.O., Bd. 1, S. 250.
47 *Eines Tages blickte sie*: Battiscombe, a.a.O., S. 209.
*Der Prinz von Wales schreibt mir*: Magnus, a.a.O., S. 236.

## 2. Kapitel: Vicky und Willy

48 *Oh, Madam, es ist eine Prinzessin*: Longford, a.a.O., S. 153.
*Queen, Queen, mach, daß sie mir gehorchen*: M. Balfour, *The Kaiser and His Times*, Boston 1964, S. 64.
*Victoria, geh und hol es selbst*: Longford, a.a.O., S. 259.
*Bertie ist meine Karikatur*: Magnus, a.a.O., S. 28.
49 *die Möglichkeit solch einer Regelung gar nicht erst erwägen*: Empress Frederick, *Letters of Empress Frederick*, London 1929, S. 8.
*Armes, liebes Kind!*: Strachey, a.a.O., S. 279.
*Ich glaube, es wird mich umbringen*: R. Barkeley, *The Empress Frederick*, London 1956, S. 60.
*Ich neige von Natur aus nicht zu Überschwenglichkeit*: Longford, a.a.O., S. 269.
50 *nach der englischen Heirat*: Empress Frederick, a.a.O., S. 10.
*Endlose dunkle Korridore*: W. Paget, *Scenes and Memories*, New York 1912, S. 53.
*Ein Land zu regieren ist kein Geschäft*: Balfour, a.a.O., S. 67.
*Du kannst dir nicht vorstellen*: Empress Frederick, a.a.O., S. 16.
51 *Sie kam aus einem Lande*: Wilhelm II., Nachwort zu: F. Ponsonby (Hg.), *Briefe der Kaiserin Friedrich*, Berlin 1929, S. 492.
*Unser... liebes Enkelkind... kam herein*: Empress Frederick, a.a.O., S. 24.
52 *ein kluges, liebes, gutes kleines Kind*: V. Cowles, *The Kaiser*, New York 1963, S. 29.
*Der schwache Arm hat sich nicht gebessert*: Empress Frederick, a.a.O., S. 68.
*Er... würde ein sehr hübscher Junge sein*: Ebd., S. 120.
*Das Schwierigste vor allem aber war*: Wilhelm II., *Aus meinem Leben*, Berlin 1927, S. 32 f.
*den weinenden Prinzen*: Ebd.
*Aber bitter hart war der Unterricht*: Ebd.
53 *Seine Ausbildung wird... eine wichtige Aufgabe sein*: L. Cecil, »History as Family Chronicle«, in: J. C. G. Röhl und N. Sombart (Hg.), *Kaiser Wilhelm II: New Interpretations*, New York 1982, S. 95.
*war ganz auf harte, nüchterne Pflichterfüllung*: Wilhelm II., a.a.O., S. 24 f.
*Willy ist ein lieber, interessanter, bezaubernder Junge*: Balfour, a.a.O., S. 81.
*Ich bin überzeugt, daß Du mit Wilhelm zufrieden sein würdest*: Empress Frederick, a.a.O., S. 119.
*noch der schönen Stunden*: Wilhelm II., a.a.O., S. 10.
54 *Es ist unmöglich, zwei nettere Jungen... zu finden*: Empress Frederick, a.a.O., S. 168.
*Willy würde mit dem Bath zufrieden sein*: Ebd., S. 174.

55 *die fiebrige Hast und Unruhe*: Wilhelm II., a.a.O., S. 184.
*Sehnsucht dahin, eine große Reise ... zu machen*: Ebd.
56 *Wegen seines großen Umfanges*: Ebd., S. 6.
*Ich habe von den Anordnungen*: O. von Bismarck, *Gedanken und Erinnerungen*, 3 Bde., Stuttgart, Berlin 1898, 1919, Bd. 1, S. 317.
*Fritz einen zornigen Brief*: Empress Frederick, a.a.O., S. 41.
*Eine loyale Anwendung der Gesetze*: Ebd., S. 46.
57 *Fritz ... hat zum ersten Mal in seinem Leben*: Ebd., S. 43.
*wir sind schrecklich allein*: Ebd.
*Ich fühle, daß ich jetzt genauso stolz bin*: Ebd., S. 65.
*Für uns und für viele nachdenkliche Deutsche*: Ebd., S. 138.
*Ich frage mich, warum Bismarck*: Ebd., S. 191.
58 *Zum Braten wurde eine Flasche Sekt ... gestellt*: Wilhelm II., a.a.O., S. 100.
*fand ich wirklich meine Familie*: L. Cecil, »History as Family Chronicle«, in: Röhl und Sombart (Hg.), a.a.O., S. 96.
*mein Sohn, der reine Gardeleutnant*: F. von Holstein, *Die geheimen Papiere*, 4 Bde., Göttingen 1956–63, Bd. 2, S. 37.
59 *nett, aber einfältig*: Balfour, a.a.O., S. 86.
*Ich habe nie eine Frau in dieser Position kennengelernt*: Ebd., S. 87.
*Halleluja-Tanten ... einen Haufen von verwünschten Eselinnen*: L. Cecil, »History as Family Chronicle«, in: Röhl und Sombart (Hg.), a.a.O., S. 98.
60 *die englische Kolonie*: Ebd., S. 99.
*einen falschen und intriganten Charakter*: Ebd., S. 100.
*schon damals auf unsere Abhängigkeit*: Wilhelm II., a.a.O., S. 242.
*Angesichts der mangelnden Reife*: Bismarck, a.a.O., Bd. 3, S. 2.
61 *Meine Dienstleistung im Auswärtigen Amte*: Wilhelm II., a.a.O., S. 243.
*Jetzt regiert Bismarck*: Holstein, a.a.O., Bd. 2, S. 218.
*Fragen Sie meine Frau*: Ebd., S. 211.
*Absolut ausgeschlossen*: Ebd.
*Man muß nur sehen*: Ebd.
62 *da sie gern Pfirsich-Kompott ißt*: Ebd., S. 179.
*Mit meinem Vater*: H. von Bismarck, *Aus seiner Privatkorrespondenz*, Göttingen 1964, S. 388 f.
*Die außerordentliche Impertinenz*: Balfour, a.a.O., S. 101.
63 *das alte Reff*: Holstein, a.a.O., Bd. 2, S. 280.
*Wilhelm ist immer sehr überrascht*: Balfour, a.a.O., S. 101.
*Er geruhte nicht, sich zu erinnern*: Empress Frederick, a.a.O., S. 200.
*Der Traum meines Lebens*: Ebd., S. 215.
64 *Die behandelnden Ärzte*: O. von Bismarck, a.a.O., Bd. 2, S. 306.
*nicht gefährlicher als ein ... Luftröhrenschnitt*: Wilhelm II., a.a.O., S. 331.
*bei dem Gedanken, daß ein Messer seine liebe Kehle berührt*: Barkeley, a.a.O., S. 193.
*größter Spezialist*: Holstein, a.a.O., Bd. 2, S. 386.
*sondern um eine polypöse ... Geschwulst*: Wilhelm II., a.a.O., S. 331.
65 *Meine Ankunft ... wenig Freude*: Ebd., S. 335.

66 *Du fragst, wie Willy war*: Empress Frederick, a.a.O., S. 256.
*Mein Vater nahm sein Todesurteil*: Wilhelm II., a.a.O., S. 336.
*Die Vorstellung, daß ich*: Empress Frederick, a.a.O., S. 260.
*Mein Liebling hat ein Schicksal vor sich*: Queen Victoria, *The Letters of Queen Victoria, 1886–1901*, 3 Bde., New York 1932, Bd. 1, S. 359.
67 *Je hinfälliger der Kaiser wird*: Longford, a.a.O., S. 503.
*Der Anblick meines Vaters*: Wilhelm II., a.a.O., S. 342f.
*Ich danke Ihnen*: Empress Frederick, a.a.O., S. 286.
*In diesem Augenblick tiefer Gemütsbewegung*: Queen Victoria, a.a.O., Bd. 1, S. 390.
*war die Führung der Geschäfte*: L. Cecil, *The German Diplomatic Service, 1871–1914*, Princeton, N. J. 1976, S. 205.
*Meine liebe Kaiserin Victoria*: Longford, a.a.O., S. 505.
68 *er versicherte mir*: Queen Victoria, a.a.O., Bd. 1, S. 405.
*Was für eine Frau!*: Longford, a. a. O., S. 506.
*fidelen kleinen Proppen*: Holstein, a.a.O., Bd. 1, S. 141.
*Ich verstehe nicht*: Bülow, a.a.O., Bd. 4, S. 619.
*Es war schrecklich*: Queen Victoria, a.a.O., Bd. 1, S. 408.
*Ich konnte ... sehr bald*: Wilhelm II., a.a.O., S. 350f.
69 *Wir durchleben traurige Zeiten*: Empress Frederick, a.a.O., S. 229.
*Charakteristisch ist das Benehmen*: Holstein, a.a.O., Bd. 2, S. 393.
*die englische Prinzessin, die meine Mutter ist*: J. C. G. Röhl (Hg.), *Philipp Eulenburgs politische Korrespondenz*, 3 Bde., Boppard/Rh. 1976–83, Bd. 1, S. 284.
70 *Es war von den verhängnisvollsten Folgen*: Wilhelm II., a.a.O., S. 331f.
71 *er glaube zwar fest daran*: Queen Victoria, a. a. O., Bd. 1, S. 377.
*Bin in größter Sorge*: Ebd., S. 416.
*Ich bin untröstlich*: Ebd., S. 417.
*Liebling, Liebling, unglückliches Kind*: Ebd., S. 507.
*Keiner von meinen eigenen Söhnen*: Ebd., S. 417.
*Versuche, mein lieber Georgy*: Magnus, a.a.O., S. 202.
*Oberst Swaine traf aus Berlin ein*: Queen Victoria, a. a. O., Bd. 1, S. 417.
72 *Die Königin ist sehr erfreut*: Ebd., S. 421.
*Laß Dich bitten, Nachsicht mit der armen Mama zu haben*: Ebd., S. 423.
*Es gibt viele Gerüchte*: Ebd., S. 424.
*wo ich hoffe, den Kaiser von Rußland zu treffen*: Ebd., S. 425.
73 *Erwarte, daß wir in unseren Kommunikationen*: Ebd., S. 429.

## 3. Kapitel: »Blut und Eisen«

76 *keine Freunde, nur Werkzeuge*: F. Stern, *Gold und Eisen*, Frankfurt/M., Berlin 1978, S. 291.
*einer schwäbischen Familie*: M. Busch, *Tagebuchblätter*, 2 Bde., Leipzig 1899, Bd. 1, S. 247.

77 *der begabte, kluge Sohn*: A. J. P. Taylor, *Bismarck*, München 1962, S. 14.
78 *Er beabsichtige nicht*: Ebd., S. 20.
79 *Was haben mir die Inder zuleide getan?*: Ebd., S. 22.
*Ich habe mit Vorgesetzten*: Ebd.
*liebe den Pietismus an Frauen*: Ebd.
*Mir ist der Gedanke*: T. Klein, *Der Kanzler*, München 1915, S. 72f.
80 *Was uns gehalten hat*: Ebd., S. 90f.
81 *Ja, es ist ein heißer Tag*: C. G. Robertson, *Bismarck*, New York 1919, S. 85.
*Es ist eines von jenen Häusern*: E. Crankshaw, *Bismarck*, New York 1981, S. 73.
*Ich habe... auf die Frage*: O. von Bismarck, *Die gesammelten Werke*, 15 Bde., Berlin 1923–33, Bd. 14, S. 469.
*kaltgestellt*: Taylor, a.a.O., S. 44.
*Bismarck [erfährt] aus Berlin kein Wort*: K. von Schlözer, *Briefe eines Diplomaten*, Stuttgart 1957, S. 117.
82 *Unsichtbar für alle Menschen*: O. von Bismarck, a.a.O., 1923–33, Bd. 14, S. 612.
*Wenn ich Anlage zu Neid... hätte*: R. von Keudell, *Fürst und Fürstin Bismarck*, Berlin 1901, S. 96.
83 *Periculum in mora!*: E. Eyck, *Bismarck und das Deutsche Reich*, Erlenbach-Zürich 1955, S. 63.
*Er ist hier*: Taylor, a.a.O., S. 51.
*Nicht auf Preußens Liberalismus*: Ebd., S. 56.
84 *Das preußische Königtum*: Robertson, a.a.O., S. 128.
*Während ich Dir schreibe*: O. von Bismarck, a.a.O., 1923–33, Bd. 14, S. 639.
85 *Es ist nicht unsere Sorge*: Taylor, a.a.O., S. 70.
87 *Österreichs Rivalitätskampf gegen uns*: Ebd., S. 85.
*die undankbare Aufgabe*: Klein, a.a.O., S. 195.
*Sie wissen, daß ich gegen den Krieg gewesen bin*: O. von Bismarck, a.a.O., 1898, 1919, Bd. 2, S. 47.
88 *Frankreich ist es, das bei Sadowa geschlagen wurde*: Taylor, a.a.O., S. 87.
*Ihr wollt also den Krieg*: O. von Bismarck, a.a.O., 1923–33, Bd. 7, S. 148f.
*schweren, sehr schweren Herzens*: Eyck, a.a.O., S. 213.
89 *Die Ehre und die Interessen Frankreichs*: Crankshaw, a.a.O., S. 263.
*eine Versicherung*: Ebd., S. 267.
*bis zum letzten Gamaschenknopf*: Robertson, a.a.O., S. 259.
90 *Ich mag gar nicht*: Taylor, a.a.O., S. 128.
*Wir werden nicht mehr als die unschuldigen Opfer... betrachtet*: Friedrich III., *Das Kriegstagebuch von 1870–71*, Leipzig 1926, S. 202f.
91 *Ein Faß Rheinwein*: Taylor, a.a.O., S. 129.
93 *umgeben vom eisernen Strahlenkranz*: Crankshaw, a.a.O., S. 304.
*Seine Worte flößen Respekt ein*: Robertson, a.a.O., S. 299.
*Der Kaiser ist nicht mein Monarch*: Balfour, a.a.O., S. 21.
94 *das Feigenblatt des Absolutismus*: Ebd., S. 23.
95 *Ist denn hier nicht in der Nähe*: H. von Eckardstein, *Lebenserinnerungen*, 3 Bde., Leipzig 1919–20, Bd. 1, S. 39f.
96 *Mit welchem großen Fonds*: Taylor, a.a.O., S. 158.

96 *Es ist nicht leicht*: Ebd., S. 132.
97 *Ich habe das unglückliche Naturell*: Ebd., S. 15.
*Faust klagt über die zwei Seelen*: Ebd., S. 14.
*Im Gegenteil. Ich bin ganz Nerven*: Ebd.
*Bisweilen fühle ich ein Bedürfnis*: Holstein, a.a.O., Bd. 2, S. 42.
*Das finde ich unhöflich gegen die Tiere*: Ebd., S. 56.
*Ach, es dauert nur immer nicht lange*: Ebd., Bd. 1, S. 125.
*Zum Teil kam das*: Ebd.
98 *Ich bin kein Redner*: Taylor, a.a.O., S. 191.
99 *Ich habe Bismarck nie*: Bülow, a.a.O., Bd. 4, S. 297.
*verwohntes altes Ungetüm*: Taylor, a.a.O., S. 109.
*Ich war ergriffen*: Bülow, a.a.O., Bd. 1, S. 23 f.
100 *Sie essen hier ständig, bis die Wände platzen*: Crankshaw, a.a.O., S. 386.
*Ich habe die ganze Nacht gehaßt*: Taylor, a.a.O., S. 132.
*Dieser Druck auf mein Gehirn*: O. von Bismarck, a.a.O., 1923–33, Bd. 6, S. 19.
*seit Jahr und Tag einen Ruck*: Holstein, a.a.O., Bd. 2, S. 104 f.
101 *Ich schätze es nicht*: Taylor, a.a.O., S. 189.
*Neigung zu Ausschreitungen*: Holstein, a.a.O., Bd. 2, S. 51.
102 *Herbert ist ungleichmäßig entwickelt*: Ebd., S. 216.
*Schon jetzt gehen die Botschafter*: Ebd., S. 215 f.
*Die Art, Herbert zum Reden zu bringen*: Ebd.
*Zunächst verfolgen Vater und Sohn*: Ebd.
*Hatzfeldt hier weg*: Ebd., S. 226.
103 *Sage hiervon aber*: Stern, a.a.O., S. 319.
*In jedem großen Staat*: L. Cecil, a.a.O., S. 231.
*Ich gehe niemals nach Paris*: Robertson, a.a.O., S. 482.
*ein Kaiser, der nicht reden*: Lee, a.a.O., Bd. 1., S. 643.
*Die Vorträge des jungen Bismarck*: Bülow, a.a.O., Bd. 2, S. 54.
*Neuerdings kommt es mir beinahe so vor*: Ebd.
*Herbert ist mit noch nicht*: Ebd.
104 *Sie brauchen ihn mir gar nicht zu loben*: Ebd.

## 4. Kapitel: Bismarcks großer Entwurf

105 *Wir sind saturiert*: Robertson, a.a.O., S. 341.
106 *Sie vergessen die Bedeutung*: N. Mansergh, *The Coming of the First World War*, New York 1949, S. 18.
*Wir vergessen nicht, daß sie in Elsaß-Lothringen*: Ebd., S. 19.
107 *Denken Sie daran, wir verbieten Ihnen*: Robertson, a.a.O., S. 349.
*Wenn Wien oder London gewählt wird*: DGP, Bd. 2, S. 175.
108 *die schmucke preußische Fregatte*: Crankshaw, a.a.O., S. 355.
*welches auch nur die gesunden Knochen*: Taylor, a.a.O., S. 161.

109 *Niemals wird Preußen vergessen*: Eyck, a.a.O., S. 171.
*Der Fürst Bismarck sagt selbst*: W. Windelband, *Bismarck und die europäischen Großmächte*, Essen 1940, S. 79.
110 *Bismarck ... notwendiger*: Taylor, a.a.O., S. 188.
*Die, welche mich zu diesem Schritt*: Eyck, a.a.O., S. 334.
*Selbst der günstigste Ausgang des Krieges*: Stern, a.a.O., S. 535.
111 *Unsere Politik mit ihren ... Engagements*: Holstein, a.a.O., Bd. 2, S. 375.
112 *großen utopischen Schwätzer*: Eckardstein, a.a.O., Bd. 1, S. 200.
*jene unmenschliche Ausnahme*: E. T. S. Dugdale, *German Diplomatic Documents, 1871–1914*, 4 Bde., London 1928, Bd. 1, S. 151.
113 *sehr angenehme Tage*: DGP, Bd. 4, S. 38.
*mit deutschen Interessen vereinbar*: Ebd.
*England braucht kein Bündnis*: Ebd., S. 47.
*Wir sind dem Fürsten Bismarck ungewöhnlich dankbar*: Ebd.
116 *My Lord, es heißt*: Stern, a.a.O., S. 502.
*Weder meine Kollegen noch ich*: DGP, Bd. 4, S. 63.
*Es ist für mich ... sehr hart*: Ebd., S. 67.
*in meiner Gegenwart mit Lord Derby*: Ebd.
*Ich erwiderte dem edlen Lord*: Ebd.
*weshalb das Recht zu kolonisieren*: Ebd., S. 60.
*Das Versteckspielen mit dem Kolonialamt*: Ebd., S. 51.
*Unsere Freundschaft kann der englischen Politik von hohem Nutzen sein*: Ebd., S. 77.
117 *Was die Engländer angeht*: Bülow, a.a.O., Bd. 4, S. 556.
*unterdes seinem Handel nachginge*: DGP, Bd. 4, S. 101.
*lebhafte Gebärden und starke ... Entrüstungsrufe*: Ebd.
*Herbert von Bismarck ist wieder herübergekommen*: Robertson, a.a.O., S. 443.
*Wenn Sie nicht koloniale Bestrebungen hätten*: DGP, Bd. 4, S. 104.
*Mit Mr. Gladstone*: Ebd.
118 *die Ausdehnung Deutschlands*: Crankshaw, a.a.O., S. 397.
*Sie in Berlin auf ihren Kommunikationsstil achten müssen*: Balfour, a.a.O., S. 54.
*lebhaften ... Erinnerung an die Freundlichkeit*: DGP, Bd. 4, S. 132.
*an Ihren eigenen Worten zu sehen*: Ebd., S. 133.
*Die Freundschaft Lord Salisburys*: Eckardstein, a.a.O., Bd. 1, S. 307.
*Hier liegt Rußland*: O. von Bismarck, a.a.O., 1923–33, Bd. 8, S. 646.
*Ich bin kein Kolonialmensch*: Eyck, a.a.O., S. 343.
*Gladstone-Kabinett*: Taylor, a.a.O., S. 187.
119 *das einzige Ziel der deutschen Kolonialpolitik*: Holstein, a.a.O., Bd. 2, S. 200.
*Als wir in die Kolonialpolitik hineingingen*: Eyck, a.a.O., S. 348.
120 *Daß Fürst Bismarck*: Eckardstein, a.a.O., Bd. 2, S. 103.
*Einstweilen lassen wir den Vorschlag auf dem Tisch*: DGP, Bd. 4, S. 405.
*Wir bitten nicht länger um Liebe*: O. von Bismarck, a.a.O., 1923–33, Bd. 13, S. 347.
122 *Der Kaiser ist wie ein Ballon*: Ponsonby (Hg.), a.a.O., S. 376.
*zuviel von dem Kanzler*: O. von Bismarck, a.a.O., 1898, 1919, Bd. 3, S. 50.
124 *seine und der Seinigen Arbeitskräfte*: Ebd., S. 51 f.

124 *Die Aktionäre und Unternehmer müßten nachgeben*: Ebd., S. 58.
*wegen der praktischen Ziellosigkeit*: Ebd., S. 54.
126 *Die Wogen*: J. A. Nichols, *Germany After Bismarck*, Cambridge, MA 1958, S. 17.
*Das sind ja gar nicht meine Minister*: Eyck, a.a.O., S. 399.
*sich … eines direkten Geschäftsverkehrs*: J. C. G. Röhl, *Deutschland ohne Bismarck*, Tübingen 1969, S. 46.
127 *Der Kanzler hat unzweideutig*: Eyck, a.a.O., S. 402.
*Ich komme vom Sterbebett*: Ebd., S. 406.
128 *So – ich habe die Bestellung*: O. von Bismarck, a.a.O., 1898, 1919, Bd. 3, S. 81.
*Nun, Sie haben ihn doch*: Ebd.
*Auch nicht, wenn Ihr Souverän*: Ebd.
*Wie soll ich ohne Verhandlungen*: Taylor, a.a.O., S. 236.
*un garçon mal élevé*: Nichols, a.a.O., S. 24.
129 *Ich [muß] es sehr bedauern*: O. von Bismarck, a.a.O., 1898, 1919, Bd. 3, S. 88.
*Mit tiefer Bewegung*: Ebd.
*Man soll mir gefälligst*: Taylor, a.a.O., S. 241.
*Ich bedaure tief*: Queen Victoria, a.a.O., Bd. 1, S. 581.
*Mir ist so weh*: Bülow, a.a.O., Bd. 4, S. 637 f.
130 *Ich bitte nur um etwas Mitgefühl*: Taylor, a.a.O., S. 241.
*Ich habe mich bei meinem alten Herrn abgemeldet*: Ebd.
*Ein Leichenbegräbnis erster Klasse*: Stern, a.a.O., S. 556.
*Die Leute könnten sich beruhigen*: Robertson, a.a.O., S. 508.
*das falsche Gesicht*: Taylor, a.a.O., S. 246.
131 *Wir haben nicht einen Augenblick daran gezweifelt*: Nichols, a.a.O., S. 197.
*Als Hauptnummer seines Programms*: O. Gradenwitz, *Bismarcks letzter Kampf, 1888–1898*, Berlin 1924, S. 240.
132 *Die Deutschen können sagen und tun*: Bülow, a.a.O., Bd. 1, S. 334.
133 *Wäre es eines so großen Monarchen würdig*: Ebd., Bd. 4, S. 682.
*zu sehen, wie lange es der alte Mann noch machen wird*: Taylor, a.a.O., S. 254.
*Wenn Sie es durchaus wollen*: Bülow, a.a.O., Bd. 1, S. 528.

## 5. Kapitel: Der neue Kurs: Wilhelm II., Caprivi und Hohenlohe

134 *[Der Kaiser] hält sich gut*: J. Morley, *Recollections*, 2 Bde., New York 1917, Bd. 1, S. 272.
*Wenn er lacht*: Balfour, a.a.O., S. 138.
*So gehören wir zusammen*: Cowles, S. 76.
135 *Rekruten! …Ihr habt Mir Treue geschworen*: *Schulthess' europäischer Geschichtskalender*, München, 1861–1942, (1891), S. 141.
*Einer nur ist Herr im Reiche*: Ebd., S. 80 f.
*mit seiner furchtbaren Verantwortung*: Bülow, a.a.O., Bd. 1, S. 118.

135 *Pest, die ausgerottet werden müßte*: Balfour, a.a.O., S. 159.
*vollständig gleichgültig*: Bülow, a.a.O., Bd. 2, S. 7.
*Wenn ich doch den Reichstag so aufgereiht sehen könnte*: Balfour, a.a.O., S. 159.
*er liebe England leidenschaftlich*: Ebd., S. 84.
*Nicht einer von Ihren Ministern*: A. Topham, *Memories of the Kaiser's Court*, London 1914, S. 207.
*verfluchte family*: Bülow, a.a.O., Bd. 1, S. 472.
136 *Wilhelm der Große*: Magnus, a.a.O., S. 309.
*Willy ist ein Bully*: Ebd., S. 214.
*der brillanteste Versager der Geschichte*: Ebd., S. 250.
*ein alter Pfau*: Lee, a.a.O., Bd. 1, S. 673.
*Er ist ein Satan*: Balfour, a.a.O., S. 265.
137 *wie ein Onkel seinen Neffen*: Queen Victoria, a.a.O., Bd. 1, S. 439.
*Diskussionen dieser Art*: Ebd., S. 440.
*Was die Annahme betrifft*: Ebd.
*Ich hoffe aufrichtig*: Lee, a.a.O., Bd. 1, S. 652.
*wie dieser Fehler entstanden sein konnte*: Magnus, a.a.O., S. 212.
*Die ganze Affäre ist absolut erfunden*: Ebd., S. 213.
138 *Ich bin glücklich, zu sehen*: Queen Victoria, a.a.O., Bd. 1, S. 505.
*Der Gedanke, die gleiche Uniform wie St. Vincent … zu tragen*: Lee, a.a.O., Bd. 1, S. 654.
*Ich bin jetzt imstande, ein Interesse … zu empfinden*: Queen Victoria, a.a.O., Bd. 1, S. 526.
*Ein Zar, ein unfehlbarer Papst*: Empress Frederick, a.a.O., S. 429.
*Wilhelm kommt nie*: Ebd., S. 330.
*Natürlich würde es weit besser für mich sein*: Cowles, a.a.O., S. 101.
139 *Wilhelm ist so blind und unerfahren*: Barkeley, a.a.O., S. 191.
*Er ist ein großes Kind*: Empress Frederick, a.a.O., S. 434.
*Meine Mutter und ich*: Queen Victoria, a.a.O., Bd. 1, S. 485.
*diesen schrecklichen Hexenschuß*: Empress Frederick, a.a.O., S. 463.
140 *ein typischer Teutone*: Nichols, a.a.O., S. 31.
141 *Es muß erst mindestens ein Nachfolger*: A. von Waldersee, *Denkwürdigkeiten*, 3 Bde., Stuttgart, Berlin 1923–25, Bd. 2, S. 102.
*Ich weiß, daß ich mit Schmutz beworfen werde*: M. Schneidewin, »Briefe des toten Reichskanzlers von Caprivi«, in: *Deutsche Revue* 47 (2), 1922, S. 142f.
*Wir kommen mit Caprivi gut voran*: L. Cecil, a.a.O., S. 258.
*nach Bismarck der größte Deutsche*: Nichols, a.a.O., S. 34.
*die Nation nach der vorangegangenen Epoche*: Röhl, a.a.O., S. 65.
*Während früher unter dem vorwiegenden Einflusse*: Ebd., S. 64.
142 *das Gute nehmen, von wo und durch wen es auch kommt*: Ebd., S. 65.
*Caprivi ist von einer absolut törichten Unwissenheit*: L. Cecil, a.a.O., S. 259.
*Ein Pferd, das seine Sache im Freien gut gemacht hat*: Ebd.
143 *Ich bitte Sie, Seiner Majestät [dem Zaren] zu sagen*: Nichols, a.a.O., S. 53.
*Nichts Befriedigenderes konnte erwartet werden*: Ebd., S. 54.

144 *Wäre Bismarck noch am Ruder*: H. L. von Schweinitz, *Denkwürdigkeiten*, 2 Bde., Berlin 1927, Bd. 2, S. 403.
*Bismarck war im Stande*: Bülow, a.a.O., Bd. 4, S. 638.
145 *Eins wurde gesagt und etwas anderes getan*: Schweinitz, a.a.O., Bd. 2, S. 413.
*Ich trinke auf das heilige Moskau*: Bülow, a.a.O., Bd. 4, S. 640.
*von den Schwierigkeiten meiner Lage*: L. Cecil, a.a.O., S. 257.
146 *Mit so einem Bart*: Röhl, a.a.O., S. 72.
*Nein. Fällt mir gar nicht im Traum ein*: Ebd., S. 81.
*ein empfindlicher alter Dickkopf*: Ebd.
*Die Sache ist ziemlich unerträglich*: Ebd., S. 111.
147 *Zu seinem Nachfolger*: Nichols, a.a.O., S. 329.
*Hohenlohe ist katholisch*: J. Haller, *Eulenburg*, Berlin 1924, S. 260.
148 *Seit einem Jahr schon rede ich*: Holstein, a.a.O., Bd. 2, S. 205.
*ein ruhiger Mann*: Ebd.
*Hohenlohe [fühlt sich] sichtlich aufgehoben*: Ebd., S. 239.
*1. Alter und Gedächtnisschwäche*: Röhl, a.a.O., S. 115.
*mit schief geneigtem Haupte*: Ebd.
149 *Ja sehen Sie*: Bülow, a.a.O., Bd. 4, S. 462.
*Ich glaube an eine Absicht*: Röhl, a.a.O., S. 121.
*Die Dinge mit S. M. gehen schlecht*: Ebd., S. 149.
150 *Die innere Politik macht mehr Geräusch*: Ebd.
*Hohenlohes große Nachgiebigkeit*: Ebd., S. 160.
*jetzt einen letzten energischen Versuch*: Ebd.
*Der Holstein von 1888*: Ebd.
*Ich kenne keine Verfassung*: Ebd., S. 195.
151 *Sollte das Wort verfassungsmäßig*: Ebd.
*Ich weiß, wenn es zum Schießen kommen muß*: Ebd., S. 200.
*Wenn der Kaiser sein eigener Reichskanzler sein will*: Ebd., S. 209.
*beinahe achtzig Jahre alt*: L. Cecil, a.a.O., S. 156.

## 6. Kapitel: »Das Ungeheuer des Labyrinths«

152 *schwachen Brust und allgemeiner körperliche Schwäche*: Holstein, a.a.O., Bd. 1, S. XLVIII.
153 *groß und grade*: Ebd., S. 4.
*Ich komme lieber zehnmal zu spät*: Ebd., S. 5.
155 *geistig ungeheuer bedeutend*: Ebd., Bd. 2, S. 287.
*Ja, da kann ich Ihnen nicht helfen*: Bülow, a.a.O., Bd.4, S. 623.
*Was ich von Holstein halte*: Ebd., S. 454.
156 *Ich habe diese Szene beschrieben*: Holstein, a.a.O., Bd. 2, S. 299.
*Ich bin manchmal über die Absichten*: Ebd., S. XVIII.
*Zum ersten Mal seit 25 Jahren*: Ebd., S. 303.

157 *Holstein hat ein für allemal*: Bülow, a.a.O., Bd.4, S. 607.
*Sie haben etwas getan*: Holstein, a.a.O., Bd.1, S. 130.
159 *Der Geheimrat v. Holstein läßt sich entschuldigen*: J. v. Kürenberg, *Die Graue Eminenz*, Berlin 1932, S. 49.
*Ich höre, daß ich im Auswärtigen Amt einen ausgezeichneten Beamten habe*: L. Cecil, a.a.O., S. 263.
*Wie oft habe ich es erlebt*: Eckardstein, a.a.O., Bd. 1, S. 16.
160 *Der Mann hat mich gestern nicht gegrüßt*: Haller, a.a.O., S. 376.
*Wenn ich merke, daß Ihr Eingreifen*: Ebd., S. 168.
*Wenn Seine Majestät nichts gegen ... tut*: Ebd.
*Seine Erregung war um so sinnloser*: Bülow, a.a.O., Bd. 4, S. 453.
*Weder Caprivi, noch Hohenlohe*: Haller, a.a.O., S. 379.
*Erschwert wurde mir ... die kritische Lage*: Bülow, a.a.O., Bd. 1, S. 186f.
*dem Wachhund, der ... das Haus ... schützt*: Ebd.
161 *In seiner blinden und dabei doch so kleinlichen Gehässigkeit*: Ebd., S. 229.
*Bülow und ich*: Haller, a.a.O., S. 376.
*der Notwendigkeit gewärtig zu sein*: Kennedy, a.a.O., S. 206.

## 7. Kapitel: Bülow und die Weltmacht

164 *Die Frage ist nicht*: Kennedy, a.a.O., S. 311.
*so unwiderstehlich wie ein Naturgesetz*: Ebd.
165 *In der Geschichte*: H. von Treitschke, *Politik*, Leipzig 1913, S. 144f.
*Der Staat ist keine Kunstakademie*: Ebd., S. 33.
*Der General von Caprivi*: Röhl, a.a.O., S. 150f.
166 *hat außerhalb der engen Grenzen des alten Europas*: P. Kennedy, »The Kaiser and German *Weltpolitik*«, in: Röhl und Sombart (Hg.), a.a.O., S. 158.
*Das deutsche Reich ist ein Weltreich geworden*: M. Carroll, *Germany and the Great Powers*, New York 1975, S. 378.
*Ich bin der einzige Herr und Lenker*: Lee, a.a.O., Bd. 2, S. 136.
*Ich verstehe mich am besten*: Bülow, a.a.O., Bd. 2, S. 397.
*Bülow soll mein Bismarck werden*: Haller, a.a.O., S. 225.
167 *Bülow schien mehr südländisch als deutsch*: Mansergh, a.a.O., S. 78.
*»Aal«*: L. Cecil, a.a.O., S. 37.
*unter der glänzenden Farbe nichts als Gips*: Balfour, a.a.O., S. 201.
168 *Er würde ein großartiger Kerl sein*: L. Cecil, a.a.O., S. 282.
*Bernhard macht aus allem ein Geheimnis*: W. Rathenau, *Tagebuch 1907–1922*, Düsseldorf 1967, S. 143.
*am meisten geliebt*: Bülow, a.a.O., Bd. 2, S. 52.
*Meine erste Erinnerung an Herbert*: Ebd.
*ein schönes, schlankes Mädchen*: Ebd., Bd. 4, S. 19.
169 *Er schwankte und wankte*: Ebd., S. 200.

169 *Als ich am nächsten Morgen in meinem Zimmer*: Ebd., S. 555.
170 *Es wird Sie freuen*: Ebd., S. 557.
*Bernhard von Bülow ist bartlos und teigig*: Holstein, a.a.O., Bd. 2, S. 203.
*Wenn Bülow einen gegen den anderen hetzen will*: Ebd.
*Vor einigen Tagen schickte mir*: Ebd., S. 220.
*fortgesetzt in freundschaftlicher Korrespondenz*: Ebd., S. 205.
171 *ihre wundervollen Augen*: Bülow, a.a.O., Bd. 4, S. 338.
*Übrigens ist auch Bülow*: Holstein, a.a.O., Bd. 2, S. 204.
172 *Nur wenn du den Kaiser*: Bülow, a.a.O., Bd. 1, S. 5.
*der ihm seit seinem Abfall*: Ebd., S. 6.
*in sich versunken*: Ebd., S. 9.
173 *Mein lieber Bernhard*: Ebd., S. 15.
*für unsere Sicherheit eine Flotte zu bauen*: Ebd., S. 16.
*Nun, wie wird's mit meinen Schiffen?*: Ebd., S. 56.
*Sei das möglich*: Ebd., S. 58.
*Wenn man gute Tage mit seinen Herren*: L. Cecil, a.a.O., S. 281.
*Bernhard hat sich vorzüglich*: Bülow, a.a.O., Bd. 1, S. 139.
174 *Als Mensch ist Seine Majestät charmant*: L. Cecil, a.a.O., S. 282.
*Er ist so bedeutend*: Ebd., S. 283.
*eine kontemplative Existenz*: Ebd., S. 288.
175 *Würden Sie die Nachfolge annehmen?*: Bülow, a.a.O., Bd. 1, S. 372.
*Offen gesagt, wäre mir*: Ebd.
*Bitte, nehmen Sie an*: Ebd., S. 375.
*Hier Staatssekretär Bülow*: Ebd.
*Mein verehrter Herr Kanzler*: Ebd., S. 383.
*daß die alte Mumie Chlodwig*: Ebd., S. 392.
*Unter dem Fürsten Hohenlohe*: Ebd., S. 397.
176 *Holstein hatte mir ... einige ... Kandidaten vorgeschlagen*: Ebd., S. 393.
*seiner Nüchternheit, seiner Sachlichkeit*: Ebd.
*Jahrzehnte vergehen mußten*: F. Thimme (Hg.), *Front wider Bülow*, München 1931, S. 282.
177 *dann doch einmal die Unvorsichtigkeit passiert*: R. von Zedlitz-Trützschler, *Zwölf Jahre am deutschen Kaiserhof*, Stuttgart, Berlin 1924, S. 170.
*Sie verderben mit Ihren hellen Hosen*: Ebd.

## 8. Kapitel: »Meine eigenen Schiffe«

178 *Ich [hatte] von jeher eine Leidenschaft*: Wilhelm II., a.a.O., S. 61.
*Die frühesten Erinnerungen*: Ebd.
*Ich habe an denselben Plätzen*: Ebd., S. 72.
*Öfter [fuhr ich]*: Ebd., S. 71 f.
179 *Schwer ruhte der gepanzerte Leib*: Ebd.

179 *An der Hand gütiger Tanten*: Bülow, a.a.O., Bd. 2, S. 31.
180 *Der heutige Sieg*: Magnus, a.a.O., S. 244.
181 *marines Wachsfigurenkabinett*: A. Heckstall-Smith, *Sacred Cowes*, London 1965, S. 44.
*Ich erinnere mich an die beleibte Gestalt des Prinzen*: Ebd., S. 14.
183 *Schlage dir vor*: Eckardstein, a.a.O., Bd. 1, S. 186.
*alten Pfau*: Lee, a.a.O., Bd. 1, S. 673.
*So, dann wirst du bald nach Indien marschieren*: Magnus, a.a.O., S. 250.
*Früher war die Regattawoche*: Eckardstein, a.a.O., Bd. 1, S. 207.
*Boss von Cowes*: Ebd.
185 *Es besteht kein Zweifel daran*: Heckstall-Smith, a.a.O., S. 53.
186 *Steuerte der Kaiser selbst*: Bülow, a.a.O., Bd. 2, S. 33.
*Trotzdem machte die* Meteor: Heckstall-Smith: a.a.O., S. 60.

## 9. Kapitel: Tirpitz und die Flottengesetze

188 *weil wir keine Flotte haben*: Herwig, S. 12.
190 *sein letztes Kriegsschiff verkaufte*: Ebd., S. 16.
*scharf wie gehacktes Eisen*: A. von Tirpitz, *Erinnerungen*, Leipzig 1919, S. 17.
*Vom Kommandanten*: Ebd.
191 *jeden Mann und jeden Pfennig*: H. H. Herwig, *»Luxury Fleet«*, London 1980, S. 14.
*Unsere Zukunft liegt auf dem Wasser*: Wilhelm II., *Das persönliche Regiment*, München 1907, S. 26.
193 *Politik ist Ihre Angelegenheit*: A. Hurd und H. Castle, *German Seapower*, New York 1913, S. 200.
194 *Ich war als Schüler sehr schwankend*: Tirpitz, a.a.O., S. 1.
*Unseren eigentlichen Ausrüstungshafen*: Ebd., S. 9.
195 *Sie sehen ja genau wie Matrosen aus!*: Ebd., S. 10.
*arbeitete zum Teil als Klempner*: Ebd., S. 31.
*trotz vielwöchigen Vorbereitungen*: Ebd., S. 32.
*Was uns besonders fehlt*: Ebd., S. 24.
196 *die elf schönsten Jahre meines Lebens*: Ebd., S. 43.
*Jetzt habe ich euch zugehört*: Ebd., S. 40.
*einen Haufen von Schiffen*: Ebd., S. 44.
197 *ein vornehm denkender Mann*: Ebd., S. 39f.
*Warum hat denn Nelson*: Ebd., S. 49.
*wie eine Schallplattenaufnahme*: J. Steinberg, *Yesterday's Deterrent*, New York 1965, S. 72.
198 *Ich schied mit schwerem Herzen*: Tirpitz, a.a.O., S. 79.
*Tirpitz' Denkschrift vom Juni 1897*: Steinberg, a.a.O., S. 209–221.
200 *Die Deutsche Marine*: Tirpitz, a.a.O., S. 85.
*In St. Blasien wurde jedes Wort*: Ebd., S. 84.

202 *er im allgemeinen die Seeleute*: Ebd., S. 93.
203 *Ich habe ihnen zugelächelt*: Hurd und Castle, a.a.O., S. 200.
*Wenn die Volksversammlung zuläßt*: Steinberg, a.a.O., S. 160.
*Vom gegenwärtigen Reichstag*: Ebd.
204 *es für mein Recht ... gehalten*: Tirpitz, a.a.O., S. 95.
205 *Alle Völker*: Steinberg, a.a.O., S. 180.
*Wenn es wahr ist*: Ebd., S. 194.
*Es gibt, namentlich auf der rechten Seite des Hauses*: Ebd., S. 195.
*Lang lebe der Kaiser...* DEUTSCHER KAISER, BERLIN: Ebd., S. 196.
206 *Präambel zum zweiten Flottengesetz*: Hurd, a.a.O., S. 121.
208 *es gab Hausmannskost*: Tirpitz, a.a.O., S. 343.
*Bei seiner schnellen Auffassungsweise*: Ebd.
*Waldluft und verhältnismäßige Ungestörtheit*: Ebd., S. 134.
*Ich wußte aber auch in keiner... Weise*: Ebd., S. 85.
*In den letzten Jahren*: Ebd., S. 134.
210 *Die Marinepolitik Deutschlands*: A. J. Marder, *From the Dreadnought to Scapa Flow*, 5 Bde., London 1961–65, Bd. 1, S. 107.
*Je mehr die Zusammensetzung der neuen deutschen Flotte*: Ebd.
*Die Admiralität hat Beweise*: Ebd.

## II. Teil: Das Ende der »Splendid Isolation«

### 10. Kapitel: Lord Salisbury

216 *Die Königin kann diesen Brief nicht schließen*: B. Tuchman, *The Proud Tower*, New York 1966, S. 39.
*Auch seine bittersten Verleumder*: R. G. V. Willoughby de Broke, *The Passing Years*, London 1924, S. 186.
217 *als wollte er feststellen*: K. Young, *Arthur James Balfour*, London 1963, S. 100.
218 *eine beinahe peinliche Fülle*: H. H. Asquith, *Fifty Years*, 2 Bde., Boston 1926, Bd. 1, S. 273.
219 *Frankreich ist... Englands größte Gefahr*: G. Cecil, a.a.O., Bd. 4, S. 106.
*durch Sympathie, durch Interesse und durch Abstammung*: A. L. Kennedy, *Salisbury, 1830–1903*, London 1953, S. 67.
*Nous sommes des poissons*: Bülow, a.a.O., Bd. 2, S. 32.
*das Meer und die englischen Kreidefelsen*: Ebd.
*Englands Stärke liegt in seinen Schiffen:* Queen Victoria, a.a.O., Bd. 3, S. 23.
*Splendid Isolation*: G. Cecil, a.a.O., Bd. 4, S. 86.
*das Supremat britischer Interessen*: Ebd., S. 89.

220 *Britische Außenpolitik heißt*: A. J. P. Taylor, *Essays in English History*, London 1976, S. 125.
*Ein großer Schläfer*: G. Cecil, a.a.O., Bd. 2, S. 16.
*Nur ein Gegenstand beschäftigt jetzt meine Gedanken*: Ebd., Bd. 3, S. 210.
221 *Tun Sie, was Sie für richtig halten*: Ebd., Bd. 2, S. 238.
*Freibeuter müssen mit Härten rechnen*: Ebd., Bd. 3, S. 208.
222 *einen Verrückten in der Eingangshalle gelassen*: Ebd., S. 214.
*Ich sollte ja nicht vergessen zu sagen*: Ebd., S. 25.
*Es gab Abende*: Ebd., S. 6.
223 *Mein Vater behandelt mich immer*: Ebd., S. 12.
*N. ließ es sich sauer werden*: Ebd., S. 13.
*Er mag in der Lage sein*: Ebd.
*Welch eine schreckliche Sache*: Queen Victoria, a.a.O., Bd. 1, S. 26.
*triumphalen Erfolg seiner Außenpolitik*: Ebd., S. 31.
*sein Vermögen solch einer Würde nicht angemessen*: Ebd., S. 34.
*Jeden Tag empfinde ich es als einen Segen*: Ebd., Bd. 3, S. 37.
*wenn nicht den höchsten*: Tuchman, a.a.O., S. 9.
224 *Ich werde nicht dulden, daß die Königin sich sorgt*: G. Cecil, a.a.O., Bd. 3, S. 190.
*Sagen Sie der Königin immer die Wahrheit*: Ebd., S. 181.
*alles*: Ebd., S. 182.
*Lord Salisbury macht diesen Vorschlag mit viel Zögern*: Queen Victoria, a.a.O., Bd. 3, S. 593.
*Ich bin über dieses ... Urteil*: Ebd., S. 396.
*Lord Salisbury teilt Eurer Majestät*: Ebd., S. 397.
225 *Brief erhalten*: Ebd., Bd. 1, S. 443.
*Sir: in der Folge des Gesprächs*: Ebd., S. 442.
*Sie hatte ein außerordentliches Gespür*: Ebd., Bd. 3, S. 186.
226 *Es scheint, daß seine [Kronprinz Wilhelms] Position*: Ebd., S. 398.
*ein großes Unheil*: G. Cecil, a.a.O., Bd. 4, S. 364.
*Es ist eine merkwürdige Vergeltung an Bismarck*: Queen Victoria, a.a.O., Bd. 1, S. 591.
227 *diesen völlig nutzlosen Felsen*: DGP, Bd. 4, S. 53.
*Besitz von Helgoland*: Ebd., Bd. 8, S. 16.
*Die Bedingungen, die Sie aufzählen*: Queen Victoria, a.a.O., Bd. 1, S. 614.
*Es ist weise*: G. Cecil, a.a.O., Bd. 4, S. 367.
228 *Lord Salisbury lenkt Euer Majestät*: Ebd., S. 371.
*Lord Salisbury hofft*: Ebd.
*Seine Majestät bereitete den Engländern*: Steinberg, a.a.O., S. 76.
229 *Wilhelm ist ein wenig verdrießlich*: Queen Victoria, a.a.O., Bd. 2, S. 547.
*Ihr Kaiser scheint ganz zu vergessen*: Eckardstein, a.a.O., Bd. 1, S. 214.
*Um seinem Groll Luft zu machen*: Holstein, a.a.O., Bd. 1, S. 160.

## 11. Kapitel: Der Jameson-Einfall und das Krüger-Telegramm

230 *Ich würde die Planeten annektieren*: E. Pakenham, *Jamson's Raid*, London 1960, S. 25.
*der Koloß*: J. L. Garvin und J. Amery, *The Life of Joseph Chamberlain*, 6 Bde., London 1932–51, Bd. 3, S. 31.
*mein Liebling*: R. I. Rotberg, *The Founder: Cecil Rhodes and the Pursuit of Power*, New York 1988, S. 14.
*Einmal, als er sich herabließ*: Ebd., S. 89.
232 *jüngere und feurigere Söhne*: Pakenham, a.a.O., S. 22.
*Was haben Sie gemacht*: Ebd., S. 34.
*Wenn es einen Gott gibt*: Rotberg, a.a.O., S. 415.
235 *Die Nüstern eines Rennpferdes*: Pakenham, a.a.O., S. 59.
*die Augen eines anhänglichen Hundes*: Ebd.
*eines sprungbereiten Scotchterriers*: Ebd.
*Wir gingen und ritten miteinander*: Rotberg, a.a.O., S. 127.
*Alle Ideen sind von Rhodes*: Pakenham, a.a.O., S. 63.
236 *Jeder könnte ... Transvaal erobern*: Ebd., S. 62.
*Ich marschiere*: Rotberg, a.a.O., S. 539.
*KRISE IN TRANSVAAL*: *The Times*, 1. Januar 1896.
*Die Lage von Tausenden von Engländern*: Ebd.
*Unbewaffnete Männer, Frauen und Kinder*: *The Times*, 11. Januar 1896.
237 *eine Kriegshandlung*: Pakenham, a.a.O., S. 47.
*friedlichen Regelung*: Ebd.
*Falls er [der Einfall] von uns unterstützt sein sollte*: Ebd.
*Das deutsche Volk empörte sich*: Wilhelm II., *Ereignisse und Gestalten*, Leipzig, Berlin 1922, S. 69.
*Wenn das Kind krank ist*: G. P. Gooch, *History of Modern Europe, 1878–1919*, New York 1923, S. 215.
238 *Auch das noch!*: DGP, Bd. 11, S. 7.
*Unsere kleine Republik*: Dugdale, a.a.O., Bd. 2, S. 365.
*deutschem Interesse entgegengesetzt*: DGP, Bd. 11, S. 4.
*Der Status ... ist der eines Vasallen*: Carroll, a.a.O., S. 366.
*Wir werden unsere schmutzige Wäsche*: Ebd.
*benötigt keine Unterweisung*: Ebd.
239 *so weit gegangen [sei]*: DGP, Bd. 11, S. 10.
*absolut zornentbrannt*: Balfour, a.a.O., S. 194.
*den Säbel gezogen*: Steinberg, a.a.O., S. 83.
240 *Nur auf dem Land*: Holstein, a.a.O., Bd. 1, S. 162.
*Ach lassen Sie doch*: Ebd., S. 161.
*Ich spreche Ihnen meinen aufrichtigen Glückwunsch aus*: Ebd.
*Ich drücke Eurer Majestät*: Lee, a.a.O., Bd. 1, S. 722.

240 *Nichts, was die Regierung ... getan hat*: Carroll, a.a.O., S. 372.
*Die Freude über die Niederlage*: Röhl, a.a.O., S. 154.
*intempestiv*: Bülow, a.a.O., Bd. 4, S. 667.
*vehement (...) abrupt*: Ebd.
*rang vor Verzweiflung*: Eckardstein, a.a.O., Bd. 1, S. 278.
*daß das reiche und träge England*: Holstein, a.a.O., Bd. 1, S. 159.
241 *antwortete, ... im Einklang mit der öffentlichen Meinung*: Lee, a.a.O., Bd. 1, S. 727.
*eine Staatsaktion*: Ebd., S. 722.
*Ausdruck kaiserlicher Gereiztheit*: Holstein, a.a.O., Bd. 1, S. 159f.
*Der Jameson-Einfall hatte ... Erregung ausgelöst*: Wilhelm II., a.a.O., 1922, S. 69f.
242 *Die Nation wird dieses Telegramm*: Lee, a.a.O., Bd. 1, S. 723.
*England wird unter Drohungen nichts zugestehen*: *The Times*, Leitartikel, 7. Januar 1896.
*diesen höchst unberechtigten unfreundlichen Akt*: Balfour, a.a.O., S. 195.
*Mein lieber Wilhelm*: Lee, a.a.O., Bd. 1, S. 724f.
243 *in Lord Salisburys Urteil ... in jeder Weise angemessen*: Ebd., S. 725.
*Innigst geliebte Großmama*: Ebd.
244 *ohne sie allezu genau auf ihren Wahrheitsgehalt zu prüfen*: Queen Victoria, a.a.O., Bd. 3, S. 20.
*Ich würde gern von Ihnen hören*: Bülow, a.a.O., Bd. 1, S. 290.
*Sehen Sie, ich war ein böser Junge*: Pakenham, a.a.O., S. 99.
*wahrscheinlich mit Jameson gegangen wäre*: Young, a.a.O., S. 173.
*Dr. Jim hatte persönlichen Magnetismus*: M. Asquith, *An Autobiography*, 4 Bde., New York 1920–22, Bd. 3, S. 26.
*Übermaß an Eifer*: Pakenham, a.a.O., S. 119.
245 *Der Jameson-Einfall*: Eckardstein, a.a.O., Bd. 1, S. 276.
*In seinem Telegramm*: Bülow, a.a.O., Bd. 4, S. 667.
*Diese Ohrfeige von Seiten Ihres Kaisers*: Ebd., S. 666.
246 *Dieser Vorfall kann dennoch*: Tirpitz, a.a.O., S. 56f.
*der englische Ausbruch von Haß*: Ebd.

## 12. Kapitel: »Joe«

247 *Die Republik muß kommen*: Garvin und Amery, a.a.O., Bd. 1, S. 152.
*Das Gottesgnadentum von Königen*: Ebd., S. 467.
*Lord Salisbury macht sich zum Sprecher*: Ebd., S. 392.
*einen sizilianischen Banditen*: Ebd., Bd. 2, S. 80.
*Mein Eindruck ist*: Ebd., Bd. 1, S. 467.
*In diesem Falle wird mein Kopf*: Ebd.
*Ich würde ihm [Lord Salisbury] raten*: Ebd.
248 *auf den Gartenwegen*: Morley, a.a.O., Bd. 1, S148.

249 *Swell*: Ebd., S. 179.
*radikale Demagoge*: Magnus, a.a.O., S. 131.
*Hier in England ist der Thron*: Lee, a.a.O., Bd. 1, S. 333.
*beinahe unmöglich*: Garvin und Amery, a.a.O., Bd. 1, S. 79.
*Unglücklicherweise war es nicht wahr*: Ebd., S. 209.
*ein Mann, der niemals die Wahrheit sagt*: Ebd., S. 227.
250 *das irische Volk ein Recht*: Garvin und Amery, a.a.O., Bd. 2, S. 21.
*Es war verantwortungslos oder schlimmer*: Ebd., S. 147.
251 *Verräter!*: Ebd., S. 250.
*kein Fraternisieren*: J. A. Spender, *The Public Life*, 2 Bde., London 1925, Bd. 1, S. 88.
252 *Liebe Lady, willkommen daheim*: Garvin und Amery, a.a.O., Bd. 2, S. 371.
*Mrs. Chamberlain ist sehr hübsch*: Ebd., S. 372.
*Mrs. Chamberlain sah reizend aus*: Ebd.
*immer bereit, mit Mrs. Chamberlain über Politik zu diskutieren*: A. Kennedy, a.a.O., S. 255.
*Sie schloß sein Herz auf*: Garvin und Amery, a.a.O., Bd. 2, S. 373.
*Sie brachte mir meine Kinder näher*: Ebd.
*teuer und erfrischend für ein Vaterherz*: Ebd., S. 563.
*Schon wankt der erschöpfte Titan*: H. Asquith, a.a.O., Bd. 1, S. 290.
*Fürst Bismarck hat uns so große Dienste erwiesen*: Garvin und Amery, a.a.O., Bd. 1, S. 496.
*Inkarnation der kommerziellen Klasse der Freihändler*: Ebd.
253 *Ich glaube, daß die britische Rasse*: Ebd., Bd. 3, S. 27.
*Es ist nicht genug, große Teile der Erdoberfläche zu besetzen*: Ebd., S. 19.
*Mein lieber Salisbury*: Ebd., S. 95.
*eine ostentative Order*: Ebd., S. 96.
*Der Schatten des Krieges*: Ebd., S. 179.
254 *Chamberlain Lord Salisbury*: Garvin und Amery, a.a.O., Bd. 3, S. 244.
*doppelköpfige Regierung*: Ebd., S. 203.
*Chamberlain hat Salisbury völlig in der Tasche*: Ebd., S. 286.
255 *öffentliche Meinung*: Queen Victoria, a.a.O., Bd. 3, S. 248.
*Ich stimme Ihnen darin zu*: Ebd., S. 249.
*Es geht nicht um einen einzelnen Hafen*: H. Asquith, a.a.O., Bd. 1, S. 290.
256 *zweifellos die am meisten energische und tatkräftige Persönlichkeit*: Eckardstein, a.a.O., Bd. 1, S. 317.
257 *Die britische Flotte ist ... überlegen*: Garvin und Amery, a.a.O., Bd. 3, S. 262.
*müsse sich in bestimmten kolonialen Fragen*: Ebd., S. 257.
*Ich gab zu*: Ebd., S. 260.
*ob ich glaube, daß das Parlament*: Ebd.
258 *Der Jubiläumsschwindel ist vorbei*: Ebd., S. 269.
*sagte mir in Homburg*: Ebd., S. 276.
*Mr. Chamberlain sagte*: Ebd., S. 275.
259 *Unmöglich*: Ebd.
*Ich stimme Ihnen durchaus darin zu*: Ebd., S. 279.
*Seit den Tagen des Krimkrieges*: Ebd., S. 282.

## 13. Kapitel: Faschoda

260 *Seine Temperatur war hoch*: A. Kennedy, a.a.O., S. 276.
262 *Afrika wurde geschaffen*: Garvin und Amery, a.a.O., Bd. 3, S. 203.
*Bis vor zehn Jahren*: G. Cecil, a.a.O., Bd. 4, S. 225.
263 *Die Frage, nach Khartum vorzudringen*: Queen Victoria, a.a.O., Bd. 3, S. 85.
*die französische Botschaft in London*: L. Newton, *Lord Lansdowne*, London 1929, S. 283.
264 *Das Vordringen einer französischen Expedition*: A. Kennedy, a.a.O., S. 278.
*Sendbote der Zivilisation*: BD, Bd. 1, S. 163.
265 *Ich bemerke Ihre Absicht*: Gooch, a.a.O., S. 289.
*Ich bin gekommen*: A. Kennedy, a.a.O., S. 286.
*Wir sind die Stärkeren*: Ebd., S. 287.
266 *Hier ist Marchand*: Queen Victoria, a.a.O., Bd. 3, S. 287.
*kein Besitztitel durch eine ... Expedition*: A. Kennedy, a.a.O., S. 290.
*solange die französische Flagge*: Queen Victoria, a.a.O., Bd. 3, S. 299.
*Großbritannien ist in jüngster Vergangenheit*: A. L. Kennedy, *Old Diplomacy*, London 1922, S. 82.
*Faschoda ist der Tropfen*: A. J. Marder, *The Anatomy of British Seapower*, New York 1976, S. 331.
*Die Sache scheint an einem toten Punkt*: Queen Victoria, a.a.O., Bd. 3, S. 289.
267 *Ich sympathisiere ganz und gar*: Ebd., S. 290.
*Ihr verschlüsseltes Telegramm erhalten*: Ebd.
*Wir haben da unten nur Argumente*: G. P. Gooch, *Before the War*, 2 Bde., London 1926–38, Bd. 1, S. 96.
*Nichts sollte unversucht gelassen werden*: Queen Victoria, a.a.O., Bd. 3, S. 298.
268 *es keine Demütigung sein würde*: Ebd., S. 304.
*einen französischen Forscher*: BD, Bd. 1, S. 170.
*Ich glaube, ein Krieg*: Queen Victoria, a.a.O., Bd. 3, S. 305.
*sehr angenehm*: Ebd., S. 308.
*Heute nachmittag habe ich vom französischen Botschafter*: A. Kennedy, a.a.O., 1922, S. 83.
*die Franzosen ganz aus dem Tal des Oberen Nil heraushält*: Queen Victoria, a.a.O., Bd. 3, S. 351.
269 *Ich habe Nachrichten aus London und Paris*: DGP, Bd. 16, S. 383.
*keine Kenntnis*: Ebd. S. 385.
*Armes Frankreich*: Ebd., S. 409.

## 14. Kapitel: Samoa und Wilhelms Besuch in Windsor

270 *Sie verlangen von mir*: Garvin und Amery, a.a.O., Bd. 3, S. 246.
*Letztes Jahr haben wir*: DGP, Bd. 16, S. 612.
*Statt entgegenkommend zu sein*: J. A. Spender, *Fifty Years of Europe*, London 1933, S. 184.
*Ich vermute*: Queen Victoria, a.a.O., Bd. 3, S. 359.
*sagte, daß es nicht seine Sache sei*: Ebd.
271 *Liebste Großmama*: Ebd., S. 376.
272 *Er [Lord Salisbury] stimmt Eurer Majestät ganz darin zu*: Ebd., S. 379.
*Lieber Wilhelm*: Ebd., S. 381.
273 *er ließe sich von Berlin*: Eckardstein, a.a.O., Bd. 2, S. 14.
*Ich warte täglich*: Ebd., S. 15.
*ein von blutigen Tränen*: Ebd., S. 39.
*ob Samoa einen ... Mädchennamen bedeute*: Ebd., S. 41.
*Der Vorfall auf Samoa*: DGP, Bd. 14, S. 592.
*Was ich seit zehn Jahren ... gepredigt habe*: Ebd.
274 *stand allein*: Garvin und Amery, a.a.O., Bd. 3, S. 282.
*Ihre Regierung in England*: Ebd., S. 341.
275 *jeden kolonialen Gegensatz*: Ebd., S. 342.
*Ich bin ebenso erfreut*: Queen Victoria, a.a.O., Bd. 3, S. 416.
*Bravo! Bin hocherfreut*: Bülow, a.a.O., Bd. 1, S. 283.
*Ja, die letzten Jahre*: Eckardstein, a.a.O., Bd. 2, S. 23.
*Meinetwegen mag er kommen*: Ebd.
*Ich bin untröstlich*: Queen Victoria, a.a.O., Bd. 3, S. 389.
*Eure Handicaps*: Eckardstein, a.a.O., Bd. 2, S. 29 f.
276 *Es ist wirklich zum Verzweifeln*: Ebd.
*Auch Sie beneide ich nicht*: Ebd.
*Ich hatte ... gehofft*: Bülow, a.a.O., Bd. 1, S. 303.
*Eure Majestät sind zweifellos begabter*: Ebd., S. 311 f.
277 *Das gesamte Tafelservice war Gold*: Garvin und Amery, a.a.O., Bd. 3, S. 500.
*Beherrscherin eines Weltreiches*: Bülow, a.a.O., Bd. 1, S. 308.
278 *Von diesem Turm aus*: Ebd., S. 307.
*Wilhelm kam nach dem Tee zu mir*: Queen Victoria, a.a.O., Bd. 3, S. 421.
*Lord Salisbury hat nur Gutes ... gehört*: Ebd., S. 399.
279 *sei langsam und indolent*: Bülow, a.a.O., Bd. 1, S. 323.
*den ungeheuren Schaden*: Queen Victoria, a.a.O., Bd. 3, S. 423.
*Joseph Chamberlain war*: Bülow, a.a.O., Bd. 1, S. 315.
*den Eindruck eines klugen ... Geschäftsmannes*: Ebd.
280 *Ich bin der alleinige Herr*: Ebd., S. 316.
*herrlicher Park*: Ebd., S. 338 f.
*Gewiß mußte man sich*: Ebd.

280 *Wenn der Onkel mit dem Neffen*: Ebd., S. 342.
*Die englischen Politiker kennen wenig*: Ebd., S. 335.
*Der Besuch ... ist in jeder Beziehung vortrefflich verlaufen*: Ebd., S. 344.
281 *Jeder weitblickende Staatsmann*: Garvin und Amery, a.a.O., Bd. 3, S. 507.
*einen unbegreiflichen Fehler*: Eckardstein, a.a.O., Bd. 2, S. 132.
*eine Ungeschicklichkeit*: Bülow, a.a.O., Bd. 1, S. 330.
*Graf von Bülow, dessen Bekanntschaft*: Eckardstein, a.a.O., Bd. 2, S. 107.
*ohne Macht, ohne ein starkes Heer*: Bülow, a.a.O., Bd. 1, S. 356.
282 *Es tut mir wirklich aufrichtig leid*: Eckardstein, a.a.O., Bd. 2, S. 125.
*die außerordentlich schwierige*: Ebd., S. 127.
*daß Chamberlain und Arthur Balfour*: Bülow, a.a.O., Bd. 1, S. 336f.
283 *uns in den voraussichtlich noch auftauchenden ... Fragen*: Ebd., S. 338.

## 15. Kapitel: Burenkrieg und Boxeraufstand

284 *moralische und seelische Schäden*: T. Pakenham, *The Boer War*, New York 1979, S. 63.
*Ein Krieg mit Transvaal*: Garvin und Amery, a.a.O., Bd. 3, S. 141.
*Krüger nie in eine Kanonenmündung*: J. A. Spender und C. Asquith, *Life of Herbert Henry Asquith*, 2 Bde., London 1932, S. 132.
*nicht mehr viel Sand im Stundenglas*: A. Kennedy, a.a.O., 1953, S. 309.
285 *Ich will Ihnen eins sagen*: G. Cecil, a.a.O., Bd. 3, S. 191.
*Die Mehrzahl der deutschen Militärexperten*: Garvin und Amery, a.a.O., Bd. 3, S. 513.
*Die sich immer mehr zuspitzende südafrikanische Frage*: Eckardstein, a.a.O., Bd. 2, S. 117.
*infamen Sprache und schamlosen Verlogenheit*: A. Kennedy, a.a.O., 1953, S. 313.
*erstaunlich*: Ebd.
*Was für Tage trauriger Nachrichten*: Lee, a.a.O., Bd. 1, S. 754.
*Letztes Jahr*: Queen Victoria, a.a.O., Bd. 3, S. 484.
286 *Ich fürchte, ich bin nicht in der Lage*: Lee, a.a.O., Bd. 1, S. 759.
*Mein letzter Absatz scheint Anstoß ... erregt zu haben*: Ebd.
*Der Kaiser erwägt*: Eckardstein, a.a.O., Bd. 2, S. 145f.
287 *Wie bei früheren Gelegenheiten*: Ebd.
*Meine Armeen haben die Eindringlinge*: H. Asquith, a.a.O., Bd. 1, S. 305.
*DIE UNRUHEN IN CHINA*: *The Times*, 6. Juni 1900.
290 *Was Su Shun betrifft*: P. Fleming, *The Siege of Peking*, New York 1959, S. 57.
291 *Die Ausländer sind wie Fische in einer Schmorpfanne*: R. O'Connor, *The Spirit Soldiers*, New York 1973, S. 142.
292 *schrecklichen Anblicken*: Fleming, a.a.O., S. 94.
293 *Veuillez agréer*: Ebd., S. 118.
*Das Gesicht zeigt einen entsetzlichen Ausdruck*: Ebd., S. 114.

294 *Lage verzweifelt*: Ebd., S. 132.
*über die Klinge springen lassen*: Ebd., S. 135.
*die Schrecken der Nachricht... zu übertreiben*: Ebd., S. 137.
*Lady MacDonald*: O'Connor, a.a.O., S. 296.
295 *Peking gestürmt werden*: Ebd., S. 181.
*Jetzt ist es eine Lust zu leben*: Bülow, a.a.O., Bd. 1, S. 417.
*Ich habe Kaiser Wilhelm*: Ebd.
*Frechheit unerhörten ... Verbrechen der Chinesen*: Ebd.
*Keine Angelegenheit des Auswärtigen Amtes*: O'Connor, a.a.O., S. 181.
*die schlimmste Rede jener Zeit*: Bülow, a.a.O., Bd. 1, S. 359.
*Das kann ich unmöglich im Reichstag vertreten*: Ebd., S. 358.
*Ich weiß, daß Sie nur mein Bestes wollen*: Ebd., S. 360
296 *den Befehl eines Ausländers nicht zu ertragen*: DGP, Bd. 16, S. 76.
*Die stärksten Korps*: Ebd., S. 82.
*Ich stimme der Nominierung... uneingeschränkt zu*: Ebd., S. 83
*Wie wunderbar macht sich alles*: Waldersee, a.a.O., Bd. 1, S. 402.
297 *Der Kaiser ist außerordentlich unruhig*: Ebd., Bd. 2, S. 145.
*versuchte dann aber, sich hinauszureden*: Ebd., S. 146.
*Verräter*: Bülow, a.a.O., Bd. 1, S. 363.
298 *Dabei wurde mir klar*: Waldersee, a.a.O., Bd. 3, S. 4.
*Natürlich war dies zunächst für den Kaiser*: Ebd., S. 6.
*eine möglichst hohe Kriegsentschädigung*: Ebd.
*zeigten sich außerordentlich höflich*: Ebd., S. 13.
*possenhaft*: O'Connor, a.a.O., S. 298.
299 *Verschiedene Stabsoffiziere*: Waldersee, a.a.O., Bd. 3, S. 82.
*Besonders freut es mich*: Ebd., S. 46f.
*Sie sagen, der Kaiser*: O'Connor, a.a.O., S. 298.
*alle Vorsteher sämtlicher Dörfer*: Ebd., S. 299.
*einen moralischen Einfluß*: Fleming, a.a.O., S. 253.
*Es passt sich nicht*: W. Manchester, *The Arms of Krupp*, Boston 1964, S. 217.
*Es sei doch der kaiserlichen ... Marine*: Eckardstein, a.a.O., Bd. 2, S. 212.
300 *Amerika ... zu wünschen*: O'Connor, a.a.O., S. 325.
*Versuchen Sie die Engländer unter allen Umständen*: Eckardstein, a.a.O., Bd. 2, S. 195.

## 16. Kapitel: Die »Khaki-Wahl« und der Tod Königin Victorias

301 *das Parlament in seinem sechsten Jahr ist*: Queen Victoria, a.a.O., Bd. 3, S. 586.
*Eine Stimme für die Liberalen*: J. A. Spender, *The Life of the Right Hon. Sir Henry Campbell-Bannermann*, 2 Bde., London 1923, Bd. 1, S. 291.
*Die Wahlen sind wundervoll gut verlaufen*: Queen Victoria, a.a.O., Bd. 3, S. 603.

302 *Der Stall bleibt derselbe*: H. Asquith, a.a.O., Bd. 2, S. 3.
*Lord Salisbury meinte*: Queen Victoria, a.a.O., Bd. 3, S. 611.
*Zu der Zeit*: W. S. Churchill, *Great Contemporaries*, New York 1937, S. 57.
303 *doppelte Herzogin*: Tuchman, a.a.O., S. 39.
*Kommen Sie, bitte*: Eckardstein, a.a.O., Bd. 2, S. 235 f.
*Der Kolonialminister*: Ebd., S. 238.
304 *Sehr bemerkenswert ist dabei*: Ebd., S. 239.
*Er sei mit Holstein*: Garvin und Amery, a.a.O., Bd. 4, S. 146.
*besser abzuwarten*: Ebd., S. 147.
305 *Ich wurde an die Betten der Verwundeten gefahren*: Queen Victoria, a.a.O., Bd. 3, S. 516.
*ein Komplize Chamberlains*: Lee, a.a.O., Bd. 1, S. 777.
*Mein alter Geburtstag kehrt wieder*: Longford, a.a.O., S. 556.
306 *Ich ruhe jetzt täglich*: Ebd., S. 558.
*Die Krankheit scheint unheilbar*: Queen Victoria, a.a.O., Bd. 3, S. 576.
*nachdem er am Nachmittag*: Ebd., S. 580.
*O Gott! Mein ... Liebling Affie auch tot!*: Ebd., S. 579.
*Er ist jetzt mehr als*: Ebd., S. 588.
307 *Die Königin meint*: Ebd., S. 592.
*Eure Majestät sprechen ergreifend*: Ebd., S. 594.
*Im Mai war die Königin*: Askwith, *Lord James of Hereford*, London 1930, S. 261.
*trübe und dunkel*: Longford, a.a.O., S. 558.
*sehr schlecht und elend*: Queen Victoria, a.a.O., Bd. 3, S. 616.
Königin Victorias Tagebucheintragungen: Ebd., S. 618–34.
308 *Sie war dünner*: Garvin und Amery, a.a.O., Bd. 4, S. 7.
*Ich bin nicht besorgt*: Ebd., S. 6.
*Hatte eine angenehme Nacht*: Queen Victoria, a.a.O., Bd. 3, S. 642.
*so mächtigen Instrument*: Garvin und Amery, a.a.O., Bd. 4, S. 147.
309 *Ich habe pflichtschuldig*: Newton, a.a.O., S. 197.
*Die letzten Augenblicke waren wie das Sinken*: F. Ponsonby, *Recollections of Three Reigns*, London 1951, S. 82.
*Sie war so klein*: Balfour, a.a.O., S. 231.
310 *Wilhelm war die Freundlichkeit selbst*: Magnus, a.a.O., S. 272.
*Wilhelms rührende und einfache Haltung*: Ebd.
*Laß uns lieber der stillen Stunde gedenken*: Lee, a.a.O., Bd. 2, S. 526.
*Sie war die größte Engländerin*: Garvin und Amery, a.a.O., Bd. 4, S. 8.
311 *Die Königin ist tot, Sir*: Lee, a.a.O., Bd. 2, S. 8.
*Ich hoffe, Sie werden es noch möglich machen*: Bülow, a.a.O., Bd. 1, S. 504.
312 *Die Tanten [sind] vollkommen allein hier*: Ebd., S. 505.
*daß der Kaiser wieder sehr nervös ... ist*: Ebd.
*Als Krone von allem*: Ebd.
*Mir wird bange*: Ebd., S. 506.
313 *Infolgedessen sagte ich dem Kaiser*: Eckardstein, a.a.O., Bd. 2, S. 254.
*Baron von Eckardstein erzählt mir*: Garvin und Amery, a.a.O., Bd. 4, S. 148.
*Chamberlains angedrohte Verständigung*: Ebd., S. 149.

313 *Der Kaiser ... ganz recht*: Ebd.
314 *der russische Kaiser*: Newton, a.a.O., S. 199.
*russische Großfürst eine Vorliebe für Paris*: Ebd.
*Als Lansdowne ... erwähnte*: Eckardstein, a.a.O., Bd. 2, S. 257.
*Ich glaube, es gibt eine Vorsehung*: Cowles, a.a.O., S. 170.
*noch ganz im Banne*: Bülow, a.a.O., Bd. 1, S. 509.

## 17. Kapitel: Das Ende der britisch-deutschen Bündnisverhandlungen

316 *Alles, was in den letzten ... Stunden*: Eckardstein, a.a.O., Bd. 2, S. 312.
*sich aber nicht ... die Finger verbrennen*: Garvin und Amery, a.a.O., Bd. 4, S. 153.
*Die Bündnisfrage*: Eckardstein, a.a.O., Bd. 2, S. 315 f.
317 *aus der Hand des ... abhängigen Eckardstein*: Bülow, a.a.O., Bd. 1, S. 514 f.
*dieser Person*: Garvin und Amery, a.a.O., Bd. 4, S. 156.
*unmitigated noodles*: Eckardstein, a.a.O., Bd. 2, S. 298.
*Nun, was sagen Sie dazu?*: Ebd.
318 *da die Wahrscheinlichkeit*: BD, Bd. 2, S. 68.
*Niemand hier in England*: Garvin und Amery, a.a.O., Bd. 4, S. 157.
*Wir sollten weder Unbehagen*: Ebd., S. 160.
*Nationen, die jetzt ... kritisieren*: Ebd., S. 167.
319 *den Bluthund von Transvaal*: Spender, a.a.O., 1933, S. 187.
*Schlächtern*: Garvin und Amery, a.a.O., Bd. 4, S. 168.
*wegen einer Rede*: Ebd., S. 169.
*es keinen wärmeren Fürsprecher als ihn ... gegeben*: Ebd.
*stehe aber zu hoch*: Bülow, a.a.O., Bd. 1, S. 553 f.
*Was ich gesagt habe, habe ich gesagt*: Garvin und Amery, a.a.O., Bd. 4, S. 173.
*Mr. Chamberlain ist gegenwärtig*: Ebd., S. 175.
*Es würde dich interessieren*: Ebd., S. 176.
320 *die Stimmung in den beiden Ländern*: Newton, a.a.O., S. 207.
*Ich höre streng vertraulich*: DGP, Bd. 17, S. 342.
*Schon früher einmal*: Eckardstein, a.a.O., Bd. 2, S. 377.
*Zum mindesten auf lange Zeit*: Ebd., S. 379.

## 18. Kapitel: Arthur Balfour

322 *Man könnte geradesogut*: A. Kennedy, a.a.O., 1953, S. 354.
*das Gesicht des Königs*: Garvin und Amery, a.a.O., Bd. 4, S. 448.
323 *Joe Chamberlain wäre ... beinahe umgekommen*: Ebd., S. 453.

324 *ich müsse verstehen*: Ebd., Bd. 5, S. 67.
*Das Land ist voll*: Ebd., S. 71.
*Arthur haßt Schwierigkeiten*: Ebd., Bd. 4, S. 464.
*Der Unterschied zwischen Joe und mir*: Ebd.
*glänzendsten Verstand*: A. Chamberlain, *Down the Years*, London 1935, S. 206.
*das außerordentlichste Kunstwerk*: Young, a.a.O., S. xv.
325 *Kennt man sie nur flüchtig*: B. E. C. Dugdale, *Arthur James Balfour*, 2 Bde., London 1939, Bd. 1, S. 16.
*Kannst du mir sagen*: Ebd.
*schönen Reinheit des Geistes*: Ebd., S. 21.
*wenn er ausgelacht wurde*: Ebd., S. 20.
326 *Unter diesen Umständen*: Ebd., S. 36.
*Ach, als wir jung waren*: Young, a.a.O., S. 38.
*Die meiste Zeit komatös*: B. Dugdale, a.a.O., Bd. 1, S. 31.
327 *Nach einem Abend in seiner Gesellschaft*: Chamberlain, a.a.O., S. 217.
*Wenn er etwas mehr Verstand hätte*: Tuchman, a.a.O., S. 52.
*Wer, sagten Sie, war der Held*: B. Dugdale, a.a.O., Bd. 1, S. 150.
*Es gibt einen Unterschied*: M. Asquith, a.a.O., Bd. 1, S. 236.
328 *Mein lieber Onkel Robert*: B. Dugdale, a.a.O., Bd. 1, S. 187.
*Sie fragen mich nach Südafrika*: Young, a.a.O., S. 185.
*Jeden Abend gehe ich zwischen elf und zwölf*: B. Dugdale, a.a.O., Bd. 1, S. 222.
*Hotel Cecil*: Ebd., S. 237.
*diese unglückliche und verfolgte Familie*: Ebd., S. 239.
329 *Es ist vielleicht besser*: Young, a.a.O., S. xvii.
*Wenn ich in der Politik arbeite*: Ebd., S. 163.
*Kein schlechter Kerl*: Tuchman, a.a.O., S. 49.
*lächerlich, grotesk*: B. Dugdale, a.a.O., Bd. 1, S. 114.
*nicht wirklich glaubte*: Tuchman, a.a.O., S. 51.
330 *Unvergängliche Monumente*: M. Asquith, a.a.O., Bd. 1, S. 265.
*dieses verdammte schottische Krocket*: Tuchman, a.a.O., S. 53.
331 *aus seinem Schwamm ein Floß zu machen*: B. Dugdale, a.a.O., Bd. 1, S. 144.

## 19. Kapitel: Joseph Chamberlain und die imperiale Präferenz

332 *Kolonien sind wie Früchte*: Garvin und Amery, a.a.O., Bd. 5, S. 39.
333 *entweder durch Befreiung*: B. Dugdale, a.a.O., Bd. 1, S. 255.
334 *Es wurde vorgeschlagen*: Ebd., S. 256.
*Machen wir uns zunächst einmal klar*: Garvin und Amery, a.a.O., Bd. 5, S. 119.
*Das Kabinett beschloß endlich*: Ebd., S. 121.
335 *keine Zeit mehr war*: B. Dugdale, a.a.O., Bd. 1, S. 258.
*Weizen ist in höherem Maße*: Ebd., S. 260.

335 *Sie können Ihre Flugblätter verbrennen*: R. Jenkins, *Asquith*, London 1964, S. 136.
*Parteiwaffen ein wenig eingerostet*: Garvin und Amery, a.a.O., Bd. 5, S. 184.
336 *eine große Rede eines großen Mannes*: H. Asquith, a.a.O., 1926, Bd. 2, S. 11.
*Von da an bis zu den allgemeinen Wahlen*: Ebd., S. 10.
*Chamberlains Ansichten*: Ebd., S. 14.
*wir uns einstweilen darauf verständigen*: Ebd.
*Ich sollte meinen*: Spender, a.a.O., 1923, Bd. 1, S. 102.
337 *Eigentlich traten Ritchie*: R. Ensor, *England, 1870–1914*, New York 1936, S. 374.
*Ich habe nie etwas Summarischeres ... gehört*: B. Dugdale, a.a.O., Bd. 1, S. 270.
338 *Der Herzog, dessen geistige Prozesse*: Spender, a.a.O., 1923, Bd. 2, S. 114.
*Der Herzog hatte sie [Balfours Verlautbarung] nie gelesen*: B. Dugdale, a.a.O., Bd. 1, S. 271.
339 *Ratte von Blenheim, blaublütiger Verräter*: W. Manchester, *Winston Churchill*, Boston 1983, S. 361.
*Einige von uns wurden*: Ebd., S. 357.
*Es gibt kein Prinzip*: Ebd., S. 359.
*Es ist, alles in allem, nicht wünschenwert*: Ebd., S. 360.

## 20. Kapitel: Lord Lansdowne und die britisch-französische Entente

341 *vielleicht größten Gentleman seiner Zeit*: D. Barker, *Prominent Edwardians*, New York 1969, S. 140.
*Je länger ich lebe*: Ebd., S. 159.
342 *[Lord] Roberts' Ernennung*: Ebd., S. 153.
*die Erwartungen Eurer Majestät*: Ebd., S. 154.
343 *ein Dolch*: Gooch, a.a.O., 1926–38, Bd. 1, S. 19.
344 *Ich beglückwünsche Dich*: Lee, a.a.O., Bd. 2, S. 144.
*Endlich scheinen die Dussel*: BD, Bd. 3, S. 435.
345 *Ich möchte diesen Schreibtisch nicht verlassen*: Lee, a.a.O., Bd. 1, S. 711.
*Das Gefühl aller Schichten ... ist geprägt*: Mansergh, a.a.O., S. 88.
346 *sehr angenehm und gut informiert*: Queen Victoria, a.a.O., Bd. 3, S. 317.
*Ich habe das größte Vertrauen*: Gooch, a.a.O., 1926–38, Bd. 1, S. 105.
347 *unerbittlich*: Garvin und Amery, a.a.O., Bd. 4, S. 194.
*Delcassé ... scheint viel getan zu haben*: Ebd., S. 206.
*ein Besuch des Königs*: Spender, a.a.O., 1933, S. 213.
*ganz zwanglose Angelegenheit*: Lee, a.a.O., Bd. 2, S. 223.
*so offiziell wie möglich*: Ebd.
348 *Vivent les Boers!*: Ebd., S. 237.
*Die Franzosen mögen uns nicht*: Ebd.
*Eine göttliche Vorsehung hat es so gefügt*: Ebd.
*Oh, Mademoiselle, ich erinnere mich*: Ebd., S. 238.

348 *wo ich genauso behandelt werde*: Ebd., S. 239.
*Vive le Roi!*: Ebd., S. 240.
*Der Besuch König Edwards*: Ebd., S. 242.
349 *Obwohl also der Besuch in Paris*: Ebd., S. 243.
*Zukunftsmusik*: E. L. Woodward, *Great Britain and the German Navy*, New York 1935, S. 72.
350 *Die Frage läuft darauf hinaus*: Newton, a.a.O., S. 281.
*Nachdem die Verhandlungen mit Frankreich*: Gooch, a.a.O., 1926–38, Bd. 1, S. 47.
351 *übereinstimmten, einander ihre … Unterstützung zu gewähren*: Spender, a.a.O., 1933, S. 216.
352 *Wenn ich meine Abkommen*: Gooch, a.a.O., 1926–38, Bd. 1, S. 153.

## 21. Kapitel: Die Marokkokrise von 1905

353 *Pedicaris lebendig*: Tuchman, a.a.O., S. 272.
355 *Reitknechte, Gärtner, Elektriker*: H. Nicolson, *Sir Arthur Nicolson*, London 1930, S. 106.
*lose Anhäufung unruhiger Berberstämme*: Ebd., S. 83.
*Ich glaube nicht*: Ebd., S. 95.
*um die freie Passage … zu sichern*: A. J. Marder, a.a.O., 1976, S. 475.
356 *als diese Gefahr mir klar vor Augen stand*: Woodward, a.a.O., S. 83.
*platonisch*: Nicolson, a.a.O., 1930, S. 106.
357 *Das ist ganz genau, was wir auch wollen*: DGP, Bd. 20, S. 301.
*Herrschaft der Hollenzollern*: Lee, a.a.O., Bd. 2, S. 338.
*gründliche Abrechnung*: Spender, a.a.O., 1933, S. 241.
*Gegenüber dieser Kette*: Bülow, a.a.O., Bd. 2, S. 108.
358 *schon zu der Zeit*: Eckardstein, a.a.O., Bd. 2, S. 93.
*im deutschen Interesse*: Bülow, a.a.O., Bd. 2, S. 104.
*es sei ganz gut, wenn Frankreich*: Ebd.
*Nachdem ich nun in Asien war*: Ebd., S. 106.
*Euer Majestät Besuch*: DGP, Bd. 20, S. 262.
*Tant mieux!*: Ebd.
359 *Als der Botschafter mit mir zu streiten versuchte*: Balfour, a.a.O., S. 255.
*alle auszurotten, sollte der Kaiser zu Schaden kommen*: Spender, a.a.O., 1933, S. 242.
360 *Ich bin Ihnen zuliebe*: Bülow, a.a.O., Bd. 2, S. 146.
*Die britischen Generäle und Admiräle*: Spender, a.a.O., 1933, S. 243.
*Es ist großartig*: Balfour, a.a.O., S. 256.
*über den Zweck*: Gooch, a.a.O., 1926–38, Bd. 1, S. 249.
362 *nachteiligste und unerwünschteste Ereignis*: Lee, a.a.O., Bd. 2, S. 340.
*Dies scheint eine günstige Gelegenheit*: J. Fisher, *Fear God and Dread Nought*, 3 Bde., London 1952–59, Bd. 2, S. 55.

363 *Wir haben und hatten nicht die Absicht*: BD, Bd. 3, S. 68.
*in freundlichem Tone*: Bülow, a.a.O., Bd. 2, S. 119.
364 *Wenn die Deutschen davon erfahren*: Gooch, a.a.O., 1926–38, Bd. 1, S. 176.
*Der Kanzler des Deutschen Reiches*: Spender, a.a.O., 1933, S. 245.
*Das würde Krieg mit Deutschland bedeuten*: Gooch, a.a.O., 1926–38, Bd. 1, S. 178.
*die britische Marine nicht auf Rädern fährt*: Mansergh, a.a.O., S. 73.
*Sind wir in der Verfassung*: Gooch, a.a.O., 1926–38, Bd. 1, S. 179.
365 *Diesmal können Sie mir nicht entwischen*: Bülow, a.a.O., Bd. 2, S. 121 f.
*er habe soeben ... die Nachricht erhalten*: Ebd.
*ist es meine Pflicht*: Spender, a.a.O., 1933, S. 245.
*Der Sturz Delcassés ist abscheulich*: Ebd.
*Delcassés Entlassung*: Lee, a.a.O., Bd. 2, S. 344.
366 *Ihr habt gesehen*: Spender, a.a.O., 1933, S. 245.
*Sehr friedlich, sehr gutmütig*: Bülow, a.a.O., Bd. 2, S. 126.
*nicht auf einem Weg zu verweilen*: Gooch, a.a.O., 1923, S. 358.
*Wenn die Leute in Berlin sich einbilden*: Gooch, a.a.O., 1926–38, Bd. 1, S. 261.
367 *zu denjenigen Staatsmännern*: Bülow, a.a.O., Bd. 2, S. 200.
*der hitzigste aller deutschen Diplomaten*: Nicolson, a.a.O., 1930, S. 127.
*Sagen Sie uns,* Punkt für Punkt, *was Sie in jedem Punkt wollen*: Ebd., S. 128.
*volle Garantien für die Politik der Offenen Tür*: Ebd., S. 133.
368 *nicht an mir ist, ... Konzessionen aufzudrängen*: Ebd., S. 134.
*Ich fühlte mich wirklich beleidigt*: Ebd.
*Wer die Polizei hat, der hat Marokko*: Gooch, a.a.O., 1926–38, Bd. 1, S. 262.
*Wir sind einem Bruch sehr nahe*: Nicolson, a.a.O., 1930, S. 137.
*wetterwendisch*: Ebd.
369 *Tattenbach redete wieder von Krieg*: Ebd., S. 142.
*Dies ist das dritte Mal*: Ebd., S. 141.
*epochemachenden Erfolg*: DGP, Bd. 21, S. 312.
*Seiner Majestät Politik*: Ebd.
*nicht mit den Fakten übereinzustimmen scheint*: Ebd.
*die Marokko-Frage*: Ebd., S. 52.
370 *Die Entente Cordiale ... bestanden*: Mansergh, a.a.O., S. 100.
*Gewiß, meine Herren*: B. von Bülow, *Fürst Bülows Reden*, 3 Bde., Berlin 1907 und 1909, Bd. 2, S. 305.
*Dann durfte ich Romane lesen*: Ebd.
371 *schloß die Tür ab*: Bülow, a.a.O., 1930–31, Bd. 2, S. 215 f.

# III. Teil: Die Marine

## 22. Kapitel: Jacky Fisher

376 *der Sohn einer singhalesischen Prinzessin*: J. Fisher, *Memories and Records*, 2 Bde., New York 1920, Bd. 1, S. 20.
*orientalische Verschlagenheit*: Marder, a.a.O., 1961–65, Bd. 1, S. 14.
*skrupellosen Halbasiaten*: Ebd.
*Ich kam mittellos... zur Marine*: Fisher, a.a.O., 1920, Bd. 2, S. 25.
*Ich mußte kämpfen wie der Teufel*: Fisher, a.a.O., 1952–59, Bd. 2, S. 35.
377 *Dein bis ans Tor des Paradieses*: Ebd., S. 18.
*Ich kann es nicht ertragen*: Ebd., Bd. 1, S. 39.
*Würden Sie freundlicherweise aufhören*: Fisher, a.a.O., 1920, Bd. 1, S. 40.
*geistlichen Verdauungsstörungen*: Fisher, a.a.O., 1952–59, Bd. 2, S. 16.
378 *Ziemlich langweilig, Sir*: Fisher, a.a.O., 1920, Bd. 1, S. 26.
*Wären Sie, Sir, nicht gern ein Seemann gewesen?*: R. Bacon, *The Life of Lord Fisher of Kilverstone*, 2 Bde., London 1929, Bd. 1, S. 94.
*Günstlingswirtschaft*: Ebd., S. 130.
*Wenn ich einen Mann über die Schultern*: Fisher, a.a.O., 1952–59, Bd. 2, S. 38.
*prähistorische Admiräle*: Marder, a.a.O., 1961–65, Bd. 1, S. 46.
*Mandarine*: Fisher, a.a.O., 1952–59, Bd. 1, S. 359.
*Fossilien*: Ebd., S. 267.
*Wer sich mir entgegenstellt*: Marder, a.a.O., 1976, S. 394.
*der Malaie*: Fisher, a.a.O., 1920, Bd. 1, S. 20.
*die Gelbe Gefahr*: Marder, a.a.O., 1976, S. 395.
*dieser Kobold*: R. Mackay, *Fisher of Kilverstone*, New York 1973, S. 194.
379 *Ein alberner Esel*: Marder, a.a.O., 1961–65, Bd. 1, S. 17.
*ängstlichen Kaninchen*: Bacon, a.a.O., Bd. 2, S. 73.
*Glauben an die Vorsehung*: Marder, a.a.O., 1961–65, Bd. 1, S. 17.
*Mein Gott, Fisher, Sie müssen verrückt sein!*: Fisher, a.a.O., 1952–59, Bd. 2, S. 20.
*Ich persönlich hoffe*: Ebd., S. 19.
*Wir müssen die Stärke*: Ebd., Bd. 1, S. 179.
*ein wundervoller Kerl*: Ebd., S. 183.
*Ich bewundere Fisher*: Fisher, a.a.O., 1920, Bd. 1, S. 182.
380 *Das Deutsche Reich ist die einzige Macht*: Lee, a.a.O., Bd. 2, S. 333.
*Jellicoe wird am 21. Oktober 1914*: Fisher, a.a.O., 1952–59, Bd. 2, S. 424.
381 Renown *sollte nicht Flaggschiff sein*: Mackay, a.a.O., S. 257.
*Ich muß sagen, daß Ihr altes Schiff*: Ebd.
382 *Würde die gesamte französische Flotte*: Fisher, a.a.O., 1952–59, Bd. 1, S. 166.
*Eine frühzeitige Niederlage im Seekrieg*: Ebd., S. 157.
*Erfolg im Krieg*: Ebd., S. 168.
*Unsere Grenzen sind die Küsten des Feindes*: Ebd., S. 172.

382 *fünf Minuten vor der Kriegserklärung*: Fisher, a.a.O., 1920, Bd. 2, S. 98.
*Alle Mann auf Gefechtsstation*: Bacon, a.a.O., Bd. 1, S. 129.
*Wenn Fisher von Bord ging*: Ebd.
383 *UT VENIANT OMNES*: Ebd., S. 131.
*Als der Fregattenkapitän eines Schiffes*: Ebd., S. 130.
*Es tut mir leid*: Ebd., S. 234.
*Ich ging zu einem Vortrag*: Fisher, a.a.O., 1952–59, Bd. 1, S. 151.
384 *Es wurde ihnen deutlich gemacht*: Bacon, a.a.O., Bd. 1, S. 127.
*Fisher hatte die Gewohnheit*: Mackay, a.a.O., S. 230.
385 *Es ist unmöglich*: Bacon, a.a.O., Bd. 1, S. 128.
*die Effizienz der Marine*: Fisher, a.a.O., 1952–59, Bd. 1, S. 150.
*der Fischteich*: Ebd., Bd. 2, S. 36.
*sorgsam darauf geachtet*: Bacon, a.a.O., Bd. 1, S. 137.
*VERBRENNEN SIE DIES*: Fisher, a.a.O., 1952–59, Bd. 1, S. 185.
*Ich kann es nicht ändern*: Mackay, a.a.O., S. 251.
386 *schädlichen, ... unangenehme Prominenz*: Barker, a.a.O., S. 37.
*aufgewärmter, boshafter*: Mackay, a.a.O., S. 250.
*Das ist ein Platz*: Fisher, a.a.O., 1952–59, Bd. 1, S. 185.
387 *Sie scheinen keinerlei Vertrauen ... zu haben*: Ebd., S. 209.
*beispiellos*: Ebd., S. 187.
*Alles ist außerordentlich gut abgelaufen*: Ebd., S. 207.
*Nach den Gesprächen, ... glaube ich*: Ebd.
*Nahezu alles, ... ist schließlich gewährt worden*: Ebd., S. 230.
388 *Ich bin von der Admiralität unter Tabu gestellt*: Ebd., S. 199.
*Wie ich höre, ist ein Syndikat*: Ebd., S. 216.
*ein paar Morgen Land*: Mackay, a.a.O., S. 253.
*Mein lieber Admiral*: Fisher, a.a.O., 1952–59, Bd. 1, S. 222.
*Ich glaube, es zeugt von einer ... Gesinnung*: Ebd., S. 230.
389 *Man kann sie nicht jung genug bekommen*: Ebd., S. 267.
*Sicherlich holen wir unsere Nelsons*: Marder, a.a.O., 1961–65, Bd. 1, S. 31.
390 *unsere Offiziere hinunter ins Kohlenloch*: Fisher, a.a.O., 1952–59, Bd. 1, S. 268.
*Sehen Sie, Brown*: Ebd., S. 213.
*die Mandarine*: Ebd., Bd. 2, S. 68.
*die Fossilien*: Ebd., Bd. 1, S. 67.
*Sie betrachten mich*: Ebd., S. 266.
*Mein lieber Walker*: Ebd., S. 243.
*Ich habe in meiner Schublade Briefe*: Ebd., S. 269.
*ICH HABE NICHTS ZU TUN*: Ebd., S. 248.
*Auf der britischen Kriegsmarine*: Fisher, a.a.O., 1920, Bd. 2, S. 248.
391 *Sie ruhig in Ihren Betten schlafen können*: Ebd., S. 90.
*Der Lord Chief Justice*: Fisher, a.a.O., 1952–59, Bd. 1, S. 273.
*Fishers Spielzeug*: Marder, a.a.O., 1976, S. 559.
392 *unenglischen*: Ebd., S. 358.
*tückische Angriffsmethode*: Mackay, a.a.O., S. 298.
*den klügsten Offizier in der Marine*: Marder, a.a.O., 1961–65, Bd. 1, S. 83.

392 *Das U-Boot war Lord Fishers Kind*: Marder, a.a.O., 1976, S. 363.
*einen außerordentlich einschränkenden Einfluß*: Ebd., S. 366.
393 *Ich glaube nicht*: Ebd., S. 367.
*Das Risiko eines großen Schiffes*: Ebd., S. 363.
*Lord Selborne und alle anderen*: Fisher, a.a.O., 1952–59, Bd. 1, S. 289.
*Der König wird niemals zulassen*: Ebd., S. 290.
394 *Die Admiralität erwartet von mir*: Ebd., S. 288.
*Das militärische System ist verfault*: Bacon, a.a.O., Bd. 1, S. 205.
*die alte Bande*: Ebd., S. 212.
*Heute abend haben wir hier 550 Leute*: Fisher, a.a.O., 1952–59, Bd. 1, S. 278.
395 *Ich werde sehr enttäuscht sein*: Ebd., S. 366.
*Meine Räume sind neben denen des Königs*: Ebd., S. 286.
*so daß ich für die Kirche richtig angezogen bin*: Ebd., S. 287.
*S. M. hat zwei rezeptive Ebenen*: Ebd., S. 324.
396 *Haben Sie dieses Groschenblatt*: Fisher, a.a.O., 1920, Bd. 2, S. 40.
*Der König kam herein*: Ebd., Bd. 1, S. 26.
*Sehen Sie, heute bin ich bei Ihnen*: T. Dorling, *Men o' War*, London 1929, S. 221.
397 *Sie legte das Ordensband*: Fisher, a.a.O., 1920, Bd. 2, S. 40.
*Ich hatte viereinhalb Stunden allein mit ihm*: Fisher, a.a.O., 1952–59, Bd. 1, S. 327.
*Da ich in dieser vornehmen Gesellschaft eine Null war*: Fisher, a.a.O., 1920, Bd. 2, S. 39.

## 23. Kapitel: Erster Seelord

398 *Vor vier Tagen erzählte Selborne*: Fisher, a.a.O., 1952–59, Bd. 1, S. 316.
*Die Würfel sind gefallen*: Ebd.
*Selborne war so herzlich*: Ebd., S. 324.
*Ich bin kampfbereit*: Ebd., S. 325.
399 *Diese Flotte von Verrückten*: Marder, a.a.O., 1976, S. 439.
*ein Schlachtschiff so wenig anvertrauen wie einem Sechsjährigen*: Ebd.
*Ich bin den ganzen Tag beim Premierminister gewesen*: Fisher, a.a.O., 1952–59, Bd. 2, S. 47.
*Admiral Sir John Fisher*: Mackay, a.a.O., S. 335.
*Eine volle Stunde hörten wir nicht auf*: Fisher, a.a.O., 1952–59, Bd. 2, S. 44.
400 *das Haus, das Jack baute*: Marder, a.a.O., 1961–65, Bd. 1, S. 36.
402 *zu schwach zum Kämpfen*: J. Winton, *Jellicoe*, London 1981, S. 102.
*großartig auf dem Papier*: R. Bacon, *From 1900 Onwards*, London 1940, S. 107.
*Es ist die oberste Pflicht der Marine*: Marder, a.a.O., 1961–65, Bd. 1, S. 38.
*mit einem mutigen Federstrich*: Fisher, a.a.O., 1952–59, Bd. 2, S. 24.
403 *Da das Außenministerium*: R. Humble, *Before the Dreadnought*, London 1976, S. 192.
*Liegestuhlflottille*: Bacon, a.a.O., 1940, S. 107.

404 *Du meine Güte, nein, Sir*: Ebd., S. 110.
*den Grundstein unserer Kampfbereitschaft*: Fisher, a.a.O., 1952–59, Bd. 2, S. 23.
405 *die Kampfkraft der britischen Flotte*: Marder, a.a.O., 1961–65, Bd. 1, S. 38.
*was einer Mädchenschule Schande gemacht hätte*: Fisher, a.a.O., 1952–59, Bd. 1, S. 362.
*Mir ist es gleich, ob er trinkt*: Humble, a.a.O., S. 188.
*Solange keine Einschränkung von innen kommt*: Marder, a.a.O., 1961–65, Bd. 1, S. 24.
*Gefechtstüchtigkeit untrennbar mit … verbunden sei!*: Fisher, a.a.O., 1952–59, Bd. 2, S. 124.
406 *Es steht nur soviel Geld … zur Verfügung*: Marder, a.a.O., 1961–65, Bd. 1, S. 25.
*erstaunliche Mengen Whiskeygläser*: Ebd.

## 24. Kapitel: Der Bau der *Dreadnought*

409 *Selborne ist einverstanden*: Fisher, a.a.O., 1952–59, Bd. 1, S. 325.
*Zwei entscheidende Bedingungen*: D. K. Brown, »The Design and Construction of the Battleship *Dreadnought*«, J. Roberts (Hg.), *Warship*, London 1980, Bd. 4, S. 43.
*Beim Entwurf dieses Schiffes*: O. Parkes, *British Battleships, 1860–1950*, London 1957, S. 468.
410 *Wenn 30,5 cm-Geschütze abgefeuert werden*: Marder, a.a.O., 1976, S. 531.
*Das schnelle Schiff mit der schwereren Bewaffnung*: Parkes, a.a.O., S. 469.
411 *Ich bin ein Apostel*: Fisher, a.a.O., 1920, Bd. 1, S. 127.
412 *keine Geschütze auf dem Hauptdeck*: Parkes, a.a.O., S. 469.
413 *Es ist offensichtlich notwendig*: Fisher, a.a.O., 1952–59, Bd. 1, S. 177.
*Ungeheuer mit kurzen Beinen*: R. Hough, *Louis and Victoria*, London 1974, S. 6.
414 *Wenn wir Kolbenmaschinen einbauen*: Brown, a.a.O., S. 45.
*Die Turbinen waren geräuschlos*: Bacon, a.a.O., 1940, S. 96.
415 *einem besseren Schnepfensumpf*: Bacon, a.a.O., 1929, Bd. 1, S. 263.
*Geschwindigkeit ist Panzerung*: Marder, a.a.O., 1961–65, Bd. 1, S. 59.
*Auf das Zuschlagen kommt es an*: Ebd., S. 62.
*keine Löcher in den Schotten*: Parkes, a.a.O., S. 470.
416 *die zusätzliche Länge eines Rammsporns*: Ebd., S. 471.
418 *um den Herzen ihrer Untertanen*: *The Times*, 12. Februar 1906.
419 Der Bericht über den Stapellauf der *Dreadnought* ist der *Times* vom 10. und 12. Februar und dem *Daily Chronicle* vom 12. Februar 1906 entnommen.
420 *Bau und Stapellauf der* Dreadnought: *The Times*, 12. Februar 1906.
*Die* Dreadnought *ist ein Symbol*: Ebd.
421 *Es war ein aufregender Augenblick*: Bacon, a.a.O., 1940, S. 150.
*Der König ist hocherfreut*: PRO, ADM 53–19 805 und ADM 136-Nr. 7.
422 *Er sah sehr ernst und nachdenklich aus*: Parkes, a.a.O., S. 479.
423 *ein riesiges, weißbäuchiges Ungeheuer*: Bacon, a.a.O., 1940, S. 156.

423 *Es war bei weitem kühler*: *The Times*, 6. August 1907.
424 *ein billiger Prahler*: Bacon, a.a.O., 1940, S. 158.
*die Atmosphäre des Geheimnisvollen*: *The Times*, 10. Februar 1906.
*Es ist kaum übertrieben*: Ebd.
425 *Meiner Meinung nach*: Marder, a.a.O., 1976, S. 540.
*Wenn es keine natürlichen Hindernisse gäbe*: Woodward, a.a.O., S. 113.
426 *durch die* Dreadnought *paralysiert*: Marder, a.a.O., 1961–65, Bd. 1, S. 67.
427 *Die ganze britische Flotte*: Marder, a.a.O., 1976, S. 56.
*ein Stück mutwilliger und verschwenderischer Prahlerei*: Ebd.
*Wir sagten: ›Es gebe Dreadnoughts‹*: Woodward, a.a.O., S. 105.
*alle Marineeier*: Marder, a.a.O., 1976, S. 536.
428 *Ich wünsche zu Gott*: Marder, a.a.O., 1961–65, Bd. 1, S. 70.
*Man sollte sich merken*: Ebd., S. 64.
429 *Wenn Sir William White meint*: Ebd., S. 69.
*Hätten wir in Kenntnis dessen*: Bacon, a.a.O., 1940, S. 103.
431 *Ihre Geschwindigkeit hätte die Schiffe*: Parkes, a.a.O., S. 494.

## 25. Kapitel: Fisher gegen Beresford

432 *Einer beklagt sich*: Marder, a.a.O., 1961–65, Bd. 1, S. 77.
*Rücksichtslos, unbarmherzig und gefühllos!*: Ebd., S. 36.
*Nichts, was Sir John Fisher sagen könnte*: Mackay, a.a.O., S. 358.
433 *augenblicklich kriegsbereit*: Fisher, a.a.O., 1952–59, Bd. 2, S. 23.
*Unser einziger wahrscheinlicher Feind ist Deutschland*: Ebd., S. 103.
434 *Damit ich mich bei dem Übermaß*: Barker, a.a.O., S. 61.
435 *Jede schneidige Aktion*: C. Beresford, *Memoirs*, 2 Bde., Boston 1914, Bd. 2, S. 559.
*Er ist ein Ire*: Lee, a.a.O., Bd. 1, S. 456.
436 *Ich erkannte die Schwierigkeit*: Beresford, a.a.O., Bd. 1, S. 188.
*Großer Gott!*: Ebd.
437 *Rückruf* Condor: Ebd., S. 189.
*Unter meiner Nase*: Ebd., S. 191.
*Ich brauchte nur fünf Männer*: Ebd., S. 193.
*Mit einem Gebrüll wie Meeresbrandung*: Ebd., S. 263.
438 *Säbel mit steifem Arm ausstreckte*: Ebd., S. 266.
439 *einen Feigling, einen Spitzbuben*: Magnus, a.a.O., S. 232.
*Die Zeiten des Duellierens sind vorbei*: Ebd.
440 *Ich verlange jetzt eine Entschuldigung*: Ebd., S. 234.
*Sehr geehrter Lord Charles Beresford*: Ebd., S. 235.
*Ich habe kein Verlangen*: Ebd., S. 236.
441 *Das Offizierskorps ist sehr verärgert*: Mackay, a.a.O., S. 359.
442 *Ich hatte gestern drei Stunden mit Beresford*: Fisher, a.a.O., 1952–59, Bd. 2, S. 115.

442 *Ich wünsche Ihnen nur zu versichern*: Ebd., S. 121.
*Es besteht nicht die geringste Chance*: Ebd.
443 *für sich allein der deutschen Flotte ebenbürtig*: Ebd., S. 116.
*wie ein römischer Cäsar*: W. Jameson, *The Fleet That Jack Built*, New York 1962, S. 89.
*Meine hauptsächliche Erinnerung*: Marder, a.a.O., 1961–65, Bd. 1, S. 89.
*Ich erinnere mich, wie ich einmal an Deck kam*: P. Scott, *Fifty Years in the Royal Navy*, New York 1919, S. 197.
444 *meine kleine bemalte Fregatte*: Jameson, a.a.O., S. 89.
*unseren gefährlichen Verrückten*: Marder, a.a.O., 1961–65, Bd. 1, S. 91.
*Mit diesem Schiffstyp fangen wir bei Null an*: Ebd.
*ein Betrug an der Öffentlichkeit*: Fisher, a.a.O., 1952–59, Bd. 2, S. 177.
*Ich bin außerordentlich bekümmert*: Mackay, a.a.O., S. 371.
*Die Wahrheit ist*: Ebd.
*mit dem Ziel, ihn von dem Irrtum zu befreien*: Ebd., S. 372.
445 *Ich weiß, daß er ehrgeizig ... ist*: Fisher, a.a.O., 1952–59, Bd. 2, S. 125.
*jugendlich aussehender Mann*: Mackay, a.a.O., S. 398.
*angenehm im Umgang*: Ebd.
*Als ich McKennas Ernennung zustimmte*: Magnus, a.a.O., S. 375.
*Beresford ... kann mit seinem Küchenchef mehr bewirken*: Fisher, a.a.O., 1952–59, Bd. 2, S. 210.
446 *wie ein Rhinozeros*: Ebd., S. 41.
*Die Hölle. Von einem, der dort gewesen ist*: Ebd.
*In einem Land wie dem unsrigen*: Barker, a.a.O., S. 69.
*daß ich Jekyll und Hyde sei*: Fisher, a.a.O., 1920, Bd. 1, S. 184.
*sei schlecht für mich*: Fisher, a.a.O., 1952–59, Bd. 2, S. 174.
*Als Eure Majestät den Ersten Seelord*: Lee, a.a.O., Bd. 2, S. 599.
*Wissen Sie, daß ich der einzige Freund bin*: Fisher, a.a.O., 1920, Bd. 1, S. 223.
447 *einen Haufen Feiglinge*: Marder, a.a.O., 1961–65, Bd. 1, S. 103.
*Was in der Flotte vorgeht*: Fisher, a.a.O., 1952–59, Bd. 2, S. 177.
*Entweder das Achterdeck und Stillschweigen*: Ebd., S. 173.
*starke Einwände*: Ebd., S. 43.
*Sie haben alle eine Mordsangst*: Ebd.
448 *For He's a Jolly Good Fellow*: Marder, a.a.O., 1961–65, Bd. 1, S. 188.
*Während meiner ganzen Amtszeit*: Bacon, a.a.O., 1929, Bd. 2, S. 49.
449 *nicht einmal unter Druck*: Fisher, a.a.O., 1952–59, Bd. 2, S. 247.
*Ich werde Seiner Majestät natürlich gehorchen*: Ebd.
450 *eine grobe Störung der Harmonie*: Bacon, a.a.O., 1929, Bd. 2, S. 53.
*Es war dramatisch*: Mackay, a.a.O., S. 413.
*betrachtete es weder als praktikabel*: Marder, a.a.O., 1961–65, Bd. 1, S. 198.
451 *Wir haben ihn [Beresford] bisher in jedem ... Punkt in die Enge getrieben*: Fisher, a.a.O., 1952–59, Bd. 2, S. 249.
*Lord Charles Beresfords Forderungen*: Marder, a.a.O., 1961–65, Bd. 1, S. 198.
*überzeugt, daß ein solcher Mangel nicht besteht*: Ebd., S. 199.
*[Der Ausschuß] fühlt sich verpflichtet*: Bacon, a.a.O., 1929, Bd. 2, S. 55.

452 *Indem der Ausschuß darauf verzichtete*: Fisher, a.a.O., 1952–59, Bd. 2, S. 262.
*Ich hatte sie für große Männer gehalten*: Ebd., S. 260.
*sehr ärgerlich*: Ebd., S. 267.
*Asquith ihn dermaßen verwässert habe*: Ebd.
*sich sehr ernste Gedanken ... machen*: Ebd., S. 276.
*in der Admiralität ein System von Spionage*: Marder, a.a.O., 1961–65, Bd. 1, S. 203.
*den Mulatten*: Ebd.
453 *Fürchte Gott und sonst nichts*: Fisher, a.a.O., 1952–59, Bd. 2, S. 278.
*keine persönlichen Einwände*: S. McKenna, *Reginald McKenna, 1863–1943*, London 1948, S. 90.
454 *Ich sage nicht*: Marder, a.a.O., 1961–65, Bd. 1, S. 186.

# IV. Teil: Großbritannien und Deutschland: Politik und wachsende Spannungen 1906–1910

## 26. Kapitel: Campbell-Bannerman: Die Rückkehr der Liberalen an die Macht

457 *Wir werden es Der Autorität übergeben*: Spender, a.a.O., 1923, Bd. 2, S. 290.
458 *Ich sehe, daß du bereits überdrüssig bist*: Ebd., Bd. 1, S. 62.
*Ich setzte mich schüchtern*: Ebd., S. 100.
*Was den Tadel betrifft*: Ebd., S. 156.
459 *Rosebery war einer der Fähigsten*: J. Wilson, *CB: A Life of Sir Henry Campbell-Bannerman*, London 1973, S. 236.
*anscheinend in Uneinigkeit*: H. Asquith, a.a.O., Bd. 1, S. 278.
*gut geeignet für die Position*: T. Pakenham, a.a.O., S. 534.
460 *die tatsächliche Verwaltung irischer Angelegenheiten*: H. Asquith, a.a.O., Bd. 2, S. 33.
*Ausdrücklich und mit Nachdruck*: Ebd., S. 35.
461 *Der ehrenwerte Herr Vorredner*: Spender, a.a.O., 1923, Bd. 2, S. 273.
462 *Im Falle Deutschlands*: Ebd., S. 208.
*Das Anwachsen der Rüstung*: Ebd.
463 *Mein größtes Bedauern gilt dem Umstand*: H. H. Asquith, *Memories and Reflections, 1852–1927*, 2 Bde., Boston 1928, Bd. 1, S. 233.
*Henry ist ein guter Mann*: Spender, a.a.O., 1923, Bd. 2, S. 397.
464 *Wie seltsam, eine ganze Nacht im Bett verbracht zu haben*: Ebd., S. 287.
*Ich weiß, wie groß Ihre gegenseitige Hingabe war*: Ebd., S. 294.
465 *all seine alte Antriebskraft und Energie zurückgewonnen*: Ebd., S. 377.

465 *Telegrafieren Sie nicht an ›den König‹*: Ebd., S. 384.
*Sie sind ein wundervoller Kollege*: M. Asquith, a.a.O., Bd. 3, S. 136.
*Dies ist nicht das letzte Mal*: Spender und Asquith, a.a.O., Bd. 2, S. 196.

## 27. Kapitel: Die Asquiths: Henry und Margot

466 *Die Schule stellte einfach die Leiter vor ihm hin*: Spender und Asquith, a.a.O., Bd. 1, S. 22.
467 *das beste intellektuelle Rüstzeug*: F. Maurice, *Haldane, 1856–1928*, 2 Bde., London 1937–39, Bd. 1, S. 164.
*Asquith brachte nicht viel hervor*: Ebd.
*Wir kamen beide als Anwälte voran*: R. B. Haldane, *An Autobiography*, New York 1929, S. 103.
*Zu forensisch*: T. H. S. Escott, *Great Victorians*, New York 1916, S. 362.
*ein intelligenter, ziemlich gutaussehender Mann*: Spender und Asquith, a.a.O., Bd. 1, S. 78.
*ein Gespräch mit Mr. Asquith*: Ebd.
468 *Ein schöner und einfacher Geist*: Haldane, a.a.O., S. 103.
*Als ich entdeckte*: Jenkins, a.a.O., S. 54.
*... Sie war so verschieden von mir*: Spender und Asquith, a.a.O., Bd. 1, S. 98.
469 *Ich wollte unbedingt*: Ebd.
*Das Abendessen, bei dem ich mit meinem Mann bekanntgemacht wurde*: M. Asquith, a.a.O., Bd. 2. S. 195.
*Asquith ist der einzige Typ Mann*: Jenkins, a.a.O., S. 75.
*Du sagst mir, ich solle nicht aufhören*: Ebd.
470 *Klein, schnell, nervös*: M. Asquith, a.a.O., Bd. 2, S. 77.
*Ich reite besser als die meisten Leute*: Ebd., S. 270.
*Ich habe beide Schlüsselbeine gebrochen*: Ebd.
*Ich fürchte, Sie sind mehr aus Zorn*: Ebd., Bd. 1, S. 127.
*Sehen Sie sich Miss Tennant an!*: Ebd., S. 128.
471 *Ich fürchte, Sie haben das Buch nicht gelesen*: Ebd., Bd. 2, S. 40.
*Ich höre, du wirst Margot Tennant heiraten*: Ebd., Bd. 1, S. 251.
*Ich werde dich heiraten, Peter*: Ebd., S. 178.
*Heute nachmittag, als ich auf der Regierungsbank saß*: Jenkins, a.a.O., S. 81.
*Ich war von tiefen Zweifeln und Befürchtungen erfüllt*: Spender und Asquith, a.a.O., Bd. 1, S. 99.
472 *ihre Zeit und ihre Gaben verschwendet*: M. Asquith, a.a.O., Bd. 2, S. 80.
*nicht möglich, eine Vorreiterin der Mode zu sein*: Spender und Asquith, a.a.O., Bd. 1, S. 96.
*Ich feuerte zwei Schüsse ab*: H. Asquith, a.a.O., 1928, S. 309.
473 *Niemand kann entweder die Opposition*: Young, a.a.O., S. 170.
*guten Gewissens sagen*: Spender und Asquith, a.a.O., Bd. 1, S. 82.

473 *Gehen Sie und holen Sie den Vorschlaghammer*: Tuchman, a.a.O., S. 371.
474 *eine unpassende und gefährliche Abweichung*: Lee, a.a.O., Bd. 2, S. 582.
*Asquith war ein Mann, der wußte*: Churchill, a.a.O., 1937, S. 113.
475 *Die erste Voraussetzung für einen Premierminister*: Ebd., S. 117.
*In seinen früheren Tagen war Asquith*: Haldane, a.a.O., S. 103.
*Außerhalb der Geschäftsstunden redete er ungern*: Churchill, a.a.O., 1937, S. 116.
*Nach meiner ersten Niederkunft*: Jenkins, a.a.O., S. 94.
*Niemand, der es nicht erlebt hat*: Ebd.
*als mein Mann Premierminister wurde*: M. Asquith, a.a.O., Bd. 3, S. 33.
*Ich bin schrecklich ungeduldig*: H. H. Asquith, *Letters to Venetia Stanley*, Oxford 1982, S. 9.
476 *Margot finde ich als Besucherin*: Ebd.
*ein Kielwasser von verletzten ... Leuten zurück*: Ebd.
*Manchmal bin ich in diesem Zimmer auf und ab gegangen*: Ebd.
*Es ist mir ein Kummer*: Ebd., S. 10.
*eine leichte Schwäche*: Ebd., S. 471.
*kleinen Harem*: Ebd., S. 11.
*ein prachtvolles, jungfräuliches, kameradschaftliches Geschöpf*: Ebd., S. 5.
*redeten und lachten in unserer gewohnten Art*: Ebd., S. 532.
477 *Du hast mir geschenkt*: Ebd., S. 553.
*Dein Geliebter – für alle Zeit*: Ebd., S. 588.
*Liebling – soll ich Dir sagen*: Ebd., S. 589.
*Keine Frau sollte erwarten*: Ebd., S. 12.
478 *eine Frau ohne Verfeinerung*: Ebd., S. 13.
*Ich habe H. viel zu gern*: Ebd.
*Ach, wenn Venetia nur heiraten würde*: Ebd.
*Warum kann ich nicht dich heiraten*: Ebd., S. 551.
*Ich weiß recht gut*: Ebd., S. 557.

## 28. Kapitel: Sir Edward Grey und die Außenpolitik der Liberalen

479 *reinen Vergnügens*: G. M. Trevelyan, *Grey of Fallodon*, New York 1937, S. 17.
480 *Sir Edward Grey wurde relegiert*: Ebd., S. 20.
*im klaren, kalten Licht der Vernunft*: Ebd., S. 37.
*Wie geschäftig, aktiv und aufgeregt*: Ebd., S. 32.
481 *Ich kann mir nicht denken*: E. Grey of Fallodon, *Twenty-Five Years, 1892–1916*, 2 Bde., New York 1925, Bd. 1, S. 19.
*die vollständigste und klarste Darstellung*: Trevelyan, a.a.O., S. 62.
*Die Arbeit im Unterhaus war kein Vergnügen*: Grey, a.a.O., Bd. 1, S. 31.
*äußerst widerwärtig*: Ebd., Bd. 1, S. 26.
482 *Das Häuschen wurde uns teurer*: Trevelyan, a.a.O., S. 49.

482 *Alles zu haben, was wir wollten*: Grey, a.a.O., Bd. 1, S. 29.
*ein irdisches Paradies*: E. Grey of Fallodon, *The Falladon Papers*, Boston 1926, S. 128.
*Der Angler ist nicht später als um zehn Uhr am Fluß*: Ebd., S. 132.
483 *Nun, und was würdet ihr gerne tun?*: Ebd., S. 4.
*Wenn man sich an einem schönen Tag auf den Rücken legt*: Ebd., S. 28.
*Der großartigste Sport im Fliegenfischen*: Ebd., S. 139.
*einer der großen freudigen Augenblicke*: Ebd.
*sitzt er bei seinen wenigen Aufenthalten im Haus*: Trevelyan, a.a.O., S. 41.
*Die Erinnerungen, die er in jenen zwanzig Jahren*: Ebd., S. 40.
484 *die Üppigkeit der Uferwiesen*: Ebd., S. 42.
*Ich bin hier für ein paar Tage allein*: Ebd., S. 46.
485 *unfreundlicher Akt*: Grey, a.a.O., 1925, Bd. 1, S. 19.
*einem Gefühl von Freude und Erleichterung*: Ebd., S. 49.
*Plötzlich kam eine Art Ultimatum*: Ebd., S. 9.
*Aber es war die unerwartete und strenge Entschiedenheit*: Ebd., S. 10.
*wie eine Schlinge um unseren Hals*: Ebd., S. 11.
*Die Franzosen wurden ... gedemütigt*: Ebd., S. 51.
486 *was die britische Regierung zu* tun *bereit sei*: Wilson, a.a.O., S. 524.
*Vereinzelte Hinweise deuten darauf hin*: Grey, a.a.O., 1925, Bd. 1, S. 115.
*Er stellte mir die Frage direkt*: Wilson, a.a.O., S. 525.
*Ich konnte leicht Französisch lesen*: Grey, a.a.O., 1925, Bd. 1, S. 86.
487 *Im Falle eines deutschen Angriffs*: Spender, a.a.O., 1923, Bd. 2, S. 254.
488 *Grey solchen Gesprächen*: Nicolson, a.a.O., 1930, S. 130.
*Anfang 1906 sagten die Franzosen*: Grey, a.a.O., 1925, Bd. 1, S. 91.
*Gespräche, wie sie zwischen General Joffre*: Ebd., S. 92.
*Mein lieber Asquith*: Ebd., S. 93.
489 *Was die Außenpolitik dieses Landes wirklich bestimmt*: BD, Bd. 4, S. 784.
490 *der unbeugsamen Entschlossenheit*: Ebd., Bd. 3, Anhang A, S. 419.

## 29. Kapitel: Die britisch-russische Entente und die bosnische Krise

491 *barbarisch, asiatisch und tyrannisch*: Empress Frederick, a.a.O., S. 209.
492 *Meine eigene Meinung ist*: Nicolson, a.a.O., 1930, S. 153.
*Der Wechsel von Einschüchterung und Schmeichelei*: Ebd.
*auf kleinen lackierten Füßen*: Ebd., S. 158.
*Ich bedaure es jeden Tag*: Bülow, a.a.O., 1930–31, Bd. 2, S. 294.
493 *großes Vergnügen*: Lee, a.a.O., Bd. 2, S. 289.
494 *dem russischen Volk nichts als Wohlwollen*: Gooch, a.a.O., 1923, S. 363.
495 *Neue Institutionen haben oft*: Lee, a.a.O., Bd. 2, S. 567.
*Iswolskis früherer Eifer*: Nicolson, a.a.O., 1930, S. 163.
*Er befürchtet, meine ich*: Ebd., S. 185.

495 *Ich wünsche nicht*: Grey, a.a.O., 1925, Bd. 1, S. 156.
496 *vor Freude strahlte*: BD, Bd. 4, S. 283.
*der Methoden eines humanen ... Zahnarztes*: Nicolson, a.a.O., 1930, S. 175.
*außerhalb der russischen Einflußsphäre*: Ebd.
Die Bestimmungen des britisch-russischen Abkommens sind von Nicolson, a.a.O., 1930, S. 325–27, übernommen.
497 *Niemand wird England solch eine Politik*: Ebd., S. 188.
*Ja, insgesamt gesehen*: Ebd.
*Es ging nicht darum*: Ebd., S. 172.
498 *Eine Beleidigung unseres Landes*: Lee, a.a.O., Bd. 2, S. 587.
*gewöhnlichen Mörder*: Ebd.
*Die Königin lag wie eine Leiche an Deck*: Fisher, a.a.O., 1952–59, Bd. 2, S. 180.
*gräßlicher, übler Kopfschmerzen*: Ebd.
499 *in Zukunft wahrscheinlich eher*: Magnus, a.a.O., S. 409.
*war in seiner Freude wie ein Kind*: Fisher, a.a.O., 1952–59, Bd. 2, S. 181.
*Es ist eine famose Sache*: Lee, a.a.O., Bd. 2, S. 594.
*Welch eine schöne Zeit*: Fisher, a.a.O., 1952–59, Bd. 2, S. 183.
500 *liebenswürdig und unterhaltsam*: Nicolson, a.a.O., 1930, S. 155.
501 *Nackte Unverschämtheit*: E. J. Bing (Hg.), *The Secret Letters of the Last Tsar*, New York 1938, S. 234.
*Der liberale Politiker*: Mansergh, a.a.O., S. 128.
*spielte es keine Rolle*: Grey, a.a.O., 1925, Bd. 1, S. 169.
502 *es ein Grundprinzip internationaler Vereinbarungen ist*: Churchill, a.a.O., 1923–29, Bd. 1, S. 35.
*nicht opportun*: Grey, a.a.O., 1925, Bd. 1, S. 172.
*Iswolski fuhr fort, daß der gegenwärtige Zeitpunkt*: Ebd., S. 178.
*Brigantenstück*: Mansergh, a.a.O., S. 127.
503 *von der Angliederung erst zu der Zeit*: Grey, a.a.O., 1925, Bd. 1, S. 185.
*Deutschlands Verhältnis zu Österreich*: Woodward, a.a.O., S. 182.
*Österreich-Ungarn benahm sich in Algeciras*: DGP, Bd. 26, S. 110.
*Die Konferenz wird nicht stattfinden*: DGP, Bd. 26, S. 169.
*doppelzüngig, kein Ehrenmann*: Mansergh, a.a.O., S. 132.
*Ihr Sir Edward Grey will Frieden*: Gooch, a.a.O., 1923, S. 418.
*das Deutsche Reich Österreich-Ungarn freie Hand geben würde*: Spender und Asquith, a.a.O., Bd. 1, S. 248.
*Wir erwarten eine präzise Antwort*: DGP, Bd. 26, S. 693.
504 *Mit Gottes Hilfe*: Spender und Asquith, a.a.O., Bd. 1, S. 248.
*Rußland ... mit seinem jüngsten Verhalten*: Gooch, a.a.O., 1923, S. 423.
*wie ich die bosnische Krisis ... entwirrte*: Bülow, a.a.O., 1930–31, Bd. 1, S. 150.
*Diese Angelegenheit ... ausgezeichnet geführt*: Ebd.
*in schirmender Wehr*: Spender und Asquith, a.a.O., Bd. 1, S. 248.
*Eine Zeitlang zeigte Rußland Rückgrat*: Grey, a.a.O., 1925, Bd. 1, S. 181.
*Mir ist von Persönlichkeiten*: Ebd., S. 182.
*Deutschland ließ uns wissen*: Bing, a.a.O., S. 236, S. 239–40.
505 *Dies ist* mein *Krieg!*: Mansergh, a.a.O., S. 136.

## 30. Kapitel: Die Flottenpanik von 1909

506 *Strategische Erfordernisse machen den Bau … notwendig*: Woodward, a.a.O., S. 98.
507 *Wie Sie wissen*: McKenna, a.a.O., S. 65.
508 *eine Übermacht von zehn Prozent*: Woodward, a.a.O., S. 244.
509 *eine praktische Gewißheit*: Marder, a.a.O., 1961–65, Bd. 1, S. 154.
*Mein lieber Grey*: McKenna, a.a.O., S. 71.
510 *Mein lieber Premierminister*: Ebd., S. 72.
*Ich will hier nicht bei den leidenschaftlichen Gelübden verweilen*: Marder, a.a.O., 1961–65, Bd. 1, S. 159.
511 *Ich fand die Zahlen der Admiralität übertrieben*: Churchill, a.a.O., 1923–29, Bd. 1, S. 37.
*Die Admiralität ist entschlossen*: R. S. Churchill, *Winston S. Churchill: Young Statesman, 1901–1914*, Boston 1967, S. 498.
*Was sind Winstons Gründe*: Marder, a.a.O., 1961–65, Bd. 1, S. 160.
*Die Wissenschaftler sind in einem Zustand wilder Erregung*: McKenna, a.a.O., S. 79.
512 *Ich glaube, es zeigt*: Marder, a.a.O., 1961–65, Bd. 1, S. 161.
*Wir setzen unser ganzes und einziges Vertrauen in Sie*: McKenna, a.a.O., S. 82.
*entweder im Unterhaus oder im Oberhaus abgelehnt*: Ebd., S. 81.
513 *Ich sehe nicht*: Ebd., S. 82.
*mit weniger als acht Schiffen nicht getan ist*: Marder, a.a.O., 1961–65, Bd. 1, S. 163.
*Ungeachtet der Kosten*: *The Times*, 17. März 1909.
514 We want eight: Marder, a.a.O., 1961–65, Bd. 1, S. 167.
*Bürger, das Vaterland ist in Gefahr!*: Ebd.
*Reinkarnation des Marschalls Leboeuf*: Ebd.
*Seit Nero vor der … Stadt Rom sang*: Ebd., S. 168.
*Nach Meinung dieses Hauses*: Ebd.
Greys Rede ist aus Woodward, a.a.O., S. 230–34, entnommen.
516 *Am Ende wurde … gefunden*: W. Churchill, a.a.O., 1923–29, Bd. 1, S. 37.
*In Marineangelegenheiten gibt es kein Mittelding*: Woodward, a.a.O., S. 220.
519 *Wir brauchen eine Sicherheitsmarge gegen Lügen*: Marder, a.a.O., 1961–65, Bd. 1, S. 164.
*Wie rasch würde all diese Panik verschwinden*: Fisher, a.a.O., 1952–59, Bd. 2, S. 235.
Winston, Churchill, Lloyd und George: Fisher, a.a.O., 1952–59, Bd. 2, S. 227.
*wegen der Art und Weise*: Marder, a.a.O., 1961–65, Bd. 1, S. 170.
*Wenn die Regierung nicht*: Ebd., S. 171.
521 *Im Licht des tatsächlichen Geschehens*: W. Churchill, a.a.O., 1923–29, Bd. 1, S. 37.

## 31. Kapitel: Das Oberhaus und der Tod Edwards VII.

524 *zwischen unvergleichlicher Dramatik*: G. Dangerfield, *The Strange Death of Liberal England*, New York 1961, S. 22.
*Wir sanken eine halbe Meile tief in einen Schacht*: Ebd.
*Nur eine Aktie hat stark nachgelassen*: G. L. Bernstein, *Liberalism and Liberal Politics in Edwardian England*, Boston 1986, S. 111.
525 *Die Frage stellt sich*: Magnus, a.a.O., S. 430.
*einer herabstoßenden Raubmöwe*: H. Asquith, a.a.O., 1926, Bd. 2, S. 82.
*das Gekrächze eines alten Raben*: Ebd., S. 83.
*Ich glaube, meine Freunde*: Ebd.
*felsenfest*: Jenkins, a.a.O., S. 199.
*Änderungsanträge vom Oberhaus*: H. Asquith, a.a.O., 1926, Bd. 2, S. 83.
*einem allmächtigen Unterhaus*: Willoughby de Broke, a.a.O., S. 259.
526 *einen Bruch der Verfassung*: H. Asquith, a.a.O., 1926, Bd. 2, S. 88.
*Wenn Sie den Haushalt zu Fall bringen*: Willoughby de Broke, a.a.O., S. 265.
*Endlich haben wir sie*: Barker, a.a.O., S. 162.
*Wir werden nicht im Amt bleiben*: Lee, a.a.O., Bd. 2, S. 670.
527 *Wenn die Lords unsere Politik nicht akzeptieren*: H. Asquith, a.a.O., 1926, Bd. 2, S. 98
*Ich persönlich sehe nicht*: Magnus, a.a.O., S. 440.
*Wirklich, es ist zu dumm*: Lee, a.a.O., Bd. 2, S. 686.
528 *bis wir alle dem Schreien nahe waren*: Ponsonby, a.a.O., 1951, S. 255.
529 *Der Beherrscher des britischen Weltreiches*: Bülow, a.a.O., 1930–31, Bd. 2, S. 468.
*Mein Gott, er stirbt*: Princess Daisy of Pless, *Daisy Princess of Pless*, New York 1929, 176.
530 Der Bericht über König Edwards Tod ist Lee, a.a.O., 1951, Bd. 2, S. 714–18, Magnus, a.a.O., S. 455–466, und Ponsonby, a.a.O., 1951, S. 270, entnommen.
532 *dieses gräßliche Biarritz*: Ponsonby, a.a.O., 1951, S. 271.
*Ich habe meinen besten Freund … verloren*: Magnus, a.a.O., S. 456.
*Die Welt ist nicht mehr die gleiche*: Barker, a.a.O., S. 84.
*In der auswärtigen Politik*: Bülow, a.a.O., 1930–31, Bd. 3, S. 86 f.
*Tod des Einkreisers*: Wilhelm II., a.a.O., 1922, S. 108.
*Ich bin zutiefst bekümmert*: H. Asquith, a.a.O., 1926, Bd. 2, S. 100.
*Ich fühlte mich verwirrt und benommen*: Ebd.
533 *Die gesamte königliche Familie*: Wilhelm II., a.a.O., 1922, S. 108 f.
*Die Schilderung des Begräbnisses durch den Kaiser*: Ebd., S. 124 f.
534 *Ja, Sir*: M. Asquith, a.a.O., Bd. 3, S. 212.
*Lieber Lord Landsdowne*: H. Asquith, a.a.O., 1926, Bd. 2, S. 111.
535 *Laßt sie ihre Pairs machen*: Dangerfield, a.a.O., S. 44.
*unweigerlich aus Prinzip gegen jede Veränderung*: Newton, a.a.O., S. 361.
*feierliche Verpflichtung vor Gott und dem Land*: Tuchman, a.a.O., S. 396.
536 *selbst wenn ich allein stehe*: Dangerfield, a.a.O., S. 52.

536 *Ich stimme mit Lord Landsdowne*: Newton, a.a.O., S. 426.
Die Schilderung des Angriffs auf Asquith im Unterhaus ist Dangerfield, a.a.O., S. 55–58, sowie Ausgaben der *Times*, des *Daily Telegraph*, der *Daily News* und des *Daily Chronicle* vom 25. Juli 1911 entnommen.
537 *Um Himmels willen, verteidigen Sie ihn*: M. Asquith, a.a.O., Bd. 3, S. 216.
*Ich werde mich nicht erniedrigen*: Dangerfield, a.a.O., S. 57.
*reiner Bluff*: Ebd., S. 63.
*Ich muß sagen*: Ebd.
538 *vor Wut außer sich*: Ebd., S. 65.
*Verräter! Judas!*: Ebd.
*Wasserfälle, der Bergwälder und Abgründe*: Tuchman, a.a.O., S. 402.
*ganz ungewöhnlich verhaßt*: B. Dugdale, a.a.O., Bd. 2, S. 61.

## 32. Kapitel: Der Eulenburg-Skandal

539 *die inneren Verhältnisse des Reiches*: Newton, a.a.O., S. 372.
*PREUSSISCHE HOFSKANDALE*: *The Times*, 24. Oktober 1907.
540 *Aus den Verfehlungen einzelner Mitglieder*: Bülow, a.a.O., 1907, 1909, Bd. 3, S. 67.
*Nicht vermag ich mit Worten ... zu schildern*: Haller, a.a.O., S. 6.
541 *Qual ungerechter, enger und roher Vorgesetzter*: Ebd., S. 9.
*schrecklich langweilig*: I. V. Hull, *The Entourage of Kaiser Wilhelm II, 1888–1918*, Cambridge 1982, S. 50.
*Ihre Konversation war unbedeutend*: Ebd.
*Mein dienstlicher diplomatischer Beruf*: Haller, a.a.O., S. 16.
*liebe Phili*: Ebd., S. 20.
542 *Ich werde mich hüten, den Kontrapunkt zu studieren*: Bülow, a.a.O., 1930–31, Bd. 4, S. 486.
*erfreute uns durch Klavierspiel*: Wilhelm II., a.a.O., 1927, S. 227.
*Er gehörte zu den glücklichen Leuten*: Ebd.
*Busenfreund*: Hull, a.a.O., S. 202.
*Wenn er in unser Potsdamer Heim trat*: Wilhelm II., a.a.O., 1927, S. 228.
543 *Ew. königlichen Hoheit Brief*: Haller, a.a.O., S. 26.
*Er war sehr blaß*: Röhl, a.a.O., S. 174.
*Phili ... so hingerissen*: Bülow, a.a.O., 1930–31, Bd. 1, S. 168.
*Mein lieber Phili*: Haller, a.a.O., S. 21.
*Morgen sind Sie also mit Prinz Wilhelm*: Ebd.
*Ihr Einfluß auf S. M. ist ein vortrefflicher*: Ebd., S. 45.
544 *Wenn ich ... mit einer gewissen Zuversicht*: Ebd., S. 75.
*Ihr heutiger Brief*: Ebd., S. 78f.
545 *Der Kaiser hat mich niemals angerührt*: Ebd., S. 110.
*Natürlichen Verstand hast Du reichlich*: Ebd., S. 130.

545 *So geriet ich bald unter den Zauber*: Bülow, a.a.O., 1930–31, Bd. 4, S. 487.
*derjenige meiner Freunde*: Ebd.
*Ich habe eine große Sehnsucht*: Haller, a.a.O., S. 223 f.
*Nichts und niemand wird uns ... trennen können*: Ebd.
*Äußerlich in manchem unähnlich*: Ebd.
*Ich armes Huhn*: Ebd., S. 129.
546 *Ich halte – nicht als Freund*: Ebd.
*Wir können nicht dankbar genug sein*: Ebd., S. 52.
*Bernhard ist der wertvollste Beamte*: Ebd., S. 225.
*Bülow soll mein Bismarck werden*: Ebd.
*Hätte die große Masse der Politiker*: Röhl, a.a.O., S. 148.
*Ich darf wohl Ew. Majestät*: Ebd.
*Ich hänge mein Herz*: Haller, a.a.O., S. 240 f.
547 *Es ist mir stets ein unheimliches Gefühl*: Ebd., S. 241.
*Eine der besten Aufgaben*: Ebd.
*dem runzeligen, früh gealterten Gesicht*: Bülow, a.a.O., 1930–31, Bd. 1, S. 459.
*Die arme, liebe Kaiserin*: Ebd.
*Ihre Liebe für S. M.*: Ebd., S. 617.
*Durch zehn Jahre furchtbar mühevoller Arbeit*: Ebd., S. 605.
*süßliche, affektierte Frömmigkeit*: Hull, a.a.O., S. 131.
*In einem bestimmten Alter*: Ebd.
*die in ihrer Feinfühligkeit*: Ebd.
548 *Da Phili jetzt gar nicht mehr zu mir kommt*: Haller, a.a.O., S. 298.
*schwimmendes Schauspielhaus*: Bülow, a.a.O., 1930–31, Bd. 1, S. 616.
*Mein Phili*: Ebd., Bd. 2, S. 291.
*Ich bin jetzt frei, Sie zu behandeln*: Hull, a.a.O., S. 130.
*um Leben und Tod*: Haller, a.a.O., S. 313.
549 *um Gottes und des Kaisers willen*: Ebd.
*Nachdem der Fürst zu Eulenburg auf sein Ehrenwort erklärt hat*: Ebd.
*Daß ich die Angriffe Holsteins*: Ebd.
550 *Niemals im Leben werde ich das verzweifelte, entsetzte Gesicht*: Kronprinz Wilhelm, *Erinnerungen*, Berlin, Stuttgart 1922, S. 13.
551 *Ich erwarte hiernach*: Bülow, a.a.O., 1930–31, Bd. 2, S. 312.
*Den langjährigen kaiserlichen Freund*: Ebd.
*Ich fühle mich vollkommen unschuldig*: Ebd.
*Wie ich ausdrücklich betonen möchte*: Ebd., S. 291.
552 *Abscheuliche Orgien*: *The Times*, 25. Oktober 1907.
*glaubte den Grafen Moltke als einen der Anwesenden erkannt zu haben*: Ebd.
*im Interesse unseres ganzen Landes*: F. W. Wile, *Men Around the Kaiser*, Philadelphia 1913, S. 197.
*zwischen diesem Mann*: Ebd.
*In diesen peinlichen Angelegenheiten*: Bülow, a.a.O., 1930–31, Bd. 2, S. 313.
*hörte [Eulenburg] nicht auf*: Ebd., S. 310.
*als höchster Reichsbeamter*: Ebd.
553 *daß die in Rede stehenden Verirrungen*: Ebd., S. 315.

553 *etwas Schmutziges*: Hull, a.a.O., S. 138.
554 *Hätten Sie niemals geglaubt*: Haller, a.a.O., S. 339.
*Dazu kommt*: Ebd., S. 350.
*Einhundertfünfundvierzig Anschuldigungen*: Bülow, a.a.O., 1930–31, Bd. 3, S. 27.
555 *daß ich in der ganzen langen Zeit*: Haller, a.a.O., S. 394.
*selbst es niemals verstanden habe*: Bülow, a.a.O., 1930–31, Bd. 3, S. 27.
*Lieber Phili*: Ebd., S. 29.
*anormalen Trieben*: Ebd., S. 28.
*gefährlichen Neigungen*: Ebd.
*Bei diesem Rückblick*: Ebd., S. 30.
*Fürst Eulenburg ist nicht verhandlungsfähig*: Haller, a.a.O., S. 364.
*Es ist ein sehr schwieriges Jahr gewesen*: Balfour, a.a.O., S. 276.
556 *armer Phili*: Hull, a.a.O., S. 145.
*absolut unschuldig*: I. Hull, »*Kaiser Wilhelm II and the ›Liebenberg Circle‹*«, in: Röhl und Sombart (Hg.), a.a.O., S. 218.

## 33. Kapitel: Das *Daily Telegraph*-Interview

557 *und den lieben alten Park*: Lee, a.a.O., Bd. 2, S. 546.
*Mein Kopf schlug so hart auf*: Bülow, a.a.O., 1930–31, Bd. 2, S. 305.
*Bronchitis und akuter Husten*: Lee, a.a.O., Bd. 2, S. 554.
*Ich kann nicht sagen, wie entsetzt ich bin*: Ebd., S. 555.
*kaum ein Zweifel daran besteht*: BD, Bd. 6, S. 88.
*Das Schlimmste nämlich ist*: Bülow, a.a.O., 1930–31, Bd. 2, S. 305.
558 *spielten das deutsche Geschwader und die Admiralität*: *The Times*, 12. November 1907.
*Es ist, als käme ich wieder nach Haus*: Ebd.
*Lange hatten wir gehofft*: Lee, a.a.O., Bd. 2, S. 557.
*Sonnenschein und Wind*: *The Times*, 14. November 1907.
*BLUT IST DICKER ALS WASSER*: Ebd.
*Vor sechzehn Jahren sagte ich*: Lee, a.a.O., Bd. 2, S. 558.
559 *Ich verfolgte den Ursprung seines Unbehagens*: R. B. Haldane, *Before the War*, London 1920, S. 48.
*Ich werde Ihnen die ›Sperre‹ geben*: Ebd.
*uns eine ›Sperre‹ zu geben*: Ebd., S. 49.
*Ich fühle mich als Eindringling*: Ebd., S. 50.
560 *Ich will aber auch von dieser Stelle*: Bülow, a.a.O., 1907, 1909, Bd. 3, S. 243.
*Der Besuch muß eine gute Wirkung haben*: Ebd.
*der Besuch des deutschen Kaisers*: J. Steinberg, »The Kaiser and the British«, in: Röhl und Sombart (Hg.), a.a.O., S. 138.
*Unser König macht eine bessere Schau*: R. Esher, *Journals and Letters*, 4 Bde., London 1934–38, Bd. 2, S. 255.

560 *ich mit Arbeit überhäuft*: Bülow, a.a.O., 1930–31, Bd. 2, S. 338.
561 *Völlig ahnungslos*: Ebd., S. 339.
562 Der Auszug des *Daily Telegraph*-Interviews ist Holstein a.a.O., Bd. 1, S. 201–205, entnommen.
*Während ich diese an Unbesonnenheit*: Bülow, a.a.O., 1930–31, Bd. 2, S. 353.
*Haben Sie noch nicht erfaßt*: Ebd.
563 *Ich bin daher nicht in der Lage*: Ebd.
564 *Für einen Neuling wie mich*: BD, Bd. 6, S. 217.
*Nie zuvor in der deutschen Geschichte*: G. A. von Müller, *Der Kaiser..*, Göttingen 1965, S. 69f.
*unmöglich sein werde, den gegenwärtigen Aufruhr*: Ebd.
565 *Er war, ... in kritischen Augenblicken*: Bülow, a.a.O., 1930–31, Bd. 2, S. 357.
*Der Kaiser antwortete mir*: Ebd.
*dem ehrenvollen Ausdruck*: Ebd., S. 364.
566 *Für den Fehler*: Gooch, a.a.O., 1923, S. 441.
*Meine Herren, die Einsicht*: Bülow, a.a.O., 1930–31, Bd. 2, S. 368.
*Als ich unter starkem Beifall schloß*: Ebd., S. 369.
*Wegen der kaiserlichen Indiskretionen*: Holstein, a.a.O., Bd. 1, S. 189.
*Wir haben eine Bevölkerung von mehr als*: Cowles, a.a.O., S. 269.
567 *Er sehnte sich ... nach Donaueschingen*: Bülow, a.a.O., 1930–31, Bd. 2, S. 358.
*Haben Sie dem Kaiser ... abgeraten?*: Ebd., S. 190.
*Wenn Sie Kaiser Wilhelm begegneten*: Balfour, a.a.O., S. 291.
*Die zwei Tage hier*: Cowles, a.a.O., S. 264.
*Die Damen in großer Toilette*: Zedlitz-Trützschler, a.a.O., S. 216.
*Alles war aufs höchste amüsiert*: Ebd.
568 *Seien Sie recht gut zum Kaiser*: Bülow, a.a.O., 1930–31, Bd. 2, S. 377.
*erwartete offenbar von mir*: Ebd.
*Unbeirrt durch die von Ihm*: Ebd., S. 380.
*mit einem starken Händedruck*: Ebd., S. 381.
*Den Kaiser und die Krone*: Ebd.
*Muß denn der Kaiser abdanken*: Ebd., S. 386.
*Minuten später war ich bei ... Vater*: Kronprinz Wilhelm, a.a.O., S. 93.
569 *Der Kaiser machte keinen Versuch*: Cowles, a.a.O., S. 271.
*im Stich gelassen worden*: Ebd., S. 273.
*zum Sündenbock*: K. H. Jarausch, *The Enigmatic Chancellor*, New Haven 1973, S. 61.
*allein und ausschließlich von Loyalität*: T. Cole, »The Daily Telegraph Affair«, in: Röhl und Sombart (Hg.), a.a.O., S. 263.
*Pharisäer!*: Ebd.
*Ich ging mit ihm*: Wilhelm II., a.a.O., 1922, S. 100.
570 *ich könne mein schweres Amt*: Bülow, a.a.O., 1930–31, Bd. 2, S. 446.
*gegenüber den Angriffen*: Ebd.
*In der Reichstagsdebatte*: Ebd., S. 448.
*Das heißt soviel*: Ebd., S. 449.
*Die offene Aussprache*: Wilhelm II., a.a.O., 1922, S. 100.
*Ich habe mich soeben ... ausgesprochen*: Bülow, a.a.O., 1930–31, Bd. 2, S. 449.

570 *Ich habe Bülow verziehen*: Ebd., S. 450.
*Wie glücklich bin ich*: Ebd.
571 *Ich bin ... sehr eilig*: Ebd., S. 512f.
*Für die innere Politik ist Bethmann ... der Beste*: Ebd.
*Die auswärtige Politik überlassen Sie nur mir*: Ebd.
*Es berührte mich eigentümlich*: Ebd., S. 515.
572 *Ich bin viel trauriger als Sie*: Ebd., S. 527.
*Sie müssen nicht glauben*: Ebd.

## 34. Kapitel: Deutsch-britische Flottengespräche und Bethmann Hollweg

574 *jeder Engländer seinen letzten Penny*: D. Lloyd George, *War Memoirs*, 6 Bde., Boston 1933–37, Bd. 1, S. 17.
*den Gendarmen überlassen würde*: Ebd.
*gern bereit sein, Deutschland entgegenzukommen*: Ebd., S. 19.
*Eine solche anmaßende Sprache*: Ebd., S. 17.
*Darüber reden wir überhaupt nicht!*: Ebd., S. 18.
*Das wäre eine Kriegserklärung*: Ebd., S. 20.
*Bravo, Metternich!*: Ebd., S. 22.
575 *in der Flottenfrage*: Ebd., S. 23.
*Das ist eine Sprache*: Ebd., S. 25
*Diese Art von Konversation*: Ebd., S. 26
576 *fürchten eigentlich nur unsere Flotte*: DGP, Bd. 24, S. 45f.
*Sie müssen sich eben an unsere Flotte gewöhnen*: Ebd.
*Können Sie Ihren Flottenbau nicht anhalten?*: Bülow, a.a.O., 1930–31, Bd. 2, S. 322.
*dann werden wir kämpfen*: Ebd.
*dem englischen Diplomaten*: Ebd.
577 *Gedanke eines Präventivkrieges*: Marder, a.a.O., 1961–65, Bd. 1, S. 172.
*Es ist nicht die wirtschaftliche Entwicklung*, DGP, Bd. 28, S. 18.
578 *daß wir einem Zusammenstoß*: Bülow, a.a.O., 1930–31, Bd. 2, S. 432.
*fünf bis sechs Jahre*: Spender, a.a.O., 1933, S. 326.
*ungeduldig und gereizt*: Bülow, a.a.O., 1930–31, Bd. 2, S. 439.
*bei jeder sich bietenden Gelegenheit*: Ebd., S. 503.
579 *alle Eigenschaften*: L. Cecil, *Albert Ballin*, Hamburg, 1969, S. 113.
*Bülows Rache*: Ebd.
580 *Ich kann es nicht glauben*: E. von Vietsch, *Bethmann Hollweg*, Boppard/Rh. 1969, S. 320.
*auf meinem Körper*: Wilhelm II., a.a.O., 1927, S. 150.
*Diese kleine Episode gab den Anstoß*: Jarausch, a.a.O., S. 35.
*Im Kreise Ihrer sympathischen Familie*: Wilhelm II., a.a.O., 1927, S. 150.

580 *Wertschätzung der Arbeitskraft*: Wilhelm II., a.a.O., 1922, S. 105.
581 *Eines Tages werde ich einen Minister*: Jarausch, a.a.O., S. 40.
*Es beunruhigt mich*: Ebd., S. 53.
*einen Mann von starken Gaben*: R. Bahr, in: *Die Zukunft* 67 (1909), S. 265 f.
*Ich kenne ihn ganz genau*: R. von Valentini, *Kaiser und Kabinettschef*, Oldenburg 1931, S. 121.
*Ich kann mit ihm nicht arbeiten*: Ebd.
*ernsten Zweifeln*: Jarausch, a.a.O., S. 66.
*Lieber Theo*: Ebd., S. 70.
*Nur ein Genie*: Ebd., S. 66.
582 *In des Kanzlers Hause verkehrte ich gern*: E. Jäckh (Hg.), *Kiderlen-Wächter*, 2 Bde., Berlin 1924, Bd. 2, S. 153 f.
*eigensinnige, fast schulmeisterliche Rechthaberei*: Ebd.
*Die Vorstellung, daß er sich mit den [anderen deutschen] Fürsten verbünden wird*: Jarausch, a.a.O., S. 111.
583 *Falls Euer Exzellenz*: Jäckh, a.a.O., Bd. 2, S. 153 f.
*Im Jahre 1909*: Th. von Bethmann Hollweg, *Betrachtungen zum Weltkriege*, 2 Bde., Berlin 1919–21, Bd. 1, S. 11.
*Gegen diesen Vorschlag*: Bülow, a.a.O., 1930–31, Bd. 3, S. 7.
584 *Ich wünsche ein gutes Einvernehmen*: Woodward, a.a.O., S. 272.
585 *Die englische Freundschaft mit Frankreich*: Ebd., S. 278.
*Sirenengesängen*: Ebd., S. 284.
586 *Der Appetit dieses Rüstungsungeheuers*: Marder, a.a.O., 1961–65, Bd. 1, S. 215.
*eine unentbehrliche Vorbedingung*: Ebd., S. 223.
*England und Deutschland*: Ebd., S. 224.
*Er erinnerte mich*: Ebd., S. 225.
*Ich halte jegliche [Rüstungs-]Kontrolle*: *Schulthess' europäischer Geschichtskalender*, 1911, S. 89.

## V. Teil: Der Weg in den Abgrund

### 35. Kapitel: Agadir

591 *echten Württemberger*: Holstein a.a.O., Bd. 2, S. 189.
*einen Knappen von Holstein*: Bülow, a.a.O., 1930–31, Bd. 4, S. 627.
*Kiderlen verhielt sich … zu Holstein*: Ebd., Bd. 1, S. 13.
592 *Austernnarr, Troubadour, Spätzle*: Ebd., S. 30.
593 *Ich soll die Karre aus dem Dreck ziehen*: G. P. Gooch, *Studies in Diplomacy and Statecraft*, New York 1942, S. 132.
*allgemeine Heiterkeit*: Bülow, a.a.O., 1930–31, Bd. 2, S. 371 f.

594 *Der Mißerfolg von Kiderlen*: Ebd.
*weiche Natur*: Gooch, a.a.O., 1942, S. 139.
*Sie setzen sich eine Laus in den Pelz*: Ebd., S. 140.
*Wirklich? Nein, Gott sei Dank nie!*: L. Cecil, a.a.O., 1976, S. 167.
595 *Dickkopf ... Regenwurm*: Ebd., S. 312.
*So? Glauben Sie, er erzählt mir mehr?*: Ebd., S. 313.
*die besonderen politischen Interessen*: *Schulthess' europäischer Geschichtskalender*, 1909, S. 57.
596 *außerordentlich fruchtbar*: F. W. Pick, *Searchlight on German Africa*, London 1939, S. 23.
*nicht daran zweifeln*: *Schulthess' europäischer Geschichtskalender*, 1910. S. 432.
*in Casablanca kann man sich nicht ... erwehren*: Carroll, a.a.O., S. 645.
598 *Wenn Sie nach Fes gehen*: B. E. Schmitt, *England and Germany, 1740–1914*, Princeton, N. J. 1916, S. 313.
*Und doch wird es ohne sie nicht gehen*: Jarausch, a.a.O., S. 121.
*volle Handlungsfreiheit*: Ebd., S. 122.
599 *außerordentlich fruchtbare*: Pick, a.a.O., S. 23.
*äußerst ernsten Schwierigkeiten*: Jarausch, a.a.O., S. 121.
*Niemand kann verhindern*: Ebd.
*die öffentliche Meinung Frankreichs*: Gooch, a.a.O., 1942, S. 145.
*Aber man könne anderswohin blicken*: Schmitt, a.a.O., S. 315.
*Bringen Sie etwas mit zurück*: Gooch, a.a.O., 1942, S. 145.
600 *Der weite kreisrunde Platz ... war ... umgeben*: Wilhelm II., a.a.O., 1922, S. 119f.
601 *das Puppenhaus*: Haldane, a.a.O., 1929, S. 224.
*Der König meinte*: Wilhelm II., a.a.O., 1922, S. 121.
*Wegen Marokko werden wir niemals Krieg machen*: Carroll, a.a.O., S. 659.
*Frankreich dort verbluten würde*: Pick, a.a.O., S. 15.
602 *Wir werden einen entschiedenen Standpunkt einnehmen*: Jarausch, a.a.O., S. 122.
*Wir können Marokko nicht den Franzosen überlassen*: Ebd.
*Die Lage spitzte sich zu*: Wilhelm II., a.a.O., 1922, S. 121.
*Schiffe gebilligt*: Carroll, a.a.O., S. 654.
603 *gefährdete Deutsche*: Pick, a.a.O., S. 21.
604 *Einige deutsche Firmen*: Schmitt, a.a.O., S. 317.
*Hurra! Eine Tat*: Carroll, a.a.O., S. 656.
*Endlich Aktion*: Ebd.
*un joli morceau*: Schmitt, a.a.O., S. 315.
*ernste koloniale Kompensation*: Jarausch, a.a.O., S. 122.
*Eh bien?*: Carroll, a.a.O., S. 659.
605 *keinen offenen Schritt unternommen*: Grey, a.a.O., 1925, Bd. 1, S. 215.
*nicht desinteressiert sein könne*: Ebd., S. 214.
*unsere vertraglichen Verpflichtungen*: Ebd.
606 *Worauf will Deutschland hinaus?*: Marder, a.a.O., 1961–65, Bd. 1, S. 240.
*Dies ist eine Kraftprobe und nichts anderes*: Carroll, a.a.O., S. 667.
*Verbindung mit Deutschland aufzunehmen*: I. C. Barlow, *The Agadir Crisis*, Chapel Hill 1940, S. 293.

606 *müsse unsere lange Unkenntnis und unser Stillschweigen*: Ebd.
607 *ob deutsche Truppen dort gelandet seien*: Ebd.
*nicht in der Lage*: Schmitt, a.a.O., S. 325.
*Ich fand einen veränderten Mann*: W. Churchill, a.a.O., 1923–29, Bd. 1, S. 46.
608 *Als die unhöfliche Gleichgültigkeit*: Lloyd George, a.a.O., Bd. 1, S. 40.
*Plötzlich hörte ich*: Grey, a.a.O., 1925, Bd. 1, S. 215.
Die Wiedergabe der Rede Lloyd Georges: Ebd., S. 216.
609 *Lloyd George wurde mit dem prodeutschen Element*: Ebd., S. 217.
*Wann immer ein Land irgendwo ein Dorf besetzt*: Carroll, a.a.O., S. 669.
*Das deutsche Volk lehnt es ab*: Ebd., S. 670.
*Stark in der Gerechtigkeit*: Ebd.
610 *Ich bemerkte, daß ich mich nicht entsinnen könne*: Grey, a.a.O., 1925, Bd. 1, S. 218.
*Ich bemerkte, daß es in diesem Gebiet*: Ebd.
*nicht ein Mann*: Ebd.
611 *Der Ton dieser Rede war einhellig als Provokation*: Ebd., S. 220.
*Wenn Frankreich nach seinen zahlreichen Provokationen*: Ebd., S. 221.
*Da die Deutschen gesagt hatten*: Ebd., S. 222.
*an den Springbrunnen*: W. Churchill, a.a.O., 1923–29, Bd. 1, S. 47.
*Ich habe eben eine Mitteilung … erhalten*: Ebd., S. 48.
*wir es mit einem Volk zu tun haben*: BD, Bd. 7, S. 625.
*in den Wüsteneien*: Marder, a.a.O., 1961–65, Bd. 1, S. 243.
*Angenommen, die Hochseeflotte wäre*: P. Gretton, *Winston Churchill and the Royal Navy*, New York 1969, S. 37.
612 *äußerst freundlich*: Schmitt, a.a.O., S. 333.
*Es finden Gespräche zwischen Frankreich und Deutschland statt*: Ebd.
613 *Krieg oder Frieden*: Carroll, a.a.O., S. 672.
614 *Wir werden uns keinen weiteren Unsinn*: Ebd., S. 679.
*Die Deutschen stellten zuerst so hohe Forderungen*: Grey, a.a.O., 1925, Bd. 1, S. 223.
*wo der Fieberbazillus und der Sandfloh*: Carroll, a.a.O., S. 683.
*Ist der Geist Preußens untergegangen*: Pick, a.a.O., S. 32.
*Das letzte Aufgebot*: Carroll, a.a.O., S. 648.
*verzweifle ich an der Zukunft des Reiches*: Ebd., S. 684.
*Der Kaiser war in Swinemünde sehr klein*: K. Riezler, *Tagebücher*, Göttingen 1972, S. 178 f.
615 *Kiderlen informiert niemanden*: Ebd.
616 *À mon terrible ami*: Gooch, a.a.O., 1942, S. 155.
*beinahe ein Fiasko*: Grey, a.a.O., 1925, Bd. 1, S. 233.
*den Sargnagel des deutschen Ansehens*: Carroll, a.a.O., S. 692.
*Ohne etwas von Bedeutung erworben zu haben*: Ebd., S. 698.
617 *bedauerlich …*: Bülow, a.a.O., 1930–31, Bd. 3, S. 87.
*während der diplomatischen Kampagne*: Ebd.
*ein sehr beträchtliches neues Kolonialgebiet*: *Schulthess' europäischer Geschichtskalender*, 1911, S. 195 f.

617 *daß es Deutschland und Frankreich möglich gewesen ist*: Ebd.
*Wir erwarten kein Lob*: Ebd.
*Es herrschte Grabesstille*: Carroll, a.a.O., S. 693.
*Wie ein Blitz in der Nacht*: *Schulthess' europäischer Geschichtskalender*, 1911, S. 204f.
618 *Mein Gewissen läßt mich schlafen*: Jarausch, a.a.O., S. 125.
*Ich fand ihn körperlich*: Bülow, a.a.O., 1930–31, Bd. 3, S. 88.

## 36. Kapitel: »Ich glaube doch, daß ich ein Glühwürmchen bin«

621 *Ich bitte um Entschuldigung*: Haldane, a.a.O., 1929, S. 227.
622 *Unsere Marine ist den Franzosen keine 500 Bajonette wert*: Maurice, a.a.O., Bd. 1, S. 288.
*Es ist eine Tatsache*: Gretton a.a.O., S. 40.
*kindisch, und ich habe ihn sofort als völlig undurchführbar abgelehnt*: S. R. Williamson Jr., *The Politics of Grand Strategy*, Cambridge, MA 1969, S. 193.
*1911 zeigte sich*: Haldane, a.a.O., 1929, S. 236.
623 *Um den 20. Tag*: V. Bonham-Carter, *Winston Churchill*, New York 1965, S. 184.
*Sind Sie sicher*: R. Churchill, a.a.O., 1967, S. 513.
*Als ich in die Zufahrt bog*: Haldane, a.a.O., 1929, S. 230.
624 *Er und mein Vater spielten am Nachmittag zusammen Golf*: Bonham-Carter, a.a.O., S. 188.
*Mr. Asquith ... fragte mich ziemlich unvermittelt*: W. Churchill, a.a.O., 1923–29, Bd. 1, S. 67.
*Höre, Israel!*: Ebd., S. 68.
*schien es eine Botschaft voller Ermutigung*: Ebd., S. 69.
625 *Dann schien er sich plötzlich meiner Existenz bewußt*: Bonham-Carter, a.a.O., S. 3.
*Wir sind alle Würmer*: Ebd., S. 4.
*Wir schienen in einem Wirbel von Fröhlichkeit*: Manchester, a.a.O., 1983, S. 112.
626 *Mrs. Everest war es, die sich um mich kümmerte*: W. S. Churchill, *A Roving Commission*, New York 1930, S. 5.
*eine dunkle, geschmeidige Figur*: Ebd., S. 4.
*Sie hatte eine Stirn wie ein Panther*: M. Asquith, a.a.O., Bd. 1, S. 131.
*in Irland ... in einem Reitkostüm*: W. Churchill, a.a.O., 1930, S. 4.
*Die Vernachlässigung und das mangelnde Interesse*: R. S. Churchill, *Winston S. Churchill: Youth, 1874–1900*, Boston 1966, S. 43.
627 *Ich haßte diese Schule*: W. Churchill, .a.O., 1930, S. 12.
*In der Mitte des Raumes*: R. Churchill, a.a.O., 1966, S. 52.
*daß er bei besonderen Anlässen*: J. Morley, *The Life of William Eward Gladstone*, 2 Bde., London 1905, Bd. 1, S. 28.

627 *mir erlaubt war, Dinge zu lernen*: W. Churchill, a.a.O., 1930, S. 13.
*Wirst Du kommen und mich besuchen*: Manchester, a.a.O., 1983, S. 134.
628 *Ich war sehr enttäuscht*: Ebd.
*Ich wäre gern gefragt worden*: W. Churchill, a.a.O., 1930, S. 15.
*Ich sah mich außerstande*: Ebd.
*Wir wurden für solche Dummköpfe gehalten*: Ebd., S. 16.
*Versuch doch, Papa zu bewegen, daß er kommt*: R. Churchill, a.a.O., 1966, S. 119.
*Ich würde zu Dir hinunterkommen*: Ebd., S. 124.
*Ich habe nur eine Seite von Deinem Brief gelesen*: Ebd., S. 156.
*Meine liebe Mama*: Ebd.
629 *Liebste Mama ... Ich fühle mich so elend*: Ebd., S. 158.
*Er macht ein Aufhebens*: Ebd., S. 160.
*Jahrelang dachte ich, mein Vater*: W. Churchill, a.a.O., 1930, S. 19.
*Die Gefangennahme schien unvermeidlich*: Ebd., S. 29.
630 *Mein lieber Winston*: R. Churchill, a.a.O., 1966, S. 188.
631 *Als ich den Wish-Bach entlangging*: Ebd., S. 212.
*Wir mußten jetzt Neues lernen*: W. Churchill, a.a.O., 1930, S. 43.
632 *Für dich, liebe Mama*: R. Churchill, a.a.O., 1966, S. 207.
*Wenn man ein Furunkel im Nacken hatte*: Ebd., S. 82.
*Es gab keinen Vorhang*: Ebd., S. 226.
633 *Haß, Wut und Angst in seinen Augen glänzen*: Manchester, a.a.O., 1983, S. 205.
*All meine Träume von Kameradschaft*: W. Churchill, a.a.O., 1930, S. 62.
*ernsten Geisteskrankheit*: R. Churchill, a.a.O., 1966, S. 226.
*Meine Jacke war naß*: W. Churchill, a.a.O., 1930, S. 72.
*Ich war jetzt im wesentlichen*: Ebd., S. 62.
*Hisse wieder die ruhmreiche Flagge*: Ebd., S. 60.
634 *Ich war jetzt in meinem 21. Jahr*: Ebd., S. 62.
*Mama und Graf Kinsky beim Frühstück*: R. Churchill, a.a.O., 1966, S. 141.
635 *Es gibt nichts Erregenderes*: Manchester, a.a.O., 1983, S. 228.
*Ich kann nicht glauben*: Ebd., S. 234.
*palastähnlichem Bungalow*: W. Churchill, a.a.O., 1930, S. 106.
*Die spanischen Schiffe*: R. Churchill, a.a.O., 1966, S. 282.
*Wenn Du mir gute Empfehlungsschreiben an die Türken besorgen kannst*: Ebd., S. 329.
636 *ungefähr 200 Druckfehlern, Schnitzern*: W. S. Churchill, *The Story of the Malakand Field Force*, London, New York 1898, S. 365.
*Ich war bis dahin noch nie gelobt worden*: W. Churchill, a.a.O., 1930, S. 154.
637 *Mein lieber Winston*: Ebd., S. 155.
*Du mußt in Sachen Ägypten etwas für mich tun*: Manchester, a.a.O., 1983, S. 263.
*Ach, wie sehr wünschte ich*: R. Churchill, a.a.O., 1966, Bd. 1, S. 371.
*zog an allen Fäden*: W. Churchill, a.a.O., 1930, S. 151.
*Will Churchill nicht, da kein Platz*: Manchester, a.a.O., 1983, S. 263.
*nicht nur wegen seines Inhalts*: W. Churchill, a.a.O., 1930, S. 164.
*Wenn ich irgendwann etwas tun kann*: Ebd.
*Lieber Lord Salisbury*: R. Churchill, a.a.O., 1966, S. 378.

638 *schmutzigen Trampdampfer*: Manchester, a.a.O., 1983, S. 267.
Churchills Bericht über die Schlacht von Omdurman ist aus W. Churchill, a.a.O., 1930, S. 171–196, entnommen.
639 *Kommen Sie und besuchen Sie mich*: R. Churchill, a.a.O., 1966, S. 407.
*von einem Ende bis zum anderen*: Manchester, a.a.O., 1983, S. 298.
640 *Wenn man allein und unbewaffnet ist*: W. Churchill, a.a.O., 1930, S. 252.
*Wir werden dich nicht gehen lassen*: Ebd., S. 258.
*Engländer, 25 Jahre alt*: Manchester, a.a.O., 1983, S. 309.
641 *Ich bin Winston Bloody Churchill*: Ebd., S. 314.
*den bestaussehenden Mann Englands*: T. Morgan, *Churchill*, New York 1982, S. 138.
*Ich nehme an, ihr haltet mich für sehr töricht*: Manchester, a.a.O., 1983, S. 320.
*die breite Stirn und den kühnen Blick*: Ebd., S. 346.
*Wenn der junge Abgeordnete für Oldham*: Ebd.
*Ruhelos, egoistisch, anmaßend*: Ebd., S. 345.
*Kann mein Ehrenwerter Freund sagen*: Ebd., S. 348.
642 *Ohne mich wäre dieser junge Mann*: Magnus, a.a.O., S. 351.

## 37. Kapitel: Churchill in der Admiralität

643 *einen armseligen Ehrgeiz*: Marder, a.a.O., 1961–65, Bd. 1, S. 252.
*Wir können in seiner Karriere keine Prinzipien… entdecken*: Morgan, a.a.O., S. 317.
644 *Das ist so, weil ich jetzt Eier legen kann*: Bonham-Carter, a.a.O., S. 190.
*mir selbst und allen, die mit mir arbeiteten*: W. Churchill, a.a.O., 1923–29, Bd. 1, S. 72.
645 *zu schnell vorangekommen*: Ebd., S. 87.
*Sie scheinen sehr jung*: Morgan, a.a.O., S. 322.
*hoffnungslos in Winston Churchill verliebt*: Fisher, a.a.O., 1952–59, Bd. 2, S. 114.
*höchst amüsant zusammen*: Ebd.
646 *Mein lieber Lord Fisher*: R. Churchill, a.a.O., 1967, S. 532.
*schrecklich niedergeschlagen*: Mackay, a.a.O., S. 432.
*Ich hatte bestimmte Vorstellungen*: W. Churchill, a.a.O., 1923–29, Bd. 1, S. 77.
*einen wahrhaften Vulkan*: Ebd.
*Aber bis Sonntagabend war ich … beeindruckt*: Ebd., S. 78.
647 *ständiger Gespräche*: Marder, a.a.O., 1961–65, Bd. 1, S. 264.
*alle Arten von Nachrichten und Ratschlägen*: W. Churchill, a.a.O., 1923–29, Bd. 1, S. 79.
*Der größte Triumph von allen*: Fisher, a.a.O., 1952–59, Bd. 2, S. 418.
*Bisher ist jeder Schritt*: Ebd., S. 430.
*Ich bedaure … was Sie … getan haben*. Ebd., S. 450.
*Leider fürchtete Winston*: R. Churchill, a.a.O., 1967, S. 565.

648 *Königlichen Zuhälter*: Manchester, a.a.O., 1983, S. 440.
*... was Winston Churchill betrifft*: Fisher, a.a.O., 1952–59, Bd. 2, S. 459.
*Mein lieber Fisher*: R. Churchill, a.a.O., 1967, S. 566.
649 *Einige von uns gingen an Land*: Bonham-Carter, a.a.O., S. 202.
*Tanzte vor dem Frühstück lange mit Lord Fisher*: Ebd..
*Ich wurde beinahe entführt*: Fisher, a.a.O., 1952–59, Bd. 2, S. 465.
*WC sagte, der König spreche zu ihm ständig von mir*: Ebd., S. 464.
650 *weitgehend zu meinem Büro*: W. Churchill, a.a.O., 1923–29, Bd. 1, S. 119.
*Die Flaggen von einem Dutzend Admirälen*: Ebd.
651 *Kein Erster Lord in der Geschichte der Marine*: Manchester, a.a.O., 1983, S. 443.
*Er sprach mit fast allen Besatzungsmitgliedern*: R. Churchill, a.a.O., 1967, S. 558.
*Warum hast du ihn nicht eingesperrt?*: Gretton, a.a.O., S. 76.
*Kennen Sie Ihre Männer beim Namen?*: Marder, a.a.O., 1961–65, Bd. 1, S. 254.
652 *Keine*: Bonham-Carter, a.a.O., S. 217.
*Und was für Traditionen sind das?*: Manchester, a.a.O., 1983, S. 443.
*um die Dinge voranzubringen*: Fisher, a.a.O., 1952–59, Bd. 2, S. 418.
*Sollten wir durch irgendein Mißgeschick*: Marder, a.a.O., 1961–65, Bd. 1, S. 258.
653 *Darf ich den Ersten Lord fragen*: Morgan, a.a.O., S. 339.
*Ich ersuche den edlen Lord, genauer auszuführen*: Ebd., S. 342.
654 *Ich hoffe wirklich, daß die ganze Angelegenheit*: R. Churchill, a.a.O., 1967, S. 621.
655 *ein Fehler vorliegen*: Ebd., S. 628.
*Oliver Cromwell war einer der Begründer*: Ebd., S. 629.
*Es scheint mir richtig*: Ebd., S. 631.
656 *des königlichen Geistes unwürdig*: Gretton, a.a.O., S. 88.
657 *Niemand, der es nicht erlebt hat*: W. Churchill, a.a.O., 1923–29, Bd. 1, S. 122.
*Vor dem Unternehmen zurückzuschrecken, wäre Verrat*: Ebd.
*Wenn wir nur ein Versuchsmuster machen*: Ebd., S. 123.
*Er war standhaft*: Ebd.
*Der Gedanke, daß sie ein Mißerfolg sein könnten*: Ebd.
658 *in der Welt der Marine*: R. Churchill, a.a.O., 1967, S. 552.
*eine Schlacht zwischen zwei ... Panzerschiffen*: Manchester, a.a.O., 1983, S. 443.
*Die erste aller Notwendigkeiten*: W. Churchill, a.a.O., 1923–29, Bd. 1, S. 140.
*Ich glaube nicht an die Weisheit des Schlachtkreuzers*: Ebd., S. 128.
659 *Die Mühsal des Kohlens erschöpfte die ... Mannschaft*: Ebd., S. 129.
*Das Problem des flüssigen Brennstoffes*: Ebd., S. 132.
660 *beklagenswerte Ausnahme*: Ebd., S. 131.
662 *Wir waren keineswegs erfreut*: Winton, a.a.O., S. 127.
*blieb eine sehr große Zahl von Seeoffizieren skeptisch*: Ebd., S. 128.
663 *Ich erinnere mich lebhaft*: W. Churchill, a.a.O., 1923–29, Bd. 1, S. 119.

## 38. Kapitel: Die Haldane-Mission

665 *Wir alle wissen, daß mit Sicherheit*: Haldane, a.a.O., 1920, S. 56.
*Es gewährt den Briten bereitwillig*: Marder, a.a.O., 1961–65, Bd. 1, S. 273.
666 *Das Ziel ... Marinepolitik*: Ebd., S. 274.
*Er [Lloyd George] meinte, daß jede Anstrengung*: W. Churchill, a.a.O., 1923–29, Bd. 1, S. 94.
*Ich meinte, daß ich in einer um so stärkeren Position wäre*: Ebd., S. 95.
669 *Bekanntmachungen an Bord*: B. Huldermann, *Albert Ballin*, Oldenburg 1922, S. 178.
671 *daß, wenn der Kaiser sein Wort gegeben habe*: Ebd., S. 278.
673 *überhaupt nicht wie ein Jude*: L. Cecil, a.a.O., 1976, S. 99.
*daß die Paarung zwischen einem germanischen Hengst*: Bülow, a.a.O., 1930–31, Bd. 1, S. 1.
*Ich bin kein Freund von Juden*: L. Cecil, a.a.O., 1976, S. 99.
*Ich erfuhr vor wenigen Tagen*: Holstein, a.a.O., Bd. 2, S. 86.
*generelle Abneigung*: Bülow, a.a.O., 1930–31, Bd. 1, S. 297.
*jüdischen Gefahr*: L. Cecil, a.a.O., 1969, S. 105.
*Siegfried Meyer*: Ebd., S. 98.
674 *Die Hauptsache bleibt mir trotzdem*: Ebd., S. 108.
*ein Gehege für aristokratische Nichtskönner*: Ebd., S. 114.
*für die Stärkung*: Ebd., S. 138f.
*ist gleichsam die Verkörperung des nationalen Gedankens*: Ebd., S. 140f.
676 *wollte keine Übereinkunft*: Ebd., S. 145.
*Alpha und Omega des britischen Mißtrauens*: Ebd., S. 152.
*Diese Zusammenkunft*: Huldermann, a.a.O., S. 221.
677 *sich hochgeehrt fühlen*: Ebd., S. 246f.
*Seine freundschaftlichen Gesinnungen*: Ebd.
678 *Billigung und Kenntnis der englischen Regierung*: Wilhelm II., a.a.O., 1922, S. 123.
*Akzeptanz der britischen Vorherrschaft zur See*: W. Churchill, a.a.O., 1923–29, Bd. 1, S. 95.
*daß sich diese ›Verbalnote‹*: Wilhelm II., a.a.O., 1922, S. 123.
*weil man Unklarheiten und Mißverständnisse*: Ebd., S. 124.
*da ich am besten Englisch verstände*: Ebd.
*Ich saß am Schreibtisch*: Ebd.
679 *Wir verschlangen dieses Dokument*: W. Churchill, a.a.O., 1923–29, Bd. 1, S. 95.
*Der Geist mag gut sein*: Ebd., S. 96.
*Sogar die Sozialisten unterstützen es*: Ebd.
*volle Einsatzfähigkeit von 25 Schlachtschiffen*: Ebd.
*Cassel sagt, sie schienen nicht zu wissen*: Ebd.
680 *Daß ich fahren würde, stand nie zur Debatte*: Ebd., S. 98.
*war eine Frau und ein Hund*: Haldane, a.a.O., 1929, S. 13.
*sahen aus, als hätten sie mehr Bücher als Seife*: Maurice, a.a.O., Bd. 1, S. 17.
681 *stieg ich triefend aus dem Taufbecken*: Haldane, a.a.O., 1929, S. 22.

681 *schien schwierig, verglichen mit dem Studium*: Ebd., S. 31.
*Von Zeitvertreib und gesellschaftlichem Leben sah ich … nichts*: Ebd., S. 29.
*Wochen ungetrübten Glückes*: Ebd., S. 117.
682 *das neue deutsche Programm*: Maurice, a.a.O., Bd. 1, S. 292.
683 *scheinbar ernsthaft in Sorge*: Bethmann Hollweg, a.a.O., Bd. 1, S. 53.
*die Zahl der Körner*: Maurice, a.a.O., Bd. 1, S. 305.
*Wir würden mit Sicherheit gezwungen sein*: Ebd., S. 306.
*Vielleicht über acht oder neun Jahre*: Ebd., S. 307.
684 *Meine Admiräle sind sehr schwierig*: Ebd.
*Es war kein verbales Florettfechten*: Ebd., S. 294.
*Die Atmosphäre war wunderbar*: Ebd.
*Es ist kein Zweifel*: Tirpitz, *Politische Dokumente*, 2 Bde., Berlin, Stuttgart 1924, Bd. 1, S. 285.
*das Gleichgewicht der Kräfte*: Haldane, a.a.O., 1920, S. 148.
685 *Knochen ohne Fleisch*: Ebd., S. 109.
*würde über das Abkommen lachen*: BD, Bd. 6, S. 710.
*Admiral Tirpitz ist ein starker und schwieriger Mann*: Maurice, a.a.O., Bd. 1, S. 295.
*so beunruhigt*: Ebd., S. 311.
*Können wir das Bauprogramm nicht zeitlich strecken?*: Ebd.
686 *Drittes Geschwader wird gefordert und bewilligt*: Huldermann, a.a.O., S. 256.
*denn ich hatte den starken Eindruck*: Maurice, a.a.O., Bd. 1, S. 312.
*daß ich von der Geringfügigkeit*: Ebd., S. 295.
*Ich sagte mit Nachdruck*: Ebd., S. 313.
*eine* détente *statt einer* entente: Haldane, a.a.O., 1920, S. 63.
*Der Kanzler will dieses Abkommen*: Maurice, a.a.O., Bd. 1, S. 314.
687 *Wir setzten uns mit Bleistiften und Papier*: Ebd., S. 315.
*Am Ende … stand er auf und ergriff meine Hand*: Ebd., S. 296.
*Ob Erfolg oder Mißerfolg*: Ebd., S. 315.
*vielversprechender Beginn*: Jarausch, a.a.O., S. 128.
*war äußerst liebenswürdig*: Maurice, a.a.O., Bd. 1, S. 295.
*Mein Eindruck war*: Haldane, a.a.O., 1920, S. 67.
688 *übergab mir der Kaiser*: Ebd., S. 110.
*eine außerordentliche Verstärkung der Schlagkraft*: W. Churchill, a.a.O., 1923–29, Bd. 1, S. 102.
689 *Grey antwortete*: Huldermann, a.a.O., S. 260.
690 *Sollte England seine Schiffe*: DGP, Bd. 31, S. 156f.
*Ich glaube, unsere Gebete sind erhört worden*: Maurice, a.a.O., Bd. 1, S. 298.
*[Wolff-Metternich] erhielt eine Mitteilung vom Reichskanzler*: Ebd.
691 *England wird keinen unprovozierten Angriff*: DGP, Bd. 31, S. 181.
*England wird darum eine wohlwollende Neutralität*: Ebd.
*nicht halbwegs weit genug ging*: Jarausch, a.a.O., S. 130.
*eines Personalwechsels in Berlin*: BD, Bd. 6, S. 714.
*solange er [Bethmann] Kanzler bleibe*: Woodward, a.a.O., S. 348.
692 *noch nicht davon gehört*: Marder, a.a.O., 1961–65, Bd. 1, S. 282.
*mehr und mehr an der Weisheit*: BD, Bd. 6, S. 745.

## 39. Kapitel: Flottenhaushalt und »Flottenurlaub«

693 *Ein Helm aus blitzendem Messing*: R. Churchill, a.a.O., 1966, S. 143.
*weiße Uniform*: Manchester, a.a.O., 1983, S. 424.
694 *Ich bin sehr dankbar*: Ebd.
*eine furchterregende Maschine*: Ebd., S. 426.
*Mein lieber Winston*: Ebd., S. 425.
*Deutschlands Vorgehen in Agadir*: Ebd., S. 427.
*Belgien zuliebe würde ich nicht*: R. Churchill, a.a.O., 1967, S. 513.
*Wir wußten, daß ein schreckliches neues Flottengesetz*: W. Churchill, a.a.O., 1923–29, Bd. 1, S. 94.
*Solange Deutschland die Flottenherausforderung*: R. Churchill, a.a.O., 1967, S. 542.
695 *Ein Satz [aus der Rede des Kaisers] stand mir lebhaft vor Augen*: W. Churchill, a.a.O., 1923–29, Bd. 1, S. 99.
Churchills Rede ist aus: Ebd., S. 100, entnommen.
*zornig von Mund zu Mund ging*: Ebd., S. 101.
*eine einfache Feststellung*: Bonham-Carter, a.a.O., S. 197.
*die Rede in Glasgow*: W. Churchill, a.a.O., 1923–29, Bd. 1, S. 101.
696 *Ich glaube, es ist schwierig für jedes der beiden Länder*: R. Churchill, a.a.O., 1967, S. 551.
*Diese Schätzungen … zustande gekommen*: Woodward, a.a.O., S. 368.
697 *Wir müssen stets bereit sein*: Fisher, a.a.O., 1952–59, Bd. 2, S. 443.
*Nichts würde Deutschland*: W. Churchill, a.a.O., 1923–29, Bd. 1, S. 105.
*Lassen Sie mich klarmachen*: Ebd., S. 109.
*solche Arrangements*: Ebd.
698 *Wir können nicht alles haben*: Marder, a.a.O., 1961–65, Bd. 1, S. 289.
*Wir können nicht das Mittelmeer halten*: R. Churchill, a.a.O., 1967, S. 570.
*würde bedeuten, daß eine britische Flotte*: Ebd., S. 575.
699 *Der endgültige Umfang*: Marder, a.a.O., 1961–65, Bd. 1, S. 296.
701 *er müsse verstehen*: BD, Bd. 10, S. 601.
*Der Punkt, den ich sicherstellen möchte*: W. Churchill, a.a.O., 1923–29, Bd. 1, S. 112.
702 *die Freiheit, Frankreich je nach Belieben zu helfen*: BD, Bd. 10, S. 607.
*kein Engagement, das … verpflichtet*: Ebd., S. 614.
*die gegenwärtige Disposition der Flotten*: Woodward, a.a.O., S. 382.
*Aufgrund unserer Sorge*: Marder, a.a.O., 1961–65, Bd. 1, S. 290.
*für die Masse der Engländer absolut unerträglich*: Ebd., S. 305.
*markiert die Grenzen*: Ebd.
*Rom mußte die Ausländer zu Hilfe rufen*: Ebd., S. 290.
*Die Wahl liegt*: Ebd., S. 291.
703 *einen integralen Teil der britischen Flotte*: Woodward, a.a.O., S. 389.
*Aber wenn wir jetzt plötzlich damit herauskämen*: Marder, a.a.O., 1961–65, Bd. 1, S. 297.

704 *Was Tirpitz sagt, ist belanglos*: Ebd., S. 312.
*Wir dürfen nicht versuchen*: Woodward, a.a.O., S. 408.
*Wenn für die Dauer eines Jahres*: Ebd., S. 409.
705 *werden die Ereignisse weiterhin den Weg nehmen*: Ebd.
706 *Nächstes Jahr werden wir vier Dreadnoughts*: Ebd., S. 419.
*Winston redet den Radikalen*: Marder, a.a.O., 1961–65, Bd. 1, S. 315.
*ein Jahr Urlaub vom Redenhalten*: Ebd.
*utopisch und undurchführbar*: Ebd.
707 *ungezählte Menschen auf die Straße werfen würde*: Ebd.
*Schiffbau ein Jahr verschoben*: Ebd.
*endlose, gefährliche Kapitel*: Woodward, a.a.O., S. 423.
*ein Stück Wahnsinn*: Marder, a.a.O., 1961–65, Bd. 1, S. 316
*Wann werden der Erste Lord*: Ebd.
*Wenn andere Länder uns nicht ... folgen wollen*: Ebd.
*Geben Sie Winston nicht zuviel Geld*: R. Churchill, a.a.O., 1967, S. 636.
*In Deiner Ausgabenpolitik*: Ebd., S. 645.
708 *Der Boom im Schiffbau*: Ebd., S. 637.
*Wir hatten eine Kabinettssitzung*: Ebd., S. 638.
*Als er [Churchill] zur Admiralität ging*: Ebd., S. 640.
*organisierten Wahnsinn*: Marder, a.a.O., 1961–65, Bd. 1, S. 318.
*Das Interview des Schatzkanzlers*: R. Churchill, a.a.O., 1967, S. 647.
*Zeitungsinterviews ... zu geben*: Marder, a.a.O., 1961–65, Bd. 1, S. 319.
*eine unnötige Torheit*: R. Churchill, a.a.O., 1967, S. 647.
*mit dem Rücken zur Wand*: Ebd., S. 649.
*Der Premierminister muß sich zwischen Winston und mir entscheiden*: Marder, a.a.O., 1961–65, Bd. 1, S. 323.
709 *wenn das vorgesehene Programm*: R. Churchill, a.a.O., 1967, S. 646.
*besteht keinerlei Möglichkeit*: Ebd., S. 643.
*Noch nie wurde einer meiner Vorgänger*: Ebd., S. 652.
*Mein lieber Winston*: Marder, a.a.O., 1961–65, Bd. 1, S. 323.
*Mein lieber Premierminister*: Ebd., S. 324.
710 *Mein lieber Winston*: R. Churchill, a.a.O., 1967, S. 659.
*wie nie zuvor durchgekämmt*: Ebd., S. 660.
*Kommen Sie morgen zum Frühstück*: Ebd., S. 662.
*die längste und vielleicht auch die gewichtigste ... Rede*: Marder, a.a.O., 1961–65, Bd. 1, S. 326.
Churchills Rede vom 17. März 1914 ist der *Times* vom 18. März 1914 entnommen.

## 40. Kapitel: »Die Anker hielten … Wir schienen sicher zu sein«

713 *Wir kamen nachmittags zusammen*: Grey, a.a.O., 1925, Bd. 1, S. 256.
*sechs Skelette um den Tisch säßen*: Ebd.
714 *Schließlich regelte … die Angelegenheit*: Ebd., S. 261.
*Es gab keinen förmlichen Abschluß*: Ebd., S. 262.
*sehr langweilig und grau*: Ebd., S. 263.
*In den Jahren 1912–1913 entwickelte die Strömung der europäischen Angelegenheiten*: Ebd., S. 267.
715 *für Gottlieb … das Ideal*: Bülow, a.a.O., 1930–31., Bd. 3, S. 34.
*Was, diesen Knirps wollen Sie als Botschafter*: Ebd.
*Meine Dankbarkeit, meine Treue*: Ebd.
716 *Nichts hat geholfen*: L. Cecil, a.a.O., 1976, S. 318.
*Der intime Gedankenaustausch*: *Schulthess' europäischer Geschichtskalender*, 1911, S. 59.
*Er raucht sich vortrefflich an*: Müller, a.a.O., S. 202.
*nicht nur korrekt, sondern rücksichtsvoll*: W. Churchill, a.a.O., 1923–29, Bd. 1, S. 178.
717 *Der Kaiser nahm während der Balkankriege*: Bethmann Hollweg, a.a.O., Bd. 1, S. 82.
*eunuchenhafte Staatsmänner*: Woodward, a.a.O., S. 396.
*Es ist nicht so leicht*: K. M. Lichnowsky, *Auf dem Wege zum Abgrund*, 2 Bde., Dresden 1927, Bd. 1, S. 145.
*Wirrkopf*: Ebd., S. 31.
*der bei seinen näheren Bekannten*: Ebd., S. 11.
*Flachs und Rüben*: Ebd., S. 93.
*Ich schicke nur* Meinen *Botschafter nach London*: H. G. Zmarlik, *Bethmann Hollweg als Reichskanzler*, Düsseldorf 1957, S. 28.
718 *Der König, ein harmloser … Mann*: Lichnowsky, a.a.O., Bd. 1, S. 121.
*jovialer Lebemann*: Ebd., S. 124.
*rauh und mürrisch … ziemlich anstrengend*: H. Asquith, a.a.O., 1982, S. 86.
*Trotz der schwarzen Socken*: Ebd.
*Die Einfachheit und Lauterkeit*: Lichnowsky, a.a.O., Bd. 1, S. 122f.
*Sir Edward Grey … meinte*: Ebd., S. 268.
720 *Mir schien klar*: Grey, a.a.O., 1925, Bd. 1, S. 274.
*Rußland loyal zu halten*: Ebd., S. 276.
721 *Keine solchen Verhandlungen sind im Gange*: Ebd., S. 279.
*nichts zu wünschen übrig ließen*: L. Cecil, a.a.O., 1969, S. 178.
*höchst befriedigend*: Gooch, a.a.O., 1923, S. 530.
*große Erleichterung*: Grey, a.a.O., 1925, Bd. 1, S. 283.
*in der Phantasie des* Berliner Tageblatts: Schmitt, a.a.O., S. 367.
*Er würde es schwierig finden*: Gooch, a.a.O., 1923, S. 531.

722 *eine große politische Torheit*: Marder, a.a.O., 1961–65, Bd. 1, S. 430.
*Für mich liegt es aber auf der Hand*: Lichnowsky, a.a.O., Bd. 1, S. 142.
*Gelänge es Deutschland*: Ebd., Bd. 2, S. 170.
723 *bilde ... den einzigen Grund*: Ebd., S. 178f.
*besprach die ganze Angelegenheit*: Ebd.
*Es war das Gefühl unzureichender Sicherheit*: Spender, a.a.O., 1933, S. 383.
*Welch ein Triumph für Tirpitz!*: Woodward, a.a.O., S. 418.
724 *Diese Politik der Geheimhaltung*: W. Churchill, a.a.O., 1923–29, Bd. 1, S. 180.
*mit Vergnügen*: L. Cecil, a.a.O., 1969, S. 173.
726 *Hüten Sie sich vor den Engländern*: G. von Hase, *Die beiden weißen Völker*, Leipzig 1920, S. 9.
727 *Gute Reise ... Friends in past*: Ebd.

## 41. Kapitel: Am Vorabend des Krieges: Berlin

728 *Die Ursachen, die zu einem allgemeinen Krieg*: *The Times*, 18. März 1914.
*Die Schalen des Zorns*: W. Churchill, a.a.O., 1923–29, Bd. 1, S. 11.
730 *Österreich sieht sich in einer Sackgasse*: Gooch, a.a.O., 1923, S. 516.
731 *einer gefährlichen kleinen Viper*: Mansergh, a.a.O., S. 132.
*Seine Majestät im letzten Moment*: L. Albertini, *The Origins of the War of 1914*, 3 Bde., New York 1953, Bd. 1, S. 562.
*im Stich gelassen*: Spender, a.a.O., 1933, S. 362.
*Wie oft lege ich mir in Gedanken die Frage vor*: F. Klein, »Probleme des Bündnisses zwischen Österreich-Ungarn und Deutschland«, in: W. Schieder (Hg.), *Der 1. Weltkrieg*, Köln 1969, S. 310.
*Unsere eigenen Lebensinteressen*: Jarausch, a.a.O., S. 156.
*weltgeschichtlichen Prozeß*: Spender, a.a.O., 1933, S. 363.
732 Die Wiedergabe des Moltke-Conrad-Gesprächs ist aus Albertini, a.a.O., Bd. 1, S. 561–62, entnommen.
733 *Ich statte Ihnen einen Besuch ab*: S. B. Fay, *Der Ursprung des Weltkrieges*, 2 Bde., Berlin 1930, Bd. 2, S. 83.
*Das ist der falsche Weg*: Ebd.
*Sophie, Sophie, stirb nicht*: Ebd., S. 84.
*Feind der Serben*: Ebd., S. 87f.
734 *Kein Verbrechen hat jemals*: Schmitt, a.a.O., S. 397.
*Es ist für mich eine große Sorge weniger*: E. C. Corti und H. Sokol, *Der Alte Kaiser*, Graz 1955, S. 413.
*die Monarchie mit entschlossener Hand*: Mansergh, a.a.O., S. 219.
*daß Seine Majestät sich Deutschlands nicht sicher fühle*: I. Geiss, *Julikrise und Kriegsausbruch*, 2 Bde., Hannover 1963–64, Bd. 1, S. 84.
735 *Das gegen meinen armen Neffen*: K. Kautsky (Hg.), *Die deutschen Dokumente zum Kriegsausbruch*, 4 Bde., Berlin 1919, Bd. 1, Nr. 13, S. 19f.

735 *ernsten europäischen Komplikationen*: Geiss, a.a.O., Bd. 1, S. 84.
*auf die volle Unterstützung Deutschlands*: Ebd.
*mit dieser Aktion … nicht*: Ebd.
*Rußlands Haltung werde jedenfalls feindselig sein*: Ebd.
*Rußland sei … noch keineswegs kriegsbereit*: Ebd.
736 *Diese Ansichten des Kaisers*: Bethmann Hollweg, a.a.O., Bd. 1, S. 136.
*Bei uns herrscht die Ansicht*: Geiss, a.a.O., Bd. 1, S. 87.
*das sich durch einen Meuchelmord*: Ebd., S. 88.
*für alle Fälle bereit sei*: Ebd., S. 87.
*Zu Befehl, Eure Majestät*: Bülow, a.a.O., 1930–31, Bd. 3, S. 157.
*er glaube nicht, daß es weitere*: Geiss, a.a.O., Bd. 1, S. 87.
*Im … Verlaufe der Konversation*: Ebd., S. 93.
737 *daß Seine Majestät im Einklang*: Ebd., S. 98.
*Alle Anwesenden mit Ausnahme*: Ebd., S. 110.
*die in Aussicht gestellte Aktion*: Ebd., S. 136.
*hauptsächlich, um dem Minister … nahezulegen*: Ebd., S. 147.
*daß man in Deutschland*: Ebd., S. 128.
738 *Den Vertretern der anderen Mächte*: Ebd., S. 140.
*Es wäre gut*: Ebd., S. 126.
739 *Die Note werde so abgefaßt*: Ebd., S. 165.
*versicherte mir, daß er ihn nicht kenne*: Ebd., S. 270.
*in den friedfertigsten Ausdrücken*: Ebd., S. 218.
*die britische Regierung*: Ebd., S. 302.
740 *unseren Schritt in Belgrad*: Ebd., S. 301.
*daß der Mord von Sarajewo*: Ebd., S. 234 f.
*Propaganda gegen Österreich-Ungarn*: Ebd., S. 270.
*Rußland … nie akzeptieren*: Gooch, a.a.O., 1923, S. 536.
741 *das formidabelste Dokument*: Geiss, a.a.O., Bd. 1, S. 333.
*Sie setzen Europa in Brand*: Ebd., S. 332.
*irrtümlichen Voraussetzung*: Ebd.
*Man sieht hier in jeder Verzögerung*: Ebd., S. 394.
*Die einzige Chance*: Ebd., S. 381.
*eine Lektion*: Ebd., Bd. 2, S. 109.
*allen Forderungen entgegenkommen wird*: Ebd., Bd. 1, S. 316.
742 *weil man in Lebensfragen niemanden konsultiert*: Gooch, a.a.O., 1923, S. 537.
743 *Österreich-Ungarn das Handeln aufgezwungen*: Schmitt, a.a.O., S. 416.
*nichts wiese darauf hin*: Gooch, a.a.O., 1923, S. 535.
*Da wir eventuellen Konflikt*: Geiss, a.a.O., Bd. 1, S. 205.
*Meine Flotte lag*: Wilhelm II., a.a.O., 1922, S. 210.
744 *Sie haben mir diese Suppe eingebrockt*: Bülow, a.a.O., 1930–31, Bd. 3, S. 165.
*Eine brillante Leistung*: Geiss, a.a.O., Bd. 2, S. 185.
*es sorgfältig zu vermeiden*: Ebd., S. 197.
*in seinem Entgegenkommen*: Ebd., S. 108 f.
*es müsse sich ein Weg finden lassen*: Ebd.
745 *Ich bin froh, daß Du zurück bist*: Ebd., S. 201.

745 *Eingeständnis der Schwäche*: Ebd.
*gewissenlose Wühlarbeit*: Ebd., S. 202.
*Das ganze Gewicht der Entscheidung*: Ebd., S. 369.
746 *Rußland aber muß rücksichtslos*: E. Zechlin, »Bethmann Hollweg, Kriegsrisiko und SPD«, in: *Der Monat*, Januar 1966, S. 32.
747 *ein Kriegsausbruch die größte Katastrophe sein*: Geiss, a.a.O., Bd. 2, S. 279.
*Die britische Regierung*: Ebd., S. 278.
*Ungeheure Bewegung im Amt*: Riezler, a.a.O., S. 193.
*England gegen uns*: Geiss, a.a.O., Bd. 2, S. 289.
*Wir sind zwar bereit*: Ebd., S. 290.
*Wenn Wien ... jedes Einlenken ablehnt*: Ebd., S. 380.
748 *mit Rücksicht auf die Stimmung*: Ebd., S. 388.
*Wir [hatten] an dem gegenwärtigen deutschen Vertreter*: Ebd., S. 443.
*daß Großbritannien die Zerschmetterung*: Ebd., S. 333.
*erstaunlich, unannehmbar*: Ebd., S. 420.
749 *bedauerte dies, da er wisse*: Ebd., S. 418.
*rein private Auseinandersetzung*: Ebd., S. 262 f.
*die tiefgewurzelten Gefühle*: Ebd.
*Allgemeine Mobilisierung*: Ebd., S. 455.
750 *uns hierüber eine bestimmte Erklärung*: Kautsky, a.a.O., Bd. 2, Nr. 490, S. 9.
*Die Flüche der Nationen*: S. Sazonow, *Fateful Years*, New York 1928, S. 213.
*Wenn Frankreich mir seine Neutralität anbietet*: Kautsky, a.a.O., Bd. 2, Nr. 576, S. 75.
751 *Jetzt können wir gegen Rußland*: B. Tuchman, *August 1914*, Frankfurt/M. 1990, S. 102.
*daß das unmöglich sei*: Ebd., S. 103.
*Ihr Onkel hätte mir da eine andere Antwort gegeben*: Ebd., S. 104 f.
*in bittere Tränen der Verzweiflung aus*: Ebd.
*ein positiver englischer Vorschlag*: Ebd., S. 147.
*Jetzt können Sie machen, was Sie wollen*: Ebd., S. 106.
*Das war meine erste Kriegserfahrung*: Ebd.
752 *Frankreich werde das tun, was seine Interessen geböten*: Geiss, a.a.O., Bd. 2, S. 553.
*Als das französische Kabinett*: Bethmann Hollweg, a.a.O., Bd. 1, S. 164.
*daß Italien weder*: Geiss, a.a.O., Bd. 2, S. 551.
*keinen territorialen Gewinn*: Ebd., S. 558.
753 *Man solle nicht fürchten*: Ebd., S. 564.
*in freundschaftlicher Weise*: Ebd., S. 541 f.

## 42. Kapitel: Am Vorabend des Krieges: London

755 *[Grey] hatte mehrere Minuten vorgelesen*: W. Churchill, a.a.O., 1923–29, Bd. 1, S. 193.
*das ernsteste Ereignis seit vielen Jahren*: Spender und Asquith, a.a.O., Bd. 2, S. 80.
*Wir sind in meßbarer … Entfernung*: H. Asquith, a.a.O., 1928, Bd. 2, S. 8.
*substantielle Einsparungen*: Woodward, a.a.O., Anhang V, S. 478.
756 *einzig und allein*: H. H. Asquith, *The Genesis of the War*, London 1923, S. 187.
*keinen Grund*: Geiss, a.a.O., Bd. 1, S. 137.
*Die deutsche Regierung [glaubt]*: Ebd., S. 151.
*England wird Österreich nicht hindern*: Ebd., S. 215.
757 *brüsk, unvermittelt und herrisch*: Grey, a.a.O., 1925, Bd. 1, S. 307.
*eine befriedigende Antwort*: Geiss, a.a.O., Bd. 1, S. 381.
*Wenn unsere jeweiligen Regierungen*: Grey, a.a.O., 1925, Bd. 1, S. 304.
*Ich erblicke hierin*: Geiss, a.a.O., Bd. 1, S. 382.
758 *Fragen Sie Minister des Äußeren*: Ebd., Bd. 2, S. 71.
*Sir Grey ließ mich soeben kommen*: Ebd., S. 105 f.
*Die deutsche Regierung versichert*: Ebd., S. 93.
*praktisch auf ein Schiedsgericht hinauslaufen*: Grey, a.a.O., 1925, Bd. 1, S. 309.
759 *Serbien hat im Hauptpunkt nachgegeben*: H. Asquith, a.a.O., 1928, Bd. 2, S. 8.
*Der deutsche Generalstab sitzt im Sattel*: Haldane, a.a.O., 1929, S. 274.
*Es muß jeder Person*: H. Asquith, a.a.O., 1923, S. 188.
*nur noch ein Wunder*: Jenkins, a.a.O., S. 325.
760 *wir in diesem Stadium außerstande sind*: Spender und Asquith, a.a.O., S. 81.
*eine Entscheidung der Politik*: Ebd.
Lichnowskys Telegramm vom 29. Juli mit den Randbemerkungen des Kaisers ist Geiss, a.a.O., Bd. 2, S. 277 f., entnommen.
761 *Er [Bethmann Hollweg] fuhr dann fort*: Grey, a.a.O., 1925, Bd. 1, S. 315.
*Würde Belgien nicht Partei … ergreifen*: Ebd.
*Das Dokument machte deutlich*: Ebd., S. 316.
*Seiner Majestät Regierung*: Ebd., S. 317.
762 *voller und aktiver Bereitschaft*: Ebd., S. 225.
*im Falle von Spannungen in Europa*: Ebd., S. 313.
*Er [Poincaré] ist überzeugt*: Ebd., S. 317.
763 *wie schwierig es … sein würde*: Ebd.
*britische Teilnahme*: W. Churchill, a.a.O., 1923–29, Bd. 1, S. 215.
*Es war mir klar*: Grey, a.a.O., 1925, Bd. 1, S. 324.
764 *daß ein Abseitsstehen*: Ebd., S. 326.
*Das Argument … ist … zutreffend*: Geiss, a.a.O., Bd. 2, S. 515.
765 *Deutschland war so ungeheuer stark*: Grey, a.a.O., 1925, Bd. 1, S. 302.
*Es bestand nie eine Chance*: W. Churchill, a.a.O., 1923–29, Bd. 1, S. 205.
766 *Die Existenz seines Landes*: Grey, a.a.O., 1925, Bd. 1, S. 328.
*einen Zoll über das hinauszugehen*: Ebd., S. 329.

766 *Das Kabinett ... sei der Auffassung*: Geiss, a.a.O., Bd. 2, S. 500f.
*in einem Zustand der Abhängigkeit*: Ebd.
*könne die Frage der belgischen Neutralität*: Ebd.
767 *Ungefähr zur gleichen Zeit*: Grey, a.a.O., 1925, Bd. 1, S. 327.
768 *daß er einigermaßen bezweifle*: Geiss, a.a.O., S. 504.
*die Frage von Krieg oder Frieden*: Grey, a.a.O., 1925, Bd. 1, S. 312.
*andere Kräfte ... den Ausschlag gaben*: Ebd.
769 *Ganz Deutschland muß sich*: Tuchman, a.a.O., 1990, S. 26.
770 *Je mehr Engländer, desto besser*: Ebd., S. 121.
*Zum Glücken der Westoffensive*: Bethmann Hollweg, a.a.O., Bd. 1, S. 167.
771 *zuverlässige Nachrichten*: Geiss, a.a.O., Bd. 2, S. 45.
*trotz besten Willens*: Ebd.
*einige Gesichtspunkte*: Ebd., S. 509.
*Es muß am Dienstag ... mitgeteilt werden*: Ebd., S. 664.
*daß Deutschlands Vorgehen gegen Belgien*: Ebd., S. 679.
*unchiffriert*: Ebd.
772 *Winston war sehr kriegerisch*: H. Asquith, a.a.O., 1928, Bd. 2, S. 11.
*daß Frankreich auf unseren Wunsch*: Geiss, a.a.O., Bd. 2, S. 601.
*einfacher Durchmarsch*: Spender und Asquith, a.a.O., Bd. 2, S. 90.
773 *dies ein Krieg ist*: Lloyd George, a.a.O., Bd. 1, S. 68.
*Ich sah das große Geld*: Ebd.
*entsetzt über die bloße Idee*: Spender und Asquith, a.a.O., S. 102.
*sind die größten Hosenscheißer*: M. Asquith, a.a.O., Bd. 4, S. 20.
*Wir haben keine Verpflichtung*: H. Asquith, a.a.O., 1982, S. 114.
774 *Mein lieber Nicky*: Ebd., S. 140.
*Gern hätte ich Deinen gütigen Vorschlag*: Geiss, a.a.O., Bd. 2, S. 646.
*Ich ging über den Paradeplatz*: W. Churchill, a.a.O., 1923–29, Bd. 1, S. 217.
775 *wir den Anblick der deutschen Flotte nicht ertragen*: Grey, a.a.O., 1925, Bd. 2, S. 1.
*Er war sehr aufgeregt*: H. Asquith, a.a.O., 1928, Bd. 2, S. 11.
*daß das Land nicht in der Lage sein würde*: Haldane, a.a.O., 1929, S. 274.
776 *Grey fragte mich, was mein Rezept sei*: Ebd., S. 275.
777 *Es nahm ihnen ein wenig den Atem*: Ebd.
*Lichnowskys ersten Worte*: Grey, a.a.O., 1925, Bd. 2, S. 13.
*denn niemand hatte angestrengter als er gearbeitet*: Ebd.
778 Die Beschreibung der Szene im Unterhaus und die Zitate aus Sir Edward Greys Rede sind den Ausgaben der Tageszeitungen *The Times, The Daily Telegraph, The Daily Chronicle* und *The Daily News* vom 4. August 1914 entnommen.
780 *Größtenteils im Gesprächston*: H. Asquith, a.a.O., Bd. 2, S. 25.
*Greys Rede war sehr wunderbar*: Trevelyan, a.a.O., S. 265.
781 *die Ehre der Nation opfern, fest entschlossen*: Fay, a.a.O., Bd. 2, S. 501.
*Was geschieht jetzt?*: W. Churchill, a.a.O., 1923–29, Bd. 1, S. 220.
*Nein, natürlich weiß jeder*: H. Asquith, a.a.O., 1923, S. 213.
782 *So erweisen sich die Anstrengungen*: Ebd.
*In ganz Europa gehen die Lichter aus*: Grey, a.a.O., 1925, Bd. 2, S. 20.
*Bomben auf die Eisenbahnlinien*: Schmitt, a.a.O., S. 461.

782 *ein französischer Arzt*: Kautsky, a.a.O., Bd. 3, Nr. 690, S. 154f.
*interessante Sitzung*: H. Asquith, a.a.O., 1982, S. 150.
*sehr ruhig*: Ebd.
*Diese ganze Sache erfüllt mich mit Trauer*: Ebd.
783 *Also ist alles aus*: M. Asquith, a.a.O., Bd. 4, S. 69.

# Namenregister

N
BRITISCHE INSELN
Scapa Flow
SCHOTTLAND
Glasgow
Edinburgh
NORDSEE
NORWEGEN
SCHWEDEN
DÄNEMARK
Kopenhagen
Belfast
IRLAND
Dublin
Cork
Newcastle
Liverpool
Hull
WALES
ENGLAND
Bristol
London
Portsmouth
Plymouth
ISLE OF WIGHT
Dover
Calais
Wilhelmshaven
Kiel
Hamburg
Bremen
Elbe
Berlin
Amsterdam
Den Haag
NIEDERLANDE
Brüssel
BELGIEN
DEUTSCHES REICH
Köln
Frankfurt
LUX.
Metz
ELSASS-LOTHR.
Prag
ATLANTISCHER OZEAN
Brest
Le Havre
Versailles
Paris
Loire
Seine
Straßburg
Rhein
München
FRANKREICH
Bern
SCHWEIZ
Garonne
Lyon
Triest
Po
Venedig
Genua
Bologna
ADRIATISCH
Rhône
Florenz
ITALIEN
Duero
Ebro
PORTUGAL
SPANIEN
Madrid
Lissabon
Barcelona
Marseille
Toulon
KORSIKA
Rom
Tajo
Guadiana
BALEAREN
SARDINIEN
Neapel
Cádiz
MITTELMEER
Gibraltar
Tanger
Palermo
SIZILIE
Algier
Er-Rif
Tunis
MAROKKO
ALGERIEN
TUNESIEN
MALT
0 500
KM
Tripolis

FINNLAND
St. Petersburg
RUSSISCHES REICH
Moskau
STSEE
EUROPA
UND DAS
MITTELMEER
- 1914 -
OST-
PREUSSEN
Danzig
POLEN
Weichsel
Warschau
Oder
Kiew
ÖSTERREICH-
UNGARN
ien
Budapest
Dnepr
Dnestr
Odessa
Donau
RUMÄNIEN
Bukarest
SCHWARZES MEER
SNIEN
Belgrad
arajewo
Varna
HERZE-
GOWINA
SERBIEN
Sofia
BULGARIEN
MONTE-
NEGRO
Cetinje
ALBANIEN
Adrianopel
Konstantinopel
Durazzo
rindisi
Saloniki
OSMANISCHES
REICH
GRIECHEN
LAND
ÄGÄISCHES MEER
Athen
KRETA
ZYPERN
Zweierbund
Dreierbund
Jaffa
Jerusalem
Alexandria
Port
Said
Suez
ÄGYPTEN